D1689741

Langenscheidt
Fachwörterbücher

Langenscheidt

Dictionary of
Construction
Concise Edition
English

English – German
German – English

by
Dr.-Ing. Uli Gelbrich

L

Langenscheidt

Berlin · München · Wien · Zürich · New York

Langenscheidt

Fachwörterbuch Kompakt **Bauwesen** Englisch

Englisch – Deutsch
Deutsch – Englisch

von
Dr.-Ing. Uli Gelbrich

Langenscheidt

Berlin · München · Wien · Zürich · New York

Das Kompaktwörterbuch basiert auf den Langenscheidt Fachwörterbüchern *Architektur und Bauwesen, Englisch-Deutsch* und *Deutsch-Englisch*, von Dr.-Ing. Uli Gelbrich

Bibliografische Information Der Deutschen Nationalbibliothek
Die Deutsche Nationalbibliothek verzeichnet diese Publikation in der Deutschen Nationalbibliografie; detaillierte bibliografische Daten sind im Internet über http://www.ddb.de abrufbar.

Eingetragene (registrierte) Marken sowie Gebrauchsmuster und Patente sind in diesem Wörterbuch nicht ausdrücklich gekennzeichnet. Daraus kann nicht geschlossen werden, dass die betreffenden Bezeichnungen frei sind oder frei verwendet werden können.

Das Werk ist urheberrechtlich geschützt. Jede Verwendung außerhalb der Grenzen des Urheberrechtsgesetzes bedarf der vorherigen schriftlichen Zustimmung des Verlages. Dies gilt besonders für Übersetzungen, Vervielfältigungen, auch von Teilen des Werkes, Mikroverfilmungen, Bearbeitungen sonstiger Art sowie für die Einspeicherung in elektronische Systeme.

1. Auflage 2008
© 2008 Langenscheidt Fachverlag, ein Unternehmen der
Langenscheidt KG, Berlin und München
Satz: Hagedorn medien[design]
Druck: Graph. Betriebe Langenscheidt, Berchtesgaden/Obb.
Printed in Germany
ISBN 978-3-86117-286-4

Vorwort

Alle Gebiete des Bauwesens entwickeln sich technisch und technologisch rasch weiter. Der internationale Bauboom, der in den letzten Jahren mehr und mehr auch in Entwicklungsländern, vor allem aber in Ländern des asiatischen Raumes eine enorme Entfaltung erlangt hat, bringt im weltweiten Baugeschehen vielfache neue und kühne Technologien mit sich. Dieses internationale Baugeschehen wird überwiegend von großen Baufirmen und Konsortien, aber auch von mittelständischen Bauunternehmen abgewickelt, die wiederum mit regional verfügbaren Arbeitskräften einen Großteil der unmittelbaren Baustellentätigkeiten realisieren.

Obwohl jede Landessprache auch noch eine eigene spezifische Bauterminologie hat, haben sich doch vor allem infolge moderner Bautechnologien viele Internationalismen herausgebildet, die vorwiegend auf der englischen Sprache basieren und somit den englischen Fachwortschatz im internationalen Baugeschehen weit und umfassend auch zur Fachsprache gemacht haben. Fast alle internationalen Ausschreibungen, Wettbewerbe und Bauprojekte werden in Englisch veröffentlicht und auch realisiert.

Einen schnellen und doch relativ umfassenden Zugang zu diesem Fachwortschatz soll dieses Kompaktfachwörterbuch Bauwesen ermöglichen. Es basiert auf dem großen Langenscheidt Standardwerk *Architektur und Bauwesen* mit ca. 140 000 Wortstellen. In der Kompaktausgabe wurde eine Auswahl von ca. 24 000 Fachbegriffen getroffen, um ein übersichtliches und handliches Taschenbuch für die tägliche Anwendung auf der Baustelle, im Studium und bei der Bau- und Projektvorbereitung in beiden Sprachrichtungen Englisch-Deutsch und Deutsch-Englisch zur Verfügung zu haben. Ein Grundsatz zur Auswahl der Wortstellen war die Häufigkeit in Vorschriften und Anwendungen und ein weiteres Kriterium ein ausreichender Mindestumfang zum Erfassen aller Fachgebiete für nachfolgend genannte Tätigkeitsbereiche.

Die Auswahl der wichtigsten Fachbegriffe erfolgte somit entsprechend des vorgenannten Anwendungsspektrums.
— Für Studium und Projektierung wurden die Begriffe aus Statik, Festigkeitslehre, Grundbau und Baustoffen als vorrangig aufgenommen;
— für die Baustelle und Montage sind besonders die Fachwörter der Bautechnologie und Bauweisen bestimmt. Dazu gehören auch die Fachbezeichnungen aus den Bauhauptgewerken (Ausrüstung, Installation, Bautenschutz, Dämmung);
— für die Bau- und Projektvorbereitung stehen Fachbegriffe aus der Kalkulation, des Auftrags- und Vergabewesens und der Leistungserfassung zur Verfügung;
— für die Gestaltung sind Grundbegriffe aus der Architektur enthalten;
— die für das gesamte Baugeschehen wichtigen Hauptbegriffe des Umweltschutzes wurden mit aufgenommen.

Der überwiegende Teil des Fachwortschatzes ist mit Hinweisen auf das zutreffende Fachgebiet versehen.

In allen Fachgebieten sind weitgehend die neuesten und modernen Fachvokabeln infolge ständiger Aktualisierung enthalten, die der Zielfunktion des Kompaktfachwörterbuches entsprechen.

Im Anhang befinden sich Umrechnungstabellen für das metrische und englische Maßsystem. Aufgenommen wurden Tabellen für Längenmaße, für Flächenmaße, für Raum- und Hohlmaße getrennt nach Trocken- und Flüssigsubstanzen sowie Tabellen für Winkelmaße, Zeit- und Druckeinheiten ergänzt durch die SI-Basiseinheiten.

Herausgeber und Verlag sind an Hinweisen, Anregungen und Verbesserungen für das vorliegende Kompaktfachwörterbuch sehr interessiert. Bitte richten Sie diese an den Langenscheidt Fachverlag, Postfach 40 11 20, 80711 München.

Dr.-Ing. Uli Gelbrich

Preface

Rapid technical and technological advances are being made in all areas of the building and construction industry. The international construction boom, which in recent years has increasingly encompassed developing countries and above all Asia, has prompted the introduction of novel, sometimes audacious building methods all over the world. This global construction activity is mainly coordinated by large construction companies and consortiums. But this is not to underestimate the role of smaller building contractors working with local labour who carry out the majority of work on-site.

Although every language has its own specific construction terminology, many international terms have emerged, chiefly as a result of modern building technology. Such international expressions are usually based on English, prompting the adoption of English specialised construction terminology across the world. Consequently, nearly all international tenders, competitions and construction projects are published and carried out in English.

This compact dictionary of construction is designed to enable quick yet relatively comprehensive access to this specialised vocabulary. It is based on Langenscheidt's large *Architektur und Bauwesen* dictionary containing about 140,000 entries. About 24,000 terms have been selected for this compact edition in order to produce a handy paperback featuring translations from English into German and vice versa for everyday use – on building sites, while studying, and when preparing construction projects.

How were the terms chosen? One principle applied was their frequency in building regulations and applications, while another aim was to include an adequate minimum vocabulary for each of the fields specified below as well as the above-mentioned areas of use.

- For studying and planning purposes, terms were above all incorporated from statics, strength theory, earthworks and foundations, and building materials.
- Building systems and technology terms have been featured to cover site work. They include vocabulary from important aspects of construction such as equipment, installation, building preservation and insulation.
- Terms used in costing, contract awards, and performance measurement have been incorporated in connection with project planning.
- Design is covered by basic terms used in architecture.
- The main terms used in environmental protection and which are important to construction as a whole have also been included.

In addition, the vast majority of entries indicate the particular field or fields in which the words are used.

Thanks to continuous updating, all the areas largely use the latest technical terms relevant to the aims of this compact dictionary.

The appendix contains conversion tables for the metric and imperial systems of measurement. They include tables for length, area and volume (both dry and wet substances) as well as for angles, time and pressure, along with the standard SI units.

The editors and the publisher welcome useful comments, ideas and suggested improvements regarding this compact dictionary. They should be posted to Langenscheidt Fachverlag, Postfach 40 11 20, D-80711 München, Germany.

Dr.-Ing. Uli Gelbrich

Benutzungshinweise • Directions for Use

1. Beispiele für die alphabetische Ordnung •
Examples of Alphabetization

heat
heat absorption
heat gradient
heat-insulating board
heat insulation efficiency
heat loss calculation
heat of setting
heat-proofness
heat tensioning
heat-treated
heated floor
heater mat
heating and cooling system
heating and refrigerating engineering
heating calculation
heatproof

open
open up
open (...) • be open to traffic
open-air building [plant]
open building method
open caisson foundation
open-string stair
open-web girder
open-wire line
opening of bids
opening stage
openwork

Bestandteil
bestätigt
bestätigt / amtlich
bestimmen
bestimmt
Bestimmtheit / statische
Bestimmungen / allgemein verbindliche technische
Bestreichen
Beton (...) • Beton gießen (...) • Beton schütten (...) • in Beton einhüllen (...) • in Beton einlegen (...)
Beton / bewehrter
Beton / hochfester
Beton mit Leichtzuschlägen
Betonabwasserkanal
Betonabziehhöhenlehre
Betonaufbereitung
Betonauskleidung

Damm
Dämmarbeiten
Dammböschung
dämmen
Dämmestrich
Dammfuß
Dämmglas
Dämmmaterial
Dämmputz
Dämmstoff
Dämmung
Dampf

2. Bedeutung der Zeichen • Meaning of Symbols

/	Druck / hydrostatischer = hydrostatischer Druck
[ ]	inner [inside] fixtures = inner fixtures *or* inside fixtures armierter [bewehrter] Beton = armierter Beton *oder* bewehrter Beton
( )	night(-time) storage heater = night storage heater *or* night-time storage heater Stahlsaiten(spann)beton = Stahlsaitenbeton *oder* Stahlsaitenspannbeton
( )	Kursive Klammern enthalten Erklärungen Italicized brackets contain explanations
•	kennzeichnet Wendungen indicates phrases

3. Abkürzungen • Abbreviations

AE	amerikanisches Englisch / American English
bes.	besonders / especially
bzw.	beziehungsweise / respectively
f	Femininum / feminine noun
Jh.	Jahrhundert / century
m	Maskulinum / masculine noun
n	Neutrum / neuter noun
pl	Plural / plural
s.	siehe / see
s. a.	siehe auch / see also
sl	Slang / slang
v. Chr.	vor Christus / before Christ
usw.	und so weiter / and so on
z. B.	zum Beispiel / for instance

Fachgebietskürzel • Subject-area Labels

Arch	historische Architektur und Architekturelemente / historic architecture and architectural elements
Bod	Bodenmechanik und Erdstoffe / soil mechanics and soils
El	Elektroinstallation / electrical installation
Erdb	Erdbau und Grundbau / foundation and underground engineering
Hb	Holzbau / timber engineering
HLK	Heizung, Lüftung, Klimatechnik / heating, ventilation, air conditioning
San	Sanitärtechnik und Klempnerarbeiten / sanitary engineering and plumbing
Stat	Baustatik / structural analysis
Tun	Tunnelbau / tunnel engineering
Umw	Umwelt / environment
Verk	Verkehrsbau, Straßen- und Eisenbahnbau / traffic engineering, road and railway construction
Verm	Vermessungswesen / surveying
Wsb	Wasserbau / hydraulic engineering

Datenstruktur konform mit ISO ISO 1951(2007)

Internationale Normung ist weltweit akzeptiert und zielt auf eine Vereinheitlichung bei der Produkterstellung.
Die ISO-Norm 1951 (2007) garantiert eine weltweit anerkannte Darstellung der Wörterbuch-Einträge und bürgt für Qualität.

Englisch – Deutsch

A

A-frame A-Rahmen *m (Dachbinder)*
abat-vent 1. Luftschlitz *m*; 2. Schornsteinabdeckung *f (aus Metall)*
abate *v* 1. abhauen, aushauen *(bei Steinmetzarbeiten)*; als Relief ausarbeiten; aussägen, ausschneiden *(Holz)*; 2. reduzieren, vermindern *(z. B. Spannungen)*
abolish *v* aufheben
above-grade oberirdisch, obererdig; Überflur...
above-grade masonry work aufgehendes Mauerwerk *n*
above ground oberirdisch, obererdig
abrade *v* abreiben, abschleifen, abschaben; verschleißen *(schleifend)*; abscheuern *(z. B. Gewebe)*
abrasion Abreiben *n*, Abrieb *m*, Abschaben *n*; (schleifend) Verschleiß *m*
abrasion-proof abriebbeständig, abriebfest; verschleißfest; scheuerbeständig
abrasion resistance Abriebbeständigkeit *f*, Abriebfestigkeit *f*, Verschleißfestigkeit *f (von Stein, Beton)*; Scheuerfestigkeit *f (von Gewebe)*
abrasion value Abriebwert *m*
abrasive Schleifmittel *n*; Poliermittel *n*, Abriebmittel *n*
abrasive blasting Strahlen *n*, Abstrahlen *n* mit Schleifmittel *(Oberflächenbehandlung)*
abrasive paper Schleifpapier *n*, Schmirgelpapier *n*
abrasive wear Abriebverschleiß *m*
abrupt angle Biegestück *n*; Absatz *m*
absence of moments Momentenfreiheit *f*
absolute pressure absoluter Druck *m*, Absolutdruck *m*
absolute specific gravity echte Reindichte *f*
absorb *v* absorbieren, aufsaugen, einsaugen *(Flüssigkeiten, Dämpfe, Gase)*; aufnehmen *(z. B. Wärme)*; dämpfen *(z. B. Stoß)*; schlucken *(Schall)*; absorbieren, abbauen *(Kraft, Spannung)*
absorbency Absorptionsvermögen *n*; Saugvermögen *n*
absorbent absorbierend, aufsaugend, einsaugend *(Flüssigkeiten, Dämpfe, Gase)*; saugfähig
absorbent 1. Absorptionsmittel *n*, absorbierender [aufsaugender] Stoff *m*, saugfähiges Material *n*; 2. Absorptionsbaustoff *m*, Absorptionsmaterial *n (Schall)*
absorbing capacity Absorptionsvermögen *n*, Aufsaugvermögen *n*, Saugfähigkeit *f*, Einsaugfähigkeit *f*
absorbing well Wasserabsenkungsbrunnen *m*, Dränbrunnen *m*, Sickerschacht *m*, Senkgrube *f*
absorption Absorption *f*, Aufsaugen *n (z. B. von Flüssigkeiten, Gasen)*; Dämpfung *f (von Stößen, dynamischen Bewegungen)*; Aufnahme *f (von Kraft, Wärme)*; Schlucken *n*, Schluckung *f (von Schall)*
absorption bed Klärbecken *n*, Kläranlage *f*
absorption field Klärfeld *n*; Kläranlage *f*
absorption rate Wasseraufnahmemenge *f*, Wasseraufsaugung *f (z. B. von Ziegeln, in g/min)*
absorption trench Abwasserversickerungsgraben *m*
abstraction 1. Abführung *f*, Ableitung *f (z. B. von Wärme)*; 2. Entzug *m*, Entziehung *f (z. B. von Wasser)*; Absonderung *f (z. B. von Lösungsmitteln)*
abut *v* 1. anstoßen (an), angrenzen *(z. B. Grundstück)*; 2. (stumpf) stoßen *(Bauteilenden)*; aneinanderfügen
abutment 1. Erdwiderlager *n*, Druckfundament *n*; 2. Widerlager *n*; 3. Lager *n*, Endauflager *n*; Kämpfer *m (Bogenkämpfer)*; 4. Stoß *m*, Anstoß *m*; 5. Stumpfstoßen *n*
abutment fill Widerlagerhinterfüllung *f*
abutment piece *(AE)* Grundholz *n*, Schwelle *f (Fachwerk)*
abutment pier Widerlagerpfeiler *m*; Bogenpfeiler *m*; Stützpfeiler *m*; Strebepfeiler *m*
abutment side wall Wange *f*
abutment system Strebewerk *n*, Strebesystem *n*
abutting an(einander)stoßend; angrenzend
abutting joint 1. gestoßene Holzverbindung *f*; 2. Stumpfstoß *m (Schweißverbindung)*
acanthus Akanthusblatt *n (Pflanzenmotiv-Ornament)*

ACC test n Quellvermögen n, Bentonitzahl f

accelerate v beschleunigen (z. B. das Abbinden); verkürzen (zeitlich)

accelerated test Kurz(zeit)versuch m, Schnellprüfung f, Schnellversuch m

accelerating additive Beschleuniger m, Abbindebeschleuniger m (z. B. für Beton); Erhärtungsmittel n (z. B. für Farben)

acceleration lane Beschleunigungsspur f

accept v 1. abnehmen (z. B. Bauwerk); 2. aufnehmen (z. B. Kraft); Last aufnehmen; 3. annehmen (z. B. ein Angebot)

accept v **the tender** den Zuschlag erteilen; das Angebot akzeptieren

acceptance 1. Abnahme f, Bauwerksabnahme f; 2. Aufnahme f (z. B. von Kraft)

acceptance certificate Abnahmebescheinigung f, Abnahmeprotokoll n

acceptance drawing Abnahmezeichnung f; Revisionszeichnung f

acceptance of tender Auftragserteilung f, Zuschlag m (z. B. für Bauaufträge)

acceptance of work Abnahme f der Arbeit, Übernahme f der Leistung; Bauabnahme f

accepted load aufgenommene Last f

access Zugang m, Zutritt m; Einstieg m; Zugänglichkeit f

access balcony Laubengang m (eines Wohnhauses)

access door kleine Zugangstür f, Zugangsöffnung f, Zwangsöffnung f (für Unterhaltungsarbeiten an Ausrüstungen)

access eye Reinigungsöffnung f

access front Eingangsseite f

access gallery 1. Zugangsstollen m; 2. Laubengang m

access hook Steigeisen n, Klettereisen n

access ladder Einsteigeleiter f, Abstiegleiter f (Schwimmbecken)

access lane Zufahrtsstrecke f; Anliegerspur f

access point 1. Zugangspunkt m; Autobahnanschlussstelle f; 2. Anschlussbauwerk n

access ramp Auffahrt f, Auffahrtrampe f (Autobahn, Brücke)

access road Zufahrtsstraße f, Zugangsstraße f; Einfahrtsweg m; Zubringerstraße f, Zubringer m

access to field [site] Baufreiheit f

access way Einfahrt f

accessible zugänglich, erreichbar (z. B. Bauteile, Gebäudeflächen); besteigbar
• **be accessible** zugänglich sein; begehbar sein

accessories Zubehör n, Zubehörteile npl; Zusatzeinrichtungen fpl; Ausstattung f

accessory building Nebengebäude n; Seitengebäude n

accident prevention Unfallverhütung f

acclivity (steile) Böschung f, ansteigender Hang m, Neigung f; Gefälle n

acclivous (steil) ansteigend

accommodate v 1. unterbringen, beherbergen (Personen); 2. anpassen; ausgleichen

accommodation Unterkunft f, Wohnunterkunft f, Behausung f; Quartier n; Bauunterkunft f; Beherbergung f

accommodation density Belegungsdichte f (Wohnung)

accompanying environmental measurements Umweltbaubegleitung f

according to contract vertragsgemäß (z. B. Arbeitsausführung)

according to scale maßstäblich, maßstabsgerecht

according to schedule termingemäß

according to specification vorschriftsgemäß

accordion door Falttür f, Ziehharmonikatür f, Harmonikatür f

account (laufende) Rechnung f • **for account and risk** für Rechnung und Gefahr
• **on one's own account** auf eigene Rechnung

accountability Verantwortlichkeit f, Verantwortung f

accountable rechenschaftspflichtig, verantwortlich

accounting Buchführung f, Rechnungswesen n, Abrechnung f

accouplement enge Säulenanordnung f, dichte Anordnung f von Pfeilern

accumulation of mud Verschlammung f

accumulation of water Wasserspeicherung f

accuracy of alignment Fluchtgenauigkeit f

accuracy of level Planebenheit f, Ebenflächigkeit f

accuracy of shape Formgenauigkeit f

accurate exakt, genau, präzis

acetylene welding Acetylenschweißen n
achieve v ausführen, leisten; erreichen
acid attack Säureangriff m
acid etching Säureätzen n, Mattätzen n (z. B. von Glas)
acid fallout saurer Niederschlag m, saurer Regen m
acid paint Säureschutzfarbe f
acid-proof säurefest, säurebeständig
acid-proof cement Säurekitt m
acid refractory concrete säurebeständiger Beton m
acid-resistant säurebeständig, säurefest, säureecht
acid tolerance Säureverträglichkeit f, Säurewiderstandsfähigkeit f
acid-wash v absäuern
acid-washed plaster Waschputz m
acid washing Abbeizen n, Absäuern n (Betonwerkstein)
acidity Säuregehalt m
Ackermann's ceiling Ackermanndecke f, Massivdecke f mit Tonhohlsteinen [Tonhohlplatten]
acknowledged anerkannt, bestätigt (Ausführung, Leistung)
acoustic absorption coefficient Schallabsorptionsgrad m
acoustic blanket Schallschluckmatte f, schallabsorbierende Matte f
acoustic board Schallschluckplatte f, Schalldämmplatte f, schallabsorbierende Platte f, Akustikplatte f
acoustic building material Akustikbaustoff m
acoustic construction 1. schallabsorbierende Konstruktion f; 2. baulicher Schallschutz m
acoustic damping Schalldämpfung f
acoustic lining Akustikverkleidung f
acoustic treatment Lärmvorsorgemaßnahmen fpl (Lärmschutzplanung)
acoustical behaviour akustisches Verhalten n
acoustical ceiling Schallschluckdecke f, schallabsorbierende Decke f, Schalldämmdecke f
acoustical insulation Schalldämmung f, Schallisolierung f
acoustical tile Schallschluckplatte f, schallabsorbierende Tafel f (quadratisch, für Decken und Wände)

acquiescence Grenzeinwilligung f (Zustimmung zur Bebauungsgrenze)
acquisition of land Baulandbeschaffung f, Grunderwerb m
acquit v entbinden, entlasten
acreage (landwirtschaftliche) Anbaufläche f (Flächennutzungsplan)
acropolis (Arch) Akropolis f; hoch gelegene befestigte Siedlung f; Hochburganlage f mit Siedlung
acrylic concrete Akryl(harz)beton m
acrylic paint Acrylfarbe f
acrylic resin Akrylharz n, Acryl(at)harz n, Polyacrylat n
act v on 1. einwirken (z. B. ein Mittel); 2. angreifen (Kraft)
acting force angreifende [wirkende] Kraft f
action area Aufbaugebiet n
action of building Bau m
action of frost Frosteinwirkung f
activate v aktivieren, anregen (z. B. Bindemittel); in Betrieb nehmen
activated mortar aktivierter Mörtel m
activated sludge tank Belüftungsbecken n, Belebtschlammbecken n
activator Aktivator m, Aktivierungsmittel n, Anreger m
active earth pressure aktiver Erddruck m
active leaf Türflügel m mit Öffnungsmechanismus (einer zweiflügeligen Tür)
active sludge Klärschlamm m
actual allowance Istabmaß n, wirkliches Abmaß n
actual dimension Istmaß n, Istabmessung f, tatsächliche Größe f
actual grading curve Istsieblinie f (der Zuschlagstoffe)
actual load tatsächliche Belastung f
actual stock tatsächlicher Vorrat m (z. B. an Baustoffen)
acute-angled spitzwinklig
acute arch überhöhter Spitzbogen m
adapt v angleichen, anpassen
adapter Anschlussstück n, Zwischenstück n, Verbindungsstück n (zur Anpassung, größenveränderlich); (speziell El) Adapter m; Universalrüster m; Passstück n (z. B. für Rohre)
adapting of (the) ironwork 1. Eisenbiegen n (für Stahlbewehrung); 2. Eisenvorrichten m, Eisenwerkarbeiten fpl (Stahlbau)

add

add v **a storey** aufstocken, um ein Geschoss erhöhen

add v **bricks** aufmauern

added metal Auftragsmetall n

addition 1. Zusatz m, Zugabe f, Beimengung f; Zuführung f, Zufuhr f *(von Wärme)*; 2. Anbau m, Erweiterungsbau m; 3. *(Stat)* Zuschlag m; 4. Zusatzauftrag m; Nachtrag m *(Zusatzleistung nach der Submission)*

additional bars Zusatzeisen npl, Zusatzbewehrung f

additional charges Mehrkosten pl

additional loading Zusatzbelastung f

additional order Zusatzauftrag m

additional reinforcement Zusatzbewehrung f

additional work zusätzliche Arbeit f, Mehrarbeit f

additive Zusatzmittel n, Zusatz(stoff) m; Additiv n, Wirkstoff m

adhere v **(to)** (an)haften; (fest)kleben, hängen bleiben; befolgen, einhalten

adherent (an)haftend, haftfähig, adhäsiv; (an)klebend; Adhäsions...

adhesion 1. Adhäsion f, Anhaften n, Haftung f; 2. s. adhesiveness

adhesion agent Haftmittel n, Haftvermittler m; Kleber m

adhesion coefficient Adhäsionsbeiwert m, Adhäsionszahl f

adhesion force Adhäsionskraft f, Bindekraft f; Haftspannung f; Anhaftungsvermögen n

adhesion promoting agent Haftfestigkeitsverbesserer m

adhesive adhäsiv, adhäsionsfähig, (an)haftend, haftfähig; klebfähig, klebend; Adhäsions..., Haft...

adhesive Haftmittel n, Haftstoff m; Klebemittel n, Kleber m, Klebstoff m, Leim m; Bindemittel n

adhesive bond Klebe(ver)bindung f; Klebhaftung f

adhesive failure Ableimen n, Ablösen n

adhesive sealing Klebedichtung f

adhesive tension Adhäsionsspannung f

adhesiveness Adhäsionsvermögen n, Haftfähigkeit f, Haftvermögen n; Klebvermögen n, Klebkraft f

adiabatic curing adiabatische Betonnachbehandlung f

adit 1. Zugang m *(Stollenzugang)*; 2. Zugangsstollen m

adjacence Angrenzen n; Anstoßen n

adjacent an(einander)grenzend, nebeneinanderliegend, benachbart; Nachbar...

adjacent buildings angrenzende [zugehörige] Gebäude npl, Nachbargebäude npl, Nachbarbauung f

adjoin v 1. angrenzen, grenzen an; 2. anfügen

adjoining house Nachbargebäude n

adjoining room Nebenraum m

adjust v 1. anpassen, angleichen; einpassen, justieren *(z. B. Montagefertigteile)*; einstellen, regeln *(z. B. Temperatur)*; regulieren, (richtig) einstellen *(z. B. Geräte)*; sich einstellen lassen; 2. ausbessern, nachbessern *(z. B. ebene Flächen)*

adjustable (ver)stellbar, einstellbar; justierbar; regulierbar

adjusted building documents spezifizierte korrigierte Bauunterlagen fpl

adjusting s. adjustment

adjustment 1. Einstellung f, Ausrichten n, Einpassung f *(z. B. von Montagefertigteilen)*; 2. Regelung f

admeasure Aufmaß n

administration building Verwaltungsgebäude n

administrative fee Verwaltungsgebühr f

admissible zulässig

admissible stress zulässige Beanspruchung f

admission Aufnahme f; Zulauf m *(Flüssigkeit in einer Pumpe)*

admit v zulassen, anerkennen

admix v zusetzen, beimengen

admixture 1. Beimengung f, Beimengen n, Zusetzen n, Zusatz m, Zugabe f *(Vorgang)*; 2. Beimengung f, Zusatz(stoff) m, Zusatzmittel n; Additiv n

adobe Adobe m, (luftgetrockneter) Lehmziegel m *(in einigen Südstaaten der USA und Mexiko)*; ungebrannter Ziegel m

adobe construction Adobebauweise f *(mit ungebrannten luftgetrockneten Ziegeln)*

adorn v verzieren, schmücken

adornment 1. Verzierung f, Ausschmückung f; 2. Verzierung f, Schmuck m

adsorb v adsorbieren
adsorbent Adsorbens n, Adsorptionsmittel n
adsorption Adsorption f, Anlagerung f (z. B. eines Gases an der Oberfläche eines festen Stoffs)
adsorptive capacity [power] Adsorptionsfähigkeit f; Anlagerungsfähigkeit f
ADT s. average daily traffic
advance v 1. beschleunigen (Zementabbinden); 2. (Tun) vorstrecken
advanced architecture höhere Architektur f; zukunftsweisende Architektur f
adverse slope Gegenneigung f
advertisement for bids veröffentlichte Ausschreibung f, Angebotsaufforderung f
advertising wall Werbewand f, Reklamewand f
adviser Berater m
adytum (Arch) Adyton n, Abaton n (inneres Heiligtum bei antiken Tempeln)
aedicula architecture Ädikulararchitektur f
aerate v 1. belüften, mit Luft versetzen; 2. auflockern; 3. lüften, der Luft aussetzen
aerated 1. belüftet (Porenbeton); mit Porenbildner versehen; 2. gelüftet
aerated concrete Porenbeton m, Zellenbeton m, Schaumbeton m, (veraltet) Gasbeton m
aerated gypsum board Porengipsplatte f, Gipsleichtbauplatte f
aerated sintered aggregate Porensinter m, Blähleichtzuschlagstoff m
aeration 1. Luftzuführung f, Belüftung f (von Porenbeton); 2. Ventilation f, Belüftung f
aeration tank Belüftungsbecken n
aerator Belüftungsanlage f; Ventilator m, Lüfter m
aerial oberirdisch; Ober...; Luft...; Frei...
aerial Antenne f
aerial cableway Kabelkran m
aerial ferry Fährbrücke f, Gierfähre f
aerial ladder Feuerleiter f (Feuerwehr)
aerial map Luftbildkarte f
aerial railway Hochbahn f
aerial ropeway Luftseilbahn f, Seilschwebebahn f
aerial survey Luft(bild)vermessung f
aerobic sewage treatment Abwasserbehandlung f mittels aerober Reinigung

aerocrete Spritzbeton m, (veraltet) Luftbeton m
aerodynamic force aerodynamische Kraft f
aerosol paint Sprühfarbe f; Sprühdosenlack m
aerugo (AE) Grünspan m
aesthetic clause Baugestaltungsverordnung f
affinity Affinität f
affix v befestigen, anheften, anbringen; anhängen
afflux Zustrom m, Zufluss m
afterage v nachaltern (Baustoffe)
aftercontraction Nachschwinden n
afterflush (San) Nachfluss m (von Wasser bei der WC-Spülung); Spülwasserrest m
afterhardening Nach(er)härtung f (von Beton, Mörtel)
aftertreat v nachbehandeln
aftertreatment Nachbehandlung f (z. B. von Baustoffen)
afteruse Folgenutzung f, Nachnutzung f
age v altern; ablagern; nachhärten (Metalle)
age-proof alterungsbeständig
ageing test Alterungsprüfung f
agency Verwaltung f, Behörde f, Amt n
agency establishment Vermittlungsstelle f; Vertretungsbefugnis f, Vollmacht f, Stellvertretung f
agent 1. Bauleiter m (des Unternehmers); 2. Mittel n, Wirkstoff m
agglomerate v agglomerieren, zusammenbacken; sintern; agglomerieren, sich zusammenballen
agglomerate Agglomerat n; Sinterstoff m
agglomeration 1. Ballungsgebiet n, dicht besiedeltes Gebiet n (durch Zusammenwachsen mehrerer Siedlungseinheiten); 2. Agglomeration f, Anhäufung f; 3. Zusammenbacken n; Sintern n
aggloporite Agglloporit m, Sinterbims m (ein Sinter-Leichtzuschlag)
agglutinant Bindemittel n, Klebemittel n
agglutinate v agglutinieren, binden, kleben; sich zusammenballen; verkleben
aggradation 1. Anschwemmung f, Auflandung f, Aufhöhung f; 2. Versandung f
aggregate Zuschlag m, (z. B. für Beton, nicht mehr empfohlen) Zuschlagstoff m; 2. Aggregat n, Satz m (Maschinen)

aggregate

aggregate abrasion value Gesteinsabriebwert *m*
aggregate batching plant Zuschlag(stoff)dosiervorrichtung *f*
aggregate bin Zuschlag(stoff)silo *n*
aggregate cost Gesamt(bau)kosten *pl*
aggregate dimension Gesamtabmessung *f*, Gesamtmaß *n*
aggregate floor space Gesamtgeschossfläche *f*
aggregate grading Kornabstufung *f*
aggregate grading curve Siebkurve *f*, Kornverteilungskurve *f*
aggregate impact value Schlagfestigkeitswert *m* (von Zuschlägen); Mineralstoff-Schlagzertrümmerungswert *m*
aggregate stripping test Haftprüfung *f* (Bitumen an Zuschlagstoffen)
aggregated verbunden; zusammengebaut
aggregation 1. Aggregation *f*, Zusammenballung *f* (z. B. von Boden, Füllstoffen); Anhäufung *f*; 2. Verdichtung *f* (z. B. des Verkehrsnetzes)
aggressive matter [substance] Schadstoff *m*
aggressive water aggressives [angreifendes] Wasser *n*; Schadwasser *n*
agitate *v* (durch)rühren, mischen (durch Rühren); bewegen; schütteln; auflockern
agitating lorry Fahrmischer *m*
agitation Rühren *n*, Aufrühren *n* (zur Vermeidung von Entmischung); Schütteln *n*
agitator Rührwerk *n*, Rührapparat *m*; Mischeinrichtung *f* (für Beton und Mörtel)
agora Agora *f*, Marktplatz *m* (im antiken Griechenland)
agreement Vereinbarung *f*; Vertrag *m*, Bauvertrag *m*
agreement certificate amtliches Prüfzeugnis *n*
agricultural building 1. Landbauwesen *n*; landwirtschaftliches Bauen *n*; 2. landwirtschaftliches Gebäude *n*, Wirtschaftsgebäude *n*
agricultural service building Wirtschaftsgebäude *n* (landwirtschaftliches)
agricultural soil Kulturboden *m*, Ackerboden *m*
aiguille Sprenglochbohrer *m*, Steinbohrer *m*

aiming position Zielposition *f*, gewollte Stellung *f*
air *v* (be)lüften (Räume auf natürliche Weise); der Luft aussetzen
air admission Luftansaugung *f*
air balance Lufthaushalt *m* (Gebäude, Klimaanlage)
air-blown mortar Spritzmörtel *m*, Spritzbeton *m*
air-borne dust Flugstaub *m*
air-borne insulation margin Luftschallschutzmaß *n*
air-borne sound-insulation index bewertetes Schalldämmaß *n*
air caisson system Druckluftkammergründung *f*
air channel Luftkanal *m*, Lüftungskanal *m*
air chimney Wrasenrohr *n*, Lufteintrittsrohr *n* (Wrasenabzug)
air cock (HLK) Entlüftungshahn *m*
air-condition *v* (HLK) konditionieren, klimatisieren
air conditioner Klima(tisierungs)gerät *n*, Klimaanlage *f*; Zimmerklimaanlage *f*; Luftaufbereiter *m*
air-conditioning equipment Klimaanlage *f*, Klimagerät *n*
air content Luftporengehalt *m* (in Mörtel oder Beton)
air curing 1. Lufterhärtung *f*, Erhärten *n* an der Luft, Luftabbinden *n* (von Beton); 2. s. air seasoning
air curtain Luftvorhang *m*, Luftschürze *f*
air-driven druckluftbetätigt
air-drying lufttrocknend
air eliminator Entlüftungshahn *m*
air-entrained concrete Luftporenbeton *m*, LP-Beton *m*
air-entraining agent Luftporenbildner *m*, Betonplastifizierungsmittel *n*, LP-Stoffe *mpl*
air entrainment 1. Lufteinführung *f* (in Frischbeton); Belüften *n* von Beton; 2. Luftporenbildung *f*, Luft(poren)einschluss *m* (im Beton)
air entrainment meter Luftporenmessgerät *n*
air-exhaust ventilator Entlüftungsventilator *m*; Luftansauger *m*
air floor heating Luftfußbodenheizung *f*
air hall Traglufthalle *f*
air hammer Drucklufthammer *m*

air-handling system Klimaanlage *f (mit spezieller Luftaufbereitung)*
air-hardening Lufthärtung *f*, Erhärten *n* [Härten *n*] in Luft
air heating Luftheizung *f*
air house Tragluftgebäude *n*
air-inflated structure Tragluftgebäude *n*, Traglufthalle *f*
air inlet Belüftungsöffnung *f*, Lufteinlass *m*; Lufteintrittsöffnung *f (einer Klimaanlage)*
air input Luftzuführung *f*, Außenluftzuführung *f*, Belüftung *f*
air intake 1. Lufteinlass *m*, Lufteintritt *m*; Belüftung *f*, Außenluftzuführung *f*, Luftansaugung *f*; 2. Ansaugstutzen *m*
air leakage 1. Luftdurchtritt *m (durch Fenster oder Türen)*; 2. Luftleck *n*
air level Wasserwaage *f*, Setzwaage *f*; Libelle *f*
air load Luftbelastung *f*
air lock 1. Luftschleuse *f*; 2. Luftblase *f*, Luftsack *m (in Leitungssystemen)*; Luftzwischenraum *m (z. B. bei Wärmedämmung)*
air meter Luftporenmessgerät *n*
air-moving device *(HLK)* Lüfter *m*
air-operated pneumatisch (betätigt), druckluftbetätigt; luftbetrieben
air outlet Luftaustrittsöffnung *f*, Luftauslass *m*; Belüftungseinheit *f (einer Klimaanlage)*
air permeability test Plaintest *m*, Luftdurchlässigkeitstest *m (z. B. bei Zement, Feinstoffen)*
air-permeable luftdurchlässig
air-placed concrete Torkret(ier)beton *m*, Spritzbeton *m*, Schrotbeton *m*
air pocket Luftsack *m (in Leitungssystemen)*
air pollutant burden Luftschadstoffbelastung *f*
air pollution Luftverschmutzung *f*, Luftverunreinigung *f*
air preheater Luftwärmeaustauscher *m (im Heizungssystem)*
air-pressure-reducing valve Druckminderer *m*
air-proof joint luftdichte Verbindung *f*; luftdichter Abschluss *m*
air purification Luftreinigung *f*
air-raid shelter Luftschutzraum *m*, Schutzraum *m*

air rammer Drucklufttramme *f*, Druckluftstampfer *m*
air relief cock Entlüftungshahn *m*
air return system *(HLK)* Umluftverfahren *n*
air seasoning Lufttrocknung *f*, Trocknen *n* an der Luft
air separator Sichter *m*, Luftabscheider *m*
air-set Abbinden *n* unter atmosphärischen Bedingungen, Luftabbinden *n (Beton)*
air-shaft Luftschacht *m*, Lüftungsschacht *m*, Wetterschacht *m*
air space Luft(zwischen)raum *m*, Luftschicht *f (Wand)*; leere Zwischenschicht *f*
air supply system Frischluftsystem *n*, Frischluftanlage *f*, Zuluftanlage *f*
air survey Luft(bild)vermessung *f*, Luftbildaufnahme *f*
air terminal 1. Blitzableiterstange *f*; 2. Terminal *m(n) (Flughafen)*
air termination network Blitzschutz(dach)leitungen *fpl*
air-tight luftdicht, luftundurchlässig; hermetisch verschlossen
air trap *(San)* Traps *m*, Geruchsverschluss *m*
air tubes Luftleitung *f*
air voids Luftporen *fpl*
air voids ratio Luftporenanteil *m*
airborne dust Flugstaub *m*
airborne sound Luftschall *m*, durch Luft übertragenes Geräusch *n (in einem Gebäude; im Gegensatz zu von Bauteilen übertragenem Schall)*
airfield Flugfeld *n*, kleiner Flugplatz *m*, Luftlandeplatz *m*
airing Lüftung *f*; Belüftung *f*; Entlüftung *f*
airport buildings Flughafengebäude *npl*
airstrip Landeplatz *m (befestigt oder unbefestigt)*; *(AE)* Rollbahn *f*, Start- und Landebahn *f*
airway Luftzirkulationsraum *m (bei Kaltdächern)*
aisle 1. *(Arch)* Seitenschiff *n*, Abseite *f (einer Kirche)*; 2. *(Arch)* Gang *m (in einem Auditorium oder Saal)*; Längspassage *f (zwischen Sitzreihen)*
aisle roof Pultdach *n (Abseitendach)*
aisled church Hallenkirche *f*
alabaster Alabastergips *m*
alabaster board Gipskartonplatte *f*
alameda *(AE)* Schattengang *m (mit Bäumen zu beiden Seiten)*
alarm system Alarmanlage *f*

albarium

albarium Stuckkalk m
alburnum Splintholz n
alder wood Erlenholz n
alert platform Bereitstellungsfläche f
alien structure störendes Bauwerk n
aliform flügelförmig
align v (durch)fluchten, (aus)richten, ausfluchten, einfluchten, anpassen
aligning punch Anreißstift m, Anreißnadel f
alignment 1. Ausrichten n, Einfluchtung f; 2. Bauflucht(linie) f, Flucht(linie) f; 3. Streckenführung f (von Bauten); Trassierung f • **be in alignment** fluchten • **in alignment** fluchtend, in Flucht(linie) • **out of alignment** außer Flucht, nichtfluchtend
alkali ageing Alkalisierung f (Beton)
alkali-aggregate reaction basische Reaktion f mit den Zuschlägen (im Beton); Alkali-Kieselsäure-Reaktion f
alkali paint stripper alkalisches Abbeizmittel n
alkali-proof laugenbeständig
alkyd Alkydharz n
alkyd paint Alkydharzfarbe f, Alkydharzanstrich m
alkyd varnish Kunstharzlack m, Alkydharzlack m
all-glass construction Ganzglaskonstruktion f
all-glass door Ganzglastür f
all-in aggregate Rohzuschlagstoffe mpl, ungesiebte [unklassierte] Zuschläge mpl, Mineralstoffgemisch n
all-in gravel Kies m, Wandkies m (unklassiert)
all-metal window Ganzmetallfenster n
all-plastic door Vollkunststofftür f
all-purpose mobile excavator Universalmobilbagger m
all-purpose room Mehrzweckraum m
all-round anchorage umlaufender Ringanker m
all-steel design Ganzstahlkonstruktion f
all-wet cement plant Zementwerk n nach dem Nassverfahren
all-wood construction Ganzholzausführung f, Ganzholzbauweise f
alley 1. Gasse f, Seitengasse f, Durchgang m, Gang m (zwischen Gebäuden und Gärten); Baugang m; Stallgang m (Landbau); 2. Allee f

alligator v reißen, Risse bilden (Farbanstrich, Asphalt)
alligator shears Bolzenschneider m; Hebelschere f
allocate v zuweisen, zuteilen; zuordnen
allocation Auftragsvergabe f, Vergabe f von öffentlichen Arbeiten
allot v vergeben, zuweisen (z. B. eine Arbeit)
allotment 1. Parzelle f; Kleingarten m; Schrebergarten m; 2. Zuweisung f
allover vollflächig (z. B. Muster)
allow v zubilligen, zulassen; gewähren
allowable bearing capacity s. allowable soil pressure
allowable deviation zulässige Abweichung f, Toleranz f
allowable load maximal erlaubte Belastung f, zulässige Last f
allowable soil pressure zulässige Bodenbelastung f, maximal erlaubter Bodendruck m, zulässige Tragfähigkeit f
allowable stress erlaubte Beanspruchung f, maximal erlaubte Spannung f
allowance zulässige Abweichung f, Toleranz f; Maßabweichung f, Spielraum m
allowance for length of moment Überdeckungslänge f
allowance for the shear(ing) force Schubdeckung f
alloy steel legierter Stahl m
alloyed legiert
alluvial deposit (alluviale) Ablagerung f, Schwemmmaterial n (Geologie)
alluvial soil Schwemmboden m
alluviation Ablagerung f
alter v umbauen; umändern, verändern
alteration Umbau m, bauliche Veränderung f; Änderung f; Umänderung f
alterations 1. Umgestaltung f; 2. Umbauarbeiten fpl
alternate v 1. wechseln (periodisch); 2. versetzen, versetzt anordnen
alternate bending strength Biegewechselfestigkeit f, Dauerwechselbiegefestigkeit f
alternate bid Alternativangebot n
alternate load dynamische Belastung f [Last f]
alternating stress Wechselbeanspruchung f, wechselnde Beanspruchung f [Spannung f]
alternative plan Gegenentwurf m

alternator Wechselstromgenerator m, Drehstromgenerator m
altitude 1. Höhe f (über dem Boden); 2. (Verm) Neigungswinkel m
altitude difference Höhendifferenz f, Niveauunterschied m
alto-relievo Hochrelief n
alumina Tonerde f, Aluminiumoxid n
alumina cement Tonerde(schmelz)zement m
aluminium absorbent ceiling Aluminiumschallschluckdecke f
aluminium front Aluminiumfassade f
aluminium window Aluminiumfenster n
amber glass Amberglas n, Braunglas n
ambient umgebend
ambient air quality standard Immissionsgrenzwert m der Luft
ambient noise Umgebungslärm m; Innenlärm m
ambulatory (Arch) Umgang m, Chorgang m (einer Kirche); Wandelgang m (im Kloster)
ameliorate v meliorieren
amelioration Melioration f, Bodenverbesserung f
amendment Änderung f (z. B. in einer Bauzeichnung); Ergänzung f, Zusatz m
amendment procedure Änderungsdurchführung f
amenities Wohnkomfort m (Folgeeinrichtungen)
American basement (AE) Kellergeschoss n (etwa zur Hälfte im Erdreich); Souterrain n
American foundation platform amerikanischer Rost m (Gründung)
American standard beam Doppel-T-Träger m, I-Träger m
amino resin Aminoharz n
amount v betragen, sich belaufen auf (Kosten)
amount 1. Menge f; Größe f; 2. in Rechnung gestellter Betrag m
amount of bend(ing) Biegegröße f
amount of shrinkage Schrumpfmaß n, Schwindungsmaß n
amount of variation permitted zulässige Messabweichung f
amphibolite 1. Amphibolit m, Hornblendegestein n (metamorphes Gestein); 2. Hornblendeasbest m
amphitheatre Amphitheater n

ample 1. ausgedehnt (z. B. Anlage); weiträumig; 2. reichlich (z. B. Mittel); ausreichend (Sicherheit)
amplitude of vibration Schwingstärke f, Schwingungsweite f
amusement park Vergnügungspark m; Rummelplatz m
anaerobic digestion anaerobe Faulung f, anaerobe Gärung f
analogous analog, ähnlich; entsprechend
analyse v 1. analysieren, auswerten; 2. statisch berechnen; untersuchen
analysis 1. (Stat) Berechnung f; Statik f; 2. Analyse f
analysis of structures Tragwerksberechnung f
anchor v verankern, befestigen
anchor 1. Mauer(werks)anker m, Anker m; 2. Ankerklotz m (im Erdreich)
anchor block (AE) 1. Dübelblock m; 2. Holzdübel m
anchor bolt Ankerbolzen m, Ankerschraube f, Verankerungsbolzen m
anchor pier Verankerungspfeiler m (Brücke)
anchor plate Verankerungsplatte f, Ankerplatte f, Ankerscheibe f
anchor point Abspannpunkt m
anchor span Abspannung f (Brücke); Ankerspannseil n
anchor tie Verankerung f
anchorage 1. Verankerung f; 2. Ankervorrichtung f; Ankerpfeiler m (Brückenbau)
anchorage bond stress Verankerungsspannung f
anchorage by friction Reibungsverankerung f
anchorage deformation Spanngliedverkürzung f (beim Spannvorgang)
anchoring Verankerung f
anchoring panel Ankerplatte f (z. B. einer Brücke)
ancient monument Kulturdenkmal n
ancillary building Nebengebäude n
ancon 1. Türsturz m; Fenstersturz m; 2. Konsole f, Kragstein m, Tragstein m; Türkonsole f (als Zierelement); Fensterzierkonsole f; Vorsprung m
anechoic schalltot, reflexionsfrei
angle 1. Winkel m; 2. Auflagerwinkel m; 3. Winkeleisen n; 4. s. angle iron; 5. Ecke f
angle bar s. angle iron

angle

angle beam Winkelprofilträger *m*
angle block Eckstein *m*, Winkelstein *m* *(Eckblock)*; Eckblockstein *m (mit einem offenen Ende)*
angle bracket Anschlusswinkel *m*, Befestigungswinkel *m*, Absetzwinkel *m*; Winkelauflage *f*, Winkelstütze *f*
angle buttress Winkelstütze *f*
angle dozer Schwenkschildplanierraupe *f*, Böschungserdhobel *m*, Seitenräumer *m*
angle fillet Winkelfüllleiste *f*, Winkelleiste *f*
angle grinder Winkelschleifer *m*
angle hinge Winkelband *n (Bandholz)*
angle iron Winkelstahl *m*; Winkelschiene *f*
angle of ascent Neigungswinkel *m*; Steigungswinkel *m*
angle of embrace Umfassungswinkel *m*
angle of entry *(Verk)* Kreuzungswinkel *m*, Einbindungswinkel *m*
angle of friction Reibungswinkel *m*
angle of gradient Neigungswinkel *m*
angle of inclination Neigungswinkel *m*; Steigungswinkel *m*; Kippwinkel *m*
angle of repose [rest] 1. (natürlicher) Böschungswinkel *m*, Schüttwinkel *m*, Rutschwinkel *m (von Schüttgütern)*; 2. s. angle of friction
angle of rupture Bruchwinkel *m*, Schubwinkel *m*
angle of shearing resistance Reibungswinkel *m*
angle of slope Böschungswinkel *m*, Neigungswinkel *m*
angle post Eckpfosten *m*
angle rafter Gratsparren *m*, Gratbalken *m*, Dachschifter *m*
angled winklig
angled stair gewinkelte Treppe *f*
Anglo-Saxon architecture angelsächsische Architektur *f (449-1066)*
angular wink(e)lig; spitzwinklig; spitz, eckig; Winkel...
angular aggregate kubischer Zuschlag(-stoff) *m*
angular deformation Verdrehung *f*, Winkeländerung *f (Schubverformung)*
angular measure Winkelmaß *n*
angular retaining wall Winkelstützwand *f*, Winkelstützmauer *f*
angularity Winkeligkeit *f*; Kantigkeit *f*; Bruchflächigkeit *f*
anhydrite Anhydrit *m*, wasserfreier Gips *m*

anhydrite binder Anhydritbinder *m*
anhydrous gypsum plaster Gipsputz *m*; Stuckgipsputz *m*
anhydrous lime Branntkalk *m*, Ätzkalk *m*
animal housing Stallung *f*, Stall *m*, Viehstall *m*
anneal *v* (aus)glühen *(Metalle)*; tempern, spannungsfrei machen *(Glas, Kunststoffe)*
annealed glass vergütetes Glas *n*
annex *v* anbauen an
annexe s. annex
annual discharge Jahresabflussmenge *f (von Gewässern)*
annual growth ring Jahresring *m (Holz)*
annual target Jahresplansoll *n*
annular ringförmig; Ring..., Kreis...
annular cell construction method Ringzellenbauweise *f*
annular cross-section Ringquerschnitt *m*
annular vault Ringgewölbe *n*, Tonnengewölbe *n*
annularity Ringförmigkeit *f*
annunciator Signalanzeige *f*, Melder *m*, Schauzeichen *n*
anodic protection anodischer Schutz *m* [Korrosionsschutz *m*]
anodised eloxiert
anonymous tower block Wohnsilo *n*
anta 1. *(Arch)* Eckpfeiler *m*, Antenpfeiler *m*; 2. *(Arch)* Anta *f (vorspringende Seitenwand des antiken Tempels)*
ante *v* up *(AE)* aufbringen *(Geld)*; investieren
antechamber 1. Vorzimmer *n*; Vorraum *m*, *(speziell im Theater)* Foyer *n*; Wartezimmer *n*; Vestibül *n*; 2. Luftschleuse *f*
antefix *(Arch)* Antefix(um) *n*, Zierstirnziegel *m*, Stirnziegel *m (Tonzierplatte des Traufgesims antiker Tempel)*
antepagment Antepagmentum *n*, Türbogenverzierung *f*
anteport Außentor *n*, Vortür *f*
anteroom Vorraum *m*, Vorzimmer *n*; Wartezimmer *n*
antiabrasion layer Verschleißschutzschicht *f (Straße)*
anticapillary course kapillarbrechende Schicht *f (Straße)*
anticipate *v* erwarten, vorhersehen *(Belastungen)*
anticorrosive paint Korrosionsschutzfarbe *f*

anticorrosive protection Korrosionsschutz m
antidazzle screen Blendschutzeinrichtung f, Blendschutzwand f
antidrumming treatment Antidröhnbehandlung f, Entdröhnung f
antiflooding valve Rückstauventil n, Rückstauschieber m
antifreeze layer *(Verk)* Frostschutzschicht f
antiglare Blendschutz m
antinoise schalldämmend; geräuschdämpfend
antirot fäulnisverhindernd; fäulnisbeständig *(Holz)*
antirust agent Rostschutzmittel n
antirust coat Rostschutzüberzug m; Rostschutzanstrich m
antirust primer Rostschutzgrundierung f
antiseismic construction erdbebensicherer Bau m
antiskid rutschfest, rutschsicher, gleitsicher; griffig
antislip tile gleitsichere [rutschsichere] Fußbodenplatte f, griffige Fußbodenfliese f
antistripping haftverbessernd
antisun roof Sonnenschutzdach n
antisweat type insulation Schwitzwasserabdichtung f
antivacuum device Rohrbelüfter m, Rohrentlüfter m
apartment 1. Appartement n, (komfortable) Kleinwohnung f; 2. *(AE)* Etagenwohnung f; Zimmerflucht f; 3. s. apartment house
apartment building *(AE)* Wohn(ungs)gebäude n
apartment house *(AE)* Appartementhaus n, Mehrfamilien(wohn)haus n; Mietshaus n; Wohnblock m
apartment in a housing project *(AE)* Arbeiterwohnung f *(für Familien mit niedrigem Einkommen)*
apex 1. Spitze f, Scheitelpunkt m *(höchster Gebäudepunkt)*; 2. Anfallpunkt m *(Dach)*
apex hog Scheitelüberhöhung f
apex stone Schlussstein m
aphonic schalltot *(Raum)*
apparent density scheinbare Dichte f, Schüttdichte f, Rohdichte f; Schüttgewicht n
appearance Aussehen n

appendix Ergänzung f, Zusatz m, Anhang m *(z. B. zu einer Zeichnung)*
appentice 1. Anbau m; 2. Penthaus n
applicability 1. Anwendbarkeit f, Einsetzbarkeit f; 2. Aufbringbarkeit f, Auftragbarkeit f *(z. B. von Anstrichen)*
applicable 1. anwendbar, einsetzbar; 2. aufbringbar, auftragbar *(z. B. Anstriche)*
• **be applicable** anwendbar sein
applicant (proposing to build) Antragsteller m, Bauantragsteller m
application 1. Anwendung f, Einsatz m, Verwendung f; 2. Aufbringen n, Auftragen n *(auf Oberflächen)*; 3. *(Stat)* Angriff m *(einer Kraft)*
application by brushing Aufstreichen n
application guide Anwendungsrichtlinie f; Leitfaden m
application of a force Angreifen n einer Kraft, Kraftangriff m; Anlegen n einer Kraft
application point Angriffspunkt m
application specification Verarbeitungsrichtlinien fpl
applied angewandt
applied column eingebundene Säule f, Wandsäule f
applied load aufgebrachte Last f, Auflast f
applied moment Momentenlast f, eingetragenes Moment n
apply v 1. anwenden; anwendbar sein; zur Anwendung kommen; 2. aufbringen, antragen *(Putz)*; auftragen *(z. B. Anstriche)*; 3. eintragen, anbringen *(Kräfte)*
appointments Ausstattung f, Einrichtungsgegenstände mpl
appraisal Schätzung f, Bewertung f *(z. B. von Land oder Einrichtungen)*; Wertbestimmung f *(eines Gebäudes)*
approach 1. Zugang m, Zufahrt f *(für Fahrzeuge)*; 2. s. approach road; 3. Lösungsansatz m *(theoretischer)*
approach road Zufahrtsstraße f, Auffahrt f, Zugangsstraße f
appropriate v 1. veranschlagen *(im Budget)*; bereitstellen, bewilligen *(Mittel)*; 2. in Besitz nehmen
approval Genehmigung f, Bestätigung f; Zulassung f; Erlaubnis f; Anerkennung f
• **on approval** zur Genehmigung *(Bauunterlagen)*; zur Zulassung *(Baustoffe)*
approval note Freigabevermerk m
approved bauartgeprüft

approved drawings bestätigte Bauzeichnungen *fpl*
approved equal genehmigt als anwendbar [verwendbar] *(Vertragswesen)*
approved rule anerkannte (Bau-)Regel *f*
approximate *v* annähern; sich nähern
approximate assumption Näherungsannahme *f*
approximate cost Kostenschätzung *f*
approximate value 1. Näherungswert *m*, Annäherungswert *m*; 2. Richtwert *m*, Richtzahl *f*
approximation method Näherungsverfahren *n*
appurtenance 1. Ausbauelement *n*, Ausbauteil *n*; Zubehör *n*; Zusatz *m*; 2. Aussparung *f* *(Mauerwerk)*
appurtenant structure 1. Aufbau *m*, Gebäudeaufsatz *m*; 2. Nebenbau *m*, Nebengebäude *n* *(nur für Gebäudetechnik)*
apron 1. Schild *m*, Schürze *f*, Schutzschild *f*; 2. *s.* apron flashing; 3. Verkleidung *f* *(überlappt)*; 4. Sturzbett *n*, Sohle *f*; 5. Planierschild *m*; 6. Hallenvorfeld *n* *(z. B. auf Flughafengelände)*
apron flashing Fugendeckblech *n*; Frontschürze *f*, Frontschürzenblech *n* *(am Schornstein)*
apron wall Fensterbrüstung *f*
apse 1. *(Arch)* Apsis *f*, Apside *f*, Koncha *f*, Exedra *f* *(halbrunde oder vieleckige Raumform als Kirchenabschluss für die Aufnahme des Altars)*; 2. *s.* apsis.
apsidiole *(Arch)* Apsidiola *f*, kleine Apsis *f*
apsis 1. Scheitelpunkt *m* *(einer Kurve)*; 2. *s.* apse 1.
aptitude test Eignungsprüfung *f*
aquate *v* hydratisieren *(Kalk)*
aquatic buildings Bäderbauten *mpl*
aqueduct *(Arch)* Aquädukt *m* *(über Brücken geführte Wasserleitung im antiken Rom)*; Wasserhochkanal *m*; Durchlass *m*
aqueous corrosion Feuchtigkeitskorrosion *f*
aquifer (layer) Grundwasserleiter *m*
arabesque decoration Arabeskendekor *n*
Arabic arch *(Arch)* arabischer [maurischer] Bogen *m*, Dreiviertelkreisbogen *m*, Hufeisen(rund)bogen *m*
araeostyle *(Arch)* aräostylos, lichtsäulig
arbitration Schiedsverfahren *n*
arboraceous bewaldet *(Baugelände)*
arc Bogen *m* *(Geometrie)*

arc-boutant Strebebogen *m*
arc cutting Lichtbogenschneiden *n*, Brennschneiden *n*
arc welding Lichtbogenschweißen *n*, elektrisches Schweißen *n*
arcade 1. *(Arch)* Arkade *f* *(aneinandergereihte, auf Säulen ruhende Bogen)*; Bogenreihe *f*; 2. *(Arch)* Arkadengang *m*, Bogengang *m*; Galerie *f*
arcaded court Arkadenhof *m*
arcaded window Arkadenfenster *n*
arcature 1. *(Arch)* Arkatur *f*, Bogenwerk *n*, Bogenreihe *f*, Bogenstellung *f*; 2. *(Arch)* Arkaden *fpl* *(Reliefdarstellungen als Wandverzierung)*
arch *v* 1. überwölben, (mit Bogen) überspannen, einwölben; 2. wölben, krümmen; sich wölben
arch 1. *(Arch)* Bogen *m*, Gewölbe *n*, Gewölbebogen *m*; Fensterbogen *m*; Torbogen *m*; 2. überwölbter Gang *m*; 3. *(Arch)* Gewölbe *n*, Feuerraumgewölbe *n*
arch action Bogenwirkung *f*, Gewölbewirkung *f*
arch buttress Strebebogen *m*, Strebepfeiler *m*, Bogenpfeiler *m*
arch centre line Bogenachse *f*
arch dam *(Wsb)* Bogen(stau)damm *m*, Bogen(stau)mauer *f*, Gewölbesperrmauer *f*
arch slab Bogenscheibe *f*
arch truss Bogenfachwerk *n*, Bogen(fachwerk)binder *m*, Bogenfachwerkträger *m*; Bogensprengwerk *n*
arched 1. *(Arch)* gewölbt *(z. B. Decke)*; überwölbt; 2. *(Arch)* bogig; mit Bogen; 3. *(Arch)* bogenförmig; bogenartig; gekrümmt
arched barrel roof Tonnen(schalen)dach *n*
arched bridge Bogenbrücke *f*; Holzbogenbrücke *f*
arched construction Gewölbebau *m*, Bogenbau *m*
arched head Bogensturz *m*
arched vault Bogengewölbe *n*
arching 1. Überwölbung *f*, Einwölben *n*; 2. Lastpunktverschiebung *f* auf tragfähigem Baugrund; 3. Bogensystem *n*, Gewölbesystem *n*
architect Architekt *m*

architect-engineer Entwurfsingenieur *m* und Bauberater *m*
architect-engineer's office Entwurfs- und Ingenieurbüro *n*, Projektierungsbüro *n*
architect-in-charge bauleitender Architekt *m*
architectonic architektonisch, bautechnisch
architect's approval Bauzustimmung *f* des Entwurfsverfassers
architects' competition Architektenwettbewerb *m*
architectural die Architektur betreffend, baukünstlerisch; Architektur...; Bau...
architectural acoustics Bauakustik *f*; Raumakustik *f*
architectural area bebaute Fläche *f*; Bruttogrundfläche *f*, Gesamtgrundfläche *f*
architectural concrete 1. Sichtbeton *m*; 2. Konstruktionsbeton *m*
architectural drawing Architekturzeichnung *f*
architectural engineering konstruktive Architektur *f*
architectural feature element Gestaltungselement *n*
architectural style Baustil *m*; Bauweise *f*
architectural volume umbauter Raum *m*, Bruttogebäuderaum *m*
architectural work Architektenleistung *f*
architecture 1. Architektur *f*, Baukunst *f*; 2. Architektur *f*, Baustil *m* (z. B. einer Epoche)
architrave 1. (Arch) Architrav *m*, Epistyl *n*, den Oberbau tragender Hauptbalken *m* (über Säulen, bes. in antiken Bauten); Natursteinsturz *m*; 2. Fugendeckleiste *f*, Fugenverkleidung *f* (über Tür und Fenster)
archivolt Archivolte *f*, Schaubogen *m*
archway 1. Bogengang *m*; 2. Bogendurchgang *m*, Durchfahrt *f*, Torbogen *m*
arcual (Arch) bogenartig; bogig; Bogen...
arcual structure Bogenbauwerk *n*
arcuated (Arch) bogentragend, gewölbetragend
Ardand type polygon(al) roof Ardand'sches Dach *n*, Polygondach *n*, Polygonaldach *n*, Vieleckdach *n*
area 1. Fläche *f*; Grundfläche *f*; Flächeninhalt *m*; 2. Bruttobelastungsfläche *f*

(eines Mauerwerks); 3. Gebiet *n*, Zone *f*; Geländeabschnitt *m*; 4. Grundstück *n*; 5. lichter Raum *m* (in einem Gebäude); Innenhof *m*
area-covering structural element Flächentragwerk *n*
area drain Oberflächeneinlauf *m*
area grating Gitterrost *m*, Bodengitter *n*
area load (Stat) Flächenlast *f*
area moment Flächenmoment *n*
area of a building Gebäudegrundrissfläche *f*
area of cross section Querschnitt(s)fläche *f*
area of shearing force Querkraftfläche *f*
areal Flächen...; Flächeninhalts...
areal moment Flächenmoment *n*
areaway (AE) 1. Lichtöffnung *f* (eines unter der Erdoberfläche liegenden Gebäudes); 2. Durchgang *m*, Passage *f*
arenaceous sandhaltig, sandig
argillaceous tonig, tonhaltig; Ton...; lehmig
arise *v* hochwachsen, emporwachsen, entstehen (Gebäude)
arisings Altmaterial *n*
arm 1. Arm *m*, Hebelarm *m*; Ausleger *m*, Tragarm *m*, Tragbalken *m* (Kran); 2. (El) Abzweigung *f*
arm of force Hebelarm *m* (Kraft)
armature 1. Bewehrungsglied *n* (für Stützen und Kragteile); 2. Zubehör *n*; Armatur *f*
armour *v* bewehren, armieren; panzern; mit Einlagen versehen
armour door feuerbeständige Tür *f*, Brandschutztür *f*
armoured glass Drahtglas *n*
armrest Armauflage *f*
arrange *v* 1. anordnen, zusammenstellen; aufstellen; einbauen; 2. regeln; vereinbaren; 3. zusammenstellen (z. B. einen Bericht)
arrange *v* **in layers** aufschichten
arrange *v* **into a line** fluchten
arrangement 1. Anordnung *f*, Aufstellung *f*, Verteilung *f*; 2. Anordnen *n*, Aufstellen *n*; 3. Regelung *f*; Vereinbarung *f*; 4. Ansatz *m* (Mathematik)
arrangement of beams Balkenanordnung *f*, Trägerverteilung *f*
array blanket Solarzellenlaken *n*

arrest

arrest v 1. arretieren, sperren; 2. *(El)* ableiten *(Überspannungen)*
arrester 1. Ableiter *m*, Blitzschutz *m*; 2. Schornstein(schutz)sieb *n*, Schornstein(schutz)rost *m*
arris ausspringende Ecke *f*; Kante *f (scharfe Ziegel- oder Putzkante)*; Grat *m*, Gratlinie *f*
arris hip tile Firstziegel *m*, Gratziegel *m*, Gratstein *m*
arris protection Kantenschutz *m*
arrival level Ankunftsebene *f*
arrow Markierungsstab *m*
arrow diagram Aktivitätsmarkierung *f (Netzwerkplanung)*
arrow head Maßpfeil *m*
art form Kunstform *f*; Kunstrichtung *f*
Art Nouveau *(Arch)* Jugendstil *m*
arterial road Fernverkehrsstraße *f*; Hauptverkehrsader *f*
artesian well artesischer Brunnen *m*, Rohrbrunnen *m*
articulate v gelenkig befestigen, durch Gelenke verbinden
articulated 1. gelenkig; Gelenk...; 2. gegliedert
articulated beam Gelenkträger *m*, Gerberträger *m*, gegliederter Träger(balken) *m*
articulated elevation aufgegliederte Fassade *f*
articulated girder gegliederter Träger *m*
articulation Gelenk *n*, Gelenkverbindung *f*; Scharnier *n*
artificial künstlich; Kunst...; synthetisch
artificial ageing künstliche [beschleunigte] Alterung *f*
artificial aggregate künstlicher Zuschlag(stoff) *m* *(z. B. Sinterstoffe, Keramik)*
artificial flooring cement Steinholz *n*
artificial resin Kunstharz *n*
artificial stone Beton(werk)stein *m*, Kunststein *m*
artificial subgrade aufgeschüttetes Planum *n*
artistic design künstlerische Gestaltung *f*
arts center *(AE)* Kulturzentrum *n*
as-built drawing s. as-completed drawing
as-completed drawing Bestandszeichnung *f*, Baubestandszeichnung *f*, Bestandsplan *m*, Revisionszeichnung *f*
asbestos article Asbesterzeugnis *n*

ascendable besteigbar; begehbar
ascending pipe Steig(leitungs)rohr *n*
ascent Aufgang *m*; Rampe *f*
aseismatic erdbebensicher, den Auswirkungen von Erdbeben widerstehend
aseismatic construction erdbebensicherer Bau *m*
aseismic 1. erdbebenfrei *(Gebiet)*; 2. s. aseismatic
ash and combustion residue Asche- und Verbrennungsrückstand *m*
ash wood Eschenholz *n*
ashlar 1. Quader(stein) *m*, (geschnittener) Werkstein *m (Naturstein)*; 2. s. ashlar masonry
ashlar arch Werksteinbogen *m*
ashlar facing Werksteinverkleidung *f*, Natursteinverkleidung *f*, Verblend(ungs)mauerwerk *n (aus Naturstein)*
ashlar masonry Werksteinmauerwerk *n*, Natursteinmauerwerk *n*, hammerrechtes Mauerwerk *n*, Quadermauerwerk *n*
ashlar work 1. Natursteinverkleidung *f (Ergebnis)*; 2. s. ashlar masonry
askew nicht im rechten Winkel; schief, außer Linie
aspect 1. Lage *f (eines Gebäudes)*; Standrichtung *f*; 2. Aspekt *m (Seite, Element)*; Aussehen *n*, Erscheinung *f (Äußeres)*
aspect ratio Schlankheitsgrad *m*, Schlankheitsverhältnis *n*, Seitenlängenverhältnis *n (Knickfestigkeit)*; Seitenverhältnis *n (z. B. Länge/Breite)*
asphalt v asphaltieren
asphalt Asphalt *m*, Naturasphalt *m*, Erdpech *m*; Erdölasphalt *m*, künstlicher Asphalt *m (Gemisch aus Bitumen und Mineralstoffen)*
asphalt base course bituminöse Tragschicht *f*
asphalt cement 1. Bitumenmastix *m*; *(AE)* Straßenbitumen *n*; 2. *(AE)* Asphaltkitt *m*
asphalt coating 1. Asphaltummantelung *f*, Asphalt(schutz)schicht *f*, Asphaltverputz *m*; 2. Beschichten *n* mit Asphalt; bituminöse Oberflächenbehandlung *f*
asphalt concrete Asphaltbeton *m*, Bitumenbeton *m*
asphalt finisher Schwarzdeckenfertiger *m*
asphalt joint filler *(Verk)* Fugenvergußmasse *f*; Bitumenfugenkitt *m*

asphalt mixing plant Asphalt(misch)werk n

asphalt pavement Asphaltbefestigung f, Asphaltoberbau m

asphalt paving Asphaltieren n; Asphaltbefestigung f

asphalt porous concrete Asphaltdränbeton m

asphalt roofing felt Bitumendachbahn f

asphalt surface course bituminöse Deckschicht f, Asphaltverschleißschicht f

asphaltic asphaltisch, aus Asphalt; Asphalt...; bituminös, bitumenhaltig

asphaltic work Asphaltarbeiten fpl

aspiration 1. Absaugung f; 2. Luftvermischung f (bei Klimaanlagen an den Lufteinspeisungen)

aspirator 1. Sauglüfter m; 2. (HLK) Mischdiffusor m, Ausflussvermischer m

assemblage point Knoten m

assemble v zusammenbauen, montieren, zusammensetzen; verbinden; verlegen (Rohrleitungen); aufrichten

assembling Montieren n, Zusammenbau m; Einbau m

assembling area Montagefläche f, Bereitstellungsfläche f

assembling scaffold Montagegerüst n

assembly 1. Montage f, Zusammenbau m; Aufstellung f; Verbinden n; 2. Montagegruppe f, Baueinheit f; Aggregat n; 3. Maschinenrahmen m

assembly hall Versammlungsraum m; Aula f

assembly schedule Montageplan m

assembly steel Montagebewehrung f (Stahlbetonvorfertigung)

assembly yard Montageplatz m, Montagehof m

assess v beurteilen, bewerten; taxieren, einschätzen; veranschlagen

assessment 1. Wertung f; Taxierung f, Einschätzung f; Nachweis m; Bewertung f, Beurteilung f; 2. Steuerveranlagung f

assessment method Bewertungsverfahren n

assessment of building Bausubstanzbeurteilung f

assign v 1. bestimmen, festlegen (z. B. Aufgaben, Termine); zuordnen, zuweisen; 2. übertragen, Ansprüche abtreten [zedieren]

assignment 1. Übertragung f (z. B. von Aufgaben); 2. Abtretung f (z. B. von Ansprüchen); Zession f; 3. Umverlegung f (Verkehr)

assume v annehmen (Lasten)

assumed load Bemessungslast f, angenommene Last f; Lastannahme f, Belastungsannahme f

assumption of mortgage Hypothekenaufnahme f

assurance of quality Qualitätssicherung f, Gütesicherung f

astable instabil, nicht stabil

astragal window Sprossenfenster n

astylar säulenlos, ohne Säulen; pfeilerlos

at-grade höhengleich, höhengerecht, plangleich

at ground level ebenerdig

at level höhengerecht

at-site testing Baustellenprüfung f

atmospheric moisture Luftfeuchtigkeit f

atmospheric pollution Luftverschmutzung f

atomize v versprühen; zerstäuben (Feststoffe)

atomizing-type humidifier Luftbefeuchter m (durch Wasserversprühung)

atrium 1. (Arch) Atrium n, Mittelhof m (eines alten römischen Hauses); 2. (Arch) Oberlichthof m (Hotel, Kaufhaus usw.)

attach v anbringen, befestigen; anheften; anschließen; anfügen; aufsetzen; anbauen an; vorsetzen

attach v **at the hook** festschlagen

attach v **by welding** anschweißen

attach v **to** haften an; sich anlegen an

attached pier Wandpfeiler m

attaching plate Anschraubplatte f

attachment 1. Befestigung f, Anbringung f, Anschluss m; 2. Ansatz m, Aufsatz m, Vorsatz m, Vorlage f; Beiwerk n; Zusatzeinrichtung f; 3. Zusatzgerät n, Anbaugerät n

attachment of a butt strap Überlaschen n (Holzbau, Stahlbau)

attachment to a masonry wall Mauervorlage f

attack v angreifen (durch chemische Einflüsse)

attacking power Angriffsvermögen n, Angriffskraft f (Schadstoffe)

attendance

attendance Wartung *f*; Bedienung *f*
attenuation Schalldämpfung *f*
Atterberg limits Atterberg'sche Zustandsgrenzen *fpl (von Erdstoffen)*
attestation of conformity Konformitätsbescheinigung *f*, Übereinstimmungsnachweis *m*, Identitätszertifikat *n*
attic 1. *(Arch)* Attika *f (Dachbrüstungsmauer an klassischen Gebäuden)*; 2. Dachgeschoss *n*, Mansarde *f*; Bodenraum *m*, Dachraum *m*
attic flat Dachwohnung *f*
attic floor Bodenbalkenlage *f*
attic space Dachraum *m*, Bodenraum *m*
attic stairs Bodentreppe *f*
attic window Bodenfenster *n*, Mansardendachfenster *n*
attrition Abrieb *m*, Abnutzung *f* durch Reibung, Verschleiß *m*
attrition loss Abriebverlust *m*
attrition-resistant abriebfest
audible alarm unit akustisches Alarmgerät *n*
audience hall Audienzhalle *f*, Empfangssaal *m*
auditor Rechnungsprüfer *m*, Wirtschaftsprüfer *m*
auditorium Auditorium *n*, Hörsaal *m*; Zuschauerraum *m*
auditorium seating Saalbestuhlung *f*, Zuschauerraumbestuhlung *f*
auditory ambience [perspective] akustische Raumwirkung *f* [Räumlichkeit *f*]
auger bit Schneckenbohrer *m*, Holzbohrer *m*, Zimmermannsbohrer *m*; Stangenbohrer *m*
auger pile Bohrpfahl *m (Ortbetonpfahl)*
austerity measures Sparmaßnahmen *fpl*
authority Amt *n*, Behörde *f*, Dienststelle *f*
authority engineer Amtsingenieur *m*, Projektingenieur *m* der Behörde
authorization Ermächtigung *f*, Bevollmächtigung *f*, Zulassung *f (z. B. zur Bauabnahme)* • **subject to authorization** genehmigungspflichtig
authorized ermächtigt, bevollmächtigt, (staatlich) zugelassen, (amtlich) bestätigt
authorized institute autorisiertes Prüfinstitut *n*
authorized representative bevollmächtigter Vertreter *m*, Handlungsbefugter *m*
autoclave concrete Autoklavbeton *m*

autoclaved aerated concrete Porenbeton *m*, *(veraltet)* Gasbeton *m*
autoclaving Autoklavbehandlung *f*, Dampfdruckhärtung *f*
autogenous cutting Autogenschneiden *n*
automatic air-conditioning plant automatische Klimaanlage *f*
automatic closing device Feuertürschließer *m*
automatic door selbstöffnende Tür *f*
automatic electric door opener elektrischer Türöffner *m*
automatic flushing system selbsttätiges periodisches Wasserspülsystem *n*
automatic operator *(AE)* selbsttätige Öffnungs- und Schließvorrichtung *f (Garagentor)*
automatic smoke detector Rauchmelder *m*
autosilo Parkturm *m*, Autosilo *n*
auxiliary bearing Hilfsauflager *n*
auxiliary bill of quantities Nachtrag *m (Zusatzleistung nach der Submission)*
auxiliary building Nebengebäude *n*
auxiliary construction Hilfskonstruktion *f*
auxiliary lane Zusatzspur *f*, zusätzliche Fahrspur *f*; Entlastungsstraße *f*
auxiliary reinforcement Zusatzspannglied *n*; Hilfsbewehrung *f*, Zusatzeinlage *f*
availability Verfügbarkeit *f*; Angebot *n*; Zugänglichkeit *f*
available zugänglich, benutzbar; verfügbar, vorhanden, erhältlich
available for building bebaubar, baureif *(Baugrundstück)*
avalanche gallery Lawinengalerie *f*
avalanche-proof lawinengeschützt
avant-corps *(Arch)* (besonders) hervorstehender Gebäudeteil *m*; Fassadenwandvorsprung *m*
avenue Allee *f*, Boulevard *m*, Prachtstraße *f*
average *v* mitteln, das Mittel bilden; durchschnittlich betragen *(rechnerisch)*
average *v* **out** ausgleichen *(rechnerisch)*
average bond stress mittlere Haftspannung *f (der Bewehrung)*
average daily traffic durchschnittlicher täglicher Verkehr *m*, DTV
average strength durchschnittliche Festigkeit *f*
aviation course Flugfeld *n*, Flugplatz *m*

avoidance of cracking Rissverhütung *f*
award Vergabe *f (Auftrag)*
award v the contract einen Auftrag vergeben
awkward 1. unhandlich, schwer handhabbar; 2. *s.* awkwardly designed
awkwardly designed mangelhaft projektiert
awning Schutzdach *n*, Wetterdach *n*, Sonnendach *n*; Markise *f*
awning window Ausstellfenster *n*, Klapp(flügel)fenster *n*
axe v behauen, scharrieren *(Stein)*
axed work scharriertes Mauerwerk *n*, scharrierte Steine *mpl*
axial alignment Fluchtung *f*, Fluchten *n*
axial deformation *(Stat)* axiale Formänderung *f*
axial force *(Stat)* Axialkraft *f*, Längskraft *f*
axial force diagram Längskraftdiagramm *n*, grafische Darstellung *f* der Axialkräfte
axial load *(Stat)* Axiallast *f*, Längslast *f*, zentrische Belastung *f*
axial pressure Axialdruck *m*, axialer [mittiger] Druck *m*
axial stress Längsspannung *f*, Normalspannung *f*
axis line of pressure Drucklinie *f*, Linie *f* der Mittelkraft
axis of reference *(Verk)* Hauptachse *f*
axis of rotation Drehachse *f*, Rotationsachse *f*
axis of zero Nulllinie *f*, Neutrale *f*
axle weight limit Achslastgrenze *f*
axonometry 1. Axonometrie *f*, Parallelperspektive *f (Darstellung räumlicher Gebilde durch Parallelprojektion auf eine Ebene)*; 2. Kavalierperspektive *f*
azimuth Azimut *n(m)*, Richtungswinkel *m* gegen Gitter Nord
azimuth traverse Polygonzug *m* mit Richtungswinkel
Aztec architecture Aztekenarchitektur *f*, Aztekenbaukunst *f*
azulejo spanische Farbmusterfliese *f*

B

baby-care unit Säuglingsheim *n*; Säuglingstrakt *m (in einem Heim)*
bachelor's hostel Ledigen(wohn)heim *n*
back v (unter)stützen; Untergrund [Unterlage] bilden
back v away nachgeben, ausweichen
back-fill v *(Erdb)* hinterfüllen, anschütten
back-up v hintermauern
back 1. Rückwand *f (Gebäude)*; 2. Rücken *m*, Oberkante *f (Sparren, Dach, Querträger)*; 3. *(AE)* Hauptsparren *m*; 4. unsichtbares tragendes Teil *n (für sichtbare Elemente)*; Putzträger *m*; 5. gute Seite *f*, Sichtfläche *f (Fliese, Schiefer, Kachel)*; 6. Gewölberückenfläche *f*; 7. Rückenlehne *f (Stuhllehne)*
back coat Grundschicht *f*; Unterputz *m*
back door Hintertür *f*
back elevation Hinteransicht *f*, Hinterfront *f*, Hinterseite *f*, Hofseite *f (Hinterfront eines Gebäudes)*
back garden Hausgarten *m*, Hofgarten *m*
back lining Anschlagleiste *f (Fensterladen)*; Führungsleiste *f (Schiebefenster)*
back-nailing Aufnageln *n*, Verdecktnagelung *f (von Dachpappe)*
back-pressure valve Gegendruckventil *n*, Einwegventil *n*
back-set Klumpenbildung *f (bei Zement)*
back-to-back house Reihenhaus *n*
back-up Hintermauerung *f*; Rücken(träger)schicht *f*, Rücklage *f*, Füllschicht *f*; Unterschicht *f*; 2. Rücklage *f*, Überfluss *m (in einem Leitungssystem)*
back-up masonry Hintermauerung *f*
back-up material Unterschicht *f*; Füllmaterial *n*
back-up strip Trägerleiste *f*, Nagelleiste *f*
back view Rückansicht *f*, Hinteransicht *f*
backfaçade Rückseite *f*, Rückansicht *f*, Hinterfront *f*
backfill 1. *(Erdb)* Verfüllmaterial *n*; Schüttung *f*; 2. *(Erdb)* Verfüllung *f*
backfill concrete Hinter(füll)beton *m*, Füllbeton *m*
backfilling material Verfüllmaterial *n*
backflow connection (system) Rückflussleitungssystem *n*
backflow preventer Rückflussschutzventil *n*, Rückflusssicherung *f*

background 30

background 1. Grundschicht f, Untergrund m; 2. Hintergrund m
background heating Unterflurheizung f, Unterflurheizungssystem n
backhoe 1. Grabenaushubausrüstung f (eines Baggers); 2. Tieflöffelbagger m; (AE) Grabenbagger m (ziehend arbeitender Löffelbagger); Tieflöffel m
backing 1. Gehrung f (Gratsparren); 2. Passleiste f, Futterleiste f (Fußbodendielung); 3. innerer Teil m (Hohlwand); 4. Hinterfüllung f; 5. s. back-up strip; 6. Rauwerk n (Unterputzschicht); 7. Teppichbeschichtung f (Unterseite); 8. Schweißunterlagshilfe f; 9. Glattschlagen n (Steinvorlage)
backing material Grundmaterial n (z. B. für Beschichtungen)
backing-up Hintermauerung f, Hintermauern n
backsight (Verm) Rücksicht f, Rückblick m
backsloper Böschungshobel m
backstein Gothic Backsteingotik f
backwater storage Rückstauvolumen n (z. B. eines Regenrückhaltebeckens)
backyard Hinterhof m
bacterial corrosion bakterielle Korrosion f
bacteriological purification bakteriologische Reinigung f
bad bevel Baumkante f, Wahnkante f (bei Nutzholz)
bad ground weicher Boden m, nicht tragfähiger Erdstoff m
bad workmanship mangelhafte Ausführung f
badigeon Flickmaterial n, Füller m (für Löcher)
baffle wall Trennwand f, Prallwand f, Prallfläche f, Prallstrahlablenker m
baggage claim area Gepäckausgaberaum m
baggage facility Gepäckabfertigungsanlage f
bagging plant Absackhalle f
bahut (AE) 1. abgerundete oberste Schicht f (einer Brüstungsmauer); 2. Drempelerhöhung f
bake v 1. thermisch behandeln, im Ofen trocknen (z. B. Ziegel); brennen, glühen (Keramik); 2. (ein)brennen (z. B. von Farben); 3. sintern
bake v **bricks** Ziegel brennen

baked finish eingebrannter Decklack m [Lack m]
baking 1. Trocknung f (von Ziegeln); Wärmebehandlung f (z. B. von Holz); 2. Einbrennen n (von Farben); 3. Sinterung f
balance v (Stat) ausgleichen
balance bridge Klappbrücke f
balance calculation [method] Ausgleichmethode f, Ausgleichrechnung f, Ausgleichverfahren n
balanced earthworks (Erdb) Massenausgleich m
balanced load 1. symmetrische Belastung f (von Stahlbeton; Beton und Stahl erreichen gleichzeitig die Bruchgrenze); 2. symmetrische Belastung f (Drehstromquelle)
balanced reinforcement optimal dimensionierte Bewehrung f
balanced window Schwingflügel m
balancing reservoir Ausgleichsbecken n
balconet(te) Austrittsfenster n
balcony 1. Balkon m; 2. Balkon m, Galerie f (im Theater); (AE) Rang m
balcony access apartment Laubengangwohnung f
balcony access block Außenganghaus n, Laubenganghaus n
balcony door Balkontür f
balcony parapet Balkonbrüstung f
baldachin Baldachin m
balk 1. Balken m; Kantholz n (über 100 mm × 125 mm im Durchmesser); 2. (AE) Begrenzungsfurche f (eines Landgrundstücks)
ball-and-socket footing Fußgelenk n (Rahmen, Stütze)
ball-and-socket joint Kugelgelenk n
ball breaker (AE) Fallbirne f, Zertrümmerungskugel f
ball hardness test Kugelhärteprüfung f
ball-jointed rocker bearing Kugelzapfenkipplager n
ball pump Pumpe f mit Rückschlagventil, Kugelventilpumpe f
ballast v (be)schottern, aufschottern (Eisenbahnbau)
ballast 1. (Verk) Unterlage f, Bettung f (für Gleise); 2. Kiesschotter m, Schotter m, Grobschotter m (für Gleisbau); Grobzuschlagstoffe mpl, Grobkies m (für Beton); 3. Ballast m; 4. (El) Vorschaltgerät n (für Entladungslampen)

ballast filter Kiesfilter n
ballast truck Großkipper m
ballasting 1. Beschotterung f; 2. Schotterbett n (Eisenbahn); Gleisbettung f
ballistic sorting ballistische Sortierung f (von Müll)
balloon framing senkrechte Holzverschalung f (über die volle Höhe)
ballroom Tanzsaal m, Ballsaal m
baluster (Hb) Baluster m, Docke f, Brüstungsstab m, Geländerstab m, Treppengeländerpfosten m, Sprosse f
balustrade Balustrade f, Brüstung f, (offenes) Geländer n (Balkon, Treppe, Brücke)
band 1. (Arch) Band n (Schmuck an Säulen und als Gesimsglied); 2. Gurt m (Ornament); 3. Bindeschiene f; 4. Ring m (Öse und Schleife)
band chain Messkette f
band conveyor Gurtförderer m
band course Gesimsband n, Mauerband n; Bandgesims n, Brustgesims n
band fillet Zierleiste f
banded streifig; streifenartig (ausgebildet)
banding Abschlussleiste f, Deckleiste f; Zierleiste f
banister 1. (AE) Handlauf m, Handgeländer n (Treppe); 2. s. baluster
bank v 1. aufdämmen, mit einem Wall umgeben; 2. (Verk) überhöhen (Kurven)
bank v up abdämmen, andämmen, stauen, Wasser aufstauen
bank 1. Damm m, Erdaufschüttung f; Fahrdamm m, befahrbarer Damm m; 2. (Verk) Böschung f; 3. Ufer n (Fluss); Uferböschung f; Wasserkante f; 4. Erdstoffbank f; 5. s. banking; 6. Bankgebäude n
bank building Bankgebäude n
bank-funded bankfinanziert
bank guarantee Bankbürgschaft f
bank line Uferlinie f (Fluss)
bank measure 1. Erdmassenmenge f; 2. Erdmassenermittlung f
bank of ditch Grabenböschung f
bank protection Uferschutz m, Ufersicherung f, Uferverkleidung f
bank slope Böschungsschräge f, Böschungswinkel m
bank sloping Abböschen n, Böschungsziehen n

banker 1. Steinmetzwerkbank f; 2. Mischunterlage f (zum Mischen von Mörtel)
banking 1. (Verk) Überhöhung f (einer Kurve); 2. (Verk) (AE) Streckenführung f
banquette 1. Bankett n, Bankette f (Böschungs-, Deichaufsatz); 2. (AE) (befestigter) Gehweg m; (erhöhter) Fußweg m; 3. gepolsterte Wandbank f; Fensterbank f, Fenstersitz m
baptistery 1. (Arch) Baptisterium n, Taufkirche f; 2. (Arch) Taufbecken n, Taufstein m
bar 1. Stab m, Stange f; Bewehrungsstab m, Glied n (einer Bewehrung); Lamelle f (Stahlbau); 2. Füllungsstab m; Schließe f, Querholz n, Riegel m (Verschlussstange, z. B. für Tore); 3. Bar f; Gaststätte f
bar buckling Gliedknickung f, Stabknickung f
bar chain Stabzug m (Stahlbeton)
bar chair Abstandhalter m, Stabhalterung f (Stahlbeton)
bar chart Balkendiagramm n, Stabdiagramm n
bar construction Stab(werk)konstruktion f
bar field Gliedfeld n, Stabfeld n
bar frame Stabrahmen m
bar joist 1. Gitterträger m; 2. Quereisen n, Verteilereisen n
bar mat Bewehrungsmatte f
bar schedule Armierungsplan m
bar spacer Abstandhalter m, Bewehrungsbock m
bar spacing Stababstand m, Bewehrungsstahlabstand m
barbed wire fence Stacheldrahtzaun m
barbican (Arch) Barbakane f, Außenwerk n; Torzwinger m; Wachtturm m, Warte f (an einem Tor oder einer Brücke)
bare 1. ungeschützt; 2. (El) nackt, blank (Draht); 3. unterdimensioniert, unter Maß
barge couple 1. Fußbalkenlager n (eines Giebeldachs); 2. Endsparren m
barge course 1. Rollschicht f, Abdeck(ungs)schicht f, Schlusslage f (Mauerwerk); 2. Abschlussdachziegel m, Randziegel m
barge lift Schiffshebeanlage f; Schiffshebewerk n
barked timber Schälholz n

barn

barn 1. Scheune f; 2. (AE) Stallgebäude n, Stall m (Landbau)
barn-door hanger Schiebetoraufhängung f
Baroque (Arch) Barock m(n)
baroque architecture Barockarchitektur f, Barockbaukunst f
barracks 1. Kaserne f; 2. Mietskaserne f; Bauunterkunft f
barracks building Kasernengebäude n
barrage (dam) (Wsb) Sperrmauer f, Staumauer f, Staudamm m (zur Bewässerung); Talsperre f
barred gate Querstrebentor n, Tor n mit Horizontalhölzern
barrel arch Tonnengewölbe n, rundes Bogengewölbe n
barrel camber Wölbung f (tonnenartig)
barrel handrail Rohrhandlauf m
barrel vault Tonnengewölbe n, Zylindergewölbe n; Tunnelgewölbe n
barrel vaulting Einwölben n
barrier 1. Barriere f; Sperre f; Schlagbaum m; 2. Dichtungslage f
barrier coat Absperranstrich m
barrier fence Absperrung f
barrier layer Sperrschicht f
barrier material Sperr(bau)stoff m, Sperrmittel n
barrier membrane Abdichtungslage f, Sperrschicht f, Sperre f
barrow run [way] Bohlenweg m, Laufbrett n (für Schubkarre); Karrbohle f
bas-relief Basrelief n, Flachrelief n, halberhabenes Relief n
basal drainage blanket Sohlendränageschicht f
basalt sett Basaltpflasterstein m
bascule bridge Klappbrücke f
base v on gründen auf
base 1. Tragschicht f, Unterbau m, Unterlage f, Grundschicht f (Straße); 2. Fundament n, Gründung f (Gebäude); Sockel m, Postament n, Untersatz m; Säulenbasis f, Säulenfuß m, Fuß m; 3. Grundlage f, Basis f; 4. Untergrund m, Haftgrund m (für Farbanstriche); 5. (AE) Fußleiste f (Fußboden); Scheuerleiste f
base attachment Fußausbildung f (einer Säule)
base bid Angebotspreis m; Angebotsbaupreis m

base block Grundstein m (z. B. bei einer Mauer)
base coat 1. Unterputz m, Unterputzschicht f, Rauwerk n, Grobputzlage f; 2. Grund m (z. B. Farbgrundierung); Grundanstrich m (Ergebnis)
base course 1. Planum n, Sauberkeitsschicht f, Fundamentschicht f; 2. Unterbettungsschicht f, Unterbau m, Gründungsschicht f, Tragschicht f (einer Straße)
base failure Grundbruch m, Geländebruch m
base flashing Dachfußblech n
base layer Tragschicht f
base level Gründungssohle f
base map Planungskarte f; Erschließungskarte f (Stadtplanung)
base material 1. Tragschichtmaterial n (Straßenbau); 2. Grundwerkstoff m, Trägerwerkstoff m; 3. Ausgangsmaterial n
base of foundation Fundamentsohle f, Fundamentabsatz m
base point Fußpunkt m
base sealing Basisabdichtung f (einer Deponie)
base sheet erste Lage f (Bedachung)
base slab Fundamentplatte f, Gründungsplatte f; Betonfundamentplatte f
baseboard Fuß(boden)leiste f, Scheuerleiste f; Sockelleiste f; Wischleiste f
basement 1. Kellergeschoss n, Souterrain n; 2. Fundament n (Gründungsmauer, Säule); Sockel m
basement boiler room Heizungskeller m
basement car park Tiefgarage f
basement flat Souterrainwohnung f, Keller(geschoss)wohnung f
basement house (AE) ebenerdiges Haus n
basement slab Fundamentplatte f
basement soil 1. Untergrund m, Baugrund m; 2. Unterbettungsschicht f, Unterbauschicht f (Straße); Unterbau m (Eisenbahn)
basement storey Kellergeschoss n, Untergeschoss n
basementless ohne Kellergeschoss
basic assumption (Stat) Grundannahme f
basic construction services Baubetreuung f (durch den Entwurfsingenieur)
basic cost(s) Grundkosten pl, Selbstkosten pl

basic dimension Grundmaß n, Nennmaß n
basic pattern Grundmuster n
basic services (AE) Bauberatung f und -betreuung f (durch Architekten in der Leistungsphase 1-7)
basic stress state Grundspannungszustand m
basilica Basilika f
basin 1. Becken n; Bassin n; Handwaschbecken n; 2. Hafenbecken n, Hafendock n
basis 1. Unterlage f; Fundament n; 2. Grundlage f
basis of calculation Berechnungsgrundlage f
basket arch Korbbogen m, gedrückter Bogen m
basket capital Korbkapitell n
basket work 1. Flechtwerk n (Ornament); 2. Faschinen fpl
bastard von abnormer Größe; unregelmäßig geformt (Bauelemente)
bastard ashlar Natursteinverblendung f (mit wenig behauenen Steinen)
bastion (Arch) Bastion f, Bastei f, Verteidigungsbollwerk n; Wall m
bat 1. Ankereisen n; 2. halber Ziegel m; 3. Spreize f, Strebe f
batardeau Fangdamm m
batch v dosieren (z. B. Beton); abmessen, zumessen; zuteilen, einsetzen, bemessen (bestimmte Mengen bei Baustoffaufbereitung)
batch 1. Charge f, Mischung f (z. B. Beton); 2. Bündel n, Posten m (z. B. von Holz) • **in batches** chargenweise
batch heater plant Heißmischwerk n, Heißmischanlage f (Chargensystem)
batch number 1. Losnummer f (Fliesen, Farbe); 2. Chargennummer f, Partienummer f
batching Dosierung f, Zumessung f, Bemessung f, Dimensionierung f (Betonmischung)
batching by conveyor belt Banddosierung f
batching by volume Raumdosierung f, volumetrische Dosierung f
bath 1. Bad n, Badezimmer n; 2. Badewanne f, Wanne f; 3. s. baths
bathhouse (AE) 1. Badehaus n; 2. Umkleidekabinen fpl (eines Schwimmbades)
bathroom 1. Badezimmer n, Bad n; 2. (AE) Toilette f
bathroom building-block module (San) Nasszelle f, Nassinstallationszelle f, Badezimmer(montage)zelle f
bathroom equipment Badausstattung f, Badezimmereinrichtung f
bathroom fittings Badezimmerarmatur f
baths Badeanstalt f; Badehaus n
bathtub Badewanne f, Wanne f
batt (AE) Wärmedämmmatte f
batt insulation Dämmmaterial n (für Wärme-, Kälte- und Schalldämmung aus Glaswolle, Schlackenwolle, Steinfaserwolle)
batted work handbehauene Steinoberfläche f, scharrierte [scharriert bearbeitete] Oberfläche f
batten v verkleiden, verschalen (mit Leisten)
batten 1. Latte f, Leiste f; Holzleiste f; Unterkonstruktionsleiste f; 2. Zierleiste f, Verzierung f; 3. Holzbohle f (ca. 65 mm dick, 150 mm breit); 4. Dachlatte f; Richtscheit n
batten door Lattentür f; aufgedoppelte Tür f
batten plate Scherkraftplatte f, Verbindungsplatte f für tragende Elemente, Bindeblech n, Schnalle f
batten roof Bohlendach n
battening Holzverlattung f
batter v anböschen, anschütten, anlaufen lassen, Neigung geben; dossieren, abschrägen; sich verjüngen, nach oben zurücktreten (eine Mauer)
batter Anlauf m, Hang m (Böschung einer Mauer); Neigung f, Schräge f; Verjüngung f, Anzug m, Dossierung f (künstliche Böschung)
batter boards Schnurbock m, Schnurgerüst n, Eckgerüst n
batter level (Verm) Neigungsmesser m
batter pile schräger Rammpfahl m, Schrägpfahl m
batter rule Neigungslehre f
battered geneigt, schräg; abgeschrägt, dossiert (Wand); verjüngt
battered wall anlaufende [nach oben verjüngte] Wand f, verjüngte Wand f,

battery

Wand f mit Anlauf, Schrägwand f, Schrägmauer f
battery casting Vorfertigung f in Batterieform
battle deck (bridge) floor Brückenüberbau m; Brückentafel f, Brückenplatte f
battlement 1. gezahnte Brüstungsmauer f, Mauer f mit Zinnen; 2. Zinnen fpl
battlement wall Befestigungsmauer f, Verteidigungsmauer f (Festung)
battlemented gekrönt, gezinnt, krenneliert
bawn Befestigungsumfriedung f (meist aus Stein um ein Gehöft)
bay 1. Fassadenfeld n; Brückenfeld n; Pfeilerweite f; 2. Feld n, Fach n (Balkenfeld); Kassette f; 3. Joch n (Gewölbeabschnitt in Sakralbauten); 4. Erker m; 5. Alkoven m, Laube f (aus Pflanzen, Büschen und Bäumen); 6. Hallenschiff n; 7. Bucht f; 8. Banse f (Lagerraum, z. B. in einer Scheune)
bay-and-cantilever system Raster- und Kragsystem f
bay division Feldweite f
bay leaf (Arch) Lorbeerblattdekoration f; Blattverzierung f (z. B. in der Deckenkassette)
bay of a vault Gewölbeabteilung f
bay rail Wandriegel m
bay unit Flächenraster n
bay window 1. Erkerfenster n, Ausluchtfenster n; Bogenfenster n; 2. Erker m
BCS s. British Calibration Service
beach gravel Strandkies m
beaching Uferbefestigung f, Steinpackung f (Ufersicherung)
beacon v markieren
beacons Befeuerung f (Flugverkehr)
bead 1. Rundstab m, Olivenstab m, Perlstab m (Ornament); gebogene Deckleiste f; Schutzschiene f (als Zier- und Schutzleiste); 2. Sicke f, Kehlung f; 3. Wulst m(f) (Blech); Blechverfalzung f (Dach); 4. Schweißraupe f
bead bend test Aufschweißbiegeversuch m
bead-jointed mit Zierleisten abgedeckt, stababgedeckt
bead welding Raupenschweißen n
beaded 1. gebördelt; gefalzt (Blech); 2. perlenförmig, perlschnurförmig
beam 1. Balken m (aus Holz, Stahl, Stahlbeton oder Spannbeton); Tragbalken m, Träger m; Unterzug m; 2. Ausleger m; Leiterbaum m, Baum m (Ausleger); 3. Strahl m (Lichtstrahl); Strahlenbündel n
beam anchor Trägeranker m, Balkenankerbügel m, Wandanker m (Zuganker); Kopfanker m, Stichanker m
beam-and-girder construction Trägerbalkendeckenkonstruktion f, Trägerrost m
beam and slab Plattenbalken m
beam-and-slab floor Plattenbalkendecke f, Rippendecke f
beam bolster Bewehrungshalter m (für Stahlbetonträger)
beam cross section Balkenquerschnitt m
beam deflection 1. Balken(träger)durchbiegung f; 2. Strahlenablenkung f
beam floor Balkendecke f, Unterzugdecke f
beam joint Balkenstoß m
beam system Balkenkonstruktionssystem n, Trägersystem n
beam test Biegezugprüfung f am Balken, Balkenprüfung f
beamed construction Trägerbauwerk n
beams Gebälk n
beams and rafters Balkenwerk n
beams and stringers Stützbalkentragwerk n, Balken mpl auf Längsträgern
bear v tragen (Lasten); (unter)stützen; drücken (Lasten); lagern
bear v **against** abstützen gegen; sich abstützen gegen, drücken gegen
bearer Unterzug m (Pfette); Hauptträger m; Podestträger m
bearing 1. tragend; belastet; 2. tragfähig (Baugrund)
bearing 1. Auflager n, Auflagerstuhl m, Lager n, Lagerung f; Auflagepunkt m; Lager n (Maschinenelemente); 2. Tragen n, Stützung f; 3. Tragewinkel m, Richtungswinkel m (horizontaler Winkel eines Bezugspunkts zur Achse des Quadranten)
bearing area Auflagefläche f, tragende Fläche f, Tragfläche f, Auflager n, ruhende Fläche f; Gründungsfläche f
bearing block 1. Kämpferstein m, Lagerstuhl m, Lagerbock m (Brückenbau); 2. (Hb) Knagge f
bearing capacity Tragfähigkeit f, Tragvermögen n

bearing chair Lagerstuhl *m*, Lagerbock *m* (Hochbau)
bearing course Tragschicht *f*
bearing distance Stützweite *f*, Spannweite *f* (*z. B. einer Brücke*)
bearing edge Auflage *f*, Auflager *n* (*Balken, Träger*); Einspannpunkt *m* (*fixierter Träger*)
bearing in longitudinal direction längstragend
bearing load Bodenpressung *f*, Bodendruck *m* (*Belastung*)
bearing out vorkragend
bearing partition tragende Zwischenwand *f*; tragende Trennwand *f*
bearing pile (*Erdb*) Tragpfahl *m*, Druckpfahl *m*; Rostpfahl *m*
bearing power Tragfähigkeit *f*, Tragvermögen *n*
bearing pressure Auflage(r)druck *m*; Stützkraft *f*; Bodenpressung *f*
bearing pressure of projected area Lochleibung *f*
bearing ratio Tragfähigkeitsindex *m*
bearing stratum tragfähige Erdschicht *f*, tragende Schicht *f*, Tragschicht *f*
bearing stress Auflagerspannung *f*
bearing wall tragende Wand *f*, Auflagerwand *f*, Konstruktionswand *f*; balkentragende Mauer *f*
beat *v* klopfen (*z. B. Steine*); hämmern, hämmernd bearbeiten
beat *v* **down** 1. einrammen (*Straße*); 2. einschlagen (*Fundament*)
beaten cobwork (*AE*) Lehmstampfbau *m*, Stampflehmbau *m*, Piseebau *m*, Kastenwerk *n*
beaver *v* **away** (*idiom.*) schuften
become *v* **brittle** spröde werden, versproden
become *v* **damp** schwitzen (*z. B. Mauern*)
become *v* **warped** sich krümmen, sich verwölben, sich verziehen
bed *v* betten, auflegen
bed *v* **in** einbetten
bed 1. Lagerung *f*, Auflager *n*; Unterlage *f*, Unterbau *m*; 2. Lager *n*, Lagerfläche *f* (*eines Auflagers*); 3. Schüttung *f*, Unterfütterung *f*; Mörtelbettung *f*; 4. Schicht *f* (*Geologie*); 5. Schieferunterseite *f*
bed joint 1. Lagerfuge *f*, Längsfuge *f*, Horizontalmörtelfuge *f* (*in Mauerwerk*);
Radialfuge *f* (*in Bögen*); 2. horizontaler Felsriss *m*
bed mortar Bettungsmörtel *m*, Lagermörtel *m*, Verlegemörtel *m*
bed pitching Sohlbefestigung *f*
bed-plate Auflagerplatte *f*, Fußplatte *f*, Sohlplatte *f*, Bodenplatte *f*
bed-sitting room 1. kombiniertes Schlaf- und Wohnzimmer *n*, Wohnschlafzimmer *n*; 2. Einraumwohnung *f*
bed-sitting room flat Einraumwohnung *f*
bedding 1. Bettung *f*, Einbettung *f*, Lagerung *f*; 2. Unterbettungsschicht *f*, Mörtelbettung *f*; Glaserkittbeet *n*; Schichtung *f* (*Aufschüttung*); 3. Schieferung *f* (*Geologie*); Schichtung *f* (*Gestein, Boden*)
bedding course Bettungsmörtelschicht *f*, Lagerschicht *f*, Mörtellager *n* (*erste Mörtelschicht*)
bedding module Bettungsmodul *m*, Bettungsziffer *f*
bedding of track Gleisbettung *f*
bedding plane Ablagerungsfläche *f*
bedroom closet Schlafzimmer-Einbauschrank *m*
beech wood Buchenholz *n*
beetle überhängend, vorstehend
beetle großer Holzhammer *m*; Stampfer *m* (*Hammer für Holzpfähle*); Steinramme *f*
behaved wood imprägniertes Holz *n*
behaviour under fire Brandverhalten *n*
behaviour under loading Belastungsverhalten *n*, Lastverhalten *n*
bell *v* aufweiten
bell 1. Muffe *f*, Muffenende *n* (*Rohr*); 2. Glocke *f*, Klingel *f*
bell-and-spigot joint Glockenmuffenverbindung *f*, Muffenverbindung *f* (*Rohrleitung*)
bell-cast roof Glockendach *n*
bell frame Glockenstuhl *m*, Glockengestell *n*
bell-shaped glockenförmig
bell system Klingelanlage *f*
bellied bauchig, konvex; gewölbt; ausgebaucht
belling 1. Pfahlfußverbreiterung *f* (*Gründung*); 2. Aufweiten *n*
bellmouthing trichterförmige Erweiterung *f*
bellow-framed door Harmonikatür *f*
bellows expansion joint Ausdehnungs-

belly

bogen *m (Rohrleitungen)*; Kompensator *m*

belly *v* **(out)** (auf)schwellen, ausbauchen, bauchig werden

belly-rod truss umgekehrtes Hängewerk *n*

below grade work Tiefbauarbeiten *fpl*

belowstairs *(AE)* Kellertreppe *f*

belt 1. Band *n*, Gurt *m*, Gurtband *n*; Förderband *n*, Fördergurt *m*; 2. Band *n*, Gurtgesims *n (Ornament im Mauerwerk und an Säulen)*; 3. Antriebsriemen *m*; Scheibe *f (Riemenscheibe)*; 4. Gürtel *m (Geologie)*

belt conveyor Bandförderer *m*, Gurtförderer *m*, Transportband *n*, Förderband *n*

belt course Gurtgesims *n*, Gesimsband *n*, Mauerband *n (Ornament)*

belt highway *(AE)* Ringstraße *f*; Umgehungsstraße *f*; Tangente *f*

belt-type proportioner Banddosiereinrichtung *f*

beltway *(AE)* Ringstraße *f*, Ringautobahn *f*

beltway route Tangentiale *f*, Tangentenlinie *f (Trassierung)*

belvedere Belvedere *n*, Aussichtsturm *m*; Sommerhaus *n* mit Aussichtspunkt

bench *v (Erdb)* abtreppen, abstufen

bench 1. Absatz *m (Vorsprung in einem Erdwall)*; Bankett *n*; 2. *(Verk)* Berme *f*, Straßenschulter *f*; 3. Bank *f*, Werkbank *f*; 4. *(AE)* Flussufer *n*

bench gravel Flusskies *m*, Bankkies *m*

bench mark *(Verm)* Fixpunkt *m*, Festpunkt *m*, Höhenmarke *f*, Höhen(bezugs)punkt *m*

bench test Laborversuch *m*

benched abgestuft; stufenweise, gestaffelt

benched footing abgetrepptes Fundament *n*

benching 1. *(Erdb)* Abstufen *n*, Abtreppung *f*; 2. *(Verk)* Bankett *n*, Randstreifen *m (Straße)*; 3. Betonbedeckung *f (für Böschungen)*; 4. seitliche Betonbettung *f (für Rohrleitungen)*

benchmark Höhenfestpunkt *m*, Höhenmarke *f*, Festpunkt *m (im Gelände)*

benchmarking 1. Festlegen *n* der Höhenfestpunkte, Höhenfestpunktfixierung *f*; 2. Festlegen *n* der Leistungskriterien; Bewerten *n* mittels Leistungsdaten

benchwork Werkbankarbeit *f*; Werkstattarbeit *f*

bend *v* biegen; wölben; falzen; sich (durch)biegen; sich wölben *(Blech)*; sich krümmen *(z. B. Straße)*

bend *v* **down** abbiegen, aufbiegen *(Betonstahl)*

bend *v* **up** aufbiegen, abbiegen *(Betonstahl)*

bend 1. Biegen *n*; Aufbiegung *f*, Abbiegung *f (Betonstahl)*; 2. Biegung *f*; Krümmung *f*; Windung *f*; Knick *m*; 3. *(Verk)* Kurve *f*, Krümme *f*, Biegung *f*; 4. Krümmer *m*, Bogenrohr *n*

bend-resistant biegesteif

bend test Biegeversuch *m*

bendiness Kurvigkeit *f*

bending 1. Biegen *n*; Umbiegung *f*; Falzen *n*; 2. Durchbiegung *f*; Krümmung *f*

bending action Biegebeanspruchung *f*

bending analysis Biegerandspannungsberechnung *f*, Biegelehre *f*

bending and axial load *(Stat)* Biegung *f* mit Längskraft

bending angle Biegewinkel *m*

bending coefficient Biegezahl *f*

bending deformation Biegeformänderung *f*, Biegeverformung *f*

bending elasticity Biegeelastizität *f*

bending endurance Dauerbiegefestigkeit *f*

bending failure Biegebruch *m*

bending fatigue Biegeermüdung *f*, Biegungsermüdung *f*

bending line Biegelinie *f*, Biegungslinie *f*, elastische Linie *f*

bending rigidity Biegesteifigkeit *f*, Biegesteife *f*, Biegestarrheit *f*

bending schedule Bewehrungsplan *m*, Eisenbiegeplan *m*, Biegeliste *f*, Biegezeichnung *f*

bending stiffness Biegesteifigkeit *f*, Biegesteife *f*

bending stress Biegebeanspruchung *f*, Biegespannung *f*

bending test specimen Biegeprüfkörper *m*, Biegeprüfstück *n*

bendproof biegesteif

benefit building society Baugenossenschaft *f*

bent gebogen; krumm, gekrümmt

bent 1. Rahmentragwerk *n (zweidimensional)*; Gerüst *n*, Gestell *n (Fachwerk)*;

Portalrahmen *m*, biegesteifer Rahmen *m*, Querrahmen *m* *(Schichtholz)*; 2. Joch *n*, Pfahljoch *n*; 3. s. bend 2.
bent bar aufgebogener [abgebogener] Bewehrungsstab *m*, gebogene Verbindungslängsbewehrung *f*; Schrägeisen *n*, Schrägstab *m*; Schubeisen *n*
bent roof Wölbdach *n*
bent tile Dachpfanne *f*, Pfanne *f*
bent-up Aufbiegung *f*, Abbiegung *f*
bentwood geformtes Holz *n*, Pressholz *n*
berm Absatz *m*, Bankett *n*, Berme *f*, Böschung *f*
berth Ankerplatz *m*, Liegeplatz *m* *(Schiff)*; Anlegestelle *f*
besant Scheibenornament *n*, Scheibenverzierung *f*
béton brut 1. unbearbeiteter Sichtbeton *m*; 2. Schalungsabdruck *m* (am Beton)
betterment 1. Wertzuwachs *m* (z. B. bei Bauland, Grundstücken); 2. Bodenverbesserung *f*, Melioration *f*
bevel *v* 1. abschrägen, abkanten, abkragen, absetzen; 2. *(Hb)* ausschrägen
bevel schräg *(Kante)*; abgefast; schiefwinklig
bevel Schräge *f*, Abschrägung *f*, Abkragung *f*, Fase *f*; Kante *f*; Gehrung *f* *(nicht rechtwinklig)*; Facette *f*
bevel corner halving Ecküberblattung *f* *(mit Gehrung)*
bevel sawing Gehrungssägen *n*
bevel way Schrägmaß *n*, Gehrmaß *n*
bevelled 1. abgeschrägt, schräg *(Kante)*; abgefast, gefast; 2. *(Hb)* gebrochen
bevelled corner halving Ecküberblattung *f* mit Gehrung
bevelled edge Schrägkante *f*, Fase *f*
bevelling 1. Abschrägen *n*, Abfasen *n*; 2. *(Hb)* Brechen *n*; 3. Fase *f*; Gehrung *f* *(nicht rechtwinklig)*
bevelling cut *(Hb)* Backenschmiege *f*, Wangenschmiege *f*
bias 1. systematischer Fehler *m*, systematische Abweichung *f*; Vorurteil *n*
bias of test result systematischer Prüffehler *m*
bib-cock Ausflusshahn *m*, Wasserhahn *m*
bib nozzle Ausflusshahn *m*
bib-tab Wasserhahn *m*
bicycle lane Radweg *m*; Radfahrspur *f*
bicycle racks Fahrradstand(platz) *m*
bicycle track Radweg *m*

bid *v* ein Angebot machen
bid Bauangebot *n*, Offerte *f*
bid bond Angebotsobligation *f*
bid form Angebotsformular *n*
bid guarantee Angebotssicherheit *f*
bid letting [opening] Angebotseröffnung *f*, Ausschreibungseröffnung *f*
bidder Bieter *m*, Anbieter *m*, Bietender *m*; Bewerber *m*
bidding documents Ausschreibungsunterlagen *fpl*
bidding drawing Ausschreibungszeichnung *f*, Tenderzeichnung *f*
bidding requirements Angebotsbedingungen *fpl*
bidet Bidet *n*, Sitzwaschbecken *n*
bifolding door Doppelfalttür *f*
bifurcated pipe gabelförmiges Rohr *n*, Abzweigrohr(stück) *n*
bike lane Radweg *m*; Radfahrspur *f*
bill *v* **for quantities** aufmessen, das Aufmaß machen; Leistung auflisten
bill of materials 1. Materialliste *f*; 2. (geschätzter) Voranschlag *m*
bill of quantities 1. Bauleistungsverzeichnis *n*, Leistungsverzeichnis *n*, L. V., Bauleistungsangabe *f*, Bauleistungsbeschreibung *f*, Massenauszug *m* *(Leistungsverzeichnis)*; Massenermittlung *f*; 2. Voranschlag *m*
billboard *(AE)* Reklametafel *n*
billing Gesamt(bau)preisermittlung *f*
bin 1. Silo *n(m)*, Silozelle *f*; Bunker *m* *(Dosiervorrichtung)*; 2. Greiferkübel *m* *(Bagger)*
bind *v* 1. binden, flechten *(Stahlbetonbewehrung)*; nachziehen; 2. binden, fest [hart] werden; anziehen *(Beton)*
binder 1. Binder(stein) *m*, Strecker *m* *(Mauerwerk)*; 2. Binder(balken) *m*, Bundbalken *m*, Zwischendeckenbalken *m*; 3. Binderschicht *f*, Asphaltbinderschicht *f*, Binderlage *f* *(Straße)*; 4. Bindemittel *n*, Binder *m*; 5. Bügel *m* *(zur Bewehrung)*
binder content Bindemittelgehalt *m*, Bindemittelanteil *m*
binder course 1. Mauersteinbinderlage *f*; 2. Asphaltbinderschicht *f*
binder portion Bindemittelanteil *m*, Bindemittelgehalt *m*
binders and joists Gebälk *n*, Balkenlage *f*, Holzgebälk *n*

binding 38

binding 1. Flechten *n*, Rödelung *f (Stahlbewehrung)*; 2. Bindung *f (des Zements)*; 3. bituminöse Haftung *f*
binding beam Bundbalken *m*, Binderbalken *m*; Zange *f*, Streckbalken *m*
binding joist Unterzug *m*, Unterstützungsträger *m (aus Holz oder Beton für Decken)*
binding piece *(Hb)* Zange *f*, Streckbalken *m*, Koppelbalken *m*
binding rafter Pfette *f*
bioaeration Belüftung *f*
biodegradability biologische Abbaubarkeit *f*
biodegradable biologisch abbaubar
biological clarification plant biologische Kläranlage *f*
biological shielding Strahlenschutz *m*
biological shielding material Strahlenschutzbaustoff *m*
biological waste composting *n* Biomüllkompostierung *f*
biparting door zweiflügelige Tür *f*
birch wood Birkenholz *n*
bird's-eye view Vogelperspektive *f*
bird's-mouth 1. *(Hb)* Gabel(schmiege) *f*, Geißfuß *m*; 2. *(Hb)* s. bird's-mouth joint
bird's-mouth joint Aufklauung *f*, Verklauung *f*; Klaue *f*
bit Bohrer *m*; Meißel *m*; Schneide *f*; Hobeleisen *n*; Bohrerspitze *f*
bite *v* angreifen, ätzen *(Metalle, Kunststoffe)*; zerstören *(durch Korrosion)*
bitumen binder bituminöses Bindemittel *n*
bitumen coating Bitumenanstrich *m*
bitumen layer Bitumenlage *f*, Bitumenschicht *f*
bitumen pavement *(Verk)* Asphaltbefestigung *f (Straßenbau)*
bitumen surfacing Asphaltbefestigung *f*
bitumen waterproofing sheeting Bitumendichtungsbahn *f*
bituminous base course Asphalttragschicht *f*
bituminous felt Bitumen(dach)pappe *f*, Dachpappe *f*
bituminous mixing plant *(Verk)* Asphaltmischanlage *f*, Schwarzdeckenmischanlage *f*
bituminous mixture bituminöses Mischgut *n*, Asphalt *m*; Schwarzdeckenmischgut *n*

bituminous sheeting 1. bituminöse Straßendecke *f*; 2. Bitumenbahn *f*
bituminous waterproof(ing) coat bituminöser Sperranstrich *m*
black wood Palisanderholz *n*
blackout building fensterloses Gebäude *n*
blackout window Verdunklungsfenster *n*
blackspot Unfallschwerpunkt *m*
blade grader Straßenhobel *m*, Grader *m (Baumaschine)*
blades Bindergespärre *n*, Bindersparren *mpl (Dach)*
blading Planieren *n*, Einplanieren *n (Straßenbau)*
Blaine fineness Feinheit *f* nach Blaine, Blaine-Wert *m*
blank cap Endverschluss *m*
blank wall ununterbrochene Wand *f*, durchgehendes Mauerwerk *n*
blank window Blindfenster *n*
blanket *v* abdecken; abschirmen
blanket Dämmmatte *f*; Schallschluckmatte *f*, Dichtungsschürze *f*
blast 1. Sprengung *f*, Schuss *m*; 2. Gebläseluft *f*
blast cleaning Strahlreinigen *n*, Putzstrahlen *n*; Sandstrahlen *n*
blast-furnace cement Hochofenzement *m*, Hüttenzement *m*
blast-furnace slag Hochofenschlacke *f*, Schlacke *f*
blasting 1. Sprengen *n*, Sprengung *f*, Schießarbeit *f*; 2. Putzstrahlen *n*
blasting mat Sprengschutzbedeckung *f*
blasting operations Sprengarbeiten *fpl*
bleach *v* bleichen; entfärben
bleed *v* 1. auslaufen lassen, anzapfen *(Dampf, Flüssigkeit)*; 2. schwitzen *(Beton)*; 3. bluten, schwitzen *(Asphaltflächen)*
bleed-through 1. Durchschlagen *n*, Durchdrücken *n (Farbanstrich)*; 2. Holzoberflächenentfärbung *f*, Furnierfärbung *f (durch durchdrückenden Leim)*
bleed valve Auslassventil *n*, Entlüftungsventil *n*
bleeder Ablasshahn *m*; Entlüftungshahn *m*; Entwässerungsrohr *n*
bleeder pipe Dränsammelrohr *n*
bleeding 1. Ausströmen *n*, Auslaufen *n*; Lecken *n*; Anzapfen *n*; Bluten *n (Asphaltstraße)*; 2. Sickerung *f*; 3. Abwäs-

sern n *(Frischbeton)*; 4. Durchdrücken n *(z. B. von Farbe)*
blend v (ver)mischen, vermengen; verschneiden
blended cement Mischzement m, Mischbinder m, Schlackenzement m
blighted area baufälliges Gebiet n, heruntergekommene Bebauung f, Slums pl *(heruntergekommenes Wohnviertel)*; Sanierungsgebiet n *(zur Sanierung vorgesehen)*
blind v 1. absplitten, Splitt aufbringen, abstumpfen *(Straße)*; 2. zusetzen, verstopfen *(z. B. Siebe, Filter)*; 3. matt werden *(Glas)*
blind Abschirmung f, Blende f, Jalousie f, Schattenvorhang m
blind area Kellerwandummauerung f
blind door Blindtür f
blind drain unangebundener Drän m; Sickerschlitz m *(eines unangebundenen Dräns)*; Rigole f, Rigolet f *(Entwässerungsgraben)*
blind nailing Blindvernagelung f, Verdecktnagelung f, verdeckte Nagelung f
blind window Blindfenster n
blinding 1. *(Verk)* Splittaufbringen n; Abstumpfen n, Abgrusen n; 2. Verstopfen n *(z. B. von Sieben)*; 3. Mattwerden n; 4. Oberflächenabschluss m *(dünne Splitt-, Sand- oder Kiesschicht auf Straßen)*; 5. Magerbetonsauberkeitsschicht f; Unterbetonausgleichsschicht f
blinding concrete Ausgleichsbeton m
blistering 1. Bläschenbildung f, Blasenziehen n *(z. B. von Anstrichen)*; 2. Ausfallstellenbildung f; 2. losgelöste Putzstellen fpl, Hohlstellen fpl
bloated clay Blähton m, geblähter Ton m
bloating Aufblähen n
block v 1. blockieren, arretieren; verriegeln; 2. sperren *(Straßen)*; 3. verankern, verkeilen *(Spannbeton)*; 4. verstopfen
block v **off** absperren; abdichten, abdämmen
block v **out** aussparen *(Betonbau)*
block 1. Block m, Blockstein m, Steinblock m; Stein m *(Beton)*; 2. Klotz m, Holzklotz m *(Fußboden, Holzpflaster)*; 3. Block m, Häuserblock m; Häuserviertel n; Trakt m; 4. *(einzelnes)* Gebäude n; 5. Kloben m *(Flaschenzug)*
block arch Steinbogen m

block bond Blockverband m
block buildings Gebäudekomplex m, Blockbauten mpl
block capital *(Arch)* Würfelkapitell n
block-in-course masonry Schichtenmauerwerk n
block of flats Mietshaus n; Wohnblock m, Häuserblock m
block-out Aussparung f *(Betonbau)*
blocking gate Absperrventil n
blocklaying Blocksteinverlegen n, Großblocksteinversetzen n; Vermauern n
blockwork Betonblocksteinmauerwerk n
bloom 1. Ausblühung f *(Ziegelmauerwerk)*; 2. Flaum m *(auf Farbanstrich)*; Schleierbildung f *(frischer Lackanstriche)*, Vorblock m *(Stahl)*
blow v **out** platzen, einbrechen *(Befestigung, Damm)*
blow bending test Schlagbiegeversuch m, Schlagbiegeprüfung f
blow-off pipe [tube] Ablassrohr n; Abblasrohr n
blow-up Aufwölbung f, Ausknickung f
blower Gebläse n; Lüfter m
blown joint Rohrverbindung f *(hergestellt mit der Lötlampe)*; Rohrmuffe f
blue print Blaupause f, Lichtpause f
blunt stumpf, abgestumpft
blushing Anlaufen n, Schleierbildung f, Weißwerden n *(von Lacken)*
board v verkleiden, verschalen *(mit Brettern)*; täfeln; dielen, Dielen legen
board v **up** mit Brettern verschlagen [vernageln]
board 1. Brett n; Planke f, Bohle f; Diele f; Platte f; 2. Pappe f; Karton m; 3. Leitung f *(Gremium)*; Direktion f
board and brace Federverbindung f *(von Holzteilen)*
board building Direktionsgebäude n
board finish concrete Schalbrettmusterbeton m
board formwork Brett(er)schalung f
board partition (wall) Bretterwand f, Holztrennwand f
board room Sitzungszimmer n
board shuttering Bretterschalung f
boarded verbrettert, gebrettert, mit Brettern versehen
boarding 1. Verschalung f, Schalung f, Brettverkleidung f; Bretterung f; Täfelung f; Dielung f; Beplankung f; Bretter-

boarding

zaun m; 2. Verschalen n; Täfeln n; Dielen n; 3. Schalbretter npl

boarding joist Dielenbalken m

boast v scharrieren, (grob) behauen, beizen (Rohstein)

boasted surface [work] scharrierte Steinoberfläche f

boat-bridge Pontonbrücke f, Schwimmbrücke f

body v eindicken, verdicken (z. B. Anstriche); eindicken, dick werden

body 1. Körper m, Stoff m; 2. Körper m, Baukörper m; 3. Masse f, Fertigmasse f (keramische Baustoffe); Rohfliese f; 4. Körper m, Konsistenz f (z. B. von Farben, Ölen); 5. Schaft m (einer Schraube); 6. Kasten m; Gehäuse n; Wagenkasten m; 7. Dichte f (Bauholz)

body of lock Schlosskasten m

body shell Baukörper m

boil 1. Wassereinsickerung f (bei Erdarbeiten); 2. Bodenfließen n

boil hole Frostaufbruch m, Frosthebung f (Baugrund, Straße)

boiler equipment Kesselausrüstung f

boiler group Kesselanlage f (Heizung)

boiler jacket 1. Kesselverkleidung f; 2. Boilerverkleidung f; Boilerisolierung f

boiler plant Kesselanlage f

boiler room Kesselraum m; Heizraum m; Heizungskeller m

bolection moulding Kehlstoß m

bolster v unterbauen, unterfüttern, unterlegen; unterpolstern

bolster 1. Sattelholz n; 2. Polsterholz n; 3. Breiteisen n, Hackmeißel m

bolt v anschrauben, verschrauben; festschrauben (mit Bolzen); verbolzen, festklemmen (mit Bolzen); verriegeln, verschließen

bolt 1. Bolzen m, Schraubenbolzen m; Schraube f, Mutterschraube f; Dorn m; 2. Riegel m, Türriegel m; 3. Tapetenrolle f

bolt connection Bolzenverbindung f

bolt driving tool Bolzenschlaggerät n

bolted verbolzt, verschraubt

bolted connection Schraub(en)verbindung f

bolting Verbolzung f; Verschraubung f

bomb shelter Bombenschutzraum m; Luftschutzraum m

bond v 1. aufschichten, in Verband legen, im Verband mauern (Steine); 2. (ver)kleben, verleimen, verbinden; 3. (El) (leitend) verbinden; 4. Baukredite aufnehmen

bond 1. Verbund m, Verband m (Mauerwerk); 2. Verbindungsstück n; Lasche f; 3. (Verk) Schienenverbinder m, Brücke f; 4. Verbindungsstelle f; Verklebung f; 5. elektrische Verbindung f; Strombrücke f; 6. Adhärenz f, Haftung f; 7. Sinter m, Agglomerat n; 8. Baufinanzgarantie f (Bankbürgschaft)

bond area Haftfläche f

bond breaker [breaking agent] Haftverhinderer m, Trennmittel n (zum Ablösen, chemisch wirkend)

bond coat Haftanstrich m, Haftbrücke f

bond-improving haftverbessernd

bond stone durchgehender Stein m

bond stress 1. Scherspannung f (am Bewehrungseisen); 2. Haftspannung f

bonded masonry im Verbund gemauertes Mauerwerk n, verbundenes Mauerwerk n

bonded tendon Verbundspannglied n (Spannbeton)

bonded wood Leimholz n, verleimtes Holz n

bonder Binder(ziegel) m, Strecker m

bonding 1. Verbinden n; Verklebung f; Verleimung f; Verzahnen n (von altem und neuem Mauerwerk); 2. Haftfestigkeit f; Haftung f; 3. Haftverbund m; 4. (El) Verbindung f, Anschluss m

bonding course Haftbrücke f, Haftschicht f

bonding interlay Schichtverbund m (mit Verbundschicht)

bonding pocket Aussparung f (in einer Mauer); Einbindeöffnung f

bonding sealing Klebedichtung f

bonding stress Haftspannung f

bone v ausfluchten, vermarken

boning-in (Verm) Nivellieren n, Vermarkung f (Tafeln, Einmessen)

boning rod (Verm) Visiertafel f, Fluchttafel f, Krücke f; Fluchtstab m, Fluchtstange f

bonnet hinge Motorhaubenscharnier n

book closet Büchereinbauschrank m, eingebauter Bücherschrank m

boom 1. Gurt m, Gurtung f, Flansch m; 2. Ausleger m; 3. Aufschwung m, Hochkonjunktur f

boom crane Auslegerkran m

boom-lifting winch Hebewinde f
boom member Gurt(ungs)stab m
boom stiffening Gurtungsverstärkung f, Flanschaussteifung f
boosted station Druckerhöhungsanlage f
boosted water supply Druckwasserversorgung f, Wasserversorgung f mit Druckverstärkung
booth 1. Bretterhütte f; Marktbude f; Stand m; Messstand m; 2. Zelle f, Telefonzelle f; Kabine f (z. B. Wahlkabine); 3. *(AE)* feste Tisch-Stuhl-Einheit f (speziell in Restaurants)
border v 1. (um)bördeln; einfassen (mit einem Kantenschutz versehen); 2. begrenzen; angrenzen
border v **in** *(HLK)* einkanten
border v **on** grenzen an
border v **up** *(HLK)* aufkanten (Blech)
border 1. Rand m; Kante f; Umrandung f, Randeinfassung f; Lagerfries m (Fußboden); 2. Grenze f
border-joist Streckbalken m
border stone 1. Grenzstein m, Begrenzungsstein m; 2. Bordstein m, Randstein m (eines Gehwegs)
bore v **out** ausbohren
bore 1. Bohrung f, Bohrloch n; 2. Nennweite f, lichter Durchmesser m, Innendurchmesser m (eines Rohres)
bored caisson Bohrpfahl m
bored pile Bohrpfahl m
boring by percussion Schlagbohren n
boring core Bohrkern m
boring work Bohrarbeiten fpl
boron-loaded concrete Schwerstbeton m, sehr dichter Beton m mit Bor-Additiven
borrow 1. *(Erdb)* Seitenentnahme f, Massenentnahme f (von Erdstoffen); 2. s. borrow material; 3. Seitenentnahme f
borrow material *(Erdb)* Füllmassen fpl, Auffüllmaterial n
borrow pit Entnahmegrube f, Seitenentnahmestelle f
boss v bossieren, bossen, grob behauen (Steine)
boss 1. Bosse f, Bossenstein m, Bossen(quader) m, Schlussstein m; 2. Bossenornament n; 3. strukturierte Metalloberfläche f; 4. Lochplatte f; 5. Vorarbeiter m; Polier m

bossage 1. Bossenwerk n; 2. bossierter Stein m
bossing 1. Bossieren n (Stein); 2. Bossieren n, Weichmetallklopfen n, Profilklopfen n (Metall)
bottle v sich einschnüren (Zugfestigkeitsprüfung)
bottle bank Altglascontainer m, Glascontainer m, Glasbehälter m
bottle brick Hohlziegel m (für Leitungen oder Armierung)
bottle-neck Straßenverengung f, Einengung f
bottom v gründen, mit Unterbau versehen (Straße)
bottom 1. Boden m, unterster Teil m (z. B. einer Bohrung); Tiefpunkt m (Boden); Sohle f (Behälter); 2. Boden m (Behälter); 3. Fuß m (Unterteil); Basis f
bottom boom Untergurt m, Untergurtung f
bottom flange of a beam Trägerunterflansch m
bottom member Unterflansch m
bottom outlet 1. Grundablass m; 2. Ablassschütz n
bottom step Antrittsstufe f
bottoming *(Verk)* Packlage f, Unterbrettung f (Straße)
boulder Geröllblock m, Rollstein m, Felsblock m (< 25 cm ∅); *(AE)* Findling m
bound v begrenzen, abgrenzen; beschränken
bound 1. geflochten (Bewehrung); 2. gebunden
bound moisture gebundene Feuchte f, gebundenes Wasser n
bound reinforcement geflochtene Bewehrung f
boundary Grenze f; Begrenzung f, Rand m
boundary action Randwirkung f
boundary condition Grenzbedingung f
boundary line Begrenzungslinie f; Grenze f; Markscheide f
boundary moment Randmoment n
boundary survey Grenzvermessung f
bow v 1. bogenförmig verlaufen; bogenförmig gebaut sein; 2. biegen, krümmen (Holz)
bow Bogen m; Krümmung f; Wölbung f (Bogen einer Straße); Stich m
bow member Bogenlehre f
bower 1. Landhaus n; 2. Baumlaube f;

Gartenlaube f *(Blattwerk)*; 3. Kemenate f, Frauengemach n *(einer Burg)*
bowing under load Durchbiegung f bei Belastung
bowl 1. Schale f; Leuchtenschale f; 2. Schürfkübel m; 3. Klosettbecken n, Toilettenbecken n, WC-Becken n, Spülbecken n
bowstring arch Bogen m mit Zugband
bowstring girder Bogensehnenträger m
box v einmanteln, einhausen; einkapseln; einpacken *(in Kisten)*
box v **out** aussparen, ausstemmen
box v **up** verkleiden *(mit Holz)*; einrahmen
box 1. Kasten m, Kiste f, Truhe f, Behälter m; 2. Gehäuse n; Kapsel f; 3. Raumzelle f, Zelle f; 4. Theaterloge f
box beam Kastenbalken(träger) m, Hohlkasten(träger) m, Hohlbalken(träger) m
box caisson Caisson m
box construction type Kastenbauart f
box culvert Kastendurchlass m, Haubendurchlass m *(für Wasser, z. B. unter Straßen)*
box drain rechtwinkliger Kanal m *(für Abwasser)*; Kastendrän m, Kastenrinne f
box-head window Vertikalschiebefenster n
box-type window Kastenfenster n
boxing-in Einbauen n, Einschachteln n, Einhausen n
boxing work Schalungsarbeiten fpl
boxroom Abstellkammer f; Kammer f
brace v abstreifen, verstreben, versteifen, unterbauen; verschwerten; verspannen
brace 1. Strebe f, Verstrebung f; 2. Kopfband f; Zange f, Zugband n; 3. Kreuzlatte f; Querlatte f; 4. Bohrwinde f; 5. Klammer f; 6. *(El)* Schelle f; 7. Strebenband n, Winkelband n
brace pile Schrägpfahl m, schräger Rammpfahl m
braced arch offener Fachwerkbogen m
braced beam Fachwerkbinder m, Fachwerkträger m
braced door Rahmentür f
braced steel mast [tower] Gittermast m
bracing 1. Verstreben n; Versteifen n; Aussteifen n; 2. Verstrebung f *(von Konstruktionsgliedern)*; Versteifung f *(von Bauelementen)*; Aussteifung f *(eines Feldes, Bogens, Rahmens)*; Verspan-

nung f, Versteifung; 3. Strebe f; Steife f, Versteifungsglied n; Aussteifungsglied n; Verstärkungsglied n
bracing masonry Versteifungsmauerwerk n
bracket 1. Ausleger m *(herausragender Stützbalken)*; Konsole f, Kragstütze f; 2. Strebe f; Träger m
bracket console Konsole f, Kragstein m, Tragstein m
bracket-mounted roof gutter vorgehängte Dachrinne f
bracketed stair *(AE)* offene Treppe f mit Wangenverzierungen
bracketing Strebensystem n, Versteifungswerk n, Aussteifungswerk n
brad nail Drahtnagel m
braided rope geflochtenes Seil n
braking device Hemmvorrichtung f
branch v **(off)** abzweigen, sich verzweigen, sich teilen *(z. B. Leitungen)*
branch 1. Abzweigung f, Zweig m, Verzweigung f *(von Leitungen)*; 2. Abzweigrohr n; Zulauf m, Zulaufrohr n; Hausanschluss m *(Wasser)*
branch box 1. *(El)* Abzweigdose f; 2. Hausanschlusskasten m
branch circuit connection Leitungsanschluss m
branch line 1. Gebäudeanschlussleitung f, Zweigleitung f *(Rohrleitung)*; 2. *(Verk)* Nebenbahnlinie f; 3. Stichleitung f
branching Abzweigung f, Verzweigung f
brander v *(AE)* Putzträgerkonstruktionen anbringen
brashy spröde, wenig widerstandsfähig *(Holz)*
brass fitting Messingbeschlag m
brass tube Messingrohr n
brazed hartgelötet
brazing Hartlötung f
BRE s. Building Research Establishment
breach v durchbrechen
breach 1. Durchbruch m *(z. B. in einer Mauer)*; Öffnung f; Einbruchstelle f *(Damm)*; 2. *(Bod)* Grundbruch m; 3. Verletzung f, Bruch m, Verstoß m *(Vertrag)*
breach of contract Vertragsbruch m
breach of warranty Garantieverletzung f
breadth Weite f *(einer Öffnung)*; Breite f
break v 1. (zer)brechen; (zer)reißen; zertrümmern; mahlen *(Gestein)*; 2. *(El)* un-

terbrechen *(Kontakt)*; ausschalten; 3. brechen, abbinden *(Bitumenemulsion)*
break v **an opening** durchbrechen
break v **down** 1. abreißen *(Häuser)*; zusammenstürzen *(Gebäude)*; zusammenbrechen *(z. B. eine Brücke)*; 2. *(El)* zusammenbrechen *(Leitung)*; durchschlagen *(Dielektrikum)*
break v **through** durchbrechen, durchstoßen
break v **up** 1. zerkleinern *(Gestein)*; lockern *(Boden)*; 2. aufbrechen, aufreißen, aufwühlen *(z. B. Wege)*
break 1. Bruch *m*, Bruchstelle *f*; Durchbruch *m*; Riss *m*, Öffnung *f*; Lücke *f*; Spalte *f (Geologie)*; 2. Zerbrechen *n*; Brechen *n*; 3. *(El)* Unterbrechung *f*; 4. Brechpunkt *m (Fläche)*; 5. Maueraussparung *f*; Mauervorsprung *m*; 6. Arbeitspause *f*
break under vibratory stresses Schwingungsbruch *m*
break-up Zerfall *m (Anstrich)*
breakdown 1. Ausfall *m (z. B. einer Anlage)*; Störung *f*; Zusammenbruch *m*; 2. Zersetzung *f (chemisch)*; 3. Brechen *n*, Entmischen *n (einer Bitumenemulsion)*; 4. dielektrischer Durchschlag *m*; 5. Auflösung *f*, Zerklüftung *f (einer Fläche)*
breakfast nook Frühstücksessecke *f*, Frühstücksnische *f*
breakfast room Frühstücksraum *m*
breaking 1. Brechen *n (Steine)*; 2. Brechen *n*, Abbinden *n (von Bitumenemulsion)*; 3. Bruch *m*
breaking ball Fallbirne *f*, Zertrümmerungskugel *f*
breaking condition Bruchbedingung *f*
breaking elongation Bruchdehnung *f (Baustoffe)*
breaking joint genutete Holzverbindungsfuge *f (speziell für Holzdielung)*
breaking load Bruchlast *f*, Bruchbelastung *f*
breaking plane Bruchfläche *f*
breaking strength Bruchfestigkeit *f*, Endfestigkeit *f*, Bruchwiderstand *m*
breaking stress Bruchspannung *f*, Bruchbeanspruchung *f*
breakthrough 1. Durchbruch *m*; 2. Durchsickerung *f*
breast 1. Fensterbrüstung *f*, Brüstung *f*; Setzstufe *f (in Schottland)*; 2. Unterseite *f (Trägerelement)*; 3. Kaminvorsprung *m*; 4. Abbauwand *f (Steinbruch)*; 5. Planierschild *m*
breast wall 1. *(Erdb)* Stützmauer *f*; 2. brusthohe Brüstungsmauer *f*
breastwork 1. Brüstung *f (in Brusthöhe)*; 2. Mauerwerk *n* für Schornsteinbrüstung
breather Entlüfter *m*
breathing protection system Atemschutzsystem *n*
breeze brick Schlackenmauerstein *m*, Dübelziegel *m*, Eisenschlackenstein *m*, Hüttenstein *m*
breezeway überdeckter Zugang *m*, verkleideter Verbindungsgang *m (zwischen zwei Gebäuden)*
brick v (mit Ziegeln) mauern; mit Ziegeln verblenden
brick v **up** aufmauern; zumauern
brick Ziegel(stein) *m*, Stein *m*, Lehmziegel *m*, beliebiger Mauerstein *m* (< 33,7 × 22,5 × 11,3 cm); Backstein *m*
brick architecture Backsteinarchitektur *f*
brick bond Ziegelverband *m*, Mauerziegelverband *m*, Backsteinverband *m*; Schornsteinverband *m*
brick building Backsteinbau *m*
brick ceiling Ziegeldecke *f*
brick facing Steinverkleidung *f*, Ziegelverblendung *f*, Mauerverblendung *f*; Ziegelauskleidung *f*
brick gauge Normalziegelgröße *f*, Normziegelmaß *n*
brick lining 1. Ziegelauskleidung *f*, Ausmauerung *f*; 2. Ziegelfutter *n*
brick masonry Ziegelmauerwerk *n*, Backsteinmauerwerk *n*
brick-on-end Kopfschnitt *f*
brick sewer Klinkerkanal *m*
bricklayer Maurer *m*
bricklaying craft Maurerhandwerk *n*
brickwork movement joint Mauerwerksdehnfuge *f*
bridge v 1. überbrücken; eine Brücke errichten; 2. *(El)* in Brücke schalten
bridge 1. *(Wsb)* Brücke *f*; 2. Fallschutzdach *n*; 3. Bühnenbrücke *f*
bridge abutment Brückenwiderlager *n*
bridge bearing Brückenlager *n*
bridge bent Brückenjoch *n*
bridge construction Brückenbau *m*
bridge deck Fahrbahnplatte *f*, Brückentafel *f*

bridge 44

bridge engineering Brückenbau *m (Ingenieurtechnik)*
bridge floor Brückenfahrbahn *f*
bridge opening Brückenöffnung *f*
bridge-over Querträger *m*
bridge pier [pillar] Brückenpfeiler *m*
bridge substructure Brückenunterbau *m*
bridge superstructure Brückenüberbau *m*
bridge truss Brückenfachwerkträger *m*
bridge works Brückenarbeiten *fpl*, Brückenbauarbeiten *fpl*
bridged floor Querbalkendecke *f*
bridging 1. Spreizenwerk *n* zwischen Querbalken; Riegelsystem *n*; 2. Überbrückung *f (von Rissen)*; 3. Brückenbildung *f*, Bogenbildung *f*, Gewölbebildung *f (von Schüttgütern)*
bridging floor Decke *f* mit Querbalken ohne Träger
bridle joint Klaue *f* mit Zapfen im Nest
bridle path Reitweg *m*
bright 1. hell *(Licht)*; hell scheinend; 2. leuchtend, lebhaft *(z. B. Farben)*; glänzend; Glanz...; blank; 3. klar *(z. B. Lacke)*
brightness degree Helligkeitsgrad *m*
brine tank Solebehälter *m*
Brinell (hardness) test Brinellversuch *m*, Brinellhärteprüfung *f*, Kugeldruckprüfung *f* nach Brinell
bring *v* **flush** bündig machen, gleichmachen
bring *v* **into alignment** fluchten
bringing up Mauern *n*, Aufmauern *n*, Hochmauern *n*
British Calibration Service *(BCS)* Britische Anstalt *f* für Kalibrierung, BCS
British Standard Section britisches Normal(walz)profil *n*
brittle spröde; brüchig, zerbrechlich; mürbe • **become brittle** spröde werden, verspröden
brittle fracture Sprödbruch *m*
broach *v* scharrieren; ausräumen, aufreiben, abspitzen *(Werkstein)*
broach roof Zeltdach *n*
broached work Scharrierung *f*
broad-flanged breitflanschig
broad-flanged tee-iron breitfüßiges T-Eisen(profil) *n*
broadening Verbreiterung *f (z. B. einer Straße)*
broken 1. gebrochen *(Mauerwerk)*; zerbrochen; ungeschichtet; 2. unterbrochen
broken aggregate gebrochener Zuschlagstoff *m*
broken-flight stair gegenläufige Treppe *f*, Treppe *f* mit vollem Richtungswechsel
broken line Strichlinie *f*, gestrichelte Linie *f*
broken material Brechgut *n*, gebrochenes Material *n*
broken sand Brechsand *m*
broker Grundstücksmakler *m*, Immobilienhändler *m*, Immobilienmakler *m*, Makler *m*
bronze furniture Bronzebeschlag *m*
broom 1. Berappen *n (einer Mauer)*; Aufbringen *n* von Rauputz; 2. (drückendes) Aufkleben *n* von Dachpappe in frisches Bitumen); 3. Schnüren *n (eines Holzpfahlkopfs)*; 4. Besen *m*
brooming 1. Fegen *n*, Einfegen *n*, Bearbeitung *f* mit Besen *(frisch gegossene Betonoberflächen)*; 2. Besenstrich *m (Betonoberfläche)*; 3. Aufplatzen *n (von Pfählen beim Einrammen)*; 4. *s.* broom
brow Überzug *m*
brown coat Unterputz *m*, Zwischenputzlage *f*
brown-out Vorputzen *n*
browning rod Putzlatte *f*, Richtlatte *f*
browpiece Überzugsbalken *m*, Türsturz *m*
browsing room *(AE)* Lesesaal *m (einer Bibliothek)*
brush *v* 1. (an)streichen, anpinseln; 2. bürsten; abbürsten
brush application Aufstreichen *n* (mit dem Pinsel); Streichauftragen *n*
brush painting Anstreichen *n*, Streichen *n*, Pinselauftrag *m*
brushed concrete surface Betonoberfläche *f* mit Besenstrich
brutalism *(Arch)* Brutalismus *m (schmuckloser Baustil, gekennzeichnet durch bevorzugte Verwendung von Beton)*
bubble level Libelle *f*
buck *v* 1. gegenhalten *(beim Nieten)*; 2. ablängen *(Holz)*
buck opening Rohbauöffnung *f*; Rohbauöffnungsweite *f*
buck scraper (Erdb) Schürfkübelgrader *m*
bucket dredger Eimerkettennassbagger *m*, Schaufelbagger *m (zum Nassbaggern)*

bucket foundation Köcherfundament n
bucket handle joint Gerbergelenk n
bucket loader Ladeschaufler m
bucket-wheel excavator Schaufelradbagger m
buckle v (aus)knicken, einknicken; beulen, sich ausbeulen (z. B. eine Strebe); sich werfen (z. B. Straßenbelag)
buckled plate Buckelplatte f, Buckelblech n; geknickte Platte f
buckled region Knickzone f, Knickbereich m
buckling Abknicken n; Ausknickung f; Auswölben n; Ausbeulen n, Ausbeulung f (z. B. einer Strebe); Knicken n
buckling analysis Knickberechnung f
buckling coefficient Knickbeiwert m, Knickzahl f
buckling load Knicklast f
buckling resistance Knickfestigkeit f, Knickwiderstand m
budgetierung Budgetierung f, Finanzplanung f (für einen Ausgabesektor)
buff v polieren, schleifen, glänzen (Terrazzo); schwabbeln (Metall)
buffable polierbar (z. B. Terrazzo)
buffer layer Pufferschicht f
buggy Kippkarren m, Betonkarren m, Japaner m
build v bauen; erbauen, errichten, hochziehen (ein Gebäude); eine Mauer ziehen; anlegen, gründen
build v on anbauen an
build v up 1. aufbauen (z. B. Gebäude); errichten (z. B. Anlagen); zusammensetzen (z. B. Aggregate); 2. bebauen (Gelände); 3. vermauern; 4. auftragschweißen; 5. ablagern
build 1. Bauart f (z. B. Typ des Gebäudes); Ausführung f; 2. Schichtdicke f, Dicke f (eines Anstrichs); 3. Stoßfuge f (vertikale Mauerwerksfuge)
buildability Baubarkeit f
builder 1. Bautechniker m, Baufachmann m; 2. Bauunternehmer m; Baufirma f; 3. Erbauer m
builder's diary Bautagebuch n
builder's elements Montageteile npl, Bauteile npl
builder's level Wasserwaage f, Lotwaage f; Nivellier(instrument) n
building 1. Bauen n, Bau m, Errichtung f; 2. Bauwerk n, Bau m, Gebäude n; Haus n; 3. Konstruktion f; 4. Bauwesen n; 5. s. building construction • **"danger - building is unsafe"** "Vorsicht Einsturzgefahr"
building activities Baugeschehen n, Bautätigkeiten fpl
Building Acts Baugesetze npl
building administration Bauverwaltung f
building alteration Gebäudeumbau m
building and civil engineering Hoch- und Tiefbau m
building and construction trade Baugewerbe n
building approvals 1. Baugenehmigung f; 2. Zulassung f von Bauelementen
building area bebaute Fläche f
building by-law örtliche Bauordnung f, Baugesetz n
building carcass Gebäuderohbau m
building codes (AE) Gemeindeordnung f (örtliche Bauordnung)
building construction 1. Baukonstruktion f; 2. Hochbau m; Hausbau m; 3. Bauausführung f
building construction work Hochbauarbeiten fpl
building contract Bauvertrag m
building contractor Baubetrieb m, Bauunternehmen n; Auftragnehmer m; Hochbaufirma f, Hochbaubetrieb m
building control Bauüberwachung f
building cost Baukosten pl
building density Baudichte f
building dimension Bauabmessung f
building drainage Grundstücksentwässerung f; Hausentwässerung f
building drawing Bauzeichnung f
building elements Bauteile npl
building engineering Hochbau m; Bautechnik f
building equipment Gebäudeausrüstung f
building estate Baugrundstück n
building frame(work) Gebäuderahmen m, Gebäudeskelett n
building ground Baugrund m, Terrain n; Baugelände n, Baustelle f
building in steel Stahlbau m, Stahlkonstruktion f
building in timber [wood] Holzbau m, Holzkonstruktion f
building inspection 1. Bauüberwachung f; 2. Bauabnahme f

building 46

building inspector Bauaufsichtsbeamter m, Bauaufsichtsbeauftragter m, Inspektor m der staatlichen Baubehörde, Bauinspektor m; Bauleiter m
building insulating Gebäudedämmung f (gegen Kälte, Wärme und Schall)
building insurance Gebäudeversicherung f
building main Gebäudehauptanschluss m (Wasser)
building material Baustoff m, Baumaterial n; Hochbaumaterial n
building materials engineering Baustofftechnik f
building of dams Talsperrenbau m
building office Baubüro n
building official (AE) Bauaufsichtsbeamter m, Inspektor m der staatlichen Aufsichtsbehörde, Bauinspektor m
building orientation Gebäudelage f
building owner Bauherr m, Bauauftraggeber m, Auftraggeber m
building permission [permit] Baugenehmigung f, Bauerlaubnis f
building phase Baustadium n, Bauphase f
building pit lining [sheeting] Baugrubenverkleidung f, Baugrubenverbau m
building planning Bauplanung f
building plot Baugrundstück n, Bauparzelle f
building principles Baugrundsätze mpl
building progress chart Baufristenplan m
building progress stage Baufortschrittsstadium n
building proposal Bauantrag m, Baugesuch n
building protecting agents Bautenschutzmittel npl
building record drawing Baubestandszeichnung f
building regulations Bauvorschriften fpl, Baubestimmungen fpl, Bauordnung f; (AE) Baugesetz n
Building Research Establishment (BRE) Institution f für Forschung in Bauwesen, BRE
building restriction line Häuserfluchtlinie f, Baugrenze f
building service chute Entsorgungsschacht m
building services (AE) technische Gebäudeausrüstung f [Gebäudeausstattung f], Gebäudeinstallation f (mit allen Versorgungsleitungen)
building sewer Gebäudeabwasserleitung f; Abwasserleitung f (außerhalb eines Gebäudes)
building site 1. Baustelle f, Bauplatz m, Baugelände n; 2. s. building plot
building society 1. Baugenossenschaft f; 2. Bausparkasse f
building space requirements Mindestabstandsforderungen fpl
building specifications Bauvorschriften fpl
building storm drain Regenwasserleitung f
building subsystem Gebäudeversorgungssystem n mit spezifischer Funktion (z. B. Klimaanlage)
building supervision Bauüberwachung f, Baukontrolle f
building survey Gebäudeaufnahme f, Bausubstanzaufnahme f
building system 1. Gebäude(gesamt)-ausrüstung f, Versorgungs- und Ausrüstungssystem n eines Gebäudes; 2. Gebäudekonstruktionssystem n
building trade Baufach n; Baugewerk n; Bauhandwerk n, Baugewerbe n; Bauwirtschaft f
building-up Aufbau m
building ware Baumaterial n
building works Bauarbeiten fpl, Hochbauarbeiten fpl
buildings and structures bauliche Anlagen fpl
built gebaut; erbaut
built by industrialized methods aus Fertigteilen gebaut
built environment Siedlungsraum m
built-in eingebaut; Einbau...
built-in kitchen Einbauküche f
built-in units Einbauteile npl, Einbauten mpl
built-up 1. bebaut (Gelände); 2. zusammengesetzt; montiert
built-up area bebautes Gebiet n, bebaute Fläche f; Ortschaft f
built-up property bebautes Grundstück n
built-up timber Verbundbauholz n; Leimschichten(bau)holz n, Schichtenbauholz n
bulb 1. Steg m, Wulst m(f) (Dichtungs-

band); 2. *(Erdb)* Druckzwiebel f *(Verdichtung)*; 3. Lampenkolben m
bulb angle [iron] Winkelwulstprofil n, Wulstwinkel m, Wulsteisen n, Bulbeisen n
bulb pile Fußpfahl m, Pfahl m mit Fußverbreiterung *(Gründung)*
bulb section Wulstprofil n
bulbous dome Zwiebelkuppel f
bulk 1. Masse f, Volumen n; 2. s. bulk material • **in bulk** lose, als Schüttgut; unverpackt
bulk cement loser Zement m, Behälterzement m
bulk concrete Massenbeton m
bulk container Schüttgutbehälter m
bulk density 1. Raummasse f; 2. Schüttdichte f *(von Schüttgütern)*; 3. Rohdichte f *(von Holz)*
bulk material Schüttgut n; Massengut n
bulk sample Sammelprobe f
bulk shield Abschirmwand f *(gegen Strahlung)*
bulk specific gravity Rohdichte f; Raum(schütt)dichte f
bulk zoning Baubeschränkung f
bulkhead 1. Binderscheibe f, Formtrennwand f *(Betonform)*; 2. Trennwand f, Spundwand f *(z. B. gegen Wassereinbruch)*; 3. *(AE)* äußere Kellerfalltür f; 4. Dachaufbau m *(für technische Einrichtungen)*
bulky voluminös; sperrig
bulky waste Sperrmüll m
bull float Abziehbohle f, Betonglätter m
bulldog connector Krallenplatte f
bulldoze v 1. räumen, einebnen, planieren *(mittels Planierraupe)*; 2. nachsprengen, nachzerkleinern *(Gestein durch Knäpperschießen)*
bulldozer Bulldozer m, Fronträumer m, Planierraupe f, Räumpflug m
bullet-resisting glass Panzerglas n, kugelsicheres Glas n *(Verbundglas)*
bull's eye glass Butzenscheibe f
bump 1. Bodenwelle f; Höcker m *(Erhebung in der Straßenoberfläche)*; 2. Stoß m, Schlag m
bumper Prellbock m; Bremspuffer m, Puffer m; Stoßstange f
bumper rail Stoßschiene f, Abweisschiene f
bunch of trunks Leitungsbündel n

bunching *(AE)* 1. Ballung f; 2. Kolonnenbildung f *(Straßenverkehr)*
bundle v bündeln, zusammenbinden
bundled bars Bündelbewehrung f, gebündelte Bewehrung f
bungalow court [estate] Bungalowsiedlung f
bungled work Pfuscharbeit f
buoyancy force Auftriebskraft f
buoyant foundation schwimmendes Fundament n, Auftriebsfundament n
burden v belasten; beschweren
burden 1. Last f, Belastung f; Traglast f; 2. Deckgebirge n; überlagerndes Gestein n; überlagernde Erdschicht f
burglar alarm system Einbruchmeldeanlage f
burial 1. Eingraben n, Vergraben n; 2. Endlagerung f *(z. B. von radioaktiven Abfällen)*
burial vault Grabgewölbe n, Gruftgewölbe n
buried cable Erdkabel n
buried duct Unterflurkanal m, Bodenkanal m *(im Boden)*
buried pipework verlegte Rohrleitung f
burn v **off** abbrennen, ausbrennen; flammstrahlreinigen
burnability Brennbarkeit f *(Baustofftechnologie)*
burned brick gebrannter Ziegel m
burning-brand test *(AE)* Feuertest m für Dachhäute, Entflammbarkeitsprüfung f
burning reinforcement Bewehrungsbrennschneiden v
burnishing 1. Polieren n, Glätten n; 2. Schleifmasse f
burr v abgraten, entgraten
burr v **up** bördeln
burr 1. Grat m *(z. B. an Schneiden)*; Gussrand m, Naht f; 2. Schmolzziegel m *(minderwertiger, jedoch noch verwendbarer Ziegel)*; 3. hartes Gestein n; Nebengestein n; 4. Baumauswachsung f
burst v bersten, (zer)platzen, (zer)springen; explodieren
bursting strength Berstfestigkeit f; Spaltzugfestigkeit f
bury v 1. eingraben; 2. unterirdisch verlegen, in die Erde verlegen *(Leitungen)*
bus bay *(Verk)* Bushaltebucht f
bus lane Busfahrstreifen m, Busspur f
bush v scharrieren

bush chisel Scharriereisen n
bush-hammered concrete gestockter [scharrierter, aufgespitzter] Beton m
bushing 1. Buchse f, Büchse f; Laufbuchse f; 2. Durchführung f (z. B. für elektrische Kabel); Durchführungshülse f; Muffe f; 3. (El) Schutzrohrmuffe f
business development area Industrieaufbaugebiet n, Industrieentwicklungsgebiet n
butt v aneinanderstoßen; stumpf stoßen [aneinanderfügen]
butt-joint v stumpf stoßen
butt 1. Stoß m (Verbindungsstelle); 2. stumpfes Ende n; dickes Ende n einer Schindel; 3. s. butt hinge
butt and butt gerader Stoß m
butt hinge Scharnierband n, Fischband n, Fitschband n, Fitsche f, Einstemmband n (Baubeschlag)
butt-joint welding Stumpfstoßschweißen n
butt plate Deckplatte f, Verbindungsplatte f; Lasche f
butted bridging joist Sattelholz n mit Stoß
butterfly roof Flügeldach n
buttering Mörtelaufstreichen n
buttery concrete Weichbeton m
buttery hatch Durchreiche f
button 1. Knopf m; Fensterknopf m; 2. Fenstereisen n (Bankeisen)
button head Nietkopf m, Rundkopf m; Halbrundkopf m (z. B. einer Schraube)
buttress Strebepfeiler m, Stützpfeiler m, Verstärkungspfeiler m, Pfeiler m; Strebewerk n
buttress bracing strut Versteifungsbalken m
buttress of pier Pfeilervorlage f
buttress span Spannweite f des Bogens
buttress wall Stützwand f, Strebewand f, Winkelstützwand f, Winkelstützmauer f
buttressed wall Pfeilermauer f
buttressing stützend, verstärkend, aussteifend; Stütz..., Verstärkungs...
buzz saw (AE) Kreissäge f
by-law Ortsstatut n (Bauordnung); Gemeindeordnung f, Durchführungsverordnung f
bye-channel Ablaufrinne f
bypass Umgehungsstraße f, Tangente f; Seitenweg m (Umgehungsweg); Umleitung f

bypass pipe Umleitungsrohr n; Überströmrohr n
byre Viehstall m, Kuhstall m
Byzantine architecture byzantinische Architektur f, byzantinischer Baustil m

C

cabin 1. Kabine f, Führerhaus n; 2. Holzhütte f, Hütte f; 3. Baubude f
cabinet filler Futterholz n, Ausfütterleiste f
cabinet lock Federbolzen m
cabinet-making Kunsttischlerei f, Möbeltischlerei f
cabinet window ausgekragtes Fenster n
cable v mit Kabel [Seil] befestigen
cable 1. Kabel n, Drahtseil n, Stahlseil n, Seil n; Tau n; 2. (El) Kabel n, Leitungskabel n; Stromleitung f
cable action Kabelwirkung f, Seilwirkung f
cable anchorage Kabelverankerung f
cable bracing Seilverspannung f
cable bridge Kabelbrücke f, Seilbrücke f (Hängebrücke)
cable bushing Kabeldurchführung f
cable crane Kabelkran m
cable detector Kabelsuchgerät n
cable distribution box Kabelverteilerkasten m, Kabelschrank m
cable duct 1. Kabelkanal m; 2. Kabelschutzrohr n, Hüllrohr n; 3. Gleitkanal m, Spann(glied)kanal m (Spannbeton)
cable geometry Seilstatik f
cable laying Kabeleinbau m, Kabel(ver)legung f
cable marker (El) Kabelmarkierungszeichen n
cable protection pipe Kabelschutzrohr n
cable roof Seilkragdach n, Seilauslegerdach n
cable-stayed seilverankert
cable-stayed bridge Schrägseilbrücke f
cable-supported construction Seilkonstruktion f, kabelgetragene Konstruktion f
cable-suspended roof Hängedach n, Seilhängedach n, Kabelhängedach n
Cable suspender Kabelaufhänger m
cable system 1. Seilsystem n; 2. (El) Kabelsystem n
cable trunking Kabelhauptleitung f
cableway 1. Kabelkran m; 2. Drahtseil-

bahn f, Schwebebahn f, Seilschwebebahn f
cabling 1. Verkabelung f; Kabelverlegung f; 2. *(Arch)* verstäbte Kannelierung f, Seilornament n
cadastral map Katasterkarte f
cadastral survey Katasteraufnahme f, Katastervermessung f
cage 1. Fahrkorb m *(eines Aufzugs)*; 2. s. cage of reinforcement; 3. Mantel m *(Einhausung)*
cage of reinforcement Bewehrungskorb m
cairn 1. Steinmarke f, Landmarke f, Markstein m *(Pyramide aus aufgeschichteten Steinen)*; 2. Steinhaufengrab n
caisson 1. *(Wsb)* Caisson m, Senkkasten m, Schwimmkasten m; 2. Kassette f
caisson ceiling Kassettendecke f
caisson pile Bohrpfahl m mit Mantelrohr, Mantelrohrpfahl m; Kegelfußpfahl m
caisson system Druckluftkammergründung f
calcareous 1. kalkhaltig; 2. kalkartig, kalkig; Kalk...
calcareous sandstone Kalksandstein m
calcareous tuff Kalktuff m, Travertin m, Tuffstein m
calcimine Leimfarbe f, Weißkalkanstrich m, Kalkfarbe f *(Wand- und Deckenfarbe)*
calcined gypsum Branntgips m, Baugips m
calcium aluminate cement Aluminiumzement m
calcium carbonate Calciumcarbonat n, Kalziumkarbonat n
calcium hydrate [hydroxide] Calciumhydroxid n, gelöschter Kalk m, Kalkhydrat n
calcium oxide Branntkalk m, Kalziumoxid n
calcium silicate brick Kalziumsilikatstein m, Calciumsilicatstein m, Kalksandstein m *(Baustein)*
calcium sulphate cement Sulfathüttenzement m
calculable value Rechengröße f
calculate v from *(Stat)* berechnen [errechnen] aus
calculated live load berechnete Verkehrslast f
calculating error Berechnungsfehler m

calculating formula Rechenformel f, Berechnungsformel f
calculating hypothesis Berechnungsannahme f
calculating work sheet Kalkulationsformblatt n, Berechnungsformblatt n
calculation assumption Rechenannahme f
calculation basis Berechnungsgrundlage f, Rechengrundlage f
calculation method Berechnungsverfahren n; Rechenverfahren n
calculation of cost Kostenkalkulation f
calculation of quantities Mengenberechnung f
calculation of safe dimensions *(Stat)* Dimensionierung f
calibrated sand method Sandersatzmethode f
calibration Eichung f; Kalibrierung f; Einteilung f, Unterteilung f *(von Messgeräten)*
California bearing ratio *(Erdb)* CBR-Wert m, Tragfähigkeits(verhältnis)wert m
call bell Alarmglocke f
call box Telefonzelle f
call loan Abrufdarlehen n, Bereitstellungsdarlehen n
call system Rufanlage f
calling for tenders Ausschreibung f
calliper Taster m, Tastzirkel m, Greifzirkel m; Messlehre f; Dickenmesser m, Dickenmesslehre f
callout Zeichnungsangabe f
calorific requirement Wärmebedarf m
calotte *(Arch)* Kalotte f, Kugelhaube f, Kugelmütze f, Kugelschnitt m
cam Schließzylinder m
camber v wölben *(z. B. Bogen)*; Stich geben; krümmen; biegen; sich wölben *(z. B. Straßen)*
camber 1. Bogen m; 2. Bogenrundung f; Krümmung f; Wölbung f *(z. B. der Straßenoberfläche)*; Überhöhung f; 3. Stich m, Pfeilhöhe f
camber arch Flachwölbebogen m, Stichbogen m, scheitrechter Bogen m
camber of an arch Pfeilhöhe f, Bogenstich m
camber slip Krümmling m
cambered window 1. gewölbtes Fenster n; 2. geschweifte Oberschwelle f *(über der Tür)*

cambering Krümmung f *(von Oberflächen)*; Stichgeben n

cambogé durchbrochenes Betonmauerwerk n *(Blendschutzwand, Sonnenschutzwand in Lateinamerika)*

camelback truss obengewölbtes Segmentfachwerk n

camera *(Arch)* Raum m mit gewölbter Decke

camouflage paint Tarnfarbe f

Camus system Montagebauweise f nach Camus *(Fertigteilbau)*

can v kapseln; umhüllen, einmanteln; einhausen, mit Gehäuse versehen

canal 1. Kanal m; Abwasserkanal m, Rohr n; Schacht m *(für Leitungen)*; 2. *(Wsb)* (künstlicher) Kanal m, Schifffahrtskanal m

canal building [construction] Kanalbau m

canal lock Schleuse f, Kanalschleuse f

canal of embankment Dammkanal m

canalization Kanalisation f *(von Flüssen)*; Kanalbau m

canalize v kanalisieren, schiffbar machen *(Flussläufe)*

candela per square metre Candela f je m² *(SI-Einheit der Leuchtdichte)*

candelabra Kandelaber m

candidate material Konkurrenzmaterial n

cane v mit Schilfrohr versehen *(Dachdeckung, Putzträger)*; mit Ried decken *(Dach)*

cane mat Rohrmatte f

canopy 1. Kragdach n, Vordach n; Schutzdach n; 2. Baldachin m; 3. Wimperge m *(gotischer Ziergiebel über Portalen und Fensteröffnungen)*

cant v 1. abschrägen, verschrägen, abfasen, abkragen; 2. *(Hb)* ausschrägen; 3. kanten, kippen; sich neigen, kippen

cant v **off** abfasen

cant 1. Schräge f, geneigte Fläche f, Abschrägung f, Abkragung f; 2. Straßenüberhöhung f; 3. vorspringende Ecke f, vorspringende [vorstehende] Kante f; 4. *(AE)* vierseitig behauener Stamm m

cant deck *(AE)* *(Hb)* Kantholzboden m; Kantholzdecke f

cant wall anlaufende Wand f

cantilever v auskragen *(Balken)*; vorkragen; frei vorbauen, im Freivorbau errichten [herstellen] *(Brücke)*

cantilever Ausleger m, Freiträger m, Kragarm m *(Beton- oder Metallkragbalken)*; Konsole f *(Kragkörper)*; Auskragung f, Vorkragung f *(Balken)*

cantilever beam Auslegerbalken m, Freiträger m, Kragbalken m, Kragträger m, einseitig eingespannter Träger m

cantilever construction Freivorbau m

cantilever effect Kragwirkung f

cantilever frame freitragender Rahmen m

cantilever girder Auslegerbalken m, Auslegerträger m, Kragbalken m; Konsolbalken m

cantilever load Kragbelastung f, Krag(arm)last f

cantilever steps eingespannte Stufen fpl

cantilevered and suspended beam Gelenkträger m; Koppelträger m

cantilevering length Auslegerlänge f, Kraglänge f

cantilevering system Kragsystem n

canting Abschrägen n, Abkragen n, Abfasen n

cap v bedecken, abdecken, (mit Deckel) verschließen

cap 1. Haube f, Kappe f, Deckel m; 2. Aufsatz m; Abdeckung f *(dekorativer Abschluss eines Austrittspostens einer Treppe)*; Kapitell n *(Schornsteinkappe)*; 3. Kopfplatte f; Glocke f *(Dachdeckung)*; 4. Schwellholz n *(Abdeckung)*; 5. Magerbetonfundamentunterbettung f; 6. Deckgebirge n

cap flashing oberer Anschluss m

capacity 1. Fassungsvermögen n, Kapazität f; Inhalt m *(Volumen)*; 2. Leistungsfähigkeit f, Leistungsvermögen n, Leistung f; *(speziell)* Durchlassfähigkeit f *(von Rohrleitungen)*

capacity measure Raummaß n

capacity moment Tragmoment n

capillarity Kapillarität f, Kapillarwirkung f

capillary attraction Porensaugwirkung f, Kapillaranziehung f

capillary-breaking kapillarbrechend

capillary crack Haarriss m

capillary water Kapillarwasser n, Porensaugwasser n

capital 1. *(Arch)* Kapitell n *(Kopf, z. B. einer Säule)*; Kapitäl n; 2. s. capital city; 3. Kapital n

capital city Hauptstadt f

capital costs Investitionskosten pl

capped abgedeckt, geschlossen

capping 1. Abdeckung f (z. B. für einen wetterfesten Mauerabschluss); 2. Kappe f (Rohrkappe); 3. s. capping beam; 4. (AE) Abraumschicht f

capping beam Holm m (Rostschwelle)

capstan Seilwinde f, Spill n

capstone Abdeckstein m (z. B. für Kabel); Schlussstein m (Gewölbe)

car park Parkplatz m; Großgarage f, öffentliche Garage f

caracole Wendeltreppe f, Schneckenstiege f

carbon-arc cutting Kohlelichtbogenschneiden n

carbonate v in ein Carbonat umwandeln, karbonatisieren (Beton, Kalk)

carcass 1. Skelett n, Gebäudeskelett n, Rahmenwerk n; 2. Rohbau m, (bauliche) Hülle f (eines Gebäudes)

carcass work Rohbauarbeiten fpl

carcassing 1. Rohbauarbeiten fpl, Rohbaufertigstellung f; (AE) Installation f (Gas); 2. s. carcass

carcassing timber Bauholz n, Zimmererholz n, Konstruktionsholz n, Rohbauholz n

cardboard basin Werfthafenbecken n

cardboard roof Pappdach n

caretaker's flat Hausmeisterwohnung f

cargo block Frachtgebäude n

carline Dachspiegel m

carpenter Zimmermann m, Zimmerer m

carpentering Zimmereiwesen n; Zimmermannsarbeit f

carpenter's work Zimmererarbeit f, Zimmermannsarbeit f

carpeting 1. Teppichbelag m, (textile) Auslegeware f; 2. Auslegen n mit Teppichboden

carriage 1. Wagen m; Waggon m; 2. Vorfluter m (Wasserablauf)

carriage clamp Schraubzwinge f, Halteklammer f

carriageway Fahrbahn f, Fahrdamm m

carriageway cover befahrbare Schachtabdeckung f

carrier beam Träger m

carry v 1. tragen, (unter)stützen, Last aufnehmen; lagern; 2. transportieren, befördern

carry v off abführen (z. B. Abwasser); ableiten (Wärme)

carry v out ausführen (den Bau); durchführen

carry v up hochmauern, hochziehen (eine Mauer)

carrying capacity Tragfähigkeit f, Tragvermögen n

carrying scraper Ladeschaufler m

Cartesian coordinate system kartesisches Koordinatensystem n

cartridge hammer Bolzenschießgerät n

carve v schneiden; schnitzen (Holz); aushauen (Stein); skulptieren, skulpturieren

carved capital (Arch) Skulpturkapitell n, Plastikkapitell n (Säule)

carved pattern plastisches Muster n, plastische Dekoration f

carving 1. Natursteinbearbeitung f; Meißeln n (von Stein); Schnitzen n (von Holz); 2. Steinmetzarbeit f, Bildhauerarbeit f (aus Stein); Schnitzerei f, Bildwerk n (aus Holz)

cascade v kaskadenförmig anordnen; Kaskaden anlegen

cascade gutter Kaskadenrinne f

case v verkleiden, vertäfeln; ummanteln; in einem Gehäuse einschließen, einhausen

case 1. Verkleidung f, Gehäuse n; Kapsel f; Hülse f; 2. Kasten m, Kiste f, Behälter m; 3. Zarge f, Einfassung f (für Türen, Fenster)

case-hardened 1. einsatzgehärtet (Stahl); 2. übertrocknet, zu schnell getrocknet (Bauholz)

case of bending Biegefall m

case of loading Belastungsfall m

cased beam ummantelter [verkleideter] Träger m

cased post verkleidete Stütze f

casement 1. Verbindung f; 2. Fensterflügel m; Drehflügel m; 3. tiefe Hohlkehle f

casement frame Fensterrahmen m

casement window Flügelfenster n, Dreh(flügel)fenster n

cash allowance unvorhergesehene Kosten pl

casing 1. Verkleidung f; Ummantelung f, Mantel m; 2. Gehäuse n, Einhausung f; 3. Einrahmung f (Fenster, Tür); 4. Schutzverrohrung f; Mantelrohr n

casing bead Putzabschlussleiste f

cassette ceiling Kassettendecke f

cast v 1. schütten (Beton); betonieren; 2. gießen (Metall)

cast

cast beam Beton(fertigteil)balken *m*
cast concrete Schüttbeton *m*, Gussbeton *m*
cast-in-place Herstellung *f* in Ortbeton, monolithische Herstellung *f*
cast-in-place concrete Ortbeton *m*
cast-in-situ ortbetoniert, am Einbauort betoniert, vor Ort betoniert
cast iron Gusseisen *n*
castable refractory concrete Feuerfestbeton *m*
castellated joint verzahnte Fuge *f*
casting bed Betoniersohle *f*, Betonierbett *n*
casting mould Schalungsform *f*; Gießform *f*, Gussform *f*
casting yard Betonierplatz *m*, Vorfertigungsplatz *m*; offenes Betonwerk *n*
castle architecture Burgenbau *m*
cat ladder Dachleiter *f*, Leiter *f* (für Dachdecker)
catch 1. Klinke *f*, Sperrklinke *f*, Klaue *f* (Sperrvorrichtung); Sperrhaken *m*; Feststellvorrichtung *f*; 2. Schnappschloss *n*; 3. Wassergraben *m* (Bewässerung)
catch basin Auffangbecken *n*, Sammelgrube *f* (z. B. für Schlamm); Senkgrube *f*
catch drain 1. Fanggraben *m*; Entwässerungsgraben *m*; 2. Sammler *m*
catchment area Einzugsgebiet *n*, Sammelgebiet *n* (Wasserwirtschaft)
catchment of water Fassen *n* von Wasser
catenary (Verm) Kettenlinie *f*, Kettenkurve *f* (Absteckung)
caterpillar Raupenfahrzeug *n*, Raupenschlepper *m*, Raupenkettentraktor *m*, Gleiskettenfahrzeug *n*
caterpillar paver (Verk) Raupenfertiger *m*
cathedral dome Domkuppel *f*
cattle barn [building] Rinderstall *m*
catwalk Laufsteg *m* (für Fußgänger); Laufgang *m* (auf einer Brücke)
caulk *v* 1. (ab)dichten, Fugen (ver)stopfen; abdichten, verstemmen (z. B. genietete Nähte); kalfatern (im Schiffbau, Teer auf Holz aufbringen); 2. (Erdb) Fugen verfüllen
caulked joint Stopfdichtung *f*, Stemmdichtung *f*
caulking chisel Stemmeisen *n*
caulking compound Dichtungsmasse *f*, Fugenversiegelungsmasse *f*; Mastixdichtungsmasse *f* (mit Silikon und Bitumen); Stemmmasse *f*
caulking medium Dichtungsmittel *n*
caulking strip Dichtungsstreifen *m*, Dichtungsband *n*
cave *v* 1. aushöhlen; 2. s. cave in
cave in zusammenstürzen, zusammenfallen (z. B. Gebäude); zusammenbrechen (eine Decke); einstürzen (z. B. eine Straße); zum Einsturz bringen
cavetto 1. (Arch) Hohlgesims *n*, konkav gewölbte Gesimskante *f*; Hohlkehle *f* (Viertelhohlkehle); 2. Cavetto *n*, Ablauf *m* (konkav kurvierte Vermittlung) • **in cavetto** versenkt (Relief)
cavetto vault Spiegelgewölbe *n*
cavitation damage Kavitationsschaden *m* (am Beton)
cavity Hohlraum *m*, Höhlung *f*, Höhle *f*; Kammer *f*; Loch *n* (z. B. in Ziegeln); Aussparung *f*
cavity concrete wall Betonhohlwand *f*
cavity construction Hohlmauerbau *m*
cavity fill insulation hohlraumfüllendes Dämmmaterial *n*
cavity-walled hohlwandig
ceil *v* 1. eine Decke einziehen; 2. eine Decke verputzen; 3. (eine Decke) verschalen (Paneelverschalung)
ceiling 1. Decke *f*, Raumdecke *f*; 2. Deckenunterschicht *f*; Täfelung *f*; 3. Höchstbetrag *m*
ceiling beam Deckenträger *m*
ceiling board Deckenplatte *f*, Decken(dämm)fliese *f*
ceiling clearance lichte Höhe *f* (eines Raumes); Deckenhöhe *f*
ceiling floor Deckentragwerk *n* (einer eingehängten Decke)
ceiling illumination Deckenbeleuchtung *f*
ceiling lathes Deckenlattung *f*
ceiling lining Deckenverkleidung *f*
ceiling panelling Paneeldecke *f*
ceiling suspension system Metallrahmentragwerk *n* für eingehängte Decken
ceiling void Deckenzwischenraum *m*
cell 1. Zelle *f*, Kammer *f*; 2. Hohlraum *m*; Pore *f* (z. B. in Schaumstoffen); 3. Rippenbogensegment *n*; Feld *n*; 4. Gewölbekappe *f*; 5. (El) galvanische Zelle *f*, elektrochemisches Element *f*
cellar Keller *m*; Kellergeschoss *n* (für Lagerzwecke) • **with cellar** unterkellert

cellar shelter Schutzkeller *m*
cellar trapdoor Kellerfalltür *f*
cellar vault Kellergewölbe *n*
cellular concrete Porenbeton *m*; Schaumbeton *m*, Zellenbeton *m*
cellular floor(ing) Zellendecke *f*; Stahlzellendecke *f*
cellular plastic Schaum(kunst)stoff *m*
cellular raceway Installationskanal *m (für Elektroleitungen)*
cellular structure Zellenbau *m*, Zellenstruktur *f*; Netzwerkstruktur *f*
cellulose Cellulose *f*, Zellulose *f*; Zellstoff *m*
cellulose film Zellglas *n*
Celtic architecture keltische Architektur *f*, keltische Baukunst *f*
cement *v* 1. zementieren; 2. (ver)kitten *(z. B. Fugen)*; zusammenkitten; verkleben, verleimen; 3. zementieren, aufkohlen *(Stahl)*; 4. abbinden
cement 1. Zement *m*, (hydraulisches) Bindemittel *n*; 2. Klebstoff *m*, Kleber *m*; Kitt *m*, Klebkitt *m*; Klebelösung *f (z. B. für Gummi)*; Zement *m*
cement-aggregate ratio Zement-Zuschlag(stoff)-Verhältnis *n*
cement asbestos *(AE)* Asbestzement *m*
cement bacillus Zementbazillus *m*, Ettringit *m*
cement-bound zementgebunden
cement clinker Zementklinker *m*, Klinker *m*
cement facing Zement(außen)putz *m*
cement fibre slab zementgebundene Faserplatte *f*
cement finish 1. Zementputz *m*; 2. Zementestrich *m*
cement grouting Zementeinpressen *n*, Zement(schlämme)injektion *f*, Zement(schlämme)verpressung *f (z. B. zur Baugrundbefestigung)*
cement gun Torkretierspritze *f*, Mörtelspritze *f*, Torkretkanone *f*
cement paste Zementpaste *f*, Wasser-Zement-Paste *f*, (flüssiger) Zementleim *m*, Zementbrei *m*, Schlämpe *f*
cement plaster Zementmörtel *m*, Zement(ver)putz *m*
cement standard specification Zementnorm *f*
cement water grout Zementschlämme *f*, Zementschlempe *f*, Zementschlämmmörtel *m*
cement-wood floor Holzbetonbelag *m*, Sägemehlbetonfußboden *m*
cementation 1. Zementierung *f*; 2. Verkitten *n*, Kitten *n*; Verklebung *f*; 3. Bodenstabilisierung *f*, Erdstoffverfestigung *f*; 4. Zementieren *n*, Aufkohlen *n (von Stahl)*
cemented 1. zementiert, verkittet; 2. abgebunden *(Beton)*
cementing accelerator Abbindebeschleuniger *m*
cementing compound Kitt *m*, Klebkitt *m*, Klebemittel *n*
cementing technique Kleb(e)technik *f (bes. für Kunststoffe)*
cementitious material Kittstoff *m*, klebefähiges Material *n*
cemetery church Friedhofskirche *f*
center *(AE) s.* centre
central zentral; Zentral…; zentrisch, mittig, auf Mitte; Mittel…
central air-handling unit zentrale Belüftungsanlage *f*
central arch Mittelbogen *m*
central archway Mitteldurchgang *m*
central axis Mittelachse *f*, Symmetrieachse *f*
central bay Mittelfeld *n (z. B. eines Gewölbes)*; Mitteljoch *n*
central frame Mittelrahmen *m*
central heating Zentralheizung *f*; Heiz(ungs)anlage *f*
central line Mittellinie *f*, Mittelachse *f*
central purlin Zwischenpfette *f*
central reserve Mittelstreifen *m*, Fahrbahnteiler *m*
central structure Mittelbau *m*
centralize *v* ausmitten, mittig anordnen; zentralisieren
centralized grouping zentrale Anordnung *f*
centrally loaded mittig belastet
centre *v* 1. zentrieren, ausmitten; zentrieren, zentrierbohren; 2. stanzen *(punzieren)*
centre 1. Zentrum *n*, Mittelpunkt *m*, Mitte *f*; Kern *m*; 2. Lehrgerüst *n (für Gewölbe- und Bogenbau)*; Leierpunkt *m (Bogen)*; 3. Heim *n* • **in dead centre** genau mittig
centre arch Hauptbogen *m (einer Brücke)*

centre bay Mittelfeld n (z. B. eines Gewölbes); Mitteljoch n
centre line 1. Mittellinie f, Achse(nlinie) f; 2. (Verk) Leitlinie f
centre-line aligned achsenfluchtend
centre loading (Stat) zentrische [mittige] Belastung f
centre of crown Scheitelmitte f
centre of inflection Momentennullpunkt m
centre of moment(s) Momentendrehpunkt m, Momentennullpunkt m
centre of pressure Drucklinie f
centre of twist Torsionsmittelpunkt m
centre purlin Zwischenpfette f, Mittelpfette f
centre-to-centre (distance) Achsabstand m, Systemmaß n
centre-to-centre line Systemlinie f
centre vault Mittelgewölbe n
centric zentrisch, mittig
centric application of force zentrischer Kraftangriff m
centric load zentrische Belastung f
centrifugal casting Schleudern n (von Beton); Schleuderbetonieren n
centrifugal concrete Schleuderbeton m
centrifugal force Zentrifugalkraft f, Fliehkraft f
centrifugal moment Zentrifugalmoment n
centrifugally cast concrete pipe Schleuderbetonrohr n
centring 1. Zentrierung f, Einmitten n; 2. Lehrgerüst n; Bogenlehre f; 3. Bogenrundung f
centroid Schwerpunkt m, Massen(mittel)punkt m; Flächenmittelpunkt m
ceramic aggregate keramischer Zuschlag(stoff) m
ceramic building unit keramisches Bauelement n, keramisches Montageelement n
ceramic façade Keramiksichtfassade f
ceramic facing Keramikverkleidung f
ceramic pipe Steinzeugrohr n
ceramic tile Keramikfliese f; Tonfliese f
certificate Gutachten n, Abnahmeprotokoll n; Zeugnis n • **with qualification certificate** bauartgeprüft
certificate of acceptance Bauleistungsabnahmebescheinigung f, Abnahmeprotokoll n

certificate of approval Zulassungsbescheid m
certificate of occupancy Gebrauchsabnahmebescheinigung f
certificate of quality Qualitätsnachweis m, Gütenachweis m
certification body Zertifizierungsstelle f
certify v bescheinigen, bestätigen, zertifizieren
cessation Beendigung f; Stillstand m (z. B. der Bauarbeiten)
cession Zession f, Abtretung f, Übertragung f (baulicher Rechte und Objekte)
cesspit 1. Senkgrube f, Kloake f, Abortgrube f; 2. Regenwassersammelkasten m (in einer Dachrinnenkonstruktion, von der das Fallrohr abzweigt)
cesspool Senkgrube f, Klärgrube f, Absetzgrube f, Klärbecken n
chain v 1. anketten, mit Ketten befestigen; 2. vermessen (mit Messkette)
chain bond masonry bewehrungsgebundenes Mauerwerk n
chain bridge Kettenbrücke f, Hängebrücke f mit Ketten
chain dog(s) Ringbolzen m
chain scale (Verm) Zeichnermaßstab m
chain traverse geknickter Polygonzug m, Standlinienzug m
chaining pin Messnadel f, Vermessungsnadel f
chair 1. Bewehrungshalter m; 2. Waschbeckenstützrahmen m; 3. Sitz m
chair for reinforcement Bewehrungshalter m
chalet 1. Holzhaus n, Schweizerhaus n; 2. einfaches Häuschen n
chalk v (ab)kreiden, auskreiden; abfärben (Kalkanstrich)
chalk line 1. Kreideschnur f, Schlagschnur f, Richtschnur f; 2. Kreideschnurlinie f
chalk resistance Abkreidungsbeständigkeit f, Abfärbebeständigkeit f, Auskalkbeständigkeit f
chalky sandstone Kalksandstein m
chamber 1. Zimmer n, Stube f, Gemach n; 2. Kammer f (z. B. in technischen Öfen)
chamber interceptor Schachtverschluss m
chamber lock Kammerschleuse f
chamfer v 1. abfasen (meist mit 45°); abschrägen, abkanten; 2. (Hb) kannelieren, (aus)kehlen

chamfer 1. Fase f *(mit 45°)*; Abfasung f, Abschrägung f, Schräge f, Schmiege f; 2. *(Hb)* Auskehlung f, Kannelüre f

chamfer shape Abfasungsprofil n

chamfered abgefast *(meist mit 45°)*; abgeschrägt, abgekantet, gebrochen; abgesetzt, verjüngt

chamfered moulding Schmiege f, Schräge f

chamotte brick Schamottestein m

chamotte lining 1. Schamotteauskleidung f, Schamottefutter n; 2. Auskleiden n mit Schamotte

champ Gestaltungsfläche f *(Behauen, Gratieren)*

chancel aisle Altarschiff n

change 1. Änderung f; offizielle Änderung f der Bauunterlagen; 2. Umwandlung f *(z. B. der Struktur)*; Umsetzung f *(von Baustoffen durch chemische Einflüsse)*

change in shear force Schubkraftwechsel m

change of condition Zustandsänderung f

change order offizielle Projektänderung f, Änderungsmeldung f *(an den Bauauftragnehmer über Bauausführungsänderungen)*

change-over 1. Umrüsten n *(einer Anlage)*; 2. Übergang m; 3. *(El)* Umschaltung f

changeover switch Umschalter m

changes in the work Bauausführungsänderungen fpl

changing facility Umkleideeinrichtung f

changing load wechselnde Belastung f, Wechsellast f

channel v auskehlen, kannelieren, aussparen; riffeln; nuten; Rinnen bilden

channel 1. Vertiefung f *(in Holz oder Mauerwerk)*; Auskehlung f, Kannelüre f; Kehlrinne f; Rille f; Säulenrille f; 2. U-Profil n; U-Stahl m; 3. Kanal m, Gerinne n; Ablaufrinne f; 4. Fahrrinne f; 5. (natürlicher) Kanal m; Flussbett n

channel beam U-Träger m

channel capacity Abflusskapazität f, Abflussvolumen n

channel moulding Kehlung f

channel reinforced verstärkt durch U-Profil

channel section U-Profil n

channel system Kanalsystem n, Kanalisation f

channelled (aus)gekehlt, kanneliert *(z. B. Ornament)*; geriffelt

channelled plate Riffelblech n, geriffeltes Blech n

channelling 1. *(Arch)* Kannelierung f, Auskehlung f; 2. Kanalbildung f

chantlate *(Hb)* Saumlade f, Saumlatte f; Abtropfleiste f

chap v rissig werden, reißen

chapel arcade Kapellenarkade f

chaplet *(Arch)* Kranzornamentierung f

characteristic data Kenndaten pl

characteristic quality Güteeigenschaft f

charge v 1. beladen; beschicken, füllen *(z. B. einen Mischer)*; 2. *(El)* (auf)laden; 3. in Rechnung stellen, Kosten anrechnen

charge 1. Beschickungsmaterial n, Füllgut n, Füllung f *(z. B. für einen Mischer)*; 2. *(El)* Ladung f; 3. Sprengladung f; Schuss m; 4. Kosten pl, finanzielle Belastung f; Gebühr f; 5. s. charging

charge hand Polier m, Meistergehilfe m

chargeable belastbar

charging 1. Beschicken n, Füllung f *(z. B. eines Mischers)*; 2. *(El)* Aufladen n

charging height Schütthöhe f

charging volume Füllvolumen n

chart v aufzeichnen; kartieren

chart 1. Karte f; Plan m; Tabelle f; 2. Diagramm n, grafische Darstellung f, Schaubild n

chase v treiben, zieselieren, gestalten *(Metalldekoration an Außenflächen)*

chase Mauerschlitz m, Leitungskanal m *(in Wänden, z. B. für Unterputzverlegung)*; Rille f, Rinne f *(für Rohrleitungen an und in Wänden)*

chastity Schlichtheit f

check v 1. kontrollieren, (nach)prüfen; nachrechnen; 2. *(Stat)* nachweisen; 3. untersuchen; testen *(z. B. Materialien)*; 4. platzen, reißen *(Holz, Gussteile)*

check 1. Kontrolle f, Prüfung f, Nachprüfen n; Überprüfung f; 2. *(Stat)* Nachweis m; 3. *(AE)* Rechnung f *(schriftliche Kostenforderung)*; 4. Längsriss m *(z. B. in Holz, Beton)*; *(AE)* Temperaturschwankungsriss m *(beim Holz)*; Haarriss m *(z. B. im Stahl bei schnellem Kühlen)*; 5. Bewegungshemmer m, Bewegungsbegrenzer m

check calculation Nachrechnung f, Kontrollrechnung f, Nachweis m

check 56

check design Vergleichsentwurf m, Vergleichskonstruktion f
check list Prüfliste f, Prüfformular n
check sample Rückstellprobe f
check test Kontrollprüfung f, Kontrollversuch m, Prüfversuch m
checker board Schachbrettverband m
checkered schachbrettartig; kariert
checking feature Prüfeinrichtung f
cheek Seitenfläche f, Seitenteil n; Wange f (z. B. einer Gaupe)
cheek boards Seitenschalung f; Betonformseitenteile npl
cheek stone Bordstein m
chemical attack chemischer Angriff m; Chemikalienangriff m
chemical construction material Chemiewerkstoff m, chemischer Baustoff m
chemical durability chemische Beständigkeit f, chemische Widerstandsfähigkeit f, Chemikalienbeständigkeit f
chemical plaster Edelputz m, Patentputz m
chemical soil stabilization chemische Bodenverfestigung f
chequered kariert, schachbrettartig
chequerwork 1. Gittermauerwerk n; 2. (Arch) Würfelfries m, Schachbrettfries m (romanisches Ornament); 3. Schachbrettmuster n
chest-high brusthoch
chestnut (wood) Kastanienholz n
chevron (Arch) Zackenfries m, Zickzackornament n
chief arch Hauptbogen m
children's home Kinderheim n
children's play area Spielfläche f
chill block Kühlhaus n
chilling 1. Kühlen n; Abschrecken n; Härten n; 2. Anlaufen n (Fleckenbildung auf trocknenden Farbanstrichen durch kalten Luftzug)
chimney Schornstein m, Esse f, Schlot m, Kamin m
chimney arch Kamingewölbebogen m
chimney base Schornsteinsockel m, Schornsteinfuß m
chimney bond Schornsteinverband m
chimney cap Schornsteinkappe f, Schornsteinaufsatz m; Schornsteinschutzabdeckung f
chimney cheeks Kaminöffnungswangen fpl

chimney cross section Schornsteinquerschnitt m
chimney design Schornsteinbemessung f
chimney jamb Kaminmauerwerk n
china (sanitary) ware Sanitärporzellan n, Sanitärkeramik f
chink v 1. (auf)reißen; sich spalten; 2. Ritzen verschmieren [zuschmieren]; ausfüllen, zustopfen (einen Riss); 3. (Erdb) verfüllen
chink Spalt m, Riss m (z. B. im Mauerwerk); Ritze f (z. B. in der Wand)
chip v 1. meißeln; behauen; abstoßen (z. B. alte Anstriche); ausbrechen; abplatzen, abblättern (z. B. Emaillack, Farben); 2. abgraten, putzen
chip Span m (Metall, Holz); Holzschnitzel n, Hackspan m; Splitter m; zurechtgehauenes Marmorstück n (für bestimmte Verwendungszwecke); Splittkorn n; kleines Bruchstück n
chip surfacing Splittabstreuung f, Besplittung f
chipping 1. Bemeißeln n (von Betonoberflächen); 2. Abplatzen n, Abspringen n; Absplittern n; 3. Splitt m
chippings 1. Splitt m, Bruchsteinsplitt m; Feinsplitt m; Späne mpl (von Holz); Hackschnitzel npl
chisel v meißeln; stemmen; scharrieren
chisel 1. Meißel m, Stemmeisen n; 2. (Hb) Beitel m
chlorinated rubber Chlorkautschuk m
chock 1. Keil m; Hemmkeil m, Sicherungsklotz m; 2. Füllstoff m (Steine); 3. Holzbergepfeiler m, Holzkasten m (Innenausbau)
chocking piece Aufschiebling m
choir bay Chorfeld n
choir termination Chorgewölbe n
choke v 1. verstopfen; sich verstopfen (z. B. Rohre); 2. (fest)klemmen; hemmen (anhalten); 3. auswicken (Hohlräume in Natursteinmauerwerk ausfüllen)
choking Verstopfung f; Selbstdichtung f
chord 1. Gurt m (z. B. eines Fachwerkträgers); Flansch m (Tragwerk); 2. Spannstange f, Zugstange f; 3. Sehne f (Kreissehne)
chord member Gurtstab m
chord plate Gurtplatte f (für Stahlkonstruktionen)
chrome v verchromen

chrome coat Chromüberzug *m*
chromium plating 1. (galvanische) Verchromung *f*, Verchromen *n*; 2. Chrom(schutz)schicht *f*
church aisle Kirchenseitenschiff *n*
church façade Kirchenfassade *f*
churn (drill) Erdbohrer *m*
chute 1. Rutsche *f*, Schurre *f*, Rinne *f*, Gleitbahn *f*; Abwurfschacht *m* (*z. B. eines Silos*); 2. *(Wsb)* Sturzrinne *f*, Schussrinne *f*
chuted concrete Gussbeton *m*, Flüssigbeton *m*, gießfähiger Beton *m*
cilery Kapitellornament *n*
cincture Säulenzierband *n*, Säulenziergesims *n*
cinder aggregate Schlackenzuschlag(stoff) *m*
cinder block Schlackenbetonstein *m*
cinder concrete Schlackenbeton *m*, Leichtbeton *m*
cinema building Kinogebäude *n*
cipher lock Drucktastenschloss *n*
circle of sliding Bruchkreis *m*, Scherkreis *m*
circuit 1. *(El)* Stromkreis *m*; 2. Ringleitung *f*; 3. geschlossener Linienzug *m* (*Mathematik*)
circuit arrangement Schaltung *f*
circuit diagram *(El)* Schaltplan *m*, Schaltbild *n*
circuit layout *(El)* Schaltplan *m*; Schaltkreisanordnung *f*
circuit vent Zirkulationsleitung *f*
circular 1. (kreis)rund, kreisförmig; Kreis...; Rund...; 2. umlaufend, zirkulierend
circular arc Kreisbogen *m* (*Geometrie*)
circular barrel vault Tonnengewölbe *n*
circular base-line Fußkreis *m*
circular-circular face konvex-sphärisch gearbeitete Sichtfläche *f*
circular girder Ringträger *m*
circular load Kreislast *f*
circular stair gewendelte Stufe *f*, Wendeltreppenstufe *f*
circulating pump Umlaufpumpe *f*, Umwälzpumpe *f*
circulation 1. Zirkulation *f*, Umlauf *m*, Umwälzung *f*; Kreislauf *m* (*Gas, Wasser*); 2. Verkehrsablaufschema *n* (*im Gebäude*)

circulation line Umwälzleitung *f*, Zirkulationsleitung *f*
circumference Umfangslinie *f*, Kreisumfang *m*, Umfang *m*, Umkreis *m*
circumferential force Umfangskraft *f*
circumferential prestressing Ringvorspannung *f* (*Spannbeton*)
circumvallation Umwallung *f* (*Befestigung*)
cistern 1. Zisterne *f*, Wasserspeicher *m*, Flüssigkeitsbehälter *m*; 2. Wassertank *m* (*für WC*); Tank *m*; Spülkasten *m*, Wasserkasten *m*; 3. *(AE)* (unterirdischer) Regenwasserspeicher *m*
citizen's hall Bürgerhaus *n*
city 1. Großstadt *f*, Stadt *f*; Stadtkreis *m*; 2. Innenstadt *f*; Stadtkern *m*; Altstadt *f*
city block *(AE)* Stadtviertel *n*
city garbage *(AE)* Stadtmüll *m*
city hall *(AE)* Rathaus *n*
city planning Städteplanung *f*, Städtebau *m*
civic architecture Profanarchitektur *f*, Profanbaukunst *f*, weltliche Architektur und Baukunst *f*
civic centre Verwaltungszentrum *n* (*einer Stadt*); Zentrum *n* kommunaler Einrichtungen; Gemeinschaftszentrum *n*
civic survey map Katasterkarte *f*
civil and traffic engineering Ingenieurtief- und Verkehrsbau *m*
civil engineering 1. Bauingenieurwesen *n*, Bauwesen *n*; Ingenieurbau *m*; Bautechnik *f*; 2. Tiefbau *m*
clad *v* verkleiden, umhüllen, ummanteln; plattieren, mit einer Metallschicht überziehen
cladding element [panel] 1. Verkleidungstafel *f*, Außenwandtafel *f*, Verblendplatte *f*; 2. *s.* slab
claim for compensation Schadenersatzanspruch *m*
claim of ownership Besitzanspruch *m*
clamp *v* 1. festklemmen, anklemmen, befestigen; sperren, arretieren; verriegeln; 2. einspannen (*Werkzeuge in Spannfutter*)
clamp 1. Klemmvorrichtung *f*, Klemme *f*; Bauklammer *f*, Klammer *f*, Halteklammer *f*, Halter *m*; Schelle *f*; 2. *(Hb)* Schraubzwinge *f*, Zwinge *f*; 3. Feld(brenn)ofen *m* (*Ziegelherstellung*); 4. Bandstahlanker *m* (*für Zargen*)

clamp 58

clamp joint Klammerverbindung f
clamping batten Rahmenschenkel m
clamping plate Klemmplatte f, Klammerplatte f, Verbindungsblech n *(zur Verstärkung von Holzbalkenverbindungen)*
clapboard *(AE)* 1. Stülp(ver)schalbrett n; 2. Schindel f
clapboard house *(AE)* Fachwerkhaus n mit Stülpschalbrettverkleidung
clarification basin Klärbecken n
clarification drawing Ergänzungs- und Berichtigungszeichnung f
clarification plant Kläranlage f, Abwasserreinigungsanlage f
clarifying basin Klärbecken n, Absetzbecken n
clasp Haken m; Klammer f
classic construction method herkömmliche Bauweise f
Classic Revival Klassizismus m (der Goethezeit) *(als Wiederholung der römischen und griechischen Baukunst; 1770-1830)*
classical building klassisches Gebäude n
classify v 1. klassifizieren, einteilen, zuordnen; 2. klassieren, sortieren *(nach Körnungen)*; sichten; sieben
claw 1. Haken m, Hakennagel m; Kralle f, Klaue f; Greifdorneisen n; 2. Greifer m *(eines Greiferkübels)*
claw bar *(AE)* Brechstange f, Brecheisen n
claw hammer Klauenhammer m, Zimmermannshammer m
clay Ton m, Lehm m
clay binder bindiger Erdstoff m
clay blanket Lehmschürze f, Lehmdichtlage f; Tonauskleidung f
clay brick 1. Tonziegel m, Lehmziegel m; 2. gemahlener Schamottestein m
clay filling Lehmfüllung f
clay floor Lehmstrich m; Lehmanstrich m *(Fußboden)*
clay floor (cover) tile Tonfußbodenfliese f, Tonfußbodenplatte f
clay lathing Drahtziegelgewebe n, Ziegelrabitz m
clay mortar Lehmmörtel m
clay tile Tonfliese f, unglasierte Fußbodenfliese f; Keramikfliese f
clayey soil Tonboden m
clayware 1. Tonwaren fpl; 2. Keramikelemente npl
clean v 1. reinigen, säubern *(meist ohne Wasser)*; 2. klären, läutern; 3. abschlichten; 4. räumen *(z. B. Bohrlöcher)*
clean v **off** abschalen
clean wood astreines Holz n
cleaning chamber Reinigungsschacht m
cleaning cover Reinigungsdeckel m, Putzdeckel m
cleaning eye Reinigungsöffnung f, Putzöffnung f *(z. B. in Rohrleitungen)*
cleanout *(AE)* Reinigungsöffnung f *(Sanitärleitungen)*
clear v 1. reinigen, säubern *(z. B. Oberflächen)*; 2. beräumen *(z. B. Flächen)*; räumen *(Straßen, Gleise)*; freiräumen *(z. B. Baustellen)*; roden, abholzen *(Wald)*; (aus)lichten; 3. aufhellen, hell werden
clear arch span Bogenweite f
clear cross section lichter Querschnitt m
clear dimension lichtes Maß n, lichte Abmessung f, Innenmaß f
clear opening dimensions Rohbaulichtmaß n
clear-water basin Reinwasserbehälter m
clearance 1. (freier) Abstand m, Zwischenraum m; Spiel n; Luft f *(zwischen Bauteilen)*; 2. lichter Raum m, lichte Höhe f, Durchgangshöhe f, Durchfahrtshöhe f, Begrenzung f; 3. Spannweite f, lichte Weite f; 4. Beräumung f, Aufräumung f *(Baufeld)*; Abbruch m; 5. Stadtsanierung f; Sanierung f von Wohngebieten; 6. Entlastungsfuge f
clearance area Abbruchgebiet n, Abrissgebiet n
clearance limit Durchfahrtsprofil n
clearance order Abrisserlass m, Abbrucherlass m
clearing 1. Beräumung f, Räumung f, Freimachen n *(einer Baustelle)*; Freilegen n *(eines Bauwerks)*; Roden n; Entfernen n *(z. B. von Erdmassen)*; 2. Abschlämmen n
clearing basin Klärbehälter m
clearing door Kaminputztür f
clearing operations Schaffung f der Baufreiheit
cleat 1. Haltelasche f; 2. *(Hb)* Knagge f; 3. Klemme f, Löthafter m; 4. *(El)* Isolierschelle f
cleated joint Knaggenanschluss m, Laschenanschluss m
cleavage 1. Riss m *(bes. in Gestein)*; 2.

Spaltung f (von Gestein); Aufspaltung f (Keramik)
cleavage plane Spaltfläche f, Bruchfläche f
cleavage strength Spaltfestigkeit f
cleave v (auf)spalten (z. B. Klinker); schlitzen; sich spalten
cleaving chisel Spaltmeißel m
cleaving tile Spaltplatte f, Spaltfliese f, Spaltklinker m
cleft Spalt m, Riss m; Kluft f, Erdspalte f
clench v 1. kaltnieten; stauchen (Nietköpfe); umschlagen (Nagel); 2. abdichten (durch Stauchpressung)
clench bolt Nietbolzen m
clenching Stauchung f (von Nietköpfen)
clerestory (Arch) Lichtgaden m, Obergaden m, Fenstergaden m, Gaden m; Oberlichtfenster n (vertikal); Laterne f
clerk of (the) works Baukontrolleur m, Auftraggebervertreter m
clevis Schäkel m (U-förmiger Bügel); Gabelkopf m (U-förmig für Bolzenanker)
click Sperrhaken m, Sperrklinke f
click-stop device Einrastvorrichtung f
client Bauherr m, Bauauftraggeber m, Auftraggeber m
climatic test cabinet Klimaprüfschrank m
climbing crane Kletterkran m
climbing forms [formwork] Kletterschalung f
climbing irons Steigeisen npl, Kletterersen npl
clinch v 1. vernieten; 2. umschlagen (Nagel)
clinch bolt Nietbolzen m
cling v (an)haften, kleben
clink f. 1. (AE) Straßenaufbruchhammer m, Straßenaufbruchmeißel m; 2. Stahlriss m, Innenriss m (durch Spannung verursacht)
clinker 1. Klinker m, Klinkerziegel m, Hartbrandziegel m; Zementklinker m; 2. Sinterschlacke f, Schlacke f (bes. von Kohle)
clinker block Schlackenblockstein m
clinker brick facing Klinkerverkleidung f
clinker concrete Schlackenbeton m
clinker pavement Klinkerpflaster n
clinker slab Schlackenbetonplatte f, Hohldiele f aus Schlackenbeton
clip v 1. anklammern, befestigen, (fest-)klemmen; 2. beschneiden

closing

clip 1. Klammer f, Klemme f; Krampe f; Schelle f, Lasche f; 2. (El) Leitungsschelle f; Halter m; Gipsleistenhalter m; 3. längsgeteiltes Ziegelsteinstück n
clip joint Ausgleichsfuge f
clipped connection Klemmverbindung f
cloaca Kloake f, Abortgrube f; unterirdischer Abwasserkanal m
cloakroom 1. Garderobe f; Kleiderablage f; 2. Gepäckaufbewahrung f, Gepäckraum m; 3. Toilette f
clock tower Uhrenturm m; Glockenturm m
clockwise polygon Polygon n im Uhrzeigersinn
cloddy klumpig, knollig
clog v verstopfen, versperren; verstopfen, sich zusetzen; verschlammen; sich festhaken (Kreissäge)
clogged-up pipe verstopftes Rohr n
cloister 1. (Arch) Kloster n; 2. (Arch) Kreuzgang m (z. B. im Kloster); gedeckter Säulengang m [Gang m] (um einen Hof)
cloister vault Klostergewölbe n, Dominikalgewölbe n
close v a vault ein Gewölbe schließen
close abutment geschlossenes Widerlager n
close-boarded verschalt, verplankt
close-couple roof Satteldach n
close-coupled closet Tiefspülklosett n
close-graded aggregate dichte Mineralmasse f, hohlraumarmes Mineralgemisch n, gut abgestuftes Zuschlag(stoff)gemenge n
close-quartered räumlich beengt
close-up view Nahansicht f
closed space 1. geschlossener Raum m; 2. Zwischenraum m
closed traverse Ringpolygon n
closely spaced engstehend, dicht beieinander
closet 1. kleine Kammer f; Kabinett n; Nebengelass n; (AE) Abstellkammer f; (eingebauter) Schrank m; (AE) Kleiderkammer f, Kleiderschrank m; 2. Toilette f, Klosett n, Abort m
closet bank Schrankwand f
closet facility Toilettenanlage f
closet pan Toilettenbecken n
closet room Toilettenraum m
closet valve Spülkastenventil n
closing handle Schließgriff m

closing

closing lines Schlusslinienzug *m*
closing stile Schlossbohle *f*, Schlossbrett *n (Tür)*
closing system Schließanlage *f*
closure 1. Verschluss *m (Vorrichtung)*; Abschluss *m*; 2. Schließung *f*, Sperrung *f*
cloth backing Gewebeträgermaterial *n*
cloth base Gewebeträger *m*, Gewebeunterlagschicht *f*
cloth lath Putzträgergewebe *n*
cloth-reinforced gewebeverstärkt, gewebebewehrt
clothes chute Wäscheabwurfanlage *f*, Wäscherutsche *f*
clothoid Klothoide *f*
clouding Wolkenbildung *f*, Trübfleckenbildung *f (Anstriche)*
cloven (auf)gespalten
cloverleaf (intersection) Kleeblattkreuzung *f (Autobahnkreuzung)*
club building Klubhaus *n*, Klubgebäude *n*
clump of buildings (AE) Häuserkomplex *m*
clump of pillars gebündelte Freipfeiler *mpl*, Bündelfreipfeiler *m*, gegliederter frei stehender Pfeiler *m*
cluster housing enggruppierte Wohngebäude *npl*
clutch 1. Haken *m (Klaue)*; 2. Kupplung *f*
clutch anchor Ankereisen *n*
coagulation basin Ausfällbecken *n (Klärwerk)*
coal bunker Kohlenbunker *m*, Kohlensilo *n*
coal-fired stove Kohleofen *m*
coal-tar creosote Phenol *n*, Karbolsäure *f*, Steinkohlenteerkreosot *n*
coaming aufgebogene Kante *f*, Schwellwulst *f*, überhöhter Öffnungsrand *m (Dachöffnung, Deckenöffnung)*
coarse aggregate Grobzuschlag(stoff) *m*, grober [grobkörniger] Zuschlag *m*
coarse concrete Grobbeton *m*
coarse filter Vorfilter *n (Klimaanlage)*
coarse-grained structure Grobkornstruktur *f*, Grobkorngefüge *n*
coarse gravel Grobkies *m*
coarse plaster Rohputz *m*
coarseness 1. Grobkörnigkeit *f*; 2. Rauigkeit *f*, Rauheit *f*
coast protection Küstenschutz *m*, Küstensicherung *f*
coast works Küstenschutzbauten *mpl*, Seebauten *mpl*

60

coastal engineering Küstenschutzbau *m*, Küstenwasserbau *m*
coastal work Seebau *m*
coat *v* 1. beschichten, überziehen; umhüllen; (an)streichen *(mit Farben)*; auftragen; 2. beplanken; 3. benetzen, einhüllen *(z. B. Bindemittel die Materialkörner)*
coat *v* and **wrap** *v* umhüllen, isolieren *(z. B. Rohrleitungen)*
coat 1. Schicht *f*, Schutzschicht *f*; Überzug *m*; Hülle *f*; Auftrag *m*; Anstrich *m*; 2. *(Verk)* Verschleißdecke *f*, Straßendecke *f*
coat film Anstrichfilm *m*, Anstrichmembran *f*
coat hook Kleiderhaken *m*
coat on concrete Betonbeschichtung *f*, Betonüberzug *m*
coat room Garderobenraum *m*
coated überzogen, beschichtet, umhüllt; benetzt
coating angle Benetzungswinkel *m*, Kontaktwinkel *m (bei Farbanstrichen)*
coating compound Beschichtungsmasse *f*
coating work Anstrich *m*, Anstricharbeiten *fpl*
cob 1. Lehmziegel *m*; Luftziegel *m (ungebrannter Ziegel mit Stroh)*; 2. Stampflehm *m*, Pisee *n*
cob construction Stampflehmbau *m*, Lehmstampfbau *m*, Piseebau *m*
cobalt blue Kobaltblau *n (Pigment)*
cobblestone (runder) Pflasterstein *m*, Kopfstein *m*, Katzenkopf *m*, Feldstein *m*
cobweb masonry Polygonalmauerwerk *n*
cochlear spiralförmig
cochleoid Schraubenkurve *f*
cock 1. Hahn *m*; Absperrglied *n*; Hahnventil *n*, Ventil *n*; Entlüftungsventil *n*; Spund *m*; 2. Windfahne *f*; Wetterhahn *m*
cock loft Spitzboden *m*
cocking piece 1. Trauflatte *f*; 2. Windrispe *f*, Sturmlatte *f (bei Dächern)*
coconut fibre mat Kokosfaserdämmmatte *f*
code Vorschriftenwerk *n*; Standardwerk *n*; Kode *m*; Gesetzesbuch *n*
code of practice Bauausführungsvorschriftenwerk *n*; Merkblatt *n* für Baunormen, bautechnische Richtlinien *fpl (in England)*
codify *v* kodifizieren

codisposal landfill Mischdeponie f
coefficient of compressibility *(Bod)* Steifezahl f, Steifeziffer f
coefficient of deformation Formänderungskoeffizient m
coefficient of elasticity Elastizitätsmodul m, E-Modul m *(von Baustoffen)*
coefficient of friction Reibungskoeffizient m, Reibungszahl f
coefficient of linear extension Dehnungskoeffizient m, Dehnzahl f, Dehnziffer f; Elastizitätszahl f
coefficient of rigidity Steifezahl f, Schub(elastizitäts)modul m
coefficient of shear(ing) Schubzahl f, reziproker Schubmodul m
coffer v 1. in Kassetten teilen [ausbauen] *(einer Decke)*; 2. *(Erdb)* abdichten, wasserdicht machen
coffer 1. Kassette f, Kassettenfeld n, Fach n *(einer Decke)*; 2. *(Wsb)* Schleusenkammer f; 3. *(Verk)* Straßenkoffer m; 4. Kasten m, Kiste f
coffer structure *(Verk)* Kofferaufbau m
cofferdam 1. *(Wsb)* Fang(e)damm m, Kastenfangdamm m; 2. Sicherheitskammer f
coffered ceiling Kassettendecke f
coffered foundation Hohlkörpergründung f
cog 1. Zapfen m, Holzzahn m; 2. Nase f *(eines Dachziegels)*
cog railway Zahnradbahn f
cogged joint *(Hb)* Zapf(en)verbindung f, verzahnte Verbindung f
coherent kohärent, zusammenhängend, zusammenhaftend
cohesive strength *(Bod)* Kohäsionsfestigkeit f
coil 1. Heiz(rohr)schlange f, Schlangenrohr n; 2. Rolle f *(z. B. von Draht)*; 3. *(El)* Wendel f; 4. Spule f, Spirale f
coiled expansion loop Ausgleichsbogen m *(Rohrleitungen)*
coin 1. Ecke f; Gebäudeecke f; 2. Keil m
coir mat Kokosfaserdämmmatte f
coke furnace Koksfeuerung f
cold bending Kaltbiegen n
cold bridge Kältebrücke f
cold-curing paint Reaktionslack m, Komponentenlack m, kalthärtender Lack m
cold-curing resin Reaktionsharz n

cold-driven rivet Kaltniet m
cold glueing Kaltleimung f
cold inspection Sichtprüfung f, Prüfung f nach Augenschein
cold joint Frischbetonansatz m *(an erhärtetem Beton)*
cold roof Kaltdach n
cold shut 1. Betongussfehlstelle f *(z. B. Einschnürstelle, Falte)*; 2. Kaltschweißstelle f
cold underfoot fußkalt *(Wohnung)*
collapse v 1. einstürzen, einfallen, zusammenstürzen; zusammenbrechen; versagen; 2. knicken
collapse load Bruchlast f, Einsturzlast f; Traglast(grenze) f
collapse test Druckprüfung f, Druckversuch m *(Leitungsrohre)*
collapsing loading Knickbelastung f
collapsing stress Knickspannung f; Knickbelastung f
collar 1. Hals m, Wulst m(f), Manschette f; 2. Abstandsring m, Ring m; 3. s. collar beam
collar beam *(Hb)* Kehlbalken m, Querriegel m, Traverse f
collar beam roof Kehlbalkendach n
collar brace Kehlbalkenverstärkungsglied n
collar joint Kehlbalken-Sparren-Verbindung f
collateral warranty kollaterale Gewährleistung f
collecting basin Sammelbehälter m
collecting line [main] Sammelleitung f
collecting pond Sammelbecken n
collector road [street] Zubringerstraße f, Zubringer m
College of Architecture Architekturhochschule f
colliery spoil Waschberge m, Kohlegrubeabfall m
collimation line Durchfluchtungslinie f, Sehlinie f
colloidal concrete Kolloidbeton m
colloidal mortar Kolloidmörtel m
colonial house Kolonialstilhaus n
Colonial Revival Architektur in den USA Ende des 19./Anfang des 20. Jahrhunderts unter Verwendung kolonialer und georgianischer Elemente für Banken, Kirchen und Vorstadtsiedlungen

colonnade Kolonnade f, Säulengang m, Arkade f
color cement (AE) Farbzement m
colossal order Kolossalordnung f, Riesenordnung f (über mehrere Geschosse reichende Säulenordnung)
colour condition farbliche Umfeldgestaltung f
colour fastness Farbechtheit f, Farbbeständigkeit f (von Materialien); Lichtechtheit f
colour for limewash Kalkfarbe f
coloured aggregate farbiger Zuschlag(-stoff) m
coloured concrete 1. farbpigmentierter Mischbeton m; 2. farbig gestrichener Festbeton m
coloured glass Farbglas n, Buntglas n
colouring matter 1. Farbstoff m, färbende Substanz f, Farbmittel n; 2. aufgetragene Farbe f
colouring pigment Farbpigment n
column 1. (Arch) Säule f (mit rundem Querschnitt, bestehend aus Basis, Schaft und Kapitell); 2. Stütze f, Pfeiler m; Mast m; Stiel m; 3. Stab m, Knickstab m, Vertikalstab m
column architecture Säulenbaukunst f
column base plate Säulengrundplatte f, Aufstandsplatte f
column bent Stützenquerrahmen m
column capital Säulenkapitell n; Pilzkopf m, pilzförmiger Stützenkopf m
column condition Stützenbedingung f
column end moment Stützenendmoment n
column hinge Stützengelenk n
column pattern Stützenraster n
column section Stützenquerschnitt m; Stützenanschluss m
column spacing Stützenabstand m
column test Knickprüfung f (Stahl)
column with services Installationsstütze f
columnar säulenförmig, säulenartig
columnar interior Säulenhalle f, Säulensaal m
columnar portal Säulenportal n
columned hall Säulenhalle f, Säulenraum m
columnless stützenfrei
comb 1. Firsthaube f, Firstkamm m; 2. Putzkamm m, Putzkratzer m, Kamm m
comb plaster Kammputz m

combed joint (Hb) Kammverbindung f, Kamm m
combination column Verbundstütze f, Verbundsäule f (Formstahl und Beton)
combination faucet (AE) Wassermischbatterie f, Mischbatterie f
combination window 1. Verbundfenster n; 2. auswechselbares Doppelfenster n
combinatorial analysis Kombinatorik f
combined building sewer kombinierte Regen- und Abwasserleitung f, Mischwasserkanal m
combined curve Kurvenzug m (Straße)
combined drainage Mischentwässerung f
combined footing verbundene Fundamentplatte f (für mehrere Stützen)
combined materials Gemenge n, Gemisch n
combined sewerage system Misch(wasser)system n, Mischkanalisation f (Entwässerung)
combined truss and plate bridge Plattenbalkenbrücke f
combing 1. Firstpfette f; 2. Verkämmen n (von Dachsparren); 3. Kämmen n (Außenputz); Aufbringen n von Kammstreifenmustern (auf frischer Farbe); Abglätten n einer Werksteinoberfläche
combustibility grading period Brennbarkeitsklasse f
combustion rammer Explosionsramme f
comfort chart (HLK) Behaglichkeitszonenkarte f, Komfortzonenkarte f
comfort condition Behaglichkeitsbedingung f
comfort station (AE) Bedürfnisanstalt f, öffentliche Toilette f
commemorative structure Memorialbau m, Gedächtnisbau m; Gedenkmonument n
commercial architecture kommerzielle Architektur f
commercial area Gewerbegebiet n
commercial building Geschäftsbau m, gewerbliches Gebäude n
commercial occupancy gewerbliche Nutzung f
commercial sewage gewerbliche Abwässer npl
comminute v zerkleinern; zerreiben
commitment Festlegung f; Verpflichtung f

commode step ausgezogene [ausladende] Antrittsstufe f
common area Gemeinschaftsnutzfläche f *(für die Bewohner eines oder mehrerer Häuser)*
common joist Deckenträger m, Deckenbalken m; Holzdeckenbalken m
common rafter 1. Leersparren m, Zwischensparren m; 2. Bindersparren m, rechtwinkliger Dachsparren m *(durchgehender Sparren vom Dachfuß zum Dachgrat)*
common services Gemeinschaftseinrichtungen fpl
common truss frame Leergebinde n
common wall Brandmauer f; Wohnungstrennwand f *(zweier angrenzender Häuser)*; Grundstücks(begrenzungs)mauer f *(zwischen zwei angrenzenden Reihenhäusern)*; Markmauer f
communal building Kommunalgebäude n
community administration building Gemeindeverwaltungsgebäude n
community centre Kultur- und Dienstleistungszentrum n, kommunale Dienstleistungs- und Freizeiteinrichtung f
community-facilities plan Bebauungs- und Funktionsplan m für Dienstleistungs- und Freizeiteinrichtungen
community planning Siedlungsplanung f; Gemeindeplanung f
commuter Einpendler m, Pendler m *(Verkehrsplanung)*
compact v 1. verdichten, (zusammen-) pressen; einstampfen *(z. B. Verfüllung)*; 2. *(Bod)* verfestigen
compact 1. kompakt, dicht *(Struktur)*; 2. *(Bod)* fest; massiv *(Gestein)*; 3. massig; gedrungen
compact building Kompaktbau m
compacted dry density Rütteldichte f
compactibility Verdichtbarkeit f, Verdichtungsfähigkeit f *(z. B. von Boden)*
compactible verdichtungsfähig *(Boden, Sand)*
compacting beam 1. Stampfbohle f; Rüttelbohle f; 2. *(Verk)* Glättbohle f
compacting factor Verdichtungsfaktor m, Verdichtungsquotient m *(Beton)*
compaction by vibration Vibrationsverdichtung f
compaction pile Verdichtungspfahl m

compaction test 1. Proctor-Test m, Proctor-Verdichtungsversuch m; 2. *(Erdb)* Verdichtungsprüfung f
compactor 1. Verdichter m, Verdichtungsgerät n *(Untergrundverdichtung)*; 2. Stampfgerät n *(im Labor)*
comparative cost analysis Vergleichskostenanalyse f
compartment 1. Feld n *(Gewölbe, Brücke)*; 2. Gefach n *(Fachwerk)*; 3. Zelle f *(Hohlkastenträger)*; 4. Zelle f *(Silo)*; Tasche f *(Bunker)*
compartment box Rohrverzweigungskasten m
compartment ceiling geteilte Decke f *(mit Deckentafeln)*; Großkassettendecke f
compartment floor Branddecke f
compartment wall Brandmauer f, Brandschutzmauer f
compass brick Radialziegel m, Ringziegel m, Keilziegel m
compass rafter gekrümmter Sparren m, gebogener Sparren m
compass roof Runddach n, Halbbogendach n, Tonnendach n
compatibility condition Verträglichkeitsbedingung f
compensation joint Ausgleichsfuge f
compensation measure *(Umw)* Kompensationsmaßnahme f
compensation measures Kompensationsmaßnahmen fpl, Ausgleichsmaßnahmen fpl *(bei Eingriffen)*
compensator reservoir Ausgleichbehälter m
competition design Wettbewerbsarbeit f
competitor Konkurrent m, Konkurrenzfirma f; Mitbietender m; Mitbewerber m, Wettbewerbsteilnehmer m
complementary load Zusatzlast f
complementary work(s) Zusatzleistung f *(Arbeitsleistung)*; Ergänzungsleistung f
complete v 1. komplettieren, vervollständigen; ausbauen; 2. beenden, fertig stellen *(Bauwerk)*
complete fill abgeschlossene Deponie f, verfüllte Deponie f
complete restraint vollständige Einspannung f
completed structure fertig gestellter Bau m
completion 1. Komplettierung f; Ausbau m

completion *(eines Gebäudes)*; 2. Beendigung *f*; Fertigstellung *f (eines Bauwerks)*
completion bond Nachauftragnehmergarantie *f*
completion cycle Bautakt *m*
completion date Fertigstellungstermin *m*
completion list Mängelliste *f*
completion of the interior Innenausbau *m*
completion work Ausbauarbeiten *fpl*
complex 1. zusammengesetzt; mehrteilig; 2. vielgestaltig
complex of blocks [houses] Gebäudekomplex *m*
compliance Einhaltung *f (z. B. von Terminen)*; Erfüllung *f (z. B. von Bauvorschriften)*; Übereinstimmung *f*
compliance test Kontrollprüfung *f*, Prüfung *f* auf Vertragsgemäßheit
comply *v* **with the requirements** *(Stat)* den Forderungen genügen
compo 1. Verbundmaterial *n*; 2. Plastikzement *m*, Härtepaste *f*; 3. *s.* compo mortar
compo mortar Kalkzementmörtel *m*, Zementkalkmörtel *m*
component 1. Bauteil *n*, Teil *n*; Glied *n*; 2. *(Stat)* Komponente *f (der Kraft)*; Teilkraft *f*; 3. Komponente *f*, Bestandteil *m*
component force *(Stat)* Teilkraft *f*
composite zusammengesetzt; gemischt; Verbund...
composite Verbund(werk)stoff *m*
composite action Verbundwirkung *f*
composite beam Verbundträger *m*
composite board Verbundplatte *f*, Sandwichplatte *f*, Dämmplatte *f*
composite building construction Verbundbauweise *f*, Verbundbau *m*
composite construction Verbundbau *m*
composite frame Verbundtragwerk *n*
composite supporting structure Verbundtragwerk *n*
composition 1. Zusammensetzung *f (z. B. von Kräften)*; 2. Aufbau *m*, Zusammensetzung *f (von Stoffen)*; 3. Gemenge *n (Mischgut)*; 4. Härtepaste *f*
composition board Verbundplatte *f*, Pressholzbrett *n*
composition flooring Verbundbelag *m*, fugenloser Fußbodenbelag *m*, Steinholzestrich *m*
composition steel beam structure Stahlträgerverbundkonstruktion *f*

compound 1. Mischung *f*, Gemisch *n*; 2. (chemische) Verbindung *f*; 3. Kompound *n*, (bituminöse) Vergussmasse *f*; 4. eingefriedetes bebautes Grundstück *n (z. B. Industriegebäude)*
compound beam zusammengesetzter Träger *m*, Verbundbalken *m (Holz)*
compound bending Biegung *f* mit Normalkraft
compound girder Verbundträger *m*
compound unit Verbundbauteil *n*, vorgefertigtes Bauteil *n*
comprehensive redevelopment komplexe Sanierung *f (größerer Wohnviertel)*
comprehensive services komplette Baudurchführung *f (durch das beauftragte Entwurfsbüro)*
compressed-air caisson Druckluftcaisson *m*
compressed-air hammer Drucklufthammer *m*
compressed concrete Stampfbeton *m*
compressed element Druckglied *n*, Druckstab *m (Festigkeitslehre)*
compressed fibreboard Hart(faser)platte *f*, Span(holz)platte *f*, Faserpressplatte *f*
compressed reinforcement Druckbewehrung *f*
compressed rod Druckglied *n*
compressed zone Druckzone *f*
compressible zusammendrückbar; verdichtbar *(Baustoffe, Boden)*
compression 1. Kompression *f*, Zusammendrücken *n*; Pressung *f*; Verdichtung *f*; 2. Druck *m*
compression bar Druckstab *m (Festigkeitslehre)*
compression bars Druckbewehrung *f*
compression-bending stress Druckbiegespannung *f*
compression boom Druckgurt *m*, äußerer [ausgelegter] Gurt *m*, Druckflansch *m (Fachwerk)*
compression curve Verdichtungslinie *f*
compression joint Pressfuge *f*
compression-resistant druckbeständig, druckfest
compression test Druckprüfung *f*, Druckversuch *m*
compression with bending Biegedruck *m*
compression yield point Stauchgrenze *f*

compressive cube strength Würfeldruckfestigkeit f (Beton)
compressive ratio Verdichtungsverhältnis n
compressive strength (Stat) Druckfestigkeit f; Druckpressung f
computable berechenbar
computation of heat loss Wärmeverlustberechnung f
computed maximum load rechnerische Höchstlast f
computed stress rechnerische Spannung f
computer-aided design 1. rechnergestütztes Konstruieren n, CAD; 2. rechnergestützte Konstruktion f
computer simulation (Verk) Computersimulation f
computerized design rechnergestützte Konstruktion f
computing procedure Berechnungsmethode f
concamerate v einwölben, überwölben; mit Bögen überspannen
concameration Gewölbe- und Bogenkonstruktion f; Gewölbe n; gewölbtes Dach n; gewölbte Decke f; Bogen m
concave moulding Hohlkehle f
concave tile Nonne f, Rinnenziegel m, Haken(stein) m
concealed 1. verdeckt; 2. unter Putz; Unterputz...
concealed cable (El) Unterputzkabel n
concealed illumination [lighting] indirekte Beleuchtung f, Indirektbeleuchtung f
concealed wiring (El) Unterputzverlegung f (von Leitungen)
concentrated couple Punktmoment n, konzentriertes Moment n
concentrated load Einzellast f, Punktlast f
concentrated load stress Punktlastspannung f
concentric konzentrisch, mittig, zentriert
concentric load (Stat) Axiallast f, mittige Last f
concentric tendon axiales Spannglied n
concept of form Formvorstellung f
concept of style Stilbegriff m
concert hall Konzerthalle f, Tonhalle f
concertina door Harmonikatür f
concession Einräumung f; Bewilligung f; Zugeständnis n nach Realisierung

conchoidal muschelförmig; schnecken(linien)förmig; muschelig (z. B. gebrochene Gesteinsoberfläche)
conclusion of contract Vertragsabschluss m
concourse (AE) 1. Freifläche f (z. B. an Straßenkreuzungspunkten, in Parkanlagen); 2. Bahnhofshalle f; Eingangshalle f; 3. Einsteigegalerie f, Finger m (Flugsteig)
concrete v betonieren, Beton einbringen
concrete v **in** einbetonieren
concrete Beton m, Zementbeton m
concrete additive Betonadditiv n, Betonzusatzmittel n
concrete aggregate Betonzuschlag m, Betonzuschlagstoff m
concrete ashlar Betonwerkstein m
concrete base Betonfundament n, Betonsohle f
concrete base slab Betongrundplatte f
concrete beam Betonbalken m
concrete bearing system Betontragwerk n
concrete blinding 1. Unterbeton m, Unterbetonlage f; 2. Modell n in Beton
concrete block 1. Betonblock(stein) m, Betonformstein m; 2. Wohnsilo m
concrete cast-in-situ Ortbeton m
concrete code Betonvorschriftenwerk n, Betonbestimmungen fpl
concrete component Betonfertigteil m
concrete construction Betonbau m
concrete cube test Betonwürfelprüfung f
concrete curing Betonnachbehandlung f
concrete finish 1. Betonoberflächengestaltung f; 2. (gestaltete) Betonoberfläche f
concrete floor system Betondeckensystem n
concrete frame construction Stahlbetonskelettbau m
concrete grade Betongüte f, Beton(güte)klasse f
concrete-in-mass Massenbeton m
concrete injection Betonverpressung f, Einpressung f von Beton
concrete lining 1. Betonauskleidung f, Betonausbau m; 2. Betonmantel m
concrete mixing plant Betonmischanlage f, Betonmischwerk n
concrete mould Betonform f
concrete pavement Betondecke f (Straße)

concrete

concrete placement Betonieren n, Betonierung f, Betoneinbringung f, Betonierarbeit f
concrete precast pile Betonfertigpfahl m
concrete preservative Betonschutzmittel n
concrete proportion Betonmischungsverhältnis n
concrete quality control Betongüteüberwachung f, Betonqualitätssteuerung f
concrete railway sleeper Betonschienenschwelle f
concrete reinforcement Bewehrung f, Armierung f
concrete road Betonstraße f
concrete roofing slab Betondachelement n
concrete screed 1. Betonstrich m; 2. Beton(putz)leiste f; Betonierverlegeleiste f, Betonabziehhöhenlehre f
concrete shooting Betonspritzverfahren n
concrete slab 1. Betonplatte f; 2. Zementbetondiele f, Zement(hohl)diele f
concrete sleeper Betonschwelle f (Eisenbahn)
concrete slump Betonsetzmaß n
concrete spraying Torkretieren n, Betonspritzen n
concrete strength class Betonfestigkeitsklasse f
concrete surface finish Betonoberflächengestaltung f
concrete test cube Betonprüfwürfel m
concrete underground diaphragm (Wsb) Schlitzwand f
concrete wearing layer Betonverschleißschicht f
concrete workability Betonverarbeitbarkeit f
concrete workability agent Betonverflüssiger m, BV-Stoff m
concreted betoniert
concreting Betoneinbringung f, Betonieren n, Betonierarbeit f
concreting gang Betonierkolonne f
concurrent forces zusammenwirkende Kräfte fpl
concussion 1. Erschütterung f; 2. Druckschlag m (Wasserleitung)
condemn v abrissreif erklären, abbruchreif erklären, den Abbruch erklären

condemnation 1. (AE) Enteignung f (von Land); Überführen n in Gemeinnutz; 2. Unbrauchbarkeitserklärung f; 3. Nutzungserklärung f (für ein Gebäude zur allgemeinen Nutzung)
condensate drainage Kondenswasserabscheider m
condensate piping Kondensatleitung f
condensation insulating Schwitzwassersperrung f
condensation temperature Taupunkt m
condensation temperature diagram Taupunktdiagramm n
condensed water Kondenswasser n, Niederschlagswasser n
condition v 1. abbinden, härten; 2. zubereiten (aufbereiten); 3. (HLK) konditionieren, klimatisieren
condition 1. Zustand m (z. B. eines Gebäudes); Beschaffenheit f; 2. Bedingung f • **in good condition** in gutem Zustand • **in poor condition** in schlechtem Zustand • **out of condition** in schlechtem Zustand
condition data Zustandsdaten pl
condition of loading Belastungsfall m
condition of static equilibrium statische Gleichgewichtsbedingung f
condition of stiffness Steifigkeitsbedingung f
conditional equation Bedingungsgleichung f
conditioned klimageregelt, klimatisiert
conditioner 1. Zusatzmittel n (zur Verbesserung von Eigenschaften); 2. Klimagerät n
conditioning duct Klimakanal m
conditioning equipment room Klimaanlagenraum m
conditions at the supports Auflagerbedingungen fpl
conditions of acceptance Abnahmekriterien npl, Abnahmebedingungen fpl, Übernahmebedingungen fpl
conditions of contract Bauausführungsbedingungen fpl, Vorschriftenliste f, Pflichtenheft n
conditions of implementation Ausführungsbedingungen fpl
conditions of statics statische Bedingungen fpl
conditions of the bid Ausschreibungsbedingungen fpl

conditory Untergrundspeicherraum *m*
condominium *(AE)* Kondominium *n*, Mehrfamilienhaus *n* mit Eigentumswohnungen; Etageneigentum *n*, Stockwerkeigentum *n*
conduction 1. Leitung *f* (z. B. von Wärme oder Elektrizität); 2. Ableitung *f* (Blitzschutz)
conductor 1. *(El)* Leiter *m*, Stromleiter *m*; 2. Wärmeableiter *m*; 3. Ableitrohr *n*; Wasserfallrohr *n*; *(AE)* Regenfallrohr *n*
conductor lead Stromzuführung *f*, Zuleitung *f*
conduit 1. Kanal *m*, Leitkanal *m*; Wasserkanal *m* (natürlich oder künstlich); 2. *(El)* Leerrohr *n*, Leitungsrohr *n*, Kabelrohr *n*, Kabelkanal *m*; 3. Leitungsrohr *n*, Rohr *n*; Wasserleitung *f*; 4. Abzug(skanal) *m*
conduit bend Rohrbogenstück *n*, Krümmer *m*
conduit box *(El)* Verteilerkasten *m*; Verteilerdose *f*
conduit bushing Durchführungshülse *f*
conduit fittings Rohrleitungszubehör *n*
conduit sewer Abwasserkanal *m*
cone anchorage Kegelverankerung *f*, Konusverankerung *f*
cone index Spitzendruck *m* (Pfahlgründung)
cone of slope Böschungskegel *m*
cone penetrometer Konus(prüf)gerät *n*
cone vault Kegelgewölbe *n*
conference building Tagungsgebäude *n*
conferring of the contract Zuschlag *m*
confidence interval Sicherheitsintervall *n* (zwischen Vertrauensgrenzen)
configurated glass Kathedralglas *n*
configuration 1. (räumliche) Anordnung *f*, Aufbau *m*, Ausführung *f*, Gestaltung *f*; 2. Struktur *f*; Gestalt *f*; Strukturschema *n* (von Holzpartikeln in Presshholz)
confined compression test *(Erdb)* Druckprüfung *f* mit behinderter Querdehnung
confined ground water gespanntes Grundwasser *n*, arthesisches Wasser *n*
conformation test Nachweis *m* (z. B. eines Stoffes, Elementes)
conformity test Konformitätsprüfung *f* (von Projekt- und Produktvorgaben)
congé 1. *(Arch)* Apophyge *f* (Kehle am oberen Ende einer dorischen Säule); 2. Hohlkehle *f* zwischen Fußboden und Wand; 3. Fußbodenkehlfliese *f*, Eckselfliese *f*
congestion warning system *(Verk)* Stauwarnanlage *f*
conical hip Kegelwalm *m* *(Dach)*
conical vault Trompengewölbe *n*, Kegelgewölbe *n*, konisches Gewölbe *n*
coniferous wood Nadelholz *n*, Weichholz *n*
conjugated structure 1. Anschlussbauwerk *n*; 2. mehrteiliges Gebäude *n*
connected load *(El)* Anschlusswert *m*
connecting angle Winkelverbindungsstück *n*, Anschlusswinkel *m*
connecting bolt Verbindungsbolzen *m*, Verbindungsschraube *f*
connecting building Verbindungsbau *m*
connecting device Verbindungsmittel *n*, Verbindungselement *n*
connecting joint Anschlussfuge *f*, Verbindungsfuge *f*
connecting plate Verbindungsblech *n*, Knotenblech *n*
connection by welding Schweißverbindung *f*
connection diagram Schaltplan *m*
connection line Anschlussleitung *f*, Verbindungsleitung *f*
connection sleeve Verbindungsmuffe *f*
connector joint Dübelverbindung *f*
conoidal roof Konoiddach *n*
conoidal vault Fächergewölbe *n*, Trichtergewölbe *f*, konoidisches Gewölbe *n*
consent to build Baugenehmigung *f*, Bauerlaubnis *f*
conservation area geschütztes Gebiet *n*, Flächendenkmal *n*
conservation order Reinhaltungsbescheid *m*, Naturschutzauflage *f*, Denkmalschutzauflage *f*, Umweltschutzbescheid *m*
conservatory Gewächshaus *n*; Wintergarten *m*; öffentliches Gartenschauhaus *n*
consistency 1. Konsistenz *f*, Stoffdichte *f*; Formänderungswiderstand *m*; 2. Übereinstimmung *f*, Gleichmäßigkeit *f*
consistency limits Konsistenzgrenzen *fpl*
consistency test Konsistenzprüfung *f*, Setzmaßbestimmung *f*, Setzprüfung *f*, Ausbreitversuch *m* (Betonprüfung)
console 1. Kragstein *m*, Tragstein *m*; 2.

consolidation 68

Wandkonsole f, Wandgestell n; 3. Bedienungspult n
consolidation *(Bod)* Verfestigung f, Verdichtung f; Setzen n, Bodenfestigung f; natürliche Setzung f, Konsolidierung f
constancy of volume Raumbeständigkeit f
constant error systematischer Fehler m *(Baustoffprüfung)*
constant load Dauerlast f, Konstantlast f, Dauerbelastung f
constant-volume raumbeständig
constituent member Bauteil n
constitution Anordnung f, Struktur f; Beschaffenheit f
constrain v *(Stat)* einspannen
constrained beam eingespannter Träger m
constraint 1. Einspannung f *(z. B. von Balken)*; 2. Behinderung f; Beschränkung f
constriction Einschnürung f, Verengung f; Verjüngung f *(z. B. einer Säule)*
construct v 1. bauen, errichten *(ein Gebäude)*; montieren *(auf der Baustelle)*; ausführen *(Bauarbeiten)*; 2. konstruieren, entwerfen
construction 1. Bauen n, Bau m, Errichtung f; 2. Bauwerk n, Bau m, Konstruktion f, (bauliche) Anlage f; 3. Bauweise f, Konstruktion f; 4. Konstruktion f, zeichnerische Darstellung f; 5. s. construction system • **of box-section construction** von kastenförmiger Bauweise • **under construction** im Bau (befindlich)
construction activity Bautätigkeit f
construction administration Baubehörde f, Bauverwaltung f
construction and erection method Bau- und Montageverfahren n
construction branch Bausektor m
construction budget 1. bereitgestellte Bausumme f; 2. maximaler akzeptierter Baupreis m; 3. Baukostenvoranschlag m
construction class Feuerschutzklasse f
construction consultant Bauberater m
construction contractor Hochbaufirma f
construction control 1. Baubestimmung f; 2. Bauüberwachung f
construction cost estimate Baukostenvoranschlag m, Voranschlag m
construction developing zone Bauerschließungsgebiet n; Wohnungsbaugebiet n
construction diary Bautagebuch n
construction documents Bauunterlagen fpl
construction drawing Bauzeichnung f, Ausführungszeichnung f
construction engineering Hochbau m; Bautechnik f; Bauwesen n
construction expert Bausachverständiger m, Baufachmann m
construction ground Bauland n, Baugelände n
construction joint Konstruktionsfuge f, Arbeitsfuge f *(Betonbau)*
construction management Bauleitung f
construction material Baustoff m, Baumaterial n
construction method Bauweise f, Bau(ausführungs)verfahren n, Bautechnologie f
construction planning Bauplanung f
Construction Product Directive Bauproduktenrichtlinie f
construction progress chart Bauablaufplan m, Bauablaufzyklogramm n
construction regulations Bauvorschriften fpl, Baubestimmungen fpl
construction schedule Bauablaufplan m
construction site Baustelle f, Bauplatz m
construction specifications Baudaten pl
construction supervising authority Bauaufsichtsamt n, Bauaufsicht(sbehörde) f, Baupolizei f
construction supervision Bauleitung f; Bauaufsicht f
construction system Konstruktionssystem n, Bausystem n
construction technique Bautechnologie f, Baumethode f
construction timber Bauholz n
construction work Bauarbeiten fpl; Baumaßnahmen fpl
construction zone Aufbaugebiet n
constructional baulich, bautechnisch, konstruktionstechnisch; Bau..., Konstruktions...
constructional principle konstruktiver Grundsatz m
constructural work Kunstbau m
constructive details bauliche Einzelheiten fpl, Konstruktionselemente npl
consultancy Beratungsbüro n

contraction

consultant Bauberater m; Beratungsarchitekt m
consulting engineer beratender Ingenieur m, technischer Berater m
consumer waste Hausmüll m
consumer's cable *(El)* Hausanschlusskabel n
contact area Kontaktfläche f, Berührungsfläche f; Aufstandsfläche f
contact pressure Sohlpressung f
contact to earth *(El)* Erdschluss m
container terminal facilities Containerumschlaganlage f
containment Sicherheitshülle f, Kernkraftwerksschutzhülle f
contaminate v kontaminieren, verschmutzen, verunreinigen *(mit Schadstoffen)*; verseuchen *(radioaktiv)*
contamination control Kontaminationsüberwachung f
contemporary architecture zeitgenössische Architektur f
contignation Trägerrahmenwerk n *(horizontal als Ringanker)*
contingency allowance Summe f für Unvorhergesehenes, Pauschalsumme f zur Begleichung von Änderungen während der Bauausführung
contingency item Eventualposition f
continuity condition Kontinuitätsbedingung f
continuity rod durchlaufender Bewehrungsstab m
continuous beam Durchlaufträger m
continuous footing Streifenfundament n
continuous girder Durchlaufträger m, Durchlaufbalken m, Mehrfeldträger m, durchlaufender Unterzug m [Träger m]
continuous grading kontinuierliche Korngrößenverteilung f, stetige Kornabstufung f
continuous line ausgezogene Linie f, Vollinie f, geschlossener Linienzug m, durchgezogene Linie f
continuous load 1. gleichmäßig verteilte Last f; 2. Dauerlast f, Dauerbelastung f; 3. *(El)* Dauerlast f
continuous sealing element Dehnbandprofil n *(Fugenband)*
continuous strain [stress] Dauerbeanspruchung f
continuously loaded gleichmäßig (verteilt) belastet

contour Kontur f, Umriss m; Profil n; Umrisslinie f, Umgrenzungslinie f, Außenlinie f
contract v 1. sich zusammenziehen; schrumpfen *(z. B. Beton)*; schwinden; 2. einschnüren; sich verengen; 3. Vertrag abschließen; sich vertraglich binden
contract Vertrag m, vertragliche Vereinbarung f • **according to contract** vertragsgemäß • **not (included) in (the) contract** im Vertrag nicht enthalten *(Baurecht)*
contract award Auftragserteilung f
contract bond 1. Vertragsbürgschaft f; 2. Nachauftragnehmergarantie f
contract control Vertragserfüllungssteuerung f, Bauablaufsteuerung f
contract documents Bauvertragsunterlagen fpl
contract drawing Vertragszeichnung f
contract letting Auftragserteilung f, Vergabe f
contract manager Auftragnehmerbauleiter m, Betriebsbauleiter m, Oberbauleiter m
contract particulars Bauvertragsunterlagen fpl, Vertragsunterlagen fpl
contract payment bond Zahlungsbürgschaft f
contract penalty Vertragsstrafe f
contract performance bond Ausführungsbürgschaft f, Vertragserfüllungsbürgschaft f
contract price Angebotssumme f; Vertragspreis m
contract requirements Vertragsbedingungen fpl
contract specifications Pflichtenheft n
contracting company [firm] Baubetrieb m, Baufirma f
contracting officer Bauherrvertreter m *(bei öffentlichem Auftraggeber)*
contracting regulations Verdingungsordnung f
contraction 1. Kontraktion f, Zusammenziehung f; Schrumpfen n *(von Material)*; Schwinden n, Schwindung f *(von Beton)*; 2. Einschnürung f, Verengung f
contraction allowance Schrumpfzugabe f
contraction crack Schwindriss m, Schrumpfriss m

contraction

contraction joint Schwindfuge f, Bewegungsfuge f; Scheinfuge f
contractor 1. Baubetrieb m, Bauunternehmen n; Hauptauftragnehmer m, Auftragnehmer m, Bauunternehmer m; Bauausführender m; 2. Lieferant m
contractor supervisor Baustellenleiter m
contractor's agent Auftragnehmerbauleiter m, Firmenbauleiter m
contractor's estimate Kostenvoranschlag m des Bauauftragnehmers [Bauunternehmers], Baukostenvoranschlag m
contractor's proposal Bauangebot n, Offerte f
contractor's supervisor Bauführer m
contractual obligations vertragliche Verpflichtungen f pl
contractual period Vertragszeitraum m
control 1. Überwachung f, Kontrolle f; 2. Steuerung f; Bedienung f; 3. Regelung f; 4. Bekämpfung f
control board Schaltbrett n; Steuertafel f
control box (El) Schaltkasten m
control factor (Festigkeits-)Kontrollfaktor m (Verhältnis der Mindestfestigkeit zur Durchschnittsfestigkeit des Betons)
control joint Scheinfuge f
control survey Kontrollpunktvermessung f
control valve Regelventil n, Steuerschieber m
controlled dumping geordnete Deponie f, kontrollierte Müllablagerung f, kontrolliertes Abladen n von Schutt, überwachtes Abladen n von Schutt
controller 1. Regler m; 2. (El) Schaltelement n; 3. Prozesssteuerer m, Kontrolleur m
controlling Controlling n, Bauablaufsteuerung f und -kontrolle f, Steuern n, Überwachen n, Leiten n
controlling dimension Baurichtmaß n
convected heat loss Konvektionswärmeverlust m
convection heating Konvektionsheizung f
conventional construction method herkömmliche Bauweise f
convenutal building Klostergebäude n
conversion 1. Umbau m, bauliche Veränderung f; 2. Umformung f; Umwandlung f; 3. Längsschnitt m des Rundholzes; Zusammenschneiden n (Holz)

conversion work Umbauarbeiten f pl
convert v 1. umbauen, umgestalten; 2. umsetzen (chemisch); sich umsetzen; 3. umrechnen
convex tile Mönch(ziegel) m, Deckziegel m
conveyance Beförderung f, Transport m; Zufuhr f
conveying belt Transportband n, Förderband n
conveyor Förderanlage f; Förderer m, Stetigförderer m; Zubringer m; Laufband n
conveyor system Förderanlage f, Bandanlage f, Bandstraße f
cool air duct Kaltluftkanal m
coolant Kühlmittel n; Wärmeträger m
coolhouse 1. Kühlhaus n; 2. temperiertes Gewächshaus n
cooling Kühlung f
cooling fan Kühlventilator m, Lüfter m
cooperative building society Baugenossenschaft f
cop Zinne f, Mauerzacke f
cope v 1. abdecken, bedecken (Mauer); 2. aufmauern (Mauerkronen); 3. das Gesims anlegen; 4. das Holzverbindungsende schneiden; 5. ausklinken (Träger); 6. sich messen mit, gewachsen sein
cope Abdeckung f, Mauerabdeckung f
coping Abdeckung f; Mauerabdeckung f, Krone f, Haube f, Kappe f
coping stone Abdeckstein m, Deckstein m, Natursteindeckplatte f
copper box gutter Kupferkastenrinne f
copper cladding Kupfermantel m
copper roofing Kupferdacheindeckung f, Kupferbedachung f
corbel v 1. auskragen, vorkragen (Ziegel, Mauerwerk, Beton); 2. einen Schornstein ziehen
corbel v **out** aussparen; einen Stein ausstrecken
corbel Kragstein m, Auskragung f, Konsole f, Tragstein m, Kraftstein m, Balkenstein m
corbel beam Kragträger m, Freiträger m (auf einem Kragstein liegend)
corbel piece Balkenauflage f; Sattelholz n
corbel vault Kraggewölbe n
corbelling 1. Auskragung f, Vorkragung f; 2. auskragende Schicht f

corbie gable Stufengiebel m, Staffelgiebel m, Treppengiebel m
cord 1. Seil n; Strang m; Schnur f, Strick m; Sehne f; 2. (El) Leitungsschnur f, Verbindungsschnur f; Litze f; 3. Klafter n (altes Raummaß für Schichtholz; 1 Klafter = 3,625 m³)
corded timber Schichtnutzholz n
cordon 1. (Arch) Kordonsims m, Bandgesims n, Gesimsband n, Leiste f (mit kordelförmigem Ornament); 2. Werksteinreihe f
core v kernbohren, einen Kern ausbohren, erbohren, kernen
core v out aushöhlen
core 1. Kern m, Bohrkern m; 2. Kern m (Stahlbetonkern eines Gebäudes); Schalkern m; 3. (El) Ader f, Leiter m (in einem Kabel); 4. (Hb) Mittellage f; 5. s. core hole; 6. ungestörte Bodenprobe f
core area 1. Hohlräume mpl (im Blockstein); 2. Öffnungen fpl im Diffusorgrill (Klimaanlage)
core bit Kernbohrer m
core extraction Bohrkernentnahme f
core floor slab Deckenhohlplatte f
core hole Kernbohrloch n
core of stability Hauskern m (z. B. eines mehrgeschossigen Hauses)
core sample Bohr(kern)probe f, Bohrkern m
core wall (Erdb) Dichtungskern m, Dammkern m, Kern(dichtungs)wand f
cored block masonry Lochsteinmauerwerk n
cored-out floor unit Kassettendeckenelement n
cored panel Hohlplatte f, Hohltafel f, Langlochplatte f, Kerntafel f
Corinthian order korinthische Ordnung f [Säulenordnung f]
cork article Korkerzeugnis n
cork backing Korkunterlage f
cork filling Korkschüttung f
cork flooring [floor covering] Korkbodenbelag m
cork insulation Korkdämmung f
cork tile Fußbodenformplatte f aus Presskork, Korkplatte f, Korkfliese f
corkscrew stairs Wendeltreppe f
corner 1. Ecke f (z. B. von Häusern, Straßen); Eckpunkt m; 2. Ecke f, Winkel m

corner assembling Winkelverbindung f, Winkellasche f
corner bath Eckbadewanne f
corner bead 1. Ecksimswerk n, Eckhohlleiste f; 2. Eckschutzleiste f, Putzkantenschützer m, Putzkantenschoner m
corner bond Eckverband m
corner building Eckgebäude n
corner cogging (Hb) Eckverkämmung f
corner joint 1. (Hb) Eckverbindung f, Eckverband m; 2. Eckstoß m (Schweißen)
corner tenon jointing Eckverzapfung f
cornice 1. Sims m(n), Gesims n (an Wänden und Gebäuden); Obergesims n; Karnies n (an einer Außenwand); Kranzgesims n; 2. (Arch) Kordon m; 3. Leiste f, Randleiste f (z. B. an Möbeln)
cornice boarding Gesims(ver)schalung f
cornice level Gesimshöhe f
cornice stone Simsstein m, Gesimsstein m
corporation cock [stop] Haupthahn m (am Anschluss zum öffentlichen Versorgungsnetz)
correct to scale maßstabgerecht, maßstäblich
corridor Korridor m, Gang m, Flur m; Durchgang m
corridor duct Flurkanal m
corrode v korrodieren, zerfressen, (im Anfangsstadium) anfressen, angreifen (Metalle); rosten (bei Eisen); korrodiert werden, korrodieren
corrosion damage Korrosionsschaden m
corrosion fatigue Korrosionsermüdung f
corrosion-preventive coating 1. Korrosionsschutzanstrich m; 2. Korrosionsschutzanstrichstoff m, Rostschutzanstrichstoff m (bei Eisen)
corrosion protection Korrosionsschutz m
corrosive attack Korrosionsangriff m, korrosiver Angriff m
corrugated asbestos Wellasbest m; Asbestzementwelltafel f, Asbestwellplatte f
corrugated bituminous board Bitumenwellplatte f
corrugated glass Riffelglas n
corrugated panel Wellplatte f, Well(en)tafel f
corrugated roofing Wellplattenbedachung f
corrugated steel Wellblech n

corrugated trim Wellprofil n
cost accounting Kalkulation f, Kostenrechnung f
cost benefit analysis Kosten-Nutzen-analyse f
cost control Kostenkontrolle f, Kostenlenkung f, Kostensteuerung f
cost-effective 1. kostengünstig, rentabel, wirtschaftlich, kostensparend; 2. kostenwirksam
cost-effective examination Wirtschaftlichkeitsuntersuchung f
cost estimate [estimation] Kostenschätzung f, Kostenvoranschlag m, Vorkalkulation f
cost-plus-fee agreement (AE) Honorarvertrag m nach Istkostenabrechnung
costing Kostenkalkulation f, Verpreisung f
costs of construction Baukosten pl
costs of operation Betriebskosten pl
cosy wohnlich; behaglich
cottage (einfaches) Häuschen n, Hütte f; kleines Landhaus n
cottage community Wohnkolonie f, Siedlung f (mit Einzelhäusern)
cottage suburb (AE) Vorstadtsiedlung f
cotter v versplinten; verklammern; verkeilen
cotter Splint m, Dorn m; Querkeil m, Keil m (Stahlkeil)
cotter joint Splintverbindung f
cotton-covered insulation Baumwolldämmung f
couloir Wandelgang m
council estate städtische Siedlung f, Siedlung f mit Sozialwohnungen
council housing sozialer Wohnungsbau m
counter 1. Arbeitsfläche f (z. B. einer Küche); Anrichte f; Ladentisch m; Zahltisch m; 2. biegsame Strebe f; 3. Zähler m; 4. Entgegnung f
counter-balanced window Gegengewichtshubfenster n
counter batten Dachlatte f
counter flange Gegenstab m
counter flashing oberer Anschluss m
counteracting force Gegenkraft f
counterbrace Gegenstrebe f, Wechselstab m (Fachwerk)
counterbracket Gerüststütze f, Doppelstütze f
counterfort Strebepfeiler m, Mauerversteifung f

counterfort wall Winkelstützwand f, Winkelstützmauer f (z. B. bei Dämmen)
counterpressure Gegendruck m
counterscarp äußere Böschung f, Gegenböschung f
countersink v ansenken, ausreiben, austiefen; versenken
countersunk bolt Senk(kopf)schraube f, versenkter Bolzen m
country-house Landhaus n; Landsitz m
country planning Gebietsplanung f; Landschaftsplanung f
countryside park Landschaftspark m
counts at a point (Verk) Querschnittszählung f
county road Landstraße f (in einem bestimmten Kreis); Kreisstraße f, Bezirksstraße f
couple 1. Sparrenpaar n (Dach); 2. (Stat) Kräftepaar n
couple roof Satteldach n; Sparrendach n
coupled roof Satteldach n ohne Kehlbalken
coupler 1. Verbindungsmuffe f; Überschiebmuffe f; 2. Gerüstkupplung f
coupler socket Gerätesteckdose f
coupling 1. Kupplung f, Verbindung f; 2. Verbindungsstück n; Muffe f; 3. (San) Rohrmuffe f
course 1. Schicht f, Lage f, Reihe f, Bahn f (von Ziegeln); Schar f (Ziegel- oder Schindelreihe); Mauerschicht f; 2. Kurs m, Weg m; Verlauf m, Richtung f (z. B. einer Straße)
course joint Lagerfuge f
course of headers Binderschicht f
course work geschichtetes Mauerwerk n
coursed pavement Reihenpflaster n
coursed rubble hammerrechtes Schichtmauerwerk n
court 1. Hof m, Innenhof m; 2. Spielfeld n, Spielplatz m (Tennis); 3. Gericht n
court garden Gartenhof m, Hofgarten m, Zierhof m
courthouse Gerichtsgebäude n
courtyard Hof(raum) m; Hinterhof m
coussinet Kämpferstein m, Gewölbeanfänger m
cove 1. Hohlkehle f (für Decken); Hohlstab m, ausgerundetes Ecksel n; 2. Geruchfang m; 3. Wölbung f
cover v 1. abdecken, bedecken; decken (Dach); zudecken (mit Deckel) schließen;

überdachen; ummanteln, umhüllen, bekleiden, überziehen; verdecken, kaschieren; decken, einen Überzug bilden *(z. B. Farbe)*; 2. bedecken *(z. B. eine Fläche)*; umfassen, umschließen, einnehmen *(einen Raum)*; sich erstrecken auf

cover 1. Decke *f*, Belag *m*, Schicht *f*; Überzug *m*; Hülle *f*, Mantel *m*, Verkleidung *f*; Deckel *m*, Kappe *f*; Schachtabdeckung *f*; Abdeckplatte *f*; Betondeckung *f*, Deckung *f (Beton über der Bewehrung)*; 2. s. roof

cover coat Decküberzug *m*; Deckanstrich *m*

cover flashing Fugenabdeckblech *n*, Kehlfugenblech *n (Dach)*; Überlappungsgegenblech *n (Schornsteinanschluss)*

cover price Gesamtpreis *m*

cover slab Deckplatte *f*

coverage 1. Umschließen *n*, Umfassen *n*; 2. Bedeckung *f*; Betondeckung *f*; 3. erfasste Fläche *f*; bebaute Fläche *f* [Grundfläche *f*]; 4. Deckkraft *f (von Farben)*; Ergiebigkeit *f (einer Farbmenge pro Flächeneinheit)*

covered cable umhülltes Kabel *n*

covered market Markthalle *f*

covered walk Wandelgang *m*

covering Hülle *f*, Umhüllung *f*; Belag *m*; Abdeckung *f*; Schutzdecke *f*

covering capacity Deckfähigkeit *f*, Deckvermögen *n*, Deckkraft *f (von Farben)*

covering colour Deckfarbe *f*

covering layer Deckschicht *f*

covering panel Verkleidungstafel *f*

coving 1. Viertelstab *m (zwischen Wand und Decke)*; konkave Formleiste *f*; 2. s. cove 1; 3. s. cove 2.

cowl 1. Schornsteinaufsatz *m*, Schornsteinhaube *f*, Drehkappe *f*, Kaminhaube *f*, Kappe *f*; 2. Schachtabdeckung *f*

cowshed Kuhstall *m*, Rinderstall *m*

crab winch Seilwinde *f*

crack Riss *m*, Sprung *m*, Spalt *m*; Anbruch *m*

crack-control reinforcement Rissbewehrung *f*

crack detection Rissprüfung *f*, Untersuchung *f* auf Risse

crack due to contraction Schwindriss *m*

crack formation Rissbildung *f*

crack-proof risssicher

cracked gerissen; rissig

cracked state Risszustand *m* II *(Stahlbeton)*

cracking in the calculated limits Risszustand *m* I *(Stahlbeton)*

crackle *v* 1. bersten *(z. B. Stützbauwerk)*; 2. spratzen *(Gestein)*; 3. reißen *(Anstrich)*; rissig werden

cradle machine Reinigungswagen *m (für Fassaden)*; Fensterputzwagen *m*

cradling 1. Füllungssystem *n*; 2. Stützrahmen *m (aus Holz für Putz und Mauerwerk)*; Versteifung *f (Stützbogen)*; 3. Lehrbogen *m*

craft Handwerk *n*, Gewerk *n*

cramp *v* (an)klammern, befestigen; verklammern *(Baugerüst)*

cramp 1. Klammer *f*, Bauklammer *f*, Krampe *f*; Schraubzwinge *f*, Leimklammer *f*; Bügel *m*; 2. Bankeisen *n*

cramping Haspen *m*

crane Kran *m*

crane bridge Kranbrücke *f*

crane crab Laufkatze *f*

crane jib Kranausleger *m*

crank *v* kröpfen, biegen *(ein Werkstück)*

cranked piece Kropfstück *n*

crash Zusammenstoß *m*, Unfall *m*

crash barrier *(Verk)* Leitplanke *f*, Sicherheitsgeländer *n*; Schutzplanke *f*

crash cushion *(Verk)* Anprallfdämpfer *m*

cratering 1. Auskolkung *f (Geologie)*; 2. Kraterbildung *f*, zentrische Rissbildung *f (Anstrich)*; kraterförmiger Lochfraß *m (Korrosion)*

crawl space Kontrollgang *m*, Unterhaltungsraum *m (z. B. für Rohrleitungen, Installationen)*

crawler excavator Raupenbagger *m*

crawling Sinken *n*, Kriechen *n (von Anstrichen)*; Abrollen *n (Trockenölschäden bei glänzenden Oberflächen)*; 2. Rissbildung *f (Oberflächenglasurfehler bei Fliesen)*

crazing Reißen *n*, Rissbildung *f*; Netzrisse *mpl (Putz, Mörtel)*; Haarrissbildung *f (z. B. bei Beton)*; Brandrisse *mpl (Keramik)*

creative design material gestalterischer Baustoff *m*

creep *v* kriechen, fließen *(Stoffe)*

creep behaviour Kriechverhalten n
creep coefficient Kriechbeiwert m
creep deformation Kriechformveränderung f
creep lane Kriechspur f, Kriechfahrstreifen m
creep strain Kriechdehnung f
creeping rafter (Hb) Gratstichbalken m, Schiftsparren m, Schifter m
Cremona's polygon of forces Cremona-Plan m, Kräfteplan m nach Cremona
crenelated moulding Zinnenkranz m, Zinnenbesatz m, Nasenleiste f, schießschartenverzierte Kante f
creosote Imprägnieröl n, Kreosotöl n, Teeröl n
crescent truss Bogenfachwerkträger m
crest 1. First m, Krone f; 2. Mauerkrone f; 3. (Wsb) Dammkrone f, Kuppe f; 4. Kamm m, Scheitel m (eines Bergs); 5. Scheitel(wert) m, Spitzenwert m
crest tile Firstziegel m, Gratziegel m
crib v (Hb) ausbauen, verzimmern, aussteifen
crib Holzunterbau m, Holzunterstützung f; Balkenrostwerk n
crippling Ausknicken n; Ausbrechen n
crippling load Knicklast f
criss-cross kreuzweise, kreuz- und querverlaufend; Kreuz...
criterion of failure Bruchkriterium n
critical cross-section kritischer Querschnitt m
critical load kritische Belastung f, Grenzlast f; Knicklast f; Beullast f
critical section kritischer Querschnitt m; kritische Zone f, Bruchzone f
crizzling Haarrissbildung f (z. B. auf Keramikfliesen)
crocket (Arch) Krabbe f, Krappe f, Kriechblume f, Steinblume f, Knolle f (Ornament der Gotik)
crook v krümmen, biegen; sich krümmen, sich verziehen; sich verwerfen (Gleis)
crope (Arch) Kreuzblume f, Firstblume f, Giebelblume f
cross 1. Kreuz(rohr)stück n; 2. Kreuzmaß n; 3. Kreuzungspunkt m
cross bar 1. Querholz n, Querträger m, Querriegel m, Traverse f; 2. (Hb) Kreuzband n; 3. Riegel m (Verschlussstange)
cross beam Querträger m, Querbalken m, Versteifungsbalken m; Holm m; Traverse f, Zwischentraverse f; Kreuzbalken m
cross cogging (Hb) Kreuzkamm m
cross joint 1. Stoßfuge f (Mauerwerk); 2. Kreuzstoß m (Schweißen)
cross-level Querneigungsmesser m
cross-linked 1. gekreuzt, verbunden (Rohrleitung, Windverband); 2. vernetzt, kreuzgitternetzt (Polymere)
cross reinforcement Querbewehrung f
cross section 1. Querschnitt m, Schnitt m; Querprofil n; 2. s. cross-sectional area
• **in cross section** im Querschnitt
cross-sectional area Querschnittsfläche f
cross-sectional profile Querprofil n
cross stay 1. Diagonalstrebe f, Quersteifung f; 2. (Hb) Kreuzband n; Kreuzverband m (Stahlbau)
cross-timbered truss Holzfachwerk n
cross vault(ing) Kreuzgewölbe n
crossfall Quergefälle n, Querneigung f
crossing 1. (Verk) Kreuzung f (Straße, Eisenbahn); Straßenkreuzung f; Übergang m; Wegübergang m; Bahnübergang m; 2. Vierung f, Kreuzbau m, Kreuzwerk n, Kreuzfeld n
crosswalk (AE) Fußgängerüberweg m, Fußgängerschutzweg m, Übergang m
crosswall construction Schottenbauweise f
crown of a wall Deckplatte f
crown plate 1. Deckplatte f (z. B. einer Säule); 2. Sattelholz n
crown post senkrechtes Glied n eines Dachfachwerks
crown stone Schlussstein m (Gewölbe)
crown tile Firstziegel m, Firststein m
crowning 1. (Arch) Bekrönung f, Krone f (Ornament); 2. Wölbung f
cruciform building Kreuzbau m
crude foul water Rohabwasser n
crude masonry work Rohmauerwerk n
crude sewage unbehandeltes Abwasser n
crush v brechen, (grob) zerkleinern (Steine); zerdrücken, (zer)quetschen (Feststoffe); mahlen; zerschmettern, zertrümmern
crush-room 1. Foyer n; Wandelhalle f; 2. Pufferraum m
crushed aggregate gebrochener Zuschlagstoff m
crushed face Bruchfläche f

crushed particle index Bruchflächigkeitsindex m
crushed stone Steinschlag m, Schotter m; Splitt m; gebrochenes Gestein n
crusher Brecher m, Brechwerk n
crusher-run base Mineralbetontragschicht f, Tragschicht f aus gebrochenem Material *(auch mit Bindemittel)*
crushing and screening plant Brech- und Siebanlage f
crushing load Bruchlast f
crushing point kritische Belastung f
crushing strength *(Stat)* Bruchfestigkeit f; Druckfestigkeit f; Scheiteldruckfestigkeit f *(Rohre)*
crushing test Druck(festigkeits)prüfung f, Druckversuch m; Brechprobe f, Brechprüfung f
crust 1. Kruste f; 2. Straßendecke f *(Zementbetondecke)*
cubage Kubatur f, Volumenberechnung f, Rauminhaltsberechnung f
cube strength Würfeldruckfestigkeit f *(Beton)*
cubic capital Würfelkapitell n
cubic measure Raummaß n, Kubikmaßeinheit f
cubical aggregate kubischer Zuschlagstoff m
cubical content umbauter Raum m
Cubism *(Arch)* Kubismus m
cultivated soil Kulturboden m, Ackerboden m
cultural centre Kulturzentrum n; Kulturhaus n
culvert 1. (überwölbter) Abflussgraben m, Graben m, Wasserdurchlasskanal m *(z. B. unter Straßen)*; Düker m, Dole f, Durchlass m, Durchlassrohr n; 2. Saugheber m
culvert pipe Abzugskanalrohr n
culvert syphon Düker m, Durchlass m, Durchlassrohr n
cuneate keilförmig
cupboard unit(s) Schrankwand f
cupola Kuppel f; Haube f, Laterne f *(Dachaufsatz)*
cupola impost Kuppelkämpfer m
curb 1. *(AE)* Bordstein m, Bordschwelle f, Schrammschwelle f, Schrammbord m; Bordeinfassung f, Bordkante f; Rinnstein m; 2. Aufsatzkranz m *(Lichtkuppel)*

curb box Schutzrohr n *(für unterirdisches Ventil)*
curb level Straßengradiente f
curb roof Mansardendach n, Walmmansardendach n, Dachbruch m, Dachknick m
curbstone *(AE)* Bordstein m, Rinnstein m, Randstein m
cure v 1. (aus)härten *(Kunststoffe, Farben)*; abbinden *(Kleber)*; 2. nachbehandeln *(Beton)*; feucht halten
cure 1. Aushärtung f *(von Kunststoffen, Farben)*; 2. Nachbehandlung f *(von Beton)*
curing agent 1. Härtemittel n, Härter m *(für Kunststoffe, Farben)*; 2. Abbindemittel n
curing area Abbindeplatz m *(Betonwerk)*
curing cycle Dampfnachbehandlungszyklus m, Härtezyklus m *(Beton)*
curing membrane Nachbehandlungsfilm m, Sprayschicht f *(auf Frischbeton)*
curl 1. Rotation f, Wirbel m *(Wasserströmung)*; 2. Schlinge f
current 1. Strömung f, Strom m; 2. (elektrischer) Strom m
current lead Stromzuführung f
current supply Stromversorgung f; Stromzuführung f
curtain 1. Vorhang m; Gardine f; 2. Mittelwall m *(einer Burg)*; 3. Gardine f, Läufer m *(Anstrichfehler)*
curtain rail Gardinenschiene f, Vorhangschiene f
curtain wall 1. vorgehängte Wand f, Blendwand f, Vorhangwand f; 2. Umfassungsmauer f
curtilage *(AE)* Hausgrundstück n *(juristischer Begriff)*
curvature Krümmung f, Wölbung f; Bogenlinie f
curvature in line Krümmungslinie f
curvature of final set Abbindekurve f *(Beton)*
curve v biegen, krümmen; wölben; sich krümmen, sich biegen; sich wölben
curve Kurve f, Krümme f; Biegung f; Windung f *(z. B. einer Straße)*
curve of intersection Schnittkurve f, Schnittlinie f
curved brickwork Bogenmauerwerk n
curved gable Rundgiebel m, geschweifter Giebel m
curved rafter gebogener Sparren m

curved roof gewölbtes Dach n
curved work Natursteinbearbeitung f
curvilinear krummlinig; kurvenförmig
cushion 1. Puffer m, Dämpfer m; 2. Bettungsschicht f; 3. Kissen n, Polster n, Auflage f
cushion head Rammhaube f (Pfahlgründung)
cusped arch (Arch) Passwerkbogen m, Nasenschwungbogen m
cusping (Arch) Nasenbildung f, Nasenverzierung f
custom-built individuell gebaut, auf Kundenbestellung angefertigt, speziell angefertigt
customize v auf Fertigmaß arbeiten, nach Maß anfertigen
cut v schneiden, trennen; beschneiden; kürzen, ablängen (Holz); zurichten (Steine); (AE) fällen (Bäume); (ein)ritzen; schnitzen; skulpt(ur)ieren; (zer)spanen (Metall); fräsen; schleifen (Glas)
cut v **down** 1. verringern, reduzieren; drosseln; 2. zerkleinern, zerschneiden; 3. fällen (Holz); einschlagen
cut v **fit** anpassen
cut v **to size** zuschneiden (Material)
cut 1. Schnitt m, Einschneiden n; Fällen n (von Bäumen); 2. Schnitt m, Einschnitt m; Kerbe f; 3. Abtrag m; Span m; 4. Einschnitttiefe f; Spantiefe f; 5. (Erdb) Einschnitt m; Durchstich m; 6. Stichkanal m; Durchlass m (Brücke)
cut edge geschnittene Kante f, Schnittkante f
cut-off cock Absperrhahn m
cut-out 1. Aussparung f; Öffnung f; 2. Schalter m (z. B. an Maschinen); 3. (El) Sicherung f
cut stringer Sattelwange f (Treppe)
cutaway view Schnittbild n, Schnitt m
cutting blowpipe Schneidbrenner m
cutting force Schnittkraft f
cutting line Schnittlinie f
cutting plane Schnittebene f
cutting work Stemmarbeiten fpl
cycle of load Lastspiel n, Lastwechselzyklus m
cycle route Radweg m
cycleway Radweg m
cyclic loading Dauerschwing(ungs)-beanspruchung f; Belastungswechsel m (Festigkeitslehre)

cyclic stressing Dauerschwingungsbeanspruchung f
cyclic work Taktfertigung f, Taktverfahren n (Montagebauweise)
cyclone dust collector Staub(abscheider)zyklon m
cyclopean blocks Zyklopenblöcke mpl
cyclopean masonry Zyklopenmauerwerk n, Zyklopenmauer f, megalithisches Mauerwerk n
cylinder 1. Zylinder m, Walze f, Trommel f; 2. Zylinder m (Mathematik); 3. Kreispfeiler m, Rundpfeiler m; 4. Druckgasflasche f, Flasche f; 5. Hülse f (Gehäuse); Mantelrohr n, Rohr n; 6. Laufbuchse f; 7. Schlosszylinder m; 8. (AE) Großbohrpfahl m; 9. Warmwasserspeicher m
cylinder lock Zylinderschloss n
cylinder test 1. Betondruckfestigkeitsprüfung f an zylindrischen Prüfkörpern; 2. Dreiaxialprüfung f
cylindrical building Rundbau m, Rundgebäude n
cylindrical pin Zylinderstift m, zylindrischer Zapfen m
cyma (Arch) Karnies n (konkav-konvex profiliertes Bauglied, z. B. an Gesimsen); Kehlleiste f, Sima f, Rinnleiste f, Traufleiste f

D

D-crack Beton(oberflächen)haarriss m (Betonfahrbahn)
dab v 1. abtupfen, betupfen (mit Farbe); tünchen (mit dünnem Mörtel bestreichen); tüpfeln, tupfen (Putz); 2. leicht abklopfen
dado 1. (Arch) Würfel m (eines Säulenfußes); Sockel m, Postament n; Sockelschaft m, Sockelmittelstück n; 2. dekorierter Untersatz m (Wand); untere Wandbekleidung f; Sockeltapete f
dado capping obere Wandsockelleiste f, Schutzleiste f
dairy building Molkereigebäude n
dais Podium n, erhöhter Platz m; Estrade f; Laufsteg m
dam 1. (Wsb) Damm m, Staudamm m; Staumauer f; Talsperre f, Wehr n; 2. Schlackenstein m
dam crest (Wsb) Dammkrone f

dam lake Stausee *m*
damage *v* beschädigen; beschädigt werden
damage Schaden *m*, Beschädigung *f*
damage curve Schadenslinie *f (Festigkeit)*
damage due to humidity Feuchtigkeitsschaden *m*
damage fastness Widerstandsfähigkeit *f* gegen Beschädigung, Beschädigungsbeständigkeit *f*
damage to the environment Umweltbelastung *f*
damages to structures Bauschäden *mpl*
damming wetness Staunässe *f*
damp *v* 1. (an)feuchten, befeuchten; benetzen; 2. dämpfen *(Schwingungen)*; (ab)schwächen
damp feucht • **become damp** schwitzen *(z. B. Mauern)*
damp Feuchtigkeit *f*; Dunst *m*
damp course 1. Feuchtigkeitssperrschicht *f*, Sperrschicht *f*, wasserdichte Schicht *f*; 2. *s.* damping layer
damp-resistant compound Sperrstoff *m*; Isoliermasse *f*
dampen *v* anfeuchten, befeuchten, benetzen; feucht werden
damper 1. Dämpfer *m*, Schalldämpfer *m*; 2. Schieber *m*, Ofenklappe *f*; Zugklappe *f (z. B. am Schornstein)*; Drosselvorrichtung *f*, Drosselklappe *f*; (automatischer) Rauchgasschieber *m*
damping 1. Anfeuchtung *f*, Befeuchtung *f*; 2. Dämpfung *f*, Dämpfen *n (Schwingungen)*
damping layer Dämpfungslage *f*, Dämpfungsschicht *f*
dampness Feuchte *f*, Feuchtigkeit *f*, Nässe *f*
dampproof feuchtigkeitsdicht, feuchtigkeitssperrend, feuchtigkeitsisolierend; feuchtigkeitsbeständig
dampproof concrete Dichtbeton *m*, Sperrbeton *m*
dampproof equipment Feuchtraumausstattung *f*
dampproof fitting *(El)* Feuchtraumarmatur *f*
dampproof membrane Dichtungshaut *f*, Feuchtigkeitssperrhaut *f*
dampproofing 1. Sperrung *f*, Abdichtung *f* gegen Feuchtigkeit *(einer Wand)*; Feuchtigkeitsschutz *m (an Bauwerken)*; 2. Trockenlegung *f (Mauerwerk)*
dampproofing material Feuchtedichtmittel *n*, Sperrstoff *m*
dancers *(AE)* Stufen *fpl*
dancing step verzogene Stufe *f*
danger Gefahr *f* • **"danger - building is unsafe"** "Vorsicht Einsturzgefahr"
danger of collapse Einsturzgefahr *f*
danger sign Warnzeichen *n*, Gefahrenzeichen *n*
dangerous cross section gefährdeter Querschnitt *m*
dap joint Nutverbindung *f*
darby (float) Kartätsche *f*, Abziehbrett *n (zum Putzverreiben)*; Betonabziehleiste *f*, Abziehlatte *f*
dark blind Verdunkelungsjalousie *f*, Rollo *n*, Rouleau *n*
darken *v* 1. nachdunkeln, sich dunkel färben *(Farbanstrich)*; abdunkeln *(Farben)*; 2. verdunkeln; abblenden
dash and dot line Strichpunktlinie *f*, strichpunktierte Linie *f*
dash-bond coat Zementschlämmeanstrich *m*, Zementschlämmengrundierung *f*
data acquisition Datenerfassung *f*, Datenaufnahme *f*; Datengewinnung *f*
data collection Datenerfassung *f*
date of agreement Vertragsabschlusstermin *m*
date of commencement of the work Baubeginntermin *m*
date of substantial completion Fertigstellungstermin *m*
datum 1. gegebene Größe *f*, Bezugsgröße *f*; Bezugshöhe *f*; 2. *(Verm)* Festpunkt *m*
datum level *(Verm)* Bezugshöhe *f*, Höhen(bezugs)punkt *m*, Höhenmarke *f*; Normalnull *n*; Ausgangsebene *f*
datum point *(Verm)* Normalfixpunkt *m*, Bezugspunkt *m*, Messmarke *f*; Höhenmarke *f*
daub *v* 1. auftragen *(z. B. Farbe)*; bestreichen, beschmieren *(mit Mörtel)*; 2. mit Putz bewerfen, verputzen
daub Auftrag *m*; Bewurf *m*, Schicht *f*, Putzschicht *f*, Kruste *f (Putzschicht)*
day-care centre Tagesstätte *f*
day dormer-ventilator opening Klappfenster *n (im Dach)*
daylight 1. Tageslicht *n*; 2. Oberlicht *n*;

Oberlichtöffnung f; 3. (lichter) Zwischenraum m; lichte Höhe f; lichte Einbauhöhe f

daylight width lichte Höhe f (für Fenster)

daylighting Tages(licht)beleuchtung f, natürliche Beleuchtung f

dayroom Tagesraum m, Aufenthaltsraum m

daywork accounts Tagesarbeitsbücher npl

dazzle-free glass Blendschutzglas n

de-aeration Entlüftung f, Entlüften n

dead 1. (Stat) ruhend (Last); unbeweglich; 2. (El) spannungslos; 3. matt, stumpf (Farbe); 4. schalltot (Raum)

dead abutment unterdrücktes Widerlager n

dead bolt Schlossriegel m, Nachtriegel m

dead door Blindtür f, Blendtür f

dead end 1. totes Rohrende n; 2. befestigtes Spanngliedende n (Beton); 3. Sackgasse f

dead floor Blindboden m

dead load 1. Eigenlast f, Totlast f, tote [ständige] Last f; 2. ruhende [statische] Last f

dead masonry vollflächige Mauer f

dead shore Stempel m, Unterfangklotz m

dead shoring Absteifen n, Unterfangen n

dead weight Eigengewicht n, Eigenlast f (einer Konstruktion); Eigenmasse f

dead-weight loading statische Belastung f

dead weight moment Eigengewichtsmoment n

dead window Scheinfenster n, vorgetäuschtes Fenster n

deadbolt Nachtriegel m

deaden v 1. dämpfen (z. B. Schall); abschwächen; 2. abfangen, aufnehmen (Kraft); 3. mattieren (z. B. Oberflächen)

deadlock klinkenloses Schloss n

deadman Betonanker(klotz) m, (eingegrabener) Ankerklotz m, Erdanker m

deafen v 1. dämpfen (Schall); 2. schalldicht machen (z. B. Wände); auffüllen, ausfüllen (mit schallschluckendem Material)

deal 1. (AE) Diele f, Brett n, Bohle f (aus Nadelholz); 2. Nadelholz n, Weichholz n; 3. Vertrag m; Abkommen n

deal floor (AE) Dielenfußboden m

deasphalting Entfernen n von Asphalt, Asphaltabtragen n

debark v entrinden, schälen (Holz)

debasement Qualitätsminderung f

debonding Haftverlust m, Ablösen n

debris 1. Trümmer pl, Geröll n, Gesteinsschutt m (Geologie); Haufwerk n (Bergbau); Bohrschmant m; 2. Bauschutt m, Schutt m

debris utilization Trümmerverwertung f

deburring Entgraten n, Abgraten n

decantation Dekantieren n, (vorsichtiges) Abgießen n; (vorsichtiges) Abfließenlassen n; Umfüllen n

decantation tank Dekantierbassin n, Scheidetank m

decantation test Schlämmanalyse f

decay 1. Verfall m, Zerfall m; Verwitterung f (von Gestein); 2. Vermoderung f (von Holz); 3. Abnehmen n, Abklingen n (z. B. von Schwingungen)

decay of sound Schallabnahme f

decay rate 1. Schallwellendämpfungsrate f; 2. Vibrationsabklingrate f

decentralization Entballung f; Dezentralisierung f

decibel A scale A-Schallpegelskala f

deck 1. Tafel f (Fahrbahn, Brücke); 2. Fußbodenplatte f; 3. Plattform f (Etage); Stockwerk n; 4. Flachdachfläche f

deck bridge Brücke f mit obenliegender Fahrbahn

deck clip 1. Dachschindelklammer f, Schindelnagel m; 2. H-förmige Deckleiste f für Sperrholzverkleidungen); 3. Wärmedämmstoffhalterung f

deck roof (AE) Mansardenflachdach n

decking 1. Abdeckung f; Deckenschalung f, Decklage f; Belag m; Balkenlage f; 2. Fahrbahntafel f; Brückentafel f; 3. Flachdach n

decline v 1. sich neigen [senken], abfallen; 2. sinken, fallen, abnehmen (z. B. esswerte)

declinometer Neigungsmesser m

declivity Abschüssigkeit f, Gefälle n; Abhang m

decolourization Entfärbung f

decompose v zersetzen, abbauen; sich zersetzen (chemisch); verwittern; zerfallen (z. B. Gestein); verwesen, verfaulen

decompose v **forces** Kräfte abbauen; Kräfte zerlegen

decomposition 1. Zersetzung f; Zerfall m,

Abbau *m*; Komponentenzerlegung *f*; 2. Verwesung *f*, Fäulnis *f*; 3. Verwitterung *f*
decomposition of a vector Vektorzerlegung *f*
decompression 1. Druckentlastung *f*, Druckabnahme *f*; 2. Entspannung *f (von Gasen)*
deconsolidation Entfestigung *f*
decontaminate 1. entseuchen *(Boden)*; 2. reinigen, säubern *(Oberflächen)*
decor 1. *(AE)* Innendekoration *f*; 2. Verzierung *f*
decorate *v* 1. schmücken; verzieren; dekorieren; 2. einrichten; 3. renovieren
decorated area Ornamentfläche *f*, Zierfläche *f*, Dekorfläche *f*
decorated ceiling Dekordecke *f*, Schmuckdecke *f*, Ornamentdecke *f*
Decorated style englische Gotik *f* [Hochgotik *f*] *(13. und 14. Jh.)*
decorated vault Netzgewölbe *n*, Sterngewölbe *n*
decorating art dekorative Kunst *f*, Zierkunst *f*, Ornamentkunst *f*
decorative batten Zierleiste *f*
decorative block Betonzierstein *m*
decorative board Dekorplatte *f*, Sichtplatte *f*, Ornamentplatte *f*
decorative element Schmuckelement *n*
decorative fittings Zierbeschläge *mpl*
decorative ironwork Kunstschmiedearbeit *f*
decorative pattern Schmuckmuster *n*
decorative structure Zierbauwerk *n*
decorative work Dekorationsarbeit *f*; Renovierung *f*
decrease *v* abnehmen, sich verringern *(Kräfte, Spannungen, Schwingungen)*; fallen; herabsetzen, vermindern
decrease of stress Spannungsabnahme *f*, Spannungsabfall *m (mechanisch)*
decreaser Reduktionsstück *n*
dedusting Entstaubung *f*
deed 1. Katasterkarte *f*; 2. s. contract
deep basement construction Tiefgeschosskonstruktion *f*
deep beam hoher Balken(träger) *m*
deep foundation Tiefgründung *f*
deep girder hoher [wandartiger] Träger *m*
deep-well system Tiefbrunnenentwässerungsanlage *f*
deepening Tiefermachen *n*, Vertiefen *n*; Abteufen *n*

defect Fehler *m*, Mangel *m*, Materialschaden *m*, Schaden *m*; Nichterfüllen *n* der Anforderungen
defective work mangelhafte Ausführung *f*
defectively designed fehlerhaft geplant
defence Einfriedung *f*
defence parapet Brustwehr *f*
deficiencies in work mangelhafte Ausführung *f*
deficient framework [truss] kinematisch unbestimmtes Rahmentragwerk *n*, kinematisch unbestimmtes Skelett *n* [Gerippe *n*]
definite integral bestimmtes Integral *n*
deflect *v* 1. durchbiegen, umbiegen; ablenken, anheben *(Spannbeton)*; 2. abweichen von
deflected area Durchbiegungsfläche *f*, Durchsenkungsfläche *f*
deflected tendons gebogene Spannglieder *npl*
deflecting force Ablenkungskraft *f*
deflection 1. Durchbiegung *f*, Biegung *f*; 2. Ablenkung *f*, Abbiegung *f*
deflection point Knickpunkt *m*
deflection test Biegeversuch *m*
deflection theory 1. *(Stat)* Theorie *f*; 2. *(Stat)* Ordnung *f*
deflectograph Durchbiegungsmesser *m*, Durchbiegungsprüfgerät *n*
deflector *(HLK)* Ablenkplatte *f*, Ablenker *m*, Leitblech *n*, Nase *f (Ablenkblech)*
deform *v* deformieren, verformen; sich deformieren [verformen]; verformt werden
deformation Deformation *f*, Deformierung *f*, Verformung *f*, Formänderung *f*, Gestaltänderung *f*
deformation action Formänderungswirkung *f*, Verformungswirkung *f*, Gestaltänderungswirkung *f*
deformation condition Deformationsbedingung *f*, Formänderungsbedingung *f*, Gestaltänderungsbedingung *f*
deformation limit state Verformungsgrenzzustand *m*, Grenzzustand *m* bei Formänderung
deformation resistance Verformungswiderstand *m*
deformation state 1. Formänderungszustand *m*, Verformungszustand *m*; Spannungstheorie *f*; 2. Ordnung *f*

deformation 80

deformation work Formänderungsarbeit f, Verformungsarbeit f
deformed reinforcement Bewehrung f aus Formstahl, Rippenstahlbewehrung f
degradable abbaubar
degree 1. Grad m (Mathematik); 2. Grad m, Maß n, Ausmaß n; Stufe f; 3. s. step
degree of accuracy Genauigkeitsgrad m
degree of compaction Verdichtungsgrad m
degree of freedom Freiheitsgrad m
degree of hardening Härtungsgrad m
degree of protection Schutzgrad m
degree of slenderness Schlankheitsgrad m (einer Säule)
degree of statical indeterminacy Grad m der statischen Unbestimmtheit
dehumidifier 1. (HLK) Entfeuchter m, Lufttrockner m (Apparat); 2. (HLK) Trockenmittel n
dehydrate v entwässern, dehydratisieren, dehydrieren
delamination Schichtspaltung f, Schichttrennung f, Ablösung f von Schichten, flächiges Abplatzen n
delay v verzögern
delay period Vorlagerungsdauer f, Vorbedampf(ungs)zeit f (Betonhärtung)
delay release Zeitschalter m
deleterious substance Schadstoff m
deleterious water aggressives [angreifendes] Wasser n
delineate v 1. skizzieren; zeichnen; 2. anreißen, vorzeichnen
delineator 1. Absteckpflock m (Trasse); 2. (Verk) Leitpfosten m, Leitsäule f
deliver v 1. (an)liefern; 2. liefern; fördern (z. B. Pumpen)
delivered site frei Baustelle (Lieferung)
delivery at the responsibility Lieferung f auf Rechnung und Gefahr
delivery conduit Druckleitung f
delivery of water Wasserzuleitung f
delivery pipe Druckleitung f
delivery terms Lieferbedingungen fpl
demand-actuated development [extension] (Verk) bedarfsorientierter Ausbau m, bedarfsgerechter Ausbau m
demand point Abnahmestelle f, Verbraucherentnahmestelle f (Energie, Wasser)
demarcation (Verm) Vermarkung f, Abmarkung f
demerging lane (Verk) Ausfädelspur f

demi-column Halbsäule f
demirelief Halbrelief n
demolish v abreißen, abbrechen, einreißen, abtragen (Gebäude); zerstören
demolition Abbruch m, Abriss m (von Gebäuden); Sprengung f
demolition permission Abbruchgenehmigung f, Abrisserlaubnis f
demolition project Abbruchvorhaben n, Abrissprojekt n
demolition waste Bauschutt m
demolition work Abbrucharbeit f
demould v entschalen, entformen, aus der Form nehmen, ausformen
demoulding agent Formentrennmittel n, Entschalungsmittel n
demoulding work Entschalungsarbeiten fpl
demount v demontieren, abbauen, zerlegen; ausbauen (Teile)
demountable connection lösbare Verbindung f
demountable partition versetzbare Wand f, verschiebbare Trennwand f
den kleines Arbeitszimmer n; ungestörter Raum m
dendritic baumförmig, verzweigt, verästelt, dendritisch
dense concrete Schwerbeton m, dichter Beton m
dense-graded aggregate gut abgestufter Zuschlag(stoff) m; hohlraumarmes Mineralgemisch n
densely built-up dicht bebaut
densified impregnated wood druckgetränktes [druckimprägniertes] Holz n
densified plywood Presssperrholz n
densifier Dichtungsmittel n (z. B. für Beton)
densitometer Dichtebestimmungsgerät n (z. B. für Erdstoffe)
density 1. Dichte f, Massendichte f; 2. Bebauungsdichte f
density control Dichteprüfung f; Betondichteprüfung f
density in raw state Rohdichte f
density of building [development] Bebauungsdichte f
dent v kerben, einbeulen
denticular cornice (Arch) Zahnsims m
dentil Zahnverzierung f (im ionischen oder korinthischen Säulengesims)
deodorizing material Geruchsbeseitigungsmaterial n

department block [building] Fakultätsgebäude n
Department of Building and Housing Fakultät f für Hochbau und Wohnungswesen
Department of the Environment Umweltschutzministerium n
Department of Transport Verkehrsministerium n
departmental construction Regiebau m
departure lounge Wartehalle f, Abflughalle f *(Flughafen)*
dependency Nebengebäude n, zugehöriges Gebäude n *(zu einem Hauptgebäude)*
depolished glass Mattglas n, mattiertes Glas n
deposit v 1. ablagern; abscheiden; sich ablagern; sich abscheiden; 2. auftragen; aufschweißen
deposit 1. Ablagerung f, Belag m; (aufgetragene) Schicht f, Auftrag m; Schutzschicht f; 2. Lager n, Lagerstätte f *(Geologie)*
deposited drawings eingereichte Baupläne mpl, vorgelegte Bauzeichnungen fpl
deposition place Ablagerungsstelle f
depositories Ablagerungsplätze mpl
depot 1. Depot n, Materialdepot n, Lager n; 2. *(AE)* Bahnhof m; Eisenbahnstation f
depreciation factor Abschreibungssatz m
depressed vertieft; gedrückt; gesenkt; abgesenkt; abgeflacht
depressed arch gedrückter Bogen m [Spitzbogen m]
depression 1. Wanne f *(Tiefbau)*; 2. Senkung f, Landsenke f *(Topographie)*; 3. Senkung f, Erniedrigung f *(z. B. von Druck)*
depth 1. Tiefe f; (speziell Bergbau) Teufe f; 2. Dicke f, Stärke f; Höhe f; Bauhöhe f
depth of beam Trägerhöhe f
depth of cover 1. Überdeckungshöhe f, Überschüttungshöhe f *(Tiefbau)*; 2. Betondeckung f *(über Bewehrung)*
depth of cracking Risstiefe f
depth of foundation Gründungstiefe f, Fundamentauflagehöhe f
depth of runoff Ausflusshöhe f
depth of the work Bauhöhe f
derrick Derrick(kran) m, Mastenkran m, Dreifußkran m; Ladebaum m *(Schiff)*; Bohrturm m
derrick kingpost [mast] Derrickhauptmast m, Mast m des Derricks
derusting Entrosten n
desalination Wasserentsalzung f
desander *(Erdb)* Sandfang m
descaling 1. Entzunderung f; 2. *(HLK)* Kesselsteinentfernung f
descent Senkung f; Abfall m; Neigung f, Gefälle n *(z. B. im Gelände, einer Straße)*
descriptive geometry darstellende Geometrie f
desiccant Trockenmittel n, Entfeuchtungsmittel n
desiccation crack Schrumpfungsriss m, Trockenriss m, Schwundriss m
design v 1. entwerfen, skizzieren; projektieren, planen; konstruieren; 2. *(Stat)* berechnen; bemessen, dimensionieren; 3. gestalten, formen
design 1. Entwurf m, Zeichnung f, Skizze f; Konstruktionszeichnung f; 2. Bemessung f, Dimensionierung f, Berechnung f; 3. Plan m, Projekt n; 4. Ausführung f, Bauweise f, Bauart f; Formgebung f, Gestaltung f
design assumptions Berechnungsannahmen fpl
design basis Entwurfsgrundlage f
design bending resistance zulässige Biegetragfähigkeit f
design calculation statische Berechnung f
design capacity 1. Ausbaugröße f; 2. *(Verk)* Entwurfsleistungsfähigkeit f
design data Entwurfsdaten pl, Entwurfsangaben fpl
design development phase Projektierungsphase f, Entwurfsbearbeitung f
design drawing Entwurfszeichnung f
design feature Entwurfsmerkmal n; Bemessungsmerkmal n
design hypothesis Bemessungsannahme f
design method Bemessungsverfahren n, Berechnungsverfahren n
design mix(ture) Gemisch n gemäß Eignungsprüfung, Sollgemisch n, Eignungsprüfungsrezeptur f
design principles Bemessungsgrundsätze mpl
design scheme Entwurfslösung f

design 82

design specifications Entwurfsrichtlinien *fpl*; Bemessungsrichtlinien *fpl*
design stress Bemessungsspannung *f*, zulässige Spannung *f (Festigkeit)*
design values Bemessungswerte *mpl*, maßgebende Bemessungsgrundwerte *mpl*
designed dimensioniert
designed loading Entwurfsbelastung *f*, Bemessungsbelastung *f*
designer 1. Entwurfsverfasser *m*, Projektant *m*, Konstrukteur *m*; Zeichner *m*; 2. Gestalter *m*; 3. Statiker *m*
designing 1. Entwerfen *n*; Gestalten *n*; 2. Entwurfstechnik *f*
desilting Entschlammung *f*
desk-type pultförmig
desludge *v* entschlammen, Schlamm austragen
destroy *v* zerstören; zertrümmern, niederreißen *(Gebäude)*
destruction Zerstörung *f*; Zertrümmerung *f*; Destruktion *f*
destructive test zerstörende [nicht zerstörungsfreie] Prüfung *f (von Baustoffen)*
destructor Müllverbrennungsofen *m*, Abfallverbrenner *m*
detach *v* abbauen, abmontieren; abtrennen; ablösen
detached abgelöst; einzeln, allein stehend *(Haus)*; frei stehend *(nicht angebaut)*
detached dwelling separate Wohneinheit *f (im Zweifamilienhaus)*
detached house Einzelhaus *n*, allein stehendes Haus *n*
detail drawing Detailzeichnung *f*, Einzeldarstellung *f*, Teilzeichnung *f*
detailed estimate of construction cost genauer Baukostenanschlag *m*, genau ermittelte Baukosten *pl*
detailed plans Bestimmung *f*, detaillierte Pläne *mpl*
detection limit Nachweisgrenze *f*
detension *v* entspannen, Pressenkraft wegnehmen *(Spannbeton)*
detention basin *(Wsb)* Rückhaltebecken *n*
detention storage Rückhaltevolumen *n*
deteriorate *v* 1. verfallen *(Gebäude)*; verschleißen *(Material)*; 2. sich verschlechtern; an Wert verlieren
determinate statisch bestimmt
determination 1. Bestimmen *n*, Festlegung *f*; 2. Ermittlung *f*

detonator Sprengkapsel *f*, Zündkapsel *f*
detritus chamber *(San)* Absetzbecken *n*
detritus pit Kläranlage *f (Klärgrube)*
develop *v* 1. erschließen *(Gebiete)*; bebauen; 2. aufschließen *(Gruben)*; 3. entwickeln *(Verfahren, Technologien)*
developed area erschlossene Fläche *f*, erschlossenes Bauland *n*
developed length 1. Rohrleitungslänge *f (in der Achse gemessen)*; abgewickelte [gerollte] Länge *f (einer Rohrleitung)*; 2. *(Verk)* abgewickelte Länge *f*
developed quarter Bauland *n*, baufertige Grundstücke *npl*
developing area (for construction) Bauerschließungsgebiet *n*
development bond stress Verankerungsspannung *f*
development company Bauträger *m*
development district Vorranggebiet *n (Regionalplanung, Raumordnung)*
development of structure Bauerweiterung *f (Vergrößerung, Ausbau)*
development plan Erschließungsplan *m*; Flächennutzungsplan *m*; Bebauungsplan *m*
development planning Raumplanung *f*
deviation 1. Abweichung *f*; Maßabweichung *f*; Regelabweichung *f*; 2. Abmaß *n*; 3. Ablenkung *f*; 4. vertragliche Abweichung *f*; 5. *(Verk)* Trassenabweichung *f*, Variante *f* der Linienführung
deviation force Ablenkkraft *f*
devil float Kratzbrett *n*
dew point *(HLK)* Taupunkt *m (Luftfeuchtigkeit)*
dewater *v* entwässern, trockenlegen
dewatered sludge entwässerter Schlamm *m*
dewatering conduit Entleerungsleitung *f*; Grundablass *m*
dewatering system *(Bod)* Entwässerungsanlage *f*; Grundwasserabsenkungssystem *n*
diaglyph Flachrelief *n*; Flachschliff *m (Glas)*
diagonal 1. Diagonale *f*, Schrägstütze *f*, Schräge *f*; 2. Diagonale *f (Mathematik)*
diagonal bond Schränkverband *m*, Stromverband *m*, Diagonalverband *m (Mauerwerk)*
diagonal brace Diagonalstrebe *f*
diagonal bridging horizontaler Diagonalverband *m*

diagonal cross bracing Kreuzverstrebung f, Verschwertung f *(Mauerwerk)*
diagonal grain 1. Diagonalschnitt m; 2. Fehlschnitt m *(Konstruktivholz)*
diagonal member Diagonalglied n, Diagonalstrebe f, Diagonale f, Strebe f
diagonal rod Diagonalstab m, Diagonalglied n, Diagonale f
diagonal stay [strut] Diagonaldruckstab m, Diagonalstrebe f, Druckschräge f, Querstrebe f, Kreuzstrebe f
diagonal tying Fachwerkverband m, Dreieckverband m *(Mauerwerk)*
diagonally placed diagonal angeordnet
diagram of connections Schaltbild n
diagram of forces Kräftediagramm n, Kräfteplan m
diagram of stresses Spannungsdiagramm n
diagrammatic grafisch; schematisch, skizzenhaft
diagrammatic figure Prinzipskizze f, schematische Darstellung f
diameter of bar Stabdurchmesser m, Stahldurchmesser m *(Bewehrung)*
diametral compression test Spaltzugfestigkeitsprüfung f
diamond frieze Rautenfries m
diamond-mesh lath Streckmetallleiste f *(als Putzgrund)*
diamond moulding Würfelfries m, Schachbrettverzierung f
diamond-shaped rautenförmig, rhombisch
diaphragm 1. Zwischenwand f *(zur Aussteifung)*; Schwingwand f; Zwischenboden m *(versteifender Rahmenboden)*; Binderscheibe f; Querscheibe f, Querwand f; 2. Abschlussmauer f; 3. Diaphragma n, Scheidewand f, Membran f; 4. s. diaphragm beam
diaphragm action Scheibenwirkung f
diaphragm arch Schwebebogen m, Schwibbogen m
diaphragm beam Aussteifungsträger m, wandartiger Träger m, Querscheibe f, Querbalken m, Querriegel m, Querträger m *(Brücke)*
diaphragm valve Membranventil n
diaphragm wall Schlitzwand f; Scheibenwand f; Schwingwand f; Dichtungswand f, Kernwand f

diastyle *(Arch)* weitsäulig *(dreisäuliger Abstand antiker Tempel)*
die set Schnitt m *(Säulenführungsschnitt)*
die-squared timber starkes Bauholz n, Kantholz n *(mindestens 100 × 100 mm im Durchmesser)*
difference in settlement *(Bod)* Setzungsunterschied m
differential equation Differenzialgleichung f
differential pressure Differenzdruck m
difficult to reach schwer zugänglich *(Gebäudeteile, Versorgungsleitungen)*
diffuse field diffuses Schallfeld n
diffuser 1. Diffusor m, Luftverteiler m; 2. Lichtstreukörper m
diffusing ceiling Leuchtdecke f, Lichtdecke f
diffusion barrier Diffusionsdampfsperre f
diffusion moisture Diffusionsfeuchtigkeit f
diffusion well Versickerungsbrunnen m
dig v graben; ausschachten, ausheben *(z. B. Gruben)*; ausbaggern; schürfen *(Bergbau)*
digaway Aushebung f
digest v biologisch [mikrobiell] abbauen *(Abwasser)*; faulen *(Schlamm)*
digested sludge Faulschlamm m *(Abwasser)*
digesting sludge Faulschlamm m
digestion plants Faulanlagen fpl
digger Bagger m, Löffelbagger m
digging Graben n; Ausschachten n; Ausbaggern n
digging-out Bodenaushub m, Ausschachtung f
dike v eindeichen, eindämmen
dike 1. Deich m, Damm m; Trockenmauer f, Trockensteindamm m; 2. Erdwall m, erhöhter Fahrdamm m; 3. breiter Graben m
dike failure Deichbruch m
diked land eingedeichte Marsch f, Polder m, Koog m
dilapidate v verfallen
dilapidated baufällig *(Bauwerk)* • **become dilapidated** verfallen *(Gebäude)*
dilatability Dehnbarkeit f *(Baustoffe)*
dilatation Dehnung f, Dilatation f, Ausdehnung f
dilatometer Dehnungsmesser m, Dilatometer n
dimension v 1. bemessen, dimensionie-

dimension

ren; 2. mit Maßangaben versehen, bemaßen *(Zeichnung)*
dimension 1. Maß *n*, Abmessung *f*; Größe *f*, Ausmaß *n*, Ausdehnung *f*, Umfang *m*; Maß *n*, Baumaß *n*; 2. Dimension *f (einer physikalischen Größe)*; Größenordnung *f*
• **of correct dimensions** maßgerecht
dimension in unfinished state Rohbaumaß *n*
dimension with tolerance toleriertes Maß *n*
dimensional analysis Dimensionierung *f*
dimensional data Maßangaben *fpl*, Abmessungsangaben *fpl*
dimensional fit Baupassung *f*
dimensional stability Maßbeständigkeit *f*, Maßhaltigkeit *f (von Bauteilen)*; Formbeständigkeit *f (von Baustoffen, bes. von Kunststoffen)*
dimensionally accurate maßgerecht
dimensionally rules Bemessungsregeln *fpl*, Dimensionierungsregeln *fpl*
dimensioning 1. Dimensionierung *f*, Bemessung *f*; 2. Bemaßung *f*
diminishing piece Reduzierstück *n*, Passstück *n*
dimmer *(El)* Helligkeitsregler *m*, Dimmer *m*, Abblendschalter *m*, Verdunkelungswiderstand *m*
dimple *v* vertiefen; Vertiefungen bekommen *(Oberflächen)*; versenken *(Niet)*
dinas brick Dinasstein *m*, Silikastein *m*
dinging Bürstenputz *m*
dining kitchen Wohnküche *f*, Essküche *f*
dint Delle *f*, Vertiefung *f*, Beule *f*; Strieme *f*
dip *v* 1. abfallen, sich neigen *(Gelände)*; 2. einfallen *(geologische Schichten)*; 3. durchhängen; 4. (ein)tauchen
dip coating 1. Tauchbeschichten *n*; 2. Tauchschicht *f*; Tauchanstrich *m*
dipper dredger Nassbagger *m*, Löffelbagger *m*
dipping engobe Tauchengobe *f*
dipteral 1. *(Arch)* dipteral, doppelsäulenreihig, mit doppelter Säulenreihe; 2. *(Arch)* dipteral, zweiflügelig
direct action direkte Beanspruchung *f*
direct arch gerader Bogen *m*
direct force Längskraft *f*
direct foundation Streifenfundament *n*
direct stress *(Stat)* Normalspannung *f*, Längskraft *f* ohne Biegung

direct tension reiner Zug *m* (Zugspannung)
directing point Fluchtpunkt *m*
direction 1. Richtung *f*; 2. Bauleitung *f*, Baudirektion *f*
direction of loading Belastungsrichtung *f*
direction of main stress Hauptspannungsrichtung *f*
directional deviation logging Neigungsmessung *f*
directional pressure einseitiger Druck *m*
directionless pressure allseitiger Druck *m*
Directoire style *(Arch)* klassizistischer Empirestil *m (in Frankreich, 18. Jh.)*
dirt 1. Schmutz *m*; 2. loser Erdboden *m*; 3. Blasenschleier *m (Schlierenglas)*
dirt-repelling Schmutz abweisend
dirt retention Staubrückhaltung *f*
dirty money Schmutzzulage *f*
disabled nicht einsatzfähig, nicht betriebsbereit
disafforest *v* abholzen, entwalden *(Waldgelände für anderweitige Nutzung frei machen)*
disaggregation Zerfall *m*, mechanische Verwitterung *f*
disassembly Zerlegung *f*, Abbau *m*, Demontage *f*; Ausbau *m (von Bauteilen)*
disaster prevention Katastrophenverhütung *f*
discharge *v* 1. entleeren *(Gefäße)*; ablassen *(Flüssigkeiten, Gase)*; abfließen, ablaufen, ausströmen; 2. fördern *(Pumpe)*; 3. *(El)* sich entladen
discharge 1. Entleeren *n*; Ablassen *n*; Abfluss *m*, Ausfluss *m*, Auslaufen *n*, Ausströmen *n*; 2. Förderung *f (von Pumpen)*; 3. Durchflussmenge *f*; Fördermenge *f (von Pumpen)*; Abflussmenge *f*; 4. Vorfluter *m*, Abzugsgraben *m*; 5. *(El)* Entladung *f*
discharge capacity Abflussvermögen *n*, Abfluss *m*
discharge channel Abflussrinne *f*, Ablaufrinne *f*
discharge pipe 1. Abflussrohr *n*; Abzugsrohr *n*; 2. *(San)* Abflussleitung *f*, Ableitung *f*
discharging arch Überfangbogen *m*, Entlastungsbogen *m (Mauerwerk)*
disconnectable 1. lösbar *(Verbindung)*; 2. *(El)* abschaltbar

discontinuous construction (method) lockerverbundene [schallunterbrochene] Bauweise *f*

dished plate Buckelblech *n*

disintegration 1. Zerfall *m* *(von Beton)*; Auflösung *f*; Aufschluss *m*; 2. Zerkleinerung *f*; Mahlen *n*

disk Scheibe *f* *(Tragwerk)*; Platte *f*

disk action Scheibenwirkung *f*

disk anchor Telleranker *m* *(in Beton)*

dislocation 1. Verrückung *f*, Verschiebung *f*; Verlagerung *f*; Versatz *m*; 2. *(Bod)* Verwerfung *f*

dismantle *v* 1. demontieren, zerlegen, niederreißen *(z. B. Gebäude)*; 2. entformen, entschalen, die Schalung entfernen; 3. (aus)räumen *(Häuser)*

dismount *v* demontieren, zerlegen; abmontieren

dismountable connection lösbare Verbindung *f*

dismounting Demontage *f*

dispersal Zersiedelung *f*

displacement 1. Verschiebung *f*, Verrückung *f* *(einer Lage)*; Verlegung *f*; 2. Fördermenge *f* *(Pumpe)*; Hubvolumen *n*

displacement-friction pile Mantelreibungspfahl *m*

displacement of bearings Stützensenkung *f*

displacement of stress Spannungsumlagerung *f*

disposable house Wegwerfhaus *n*, Verschleißhaus *n*, Abwohnhaus *n*

disposal Beseitigung *f*; Entsorgung *f*, Abfallbeseitigung *f*; Abtransport *m*; Verfügungsgewalt *f*; Anordnung *f*

disposal field Rieselfeld *n*; Berieselungsgebiet *n*

disposal line Entsorgungsleitung *f*

disposal of refuse Abfallbeseitigung *f*, Müllbeseitigung *f*

disposal plant Entsorgungsanlage *f*, Abfallbeseitigungsanlage *f*

dispose-all *(AE)* Müllschlucker *m*, Abfallschacht *m*

disposition of a building Gebäudeeinteilung *f*

disruption Bruch *m*, Riss *m*; Zerbrechung *f*, Zerreißung *f*; Spaltung *f*; Aufreißen *n*

dissected zerschnitten, gegliedert

distance between buildings Bauwich *m*, seitlicher Grenzabstand *m*

distance separation Brandmauerabtrennung *f*, Teilung *f* durch Brandmauern oder Brandschutzeinrichtungen *(gereihte Gebäude)*

distemper 1. Leimfarbe *f*, Anstrichfarbe *f*, Farbe *f* *(für Wände, Decken)*; 2. Temperamalerei *f*

distempering Leimfarbenanstrich *m*

distensible dehnbar

distension Streckung *f*, Dehnung *f*, Ausdehnung *f*

distortion 1. Verformung *f*, Deformation *f*, Verwerfung *f* *(mechanisch)*; Verbiegung *f*; Verkrümmung *f*; 2. Verzerrung *f* *(elektrisch, akustisch)*

distortional deformation Schubverformung *f*

distributed load *(Stat)* verteilte Last *f*; Streckenlast *f*; Flächenlast *f*

distributed moment Verschiebungsmoment *n*

distributing conduit *(El)* Verteilungsleitung *f*

distribution bar Verteilerstab *m*

distribution box 1. *(El)* Verteilerkasten *m*; 2. Schmutzwasserverteiltank *m* *(in Sickerleitungen)*

distribution factor Verteilungsfaktor *m*, Verteilungszahl *f* *(Momentenausgleich)*

distribution of forces Kraftverteilung *f*

distribution system Verteilungsnetz *n*, Verteilernetz *n* *(Versorgungsanlagen)*

district heat supply Fernwärmeversorgung *f*

district heating plant Fernheizwerk *n*

district water supply Großraumwasserversorgung *f*, Gebietswasserversorgung *f*

disturbed sample *(Bod)* gestörte Probe *f*, gestörte Bodenprobe *f*

ditch *v* einen Graben ausheben [ziehen]

ditch 1. Graben *m*; Straßengraben *m*; 2. Abflussgraben *m*; Wasserhaltungsgraben *m*; 3. Wassergraben *m*

ditch refilling Baugrubenverfüllung *f*

diversion road Umgehungsstraße *f*

diversion weir *(Wsb)* Überfallbauwerk *n*; Überleitungswehr *n*

divide *v* **into lots** parzellieren

divided light door französische Tür *f*, mehrfach geteilte Glastür *f*

dividing wall Trennwand *f*

division 1. Teilung *f*, Verteilung *f*, Aufteilung

division 86

f; Abteilung *f*; 2. Trennung *f*; Grenze *f*, Grenzlinie *f*; 3. Teilstrich *m*, Strich *m* (einer Skale)
division element Raumteiler *m*
division masonry wall durchlaufende Brandmauer *f*
divorced from reality stilisiert
do-it-yourself house Selbstbauhaus *n*
document deposit Geldhinterlegung *f* für Projektunterlagen
dog 1. Klammer *f* (U-förmig, für Balken); Bauklammer *f*; 2. (Hb) Klaue *f*, Kloben *m*; Knagge *f*; Sperrklinke *f*
dog-leg(ged) staircase gegenläufige Treppe *f*, Treppe *f* mit vollem Richtungswechsel
dogging of a floor Einbinden *n* des Fußbodens
dolly 1. Gegenhalter *m* (beim Nieten); 2. Pfahlaufsatz *m*, Aufsatz *m* (ein Hartholzblock zum Schutz der Rammhaube); Pochstempel *m*; 3. (Erdb) Grundhalter *m*
dolomitic hydrate Dolomitkalkhydrat *n*
dolphin Dalbe *f*, Dalben *m*, Poller *m*
dome *v* überkuppeln; überwölben
dome Kuppel *f*; Kuppeldach *n*
dome roof Kuppeldach *n*
dome-shaped kuppelförmig, kuppelartig
domed structure Kuppelbauwerk *n*
domestic construction Wohnungsbau *m*
domestic installation 1. Haus(halts)installation *f*; 2. technische Hausausrüstung *f*; installierte Anlagen *fpl*
domestic noise Wohnlärm *m*
domestic quarter Wohnviertel *n*
domestic refuse Haus(halts)müll *m*
domical roof Kuppeltragwerk *n*, Kuppeldach *n*
doming Wölbung *f* (Kuppel)
door accessories Türzubehör *n*
door buck Wandhalterahmen *m* für eine Tür; Türhilfsrahmen *m*, Türzarge *f*
door-case Gewände *n*
door check selbsttätiger [automatischer] Türschließer *m*; Hemmvorrichtung *f* (für eine Tür)
door cheeks Türpfosten *m*
door clearance Türfreiheit *f* (zwischen Fußboden und Türblatt)
door closing device Türschließanlage *f*
door frame Türrahmen *m*, Türzarge *f*; Türfutter *n*
door handle Türgriff *m*, Türklinke *f*

door hinge Türscharnier *n*, Türband *n*, Türangel *f*
door jamb Türpfosten *m*, Pfosten *m*
door lintel Türsturz *m*
door rail 1. Türriegel *m*, Riegel *m*; 2. s. doorsill
door reveal Türleibung *f*
doorsill Tür(anschlag)schwelle *f*, Grundschwelle *f*
doorway Türöffnung *f*; Toreinfahrt *f*, Torweg *m*
dope *v* mit Zusätzen versehen (z. B. Mörtel); Additive zugeben (z. B. zu bituminösen Bindemitteln, Farben)
dope 1. Additiv *n*, Zusatzstoff *m*; 2. Abbindeverzögerer *m* (Zement); 3. Klebelack *m*
Doric capital dorisches Kapitell *n*
Doric order dorische Ordnung *f* [Säulenordnung *f*]
dormant starker Unterzugträger *m*
dormer 1. Gaupe *f*, Gaube *f*; Gaupenfenster *n*; Zwerchhaus *n* (Dachhäuschen); 2. Unterzug *m*, Lagerschwelle *f*
dormer rafter Reitersparren *m*
dormer roof Gaupendach *n*
dormitory house Bettenhaus *n*
dormitory suburb [town] Schlafstadt *f*
dorse Kragdach *n* (Vordach)
dosing plant Dosieranlage *f*
double-acting door Pendeltür *f*, Durchschlagtür *f*, Schwingtür *f* in zwei Richtungen
double-articulated arch Zweigelenkbogen *m*
double-bend *v* kröpfen (Stäbe)
double bottom Doppelboden *m*
double-box girder Doppelkastenträger *m*
double-doored doppeltürig
double dwelling house Doppelhaus *n*
double-flight staircase [stairs] zweiläufige [doppelläufige] Treppe *f*
double framing Doppelrahm(en)werk *n*
double girder Zwillingsträger *m*
double-hung window Doppelfenster *n*
double-leaf door Zweiflügeltür *f*
double lean-to roof V-Dach *n*
double-lock seam Verfalzung *f*
double piece Trauflatte *f*
double-pitched roof abgewalmtes Mansardendach *n*
double-riveted doppelreihig genietet
double test Faltversuch *m*, Faltprüfung *f*

double-webbed zweistegig, doppelstegig
doubly prestressed concrete kreuzweise vorgespannter Beton *m*
doubly reinforced doppeltbewehrt
dovetail *v (Hb)* (ver)zinken, (ein)schwalben
dovetail *(Hb)* Schwalbenschwanz *m*; Schwalbenschwanzzinkung *f*, Zinke *f*; Zinkung *f*
dovetail joint *(Hb)* Schwalbenschwanzverbindung *f*, Schwalbenschwanzzinkung *f*, Verzinkung *f*, Zinkenverbindung *f*
dowel *v* 1. (ver)dübeln; 2. mit Zapfen versehen; 3. verstiften
dowel 1. *(Hb)* Dübel *m*, Dollen *m*, Dolle *f*; Bolzen *m*; 2. Passstift *m*
dowel-bar reinforcement Dübelverankerungseisen *npl*
dowel joint *(Hb)* Dübelverbindung *f*, Verdübelung *f*
dowelled beam Dübelbalken *m*, verdübelter Balken *m* [Träger *m*]
downpipe Regenfallrohr *n*, Fallrohr *n (Ableitung vom Dach)*
downstand beam [girder] Unterzug *m*
downstream cofferdam *(Wsb)* unterer Fangdamm *m*
downward deflection Durchbiegung *f*, Durchsenken *n*
doze *v* planieren, räumen *(mittels Planierraupe)*
dozer Planierraupe *f*, Fronträumer *m*; Planierschild *m*
draft *v (AE)* zeichnen; entwerfen, einen Entwurf fertigen
draft *(AE)* 1. Zeichnung *f*, Entwurfszeichnung *f*, Skizze *f*, Riss *m*; Plan *m*; Entwurf *m*; Fassung *f*, Konzept *n*; 2. s. draught
draft bead *(AE)* Fensterabdichtstreifen *m*, Dichtungslippe *f*
draft stop *(AE)* Brandschutztür *f*
drafting room *(AE)* Zeichenraum *m*
draftproof *(AE)* zugdicht
drag 1. Putzaufkratzblech *n*, Putzkamm *m*; 2. Scharriereisen *n*; 3. Planierschleppe *f*; Planierraupe *f*; Schürfkübel *m*, Baggerschaufel *f*
drag shovel Tieflöffel(bagger) *m*; Schürfkübel *m*; Baggerlöffel *m*
dragline Schlepplöffelbagger *m*, Schürfkübelbagger *m*, Zugschaufelbagger *m*
dragline scraper Schrapper *m*
dragon beam [piece] Stichbalken *m*, Diagonalstichbalken *m*

drain *v* 1. dränieren, dränen, entwässern, trockenlegen *(Boden)*; 2. entleeren; ablaufen lassen; leer laufen; abtropfen
drain 1. Drän *m*; Drän(age)rohr *n*, Entwässerungsrohr *n*; Abflussrohr *n*; Sickerrohr *n*; 2. Abflussgraben *m*, Dole *f*, Entwässerungsgraben *m*, Gerinne *n*; 3. Graben *m*, Kanal *m*; Rinne *f*; 4. Entwässerung *f*; Ablass *m*; Abfluss *m*, Ablauf *m*, Ausfluss *m*
drain channel Entleerungskanal *m*, Abflusskanal *m*
drain cock Abflusshahn *m*, Ablasshahn *m*, Entleerungshahn *m*
drain pipe 1. Abflussrohr *n*, Ablaufrohr *n*; 2. Drän *m*; Drän(age)rohr *n*, Dränleitung *f*, Entwässerungsleitung *f*; Abzugsrohr *n*; Sickerrohr *n (Leitung)*; 3. Abwasserrohr *n*, Fallrohr *n*
drain trap *(San)* Geruchsverschluss *m*
drain water Sickerwasser *n*
drainage 1. Drän(ier)ung *f*, Dränage *f*, Bodenentwässerung *f*; Entwässerung *f*, Trockenlegung *f*; Wasserhaltung *f*; 2. Ablaufen *n*, Abfließen *n*, Abfluss *m*; 3. *s.* drainage ditch
drainage area Wassereinzugsgebiet *n*, Einzugsgebiet *n*, Niederschlagsgebiet *n*, Entwässerungsgebiet *n (eines Flusses)*; Abflussgebiet *n*
drainage canal Entwässerungskanal *m*, Ablaufrinne *f*
drainage ditch Entwässerungsgraben *m*; Vorfluter *m*
drainage layer Dränschicht *f*, Entwässerungsschicht *f*
drainage of a building Gebäudeentwässerung *f*
drainage piping Entwässerungsleitung *f*, Dränagesammelleitung *f*
drainage trench Entwässerungsgraben *m*, Graben *m*
drainage work Dränarbeiten *fpl*
drained joint offene Fuge *f (Tafelbauweise)*; entwässerte Fuge *f*, Fuge *f* mit Ablauf
draining 1. Entwässerung *f*, Trockenlegung *f*; 2. Wasserhaltung *f*
drainpipe Dränrohr *n*, Abflussrohr *n*
drains Kanalisation *f*, Entwässerung *f*
drape *v* 1. ablenken; aufheben *(Spannbetonlitze)*; 2. drapieren, einhüllen; in Falten legen

drape point Umlenkstelle f *(Spannbeton)*
draught v zeichnen, entwerfen, skizzieren, einen Entwurf fertigen
draught 1. Zug m, Luftzug m, Schornsteinzug m *(Abgasführung)*; 2. Zugluft f, Zug m, Zugwind m
draught door Schwingflügeltür f, Pendeltür f
draught-proof zugfrei, zugdicht, abgedichtet, zugsicher
draught screen Windschirm m, Wind(ab)fang m
draughtsman technischer Zeichner m, Konstruktionszeichner m
draw v 1. zeichnen; 2. ziehen *(z. B. Linien, Kreise)*; 3. (ab)ziehen; wegziehen; 4. *(El)* entnehmen *(Strom)*; 5. ziehen, Zug haben *(der Schornstein, der Ofen)*; 6. anziehen, ansaugen *(Flüssigkeiten)*
draw v **on scale** maßstäblich zeichnen
draw bolt Spannbolzen m; Kuppelbolzen m
draw-in Haltebucht f
draw-in system *(El)* Kabelverlegung f in Kabelschächten
draw-off cock Ablasshahn m
drawbridge Zugbrücke f, Schiebebrücke f, Rollbrücke f
drawing 1. Zeichnen n; 2. Zeichnung f, Riss m; Skizze f
drawing instruments Reißzeug n
drawing "issued for construction" baureifer Plan m
drawing room 1. Empfangszimmer n, Empfangsraum m, Salon m *(z. B. in einem Herrenhaus)*; 2. Zeichenraum m
drawings Bau(ausführungs)zeichnungen fpl
drawn to scale maßstäblich gezeichnet
dredge Nassbagger m, Schwimmbagger m
dredging Nassbaggerung f, Ausbaggern n *(in Wasser)*
drencher system *(AE)* Feuerschutzsprenganlage f *(außerhalb des Gebäudes)*; Außensprinkleranlage f
dressed 1. behauen, zugehauen, zugerichtet *(Stein)*; zurechtgeschnitten, abgerichtet, zugerichtet, besäumt *(Holz)*; vorbereitet; 2. vorgespachtelt, verspachtelt *(Dach)*
dressed size Einbaugröße f *(von Bauelementen)*

dressing composition [compound] (bituminöse) Dachanstrichmasse f; Dachspachtelmasse f
dressings Fassadenschmuck m
drift 1. *(Tun)* (getriebene) Strecke f; 2. Windauslenkung f eines Gebäudes; 3. Geschiebe n *(Geologie)*
drift index [limitation] Windauslenkungsindex m, Windschwankungsfaktor m *(pro Geschosshöhe)*
driftpin Durchschlagstift m, Durchschlagnadel f, Keiltreiber m
drill core Bohrkern m
drilled-in caisson Bohrpfahl m
drilling Bohrung f, Bohren n; Bohrarbeiten fpl
drilling engineering Bohrtechnik f
drilling rig Bohrgestell n, Bohrturm m; Bohranlage f
drinking water network Trinkwasserleitungsnetz n, Trinkwassersystem n
drinking water protection area Trinkwasserschutzgebiet n
drip cap Tropfnase f, Wassernase f, Wasserablauf m *(am Fenster)*
drip cock Entwässerungshahn m
drip-proof tropfwassergeschützt, tropfwassersicher
drive v 1. rammen, (ein)treiben *(z. B. Pfähle)*; einschlagen *(Nägel)*; 2. *(Tun)* (vor)treiben, auffahren; 3. antreiben *(Maschinen)*; 4. steuern, fahren *(Fahrzeuge)*; führen *(z. B. einen Kran)*
drive v **a heading** durchörtern
driven pile Rammpfahl m
driving formula *(Erdb)* Rammformel f
driving record Rammprotokoll n
driving rig Ramme f
driving rod Rammsonde f, Schlagsonde f
drop 1. Fall m, Rückgang m *(z. B. von Temperaturen)*; Abfall m *(z. B. von Spannung)*; Luftstromfall m *(in Klimaanlagen)*; 2. Tropfen m; 3. Fallstrang m, Rücklaufrohr n *(Heizung)*; 4. Säulenkopf m, Pilzkopf m *(Pilzdecke)*; 5. Gefälle n *(eines Flusses)*
drop ball Fallbirne f
drop-in beam Einsetzträger m, Einhängeträger m
drop in pressure Druckabfall m
drop vault Flachgewölbe n
dropped ceiling Hängedecke f, untergeーー

hängte [eingehängte, abgehängte] Decke f
dropped panel Pilzkopf m, Säulenkopf m (Pilzdecke)
droving (AE) Scharrieren n; Schlaganarbeiten fpl, Schlageisenbearbeitung f (Sandstein)
drum mix coater Trommelmischer m mit Zwangsnachmischer
dry 1. trocken; 2. mörtelfrei, mörtellos; 3. roh, nackt (Straßenbaugestein ohne Bindemittel)
dry area (Bod) kapillarbrechende Schicht(fläche) f, Drän- und Sauberkeitsschicht f
dry blend Trockenmischung f, Trockengemisch n
dry ceiling Gipskartondecke f, Gipsplattendecke f; Trockenbaudecke f
dry construction Montagebauweise f, Trockenbauweise f (ohne Mörtel)
dry density 1. Trocken(roh)dichte f; 2. (Erdb) Trockenraumgewicht n
dry dock Trockendock n
dry-fixed trocken verlegt
dry lining Trockenputzen n (Gipsverputz); Trockenausbau m
dry-packed concrete erdfeuchter [wasserarmer] Beton m
dry rubble wall Trockenmauer f
dry wall 1. Innenwand f aus wasserempfindlichen Baustoffen (Gips, Pappe, Holz); 2. Trockenwand f, Trockenmauerwerk n
drying agent Trockenmittel n; Sikkativ n
drying oil paint Ölfarbe f, Ölanstrich m
drying stress Trocknungsspannung f
drywall construction Trockenwandbauweise f
dual carriageway road Straße f mit zwei getrennten Fahrbahnsystemen, Autobahn f
dual girder Zwillingsträger m
duct construction Kanalbau m (für Leitungen)
duct trench Kanalgraben m
ductile fracture Gleitbruch m, Verformungsbruch m, zäher Bruch m
ductility Duktilität f, Dehnbarkeit f, Streckbarkeit f (z. B. von Bitumen, Metall); Plastizität f; Verformbarkeit f
ductility limit Dehn(ungs)grenze f

ducting Kanalführung f (Installation); Rohr(leitungs)netz n
dug earth (Erdb) Abtrag m
dulling agent Mattierungsmittel n
dummy joint Scheinfuge f
dummy rivet Heftniet m, Blindniet m
dump v 1. entleeren, entladen; auskippen, ausschütten; 2. abkippen, verkippen (Abfälle auf Deponien)
dump 1. Abraumhalde f, Halde f; 2. Schuttabladeplatz m; Abkippplatz m, (ungeordnete) Mülldeponie f; Kippe f
dumping angle Schüttwinkel m
dumping site Kippengelände n, Schutt(ablade)platz m, Mülldeponie f, Deponiegelände n
dumpling (Erdb) Aushubrest m, unberührte Aushubmasse f (im Zentrum der Aushubgrube); Kern m (Erdstoff)
dune protection Dünenschutz m
duplex house (AE) Doppelhaus n, Zweifamilienhaus n
duplicate test Gegenprobe f, Gegenprüfung f
durability Haltbarkeit f, Beständigkeit f; Lebensdauer f
dust and noise control Staub- und Lärmschutz m
dust collector 1. (HLK) Entstauber m; 2. Staubabscheider m, Staubsichter m, Staubfang m (Entstaubungsanlage)
dust-dry staubtrocken
dust exhaust Staubabsaugung f
dust preventing Staubschutzmaßnahmen fpl
dustbin chamber Müllkübelschrank m
dusting Abstauben n, Absanden n (von Beton)
dustproof staubdicht, staubgeschützt, staubsicher, staubundurchlässig
Dutch vault Flachgewölbe n
dwang 1. (Hb) (AE) Balkenbindeeisen n; 2. Brechstange f, Brecheisen n
dwarf rafter Schiftsparren m, Schifter m; Gratschifter m
dwarf wall 1. halbhohe Wand f, Niedrigmauer f; 2. Drempelaufmauerung f, Drempelmauer f
dwarfing Verkrümmung f
dwelling building Wohngebäude n, Wohnhaus n
dyeing Färben n, Einfärben n
dynamic analysis dynamische Lastun-

dynamic

tersuchung f, Belastungsanalyse f unter dynamischer Beanspruchung

dynamic balancing Massenausgleich m, dynamische Ausgleichung f

dynamic buckling dynamisches Knicken n

dynamic compaction Vibrationsverdichtung f, Rüttelverdichtung f

dynamic force dynamische Kraft f

dynamic friction Gleitreibung f

dynamic load 1. dynamischer Lastwert m, dynamische Last f [Belastung f]; 2. *(Stat)* Nutzlast f

dynamic strength Schwing(ungs)festigkeit f, dynamische Festigkeit f, Erschütterungsfestigkeit f

dynamiting Dynamitsprengung f

E

early baroque *(Arch)* Frühbarock m

early finish time frühester Endtermin m *(Netzplantechnik)*

early life high strength Frühhochfestigkeit f

Early Renaissance Frührenaissance f

early strength Frühfestigkeit f, Anfangsfestigkeit f, Dreitagefestigkeit f *(Beton)*

earth v *(El)* erden, an Erde legen

earth v **up** ausgleichen, ausfüllen; anhäufen

earth 1. Erde f, Erdboden m, Erdreich n, Boden m, Grund m; Erdstoff m; 2. *(El)* Erde f, Masse f

earth anchor Erdanker m

earth bank Erddamm m, Erdwall m, Schüttdamm m, Wall m

earth body Erdkörper m

earth bus *(El)* Erdsammelleitung f

earth conductor *(El)* Erdleiter m

earth consolidation Erdstoffsetzung f, natürliche Bodenverfestigung f

earth depot Seitenablage f; Erdlager n

earth fault *(El)* Erdschluss m

earth fill Erdaufschüttung f

earth movement [moving] Erd(stoff)bewegung f, Bodenbewegung f; Erdbewegungsarbeiten fpl, Erdarbeiten fpl

earth pressure Erddruck m, Bodendruck m *(horizontal)*

earth-retaining wall Stützmauer f

earth slip Rutschung f, kleiner Erdrutsch m; Bergrutsch m

earth stabilization Bodenverfestigung f, Erdstoffstabilisierung f

earth subgrade Erdplanum n, Untergrund m

earthenware pipe Tonrohr n, Steingutröhre f

earthing system *(El)* Erdungsanlage f, Erdungssystem n

earthquake construction erdbebensicheres Bauen n

earthquake load Erdbebenbelastung f, seismische Belastung f, Erdbebenbeanspruchung f

earthquake-proof buildings erdbebensichere Bauten mpl

earthwork 1. Erdbau m, Erd(bau)arbeiten fpl; 2. Erdwall m; 3. *(Verk)* Unterbau m

earthwork and foundations Grundbau m

earthwork dam *(Wsb)* Erdschüttstaudamm m

ease v 1. *(Stat)* entlasten, (er)leichtern; 2. lockern; 3. *(Bod)* lösen; 4. abrunden, ausrunden *(Ecken)*

easement on real estate Grunddienstbarkeit f *(juristisch: Belastung eines Grundstücks zugunsten eines anderen)*

easily accessible leicht zugänglich

easing 1. *(Stat)* Entlastung f; 2. Lockern n; 3. *(Bod)* Lösen n; Entfernen n *(z. B. von Material)*; 4. Abrunden n

eat v **away** abtragen, fressen; korrodieren

eaves Traufe f, Dachtraufe f, Dachgesims n, Dachfuß m, Trauffuß m, Fuß m

eaves board Traufbohle f, Traufbrett n; Aufschiebling m

eaves gutter vorgehängte Dachrinne f; ausgebohrte Holzrinne f

eaves plate Fußsparrenträger m, Fußbalken m der Dachsparren; Sparrenschwelle f

eaves purlin Fußpfette f

eaves tile Traufziegel m

ebonize v schwarz beizen, schwärzen *(Holz)*; ebenholzartig streichen

eccentric action of force außermittige Krafteintragung f

eccentric bolt Drehriegel m

eccentric tendon trajektorförmiges Spannglied n

echeloned staffelförmig, stufenförmig

ecological architecture ökologische Architektur f
ecological damage ökologischer Schaden m, Umweltschaden m
ecological planning Umweltplanung f
ecologically desirable umweltfreundlich
economic feasibility study Wirtschaftlichkeitsuntersuchung f
economical of space Raum sparend
economics calculation Wirtschaftlichkeitsberechnung f
economy of materials Materialeinsparung f
ecosystem Ökosystem n, ökologisches System n *(Landschaftsplanung)*
edge v 1. (ab)kanten, eine Kante abschrägen, beschneiden; besäumen *(Holz)*; bestoßen; 2. bördeln *(Bleche)*; 3. einfassen, einsäumen
edge action Kantenwirkung f
edge condition Randbedingung f
edge element Randglied n, Randelement n *(Statik)*
edge girder Randträger m
edge rafter Freisparren m, Randsparren m
edge stiffening Randaussteifung f, Randversteifung f
edge trim Randprofil n, Kantenprofil n, Einfassungsprofil n, Abschlussprofil n
edging 1. Randeinfassung f; Kantenschutzleiste f; Randverzierung f; 2. Beschneiden n *(von Kanten)*; Kantenformung f, Kantenbehandlung f, Kantenabrundung f *(Beton)*; Besäumen n *(von Holz)*; 3. Abrunden n; 4. Wegeinfassung f; Abschluss m; 5. Aufbringen n eines Kantenschutzanstriches
edifice Großgebäude n, *(speziell)* imposantes Bauwerk n, Monumentalbau m
edify v (auf)bauen, errichten, montieren *(Großelemente)*
effect of continuity *(Stat)* Durchlaufwirkung f
effect of shrinkage Schwindeinfluss m
effective arch span Bogenstützweite f
effective area Nutzfläche f, wirksame Fläche f
effective cross section *(Stat)* wirksamer Querschnitt m
effective length *(Stat)* effektive Strebenlänge f, Knicklänge f
effective stress 1. wirksame Spannung f *(der Spannglieder)*; 2. Berührungsdruck m, Kontaktdruck m
effective width mittragende Breite f, wirksame Breite f *(Stahlbeton)*
efficiency apartment *(AE)* Kleinappartement n, Kleinwohnung f, *(meist)* Einraumwohnung f
efficiency of action Wirkungsgrad m
efflorescence Effloreszenz f, Ausblühung f *(Mauerwerk, Beton)*; Auswitterung f, Mauerfraß m, Salpeterfraß m
effluent 1. Abfluss m, ablaufende [abfließende] Flüssigkeit f, Ausfluss m; 2. abzuleitendes Abwasser n
effluent channel Abflussgraben m, Ablaufkanal m
effluent charge Abwasserabgabe f *(in den Kanal, in die Kläranlage)*
effluent disposal Abwasserbeseitigung f
effluent sewer Abwasserkanal m, Abflusskanal m
effluent weir *(Wsb)* Überlaufwehr n
effort 1. Beanspruchung f, Inanspruchnahme f; 2. Aufwand m
egg-shaped profile Eiprofil n
eggshell Mattglasur f; Eierschalentextur f
egress of heat Wärmeaustritt m
ejector grille Ausströmgrill m, Austrittsgrill m *(Klimaanlage)*
elaborate *(Arch)* kunstvoll ausgeführt, in allen Einzelheiten vollendet
elastic analysis elastische Tragwerksberechnung f, Schnittkraftberechnung f mittels Elastizitätstheorie
elastic bearing federnde Auflagerung f; elastisches Auflager n
elastic compression elastischer Druckbereich m
elastic deformation elastische Deformation f [Formänderung f]
elastic end-restraint elastische Einspannung f
elastic limit Elastizitätsgrenze f
elastic line method Biegelinienverfahren n *(Statik)*
elastic modulus 1. Elastizitätsmodul m, E-Modul m, Young'scher Modul m; 2. Widerstandsmoment n, Moment n dritten Grades
elastic recovery elastische Rückverformung f [Erholung f], elastische Rückstellung f, Rückdehnung f *(Baustoffbeanspruchung)*

elastic support elastische Bettung f [Lagerung f]
elasticity condition Elastizitätsbedingung f
elasticity theory Elastizitätstheorie f
elastomer mass Elastomermaterial n
elastoplastic deformation elastisch-plastische Verformung f
elbow Winkelstück n, Krümmer m, Winkelrohr n; Knie n, Rohrknie n, Bogenstück n, Rohrbogen m
elbow joint *(Rohr)* Kniestück n
elbow union Winkelverschraubung f, Winkelüberwurf m
electric alarm system elektrische Alarmanlage f
electric circuit Stromkreis m
electric heating ceiling Elektrofußbodenheizung f
electric supply line elektrische Anschlussleitung f [Versorgungsleitung f]
electrical design Elektroinstallationsplanung f
electrical drainage 1. Elektroosmoseentwässerung f *(von Mauerwerk)*; Entwässerung f [Entfeuchtung f] durch Elektroosmose; 2. Streustromableitung f
electrical layout Elektroinstallationsplan m, Anordnung f der Elektroanlage
electrical prestressing Elektrovorspannung f
electrical supply main Elektrohauptleitung f, Elektrizitätshauptanschluss m
electrical wiring Verlegen n von Leitungen
electrically heated elektrisch beheizt
electricity cable duct Energiekanal m
electronic control system elektronisches Überwachungssystem n
electronic door elektronisch gesteuerte Tür f
electronic traffic surveillance elektronische Verkehrsüberwachung f
electrostatic precipitator Elektrofilter n, Elektro(staub)abscheider m, elektrostatischer Luftreiniger m
electrothermal pretensioning elektrothermisches Vorspannen n *(Spannstahl)*
element Element n, Glied n, Gitterstab m, Trägerstab m; Füllstab m
element buckling Gliedknickung f, Stabknickung f
element connection Stabanschluss m, Gliedanschluss m

element field Stabfeld n, Gliedfeld n
element stress Stabspannung f, Gliedspannung f
elementary statics of shells elementare Schalenstatik f
elementary structure Elementartragwerk n
elevate v 1. (an)heben; emporheben; erheben; 2. erhöhen *(z. B. Temperatur)*; 3. beleben
elevated highway *(AE)* Hochstraße f
elevated pile foundation Stelzenfundament n
elevated reservoir Hochbecken n, Hochspeicher m *(Wasserkraftanlage)*
elevated water tank Wasserhochbehälter m
elevating equipment Hebezeug n
elevation 1. Aufriss m, Riss m, Ansicht f; 2. Anhebung f, Hochhub m; 3. Erhöhung f *(z. B. der Temperatur)*; 4. Erhebung f, Bodenerhebung f; Hügel m; 5. *(Verm)* Kote f; 6. Höhe f über N.N.
elevation angle Neigungswinkel m; Erhebungswinkel m, Höhenwinkel m
elevational design Aufrissentwurf m
elevational treatment Fassadenbehandlung f, Fassadenbearbeitung f
elevator *(AE)* 1. Elevator m, Höhenförderer m, Hebewerk n; 2. *(AE)* Aufzug m, Lift m, Fahrstuhl m; 3. *(AE)* Getreidespeicher m
elevator dredger *(AE)* Eimerkettenbagger m
elevator pit *(AE)* Aufzugsschachtgrube f
eliminate v 1. beheben *(Schaden)*; beseitigen *(Fehler)*; 2. eliminieren, aussondern *(bes. mathematisch)*
elimination of defects Schadensbehebung f; Fehlerbeseitigung f
eling *(Arch)* Abseite f, Seitenschiff n *(Basilika)*
ell 1. *(AE)* rechtwinkliger Seitenflügel m; 2. Rohrbogen m; 3. s. elbow
ell-beam L-förmiger Balken m, einseitiger Plattenbalken m
ellipse of inertia Trägheitsellipse f
ellipsoid of rotation Rotationsellipsoid n
elliptical arch Ellipsenbogen m
elm wood Rüsternholz n
elongation 1. Streckung f, Dehnung f, Längung f, Längenzunahme f, Verlängerung f; 2. Bruchdehnung f
elongation at break Bruchdehnung f

end

elongation line Dehnungslinie f
elongation test Zugprüfung f
elutriation 1. Abschlämmen n, Ausspülen n, Auswaschen n; 2. Schlammspülverfahren n; 3. Luftstrahltrennung f; Wasserstrahltrennung f *(von Gekörn)*
embankment 1. Damm m, Erddamm m, Schüttdamm m; Straßendamm m; 2. Kanaldamm m; Uferbefestigung f; Böschung f, Deich m *(bes. bei Flüssen)*; Wall m; 3. Aufschüttung f; Auftrag m; Eindeichung f
embattled parapet Zinnenbrüstung f
embayment Einbuchtung f
embedded eingebettet, eingelagert
embedded in concrete einbetoniert
embedment Einbindung f; Eindrücken n *(z. B. von Splitt in eine Unterlage)*; Einlagerung f *(im Material, Baustoff usw.)*
embedment length bewehrte Länge f; Einbindelänge f *(Bewehrung)*
embellishment Schmückung f, Verschönerung f; Renovierung f
embellishment work Verschönerungsarbeiten fpl
embossed geprägt, bossiert, getrieben, punziert
embossed pattern Prägemuster n
embossing 1. Relief n, Prägung f, Prägearbeit f; 2. Bossieren n; Prägen n
embrittlement Versprödung f, Sprödewerden n; Brüchigwerden n
emergency accommodation Notunterkunft f, Wohnnotunterkunft f
emergency door Nottür f, Notausgang m; Brandtür f
emergency-exit lighting Notausgangsbeleuchtung f
emergency ladder Feuerleiter f, Fluchtleiter f, Notleiter f
emergency power supply Notstromversorgung f
emery wheel Schmirgelscheibe f
emission data Emissionsdaten pl
emission source Emissionsquelle f
emission standard Emissionsstandard m, Emissionsnorm f *(Schall, Abluft)*
emit v heat Wärme abstrahlen *(Strahlungsheizung)*
empirical value Erfahrungswert m
emplacement 1. Einbringung f *(Beton)*; 2. Bettung f; 3. Aufstellung f

employ v 1. anwenden, gebrauchen; 2. beschäftigen *(Personen)*
employer Bauherr m; Auftraggeber m; Arbeitgeber m
emulsified binder emulgiertes Bindemittel n
emulsion injection *(Erdb)* Erdstoffstabilisierung f, chemische Verfestigung f *(mit Bitumen, Chemikalien)*
emulsion paint Emulsionsfarbe f
enamel Email n, Emaille f; Glasur f *(auf Metall)*
enamel varnish Emaillack m
enamelled brick Glasurstein m, Glasurziegel m; farbiger Verblender m
encased umhüllt, eingehüllt, ummantelt, eingeschalt; gekapselt; eingehaust
encasing Ummantlung f, Umhüllung f, Kapselung f; Einhausung f
encastré *(Arch)* eingespannt *(Träger)*; eingebaut *(in Stützen eines Balkons)*
encastré bending moment Einspannbiegemoment n
encatchment area Einzugsgebiet n
encircle v **with sheet piles** *(Erdb)* umspunden
enclosed building umbautes Gebäude n, eingebautes Gebäude n; mit Mauern umschlossenes Bauwerk n
enclosed space umbauter Raum m *(Maß)*
enclosing wall 1. Umfassungsmauer f, Einfriedungsmauer f; Ringmauer f *(Verteidigungsmauer um eine Burg)*; 2. nichttragende Außenwand f
enclosure 1. Umbauung f, umbauter Raum m; 2. Einfriedung f, Umfriedung f; Umzäunung f, Einzäunung f; Gehege n; 3. Hülle f, Umhüllung f; Kapsel f
encroachment 1. Grenzüberbauung f *(nicht erlaubte)*; 2. *(Erdb)* Wassereindringung f *(in Erdstoffschichten und -spalten)*
encrustation 1. Verkrustung f; Kesselsteinbildung f; 2. Kruste f, Belag m; Kesselstein m
encumbrance Hypothekenbelastung f, Grundstücksbelastung f, Schuldenlast f *(auf Gebäuden, Grundstücken)*
end 1. Stirnfläche f, Stirn f; Stirnseite f; 2. Ende n; Spitze f
end anchorage Endverankerung f *(Spannglied)*

end-bearing 94

end-bearing pile Spitzendruckpfahl *m*, Aufstandspfahl *m*
end-bearing support Endlager *n*
end butt joint Stoßfuge *f*
end condition Randbedingung *f*
end degree Einspannungsgrad *m*
end fixing Endeinspannung *f (Balken)*; Fußeinfassung *f (Säulen)*
end joint 1. Stoßfuge *f*; 2. Endknoten *m*
end lap *(Hb)* Endüberlappung *f*, Endverlappung *f*
end moment *(Stat)* Einspannmoment *n*, Endmoment *n*
end scarf *(Hb)* Laschenverbindung *f*
end stiffener *(Hb)* Balkenkopfverstärkung *f*, Kopfplatte *f*
end view Seitenansicht *f*
end wall Kopfwand *f*, Stirnwand *f*; Giebelwand *f*
endurance action Ermüdungsbeanspruchung *f*
endurance degree Ermüdungsgrad *m*
endurance tensile strength Dauerzugfestigkeit *f*
endwise 1. axial, in Achsrichtung, gerade; 2. zu den Enden [Endseiten]; 3. mit den Enden nach vorn [oben]; 4. aufrecht
energy absorption Energieaufnahme *f*
energy balance Energiebilanz *f*
energy loss Energieverlust *m*
energy requirement Energiebedarf *m*
energy-saving energiesparend
energy supply Energiezufuhr *f*, Energieversorgung *f*
engine room layout Maschinenraumanordnung *f*
engineer *v* 1. bauen, errichten *(Gebäude, Brücken)*; anlegen *(Straßen)*; technisch ausführen; konstruieren; 2. als Ingenieur tätig sein
engineer for erection Montageingenieur *m*
engineering Technik *f*, Ingenieurwesen *n*, Technik *f*, technische Planung *f*
engineering consultation service technischer Beratungsdienst *m*
engineering property technische Eigenschaft *f*
engineering structure Bauwerk *n*, Ingenieurbauwerk *n*
engineer's office Projektierungsbüro *n*
engrain wallpaper Raufasertapete *f*
enlarged foundation slab vergrößerte Gründungsplatte *f*, über die Mauern hinausgehende Fundamentplatte *f*
enlarged scale Vergrößerungsmaßstab *m*, vergrößerter Maßstab *m*
enrichment Verzierung *f*, Zierelement *n*, Zierglied *n*, Schmuckelement *n*, Dekorelement *n*, Ornament *n*
enterclose *(AE)* Durchgang *m*, Verbindungsgang *m (zwischen zwei Räumen eines Gebäudes)*
entrain *v* 1. einführen *(Luft in breiige Baustoffe)*; hineinbringen; 2. eindringen, einwandern *(Wasser)*
entrance Eingang *m*, Zugang *m*; Zufahrt *f*
entrance hall Eingangshalle *f*, Vorhalle *f*, Halle *f*; Foyer *n (im Hotel)*; Hausflur *m*, Flur *m*
entry 1. kleine Vorhalle *f*, Vorraum *m*, Eingangsraum *m*; 2. Zutritt *m*, Zugangstür *f*; 3. Meldung *f*, Wettbewerbsmeldung *f*; 4. Durchgang *m (Passage)*; 5. Eindringen *n*, Eindringung *f (Feinstoffe, Farbe, Schmutz)*; 6. Eintrag *m (mathematisch)*
entryway Zugang *m*, Zufahrt *f*, Eingangspassage *f*; Einfahrt *f*
envelope 1. Gebäudehülle *f*, Hülle *f*, Ummantelung *f*, Mantel *m*; Verkleidung *f*; 2. Hüllkurve *f*, Umhüllende *f*, Umrisshülle *f (eines Gebäudes)*; 3. Dachpappenüberlagerung *f* über die Mauerkrone
environ-saving umweltschonend
environment Umwelt *f*; Umgebung *f*, Milieu *n*
environment pollution Umweltverschmutzung *f*
environmental architecture landschaftsgebundene Architektur *f*
environmental compatibility Umweltverträglichkeit *f*
environmental compatibility assessment Umweltverträglichkeitsprüfung *f*
environmental design Umweltplanung *f*; Umweltgestaltung *f*
environmental engineering Umwelt(schutz)technik *f (technischer Zweig)*
environmental impact analysis Umweltverträglichkeitsanalyse *f*
environmental monitoring Umweltüberwachung *f*
environmental protection Umweltschutz *m*
environmental requirements Natur-

schutzanforderungen *fpl*, Umweltanforderungen *fpl*
epoxy coating 1. Epoxidharzanstrich *m*; 2. Epoxidharzanstrichstoff *m*
epoxy paint Epoxidharzanstrichstoff *m*
épure 1:1-Darstellung *f*, Detailzeichnung *f* im wahren Maßstab
equal-area projection flächentreue Abbildung *f*
equalization line Ausgleichleitung *f*
equally spaced in gleichem Abstand verteilt *(Bewehrungseisen)*
equation of condition Bedingungsgleichung *f*
equation of forces Kräftegleichung *f*
equilibrium conditions Gleichgewichtsbedingungen *fpl*
equilibrium method Deformationsmethode *f*
equipment Ausrüstung *f*, Ausstattung *f*; Einrichtung *f*; Zubehör *n*; Baustellenausrüstung *f*; Anlage *f*
equipment floor Anlagenetage *f*, Anlagengeschoss *n*; Ausrüstungsstockwerk *n*
equivalent beam method *(Bod)* Ersatzbalkenverfahren *n*
erect *v* (er)bauen; errichten, hochziehen *(ein Gebäude)*; eine Mauer (hoch)ziehen; aufrichten *(Konstruktion, Bauwerk)*; aufbauen, montieren, aufstellen *(am Ort)*
erect *v* **formwork** einschalen
erecting deck Arbeitsbühne *f*, Montagebühne *f*
erecting technique Montagetechnik *f*
erection Bauen *n*, Errichtung *f*; Aufstellung *f*, Aufbau *m*, Montage *f (im Fertigteilbau)*
erection drawing Montagezeichnung *f*
erection scaffold Montagegerüst *n*, Montagerüstung *f*
erection state Montagezustand *m*
erection without scaffolding Freivorbau *m (Brückenbau)*
erection work Montagearbeiten *fpl (im Fertigteilbau)*
erosion attack Erosionsangriff *m (mechanisch)*; Erosionskorrosion *f*
erosion protection Erosionsschutz *m*
error theory Fehlertheorie *f*
escalator *(AE)* Fahrtreppe *f*, Rolltreppe *f*
escape corridor Fluchtkorridor *m*, Notkorridor *m*
escape pipe Überlaufrohr *n*

escape route Fluchtweg *m*
escape stair Fluchttreppe *f*, Nottreppe *f*; Notleiter *f*
escarpment 1. Abdachung *f (von steilen Böschungen, Vorgang)*; 2. Steilhang *m*, Böschung *f*; Steilküste *f*
escutcheon 1. Schlüssellochdeckel *m*, Schlüssellochabdeckblech *n*; Schlossblech *n*; 2. Schutzrohr *n*, Öffnungshüllrohr *n (z. B. für Türschlösser)*; 3. Wappenschild *n*
establish *v* **cost estimates** Kostenanschläge aufstellen
establishment charges Gemeinkosten *pl*, Grundeinrichtungs- und Ausstattungskosten *pl*
estate 1. (großes) Grundstück *n*; Landgut *n*; Grundeigentum *n*, Liegenschaft *f*; 2. Baugrund *m*; 3. Wohnsiedlung *f*; Wohnkolonie *f*
estate area Siedlungsgebiet *n*
estate drainage Grundstücksentwässerung *f*
estate register Grundbuch *n*
estimate Überschlag *m*, Voranschlag *m*; Kostenanschlag *m*
estimate of loading Lastvorgabe *f*; Lastannahme *f*, Belastungsannahme *f*
estimating costs veranschlagte Kosten *pl*
etching primer Haftgrund *m*, Haftgrundierung *f*; Aktivgrund *m*
Eulerian buckling stress Euler'sche Knickspannung *f*
European Committee for Standardisation *(CEN)* Europäisches Komitee *n* für Normung
European standard Europäische Vorschrift *f*
evaluation Wertung *f*; Auswertung *f*, Bewertung *f*; Einschätzung *f*; Beurteilung *f*
evaluation of conformity Konformitätsbewertung *f*, Anforderungserfüllungs-Untersuchung *f*
even *v* ebnen; glätten; abgleichen, egalisieren
evenly surfaced ebenflächig
evenness Ebenheit *f*, Ebenflächigkeit *f*, Planebenheit *f*; Glattheit *f*, Glätte *f (einer Fläche)*
evenness test Ebenheitsprüfung *f*
exaggeration of heights Überhöhung *f (Profil)*

examination

examination of building materials Baustoffuntersuchung f
excavate v (Erdb) ausschachten, (Boden) ausheben; graben; (aus)baggern (trocken); auskoffern (z. B. im Straßenbau)
excavated area Aushubfläche f
excavated soil Bodenaushub m
excavation 1. (Erdb) Ausschachtung f, Bodenaushub m, Erdaushub m; Ausbaggerung f; 2. (Erdb) Bodenabtrag m, Abtragung f, Abtrag m; 3. (Erdb) Grube f; Baugrube f; Einschnitt m
excavation class Bodenklasse f, Gewinnungsklasse f (Erdstoff)
excavation pit Baugrube f
excavation work Ausschachtungsarbeiten fpl
excavator 1. Bagger m, Trockenbagger m; Löffelbagger m, Greifbagger m; Kratzer m (Baumaschine); 2. (AE) Erdarbeiter m
excavator-loader Ladebagger m
excelsior building slab Holzwollebauplatte f
excelsior insulation Holzwolledämmung f
excess length Überstand m, Übermaß n (von Langholz)
excess load Überlast f, Überladung f
excess pressure Überdruck m
excessive stress Überbeanspruchung f
execution Ausführung f (z. B. eines Bauvertrags); Erfüllung f; Durchführung f (z. B. von Arbeiten)
executive program Ausführungsprojekt n
exhaust Absaugung f; Entlüftung f
exhaust ducting Absaugleitung f
exhaust grille Luftaustrittsgitter n (Klimaanlage)
exhaust plant Absauganlage f
exhausting device Absaugvorrichtung f
exhibition building Ausstellungsgebäude n
existing building bestehendes Gebäude n
exit access Ausgangszugang m, Ausgangskorridor m, Ausgangsweg m
exit holes Ausgangsöffnungen fpl
exit opening Ausstiegsöffnung f, Dachausstieg m, Dachausstiegsluke f
expand v 1. ausdehnen, expandieren, erweitern; sich ausdehnen; sich strecken; wachsen (z. B. eine Stadt); 2. auftreiben (Loch); aufweiten, aufbördeln (Rohre); spreizen; sich spreizen; 3. blähen, quellen (Beton); treiben (Zement); 4. verschäumen, aufschäumen (Kunststoffe)
expanded cement Quellzement m
expanded cinder concrete Bimsbeton m
expanded clay aggregate Blähtonzuschlagstoff m
expanded concrete Gasbeton m
expanded glass Schaumglas n
expanded mesh Streckmetall n
expanding bolt Spreizdübel m
expanding foam Bauschaum m
expansion 1. Ausdehnung f, Expansion f, Erweiterung f; Dehnung f; Ausweitung f; Blähen n, Aufblähen n, Quellen n, Treiben n, Treibneigung f (von Beton); 2. Schäumen n, Verschäumen n (von Kunststoffen); 3. Ausbau m (von Gebäuden)
expansion bearing bewegliches Auflager n, Ausdehnungslager n
expansion bend Ausgleichsbogen m, Dehnungsschlaufe f, Dehnungsschleife f (Rohrleitungen)
expansion coefficient Ausdehnungskoeffizient m
expansion joint Dehn(ungs)fuge f, Ausdehnungsfuge f, Bewegungsfuge f, Ausdehnungsstoß m; Raumfuge f, Trennfuge f
expansion measuring strip Dehnungsmessstreifen m
expansion of building Bauerweiterung f
expansion strip Fugenband n, Dehnungsfugenfüllstoff m
expansive force Ausdehnungskraft f
experimental building Versuchsbau m, Experimentalbau m
experimental road Versuchsstraße f, Versuchsstrecke f
expert witness Expertenurteil n, Sachverständigenaussage f
expert's opinion [report, survey] Sachverständigengutachten n, Gutachten n
explanatory drawing Erläuterungszeichnung f
explanatory report Erläuterungsbericht m (z. B. zu Bauunterlagen)
exploration Bodenuntersuchung f; Bodenschürfung f
exploration drilling Aufschlussbohren n, Probebohrung f, Untersuchungsbohrung f

exploratory work Aufschlussarbeiten fpl, Erkundungsarbeiten fpl
explosion-proof explosionsgeschützt, exgeschützt, explosionssicher
explosive-actuated gun Bolzenschießgerät n
explosive pile foot enlarging Sprengfußherstellung f eines Bohrpfahls
exposed (El) ungeschützt; freigelegt, offen (z. B. Bauteile, Leitungen)
exposed-aggregate concrete Waschbeton m
exposed concrete Sichtbeton m, Architekturbeton m
exposed wiring (El) Aufputzinstallation f, Verlegung f auf Putz
exposure conditions Beanspruchungsbedingungen fpl
expropriation Enteignung f
extend v 1. ausdehnen, strecken (mechanisch); längen; verlängern (Straße); sich ausdehnen; 2. erweitern; anbauen (ein Gebäude); 3. sich erstrecken, sich ausdehnen, reichen; 4. strecken (Substanzen durch Zusatzstoffe)
extension 1. Dehnung f, Längung f, Verlängerung f, Streckung f (mechanisch); 2. Ausdehnung f, Erweiterung f (eines Gebäudes); 3. Erweiterungsbau m, Anbau m; 4. Nebenanschluss m (Telefon)
extension building Anbau m, Erweiterungsbau m
extension crack Dehnungsriss m
extension of given (construction) time Bauzeitverlängerung f
extent 1. Ausdehnung f, Ausmaß n, Umfang m; Größe f; 2. Bereich m
exterior appearance Außenansicht f
exterior coating Außenbeschichtung f; Außenschutzschicht f
exterior finish 1. Außenputz m, Gebäudeaußenhaut f (Putz); 2. Außenanstrich m
exterior insulation Außendämmung f
exterior lining Außenverkleidung f
exterior render Außenputz m, Außenverputz m
exterior view Außenansicht f
exterior work Außenarbeiten fpl, Rohbauarbeiten fpl (an der Bauhülle)
external coating 1. Außenbeschichtung f; 2. Außen(schutz)schicht f, Außenüberzug m

external dimension Außenmaß n
external paint coating Außenschutzanstrich m
extinguishing installation Löscheinrichtung f
extra quantities zusätzliche Bauleistung f
extraction of dust Entstaubung f
extractor cowl Absaughaube f
extrados Bogenrücken m, Gewölberücken m, äußere Rückenlinie f; Gewölbefläche f
extreme span Endfeld n
exudation Ausschwitzung f; Ausblühung f
eyelet 1. Lichtloch n, Wandloch n, Luftloch n, Durchziehloch n; 2. Öse f

F

fabric 1. Skelett n, Rahmenwerk n (Tragwerk eines Gebäudes); Rohbau m; Bausubstanz f; 2. Gewebe n; Stoff m; Einlage f (z. B. Dachpappe); 3. Aufbau m (einer Mischung); 4. Gefüge n (petrographisch)
fabric building Zeltkonstruktion f, Zeltbau m, Zeltkonstruktionsbau m
fabric reinforcement 1. Mattenbewehrung f; Bewehrungsmatte f; Streckmetallbewehrung f; 2. Gewebeverstärkung f
fabric work Skelettmontage f; Rohbauarbeiten fpl
fabricate v 1. montieren, vorfertigen (Stahlbau); 2. fertigen, herstellen
fabricating drawing Ausführungszeichnung f, Herstellungszeichnung f, Fertigungsvorlage(zeichnung) f
fabrication primer Grundanstrichstoff m, Fertigungsanstrichstoff m; Fertigungsanstrich m
façade Fassade f, Vorderfront f, Vorderansicht f, Front f
façade division Fassadengliederung f
façade lining Fassadenverkleidung f, Fassadenbekleidung f
face v 1. verkleiden, verblenden (z. B. Vorderfront mit Werksteinen); bekleiden (Mauerwerk); verputzen; belegen, beplanken; 2. verschalen, abschalen; 3. sich stellen
face 1. Oberfläche f, Fläche f; Außenfläche f, Stirn f; Haupt n (Außenseite einer Mauer); Sichtfläche f; Seitenfläche f; 2. s.

façade; 3. Decklage f, Stirnseite f (Holz); 4. (Erdb) Wand f; 5. (Tun) Stoß m; Ortsbrust f
face concrete Vorsatzbeton m, Sichtbeton m
face panel Außenwandelement n mit Vorsatz; furnierbezogene Sperrholztafel f
face wall Stirnmauer f; Stützmauer f; Verblendmauer f
faced brickwork Verblendmauerwerk n
facework 1. bündige Mauerseite f, Verblendmauerwerk n; 2. Sichtfläche f; 3. Verblendung f, Verkleidung f; Putzlage f; Schutzschicht f
facility management Objektmanagement n, Gebäude- und Anlagenmanagement n, Facility-Management n
facing 1. Verkleidung f, Verblendung f (z. B. einer Vorderfront); Gebäudeverkleidung f; Bekleidung f (Mauerwerk); Putzschicht f, Putzlage f; Schutzschicht f; Sichtfläche f; 2. (Tun) Stoß m, Ort n
facing brick Verblender m, Verblendstein m, Blendziegel m, Formziegelstein m; Vormauerziegel m
facing panel Verkleidungsplatte f
factor for impact Stoßfaktor m, Stoßzuschlag m
factored load Grenzlastannahme f, rechnerische Grenzbelastung f (Belastung mal Lastfaktor)
factory building 1. Industriebau m; 2. Industriehalle f, Fabrikgebäude n, Werkhalle f
factory-built vorgefertigt; serienmäßig gebaut
factory-built house Fertighaus n, industriell gefertigtes Haus n
factory hall Werkhalle f
factory precasting Betonvorfertigung f, Vorfertigung f im Betonwerk
fade-resistant farbecht, lichtecht
faggotting Faschinenbau m, Faschinenverbau m, Faschinenpackwerk n
faience Fayence f (Tonware); Steingut n
fail v 1. versagen; einstürzen; aussetzen; unbrauchbar werden; zerstört werden; 2. nicht ausreichen (z. B. Materialvorrat)
failing load Bruchlast f
failing strain Bruchdehnung f
failure condition Bruchbedingung f
failure envelope Bruchlinie f

failure load Bruchlast f
failure test Bruchprüfung f, Bruchversuch m
fair concrete Sichtbeton m, Architekturbeton m, Ornamentbeton, Dekorbeton m
fair-faced bündig; glatt, eben (Mauerwerk)
fair-faced masonry Sichtmauerwerk n
fair-faced plaster Glattputz m
fall v 1. fallen, stürzen (Körper); 2. abfallen, sich senken (Land); 3. abnehmen, abfallen, sinken (z. B. Werte); 4. hereinbrechen
fall of earth Erdeinsturz m, Erdfall m
fall pipe Regenfallrohr n, Fallrohr n
falling gradient Gefälle n, Neigung f
falling weight deflectometer Fallgewichtsgerät n, Fallgewichts-Einsenkungsmessgerät n, Fallplatte f
fallout shelter Atombunker m, Schutzraum m gegen radioaktiven Niederschlag
falls 1. Fallrohre npl; 2. Wasserfall m
false bottom Zwischenboden m, Doppelboden m
false ceiling Scheindecke f, eingehängte [abgehängte] Decke f, Hängedecke f, Einschubdecke f
false edge Aufdoppelung f
false floor Blindboden m, Zwischendecke f
false gable Blendgiebel m (Kirchenbau)
false joint Blindfuge f, Scheinfuge f
false set vorzeitiges [falsches] Abbinden n, Früherstarrung f
falsework 1. Schal(ungs)gerüst n (z. B. für Bögen); Lehrgerüst n, Schalung f (Abstützung); 2. zeitweiliges Sprengwerk n (bes. für Brücken)
falsework structure Lehrgerüst n
fan 1. Ventilator m, Lüfter m; Gebläse n; 2. Fächer m; 3. Schuttkegel m (Abraum)
fan anchorage Besenverankerung f, Spannstahlfächerverankerung f (Spannbeton)
fan drift Lüfterkanal m, Absaugkanal m
fan guard 1. Auslegergerüst n, Auslegerrüstung f; 2. Lüfterhaube f
fan truss radiales Fachwerk n
fancy glass Zierglas n
fang 1. Zapfen m (Türangelzapfen); 2. eingemauertes Ende n (Mauerwerk); 3. Angel f (einer Feile)

fang bolt Bolzen *m*
fanlight (fächerförmiges) Oberlicht *n*, Türoberlicht *n*, Oberlichtöffnung *f*, Fächerfenster *n* (halbrundes Fenster über Türen); Fensterrose *f*; Kippflügel *m* (Oberlichtflügel über einer Tür)
farm building landwirtschaftliches Gebäude *n*, Wirtschaftsgebäude *n*
fascia 1. Ziergurt *m*, Gurt *m*, Gurtsims *m*; Leiste *f* (an der Dachtraufe); Faszie *f* (Bauglied an ionischen Säulen); 2. säulengestütztes Flachelement *n*
fascia board Gesimsbrett *n*, Simsbrett *n*, Stirnbrett *n*, Traufbohle *f*, Traufbrett *n*
fascine 1. (Wsb) Faschine *f*, Reisigbündel *n*; 2. (Wsb) Buhne *f*
fascine dam Faschinenwand *f*, Faschinenpackung *f*
fascine work 1. Faschinenbau *m*; 2. Faschinen(pack)werk *n*
fast-joint butt Scharnier *n*
fast to alkali alkalibeständig, alkalifest (z. B. Beton)
fast to weather witterungsbeständig
fasten *v* befestigen, festmachen, anbringen; anschlagen; heften; verspannen; anziehen (eine Schraube)
fasten *v* **with a peg** dübeln
fastener Verbindungselement *n*; Verbindungsklemme *f*, Halter *m*; Sicherung *f*
fastening bolt Befestigungsbolzen *m*
fastening structure Befestigungskonstruktion *f*
fastness property Beständigkeitseigenschaft *f*
fat concrete fetter Beton *m*, zementreicher [sandreicher] Beton *m*, fette Betonmischung *f*
fatigue *v* 1. ermüden, dynamisch beanspruchen; 2. altern
fatigue 1. Ermüdung *f* (von Material); 2. Ermüdungserscheinung *f*
fatigue behaviour Ermüdungsverhalten *n*; Dauerschwingverhalten *n*
fatigue bending test Dauerbiegeversuch *m*
fatigue failure Ermüdungsbruch *m*, Dauerbruch *m*; Ermüdungsversagen *n*
fatigue life Lebensdauer *f*, Ermüdungslebensdauer *f*
fatigue stressing Dauerschwing(ungs)beanspruchung *f*
fattening 1. Eindicken *n* (von Anstrichstoffen); 2. Aufbauchung *f*, Anstrichaufwölbung *f*
faucet 1. (AE) Wasserhahn *m*, Hahn *m*; Absperrglied *n*; Zapfhahn *m*; 2. Spund *m*
fault 1. Fehler *m*, Defekt *m*; Mangel *m*; Störung *f*; 2. (Bod) Verwerfung *f*, Sprung *m*; 3. (El) Isolationsfehlstelle *f*; 4. (Verk) Verwerfung *f*, Stufe *f*
fault in material Materialfehler *m*
faulty mounting (San) Einbaufehler *m*
faying surface Passfläche *f*
feasibility study Durchführbarkeitsstudie *f*; Bebauungsstudie *f*
feather-compass brick Keilziegel *m*
feather tongue (Hb) Federkeil *m*
Federal Road Research Laboratory Bundesanstalt *f* für Straßenwesen, BASt
Federal States Working Group on Waste (in Deutschland) Länderarbeitsgemeinschaft *f* für Abfall, LAGA
federal traffic interstructure plan (in Deutschland) Bundesverkehrswegeplan *m*
federal trunk road Bundesstraße *f*
fee Projektierungsgebühr *f*, Gebühr *f*, Planungsgebühr *f*; Bearbeitungshonorar *n*
feed 1. Zuführen *n*, Zufuhr *f*, Einfüllen *n*; Beschicken *f*; Einspeisen *n*; 2. Beschickungsmaterial *n*, Füllmaterial *n*, Einfüllgut *n*, Aufgabegut *n*; Haufwerk *n*
feed-in Einspeisung *f*
feed inlet Zulauf *m*
feeder line (El) Speiseleitung *f*, Versorgungsleitung *f*
feeder road Zubringerstraße *f*, Zubringer *m*
feldspathic sandstone Arkose *f*, Arkosesandstein *m*, Feldspatsandstein *m*
felt-and-gravel roofing Spachtelbedachung *f*, Asphaltdachdeckung *f* mit Kiesabdeckung; Flachdachdichtung *f*
felt paper Baupappe *f*
felt seal Filzdichtung *f*
female pivot Zapfenloch *n* (Zapfenaufnahmeteil einer Zapfenverbindung)
fence *v* (in) einzäunen, umzäunen, abzäunen, begrenzen, einfrieden
fence 1. Zaun *m*, Umzäunung *f*, Einfriedung *f*; 2. Schutzgitter *n*, Gitter *n*
fence post Zaunpfahl *m*, Zaunpfosten *m*
fencing wall Umfassungsmauer *f*, Umfriedungsmauer *f*, Zaunmauer *f*

fender

fender 1. *(Wsb)* Fender *m*; 2. Prellpfahl *m*; 3. Schwelle *f*, Schutzschwelle *f (Bordschwelle)*; 4. Kamingitter *n*

fender pile 1. Prellpfahl *m*, Reibepfahl *m*, Schutzpfahl *m*; 2. *(Wsb)* Dalbe *f*, Dalben *m (Anlegepfahl)*

fenestration 1. Fensterwerk *n*; Fensteranordnung *f*, Fenstergruppierung *f*, Fensteraufteilung *f (in der Fassade)*; 2. Öffnung *f* zur Zuführung von Tageslicht; 3. Befensterung *f*

ferro-cement Armozement *m*, Ferrozement *m*

ferry bridge 1. Fährbrücke *f*, fliegende Brücke *f*, Landungsbrücke *f*, Anlegeponton *m*; 2. Trajekt *m(n)*

festival theatre Festspielhaus *n*

festoon Feston *n*, bogenförmige Hängegirlande *f* (Girlande *f*), Blumenschnur *f*, Fruchtschnur *f (Ornament)*

fibrated concrete Faserbeton *m*

fibre building board [slab] Leichtbauplatte *f*

fibre insulating board Faserdämmplatte *f*

fibre-reinforced concrete faserbewehrter Beton *m*

fibreboard Faserplatte *f*, Holzfaserplatte *f*, Pressspanplatte *f*, Span(holz)platte *f*

fibreglass-reinforced laminate Glasfaserschichtstoff *m*

fibrous composite Faserverbundbaustoff *m*

fibrous plaster faserbewehrter Gipsputz *m*

field 1. Gelände *n*; Flur *f*; Feld *n*; 2. Baustelle *f*; Baustrecke *f (Leitungsbau)*; 3. Ausmauerfeld *n*; 4. *(El)* Feld *n*; 5. Spielfeld *n*; 6. Feld *n*, Sektor *m*, Teilgebiet *n*; 7. Anwendungsbereich *m*

field bolt Montageschraube *f*

field connection Montageverbindung *f*

field moment Feldmoment *n*

field order Änderungsanweisung *f* während der Bauausführung

field representative Auftraggebervertreter *m*, Auftraggeberbauleiter *m*; örtlicher Bauleiter *m*; Projektingenieur *m*

field test Baustellenversuch *m*, Vortortprüfung *f*, Feldprüfung *f*, Feldversuch *m*

field work 1. Baustellenarbeit *f*; 2. *(Verm)* Feldarbeit *f*

figure 1. Zeichnung *f*, Darstellung *f*; 2. Form *f*, Gestalt *f*; Figur *f*; 3. Maserung *f*, Zeichnung *f (im Holz)*

figured glass Ornamentglas *n*, Profilglas *n*

fill v 1. füllen; 2. *(Erdb)* hinterfüllen, verfüllen; aufschütten; 3. spachteln

fill v in 1. *(Erdb)* hinterfüllen; verfüllen, zuschütten; 2. *(Erdb)* ausfachen; ausfüllen

fill v up 1. ausfüllen; zuschütten; 2. (aus-) stopfen; verschließen (z. B. Risse); 3. nachfüllen

fill 1. Füllmaterial *n*; 2. *(Erdb)* Füllboden *m*; Schüttmaterial *n*; Aufschüttung *f*, Schüttung *f*; Anschüttung *f*; Auftrag *m*; 3. Betonschutzschicht *f*

fill insulation 1. Wärmedämmung *f* von Montagehohlräumen; 2. hohlraumfüllendes Dämmmaterial *n*

filled ground 1. Aufschüttung *f*, aufgeschütteter Boden *m*, Bodenauftrag *m*, Auftrag *m*, aufgefülltes Gelände *n*

filler 1. Füllstoff *m*, Füller *m (z. B. für Asphaltbeton)*; Zuschlag(stoff) *m (für Baustoffe)*; Porenfüller *m*; Spachtelmasse *f*, Harzträger *m (bes. bei Kunststoffen)*; *(bei Farben)* Streckmittel *n*, Verschnittmittel *n*; 2. Füllholz *n*, Futterstück *n*; Einlage *f*; 3. s. filler block

filler block 1. Füllkörper *m*, Hohlkörper *m (Stahlbeton)*; 2. Deckenstein *m*, Füllkörper *m*

filler concrete slab Füllkörperdecke *f*

filler course Ausgleichsschicht *f*; Profilierschicht *f*

filler wall 1. Ausfachung *f*, Ausfüllung *f*; 2. Tafelwand *f*

fillet 1. Kehle *f*, Hohlkehle *f*; Ausrundung *f*, Schaftausrundung *f*; 2. Leiste *f*, Saumleiste *f*, Saum *m*; Kehlleiste *f*; Zierleiste *f*; Band *n*, Riemen *m*; Plättchen *n (auch an klassischen Säulen)*; Wandanschlussprofil *n*; 3. s. fillet weld

fillet section Wandanschlussprofil *n*

fillet weld Kehl(schweiß)naht *f*

filling 1. Füllen *n*, Füllung *f*; Versetzen *n* mit Zuschlägen; Füllern *n (von Bitumen, Farbe)*; 2. *(Erdb)* Schüttung *f*, Aufschüttung *f*; Schüttboden *m*, Füllboden *m*; 3. s. filler; 4. Fugenverfüllen *n*, Ausfugen *n*; Fugendichten *n*; 5. *(Wsb)* Einstau *m (Talsperre)*

filling compound Füllmasse *f*, Vergussmasse *f*; Spachtelmasse *f*

filling-in work Füllmauerwerk *n*

fire-resistance

filling with concrete Ausbetonieren n
film 1. Film m, dünne Schicht f; Haut f; dünne Schutzschicht f, dünner Überzug m; Anstrichfilm m; 2. Folie f (aus Kunststoff)
film defect Anstrichschaden m, Anstrichmangel m
filter bed Filterlage f, Filterschicht f, Sickerfilter n, Sandfilterlage f, Sandfilterschicht f
filter drain Filterrohr n, Sickerrohr n, Sickerleitung f
filter gravel Filterkies m
filtration plant Filtrationsanlage f
fin 1. Rippe f, Heiz(körper)rippe f, Radiatorrippe f; Kühlrippe f; 2. Betonnase f; Formgrat m; 3. Stahlspundwand f (vom Hauptkofferdamm auskragend); 4. Aluminiumfensterhaltestrebe f; 5. Schaufel f, Flosse f, Mischwerkzeug n (Mischer)
final acceptance Schlussabnahme f, Gebrauchsabnahme f
final assembly Endmontage f
final coat 1. obere Putzschicht f; 2. (Verk) Deckschicht f; Schlussanstrich m
final design Ausführungsunterlagen fpl, endgültiger Entwurf m, Ausführungsentwurf m
final inspection Bauabnahme f, Schlussabnahme f, Abnahmekontrolle f, Endprüfung f, Endkontrolle f
final plan Ausführungsplan m
final stress 1. Endspannung f (nach vollständiger Belastung); 2. Endvorspannkraft f, Endvorspannung f
fine concrete Feinbeton m, sandreicher Beton m
fine crack Haarriss m
fine gravel Feinkies m
fine levelling Feinabgleichen n, Feinausgleichen n, Feinegalisieren n; Feinnivellieren n
fines Feinstoffe mpl, Feinmaterial n, Feines n; Siebfeines n; Feinanteile mpl; Steinmehl n; Füller m (für Beton); Schluff m (Erdstoff)
finger joint (Hb) Kammverbindung f
finial (Arch) Spitzenornament n, Kreuzblume f; gotischer Knauf m
finish v 1. fertig stellen; 2. ausbauen; 3. die Oberfläche behandeln; mit Deckanstrich versehen; (ver)putzen; 4. schlichten (eben machen); 5. nach(be)arbeiten; 6. eine Straßendecke aufziehen
finish 1. Oberflächenbeschaffenheit f, Oberflächengüte f, Aussehen n (einer Oberfläche); 2. Putz m, Wandbewurf m; 3. Deckanstrichfarbe m, Deckfarbe f; Imprägnierung f; 4. Ausbau m; 5. s. finishing
finish and services work (AE) Ausbauarbeiten fpl
finish grade Oberflächenplanierung f, Feinplanieren n
finish size Fertigmaß n
finisher (Verk) Fertiger m, Deckenfertiger m, Straßendeckenfertiger m; Glätter m
finishing 1. Fertigstellung f; 2. Abziehen n, Glätten n, Oberflächenbearbeiten n; 3. Deckanstrich m
finishing and completion [servicing] Ausbau m
finishing layer obere Schicht f; Verschleißschicht f
finishing system Anstrichsystem n, Anstrichaufbau m, Decklackierung f
finishing varnish Überzuglack m; Siegellack m, Parkettabsiegelung f, Lacküberzug m
finishings Ausbau m; Ausstattung f
finned gerippt, mit Rippen versehen; mit Lamellen
fire-alarm system Feueralarmanlage f; Feuermelder m
fire assembly Feuerschutzausbauteile npl
fire barrier Brandblende f, Brandsperre f
fire cement feuerbeständiger Zement m, Aluminiumzement m
fire-detection system Feueralarmanlage f
fire door 1. Feuerschutztür f, Brandtür f; 2. Ofentür f, Feuertür f, Heiztür f
fire escape 1. Feuertreppe f, Brandfluchttreppe f; Feuerleiter f, Notleiter f (an Gebäuden); 2. Notausgang m
fire ladder Feuerleiter f
fire load Brandbelastung f, Brandlast f
fire partition Brandmauer f, feuergeschützte Wand f (zwei Stunden Feuerwiderstand)
fire-proof floor Massivdecke f
fire rating class Feuerschutzklassifikation f
fire-resistance grading Brandklasseneinteilung f

fire-resistant door Brandschutztür f
fire-retardant construction feuerhemmendes Bausystem n, feuerhemmende Konstruktion f
fire-retardant impregnating agent feuerhemmendes Imprägniermittel n
fire route Fluchtweg m, Rückzugsweg m
fire wall Brandmauer f; Brandschott n
fireclay brick Schamottestein m
firing installation Brennanlage f
firm v verdichten, fest werden
firm 1. stabil befestigt, fest; 2. (Bod) fest, stabil; 3. dauerhaft • be firm stabil sein
firm contract Festpreisvertrag m
firm-price offer Pauschalpreisangebot n
firmer chisel (Hb) Stechbeitel m
firmly secured fest eingespannt
firring Unterfütterung f, Verbretterung f (mit Futterholz); Unterschalung f (für Putz); Futterholz n; Aufschieblung f (Dach)
first coat 1. erste Lage f, erste Schicht f (Putzschicht); Unterputz m; 2. Grundierung f
first cost Gestehungskosten pl (Arbeit und Material); Selbstkosten pl
first paint Grundanstrichfarbe f, Grund(ier)farbe f
fish beam Fischbauchträger m, Linsenträger m (Fachwerkträger)
fish joint Laschenstoß m, Verlaschung f; Klammerlaschenstoß m
fish plate Knotenverbindung f, Knotenpunktverlaschung f
fish plating Verlaschung f
fishplate 1. Lasche f, Klammerlasche f (Metallverbindungsstück für Balken); Stoßlasche f, Zuglasche f; 2. (Verk) Schienenverbindungslasche f, Klammerlasche f
fissure 1. Riss m, Spalt m (z. B. in einer Mauer); Spalte f; 2. Kluft f, Riss m (tektonisch)
fit v 1. aufstellen, montieren; anbringen, einbauen; einrichten; 2. einpassen; passend machen; justieren; 3. ausrüsten, ausstatten; einrichten
fit v **in** einbauen, installieren; einpassen
fit Passung f; Sitz m; Anpassung f
fit-up 1. Montage f, Zusammenbau m; 2. wiederverwendbare Fertigungsschalung f, Schalungstafel f (mehrfach verwendbar)

fitments Einrichtungsgegenstände mpl
fitted eingebaut; eingerichtet; eingepasst; ausgerüstet
fitter for heating installation Heizungsmonteur m
fitter in the building trade Bauschlosser m
fitting 1. Installation f, Montage f, Aufbau m; Aufstellen n; Aufstellung f; Anpassen n; Anbringen n; Bearbeitung f; 2. Bauteil n, Zubehörteil n; Beschlag m; Einbaugegenstand m; Armatur f; Fitting n; Rohrverbindungsstück n, Formstück n (Rohr); 3. Leuchte f
fitting load Montagebeanspruchung f, Montagebelastung f
fitting sequence Montagefolge f, Aufbaufolge f
fitting-up Vormontage f, provisorischer Montageablauf m, Zusammenbau m (ohne endgültige Verbindung)
fittings 1. Einbauteile npl; Ausstattung f; Beschläge mpl; Garnitur f; 2. (San) Armaturen fpl, Fittings npl
fix v 1. befestigen; anbringen; anschlagen; verankern; knüpfen; 2. (Stat) einspannen; 3. festlegen, bestimmen
fix in mortar vermörteln
fixation 1. Befestigung f; Einspannung f; 2. Einspannungsgrad m
fixed beam (zweiseitig) eingespannter Balken m [Träger m]
fixed bearing festes Auflager n
fixed condition Einspannungsbedingung f
fixed datum (Verm) Festpunkt m, Richtpunkt m
fixed-end condition Einspannbedingung f
fixed frame eingespannter Rahmen m
fixed load 1. konstante Last f [Belastung f], (orts)feste Last f; 2. (Stat) Eigenlast f, Eigenmasse f
fixed-price contract Festpreisvertrag m, Pauschalpreisvertrag m
fixed retaining wall gestützte [verankerte] Stützmauer f
fixer (mason) Fliesenleger m, Plattenleger m
fixing accessories Befestigungsmittel npl
fixing block Dübelstein m; Holzriegel m
fixing degree Einspannungsgrad m
fixing fillet Dübelleiste f

fixing means Befestigungsmittel n(pl)
fixing technique Befestigungsweise f
fixing work Befestigungsarbeiten fpl
fixity 1. (Stat) Einspannung f; 2. Unverschieblichkeit f
fixture drain Installationsleitung f, Abflussleitung f, Abfluss m (z. B. von einem Traps)
fixtures and fittings Installationsobjekte npl (technische Gebäudeausrüstung); nichtbewegliche Wohnungseinrichtungsgegenstände mpl
flag v fliesen, mit Fliesen belegen (z. B. Wege); pflastern (mit Platten); mit Steinplatten belegen
flag Fliese f; Steinplatte f, Gehwegplatte f (bes. aus Naturstein)
flagging 1. Plattenbelag m; 2. Platten(ver)legen n; 3. Platte f, Fußbodenplatte f (für Gehwege)
flaking Abblättern n, Abplatzen n (z. B. von Putz, Farbe); Abschälen n, Schuppenbildung f
flame-proof flammsicher, nicht entflammbar; schwer entflammbar
flange v flanschen; abkanten
flange-connect v anflanschen, verflanschen
flange beam Flanschträger m
flange joint Flanschverbindung f
flange-mounting Anflanschen n
flange of girder Gurtung f
flanged girder I-Träger m, Doppel-T-Träger m
flank 1. Seitenfläche f; Gebäudeseite f; Giebelseite f; 2. Bankett n (Straße); 3. Bogenschenkel m; Gewölbeschenkel m; 4. Freifläche f, Flanke f
flank front Giebelfront f, Seitenfront f; Straßenfront f
flank wall Giebelwand f, Seitenwand f
flare 1. Aufweitung f; Ausbauchung f; 2. Rauchmantel m (Kamin); 3. Fahrbahnaufweitung f; keilförmige Verbreiterung f
flared column head Pilzkopf m, Stützenkopf m
flared joint Bördelverbindung f
flash v 1. einfassen, mit Anschlussblech versehen (Dachschornstein); 2. entflammen; aufflammen; aufblitzen
flash 1. Brüstung f (Dach); Sperre f (am Schornstein); Saum m; 2. Grat m; 3. Aufflammen n; 4. geflammte Ziegeloberfläche f
flash cement Blitzzement m, sofort abbindender Zement m
flashing 1. Kehlblech n, Abdeckblech n, Schürze f (am Schornstein); Schornstein(schutz)blech n (am Dachdurchbruch); Abweisblech n, Spritzblech n (Dach); Dachanschluss m; Schossrinne f; Verwahrung f; 2. Abdecken n; 3. Blinken n
flashing board Anschlussträgerbrett n, Abdeckblechhaltebohle f (z. B. an Schornsteinen)
flashing sheet Wandanschlussblech n
flat v 1. glätten, schlichten; ebnen; 2. mattieren (Anstriche)
flat 1. Fläche f, Ebene f; 2. Wohnung f; Etagenwohnung f; 3. Flachprofil n
flat arch Flachbogen m, scheitrechter Bogen m
flat bar Flacheisen n, Flachstab m, Flachstahl m; Universaleisen n
flat building Flachbau m, Flachgebäude n
flat concrete roof Betonflachdach n
flat façade Flachfassade f, ebene Fassade f
flat finish Mattlack m, mattes Aussehen n
flat jointed bündig verfugt, vollfugig
flat pointing bündige Verfugung f; Ausfugen n der Mauerfugen
flat roof Flachdach n, flaches Dach n
flat truss 1. Parallelfachwerkbinder m, parallelgurtiger Fachwerkbinder m; 2. Parallelfachwerk n
flatten v 1. glätten; ebnen, planieren; richten (z. B. Blech); 2. abflachen, abplatten, flachdrücken; 3. abstumpfen (Anstrich)
flawed mangelhaft
flawless einwandfrei, fehlerfrei; rissfrei
flection 1. Biegen n, Biegung f, Krümmen n; 2. Krümmung f, Durchbiegung f, gebogener Teil m
flectional strength Biegefestigkeit f
flexed gebogen
flexibility Flexibilität f, Biegsamkeit f, Biegbarkeit f, Elastizität f
flexible connection elastische Verbindung f
flexible connector 1. flexibles Verbindungselement n; flexibler Verbindungsschlauch m; 2. (El) flexibler Anschluss m

flexible 104

flexible metal roofing Flachmetalldachdeckung f, Metalldachbelag m
flexible pavement (Verk) elastische Straßendecke f, flexible Fahrbahnbefestigung f, Schwarzdecke f
flexing curve Durchbiegungskurve f
flexural beam Biegebalken m
flexural bond Spanngliedhaftspannung f
flexural compressive failure Biegedruckbruch m
flexural load Biegebeanspruchung f
flexural moment Biegemoment n
flexural tensile stress Biegezugspannung f
flexurally rigid biegesteif, biegefest, biegungssteif
flexure load Biegelast f
flexure modulus Biegemodul m
flexure theory Biegetheorie f für Stäbe
flier Treppenstufe f, gerade Stufe f
flight Treppenlauf m, Lauf m, Treppenarm m
flint brick Silikastein m (aus Flint)
flitch beam Dübelbalken m, verdübelter Balken m; Sandwichbalken m, Verbundträger m
float v 1. verstreichen; glätten; aufspachteln; 2. (auf)schwimmen; flotieren; 3. flößen
float 1. Aufziehbrett n; Reibebrett n, Glättbrett n; Gipserscheibe f (für Gipsputz); 2. Schwimmer m, Schwimmkörper m (z. B. eines Ventils)
float coat aufgezogener Putz m; aufgezogene Zementschicht f; Glättschicht f
float finish abgezogene Oberfläche f; abgezogener Beton m; Reibeputz m
floating 1. Glattreiben n; Glätten n; 2. mittlere Putzschicht f (beim dreilagigen Putz); 3. Schwimmen n; 4. Ausschwimmen n (Pigmentmischung von Farben); Streifenbildung f (Anstrich)
floating caisson foundation Schwimmkastengründung f
floating concrete layer [screed] schwimmender Betonestrich m
floating floor schwimmender Estrich m
floating pile (Erdb) schwebender Pfahl m
floating support 1. Pendelstütze f; 2. Brückenfloß n, Brückenprahm m
flog v 1. abziehen (Fußboden); 2. zuhauen (Holz)
flood bridge Flutbrücke f

flood control (Wsb) Hochwasserschutz m; Hochwasserregulierung f
flood dam (Wsb) Rückstaudamm m, Hochwasserschutztalsperre f
flood protection structures (Wsb) Hochwasserschutzbauten mpl
flood retention basin (Wsb) Rückhaltebecken n
floodgate 1. Schleusentor n, Schütz n; 2. Flutschleuse f, Schleuse f
floodlight installation Flutlichtanlage f
floor v 1. mit einem Boden versehen; dielen, Dielen legen; Fußboden legen; 2. pflastern
floor 1. Geschoss n, Etage f, Stockwerk n, Hausetage f; 2. Fußboden m, Boden m; Diele f; 3. Geschossdecke f, Decke f; 4. Sturzbett n; 5. Tunnelsohle f; 6. Diskussionsraum m; Rednertribüne f
floor arch 1. trägergetragene flache Betondecke f; 2. scheitrechter Bogen m; 3. (Tun) Sohlenbogen m
floor area 1. Grundfläche f, Bodenfläche f; Nutzfläche f (eines Gebäudes); Wohnfläche f; 2. Geschossfläche f, Deckenfläche f
floor bay Deckenfeld n, Deckenfach n
floor beam Fußbodenbalken m; Hauptbalken m; Deckenbalken m, Deckenträger m
floor binder Deckenbinder m
floor construction Decken(ein)bau m, Deckenkonstruktion f
floor covering Fußbodenbelag m; Fußbodenausbildung f
floor filling Deckenauffüllung f
floor framing Dielenbalkensystem n, Fußbodenbalkenlage f
floor heating Fußbodenheizung f
floor joists Gebälk n, Deckenbalkenlage f
floor landing Stockwerkabsatz m, Stockwerkpodest n, Etagenabsatz m, Etagenpodest n, Geschosspodest n
floor level Geschossebene f, Stockwerkebene f
floor load Deckenbelastung f
floor pavement Fliesenbelag m; Estrich m
floor plan Geschossgrundriss m, Etagengrundriss m, Raumanordnung f
floor space Grundfläche f, Nutzfläche f (eines Gebäudes); Geschossfläche f
floor space ratio (FSR) Geschossflächenzahl f, Geschossflächenindex m

floor structure Deckenkonstruktion *f*
floor-to-floor height Geschosshöhe *f*, Deckenhöhe *f*
floor work Fußbodenarbeiten *fpl*
floorage Geschossfläche *f*
flooring 1. Fußbodenbelag *m*, Bodenbelag *m*, Fußbodenmaterial *n*; 2. Fußbodenherstellung *f*
flooring cement Steinholz *n*
flooring subbase Fußbodenunterlage *f*
flooring tiling Fußbodenfliesenbelag *m*, Bodenplattenbelag *m*
flooring work Fußbodenarbeiten *fpl*
floors Nutzfläche *f*, Gebäudenutzfläche *f*
florid architecture Ornamentarchitektur *f*
flow 1. Fließen *n*, Fluss *m* (*einer Flüssigkeit*); Strömung *f*, Strom *m*; 2. Durchfluss *m*, Durchsatz *m* (*Flüssigkeitsmenge je Zeiteinheit*); Vorlauf *m* (*Heizung*); 3. Verlauf *m* (*von Anstrichen*); 4. Strahl *m* (*Wasserstrahl*)
flow capacity Durchlassfähigkeit *f*
flow chart Flussdiagramm *n*, Fließbild *n*, Ablaufschema *n*
flow cross section Abflussquerschnitt *m*
flow heater Durchlauferhitzer *m*
flow line 1. Vorlauf(heiz)leitung *f*; 2. Fließlinie *f* (*Fertigung*)
flow of forces Kräftefluss *m*
flow pressure Leitungsdruck *m*; Fließdruck *m*
flowability Fließfähigkeit *f* (*von Flüssigkeiten*); Rieselfähigkeit *f* (*von Schüttgütern*)
flowing tracery (*Arch*) fließendes Maßwerk *n*
fluate treatment Fluatieren *n*
flue 1. Zug *m*, Schornsteinzug *m*, Rauchrohr *n*; Fuchs *m*, Rauch(gas)kanal *m* (*eines Schornsteins*); Abzug(skanal) *m*; Flammrohr *n*; 2. Schornstein *m*, Esse *f*; 3. Zug *m*, Luftkanal *m* (*z. B. für Heizung, Belüftung*); 4. Kaminschacht *m*
flue block Schornsteinelement *n*, Schornstein(fertig)teil *n*
flue connection Zuganschluss *m*
flue effect Schornsteineffekt *m*
flue opening Zugöffnung *f*
flue pipe 1. Rauchabzugsrohr *n*, Zugrohr *n*, Abzugskanal *m* (*Schornstein*); 2. Wrasenrohr *n*
flueway lichter Rauchabzugsquerschnitt *m*

fluid concrete Flüssigbeton *m*
fluid mechanics Strömungslehre *f*; Hydromechanik *f*
fluid pressure Flüssigkeitsdruck *m*
fluidifier Verflüssiger *m* (*Beton*)
flume 1. Betongleitblech *n*, Betonrutsche *f*, Rutschkanal *m*; 2. (*Wsb*) (künstliches) Gerinne *n*, Kanal *m*; Bewässerungskanal *m*; Ablaufkanal *m*
fluorescent lamp Leuchtstofflampe *f*, Leucht(stoff)röhre *f*
flush *v* 1. spülen, ausspülen, durchspülen; 2. einspülen, einschlämmen (*Bohrtechnik*); 3. überschwemmen, unter Wasser setzen; 4. ebnen, nivellieren, glätten; einebnen, einfluchten, bündig werden (*mit der Oberfläche*) 5. ausfüllen (*Fugen*)
flush 1. glatt, eben; 2. abgeglichen, in gleicher Höhe; fluchteben, (flächen-)bündig; 3. eingelassen; unter Putz
flush arrangement of joints Bündigkeit *f* von Stößen
flush basin (*San*) Spülbecken *n*, WC-Becken *n*
flush box (*San*) Spülkasten *m*, Wasserkasten *m*
flush joint bündige Fuge *f*, Vollfuge *f*
flush mounting Unterputzinstallation *f*, Unterputzeinbau *m* (*von Schaltern, Steckdosen*)
flush toilet Spülklosett *n*, Wasserklosett *n*
flush valve 1. (*San*) Druckspüler *m*; 2. (*San*) Spülkastenventil *n*
flushing dredger Spülbagger *m*, Saugbagger *m*; Schwimmbagger *m*
flushing-out with water selbsttätige Wasserspülung *f*
flute 1. Riefe *f*, Rille *f*; 2. (*Hb*) Nut *f*, Einkehlung *f*; 3. (*Arch*) Kannelüre *f*, Säulenrille *f* (*in Längsrichtung*)
fluting steel Riffelstahl *m*
fluvial deposit Flussablagerung *f*
fluvial gravel Flusskies *m*
flux oil Fluxmittel *n*, Verschnittmittel *n* (*für Bitumen*)
fly ash aggregate Flugaschenzuschlag(-stoff) *m* (*Beton*)
fly-over (junction) Straßenüberführung *f*; Hochstraße *f*; Eisenbahnüberführung *f*; plankreuzungsfreie Kreuzung *f*, Kreuzungsbauwerk *n*
fly-proof screen Fliegen(schutz)gitter *n*, Fliegenfenster *n*

flyer Blockstufe *f*, Massivstufe *f*, Klotzstufe *f*
flyers Außentreppe *f*, freitragende Treppe *f*
flying arch Strebebogen *m*
flying buttress Schwibbogen *m*, Strebebogen *m*, (gotische) Stützstrebe *f*, Strebepfeiler *m*, Bogenpfeiler *m*
flyover Überführungsbauwerk *n*, Überführung *f*; Überwerfung *f*
foam ash-silicate concrete Aschensilikatschaumbeton *m*
foam glass Schaumglas *n*
foam-in-place moulding Ortverschäumung *f*, In-situ-Verschäumung *f (von Dämmmaterial)*
foamed concrete Porenleichtbeton *m*, Schaumbeton *m*
foamed insulation Schaumdämmung *f*; Schaumisolierung *f*
foamed slag Hüttenbims *m*, Schaumschlacke *f*
focal point Blickfang *m*, Dominante *f*, Fokalpunkt *m*
foil 1. *(Arch)* Blatt *n*, Blättchen *n (Ornament)*; Kleeblattbogen *m*; Maßwerk *n (bes. Gotik)*; Pass *m*, Zirkelschlag *m*; 2. Folie *f*, Blättchen *n (Metall)*
foil sheet Folienbahn *f*
fold *v* falten, doppeln; sich falten; falzen *(Papier)*; knicken; abkanten, biegen *(Blech)*
folded area Faltenfläche *f (Faltwerkdach)*
folded-plate construction Faltwerkkonstruktion *f*
folding door 1. Harmonikatür *f*, Falttür *f*; 2. Flügeltür *f*, Schlagtür *f*
folding partition (wall) Harmonika(trenn)wand *f*, Falt(trenn)wand *f*
folding test Faltprüfung *f*, Faltversuch *m*
foliaceous structure Blattstruktur *f*
foliated joint überblattete Verbindung *f*, Überlappungsverbindung *f*
foliation 1. Blattdekoration *f*, blattförmige Verzierung *f*, Passverzierung *f*; 2. *(Arch)* gotische Fensterrippung *f*; 3. *(Bod)* Bänderung *f*, Blätterung *f*; Schieferung *f*
foot 1. Fuß *m (Böschung, Stützmauer, Damm)*; 2. Fuß *m (SI-fremde Einheit der Länge; 1 ft = 30,48 cm)*; 3. Unterteil *n*, Sockel *m*; Sohle *f*
foot beam Hauptbalken *m*, Zugbalken *m*
foot block Säulenfundament *n*, Stützenfundament *n*

foot depth Fundamenttiefe *f*
foot moment Fußmoment *n*
foot-plate Lastverteilungsholz *n*, Schwellholz *n*, Grundschwelle *f*; Fußbalken *m*, Fußholz *n (einer Dachkonstruktion)*
footfall sound insulation Trittschalldämmung *f*
footing 1. Fundament *n*, Gründung *f*, Einzelfundament *n*, Sockel *m (eines Gebäudes)*; 2. Untergrund *m*, Bettungsschicht *f*, Unterbau *m*; 3. Auflagerverteilung *f*; 4. Entschleimung *f (Lackfarbe)*
footing beam Spannbalken *m*, Zugbalken *m*, Zange *f*, Querriegel *m*; doppeltes Hahnholz *n*
footing form Fundamentabsatz *m*
footing pressure Fundamentdruck *m*
footpath 1. Fußweg *m*, Gehweg *m*, Spazierweg *m*, Fußgängerweg *m (abseits jeder Straße)*; 2. *(AE)* Bürgersteig *m*
footstep sound insulation Trittschalldämmung *f*
force 1. Kraft *f (physikalisch)*; 2. Stärke *f*
force application Kraftanbringung *f*; Kraftangriff *m*
force component Kraftkomponente *f*
force distribution Kräfteverteilung *f*
force method Kraftgrößenverfahren *n*
force-moment diagram Kraftmomentdiagramm *n*
force polygon Kraftpolygon *n*, Kräftevieleck *n*, Krafteck *n*
forced-air ventilation Zwangsentlüftung *f*
forced draught *(HLK)* künstlicher Zug *m (Luft)*
forced ventilation Zwangsentlüftung *f*, Zwangsbelüftung *f*
forecast period Prognosezeitraum *m (Bauplanung)*
forecourt Vorhof *m*, Vorplatz *m*
foreman Polier *m*, Bauführer *m*; Meister *m*
forest shelter-belt Waldschutzstreifen *m*
forge steel Schmiedestahl *m*
fork 1. Gabelung *f*, Abzweigung *f (z. B. einer Straße)*; Verzweigung *f (z. B. von Leitungen)*; 2. Gabelstütze *f*
forked pipe Gabelrohr *n*
forked tendon aufgegabeltes [gefächertes] Spannglied *n*
forked tie Gabelanker *m*

form v 1. formen, bilden, gestalten; 2. einschalen *(Beton)*
form 1. Form f, Gestalt f, Gestaltung f; Profil n; 2. Schalung f, Schalungsform f *(z. B. für Beton)*; Schablone f; 3. Bank f ohne Lehne
form-active structure system formaktives Tragwerk n
form board Schalbrett n *(z. B. für Baugruben)*
form dismantling Ausschalung f
form lining Schalungsauskleidung f *(Sichtbeton)*
form release agent Schalungstrennmittel n; Formtrennmittel n, Trennmittel n *(Schalung)*
form stop 1. Tagesabschlussstopp m *(beim Betonieren)*; 2. Arbeitsfugenbrett n
form vibrator Schalungsrüttler m
formalized stilisiert
format 1. *(AE)* Standardunterlagen fpl *(zur Angebotsplanung)*; 2. Format n, Größe f
formation 1. *(Verk)* Planum n, Feinplanum n, eingeebnete Untergrundfläche f; 2. Bildung f, Entstehung f
formation of cracks Rissbildung f
formulation Rezeptur f, Mischrezept n; Zusammensetzung f
formwork Schalung f, Schalungsform f, Form f; Schalungsgerüst n
formwork construction Schalungsbau m
formwork panel Schal(ungs)tafel f
formwork removal Ausschalen n
fortified befestigt
fortify v 1. verstärken *(z. B. eine Konstruktion)*; 2. befestigen *(militärisch)*
fortress wall Festungsmauer f
forward lap Längsüberdeckung f
foul drain Drän(age)ableitung f
foul water sewer Schmutzwasserkanal m
foundation 1. Fundament n, Gründung f; Unterlage f; Sockel m; 2. (natürlicher) Baugrund m; Unterbau(körper) m *(z. B. für Straßen, Gleise)*
foundation base Fundamentsockel m; Gründungssohle f
foundation block Einzelfundament n, Säulenfundament n, Stützenfundament n, Fundamentblock m
foundation by caissons Senkkastengründung f
foundation course 1. Planum n, Sauberkeitsschicht f, Fundamentschicht f *(Gebäude)*; 2. Planum n, Unterbau m, Unterbettungsschicht f, Gründungsschicht f *(Straße)*
foundation engineering and soil mechanics Grundbau m und Bodenmechanik f
foundation failure ungleichmäßiges Setzen n, unterschiedliche Setzung f
foundation layer *(Verk)* Fundamentationsschicht f, untere Tragschicht f, Konstruktionsschicht f
foundation mat Fundamentrost m
foundation plate Fundamentplatte f, Gründungsplatte f
foundation pressure Bodendruck m, Bodenpressung f *(der Gründung)*
foundation testing Baugrunduntersuchung f, Untergrunderkundung f, Bodenuntersuchung f
foundation work Gründungsarbeiten fpl
foundry slag Gießereischlacke f *(Zuschlagstoff)*
fountain structure Brunnenbauwerk n
four-centered arch *(Arch)* Kielbogen m, gevierter Bogen m, Tudorbogen m
four-cornered steel Vierkantstahl m
four-leaved vierflügelig *(Fenster)*
four-moment equation Viermomentengleichung f *(für einen Balken)*
four-way reinforcement doppelte kreuzweise Bewehrung f
fraction 1. Kornfraktion f, Kornklasse f, Korngröße f; 2. Fraktion f *(Destillation)*
fracture v zerbrechen, zerschlagen; brechen, zu Bruch gehen, zersplittern; reißen *(z. B. Mauerwerk)*
fracture area Bruchfläche f
fracture line Bruchlinie f
fracture load Bruchlast f; Bruchbelastung f
fracture mechanics Bruchmechanik f
fracture strength Bruchfestigkeit f
fragmental material Trümmergesteinsmaterial n
frame v 1. ein Tragwerk montieren; 2. einrahmen; verrahmen; einspannen; verzimmern
frame 1. Skelett n, Stabwerk n, Tragwerk n; Fachwerk n; 2. Zarge f, Rahmen m *(z. B. einer Tür)*; 3. Gehäuse n; Aufsatz m
frame action Rahmenwirkung f
frame analysis Rahmenstatik f; Rahmenberechnung f

frame

frame beam Rahmenbalken *m*
frame construction Skelettbauweise *f*, Rahmenkonstruktion *f*, Rahmenbau *m*
frame house Fachwerkhaus *n*, Fachwerkbau *m*
frame leg Rahmenschenkel *m*; Rahmenpfosten *m*, Rahmenstütze *f*
frame load-bearing structure Rahmentragwerk *n*
frame of joists Balkenlage *f*
frame post Rahmenpfosten *m*, Rahmenstütze *f*; Stiel *m*
frame rigidity Rahmensteifigkeit *f*
frame span Rahmenstützweite *f*
frame wall Fachwerkwand *f*
framed building 1. Skelettbau *m*, Tragrahmenbau *m*, Fachwerkrahmenbau *m*, Rahmengebäude *n*; 2. *s.* framed construction
framed construction Skelettbauweise *f*
framed on aufgeständert
framed supporting structure Rahmentragwerk *n*
framework 1. Skelett *n*, Stabwerk *n*, Tragwerk *n (aus Holz, Beton, Stahl)*; Gerippe *n (aus Holz)*; Fachwerk *n*, Grundgerüst *n*; Holzfachwerk *n*, Balkenwerk *n*, Rahmenwerk *n*; grundlegende Struktur *f*; 2. Rahmen *m*; Gestell *n*
framework calculation Fachwerkberechnung *f*
framework construction method Fachwerkbauart *f*
framework wall Riegelwand *f*
framing 1. Skelett *n*, Gerüst *n*, Gerippe *n*; Rahmensystem *n*, Rahm(en)werk *n*, Stabwerk *n*; Fachwerk *n*; 2. Einrahmung *f*; Einfassung *f*; Umrahmung *f*; 3. *(Hb)* Zusammenbau *m*; Bauen *n*; Auswechseln *n (Bauelemente)*
framing column Pfosten *m*, Stiel *m*, Stütze *f*, Rahmenstiel *m*
framing system Rahmenkonstruktion *f*
framing timber 1. Konstruktionsholz *n*, Verbandholz *n*; 2. Zimmerwerk *n*
free bearing 1. freie Auflagerung *f*, frei stehende Stütze *f*; 2. Bolzenkipplager *n*
free bending moment diagram freies Biegemomentdiagramm *n*
free-body diagram Kräftediagramm *n*, Kräfteplan *m*
free development offene Bebauung *f*; Zersiedelung *f*

free from stress spannungslos *(Bauelement)*
free length of column Knicklänge *f*
free moment freies Moment *n*
free pore-water freies Porenwasser *n*
free space Freifläche *f*
free span Spannweite *f*
free-standing frei stehend *(z. B. Bauwerk)*; unabgestützt
free supporting freie Auflagerung *f*
freedom of movement Bewegungsfreiheit *f*
freedom to rock Kippfreiheit *f (Auflager)*
freehold freies Grundeigentum *n*
freely supported frei aufliegend
freeze-thaw durability Frost-Tauhaltbarkeit *f*
freeze-thaw test Frost-Tauwechselprüfung *f*
freezing 1. Gefrieren *n*; 2. Erstarren *n*; 3. Festkleben *n (des Betons)*
freezing resistance Frostfestigkeit *f*
freight elevator [lift] Lastenaufzug *m*
French door Fenstertür *f*, französisches Fenster *n*
French drain Schottersicker *m*, Sickerdrän *m*
French roof Mansardenwalmdach *n*
frequency distribution Häufigkeitsverteilung *f*
frequency of resonance Resonanzfrequenz *f*
fresco Freske *f*, Fresko *n*
fresco plaster Freskoputz *m*, Freskenputz *m*
fresh-air duct Frischluftkanal *m*
fresh concrete Frischbeton *m*
freshwater line Frischwasserleitung *f*
fret *v* 1. durchbrochen [gitterartig] verzieren; durch Schnitzen verzieren; 2. bunt machen; 3. (auf)fressen *(z. B. durch Korrosion)*; sich abreiben, sich abnutzen
fretting 1. Grundbruch *m (einer Straße)*; Abgang *m*; 2. Reibverschleiß *m*; Substanzverlust *m*, Splittverlust *m*
friability Mürbheit *f*, Bröcklichkeit *f*; Zerreibbarkeit *f*
friability Brüchigkeit *f*, Mürbheit *f*
friction action Reibwirkung *f*, Mantelreibung *f (Pfahlgründung)*
friction bond Reibungsverbund *m*
friction course Raubelag *m*, offenporige Deckschicht *f*; *(AE)* Deckschicht *f*

friction force Reibungskraft f
friction grip Haftreibung f, Reibungsschluss m
friction grip-bolting gleitfeste [hochfest vorgespannte] Schraubenverbindung f
friction pile (Erdb) Reibungspfahl m
friction tester Griffigkeitsmessgerät n
frictional binding Haftreibung f
frictional force Reibungskraft f
frieze Fries m
fringe area Randgebiet n, Randzone f
fringe condition Randbedingung f
fringe water Kapillarwasser n
frog 1. Vertiefung f, Aushöhlung f, Mulde f (auf einem Ziegelstein); 2. ausgehöhlter Ziegel m, Ziegelstein m mit ausgetieften Seitenflächen; 3. Herzstück n, Kreuzungsstück n (Schiene)
frog rammer Explosionsramme f, Rammfrosch m
front building Vorderhaus n
front curtain wall vorgehängte Wand f auf der Vorderseite, Frontvorhangwand f
front elevation Vorderansicht f; Stirnansicht f, Straßenseite f (eines Gebäudes)
front face 1. Front f, Vorderseite f (eines Gebäudes); Fassade f; 2. Stirnseite f, vorderes Ende n; 3. (Tun) Brust f
front layer Vorlage f
front portion (Tun) Brust f
front view 1. Aufriss m (Zeichnung); 2. Vorderansicht f, Frontansicht f, Stirnansicht f
frontage Straßenfront f, Vorderfront f, Front f; Fassade f; Fluchtlinie f
frontage line Bau(flucht)linie f, Fluchtlinie f; Gebäudeflucht f
frontager (AE) Anlieger m
frontal Fassade f
frost action Frosteinfluss m, Frost(ein)wirkung f
frost blanket course Frostschutzschichtlage f
frost damage Frostschaden m
frost heaving Frosthebung f, Frostbeule f, Auffrieren n
frost layer (Verk) Frostschutzschicht f, kapillarbrechende Schicht f, Wärmedämmschicht f
frost protection Frostschutz m
frost-resistant frostbeständig (Material); frostsicher

frosted glass Mattglas n, mattiertes Glas n; Eisglas n
frothing Schäumen n, Verschäumen n (Dämmschaum)
frothing in-situ Vorortverschäumung f
frozen concrete 1. Gefrierbeton m; 2. angebackener Beton m
fuel heating Ölheizung f
fuel oil interceptor Heizölabscheider m
fuel separator Benzinabscheider m
fuel store Brennstofflager n
fulcrum Drehpunkt m, Gelenkpunkt m, Drehachse f
fulcrumed drehbar befestigt
full bearing sattes Auflager n, satte Auflagerung f
full-centred arch voller Bogen m, Rundbogen m; römischer Bogen m
full fixity volle Einspannung f
full glass door Vollglastür f, Glastür f
full hardening Durchhärtung f, Aushärtung f
full-scale conditions Einsatzbedingungen fpl, Praxisbedingungen fpl
full shear connection voller Schubanschluss m, vollständige Verdübelung f (Verbundträger)
full support sattes Auflager n, satte Auflagerung f
Fuller's curve [parabola] Fullerkurve f, Fullerlinie f (Siebline für Zuschlagstoffe)
fully air-conditioned vollklimatisiert
fully fixed volleingespannt
fully restrained (Stat) volleingespannt, beid(er)seitig eingespannt
fully system of sewerage Vollkanalisation f, Vollsystem n, Vollentwässerung f
fume pipe Abzugsrohr n; Gasabzugsrohr n
functional building Zweckbau m
functional construction contract Funktionsbauvertrag m
functional life Nutzungsdauer f, Gebrauchsdauer f, funktionsmäßige Lebensdauer f
functionalistic architecture funktionelle Architektur f, funktionelle Baukunst f
funding of projects Projektfinanzierung f
fungal attack Pilzbefall m
fungicidal fungizid, pilzwiderstandsfähig, pilzabweisend
funicular curve Gewölbelinie f
funicular force Seilkraft f

funicular   110

funicular polygon *(Stat)* Seilpolygon *n*, Seileck *n*, Seilplan *m*, Seilzug *m*
funnel 1. Trichter *m*, Einfülltrichter *m*; 2. Schlot *m*, Kamin *m*; Rauchabzugsrohr *n*; Schornstein *m*, Lüftungsschacht *m*, Abzug *m*
funnel shaft Schornsteinschacht *m*; Abzugsschacht *m*
fur *v* Kesselstein ansetzen
furcate gabelförmig, gegabelt
furnace brick lining Ofenausmauerung *f*
furnace flue Ofen(abzugs)kanal *m*
furnace room Heizungskeller *m*
furnish v and install v liefern und einbauen (Leistungsbeschreibung)
furnishings Ausstattungsgegenstände *mpl*, Ausstattung *f* (z. B. eines Hauses); Einrichtungsgegenstände *mpl*, Mobiliar *n*
furring 1. Unterschalung *f*, Unterfütterung *f*, Verbretterung *f (mit Futterholz)*; Unterkonstruktion *f (für Putz)*; Futterholz *n*; 2. Gipsputzunterlage *f* aus Streckmetall, Putzabstandshalter *m*; 3. isolierte Putzaufbringung *f*; 4. *(HLK, San)* Kesselsteinansatz *m*
furring strip Putzträger(abstands)leiste *f*
furrow 1. Furche *f*, Rinne *f*, Rille *f*; 2. *(Hb)* Hohlkehle *f*; 3. Wasserhaltungsgraben *m*
fuse box *(El)* Sicherungskasten *m*
fusion-welded joint Schmelzschweißverbindung *f*

G

gabionnade *(Wsb)* Gabionenbau *m*, Drahtkastenverbau *m*
gable Giebel *m*
gable coping Giebel(mauer)abdeckung *f*
gable end Giebelwand *f*, Giebelseite *f*, Brandgiebel *m*; Giebel *m*
gable-ended roof Giebeldach *n*, Satteldach *n*, sichtbares Dachwerk *n*
gable post Giebelstreckholz *n*, Giebelblendbrettträger *m*
gable roof Giebeldach *n*, Satteldach *n*
gable tracery Giebelmaßwerk *n*
gable wall Giebelwand *f*
gabled dormer Giebelgaupe *f*, Dachgiebelgaupe *f*, Gaube *f*
gabled hip Giebelwalm *m*
gain 1. *(Hb)* Kehle *f*, Nut *f*, Rille *f*; Fuge *f*, Aussparung *f*; 2. *(Hb)* Überlappung *f*; Schrägung *f*; 3. *(Tun)* Durchhieb *m*, Querschlag *m*; 4. Gewinn *m*
gain in space Raumgewinn *m*
gall v 1. abreiben; scheuern; 2. sich festfressen; verklemmen
gallery 1. Galerie *f*, Laufgang *m (Korridor)*; Gang *m*; 2. *(Arch)* Altan *m*; Empore *f*, Galerie *f*; (höchster) Rang *m (im Theater)*; 3. Gang *m (unter der Erde)*; 4. *(Tun)* Strecke *f*; Druckstollen *m (Bergbau)*; 5. *(El)* (begehbarer) Kabelsammler *m*, Kabeltunnel *m*; 6. Bandbrücke *f (mit Laufsteg)*; 7. Galerie *f*, Kabinett *n (Ausstellungen)*
gallery block Außenganghaus *n*, Laubenganghaus *n*
galvanic protection katodischer Schutz *m*, katodischer Schutz *m* durch Opferanoden
galvanized pipe verzinktes Rohr *n*
gambrel roof gebrochenes Satteldach *n*; Mansardendach *n*; Schopfwalmdach *n*, Krüppelwalmdach *n*
game fence Wildschutzzaun *m*
gang Arbeitsschicht *f*; Baukolonne *f*, Baubrigade *f*, Bautrupp *m*, Kolonne *f*, Rotte *f*
gang mould Reihenform *f*
gang showers Reihendusche *f*
gangboards Laufplanken *fpl*
gangway 1. Laufgang *m*, Bedienungsgang *m*, Laufsteg *m (für Wartungszwecke)*; 2. Durchgang *m*
gantry 1. Portal *n*, Krangerüst *n*; 2. *(AE)* Baugerüst *n*; 3. Schilderbrücke *f*, Signalbrücke *f*; Peitschenmast *m*
gap 1. Spalt *m*, Öffnung *f*; Zwischenraum *m*; Lücke *f*; Fuge *f*; Hohlraum *m*; Durchbruch *m*; 2. Kluft *f*, Spalte *f (Geologie)*
gap-graded concrete Beton *m* mit Ausfallkörnung, diskontinuierlich aufgebauter Beton *m*
gap site Baulücke *f*
garaging facility Garagenanlage *f*
garbage *(AE)* Müll *m*, Abfall *m*; Schmutz *m*
garbage-disposal plant Abfallentsorgungsanlage *f*; Müllverbrennungsanlage *f*
garbage incinerator Müllverbrenner *m*, Müllverbrennungseinrichtung *f*, Müllverbrennungsanlage *f*

garden apartment 1. Flachbauapartement *n* mit Garten; 2. Erdgeschosswohnung *f* mit Gartennutzung *f*
garden court Gartenhof *m*, Zierhof *m*
garden housing estate Gartenwohnkolonie *f*
gargoyle Wasserspeier *m*
garland *(Arch)* Girlande *f*, Gehänge *n*, Blumengehänge *n*, Gewinde *n*, Feston *f (Schmuckelement)*
garnish Zierelement *n*, Ornament *n*
garret 1. Dachboden *m*, Boden *m*, Spitzboden *m*; Hängeboden *m*; Speicher *m*; 2. *(AE)* Dachstube *f*, Dachkammer *f*
garret window Bodenfenster *n*, Dachliegefenster *n*
gas central heating Gaszentralheizung *f*
gas cock Gashahn *m*
gas concrete Porenbeton *m*, Schaumbeton *m*, *(veraltet)* Gasbeton *m*, Blähbeton *m*
gas cutting Brennschneiden *n*, Autogenschneiden *n*
gas-fired gasbeheizt; mit Gasheizung
gas-fired heating Gasheizung *f*
gas fitting Gasarmatur *f*
gas installation Gasinstallation *f*
gas line Gasleitung *f (in Gebäuden)* • **lay a gas line** eine Gasleitung legen
gas pumice concrete Naturbims(gas)beton *m*, Bimsblähbeton *m*
gas-slag concrete Schlackengasbeton *m*
gas supply Gasanschluss *m*, Gaszuführung *f*, Gasversorgung *f*
gas, water and sewage installation work Gas-, Wasser- und Abwasserinstallationsarbeiten *fpl*
gas wrench Rohrzange *f*
gasket Dichtung *f*; Dichtungsprofil *n*; Runddichtung *f*, Scheibe *f*, Dichtungsscheibe *f*; Ventildichtung *f*, Manschette *f*
gasket glazing Profilverglasung *f*, Einglasung *f* mit Dichtungsprofilen
gasketed pipe Rohr *n* mit Dichtungsprofil, Rohr *n* mit Selbstdichtung
gasoline separator *(AE)* Benzinabscheider *m*, Leichtflüssigkeitsabscheider *m*
gate 1. Tor *n*, Pforte *f*, Eingangstür *f*, Tür *f*; Flugsteig *m*; 2. *(Wsb)* Schütz *n*, Wehrverschluss *m*; Klappe *f*; Schieber *m*; Schleusentor *n*; 3. Gitter *n (Zaun)*; 4. Flugsteig *m*; 5. Gebirgspass *m*
gate beams Versteifungsbalken *mpl*

gate latch Torriegel *m*
gate structure Verschlussbauwerk *n*
gateway 1. Torweg *m*, Tor *n*, Pforte *f*; Einfahrt *f*, Tordurchfahrt *f*; Ausfahrt *f*; 2. *(Arch)* Torbau *m*, Portalbau *m*, Pylon *m*, Pylone *f (massiver turmartiger Baukörper an Eingangstoren, z. B. antiker Tempel)*
gauge *v* 1. (ab)messen, ausmessen; kalibrieren; eichen; 2. zumessen *(Baustoffaufbereitung)*; zuweisen *(bei Dosierung)*; dosieren; 3. zurichten *(Ziegel)*; 4. beurteilen
gauge 1. Eichmaß *n*, Bezugsmaß *n*; Richtmaß *n*; 2. Messer *m*; Pegel *m*; Lehre *f*; Schablone *f*; 3. Spurweite *f (Eisenbahn)*; 4. *(Wsb)* Pegel *m*, Grundwasserbeobachtungsrohr *n*
gauge factor Dehnungsfaktor *m*, K-Faktor *m (Dehnungsmessung)*
gauge piece Passstück *n*
gauge tube *(Bod, Erdb, Wsb)* Standrohr *n*, Pitotrohr *n*; Grundwasserbeobachtungsrohr *n*
gauged arch scheitrechter Bogen *m*, Wölbziegelbogen *m*
gauged brick 1. genormter Ziegel *m*; 2. Bogenziegel(stein) *m*, Keilziegel *m*
gauging box Abmesskasten *m*, Maßkasten *m*, Zumesskiste *f (Betonherstellung)*
gauging device Dosiervorrichtung *f*
gauging plaster Gips-Kalk(kitt)deckputz *m*, Kalkgipsputz *m*
gauging station *(Wsb)* Messstelle *f*, Messstation *f*; Abflussmessstelle *f*, Pegelstation *f*
gauging water Dosierwasser *n*, Mischwasser *n*, Anmachwasser *n (zum Betonanmachen)*
gauze 1. Gaze *f*, Drahtgaze *f*; 2. Siebgewebe *n*; Netz *n*; 3. Mull *m*
gazebo 1. Sommerhaus *n*, Gartenlaube *f*; 2. Aussichtspavillon *m*; Aussichtsturm *m*
gear rack Zahnstange *f*
gel coat Gel(harz)überzug *m (Baustoff)*
gemel window Zwillingsfenster *n*, zweiteiliges Fenster *n*
general acceptance Gesamtabnahme *f*, Schlussabnahme *f*
general assembly drawing Montagezeichnung *f*, Zusammenstellungszeichnung *f*, Übersichtszeichnung *f*
general conditions of the contract allgemeine Bauvertragsbedingungen *fpl*

general 112

general contractor Hauptauftragnehmer m, Bauhauptauftragnehmer m, Generalauftragnehmer m, Gesamtauftragnehmer m
general development plan Bauleitplan m, Gesamtbebauungsplan m
general drawing Übersichtszeichnung f, Einzel(gesamt)plan m
general requirements allgemeine Baubedingungen fpl
general service water Brauchwasser n, Fabrikwasser n
general state of strain räumliche Formänderung f
general view Gesamtansicht f, Übersichtsdarstellung f; Übersichtsbild n
generated traffic Verkehrsaufkommen n
generator floor Maschinengeschoss n, Maschinenflur m
geodesics Raumtragwerke npl, räumliche Tragwerke npl
geodetic monument geodätischer Festpunkt m, amtlicher Festpunkt m, Vermarkung f
geographic location geographische Lage f
geogrid(s) Geogitter n, Bodengitter n
geological conditions Lagerungsverhältnisse npl (geologisch)
geological cross section geologisches Querprofil n
geological survey geologische Aufnahme f (eines Geländes)
geologize v geologisch untersuchen [aufnehmen]
geometric design standard (Verk) Entwurfsrichtlinie f (Straße)
geometric pattern geometrisches [regelmäßiges] Muster n
geometrical accuracy Formgenauigkeit f, geometrische Genauigkeit f
geometrical moment axiales Flächenträgheitsmoment n
geometrical stair gewendelte Treppe f, Treppe f mit Treppenauge
geometry of cables Seilstatik f
geometry of forces (Stat) Geometrie f der Kräfte
geotechnical field test geotechnische Felduntersuchung f
geotextile Geotextil n
geotextile membrane Geotextilmatte f, Dränmatte f, Trennmatte f

geothermal drilling equipment geothermische Bohrausrüstung f
geothermal power station Erdwärmekraftwerk n, geothermisches Kraftwerk n
Gerber girder Gelenkträger m
Gerber hinge [joint] Gerbergelenk n
German Industrial Standard (DIN) Deutsche Industrienorm f, DIN
German regulations for contracts and execution of construction works Verdingungsordnung f für die Vergabe von Bauleistungen, VOB
German siding Nutverschalung f
get v **jammed** eingeklemmt werden; sich festklemmen
geyser Durchlauferhitzer m; Gasbadeofen m, Badeofen m
giant dredge Druckstrahlbagger m
giant order Kolossalordnung f, große Ordnung f (Säulen)
gib Führungsleiste f, Leiste f, Halteleiste f
gib-and-cotter joint (Hb) Spannbandverbindung f, Stahlleistenverbindung f
gibbosity Wölbung f; Buckel m, Höcker m; Buckligkeit f
gilled pipe Lamellenrohr n, Rippenrohr n
gin Bock m, Bockkran m, einfaches Hebegerät n, Aufzug m (zum Heben schwerer Gegenstände); Dreifuß m, Dreibein n; Göpel m, Winde f
girder Träger m (aus Beton oder Stahl); Tragbalken m (meist aus Holz); Balken m; Binder m (Tragkonstruktion)
girder action Trägerwirkung f
girder boom Trägergurtung f, Trägerflansch m
girder bridge Balkenbrücke f, Trägerbrücke f
girder connection Trägeranschluss m
girder construction Trägerbauwerk n
girder grid Trägerraster m
girder grillage Trägerrost m
girder structure Verbundtragwerk n
girt 1. horizontaler Rahmenstab m; 2. tragendes Querholz n, Gurt m (für Stahlkonstruktionen); 3. kleiner schwerer Träger m; 4. (Hb) Saumschwelle f, Brustschwelle f, Sattelschwelle f (Balken); 5. Umfang m (z. B. von Rundbalken); 6. Untergurt m
glare-reducing glass Blendschutzglas n
glare screen Blendschutzwand f
glascrete Glasbeton m

glass bar 1. Sprosse f, Fenstersprosse f, Glasdachsprosse f; 2. Glasstab m, Glasstange f
glass block Glas(bau)stein m
glass coating Glasschutzschicht f; Emailleschicht f; lasierter Anstrich m
glass domed roof-light Glaslichtkuppel f
glass fabric Glasfasergewebe n
glass-fibre laminate Glasfaserschichtstoff m
glass-fibre reinforced plastic glasfaserverstärkter Kunststoff m
glass panel Glasfüllung f *(z. B. einer Tür)*; Glaskassette f
glass roof Glasdach n
glass roundel Butzenscheibe f
glass-wool slab Glaswolleplatte f
glaze v 1. verglasen, mit Glasscheiben versehen; 2. glasieren, mit Glasur überziehen *(z. B. Keramik)*; lasieren *(farbig)*; engobieren; 3. polieren
glaze 1. Glasur f; Lasur f; 2. glasige Oberfläche f, Feuerblänke f, Feuerblankheit f
glazed area eingeglaste Fläche f, verglaste Fläche f
glazed leaf door Glasflügeltür f
glazed veranda Glasveranda f
glazier's work Glaserarbeiten fpl, Verglasungsarbeiten fpl
glazing 1. Verglasung f, Einlasen n, Einglasung f; Beglasen n Glaserarbeiten fpl; 2. Fensterscheiben fpl; 3. Glasierung f, Glasieren n, Beglasen n; 4. Glasur f, Lasur f *(farbig)*; 5. Vorpolieren n, Polieren n; 6. *(Verk)* Bindemittelglätte f, Bindemittelüberschuss m *(in der Deckschicht)*
glazing gasket Scheibengummi m, Profildichtungsstreifen m für Verglasungen, Einglasungsselbstdichtung f
glazing technique Verglasungstechnik f
gliding movement *(Bod)* Gleitbewegung f
gliding price clause Preisgleitklausel f, Gleitpreisklausel f *(Bauvertrag)*
gliding window Schiebefenster n
global positioning system *(GPS)* satellitengestütztes Messsystem n
globe valve Kugelventil n
gloss coat Glanzanstrich m, Glanzaufstrich m
glue v (ver)leimen, verkleben, anleimen, ankleben

glue fixing method Dünnbettverfahren n, Klebeverfahren n *(Fliesenlegen)*
glue-laminated (Hb) lamellenverleimt, schichtverleimt; brettverleimt
glue-nail joint Leim-Nagel-Verbindung f
glued assembly Leimverbindung f
glued laminated *(AE)* lamellenverleimt, schichtverleimt; brettverleimt
glued laminated timber construction Leimholzkonstruktion f
glued wood construction Holzleimbau m, verleimte Holzkonstruktion f
glulam Schichtenholz n, lamelliertes Holz n
glyph 1. *(Arch)* Glyphe f, Zierrille f, vertikaler Schlitz m; 2. *(Arch)* eingehauenes Ornament n *(in Stein)*
go v **slack** schlaff werden, erschlaffen *(Bewehrung)*
going 1. Stufenbreite f; 2. (projektierte) Treppenlänge f; 3. Treppenauftritt m
golden section Goldener Schnitt m
good bearing soil tragfähiger Boden m, tragfähiger Naturgrund m
goods entrance Lieferanteneingang m *(Hotel)*
goods lift Lastenaufzug m, Materialaufzug m
goose-neck S-Bogen m, Schwanenhals m *(Rohr)*; Kröpfung f; Sprungrohr n, U-Bogen m
gorge 1. schmales Säulenkopfband n; 2. *(AE)* Hohlkehle f *(am Säulenschaft)*; 3. Wassernase f *(z. B. am Fenster)*; Rinne f; 4. s. cavetto 1.; 5. enger Festungseingang m; 6. Schlucht f, Engpass m *(Geologie)*
Gothic cross vault gotisches Kreuzgewölbe n
Gothic tracery gotisches Maßwerk n
gouge v ausmeißeln *(Holz, Mauerwerk)*; aushöhlen; fugenhobeln
gouge Hohlmeißel m, Hohleisen n; Hohlbeitel m, Kehlbeitel m
government construction project Staatsbauvorhaben n
GPS s. global positioning system
GPS-based GPS-unterstützt
grab Greifer m; Greifkorb m, Baggerkorb m
grab dredger Greif(schwimm)bagger m, Greiferbagger m *(für Baggerarbeiten unter Wasser)*

grab set Verdursten *n*, vorzeitiges Abbinden *n (Beton)*
gradation Kornabstufung *f*, Abstufung *f*, Kornverteilung *f*; Übergang *m*
gradation limit Grenzsieblinie *f*, Siebkennlinie *f*
grade *v* 1. klassieren, sortieren, trennen *(z. B. Zuschläge nach Korngrößen, Qualität)*; 2. einstufen, abstufen, einteilen *(nach bestimmten Merkmalen)*; 3. planieren, einebnen
grade 1. Korngröße *f*, Körnung *f*; Siebfeinheit *f*; 2. Qualitätsstufe *f*, Güteklasse *f*, Klasse *f*; 3. Gefälle *n*, Neigung *f*, Steigung *f*; 4. Niveau *n*, Geländehöhe *f*; *(AE)* Feinplanum *n* • **at grade** auf planiertem Grund, auf geebneter Fläche; plangleich, niveaugleich, eben • **below grade** unter Planum • **on grade** ebenerdig, bodengleich
grade beam Fundamentträger *m*, Gründungsbalken *m*, Gründungsschwelle *f*, bewehrte Betonstreifenfundamentmauer *f*
grade level 1. Geländehöhe *f*, Terrainhöhe *f (Straßenniveau)*; 2. *(AE)* Feinplanumshöhe *f*; *(AE)* Gründungssohle *f (Erdschicht)*
grade of concrete Betongüte *f*
grade on bodengleich, auf den Erdboden
grade-separated junction *(Verk)* planfreier Knotenpunkt *m*, höhenungleiche Kreuzung *f*
graded 1. güteklassiert, klassifiziert; sortiert; eingestuft; 2. abgestuft, größenabgestuft
graded material 1. klassifiziertes Material *n*; 2. kornabgestuftes Material *n*
graded slope gleichsinniges Gefälle *n*
grader 1. Grader *m*, Planiergerät *n*; Erdhobel *m*, Straßenhobel *m*; 2. Sortiermaschine *f*
gradient 1. Neigung *f*, Gefälle *n*; Steigung *f (Gelände)*; 2. Böschungsverhältnis *n*; 3. Gradient *m*, Gefälle *n (z. B. von Druck, Temperatur)*; 4. *(Verk)* Gradiente *f*, Gefällelinie *f (Höhenverlauf einer Straße im Aufriss)*
gradient diagram *(Verk)* Höhenplan *m*
gradient slope Böschungswinkel *m*
grading 1. Klassierung *f*, Sortierung *f*, Trennung *f*, Sortieren *n*; Korngrößentrennung *f (z. B. von Zuschlagstoffen)*; 2. Abstufung *f*; Kornabstufung *f*, Stufung *f*; Korngrößenverteilung *f*; 3. Planieren *n*; 4. Körnungslehre *f*
grading chart Siebliniendiagramm *n*
grading curve Siebkurve *f*, Sieb(kenn)linie *f*
grading plan Höhenplan *m*
grading work Nivellierungsarbeiten *fpl*, Ausgleicharbeiten *fpl*, Planierarbeiten *fpl*
gradually applied load allmählich aufgebrachte Last *f*
graduated arc *(Verm)* Gradbogen *m*; Kreisbogen *m*
grain 1. Korn *n*; Sandkorn *n*; Gesteinskorn *n*; Zuschlag(stoff)korn *n*; 2. körnige Beschaffenheit *f*; Gefüge *n (von Gestein)*; 3. Faserstruktur *f (von Holz)*; Maserung *f*, Zeichnung *f*
grain classification Korngrößeneinteilung *f*
grain fineness Kornfeinheit *f*
grain of wood Zeichnung *f*, Maserung *f*, Faserverlauf *m*
grain silo Getreidesilo *n*, Getreidespeicher *m*
grain-size distribution Korngrößenverteilung *f*
grain skeleton Korngerüst *n*
grain structure Kornaufbau *m*; Korngefüge *n*
grained 1. granuliert, körnig, gekörnt; 2. gemasert *(z. B. Holz)*
granary Getreidespeicher *m*
grand order Kolossalordnung *f*, große Ordnung *f (Säulen)*
grandmaster keyed system Hauptschlüsselanlage *f*
granite-block paving Granitplattenpflaster *n*
granite surfacing Granitverkleidung *f*, Granitauskleidung *f (z. B. von Oberflächen)*
granolithic concrete 1. Terrazzobeton *m*; 2. Hartbeton *m*, Beton *m* mit granitischen Zuschlägen
granular körnig, granuliert, gekörnt; geraut, genarbt
granular dust Füller *m (Zuschlagstoff)*
granular soil kohäsionsloser Erdstoff *m*, nichtbindiger Boden *m*; körniger Erdstoff *m*
granular subbase *(Verk)* Sauberkeitsschicht *f*

granulate v 1. granulieren, körnig machen; zerkleinern; 2. stocken, abspitzen, scharrieren

granulated blast-furnace slag granulierte Hochofenschlacke f, Schlackensand m

granulated finish 1. gestockte Oberfläche f; 2. gestockte Oberflächenbehandlung f

graph grafische Darstellung f, Grafik f; Schaubild n; Diagramm n; Kurvendiagramm n

graphic construction zeichnerische Bestimmung f, grafisches Verfahren n

graphical arch analysis grafische Bogenstatik f, zeichnerische Bogenstatik f

graphical calculation grafische Berechnung f, zeichnerische Ermittlung f

graphical representation Diagramm n, grafische Darstellung f, bildliche Darstellung f

graphical statics grafische Statik f, zeichnerische Baustatik f, Graphostatik f

grapple v 1. verankern, festmachen, verklammern; 2. greifen

grappling of arch Bogenverankerung f

grass paver Rasengitterstein m, Rasenstein m

grass planting Begrünung f

grass roots scheme Projekt n auf der grünen Wiese

grassed area Grünfläche f

grate 1. Gitter n; 2. Rost m (Feuerung); 3. Siebrost m

graticule 1. Netz n, Kartennetz n; 2. (Verm) Fadenkreuz n, Strichkreuzplatte f

grating 1. Vergittern n; 2. Vergitterung f, Gitterwerk n; Gitterrost m, Gitter n (im Fußboden, in der Straßendecke); 3. Fundamentrost m, Rostfundament n, Gründungsrost m (aus Holzbalken); Schwellenrost m; Lastverteilungsrost m (Gründungsrost)

gravel Kies m, Schotter m, Feinsplitt; Geröll n (Geologie)

gravel backfill Kieshinterfüllung f, Kiesauffüllung f

gravel-ballast course Kiesbettung f

gravel concrete Kiesbeton m

gravel fill Kiesverfüllung f

gravel surfacing 1. Bekiesung f, Abkiesung f, Beschotterung f; 2. Kiesdecke f

gravelly soil Kiesboden m

gravity abutment Gewichtswiderlager n

gravity circulation Schwerkraftumlauf m (Wasser)

gravity dam (Wsb) Schwergewichtsmauer f, Gewichtsstaumauer f, Hohlmauer f

gravity heating Schwerkraftheizung f

gravity wall Gewichts(stütz)mauer f, Schwergewichtsmauer f

grease extractor Küchenluftabsauger m mit Fettabscheidung

grease trap Fettfang m, Fettabscheider m, Schwerkraftfettfänger m (Abwasserbehandlung)

Greek order griechische Ordnung f [Säulenordnung f]

green grün; frisch; feucht; ungebrannt, roh

green area Grünfläche f, Grünzone f (eines Gebiets); Grünanlagen fpl

green belt Grüngürtel m, Grünzone f (Stadtplanung)

green concrete Frischbeton m

green network Grünverbund m, Grünnetz n (Stadtgrünbereiche)

green product frisches Formstück n, Rohling m, Frischprodukt n

green seal Grünsiegel n (Betondichter)

greenbelt town (AE) Wohnvorstadt f (offene Einfamilienhausbesiedlung)

greenstone Diabas m, Grünstein m

grey stone lime Graukalk m, hydraulischer Kalk m, Schwarzkalk m

grid 1. Gitter n, Kartengitter n, Netz n; 2. Systemliniengitter n, Systemliniennetz n (Maßordnung); 3. Raster m; 4. Rost m; Gitter(werk) n; 5. Fernversorgungsnetz n (Gas, Strom)

grid action Rost(trage)wirkung f

grid cantilever footing Kragrostfundament n

grid ceiling Gitterwerkdecke f, Rasterdecke f

grid footing Rostfundament n

grid network Rastersystem n

grid pipe (HLK) Registerrohr n

grid spacing Rasterteilung f

grid structure Raumfachwerk n

gridiron 1. Rost m, Balkenrost m; 2. Netz n (Rohre, Straßen, Schienen)

grillage 1. Fundamentrost m, Rostfundament n, Gründungsrost m, Schwellenrost m; 2. Lastverteilungsrost m

grillage beam Trägerrost m, Rostschwelle f, Rostträger m

grille foundation pile Rostpfahl m

grillwork

grillwork Gitterbauelement n, Rostmaterial n
grinding Schleifen n; Abreiben n
grip 1. Heft n, Griff m; 2. Haltegriff m; 3. Rüststange f; 4. Reibschluss m *(Bolzenverbindung)*; 5. Klemmlänge f *(z. B. bei Nieten)*; 6. Wasserhaltungsgraben m *(Dialektwort)*; 7. Haftvermögen n
grip bar Betonformstahl m, Rippenstahl m *(Bewehrung)*
grip value Griffigkeitswert m
gripping Haftung f, Haftverbund m, Haftfestigkeit f, Haftvermögen n *(Stahlbeton)*
grit v bekiesen, mit Kies bestreuen, abschottern, absplitten, absanden, Splitt streuen
grit blasting Sandstrahlen n, Sanden n
grit chamber Schlammfang m, Schlammfänger m, Sandfang m *(Abwasserklärung)*
groin arch Gratbogen m, gekreuzter Bogen m; Kreuzgewölbe n
groin centering *(AE)* Bogenlehrgerüst n, Bogenstützschalung f
groined kehlig; mit Rippen, rippig *(Gewölbe)*
groined vault Kreuzgewölbe n, Klostergewölbe n
grommet 1. (isolierte) Durchführungshülse f; 2. Dichtungsring m, Gummidichtungsring m; 3. Unterlegscheibe f
groove v *(Hb)* nuten, (aus)kehlen, riefen, riffeln, kannelieren; einschneiden
groove v out 1. *(Hb)* ausfugen; 2. *(Wsb)* auskolken
groove 1. *(Hb)* Nut f, Kehle f, Riefe f, Riefelung f, Furche f, Kerbe f, Rinne f, Kannelüre f, Kannelierung f; Hohlkehle f *(in Längsrichtung an Säulen)*; 2. Fuge f *(Schweißen)*
groove and tongue *(Hb)* Nut f und Feder f; Spund m
grooved gerillt, genutet, geriffelt, kanneliert
grooved tile Rillenfliese f, geriffelte Fußbodenplatte f
grooving 1. *(Hb)* Nutung f, Auskehlen n, Auskehlung f, Riefung f; 2. Rinnenfraß m, Furchenbildung f *(Erosion)*
gross area Bruttofläche f
gross cross section Gesamtquerschnitt m
gross floor area Bruttogeschossfläche f, Bruttogrundfläche f, Gesamtgrundfläche f
ground v 1. *(El)* *(AE)* erden, an Erde legen; 2. grundieren
ground 1. Grund m, Boden m, Erdboden m; Terrain n, Gelände n; 2. Untergrund m; 3. Grund(ier)schicht f; Anstrichträger m; Anstrichuntergrund m; 4. *(El)* *(AE)* Erde f, Masse f; 5. Dübelleiste f • **above ground** oberirdisch • **at ground level** ebenerdig • **below ground** unter Planum • **develop ground** Gelände erschließen
ground anchor Bodenanker m, Erdanker m, Verpressanker m
ground beam Bodenschwelle f, Fußbalken m; Fußholz n, Grundbalken m
ground-breaking erster Spatenstich m
ground compaction Bodenverdichtung f *(künstliche)*
ground conditions Bodenbeschaffenheit f, Bodenverhältnisse npl
ground consolidation Bodensetzung f, Bodenkonsolidierung f *(natürliche)*
ground exploration Bodenerkundung f
ground failure *(Bod)* Grundbruch m
ground-floor floor Erdgeschossdecke f
ground level Geländehöhe f, Terrainhöhe f, Niveau n • **at ground level** ebenerdig
ground line 1. Grundlinie f; 2. *(El)* Grundleitung f
ground plan Grundriss m, Horizontalprojektion f
ground plate 1. Bodenschwelle f, Schwelle f, Grundschwelle f *(Grundbalken bei Holzkonstruktionen)*; Fußbalken m, Fußholz n, Sohlbalken m *(Unterlagen für Holzrahmentragwerk)*; 2. *(El)* Erdungsplatte f
ground pressure Bodendruck m, Bodenpressung f, Flächenpressung f *(vertikal)*
ground settlement Bodensetzung f, Bodensenkung f
ground sill Schwelle f, Grundschwelle f *(Grundbalken bei Holzkonstruktionen)*; Fußbalken m, Fußholz n, Sohlbalken m
ground submergence Bodensenkung f
ground surface Geländeoberfläche f
ground survey Geländeaufnahme f, Terrainaufnahme f, Bodenvermessung f
ground-water bottom Grundwassersohle f

ground-water control Wassererhaltung f; Grundwasserabsenkung f
ground-water level Grundwasserspiegel m; Grundwasserstand m
ground-water lowering system Grundwasserabsenkungsanlage f
ground-water protection Grundwasserschutz m
ground-water table Grundwasserspiegel m
ground-water waterproofing material druckwasserhaltendes Material n, Grundwasserdichtungsstoff m
grounding 1. (El) (AE) Erdung f; 2. Grundierung f
grounding system (AE) Erdungsanlage f
groundwork 1. Erdarbeiten fpl, Erdbauarbeiten fpl; Gründungsarbeiten fpl; 2. Fundament n
group v in Gruppen anordnen; zusammenstellen
group house Reihenhaus n
group of loads Lastgruppe f, Lastengruppe f
grouped cables Spanngliederbündel n
grout v 1. injizieren, einpressen; verfestigen (Boden); 2. mit Gussmörtel vergießen; ausgießen, untergießen; (aus-) spachteln (z. B. Fugen)
grout v under pressure einpressen, injizieren (Zementierungsmittel)
grout v up auspressen (Spannbeton); vermörteln
grout 1. Injektionsmittel n, Einpressmittel n; Zementierungsmittel n, Gussmörtel m, Vergussmörtel m, Auspressmörtel m, Einpressmörtel m; 2. feiner Mörtel m, Schlempe f; Zementbrei m; Zementmilch f; 3. Erdstoffverfestiger m
grout curtain Injektionsschleier m, Injektionsschürze f
grout injection Mörtelinjektion f, Mörteleinpressung f; Mörtelauspressung f
grouting 1. Injektion f, Zementierung f (Bodenverfestigung); Erdstoffvermörtelung f, Mörtelinjektion f, Mörteleinpressung f, Vermörtelung f, Einpressen n (von Zementmörtel); 2. s. grout
grouting compound Spachtelmasse f (Terrazzo); Vergussmasse f
grouting gun Injektionspistole f, Auspressspritze f
grouting suspension Auspresssuspension f, Einpresssuspension f, Injektionssuspension f
grouting work Injektionsarbeiten fpl, Einpressarbeiten fpl, Verpressarbeiten fpl, Auspressarbeiten fpl
groyning Buhnenbau m
grubbing up Roden n
guard Schutzvorrichtung f; Schutzgitter n (vor einem Kamin); Sicherheitsvorrichtung f
guard fence Schutzgeländer n (z. B. einer Brücke)
guard post Abweispfosten m, Radabweiser m
guardrail 1. Geländer n, Schutzgeländer n (z. B. einer Brücke); 2. Leitplanke f; 3. Schutzschiene f, Leitschiene f, Radlenker m (Gleisbau)
guest bedroom building Bettengebäude n, Bettenhaus n (Hotel)
guide bar Führungsschiene f, Gleitschiene f
guide coat Markierungsfarbschicht f, Abnutzungsmarkierschicht f, Kontrollschicht f (für Farbanstriche)
guide pile 1. Richtpfahl m; 2. Verankerungspfahl m
guide rail Führungsschiene f, Leitschiene f (z. B. für Türanlage); Laufschiene f
guideline specification Richtlinie f
guiding centre distance Richtmaß n
gully 1. Gully m, Straßeneinlauf m, Wasserablauf m, Regenwasserabflussschacht m, Einlauf(schacht) m; Ablauf m, Bodenablauf m; 2. Rinne f (im Gelände)
gully shaft Einlaufschacht m
gully trap Sinkkasten m (Fangkasten); Schlammeimer m (Kanalisation)
gun v torkretieren
gun-applied concrete Spritzbeton m, Torkretbeton m
gun mortar Torkretmörtel m, pneumatisch aufgespritzter Mörtel m
gunite 1. Spritzbeton m, Torkretbeton m, Torkretierbeton m; 2. s. gunite finish
gunite finish Torkretputz m
gunned concrete Torkretbeton m, Torkretierbeton m, Spritzbeton m
gunned paint coat Spritzfarbanstrich m
gusset plate Knotenblech n; Stützblech n
gusseted connection Knotenblechverbindung f
gutter 1. Wasserablaufrinne f, Dachrinne f,

gutter Sattelkehle f; 2. Wasserrinne f, Ablaufrinne f, Rinne f; Straßenrinne f, Pflasterrinne f; Rinnstein m, Gosse f; 3. Böschungsmulde f, Mulde f

gutter bearer Rinnenträger m, Dachrinnenhalter m

gutter board Traufbohle f, Traufbrett n

gutter hanger Rinneneisen n, Dachrinnenhalter m

guttering Ablaufrinne f, Regenrinne f; Dachrinne f

guy 1. Abspannseil n, Spannseil n, Ankerseil n, Abspannung f; Halteseil n, Seil n, Trosse f; 2. *(AE)* Mastanker m

guy anchor Abspannseilanker m, Seilanker m

gypsum block Gipsblockstein m

gypsum finish Gipsputz m

gypsum plasterboard 1. Gips(karton)platte f, Gipsbauplatte f; 2. Gipsdiele f

gypsum slag cement Gipsschlackenzement m, Sulfathüttenzement m

gyratory compactor Kreiselverdichter m, Gyrator m

H

H-beam Breitflanschträger m, H-Träger m, Doppel-T-Träger m

H-girder Breitflanschträger m

H-runner Stahlblechleichtträger m, Hohldeckenleichtträger m

H-section H-Querschnitt m, Breitflanschprofil n

habitable room bewohnbarer Raum m; Wohnraum m

hachure 1. Schraffe f, Schraffurlinie f; 2. Schraffierung f, Schraffur f; Schattierung f

hack v 1. hacken, zerhacken; 2. behauen, scharrieren, aufrauen *(Stein)*; Ziegel abputzen; 3. *(AE)* Ziegel setzen [mauern, aufschichten] *(in unregelmäßige Höhe)*

hacked aufgeraut, rau

hair catcher *(San)* Haarfang m

hair checking Haarrissbildung f

haired mortar Haar(kalk)mörtel m

half-arch Halbbogen m, Bogenschenkel m

half beam Halbholzbalken m

half-brick wall Halbsteinwand f, Mauer f aus halben Steinen

half-frame 1. Halbrahmen m, einhüftiger Rahmen m; 2. Halbportikus m

half principal unterbrochener Dachsparren m, halber Bindesparren m, halber Bundsparren m

half-round niche Halbkreisnische f

half-timbered 1. blockhausartig; 2. mit engräumigen Fachwerkfeldern

half-timbered house Fachwerkhaus n

half-turn halbgedreht, halbgewendelt *(Treppe)*

halfpace 1. Treppenabsatz m, Treppenpodest n, Zwischenpodest n; Podest n(m); 2. Estrade f, Auftritt m, Zimmerpodest n

hall 1. Diele f, Flur m, Vorhalle f; Gang m, Korridor m; 2. Halle f, Saal m; 3. Vorlesungssaal m; Universitätsgebäude n; 4. Mensa f *(speziell in englischen Colleges)*; 5. Hallenraum m *(Kirche)*

hall construction system Hallenbausystem n

hall-type building Gebäude n in Hallenbauweise, Hallengebäude n

halve v 1. *(Hb)* anblatten, verblatten, zusammenblatten, überblatten; 2. halbieren

halving 1. *(Hb)* Blattung f, Verblattung f, Anblatten n, Einblatten n; 2. Blatt n, Überblattung f, Plattung f

hammer-tighten v verstemmen

hammer beam Dachstuhlstichbalken m, Sattelholz n

hammer brace Stichbalkenträger m

hammer-dressed ashlar masonry hammerrechtes Schichtenmauerwerk n

hammertone finish Hammerschlaglackierung f

hand 1. Seite f, Richtung f; Drehrichtung f *(Treppe)*; 2. Klinkenseite f *(Tür)*; 3. Zeiger m *(z. B. eines Messgeräts)* • at hand zugänglich, nahe

hand bar Handlauf m, Handgeländer n *(Treppe)*

hand fitting Handmontage f, Einbau m von Hand

hand-packed hardcore [rubble] Setzpacke f, Setzpacklage f, handgesetzte Packlage f

hand placement [placing] Handeinbringung f, Handeinbau m *(z. B. von Beton, Mörtel)*; Handverlegung f

hand sketch Freihandskizze f, Faustskizze f

handing-over date Übergabetermin m (für fertig gestellte Bauten)

handle v 1. handhaben (z. B. Werkzeuge); bedienen (Geräte); 2. befördern, transportieren; umschlagen (Güter); 3. behandeln; bearbeiten

handle 1. Handgriff m, Stiel m, Schaft m (z. B. eines Werkzeugs); Hammerstiel m; Haltegriff m (an Geräten); Henkel m; 2. Klinke f (Tür); Olive f, Drehknauf m, Drehknopf m

handling device Grifföffnung f, Griffloch n; Griffhilfe f

handling hook Transporthaken m, Transportbügel m, Hebeschlaufe f

handling reinforcement Montagebewehrung f, Transportbewehrung f

handover Übergabe f (fertig gestellter Bauten)

handrail 1. Handlauf m, Handgeländer n, Geländer n (z. B. einer Galerie); Treppengeländer n, Treppenhandlauf m; 2. Haltestange f, Haltegriff m (z. B. an Badewannen)

hang up aufhängen; einhängen

hanger 1. Aufhängevorrichtung f; Hängeseil n, Hänger m (z. B. einer Brücke); 2. Hängestab m (Dachstuhl); 3. Hängelager n, Lagerträger m; Hängeeisen n

hanging floor Hängeboden m (in einer Wohnung)

hanging gutter aufgehängte Dachrinne f, Hängerinne f, Vorhängedachrinne f

hanging-over Ausladung f, Überkragung f

hanging sash Gegengewichtshubfenster n, Gegengewichtshubfensterflügel m, Schiebefenster n (vertikal)

hanging scaffold Hängegerüst n, Hängegerüstung f, Hängebühne f

hanging stage fliegendes Gerüst n

hanging stairs Kragtreppe f, freitragende Treppe f, einseitig eingespannte Stufen fpl

hanging truss Hängewerk n

hangings Tapeten fpl; Wandbekleidung f

harbour engineering Hafenbau m

harbour lock Hafenschleuse f

hard-burnt brick Vormauerziegel m

hard core 1. (Verk) Packlage f, Schüttlage f; 2. (Verk) Bettung f (Schienen); 3. (Verk) Packmaterial n; Kleinschlag m

hard face welding Auftragschweißen n

hard finish Kalkgips-Hartputz m

hard ground tragfähiger Baugrund m

hard rock Hartgestein n, hartes Gestein n, Festgestein n; Hartstein m

hard shoulder Standspur f (Autobahn); befestigter Randstreifen m

hard soil schwerer Boden m

hardboard 1. Hartfaserplatte f, Holzfaser(hart)platte f, Holzspanplatte f, Faserpressplatte f; 2. Hartpappe f

harden v 1. abbinden (Bindemittel); 2. erhärten, hart [fest] werden (z. B. Farben); aushärten (bes. Kunststoffe); verhärten; härten (z. B. Metalle)

hardened concrete Festbeton m, erhärteter Beton m

hardened filler Härtestofffüller m, Härtungsmittelfüllstoff m

hardening Abbinden n (Bindemittel); Erhärtung f, Hartwerden n; Härtung f (von Metall)

hardening compound Härter m, Härtemittel n; Abbindebeschleuniger m

hardening stress Erhärtungsspannung f

hardness Härte f, Härtegrad m

hardness crack Härteriss m

hardware 1. Kleineisenzeug n, Kleineisenbauelemente npl, Eisenwaren fpl; Beschläge npl; 2. Bauwerkzeuge npl; 3. Haushaltswaren pl; 4. Hardware f (Computer)

hardware work Beschlagsarbeiten fpl, Baubeschlagsarbeiten fpl

hardwood strip flooring Lattendielung f

harmful substance Schadstoff m

harped tendons gebogene Spannglieder npl

harsh 1. erdfeucht, steif (Beton); 2. grell (z. B. Licht); 3. grell, hart (Farbanstrich)

harsh (concrete) mixture steife Betonmischung f

hatch 1. Luke f, Aussteigluke f; Deckenluke f, Deckenöffnung f; Klappe f; Falltür f; 2. Durchreiche f, Durchreichefenster n; 3. Schraffe f, Schraffierlinie f

hatch opening Durchreicheöffnung f

hatched schraffiert

hatchway Luke f, Deckenluke f, Deckenöffnung f; Aufstieg m

haulage 1. Beförderung f, Transport m; Gütertransport m; 2. s. haulage drift

haulage drift Förderstrecke f (Erdstoff)

haunch 1. Gewölbeschenkel *m*, Bogenschenkel *m*, Schenkel *m*, Schenkelteil *n*, Bogenanfänger *m*, Leibung *f*, Laibung *f*; 2. Auflagerschräge *f*, Voute *f*, Schräge *f*; 3. *(Verk)* Bankett *n (Straße)*
haunched betonummantelt, betoneingehüllt
haunched beam Träger *m* mit Auflagerschrägen, Voutenbalken *m*
haunched tenon verjüngtes Holzbalkenverbindungsglied *n*, Balkenzuganker *m*
haunching Betonummantelung *f*
having zero moment momentenfrei, momentenlos
hawk Auftragebrett *n*, Aufziehbrett *n*, Mörtelbrett *n*, Reibebrett *n*
hazardous area Lagerraum *m* mit feuer- und explosionsgefährlichen Stoffen; explosionsgefährdeter Raum *m*
hazardous waste landfill Sondermülldeponie *f*
hazing Hauchbildung *f*, Schleierbildung *f (Anstrich)*
head 1. Kopf *m*, Kopfstück *n*, Kopfende *n*; 2. *(Arch)* Säulenkopf *m*, Kopf *m*; 3. *(Wsb)* Druckhöhe *f (des Wassers)*; Gefälle *n*; Fallhöhe *f*; Förderhöhe *f (einer Pumpe)*; 4. Sturz *m*; 5. *(Hb)* Rähm *m*; 6. Volllast *f*; 7. *(AE)* Firstziegel *m*; 8. Quellgebiet *n (Fluss)*; 9. Aufgabegut *n*; Siebgut *n*; Haufwerk *n*
head block Vorlagestück *n*, Ankerblock *m*
head construction Kopfausbildung *f (Säule)*
head flashing Abweisblech *n* über einer Tür- oder Fensteröffnung
head lap Endüberlappung *f*
head loss Druckverlust *m*, Druckabfall *m (in Rohrleitungen)*
head of pressure Druckhöhe *f*
head of water Wassersäule *f*, hydrostatische Höhe *f*
head room lichte Höhe *f*
head tree Sattelholz *n*
head wall 1. Flügelmauer *f (Brücke)*; 2. Stirnmauer *f (Durchlass)*
header 1. Binder(stein) *m*, Strecker *m*, Kopfstein *m (Mauerwerk)*; 2. Sturz(stein) *m (Fenster, Tür)*; 3. Verteilerhauptleitung *f*; Kollektor *m*; 4. Oberschwelle *f*, Haupt *n (Balken)*; Anlegeholz *n*; Schlüsselbalken *m*

header bond Binderverband *m*, Streckerverband *m (Mauerwerk)*
header course Binderlage *f*, Streckerschicht *f*
heading joint 1. Mauerwerksstoßfuge *f*; 2. glatte Holzbalkenstoßverbindung *f*; 3. Stumpffuge *f*
headlap Endüberlappung *f*
headroom lichte Höhe *f*, Durchgangshöhe *f*; Kopfhöhe *f (z. B. unter Treppen, Gewölben)*
headworks *(Wsb)* Regulierungsbauwerk *n*
heap *v* (up) (auf)schütten, aufschichten, aufhäufen; aufhalden; ansammeln
heaped concrete Schüttbeton *m*
heaping Aufschüttung *f*, Schüttung *f*
heart 1. Herz *n*, Holzkern *m*, Kern *m*; 2. Kernholz *n*, Kern *m (Holz)*
heartwood Kernholz *n*
heat *v* (be)heizen *(z. B. Räume)*; erwärmen, aufheizen *(z. B. Bindemittel, Zuschlagstoffe)*; warm werden, sich erwärmen
heat absorption Wärmeaufnahme *f*, Wärmeabsorption *f*, Wärmebindung *f*
heat balance Wärmebilanz *f*, Wärmehaushalt *m*
heat bridge Wärmebrücke *f*
heat control *(HLK)* Temperaturregelung *f*; Temperatursteuerung *f*
heat convection Wärmeströmung *f*
heat exchanger Wärme(aus)tauscher *m*, Wärmeübertrager *m*
heat fastness 1. Hitzebeständigkeit *f*, Hitzefestigkeit *f*, Hitzewiderstand *m*; 2. Wärmebeständigkeit *f*, Wärmefestigkeit *f*, Wärmewiderstand *m*
heat gradient Wärmegradiente *f*, Wärmegefälle *n*, Wärmeunterschied *m*
heat-insulating board Wärmedämmplatte *f*
heat-insulating layer Wärmedämmlage *f*, Wärmedämmschicht *f*
heat insulation efficiency Wärmedämmwirkung *f*
heat insulation value Wärmedämmwert *m*
heat leak Wärmebrücke *f (Außenwand)*
heat loss calculation Wärmeverlustberechnung *f*
heat of setting Abbindewärme *f (Beton)*
heat-proofness Wärmebeständigkeit *f*, Hitzebeständigkeit *f*

heat radiation Wärmestrahlung f, Temperaturstrahlung f
heat recovery system Wärmerückgewinnungsanlage f
heat resistance 1. Wärmebeständigkeit f, Wärmefestigkeit f, Hitzebeständigkeit f; 2. Wärmeübergangswiderstand m
heat stress Wärmespannung f
heat tensioning thermisches Vorspannen n
heat-transmission coefficient Wärmedurchgangszahl f; Wärmeübergangszahl f
heat-treated wärmebehandelt
heated floor beheizter Fußboden m
heater mat Heizmatte f
heating and cooling system (HLK) Klimaanlage f
heating and refrigerating engineering Wärme- und Kältetechnik f
heating calculation Heizungsberechnung f
heating convector Konvektor m, Konvektionsheizgerät n
heating engineering Heizungstechnik f
heating equipment Heizanlage f, Heizausrüstung f
heating line Heizleitung f, Heizungsleitung f
heating pipe Heiz(ungs)rohr n
heating surface Heizfläche f, Heizungsfläche f
heating system Heiz(ungs)anlage f, Heizung f
heatproof hitzefest, wärmebeständig, hitzebeständig
heave v 1. heben (z. B. Lasten); anheben, hochheben; 2. sich heben (bei Entlastung); 3. sich heben, sich werfen (z. B. Straße bei Frosteinwirkung); 4. (Bod) heben, quellen
heavily developed area dichtes [dichtbesiedeltes] Wohngebiet n
heaving soil frostgefährdeter Boden m; schwerer [quellfähiger, wasserbindender] Erdstoff m
heavy-aggregate concrete Schwerbeton m, Schwerstbeton m
heavy clay article Baukeramikerzeugnisse npl, baukeramischer Artikel m, Grobkeramikerzeugnis n
heavy-duty hochbeanspruchbar; Hochleistungs...; schwer belastbar

heavy-duty cable Starkstromkabel n
heavy grading Erdstoffmassenaushub m
heavy metal plate girder Blechträger m
heavy-weight concrete Schwerbeton m, Schwerstbeton m
heck 1. Tür f mit zwei unabhängig übereinander hängenden Flügeln; 2. (AE) Lattentür f
hedge 1. Heckenzaun m, Zaun m mit Busch- und Baumhinterpflanzung, Hecke f; 2. Absperrung f
heel 1. Fußkantholz n, Sockelholz n; 2. Stützmauerabsatz m
heel piece Gegenlagerstück n (Abstützung)
height 1. Höhe f (z. B. eines Bauwerks); 2. Höhe f, Höhenlage f; 3. Stand m, Niveau n; 4. Höhe f des Scheitelpunktes, Stichhöhe f, Pfeilhöhe f
height above zero level Kote f über Normalnull, Kote f über NN
height clearance freie Höhe f
height indication Höhenkote f
height of damming (Wsb) Stauhöhe f
height of suspension Abhängehöhe f
height regulations Bauhöhenvorschrift f
heightening 1. Aufstocken n, Erhöhen n (Gebäude); 2. (Erdb) Aufwölbung f
held water 1. Porensaugwasser n, Kapillarwasser n; 2. (Bod) Schichtwasser n
helical spiralförmig, schraubenförmig, schneckenförmig
helical hinge Pendeltürband n, Federband n
helical reinforcement Spiralbewehrung f (für Stützen); schraubenförmige Säulenumschnürung f
helical stair(case) Wendeltreppe f mit offener Spindel, geschwungene Treppe f
helicoid Helikoide f, Schraubenfläche f
helipad Hubschrauberlandeplatz m
helix 1. (Arch) Helix f, Schraubenlinie f; Wendel f; 2. (Arch) Spirale f, Spiralornament n, Schnörkel m; Volute f (ionisches Kapitell); 3. (Arch) Spiralbewehrung f
helm roof vierflächiges Spitzdach n, Helmdach n, Rautendach n, Rhombendach n
helmet 1. Schlaghaube f (für Rammpfähle); 2. Helm m, Schutzhelm m
helying Bedachung f, Dachdeckung f, Dacheindecken n

hem

hem v einfassen, säumen
hemp packing Hanfdichtung f, Hanfpackung f
Heraklith insulating board Heraklithplatte f
herringbone bond Fischgrätenverband m, Diagonalverband m, Schränkschichtverband m *(Mauerwerk)*; Festungsverband m
herringbone pattern Fischgrätenmuster n
hew v 1. behauen, zuhauen, zurichten, bearbeiten, schlagen *(Stein)*; 2. skulptieren, skulpturieren
hewn stone facing Steinverblendung f
hewn stone masonry Werksteinmauerwerk n
hexagonal ground-plan sechseckiger Grundriss m
hidden verdeckt
hidden cable *(El)* Unterputzkabel n
hidden installation *(El)* Unterputzinstallation f
hiding power Deckfähigkeit f, Deckkraft f, Deckvermögen n *(von Farben)*
high hoch; hochentwickelt; hochgradig
high amenity district Wohnkomplex m mit guten Folgeeinrichtungen
high-bond action starke Verbindung f
high chair Bewehrungshalter m, Stabhalterung f *(Stahlbeton)*
high-density housing hochintensiver Wohnungsbau m
high early strength Frühhochfestigkeit f
high-expansion cement Quellzement m
high-gloss finish 1. Hochglanzlack m; 2. Hochglanzlackierung f
high-grade concrete hochwertiger Beton m
high-head plant *(Wsb)* Speicherwerk n
high-level flush toilet Wasserklosett n [WC n] mit Hochspülkasten
high-level road Hochstraße f
high-light window Oberlichtfenster n; Laterne f
high-peaked roof Steildach n
high-performance concrete Hochleistungsbeton m
high-porosity concrete Porenbeton m
high-pressure installation Hochdruckanlage f *(Heizung)*
high-pressure water main [pipe] Hochdruckwasserleitung f

high-rise building Hochhaus n
high-rising structures Hochbauten mpl
high-speed (passenger) lift Schnellaufzug m, Personenaufzug m
high-strength concrete hochfester Beton m, Beton m hoher Güteklasse
high-strength screw hochfeste Schraube f
high-temperature material Hochtemperaturmaterial n
high-tensile hochzugfest; hochfest vorgespannt; HV-...
high-tensile bolted structural joint hochfeste Schraubenverbindung f, hochfest verschraubte Verbindung f
high-tensile strength *(HTS)* Hochzugfestigkeit f
high water arch Flutöffnung f
high-water basin *(Wsb)* Hochwasserrückhaltebecken n
highest bid Höchstgebot n *(Submission)*
highly abrasion-proof hochabriebfest
highly compressed hochverdichtet
highly stressed hochbeansprucht
highly wear-resistant hochverschleißfest
highway administration Straßenverwaltung f, Straßenverwaltung f
highway design Straßenentwurf m, Straßenplanung f
highway structure Straßenbauwerk n; Kunstbauwerk n *(im Straßenkörper)*
hinge 1. Gelenk n, Gelenkpunkt m; 2. Scharnier n; Angel f, Türangel f, Schlinge f; Band n *(Baubeschlag für Türen und Fenster)*
hinge bar Gelenkstab m
hinge bolt Gelenkbolzen m; Scharnierstift m
hinge joint Gelenkverbindung f; Scharnier(gelenk) n
hinged drehbar, schwenkbar; gelenkig (befestigt); kippbar; aufgehängt, eingehängt; Hänge...
hinged bearing Kipplager n
hinged column Pendelstütze f
hinged frame Gelenkrahmen m
hinged girder Gelenkträger m
hinged joint Gelenkverbindung f, Gelenk n
hinged pier *(Verk)* Pendelpfeiler m *(Brücke)*; Pendelstütze f; Gelenkpfahl m
hinged point Gelenkpunkt m
hinged ridge purlin Gerberpfette f
hinged support gelenkige Auflagerung f

hingeless eingespannt
hip Walm *m*, Gratbalken *m (Dach)*; Dachgrat *m*
hip and valley roof eingeschnittenes Walmdach *n*
hip gable Walm(giebel) *m*; abgewalmter Giebel *m*, abgewalmtes Ende *n*, Krüppelwalm *m*
hip rafter Gratsparren *m*, Gratbalken *m*, Dachgratsparren *m*, Dachschifter *m*, Walmsparren *m*
hip stone Kehlstein *m*, Schwenkstein *m*
hip tile Walmziegel *m*, Gratziegel *m*, Gratstein *m*, Firstziegel *m*
hipped mansard roof Mansardenwalmdach *n*
hipped roof Walmdach *n*
hoarding 1. Bauzaun *m*, Bretterzaun *m*; 2. Reklamewand *f*
hoarding roof Dachdoppeldeckung *f*, doppelt gedecktes Dach *n*
hoe shovel Tieflöffelbagger *m*, Schleppschaufelbagger *m*
hog Stich *m*, Überhöhung *f*, Aufwölbung *f*
hogging Durchbiegung *f (nach oben)*; Hochbiegung *f*, Aufwölbung *f*, Überhöhung *f*, Stich *m*
hogging girder Bogenträger *m (obengewölbt)*
hoist Bauaufzug *m*; Hebewinde *f*, Winde *f*, Haspelwinde *f*
hoisting crane Hebekran *m*
hoistway Aufzugsschacht *m*, Fahr(stuhl)schacht *m*
hold *v* 1. fassen, aufnehmen *(ein bestimmtes Volumen)*; 2. halten, stützen; 3. *(Erdb)* abfangen *(Träger, Balken)*; 4. einhalten *(z. B. Toleranzen)*; 5. halten *(einen Zustand)*
holder Halter *m*, Halterung *f*, Klemme *f*; Haltevorrichtung *f*
holdfast Klammer *f*, Klemme *f*, Zwinge *f*
holding-down bolt Fundamentschraube *f*; Befestigungsschraube *f*; Fundamentbolzen *m*
holding girder Abfangträger *m*, Sturzträger *m*
hole *v* 1. durchbohren, stechen *(Löcher)*; durchbrechen; (vor)bohren *(Schiefer)*; 2. *(Erdb, Tun)* durchörtern
hole 1. Loch *n*; Durchbruch *m*; Höhle *f*; 2. Kerbe *f*, Fuge *f*

hollow *v* 1. aushöhlen; 2. *(Hb)* auskehlen; hohl werden
hollow 1. Höhlung *f*, Vertiefung *f*, Aushöhlung *f*; Mulde *f*; Rinne *f*; 2. *(Hb)* Hohlkehle *f*; Hohlstelle *f*
hollow beam Kastenbalken(träger) *m*, Hohlkastenträger *m*, Hohlbalken *m*
hollow brick ceiling Hohlsteindecke *f*
hollow cassette plank Stegkassettenplatte *f*
hollow composite slab Hohlverbundplatte *f*, Verbundhohlplatte *f*
hollow concrete haufwerkporiger Beton *m*, Beton *m* mit Ausfallkörnung
hollow section Hohlprofil *n*
hollow structural floor unit Deckenhohlkörper *m*
hollow structural section Konstruktionshohlprofil *n*
hollow-web girder Hohlträger *m*, Kastenträger *m*
hollowing 1. Aushöhlen *n*; 2. *(Hb)* Auskehlung *f*
home 1. *(AE)* Haus *n*, Eigenheim *n*, Wohnhaus *n*; 2. Heim *n*; Wohnheim *n*; Seniorenwohnheim *n*
home building *(AE)* Wohnungsbau *m*
home sewage Hausabwässer *npl*
homogeneous 1. gleichartig zusammengesetzt; 2. einschalig *(Bauteil)*; 3. homogen
homogeneous lining verbundfeste Auskleidung *f*, Verbundauskleidung *f*
honeycomb 1. wabenförmiges Element *n*; Wabe *f*; 2. Wabenstruktur *f*; 3. Betonnest *n*, Betonfehlstelle *f*; 4. Riss *m (wabenförmig, z. B. im Gussblock)*; Gussblase *f*
honeycomb brick Hochlochziegel *m*, Wabenziegel *m*
honeycomb insulating board Wabendämmplatte *f*
honeycomb sandwich material Verbundwerkstoff *m* [Schichtbaustoff *m*] mit Wabenkern
honeycomb structure 1. Wabenstruktur *f*, Wabenbauweise *f*, Wabenkonstruktion *f*; 2. wabenförmiger Erdstoff *m*
hood 1. *(HLK)* Abzugshaube *f*, Dunsthaube *f*; 2. *(HLK)* Rauchmantel *m*, Kaminhaube *f*; Schornsteinaufsatz *m*, Kappe *f*; Abdachung *f*, Mauerhut *m*, Mauerkappe *f*; 3. Wetterdach *n (Schutzdach)*

hook-and

hook-and butt joint *(Hb)* Verzahnungsverbindung *f*
hooked bar Hakenbewehrungseisen *n*
hoop *v* umschnüren, umwickeln *(Bewehrung)*
hoop Bügel *m*; Bewehrungsbügel *m*; Ring *m*; Reifen *m*; Bandeisen *n*
hoop stress Ringspannung *f (Spannbeton)*
hooping Umschnürung(sbewehrung) *f*
hopper 1. Bunker *m*, Silo *n(m)* mit Bodenentleerung; 2. Beschickungstrichter *m*, Trichter *m*; 3. Füllkasten *m (Beton)*; 4. *(AE)* Spülkasten *m*
hopper window horizontales Kippflügelfenster *n*, Kippflügelfenster *n*
horizontal Horizontale *f*, Waagerechte *f*
horizontal bracing Horizontalverstrebung *f*; Horizontalvergitterung *f*; waagerechte Aussteifung *f*
horizontal branch Horizontalabzweigung *f*; Horizontalabwassersammelleitung *f*
horizontal component Horizontalkomponente *f*, waagerechte Teilkraft *f*
horizontal damp-proof course horizontale Sperrung *f*, waagerechte Absperrung *f* [Feuchtigkeitssperre *f*]
horizontal joint 1. Lagerfuge *f (Mauerwerk)*; 2. Horizontalverband *m*
horizontal member Rahmenriegel *m*, Riegel *m*; Querstück *n*, Horizontalelement *n*
horizontal section Längsschnitt *m*, Horizontalschnitt *m*
horizontal shuttering support Schalungsträger *m*
horizontal stiffening Horizontalaussteifung *f*, waagerechte Absteifung *f*
horizontal timber *(Hb)* Zange *f*
horizontally pivoted sash Schwingflügel *m*
horse 1. Bock *m*, Gerüstbock *m*, Stützgestell *n*; 2. Holm *m*, Treppenbaum *m*
horticultural building Gärtnereigebäude *n*
hose 1. Schlauch *m*; 2. Muffe *f*
hose levelling instrument Schlauch(wasser)waage *f*
hospital construction Krankenhausbau *m*
hospital window horizontales Kippflügelfenster *n*

hot-air heating Heißluftheizung *f*, Luftheizung *f*
hot-air treatment Heißluftbehandlung *f (von Beton)*
hot asphalt concrete *(AE)* Heißasphaltbeton *m*, Asphaltheißbeton *m*
hot-bending test Warmbiegeversuch *m*
hot cracking Warmrissbildung *f*
hot-dip galvanized feuerverzinkt
hot dressing compound Heißklebemasse *f*, Heißdachklebemasse *f*, Heißdachspachtelmasse *f*
hot riveting Warmnieten *n*
hot rolled asphalt Heiß(walz)asphalt *m*
hot-water central heating Warmwasserzentralheizung *f*
hot-water flow Warmwasservorlauf *m*
hot-water reservoir Heißwasserspeicher *m*
hotel building Hotelgebäude *n*
hourly traffic flow stündliche Verkehrsmenge *f*
house *v* 1. einbauen; einhausen, in ein Gehäuse einbauen; aufnehmen *(z. B. Geräte)*; 2. unterbringen *(in einer Wohnung)*; beherbergen
house 1. Haus *n*, Gebäude *n*; 2. Wohnhaus *n*; Einfamilienhaus *n*
house alteration(s) Hausumbau *m*, Gebäudeumbau *m*
house-building 1. Wohnungsbau *m*; 2. Hausbau *m*; 3. Bebauung *f*, Wohnbebauung *f*
house connection 1. Gebäudeanschlussleitung *f*, Hausanschluss *m (an eine Ver- oder Entsorgung)*; 2. Telefonhausanschluss *m*
house drain Grund(abfluss)leitung *f*
house wiring *(El)* Hausinstallation *f*
housed stair geschlossene Treppe *f*
household rubbish [waste] *(AE)* Hausmüll *m*
housing area Wohngebiet *n*; Siedlungsgebiet *n*
housing authority 1. Wohnungsbaubehörde *f*; 2. Wohnungsverwaltung *f*
housing construction Wohnungsbau *m*
housing development area Wohnungsbaugebiet *n*
housing development conception Siedlungskonzept *n*
housing system Wohnungsbauverfahren *n*

Hoyer effect Stahlsaitenspannprinzip *n*
HTS *s.* high-tensile strength
hub 1. Stabilisierungskern *m (eines Gebäudes)*; Treppenhausröhre *f*; 2. Türschlossbuchse *f*; 3. Nivellierlatte *f (fester Vermessungspunkt)*; 4. Muffenende *n*; 5. Knotenverbindung *f*, Knoten *m (Stabwerk)*
humid room Feuchtraum *m*
humidification Befeuchtung *f*, Anfeuchtung *f*
humidifier *(HLK)* Befeuchter *m*, Anfeuchter *m*, Luftbefeuchter *m*
humidity insulation Feuchtigkeitssperrung *f*
humidity resistance Feuchtigkeitsbeständigkeit *f*, Feuchtebeständigkeit *f*
hump 1. Buckel *m*, Straßenbuckel *m*, Fahrbahnschwelle *f*, Bodenschwelle *f*, Höcker *m*; 2. kleiner Hügel *m*; 3. *(Verk)* Wagenablaufberg *m (Rangierbetrieb)*
hung ceiling Hängedecke *f*, eingehängte [untergehängte] Decke *f*
hung scaffold Hängegerüst *n*, Hängerüstung *f*
hurdle 1. Faschine *f*, Reisigbündel *n*; 2. Geflecht *n*
hurdle work Flechtwerk *n*
hut 1. Hütte *f*; Baracke *f*; Blockhaus *n*; Kate *f*; 2. Soldatenbaracke *f (temporär)*
hybrid beam gemischter [zusammengesetzter] Träger *m*, Träger *m* mit unterschiedlicher Stahlgüte für Flansch und Steg
hybrid concrete construction Hybrid-Betonkonstruktion *f*
hydrate *v* 1. hydratisieren, löschen *(Kalk)*; 2. abbinden *(Zement)*
hydrated cement abgebundener Zement *m*, Zementstein *m (erhärteter Zementleim)*; hydratisierter Zement *m*
hydrated lime Löschkalk *m*, gelöschter Kalk *m*, Kalkhydrat *n*
hydration 1. Hydra(ta)tion *f*, Hydratisierung *f*, Wasseranlagerung *f*; 2. Abbinden *n (von Zement)*
hydration process Hydratationsprozess *m*
hydraulic 1. hydraulisch, wasserbindend, unter Wasser abbindend [erhärtend]; 2. hydraulisch (betrieben), mit Flüssigkeitsdruck arbeitend
hydraulic architecture Wasserbaukunst *f*

hydraulic binder hydraulisches Bindemittel *n*, Mischbinder *m*; hydraulischer Kitt *m*
hydraulic conductivity Durchlässigkeitsbeiwert *m*; Wasserdurchlässigkeit *f*
hydraulic construction *(Wsb)* Wasserbau *m*
hydraulic engineering Wasserbau *m*; Hydrotechnik *f*; Wasserwirtschaftswesen *n*
hydraulic fill 1. eingespülte Füllung *f*, eingeschlämmte Erdmassen *fpl*; 2. Spülkippe *f*
hydraulic gradient 1. hydraulisches Gefälle *n*, Druckgefälle *n*; 2. Grundwasserspiegellinie *f*
hydraulic head 1. Höhe *f* der Wasserspiegellinie; 2. Druckhöhe *f*, Wassersäulendruck *m*
hydraulic ram Stoßheber *m*, hydraulischer Widder *m*
hydraulic structure Wasserbauwerk *n*, Wasserbau *m*
hydrodynamics Hydrodynamik *f*
hydroelectric power plant [station] Wasserkraftwerk *n*
hydrolizing tank Abwasserfaulraum *m*
hydrological regime Wasserhaushalt *m*
hydrophobic agent Hydrophobier(ungs)mittel *n*
hydrophobic cement hydrophober Zement *m*, Sperrzement *m*
hydroplant *(Wsb)* Wasserkraftanlage *f*
hydrostatic head hydrostatische Höhe *f*, Auftriebshöhe *f*
hygroscopic water hygroskopisches [hygroskopisch gebundenes] Wasser *n*
hypar 1. hyperbolische Paraboloidschale *f*, hyperbolisches Paraboloiddach *n*; 2. Hyperbelparaboloid *n*
hyperbolic paraboloid 1. hyperbolische Paraboloidschale *f*, hyperbolisches Paraboloiddach *n*; 2. hyperbolisches Paraboloid *n*, Hyperbelparaboloid *n*
hyperboloidal shell Hyperboloidschale *f*
hyperstatic truss statisch unbestimmtes Fachwerk *n*
hypobasis unterste Lage *f*, untere Tragschicht *f*

I

I-beam I-Träger *m*, Doppel-T-Träger *m*
ice concrete Eisbeton *m*, Schmelzbeton *m*
ice dam 1. Eis- und Schneeschwelle *f (an der Traufe)*; 2. Eisstau *m*
ice guard Eisbrecher *m (Brücke)*
ice load Eislast *f*
ice wall Frostschürze *f*, Frostschutzmauer *f*
ideal framework ideales Fachwerk *n*
ideal grading curve Idealsiebkurve *f*, Idealsieblinie *f*; Sollkornabstufung *f*
ideal principal stress ideale Hauptspannung *f*
idle period Stillstandszeit *f*, Ablaufstillstand *m*
idler (pulley) Spannrolle *f*, Laufrolle *f*, Umlenkrolle *f*
ill-designed unzureichend entworfen, mangelhaft durchkonstruiert; unzweckmäßig konstruiert
illuminant Leuchtkörper *m*, Lichtquelle *n*
illumination calculation Beleuchtungsberechnung *f*
illumination control Beleuchtungsregelung *f*
illumination installation Beleuchtungsanlage *f*
image scale Abbildungsmaßstab *m*
imaginary design load fiktive Traglast *f*
imbrication 1. Überlappungs(dach)abdeckung *f*; 2. Überlappungsornament *n*, Schuppenornament *n*, Schuppenmuster *n*
immersed tunnelling offene Tunnelbauweise *f*
immersion vibrator Innenrüttler *m*, Eintauchrüttler *m*; Rüttlerflasche *f*
immovable end fixity unverschiebbare Endeinspannung *f*, feste Einspannung *f (Träger, Balken)*
immunizing coat Passivierungsanstrich *m*
impact Schlag *m*, Stoß *m*; Prall *m*, Anprall *m*, Aufprall *m (auf eine Oberfläche)*; Schlagenergie *f*
impact allowance Stoßzuschlag *m*, Stoßfaktor *m*
impact bending strength Schlagbiegefestigkeit *f*
impact factor Stoßfaktor *m*, Stoßzahl *f*, Stoßzuschlag *m*
impact-noise rating Trittschalldämpfungsrate *f*; Körperschalldämpfungsfaktor *m*
impact resistance Schlagfestigkeit *f*, Stoßwiderstandsfähigkeit *f*; Kerbzähigkeit *f*
impact-resistant schlagfest, stoßfest, zäh
impact sound 1. Trittschall *m (Fußboden)*; 2. Körperschall *m*
impact tester Schlagprüfgerät *n*
impenetrability Undurchlässigkeit *f*, Undurchdringlichkeit *f*
imperial measures englisches [nichtmetrisches] Maßsystem *n*
imperial roof *(Arch)* Zwiebeldach *n*; Kaiserdach *n*
imperial system of measures englisches [nichtmetrisches] Maßsystem *n*
impermeable earthenware Tonzeug *n*; dichtgebrannte Tonwaren *fpl*
impermeable membrane Dichtungslage *f*
impervious blanket Abdichtungsschürze *f*, Abdichtungsteppich *m*, Dichtungsschicht *f*
impervious course Sperrlage *f*, Sperrschicht *f*, Dichtungslage *f*
implement *v* 1. ausrüsten; 2. durchführen, realisieren, verwirklichen, durchsetzen, in die Praxis umsetzen
implementing phase Ausführungsphase *f*, Realisierungsphase *f*
implementing regulations Ausführungsbestimmungen *fpl*
imposed floor load Deckenverkehrslast *f*
imposed load *(Stat)* Auflast *f*, aufgebrachte Last *f*, Nutzlast *f*; Funktionalbelastung *f*, variable Belastung *f*
impost *(Arch)* Kämpfer(stein) *m*, Anfänger *m (eines Gewölbes)*
impounded reservoir *(Wsb)* Staubecken *n*, Talsperrenbecken *n*, Speicherbecken *n*
impregnant Imprägnier(ungs)mittel *n*, Tränkmittel *n*, Tränkmasse *f*
impregnated wood imprägniertes Holz *n*
impregnating primer Einlassgrund *m*
impress *v* eindrücken, einprägen; abdrücken
improved land aufgeschlossenes Bauland *n*, erschlossene Fläche *f*

improved soil verbesserter Boden *m*, verfestigter Boden *m*
improvement of local amenities Stadtverschönerung *f*
impulsive load Stoßlast *f*
impulsive loading dynamische Belastung *f* [Beanspruchung *f*], Stoßbelastung *f*
impurity Verunreinigung *f*, Fremdbestandteil *m*, (schädliche) Beimengung *f* (z. B. in Wasser, in Erdstoffen)
in-and-out bond Läufer-Binder-Wechselverband *m* (Mauerwerk)
in-built eingebaut
in-built units Einbauteile *npl*, Einbauten *mpl*
in-fill masonry [masonwork] Mauerwerkausfachung *f*
in-line fluchtend, in Flucht
in-place construction Ortbau *m*
in-place method Ortbauverfahren *n*
in-situ an Ort und Stelle, vor Ort
in-situ-cast ortbetoniert
in-situ concrete Ortbeton *m*, monolithischer Beton *m*
in-situ concrete pile Ortbetonpfahl *m*
in-situ measurement Feldmessung *f*
in-situ test Vor-Ort-Prüfung *f*, Versuch *m* im Gelände
inaccuracy of erection Montageungenauigkeit *f*
inbond durchgehender [vollwandiger] Verband *m*
incase *v* ummanteln; einhausen
incidental load (Stat) Nutzlast *f*
incineration Müllverbrennung *f*, Abfallverbrennung *f*
incineration slag Verbrennungsschlacke *f*
inclination 1. Neigung *f*, Gefälle *n*; Steigung *f*, Schräge *f*, Schiefe *f*; 2. (Verk) Gradiente *f*, Neigungslinie *f*, Gefällelinie *f*
incline *v* sich (schräg) neigen, abfallen; einfallen, geneigt sein (geologische Schichten); schräg stellen
incline 1. geneigte Fläche *f*; schiefe Ebene *f*; 2. s. inclination 2.
inclined bar Schrägstab *m*; aufgebogener Stab *m*
inclined brace Schrägsteife *f*
inclined plane schiefe Ebene *f*
inclined shore Abstützbohle *f*, Spreize *f*
inclined stirrup Schrägbügel *m*
incombustible nicht brennbar, un(ver)brennbar

incomplete overfall (Wsb) Grundwehr *n*
incorporate *v* einbinden; einbauen; einlagern
incorrodible korrosionsbeständig, korrosionsfest, nicht korrodierbar
increase in strength Festigkeitsanstieg *m*, Festigkeitszunahme *f*, Festigkeitssteigerung *f*, Verfestigung *f*
increase of cross-section Querschnittsvergrößerung *f*
increase of loading Belastungserhöhung *f*, Belastungszunahme *f*
increment 1. Zunahme *f*, Zuwachs *m* (z. B. einer Größe); Wertzuwachs *m*; 2. Maßsprung *m*, Laststufe *f*; 3. Teil *m*, Teilprobe *f*, Einzelprobe *f*
incremental application of load stufenweiser Lastangriff *m*
incremental area Teilfläche *f*; Zusatzfläche *f*
incrustation 1. Inkrustation *f*, Verkrustung *f* (z. B. von Rohrleitungen); Krustenbildung *f*; Belagbildung *f*; 2. Kruste *f*, Belag *m*; Kesselstein *m*; 3. Außenhautbeschichtung *f* (eines Gebäudes); Verblendung *f*; 4. Einlegearbeit *f*, eingelegte Verzierung *f*
indent *v* 1. (ein)kerben, (aus)zacken, mit Zacken versehen; 2. verzahnen
indent Auszackung *f*; Einkerbung *f*, Einschnitt *m*, Einbindungsöffnung *f* (Mauerwerk)
indented joint (Hb) Verzahnung *f*
indented wire Riffeldraht *m*, Bewehrungsdraht *m*
indeterminate statisch unbestimmt
indeterminate truss statisch unbestimmtes Fachwerk *n*
index bolt Rastbolzen *m*, Schaltbolzen *m*
index of friction Reibungskoeffizient *m*
index of key words Bauvertragsbegriffsdefinition *f*
indicating dimensions Bemaßung *f*
indication of suitability Eignungsnachweis *m*
indicator light Signallampe *f*; Kontrolllampe *f*
indicator panel Anzeigetafel *f*; Leuchtfeld *n*
indirect artificial lighting indirekte künstliche Beleuchtung *f*
indirect material Bauhilfsstoff *m*, Hilfsbaumaterial *n*

indirect

indirect tensile test Spaltzugprüfung f
individual footing Einzelfundament n, Säulenfundament n
individual load Einzellast f
indoor air quality Raumluftqualität f
indoor decoration Innenausstattung f
indoor installation Hausinstallation f, Gebäudeinstallation f *(Anlage)*
indoor noise Innenlärm m, Gebäudelärm m
induced draught *(HLK)* Saugzug m
induced ventilation Zwangsbelüftung f
induction heating Induktionsheizung f, induktive Heizung f
induction pipe *(HLK)* Ansaugrohr n, Einlassrohr n
induction welding Induktionsschweißen n
industrial agglomeration Industrieballungsgebiet n
industrial building 1. Industriegebäude n, Werkgebäude n, Fabrikgebäude n; 2. Fertigteilhochbau m
industrial building method industrielle Bauweise f
industrial development area Industrieaufbaugebiet n, Industrieentwicklungsgebiet n, Industrieansiedlungsgebiet n
industrial landfill Industriemülldeponie f
industrial shed structures Hallenbauten mpl
industrial waste-water Industrieabwässer npl
industrial water Nutzwasser n, Brauchwasser n
industrialized façade Fertigfassade f, Montagefassade f
industrialized structure Fertigteilbauwerk n, Montagebau m, Montagebauwerk n
industry of building materials Baustoffindustrie f
inelastic behaviour unelastisches Verhalten n, Nichtelastizität f
inelastic deformation plastische Verformung f, Kriechformänderung f
inelastic range unelastischer Bereich m, plastischer Bereich m
inelasticity unelastisches Verhalten n
inert base passiver Farbträger m *(Anstrich)*
inert material 1. inertes Material n; 2. Ballastmaterial n

inertia block isoliertes Maschinenfundament n, isolierter Fundamentblock m
inertia effect Beharrungswirkung f; Trägheitsmoment n
inertia moment Trägheitsmoment n
inertial force Trägheitskraft f
inferior 1. geringwertig, minderwertig; 2. tieferstehend, niedriger, unten
inferior concrete Magerbeton m, Unterbeton m *(minderwertig)*
inferior purlin *(Hb)* Fußfette f
inferior quality minderwertige Qualität f
infill v einfüllen, auffüllen
infill *(Erdb)* Hinterfüllung f; Füllmaterial n
infill block Füllkörper m *(Decke)*
infiller masonry Ausmauerung f
infiller panel Ausfachungstafel f, Fülltafel f
infilling Ausfachung f, Ausfachen n, Ausfüllung f, Füllung f *(von Fachwerk)*; Ausstopfen n
infilling concrete Füllbeton m
infilling wall Ausfachung f
infiltration Einsickerung f, Versickerung f, Infiltration f
infiltration basin Anreicherungsbecken n, Sickerbecken n
infiltration coefficient Infiltrationsbeiwert m
infiltration water Sickerwasser n
infinitesimal deformation infinitesimale Formänderung f
inflammability Entflammbarkeit f, Entzündbarkeit f
inflatable building Traglufthalle f, Drucklufttragehalle f, luftgetragene Halle f, Lufttragegebäude n
inflected arch verkehrtes Gewölbe n, Fundamentgewölbe n, Sohlgewölbe n; Erdgewölbe n; Gegenbogen m
inflection *(AE)* Wendekrümmung f; Biegung f, Krümmung f
inflexible (biege)steif, starr, unbiegsam
inflow 1. Zufluss m, Zufließen n, Einlaufen n, Einfluss m; 2. zulaufende Flüssigkeit f, Zufluss m
influence coefficient Einflussbeiwert m, Einflusszahl f
influence line *(Stat)* Einflusslinie f
influence zone Einflussbereich m, Einflusszone f
influent seepage Infiltration f, Versickerung f
informatory sign *(Verk)* Hinweiszeichen n

infrared barrier Infrarotschranke f
infrared heating Infrarotheizung f
infrastructure 1. Infrastruktur f *(Grundeinrichtung eines Territoriums)*; 2. Zwischenbau m
ingoing Gewändesäule f, Gewändepfosten m
ingoings Gewände n, Einfassung f *(von Türen, Fenstern)*
ingrain wall covering [paper] Raufasertapete f
ingrain wallpaper coat Raufaseraufstrich m
ingress Eindringen n, Einströmen n; Zutritt m
ingress of ground water Grundwasserzutritt m
inhabitable bewohnbar
inhaul cable Zugseil n *(Kabelbagger)*
inherent moisture Eigenfeuchtigkeit f
inherent rigidity *(Stat)* Eigenstarrheit f, Eigensteifigkeit f
inherent stability [strength] Eigenfestigkeit f, Eigenstabilität f
inhibitive primer Korrosionsgrundanstrichstoff m
initial acceptance vorläufige Abnahme f
initial bond Anfangsverbund m, Frühverbund m *(Spannbeton)*
initial conditions Ausgangsbedingungen fpl
initial cost Anlagekosten pl, Gestehungskosten pl *(Arbeit und Material)*
initial exposure Anfangsbeanspruchung f
initial prestress Anfangsvorspannung f *(Spannbeton)*
initial set Abbindebeginn m, Bindungsanfang m *(aus der Gelphase bei Beton)*
initial set test Erstarrungsprüfung f
initial settlement *(Erdb)* Initialsetzung f, Anfangssetzung f
initial shrinkage Trockenschwinden n
initial strength Anfangsfestigkeit f
initial stress Anfangsvorspannung f, Vorspannung f ohne Spannungsverluste *(Spannbeton)*
inject concrete Einpressbeton m
injection lance Handinjektionsrohr n
injection method Verpressverfahren n
injection pressure Einpressdruck m
inker Farbauftragswalze f
inlaid floor Parkettfußboden m, Parkett n
inlay v 1. einlegen, furnieren; verzieren; 2.
parkettieren, mit Parkett auslegen, Parkett legen
inlay 1. Intarsie f, Einlegearbeit f; 2. Einlegematerial n *(Holz, Stein, Metall)*; 3. Inkrustation f *(Gestein)*
inlet 1. Einlass m, Einlauf m; Einführungsöffnung f; Regenwasserabflussschacht m; Sinkkasten m, Gully m; 2. Zugabeeinrichtung f
inlet air Zuluft f, Frischluft f
inlet channel Einlaufkanal m, Einlaufrinne f, Zulaufrinne f
inlet pipe Einlassrohr n, Zuleitung f, Zuleitungsrohr n, Zulaufrohr n
inlet structure Einlaufbauwerk n
inner inner, inwendig; licht
inner bead innerer Fensteranschlag m
inner court(yard) Innenhof m; Gebäudeinnenhof m, Lichthof m
inner lining Innenauskleidung f, Innenverkleidung f
inner reveal Innenleibung f
inner temperature control Raumtemperatursteuerung f
inorganic insulation material anorganischer Dämmstoff m, anorganisches Dämmmaterial n
inpouring Einströmen n, Hineinströmen n *(Wasser)*
input 1. *(El)* Eingangsleistung f, aufgenommene Leistung f, Leistungsaufnahme f; 2. Zufuhr f, Eintrag m *(von Wärme beim Schweißen)*; 3. Arbeitsaufwand m, Einsatz m
insecticide for timber insektenwidrige Holzschutzmittel npl
insert v einsetzen, einfügen; einbauen; einlegen; ineinanderstecken
insert Einsatz m, Einsatzstück n; Einlage f *(z. B. eine Furniereinlage)*; Holzfehlstelleneinlage f; Trägerstoff m
inserted joint Steckverbindung f, eingelassene Verbindung f
insertions Einbauten mpl
inside casing innere Füllunghalteleiste f *(Tür)*
inside dimension Innendurchmesser m, lichter Durchmesser m
inside door Innentür f
inside fixtures Innenausbau m, Innenausbauten mpl
inside insulation Innendämmung f

inside

inside stud Innenpfosten m *(Fachwerkwand)*
inside trim 1. Innenverkleidung f *(Holz- und Metallverzierungen)*; Innenseitenverblendung f *(Tür, Fenster)*; 2. Abdeckungsverkleidung f; Türrandabdeckung f; Fensterrahmenabdeckung f
inspection 1. Gütekontrolle f, Kontrolle f; Materialüberwachung f; 2. Inspektion f, Besichtigung f; Prüfung f; Bauaufsichtskontrolle f, Auftragsüberwachung f; Augenscheinnahme f, Begehung f
inspection body Überwachungsinstitut n, Überwachungsstelle f, Fremdüberwacher m
inspection certificate Prüfbescheinigung f, Prüfprotokoll n *(Bauüberwachung)*
inspection cover Reinigungsdeckel m
inspection eye Kontrollöffnung f
inspection gallery Kontrollgang m *(Gebäudeteil)*
inspection junction Reinigungsöffnung f
inspection report Prüfbericht m, Abnahmeprüfprotokoll n, Überwachungsbericht m
inspection specification Prüfvorschrift f, Überwachungsvorschrift f
inspector Bauaufsichtsbeamter m; örtlicher Bauüberwacher m des Auftraggebers; Bauaufseher m; Gütekontrolleur m
instability 1. Instabilität f, Labilität f; 2. Unbeständigkeit f
instable frame bewegliches Fachwerk n, labiles Netz n
install v installieren, einbauen; montieren; aufstellen, errichten; anbringen; (ver)legen *(Leitungen)*; einrichten *(z. B. Gebäude)*
installation depth Einbautiefe f
installation drawing Installationszeichnung f; Einbauplan m, Verlegeplan m
installation engineering Installationstechnik f
installation site Einbaustelle f, Montageort m
installer *(AE)* Installateur m; Monteur m, Anlagenersteller m
instantaneous loading Stoßbelastung f
instantaneous water heater Durchlauferhitzer m, Warmwasserspender m
instruction for erection Montageanweisung f
insulate v 1. dämmen *(gegen Kälte,*

130

Schall); *(nicht mehr empfohlen)* isolieren; 2. sperren *(gegen Feuchtigkeit, Wasser, Feuer)*; 3. *(El)* isolieren
insulating asphalt felting Bitumenpappe f, Asphaltsperrpappe f
insulating back-up material Außendämmstoff m
insulating bed Dämmschicht f; Sperrschicht f
insulating coat Sperranstrich m
insulating compound *(El)* Isoliermasse f, Vergussmasse f
insulating construction material Baudämmmaterial n; Sperrmaterial n
insulating glass Verbundfensterglas n; Wärmeschutzglas n
insulating material 1. Dämmstoff m, Dämmmaterial n *(gegen Wärme, Schall)*; 2. Sperrstoff m *(gegen Feuchtigkeit)*; 3. *(El)* Isoliermaterial n, Isolierstoff m
insulating roof fill Dachdämmschüttung f
insulation 1. Dämmung f *(gegen Schall, Wärme)*; *(nicht mehr empfohlen)* Isolierung f; 2. Sperrung f *(gegen Feuchtigkeit, Wasser, Feuer)*; 3. *(El)* Isolierung f *(durch nicht leitendes Material)*
insulation installation Dämmarbeiten fpl
insulation lining Dämmauskleidung f, Dämmverkleidung f
insulation quality Dämmfähigkeit f, Dämmvermögen n
insulation value Dämmwert m
insusceptible to moisture feuchtigkeitsunempfindlich, feuchteunempfindlich
intake 1. Einlauföffnung f, Einlauf m, Einlass m; Wassereinlauf m; 2. Einlaufen n, Einlauf m; 3. Einlaufmenge f; 4. Ansaugen n; 5. Versickerung f
intake basin Einlaufbecken n *(Kläranlage)*
intake screen Einlaufrost m
intake structure *(Wsb)* Einlaufbauwerk n
integral frame Integraltürrahmen m, Türrahmen m aus einem Stück
integrally cast einteilig betoniert; aus einem Stück, in einem Stück gegossen
integrated ceiling eingehängte Decke f mit voller Installation *(Licht, Klimaanlage, Lautsprecher)*
intelligent building intelligentes Gebäude n *(mit Hightech ausgerüstet)*
intensity of illumination Beleuchtungsstärke f

intensity of oscillation Schwingungsstärke f, Erschütterungsstärke f
intensity of traffic Verkehrsdichte f
interacting arches verschränkte Bögen mpl
interbedding Einlagerung f, Einbettung f, Zwischenlagerung f
intercepting chamber Fangschacht m, Abscheideschacht m
intercepting ditch Abfanggraben m
intercepting sewer Abwassersammler m, Sammelabwasserkanal m
interceptor 1. Abscheider m, Flüssigkeitsabscheider m *(für Leichtflüssigkeiten)*; 2. *(San)* Fang m, Separator m, Abwasserklärer m; 3. *(San)* Geruchsverschluss m *(außerhalb des Gebäudes befindlich)*
interchange 1. *(Verk)* Kreuzungsbauwerk n; Autobahnkreuz n; Autobahndreieck n, Autobahnknoten m; 2. *(Verk)* Umsteigepunkt m
interchange of heat Wärmeaustausch m
interconnecting bar Verbindungsstab m
interconnecting system Verbundnetz n *(Energie, Wasser)*
interconnection 1. Zwischenglied n, Zwischenverbindung f *(von Leitungssystemen)*; 2. Querverbindung f; 3. *(El)* Verbindungsleitung f
interface Grenzfläche f, Berührungsfläche f; Grenzschicht f
interference fit Presspassung f
interfloor stair Geschosstreppe f, Stockwerktreppe f
interim development [expansion] Zwischenausbau m *(Gebäude)*
interim pavement Zwischenausbau m *(Straße)*
interior climate Raumklima n
interior decorating Innenarchitektur f, Innenarchitekturarbeiten fpl
interior finish 1. Innenputz m; 2. Innenverkleidung f; 3. Innenwandgestaltung f; 4. Innenanstrich m
interior fixtures Innenausbauten mpl, innerer Ausbau m
interior span Mittelfeld n
interior work Innenausbau m, Ausbau m
interlace v (ver)flechten, vernetzen; verschachteln
interlock v 1. (ineinander)verspannen; verblocken; verzahnen; verzwicken; ineinandergreifen; 2. blockieren; sperren
interlocking joint ineinandergreifende Verbindung f; verankerte Fuge f; gefalzte Fuge f
interlocking paver Verbundstein m, Verbundpflasterstein m
interlocking tile Falzziegel m
intermediate beam Zwischenträger m
intermediate building Zwischenbau m
intermediate ceiling Zwischendecke f, Einschubdecke f
intermediate floor Geschossdecke f, Etagendecke f
intermediate layer Zwischenlage f, Zwischenschicht f
intermediate rafter Zwischensparren m, Leersparren m, Leergebinde f
intermediate storey Zwischengeschoss n
internal carcass Innengerippe n
internal cavity wall innere Schale f
internal dimension Innendurchmesser m, Innenmaß n
internal fixtures Innenausbauelemente npl, Innenausbauteile npl
internal joinery Holzeinbauten mpl
internal plastering 1. Innenputz m; 2. Innen(ver)putzarbeit f
internal tension Eigenspannung f
internal vibrator Innenrüttler m, Tauchrüttler m; Flaschenrüttler m
International Council for Building Research Studies and Documentation *(CIB)* Internationaler Rat m für Forschung, Studium und Dokumentation des Bauwesens, CIB
International Organization for Standardization *(ISO)* Internationale Organisation f für Standardisierung, ISO
interpenetration of spaces Raumdurchdringung f
interposed vault Zwischengewölbe n
interrupted acoustical ceiling unterbrochene Schall(zwischen)decke f
intersect v *(Verm)* durchdringen; sich überschneiden; sich schneiden, kreuzen *(Linien)*
intersecting roof Kehldach n
intersection 1. Schneiden n, Schnitt m *(einer Linie)*; 2. Überschneidung f; 3. *(Verm)* Durchdringung f; Verschneidung f *(zweier Gewölbe)*; 4. Schnittpunkt m; Durchdringungslinie f; 5. *(Verk)* (AE)

intersection

Kreuzung *f*; Straßenkreuzung *f*, Straßenknoten *m*
intersection leg Abzweigung *f*, Anschlussarm *m*
intersection line Schnittlinie *f*
intersection point *(Verk)* Schnittpunkt *m*, Tangentenschnittpunkt *m*
interstates *(AE)* Fernstraßennetz *n*
interstice 1. Zwischenraum *m*, Spalt *m*; Fuge *f*, Riss *m*, Sprung *m* (*z. B. in einer Wand*); Hohlraum *m*; 2. Pore *f*, Hohlraum *m* (*Gemischbaustoff*)
interstitial filling Porenfüllung *f*
interstitial water Porenwasser *n*
intertie *(Hb)* Fensterquerstrebe *f*, Zwischensprosse *f*; Sturzriegel *m*
interwedged verzahnt
intrados *(Arch)* Bogenleibung *f*, Gewölbeleibung *f*, Leibung *f*, innere Wölbungsfläche *f*; Unterseite *f*, Untersicht *f* (*Gewölbe*)
intrados width Bogentiefe *f* (*Wölbung*)
intrinsic curve Mohr'sche Umhüllungskurve *f* (*Bruchmechanik*)
intrinsic safety Eigensicherheit *f*
introduction 1. Einsatz *m*, Einsetzen *n*, Einlegen *n*; Einbringen *n*, Zugabe *f*; Einleitung *f*, Einführung *f*; 2. Einlass *m*, Einströmungsöffnung *f*
intruder alarm Einbruchsmeldeanlage *f*
intrusion grout [mortar] Einpressmörtel *m*, Injektionsmörtel *m*
intrusion of water (*Erdb*) Wassereinbruch *m*
inundation bridge Flutbrücke *f*
inundation canal Entlastungs(flut)graben *m*, Flutkanal *m*
inundation protection Hochwasserschutz *m*
invert 1. Sohlplatte *f*, Grundplatte *f*, Sohle *f* (*z. B. von Kanälen, Tunneln*); Kanalsohle *f*; 2. Herdmauer *f*
inverted arch verkehrtes Gewölbe *n*, Gegenbogen *m*; Fundamentgewölbe *n*
inverted bow-and-chain girder Fischbauchträger *m*, Pauliträger *m*
inverted kerb Tiefbordstein *m*
inverted vault umgekehrtes Gewölbe *n*, Kontergewölbe *n*; Erdgewölbe *n*, Grundgewölbe *n*, Sohlengewölbe *n*
investigation of building materials Baustoffuntersuchung *f*

investigation of deficiencies Bestandsaufnahme *f* der Mängel
investigation of foundation conditions Baugrunduntersuchung *f*
investigatory level *(Verk)* Warnwert *m*, Zustandswert *m* für Untersuchungserfordernisse
invisible unsichtbar, verdeckt
invisible frame Blindrahmen *m*
inviting (of) builders' estimates Kostenvoranschlagsabforderung *f*, Einholung *f* von Kostenvoranschlägen; Ausschreibung *f*
involute Evolvente *f*, Involute *f*, Abwicklungskurve *f*
inward bulging Einbauchung *f*
Ionic order (of architecture) ionische Ordnung *f* [Säulenordnung *f*]
iron bar Stabeisen *n*
iron core Eisenkernbewehrung *f*
iron putty Eisenoxidkitt *m*
iron section Eisenprofil *n*, Formeisen *n*, Profileisen *n*
iron shot concrete Eisenschrotbeton *m*
ironmongery Kleineisenzeug *n*, Kleineisenbauelemente *npl*, Eisenwaren *fpl*; Beschläge *mpl*
ironware Eisenbeschläge *mpl*, Kleineisenzeug *f*
irregular-coursed rubble (wall) unregelmäßiges Schichtenmauerwerk *n*
irrigate *v* bewässern, berieseln, besprengen
irrigated surface Rieselfläche *f*
irrigation district Rieselfeld *n* (*Klärfeld*)
irrigation engineering Bewässerungstechnik *f*
irrigation net Bewässerungsnetz *n*, Berieselungsnetz *n*
irrigation works Bewässerungsanlage *f*, Berieselungsanlage *f*
isodomum of blocks (*Arch*) Quadermauerwerk *n*, Quaderverband *m*
isolated foundation Einzelfundament *n*
isolation joint Trennfuge *f*
isolation switch *(El)* Trennschalter *m*
isometric drawing maßgerechte Zeichnung *f*; isometrische Darstellung *f*; dreidimensionale Darstellung *f*
isometric projection isometrische Projektion *f* [Darstellung *f*], dreidimensionale Projektion *f*
isostatic statisch bestimmt, isostatisch

isostatic frame perfekter Rahmen *m*
isostatic line Isostate *f*, Hauptspannungslinie *f*, Hauptspannungstrajektorie *f*
isostatic structure statisch bestimmtes Bauwerk *n*
isotropic plate isotrope Platte *f*
issued for construction baureif *(Bauzeichnungen)*
item Position *f* (z. B. in einem Leistungsverzeichnis); Gegenstand *m*, Artikel *m*; Einzellos *n*; Einheit *f*
item list Artikelliste *f*, Positionsliste *f*, Stückliste *f*
iterative method Iterationsverfahren *n*, Verfahren *n* der schrittweisen Näherung *(Mathematik)*

J

jack *v* (an)heben; (ver)rücken *(mit Hebevorrichtung)*
jack *v* **up** 1. aufbocken, heben *(mit Hebebock)*; (hoch)winden; 2. *(Hb)* abstoßen *(mit dem Hobel)*
jack 1. Hebebock *m*, Stützbock *m*; Heber *m*; Winde *f (Hebevorrichtung)*; 2. Spannpresse *f*
jack arch Flachbogen *m*, scheitrechter Bogen *m*, Stichbogen *m*; Segmentbogen *m*
jack rafter Schiftsparren *m*, Schifter *m*; Gratschifter *m*
jack tensioning Vorspannen *n* mittels Spannpresse *(Spannbeton)*
jacket *v* ummanteln, verkleiden, umhüllen
jacket Mantel *m*, Ummantelung *f*, Verkleidung *f*, Umhüllung *f*
jacketed pipe Mantelrohr *n*, Heizmantelrohr *n*
jacking 1. Heben *n*; Verrücken *n*; Verrückung *f*; 2. Spannen *n (Spannbeton)*
jacking anchorage Spannverankerung *f (Spannbeton)*
jacking block Spannblock *m* (für Spannbeton)
jacking force Spannpresskraft *f (Spannbeton)*
jacking pipe Vortriebsrohr *n*
jamb 1. Gewände *n*, Einfassung *f* (Tür, Fenster); Laibung *f*, Leibung *f*; Pfosten *m*, Gewändepfosten *m*; Türpfosten *m*; 2. Stau *m*
jamb post Gewändepfosten *m*
jamb wall Drempel *m*, Kniestock *m*, Kniestockwand *f*
jambstone Gewände *n*, Gewändestein *m*; Eckpfeiler *m*
jar *v* rüttelverdichten; vibrieren
jarring plate Rütteltisch *m (Beton)*
jerry-built schlecht gebaut
jet cement Blitzzement *m*, superfrühhochfester Zement *m*
jet drilling Wasserstrahlbohren *n*
jetcrete Spritzbeton *m*, Torkret(ier)beton *m*, Schrotbeton *m*, Torkretputz *m*
jetting *(Erdb)* Spülbohren *n*
jetty 1. Hafendamm *m*, Mole *f*, Buhne *f*; Wellenbrecher *m*; 2. Kragelement *n (überhängendes Teil)*; vorspringendes Bauteil *n*
jib Ausleger *m*; Auslegerarm *m*, Kranausleger *m*, Kranarm *m*, Kragarm *m*
jib door Geheimtür *f*, Tapetentür *f*
jig 1. Lehre *f (Bohrlehre)*; 2. Setzkasten *m*; 3. Vorklassiersieb *n (Zuschlagstoffaufbereitung)*
job engineering Arbeitsvorbereitung *f*, Ausführungstechnologie *f*; technologische Vorbereitung *f*
job record Bautagebuch *n*, Baubericht *m*
job-site mobilization plan Baustelleneinrichtungsplan *m*
job superintendent 1. Baustellenkoordinator *m (bei Projektsteuerung)*; 2. *(AE)* Oberbauleiter *m*
jog *v* rütteln; stoßen
jog 1. Sprung *m*, Absatz *m (jede Unregelmäßigkeit in Richtung und Oberfläche eines Gebäudes); (AE)* Unregelmäßigkeit *f (Oberflächen)*; 2. Ausklinkung *f*
joggle *v* 1. kröpfen; verzahnen; 2. rütteln
joggle 1. Verklammerung *f*, Verschränkung *f*; Verzahnung *f*; 2. Nut *f*; Dübel *m (für Ziegelverbindungen)*
joggle beam verzahnter Balken *m*
joggled butt joint verklammerte Stoßfuge *f*
join *v* 1. verbinden, abbinden, zusammenfügen, aneinanderfügen, anschließen; 2. *(Hb)* (ein)fügen, einblatten; ineinanderpassen; stoßen
join *v* **by cogging** *(Hb)* verkämmen
join *v* **by grooves** *(Hb)* spunden

joiner

joiner Bautischler *m*, Bauschreiner *m*, Tischler *m*
joiner's clamp Schraubzwinge *f*
joiner's work Tischlerarbeit *f*
joinery 1. Bautischlerei *f*, Bauschreinerei *f*; 2. Bautischlerarbeit *f*, Tischlerarbeit *f*; 3. Holzbauteile *npl*, Holzbauelemente *npl*
joining 1. Abbund *m*, Abbinden *n*; Verbinden *n*, Fügen *n*; 2. *(Hb)* Einfalzen *n*, Einfügen *n*, Einblatten *n*
joining piece Anschlussstück *n*, Verbindungsstück *n*
joining socket Anschlussrohr *n*, Anschlussstutzen *n*
joint *v* 1. ausfugen, verfugen, nacharbeiten *(Mörtelfugen)*; 2. verbinden *(über Knoten)*; verlaschen; 3. *(Hb)* zusammenfügen, stoßen
joint Knoten(punkt) *m*; Verbindung *f* *(Knoten)*; Anschluss *m*, Verbindungsstelle *f*; Fuge *f (Stoßfuge)*; Stoß *m*, Naht *f* *(Verbindung, Fügung)*; Schweißstelle *f*, Klebstelle *f*; Gelenk *n*
joint beam Wechselbalken *m*
joint bond Verbinder *m*
joint cement Vergussmasse *f*, Fugenkitt *m*
joint connection Knoten(punkt)verbindung *f (in einem Fachwerk)*; Knotenverbindung *f (Stahlbau)*
joint cutting Fugenschnitt *m*
joint filler Sperreinlage *f*, Fugeneinlage *f*
joint finishing Fugenausbildung *f* *(Grundbau, Tiefbau)*
joint for allowance Überdeckungsstoß *m*
joint load Knotenlast *f (Fachwerk)*
joint measurement gemeinsames Aufmaß *n*
joint packing Fugendichtung *f*
joint pattern Fugeneinteilung *f*
joint piece Verbindungsstück *n*; Lasche *f*
joint sealing compound Fugenvergussmasse *f*
joint strut Gelenkstrebe *f*
joint venture work Joint-Venture-Arbeit *f*, Gemeinschaftsarbeit *f*
jointed 1. verbunden; 2. *(Hb)* zusammengefügt *(mit Fugen)*; 3. gelenkig, gegliedert
jointing 1. Ausfugen *n*, Verfugen *n*, Fugenverfüllen *n*; Fugenfüllung *f*; 2. Verbindung *f*; Verbinden *n*; 3. verbindend
jointing material Fugenmaterial *n*, Fugendichtstoff *m*, Vergussmaterial *n*

jointing piece Anschlussstab *m*, Verbindungsstück *n*
jointing system Verbindungssystem *n*, Verbindungsverfahren *n (Holz, Metall)*
jointless floor(ing) Verbundbelag *m*, fugenloser Fußboden *m*
joist Querbalken *m (Deckenbalken aus Holz)*; Unterzug(balken) *m*, Balken *m*; Deckenträger *m*; Deckenunterzug *m*
joist anchor Deckenanker *m*
joist ceiling 1. Balkendecke *f (Decke mit sichtbaren Balken)*; Unterzugdecke *f*; 2. Stahlsteindecke *f*
joist grillage Unterzugsystem *n*, Unterzugrost *m*
joisted floor Balkendecke *f*, Unterzugdecke *f*
joists Balkenlage *f*, Holzgebälk *n*
jolting Rüttelverdichten *n*; Stoßen *n*; Schocken *n*, schockende Rüttelung *f*
jump-join(t) *v* stumpf stoßen
jump-weld *v* stumpfschweißen
jump 1. Mauerwerkstufe *f*, Sprung *m*; 2. Unstetigkeit *f*
junction 1. Verzweigung *f*, Abzweig *m (Rohrsystem)*; 2. Straßenkreuzung *f*, Straßenabzweigung *f*; 3. Verbindungsstelle *f*, Stoßstelle *f*; 4. Zusammenfluss *m (Flussläufe)*
junction arm *(Verk)* Knotenpunktschenkel *m*, Spange *f*
junction box *(El)* Verteilerdose *f*, Abzweigdose *f*, Anschlussdose *f*
junction plate Knotenblech *n*
juncture (point) Verbindungspunkt *m*; Vereinigungspunkt *m*; Berührungsfläche *f*
junk Abfall *m*, Abfallstoff *m*
jut Vorsprung *m*, Auskragung *f*
jutting piece vorkragendes Teil *n*, überstehendes Geschoss *n*
jutting window hervorstehendes Fenster *n*
jutty Vorsprung *m*; Auskragung *f*; Erker *m*; Anbau *m*

K

K-value Wärmedurchgangszahl f (Wärmeleitfähigkeit)
kalamein fire door (AE) metallbeschlagene Feuerschutztür f
keel arch Kielbogen m, persischer [zwiebelförmiger] Bogen m
Keene's cement Gipszement m, Weißzement m; doppelt gebrannter Gips m
keep v **in good repair** instand halten
keeper Halter m, Halterung f, Schließblech n
kennel 1. Rinnstein m, Gossenstein m; 2. Hundehütte f
kerb Bordstein m; Bordkante f, Bordschwelle f, Hochbord m, Bordeinfassung f, Rinnstein m, Schrammschwelle f, Schrammbord m
kerb roof Mansarden(dach) m
kerbstone Bordstein m, Randstein m, Rinnstein m
kern (Stat) Querschnittkern m, Kernfläche f (Normalkraftfläche)
kernel v aufrauen, aufstocken, krönelen (Stein)
key v 1. verdübeln; verkeilen; verzahnen; 2. aufrauen (Haftgrund)
key 1. Verdübelung f; 2. (Hb) Keil m; 3. Schlüssel m; Feder f; Längskeil m; 4. Führungsdielenbrett n; 5. Furnierunterseite f; 6. Fliesenrückseite f, raue Fliesenseite f; 7. in den Putzträger eingedrückter Putz m; 8. Nutkerbe f; Keilnut f; 9. Legende f; 10. s. keystone 1.; 11. Hafteigenschaft f
key block Schlussstein m (Gewölbe)
key joint 1. Dübelverbindung f; 2. (Hb) Keilverbindung f
key plan Übersichtsplan m
keyed 1. verdübelt; verkeilt; verzahnt; 2. lang genutet, gerillt; 3. aufgeraut, rau (Putzunterlage)
keyed beam verdübelter Balken m
keyed joint verdübelte Verbindung f, Keilverbindung f; Hohlfuge f
keying surface Haftgrund m, Haftgrundlage f, Haftoberfläche f, Verankerungsgrund m (Putz, Beschichtung, Anstrich)
keystone 1. Schlussstein m, Bogenschlussstein m (eines Gewölbes); 2. Feinsplitt m, Verspannungssplitt m (Schwarzdecke)
keyway Keil(längs)nut f; Aussparungsnut f (Mauerwerk)
kick strip Trittleiste f; Stoßleiste f (Tür)
kickout Ausknickung f (einer Strebe)
kid (Wsb) Faschinenbuhne f
killed steel beruhigter Stahl m
kilning Holztrocknung f (Ofentrocknung)
kinematic indeterminacy kinematische Unbestimmtheit f
kinematic theory of framework kinematische Fachwerktheorie f
kinematically determinate kinematisch bestimmt
kinematically indeterminate structure kinematisch unbestimmtes Bauwerk n
king bolt (Hb) Mittelzapfen m, Hänge(werkstrag)zapfen m (Dachstuhl)
king post 1. Firstpfosten m; Hängesäule f; 2. einfach stehender Dachstuhl m
king-post truss einfaches Hängebalkenwerk n, einfacher Hängebock m
king valve Hauptventil n
kink Knick m, Abknickung f (in Draht); Biegung f, Knickung f
kinky faltig; wellig
kitchen system Kücheneinrichtung f, Private Kücheninstallation f, Küchenanlage f
Kleine's ceiling Kleine'sche Decke f, Stahlsteindecke f
knee 1. Knie(stück) n (Rohr); Winkelstück n (z. B. bei Rohren); 2. (Hb) Knieholz n; gebogenes Holz n
knee brace 1. (Hb) Kopfband n; 2. Winkellasche f; Winkelaussteifung f, Eckverstrebung f
knee bracket plate Knoten(punkt)verbindung f (in einem Fachwerk)
knee roof Mansardendach n, Walmmansardendach n
knife-edge load(ing) Linienlast f, Streckenlast f
knitting layer Verbundschicht f, Verbundlage f (Zement)
knob 1. Tür(dreh)knopf m, Drehknopf m, Drehknauf m, Kugelgriff m; 2. Höcker m, Anhöhe f
knob lock Türschloss n mit Springbolzen und Knöpfen
knoblike buckelförmig
knock v **down** abreißen; demontieren, zerlegen

knocked-down vorgefertigt und nicht fertigmontiert, in Einzelteilen vorgefertigt; zerlegt

knot 1. Ast *m*, Knorren *m*; Knoten *m* *(im Holz)*; 2. knotige Oberfläche *f*; 3. Schlussstein *m*, kleiner Gewölbeschlussstein *m*

knotting *(AE)* Spachtelmasse *f (für Holz)*

knuckle 1. Scharniergelenk *n*; Fensterhaspen *m*; 2. Sicke *f*

knuckle joint 1. Gabelgelenk *n*; 2. *(Hb)* Kniegelenk *n*

knurling 1. Riffelmuster *n (gerillte Fläche)*; Riffelung *f*; Kordelrand *m*; konvex gerundete Zierkante *f* mit leicht hervorstehenden und unterbrochenen Elementen; 2. Riffeln *n*; Rändeln *n*

L

L-beam L-Träger *m*, L-Balken *m*, Winkelträger *m*

LA-value Los Angeles Abriebwert *m*

label 1. Marke *f*, Markierung *f*; 2. Wasserschenkel *m (rechtwinklig, aus Stein oder Ziegel)*; Kranzleiste *f*, Kappgesims *n (Ornament über einer Tür oder einem Fenster)*; 3. *(Arch)* Spruchband *n*, Schriftband *n*; 4. *(Arch)* Türportal *n (Gotik)*

laboratory assessment Prüflaborbegutachtung *f*, Begutachtung *f* eines Prüflabors

laboratory sample Laborprobe *f*

labour and material payment bond Bürgschaft *f* des Auftragnehmers zur Zahlung von Arbeitsleistungen und Baumaterial

labour charges Arbeitskosten *pl*

labour force on the site Baustellenbesetzung *f*

laced column Verbundstütze *f*, Verbundsäule *f (durch Umschnürung)*

laced member Gitterstab *m*

lacing 1. Verlängerungsverbindung *f (Träger)*; 2. Vergitterung *f*; Diagonalen *fpl (der Vergitterung)*; Unterstützungsstütze *f*; 3. Verteilung *f (z. B. von Bewehrung)*; 4. Fugendeckleisten *fpl*; 5. *s.* lacing course

lacing course Ziegelverbindungsschicht *f*

lack of adhesion mangelnde Haftfestigkeit *f (Anstriche)*

lacquer Lack *m*, Lackfarbe *f (physikalisch trocknend)*

lacquering Lackierung *f*, Lackieren *n (physikalisch trocknendem Lack)*

lacustrine gravel Seekies *m*

ladder Leiter *f*, Steigeleiter *f*

ladder scaffold(ing) Leitergerüst *n*

lag *v* mit Dämmstoff isolieren, verkleiden, ummanteln *(mit Dämmstoffen)*; verschalen

lag 1. Verkleidung *f (mit Dämmstoffen)*; 2. leichte Latte *f*; 3. Verzögerung *f*, Zeitlücke *f*; Zeitverschiebung *f*

lag bolt [screw] Ankerschraube *f*, Ankerbolzen *m (mit quadratischem Kopf)*; Fundamentschraube *f (mit quadratischem Kopf)*

lagging 1. Dämmung *f*, Isolierung *f* mit Dämmstoffen, Wärmedämmung *f*, Wärmeschutzverkleidung *f (für Rohrleitungen)*; 2. Lehrgerüstschalung *f* eines Bogens; 3. *(Tun)* Verschalung *f*, Verzug *m (Ausbau)*

laid-dry trockenverlegt, trockengemauert

laid in ducts schutzrohrverlegt *(Kabel)*

laitance Zementschlämme(schicht) *f*; Zementmilch *f*, Zementschlempe *f*

lake-dwellings Pfahlbauten *mpl*

lamella met Steinwollmatte *f*

lamella roof Lamellenfaltdach *n*

lamellar structure lamellare Struktur *f*, Lamellenstruktur *f (Baustoffe)*

laminate *v* 1. laminieren, beschichten; schichtpressen; 2. kaschieren

laminated beam schichtverleimter Holzträger *m*, Brettschichtholzträger *m*

laminated glass Verbundglas *n*, Schichtglas *n*, Mehrschichtenglas *n*, Sicherheitsglas *n*

laminated insulation-grade board Mehrschicht(en)dämmplatte *f*

laminated joint *(Hb)* Kammverbindung *f*

laminated plastic board Schichtpressstoffplatte *f*

laminated safety glass Sicherheitsverbundglas *n*, Verbundsicherheitsglas *n (VS-Glas)*

laminated system mehrlagige Konstruktion *f*, mehrschichtige Konstruktion *f*

laminated timber construction Leimholzkonstruktion *f*

laminated wood Schichtholz *n*, verleimtes Holz *n*, Brettschichtholz *n*

lamp bracket Lampenhalter *m*, Lampenträger *m*
lamp pole [post] Beleuchtungsmast *m*, Lichtmast *m*, Leuchtenmast *m*, Lampenmast *m*, Laternenpfahl *m*
lancet arch Lanzettbogen *m*, (überhöhter) Spitzbogen *m*
lancet window Spitzbogenfenster *n*
land 1. Festland *n*, Land *n*; Boden *m*, Acker *m*; Gelände *n*, Grund *m* (Baugelände); 2. tragende Fläche *f* (einer Nut)
land acquisition Grunderwerb *m*
land boundary Grundstücksgrenze *f*
land development Erschließung *f* von Baugelände
land development fees Erschließungskosten *pl*
land evaluation Bodenbewertung *f*
land holder Grundbesitzer *m*, Grundeigentümer *m*
land levelling Geländeplanierung *f*
land planning Baulandplanung *f*
land register Kataster *m(n)*; Grundbuch *n*
land registry entry Grundbucheintragung *f*
land surveying Landvermessung *f*, Terrainaufnahme *f*
land tie Erdanker *m*; Stützmaueranker *m*
land ties Pfahlwand *f*
land-use plan Flächennutzungsplan *m*
landfall Erdrutsch *m*; Erdfall *m*
landfill Deponie *f*, Mülldeponie *f*; Kippe *f*; Ablagerung *f*; Auffülle *f*
landfilling geordnetes Ablagern *n*
landing base Podestplatte *f*
landing opening Aufzugöffnung *f*
landing trimmer Podestwechselbalken *m*
landmark 1. Landschaftscharakterbauwerk *n*; charakteristisches Bauwerk *n*; 2. Grenzstein *m*, Grenzmarkierung *f*, Landmarke *f*
landscape *v* eine Landschaft gestalten; landschaftlich gestalten
landscape architect Landschaftsarchitekt *m*, Landschaftsplaner *m*
landscape conservation Landschaftsschutz *m*, Landschaftspflege *f*
landscape protection area Landschaftsschutzgebiet *n*
landscape work landschaftsgärtnerische Arbeiten *fpl*, Landschaftsbauarbeiten *fpl*, Landschaftsgestaltungsarbeiten *fpl*

landscaped office room Großraumbüro *n*; Bürogroßraum *m*
landscaped terrace Grünterrasse *f*
landscaping Freiflächenplanung *f*, Landschaftsgestaltung *f*
landscaping works Landschaftsbauarbeiten *fpl*, landschaftsgärtnerische Arbeiten *fpl*, Landschaftsgestaltungsarbeiten *fpl*
landslide Erdrutsch *m*, Bergrutsch *m*
lane 1. Gasse *f*; 2. Fahrspur *f*, Fahrbahn *f*, Fahrstreifen *m*, Fahrbahnstreifen *m* (Straße)
lane joint Längsfuge *f* (Mauerwerk)
lantern 1. Laterne *f*, Leuchte *f*, Lampe *f*; 2. Dachaufsatz *m*, Haube *f*, Dachlaterne *f*
lap *v* 1. überlappen, umwickeln; 2. (Hb) überblatten; 3. überdecken (Dachziegel); 4. feinschleifen, läppen
lap Überlappung *f*, Überdeckung *f*; Falte *f* (Überlappung)
lap joint Überlappungsverbindung *f*, Überlappungsstoß *m*, Überdeckungsstoß *m*, Überlappungsklebung *f*, Nahtüberlappung *f*, Nahtüberdeckung *f*; Laschenverbindung *f*
lapped connection Stoßüberdeckung *f*, Stoßüberlappung *f*
lard stone Speckstein *m*, Steatit *m*
large groß, dick; weit; beträchtlich
large block Großblock *m* (1. Baustein; 2. Wohngebäude)
large format board großformatige Platte *f*, Großformatplatte *f*
large-panel construction Großplattenbauweise *f*, Großtafelbauweise *f*, Plattenbauweise *f*, Plattenbau *m*
large rubble (Erdb) Bruchsteinschüttung *f*
large-scale project Großprojekt *n*
large sett paving Großpflasterdecke *f*
large-sized block construction Großblockbauweise *f*
large-span bearing system Weitspanntragwerk *n*
large-span roof Weitspanndach *n*
larmier 1. Gesimskante *f*, Gesimskranzecke *f*; Hängeplatte *f* (Geison); 2. horizontale Regenabtropfkante *f*
laser beam levelling Lasernivellierung *f*
laser spirit level Laser-Wasserwaage *f*
last *v* aushalten, bestehen, halten
last step Auftrittstufe *f*, Podeststufe *f*
lasting beständig, dauerhaft

latch v 1. *(Hb)* einkerben; 2. einhaken, einklinken, zuklinken

latch Riegel *m*; Türriegel *m*; Klinke *f*; Türklinke *f*; Drücker *m (Schloss)*; Türdrücker *m*, Lasche *f*; Sperrhaken *m (Schloss)*; Schnapper *m*

latch lever Wechsel *m*

latch lock Schnappschloss *n*, Fallenschloss *n*

latching Einrasten *n*, Verriegeln *n*

latent defect versteckter [verborgener] Mangel *m*

latent defect clause Vertragsklausel *f* über versteckte Mängel

latent hydraulic binder latent hydraulisches Bindemittel *n*

lateral seitlich, Seiten...; quer

lateral bracing Windverband *m*

lateral buckling Seitenausknickung *f*, seitliche Ausbiegung *f*

lateral deformation seitliche Formänderung *f*, Querverformung *f*

lateral force Querkraft *f*

lateral load 1. Windlast *f*; 2. Seitenschub *m*, seitliche Belastung *f*, Querlast *f*; Horizontalbelastung *f*; 3. Erdbebenbelastung *f*

lateral masonry wall Seitenwand *f*, Stirnwand *f*

lateral pressure Seitendruck *m*, Querdruck *m*

lateral slide *(Bod)* Gleitflächenbruch *m*

lateral strain Seitendehnung *f*, Querdehnung *f*

lateral view Seitenansicht *f*

laterally stable seitlich stabil

latest finish date spätester Baufertigstellungstermin *m (dem Projekt entsprechend)*

latex cement Latexkleber *m*

lath 1. Latte *f*, Leiste *f*; Stakete *f*; 2. Lamelle *f*; 3. Rohrgeflecht *n*, Bautafel *f (als Putzträger)*; 4. Stambha *m (indischer Monumentalpfeiler)*

lath ceiling Putzträgerdecke *f*

lath grating [grid] Lattenrost *m*

lath mesh Streckmetallmatte *f*; Putzträgergeflecht *n*; Putzträgermatte *f*

lath screen Lamellenjalousie *f*

lathed and plastered ceiling Stuckdecke *f*, Gipsputzdecke *f*

lathing 1. Holzverlattung *f*, Annageln *n* von Latten; Lattung *f*; 2. Putzträger *m*; 3. Latten *fpl*

lathwork Lattenwerk *n*, Putzträger *m*, Putzträgergitter *n*

lattice 1. Latten(zier)werk *n*, Gitterwerk *n*; Flechtwerk *n (Flechtornament in Holz)*; Spalier *n (Lattengerüst)*; Gitter *n (Fenster)*; 2. Fachwerk *n*

lattice bar Gitterstab *m*, Diagonalglied *n*, Diagonalstab *m*, Diagonale *f (Stahlbau)*

lattice bridge Fachwerkbrücke *f*, Gitterträgerbrücke *f*

lattice girder Gitterträger *m*; Gitterfachwerk *n*

lattice plate Raumfachwerk *n*, räumliches Fachwerk *n*

lattice structure Gitterwerk *n*, Gitterstruktur *f*

lattice truss Kreuzfachwerkbinder *m*, Fachwerkbinder *m*; Gitterträger *m*

latticed column Gitterstütze *f*

latticed girder construction Gitterwerk *n (Tragelement)*

latticework 1. Gitterfachwerk *n*, Gitterwerk *n*, Kreuzfachwerk *n*; Raumfachwerk *n*; Fachwerk *n*; 2. Lattengerüst *n*

launder Rinne *f (zur Entwässerung)*

lavatory equipment Waschraumausstattung *f*

law of compatibility Verträglichkeitsgesetz *n*

law of elasticity Elastizitätsgesetz *n*, Hooke'sches Gesetz *n*

lay v 1. legen, verlegen *(Kabel, Rohre)*; 2. setzen, stellen; 3. (ver)mauern *(Ziegel)*

lay v **bare** freilegen, bloßlegen

lay v **bricks** (ver)mauern

lay v **foundations** gründen, ein Fundament legen, fundamentieren

lay v **out** 1. *(Verm)* abstecken; trassieren *(z. B. Straßen)*; 2. auslegen *(Platten)*; verlegen *(Kabel, Rohre)*; 3. entwerfen, planen

lay-in panel Einlegetafel *f*

laydown and compaction Einbau *m* und Verdichtung *f*

layer 1. Schicht *f*, Lage *f*; Reihe *f (Mauerwerk)*; 2. Schichtung *f (Baugrund)*; 3. *(Verk)* Schicht *f*, Lage *f*, Konstruktionsschicht *f (Straße)*; 4. Wandschale *f* • **in layers** geschichtet, schichtweise

layer construction Schichtenbauweise *f*

layer of insulation Dämmschicht *f*

laying Verlegearbeiten *fpl*, Verlegung *f*
laying drawing Verlegezeichnung *f*, Verlegeplan *m*
laying of pipes Rohrverlegung *f*
laying out 1. Abstecken *n*; 2. *(Verk)* Trassieren *n*; 3. Auslegen *n*, Verlegen *n*, Verlegung *f (Kabel, Rohr)*; 4. *(AE)* Anreißen *n*
laying pattern Verlegemuster *n*, Verband *m*
layout 1. Plan *m*, Lageplan *m*, Grundrissplan *m*; Skizze *f*, Entwurf *m*; Bauplan *m*; Trassierplan *m*, Übersichtszeichnung *f*, Absteckplan *m*; 2. Anordnung *f*, Gruppierung *f*; 3. Auslegung *f*, Ausrüstung *f*, Ausstattung *f*, Aufbau *m (einer Anlage)*
layout drawing Grundrisszeichnung *f*; Lageplan *m*
layout of buildings Gebäudeanordnung *f*
layout of reinforcement Bewehrungsanordnung *f*, Bewehrungsführung *f*
layout of rooms Raumaufteilung *f*, Raumverteilung *f*
leaching basin Abwasser(ver)sickerbrunnen *m*, Sickerschacht *m*
leaching pit [well] Sickerloch *n*, Abwassersickerschacht *m*, Klärgrube *f* mit Versickerung des Flüssiganteils
leaching test Auslaugtest *m*, Elutionsversuch *m*
lead *v (Aussprache: led)* 1. verbleien, mit Blei auskleiden; 2. ausloten
lead *(Aussprache: li:d)* 1. Lotecke *f*, Richtmauerwerk *n*; 2. *(El)* Zuleitung *f*, Stromleitung *f*; Leitungskabel *n*; Ader *f*; 3. Gewindesteigung *f*; 4. *(Erdb)* Leithorizont *m (geologisch)*
lead biological shield Bleischirm *m (gegen Strahlung)*
lead caulked bleiverstemmt, bleigedichtet
lead glass Bleiglas *n*, Bleikristall *n*
lead hole *(AE)* Durchbohrung *f*
lead-in Zuleitung *f*
lead pipe work Bleirohrarbeiten *fpl*
lead primer Bleimennige *f*
lead saddle Bleiauflager *n*
leading end Vorderende *n*, Vorderseite *f*
leaf 1. Türflügel *m*, Türblatt *n*, Blatt *n*; 2. Fensterflügel *m*; 3. Wandfläche *f* einer Hohlwand, Wandschale *f*, Schale *f*; 4. Brückenflügel *m*, Widerlagerflügel *m*
leaf door Flügeltür *f*

leaf pattern Blattmuster *n*
leaf trap Laubfang *m*
leak *v* lecken, undicht sein, tropfen, sickern, durchsickern; ausfließen
leak 1. Leckstelle *f*, undichte Stelle *f*; 2. Undichtigkeit *f*
leak plugging Leckstellenabdichtung *f*
leakage 1. Ausfließen *n*, Abfließen *n*; Schwund *m*, Sickerverlust *m*; Versickerung *f*; 2. Leckstelle *f*
leakage protective system *(El)* Erdschlussschutzsystem *n*
leakage water Sickerwasser *n*
leakproof dicht, abgedichtet
lean *v* sich stützen; sich neigen
lean on 1. aufliegen; sich stützen auf; 2. sich neigen, schräg hängen, schief stehen
lean concrete Magerbeton *m*, Sparbeton *m*
lean mixture Spargemisch *n*
lean-to roof Pultdach *n*, Sheddach *n*, Halbdach *n*
leaning Neigung *f (gegen die Senkrechte)*
leaping weir *(Wsb)* Überlaufwehr *n*
lear board Dachrinnentragbrett *n*, Sparrenfußbrett *n* mit Dachrinneneisenbefestigung
leasehold agreement [deed] Pachtvertrag *m*, Grundstückspachtvertrag *m*; Mietvertrag *m*
least distance Mindestabstand *m*, kleinster Abstand *m*
least moment Mindestmoment *n*, Kleinstmoment *n*
leather packing Ledermanschette *f*
leather sealing ring Lederdichtung *f*
leave *v* open aussparen
leaves catch [trap] Laubfang *m (Entwässerungssystem)*
ledge 1. Absatz *m*; Gesims *n*, Sims *m(n)*; 2. Berme *f*; 3. Riegelbrett *n*, Leiste *f*, Querleiste *f*; 4. *(Erdb)* Felsbank *f*, anstehender Fels *m*
ledger (beam) Riegelholz *n*, Riegel *m*
ledger plate 1. Querholzunterstützungshölzer *npl* am Hauptbalken; 2. eingelassenes Querträgerstützholz *n (an den Jochsäulen)*
left-hand door Linkstür *f*, links aufschlagende Tür *f*
leg 1. Schenkel *m (Winkelstahl)*; 2. Pfosten

legal 140

m, Ständer m, Säule f (Stiel beim Fachwerk); 3. Zunge f (Hubdecke)
legal charge Grundschuld f
legally binding rechtsverbindlich
leisure facilities Freizeitanlagen fpl
length dimension Längenmaß n
length subjected to bending Biegelänge f
lengthening Verlängerung f; Streckung f; Längung f; Längenzunahme f
lessor Vermieter m; Verpächter m; Grundbesitzer m
let v **into concrete** einbetonieren
let-in flap Fitschenband n, Fitschenlappen m
letter of intent Vertragsabsichtserklärung f
letting of bids Angebotseröffnung f, Ausschreibungseröffnung f
letting of contract Auftragserteilung f
levee 1. Damm m, Deich m, Uferdamm m, Hochwasserdamm m; 2. (AE) Anlegestelle f
level v **out** 1. ausspachteln; 2. einebnen
level 1. Höhe f, Geländehöhe f, Niveau f; Stand m, Stufe f; Pegel m, Spiegel m; Kote f; 2. Nivellierinstrument n; Richtwaage f, Richtlatte f, Richtscheit n • **at level** höhengleich
level control 1. Höhenmarkenserie f, Höhenvermarkung f am Bauwerk; 2. Pegelkontrolle f
level intersection Niveaukreuzung f
level line Höhenlinie f
level metering device Peilvorrichtung f
level of confidence statistische Sicherheit f
level of foundation Fundamentauflagehöhe f, Gründungshöhe f, Gründungssohle f
level to flush bündig, niveaueben
leveller 1. Nivellierinstrument n, Nivellier n; 2. Planierstange f, Planiereinrichtung f
levelling 1. Höhenaufnahme f, Höhenbestimmung f, Höhenmessung f, Nivellement n, Nivellieren n, Nivellierung f; 2. Planieren n, Abgleichen n, Ausgleichen n, Einebnen n, höhenmäßiges Angleichen n; 3. Auffüllen n
levelling composition Ausgleichsmasse f, Ausgleichsspachtel m (Fußboden)
levelling concrete Ausgleichbeton m
levelling course Ausgleichsschicht f; Ausgleichslage f; Nivellierlage f

levelling off Ebnen n, Egalisieren n, Nivellieren n, Einebnen n; Ausgleichen n
levelling staff Nivellierlatte f
levelling survey Nivellement n, Höhenmessung f (im Gelände)
levelling underlay Ausgleichsschicht f, Nivellierlage f (Mauerwerk)
levelling work Ausgleichsarbeiten fpl, Nivellier(ungs)arbeiten fpl
lever Hebel m; Zuhaltemechanismus m, Zuhaltung f (Türschloss)
lever action Hebelwirkung f
lever handle Hebelgriff m; Schlossschiebegriff m
lever jack Hebelwinde f, Lastwinde f
lewis bolt Steinschraube f
liability 1. Verbindlichkeit f, Haftpflicht f; Schuld f; Verantwortlichkeit f; 2. Neigung f
liability for defects Mängelhaftung f
liable to rust rostempfindlich
lid Klappe f (Klappdeckel); Verschlussdeckel m; Haube f (Deckel)
lie Lage f
life district Lebensraum m
lift v 1. hochheben, hochziehen, anheben; 2. freilegen, herausheben; 3. fördern (Pumpe); 4. abheben, hochziehen (eine alte Farbschicht)
lift 1. Aufzug m, Fahrstuhl m, Lift m, Personenaufzug m; 2. Auftrieb m; Hub m; Sogkraft f; Saughöhe f; 3. Einbauhöhe f, Einbaulage f, Lage f; Betonierschicht f (Betonbau); 4. Hubfenstergriff m; 5. Gerüstetage f, Gerüstebene f; 6. Mörtelinjektionsmenge f
lift bridge Hebebrücke f, Hubbrücke f
lift joint Betonierfuge f, Einbauschichtfuge f
lift-slab Hubdeckenplatte f
lift-slab construction Hubplattenverfahren n, Hubplattenbauweise f, Deckenhebeverfahren n, Lift-slab-Verfahren n
lift thickness Einbaudicke f
lifting 1. Abheben n, Quellen n (eines Anstrichfilmes); 2. Hochheben n, Anheben n (Last); 3. Abheben n (Brückenüberbau)
lifting appliance Hebevorrichtung f, Hebezeug n
lifting door Hebetür f
lifting force Auftrieb m
lifting sliding door Hebeschiebetür f
lifting window Hebefenster n

light 1. Licht *n*; Lichtschein *m*; 2. Fenster *n*, Lichtfenster *n*; 3. Fensterfeld *n* (Oberlicht)
light-admitting lichtdurchlässig
light aggregate Leichtzuschlagstoff *m*
light alloy Leichtmetalllegierung *f*; Aluminiumlegierung *f*
light barrier Lichtschranke *f*
light building board [sheet] Leichtbauplatte *f*
light construction Leichtbaukonstruktion *f*, Leichtbau *m*
light diffusing ceiling Leuchtdecke *f*, Lichtdecke *f*
light fixture Beleuchtungskörper *m*
light-metal construction Leichtmetallbau *m*
light opening Lichtöffnung *f*
light-resistant lichtbeständig, lichtecht
light steel construction Stahlleichtbau *m*, Stahlleichtbauweise *f*
light-tight window Verdunklungsfenster *n*
light well Lichtschacht *m*
lighting Beleuchtung *f*
lighting calculation Beleuchtungsberechnung *f*
lighting engineering Beleuchtungstechnik *f*, Lichttechnik *f*
lighting installation Beleuchtungsanlage *f*; Lichtanlage *f*
lighting plant Beleuchtungsanlage *f*
lightning arrester (El) Überspannungsableiter *m*; (AE) Blitzschutz *m*
lightning protective system Blitzschutzanlage *f*
lightproof lichtbeständig, lichtecht
lightweight aggregate concrete Leichtzuschlag(stoff)beton *m*
lightweight building component Leichtbauelement *n*
lightweight concrete Leichtbeton *m* (haufwerksporig)
lightweight construction Leichtbau *m*
lightweight steel construction Stahlleichtbau *m*
like gravel Einkornkies *m*, einköriger Kies *m*, gleichkörniger Kies *m*
limb 1. Gradbogen *m* (Winkelmessgerät); Schenkel *m* (Manometer); 2. Seitengebäude *n*, Nebengebäude *n*, Seitenflügel *m*, Gebäudeflügel *m*
lime 1. Kalk *m*; 2. Lindenholz *n*

lime-and-cement mortar Kalkzementmörtel *m*, Zementkalkmörtel *m*
lime-bound kalkgebunden
lime-cement plaster Kalkzementputz *m*, Zementkalkputz *m*
lime fastness Kalkbeständigkeit *f*, Kalkechtheit *f* (von Farben)
lime mortar Kalkmörtel *m*
lime-sand brick Kalksandstein(ziegel) *m*
lime-stabilized soil kalkverfestigter Boden *m*, kalkstabilisierter Erdstoff *m*, Bodenverfestigung *f* mit Kalk
limestone filler Kalksteinfüller *m*
limewash coat Kalkanstrich *m*
limewashing Kalken *n*, Tünchen *n*, Weißen *n*
liming Kalken *n*, Schlämmen *n*, Tünchen *n*
limit 1. Grenze *f*, Begrenzung *f*; 2. Grenzmaß *n*, Toleranz *f*; Toleranzmaß *n*
limit control 1. (HLK) Grenzwertüberwachung *f*; 2. Maximum-Minimum-Schalter *m*
limit deformation Grenzformänderung *f*
limit design Bruchgrenzenberechnung *f*, Traglastverfahren *n*
limit load Grenzbeanspruchung *f*, Grenzlast *f*, Traglast *f*; Grenzbelastung *f*; Grenzkraft *f*
limit mark Grenzmarkierung *f*
limit method (Stat) Traglastverfahren *n*
limit of elasticity Elastizitätsgrenze *f*
limit of resistance Festigkeitsgrenze *f*
limit of stability Stabilitätsgrenze *f*, Standfestigkeitsgrenze *f*
limit plane Grenzfläche *f*
limit state of cracking Rissbildungsgrenzzustand *m*
limit switch Endschalter *m*, Anschlagschalter *m*, Begrenzungsschalter *m*
limitation of cracks Rissebeschränkung *f*
limited-accessible schwer zugänglich
limited submission begrenzte Ausschreibung *f* (Architekturwettbewerb)
limiting dimension oberes Grenzmaß *n*; Grenzabmessung *f*
limiting span Stützweitengrenzwert *m*
limiting state Grenzzustand *m*
line *v* 1. ausfüttern, auskleiden; ausmauern; 2. umkleiden, verkleiden, bekleiden; schalen, verschalen
line *v* **out** abfluchten, durchfluchten; anreißen
line 1. Linie *f*; Strecke *f* (Mathematik); Strich

line *m (einer Zeichnung)*; 2. Mauerschnur *f*, Schnur *f*, Leine *f*; *(AE)* Flucht *f*; 3. Rohrleitung *f*, Strang *m*; 4. *(El)* Leitung *f*; 5. Reihe *f (z. B. von Häusern)*; 6. Bahnlinie *f*; Bahngleis *n*, Strecke *f*; 7. *(Verm)* Trasse *f*; Trassenführung *f*; 8. Profillinie *f*, Profil *n (geologisch)* • **in line** fluchtend, in Flucht
line bearings Linienlager *n*
line entry Einspeisung *f*
line loading Linienbelastung *f*, Streckenbelastung *f*
line of arch Bogenlinie *f*, Bogenprofil *n*, Wölbung *f*
line of force Kraftlinie *f*
line of intersection Schnittlinie *f*
line of load Belastungslinie *f*, Lastlinie *f*
line pipe Leitungsrohr *n*
line system *(El)* Leitungssystem *n*
linear bending theory lineare Biegetheorie *f*
linear deformation Längenänderung *f*
linear expansion coefficient linearer Ausdehnungskoeffizient *m*
linear moment of inertia lineares Trägheitsmoment *n*
linear state of stress einachsiger Spannungszustand *m*
linear structural [structure] system lineares Tragsystem *n*
lined ausgekleidet; verblendet, verschalt; verkleidet
liner 1. Auskleidung *f*, Ummantelung *f*; Futterholz *n*; Futter *n*; Zylinderlaufbuchse *f*, Büchse *f*; 2. Abklebung *f*
liner sheet Dichtungsbahn *f*
lining 1. Auskleidung *f*, Ausfütterung *f*, Futter *n (z. B. von Rohren)*; Bekleidung *f*; Ausmauerung *f*; 2. Abdeckung(sverkleidung) *f*; 3. Außenwandverkleidung *f*; Verkleidung *f (Verschalung)*; 4. Verbau *m (Grabenbau)*
lining material Auskleidungsmaterial *n*; Verkleidungsmaterial *n*
lining slab Verkleidungsplatte *f (tragend, versteifend)*
lining wall Futtermauer *f*, Schalmauer *f*
link *v* verbinden, aneinanderfügen, aneinanderbefestigen; anschließen; vernetzen
link 1. Krampe *f*; Verbindungsglied *n*; Glied *n (z. B. einer Kette)*; 2. Bügel *m (zur Bewehrung)*; 3. Verbindung *f*, Straßenverbindung *f*

link joint Gelenkverbindung *f*
link polygon *(Stat)* Seilpolygon *n*, Seilzug *m*, Seileck *n*
linking block Verbindungsbau *m*, Verbindungstrakt *m*
linkway Verbindungsgang *m*
lintel Sturz(balken) *m*; Fenstersturz *m*, Türsturz *m*, Sturzriegel *m*; Oberschwelle *f*; Sturzträger *m*
lintel course Sturzschicht *f*, Sturzlage *f*
lip sealing Lippendichtung *f*
liquid adhesive Flüssigkleber *m*, Klebeflüssigkeit *f*
liquid blasting Nassstrahlen *n*, Nasssandstrahlen *n*, nasses Sandstrahlen *n*
liquid level switch Schwimmerschalter *m*
liquid-limit test Fließgrenzenbestimmung *f*
liquid-membrane curing Nachbehandlung *f* mit Dichtungsmittel
liquid separator Flüssigkeitsabscheider *m*
liquid waste fäkalfreies Abwasser *n*, Oberflächen(ab)wasser *n*
list *v* 1. auflisten; 2. Kanten beschneiden
list of structures Bauwerksverzeichnis *n*, Bauwerksliste *f*
listed buildings denkmalgeschützte Gebäude *npl*
lists of specifications Vertragspflichtenheft *n*
litter *v* verunreinigen, vermüllen, die Umwelt verschmutzen
livable bewohnbar, beziehbar
live 1. *(El)* spannungsführend, Strom führend, unter Spannung; 2. gering schallschluckend; 3. gebrannt *(Kalk)*
live load 1. Nutzlast *f*; 2. Verkehrslast *f (Brücke)*
living area Wohngebiet *n*
living floor space Wohnfläche *f*
living space Wohnfläche *f*, Wohnraum *m*
load *v* 1. beladen, (auf)laden; 2. *(Stat)* belasten, Last aufbringen [auflegen], beanspruchen; 3. füllen, beschweren *(mit Füllstoffen oder Zusätzen)*
load 1. Beladung *f*, Ladung *f*, Last *f*; 2. *(Stat)* Last *f*; Beanspruchung *f*, Belastung *f*; 3. Füllmaterial *n*, Füllung *f*; Zuschlagstoff *m*; 4. *(El)* Belastung *f*
load action Lasteinwirkung *f*
load arrangement Lastanordnung *f*
load at rupture Bruchlast *f*

load-bearing tragend; belastet; konstruktiv
load-bearing capacity Tragfähigkeit f, Tragkraft f, Tragvermögen n; Belastbarkeit f
load-bearing plane Tragebene f
load buckling Knicken n unter Belastung
load-carrying tragend; belastet (Baugrund, Brücken)
load-carrying frame Tragrahmen m
load-carrying wall tragende Wand f, Tragwand f, Auflagerwand f, Konstruktionswand f
load coefficient Lastbeiwert m, Lastzahl f
load compensation Lastausgleichung f
load condition Lastbedingung f
load cycle Lastspiel n
load-deflection curve Lastverformungsdiagramm n, Last-Dehnungskurve f
load determination Lastermittlung f
load-distributing lastverteilend
load-distribution curve Lastverteilungskurve f
load factor Belastungsfaktor m, Lastfaktor m; Sicherheitsbeiwert m; Auslastungsfaktor m
load limit Belastungsgrenze f; Grenzbelastung f; Lastgrenzwert m
load scheme Lastfall m, Belastungsfall m
load-spreading Lastverteilung f
load state Lastzustand m
load transmission Lastübertragung f
loaded concrete Schwerstbeton m, Strahlenschutzbeton m
loader Lader m, Ladegerät n
loading 1. Belastung f, Beanspruchung f; Auflast f; aufgebrachte Last f; 2. Beladen n, Laden n, Aufladen n; 3. Füllmaterial n, Beschwerungsmaterial n; Zuschlag m (z. B. von Füllstoffen)
loading assumption Lastannahme f
loading condition Belastungsbedingung f, Lastfall m
loading points Lastangriffspunkte mpl
loading shaft Belastungsstab m
loading state Belastungszustand m
loam brick Lehmziegel m, Luftziegel m, ungebrannter Ziegel m
loam construction Lehmbau m
loam flooring Lehmestrich m
loam structures Lehmbauten mpl
loamy sand lehmiger Sand m, Sandlehm m

loamy soil Lehmboden m
lobby Eingangshalle f, Vorhalle f (z. B. Parlament); Diele f; Wandelgang m; Foyer n (z. B. Theater)
lobed arch (Arch) Passwerkbogen m, Nasenschwungbogen m (gotischer Bogen)
local authorities [authority] Ortsbehörde f, Kommunalbehörde f
local conditions Standortverhältnisse npl, örtliche Gegebenheiten fpl
local heating Einzelheizung f
local material örtliches Material n
local sewerage system Ortsentwässerung f
locate v 1. anordnen, platzieren, in Lage [Position] bringen; festlegen; einpeilen; 2. trassieren (z. B. eine Straße)
location 1. Standort m, Lage f, Ort m, Platz m; Gebäudestellung f; 2. Trassierung f, Trassenabsteckung f, Vermarkung f (Abstecken)
location line (Verk) Trassierung f
location of a building Einfügung f (z. B. eines Gebäudes)
location sketch Lageskizze f
location survey 1. Absteckung f; 2. Lagevermessung f, Standortaufnahme(messung) f, Kartierungsmessung f
lock v 1. (ab)schließen, verschließen (z. B. Türen); verriegeln; sichern; 2. hemmen, sperren, blockieren; festklemmen, feststellen, (ver)klemmen, hängen bleiben, blockieren; 3. (Wsb) mit Schleusen ausrüsten (z. B. Kanäle)
lock 1. Schloss n, Sperre f; Verschluss m; 2. (Wsb) Schleuse f
lock bolt Schlossriegel m, Sperriegel m, Verriegelungsbolzen m
lock bush Steckbuchse f, Überwurf m
lock fitting Schließbeschlag m
lock knob Einrastknopf m
lock plate Sicherungsblech n, Sicherungsplatte f, Schließblech n
lock stile Schlossbohle f, Schlossbrett n (Tür)
lock strike Schließblech n, Schlossblech n
lock-up Lückenbau m
lockable verriegelbar; verschließbar; feststellbar
locking mechanism Schließvorrichtung f, Verschluss m

locking

locking system Schließanlage f; Verriegelungssystem n

lockset (AE) komplettes Türschloss n, Schlossgarnitur f

locksmith Schlosser m

loft (AE) Boden(raum) m, Dachboden m; Speicher m; Hängeboden m

loft building (AE) Speichergebäude n, Gebäude n mit ungeteiltem Raum

loft stair (AE) Bodentreppe f, Schiebetreppe f, Einschiebetreppe f

log cabin (AE) Blockhaus n, Blockhütte f

log construction Blockbau m

log wall Blockwand f

loggia 1. Arkadenbau m; Kolonnadengebäude n; 2. Loggia f; Hauslaube f; 3. Kolonnade f (im Innenhof eines Gebäudes)

long cross garnet (Hb) Langband n, Haspenband n

long-distance gas main Gasfernleitung f

long-distance heat supply Fernwärmeversorgung f

long-distance heating line Fernheizleitung f

long-distance water supply Fernwasserversorgung f

long-duration static test Dauerstandprüfung f

long-span weitgespannt, mit großer Spannweite

long-span roof Weitspanndach n

long-term performance Langzeitgebrauchsverhalten n

long-time protection Langzeitschutz m, Dauerschutz m (Korrosionsschutz)

longitudinal axis Längsachse f

longitudinal bar Bewehrungslängseisen n, Längsstab m

longitudinal beam Längsbalken m, Längsträger m

longitudinal bending moment Längsbiegemoment n

longitudinal bracing Längsverband m (Brückenbau)

longitudinal deck beam Deckenunterzug m

longitudinal evenness Längsebenheit f

longitudinal girder Längsträger m (erster Ordnung)

longitudinal prestressing Längsvorspannung f

longitudinal section Längsschnitt m

longitudinal tendon Längsspannglied n

loop anchorage Schlaufenverankerung f

loop detector Schleifendetektor m (Verkehrssteuerung)

looped line Doppelleitung f

loose fill 1. Trockenschüttung f (Dämmstoffe); 2. Beschüttung f (Deckenhohlräume)

loose-joint hinge aushängbares Scharnier n

loose lintel lose aufgelegter Sturz m, frei aufgelagerter Sturz m, Schwergewichtssturz m

loose material Steinschüttgut n, Steinhaufwerk n; Schüttgut n

loosened rock gelöstes Gestein n

lorry mixer Betonfahrmischer m, Transportmischer m

Los Angeles abrasion value Los-Angeles-Abriebwert m

loss 1. Schwund m (Verlust); 2. Schaden m (finanziell); 3. Streu- und Bruchverlust m

loss by percolation Versickerungsverlust m

loss in strength Festigkeitsverlust m, Festigkeitsabfall m

loss of prestress Vorspannungsabfall m, Vorspannungsverlust m (Spannbeton)

lost ground fließender Erdstoff m, rutschender Boden m, Schwimmsand m

lot 1. Grundstück n; Landstück n; Parzelle f; 2. Baulos n, Los n

lot size Baulosgröße f, Losgröße f, Baulosumfang m

louver 1. Lüftungslamelle f; Jalousette f; Lichtblende f; 2. Luft(öffnungs)schlitz m; 3. Dachöffnungsreiter m; Rauchöffnung f im Dach

louver window Fenster n mit Luftschlitzlamellen, Jalousiefenster n

louvered geteilt; mit Luftschlitzen

low-bid billigstes Angebot n (Ausschreibung)

low block Flachgebäude n

low-cost house-building sozialer Wohnungsbau m

low energy building Niedrigenergiehaus n

low-grade minderwertig, geringwertig

low-level flushing cistern Tiefspülkasten m

low-position Tieflage f (Gebäude)

low-rise 1. ein- und zweigeschossig; 2. niedrig

low-temperature construction Kühl- und Gefrierhausbau *m*
low-temperature water heating Warmwasserheizung *f*
lower *v* 1. senken, absenken *(Grundwasser)*; 2. reduzieren, verringern, abmindern; 3. absetzen, herunterlassen
lower bed 1. Unterlage *f*, Unterbettung *f*; 2. untere Lagerfläche *f*, unteres Lager *n*, hartes Lager *n (Werkstein)*
lower chord 1. Untergurt *m*; Untergurtung *f (Fachwerk)*; 2. Untergurtstab *m*
lowering of subsoil water Grundwasserabsenkung *f*
lowest responsible bidder Bieter *m* mit niedrigstem Angebot und voller fachlicher Kompetenz *(Bauvertragsausschreibung)*
lozenge plate Rautengrobblech *n*
lubrication layer Schmierschicht *f*
luffer board Schall(dach)brett *n*, Schirmbrett *f*
lug 1. Nase *f*, Ansatz *m*; Auge *n*, Zapfen *m (einer Sohlbank aus Holz)*; 2. *(El)* Kabelschuh *m*, Öse *f*
lumber *(AE)* Bauholz *n*, Schnittholz *n*
luminaire Leuchte *f*, Beleuchtungskörper *m*; *(AE)* Beleuchtungseinheit *f*
luminescent ceiling Leuchtdecke *f*, Lichtdecke *f*
luminous ceiling Leuchtdecke *f*, Lichtdecke *f*, Decke *f* mit lichtdurchlässiger Verblendung
luminous source Lichtquelle *f*
lump free klumpenfrei
lump price Pauschalpreis *m*
lump-sum contract Pauschalauftrag *m*
lunding beam Spannbalken *m*, Zugbalken *m*; Zange *f*
lustreless glanzlos, matt, stumpf *(Anstrich)*
lustrous glänzend; strahlend
lute *v* (ver)kitten, dichten *(Rohrverbindungen)*; verschmieren
luting Dichtungskitt *m*
lying window liegendes Fenster *n*, Querfenster *n*

M

m-design n-Verfahren *n*
macadam construction method Makadambauweise *f*
macadamize *v* (be)schottern, absplitten *(Straßenbau)*; eine Makadamdecke aufbringen
machine-applied plaster maschinell aufgetragener Putz *m*, Maschinenputz *m*, Spritzputz *m*
machine foundation Maschinenfundament *n*
machine-laid maschinell eingebaut
machine shop Produktionshalle *f*, Werkhalle *f*
machinery Maschinenpark *m*
machinery room Installationsraum *m (für Heizung und Lüftung)*; Raum *m* für Heizungs- und Lüftungsgeräte *(in einem Gebäude)*
made to fit abgepasst
made-up ground aufgefüllter Boden *m*, Aufschüttung *f*; Auffüllung *f*; aufgeschüttetes Gelände *n*
magnesia cement Magnesiabinder *m*, Magnesiazement *m (hydraulische Magnesia)*
magnesite brick Magnesitziegel *m*, Magnesitstein *m*
magnesite compound Steinholz *n*
magnesite floor(ing) Steinholzfußboden *m*, Magnesitfußboden *m*
magnetic catch Magnetverschluss *m*
magnetic separation Magnetabscheidung *f*, Magnetsortierung *f (von Müll)*
magnetic thickness tester magnetisches Schichtdickenmessgerät *n (meist für Anstriche)*
magnetite concrete Magnetitbeton *m*, Schwerstbeton *m* mit Magnetitzuschlag
magnitude of stress Spannungsgröße *f*
main 1. Haupt(rohr)strang *m (eines Leitungssystems)*; Hauptrohr *n*; Steig(rohr)leitung *f*; 2. *(El)* Hauptleitung *f*, Hauptstrang *m*
main axis line Hauptachse *f*
main bars Hauptbewehrung *f*, Längsbewehrung *f*, Längseinlagen *fpl*, Längseisen *npl (Bewehrung)*
main building trades Bauhauptgewerke *npl*

main 146

main collector Hauptsammler m, Sammelkanal m
main contractor Generalauftragnehmer m, Hauptauftragnehmer m, Bauhauptauftragnehmer m, Gesamtauftragnehmer m, federführende Baufirma f; Hauptunternehmer m
main dimensions Hauptabmessungen fpl
main distribution panel Hauptverteiler m
main gable Mittelgiebel m
main girder Hauptträger m, Längsträger m *(Brückenbau)*
main rafters Bindersparren mpl, Bundgespärre n, Bindergespärre n
main road network *(Verk)* Hauptstraßennetz n
main sluice valve Hauptschieber m
main span Mittelöffnung f, Brückenhauptöffnung f, Hauptfeld n
main structure Hauptgebäude n, Hauptbau m
main supply 1. Hauptversorgungsleitungen fpl; 2. *(El)* Hauptnetz n
main truss Dachbinder m, Hauptbinder m, Binder m; Dachstuhl m
main works Rohbauarbeiten fpl
mains 1. *(El)* Versorgungsnetz n, Stromverteilungsnetz n, Netz n; Leitungsnetz n; 2. Rohrnetz n, Rohrleitungsanlage f, Hauptleitungsnetz n *(Gas, Wasser)*; 3. Straßenleitungen fpl *(im unterirdischen Raum)*
mains connection Netzanschluss m
maintain v 1. instand halten, warten, pflegen *(z. B. Maschinen)*; unterhalten; 2. aufrechterhalten, halten *(z. B. einen Zustand)*
maintenance Instandhaltung f, Gebäudeinstandhaltung f, Erhaltung f; Wartung f, Pflege f; Unterhaltung f
maintenance cradle Instandhaltungshängebühne f
maintenance management system Management n für Straßenerhaltung; Straßenerhaltungsmanagement n
maintenance procedures Instandhaltungsmaßnahmen fpl, Erhaltungsmaßnahmen fpl
maintenance works Instandhaltungsarbeiten fpl; Unterhaltungsarbeiten fpl
make 1. Ausführung f, Bauart f; 2. Marke f, Fabrikat n

make-up Zusammensetzung f, Aufbau m *(z. B. von Mischgut)*
maker's test Werksprüfung f, Erzeugerqualitätsprüfung f
male thread Außengewinde n, Bolzengewinde n
mall 1. *(AE)* Fußgängerbereich m; Einkaufsstraße f, Einkaufsstraßen fpl; Fußgängerzone f *(mit Grünanlagen)*; Fußwegesystem n mit Baumbestand; Promenade f; 2. *(Verk)* Grünstreifen m, bepflanzter Mittelstreifen m *(Straße)*; 3. (schwerer) Holzhammer m; Schlegel m; 4. Ramme f, Handramme f, Pflasterramme f *(Straße)*
malleability Verformbarkeit f *(durch Druck)*; Schmiedbarkeit f
malleable 1. dehnbar, streckbar; verformbar; schmiedbar; hämmerbar; 2. geschmeidig
mammoth pump Mammutpumpe f, Druckluftheber m
man-carrying platform Arbeitsbühne f
man-size(d) begehbar *(Schacht, Gang)*; innen besteigbar *(Schornstein)*
management of works Bauleitung f, Baumanagement n
mandatory standard verbindlicher [gesetzlicher] Standard m
mandrel 1. Pfahlrammkappe f; 2. Dorn m; Ziehdorn m; Locheisen n *(Dorn zum Aufweiten)*; Profilkörper m
manhole Mannloch n, Einsteigschacht m, Schacht m, Einstiegsöffnung f, Einstieg m
manhole covering Schachtabdeckung f
manifold 1. Rohrverteiler m, Verteilungsrohr n; Rohrverzweigungsleitung f; 2. Sammelleitung f *(Rohrleitung)*
manner of loading Belastungsfall m
manpower 1. Arbeitskraft f; 2. verfügbare Arbeitskräfte fpl; Personalbestand m
manpower planning Arbeitskräfteplanung f
mansard Mansarde f, halbschräger Dachraum m
mansard roof Mansard(en)dach n
mansion 1. große Luxuswohnung f; 2. großes Wohnhaus n; Villa f; Herrenhaus n
mantle 1. Kaminsturz m, Kaminöffnungsbogen m; 2. Kaminummauerung f, Kaminumkleidung f; 3. Wandverkleidung f *(an einem Kamin)*; 4. Schwemmland n,

Aufschüttung f, Überlagerung f (geologisch)
manual labour Handarbeit f
manual rendering Handverputz m (außen)
manually guided drag skip Handschrapper m
manufactured (clay) brick chips Trümmersplitt m, Ziegelsplitt m
manufacturing allowance Schwundzugabe f (Betonfertigung)
manufacturing dimension Herstellungsabmessung f, Fertigungsmaß n
manufacturing technique Herstellungstechnik f, Herstellungsverfahren n
many-membered vielgliedrig, mehrgliedrig
map v 1. (Verm) aufnehmen, aufzeichnen; kartieren, auf einer Karte eintragen; 2. abbilden (Mathematik); 3. trassieren
map 1. Karte f, Geländekarte f; Landkarte f; 2. Plan m
map cracking feine Rissbildung f (z. B. im Mörtel); Landkartenrisse mpl (einer Betondecke)
mapping 1. (Verm) Kartierung f; Geländeaufnahme f; 2. Abbildung f (Mathematik)
mapping out Aufnahme f, Kartierung f
mar v 1. beschädigen, zerkratzen (Baustoffe); 2. zerstören (Umwelt); 3. verunstalten, verschandeln (Landschaftsbild)
marble 1. Marmor m; 2. polierbares Hartgestein n; 3. Marmorfigur f
marble column Marmorsäule f
marble floor Marmorbodenbelag m
marble stucco Kunstmarmor m, Marmorstuck(putz) m, Stuccolustro m
margin 1. Rand m (Begrenzung); Seitenende m, sichtbarer Rahmensteg m, sichtbare Rahmenkante f; 3. Fase f, Führungsfase f; 4. s. marginal strip; 5. (zulässige) Maßabweichung f, Toleranz f, Genauigkeitsgrad m, Abmaß n
margin light 1. Seitenöffnung f (Fenster, Tür); 2. eingebaute indirekte Beleuchtung f
margin tile 1. Bordstein m (Weg, Straße); 2. Traufstein m, Randziegel m (Dach)
marginal clay tile Saumziegel m, Kantendachziegel m, Bord(dach)ziegel m
marginal condition Rand(wert)bedingung f
marginal property Anliegergrundstück n

marginal strip Bankett n, (unbefestigter) Randstreifen m, Seitenstreifen m (Straße)
marigold window Rosenfenster n, Rose f, Rosette f
marine concrete Wasserbaubeton m, Seebaubeton m
marine gravel Meer(es)kies m
marine works Küstenbauten mpl
mark v **by pales** (Verm) verpflocken
mark v **out** 1. anzeichnen, Schnitt vorzeichnen (z. B. für Fußbodenbelagverlegung); 2. (Verm) abstecken (Trasse)
mark of conformity Konformitätszeichen n
market building Marktgebäude n
marking material Markierungsstoff m
marking of points (Verm) Punktevermarkung f
marking-out dimension Anreißmaß n, Anrissmaß n, Anzeichnungsmaß n
marking-out of axis line Achsabsteckung f
marl earth Mergelboden m
marly sandstone Mergelsandstein m
marquee 1. Eingangsüberdachung f, Vordach n (über einer Tür); 2. Zeltbau m (Festzelt)
Marshall (stability) test Marshall-Prüfung f, Marshall-Stabilitätsversuch m
marshalling area Bereitstellungsfläche f (Montagebau)
marshy ground [soil] Moorboden m, Sumpfboden m, Marschboden m
mask 1. Schablone f; Abdeckblech n; Abdeckblende f; 2. Maskenornament n
masking sheeting Deckfolie f, Abdeckfolie f
mason v mauern; aus Stein errichten; vermauern; aufmauern
mason v **up** aufmauern
masonry 1. Mauerwerk n (aller Art); 2. Maurerarbeit f; Steinmetzarbeit f
masonry back-up Hintermauerung f
masonry cavity wall Hohlmauerwerk n
masonry construction Mauerwerkbau m
masonry-filled ausgefacht, mit Mauerwerk ausgefüllt, ausgemauert
masonry panel (vorgefertigtes) Wandelement n, Mauerwerkstafel f
masonry work Maurerarbeit f
mason's hammer Maurerhammer m, Steinspalthammer m; Abputzhammer m

mason's

mason's level Maurerwaage f, Setzwaage f

mason's scaffold Maurergerüst n, Gerüst n

mass concrete Massenbeton m; unbewehrter Beton m

mass haul Massenbewegung f (Erdstoffe); Erdstoffmassenförderung f

mass moment statisches Moment n

mass retaining wall Schwergewichtsstützmauer f

massive 1. massiv; vollwandig; 2. (Bod, Erdb) massiv, ungeschichtet, ungegliedert, massig

massive concrete dam (Wsb) Betonsperrmauer f, Massivbetonmauer f

massive rise Setzstufe f (einer Treppe)

massive type of construction Massivbau m

masstone absolut deckende Farbe f, Deckpigmentfarbe f; voller Farbton m (eines Pigments)

mast assembly Hubgerüst n

master 1. Abnahmelehre f, Prüflehre f; Normale f; 2. Kopierschablone f; 3. Meister m

master control valve Hauptkontrollschieber m

master gate Haupt(absperr)schieber m (Wasser)

master key system Hauptschlüsselanlage f

master plan 1. Generalbebauungsplan m, Bebauungsplan m; Flächennutzungsplan m; 2. s. master traffic plan

master switch (El) Hauptschalter m

master system Gesamt(korrosions)schutzsystem n, Gesamtanstrichaufbau m

master traffic plan Generalverkehrsplan m

mastic asphalt 1. Splittmastixasphalt m; 2. Asphaltmastix m; 3. Gussasphalt m

mastic flooring Asphaltfußbodenbelag m, Gussasphalt m

mat matt, mattiert, glanzlos

mat 1. Matte f; Bewehrungsmatte f; Baumatte f; Dämmmatte f; 2. Fundamentrost m; Stabplatte f; 3. mattierte Fläche f, mattierter Grund m; 4. Straßenbelag m; 5. s. mat of fibres

mat foundation Betonfundamentplatte f; Plattengründung f

mat of fibres Faserfilz m, Faserfilzplatte f, Vlies n

match v (Hb) nuten und spunden; angleichen; zusammenpassen

match-cast v anbetonieren, aneinanderbetonieren

match joint Spundung f, Verzinkung f

matchboard v 1. (Hb) nuten und spunden; 2. anpassen, zusammenpassen

matchboard Spundbrett n, gespundetes Holz(brett) n; Nut- und Federholz n; Spundbohle f; Profilbrett n

matched joint Spundung f, Verzinkung f

matched timber genutetes und gespundetes Holz n

matching 1. Nuten n und Spunden n; 2. Zusammensetzen n (z. B. von Furnieren); 3. Spundung f, Nut f und Feder f; Spundholzlage f

matchlining Spundtafeln fpl

mate v fügen (Passung)

material Material n; Baustoff m, Werkstoff m; Stoff m, Substanz f; Gut n

material acceptance Baustoffabnahme f, Anerkennung f des Baustoffs (Qualität)

material behaviour Materialverhalten n; Werkstoffverhalten n

material being mixed Mischgut n (Straßenbau)

material characteristics Materialkennwerte mpl

material for interior work Ausbaumaterial n

material inspection Materialüberwachung f

material requirement Materialbedarf m

material specifications Materialkennwert m

material stock Materiallager n

material unit price Materialeinheitspreis m

materials engineering Werkstofftechnik f; Baustofftechnik f

materials requirement Materialbedarf m, Baustoffbedarf m, Werkstoffbedarf m

materials testing institute Materialprüfanstalt f, Baustoffprüfanstalt f

mathematical proof (Stat) rechnerischer Beweis m

mating dimensions Anschlussmaße npl (Montagepasselemente)

matrix 1. Matrix f; 2. Bindemittellage f, Einbettungsmasse f, Grundmasse f,

Mörtellage f; Bindemittel n, Binder m (z. B. für Farbe); 3. Zementstein(grund)gefüge n, Grundgefüge n

matt finish 1. Mattglanz m; 2. matte Schicht f

matt reinforcement Mattenbewehrung f, Bewehrungsnetz n

matter Stoff m, Substanz f; Mittel n (z. B. Bauhilfsmittel, Bauhilfsstoffe)

matting 1. Mattenbelag m; 2. Geflecht n (Bewehrung)

mattock man Abbrucharbeiter m

mattress 1. Unterbetonlage f, Betongrundplatte f (auf Gründungssohle); 2. Bewehrungsmatte f; 3. (Wsb) Senkfaschine f, Senklage f

maturing 1. Nacherhärtung f, Aushärtung f (von Beton, Mörtel); 2. Alterung f (von Bitumen, Anstrich); 3. Garbrand m (Ziegel)

maturing of concrete Beton(nach)erhärtung f, Betonreifeprozess m

maul 1. schwerer Holzhammer m; Zurichthammer m; 2. Ramme f, Handramme f (Tiefbau)

maximum admissible strain (zulässige) Grenzbeanspruchung f

maximum bending moment maximales Biegemoment n, max. M

maximum load-bearing capacity höchste Bodenbelastung f, maximale Bodenpressung f

maximum strain theory Hypothese f der maximalen Dehnung (Festigkeit)

Maxwell polygon of forces maxwellscher Kräfteplan m

mean grain diameter mittlerer Korndurchmesser m

mean sea level 1. mittlerer Meeresspiegel m, mittlere Seehöhe f, Normalnull n, NN (Meereshöhe); 2. mittlerer Wasserstand m

mean water level (Wsb) mittlerer Wasserstand m

means of erection Montagemittel npl

means of escape Fluchtmöglichkeiten fpl; Ausgangsweg m (von einem Gebäudepunkt nach außen)

measure v 1. messen; ausmessen, vermessen; aufmessen; 2. abmessen, dosieren

measure 1. Maß n, Maßangabe f; 2. Maßstab m; 3. Maß n, Maßeinheit f; 4. Maßnahme f

measure of contraction [shrinkage] Schwindmaß n

measurement Messung f, Messen n, Ausmessen n; Vermessen n, Vermessung f, Aufmaß n, Aufmessen n, Aufnahme f von Maßen

measurement contract Einheitspreisvertrag m

measurement item Aufmaßposition f

measuring and control equipment MSR-Einrichtungen fpl, Mess-, Steuerungs- und Regeleinrichtungen fpl

measuring bolt (Verm) Messbolzen m (Höhenbolzen)

measuring chain Messkette f

measuring plug (Verm) Messdübel m, Messpflock m

measuring point Messpunkt m

mechanical analysis Siebanalyse f, Korn(größen)analyse f; kombinierte Sieb- und Schlämmanalyse f

mechanical behaviour mechanisches Verhalten n

mechanical bond mechanischer Verband m (mit Bewehrung)

mechanical connection mechanischer Verbund m

mechanical design ingenieurtechnischer Entwurf m

mechanical equipment room Raum m für Heizungs- und Klimageräte (in einem Gebäude); Installationsraum m

mechanical floor Installationsgeschoss n, Betriebsgeschoss n, technisches Geschoss n

mechanical plastering maschinelles Putzen n, Torkretputzen n, Spritzputzen n

mechanical service Versorgungsleitung f

mechanical ventilation künstliche Raumbelüftung f

mechanics of liquids Hydromechanik f

mechanics of materials Festigkeitslehre f

mechanism of action Wirkungsmechanismus m

mechano-like system of unit construction Baukastensystem n

median plane Mittelebene f

medium gravel Mittelkies m (ca. 5-18 mm)

medium-rise building Mehrgeschosser m, mehrgeschossiges Gebäude n

medium-weight 150

medium-weight load Mittellast f
meet v 1. zusammenstoßen, sich berühren (Bauelemente); sich begegnen (Verkehr); 2. nachkommen, entsprechen (Forderungen, Standards); einhalten (Abmessungen, Toleranzen)
meeting faces Berührungsflächen fpl
meeting stile Schließlängsholz n (Tür, Fenster)
meliorate v meliorieren, Boden verbessern; ent- und bewässern
mellow locker, weich (Erdstoffe)
member 1. Bauteil n, Bauelement n; 2. Stab m, Stabelement n, Element n; Glied n, Zwischenglied n (Bewehrungsglied); Rahmenstiel m; Ausfachungsstab m
member field Stabfeld n, Gliedfeld n
member loading Stabbelastung f, Gliedbelastung f
member moment Stabmoment n, Gliedmoment n
membrane 1. Membran f, Zugkraftmembran f; 2. (dünne) Haut f; Dachhaut f; kontinuierliche Asphaltbedachung f; 3. (Stat) Scheibe f; 4. Scheidewand f, Diaphragma n
membrane action Membranwirkung f
membrane curing Nachbehandlung f unter einer Schutzschicht oder Schutzfolie
membrane shell Membranschale f (dünne Schale)
membrane structure Folienkonstruktion f
membrane theory Membrantheorie f (Schalenwerkberechnung)
mend v reparieren, ausbessern; nachbessern; flicken
mending plate Verstärkungsblech n für Holzverbindungen
mensuration 1. Messung f, Vermessung f; Aufmaß n; 2. Flächenberechnung f; Körperberechnung f; Massenberechnung f
merge v 1. mischen, einmischen, mengen (Anstriche, Baustoffe); 2. (Verk) sich einordnen, einfädeln, einmünden; 3. zusammenkommen, zusammenlaufen, fusionieren; 4. zusammenfließen (Gewässer)
merging lane Einfädelspur f, Entflechtungsspur f
meridian stress Meridianspannung f
mesh 1. Maschenbewehrung f; Drahtgeflecht n, Gitter n (als Verstärkungseinlage); 2. Maschenzahl f (eines Siebs, pro Zoll linear)
mesh fence Maschendrahtzaun m
mesh lath Gittergewebe n, Gittergewebematte f
mesh reinforcement Bewehrung f mit Drahtgeflecht, Mattenbewehrung f, Netzarmierung f (Betonbewehrung)
meshes Rippenwerk n (Netzgewölbe)
metal 1. Metall n; 2. Schotter m
metal angle bead Kantenschutzwinkel m (aus Metall), Metallkantenschoner m
metal building material Metallbaumaterial n
metal-clad fire door metallbeschlagene Feuerschutztür f
metal connector Metall(verbindungs)dübel m (für Holz)
metal construction work Metallbauarbeiten fpl
metal decking Metallabdeckung f
metal finish Metallbeschichtung f, Metallüberzugsschicht f
metal floor decking Buckelblechdecke f
metal forms Metallschalung f (Betonelementherstellung)
metal grating Metallgitterfußbodenabdeckung f, Gitterrostabdeckung f (über Öffnungen und Schächten)
metal lathing Metall(gewebe)putzträger m, Metallgewebe n
metal lining Metallauskleidung f, Metallverkleidung f, Metallbelag m
metal panel Metall(bau)tafel f; Metall(decken)kassette f
metal primer Metallgrundierung f, Grundanstrich(stoff) m einer Metalloberfläche
metal sheeting 1. Blechbeplankung f, Metallpanzerung f; 2. Blechhüllrohr n, Blechspannkanal m (Spannbeton)
metal studs Metallgerippe n, Metallskelett n
metal valley Metalldachkehle f
metalled road Schotterstraße f
metalling (Verk) Beschotterung f, Beschottern n
metallization Metallbelag m
metallizing Metallspritzen n, Spritzmetallisieren n
meter box Zählerkasten m

meter stop Hausanschlussschieber *m* *(Wasserleitung)*

metering Dosierung *f*, Zumessung *f*, Dimensionierung *f*

method of application Anwendungsverfahren *n*; Verarbeitungsverfahren *n*; Auftragsverfahren *n*

method of finite differences *(Stat)* Differenzverfahren *n*

method of joints *(Stat)* Rundschnitt(berechnungs)verfahren *n*, Knotenpunktverfahren *n*, Knotenverfahren *n*

method of moment distribution *(Stat)* Momentenausgleichsverfahren *n*, Cross-Verfahren *n*

method of sections *(Stat)* (Ritter'sches) Schnittverfahren *n*, Schnittkraftverfahren *n*

metre module Metermodul *n*

metropolitan railway S-Bahn *f*, Schnellbahn *f*, Stadtbahn *f*

mezzanine 1. *(Arch)* Zwischengeschoss *n*, Mezzanin(geschoss) *n*, Halbgeschoss *n*; 2. *(AE)* erster Balkon *m* *(Theater)*

mica clay Glimmerton *m*

microconcrete Mikrobeton *m*

microcracking Mikrorissbildung *f*

microroughness Mikrorauigkeit *f*

mid-depth Mitte *f*

mid-feather Schornsteinzunge *f*, Schornsteinmittel(trenn)steg *m*

middepth Mitte *f* des Querschnittes; Mittellinie *f* *(Statik, Festigkeit)*

middle pier Mitteljoch *n*

middle post Hängesäule *f (unter dem First)*

middle purlin Zwischenpfette *f*

middle span Mitteljoch *n (Stahlbau)*

middle strip Mittelstreifen *m (Straße)*

midspan *(Stat)* Feldmitte *f*

midspan loading Einzellast *f* in Feldmitte

migration of binders Bindemittelabwanderung *f (Baustoffe, Anstrich)*

mild steel weicher Stahl *m*, Flussstahl *m* *(0,15-0,25 % C; z. B. als Baustahl, Betonstahl)*; Gussstahl *m*

mildew-resistant schimmelbeständig

military bridge Pionierbrücke *f*

milk glass Milchglas *n*

mill *v* 1. zerkleinern, brechen *(Baustoffe)*; fräsen *(Oberflächen)*; mahlen, mahlzerkleinern *(keramische Baustoffe, Füllstoffe)*; 2. zurichten, behauen *(Stein)*; 3. rändern, riefen *(Ummantelung, Abschluss)*

mill construction Starkholzbaukonstruktion *f*

mill-primed werkgrundiert, mit Fertigungsanstrich versehen

mill work Bautischlereieinbauten *mpl*, Holzeinbauten *mpl*

milling work Fräsarbeit *f*

millwork *(AE)* Holzbauelemente *npl*, Holzbauteile *npl*; Bautischlerprodukte *npl*

mine working Grubenbau *m*

mineral aggregate mix Mineralgemenge *n*

mineral concrete Mineralbeton *m (ohne Bindemittel)*

mineral fibre Mineralfaser *f*; Mineralwolle *f*, Karmalit *n*, Keramsit *m*

mineral powder Gesteinsmehl *n*

mineral wool Mineral(faser)wolle *f*, Gesteinswolle *f*; Glasfaserwolle *f*; Schlackenwolle *f*; Keramsit *m*

minimum clearance *(Verk)* Mindestlichtraum *m*, Regellichtraum *m*

minimum (concrete) cover Mindestbetondeckung *f*

minimum stress untere Grenzspannung *f*

minimum tensile strength Mindestzugfestigkeit *f*

mining subsidence Bergbausetzung *f*, Setzung *f* in Bergwerksgebieten

minor change (in the construction work) unwesentliche Bauausführungsänderung *f*

mirror of a vault Gewölbespiegel *m*

mirror square Winkelspiegel *m*

misalignment Fluchtungsfehler *m*, Fluchtabweichung *f*, Richtungsabweichung *f (in der Flucht)*; Versatz *m*

miscellaneous and contingencies Verschiedenes *n* und Unvorhergesehenes *n* *(Bauleistungsvertrag)*

mislocated räumlich falsch angeordnet, lageungenau

mission tiling Mönch-Nonne-Ziegeldachdeckung *f*

mitre 1. Gehrung *f*, Gehre *f*, Gehrungsschnitt *m*; 2. s. mitre joint

mitre angle Gehrungswinkel *m*

mitre joint Gehrungsverbindung *f*, Gehrungsstoß *m*, Stoß *m* auf Gehrung; Gehrfuge *f*

mitre 152

mitre sill Drempel m
mitred gate *(Wsb)* Stemmtor n *(Schleuse)*
mix v (ver)mischen, vermengen; anrühren, verrühren *(mit Flüssigkeiten)*; anmachen *(Mörtel, Beton)*; sich mischen
mix composition Mischungszusammensetzung f; Mischgutzusammensetzung f
mix design Mischungsentwurf m, Aufstellen n des Mischungsverhältnisses *(Berechnung)*
mix-in-place Mischen n an Ort und Stelle *(Beton, Mörtel)*; Baustellenmischverfahren n; Baustellengemisch n
mix proportions by weight Mischungsverhältnis n nach Gewichtsteilen
mixed construction gemischte Bauweise f, Gemischtbauweise f
mixed development area [zone] Mischbebauungsgebiet n
mixed plaster on wire lath Drahtverputz m
mixed-use area [zone] Mischgebiet n *(Städtebau)*
mixer conveyor Transportmischer m, Betontransporter m, Betonfahrmischer m
mixing Mischen n, Anrühren n, Anmachen n *(Mörtel, Beton)*
mixing formula Mischrezept f
mixture 1. Mischung f, Gemisch n, Gemenge n; Mischgut n; Betonmischung f; 2. s. mixing; 3. s. mixture ratio
mixture composition Gemischzusammensetzung f, Gemischaufbau m, Mischungszusammensetzung f
mixture of colours Farbmischung f
mixture ratio Mischgutverhältnis n
mixture separation Entmischung f
mobile factory transportable Mischanlage f; fliegendes Betonwerk n
mobile load bewegliche Belastung f, wandernde Last f
mode of failure Bruchform f, Rissart f
mode of stressing Beanspruchungsart f, Form f der Beanspruchung
model v 1. durchbilden, modellieren; nachbilden; 2. entwerfen, entwickeln
model 1. Modell n, Muster n; Vorlage f; Schablone f; 2. Modell n, Nachbildung f; 3. Ausführung f, Bauweise f, Konstruktion f
model analysis Modellstatik f
model house [home] Musterhaus n

Modern Style *(Arch)* Jugendstil m
modification 1. Änderung f; Bauausführungsänderung f; Modifikation f; 2. Bauvertragsänderung f; 3. Vergütung f *(von Mörtel, Beton)*
modification of the contract Bauvertragsänderung f
modified solid wood vergütetes Massivholz n
modifier Vergütungsmittel n, Vergüter m; Modifizierungsmittel n
modular im Baukastensystem gebaut; Baukasten...; Standard...
modular building system Baukastensystem n, maßeinheitliches Bausystem n
modular construction Baukastenkonstruktion f; Modulbau m
modular dimension modulare Abmessung f, Modulabmessung f, Modulmaß n
modular grid Modulraster n, Raster n, Rastergrundriss m, Systemnetz n
modular ratio method n-Verfahren n *(Stahlbeton)*
modular system Rastermaßkonstruktionssystem n, Baukastensystem n, Modulsystem n
modularity Baukastensystem n *(Fertigteilbauten)*
module 1. Modul n, Grundmaß n, Rastermaß n *(Bauraster)*; 2. Modul n, Baustein m, Bauelement n, Baueinheit f
modulus of compressibility *(Bod)* Verformungsmodul m, Steifezahl f
modulus of deformation Formänderungszahl f, Deformationsmodul m
modulus of elasticity Elastizitätsmodul m, E-Modul n
modulus of inertia Trägheitsmodul m
modulus of rupture Bruchmodul m, (statische) Zerreißfestigkeit f
modulus of sliding movement Querdehnungszahl f, Querelastizitätsmodul m
modulus of the foundation Flächenbettungszahl f, Bettungsziffer f, Bettungszahl f *(Fundamentunterseite)*
modulus of transverse elasticity Schubelastizitätsmaß n, Gleitmaß n
Mohr's correction method *(Bod)* Mohr'sches Verfahren n
moist-curing Feuchtnachbehandlung f,

Feuchthalten n, Feuchthaltung f (von Beton)
moist room service Nassrauminstallation f
moisten v anfeuchten, befeuchten, netzen, (an)nässen; feucht halten; feucht werden
moisture Feuchte f, Feuchtigkeit f • **become covered with moisture** mit Feuchtigkeit beschlagen
moisture absorption Feuchtigkeitsaufnahme f
moisture entry Feuchtigkeitseintritt m, Feuchteeintritt m
moisture index Feuchtigkeitszahl f; Feuchtigkeitsindex m
moisture migration Feuchtigkeitswanderung f
moisture-proof feuchtigkeitsdicht, feuchtigkeitsundurchlässig, feuchtigkeitsgeschützt; wasserdampfundurchlässig, wasserdampfdicht
moisture vapour permeability Wasserdampfdurchlässigkeit f
mole drainage Schlitzdränung f
moment Moment n (Physik, Mathematik); Drehmoment n • **having zero moment** momentenfrei
moment allowance Momentendeckung f
moment area Momentenfläche f
moment at point of fixation Einspannmoment n
moment at (point of) support Stütz(en)moment n
moment balancing Momentenausgleich m
moment condition Momentenbedingung f
moment distribution method (Stat) Cross-Verfahren n, Momentenausgleichsverfahren n
moment in the span Feldmoment n
moment of bending Biegemoment n
moment of resistance Widerstandsmoment n
moment triangle Momentendreieck n
monial Fensterpfosten m
monitor 1. Dachanhebung f, Firstlaterne f; Dachfensterflucht f; 2. Druckstrahlbagger m; 3. Kontrollgerät n; Sichtgerät n
monitoring network Überwachungsnetz n
mono-pitch roof Pultdach n, Halbdach n

monoaxial loading einachsige Beanspruchung f
monolithic monolithisch, im Ganzen gegossen (Beton); monolithisch, aus einem Stück gearbeitet; einschalig
monolithic concrete monolithischer Beton m, Monolithbeton m, Ortbeton m
monolithic construction method monolithische Bauweise f, monolithisches Bausystem n
monolithic roof Massivdach n
monopitch roof Pultdach n, Schleppdach n, Pultdach n
montant Senkrechtrahmenstab m
monumental building Monumentalbau m, Monumentalgebäude n
mooring system (Wsb) Verankerungssystem n, Befestigungssystem n (Hafen)
mop-board Scheuerleiste f
mopping 1. Bitumenanstrichauftragung f, Teeren n, Bituminieren n (Dach); 2. Schwabbeln n
moraine gravel Moränenkies m
mordant Beizmittel n; Holzbeize f
more-centered arch Korbbogen m, Ratebogen m
mortar v mörteln, vermörteln, bemörteln
mortar admixture Mörtelzusatz m, Mörtelzusatzmittel n
mortar batch(ing) plant Mörtelmischanlage f
mortar bed Mörtelbett n, Mörtellage f
mortar class Mörtelgruppe f
mortar course Mörtellage f, Mörtelschicht f
mortar gun Mörtelspritze f
mortar mix ratio Mörtelmischungsverhältnis n
mortar workability Mörtelplastizität f
mortgage Hypothek f
mortise v (Hb) (ein)stemmen, einschlitzen; ausstemmen, auslochen; verzapfen
mortise (AE) (Hb) Stemmloch n; Zapfenloch n; Nut f, Schlitz m; Aussparung f
mortise-and-tenon joint Zapf(en)verbindung f, Zapf-Schlitz-Verbindung f, Verzapfung f
mortise chisel Stemmeisen n, Stemmmeißel m
mortise lock Einsteckschloss n
mortising 1. Einstemmen n, Ausstemmen n (Holz); 2. Schlitzverbindung f

mosaic 154

mosaic flooring Mosaikfußboden m, Mosaikbelag m
mosaic pattern Mosaikmuster n
mosaic pavement [paving] *(AE)* Mosaikfußboden m
mosaic-surfaced mosaikverkleidet, mosaikausgekleidet
motor grader Motorstraßenhobel m, Motorgrader m
motorstair Fahrtreppe f, Rolltreppe f
motorway Schnell(verkehrs)straße f, Autobahn f, Kraftfahrzeugstraße f
mottle 1. Marmorierung f, Sprenkelung f; 2. Fleck m, fleckiges Aussehen n
mottling Fleckenbildung f *(in Anstrichen)*; Sprenkelfehlstellen fpl; Marmorierung f
mould v 1. Formteile herstellen *(durch Gießen)*; formen; Ziegel streichen; pressen *(Kunststoffe)*; einschalen; 2. formen, bilden, gestalten; 3. *(Hb)* auskehlen, profilieren
mould 1. Form f, Gussform f; Probenform f; Pressform f; Schalung(sform) f; Matrize f; Modell n; 2. *(Hb)* Hohlkehle f, Leiste f; 3. Gestalt f, (äußere) Form f; Geformtes n, Abformung f *(z. B. Ornament)*; 4. Schimmel m, Schimmelpilz m, Moder m; 5. Humusboden m, Gartenerde f
mould for concrete setting 1. Betonform f, Betonformkasten m; 2. Setzmaßtrichter m, Setzbecher m *(für Betonausbreitversuch)*
mould-release agent Trennmittel n, Formentrennmittel n; Formenöl n *(Betonschalung)*
moulded concrete Gussbeton m
moulded laminated plastic Schichtpressstoff m
moulding compound Pressstoff m, Formmasse f
moulding strip Abdeckleiste f
mouldings Simswerk n
mount v 1. montieren, zusammenbauen, aufstellen; aufrichten, errichten *(z. B. ein Gerüst)*; 2. anbauen (an); anbringen, befestigen; einbauen; installieren, anschließen
mount Fassung f, Halterung f; Einbauvorrichtung f
mounting 1. Montage f, Zusammenbau m, Aufbau m, Aufstellen n; Einbau m; Anbringen n; 2. Halterung f *(z. B. Haltevorrichtung an einer Wand)*; Befestigung f
mounting bracket Montagestütze f; Befestigungsstrebe f; Halterung f
mounting device Einspannvorrichtung f, Befestigung f, Befestigungsvorrichtung f
mounting main Steigleitung f
mounting technique Montagetechnik f
mountings Befestigungsteile npl; Beschläge mpl; Armaturen fpl
movable bar Quertraverse f
movable partition versetzbare Trennwand f
movement 1. *(Arch)* Stilrichtung f; 2. Verschiebung f; Arbeiten n des Holzes
movement joint Bewegungsfuge f
moving formwork Gleitschalung f; Kletterschalung f
moving load 1. bewegliche Last f, verschiebbare Belastung f; 2. Verkehrslast f *(einer Brücke)*; Betriebslast f
moving shutter(s) Gleitschalung f; Kletterschalung f
mud blanket Schmutzdecke f
mud flow Bodenfließen n
mud-flush drilling Spülbohren n
mud-jacking Plattenheben n durch Mörtelunterpressung, Zementplattenheben n durch Mörtelinjektion
mud trap Schlammfang m, Sinkkasten m
muddy ground verschlammter Grund m
muff joint *(San)* Steckmuffenverbindung f
mullion senkrechter Mittelpfosten m; Türmittelpfosten m, Türholz n; Fenstermittelsäule f, Fensterpfosten m, Zwischenpfosten m
mullion window Kreuzfenster n, Pfostenfenster n
mullion wing Rahmenschenkel m
multiangular bar Polygonalstab m
multiangular slab Vieleckplatte f, Polygonalplatte f
multiangular vault Polygonalgewölbe n
multibuilding vielgebäudig, mit vielen Gebäuden *(Bauabschnitt, Anlage)*
multicentred arch mehrfach zentrierter Bogen m; Ellipsenbogen m
multicoating (protective) system Mehrfachschichtsystem n, Mehrfachschutzschicht f
multideck arrangement Mehretagenanordnung f *(z. B. Brücken)*

multidegree-of-freedom system System n mit mehreren Freiheitsgraden
multifamily housing Mehrfamilienhäuser npl, Mehrfamilienbauten mpl
multifloor building Mehrgeschossbau m, Etagenbau m
multiform Vielgliedrigkeit f
multilane highway mehrspurige Straße f
multilevel 1. *(Verk)* planfrei, nicht niveaugleich *(Straßenknoten)*; 2. s. multistorey
multipitch roof Faltdach n
multiple joint Knotengelenk n
multiple latticework mehrteiliges Fachwerk n
multiple truss frame mehrfaches Sprengwerk n
multipurpose building Mehrzweckgebäude n, Vielzweckhalle m
multistorey mehrgeschossig, mehrstöckig *(bis 5 Geschosse)*; vielgeschossig, vielstöckig, vieletagig
multistorey layout mehrgeschossige Anlage f
multistoreyed frame structure Mehretagenrahmenbau m, vielgeschossiger Rahmenbau m
municipal building department Stadthochbauamt n
municipal civil engineering städtischer Tiefbau m
municipal development Städtebau m
municipal engineering 1. Städtebau m; 2. Stadttechnik f; städtischer Tiefbau m
municipal living-space städtischer Lebensraum m
municipal planning Stadtplanung f, Stadtbauplanung f; Städtebau m
municipal sewer system städtisches Kanalnetz n
municipal water supply städtische Wasserversorgung f
municipal works Stadtwerke npl
mural 1. Mauern...; Wand...; 2. wandartig
mushroom construction Pilzdecke f; Pilzdeckenbau m
mushroom slab Pilzdeckenplatte f
mushy concrete hochplastischer Beton m

N

nail v (an)nageln, (mit Nägeln) befestigen, anschlagen; vernageln
nail base nagelbare Unterlage f
nail fastening Nagelverbindung f
nail joint Nagelverbindung f
nail plate Nagelknotenblech n, Nagelanschlussblech n
nailed beam genagelter Träger m
nailed construction Nagelkonstruktion f, Nagelbauweise f, Nagelbausystem n
nailed framework Nagelbinder m
nailed roof framing Brettbinder m
nailing strip Nagellasche f, Nagelleiste f
nappe outlier Schubdecke f *(Scheibenkonstruktion)*
narrow Enge f, enge Stelle f; Flussenge f; Einschnürung f; Schlucht f
narrow-flanged schmalflanschig
narrow side Schmalseite f; Türanschlagseite f
national mapping Landeskartierung f
national planning Landesplanung f
native rock gewachsenes Gestein n, anstehender Fels m
native soil Mutterboden m
native style Heimatstil m, örtlicher Baustil m
natural 1. natürlich, naturgetreu *(z. B. Abbildungen)*; 2. naturbedingt; Natur...; 3. schalungsrau *(Holzschalung)*
natural cement Romankalk m, Romanzement m, hydraulischer Kalk m
natural cleft bruchrau, spaltrau
natural convection natürliche Konvektion f, Schwerkraftumlauf m; natürlicher Umlauf m durch Temperaturdifferenz *(z. B. von Luft, Wasser in geschlossenen Anlagen, Rohren usw.)*
natural draught natürlicher Zug m *(Luft)*; Schornsteinzug m
natural face stone Natursichtstein m, Sichtnaturstein m
natural grade natürlich gewachsene Erdschicht f im Anschnitt; natürliche Geländehöhe f
natural moisture Eigenfeuchte f, Eigenfeuchtigkeit f
natural rigidity *(Arch)* Eigensteifigkeit f
natural stone-block paving Natursteinplattenpflaster n

natural 156

natural stone masonry Natursteinmauerwerk n
nature of deposition *(Bod, Erdb)* Lagerungsform f
nature of soil Bodenbeschaffenheit f
nave 1. *(Arch)* Kirchenmittelschiff n, Hauptschiff n, Langhaus n, Schiff n; 2. Kirchenmittelachse f; 3. (große) offene Zentralhalle f *(eines Gebäudes)*
navvy 1. Bagger m, Löffelbagger m; 2. Erdarbeiter m, Ausschachter m
near-circular kreisähnlich
neat unvermischt, ohne Zuschlagstoffe; ohne Sand *(Mörtel)*
neat cement 1. hydraulischer Zement m *(unabgebunden)*; 2. reiner Zementmörtel m *(ohne Sand)*; Zementpaste f
neat cement grout Zementschlämme f
neat line Aushubmarkierungslinie f
necessary work auxiliary to the accomplishment of the contract notwendige Nebenleistungen fpl zum Bauvertrag
neck Hals m; Säulenhals m, Säulenhalseinschnürung f
neck channel Einkehlung f, Kehlrinne f
needle v absteifen *(mit Stützbalken)*
needle Querbalken m *(kurzer, dicker Stützbalken aus Holz)*; Wandeinsteckholz n, temporäre Holzkonsole f; Nadelschieber m
needle beam Holzbalken m *(kurzer, dicker Stützbalken)*; Querbalken m; Spundpfahl m
negative bending negative Biegung f
negative friction negative Pfahlreibung f
negative reinforcement Bewehrung f gegen negative Biegemomente
negotiated tender freihändige Vergabe f *(öffentlicher Bauaufträge)*
negotiation phase Angebotsphase f
neighbourhood noise Umgebungslärm m
neighbouring building Nachbargebäude n
neoprene gasket Neoprendichtungsband n, Neoprendichtungsprofil n
nervure Gratrippe f, Seitenrippe f *(Gewölbe)*
nest 1. Nest n, Betonnest n; 2. Satz m *(von Geräten)*; Set n
net area Nettofläche f
net load 1. Nutzlast f; 2. *(HLK)* Heizungsnettoleistung f

net tracery Netzmaßwerk n
netlike netzförmig
network 1. *(El, San)* Netz n, Versorgungsnetz n, Leitungsnetz n; 2. Netzwerk n *(Planung)*; Netzplandiagramm n; 3. Straßennetz n
network analysis Netzwerkanalyse f, Netzplantechnik f
network of piping Rohrnetz n, Rohrleitungsnetz n
network planning Netzwerkplanung f, Netzwerktechnik f
neutral axis 1. neutrale Achse f [Linie f], Nullachse f, Nulllinie f; neutrale [spannungsfreie] Faser f *(Festigkeitslehre)*; 2. s. neutral wire
neutral position *(Stat)* Ruhelage f, Gleichgewichtslage f
neutral wire *(El)* Mittelpunktsleiter m, Nullleiter m
new housing construction Wohnungsneubau m
newel 1. Treppenpfosten m, Antrittspfosten m, Austrittspfosten m, Treppensäule f, Baluster m; 2. Spindel f, Mönch m *(einer Treppe)*
newel post 1. s. newel 1.; 2. Brückenbaluster m, Balustersäule f *(zwischen Brückenüberbau und Widerlagerflügel)*
niche 1. Nische f, Mauervertiefung f; Raumnische f *(z. B. für Skulpturen)*; 2. ökologische Nische f
nick Kerbe f, Schnitt m, Einschnitt m; Schlitz m
nidged ashlar scharrierter Naturstein(block) m
night economy Nachtabsenkung f *(Heizung)*
night(-time) storage heater Nachtspeicherheizgerät n
no-go limit Ausschussgrenze f *(Montagetoleranz)*
no-hinged eingespannt, gelenklos
nodal joint Knoten(punkt)verbindung f *(Fachwerk)*
nodal point Knotenpunkt m
node 1. Knoten m, Knotenpunkt m; 2. *(El)* Leitungsknoten m, Verteilungspunkt m, Kreuzungspunkt m
node (point) load Knoten(punkt)last f
nog Holzdübelstein m; Holzziegel m; Holz(dübel)stift m; Holzpflock m

nogged bay work Fachwerkausmauerung f
noise abatement Lärmminderung f, Lärmdämpfung f; Lärmbekämpfung f
noise barrier Lärmschutzwall m; Lärmschutzsperre f
noise control Lärmbekämpfung f; Lärmschutz m; Schallschutz m
noise insulation Lärmschutz m; Schallschutz m
noise prevention Schallschutz m, Lärmbekämpfung f
noise protection wall (Verk) Lärmschutzwand f, Lärmschutzmauer f
noise reduction measure Lärmsanierung f, Lärmminderungsmaßnahme f
noise zone Lärmzone f
nominal bore Nennweite f (Innendurchmesser eines Rohres)
nominal cross section Nennquerschnitt m
nominal dimension 1. Mauerwerksteinstärke f plus Fugendicke; 2. Nennabmessung f, Nennmaß n, Normalmaß n, Sollmaß f
nominal measure 1. Sollmaß n; 2. Raummaß n (Holz)
nominated sub-contractor benannter Subunternehmer m
non-acceptance Abnahmeverweigerung f
non-based building nicht unterkellertes Gebäude n
non-bearing wall nicht tragende Wand f
non-combustible nicht brennbar, unbrennbar
non-conforming nicht spezifikationsgerecht, nicht bauordnungsgerecht (Gebäude)
non-elastic deformation plastische Verformung f, plastische Formänderung f, Kriechformänderung f
non-load-bearing partition nicht tragende Zwischenwand f
non-prestressed reinforcement schlaffe [nicht vorgespannte] Bewehrung f (im Spannbeton)
non-return valve Rückschlagventil n, Rückschlagklappe f
non-rigid 1. nicht starr; verschiebbar; 2. weich (Kunststoff)
non-skid rutschsicher; griffig

non-symmetrical loading unsymmetrische Belastung f
non-treated unbehandelt
nook Raumnische f, einspringende Ecke f; Alkoven m (z. B. für Essecke, Kamin)
normal 1. Normale f, Senkrechte f, Lotrechte f; 2. Mittelwert m (statistische Qualitätskontrolle)
normal bond Regelverband m
normal force Normalkraft f, Normalkomponente f der Kraft
normal section Normalprofil n (Walzstahl)
normal stress (Stat) Normalspannung f
north-light roof Sheddach n, Sägezahndach n
nose 1. Nase f, Ansatz m; 2. Traufleiste f
nosing 1. (abgerundete) Kante f (z. B. einer Sohlbank); Ausladung f; 2. Stufenüberstand m, Treppenüberstand m; 3. Winkelecktleiste f; Kantenschutzleiste f, Kantenschutz m
notch 1. Kerbe f, Einkerbung f, Schnitt m, Einschnitt m, Schnittfuge f; Ausklinkung f (Blech, Platte); 2. Versatz m (räumlich); 3. (Wsb) Scharfkantwehr n
notch joint Kerbverbindung f
notch strength Kerbfestigkeit f
notched bar test Kerbschlagversuch m, Kerbschlagprobe f
notching 1. Kerbung f, Einkerbung f; 2. Einzapfen n, Verzapfen n; 3. Hakenblatt n, Überplattung f (Zimmerung); 4. Terrassen(stufen)bau m, Abtreppungsausbildung f (Verkehrstraße)
notice of award Auftragsschreiben n
notice to bidders Bekanntmachung f einer Ausschreibungsentgegennahme
notion Vorstellung f, Idee f (Bebauungskonzeption)
nozzle 1. Ansatz m, Ansatzrohr n; Stutzen m; 2. Ausflussende n; Ausflussdüse f; Zapfventil n
nuclear shielding concrete Strahlenschutzbeton m
number in each Anzahl f der Positionen (Stahlliste, Biegeliste)
number of members Gliedzahl f, Stabzahl f
numerical calculation numerische Berechnung f

O

oak parquet Eichenholzparkett *n*
oak strip floor covering Eichenriemenbelag *m*, Eichenriemenfußbodenbelag *m*
oakum thread Wergdichtung *f*
object *v* beanstanden, zurückweisen *(z. B. Bauvertragsabweichungen)*
objective Ziel *n*, Zweck *m*
oblique-angled slab schiefwinklige Platte *f*
oblique arch Schiefbogen *m*, schiefwinkliger Bogen *m*
oblique grain Diagonalschnitt *m (Holz)*
oblique rod Diagonale *f*, Schrägstab *m (Stahlbau)*
oblong 1. länglich, gestreckt, länger als breit; 2. rechteckig, ungleichmäßig viereckig
obscure glass Mattglas *n*, durchscheinendes Glas *n*
observation grid *(Verm)* Festpunktnetz *n*
observation of the (construction) work Bauüberwachung *f*
observation well Beobachtungsbrunnen *m*
obstruction Verstopfung *f*, Versetzung *f (Wasserstand, Wasserleitung)*; Sperrung *f*; Hindernis *n*
obstructive layer *(Bod, Erdb)* Sperrschicht *f*
obtuse arch gedrückter Bogen *m*
occlusion Verstopfung *f*
occupancy Gebäudenutzung *f*, Nutzung *f* eines Gebäudes, Belegung *f*; Besetzungsgrad *m*
occupancy load Nutzlast *f*, Gebrauchslast *f*
occupational accident Arbeitsunfall *m*, Betriebsunfall *m*
occur *v* vorkommen, stattfinden *(Ereignis, Störung)*; vorhanden sein *(Bedingung)*; vorkommen, auftreten *(geologische Baustofflagerstätten)*
odd-jobber Bauhilfsarbeiter *m*
odour control Geruchsverhütung *f (Toilettenanlage)*
odour removal equipment Lüftungsanlage *f*
odour trap Geruchsverschluss *m*
of large format großformatig

off-centre application of force ausmittiger Kraftangriff *m*
off-peak electricity heating Nachtspeicherheizung *f*, Nachtstromspeicherheizung *f*
off-site casting Werksfertigung *f (z. B. von Betonfertigteilen)*
off-size Maßabweichung *f*, Abmaß *n*
offer Offerte *f*, Angebot *n (Bauvertrag)*
office block [building] Bürogebäude *n*; Verwaltungsgebäude *n*
office landscape Großraumbüro *n*; Bürolandschaft *f*
office tower Bürohochhaus *n*
official acceptance Abnahme *f*
official submission offene Ausschreibung *f*
offset 1. (räumliche) Verschiebung *f (z. B. Bauflucht)*; Versatz *m (z. B. von Bauteilen gegeneinander)*; zeitliche Verschiebung *f (Bauvertragsphasen)*; 2. Absatz *m*, Mauerabsatz *m*, Rückversatz *m*, Rücksprung *m*; Sprungmaß *n*; 3. Randstreifen *m*; 4. bleibende Dehnung *f (Größe, bei Zug)*; 5. Rohrkrümmung *f*, S-Stück *n*; Sprungstück *n*; 6. *(Verm)* Achsabstands(punkt) *m*; 7. Schutzgebiet *n (Bebauung)*; 8. Abknickung *f*
offshore drilling platform Bohrinsel *f*, schwimmende Bohrplattform *f*
offtake 1. Ableitungsrohr *n*, Ableitung *f*; Abzugsrohr *n*, Abzugskanal *m*; 2. Kanalverzweigung *f*
ogee *(Arch)* Karnies *n*, Hohlkehle *f*; S-Profil *n*
ogee roof Wellendach *n*
ogive 1. Ogive *f*, Spitzbogen *m*; 2. diagonale Gewölberippe *f* eines gotischen Gewölbes
oil-heating system Ölheizungsanlage *f*
oil paint Ölfarbe *f*, Ölanstrichstoff *m*
oil-proof ölbeständig
oil trap Ölabscheider *m*
old buildings Altbauten *mpl*
omitted-size fraction Ausfallkörnung *f*
on-grade ebenerdig
on-site auf der Baustelle; Baustellen...
one-bay einschiffig *(Rahmenwerk)*
one-centred arch einfacher Bogen *m*
one-component system Einkomponentensystem *n*
one-dimensional stress state einachsi-

ger Spannungszustand *m*, linearer Spannungszustand *m*
one-dimensional tension Normalzugkraft *f*
one-hinged frame Eingelenkrahmen *m*
one-storeyed eingeschossig
one-way flooring system Deckenkonstruktion *f* mit einfacher Bewehrung
one-way reinforced einfach bewehrt
ongoing project laufendes Projekt *n*
oozing basin Sickerbecken *n*
opacity 1. Undurchsichtigkeit *f*, Opazität *f*, Lichtundurchlässigkeit *f*, Trübung *f*, Trübheit *f*; 2. Deckfähigkeit *f*, Deckkraft *f*, Deckvermögen *n* *(einer Farbe)*
opaque 1. undurchsichtig, opak; lichtundurchlässig, milchig, trüb; 2. gut deckend *(Farben)*
open *v* 1. öffnen; sich öffnen; 2. durchstoßen *(z. B. verschmutzte Rohrleitungen)*; reinigen; 3. *(El)* trennen *(vom Stromkreis)*; ausschalten
open *v* **up** erschließen *(z. B. für den Verkehr)*; entwickeln *(Gelände)*; aufschließen, erschließen *(Baustofflagerstätten)*
open 1. offen; frei; zugänglich; unverstellt *(durch Gebäude)*; 2. offen, nicht überdacht; 3. durchbrochen; mit Lücken • **be open to traffic** befahrbar sein
open-air building [plant] Freiluftbau *m*, Freiluftbauwerk *n*, offener Bau *m*
open building method offene Bauweise *f*
open caisson foundation Senkbrunnengründung *f*
open channel offenes Gerinne *n*, offener Wasserlauf *m*; Muldenentwässerung *f*; Halbschale *f*, Muldenstein *m*
open cut 1. *(Tun)* offene Bauweise *f*, Grabenbauweise *f*; 2. offene Baugrube *f*
open field Freifläche *f* *(noch unbebaut)*
open-frame girder Vierendeel-Träger *m*, Rahmenträger *m*
open joint 1. offene Fuge *f*, Hohlfuge *f*; Berührungsfuge *f (Trockenbau)*; 2. Zapfenfuge *f*; 3. Fuge *f* mit Stegabstand, Schweißverbindung *f* ohne gegenseitige Berührung
open-string stair aufgesattelte Treppe *f*
open tendering offene Ausschreibung *f*
open-web girder Fachwerkbinder *m*, Gitterträger *m*, Vierendeel-Träger *m*
open-wire line *(El)* Freileitung *f*

opening of bids Angebotseröffnung *f*, Ausschreibungseröffnung *f*
opening stage Anfangsstadium *n*
openwork durchbrochenes Ornament(mauer)werk *n*, offenes Brüstungsmauerwerk *n*
openwork tracery durchbrochenes Maßwerk *n*
operating characteristics Betriebskennwerte *mpl*
operating load Dauerbeanspruchung *f*
operation and maintenance Betrieb *m* und Unterhaltung *f*
operation drawing Werkstattzeichnung *f*
operation sequence Arbeitsablauf *m*; Schrittfolge *f*
operational reliability Betriebssicherheit *f*
opposed force Gegenkraft *f*
optical square Winkelspiegel *m*
optimum compaction optimale Verdichtung *f*
optimum Proctor density *(Bod)* Proctor-Dichte *f*, Standarddichte *f*
opus *(Arch)* Opus *n* *(1. Mauerwerk; 2. Arbeitstechnik der römischen Antike für bestimmte Baugewerke und -künste)*
order *v* 1. anordnen, ordnen *(Bauelemente, Gebäude)*; 2. bestellen, in Auftrag geben
order 1. Anordnung *f*, Ordnung *f* *(z. B. von Bauelementen)*; 2. *(Arch)* Säulenanordnung *f*, Säulenordnung *f*; Baustil *m*; 3. Gewölbering *m*; 4. Größenordnung *f*, Rangordnung *f*, Reihenfolge *f*; 5. Bestellung *f*, Auftrag *m* *(von Leistung und Material)*; 6. Anordnung *f* *(zum Ausführen von Gewerke- und Ingenieurleistung)*; 7. Gewölbering *m* *(Mauerwerk)*
order letting Auftragserteilung *f*, Vergabe *f*
order of architecture Säulenordnung *f*, Säulenanordnung *f*; Bauordnung *f*
ordinary cement Normalzement *m*
ordinary concrete Beton *m*, Schwerbeton *m*, normaler [unbewehrter] Beton *m*
ordinary red brick Normalziegel(stein) *m*
Ordnance Survey map amtliche Vermessungskarte *f*
organic building organhaftes Bauen *n* *(funktionelle Formen)*
organic impurity organische Verunreinigung *f*, organische Verschmutzung *f*
organic pigment Naturpigment *n*, organisches Pigment *n*

oriel Erker *m*
orientation 1. Orientierung *f*, Ausrichtung *f (eines Gebäudes nach Osten)*; 2. Standrichtung *f*, Lagerichtung *f*, Stellung *f (eines Gebäudes in Ost-West-Richtung)*
origin-destination study *(Verk)* Quell- und Zielverkehruntersuchung *f*, Verkehrsuntersuchung *f*
origin of force Angriffspunkt *m* (der Kraft)
original ground level natürliche Höhe *f*, Höhe *f* des natürlichen Geländes
ornament Ornament *n*, Schmuckelement *n*, Zierelement *n*, Verzierung *f*, Dekorationsglied *n*
ornamental architecture Dekorarchitektur *f*, Ornamentarchitektur *f*, Schmuckarchitektur *f*, Zierarchitektur *f*, Schmuckbaukunst *f*
ornamental concrete Zierbeton *m*; Sichtbeton *m*
ornamental gabble Ziergiebel *m*, Schmuckgiebel *m*, Ornamentgiebel *m*, Dekorationsgiebel *m*
ornamental structural ceramics dekorative Baukeramik *f*
orthogonal anisotropic plate orthogonale nicht isotrope Platte *f*
orthogonal framework (of girders) orthogonale Konstruktion *f (Fachwerk)*
ortstein *(Bod, Erdb)* Ortstein *m*
oscillation check Schwingungsnachweis *m*, Erschütterungsnachweis *m*
oscillation damping Schwingungsdämpfung *f*, Erschütterungsdämpfung *f*
out-of-centre außermittig, exzentrisch, seitlich versetzt
out-of-line aus der Flucht, außer Flucht
out-of-square nicht senkrecht, nicht im Lot
out ramp *(Verk)* Ausfahrtrampe *f*, Abfahrtrampe *f*
outbond Verbundblendmauer *f*, Verbundblendmauerwerk *n*, Läuferblendmauer *f*
outbuilding Außengebäude *n*, Nebengebäude *n*; Remise *f*
outdoor-air intake [supply] Außenluftzuführung *f*
outdoor corridor Laubengang *m*, offener Gang *m*
outdoor facilities Außenanlagen *fpl*
outdoor test Feldversuch *m*, Freilandprüfung *f*; Freilandbewitterungsprüfung *f*, Bewitterungsversuch *m*
outer casing Außenhülle *f*, Außenmantel *m*
outer corner Außeneck *n*
outer insulation Außendämmung *f*
outer leaf Außenschale *f*, äußere Schale *f*
outer sealing Außendichtung *f*, Außenabdichtung *f*
outer sill äußere Sohlbank *f*
outer window Außenfenster *n*
outfall 1. *(Wsb)* Abflussleitung *f*, Ableitungskanal *m*; 2. *(San)* Abwassereinleitungsstelle *f*; Abflusseinlauf *m*; Vorfluter *m*; 3. Durchlassende *n*, Grabenauslass *m*
outfall ditch *(Wsb)* Vorfluter *m*
outfall sewer Sammler *m*, Sammelkanal *m*, Hauptabwasserrohr *n*
outfit Ausstattung *f*, Ausrüstung *f (von Apparaturen, Anlagen für Gebäudeeinrichtungen)*
outflow pipe Abflussrohr *n*, Ablaufrohr *n*, Auslaufrohr *n*; Abzugsrohr *n*
outhouse 1. Außenhaus *n*; Hintergebäude *n*, Nebengebäude *n*; 2. *(AE)* Aborthäuschen *n*
outlet 1. Ablassöffnung *f*, Austrittsöffnung *f*, Austritt *m*, Ablauf *m*; Auslauf *m*; Abfluss *m*; Abzug *m*; 2. Ablassen *n*, Ablass *m*, Ablaufen *n*
outlet ditch Abzugsgraben *m*, Ablaufrinne *f*
outlet structure *(Wsb)* Mündungsbauwerk *n*, Auslaufbauwerk *n*
outlet ventilator Entlüftungsventilator *m*
outline 1. Entwurf *m*, Plan *m*, Skizze *f*; 2. Außenlinie *f*, Umrisslinie *f*, Umriss *m*, Profil *n*; Begrenzungslinie *f*
outline plan Perspektivplan *m*, Rahmenplan *m (Bebauungsplanung)*
output 1. (abgegebene) Leistung *f*, Ausgangsleistung *f (von Maschinen)*; 2. Arbeitsvermögen *n*, erbrachte Leistung *f (von Personen)*; 3. Produktionsausstoß *m*
outrigger beam Abstützträger *m*, Stützarm *m*
outside Außenseite *f*, Stirnseite *f (eines Gebäudes)*
outside force äußere Kraft *f*, Außenkraft *f*
outside window Vorfenster *n*, Winterfenster *n*

outside work Außenarbeiten *fpl*
outward levelling *(Verm)* Hinnivellierung *f*
outwindow Loggiafenster *n*, ausgekragtes Fenster *n*
oval-shaped sewer pipe Eiprofil *n*, Kanaleiprofil *n*
over-allowance oberes Abmaß *n (Bauelement)*
overall coefficient of heat transfer Wärmedurchgangszahl *f*
overall cost Gesamtkosten *pl*
overall dimensions Baugröße *f*, Gebäudegröße *f*; Raumbedarf *m (Flächennutzungsplan, Städteplanung)*
overall planning (scheme) Gesamtplanung *f*, übergreifende Planung *f*; übergeordnete Planung *f*
overbridge Überführung *f*, Wegüberführung *f*
overburden 1. *(Bod)* Schichtdicke *f* über der tragfähigen Bodenschicht; 2. Abraumschicht *f*, überlagernde Erdschichten *fpl*, Überlagerung *f*, Überdeckung *f*, Deckgebirge *n*; 3. *(Bod, Erdb)* Überlagerungsdruck *m*, Überlastung *f (oberer Schichten)*
overburden pressure *(Bod, Erdb)* Überlagerungsdruck *m (oberer Schichten)*
overcharge Überbelastung *f*, Überlastung *f*
overcoat(ing) Deckschicht *f*; Überzug *m*; Deckanstrich *m*
overcurrent protection breaker *(El)* Überstromschutzschalter *m*
overflow 1. *(Wsb)* Überfall *m*, Überlauf *m*, Überströmen *n*; 2. *(Wsb)* Überlassdeich *m*; Überfallwehr *n*
overflow connection 1. Überlaufanschluss *m*; 2. *(San)* Ablaufstutzen *m (Geruchsverschluss)*
overflow duct [pipe] Überlaufleitung *f*, Überfallrohr *n*
overhang 1. Vorsprung *m*, Überhang *m*, Auskragung *f*, Ausladung *f*; 2. Überstand *m (Sonnenschutz)*
overhanging beam Kragbalken *m*, Kragträger *m*
overhanging girder Kragträger *m*
overhanging rafter Kragsparren *m*
overhead 1. Gemeinkosten *pl*, Generalunkosten *pl*; allgemeine Geschäftskosten *pl*; Betriebskosten *pl*; 2. *s.* ceiling 1.; 3. Overhead-Projektor *m*

oxygen

overhead clearance lichte Höhe *f*
overhead power line *(El)* Überlandleitung *f*
overhead tank Hochbehälter *m*
overheads Gemeinkosten *pl*, Betriebskosten *pl*
overhung door Hängetür *f*, Schiebetür *f*
overlap *v* überlappen, überdecken; sich überlappen, sich überdecken; übereinandergreifen; sich überschneiden *(Flächen)*
overlapping Überlappung *f*, Überlappen *n*, Überdeckung *f*; Überschneidung *f*; Überblattung *f*
overlapping joint Überlappungsstoß *m*, Übergreifungsstoß *m*
overlay 1. Belag *m*, Deckschicht *f*; Überzug *m (Putz oder Anstrich)*; 2. *(Verk)* Hocheinbau *m*, Deckschicht *f* im Hocheinbau; Deckenverstärkung *f*
overleap joint Überblattung *f*
overload 1. Überlastung *f*, Überbeanspruchung *f*; 2. *(El)* Überlast *f*
overlying weight *(Bod, Erdb)* Auflast *f*
overpass Überführung *f*, Wegüberführung *f*, Straßenüberführung *f*; *(AE)* Hochstraße *f (Autobahnüberführung)*; Eisenbahnüberführung *f*
oversailing floor Auslegerdecke *f*, Kragdecke *f*, auskragende Decke *f*, vorkragende Decke *f*
overstorey 1. oberes Geschoss *n*; 2. *(Arch)* Lichtgaden *m*, Obergaden *m*, Fenstergaden *m*, Gaden *m (im Mittelschiff einer Basilika)*
overstress *v* überbeanspruchen, über(be)lasten; überspannen *(Spannbeton)*
overturning (failure) Kippen *n*, Umkippen *n (z. B. Stützmauer, Bauwerk)*; Überschlagen *n (Fahrzeug)*
overturning moment *(Stat)* Kippmoment *n*
overwhelm *v (Bod, Erdb)* überschütten
oviform eiförmig, oval
own weight Eigenmasse *f*; Eigengewicht *n*, Eigenlast *f (z. B. einer Konstruktion)*
owner-contractor agreement Bau(ausführungs)vertrag *m*, Bauleistungsvertrag *m*
ownership of land Grundeigentum *n*, Grundbesitz *m*, Landbesitz *m*
oxyacetylene welding Acetylen-Sauerstoff-Schweißen *n*, Autogenschweißen *n*
oxygen cutting Sauerstoffschneiden *n*

P

pace Treppenabsatz m, Treppenpodest n; breite Stufe f
pack v 1. stopfen (Schotter); 2. unterbauen, verdichten (Straße); 3. (ab)dichten
packed chord zusammengesetzter Gurt m (Träger)
packing 1. Abdichtung f, Dichtung f; Futter n, Füllung f; 2. Verdichtung f (einer Straße); 3. Stopfen n (von Gleisen); 4. Versatzmörtel m, Verfüllbeton m; 5. Futter n (Fachwerk)
packing factor Verdichtungsfaktor m
packing material Dichtungsmaterial n, Dichtungsmittel n, Dichtungsstoff m
packing piece 1. Stapelholz n; 2. Füllholz n, Futterholz n
pad 1. Wegplatte f, Straßen(fertigteil)platte f; 2. Kissen n, Matte f (Fundament); 3. s. padstone; 4. Puffer m
pad foundation Einzelgründung f, Einzelfundament n; Flachgründung f
padding Auftragsschweißen n
padstone 1. (Arch) Säulendeckplatte f, Abakus m, Kapitellplatte f; 2. (Arch) Auflagerstein m
paint 1. pigmentierter Anstrichstoff m, farbiger Anstrichstoff m, Anstrichfarbe f; 2. s. paint coat
paint coat Farbanstrich m, Anstrich m, Farbaufstrich m, Anstrichschicht f, Lacküberzug m
paint for preservation of structures Bauten(schutz)farbe f
paint stripper Abbeizmittel n, Farbentferner m, Farblösungsmittel n
paint work Malerarbeiten fpl
painting 1. Anstreichen n, Farbauftrag m; 2. Anstrich m, Farbanstrich m
pair of rafters Gebinde n
palace Palast m, Palais n, Schloss m
pale 1. Zaunlatte f, Stakete f, Rundling m; Zaunpfahl m, Zaunpfosten m, Pfosten m (Zaun); Holzpfahl m (für Palisadenzäune); 2. eingezäunte Fläche f
pale work Pfahlwerk n
paling 1. Lattenzaun m, Staketenzaun m, Staket n, Lattenumzäunung f, Bauzaun m; Einpfählung f, Pfahlwerk n; 2. Geländerausfachung f

palisade Einpfählung f, Staketenzaun m, Staket n, Palisade f; Palisadenzaun m
pallet 1. Dübelleiste f, Dübelholz n; 2. Palette f, Transportpalette f
pan 1. Wandplatte f; 2. Längsvertiefung f einer Wand; 3. vertikale Wandunterbrechung f (Fachwerk); Ausfachung (swand) f (Fachwerkbauten); 4. Glasfaserbetonform f, Glasfaserschalung f; 5. Schale f, Pfanne f, Becken n (flach); Toilettenbecken n; 6. Türbandvertiefung f; 7. Deckenfeld n, Deckenkassette f, Deckenfach n; 8. Verdichtungshorizont m; Trockensee m
pan construction Schalenkonstruktion f (Geschossdecken); Rippenplatten-(decken)bauweise f (Fertigteilbauweise); Stahlbetonrippendecke f
pane 1. Scheibe f, Glasscheibe f; 2. Täfelungsteil n, Vertäfelungstafel f; 3. Gebäudeseite f; 4. Pinne f
pane of a roof Dachfläche f, Dachseite f, Dachschräge f
panel v (ver)täfeln
panel 1. Platte f, Tafel f (Wandtafel); 2. (Hb) Füllung f; Türfüllung f; 3. Täfelung f, Täfelwerk n, Vertäfelung f; Täfelungsfeld n, Täfelungsteil n, Vertäfelungstafel f, Paneel n; Wandtäfelung n, Getäfel n, Holztäfelung f, getäfelte Wand f; 5. Beplankung f; (El) Schalttafel f; 6. Fachwerkfeld n, Strebenfeld n
panel construction Plattenbauweise f, Plattenbau m, Fertigteil(tafel)bauweise f, Tafelbauweise f
panel façade Tafelfassade f
panel-frame construction Skelettplattenbauweise f
panel heating unit Plattenheizkörper m
panel lining 1. Wandauskleidung f; 2. Türrahmenverkleidung f, Türrahmenauskleidung f
panel of a bridge Brückenfeld n, Jochfeld n
panel system Plattenbauweise f, Plattenbau m, Tafelbauweise f, Tafelplattensystem n
panelled ceiling Kassettendecke f, getäfelte Decke f
panelling Täfelung f, Vertäfelung f, Wandtäfelung f, Wandverkleidung f, Verkleidung f; Holz(ver)täfelung f (Vorgang); Innenverkleidung f, Beplankung f,

Paneel *n*; Rahmen *m*, Fachwerk *n* (Tischlerarbeit)
panic exit device Notausgangsverriegelung *f*, Panikverschluss *m*
pantiling Pfannendacheindeckung *f*, Eindecken *n* mit Pfannen
pantry 1. Vorratskammer *f*, Speisekammer *f*; 2. Servierraum *m* (*im Hotel oder Krankenhaus*); Anrichteraum *m*; Anrichte *f*; 3. *(AE)* Imbissküche *f*
paper-based laminated board Schichtstoffplatte *f* mit Papierbahnen
paperboard Pappe *f*, Pappenplatte *f*
paperhanging Tapezierarbeiten *fpl*, Tapezieren *n* mit Papiertapete, Tapezierung *f*
parabolic arched girder Parabelbogenträger *m*
parabolic load(ing) parabolische Belastung *f*, Parabelbelastung *f*
paraboloid shell Paraboloidschale *f*
parallel-chord truss Parallelfachwerkbinder *m*, parallelgurtiger Fachwerkbinder *m*, Parallelfachwerk *n*, Parallelgurtträger *m*
parallel projection Parallelprojektion *f*, Parallelriss *m*, Parallelperspektive *f*
parallel system of forces *(Stat)* parallele Kräftegruppe *f*
parallelogram of forces Kräfteparallelogramm *n*
parapet 1. Brüstungsmauer *f*; Parapett *n* (*Brustwehr eines Walles*); 2. Brüstung *f*; Geländer *n*; Balustrade *f*; Brückengeländer *n*
parapet wall Brüstungsmauer *f* (über dem Dach)
parget(ing) 1. Putzornament *n*, Stuckarbeit *f*, Stuckwerk *n*, Stuckatur *f*; gemusterter Außenputz *m*; 2. Dichtungsputz *m*; Putzmörtel *m* mit Dichtungsmittelzusatz; 3. Verputzen *n*, Berappen *n*
paring 1. Zuhauen *n*, Zuschlagen *n* (*Holz*); Schälen *n*; 2. Behauen *n*, Abstemmen *n* (*Stein*)
parking building Parkhaus *n*
parking guidance system Parkleitsystem *n*
parking space Parkplatz *m*; Parkraum *m*; markierte Parkfläche *f* (*eines Parkplatzes*)
parkway (breite) Autostraße *f* durch Grünlandschaft, Autobahn *f* mit Grünstreifen durch einen Landschaftspark
parquet *v* parkettieren, Parkett legen, mit Parkett auslegen
parquet floor Parkettfußboden *m*
parquet work Parkettarbeiten *fpl*
part *v* abteilen
part 1. Teil *n* (*Bauteil*); 2. Teil *m*, Bestandteil *m*
part by volume Raumanteil *m*, Volumen(an)teil *m*
partial acceptance Teilabnahme *f*
partial fixing teilweise Einbindung *f*, Teileinspannung *f* (*Träger*)
partial pressure Partialdruck *m*
partial release [restrain] Vorspannungsnachlass *m*, teilweises Entspannen *n*
partial tensioning Teilvorspannung *f*, teilweise Vorspannung *f*
partially restrained *(Stat)* teilweise eingespannt
particle board Span(holz)platte *f*
particle size Korngröße *f*; Teilchengröße *f*
particulate collection Rauchgasentstaubung *f*, Staubabscheidung *f*
parting agent Trennmittel *n*, Antiklebemittel *n*
parting layer Sperrschicht *f*
partition *v* 1. (ab)teilen, (ab)trennen; unterteilen, aufteilen; 2. parzellieren, Land aufteilen
partition Trennwand *f*, Zwischenwand *f*, Scheidewand *f*, Abteilungswand *f*; Raumteiler *m*
partition stud 1. Jochstütze *f*, Jochsäule *f*; Bundsäule *f*; 2. Bolzenstab *m*, Stehbolzenstange *f*
partitioning Abtrennung *f* durch Trennwände, Raum(ein)teilung *f*
party wall Wohnungstrennwand *f*; Gebäudetrennwand *f*, Brandmauer *f*, Feuermauer *f*; Grundstücks(begrenzungs)mauer *f*, Markmauer *f*, Grenzmauer *f*
pass *v* (hindurch)strömen; durchlassen
pass *v* **through** 1. durchführen (z. B. Kabel); 2. durchsickern
pass *v* **under** unterführen
passage 1. Durchgang *m*, Passage *f*, Verbindungsgang *m*; Übergang *m*; Laufweg *m*; Durchfahrt *f*; 2. Durchfluss *m*
passage tunnel Durchführungsgang *m*
passage underground Unterführung *f*, Tunnel *m*

passenger

passenger building *(Verk)* Empfangsgebäude *n*, Passagiergebäude *n*

passenger-handling facility Passagierabfertigungsanlage *f*

passenger terminal block Abfertigungsgebäude *n*, Empfangsgebäude *n (Flughafen)*

passing a pipe through a wall Rohrdurchführung *f*

passing hole Durchführungsdurchbruch *m (Leitungen)*; Durchführungsöffnung *f*

passing lane Überholspur *f*

passings Überlappungsweite *f*

paste board Schichtenpappe *f*

patch *v* ausbessern, flicken

patch mortar Ausbesserungsmörtel *m*, Flickmörtel *m*

patchwork Flickarbeit *f*, Unterhaltungsarbeiten *fpl*, Stückwerk *n*

patent glazing kittlose Verglasung *f*, kittloses Einglasen *n*

patent plaster 1. Edelputz *m*; 2. abgemagerter Gipsputz *m*

path of stressing force Spannweg *m*

path tile Gehwegplatte *f*, Wegplatte *f (Fliese)*

path to earth Ableitung *f (Blitzschutz)*

pathway Fußgängerweg *m*; Gehweg *m (z. B. Gartenweg)*

patten Stützenfundament *n*, Säulenfuß *m*, Säulenfußschwelle *f*

pattern 1. Muster *n*, Bildmuster *n*, Zeichnung *f*, Schema *n*; 2. Lehre *f (Modell)*; Schablone *f*; Formnegativ *n*; 3. Dekoration *f*, Ornamentierung *f*, Schmuck *m*, Verzierung *f*

pave *v* pflastern, Pflaster verlegen; befestigen *(Weg)*

paved gutter gepflasterte Rinne *f*, Pflasterrinne *f*

paved road Pflasterstraße *f*, Chaussee *f*; befestigte Straße *f*

pavement 1. Wegebefestigung *f*, Pflasterbelag *m*, Pflasterdecke *f*, Pflaster *n*, Pflasterung *f*; Straßenbefestigung *f*, Straßendecke *f*, Straßenpflaster *n*; 2. Gehweg *m*, Fußweg *m*, Bürgersteig *m*; 3. *(AE)* Fahrbahn *f*, Oberbau *m (Straßenbau)*; 4. *(Tun)* Liegendes *n*

pavement bed Deckenunterbau *m*, Kofferschicht *f*, Koffer *m (Straße)*

pavement management system *(PMS)* *(Verk)* Systematik *f* der Straßendeckenerhaltung

pavement management system *(PMS)* systematische Straßen(decken)erhaltung *f*

pavement structure Straßendeckenkonstruktion *f*, Straßendeckenaufbau *m*, Befestigungsaufbau *m*, Deckenkonstruktion *f*, Oberbau *m*

paver 1. Steinsetzer *m*, Pflasterer *m*; Plattenleger *m*; 2. Pflasterstein *m*, Pflasterblock *m*, Pflasterklinker *m*, Fußbodenfliese *f*; 3. Straßenbetonfertiger *m*, Betonstraßenfertiger *m*, Straßenfertiger *m*, Deckenfertiger *m*

paver tile Fußbodenfliese *f*

pavilion roof pyramidales Walmdach *n*, Walmdach *n* mit polygonalem Grundriss, Polygon(al)dach *n*

paving 1. Deckenbau *m*; Pflastern *n*, Pflasterung *f*, Straßenbefestigung *f (Vorgang)*; 2. Deckenaufbau *m*, Pflasterbelag *m*, Pflasterdecke *f*, Pflaster *n*, Pflasterung *f*, Straßenpflaster *n*, Straßendecke *f (Gesamtbefestigungsbelag)*

paving block Pflasterstein *m*, Pflasterblock *m*; Gehwegplatte *f*

paving in setts Steinpflaster *n*, Steinpflasterung *f*

paving sett Pflasterstein *m*, Pflasterblock *m*

paving slab Fahrbahnplatte *f*, Pflasterplatte *f*

pavio(u)r 1. Straßenklinker *m*, Pflasterziegel *m*; 2. Steinsetzer *m*, Pflasterer *m*

peak arch Spitzbogen *m*, gotischer Bogen *m*

peak current *(El)* Spitzenstrom *m*, Spitzenenergie *f*

peak demand Spitzenbedarf *m*

peak joint Firstverbindung *f*, Firststoß *m*

peak load 1. Spitzenbelastung *f*, Belastungsmaximum *n*, Höchstlast *f*; 2. *(El)* Spitzenlast *f*

pear profile *(Arch)* Birnenprofil *n*

peat insulating board Torffaserdämmplatte *f*

pebble bed *(Bod, Erdb)* Kiesschicht *f*

pebble dash Rauputz *m*, Rappputz *m*

peck *v* hacken; stemmen

pedestal 1. Piedestal *n*, Sockel *m*; Bock *m*, Untersatz *m*; Säulensockel *m*, Säulenplatte *f*, Postament *n*; 2. senkrechtes

Druckelement *n* *(nicht länger als der dreifache Durchmesser)*; 3. *(San)* Piedestal *n*, Standsäule *f* für Waschbecken; Toilettenmuschel *f*
pedestal pile Pfahl *m* mit Fußverbreiterung *(Gründung)*
pedestrian access Fußgängerzugang *m*
pedestrian area Fußgängerzone *f*
pedestrian crossing point (markierter) Fußgängerüberweg *m*
pedestrian deck Fußgängerdeck *n*, Fußgängerebene *f*
pedestrian network Fußgängerwegenetz *n*, Fußwegesystem *n*
pediment 1. *(Arch)* Giebel *m*, Verdachung *f*; 2. Fronton *m*, Ziergiebel *m*, verzierter Giebel *m* *(über Türen und Fenstern)*
pediment arch gerader Spitzbogen *m*
peeling 1. Mörtelausbrechen *n*, Abplatzen *n*; 2. Abschälen *n*, Abblättern *n* *(Anstrich, Putz)*
peg *v* stecken; verstiften; dübeln
peg *v* **out** 1. *(Verm)* abstecken, ausstecken, abpflocken; 2. abwinkeln, auswinkeln *(Grundrisse)*
peg 1. Splint *m*, Stift *m*, Holzstift *m*, Pinne *f*, Zwecke *f* *(aus Holz)*; Bolzen *m*, Dübel *m*; 2. *(Verm)* Pfahl *m*, Pflock *m*
pell-mell blocks Gründungsblöcke *f*; Blockgründung *f* *(Schüttung)*
pen roof Pultdach *n* *(Schleppdach)*
penalty sum Vertragsstrafenbetrag *m*, Vertragsstrafensumme *f* *(bei Nichterfüllen des Bauvertrags)*
pendant 1. hängendes Bogenornament *n*, hängende Ziersäule *f*; Zapfenknauf *m*; 2. Hängelampe *f*, Hängeleuchte *f*, Pendelleuchte *f*
pendant post Fachwerkfußholz *n*
pendulum suspension Pendelaufhängung *f*
penetrate *v* eindringen; einsickern; durchdringen, penetrieren; *(mit Flüssigkeiten)* durchtränken, imprägnieren; sich einfressen *(z. B. Staub)*
penetrating floor sealer Fußbodenversiegelungsmittel *n*
penetration Eindringen *n*; Penetration *f*, Durchdringung *f*; Imprägnierung *f*, Tränkung *f*
penetration load curve Eindringlastkurve *f*

penetration of space Raumdurchdringung *f*
penetration record Rammprotokoll *n*
penstock 1. *(Wsb)* Stauwehr *n*, Stauanlage *f*; Schleuse *f* *(Wasserregulierung)*; 2. Mühlgraben *m*; 3. Rohrzuleitung *f*, Druckrohr *n*
pent roof Pultdach *n*; Flugdach *n*, Schleppdach *n*
penthouse 1. Dachhaus *n*; Flachdachaufbau *m*; Penthaus *n*, (exklusive) Dachterrassenwohnung *f*; Schutzdach *n* *(angebaut)*; 2. Anbau *m*, Nebengebäude *n*; offener Schuppen *m* *(Anbau)*
pentstock *(Wsb)* Druckstollen *m*
perch 1. Kragstein *m*; Konsole *f*; 2. Steinraummaß, ca. 25 Kubikfuß
perched water Schichtwasser *n*, Stauwasser *n*
percolate *v* versickern, durchsickern, einsickern
percolation 1. Versickern *n*, Versickerung *f*, Durchsickern *n*, Durchströmen *n* *(von Wasser)*; 2. *(Bod)* Durchlässigkeit *f*
percolation water Sickerwasser *n*, Tropfwasser *n*
percolation well Sickerbrunnen *m*
percussion Schlag *m*, Stoß *m*, Erschütterung *f*, Perkussion *f*
percussion drill Luftkompressorbohrer *m*, Schlagbohrer *m*, Schlagbohrmaschine *f*, Stoßbohrer *m*
percussion penetration method *(Bod, Erdb)* Rammsondierung *f*
percussion riveting Schlagnieten *n*
perfect *(Stat)* bestimmt
perfect arch Rundbogen *m*
perfect stressing vollkommene Vorspannung *f*
perfectly plastic theory ideal-plastische Theorie *f*
perforate *v* durchstecken, lochen, perforieren, durchbohren
perforated board Lochplatte *f*, durchlochte Platte *f*
perforated hardboard Hartfaserplatte *f*
perforated steel strip Lochband *n*
perforated tracery Netzmaßwerk *n*
performance 1. Leistung *f* *(z. B. mechanisch, Vertragsleistung)*; Leistungsfähigkeit *f*, Funktionsfähigkeit *f*, Gebrauchsverhalten *n*; Ausführung *f* *(z. B.*

performance

von Anlagen und Gebäuden); 2. Durchführung *f*
performance bond Bauleistungsangabe *f*, Bauleistungsverpflichtung *f; (AE)* Liefergarantie *f*
performance of contract Vertragserfüllung *f*
performance test 1. Leistungsprüfung *f*, Leistungsprobe *f*; 2. Eignungsprüfung *f*
perimeter beam Randbalken *m*
perimeter bracket Ringkonsole *f*
perimeter heating system Warmluft(umlauf)heizung *f*
perimeter wall Umfassungsmauer *f*
peripheral area Randgebiet *n (Städtebau)*
peripheral force Umfangskraft *f*
peripheral tensile stress Ringzugspannung *f (Ringanker)*
peripheral tie beam Ringanker *m*
permanence of dimension Maßbeständigkeit *f (Bauteil)*
permanency 1. *(Stat)* Beharrungszustand *m*; 2. Haltbarkeit *f*; Beständigkeit *f*
permanent fest, dauernd, bleibend, stetig; stabil, beständig; nicht lösbar, fest verlegt
permanent concrete shuttering verlorene Betonschalung *f*
permanent deflection plastische Durchbiegung *f*
permanent load ständige Last *f*; Dauerlast *f*; Eigenlast *f*
permanent set(tlement) bleibende [plastische] Durchbiegung *f (Träger)*; bleibende Setzung *f (Bauwerk)*; bleibende [plastische] Einsenkung *f* [Setzung *f*] *(Baugrund)*
permanent waste storage Endlagerung *f* von Abfällen
permanent weight Eigenmasse *f*, Eigengewicht *n*; Eigenlast *f*, ständige Last *f*
permeability Durchlässigkeit *f*, Permeabilität *f*; Wasserdurchlässigkeit *f*, Undichtigkeit *f*
permeability coefficient Durchlässigkeitskoeffizient *m*, Durchlässigkeitsbeiwert *m*
permeability to water Wasserdurchlässigkeit *f*
permeable bed Grundwasserleiter *m*
permeable ground durchlässiger Boden *m*

166

permeable to moisture feuchtigkeitsdurchlässig
permeate *v* durchdringen, eindringen *(Wasser, Lösungen);* eindiffundieren *(Feuchtigkeit, Gase)*
permissible deviation zulässige Abweichung *f*; Abnahmetoleranz *f*; Ausführungstoleranz *f (Baustoffkennwerte, geometrische Kennwerte)*
permissible stress zulässige Spannung *f*, Bemessungsspannung *f*; zulässige Beanspruchung *f*
permit *v* zulassen, (zur Verwendung) genehmigen *(Baustoffe, Bauelemente)*
permit 1. Zulassung *f*, Genehmigung *f (Baustoffe, Bauteile)*; 2. Baugenehmigung *f*
perpend 1. durchgehender Stein *m* [Strecker *m*], Binderstein *m (im Mauerwerk)*; beidseitig sichtbarer Mauerstein *m*; Natureckstein *m*, Naturwinkelstein *m*; 2. Senkrechtfuge *f*
perpendicular senkrecht *(lotrecht)*; vertikal
perron 1. Beischlag *m*, Treppenvorbau *m (Außenstufen, z. B. bei Kirchen oder Gutshäusern)*; 2. große Freitreppenanlage *f*
person proposing to build Bauantragsteller *m*, Baubeantragender *m*
perspective drawing Perspektivzeichnung *f*, perspektivische Zeichnung *f*
perspiration Schwitzwasser *n*
pervious blanket Dränschicht *f*, Entwässerungsschicht *f*, Entwässerungslage *f*
pervious concrete Dränbeton *m*
pervious soil durchlässiger Boden *m*
perviousness of diffusion Diffusionsdurchlässigkeit *f*
pet cock Entlüftungshahn *m (Heizung)*; Entlüftungsventil *n*
petrographical petrographisch, gesteinskundlich
petrol trap Benzinabscheider *m*
phenolic resin Phenolharz *n*, Phenolplast *n*
phone duct Fernsprechkabelkanal *m*
phosphating (treatment) Phosphatieren *n (Korrosionsschutz)*
photogrammetry Fotogrammetrie *f*, Messbildverfahren *n*, Bildmesswesen *n*
physical planning Raumplanung *f*, Territorialplanung *f*; Raumordnung *f*

pin

pick Hacke f; Haue f; Kreuzhacke f, Spitzhacke f; Pickhammer m
picked finish gespitzte Oberfläche f (Stein)
picket Pflock m; Zaunpfahl m, Zaunpfosten m; Zaunlatte f
pickle v (ab)abbeizen (Metall); ablaugen (Holz)
pickling agent Beizmittel n, Abbeizmittel n
picture window großflächiges Fenster n, Terrassenfenster n, Panoramafenster n
piece list Stückliste f
piend Gradlinie f
pier 1. Brückenpfeiler m, Pfeiler m; Wandpfeiler m; Gründungspfahl m; 2. Hafendamm m, Mole f, Pier m(f), Hafenpier m, Landungsbrücke f • **without piers** pfeilerlos
pier arcading Pfeilerbogengang m, Pfeilerbogenlaube f, Pfeilerarkadur f
pier bond(ing) Pfeilerverband m
pier buttress Strebepfeiler m, Bogenpfeiler m
pier of bridge Brückenjoch n
pierce v 1. durchschlagen, durchstoßen, durchbrechen; 2. (Tun) durchörtern; 3. durchbohren, durchlochen, durchstechen, lochen, stanzen, perforieren
piezometer Piezometer n, Porenwasserdruckmesser m (Boden); Wasserstandsmesser m
piezometric surface gespannter Grundwasserspiegel m, artesischer Grundwasserspiegel m
pigeon-holed wall durchbrochene Wand f, Wand f mit regelmäßigen Öffnungen
pigmented pigmentiert, durchgefärbt, eingefärbt, pigmenthaltig
pigmented cement Farbzement m, Buntzement m
pigmented tile Farbfliese f
pilaster (Arch) Pilaster m, Halbsäule f, Wandpfeiler m
pilaster face Wandpfeilersichtfläche f
pile v 1. rammen, eintreiben (Pfähle); 2. schichten, stapeln; (an)schütten
pile 1. Pfahl m, Gründungspfahl m, Rammpfahl m; 2. Stapel m; Haufen m, Stoß m
pile and sheet-pile driving work Rammarbeiten fpl
pile bearing capacity Pfahltragfähigkeit f
pile bridge Pfahlbrücke f
pile cap 1. Pfahlkopfplatte f, Pfahlrostplatte f, Pfahlkopfeinbindung f; 2. Pfahlkopfband(eisen) n; Kappe f (Pfahlkopfplatte zur gleichmäßigen Lastverteilung); Rammhaube f
pile dike (AE) Spundwandbau m, Spundwandkonstruktion f; Pfahlwand f
pile driver 1. Pfahlramme f, Ramme f; 2. Rammbär m, Rammhammer m, Fallhammer m
pile driving Pfahlrammung f, Rammarbeit f
pile-driving formula (Erdb) Rammformel f
pile-driving work Rammarbeiten fpl (in Ausschreibungen)
pile foundation Pfahlgründung f
pile friction Pfahlhaftreibung f, Pfahlreibungskraft f
pile load test Pfahlprobebelastung f, Probebelastung f eines Pfahls
pile loading Pfahlbelastung f
pile planking Spundwand f
pile puller Pfahlzieher m
pile reinforcement Pfahlbewehrung f
pile strutting Pfahlverankerung f
pile-supported auf Pfählen, mit Pfahlgründung
pile trestle Pfahljoch n
pile work Pfahlwerk n, Pfahlrost(bau) m, Pfahlwand f
piled dolphin Pfahlbündel n
piled foundation Pfahlgründung f
piling 1. Pfahltreiben n; Pfahlanordnung f; 2. Schüttung f, 3. Anziehen n, rasches Steifwerden n (des Anstrichs)
piling plan Rammplan m
piling up Aufhäufen n
pillar (Arch) Pfeiler m, Pfosten m; Säule f, Stütze f, Freipfeiler m
pillar stanchion Stütze f, Ständer m
pillar stone Eckstein m
pillar tap Standhahn m
pilot Führungszapfen m
pilot boring Baugrunderkundungsbohrung f
pilot cutting Durchstich m
pin v heften (mit Stiften); befestigen; verankern
pin-connect v gelenkig verbinden
pin 1. (Hb) Stift m, Bolzen m; Dorn m, Zapfen m; Dübel m; Kloben m (Fensterdrehzapfen); Angel f, Haspe f (z. B. an Türbändern); 2. (AE) Absteckpfahl m, Absteckpflock m
pin bearing Linienkipplager n

pin-connected truss Gelenkbolzenfachwerk n
pin joint Bolzengelenk n; Gelenkknoten m
pin plate Gelenkstoßblech n
pin valve Stiftventil n
pinch v klemmen, quetschen; zusammenkneifen *(Holz)*; schwinden *(als Folge von Druckkräften)*
pine wood Kiefernholz n
pinhole 1. feines Loch n, Nadelloch n *(Fehlstelle in verschiedensten Materialien)*; Pore f *(Fehler in Farb- oder Schutzschichten)*; 2. Bolzenöffnung f, Bolzenloch n
pinnacle Zinne f, Mauerzinne f; Spitztürmchen n, Spitzsäule f, Fiale f *(gotisches Ziertürmchen als Pfeileraufsatz)*
pinning 1. Bolzenverbindung f, Bolzenhalterung f; 2. Fundament n; Unterfangung f; Verankerung f
pintle Zapfen m, Drehbolzen m, vertikaler Drehzapfen m
pipe v berohren, verrohren; Rohre (ver)legen
pipe Rohr n; Leitungsrohr n
pipe bend Knierohr n, Kniestück n, Rohrkrümmer m
pipe branching Rohrverzweigung f
pipe circulating system Umlaufrohrsystem n, Umwälzrohrnetz n
pipe clamp Rohrschelle f, Rohrklemme f
pipe collar Rohrmanschette f
pipe coupling Rohrverbindung f, Rohrkupplung f
pipe cross section Rohrleitungsquerschnitt m
pipe duct Rohrkanal m
pipe fitting 1. Rohrleitungsinstallation f; 2. Rohrformstück n, Fitting n(m) für Rohrleitungen
pipe gasket Rohrdichtung f, Dichtungsring m für Rohrleitungen
pipe joint Rohr(übergangs)muffe f, Rohrverbindung f
pipe lining 1. Futterrohr n, Schutzrohr n; 2. Rohrleitungsverlegen n
pipe reducer Rohrreduzierstück n
pipe sleeve Rohrmuffe f, Schutzrohr n, Hülsenrohr n *(Mauerwerkdurchbruch)*
pipe trench Rohrkanal m, Rohrschacht m, Rohrgraben m
pipe union Anschlussstutzen m, Rohrverbindungsstück n
pipe wrench Rohrzange f

pipelaying Rohrverlegung f
pipeline bridge Rohrbrücke f
pipeline noise Rohrleitungsgeräusch n
pipeway Rohr(leitungs)trasse f
pipework basement Rohrleitungskellergeschoss n
piping 1. Rohrleitung f, Leitungssystem n, Leitung f; 2. Rohrverlegung f, Verrohrung f; 3. Bodenfließen n; Bodenpartikeltransport m; Grundbruch m durch Untergrundwasserbewegung
piping plan Rohrplan m
piping-up Rohrverlegung f
pisé building Stampf(lehm)bau m, Lehmstampfbau m, Kastenwerkbau m, Piseebau m
pit v 1. einfressen *(z. B. Säuren)*; 2. pockennarbig [lochfraßig] werden *(Oberfläche, Anstrich)*
pit 1. Anstrichpore f, Anstrichfehlstelle f; 2. Schürfloch n; 3. Baugrube f, Grube f, Schacht m *(Bergbau)*; 4. Lochfraßstelle f *(Korrosion)*
pit boards *(Erdb)* Aussteifungsbohlen fpl, Schachtaussteifungsbretter npl, Verbau m
pit covering Grubenabdeckung f
pit-run gravel Wandkies m, Grubenkies m
pitch 1. Neigung f, Gefälle n *(Dach)*; Neigungswinkel m *(gegen Horizont)*; Steigung f; Gewindesteigung f; Steigungswinkel m; 2. Dachstulpe f; 3. Pfeilhöhe f; 4. Pech n; 5. Tonhöhe f *(Akustik)*
pitch dimension Steigungsmaß n *(Treppe)*
pitch line Ganglinie f, Lauflinie f, Teilungslinie f *(einer Treppe)*
pitch of an arch Bogenstich m
pitch of links Bügelabstand m *(Stahlbeton)*
pitch of rivets Nietabstand m
pitched roof Pultdach n, Halbdach n; Satteldach n; Schrägdach n
pitched stone Naturstein m mit zu den Rändern anlaufender Sichtfläche
pitcher 1. Granitpflasterstein m; 2. Setzpacklagestein m, Vorlagestein m
pitching 1. Aufstellen n, Errichten n; 2. Setzpacklage f; Pflaster n, Straßenpflaster n; Steinvorlage f; Vorlagestein m; 3. Deckwerk n; 4. Neigung f, Senkung f

pitted narbig; löchrig
pitting 1. Korrosionsfraß m; Lochfraß m

plank

(Metall); 2. Quellausplatzung *f*, Ausdehnungsfehlstelle *f (Putz)*
pivot *v* drehbar lagern, gelenkig aufhängen; um einen Zapfen drehen; schwenken
pivot 1. Zapfen *m (erhabener Teil einer Zapfenverbindung)*; Drehzapfen *m*; Türangel *f*, Angel *f*, Angelzapfen *f*; Scharnier *n*; 2. Drehpunkt *m*, Gelenkpunkt *m*, Lagerpunkt *m*
pivot bearing Kipplager *n (Brücke)*
pivot point Lagerpunkt *m*
pivot window Schwingflügelfenster *n*
pivoted drehzapfengelagert
pivoted door Drehflügeltür *f*
place *v* 1. einbauen, verarbeiten *(z. B. Baumaterial)*; einbringen *(Mörtel und Beton)*; verlegen *(z. B. Betonplatten)*; einlegen *(z. B. Bewehrung)*; anbringen; anordnen, legen; stellen; 2. vergeben *(Auftrag)*; 3. einleiten *(Kräfte, Spannung usw.)*
place *v* **upright** senkrecht stellen
place 1. Ort *m*, Stelle *f*; Gegend *f*; Wohnort *m*; 2. öffentlicher Platz *m*; 3. Platz *m (Raum)*; 4. Ort *m*, Ortschaft *f*
placeability Verarbeitbarkeit *f (Beton)*; Betonierbarkeit *f*
placement 1. Anordnung *f*, Stellung *f*, Lage *f (Einbaulage)*; 2. Einbau *m (von Beton)*
placement conditions Einbaubedingungen *fpl (für Mörtel, Beton)*
placement number Positionsnummer *f (Montagebau)*
placing drawing Verlegezeichnung *f (Bewehrung)*
placing of concrete Betonieren *n*, Betoneinbringen *n*
plain 1. flach, eben; schlicht, unprofiliert; 2. unbewehrt, nicht armiert; 3. geschlossen, nicht unterbrochen *(Wandfläche)*; 4. nicht abgedeckt *(Baumatte)*; 5. ungefärbt, unbunt, ohne Farbe
plain 1. Ebene *f*, Flachland *n*; 2. Flur *f*
plain bar glatter Bewehrungsstab *m*
plain concrete unbewehrter Beton *m*, Beton *m* ohne Bewehrung
plain girder Vollwandträger *m*
plain lap Überlappungsverbindung *f*; Überlappungsstoß *m*, Überdeckungsstoß *m*; Überlappungsklebung *f*
plain tile roof cladding Biberschwanzdacheindeckung *f*, Biberschwanzbedachung *f*
plan *v* planen; entwerfen, projektieren; gestalten; vorsehen
plan *v* **and design** *v* projektieren
plan Plan *m*, Entwurf *m*, Projekt *n*; Grundriss *m*, Zeichnung *f (Grundrisszeichnung)*; Bauplan *m*; Plan *m (geographisch)*
plan of a site Einrichtungsplan *m*, Anlageplan *m (Bebauungsplan)*; Übersichtsplan *m (Baustelle)*
plan view Grundriss *m*, Grundplan *m (Zeichnung)*; Draufsicht *f*
planar eben, gefällelos; in einer Ebene liegend
planar frame ebener Rahmen *m*, ebenes Rahmentragwerk *n*
planar state of stress *(Stat)* zweidimensionaler Spannungszustand *m*
planar theory of elasticity *(Stat)* ebene Elastizitätstheorie *f*
planching 1. Fußbodenbelag *m*, Fußbodenmaterial *n*; 2. Fußbodenherstellung *f*
plane *v* 1. planieren; 2. glätten, polieren; 3. hobeln, abhobeln, behobeln, glatt hobeln; schlichten
plane 1. *(Stat)* Ebene *f*, ebene Fläche *f*; 2. Schnittebene *f*; 3. Hobel *m*
plane frame(work) ebenes Fachwerk *n*
plane of a structure Bauwerkebene *f*
plane of bending Biegeebene *f*
plane of loading Belastungsebene *f*
plane of section Schnittebene *f*
plane of weakness Abscherebene *f*, Scherfläche *f*
plane state of stress *(Stat)* ebener Spannungszustand *m*, zweidimensionaler Spannungszustand *m*
plane table survey *(Verm)* Messtischaufnahme *f*
plane table survey sheet *(Verm)* Messtischblatt *n*
planed timber besäumtes Bauholz *n*
planimetration Planimetrierung *f*
planing *(Bod, Erdb)* Planieren *n*, Einplanieren *n*
planish *v* glätten *(z. B. Gelände)*; polieren *(z. B. Walzgut)*; ebnen *(Metalle)*; ausbeulen; aufweiten
planishing Ausbeulen *n*
plank *v* dielen, Dielen legen; verschalen;

plank

verkleiden *(mit Brettern)*; verzimmern; täfeln
plank 1. Diele f, Brett n; Bohle f, Planke f; Belagbohle f; 2. Steinplatte f
plank floor Bohlenfußboden m; Bohlendecke f; Dielendecke f; Dielung f
plank frame Bohlenrahmen m; Brettbinder m, Bohlenfachwerk n; Bohlenzarge f, Brettzarge f
plank lining Bretterverschalung f *(Außenwand)*
plank partition Schalwand f
plank truss Bohlenbinder m, Brettbinder m, Nagelbinder m
planking 1. Fußbodendielung f; Bohlenbelag m; Holzverschalung f; 2. Verschalen n, Verschalung f *(mit Brettern)*; Bohlenverlegen n; Abdeckung f
planner Planer m; Projektant m
planning Planung f; Projektierung f
planning and building laws and regulations Baurecht n
planning authority Planungsbehörde f
planning brief Unterlagen fpl [Pläne mpl] für das Planfeststellungsverfahren
planning documents Planungsunterlagen fpl
planning engineer Projektingenieur m
planning of execution Bauausführungsplanung f
planning regulation Bauvorschrift f
planning survey Bauaufnahme f *(von Bausubstanz zur Stadtplanung)*; Stadtbauerhebung f
plant 1. Anlage f, Betriebsanlage f, Fabrikanlage f; Maschinenpark m, Ausrüstung f; 2. Pflanze f
plant construction Industriebau m, Anlagenbau m
plant equipment Gerätetechnik f
plant layout 1. Pflanzplan m; 2. Anlagenordnung f
plant mix 1. industriemäßig gemischter Beton m; 2. Anlagenmischgut n *(bituminöse Baustoffe)*
plant protection Pflanzenschutz m
planted 1. errichtet; erbaut; 2. *(Hb)* zusammengefügt *(mit Leim)*
planting depth Fundamenttiefe f, Einbindetiefe f
planting sods Ansoden n, Rasensodenverlegen n, Rasensodenbedeckung f

plasma cutting Plasmaschneiden n, Plasmatrennen n
plaster v (ab)putzen, verputzen, mit Putz bewerfen; berappen; (ver)gipsen
plaster Putz m; Putzmörtel m; Mauerputz m; Gips m; Gipsmörtel m; Stuckgips m
plaster base Putzträger m, Putzgrund m, Putzunterlage f
plaster bond 1. Putzhaftung f, (mechanische) Putzverankerung f; 2. Bitumensperrschicht f *(Mauerwerksdichtung)*
plaster fabric wall Rabitzwand f
plaster facing Edelputz m, Feinputz m
plaster panel Gipsplatte f
plaster screed Gipsestrich m
plaster stuff Deckputzmasse f, Oberputzmörtel m, Feinputz(mörtel) m *(Innenputz)*
plaster-throwing machine Putzwerfer m, Putzmaschine f
plasterboard Gipskartonplatte f, Gips(bau)platte f; Gipsdiele f; Trockenputzpaneel n
plastered ceiling Putzdecke f
plastering Putzen n, Verputzen n, Abputzen n, Verputzarbeiten fpl, Putzarbeiten fpl
plastering machine Putzmaschine f
plasterwork 1. Verputzarbeit f, Putzarbeiten fpl; Putzen m; Stuckarbeit f; 2. Stuckwerk n, Stuckatur f
plastic 1. plastisch, bildsam, knetbar, geschmeidig; unelastisch; 2. plastisch, körperhaft, nicht flächenhaft (wirkend)
plastic Kunststoff m, Plastwerkstoff m, Plastik n; Kunstharz m
plastic analysis Berechnung f nach dem Traglastverfahren
plastic barrier material Sperrfolie f, Sperrstoff m aus Kunststofffolie, Kunststoffsperrmittel n
plastic bending moment plastisches Biegemoment n
plastic binder 1. Kunststoffkleber m; 2. Plastzement m
plastic building material Baukunststoff m
plastic calculation Berechnung f nach dem Traglastverfahren n, plastische Berechnung f
plastic deformation plastische Verformung f [Formänderung f], bleibende [nicht elastische] Verformung f, Kriechverformung f

plastic dispersion Kunststoffdispersion f
plastic-faced kunststoffbeschichtet, kunststoffüberzogen
plastic foam insulation Schaumstoffdämmung f
plastic-hinge method *(Stat)* Fließgelenkverfahren n, plastisches Gelenkverfahren n
plastic limit Plastizitätsgrenze f; Ausrollgrenze f *(nach Atterberg)*
plastic load approach *(Stat)* Ansatz m nach dem Traglastverfahren
plastic range of stress plastischer Spannungsbereich m
plastic resistance moment plastische Momententragfähigkeit f
plastic-sheathing Kunststoffhülle f, Kunststoffhüllrohr n, Kunststoffgleitkanal m
plastic stability theory *(Stat)* plastische Stabilitätstheorie f
plastic state 1. bildsamer Zustand m, Bildsamkeitszustand m; 2. *(Stat)* plastischer Zustand m
plastic theory Plastizitätstheorie f, Traglastverfahren n, Traglastsatz m
plastic window Kunststofffenster n
plastic yield plastische Verformung f, plastisches Fließen n, Fließverformung f
plasticity Bildsamkeit f, Plastizität f, Verformbarkeit f
plasticized concrete plastifizierter [weicher] Beton m
plasticizer Betonverflüssiger m, Plastifikator m, Plastifizierer m, Weichmacher m
plastifying admixture Betonverflüssiger m
plastoelastic plastoelastisch, plastisch-elastisch
plat 1. *(AE)* Lageplan m, Stadtplan m, Gebietsplan m *(mit Grenzmarkierungen)*; Kataster m(n), Grundbuch n; 2. Treppenabsatz m
plate 1. Blech n, Grobblech n; 2. *(Stat)* Platte f; Tafel f; 3. (galvanischer) Überzug m; dünne elektrochemisch hergestellte Schicht f; 4. *(Hb)* Schwellenholz n, Rahmenfußholz n; 5. Kopf(holz)balken m; Fußbalken m, Wandlängsbalken m, Simsbalken m; 6. Platine f
plate action Plattenwirkung f
plate analysis Plattenstatik f
plate bearing Plattenlager n *(Brücke)*

plate bearing device Plattendruckgerät n
plate construction type Scheibenbauart f
plate girder (aufgebauter) Plattenträger m; genieteter Träger m, geschweißter Träger m, Blechträger m, Vollwandträger m
plate load-bearing structure Plattentragwerk n
plate loading test *(Bod)* Lastenplattenprüfung f
plate roofing Blechbedachung f
plate structure Flächentragwerk n
platform 1. *(Arch)* Estrade f, erhöhter Fußboden m; Plattform f, Podium n; Rampe f; Treppenpodest m; Bühne f *(Arbeitsplattform)*; Rednertribüne f, Tribüne f; Terrassenfläche f; 2. Bahnsteig m; 3. s. grillage
platform footing Fundamentrost m
platform frame Balkenrahmen m, Hausfachwerk n *(mit geschosshohen Fachwerkstützen)*
play Bewegungsspiel n, Spiel n, Luft f *(zwischen zwei Bauteilen)*
plenum heating Luftheizung f
pliant biegsam, nachgiebig
plies Schichten fpl, Lagen fpl *(Baustoffe)*
• **in plies** schichtenweise, lagenweise
plinth 1. *(Arch)* Plinthe f, Säulenplatte f; Sockel m *(einer Säule)*; Sockelmauerwerk n; 2. Fußleiste f *(Unterteil einer Säule)*
plinth walling Sockelmauerwerk n
plot v auftragen, aufzeichnen, eintragen *(Messdaten, Konstruktionspunkte usw.)*
plot 1. Parzelle f, Parzellenraum m, *(AE)* Landstück n; Hausgrundstück n, *(AE)* Grundstück n; 2. Diagramm n, Darstellung f, Schaubild n
plotting Anreißen n; Aufzeichnen n, Auftragen n, Eintragen n; Ausplotten n, Ausdrucken n *(Messdaten, Konstruktionspunkte usw.)*
plough v *(Hb)* nuten, furchen
plough 1. Falz m, Kehle f; 2. Kehlhobel m, Nuthobel m
plough-and-tongue joint Federverbindung f, gefederte Fuge f, Nut- und Federverbindung f mit Fugenfüllleiste, Spundverbindung f
plow *(AE)* s. plough
plug v zustopfen, stöpseln, verschließen; pfropfen; zusetzen; verdämmen, verfüllen

plug 1. Stopfen *m*, Stöpsel *m*, Pfropfen *m*; Verschlusskappe *f*; Küken *n* *(an einem Hahn)*; 2. Dübel *m*, Spund *m*; Pinne *f*; 3. Dorn *m*, Scharnierstift *m*; 4. *(El)* Stecker *m*

plug-in construction Einschubbauweise *f*

plug tap Hahnventil *n*, Dreh(regel)ventil *n*

plugging Verdübelung *f*, Dübelbohren *n*

plumb *v* 1. (ab)loten; einloten, ins Lot bringen; 2. Installationsarbeiten ausführen

plumb pile senkrechter Pfahl *m*

plumber Klempner *m*; Bauklempner *m*; Installateur *m*, Rohrleger *m*; Blechner *m*, Spengler *m*, Flaschner *m (süddeutscher Raum)*

plumbing 1. Hausinstallation *f*, Installationssystem *n (für Wasser und Gas)*; sanitäre Installation *f*; 2. s. plumbing system; 3. Klempnerarbeiten *fpl*, Installationsarbeiten *fpl*

plumbing piping Sanitärleitungen *fpl*

plumbing system Installationssystem *n*, Installation *f*, Rohrleitungssystem *n*

plumbing unit Installationszelle *f*, Installationskern *m (für Wasser, Gas und Heizung)*

plumbing work Hausinstallation *f*, Installationsarbeiten *fpl*, Klempnerarbeiten *fpl*

ply *v* biegen, falten

ply 1. Furnierplatte *f*; 2. Schichtplattenlage *f*, Zwischenlage *f*, Lage *f*, Schicht *f*; 3. Falte *f*; 4. Dicke *f*, Lage *f (Holzschicht)*

plywood Sperrholz *n*, Furnierplatte *f*

plywood sheathing Sperrholzverschalung *f*

PMS s. pavement management system

pneumatic applied mortar Spritzmörtel *m*; Torkretmörtel *m*

pneumatic caisson Druckluft(senk)kasten *m*

pneumatic drill Druckluftbohrer *m*

pneumatic placement pneumatisches Putzaufspritzen *n*, Torkretieren *n*; pneumatisches Betonieren *n*

pneumatic structure Tragluftkonstruktion *f*, Tragluftgebäude *n*

pneumatically placed concrete Spritzbeton *m*, Torkretbeton *m*

pocket 1. Aussparung(söffnung) *f*; Tasche *f*; 2. Schiebetüraufnahmeöffnung *f*; 3. Nest *n*, Einschluss *m (z. B. in einer Betonmischung)*

pocket storage *(Wsb)* Wasserspeicherung *f* an der Oberfläche

pod 1. Halter *m*, Sockel *m*; 2. Badezimmerzelle *f*, Sanitärzelle *f (vorgefertigt)*

podul Rasterzelle *f*, Anschluss(pass)zelle *f (z. B. Nasszelle, Sanitärzelle)*

podul system Rasterbaukastensystem *n*, anschlussgerechtes Baukastensystem *n (Montagebau)*

point *v* 1. verfugen, ausfugen *(Mauerwerk)*; 2. anschärfen; spitzen, stocken *(Stein)*

point 1. Punkt *m*, Stelle *f*; Spitze *f*; 2. Spitzeisen *n*; 3. Reißnadel *f*; 4. Weiche *f (Eisenbahn)*

point-bearing pile Spitzendruckpfahl *m*

point-load system Punktlastsystem *n*

point of application of a force Kraftangriffspunkt *m*

point of junction of members Knotenpunkt *m (Tragwerk)*

pointed spitz, mit einer Spitze (versehen); zugespitzt; gespitzt *(Natursteinbearbeitung)*

pointed arch Spitzbogen *m*, gotischer Bogen *m*

pointed pile Spitzpfahl *m*

pointed work Spitzen *n*, Stocken *n*; gespitzte Arbeit *f*

pointing 1. Verfugung *f*; Nachfugen *n*; Fugenverstrich *m*; 2. Fugensäubern *n* und Neuverfugen *n*; 3. Spitzen *n*, Stocken *n*

poisonous waste Giftmüll *m*

Poisson's ratio Poisson'sche Zahl *f*, Querkontraktionszahl *f* *(Quotient Querkürzung bzw. Querkontraktion zu Dehnung)*

polar diagram Seildiagramm *n*

polar line Seillinie *f*, Seilstrahl *m*, Seilkurve *f*, Pollinie *f*

polar moment of inertia polares Trägheitsmoment *n*

pole Mast *m (aus Holz oder Beton)*; Pfahl *m*; Pfosten *m*; Stange *f*; Baustange *f*; Rundholz *n*, Maststange *f*, Stangenmast *m*

pole construction Mastenbauweise *f*

pole piece Firststück *n*, *(AE)* Firstbohle *f*

pole plate Auflage(r)holz *n*, Fußholz *n (einer Dachkonstruktion)*; Schwelle *f (Dach)*

poling board Absteifbrett *n*, Aussteifbrett *n*; Schalbrett *n*, Schalholz *n (z. B. für Baugruben)*

polish v polieren; glätten; reiben; schleifen; glanzschleifen
polish grinding Abziehen f
polished stone finish polierte Steinoberfläche f
polishing agent Poliermittel n, Politur f
polishing varnish Schleiflack m
pollutant Verunreinigungssubstanz f, Schadstoff m, Umweltschadstoff m, Schmutzstoff m, Kontaminant m
pollute v verschmutzen, verunreinigen
pollution Verschmutzung f, Verunreinigung f
pollution abatement facility Reinigungsanlage f (von Abwasser, Abluft)
pollution burden Schadstoffbelastung f
pollution control Umweltschutz m; Kontaminationsschutz m; Bekämpfung f von Umweltbelastungen
pollution limiting Schadstoffgrenzwert m
pollution load Abwasserlast f
polyamide Polyamid n, Polyamidharz n
polychromatism Vielfarbigkeit f, Mehrfarbigkeit f
polyester coating Polyesteranstrichstoff m; Polyesteranstrich m
polyester concrete Polyesterbeton m, Polybeton m
polyester foam Polyesterschaumstoff m
polyethylene foil Polyethylenfolie f
polygon Polygon n, Vieleck n
polygon of forces Kraftpolygon n, Kräftevieleck n, Kraftecк n
polygonal arch geknickter [gebrochener] Bogen m
polygonal block Polygonalgebäude n, Vieleckgebäude n
polygonal bowstring girder Bogensehnenträger m, Segmentträger m
polygonal masonry Polygonmauerwerk n, Zyklopenmauerwerk n
polymer concrete Polymerbeton m
polymerisation time Aushärtezeit f
polystyrene foam Polystyrolschaum(-stoff) m, Schaumpolystyrol m
polyurethane composition Polyurethanmasse f, PUR-Masse f
polyvinyl bonding medium Polyvinylklebstoff m
pond v (Wsb) abdämmen, andämmen
pondage (Wsb) Einstau m, Einstaumenge f (Speicherkapazität); Speicherung f (Inhalt eines Speicherbeckens)

portable

ponding 1. Teichanlegen n, Wasserstauen n; Wasserrückhaltung f; 2. Wasserhaltung f auf Beton (zur Nachbehandlung); 3. Wasseransammlung f, Lachenbildung f
pontoon Ponton m; Prahm m; Holzrost m
pontoon bridge Pontonbrücke f, Schwimmbrücke f
pontoon pile driver Schwimmramme f
pool v 1. ausmeißeln, ausstemmen; 2. koordinieren, zusammenfassen
poor lime Magerkalk m, Graukalk m
poor mixture Spargemisch n
poor soil 1. schlechter Boden m (Baugrund); 2. schlechter Boden m, armer Boden m (Pflanzenwuchs)
popping 1. Putztreiben n; 2. Putztreibstelle f
populate v besiedeln
populated area Wohnungsbaugebiet n, Wohnbaugebiet n
population equivalence Einwohnergleichwert m, EGW (Abwasser)
porcelain tube Porzellanrohr n
porch door Windfangtür f
porch roof Vordach n
pore Pore f, Öffnung f, Hohlraum m
pore content Porenanteil m, Porengehalt m
pore fluid Porenwasser n
pore ratio Porenziffer f, Hohlraumverhältnis n
pore water pressure Porenwasserdruck m
porosity Porosität f, Porigkeit f, Durchlässigkeit f; relatives Porenvolumen n, Hohlraumgehalt m
porosity testing Porenprüfung f, Porositätsprüfung f
porous porös; schwammig; locker; offenporig
porous absorber poröser Schallabsorber m, poröser Schallschlucker m
porous concrete Porenbeton m, Schaumbeton m, (veraltet) Gasbeton m
porous pipe Sickerrohr n, wasserdurchlässiges Rohr n
porphyric tuff Porphyrtuff m, Orthophyrtuff m
port 1. Öffnung f, Kanal m; 2. Hafen m; Hafenstadt f
portable scaffold fahrbares Gerüst n

portal 1. *(Arch)* Portal *n*, Prunktor *n*; Pforte *f*, Tor *n*; 2. s. portal frame
portal frame Portalrahmen *m*, biegesteifer Rahmen *m*
portal frame bridge Rahmenträgerbrücke *f*
portal method *(Stat)* Portal-Methode *f*
porticus Portikus *m*, Säulengang *m*, Säulenhalle *f*; Pergola *f*
portion 1. Teil *m*, Anteil *m*; 2. Gebäudetrakt *m*, Trakt *m*
Portland cement Portlandzement *m*, PZ
position *v* justieren *(die Lage)*; positionieren; (genau) einpassen; aufstellen
position 1. Lage *f*, Stellung *f*; 2. Platz *m*, Ort *m*, Stelle *f*; 3. Position *f*, Standort *m* • **in correct position** lagerichtig; positionsgenau
position of load Laststellung *f*
positive area of influence *(Stat)* positive Einflussfläche *f*
positive bending moment positives Biegemoment *n*
post 1. Pfosten *m*, Säule *f*, Stütze *f*, Ständer *m*; Pfeiler *m*, Strebe *f*; Stange *f*, Stiel *m* *(Pfosten beim Fachwerk)*; 2. Postament *n*
post-and-beam construction Ständerbauweise *f*, Ständer(rahmen)bau *m*
post-buckling überkritisches Knicken *n*
post foundation Pfostenfundament *n*
post-tension *v* mit nachträglichem Verbund vorspannen, nachspannen
post-tensioning Vorspannung *f* mit nachträglichem Verbund *(Spannbeton)*; Nachspannen *n*
pot bearing Topflager *n*
pot floor Hohlsteindecke *f*
potable water protection area Trinkwasserschutzgebiet *n*
potential method Potenzialmethode *f*
pothead terminal Kabelverbindungskasten *m*, Kabelübergangsbox *f*
pothole patching Schlaglochverfüllung *f*, Schlaglochflickung *f* *(Straße)*
pour *v* gießen; schütten
pour layer Einbauschicht *f*, Einbaulage *f* *(Beton)*
poured-in-place concrete monolithischer Beton *m*, Ortbeton *m*
pouring of concrete Einbringen *n* des Betons, Betoneinbringung *f*, Betonieren *n*, Betonierung *f*, Betonierarbeit *f*, Betoneinbau *m*
powder-coat *v* pulverbeschichten
powder combustion spraying Pulverflammspritzen *n*
power 1. Leistung *f* *(z. B. einer Maschine)*; Kraft *f*, nutzbare Energie *f*; 2. Arbeitsvermögen *n*; Leistungsvermögen *n* *(z. B. eines Unternehmens)*
power arm Kraftarm *m*
power consumption 1. *(El)* Leistungsaufnahme *f*, Energieverbrauch *m*, Stromverbrauch *m*; 2. *(El)* Eigenverbrauch *m* *(z. B. von Messgeräten)*
power float Betonoberflächenverdichter *m*, Oberflächenrotationsglätter *m*
power lead *(El)* Stromzuführung(sleitung) *f*
power of hardening Härtungsvermögen *n*
power pipeline Druckwasserleitung *f*
power supply system *(El)* Elektroenergieversorgungsnetz *n*
power water Druckwasser *n*
pozzolan cement Puzzolanzement *m*
practise *v* bauen *(herstellen)*; errichten
Pratt truss Pfostenfachwerk *n* mit steigenden und fallenden Diagonalen, Pratt-Dachbinder *m*
pre-posttensioning kombiniertes Vorspannen *n*, Vorspannung *f* mit sofortigem und nachträglichem Verbund
preassemble *v* vormontieren
prebatch bin [silo] Vormischsilo *n*
precast *v* vorfertigen *(Betonteile)*
precast beam Fertigteilbalken(träger) *m* *(Beton)*
precast concrete beam Montagebetonbalken *m*, Fertigteilträger *m*
precast concrete unit Betonfertigteil *n*, Stahlbetonfertigteil *n*, Fertigteil *n*
precast floor slab Fertigdeckenelement *n*
precast wall panel Wandbauplatte *f* *(Beton)*
precasting Vorfertigung *f* *(von Betonteilen)*
precasting plant Beton(platten)werk *n*, Betonfertigteilwerk *n*, Plattenwerk *n*
precasting system Fertigteilverfahren *n*, Betonfertigteilbauweise *f*, Fertigteilmontagesystem *n*
precipice Steilhang *m*; Abgrund *m*
precipitation Niederschlag *m*, Regen *m*; Ausfällung *f*
precipitation collector Niederschlagssammler *m*

precipitation tank Absetzbecken n (Abwasser)
precise levelling Feinnivellement n, Präzisionsnivellement n
precoat Voranstrich m; Grundierung f, Grundlack m
precompress v vorverdichten; vorspannen
preconditioning 1. Vorbehandlung f; 2. Vorklimatisierung f
preconsolidation pressure (Erdb) Vorbelastungsdruck m, größte effektive Vorbelastung f
prefabricate v vorfertigen; vorbearbeiten
prefabricated building unit Fertigbauteil n, Fertigteil n
prefabricated compound vorgefertigtes Bauteil n, Montageteil n
prefabricated concrete unit Betonfertigteil n, Fertigteil n
prefabricated construction Fertigteilbauweise f, Montagebauweise f, Bauen n mit Fertigteilen
prefabricated house Fertighaus n, vorgefertigtes Haus n
prefabricated housing industrieller Wohnungsbau m, Fertigteilwohnungsbau m, Montagewohnungsbau m
prefabricated wall versetzbare Trennwand f
preferred variant Vorzugsvariante f (Entwurf)
prefinish v vorfertigen, vorkomplettieren
preformed gasket Selbstabdichtung f, Fugenabdichtungsprofil n, Dichtungsmanschette f, Flachdichtung f
preheater 1. Vorwärmer m; 2. (HLK) Luftvorwärmeinheit f
preinvestment phase Projektvorbereitungsphase f, Leistungsphase 1 f
preliminary building works pl Rohbau m
preliminary cost estimate vorläufiger Kostenvoranschlag m
preliminary design Vorentwurf m
preliminary investigation Vorstudie f, Voruntersuchung f
preliminary planning Vorplanung f, Leistungsphase 1 und 2
preliminary test Eignungsprüfung f (Baustoffe)
preliminary treatment Vorbehandlung f (Oberfläche, Bauteil)
preloading Vorspannung f; Vorbelastung f

premises Haus n mit Grundeigentum, Baulichkeiten fpl mit Land, bebautes Grundstück n, Gelände n (z. B. Schul- oder Industriegelände)
premix plaster Fertigputz m, Edelputz m, Trockenputz(mörtel) m
preparation 1. Aufbereitung f, Herstellung f, Erzeugung f (Beton, Mörtel, bituminöses Mischgut); 2. Vorbehandlung f; 3. Präparat n
preparation plant Aufbereitungsanlage f (Wasser)
prepare v aufbereiten, mischen, herstellen (z. B. Beton, bituminöses Mischgut); anmachen (Mörtel)
preservation 1. Erhaltung f, Restaurierung f, Konservierung f (Gebäude, hist. Bauwerk); 2. Tränkung f, Imprägnierung f (Holz)
preservative agent Konservierungsmittel n
press v 1. pressen; 2. (an)drücken; 3. stauchen
pressboard Presspanplatte f, Presspan m, Presspappe f
pressed steel plate Buckelplatte f
pressure-compensating tank Druckausgleichsbehälter m, Druckausdehnungsgefäß n
pressure controller Druckregler m
pressure drop Druckabfall m, Druckverlust m
pressure equalisation Druckausgleich m
pressure grouting Auspressverfahren n, Verpressen n, Injektion f, Druckinjektion f (Mörtel, Zementleim)
pressure head 1. Druckhöhe f, Wasserdruckhöhe f; 2. (Wsb) Förderhöhe f
pressure loss Druckverlust m
pressure of the ground Bodenpressung f
pressure pipe Druckrohr n, Druckleitung f
pressure-reducing valve Druckreduzierventil n, Druckminderer m
pressure-relieving joint Ausdehnungsfuge f, Bewegungsfuge f
pressure-tight druckdicht
pressure zone Druckzone f
pressurization device Druckerhöhungsanlage f (Wasser)
prestress v vorspannen, Vorspannung f aufbringen [geben]
prestressed clay floor Spannziegeldecke f

prestressed 176

f, Spanntondecke f, Stahltondecke f, vorgespannte Ziegeldecke f
prestressed concrete Spannbeton m, vorgespannter Beton m
prestressed concrete construction Spannbetonbau m
prestressed concrete design and construction Spannbetontechnik f, Betonvorspanntechnik f
prestressed concrete superstructure Spannbetonüberbau m
prestressed concrete wire Spanndraht m, Stahlsaite f
prestressed pile Vorspannpfahl m
prestressed wire concrete Stahlsaitenbeton m, Saitenbeton m
prestressing element Spannglied n
prestressing force Vorspannkraft f
prestressing order Spannfolge f, Spannstufen fpl
prestressing tendon Spannglied n
preventer Preventer m, Absperrschieber m
prevention of noise pollution Lärmvorsorge f; Vermeidung f von Lärmbelästigung
preventive coating n Schutzschicht f
preventive maintenance vorbeugende Instandhaltung f
preventive wood protection vorbeugender Holzschutz m
priced bill of quantities verpreistes Leistungsverzeichnis n, ausgefülltes Leistungsverzeichnis n
pricing Kalkulation f, Kostenkalkulation f, Verpreisen n (Gewerke)
pricking-up coat Vorbewurf m, Vorwurfputzschicht f
primary beam Hauptbalken(träger) m
primary bending stress Hauptbiegespannung f
primary branch Abwassergrundleitung f, Abwasserzuleitung f (im Gebäude)
primary coat Grundierung f, Grundanstrich m (Ergebnis)
primary member Hauptbauglied n
primary settlement basin Vorklärbecken n
prime coat Grundanstrich m, Grundierung(sschicht) f
prime contract Bauhauptvertrag m, Baugesamtvertrag m

prime cost Gestehungskosten pl, Selbstkosten pl (Arbeit und Material)
primer 1. Grund(ier)anstrich m, Grundierung(sschicht) f; 2. Grundanstrichmittel n, Grundiermittel n, Grund(ier)lack m, Spachtellack m; 3. Initialsprengstoff m, Zündsatz m, Zündkapsel f
principal 1. Dachverband m; Dachstuhl m; 2. Hauptsparren m, Bundsparren m; 3. Vermittlungsagent m; 4. Bürge m
principal axis Hauptachse f
principal beam Haupt(balken)träger m; Hauptbalken m; Zugbalken m, Spannbalken m, Trambalken m
principal controlling dimension Ausbaumaß n
principal plane of stress Hauptspannungsebene f
principal strain Hauptdehnung f, Hauptverformung f
principal stress trajectory Hauptspannungslinie f, Hauptspannungstrajektorie f
principle of inducement Veranlassungsprinzip n (Kostenteilung)
principle of superposition Überlagerungsgesetz n, Superpositionsgesetz n, Superpositionsgleichung f
principle of the parallelogram of forces Satz m vom Parallelogramm der Kräfte, Parallelogrammgesetz n, Parallelogrammregel f
prismatic beam crushing strength Prismendruckfestigkeit f
prismatic shell (structure) dünnwandiges [prismatisches] Faltwerk n, Faltwerk n
private housing privater Wohnungsbau m
privy tank Abwasserfaulbehälter m
prize v aufstemmen
prize 1. Hebel m; 2. Hebelwirkung f, Hebelkraft f
probabilistic design method (Stat) Wahrscheinlichkeitsberechnungsverfahren n
probability of failure Versagenswahrscheinlichkeit f (Tragverhalten); Ausfallwahrscheinlichkeit f
probe v sondieren, mit einer Sonde untersuchen
problem site Altlast f, kontaminierter Standort m

process Methode f; Ablauf m, Vorgang m, Verlauf m, Prozess m
process control Herstellungsüberwachung f, Prozesslenkung f
process water Brauchwasser n
processing Materialaufbereitung f; Bearbeitungsverfahren n, Herstellungsverfahren n; Behandlung f, Bearbeitung f, Verarbeitung f; Fertigung f, Herstellung f
processing characteristics Verarbeitungseigenschaften fpl
processing specifications pl Verarbeitungsrichtlinien fpl
Proctor compaction test (Bod) Proctor-Test m, Proctor-Verdichtungsversuch m, Standardverdichtungsversuch m
Proctor density Proctordichte f, Standarddichte f
produce v erzeugen, herstellen, hervorbringen; verfertigen
production control testing Werkseigenüberwachung f
production shop Werkhalle f; Werkstatt f, Werkstätte f
professional consultant beratender Ingenieur m
profile v profilieren, mit Profil versehen; ein Profil herstellen; im Schnitt darstellen
profile 1. Baurichtlatte f; 2. Profildarstellung f; Profilschnitt m, Profil n; 3. Umrisszeichnung f, Ansichtszeichnung f
profile board Profilplatte f
profiled concrete steel Profilstahl m (Bewehrung)
profiled panel Profiltafel f
profiling 1. Profilierung f (Straßenbau); 2. (Arch) Durchgestalten n der Umrisslinie, Profilierung f
programme and progress chart Baufristenplan m
progress report Baufortschrittsmeldung f, Baukomplettierungsbericht m, Dekadenrapport m
progressive failure fortschreitender Bruch m
progressive subsidence fortschreitende Setzung f
project v 1. projektieren, entwerfen, planen; 2. auskragen, ausladen, vorragen, vorspringen, vorstehen, überstehen; überragen (ein Teil eines Gebäudes)
project Bauprojekt n, Bauvorhaben n, Projekt n; Plan m; Entwurf m; Projektunterlagen fpl
project budget Bauprojektmittel npl, (geplante) Projektsumme f
project cost Projektsumme f (einschließlich Landerwerb, Einrichtung der Baustelle usw.); Projektplanungs- und -ausführungskosten pl
project engineer [manager] Bauleiter m; Entwurfsingenieur m; Projektingenieur m
project monitoring Projektüberwachung f
project representative Auftraggebervertreter m, Projektbeauftragter m des Auftraggebers, Projektingenieur m
projected window Schwingflügelfenster n
projecting Ausladung f, Auskragung f
projecting beam Kragbalken m, Kragträger m
projecting end Überstand m
projecting scaffold(ing) Auslegergerüst n; Auslegerrüstung f, Kragrüstung f
projection 1. Auskragung f, Ausladung f, Vorsprung m, Vorlage f, Risalit m; Überstand m, Nase f (Ansatz); 2. Projektion f, Riss m (Ansicht); 3. Vorlage f; 4. Vorbau m, vorspringender Bau m
projection method Projektionsverfahren n, Rissverfahren n
prolongation Ausdehnung f, Verlängerung f
prominence Erhöhung f, Vorsprung m
promotion of housing Wohnungsbauförderung f
prone to corrosion korrosionsanfällig, korrosionsempfindlich
proof beständig; fest; sicher; dicht, wasserdicht; undurchlässig
proof 1. Beweis m; Prüfungsnachweis m; 2. (Stat) Nachweis m
proof of conformity Konformitätsprüfung f
proof of suitability Eignungsnachweis m, Brauchbarkeitsnachweis m
proofing 1. Abdichtung f, Dichtung f; 2. Durchlässigkeitsversuch m (von Materialien); Dichteprüfung f
prop v absteifen, versteifen, aussteifen, (ab)stützen
prop 1. Spreize f, Strebe f, Steife f, Stütze f, Pfeiler m, Stempel m (Bergbau); 2. Pfahl m; Bolzen m; Baumpfahl m; Stützpfahl m

propensity

propensity for cracking Rissanfälligkeit f, Rissneigung f
property 1. Eigenschaft f; 2. Eigentum n, Besitz m; Grundeigentum n, Immobilie f; bebautes Grundstück n, Hausgrundstück n
property conditions Eigentumsverhältnisse npl, Besitzverhältnisse npl
property line Grundstücksgrenzlinie f, Grundstücksgrenze f, Baufluchtt f
property survey Grenzvermessung f (eines Grundstückes)
proportion v abmessen, bemessen, Mischverhältnis dosieren, zumessen, zuteilen; dimensionieren
proportion of mixture Mischungsverhältnis n
proportioned dimensioniert
proportioning by volume Volumendosierung f
proportioning equipment Dosieranlage f
proposal drawing Angebotszeichnung f
propping (Tun) Absteifung f, Abstützung f, Stützung f, Deckenstützsystem n
proprietor Besitzer m; Bauauftraggeber m, Bauherr m
prospect Schürfstelle f; Schürfarbeit f (Baugrund, Lagerstätten)
prospecting of the site vorläufige Geländeaufnahme f
protected geschützt, abgeschirmt; feuergeschützt
protecting circuit (El) Schutzschaltung f
protecting railing Schutzgeländer n
protecting tube Schutzrohr n, Mantelrohr n
protection against noise Lärmschutz m
protection of the environment Umweltschutz m, Landschaftsschutz m
protection wall 1. Futtermauer f; 2. Schutzwand f; Verkleidungswand f
protective area Schutzgebiet n, Schutzzone f
protective coating 1. Schutzschicht f, Schutzverkleidung f, Schutzüberzug m; Schutzanstrich m; 2. Beschichtungsstoff m; Anstrichstoff m für Schutzanstriche
protective earth Schutzerdung f
protective grating Schutzgitter n
protective layer Schutzlage f, Schutzschicht f

protective screen Schutzschirm m, Schutzwand f
protective zone Schutzgebiet n, Schutzzone f
prototype building Musterbau m
protrude v auskragen, vorkragen, vorstehen, vorspringen
protruding length Kraglänge f
prove v (Stat) nachweisen, den Nachweis [Beweis] führen
provided by the owner bauseitig geliefert
proving test Nachweisprüfung f, Grundsatzprüfung f
provisional vorläufig, behelfsmäßig
provisional bridge Behelfsbrücke f, Notbrücke f
provisional estimate (of cost) überschlägiger Kostenanschlag m, Kostenvoranschlag m
public amenities öffentliche Einrichtungen fpl
public area öffentlicher Bewegungsraum m, öffentliche Verkehrsfläche f
public-assisted dwelling unit öffentlich geförderter Wohnungsbau m, Sozialwohnung f
public building öffentliches Gebäude n; Gesellschaftsbau m; Behördengebäude n
public construction Baumaßnahmen fpl der öffentlichen Hand
public housing 1. sozialer Wohnungsbau m; 2. Sozialwohnung f
public mains (El) Stromversorgungsnetz n
public space 1. öffentliche Freifläche f; 2. gemeinnütziger Raum m
public utilities Stadtversorgung f
public works öffentliche Arbeiten fpl (z. B. Straßen, Brücken); staatlich geförderte Bauten mpl
puddle v 1. Beton stampfen, stochern, puddeln; 2. abdichten, ausschmieren (mit Lehmmörtel)
puddling 1. Lehmmauern n, Abdichten n mit Lehm; 2. Betonstampfen n (Stocherverdichtung)
pugging Fußbodenschalldämmung f, Füllung f (durch Einschütten von Dämmstoffen jeder Art)
pull v **down** abbrechen, abtragen, abreißen
pull cable Zugseil n; Tragseil n (Kabelkran)

pull rod Hubstange f, Zugstange f (Hubdeckenmethode)
puller Ausziehvorrichtung f
pulling bolt Spannbolzen m (Spannbeton)
pulling head Spannkopf m (Spannbeton)
pulsating compressive loading Druckschwellbelastung f
pulsating fatigue bending test (dynamische) Dauerbiegeprüfung f, Dauerbiegefestigkeitsversuch m
pulverized fuel ash Filterasche f (Bindemittel)
pumice Bims(stein) m, Naturbims m
pumice concrete Bimsbeton m
pumice gas concrete Bimsblähbeton m
pumice stone Bimsstein m
pump piping Pumpenleitung f
pump pit Pumpenschacht m, Pumpensumpf m (Baugrube)
pump well 1. Pumpensumpf m, Pumpensod m; 2. Pumpenbrunnen m
pumpcrete Pumpbeton m
pumping installation Pumpanlage f
pumping trench Wasserhaltungsgraben m
pun v 1. (Bod) rammen; stochern (Beton); 2. Gleise stopfen
punch 1. Ankörnung f; Lochung f; 2. Körner m, Stempel m; Locher m, Stanzer m, Stanze f (für Löcher)
punched plate Lochblech n
puncheon Pfosten m, Zwischenpfosten m (kurzer Holzpfosten beim Fachwerk); Steife f, Stempel m (eines Dachbinders)
punching shear 1. Stoßscherung f (einer Säule); 2. Nachgeben n des Stützenfundaments
punctiform punktförmig
puncture v durchstechen, durchbohren; durchlöchern
punner Handramme f, Handstampfer m; Ramme f, Stampfer m (für Bodenverdichtungsarbeiten)
purchasing cost Anlagekosten pl
pure strain Normalverformung f
purification Reinigung f, Klärung f; Läuterung f; Regenerierung f (Altöl)
purify v reinigen (z. B. Luft, Wasser); klären, läutern; aufbereiten (Wasser)
purlin Pfette f, Bockpfette f
purlin roof Pfettendach n
purpose-built zweckgebaut

purpose-made profile Sonderprofil n, Spezialprofil n
push v stoßen; drücken (durch Schubkraft)
push-button Druckknopf m, Drucktaste f
push plate Schlossschutzblech n
pushing resistance Schubwiderstand m
put v **in** einhängen; installieren; einbauen
put v **up** 1. aufrichten; errichten (Bauwerk); 2. hochziehen; hochheben
putlog Gerüststange f (horizontale); Rüststange f, Rüstbalken m
putrefaction basin Faulbecken n (Kläranlage)
putrescible verrottbar, fäulnisfähig
putty v (ver)kitten, auskitten; spachteln
putty coat Spachtelputz m, Spachtelschicht f
putty joint Kittfuge f
puttyless glazing kittlose Verglasung f, kittloses Einglasen n
puzzle lock Kombinationsschloss n
PVC floor finish PVC-Bodenbelag m
pylon (Arch) Pylon m, Pylone f; Brückenpfeiler m; Hochspannungsmast m, Kraftleitungsmast m, Gittermast m, Mast m
pyramidal space truss pyramidenförmiges Raumfachwerk n

Q

Q-floor unit Zellenprofil n, Profiltafel f
quader (stone) Quaderstein m (Naturstein)
quadrangle 1. Viereck n; 2. (Arch) Rechteckfläche f; Viereckhof m, Hof m; Innenhof m (in Klöstern und englischen Colleges); 3. (Arch) Gebäudeviereck n, viereckiger Gebäudekomplex m, Häuserblock m
quadrangular truss Rechteckfachwerk n mit gekreuzter Verstrebung, Rautenfachwerk n
quadrant 1. Quadrant m, Winkelmesser m (für Höhenwinkel); 2. (Verm) Quadrant m, Viertelkreis m
quake-proof erdbebenfest, erdbebensicher
quaking concrete mittelplastischer Beton m
quality assessment Qualitätseinstufung f, Qualitätsbeurteilung f; Gütesicherung f

quality 180

quality assurance system Qualitätssicherungssystem n
quality audit Güteüberwachung f, Gütesicherung f
quality certificate Gütenachweis m
quality check(ing) Güte(über)prüfung f; Gütenachweis m, Nachweis m der Güteeigenschaften
quality of concrete Betongüte f, Betonqualität f
quality requirements Qualitätsforderungen fpl, Güte(an)forderungen fpl
quantify v mengenmäßig bestimmen, Mengen erfassen, quantifizieren
quantities by weight Masseteile mpl (Dosierung von Baustoffen)
quantity description Leistungsbeschreibung f
quantity survey detailliertes Material- und Ausrüstungsverzeichnis n; Bauleistungsbeschreibung f
quantity surveying 1. Massenberechnung f, Massenermittlung f; 2. Erdmassenvermessung f
quantity surveyor Kalkulator m, Massenermittler m, Kostenplaner m
quantity variation Mengenänderung f; Massenänderung f
quarry-faced masonry Bossenmauerwerk n
quarry rocks Bruchgestein n
quarry sand Brechsand m
quarry stone work Bruchsteinmauerwerk n
quarry tile Natursteinplatte f; behauene Platte f; Fußbodenplatte f
quarter 1. kleine Senkrechtholzstütze f (Lattennagelung); 2. Rechteckplatte f; 3. Stadtviertel n, Stadtteil m; Stadtbezirk m
quarter brick Riemchen n, Riemenstück n
quarter panel quadratische Tafel f, Rechteckplatte f
quarter-space landing Winkelpodest n(m)
quarterpace stair viertelgedrehte Treppe f, Treppe f mit Viertelschlag
quartz chippings Quarzsplitt m
quartzite brick Quarzitstein m, Silicatstein m
quatrefoil (Arch) Vierblatt n (gotisches Maßwerk)
quay wall Kaimauer f, Ufermauer f

queen bolt Metallhängesäule f (Dachkonstruktion); Hängesäulenbolzen m
queen post Hängesäule f (Dachstuhl)
queen post truss doppeltes Hängewerk n, doppelter Hängebock m
quench v abschrecken, (rasch) abkühlen (Metall, Glas); durch Abschrecken härten (Metall); löschen (Kalk)
quick-assembly method Schnell(montage)bauweise f
quick cement Blitzzement m
quick hardener Schnellbinder m, Schnellhärter m
quick-setting cement schnell abbindender Zement m, Blitzzement m
quicklime Branntkalk m, gebrannter [ungelöschter] Kalk m, Ätzkalk m
quicksand Fließsand m, Schwimmsand m; Treibsand m; Quicksand m
quiet steel beruhigter Stahl m
quieting Lärmschutz m, Schallschutz m
quoin 1. Hausecke f; Mauerecke f; 2. Eckstein m
quoin 1. Gebäudeecke f; Mauerecke f; 2. Eckstein m, Keil m; 3. Faltwerkkante f
quoin header Eckbinder(stein) m, Läufer m als Eckbinder
quoins Bossenwerk n
quotation of price Preisangebot n
quotation request Angebotseinholung f, Ausschreibung f

R

rabbet v 1. (Hb) (ein)fügen, falzen, fugen; 2. (Hb) durch eine Einfalzung (miteinander) verbinden
rabbet 1. (Hb) Fuge f, Falz m, Nut f; 2. (Hb) Anschlag m, Fensteranschlag m
rabbet joint Einfalzung f, Einfügung f, Fuge f (Holz)
rabbet ledge Anschlagleiste f, Schlagleiste f
Rabitz finish Rabitzputz m
Rabitz lathing Rabitzgewebe n
raceway 1. (El) Leitungskanal m, Installationskanal m, Kabelkanal m; 2. (Wsb) Gerinne n
rack 1. Gestell n, Traggestell n, Gerüst n; Regal n; Ständer m; Rahmen m; 2. Zahnstange f; 3. (Wsb) Rechen m (z. B. an Kanaleinläufen)

racking (back) Abtreppung f *(von Mauerwerk)*
racking force Dehnungskraft f
radial beam Radialbalkenträger m
radial bending moment Radialbiegemoment n
radial brick Radialziegel m, Bogenziegel(stein) m, Schachtstein m
radial stress Radialspannung f
radiant floor covering Heizfußbodenbelag m
radiant heat Strahlungswärme f
radiant panel heating Flächenheizung f
radiation panel Strahlungsheizungs(tafel)element n
radiation pollution Strahlenverseuchung f
radiation protection Strahlenschutz m
radiation-shielding concrete Strahlenabschirmbeton m, Strahlenschutzbeton m, Abschirmbeton m
radiator Heizkörper m, Raumheizkörper m; Radiator m, Strahler m; Gliederheizkörper m
radius brick Gewölbestein m, Keilstein m
radius of curvature Krümmungsradius m, Krümmungshalbmesser m, Bogenradius m, Biegungshalbmesser m, Ausrundungshalbmesser m
raft foundation Plattenfundament n, Plattengründung f; Rostwerk n
rafter Sparren m, Dachsparren m, Sparre f
rafter connection Sparrenverbindung f
rafter fill Zwischenträgerfüllung f
rafter roof Sparrendach n
rafter system Sparrenlage f
rafter trimmer Schiftsparren m
rafters Sparrenwerk n, Gespärre n
rag bolt Steinschraube f, Klauenschraube f, Bolzenanker m, Hakenbolzen m; Fundamentschraube f
rag work 1. Bruchsteinplattenmauerwerk n, Flachschichtmauerwerk n aus Naturstein; 2. Zyklopenrandstein m
ragstone 1. sandiger Kalkstein m; grobkörniger Kalksandstein m (Kieselsandstein); Bruchsteinplattenmauerwerk n; 2. bröckeliger Bruchstein m; 3. Kleinpflasterbruchstein m
rail v mit Querstreben versehen; mit Geländer versehen
rail 1. *(Verk)* Schiene f, Fahrschiene f; Gleis n; 2. Schiene f, Gleitschiene f, Führungsschiene f *(z. B. für Türanlagen)*; 3. Querholz n, Rahmenholz n, Querträger m, Riegel m *(in Rahmenkonstruktionen)*; Querleiste f *(z. B. im Türrahmen)*; Fenstersprosse f; 4. Geländer n; Brüstung f; Zaun m
rail fence Riegelzaun m
rail track Gleiskörper m, Gleis n
railing Schutzgeländer n, Geländer n, Gitter n; Brüstung f
railing post Geländerpfosten m, Geländersäule f; Treppengeländerpfosten m
railroad bridge *(AE)* Eisenbahnbrücke f
railroad construction *(AE)* Eisenbahnbau m
railway construction Eisenbahnbau m, Bahnbau m
railway facilities Bahnanlagen fpl
railway underbridge Eisenbahnunterführung f
rain-drainage channel Regenwasserkanal m
rainbow roof Satteldach n mit (leicht) gewölbten Sparren
rainproof 1. regendicht, (regen)wasserfest, regenwassergeschützt; 2. *(El)* tropfwassergeschützt
rainwater barrier Regenwassersperre f
rainwater downpipe Regenwasserfallrohr n
rainwater gutter Regenrinne f, Dachrinne f; Rinnenkessel m
rainwater retention basin Regenrückhaltebecken n
raise v 1. erhöhen, anheben; aufstocken; aufschütten; 2. errichten, aufstellen, aufrichten *(Montageteile)*; 3. heben, hochheben
raise v **a building** erbauen, ein Gebäude errichten
raise Aufschüttung f, Überhöhung f; Erhöhung f *(Gelände)*
raised arch überhöhter Bogen m
raised building aufgestocktes Gebäude n
raised floor Zwischenboden m, Kabelboden m
raised kerb Hochbord(stein) m
raised work Relief n, Reliefarbeit f
raising Erhöhung f
raising plate Sparrenauflagerbalken m, aufgelegter Tragbalken m (Wand, Rahmen)
rake v abschrägen *(Hang)*; neigen *(ab-*

schrägen); auskratzen *(Fuge)*; einarbeiten *(eine Masse)*

rake 1. Neigung f, Einfallen n *(Abweichung von der Lotrechten)*; 2. Rührstange f; Kratze f; Rechen m

raked pile Schrägpfahl m

raker 1. Kratzkelle f, Kratzeisen n *(Werkzeug)*; 2. Diagonal(fachwerk)stab m, Strebe f; Schrägbalken m; 3. Kopfband n

raking abutments schräge Widerlager npl

raking bond Diagonalverband m, Fischgrätenverband m, Schrägverband m, Stromverband m, Festungsverband m *(Mauerwerk)*

raking prop Strebe f

raking shore Abstützbohle f, Spreize f

ram v 1. (ein)rammen, treiben, einstampfen *(Pfähle)*; 2. (fest)stampfen

ram block Rammbär m

ram pressure (Wsb) Staudruck m, dynamischer Druck m

ramification Verzweigung f, Gabelung f, Verästelung f *(z. B. Leitungen)*

ramifying verzweigt, verästelt

rammed concrete Stampfbeton m

rammed-loam construction Lehmstampfbau m, Kastenwerk n, Piseebau m

ramming Festklopfen n, Stampfen n, Abrammen n; Einrammen n *(Pfähle)*

ramp 1. Rampe f, Schrägauffahrt f, Rampenzufahrt f, Geländerampe f; *(AE)* Autobahnauffahrt f; 2. Abdachung f; Abschrägung f; 3. Straßenschwelle f; Aufpflasterung f, Straßenaufhöhung f; Toter Polizist m *(Verkehrsberuhigung)*; 4. *(Verk)* Flugzeugabstellfläche f

ramp incline Rampenschräge f

ramp landfill Anböschung f

rampant barrel vault einhüftiges Tonnengewölbe n, ansteigende Tonne f

random ashlar [bond] Vieleckmauerwerk n, regelloses Bruchsteinmauerwerk n

random course work unregelmäßiges Schichtenmauerwerk n *(Naturstein)*

random range ashlar 1. unregelmäßiges Mauerwerk n; 2. hammerrechtes Bruchsteinmauerwerk n

random sampling Stichprobennahme f, Zufallsstichprobenerhebung f

random work 1. unregelmäßiges Mauerwerk n; 2. hammerrechtes Bruchsteinmauerwerk n

range v 1. reichen, sich erstrecken; 2. in Reihen anordnen, einordnen; einreihen; 3. die Entfernung bestimmen

range 1. Bereich m, Anwendungsbereich m, Umfang m; Schichtenlänge f *(Mauerwerk)*; 2. Reichweite f, Weite f, Abstand m; Wertbereich m; 3. Reihe f *(von Säulen)*; 4. Küchenherd m; 5. Schießstand m

range for pulsating tensile stresses Zugschwellbereich m

range of stability Stabilitätsbereich m

range pole [rod] Fluchtstab m, Absteckstange f

ranged in eingefluchtet

ranger 1. Gurt m *(bei Spundwänden)*; 2. *(Hb)* Rahmenholz n, Riegel m; Brustholz n, Gurtholz n

rangework *(AE)* Natursteinschichtenmauerwerk n, Quadermauerwerk n in gleichen Schichten

rank of piles Pfahlwand f

ranking Bewertung f

rap v klopfen, losklopfen, abklopfen *(Betonform)*; (los)rütteln

rapid-assembly method Schnell(montage)bauweise f

rapid-cementing agent Schnellbinder m, Abbindebeschleuniger m, Erhärtungsbeschleuniger m *(Beton)*

rapid hardener Schnellhärter m, Erhärtungsbeschleuniger m *(Beton)*

raster dimension Rastermaß n, Rasterabmessung f *(Baurater)*

ratchet Knarre f, Ratsche f; Sperrhaken m, Sperrklinke f

rate v bemessen; schätzen, veranschlagen; bewerten

rate of curing Erstarrungsgeschwindigkeit f

rate of initial set Erstarrungsgeschwindigkeit f

rate of runoff Abflussmenge f

rate of shrinkage Schwindmaß n

rated power *(El)* Nennleistung f

rating scheme Bewertungsschema n, Bewertungssystem n

ratio of exaggeration Überhöhungsverhältnis n

ratio of mixture Mischungsverhältnis n *(Baustoffe)*

ratio of slenderness Schlankheitsgrad m *(eines stabförmigen Gebildes)*

ravelling *(Verk)* Abgängigwerden n, Aus-

magern *n*, Rauwerden *n*; Zerbröckeln *n*, Substanzverlust *m*, Splittverlust *m*, Gesteinsverlust *m* (Bitumendeckschicht)
raw brick building Ziegelrohbau *m*
raw gravel Rohkies *m*
raw sewage unbehandeltes Abwasser *n*, Rohabwasser *n*
rayed strahlenförmig
rayproof building strahlensicheres [strahlengeschütztes] Bauwerk *n* (Gebäude *n*)
raze *v* abbrechen (Gebäude); völlig einebnen (Abbruchgebiet)
re-align *v* wieder ausrichten
reach *v* reichen, sich erstrecken (z. B. Baugebiet, Verkehrsanlagen)
reach Reichweite *f*, Weite *f*, Strecke *f*
reaction at support Auflagerkraft *f*, Lagerdruck *m*
reaction coating Reaktionsanstrichstoff *m*, Mehrkomponentenanstrichstoff *m*
reaction resin Reaktionsharz *n*
reactive force Führungskraft *f*, Stützkraft *f*, Zwangskraft *f*, Reaktionskraft *f*
reactor block [building] Reaktorgebäude *n*
reactor-shielding concrete Reaktorbeton *m*
readout unit Ablesevorrichtung *f*
ready-built house Fertighaus *n*
ready for installation einbaufertig
ready for use gebrauchsfertig (Anstrich, Bindemittel)
ready-mixed concrete Fertigbeton *m*, Frischbeton *m*, Transportbeton *m*, Lieferbeton *m*
ready-mixed stuff Fertigputzmasse *f*, Trockenputzmasse *f*
ready-to-erect montagefertig
real allowance Istabmaß *n*, tatsächliches Abmaß *n*
real estate (AE) Grundstückseigentum *n* (mit Gebäuden); Immobilienbesitz *m*, Immobilien *fpl*
real estate register Grundbuch *n*, Grundstücksverzeichnis *n*
real specific gravity Reindichte *f* (Baustoffe)
realign *v* 1. nachrichten (z. B. mit der Wasserwaage); 2. (Verk) die Linie verbessern, begradigen
reallotment of land Flurbereinigung *f*
reamer 1. Reibahle *f*; 2. Nachbohrmaschine *f*, Erweiterungsbohrer *m* (Bauwerksdurchbrüche); 3. (Tun) Nachräumer *m*
reanalysis statische Nachrechnung *f*
rear *v* aufrichten, errichten (z. B. Häuser, Brücken)
rear back Rückseite *f* (Gebäude)
rear view Hinteransicht *f*, Rückansicht *f*
rear wall Rückwand *f*
reasonable care and skill Ausführungsgrad *m*, Sorgfältigkeitsklasse *f*, Niveau *n* der Bauausführung
reassemble *v* wieder zusammenbauen (Montage)
rebar gerippter Bewehrungsstab *m*
rebate *v* falzen
rebate ledge Schlagseite *f*
rebated gefalzt
rebated floor gefalzter Fußboden *m*, halbgespundete Dielung *f*
rebated joint Falzfuge *f*
rebated weather board gespundetes Schalungsbrett *n* (Dach)
rebending test Rückbiegeprüfung *f*
rebound tester Rückprallhammer *m*, Betonschlaghammer *m*
rebuild *v* wieder aufbauen; umbauen, umkonstruieren; nachbilden
recalculation (Stat) Nachrechnung *f*
receiving bunker Aufnahmebunker *m*
receiving inspection Eingangskontrolle *f*, Eingangsprüfung *f*
receptacle 1. Behälter *m*, Sammelbecken *n*; 2. (El) (AE) Steckdose *f*
reception hall Empfangshalle *f*; Gesellschaftssaal *m*; Halle *f*
recess *v* aussparen, vertiefen; einstechen
recess Aussparung *f*, Vertiefung *f*, Mauervertiefung *f*; Höhlung *f*; Nische *f*, Raumnische *f*, Alkoven *m*; Rücksprung *m*
recessed balcony Loggia *f*
recessed luminaire (AE) Einbauleuchte *f*, (in die Decke) versenkte Beleuchtung *f*
recessing Auskehlen *n*, Aussparen *n*; Einstechen *n*
recharge pit Sickerschacht *m*
recipe Rezeptur *f*, Rezept *n* (Baustoffzusammensetzung)
reciprocal levelling (Verm) Doppelnivellierung *f*
recirculating heating Umluftheizung *f*
reclaim *v* 1. rekultivieren; 2. Neuland ge-

reclaimed 184

winnen; 3. gewinnen, wiedergewinnen *(Baustoffe)*
reclaimed dust Rückgewinnungsstaub *m*, Rückgewinnungsfüller *m*
reclamation area *(Bod)* Spülfeld *n*
reclamation dredger Spülbagger *m*
reclamation of heat Wärmerückgewinnung *f*
recoat *v* überstreichen, überspritzen; erneut beschichten *(wood)*
recompaction Nachverdichtung *f*
reconnaissance 1. Geländeerkundung *f*, Geländeaufnahme *f*; Geländeuntersuchung *f*; Voruntersuchung *f*; 2. Ortsbesichtigung *f*
reconstruct *v* rekonstruieren, nachbilden, restaurieren; wieder aufbauen, umbauen, umgestalten, umbilden
reconstruction Rekonstruktion *f*, Restaurierung *f*, Sanierung *f*; Umbau *m*, Wiederaufbau *m*
record *v* aufzeichnen, aufnehmen, erfassen, eintragen, protokollieren, registrieren, Messwerte aufnehmen
record Aufzeichnung *f*, Niederschrift *f*; Messwertaufnahme *f*, Registrierung *f*
record drawings Bauzeichnungen *fpl* mit allen eingetragenen Änderungen während des Bauens; Bauänderungszeichnungen *fpl*
recover *v* wiedergewinnen, (zu)rückgewinnen *(z. B. nutzbare Baustoffe)*; wiedererlangen, erholen
recovered heat rückgewonnene Wärme *f*
recovery 1. Wiederverwertung *f*, Wiedergewinnung *f*; Rückgewinnung *f*; Entnahme *f*; 2. Erholung *f*
recreation centre Freizeitzentrum *n*
recreation room Aufenthaltsraum *m*, Freizeitraum *m*
rectangular rechteckig
rectangular area Rechteckfläche *f*
rectangular cross section Rechteckquerschnitt *m*
rectangular grid ceiling Kassettendecke *f*, kassettierte Decke *f*
rectangular section Rechteckprofil *n*, Rechteckschnitt *m*
rectangular section gutter Kastenrinne *f*
rectangular timber Kantholz *n*
rectangular work Netzverband *m*, Netzwerk *n* (Stahlbau, Holzbau)
rectification 1. Begradigung *f* *(Straße,*

Gewässer); 2. Mängelbehebung *f*, Mängelbeseitigung *f*
recyclability Wiederverwendbarkeit *f*
recycled construction materials Recycling-Baustoffe *mpl*, Wiederverwendungsbaustoffe *mpl*
recycling plant Recyclinganlage *f*, Wiedergewinnungsanlage *f*
red beech (wood) Rotbuchenholz *n*
red brass Rotguss *m*
red lead Bleimennige *f*, Mennige *f*
redecoration work Renovierung *f*, Renovierungsarbeiten *fpl*, Verschönerungsarbeiten *fpl*
redesign *v* umkonstruieren, umarbeiten, umprojektieren; umbauen, umgestalten *(in der Planung)*
redevelop *v* rekonstruieren, sanieren; umgestalten, wieder aufbauen
redevelopment area Sanierungsgebiet *n*, Stadterneuerungsgebiet *n*, erneuertes Stadtgebiet *n*
redirection of forces Kraftumlenkung *f*
redistributed moment *(Stat)* Umlagerungsmoment *n*, negatives Zusatzmoment *n*
redistribution of stresses *(Stat)* Spannungsumlagerung *f*
reduce *v* 1. reduzieren, herabsetzen, verringern, vermindern; teilen *(Proben)*; 2. verkürzen, kürzer machen; 3. verkleinern *(Maßstab)*; 4. umrechnen *(auf Einheitswerte)*; 5. verdünnen *(Anstrich)*
reducer 1. *(San)* Übergangsstück *n*; 2. Verdünnungsmittel *n*, Verdünner *m* (für Anstrichstoffe, Bindemittel)
reducing adapter [coupling] Reduzierstück *n*
reducing pipe fitting Reduzierstück *n*
reduction fissure Schwundriss *m*
reduction in strength Festigkeitsabfall *m*, Festigkeitsverlust *m*, Festigkeitsabbau *m*
reduction theorem *(Stat)* Reduktionssatz *m*
redundant bar *(Stat)* überzähliger Stab *m*
redundant truss statisch unbestimmtes Fachwerk *n*
reed *v* berohren, mit Schilf(rohr) versehen *(Dachdeckung, Putzträger)*
reed mat Rohrmatte *f*, Schilfmatte *f* *(Putzträger)*
reed roof(ing) 1. Rieddach *n*, Schilfrohr-

dach n, Rohrdach n; 2. Rohrdachdeckung f
refacing Fassadenerneuerung f
refashion v umgestalten, neu gestalten
reference area Bezugsfläche f
reference axis Bezugsachse f
reference datum (Verm) Bezugsniveau n
reference level Bezugshöhe f
reference line Bezugslinie f
reference material Dokumentationsunterlagen fpl, Konstruktionsunterlagen fpl
reference point Bezugspunkt m, Messpunkt m
referring object Bezugspunkt m
refilling Auffüllung f, Verfüllung f
refinishing work Nach(be)arbeiten n
refit v neu ausrüsten, umrüsten
reflecting glass Reflexionsglas n, beschichtetes Glas n
reflecting marking (Verk) Reflexionsmarkierung f
reflective insulation Reflexionswärmedämmung f
reflux valve Rücklaufventil n
reform v (Verk) neu profilieren; rückformen; rückformen ohne Asphaltzugabe (Straßendecke)
refractory feuerfester Baustoff m
refractory brick feuerfester Mauerstein m, Schamottstein m, Schamotteziegel m, feuerfester Ziegel m
refractory cement Feuerfestzement m, hitzebeständiger Zement m
refractory concrete Feuerfestbeton m, hitzebeständiger Beton m, Schamottebeton m
refractory insulating concrete Feuerfestdämmbeton m
refrigerating plant Kälteanlage f
refrigeration engineering Kältetechnik f
refurbish v rekonstruieren, modernisieren (Gebäude); auffrischen, renovieren
refuse v ablehnen, verweigern; aussetzen
refuse Abfall m, Müll m; Schutt m, Ausschuss m; Berge mpl
refuse chute Müllschlucker(schacht) m, Müll(abwurf)schacht m
refuse destructor (furnace) Müllverbrennungsanlage f
refuse disposal site Müllkippe f
refuse incinerator Müllverbrennungsanlage f, Abfallverbrennungsanlage f
refuse processing Abfallverwertung f

refuse water disposal facility Abwasserbeseitigungsanlage f
regenerative heating Regenerativheizung f, Rückkopplungsheizung f
regimen 1. (Wsb) Wasserführung f, Wasserhaushalt m (Fluss); 2. Materialbilanz f
region of deformation Formänderungsbereich m
regional development Raumordnung f
regional planning Regionalplanung f, Gebietsplanung f; Gebietsbebauungsplan m; Landesplanung f
regional planning method Raumordnungsverfahren n
register Regulieröffnungsgrill m (Klimaanlage); Schieber m, Klappe f (Heizungs- oder Lüftungsschieber)
regrating skin Stepputz m, Besenwurfputz m
regression analysis Regressions(be)rechnung f
regular-coursed ashlar work regelmäßiges Natursteinschichtenmauerwerk n, Quadermauerwerk n
regulate v regeln; regulieren; einregulieren; planieren; eine Oberfläche regulieren; Vertiefungen auffüllen; Vorschriften setzen
regulating course Ausgleichsschicht f
regulating valve Regelventil n
regulation 1. Regulierung f; Regelung f (von Werten); Vorschrift f (Sicherheit); Verfügung f; 2. (Bod) Oberflächenplanierung f
regulations Ausführungsbestimmungen fpl (Bauvertragsbestandteil)
regulatory agency Gewässeraufsicht(sbehörde) f, Wasserbehörde f
rehabilitation 1. Rekonstruktion f, Sanierung f; Wiederherstellung f; 2. (Verk) Deckenerneuerung f, Deckschichterneuerung f (nach Asphaltausbau)
reheating (HLK) Luftnachwärmung f, Nachwärmen n
reinforce v bewehren, armieren; abstützen; verstärken, versteifen, aussteifen; mit Stahleinlagen versehen
reinforced block floor Stahlsteindecke f
reinforced brick masonry bewehrtes Ziegelmauerwerk n
reinforced concrete Stahlbeton m, armierter [bewehrter] Beton m, Eisenbeton m

reinforced concrete floor slab Stahlbetondeckenplatte f, Stahlbetongeschossplatte f
reinforced concrete lift-slab Stahlbetonhubdeckenplatte f
reinforced soil bewehrte Erde f
reinforcement Bewehrung f, Armierung f; Stahleinlagen fpl; Verstärkung f, Versteifung f
reinforcement cage Bewehrungskorb m
reinforcement drawing Bewehrungsplan n, Bewehrungszeichnung f
reinforcement framework Bewehrungsflechtwerk, Armierungsgeflecht n
reinforcement mat(tress) Bewehrungsmatte f
reinforcing 1. Absteifen n, Aussteifen n, Versteifen n, Verstärken n; 2. s. reinforcement
reinforcing bar Bewehrungsstahl m, Bewehrungsstab m, Betonstahl m, Betoneisen n
reinforcing diaphragm Aussteifungsscheibe f, Versteifungsscheibe f, Verstärkungsscheibe f
reinforcing frame Aussteifungsrahmen m
reinforcing plate Verstärkungsblech n; Gurtplatte f
reinforcing sheet Verstärkungsblech n
reinforcing steel Betonstahl m, Bewehrungsstahl m
reinforcing steel mesh Baustahlmatte f, Bewehrungsmatte f, Betonstahlmatte f, Baustahlgewebe n
reinstatement 1. Wiederherstellung f; 2. (Bod) Aufgrabungsverfüllung f
rejection Abnahmeverweigerung f, Nichtabnahme f (eines Gebäudes)
rejection of tender Angebotsablehnung f, Ablehnen n des Angebotes
related trades Baunebengewerke npl; Baugewerkshandwerker mpl
relative level Bezugshöhe f, Bezugspegel m
relaxation Entspannung f, Relaxation f (Tragschicht, Tragekonstruktion); Spannungsabfall m bei gleich bleibender Spannung (Spannbeton)
relaxation of steel 1. Stahlerschlaffung f, Stahlrelaxation f; 2. Stahlspannungsabfall m (Spannbeton)
relay switching system Relaisschaltsystem n

release v 1. ausschalen, entschalen, trennen (Formteile von Formen); 2. auslösen; 3. freisetzen; abblasen (z. B. Gase)
release Ausschalung f, Entschalen n, Trennung f (von Formteilen aus Formen)
release agent Trennmittel n, Formentrennmittel n, Ausschalungshilfe f; Schalungsöl n
release lube [oil] Ausschalöl n, Entschalungsöl n
release valve Entlüftungshahn m
releasing the pull Nachlassen n (Spannbeton)
relevel(l)ing Neuaufnahme f
reliability test Zuverlässigkeitsprüfung f
relief 1. Relief n, plastisches Bildwerk n (auf Flächen); 2. Relief n, Geländerelief n; 3. (Stat) Entlastung f
relief opening (HLK) Entlüftungsklappe f
relief sewer Entlastungsleitung f für Abwasser
relief valve Entlüftungsventil n, Entspannungsventil n
relieve v 1. (Stat) entlasten; entspannen; 2. Farbe aufhellen; 3. Nothilfe leisten
relieved 1. (Stat) entlastet; 2. aufgelöst (Wandfläche)
relieving joint Entlastungsfuge f (Flächenbeton)
relieving layer Druckausgleichsschicht f
reloading Wiederbelastung f, Nachbelastung f
relocate v umsiedeln (Raumordnung); versetzen; umstellen
remaining concrete Mehrbeton m, Betonübermenge f
remains Baureste mpl, Überrest m
remeasurement Nachmessung f
remedial building work bauliche Abhilfemaßnahmen fpl
remedial measure Abhilfe f, Behebung f (von Mängeln)
remedy Hilfsmittel n, Reparaturmaterial n; Reparaturmethode f; Ausbesserungsverfahren n
remix v (Verk) rückverformen mit Asphaltzusatz
remodelling Umgestaltung f, Abwandlung f; Änderungen fpl (Rekonstruktion); Umbauarbeiten fpl, Hausumbau m; Neugestaltung f; Anpassung f (eines Gebäudes)

remote control Fernbedienung f, Fernsteuerung f
remoulded soil sample gestörte Bodenprobe f
removable abnehmbar, entfernbar, lösbar; behebbar
removable mullion entfernbarer Türmittelpfosten m
removal 1. Entfernen n, Beseitigung f; Abtrag m; 2. Ableitung f, Entzug m; 3. Umzug m
removal of debris (Erdb) Abraumbeseitigung f (auch Sandgrube, Steinbruch usw.)
removal of faults Fehlerbeseitigung f; Nacharbeiten fpl
removal of shuttering Ausschalen n, Ausschalung f
remove v **(the) rust** entrosten
Renaissance building Renaissancegebäude n
render v (ver)putzen, den Unterputz aufbringen, berappen; ausrappen; abputzen (Mauern)
render Unterputz m, Unterputzschicht f (eines mehrlagigen Putzes); Unterputzanwurf m, Bewurf m; Außenputz m
render, float, and set (RFS) dreilagiger Putz m
rendered structure abgeputztes Bauwerk n, Putzbauwerk n
rendering 1. Bewurf m, Bewerfen n, Berappen n, Anwerfen n des Unterputzes; Abputzen n; (AE) Mörtelauftrag m; 2. Unterputz m, Verputz m
rendering and plastering work Putzarbeiten fpl
renewal Erneuerung f
renovation Renovierung f, Erneuerung f; bauliche Neugestaltung f; Instandsetzung f
rent 1. Riss m, Sprung m (keramische Baustoffe); Spalt m, Bruch m (Faserbaustoffe); 2. Miete f; Pacht f, Pachtgeld n; (AE) Leihgebühr f • **let for rent** verpachten • **take at rent** pachten
rental flat Mietwohnung f, Mietetagenwohnung f, Mietgeschosswohnung f
repainting Nachstreichen n; Erneuerungsanstrich m
repair Baureparatur f, Reparatur f, Instandsetzung f • **in a bad (state of) repair** s. out of repair • **in good repair** in gutem Zustand • **out of repair** baufällig, in baufälligem Zustand (Gebäude)
repair compound Ausbesserungsmasse f, Flickmasse f
repairing Reparieren n, Ausbessern n, Instandsetzen n
repairs Instandsetzungsarbeiten fpl
repartition bar Verteilungsstab m; Verteilerlehre f (Abstandseinteilung)
repave v 1. umpflastern; 2. rückverformen (Asphaltstraße); eine Decke wiederherstellen (mit Asphaltzugabe)
repeatability range Wiederholstreubereich m (Baustoffprüfung)
repeated flexural strength Dauerbiegefestigkeit f
repellent Wasser abstoßendes Mittel n (Bauhilfsstoff)
repercussion 1. Abprall m, Rückstoß m (Kräfte); 2. Widerhall m, Nachhall m (Schall)
repetition method Taktverfahren n
repetitive housing Reihenwohnungsbau m, Serienwohnungsbau m (standardisierter Wohnungsbau)
replacement Austausch m, Auswechselung f, Ersetzen n, Ersatz m, Substitution f
replacement type pile (Erdb) Bohrpfahl m
representation 1. (Arch) Darstellungsweise f; 2. Darstellung f, Abbildung f
reprocessing Aufarbeitung f
reproducibility conditions Vergleichsbedingungen fpl
reprofiling Neuprofilieren n
request for bids Einholung f von Angeboten
required level Sollhöhe f
requirement 1. (Stat) Forderung f, Anforderung f; 2. Bedarf m (z. B. an Material, Raum)
research and testing station Versuchsstelle f; Versuchsinstitut n
reserve of strength Festigkeitsreserve f
reservoir 1. Bassin n; Wasserbehälter m; Kessel m; Vorratsbehälter m; 2. (Wsb) Speicherbecken n, Wasserstaubecken n; Stausee m
reservoir capacity (Wsb) Speichermenge f, Speichervolumen n; Fassungsvermögen n eines Bassins
reservoir lining Beckenauskleidung f
reshaping Umformung f

residence

residence block type Wohngebäudetyp *m*, Wohnhaustyp *m*, Wohnblocktyp *m*
residence district Wohnbezirk *m*, Wohngebiet *n*
residences Wohnbauten *mpl*
resident engineer Auftraggeberbauleiter *m*, Bauherrvertreter *m*; staatlicher Bauleiter *m*, Investbauleiter *m*
resident inspector Bau(aufsichts)wart *m*, Bauinspektor *m*, Auftraggeberkontrolleur *m*
residential building 1. Wohn(ungs)gebäude *n*, Wohnhaus *n*; 2. Wohnungsbau *m*
residential developer Wohnungsbauträger *m*
residential location Wohnlage *f*
residential portion Wohntrakt *m*
residual deformation Restverformung *f*, bleibende Deformation *f*
residual humidity [moisture] Restfeuchte *f*, Restfeuchtigkeit *f*
residual stress Restspannung *f*, Eigenspannung *f*, bleibende [innere] Spannung *f*
residue-derived energy Energie *f* aus Abfall
resilient federnd, elastisch; schwingungsisoliert
resilient layer 1. Dämmlage *f*, Dämmschicht *f* *(für schwimmenden Bodenbelag)*; 2. schalldämmende Schicht *f*
resilient quilt Faserdämmstofflage *f*, Faserdämmstoffschicht *f*
resin Harz *n*; Kolophonium *n*, Spiegelharz *n*, griechisches Pech *n* *(natürlich oder synthetisch)*
resin-based mortar Kunstharzmörtel *m*
resin-bound chipboard [fibreboard] Kunstharzpressplatte *f*, Span(holz)platte *f*, harzgebundene Faserplatte *f*
resin grout Harzmörtel *m*
resistance 1. Widerstandsfähigkeit *f*, Beständigkeit *f*, Festigkeit *f*, Stabilität *f*; 2. *(El)* Widerstand *m* • **of poor resistance** wenig widerstandsfähig
resistance against rust Rostbeständigkeit *f*, Rostsicherheit *f*
resistance butt welding Widerstandsstumpfschweißen *n*
resistance flash welding Abbrennstumpfschweißung *f*

resistance of pipes *(Wsb)* Rohrreibung *f*, Rohrreibwiderstand *m*
resistance to abrasion Abriebbeständigkeit *f*
resistance to corrosion Korrosionsbeständigkeit *f*, Korrosionsfestigkeit *f*
resistant widerstandsfähig, beständig, fest, stabil
resistant to alkali(es) alkalibeständig, laugenfest
resistant to bending biegesteif, biegefest
resistant to moisture feuchtigkeitsbeständig
resistant to wear abriebbeständig, verschleißfest, abnutzungsbeständig
resisting moment Widerstandsmoment *n*
resisting to fracture bruchfest
resolution of forces Kräftezerlegung *f*, Zerlegung *f* von Kräften
resonance action Resonanzwirkung *f*
resonator Resonator *m* *(Schallabsorption)*
resource recovery Rohstoffrückgewinnung *f*, Wertstoffrückgewinnung *f*
respirator Atemschutzgerät *n*, Atemschutzmaske *f*
responsible bidder Bieter *m* mit niedrigstem Angebot und voller fachlicher Kompetenz, akzeptierbarer Bieter *m*
ressaut 1. Auskragung *f*, Überstand *m*; 2. Walzenzierkante *f*
rest *v* **on** lagern [liegen, Auflager haben] auf, aufliegen, ruhen auf
rest stone Kragstein *m*
restoration 1. Restaurierung *f*, Wiederherstellung *f*; Instandsetzung *f* *(von Gebäuden)*; 2. Rekultivierung *f (von Land)*
restraighten *v* nachrichten, ausrichten
restrained *(Stat)* eingespannt, gedämpft
restrained bearing festes Lager *n*, eingespanntes Lager *n*, Festeinspannlagerung *f*
restraining end moment *(Stat)* Einspannmoment *n*
restraint 1. *(Stat)* Einspannung *f*, feste Endeinspannung *f*; 2. Beschränkung *f*, Einschränkung *f*
restraint system Rückhaltesystem *n*
restrict *v* einschränken, begrenzen, beschränken
restricted place begrenzter Platz *m*, Platzmangel *m*
restriction of use Nutzungsbeschränkung *f (Land, Grundstück)*

resultant force resultierende Kraft f, Mittelkraft f
resumption of works Wiederaufnahme f der Bauarbeiten
resurvey Nachvermessung f, Neuvermessung f
retain v zurückhalten; stauen (Wasser)
retained heat gespeicherte Wärme f
retaining 1. Unterstützung f (z. B. einer Wand); 2. (Wsb) Aufstauen n, Aufstau m
retaining basin (Wsb) Staubecken n, Verzögerungsbecken n, Rückhaltebecken n, Hochwasserrückhaltebecken n
retaining wall 1. Stützmauer f, Stützwand f; 2. Stauwand f
retardation of setting Abbindezeitverzögerung f (Zement, Gips)
retarder Verzögerungsmittel n, Verzögerer m, Hemmstoff m
retarder Verzögerungsmittel n; Abbindeverzögerer m, Erstarrungsverzögerer m (für Zement oder zementartige Stoffe)
retention areas (Wsb) Rückhalteflächen fpl, Retentionsflächen fpl, Überflutungsflächen fpl (Flussauen)
retention period Garantiezeitraum m
retention wall 1. (Wsb) äußere Dichtungswand f; 2. Rücklagenwand f
reticulated netzartig, netzförmig; netzartig bedeckt; vernetzt
reticulated tracery (Arch) Maschenmaßwerk n, Netzmaßwerk n (Ornament)
reticulated vault(ing) Netzgewölbe n
retractable einschiebbar
retreat 1. Rücksprung m, Rückversatz m; 2. Nachbehandlung f; 3. Pflegeheim n (meist privat)
return v (HLK) zurückführen, zurückleiten; zurückfließen, zurücklaufen
return-air duct (HLK) Rückluftkanal m
return line (HLK) Rücklaufleitung f
return system Rückluftsystem n (Klimaanlage)
return temperature Rücklauftemperatur f
reusable waste product wiederverwertbares Abfallprodukt n
reuse Wiederverwendung f
reveal Leibung f, Laibung f (Fenster, Tür)
reveal lining Türleibungsverkleidung f
reverberation damping Nachhalldämpfung f
reversal 1. Wechselbeanspruchung f; Lastspiel n; 2. Umkehrung f

ribbon

reverse 1. Gegenseite f, Rückseite f; 2. Lehre f, Lehrbrett n, Schablone f; 3. Verkröpfung f; 4. (HLK) Umkehr f, Umkehrung f (z. B. Steuersystem)
reverse-swing door auswärts öffnende Tür f, Tür f mit Öffnung in Gegenrichtung
reversed vault Kontergewölbe n, Gegengewölbe n, Grundgewölbe n, Erdgewölbe n, Sohlengewölbe n
reversible window Drehfenster n
revetment 1. Verkleidung f, Böschungsverkleidung f, Böschungsschutz m, Böschungserosionsschutz m, Uferschutz m; Baugrubensicherung f; 2. s. revetment wall; 3. Gebäudeverkleidung f
revetment wall Verkleidungsmauer f, Futtermauer f, Stützmauer f
revise v 1. überprüfen; 2. berichtigen; überarbeiten, umarbeiten (Plan)
revise drawing Revisionszeichnung f, korrigierte Bauzeichnung f
revolving door Dreh(flügel)tür f
revolving tower crane Turmdrehkran m
reworking 1. Nacharbeit f, Nacharbeiten n; 2. Aufarbeitung f; Umgestaltung f
RFS s. render, float, and set
rheological property rheologische Eigenschaft f, Fließeigenschaft f
rhomboidal rautenförmig, rhomboidisch
rib v 1. mit Rippen versteifen; 2. riffeln, rippen
rib 1. Rippe f (zur Versteifung); Gewölberippe f; Steg m (eines Betonträgers und T-Trägers); 2. Rippe f; 3. französische Leiste f (Metallbedachung)
rib and tile floor system Hohlkörperdeckenkonstruktionssystem n
rib mesh Streckmetall n, Streckgitter n
ribbed bar Rippenstahl m (Bewehrung)
ribbed floor Rippendecke f
ribbed girder Rippenträger m
ribbed heater Rippenheizkörper m
ribbed panel Rippenplatte f, Stahlbetonrippenplatte f (Wandtafel)
ribbing Rippenversteifung f, Rippenkonstruktion f
ribbon development Zeilenbebauung f, Bandbebauung f (entlang von Straßen); strahlenförmige Vorstadtentwicklung f
ribbon windows Fensterband n, Bandfenster n, Langfenster n, geschlossene Fensterreihe f

rich concrete fetter Beton m, zementreiche Betonmischung f
rich lime Fettkalk m, Weißkalk m
rich mortar fetter [feinstoffreicher, bindemittelreicher] Mörtel m, Fettmörtel m
richly decorated reich verziert, reich geschmückt
rickers Rundhölzer npl
rider strip 1. Kopfplatte f, Deckenflacheisen n; 2. First m, Firstlinie f (Dach)
ridge v riefen, mit Rillen versehen, furchen
ridge 1. First m, Dachfirst m; Firstlinie f; 2. Rücken m; Steg m; Wulst f(m); 3. Bergrücken m; Kamm m, Gebirgskamm m; 4. Riefe f, Rille f; Rippenfurche f
ridge beam Firstbalken m, Firstbohle f
ridge cap(ping) Firstabdeckung f, Firsthaube f
ridge form Firstausbildung f
ridge lantern Dachreiter m, Dachlaterne f
ridge line Firstlinie f, Dachförste f, Förste f
ridge purlin Firstpfette f, Scheitelpfette f
ridge stop Firstabdeckverbindungsblech n (an einer Wand)
ridge tile Firstziegel m, Firststein m
ridged zweihängig (Dach)
ridging 1. Firstabdeckung f; 2. Faltenbildung f, Blasenbildung f (Dachhaut)
riffle v riffeln, furchen
rig v (up) 1. (ein)rüsten; 2. montieren; aufstellen (z. B. Anlagen); 3. verspannen, abspannen
rig 1. Ausrüstung f (für spezielle Zwecke); Anlage f; 2. Pfahlrammanlage f, Rammgestell n; Dreibock m; Bohranlage f
rigging 1. Aufbau m, Montage f (von Anlagen, Einrichtungen); 2. Abspannung f, Verspannung f (bei Montage)
right v aufrichten, in senkrechte Lage bringen; ins Gleichgewicht bringen; sich aufrichten
right-angled rechtwinklig, winkelrecht, im rechten Winkel
right-hand reverse door rechtsgehängte Tür f
right-lined geradlinig
right-of-way 1. Trasse f (vom Staat beanspruchtes Gelände für Straßen, Eisenbahn); 2. (AE) Geländestreifen m mit Bau- und Unterhaltungsrecht für Leitungen und Trassen; Leitungstrassengelände n; 3. (AE) Wegerecht n, Vorfahrtsrecht n

rigid 1. starr, (biege)steif, unbiegsam; hart (z. B. Baustoffe, Kunststoff); 2. starr, nicht verschiebbar; eingespannt; gelenklos; 3. standsicher
rigid arch eingespannter [gelenkloser] Bogen m
rigid bearing 1. starres Auflagern n; 2. steifes Auflager n
rigid construction system starre Konstruktion f, steifes Konstruktionssystem n, starres Bausystem n
rigid fixing Einspannung f
rigid foam filling Hartschaumfüllung f
rigid frame steifer [starrer] Rahmen m, Steifrahmen m, Skelettrahmen m
rigid-jointed steifknotig, biegesteif verbunden
rigid nodal point Skelettknotenpunkt m, starre Knotenverbindung f
rigid pavement starre Befestigung f, starrer Belag m, starre Fahrbahnbefestigung f (Straße)
rigid polystyrene foam Polystyrolhartschaum m
rigid PVC Hart-PVC n
rigid sheet Hartbauplatte f (Trockenbau)
rigid support starre Auflage f, steife Auflage f, starres Auflager n, steifes Auflager n
rigidity 1. (Stat) Starrheit f, Steife m, Steifigkeit f; Steife f (Rahmenelement); Biegesteifigkeit f, Starrheit f; 2. Standfestigkeit f
rim beam Randbalken m, Randträger m
ring 1. Ring m, Kreis m; 2. Ring m, Glied n (Kette); Öse f
ring beam Ringanker m, Ringbalken m, Ringträger m
ring gasket Dichtungsring m
ring main 1. Ringleitung f, Sammelleitung f (Rohrleitung); 2. (El) Ringleitung f, Ringnetz n
rinse 1. Spülen n, Ausspülung f, Ausspülen n; 2. Spülmittel n
rinser (San) Spüler m, Spülapparat m
rinsing box (San) Spülkasten m
rip v 1. aufreißen (Boden); stockroden; 2. längssägen (Holz)
rip-rap Steinschüttung f, Steinpackung f, Steinedeckwerk n, Steinvorlage f (unregelmäßig, aus sehr großen Natursteinblöcken)

ripping chisel 1. *(Hb)* Stechbeitel *m*; 2. Rolleneisen *n*, Rindentrenneisen *n*
ripple metal sheet Rippenfeinblech *n*
riprap grobes Gesteinsmaterial *n*; Steinpackung *f*, Steinschüttung *f*
rise 1. Steigung *f (eines Geländes)*; Erhebung *f*, Anstieg *m (im Gelände)*; 2. Pfeilhöhe *f*, Stichhöhe *f*, Stich *m (eines Gewölbes)*; 3. Steigungshöhe *f*, Treppensteigung *f*; Stufenhöhe *f*; 4. Ansteigen *n*, Steigen *n*, Erhöhung *f*, Zunahme *f (z. B. von Temperaturen, Werten)*
rise of arch Stich *m* [Pfeil *m*] des Bogens
rise-to-run ratio Steigungsverhältnis *n*, Steigmaß *n*, Trittmaß *n (Treppe)*
riser 1. Steigleitung *f*; Steigrohr *n*; 2. Klimaanlagenhauptkanal *m*; 3. s. riser board
riser board Setzstufe *f*, Futterstufe *f (Treppe)*
rising 1. aufgehend *(Mauerwerk)*; 2. steigend *(z. B. Flüssigkeiten, Druck)*; 3. unberuhigt *(Stahl)*
rising arch steigender Bogen *m*
rising gradient Steigung *f*
rising height Pfeilhöhe *f*, Bogenstich *m*
rising main Steigleitung *f*, Wassersteigleitung *f (Frischwasser)*; Fallleitung *f (Abwasser)*
rising steel structures Stahlhochbauten *mpl*
rising vault einhüftiges Gewölbe *n*, ansteigendes Gewölbe *n*, geschobenes Gewölbe *n*
rising wall aufgehende Mauer *f*
risk assessment Risikoeinschätzung *f*; Gefahrenanalyse *f*
risk of buckling Knickgefahr *f*
Ritter's dissection Ritter'scher Schnitt *m (zur Ermittlung der Stabkräfte vom Fachwerk)*
river Fluss *m*, Strom *m*
river and lake protection Gewässerschutz *m*
river bed Flussbett *n*
river gravel Flusskies *m*
river improvement Flussregulierung *f*, Flussbau *m*
river pier Strompfeiler *m (Brücke)*
river structural works Flussbauten *mpl*
river wall Ufermauer *f*; Flussdamm *m*
rivet *v* nieten, vernieten, annieten
rivet Niet *m*

rivet dolly Gegenhalter *m*
rivet joint Nietverbindung *f*, Nietung *f (Nietstelle)*
rivet pattern Nietanordnung *f*, Nietbild *n*
riveted butt joint Laschennietung *f*
riveted girder Nietträger *m*
riveted joint Nietverbindung *f*, Nietung *f*
riveted truss genietetes Tragwerk *n*
riveting hammer Niethammer *m*
road 1. Straße *f*, Landstraße *f*, Außerortstraße *f*; 2. Verkehrsweg *m*; 3. s. roadway
road administration Straßen(bau)verwaltung *f*
road base obere Tragschicht *f*
road-bed 1. Schienenunterbau *m*, Schienenkörper *m*; Bahnkörper *m*; 2. Straßenplanum *n*, Straßenunterbettung *f*; 3. meist befahrene Spur *f*, am stärksten beanspruchte Fahrspur *f (einer Straße)*
road bridge Straßenbrücke *f*
road construction Straßenbau *m*; Wegebau *m*
road crossing Straßenkreuzung *f*; schienengleicher Bahnübergang *m*
road draining 1. Straßensickerleitung *f*, Straßensicker *m*; 2. Straßenoberflächenentwässerung *f (Brücke)*
road embankment Straßendamm *m*
road foundation Straßengründung *f*, Straßenunterbau *m*; untere Tragschicht *f*; Straßenuntergrund *m*
road grader Straßenhobel *m*, Straßenplanierer *m*, Grader *m*
road inlet Straßensinkkasten *m*, Straßeneinlauf *m*, Gully *m*
road junction Einmündung *f*; Straßenkreuzung *f*
road metalling 1. Straßenbeschotterung *f*; 2. Schotterdecke *f*
road paver Straßenfertiger *m*
road pricing Straßengebührensystem *n*; Straßenbenutzungsgebühren *fpl*; Preisermittlung *f* für Straßenbenutzung
road setting-out Straßenabsteckung *f*, Trassenabsteckung *f*
road surface Straßendecke *f*, Straßen(decken)belag *m*, Fahrbahndecke *f*, Verschleißschicht *f*; Straßenoberfläche *f*
road traffic facilities Straßenverkehrsanlagen *fpl*
roadside development landschaftsgestalterische Arbeiten *fpl* bei Straßenbaumaßnahmen, landschaftspflegeri-

roadway

sche Begleitmaßnahmen *fpl* bei Straßenbauarbeiten

roadway 1. Straßendamm *m*, (befestigte) Fahrbahn *f (auch auf Brücken); (AE)* Fahrbahnkörper *m*; Straßenoberfläche *f*; 2. *s.* Strecke *f (Bergbau)*

roaring basin [pool] *(Wsb)* Tosbecken *n (einer Talsperre)*

rock 1. Gestein *n*; 2. Fels *m*; 3. Naturstein *m*, Stein *m*

rock bit Gesteinsmeißel *m*, Steinmeißel *m*

rock blanket Splittabdeckschicht *f*, Schotterabdeckung *f*, flache Gesteinsschicht *f*

rock crusher Steinbrecher *m*

rock decay Gesteinsverwitterung *f*, Verwitterung *f*, Gesteinszerfall *m*

rock drill Gesteinsbohrer *m*, Gesteinsbohrmaschine *f*, Steinbohrer *m*; Bohrhammer *m*

rock-faced natursteinverkleidet

rock facing Steinschutzschüttung *f*

rock fill Steinschüttung *f*

rock material Felsgestein *n*, Gesteinsmaterial *n*

rock mechanics Gebirgsmechanik *f*, Felsmechanik *f*

rock pocket Betonnest *n*, Entmischungsnest *n*

rock quarry Steinbruch *m*

rock saw Gesteinssäge *f*

rock trap *(Verk)* Geröllfang *m*

rock wool insulation material Steinwolledämmmaterial *n*

rocker bearing Kipp(zapfen)lager *n*, Gelenklager *n (Brücke)*

rocker member Pendelstab *m (Tragwerk, Schwinglader)*

rocker support Auflagergelenk *n*

rocking pier Pendelstütze *f*, Pendelpfeiler *m (Brücke)*

Rockwell B Rockwellhärte B *f*, HRB

rockwork 1. Quadermauerwerk *n*; 2. unregelmäßiges Natursteinmauerwerk *n*

rod 1. Stange *f*, Stab *m (Metall, Holz)*; Rundstab *m*, Bewehrungsstab *m*, Stab *m*; Glied *n*; Füllungsstab *m (Träger)*; 2. Putzhöhenlatte *f*, Putzrichtlatte *f*; 3. *(Verm)* Messlatte *f*; Fluchtstange *f*

rod connection 1. Stabanschluss *m*, Gliedanschluss *m (Stabwerk)*; 2. Stangenverbindung *f*

rod field Stabfeld *n*, Gliedfeld *n*

rod fixer Bewehrungsleger *m*, Stahlflechter *m*, Eisenflechter *m*

rod force Stabkraft *f*

rod reinforcement Stab(stahl)bewehrung *f*, Rundstahlbewehrung *f*

rod spacing Stababstand *m*, Eisenabstand *m (Bewehrung)*

rodding cover Reinigungsdeckel *m*; Putzdeckel *m*

rods 1. Stabmaterial *n*; Stabstähle *mpl*; 2. Gestänge *n*

roll bearing Walzenlagerstuhl *m*

roll moulding Rundstab *m*, Wulstleiste *f*

roll roofing 1. Bitumendachpappe *f* in Rollen, abgesandete Dachpappe *f*; Bitumenglasvlies *n* in Rollen; 2. Bedachung *f* mit Bitumendachpappe

rolled asphalt Walzasphalt *m*; Asphaltbeton *m*

rolled concrete Walzbeton *m*

rolled flange Walzflansch *m*

rolled glass Walzglas *n*, Ziehglas *n*

rolled kerb *(Verk)* abgerundeter Bordstein *m*, Hochbord(stein) *m* mit abgerundeter Kante

rolled plate Walzblech *n (grob)*

rolled shape Walzprofil *n*, Walzstahl *m*

rolled turf Rollrasen *m*

roller 1. Straßenwalze *f*, Erdwalze *f*, Walze *f*; 2. Streichroller *m*, Rolle *f*, Rollpinsel *m*, Walzpinsel *m*; Farbroller *m*; 3. Laufrolle *f*, Bandrolle *f*; Rolle *f (einer Bauwinde)*

roller bearing Rollenlager *n*, Walzenlager *n*

roller coating Rollstreichen *n*, Beschichten *n* mit Streichroller; Farbaufrollen *n*

roller compaction Walzverdichtung *f (Boden)*

roller jalousie Rolljalousie *f*, Rollladen *m*

roller support Rollenauflager *n*

rolling load Verkehrslast *f*, bewegliche Last *f*, Betriebslast *f*

rolling scaffold Rollgerüst *n*

rolling shutter Rollladen *m*

Roman arch *(Arch)* römischer Bogen *m*, Rundbogen *m*

Roman cement Romankalk *m*, hochhydraulischer Kalk *m*; *(veraltet)* Romanzement *m (Vorläufer des Portlandzements in England)*

roof *v* 1. bedachen, überdachen, mit einem Dach versehen; 2. eindecken, ein Dach decken

roof 1. Dach n; Überdachung f; 2. *(Tun)* Firste m, Hangendes n, Decke f
roof area Dachfläche f
roof battening Lattung f
roof boards Dachschale f, Holzschalung f, Holzschale f
roof bolt 1. Deckenanker m; 2. *(Tun)* Gesteinsanker m, Gebirgsanker m, Ankerbolzen m
roof bracing Dachversteifung f, Dachaussteifung f
roof cladding 1. Dachbelag m, Dachhaut f, Dacheindeckung f; 2. Bedachungsmaterial n
roof coping Firstbalken m
roof course Dachgebinde n, Dachgesparre n
roof-deck 1. Terrassendach n, begehbares Flachdach n; 2. Dachhautträgerlage f
roof insulating material Dachisoliermaterial n
roof lathing Dachlattung f, Ziegellattung f
roof-light 1. Oberlicht n, Oberlichtöffnung f; Dachfenster n; 2. Dachtagesbeleuchtung f
roof load Dachlast f
roof panel Dachtafel f, Dachplatte f; Dachbeplankung f
roof pitch Dachneigung f, Dachschräge f
roof rib Dachsparren m, Sparren m
roof ridge Dachfirst m, First m
roof sheathing Dach(ver)schalung f
roof skin Dachhaut f
roof structure (system) Dachverband m, Dachtragwerk n, Dachkonstruktion f, Dachstuhl m
roof surround Dacheinfassung f
roof tiling Ziegeleindeckung f *(Dach)*
roof truss 1. Dachstuhl m; 2. Dachbinder m
roofage Dachfläche f, Dachflächengröße f
roofer 1. Dachbrett n, Schalbrett n; 2. Dachdecker m
roofing 1. Überdachung f, Dacheindeckung f; 2. Dachhaut f, Bedachung f; Dachschalung f
roofing felt Dachpappe f
roofing gravel Dachkies m
roofing material Eindeckungsmaterial n
roofing slab Dachtafel f, Dachplatte f
roofing work Dachdeckerarbeiten fpl, Dacheindeckarbeiten fpl
roofline Dachsilhouette f

room 1. Raum m, Zimmer n, Stube f; 2. Wohneinheit f; 3. Raum m, Platz m
room air conditioning system Raumklimaanlage f, Klimaanlage f
room climate Raumklima n, Innenklima n
room divider Raumteiler m, Raumteilungselement n
room layout Raumanordnung f
room steam-curing Kammerbedampfung f *(Betonhärtung)*
room temperature control Raumtemperatursteuerung f, Innentemperatursteuerung f
roominess Weiträumigkeit f, Geräumigkeit f *(z. B. eines Hauses)*
root Spanngliedendstück n
rope 1. Seil n, Kabel n, Tau n; Strang m, Strick m; 2. Werg n; 3. *s.* rope caulk
rope caulk Wergdichtung f
rope-suspended roof Seilhängedach n, Kabelhängedach n, Hängedach n
rope suspension bridge Seilbrücke f, Hängebrücke f
ropeway *(AE)* Schwebebahn f, Seilschwebebahn f, Drahtseilbahn f
rose window *(Arch)* Fensterrose f, Rosenfenster n, Rosettenfenster n *(gotisches Rundfenster)*; Radfenster n *(Katharinenfenster)*
rot v verrotten, vermodern, verfaulen; morsch werden *(Holz)*; verwittern, brüchig werden *(Gestein)*
rot-proofing agent Verrottungsschutzmittel n, Fäulnisverhütungsmittel n
rotary *(AE)* Kreisverkehr m
rotary door Drehtür f
rotary intersection Kreisverkehrsknoten m, Kreisverkehrskreuzungspunkt m
rotary lever Drehriegel m
rotary tower crane Turmdrehkran m
rotary valve *(Wsb)* Kugelschieberventil n, Kugelschieber m
rotating mixer Freifallmischer m
rotational axis Drehachse f, Rotationsachse f *(Darstellung, Aufbau)*
rotational inertia Trägheitsmoment n
rotationally symmetric rotationssymmetrisch, drehsymmetrisch
rotproof fäulnisbeständig, fäulnisfest, nicht verrottbar, unverrottbar
rotting process Verrottungsprozess m; Zersetzungsprozess m; Verwitterungsprozess m

rotunda

rotunda Rotunde f, Rundbau m
rough 1. rau, uneben *(Oberfläche)*; ungehobelt; unpoliert; narbig; 2. unbehandelt, grob (bearbeitet)
rough as cast schalungsrau, abzugsrau *(Beton)*
rough ashlar Bruchrohstein m, unbehauener Bruchstein m
rough calculation Überschlagsrechnung f; Voranschlag m
rough-edged baumkantig, wahnkantig, waldkantig *(Nutzholz)*
rough grading 1. Rohplanieren n; 2. Rohplanum n
rough-hewn 1. bossiert, gebosselt; 2. s. rough-edged
rough opening dimensions Rohbaulichtmaß n
rough rendering Berappen n, Bewerfen n mit Rauputz
rough stone masonry wall work Bruchsteinmauerwerk n
rough walling Rohmauerung f
rough work 1. Rohbauarbeiten fpl; 2. Grobziegelmauerwerk n, Rohrziegelmauerwerk n, unverputztes Mauerwerk n; 3. Rohbau m
roughness Rauigkeit f, Rauheit f *(einer Oberfläche)*; Rauigkeitsgrad m, Rauigkeit f *(einer Straße)*
round arch *(Arch)* Rundbogen m
round bar Rundstab m; Rundeisen n, Rundstahl m *(Bewehrung)*
round block Rundgebäude n
round corner 1. Ausrundung f; 2. Hohlkehle f
round plate Kreisscheibe f, Kreisplatte f, Rundscheibe f, Rundplatte f
roundabout Verkehrskreisel m, Kreisverkehr m *(Anlage mit Mittelinsel)*; Verteilerring m
roundel 1. Ochsenauge n *(rundes Fenster)*; 2. Rundnische f *(z. B. für Plastiken)*; 3. Medaillonornament n
rounds Rundstabstahl m, Betonrundstäbe npl
rout v 1. *(Hb)* aushobeln, den Grund hobeln; eine Nut hobeln; ausfräsen, ausarbeiten f; 2. stoßen *(verbinden)*
route 1. Trasse f, Trassenführung f, Streckenführung f, Weg m; Linienführung f *(Verkehrsmittel)*; 2. *(El)* Leitungsführung f; 3. Wegestrecke f, Route f, Reiseweg m; 4. *(AE)* Bundesstraße f
route mapping Trassierung f, Trassenabsteckung f, Linienführung f
router 1. Grundhobel m; Treppennuthobel m; 2. Langlochfräser m; Fräsbohrer m
routine repair work Instandhaltungsarbeiten fpl
routing 1. Ausarbeiten n *(von Holz)*; Aushobeln n; Ausfräsen n; 2. *(Verk)* Streckenführung f, Linienführung f
row 1. Reihe f, Zeile f *(z. B. von Häusern)*; Sitzreihe f; 2. Bauflucht(linie) f, Flucht f; 3. (gerade) Straße f; 4. Schicht f, Lage f *(Mauerwerk)*
row house Reihenhaus n, Einzelhaus n einer Reihe ähnlicher Häuser; Reihenfamilienhaus n
row-house development Reihenhausbebauung f
row of banister Treppengeländer n
row of elements Stabreihe f, Gliederreihe f *(Stabtragwerk)*
row of stores Ladenzeile f
rowlock Rollschar f, Rollschicht f; (sichtbare) Hochkantziegelreihe f
rub v 1. abreiben; abziehen; schleifen; polieren; 2. (ein)reiben, bestreichen; verreiben; 3. reiben, scheuern; schaben *(z. B. Seile)*
rub v **down** abreiben, mattieren *(Putz)*; schleifen
rubbed finish geschliffene Oberfläche f; abgezogene Schicht f *(Mauerwerk)*; Schleifflackoberfläche f
rubber 1. Gummi m; Weichgummi m; Kautschuk m; 2. poröser Ziegelstein m, Weichziegel(stein) m
rubber-asphalt paving mixture Gummibitumen-Zuschlagstoff-Mischung f
rubber bearing Gummilager n
rubber coating Gummibelag m, Gummibeschichtung f
rubber joint Gummi(ab)dichtungsfuge f
rubber packing Gummidichtung f, Gummipackung f, Gummizwischenlage f
rubber trim Gummiprofil n
rubberized bitumen Gummibitumen n
rubbish chute Müllschlucker m, Müllabwurfschacht m
rubbish dump 1. Müllkippe f, Mülldeponie f, Schuttabladeplatz m; 2. Bergehalde f, Abraumkippe f

rubble 1. Steinschutt *m*, Schutt *m*, Geröll *n* *(Geologie)*; Grobschlag *m*; Grobkies *m*; (unbehauener) Bruchstein *m*; 2. Bauschutt *m*, Schutt *m*, Trümmer *pl (abgerissener Häuser)*; 3. Zwickelsteine *mpl*

rubble bedding *(Wsb)* Steinbettung *f*, Steinpackung *f*

rubble concrete Bruchsteinbeton *m*, Grobschlagbeton *m*; Feldsteinbeton *m*

rubble drain Sicker(drän) *m*, Steindrän *m*

rubble masonry Bruchsteinmauerwerk *n*, Natursteinmauerwerk *n*

rubble walling Füllmauer *f (ausgefüllte Mauer)*

ruggedness 1. Robustheit *f*, Stabilität *f*; 2. Unebenheit *f*, Rauheit *f (Gelände)*

ruin 1. Verfall *m*, Baufälligwerden *n*, Zerfall *m (eines Gebäudes)*; 2. Ruine *f*

rule 1. Lineal *n*; Maßstab *m*; Zollstock *m*; 2. Regel *f*, Vorschrift *f*, Anordnung *f*; Norm *f*
- **as a rule** in der Regel

ruling 1. Lini(i)erung *f*, Liniieren *n*; 2. Linierungsstrich *m*; Schraffur *f*

run *v* 1. fließen, strömen; rieseln *(z. B. Sand, Kalk)*; verlaufen, auslaufen *(Anstriche)*; laufen, lecken, undicht sein; 2. betreiben *(Anlagen)*; in Betrieb sein *(Maschinen)*; funktionieren *(Geräte)*; durchführen *(Versuche)*; 3. führen *(Leitungen)*; verlegen *(Kabel)*

run *v* **off** abfließen; ablassen, ablaufen lassen

run *v* **through** durchlaufen

run 1. Traufen-First-Abstand *m*, Sparrenlänge *f*; 2. Trittbreite *f*, Auftrittsbreite *f (einer Stufe, ohne Überstand)*; 3. Treppenlauflänge *f*; 4. Schiebeläge *f (Schiebetür, -fenster)*; 5. Auslaufen *n (von Flüssigkeiten)*; Verfließen *n (von Anstrichen)*; 6. Nase *f (Anstrichfehler)*; 7. Lauf *m*, Gang *m (von Maschinen)*; Versuch *m*; Versuchsreihe *f*; 8. Führung *f*, Verlauf *m (von Leitungen, Kabeln)*; 9. Rohrstrang *m*, Strang *m*, Rohrleitung *f*; Leitung *f*; 10. Fertigungslos *n*; 11. unsortierte Ware *f*; 12. Schubkarrensteg *m*; 13. Gerinne *n*, Rinnsal *n*

run-off capacity Abflussmenge *f*; Vorflut *f*

runner 1. Längsholz *n (Schalung)*; 2. Längsträgerschiene *f*, Längshalteisen *n (z. B. für eingehängte Decken, Verkleidungen, Trennwände)*; Trageisen *n* für Decken; 3. Läufer *m*, schmaler Teppich *m (für Flure)*

running 1. durchgehende Verbindung *f*; 2. Einfluchten *n (von Bauteilen)*; 3. Formen einer durchlaufenden Zierkante

running beam Einbalkung *f*

running bond Läuferverband *m*

running girder Durchlaufträger *m*, Laufträger *m*

running joint Dehnfuge *f*, Raumfuge *f*

running trap *(San)* U-Verschluss *m*, Geruchsverschluss *m*, Geruchsverschlussrohr *n*

runway 1. Piste *f*, Start- und Landebahn *f*, Rollbahn *f (Flugplatz)*; 2. Fahrbahn *f (Kran)*; 3. Steg *m (Plankensteg für Schubkarren)*; 4. Orchesterlaufsteg *m (Theater)*; 5. Flussbett *n*

rupture 1. Zerbrechen *n*; Zerreißen *n*; Bersten *n*; 2. Bruch *m*, Trennbruch *m*; Aufreißen *n (Schichten)*

rupture bending moment Bruchbiegemoment *n*

rupture by shearing Scherbruch *m*

rupture condition Bruchbedingung *f*

rupture moment Bruchmoment *n*

rural architecture ländliche Architektur *f*

rural construction ländliches Bauen *n*; Landbauwesen *n*

rural planning Raumordnungsplanung *f*

rush of water *(Erdb)* Wassereinbruch *m*, Wasserdurchbruch *m*, starker Wasserzufluss *m*

rust *v* rosten, verrosten, rostig werden

rust *v* **through** durchrosten

rust-converting primer Rostumwandler *m*

rust-inhibiting paint Rostschutzfarbe *f*, Rostschutzanstrich(stoff) *m*

rust-preventing rostschützend, rostverhindernd; Rostschutz...

rustic plaster Patschputz *m*, Grobfurchputz *m*

rustic stone Bossen(stein) *m*

rusticated ashlar Rustika *f*, Bossen(mauer)werk *n*, Bossen *pl*

rusting degree Rostgrad *m*

rustproofing paint Rostschutzfarbe *f*

rutting Spurrinnenbildung *f (Straße)*

S

S-trap *(San)* S-Traps *m*, Knieverschluss *m*, S-förmiger Geruchsverschluss *m*
sacking 1. Sackleinen *n*; 2. Absacken *n*, Einsacken *n*
sadden *v* nachdunkeln, unklar werden, nachbeizen *(Anstrich)*
saddle Stuhl *m*, Lagerstuhl *m (Tragseilauflager bei Brücken)*; Auflager *n*, Schuh *m (Stützenschuh)*; Sattel *m*, Sattelholz *n*
saddle board First(deck)bohle *f*, Firstbrett *n*
saddle roof Satteldach *n*, Giebeldach *n*
saddle support Sattellager *n (Auflager)*
saddleback roof Satteldach *n*
safe against buckling knicksicher
safe against overturning kippsicher
safe disposal geordnete Beseitigung *f*
safe load zulässige Belastung *f* [Last *f*], Grenzlast *f*
safety adviser Sicherheitsberater *m*
safety against cracking Risssicherheit *f*, Anbruchsicherheit *f*
safety barrier Sicherheitsplanke *f*, Schutzplanke *f*, Schutzeinrichtung *f*
safety check Sicherheitsnachweis *m*
safety coefficient Sicherheitsbeiwert *m*
safety device Sicherheitsvorrichtung *f*, Sicherung *f*; Schutzeinrichtung *f*
safety factor Sicherheitskoeffizient *m*, Sicherheitsbeiwert *m*
safety glass Sicherheitsglas *n*, Verbundglas *n*, splitterfreies Glas *n*
safety lighting Sicherheitsbeleuchtung *f (Notbeleuchtung)*
safety lock Sicherheitsschloss *n*
safety regulations Sicherheitsvorschriften *fpl*, Sicherheitsbestimmungen *fpl*
safety valve Sicherheitsventil *n*
sag 1. Durchhang *m*, Durchbiegung *f*; Stich *m (Überhöhung)*; Senkung *f*, Einsenkung *f*; Wanne *f*; 2. Läufer *m*, Gardine *f (Anstrichfehler)*
sag crossing *(Wsb)* Unterdükerung *f*
sag tie Hängesäule *f*, Hängestab *m*
sagging 1. Durchhängen *n*, Durchbiegung *f*; Einsenkung *f*; 2. Ablaufen *n*, Farbfließen *n*, Läuferbildung *f*; 3. Fugendichtungsausfließen *n*; 4. Bodensenkung *f*
sail-over Wandauskragung *f*, Auskragung *f* aus einer Wand

sailing course auskragende Mauerschicht *f*
salient vorspringend *(Ecke, Kante)*
salient junction Vorsprung *m*, Vorspringen *n (Wand)*
salinous salzartig, salzhaltig
sally *(Hb)* Überhang *m*, Sparrenüberstand *m (Dach)*
salt corrosion Korrosion *f* durch Salze
salt shelter Salzlagerhalle *f*
sample 1. Probe *f*, Probekörper *m*, Probestück *n*; Muster *n*; 2. Probe *f*, Stichprobe *f*
sample specification Probenahmevorschrift *f*
sample tube Probenahmestutzen *m*
sampling Probenahme *f*, Proben(ent)nahme *f*, Probenehmen *n*
sampling test Stichprobenprüfung *f*
sand *v* 1. absanden, besanden, mit Sand bestreuen; mit Sand zudecken [abdecken]; 2. schleifen *(Holz)*; schmirgeln
sand Sand *m*
sand backfill Sandhinterfüllung *f*
sand bedding Sand(unter)bettung *f*, Sandschüttlage *f*
sand catch basin [pit] Sandfangbecken *n*
sand cushion foundation Sandpoltergründung *f*
sand equivalent test Sandäquivalentbestimmung *f*, Sandäquivalentprüfung *f*
sand filter Sandfilter *n*, Sandfilterschicht *f*
sand grout Zement-Sand-Schlämme *f*
sand-lime block [brick] Kalksandstein *m*
sand spreading Absanden *n*
sand-surfaced besandet
sandblasted sandgestrahlt
sandblasting Sandstrahlen *n (1. Reinigung; 2. Glasmattierung)*
sanded bitumen felt Bitumendachpappe *f*
sander 1. Sandpapierschleifer *m*, Schwingschleifer *m (Holz)*; Schleifmaschine *f*; 2. Sandstreuer *m*, Abstreuer *m (Straße, Dachpappe)*
sanding primer Schleifgrund *m*, Schleifgrundfarbe *f*
sandstone ashlar Sand(stein)werkstein *m*
sandstone slab Sandsteinplatte *f*
sandwich mehrschichtig; Schicht...; Verbund...
sandwich 1. Schichtwerkstoff *m*; 2. Schichtelement *n*

sandwich construction Verbund(platten)bauweise f, Verbundkonstruktion f, Sandwichbauweise f, Sandwichkonstruktion f
sandwich panel Verbundplatte f, Sandwichplatte f, Mehrschicht(en)platte f; Dreischichtentafel f
sandwiched truss Brettbinder m
sandy gravel Kiessand m
sandy limestone Kalksandstein m
sandy silt Schluffsand m
sanitary sanitär, gesundheitstechnisch; Sanitär...
sanitary (building) block Sanitärzelle f, Nasszelle f
sanitary china Sanitärkeramik f, Sanitärporzellan n
sanitary engineering Sanitärtechnik f, Gesundheitstechnik f
sanitary facilities sanitäre Einrichtungen fpl, Sanitäranlagen fpl
sanitary landfilling geordnetes Deponieren n
sanitary sewer Schmutzwasserkanal m, Entwässerungs(sammel)leitung f
sanitation 1. Sanitärtechnik f, sanitäre Einrichtungen fpl; 2. Abwasserbeseitigung f und -reinigung f; 3. Sanierung f (Bausubstanz)
sanitation equipment gesundheitstechnische Anlagen fpl
sarking board Dachschalung f (bes. für Schiefer- und Ziegeldachdeckung)
sash (schiebbarer) Fensterrahmen m; schiebbarer Fensterflügel m
sash bar Fenstersprosse f, Sprosseneisen n, Sprosse f
sash door Glasfüllungstür f; halb [oben] verglaste Tür f
sash rail Fensterriegel m
sash window Schiebefenster n, Hubfenster n, Fallfenster n; Flügelfenster n
satellite town Satellitenstadt f, Trabantenstadt f
satin finish Lüster m, metallisch schimmernder Anstrich m, Glanzüberzug m
satisfy v 1. den Anforderungen genügen; 2. nachkommen (z. B. den Zahlungsverpflichtungen)
satisfy v conditions (Stat) den Bedingungen genügen
saturant Imprägniermittel n; Dachtränk(e)masse f

saturate v 1. imprägnieren, (voll)tränken, vollimprägnieren, sättigen (z. B. zum Holzschutz); 2. sättigen (z. B. Lösungen)
saturating agent Imprägniermittel n, Tränkmasse f
saturation 1. Imprägnierung f, Tränkung f; 2. Sättigung f (z. B. von Lösungen); Farbsättigung f; 3. Sättigungszustand m (der Luft)
saturation line (Bod) Sickerlinie f, Grundwasserlinie f
saturation value Sättigungsgrad m
saucer dome Flachkuppel f
saucisse Faschinenwurst f, Wippe f
saving of expense(s) Kosteneinsparung f, Kostenersparnis f
saw v sägen
saw v (off) **to length** ablängen
saw-timber Schneideholz n
saw-tooth barrel shell roof Tonnensheddach n
saw-tooth roof Sheddach n, Säge(zahn)dach n, Oberlichtdach n
sawdust concrete Sägespänebeton m
sawn engineering timber Bauschnittholz n, Konstruktionsschnittholz n
sawn finish geschnittene Fläche f (Stein)
sawn wood Schnittholz n (Bretter, Bohlen, Kantholz usw.)
sawtooth roof Sheddach n, Säge(zahn)dach n, Oberlichtdach n
scabble v grob behauen, abschlagen, bossieren f
scabbled rubble behauener Bruchstein m
scaffold v (ein)rüsten, mit einem Gerüst versehen (z. B. Haus); Gerüst bauen
scaffold Gerüst n, Baugerüst n, Rüstung f; Schalungsgerüst n; Gestell n, Arbeitsgerüst n
scaffold board Rüstbrett n, Gerüstbohle f, Gerüstbrett n
scaffold dismantling Gerüstabbau m
scaffold pole Gerüststange f, Gerüstpfosten m, Rüststange f, Gerüstbaum m
scaffolding tube Gerüstrohr n
scale v 1. abschälen, abblättern, abbröckeln (Beton); 2. abmessen, aufnehmen (Holz); 3. maßstäblich arbeiten; maßstäblich ändern; den Maßstab festlegen; 4. graduieren; 5. Kesselstein ansetzen, verkrusten (Leitungen); 6. Kesselstein entfernen; entzundern
scale 1. Maßstab m; Zeichnungsmaßstab

scale

m; 2. Kruste *f*; Kesselstein *m*; Zunder *m*, Zunderschicht *f*, Sinter *m* *(auf Metall)*; Glühstein *m* *(auf Kupfer)*; 3. Skala *f*, Stufenfolge *f* *(z. B. von Farben)*; 4. Skale *f*, Maßeinteilung *f* *(an Messgeräten)*; 5. Waage *f* • **drawn to a scale of ... : ...** im Maßstab ... : ... gezeichnet • **in scale** maßstab(s)gerecht • **not to scale** nicht maßstab(s)gerecht • **(true) to scale** maßstab(s)gerecht

scale board Furnierplatte *f*
scale crust Kesselsteinansatz *m*
scale factor Kräftemaßstab *m*
scale-like schuppenförmig
scale of moments Momentenmaßstab *m*
scale removal 1. Kesselsteinentfernung *f*; 2. Zunderentfernung *f*
scalpings Mineralbeton *m*
scantling Halbholz *n*, Schnittholz *n*, Kantholz *n* (bis zu 100 mm × 125 mm im Durchmesser); Kreuzholz *n*; Brustholz *n*
scarf 1. *(Hb)* Verblattung *f*, Laschenverbindung *f*, Laschung *f*, Holzlängsverbindung *f*; 2. *(Hb)* Blattende *n*
scarf jointing Stumpfstoßen *n*
scarfed joint Balkenstoß *m*, verlaschter Stoß *m*
scarfing 1. Verzahnung *f*; 2. Abschrägung *f*; 3. Verblattung *f*, Verlaschung *f*
scarify *v* 1. aufreißen *(Straße)*; auflockern *(Boden)*; 2. aufrauen
scarp *v* steil abböschen
scarp Steilböschung *f*, steile Böschung *f*
scatter Streubereich *m*; Abweichung *f* *(Messergebnisse)*
scattered light Streulicht *n*
schedule Plan *m*, Ablaufplan *m*, Zeitplan *m*; Fahrplan *m* • **according to schedule** termingemäß *(z. B. Bauausführung)* • **on schedule** s. according to schedule
scheduling Ablaufplanung *f*, Bauablaufplanung *f*, Bauablaufmanagement *n*
schematic design Vorentwurf *m*
scheme 1. Entwurfsskizze *f*; 2. Schema *n*, Übersicht *f*; 3. Plan *m*, Projekt *n*; Programm *n*; Vorhaben *n*; 4. Anordnung *f*; Gebäudeanordnung *f*; Raumanordnung *f*
schemes management Projektplanung *f*, Maßnahmenplanung *f*
schist Schiefer *m*, kristalliner Schiefer *m*
school buildings Schulbauten *mpl*

science of the strength of materials Festigkeitslehre *f*
scientifically designed durchkonstruiert
scissors truss Dachbinder *m* mit gekreuzten Kehlbalken
scleroscope Betonschlaghammer *m*, Rückprallhammer *m*
scoinson arch Leibungsbogen *m*
scoop Schürfkübel *m*, Schrapperkorb *m*; Löffel *m*; Greifer *m*; Laborschaufel *f*
scope 1. Anwendungsbereich *m*, Anwendungsgebiet *n*; 2. Ausmaßbereich *m*, Bereich *m*, Umfang *m*, Ausdehnung *f*, Weite *f*, (großes) Gebiet *n*, (weiter) Landstrich *m*; 3. Länge *f* *(Leitung usw.)*
scope of application Anwendungsbereich *m* *(z. B. von Normen)*
scope of work Arbeitsumfang *m*, Leistungsumfang *m*
scoping Ausmaßbereich *m*, Umfangsrahmen *m*
scoping termin Termin *m* zur Erfassung der Ausdehnung; Beratung *f* zum Umfangrahmen; Termin *m* zur Festlegung des Anwendungsumfanges; Festlegungstermin *m* zum Untersuchungsrahmen *(erste Stufe zur Aufnahme einer Planung)*
score *v* 1. einkerben, einschneiden; einritzen, einkratzen *(Linien)*; 2. aufrauen *(Putz)*; anreißen *(Frischbeton)*; abkratzen *(Holz)*; abreiben
scoria Schlacke *f*, Lavaschlacke *f*; Tuffgestein *n*, Vulkantuff *m*; Basalttuff *m*; Metallschlacke *f*
scoria brick Schlackenstein *m*; Eisenschlackenstein *m*
scoring 1. Einkerben *n*, Einschneiden *n*; 2. Aufrauen *n*, Abreiben *n* *(Putz)*; Anreißen *n* *(Frischbeton)*
scotia Unterschneidung *f*, tiefe konkave Zierkante *f* *(am Säulenfuß)*; Hohlkehle *f*
scour 1. *(Wsb)* Unterspülung *f*, Auskolkung *f*, Kolkung *f*, Ausspülung *f*; 2. Zementleimauswaschung *f*
scouring 1. Reinigen *n*; Abputzen *n*; Ausspülen *n*; Entzunderung *f*; 2. Unterspülung *f*, Auskolkung *f*, Auswaschung *f*
scrap (stock)yard Schrottplatz *m*
scraped finish [rendering] Kratzputz *m*, Schabputz *m*, Stockputz *m*
scraper 1. Erdhobel *m*, Kratzhobel *m* *(für Straßenbau)*; 2. Schrapper *m*; Schürf-

sealing

(kübel)wagen *m*; Erdlader *m*; Räumer *m*; 3. Schabeisen *n*, Schaber *m*; 4. *(Hb)* Ziehklinge *f*

scraper bucket Schürfkübel *m*, Schleppschaufel *f*

scraper loader Schrapplader *m*; Schürf-(kübel)wagen *m*

scratch *v* aufkratzen *(Putz)*; einkratzen, (ein)ritzen; zerkratzen; schrammen

scratch-brushed finish Abbürstputz *m*, Bürstputz *m (mit mechanischer Drahtbürste)*

scratch-resistant kratzfest, ritzbeständig *(Fliese, Marmor)*

scratchwork Kratzputz *m*, Kratzgrund *m*, Sgrafittoputz *m*

screed *v* abziehen, glätten *(Betonoberfläche, Putz)*

screed 1. Aufbeton *m*, Estrich *m*; 2. *s.* screed board; 3. Putzlehre *f (Mörtelputzleistenvorlage)*; 4. Riffel *m*, Putzlehre *f*, Putzlehrschiene *f*, Putzleiste *f*; 5. Bohle *f*, Einbaubohle *f (Fertiger)*

screed board Abziehbohle *f*, Glättbohle *f*

screed heating Fußbodenheizung *f*

screed mortar Estrichmörtel *m*

screed template Abziehlehre *f*, Abziehschlitten *m*, Profillehre *f*

screed topping Estrichfußboden *m*

screen 1. Sieb *n (zur Trennung von Kieseln und Sand)*; Klassiersieb *n*; 2. Schutzwand *f*, Trennwand *f* Schutzschirm *m*; Drahtgitterschutz *m*; 3. Gitter *n*, Rost *m (Trägerrost)*; 4. *(Wsb)* Rechen *m (Einlaufrechen)*

screen door Gazetür *f*, Insektenschutztür *f*

screen sizing Siebklassierung *f*

screen wall Blendmauer *f*, Gittermauer *f*, Gittermauerwerk *n (Abschirmung)*; Zwischensäulengitterwand *f*

screened aggregate (ab)gesiebter Zuschlag(stoff) *m*, abgestufter Zuschlag *m*

screening 1. Sieben *n*, Absieben *n*; Siebklassierung *f*, Klassierung *f*; 2. Abschirmung *f*, Abschattung *f*; Schutz *m*; 3. *s.* screening material; 4. Auswahlprüfung *f*, Vorauswahl *f*

screening material Siebgut *n*

screw *v* schrauben; anschrauben

screw *v* **on** anschrauben, aufschrauben

screw anchor Schraubanker *m*, Schraubenklemme *f*

screw bolt Schraubenbolzen *m*

screw fastening Schraubverbindung *f*, Verschraubung *f*

screw joint Schraubverbindung *f*, Verschraubung *f*

screw stairs Wendeltreppe *f*

screwed connection Schraubverbindung *f*, Verschraubung *f*

screwed coupling Schraubkupplung *f*, Schraubenmuffenverbindung *f*

scribed joint Profilfuge *f*, Formfuge *f*

scribing Reißen *n*, Anreißen *n*, Anzeichnen *n*, Anriss *m*

scrim grobmaschiger Bewehrungsdraht *m*, Bewehrungsdrahtgeflecht *n*; Fugenüberbrückungsbewehrung *f*; Gewebeverstärkung *f (Material)*

scrollwork *(Arch)* Rankenwerk *n*, Rollwerk *n*, Muschelwerk *n (Ornament der Renaissance)*; Schnörkelverzierungen *fpl*

scrubbed concrete (abgebürsteter) Waschbeton *m*

scullery 1. Spülküche *f*; 2. Anrichtküche *f*, Anrichteraum *m*

scumble for concrete Betonlasur *f*

scumbling technique Lasurtechnik *f*

scuncheon Leibung *f*, Laibung *f*; Fensterleibung *f*; Türleibung *f*

scupper (drain) Wasseröffnung *f (Wand, Brüstung)*; Wassereinlauf *m*, Wasseraufnahmeöffnung *f (Dach)*

sea defence construction Küstenschutzbauten *mpl*, Küstenschutzbau *m*

seal *v* 1. (ab)dichten, (wasser)dicht machen; verkleben; verkitten; versiegeln; dichten, vergießen (z. B. Fugen); (ab)sperren *(Untergrund vor Anstrichauftrag)*; 2. verschließen; pfropfen

seal 1. Abdichtung *f*, Dichtung *f*; Sperrung *f*; Plombe *f*, (wasserdichter) Verschluss *m*; 2. Plombe *f*, Siegel *n*; 3. *(San)* Geruchsverschluss *m*, Geruchsverschlusswasserstand *m*; 4. *s.* sealing compound

seal welding Dichtungsschweißung *f*

sealer Dichtungsmasse *f*; Absiegelungsmasse *f*, Porenfüller *m*; Beschichtungsmasse *f*, Absperrmittel *n*, Sperrgrund *m (Anstrichtechnik)*; 2. *s.* sealing coat

sealing coat Abdichtungsschicht *f*, Versiegelungsschicht *f*, Verschlussschicht *f*

sealing compound Dichtungsmasse *f*;

sealing 200

Oberflächenverschlussmasse f, Nachbehandlungsmittel n (Beton)
sealing layer Sperrschicht f, Sperre f, Sperreinlage f
sealing profile Dichtungsprofil n, Dichtungsband n
sealing sheet Dichtungsbahn f, Abdichtungsbahn f
sealing work Dichtungsarbeiten fpl, Abdichtungsarbeiten fpl
seam v umschlagen, falzen, säumen (Blech)
seam 1. Falz m, Saum m (Metallplattenverkleidung); 2. Fuge f; Naht f; Schlitz m (im Mauerwerk); Ritze f (z. B. zwischen Platten); Schweißnaht f
season crack Alterungsriss m, Metallriss m
seasoning Trocknung f, Ablagerung f (von Holz); Alterung f (von Metall); Erhärtung f, Nachbehandlung f (von Beton)
seating 1. Einsetzen n, Einpassen n; 2. Auflage(r)fläche f, Auflager n; 3. Bestuhlung f, Sitzanlage f (z. B. eines Theaters); Sitzreihe f (z. B. eines Theaters); 4. Sitz(platz)kapazität f (eines Raums)
seaworks Seebauten mpl, Küstenschutzbauten mpl
second coat Oberputz m; Zwischenputzschicht f, zweite Putzlage f (bei Dreilagenputz)
second order theory Theorie f II. Ordnung
second polar moment of area polares Flächenträgheitsmoment n [Flächenmoment n zweiten Grades]
secondary air 1. Oberluft f; 2. (HLK) Sekundärluft f (bereits klimatisierte Luft); Um(lauf)luft f
secondary beam Querträger m, Zwischenträger m, lastbringender Balkenträger m
secondary moment Zusatzmoment n, umgelagertes Moment n, negatives Zusatzmoment n, Umlagerungsmoment n (Mechanik)
secondary truss member Hauptstabstützelement n, Verteilerstab n
secret abutment blindes Widerlager n
secret installation Unterputzinstallation f
secret joint verdeckte Fuge f; verdeckte Fugennase f [Verzahnung f] (Stein)
secret nailing verdeckte Nagelung f

section 1. Schnitt m, Schnittdarstellung f; 2. Profil n, Profilschnitt m; Querschnitt m; 3. Abschnitt m, Unterteilung f; Teil m (z. B. einer Anlage); Trakt m, Gebäudesektion f; Strecke f (z. B. eines Flusslaufs); 4. Absatz m; Segment n (Rohrdämmung)
• **in section** im Schnitt (Zeichnung)
section modulus Widerstandsmoment n (des Querschnitts)
section steel reinforcement Form(stahl)bewehrung f
sectional 1. aus Einzelteilen bestehend, zusammengesetzt; Teil...; 2. demontierbar, zerlegbar; 3. zusammensetzbar; 4. Schnitt...
sectional bar Formstahl m, Profilstahl m
sectional girder Profilträger m
sectional steel construction Profilstahlkonstruktion f
sectioning 1. Schnittdarstellung f; 2. Unterteilung f, Aufgliederung f; Zerlegung f
sections Profile npl; Formstahl m
securing device Festhalterung f, Sicherungsvorrichtung f
security-cylinder lock Sicherheitsschloss n
security glazing Sicherheitsverglasung f
security screen Schutzgitter n; Türschutzgitter n; Fenstergitterschutz m
sediment 1. Sediment n, Ablagerung f, Niederschlag m, Satz m (Rückstand); Schlamm m; 2. s. sedimentary rock
sediment sump Schlammfang m (Wassergewinnung)
sedimentary rock Sedimentgestein n, Schichtgestein n
sedimentation basin Absetzbecken n, Sedimentationsbecken n
sedimentation test Schlämmprobe f, Absetzprobe f; Sedimentationsprüfung f; Emulsions-Absetzprüfung f
seep v 1. sickern; tropfen; lecken; 2. s. seep away
seep v **away** versickern
seepage Versickern n, Durchsickern n, Sickerung f, Einsickern n; 2. Sickerflüssigkeit f; Leckflüssigkeit f; Sickerwasser n; 3. Sickermenge f
seepage barrier Sickersperre f
seepage failure hydraulischer Grundbruch m
seepage pressure Sicker(wasser)druck m, Bodenwasserdruck m

service

seepage shaft Sickerschacht *m*
seepage trench Sickergraben *m*, Versickerungsgraben *m*
seeping water Sickerwasser *n*
segment 1. Segment *n*, Kreisabschnitt *m*; Bogenstück *n*; 2. Segment *n*, Teilstück *n*; 3. Gebäudesegment *n*; 4. Lamelle *f* *(Stahlbau)*
segmental arch Segmentbogen *m*, Stichbogen *m*, Flachbogen *m*, flacher Bogen *m*, platter Bogen *m*
segmental bowstring girder Bogensehnenträger *m*
segmental vault Stichbogengewölbe *n*, Flachbogengewölbe *n*
segregate v sich entmischen *(Beton)*; entmischen, absondern, abscheiden
segregation 1. Segregation *f*, Ausscheidung *f*; Entmischung *f*, Entmischen *n* *(von Beton)*; 2. Einschluss *m*, Nest *n* *(z. B. in einer Betonmischung)*
seismic design erdbebensichere Bemessung *f*, Erdbebenbemessung *f*
seismic engineering erdbebensicheres Bauen *n*, Erdbebentechnik *f*
seismic load Erdbebenbelastung *f*, Erdbebenbeanspruchung *f*, seismische Vibrationslast *f*
self-acting selbsttätig, automatisch
self-aligning bearing Pendellager *n*
self-closing fire door selbstschließende Feuerschutztür *f*, selbstschließende Brand(schutz)tür *f*
self-draining system Selbstentwässerungssystem *n*
self-quenching selbstlöschend
self-supporting selbsttragend, freitragend
self-tensioning selbstspannend
self weight Eigenmasse *f*, Eigenlast *f*
semibasement Souterrain *n*
semibeam Kragbalken *m*; Konsolbalken *m*; Kragträger *m*, Freiträger *m*
semicircular arch *(Arch)* Rundbogen *m*, voller Gewölbebogen *m*
semicircular vault Tonnengewölbe *n*
semicolumn Halbsäule *f*, Wandsäule *f*
semidry concrete erdfeuchter [wasserarmer] Beton *m*, steifer [schwach plastischer] Beton *m*
semiflexible joint (bewehrte) Bewegungsfuge *f*, begrenzte Bewegungsfuge *f*

semigirder Kragträger *m*; Kragbalken *m*; Konsolbalken *m*
semirigid halbstarr, halbsteif
sensitive to moisture feuchtigkeitsempfindlich
separable abnehmbar, ablösbar; trennbar, abtrennbar; abscheidbar
separate footing Einzelfundament *n*
separate system Trennkanalisation *f*, Trennsystem *n*, getrenntes Schmutzwassersystem *n*
separating layer Trennschicht *f*
separation 1. Trennung *f*, Abtrennen *n*; Ablösen *n*, Abschälen *n* *(eines Anstrichs)*; 2. Abscheiden *n* *(von Komponenten)*; Trennung *f* *(von Gemischen)*; 3. Entmischungsneigung *f*, Entmischbarkeit *f*, Entmischung *f* *(Baustoffgemische und -gemenge, Betone usw.)*
separation joint Trennfuge *f*
separation layer Trennlage *f*, Trennschicht *f* *(Mauerwerk, Kofferaufbau)*
separation wall Trennwand *f*
septic tank *(San)* Faulbecken *n*, Klärbehälter *m*, Klärgrube *f*, Faulgrube *f*
sequence of assembly Montageablauf *m*
sequence of construction Bauablauf *m*, Baufolge *f*
serial distribution Versickerungsgrabensystem *n*
seriation Reihenanordnung *f*, Anordnung *f* in Reihe
series of central master-keyed locks Zentralschlossanlage *f*
series of loads Lastgruppe *f* *(Festigkeitslehre)*
series of strata *(Bod)* Schichtfolge *f*
serpentine pipe Rohrschlange *f*, Schlangenrohr *n* *(Heizung)*
serpentine rock Serpentinfels *m*, Serpentingestein *n*
serrated gezackt, gezahnt, gezähnt; sägeartig; geriffelt, gerillt, gerippt
serrated profile Sägezahnprofil *n*
service area 1. Versorgungsbereich *m*, Versorgungsgebiet *n* *(z. B. mit Wasser, Strom)*; 2. Betriebsfläche *f*, Nutzfläche *f*; 3. *(Verk)* Rastanlage *f* *(Straße, Autobahn)*; Raststätte *f*; Abfertigungsvorfeld *n*, Abfertigungszone *f* *(Flughafen)*
service behaviour Betriebsverhalten *n*, Funktionsverhalten *n*
service box 1. *(El)* Hausversorgungsver-

service 202

teilung f, Anschlusskasten m; 2. *(San)* Wasserschieber(straßen)kappe f, Schieberkappe f
service building Betriebsgebäude n, Wirtschaftsgebäude n; Dienstgebäude n
service connection Hausanschluss m *(Versorgungsmedien)*
service facilities Dienstleistungseinrichtungen fpl
service ground *(AE) (El)* Hauptleitungserdung f, Hausanschlusserdung f
service mains Versorgungs(haupt)leitungen fpl *(z. B. in einer Straße)*
service water Brauchwasser n, Betriebswasser n, Nutzwasser n
services *(AE)* technische Gebäudeausrüstung f [Gebäudeausstattung f] *(mit allen Versorgungsleitungen)*; Gebäudeinstallation f; Gebäudebetriebsanlagen fpl, Gebäudebetriebseinrichtungen fpl; Versorgungsanlage f
services connections Energieversorgungsanschluss m, Hausanschluss m
servicing 1. Wartung f, Instandhaltung f; Unterhaltung f; 2. stadttechnische Erschließung f; Versorgungstechnik f
set v 1. erhärten, erstarren, fest werden *(z. B. Zement)*; abbinden; 2. setzen; stellen; einrichten *(Maschinen)*; einstellen *(z. B. Messgeräte)*; 3. schränken *(Säge)*
set v **out** 1. *(Verm)* abstecken, vermarken *(Gelände)*; 2. anreißen; 3. anordnen
set v **tiles** fliesen; kacheln
set v **up** 1. aufbauen, errichten; aufstellen, aufrichten; aufstellen, montieren *(z. B. Maschinen)*; 2. erstarren; 3. festlegen *(z. B. eine Trasse)*
set abgebunden *(Zement)*; verfestigt *(Boden)*; eingebaut *(z. B. Rohre)*
set 1. Erhärten n, Erstarrung f, Festwerden n *(z. B. von Zement)*; 2. Oberputz m, Überputz m, Feinputz m *(Mehrlagenputz)*; 3. bleibende Verformung f; 4. Rammsetzmaß n; 5. *(Wsb)* Strömungsrichtung f; 6. Schränkung f, Schrank m *(einer Säge)*; 7. Satz m, Set n; Garnitur f; Aggregat n; 8. *s.* sett 2.
set of pulleys Flaschenzug m
set-off 1. Berme f, Bank f, Bankett n; Böschungsabsatz m; 2. Absatz m, Mauerabsatz m; Rückversatz m, Rücksprung m *(im Mauerwerk)*

set retarding admixture Abbindeverzögerer m
set-up 1. Erhärtung f; 2. Anordnung f *(von Einrichtungsgegenständen)*
sett 1. Quaderpflasterblock m, Pflasterstein m; 2. Meißel m *(breiter Meißel zum Spalten von Ziegeln)*
sett pavement Steinpflasterbefestigung f
setting 1. Härtung f, Hartwerden n, Abbinden n, Abbindung f *(Beton, Mörtel)*; Aushärtung f; 2. Vermauern n *(Ziegel)*; Versetzarbeiten fpl; 3. Aufstellung f, Anordnung f
setting coat Oberputz m, Feinputz m, Überputz m *(Mehrlagenputz)*
setting drawing Versetzplan m, Versetzzeichnung f
setting-out *(Verm)* Absteckung f
setting procedure Montagevorgang m, Aufstellungsvorgang m, Aufbauvorgang m
setting time Erstarrungszeit f; Abbindezeit f, Abbindedauer f; Aushärtezeit f
setting-up 1. Erhärten n; Farbanstricherhärtung f, Trocknen n der Farbe; 2. Montage f, Aufbau m, Aufstellung f
settle v 1. sich setzen, sich senken, (ab-)sacken *(Gebäude)*; 2. sich (ab)setzen, sich niederschlagen, sedimentieren, sinken *(Bodensatz)*; sich entmischen *(z. B. Farbe)*; ablagern lassen, klären *(Flüssigkeiten)*; 3. ansiedeln; sich ansiedeln
settlement 1. Setzung f, Senkung f, Absacken n *(von Gebäuden)*; 2. Ablagerung f, Sedimentation f, Absetzen n; Entmischen n *(z. B. von Frischbeton)*; 3. Siedlung f, Ansiedlung f
settlement area Siedlungsgebiet n, Siedlungsraum m
settlement crack Setzungsriss m
settlement joint Setz(ungs)fuge f *(Mauerwerk)*
settlement measurement Setzungsmessung f
settlement planning conception Siedlungskonzept n
settlement stress Setzungsspannung f
settling basin Absetzbecken n, Klärbecken n; Sandabscheider m
settling crack Senkungsriss m, Setzriss m
settling of soil Erdsenkung f, Erdsetzung f

severe conditions schwierigste [extreme] Bedingungen fpl

sewage Abwasser n, Abwässer npl (häuslich, kommunal, industriell)

sewage disposal Abwasserbeseitigung f, Abwasserentsorgung f; Abwasserbehandlung f

sewage disposal facility [plant] Abwasserbeseitigungsanlage f, Abwasserabsetzanlage f; Klärwerk n

sewage engineering Abwassertechnik f, Abwasserbehandlungswesen n

sewage installation Abwasseranlagen fpl

sewage outfall Abwassereinleitungsstelle f

sewage pipe Kanalisationsrohr n, Kanalrohr n

sewage purification plant Abwasserkläranlage f

sewage system Kanalnetz n, Kanalisation f, Sammlersystem n (Abwasser)

sewage treatment Abwasserbehandlung f, Abwasserklärung f

sewer 1. Abwasserkanal m, Ablaufkanal m, Abflusskanal m, Abzugsschleuse f, Abzugskanal m; Dole f; Kanalisationsrohr n, Abwasserleitung f, Abwasserrohr n; Kloake f; 2. Gosse f, Straßenrinne f; 3. Ausguss m, Gussstein m

sewer brick Kanalziegel m, Kanalklinker m, Kanalstein m

sewer network Abwassernetz n, Kanalisationsnetz n, Schwemmkanalisation f, Schwemmentwässerung f

sewer trench Abwasser(leitungs)graben m

sewerage 1. Stadtentwässerung f, Abwasserableitung f und Abwasserbeseitigung f, Ortsentwässerung f; 2. s. sewerage system

sewerage and sewage disposal Abwasserwesen n, Kanalisationstechnik f

sewerage system Kanalisation f; Kanalisationsnetz n, Abwassersystem n

shade screen Sonnenjalousie f, Jalousette f

shading device Sonnenblende f, Sonnenschutz m

shadowing Beschattung f

shaft 1. Schaft m, Säulenschaft m, Rumpf m; 2. Schacht m (Lüftung, Aufzug usw.); Einsteigeschacht m (Service); 3. Abwurfschacht m, Abwurfanlage f; 4. Hochofenschacht m; 5. Schaft m, Stamm m (Baum); 6. Welle f, Achse f

shaft with services Leitungsschacht m, Installationsschacht m

shaker conveyor Schüttelrutsche f, Schüttelförderer m

shale Schiefer m, Tonschiefer m, Schieferton m, Mergelton m

shale concrete plank Blähschieferbetondiele f

shallow v 1. flach machen; 2. versanden

shallow bowl water closet Flachspülklosett n

shallow foundation Flachgründung f

sham window Blindfenster n

shank 1. (Arch) Schaft m; Säulenschaft m, Friesschaft m; 2. Bolzenschaft m, Nagelschaft m; Werkzeugschaft m

shape v 1. formen, bilden, gestalten (Gestein, Ton); 2. fräsen (Holz); 3. (Bod, Verk) profilieren, abgleichen, ein Profil herstellen

shape 1. Form f, Gestalt f; Profil n; 2. Formteil n; Stahlprofil n

shape coefficient Formfaktor m (Windlast)

shape of moment diagram Momentenverlauf m

shape work Zimmererformarbeit f; Tischlerformarbeit f

shaping 1. Formung f, Formgebung f, Gestaltung f (Gestein, Ton); 2. Holzfräsen n; Zurichten n (Holz); 3. Kurzhobeln n (Metall); 4. (Bod, Verk) Planieren n, Profilherstellen n

sharp angular joint spitzwinklige Verbindung f

shatter resistance Splitterfestigkeit f (Glas)

shatterproof glass Sicherheitsglas n

shatterproof window Sicherheitsfenster n

shear v 1. (Bod) gleiten; 2. einer Scherung aussetzen; 3. scheren, abscheren; (ab)schneiden; besäumen

shear 1. (Bod) Gleitung f; 2. Scherung f, Schub m, Schiebung f; 3. Abscheren n; 4. Schubspannung f, Scherspannung f

shear area Schubfläche f, Scherfläche f

shear buckling Schubbeulen n

shear centre Scherkrafthauptlinie f

shear failure (Bod) Grundbruch m, Gleitbruch m; Scherbruch m, Schubbruch m

shear 204

shear force Scherkraft f, Schubkraft f, Querkraft f
shear load Schubbelastung f; Scherbelastung f
shear reinforcement Schubbewehrung f, Schubeinlagen fpl, Querkraftbewehrung f
shear tie Schubanker m
shearing check Schubnachweis m, Schubsicherung f, Scher(spannungs)-nachweis m
shearing design Schubberechnung f
shearing stress Schubspannung f; Scherspannung f, Schubbeanspruchung f; Tangentialspannung f
shearing stress line Schubspannungslinie f, Querkraftlinie f
sheath 1. Hülle f, Mantel m, Ummantelung f, Umkleidung f (z. B. von Bauteilen und Leitungen); 2. Hülse f, Hüllrohr n, Gleitkanal m (Spannbeton); Umhüllung f (Spannbeton)
sheath v 1. umhüllen (z. B. Spannglied); ummanteln (z. B. Bewehrung, Kabel); 2. verbrettern, verschalen
shed 1. Schuppen m (z. B. für Geräte); Baubude f; (kleine) Halle f; Stall m; Scheune f; 2. Schutzdach n
shed construction system Hallenbausystem n
shed roof Pultdach n, Halbdach n, halbes Satteldach n, Schleppdach n, Flugdach n; 2. Sheddach n, Sägezahndach n
sheet 1. Tafel f, Platte f; Scheibe f; Blech n; 2. Schicht f, dünne Schicht f, Lage f; Bahn f (Dachpappe); Folie f, Kunststofffolie f; 3. Scheibentragwerk n, Scheibe f
sheet covering 1. Blechabdeckung f; 2. Bahnenbelag m (von Dachpappe)
sheet-metal covering Metallbeplankung f, Blechverkleidung f
sheet metal work Blecharbeiten fpl
sheet pile Spundbohle f, Diele f
sheet-piling driver Spundwandramme f
sheet-steel piling Stahlspundwand f
sheeting 1. Absteifung f, Absteifungselemente npl; Verbaumaterial n; Verbau m; 2. Schaltafeln fpl, Schalwand f; 3. Spundwand f; Grabenaussteifung f; 4. Verkleidungsmaterial n; Blechverkleidung f; 5. Straßendecke f (Verschleißbelag)
shelf 1. Gestell n, Regal n; 2. (Erdb) Anschnitt m; Felsanschnitt m
shell 1. Schale f, Schalenbauwerk n, Schalenkonstruktion f; 2. Gebäudegerippe n, Rohbauskelett n, Skelettrahmenwerk n; Bauhülle f; Gebäudeaußenhaut f, Gehäuse n; Rohbau m; 3. Hülse f, Mantel m; Gehäuse n
shell action Schalenwirkung f
shell calculation (Stat) Schalenberechnung f
shell concrete construction Betonschalenbau m
shell construction 1. Schalenbauweise f, Schalenkonstruktion f; 2. Rohbau m
shell roof Schalendach n
shell structure 1. Schalenkonstruktion f (als Tragwerk); 2. Schalenbauwerk n, Schalenkonstruktion f, Schale f
shell theory (Stat) Schalentheorie f
shell work 1. Rohbauarbeiten fpl (Kanada); 2. (Arch) Muschelwerk n (Ornament der Spätrenaissance)
shelter 1. Schutzraum m; Schutzhütte f, Schuppen m; 2. offener Schuppen m; Wartehalle f (Haltestelle); 3. Schutzdach n, Wetterdach n; 4. Baubude f, Aufenthaltsraum m
shelve v 1. ausfachen, mit Fächern versehen; 2. sanft abfallen, sich neigen
shield 1. Schild m, Abschirmung f, Schutz m; Abschirmwand f, Reaktorschirmwand f; 2. (Tun) Vortriebsschild m, Abbauschild m
shield driving method Schild(vortrieb)-bauweise f (Kanal- und Tunnelbau)
shield tunnelling (Tun) Schildvortrieb m, Schildvertrieb m (Auffahrmethode)
shielding 1. Abschirmung f (z. B. gegen Strahlung); 2. Schutzvorrichtung f; Schutzabdeckung f
shielding concrete Abschirmbeton m, Strahlenschutzbeton m
shift 1. Verschiebung f; Versatzmaß n (Beton); 2. Umsetzung f (Baumaschinen); 3. Verschiebung f, Verwerfung f (Geologie); 4. Arbeitsschicht f, Schicht f; 5. Bautrupp m, Baukolonne f, Schicht f; 6. Veränderung f, Wechsel m
shingle 1. Schindel f, Dachschindel f; Holzschindel f; 2. grober Kies m; Kie-

shingle selgeröll *n*, Rundkies *m*, Geschiebe *n* (an Meeresufern)
shingle roof Schindeldach *n*
shingle tile Biberschwanz *m*
shiplap edge Überblattung *f*
shock concrete Schockbeton *m*
shock load Stoßbelastung *f*, Schlagbeanspruchung *f*; Betoneinbringungs-(stoß)belastung *f*
shock-resistant stoßfest, schlagfest
shoe 1. Tragelementfuß *m*, Sohlplatte *f*, Schuh *m*; Pfahlschuh *m*, Pfahlfußspitzenschuh *m*; 2. Abflussbogen *m*, Fallrohrauslauf *m*
shoot Schüttrinne *f* (Betoneinbringung); Schurre *f*, Rutsche *f*
shop drawing Werkstattzeichnung *f*
shop-erected vormontiert; vorgefertigt
shop priming Werkstattgrundierung *f* (Stahlbau)
shore *v* stützen, verstreben, versteifen, absteifen; einrüsten
shore 1. Strebe *f*, Steife *f*, Stütze *f*; Absteifelement *n*; 2. Küste *f* (Meer); Ufer *n* (See); Strand *m*
Shore hardness test Rückprallhärteprüfung *f* nach Shore
shoring 1. Absteifung *f*, Absteifen *n*, Aussteifen *n*; Abstützung *f* (Vorgang); 2. Absteifung *f*, Verschalung *f*; Einrüstung *f*, Hilfsgerüst *n* (z. B. bei Unterfangung)
shoring system Abstützkonstruktion *f*, Einrüstkonstruktion *f*
short *v* **to earth** (El) erden, gegen Erde kurzschließen, an Masse legen
short-range aggregate concrete Einkornbeton *m*, haufwerksporöser Leichtbeton *m*
short-term loading kurzzeitige Belastung *f*, Kurzzeitbelastung *f*
shot-fire *v* 1. sprengen, schießen (Gestein); 2. einschießen (mit dem Bolzenschießgerät)
shot blasting Strahlreinigen *n*
shotcrete Torkretbeton *m*, Torkretierbeton *m*, Spritzbeton *m*, Schrotbeton *m*
shotcrete lining Torkretbetonverkleidung *f*, Spritzbetonauskleidung *f*
shoulder 1. Absatz *m*, Ansatz *m*, Vorsprung *m*, vorspringender Rand *m*; Konsole *f*; 2. (Verk) (befestigter) Randstreifen *m*, Straßenschulter *f*; Standspur *f*; Sicherheitsstreifen *m* (Start- und Landebahn)
shouldered tenon Zapfenspannglied *n*
shouldering (Verk) Randstreifenbefestigung *f*, Seitenbefestigung *f*, Schulternheben *n* (Straßenbau)
shovel 1. Schaufel *f*, Schippe *f*; Baggerlöffel *m*, Baggerschaufel *f*; 2. Schaufelblatt *n*
shovel dredger Schaufelbagger *m* (zum Nassbaggern)
shovel loader Überkopflader *m*, Schaufellader *m*
shovelling 1. Laden *n* mit dem Bagger; 2. Handschachten *n*
shower bath 1. Duschbad *n*, Duschraum *m*, Dusche *f*; 2. Dusche *f*, Brause *f* (Vorrichtung)
shower installation Duschanlage *f*
shrink *v* 1. schrumpfen (Material); (bes. Beton) schwinden; sich zusammenziehen; sich runzeln (Farbe); 2. sich verwerfen (Holz)
shrink-joint Schrumpfverbindung *f*
shrinkage 1. Schrumpfen *n*, Schrumpfung *f*; Einlaufen *n* (von Material); Schwinden *n*, Schwindung *f*, Schwund *m* (bes. von Beton); 2. Verwerfung *f* (von Holz); 3. Schrumpfmaß *n*; (bes. bei Beton) Schwindmaß *n*
shrinkage behaviour Schwindverhalten *n*
shrinkage cracking Schwindrissbildung *f*, Bruch *m* durch Schwinden (Beton)
shrinkage reinforcement Schwindbewehrung *f*
shrinkproof schwindsicher, schwindfest, schwindbeständig, schrumpfbeständig
shrunk joint Schrumpfverbindung *f*
shut *v* 1. (ver)schließen (z. B. Fenster); abschließen (z. B. Tür); sperren (z. B. Straßen); blockieren; 2. abschalten (Anlagen)
shut *v* **off** abstellen, (ab)sperren (z. B. Strom, Gas); abdrehen (Wasser); sich abstellen (z. B. Maschine)
shut-off cock Absperrhahn *m*
shut-off valve Absperrventil *n*
shutter *v* **(up)** (ein)schalen, Schalung stellen
shutter 1. Schalung *f*, Schalungsform *f*; 2. Fensterladen *m*, Klappladen *m*; Rollladen *m*; 3. Verschluss *m*, Schließvorrichtung *f*; Sicherheitsvorrichtung *f*; 4.

shutter

Verschlussklappe f; Abdeckung f; 5. Raumabschluss m; beweglicher Abschluss m; entfernbarer Abschluss m *(für Raum, Fenster, Tür usw.)*
shutter door Jalousietür f
shuttering Schalung f, Verschalung f, Betonschalung f
shuttering panel Schal(ungs)tafel f
shuttering removal Ausschalen n, Entschalen n
shuttering sealer Schalungsmittel n, Entschalungshilfe f
shutting stile Schlossbohle f, Schlossbrett n *(Tür)*
side 1. Seite f, Seitenfläche f; Längsseite f; Stirn(seite) f; 2. Schenkel m *(Winkel)*; 3. Seitenteil m • **at the side** seitlich, an der Seite gelegen
side arm 1. einseitiger Querträger m, Kragträger m; 2. Mastausleger m *(Beleuchtungsmast)*
side board 1. Stirnbrett n; Windbrett n; 2. Kernseitenbrett n
side branch Abzweigung f
side elevation Seiten(auf)riss m, Seitenansicht f *(Bauzeichnen)*
side jamb Türrahmenpfosten m, Tür(seiten)pfosten m
side piling Seitenanlagerung f, Anschüttung f
side post Kehlbalkenpfosten m, Kehlbalkenstütze f; Pfosten m *(Tür, Fenster)*
side view Seitenansicht f, Seitenriss m *(Bauzeichnen)*
sidewalk *(AE)* Bürgersteig m, Gehweg m, Fußweg m
sidewalk paving flag *(AE)* Gehwegplatte f, Pflasterbelag m
sideways load seitlich angreifende Last f
siding 1. Außenwandverschalung f, Außenwandverkleidung f, Wandbeplankung f; 2. Nebengleis n, Ausweiche f, Anschlussgleis n; Abstellgleis n; Rangiergleis n; 3. Zusägen n *(Holz)*
sieve curve Siebkurve f, Kornverteilungskurve f
sieve residue Siebrückstand m
sight 1. Sicht f; Sichtweite f; 2. *(Verm)* Visier n, Zielvorrichtung f; 3. *(Verm)* Einstellung f; Ablesung f; 4. Öffnung f; 5. Sehenswürdigkeit f
sight line Sichtlinie f; Visierlinie f
sighting Anvisieren n, Zielen n, Visieren n

sign 1. Zeichen n, Kennzeichen n; Bild n *(für Hinweise)*; 2. Schild n; Hinweiszeichen n; Wegweiser m; Tafel f, Schildertafel f
sign-bridge *(Verk)* Schilderbrücke f
signpost 1. Wegweiser m; 2. Straßenschild n, Schild n; 3. Zeichen n, Verkehrszeichen n
silencing schalldämpfend, geräuschdämpfend
silica brick Silikastein m, Silikaziegel m
silicate concrete Silikat(sand)beton m
silicate glass Silicatglas n
siliceous brick Dinastein m, Silikastein m
silicone Silicon n, Silikon n
silicone coat Silikonanstrich m, Siliconanstrich m
sill 1. Schwelle f, Schwellholz n, Grundschwelle f, Türschwelle f; Rostschwelle f; 2. Sohlbank f, Fensterbrett n; 3. Unterzug m
sill block Sohlbank f, Betonschwelle f *(Fenster)*
sill plate Grundschwelle f, Schwellholz n *(für Türen)*
silo Silo n(m), Bunker m, Speicher m
silo construction Silobau m
silt 1. Schlamm m, Schlick m; 2. Schluff m, Silt m; Feinstsand m
silt collector Schlammfang m
silt layer Schlammschicht f
silting Anschwemmung f, Schlammablagerung f, Verschlammung f; Verlandung f
silty 1. schlammig, verschlammt; 2. schluffartig, schluffhaltig
silty soil schluffiger Boden m, Schluffboden m
simple beam Einfeldträger m, Träger m auf zwei Stützen
simple bearing einfache Auflagerung f [Lagerung f], einfaches Auflager n
simple bridge Einfeldbrücke f
simple hinged frame einfacher Gelenkrahmen m, Einfachgelenkrahmen m
simple truss einfaches Fachwerk n
simply reinforced einachsig bewehrt
simply supported beam Einfeldbalkenträger m, Träger m auf zwei Stützen
single-bay rigid frame starrer Einfeldrahmen m, Einfeldstarrrahmen m
single-coat einlagig *(z. B. Außenputz)*; einschichtig *(z. B. Anstrich)*

single-degree-of-freedom system *(Stat)* System *n* mit einzelnem Freiheitsgrad
single-floor eingeschossig, einstöckig
single floor Einfelddecke *f*, nicht unterstützte Deckenbalkenlage *f*, Unterzugdecke *f*
single footing [foundation] Einzelfundament *n*, Einzelgründung *f*; Blockfundament *n*
single-grain structure Einzelkornstruktur *f*
single-hinge arch Eingelenkbogen *m*
single-leaf einschalig *(Wand)*
single-level *(Verk)* plangleich, höhengleich
single-pin frame Eingelenkrahmen *m*
single-pitch roof freitragendes Pultdach *n*
single-plane truss ebenes Fachwerk *n*
single rafter roof einfaches Sparrendach *n*
single roof einfaches Sparrendach *n (z. B. Satteldach)*
single-sized aggregate Einkornzuschlag(stoff) *m*
single span 1. Einzelfeld *n*; 2. Einzelträger *m*
single-storey eingeschossig, einstöckig; erdgeschossig
singly reinforced einfach (einachsig) bewehrt
sink 1. Ausguss *m*, Ausgussbecken *n*; Spülbecken *n*; 2. Senkgrube *f*; Abflussbecken *n*; Abzugsschleuse *f*; 3. *(Bod)* Bodensenke *f*, Erdfall *m*
sink hole Senkgrube *f*; Abzugsgrube *f*
sink unit *(San)* Spültisch *m*, Abwaschtisch *m*, Spüle *f (als Küchenmöbel)*
sinking 1. Setzung *f*, Absenkung *f (Baugrund)*; Senkung *f (z. B. des Wasserspiegels)*; 2. Niederbringen *n*, Abteufung *f (eines Schachts)*; 3. Aussparung *f*, Vertiefung *f*; 4. *(Hb)* Einfräsung *f*; Einlassen *n*; 5. *(Erdb)* Aushub *m*
sinking well Absturzschacht *m (Dränagesystem)*
sintered aggregate Sinterzuschlag(stoff) *m*, gesinterter Zuschlag *m*
sintered clay concrete Sinterbeton *m*, Blähtonleichtbeton *m*
sintered expanded clay Sinterblähton *m*
sintered lightweight concrete Sinterbimsbeton *m*
siphon spillway Siphonüberlauf *m*

siphonic closet Saugspülklosett *n*, Absaugklosett *n*
site *v* 1. den Standort festlegen [planen]; 2. anordnen, aufstellen; anbringen
site 1. Baustelle *f*, Bauplatz *m*; 2. Baugelände *n*, Baugrund *m*; Grundstück *n*, Baugrundstück *n*; 3. Lage *f*, Standort *m (z. B. von Anlagen, Gebäuden)*; 4. Stelle *f*, Platz *m* • **delivered (free) site** frei Baustelle (geliefert) • **off-site** außerhalb der Baustelle • **on-site** auf der Baustelle
site arrangement Baustelleneinrichtung *f*
site clearance [clearing] Baustellenfreimachen *n*, Baustellen(be)räumung *f*
site engineer Bauleiter *m*, Baustelleningenieur *m (des Auftraggebers)*
site facilities Baustelleneinrichtung *f*
site-foamed insulation 1. Ortverschäumungsdämmung *f*; 2. ortverschäumte Dämmmasse *f*, ortverschäumter Dämmstoff *m*
site investigation Baugrunduntersuchung *f*, Baustellenuntersuchung *f*
site manager Bauleiter *m*
site office Bau(stellen)büro *n*
site-placed concrete Ortbeton *m*
site-placed concrete structure Ortbetonbauwerk *n*
site plan Lageplan *m*; Baustellenplan *m*
site supervision Baustellenüberwachung *f*, Baustellenkontrolle *f*; Bauleitung *f*
site survey plan Geländeaufnahmeplan *m*
site work 1. Baustellenbetrieb *m*, Bautätigkeit *f* auf der Baustelle; 2. Ort-Bauverfahren *n*, Ortbauverfahren *n*
siting 1. Standortbestimmung *f*, Standortwahl *f*; 2. Lageplan *m*, Anlage *f*
size *v* 1. bemessen, dimensionieren; 2. zurichten, zuschneiden; auf Fertigmaß arbeiten; 3. klassieren, nach Korngrößen trennen *(Zuschläge)*; 4. leimen, mit Leim bestreichen; spachteln; grundieren *(Anstrichtechnik)*
size 1. Abmessung *f*, Größe *f*, Dimension *f*; Umfang *m*; Baugröße *f*; Grundstücksgröße *f*; 2. Korngröße *f*, Kornklasse *f (von Zuschlägen)*; 3. Leim *m*, Kleister *m*; 4. Spachtelmasse *f*; Grundiermittel *n*; Vorlack *m*
size analysis Siebanalyse *f*, Korngrößenbestimmung *f*
size-distribution curve Körnungskennlinie *f*, Kornverteilungskurve *f*

size 208

size limit Passmaß n, Passgröße f, zulässiges Abmaß n, Grenzmaß n

sizing 1. Dimensionierung f, Größenbemessung f; 2. Klassieren n, Trennen n nach Korngrößen; 3. Bearbeiten n auf Sollmaß; 4. Leimen n; Ableimen n; 5. Spachteln n; Grundieren n

sizing plant Klassieranlage f (Baustoffaufbereitung)

skeleton 1. Skelett n, Gebäudeskelett n, Rohbauskelett n, Gebäudegerippe n, Gerippe n (Tragerippe); 2. Fachwerk n, Tragekonstruktion f

skeleton construction Skelettbauweise f, Traggerippebauart f

skeleton framing 1. Skelett n; 2. Fachwerk n (Tragwerk)

skeleton steps Trittstufenplatten fpl; Treppe f ohne Setzstufen, offene Treppe f

sketch Skizze f, Entwurf m, Zeichnung f

skew schief, schräg (Linie); schiefwinklig

skew arch schiefwinkliger Bogen m, Schiefbogen m, Schrägbogen m

skew bridge schiefe [schiefwinklige] Brücke f, Schiefbrücke f

skew notch (Hb) Versatz m

skew slab schiefe Platte f

skewing Schrägstellung f

skid resistance (Verk) Griffigkeit f (Straße)

skidproof gleitsicher, rutschfest

skilled personnel Fachpersonal n, Fachbelegschaft f, Fachmannschaft f

skim v 1. ausgleichen, abziehen (Oberputz); 2. abtragen, planieren, abgleichen (Erdstoff); 3. abschöpfen, abnehmen

skim coat Feinputzschicht f (ca. 3 mm); Feinputz m

skin v 1. abputzen; 2. tünchen

skin 1. Haut f, (dünne) Oberflächenschicht f; Farbhaut f; 2. Gusshaut f; 3. Deckfurnier n; 4. Türbeplankung f; 5. Sandwichdecklage f; 6. Schale f (Wand); Außenwandversteifung f

skin crack Oberflächenriss m

skin friction Mantelreibung f (Gründungspfahl)

skin patching Oberflächenflickarbeit f

skip elevator Kübelaufzug m

skirting board Fuß(boden)leiste f, Scheuerleiste f, Sockelleiste f

skull cracker Zertrümmerungskugel f, Fallbirne f

skylight 1. Oberlicht n, Oberlichtöffnung f; Dachfenster n; Dachliegefenster n, Raupe f; Deckfenster n; 2. Tageslicht n (durch die Decke einfallend)

skylight turret Laterne f, Dachaufsatz m, Oberlichthaube f

skyscraper Wolkenkratzer m, Hochhaus n

skyway Fußgängerhochführung f, Hochweg m, Hochwegsystem n

slab 1. Platte f, Tafel f (aus versch. Materialien); Bramme f (Halbfertigtafel); 2. Gesteinsplatte f; Fliese f; 3. Schwarte f, Schwartenbrett n, Schalbrett n; 4. Beton(decken)platte f; Stahlbetongeschossplatte f

slab action Plattenwirkung f

slab and beam Plattenbalken m, T-Balkenträger m

slab and beam floor Plattenbalkendecke f

slab block 1. Plattenbau m, Plattengebäude n; 2. Scheiben(hoch)haus n

slab culvert Plattendurchlass m; Deckeldole f

slab foundation Plattenfundament n

slab-lift method Hubdeckenverfahren n

slab lining Plattenverkleidung f, Plattenbekleidung f

slab method Plattenbauweise f, Plattenbau m

slab span Plattenfeld n (von Trägern überspannt)

slab theory Plattentheorie f

slabbing Plattenbelag m

slack locker, lose; schlaff, entspannt; durchhängend

slack Durchhang m, Durchhängen n

slag concrete Schlackenbeton m, Hochofenschlackenbeton m; Leichtbeton m

slag paving stone Schlackenpflasterstein m

slag wool Schlackenwolle f, Hüttenwolle f; Mineralfaserwolle f

slaked lime Löschkalk m, gelöschter Kalk m, Sumpfkalk m

slant v 1. sich neigen; Neigung haben, schräg stellen; 2. abböschen

slant 1. Schräge f, Neigung f, Gefälle n (z. B. einer Straße); 2. Hausentwässerungsleitung f (mit natürlichem Gefälle)

slanting arrangement Schräganordnung f

slat Latte f, Leiste f; Steglatte f, Lamelle f (Fensterladen, Jalousie)

slate 1. Schiefer *m*, Tonschiefer *m*; 2. Dachschiefer *m*, Schieferplatte *f*; 3. Tafel *f* mit Mischangaben, Liste *f*, Rezeptur *f* *(auf der Baustelle)*

slate covering Schieferdach *n*, Schieferbedachung *f*

slate roof cladding 1. Schieferbedachung *f*, Schieferdeckung *f* *(Dachbelag)*; 2. Schiefer(ein)deckung *f*

slating Schieferdacharbeiten *fpl*, Schieferdeckung *f*

slatted mit Latten (versehen); Latten...; jalousieartig

slatted blind Jalousie *f*

sledging Grobspalten *n*, Spaltzerkleinern *n*, Zerkleinern *n* mit dem Fäustel; Hämmern *n*

sleeper 1. *(Hb)* Schwelle *f*; Schienenschwelle *f*, Eisenbahnschwelle *f*; 2. *(Hb)* Unterzug *m*, Fußbalken *m* *(Holzbalken als Unterlage für eine Stütze)*; Fußbodenbalken *m*, Schwellenbalken *m*; 3. Wandrute *f*, Wandstrebe *f*

sleeper-carrying girder Schwellenträger *m*

sleeper joist Querbalken *m* auf Schwellenholz, Schwellenquerbalken *m*

sleeper wall Unterzugunterstützungsmauer *f*, Mauerpfeiler *m*

sleeve Muffe *f*, Manschette *f*; Hülse *f*; Buchse *f*

sleeve foundation Hülsenfundament *n*, Köcherfundament *n*

sleeve joint Vermuffung *f*, gemuffter Stoß *m*

sleeve piece Hülsenrohr *n*, Schutzrohr *n*

sleeving Schutzhülle *f*, Mantel *m*, Hülle *f*, Ummantelung *f*

slender beam schlanker Balken *m*

slenderness Schlankheit *f*

slenderness degree of column Säulenschlankheitsgrad *m*

slewing crane Drehkran *m*, Schwenkkran *m*

sliced veneer Messerfurnier *n*

slickenside *(Bod, Erdb)* Rutschfläche *f*, Gleitschicht *f*

slicker Kartätsche *f*, Abziehbrett *n* *(zum Putzreiben)*; Betonabziehleiste *f*

slide *v* gleiten; rutschen, sich verschieben; schieben; ziehen *(Gleitschalung)*

slide 1. Gleiten *n*; Gleitung *f*, Rutschung *f* *(Böschung)*; 2. Gleitbahn *f*; 3. Gleitschiene *f*, Führung *f*; 4. Schieber *m*

slide bearing Gleitlager *n*

slide gate *(Wsb)* Schleusentor *n*; Schiebetor *n*, Schieber *m*

slide valve Schieber *m*

slider Schieber *m*

sliding 1. Gleitung *f*, Rutschen *n*; Geländebruch *m*; 2. Ziehen *n* *(Gleitschalung)*

sliding bolt Gleitriegel *m*, Schubriegel *m*

sliding door Schiebetür *f*, Schiebetor *n*; Rolltür *f*

sliding failure *(Bod)* Rutschungsbruch *m*, Gleitbruch *m*

sliding falsework Gleitschalung *f*

sliding joint 1. Gleitgelenk *n*; 2. Gleitfuge *f*, reibungsbehindernde Fuge *f*

sliding shuttering Gleitschalung *f*

sliding track Gleitbahn *f* *(Montage)*

sliding window Schiebefenster *n*

slip *v* 1. gleiten, rutschen; verrutschen; 2. engobieren, mit Engobe überziehen *(z. B. Dachziegel)*

slip 1. Gleiten *n*, Rutschen *n*; 2. Erdrutsch *m*; 3. Zapfenholz *n*, Holzzapfen *m*; 4. Dübelleiste *f*, Dübelholz *n*; 5. Spließ *m*, Span *m*; 6. Gebäudedurchgang *m*, schmaler Durchgang *m*; 7. (schwache) Putzlage *f*; 8. Engobe *f* *(dünner Glanzüberzug)*; 9. Schlicker *m*

slip-form construction Gleitbauweise *f*

slip-form paver Gleit(schalungs)fertiger *m* *(Straßenbau)*

slip joint 1. verzahnte Fuge *f* *(Mauerwerksverbindung)*; Gleitfuge *f* *(Montagebau)*; 2. Aufschubverbindung *f*, Muffenverbindung *f* *(Rohre)*

slip membrane Gleitschicht *f*

slip plane *(Bod)* Rutschfläche *f*, Gleitfläche *f*, Gleitebene *f*

slip-resistant gleitsicher, rutschsicher, gleitfest

slip road *(Verk)* Zubringerrampe *f*, Zubringer *m*; Verbindungsrampe *f*, Verbindungsarm *m* *(niveaugleicher Fahrbahnen)*

slippage Rutschen *n*, Gleitung *f*; Schlupf *m*; Dachbahnverschiebung *f*, Dachbahnrutschen *n*

slippery 1. rutschig, glatt *(z. B. Straße)*; schlüpfrig, glitschig; 2. rissig

slit 1. Schlitz *m*, Spalt *m*; 2. *(Hb)* Einschnitt

m, Schnitt m; 3. Schießscharte f, Scharte f

slop 1. Spülwasser n; Schmutzwasser n; Abwasserschlamm m; 2. Schlempe f, Zementschlamm m; Schlicker m; 3. Moor m, Sumpf m, Schlamm m

slope v **down** abfallen, sich neigen (z. B. Dach, Gelände, Fläche); verflachen

slope 1. Neigung f, Schiefe f; Gefälle n, Steigung f; 2. Schrägfläche f; Böschung f, Hang m, Abhang m; 3. s. transverse slope; 4. Walm m (Dach); 5. s. slope angle; 6. Rampe f (Auffahrt)

slope angle Neigungswinkel m; Böschungswinkel m

slope circle (Bod) Böschungskreis m

slope failure Böschungsrutschung f

slope landfill Anböschung f

slope line Falllinie f

slope of an embankment Dammböschung f

slope protection Böschungsschutz m, Böschungsbefestigung f, Hangsicherung f

sloped wall 1. Böschungsmauer f; 2. geböschte Mauer f

sloping schief, geneigt, abfallend, schräg

sloping joint schräg laufende Fuge f, schräge Fuge f, Schrägfuge f; Gefällefuge f

sloping member truss Strebenfachwerk n, Strebenfachwerkträger m

sloping screed Gefälleestrich m

sloping terrain Hanggelände n, Hügelgelände n

slot v (Hb) nuten, einkerben, einschneiden, schlitzen; stoßen

slot Nut f, Kerbe f, Schlitz m, Querschlitz m; Spalte f

slot mortise joint Zapfenlochverbindung f

slotted geschlitzt

slotted pipe Schlitzrohr n

slow-burning construction schwer entflammbarer Holzbau m, Holzkonstruktion f mit feuerhemmender Schutzbehandlung

slow-setting cement langsamabbindender Zement m

sludge 1. Schlamm m; Faulschlamm m, Klärschlamm m; 2. Schleifschmant m; Betonabschliffschmant m; Bohrtrübe f; 3. Schmutzwasser n; Schlick m; 4. Farbschlamm m (Waschbecken)

sludge accumulation Verschlammung f, Verschlammen n

sludge drain Schlammdrän m

sludge pit Schlammgrube f, Schlammfang m

sludging 1. Schlammbildung f; 2. Entschlammen n

sluice v 1. spülen, ausspülen; 2. (Wsb) mit Schleuse versehen

sluice 1. (Wsb) Schleuse f; 2. (Wsb) Schleusenkanal m, Spülkanal m; 3. (Wsb) Stauwasser n

sluice valve Schieber m, Absperrschieber m, Schütz n

slum clearance 1. Sanierung f (von Wohngebieten); 2. Elendsviertelabbruch m, Beseitigung f verwahrloster Wohnviertel

slump 1. Senkung f, Setzung f, Zusammenfallen n (Beton); 2. Betonsetzmaß n, Setzmaß n, Sackmaß n, Ausbreitmaß n (Beton)

slump test Ausbreitversuch m, Setzmaßprüfung f; Konussenkung f, Konusprüfung f (der Betonkonsistenz)

slung span continuous beam Gelenkträger m, Gerberträger m

slurry 1. Schlamm m, Schlämme f, Aufschlämmung f; Zementbrei m, Zementschlempe f; Schlicker m (Keramik); Bindemittelbrei m, Bindemittelschlämme f; Bitumenschlämme f; 2. Abwasserschlamm m; Dickschlamm m; Gülle f; 3. Masse f (Gasfrischbeton)

slurry pit Güllegrube f; Güllebecken n

slurry trenching (Bod) Schlitzwandverfahren n

slurry wall Trennwand f, Dichtungswand f, Sperrwand f

slush 1. Schlamm m; Schlick m, Schlammablagerung f; Schneematsch m (z. B. in Wasserläufen); 2. Rostschutzmittel n; Schmiere f

SMA s. stone mastic asphalt

small cobbles Kleinpflaster n

small-scale equipment (technische) Grundausstattung f; Minimalausstattung f

smithery 1. Schmiede f; 2. Bauschlosserei f; 3. Schmiedearbeit f

smith's work Schmiedearbeiten fpl

smoke alarm Rauchmelder m

smoke damper *(HLK)* (automatischer) Rauchgasschieber *m*
smoke detector Rauchmelder *m*
smoke funnel Rauchabzug *m*
smoke pipe Rauchrohr *n (Kesselbauteil)*; Abzugsrohr *n*
smoke tower window Rauchabzugsschachtfenster *n (Hochhaus)*
smoke vent (automatische) Schornsteinklappe *f*
smokestack Schornstein *m*, Esse *f*, Schlot *m*, Kamin *m*
smooth *v* 1. glätten, (ein)ebnen; 2. glätten, glatt machen, glatt streichen; (glatt) schleifen; abschleifen; (ab)schlichten *(Holz)*; behauen *(mit dem Dechsel)*; abziehen; polieren; (aus)spachteln
smooth finish Glattverputz *m*, Glattputz *m*
smooth-surface roofing paper unbesandete Pappe *f*
smoothing Glätten *n*; Abziehen *n*; Schleifen *n*; Ausspachteln *n*
smoothing beam [board] Abziehbohle *f*, Abziehlatte *f*, Glättbohle *f*
smoothing varnish Schleiflack *m*
smoothness Ebenheit *f (einer Fläche)*; Glätte *f*
snap *v* 1. einschnappen; einrasten; 2. Nietköpfe machen; nieten; 3. reißen *(z. B. Seil)*
snap Döpper *m*, Niethammer *m*
snap riveting Schellkopfnietung *f*
snaplock Pendeltürschnapper *m*; Schnappschloss *n*
sneck 1. Füllstein *m (Bruchsteinmauerwerk)*; 2. Klinke *f*, Drücker *m (Türschloss)*
snow board Schneefangbrett *n*
snow load Schneelast *f*
snug 1. wohnlich; behaglich; 2. gut sitzend *(fest)*
soak *v* 1. tränken, einweichen; einsumpfen *(Kalk)*; durchtränken; imprägnieren; 2. durchsickern, (ein)sickern; 3. sich vollsaugen; einweichen
soakaway 1. *(San)* Sickergrube *f*; 2. *(Bod)* Sickerschacht *m*, Filterbrunnen *m*
soaker Wandanschlussblech *n (Dach)*; Gebindewinkel *m*
soap brick Riemenstein *m*, Riemchen *n*, Meisterquartier *n*, Längsquartier *m*
soap dispenser Seifenspender *m*
socket 1. Muffe *f*, Stutzen *m*, Rohrstutzen *m*; Hülse *f*; Überschiebmuffe *f*; Überwurfverschraubung *f*; 2. *(El)* Steckdose *f*; 3. *(El)* Fassung *f*
socket foundation Hülsenfundament *n*
socket joint Muffenverbindung *f*
socle Sockel *m (unterer Mauerteil)*; Fundament *n*, Untersatz *m*, Unterbau *m (z. B. einer Säule)*
sod square Rasensoden *f*
soffit 1. Untersicht *f (Decken)*; Balkenunterseite *f*; Sturzunterfläche *f*; 2. Soffitte *f (Felderdecke)*; 3. Rohrscheitel *m*, Firste *f*
soffit block floor Füllsteindecke *f*
soffit level 1. Untersichtkote *f*; 2. Scheitelhöhe *f*
soffit slab Bodenplatte *f*
soft ground weicher Boden *m*
soft shoulder *(Verk)* unverdichtetes Bankett *n*
softboard Dämmplatte *f*, Holzfaserdämmplatte *f*
softening 1. Plastifizieren *n*; 2. Enthärten *n (Wasser)*
softwood timber Nadelschnittholz *n*
soil 1. Boden *m*, Erdboden *m*, Erde *f*, Erdstoff *m*; Grund *m*, Baugrund *m*; Land *n*, Ackerland *n*; 2. Toilettenabwasser *n*; Fäkalien *pl*; 3. *(Verk)* Planum *n*
soil absorption system Sickergrabensystem *n (Abwasser)*; Berieselungsfelderbehandlung *f*
soil bearing capacity Baugrundtragfähigkeit *f*, Bodentragfestigkeit *f*
soil cement zementverfestigter Boden *m*, stabilisierter Erdstoff *m*
soil cementation *(Erdb)* Zementstabilisierung *f*, Erdstoffverfestigung *f* mit Zement; Bodenvermörtelung *f*
soil classification Bodenklasseneinteilung *f*, Erdstoffklassifizierung *f*
soil compaction Bodenverdichtung *f*, Erd(stoff)verdichtung *f*
soil consolidation Erdstoffkonsolidierung *f*, Erdstoffsetzung *f*, natürliche Bodenverdichtung *f*
soil deposit Bodenlagerung *f*, Bodenablagerung *f*
soil engineering Erdbau *m*, Grundbau *m*
soil investigation Baugrunduntersuchung *f*; Erdstoffuntersuchung *f*
soil pressure Erddruck *m*, Bodendruck *m*; Bodenpressung *f*, Sohlpressung *f*
soil sample Bodenprobe *f*, Erd(stoff)probe *f*

soil

soil stabilization Bodenstabilisierung f, Erdstoffstabilisierung f, Erdstoffverfestigung f; Bodenvermörtelung f; Baugrundverbesserung f
soil stratum Bodenschicht f (Geologie)
soil subgrade Erdplanum n, Untergrund m
soil survey Bodenerkundung f, Bodenaufnahme f, Bodengutachten n, Erdstofferkundung f
soil waterproofing Bodenabdichtung f, Lehmschürzendichtung f
solar absorption coefficient Sonnenabsorptionskoeffizient m
solar collector Sonnenkollektor m, Solargenerator m
solar energy plant Solaranlage f, Sonnenkollektor m
solar engineering Solartechnik f
solar heating system Solarheizungssystem n
solar screen Sonnenschutzwand f, Schattenwand f, Sonnenschutzkonstruktion f
solder v löten; weichlöten
soldered joint Lötverbindung f; Lötstelle f
soldering method Lötverfahren n
soldier 1. aufrecht stehender Ziegel m; 2. (Erdb) senkrechter Aussteifungspfosten m, Schalungspfosten m; Holzsteife f
sole 1. Holzträgergerüst n, Sollplatte f (Fundament); Unterstab m; 2. Sohle f, Bodenfläche f (Baugrund); 3. Basis f, Sockel m; Unterbau m
sole piece Schwelle f, Schwellenholz n, Schwellenbalken m, Lagerbalken m; Fußbalken m, Fußholz n (für Stützen)
solid 1. fest; dicht, kompakt; massiv, hart (z. B. Boden); 2. stabil, dauerhaft
solid beam Vollbalken(träger) m
solid bearing durchgehende Auflage f, Volllager n
solid bridge Massivbrücke f
solid ceiling Massivdecke f
solid construction 1. Vollbauweise f, Vollkonstruktionssystem n; 2. Massivbau m
solid floor 1. Massivdecke f; 2. geschlossene Deckenbalkenlage f; 3. Holzpflaster m
solid reinforced concrete slab Stahlbetonvollplatte f
solid shear wall Vollscheibe f, Vollwandscheibe f

212

solid step Steinstufe f (Naturstein)
solid timber Massivholz n
solid-web girder Vollwandträger m
solidification Verfestigung f, Festwerden n (z. B. von Erdstoffen, Bindebaustoffen); Erstarren n
solidify v sich verfestigen, erstarren, (v)erhärten; verfestigen, erstarren lassen
soling 1. Sauberkeitsschicht f (Straßenbelag); 2. Steinpflaster n
soluble glass coat Wasserglasanstrich m
solution procedure Lösungsverfahren n
solvent Lösungsmittel n
solvent-based lösungsmittelhaltig
sonic alarm system Geräuschmeldeanlage f, Schallalarmanlage f
sonic pile driver Vibrationspfahlramme f
soot door (of chimney) Schornsteinreinigungsklappe f, Kaminputztür f, Rußtür f
sound 1. Schall m; Ton m, Klang m; 2. Sonde f; 3. Sund m, Meerenge f
sound-absorbent schallabsorbierend, schallschluckend; schalldämmend
sound absorbent material Schallschluckmaterial n, Schallabsorptionsstoff m, Akustikmaterial n, Akustikstoff m
sound-absorbing ceiling Schallschluckdecke f, Schalldämmdecke f
sound absorption Schallabsorption f, Schallschluckung f
sound boarding Zwischenboden m, Einschubdecke f, Fehlboden m
sound-damping schalldämpfend
sound-deadening board schalldämpfende Platte f; Schalldämmtafel f
sound-insulating schalldämmend
sound-insulating window Schallschutzfenster n
sound pollution Lärmbelästigung f
sound reduction index (bauübliches) Schalldämmmaß n, Schalldämmzahl f; Schalldämpfungsfaktor m, Schalldämpfungsgrad m
sound transmission class (AE) Schallschutzklasse f, Schalldämmklasse f
sounding Sondieren n, Sondierung f
sounding rod Peilstange f
soundness 1. Mängelfreiheit f; Fehlerlosigkeit f; 2. Raumbeständigkeit f (speziell von Beton)
soundproof schalldicht, schallgeschützt, schallgedämmt

source of heat Wärmequelle f
space v 1. mit Zwischenraum [Abstand] anordnen, unterteilen *(in Räume)*; 2. (zeitlich) einteilen
space 1. Raum m; Platz m; 2. Raum m, Zwischenraum m, Abstand m; 3. Zeitraum m
space arrangement Raumaufteilung f, Flächenaufteilung f
space composition Raumkomposition f
space density Raumdichte f
space frame räumliches Rahmentragwerk n [Tragwerk n], räumlicher Rahmen m; Raumfachwerk n, räumliches Fachwerk n
space load-bearing structure räumliches Tragwerk n, Raumtragwerk n, dreidimensionales Tragwerk n
space structure [truss] Raumbauwerk n, räumliches Bauwerk n, dreidimensionales Bauwerk n, räumlicher Bau m
spacer Abstandhalter m; Distanzstück n; Zwischenlage f, Einlage f; Zwischenstück n
spacing Abstand m, Zwischenraum m *(räumlich)*; Abstand m; Teilung f *(Bewehrung)*
spading 1. Betonhandmischen n; 2. Betonverdichtung f mit Spaten; 3. Handschachten n
spall 1. Steinsplitter m, Abschlagsplitter m; Zwickelstein m; Zwicker m, Auszwicker m; 2. Ziegelbruch m
span v 1. überspannen *(Abstand zwischen Stützen)*; überbrücken *(z. B. einen Fluss)*; sich spannen *(z. B. Brücken)*; sich erstrecken über; 2. einfassen; umspannen; 3. nach Augenmaß messen
span 1. Spannweite f, Stützweite f, Stützlänge f *(einer Tragkonstruktion)*; 2. Feld n, Feldweite f *(eines Balkens)*; 3. Feld n, Brückenöffnung f, Öffnung f *(eines Bogens)*; 4. Hallenschiff n *(Industriehalle)*; 5. Bereich m, Umfang m; Messbereich m; 6. Zeitspanne f
span ceiling Balkendecke f
span length Stützlänge f, Stützweite f
span piece Kehlbalken m
span rope Abspannseil n *(z. B. für Freileitungen)*
spandrel 1. *(Arch)* Spandrille f, Bogenzwickel m, Gewölbezwickel m, Zwickel m; 2. *(Arch)* Wandplatte f zwischen Geschossfenstern; 3. *(Arch)* Treppenuntermauerungsfläche f
spandrel-braced bridge Bogenfachwerkbrücke f
spandrel frame Dreiecksrahmentragwerk n
spandrel panel Außenwandplatte f zwischen Geschossfenstern
spanner 1. Kreuzstrebe f; Kehlbalken m; 2. Schraubenschlüssel m, Schlüssel m; Maulschlüssel m
spanning Überspannung f, Überbrückung f *(z. B. einen Fluss, ein Baufeld usw.)*
spare v 1. aussparen *(z. B. eine vorgesehene Wandöffnung)*; 2. übrig haben
spark guard Funkenschutz m, Funkenfänger m
spatial räumlich, dreidimensional; Raum...
spatial construction Raumtragwerkkonstruktion f, Raumbausystem n
spatial deformation räumliche Formänderung f
spatial development Raumentwicklung f *(Raumplanung)*
spatial frame räumliches Rahmentragwerk n, räumlicher Rahmen m, dreidimensionaler Rahmen m
spatial lattice girder Raumfachwerkträger m
spatial module Raumzelle f
spatial pattern räumliche Struktur f
spatial structure räumliches Rahmenbauwerk n, räumlicher [dreidimensionaler] Bau m
spatter dash Vorwurf m *(Putz)*; Spritzputz m
spatula Spachteleisen n, Spachtel m(f), Spatel m
special concrete product Betonformteil n
special mortar Spezialmörtel m
special-purpose plaster Sonderputz m, Spezialputz m
special waste Sonderabfall m, Sondermüll m
specific gravity relative Dichte f; Rohdichte f, spezifisches Gewicht n
specific heat capacity spezifische Wärmekapazität f
specific surface spezifische Oberfläche f
specification 1. Bauvorschrift f; Materialvorschrift f; Gütebestimmung f; 2. Spezifikation f, Leistungsbeschreibung f;

specification 214

Baubeschreibung f; 3. Verarbeitungsvorschrift f
specification for acceptance Abnahmevorschrift f, Abnahmebestimmung f
specification requirements technische Anforderungen fpl
specifications 1. Vertragspflichtenheft n, Vertragsgütebedingungen fpl, Bauvertragsgüteforderungen fpl, Baubedingungen fpl; Baubeschreibung f; 2. Prüfvorschriften fpl; Abnahmevorschriften fpl; 3. Hauptabmessungen fpl; 4. Kennziffern fpl, technische Angaben fpl, technische Daten pl, technische Aufzählungen fpl (z. B. von Baustoffen, Bauteilen, Geräte, Ausrüstungen)
specified spezifiziert, vorgeschrieben, gefordert
specified time for completion (geforderte) Bauzeit f, Baufrist f
specify v 1. bezeichnen; spezifizieren; 2. vorschreiben; festlegen
specimen Probekörper m, Probestück n, Probe f, Muster(stück) n, Formstück n
specimen material Probenmaterial n, Probenbaustoff m, Probenwerkstoff m
speckled gesprenkelt, gefleckt; buntfleckig; gemasert, geädert (z. B. Holz)
specular angle Reflexionswinkel m
specular symmetry Spiegelsymmetrie f
speed-change line (Verk) Geschwindigkeitsänderungsspur f, Beschleunigungsspur f, Verzögerungsspur f, Beschleunigungs-Verzögerungsstreifen m; Verflechtungsstreifen m
speed control device Drehzahlregler m
sphere Kugel f, kugelförmiger Körper m (Geometrie)
sphere impact tester Kugelschlagprüfgerät n
spherical bearing Punktkipplager n (Brücke)
spherical polygon sphärisches Polygon n
spherical shell Kugelschale f, Halbschale f, Kugelschalenkonstruktion f
spherical vault Kugelgewölbe n
spheroid Rotationsellipsoid n, Drehellipsoid n
spider connection Kreuzverbindung f
spider-web rubble wall Zyklopenmauerwerk n
spigot 1. Wasserhahn m; 2. Rohrende n für Steckverbindungen; 3. s. spigot joint; 4. Zapfen m, Drehzapfen m; Einpasszapfen m, Führungszapfen m
spigot joint Muffen(rohr)verbindung f; Rohrsteckverbindung f; Glockenmuffenverbindung f
spike 1. Nagel m; (schwerer) Zimmermannsnagel m; Schienennagel m; Mauerhaken m; Pikeisen n; 2. Zacken m, Eisenspitze f (z. B. von Zaunstäben)
spile 1. Nagellochsplint m, kleiner Holzpfropfen m; 2. Pfahl m, Pflock m (Holz)
spill channel (Wsb) Überlaufkanal m, Hochwasserflutkanal m
spillway (Wsb) Überlauf m, Überfall m, Hochwasserentlastungsanlage f
spine beam Mittelträger m
spine wall Mittellängswand f, tragende Innenwand f; Brandmauer f
spinning method Betonschleuderverfahren n
spiral spiralförmig, spiralig; Spiral...
spiral curve (Verk) Klothoide f, Übergangsbogen m (Straße)
spiral staircase [stairs] Wendeltreppe f, Spindeltreppe f, Schneckenstiege f
spiral vault Schneckengewölbe n
spire Spitze f; Turmspitze f, Turmhelm m; Kirchturmspitze f; Turmdachpyramide f; Zinne f
spire roof Turmdach n (Kirchturm); Pyramiden(turm)dach n
spirelet 1. Zinne f, kleine Turmspitze f, kleines Pyramidenturmdach n; 2. Glockentürmchen n
spirit level Wasserwaage f, Richtwaage f, Nivellierwaage f, Libelle f, Lotwaage f
spirit varnish Spirituslack m, Alkoholfirnis m
splash concrete Spritzbeton m
splashback Spritzwand f (z. B. in einem Bad); Rückwand f (z. B. an Handwaschbecken)
splashproof spritzwassergeschützt
splat Fugendeckstreifen m, Deckstreifen m (für Wandbauplatten)
splay 1. Ausschrägung f, Abschrägung f, Abkragung f, schiefwinklige Fläche f, Schräge f, Schmiege f; 2. (Verk) Sichtdreieck n
splayed coping Pultabdeckung f, schräge Mauerabdeckung f
splayed joint schräge Überblattung f; V-Fuge f

splaying arch Kegelgewölbe n, Trompetengewölbe n

splice v 1. spleißen *(Seil)*; 2. zusammenfügen; überlappen *(Schweißen)*; 3. *(Hb)* überlaschen, verblatten; 4. aufständern *(Holzpfähle)*

splice 1. Spleiß m, Spleißung f *(eines Seils)*; Verbindungsstelle f; Verbindung f; 2. Überlappungsstoß m, Überdeckungsstoß m; 3. *(Hb)* Hakenblatt n; 4. Spleißen n

splice joint *(Hb)* Blättung f, Laschenverbindung f

splice piece 1. *(Hb)* Lasche f, Stoßlasche f; Deckllatte f *(für Fenster)*; 2. s. splice plate 1.

splice plate 1. Stoßblech n *(Stahlbau)*; Verbindungsblech n; 2. s. splice piece 1.

spline joint Federverbindung f, gefederte Fuge f

split (auf)spalten; aufschlitzen, (der Länge nach) aufschneiden; teilen; sich spalten; springen, rissig werden *(z. B. Holz)*

split v **off** sich verzweigen

split 1. Spalt m, Sprung m; Spaltriss m *(Furnier, Holz)*; Schlitz m; 2. Spaltfuge f *(Dachsparren)*; 3. Längshalbziegel m, längs geteilte Ziegelhälfte f

split duct Rohrschale f, Rinne f, aufgespaltetes Rohr n

split levels versetzte Geschosse npl, versetzte Stockwerke npl

split pin Splint m

split sleeve Überschiebmuffe f, zweiteilige Rohrmuffe f

splitting Spaltung f, Aufspaltung f; Abspaltung f; Absplittern n; Zerfall m

splitting strength Spaltzugfestigkeit f

splitting tensile test Spaltzugfestigkeitsprüfung f

spoil v abnutzen; beschädigen; ruinieren; Boden aussetzen

spoil 1. Aushub(boden) m, ausgehobener Boden m, Aushubmassen fpl; Abraum m *(Bergbau)*; 2. *(Bod)* Aussetzen n, Absetzen n *(Boden)*

spoil bank 1. Schutthalde f; 2. Seitenablagerung f, Aussatzkippe f

spoilage Streu- und Bruchverlust m *(von Baustoffen)*

sponge rubber Schwammgummi m; Schaumgummi m

spongy schwammig, blasig, porös

spoon Putzkelle f, Stuckkelle f

spoon sampler Probenahmesonde f *(Bodenuntersuchung)*

spot 1. Fleck m; Rostfleck m; Tupfen m, Farbfleck m; 2. Stelle f; Punkt m

spot welding Punktschweißen n

spotlight Scheinwerfer m, Punktstrahler m, Scheinwerferlicht n

spotting Fleckenbildung f; Fleckigwerden n *(von Anstrichen)*

spout Ablaufschnauze f, Auslaufrinne f *(vom Dach)*; Auslaufrohr n, Abflussrohr n, Speirohr n, Wasserspeier m

spout pipe Fallrohr n, Dachrohr n

spray v 1. verspritzen, versprühen, zerstäuben *(Flüssigkeiten)*; bespritzen, besprühen *(Oberflächen)*; 2. spritzen *(Anstrichtechnik)*

spray application Spritzen n, Aufspritzen n, Spritzauftrag m *(z. B. von Farben)*

spray application of mortar Spritzmörtelauftrag m

spray coat Spritzschicht f; gespritzter Anstrich m

spray-on insulation 1. aufspritzbare Dämmschicht f; 2. Spritzsperrung f, Sperrschichtspritzung f

spray rendering Spritzputz m *(Außenputz)*

sprayed mortar Torkretmörtel m; Spritzputz m

sprayed-on paint coat Spritzfarbanstrich m

spraying plastic Spritzkunststoff m

spread v 1. auftragen, bestreichen; verteilen; streuen; sich ausbreiten, verlaufen *(z. B. Anstriche)*; 2. verteilen *(Last)*; 3. spreiten; ausdehnen

spread footing [foundation] Flachgründung f, Flächenfundament n, Flächengründung f

spread-of-flame test Flammenausbreitungsprüfung f *(z. B. der Dachhaut)*

spreader 1. Verteilgerät n; Splittstreuer m, Splittverteiler m; 2. Spreize f, Spreizstab m, Abstandhalter m; 3. Streichgerät n

spreading of the load Verteilung f der Belastung, Lastverteilung f

spreading rate 1. Aufstreumenge f, spezifische Beschichtungsmenge f; 2. Ergiebigkeit f *(eines Anstrichs)*; Deckungskraft f

spring 1. Feder f *(Zugfeder, Druckfeder)*; 2.

spring

Schnellen *n*, elastische Bewegung *f*; Federung *f*; 3. Quelle *f* (*z. B. eines Flusses*); Brunnen *m*; 4. Rohrknie *n*

spring catch Schnappschloss *n*; Schnappriegel *m*

spring hinge Federscharnier *n*, Federband *n*, Rückholfischband *n* (*Tür*)

spring lock Schnappverschluss *m*; Springhakenschloss *n*

springer Kämpferstein *m*, Gewölbeanfänger *m*

springing 1. Kämpferpunkt *m*, Kämpferfläche *f*, Kämpfer *m* Bogenanfang *m*; Anfangstein *m*; Gewölbewiderlager *n*; 2. Federn *n*, Federung *f*

springing plane Kämpferdach *n*

sprinkler 1. Sprinkler *m*, Sprinklerfeuerlöschanlage *f*; Feuerlöschbrause *f*; 2. (*San*) Brause *f*, Brausekopf *m*; 3. Sprenger *m*

sprinkler system Sprinkler(feuerlösch)-anlage *f*, Feuerlöschsprenganlage *f*, Feuerschutzsprenganlage *f*

sprinkling plant Beregnungsanlage *f*

sprocket 1. Aufschiebling *m*, Trauflatte *f*, Traufbrett *n*; 2. Windrispe *f*, Sturmlatte *f*, Windlatte *f*, Strebeschwarte *f*, Schwibbe *f*

sprocket piece Sparren *m*

spruce wood Fichtenholz *n*

spun concrete pipe Schleuder(beton)rohr *n*

spun glass Glaswolle *f*, Glaswatte *f*

spur 1. Strebe *f*, Strebebalken *m*, Stützpfeiler *m*; 2. Sporn *m*, Ecksporn *m*; Mauervorsprung *m*; 3. (*Arch*) Klaue *f*, Teufelsklaue *f* (*Ornament*)

spur buttress Spreize *f*, Strebe *f*

spur stone Abweisstein *m*, Radabweiser *m*, Prellstein *m*

spur tenon kurzer Zapfen *m*

square *v* 1. behauen, nach Maß bearbeiten (*Stein*); rechtwinklig zuschneiden, rechtwinklig machen (*z. B. Holz*); besäumen (*Holz*); 2. begleichen, abrechnen

square 1. Quadrat *n*, Viereck *n*; 2. Platz *m*, Platzanlage *f* (*in Städten*); 3. Häuserblock *m*; 4. quadratisches Profil *n*; Quadratprofil *n*; 5. Anschlagwinkel *m*, Winkel *m*

square dressed pavement Reihenpflaster *n*

square-edged lumber (*AE*) rechteckiges Balkenholz *n*

square-framed work Fachwerk *n*

square joint Stumpfstoß *m* (*Schweißverbindung*); rechtwinklige Fuge *f* (*Holz*)

square log Kantholz *n*

square splice rechteckige Verblattung *f*

squared timber Kantholz *n*, rechteckiges Balkenholz *n*, Balken *m*

squaring Rechtwinkligschneiden *n*; Beschneiden *n*, Besäumen *n* (*von Holz*)

squeezed joint gepresste Fuge *f*, Pressverbindung *f*

squint quoin Spitzecke *f*, spitzwinklige Mauerecke *f*

stabbing Aufrauen *n*, Aufspitzen *n*, Spitzen *n* (*z. B. von Wänden, Naturstein, Beton*)

stability 1. (*Stat*) Stabilität *f*, Standfestigkeit *f*, Standsicherheit *f*; Kippsicherheit *f*; 2. Stabilität *f*, Widerstandsfähigkeit *f*, Beständigkeit *f* (*thermisch, chemisch*); Festigkeit *f* (*mechanisch*)

stability against tilting Kippsicherheit *f*

stability calculation Stabilitätsberechnung *f*, Standfestigkeitsberechnung *f*, Standsicherheitsberechnung *f*

stability conditions Stabilitätsbedingungen *fpl*

stability of size Formbeständigkeit *f*, Maßbeständigkeit *f* (*von Bauelementen*)

stability system statisches System *n*

stability to heat Hitzbeständigkeit *f*, Hitzefestigkeit *f*

stability under load Standfestigkeit *f*

stabilization of earthwork (*Bod*) Bodenbefestigung *f*

stabilize *v* 1. stabilisieren, stützen; festigen; verfestigen; 2. konstant halten

stabilized soil verfestigter Boden *m*, verfestigter Erdstoff *m*, stabilisierter Boden *m*, stabilisierter Erdstoff *m*

stabilizing workings (*Bod, Tun*) Sicherungsarbeiten *fpl* (*Böschungen, Baugruben*)

stable 1. stabil, standfest, standsicher (*z. B. Baugrund*); 2. stabil, widerstandsfähig; beständig (*thermisch, chemisch*); fest (*mechanisch*); haltbar (*z. B. Material*) • **be stable** stabil [standfest] sein • **be stable to** beständig sein gegen

stable building Stallgebäude *n*

stable slope standfeste Böschung f
stable state stabiler [sicherer] Zustand m (von Baugrund)
stack 1. Stapel m, Stoß m; 2. Kamin m, Schornstein m, Schlot m; 3. Schacht m (eines Hochofens); 4. senkrechtes Rohrsystem n; senkrechte Abwasserleitung f; senkrechtes Abwasserrohrende n; 5. (HLK) Warmluftschacht m; 6. britische Maßeinheit für Holz - 1 Stack = 108 cu ft = 3,058 m³; 7. Regalfach n
stack pipe Regenfallrohr n
stack vent 1. senkrechtes Abwasserrohrende n; 2. Dachentlüftungsrohr n (Abwasserfallrohr)
stacked wood Schichtpressholz n
stacking ground [yard] Stapelplatz m (z. B. für Fertigteile); Lagerplatz m (bes. für Fertigteile); Lagerhof m; Lagerfläche f
stacking lane (Verk) Staustreifen m, Stauspur f, Stauraum m
staddle (AE) Unterstützungsrahmenwerk n, Stützrahmen m
stadia surveying tachometrische Vermessung f
staff 1. Stab m, Stütze f; Messlatte f; 2. Deckleiste f, Deckleiste f (Holz); Stuckleiste f; 3. Gipsmörtel m (für Stuckarbeit); 4. Personal n; Personalbestand m, Belegschaft f
staff angle Putzkantenschützer m, Putzkantenschoner m, Putz(schutz)leiste f
staff building Sozialgebäude n (Werksgebäude)
stage v (ein)rüsten
stage 1. Arbeitsbühne f, Bühne f, Plattform f; Gerüst n; 2. Gerüstboden m; 3. Theaterbühne f; Podium n; 4. Absatz m (Bergbau); 5. Bauabschnitt m; Bau(fortschritts)stadium n; Baustufe f
stage construction 1. mehrschichtiger Einbau m (z. B. im Straßen- oder Erdbau); 2. stufenweiser Ausbau m; Zwischenausbau m
stage of loading Belastungsstufe f
staggered versetzt (angeordnet), gegeneinander versetzt, auf Lücke, gestaffelt (z. B. Gebäude)
staggered floors versetzte Etagen fpl, versetzte Stockwerke npl
staggered riveting [row of rivets] Zickzacknietung f
staging 1. Gerüst n, Baugerüst n; Hilfsgerüstfläche f (eines Baugerüsts); 2. Gerüstbau m
stain v 1. beizen, färben (Holz, Glas); farbig polieren (Holz); fleckig werden; anlaufen; sich verfärben; 2. anfressen (Metall); korrodieren
stain 1. Verfärbung f; Fleck m (z. B. durch Korrosion); 2. Färbemittel n; Holzbeize f, Beize f; Farbbeize f (für Glas) • **take stains** Flecke(n) bekommen
stainless rostfrei, nicht rostend, rostbeständig
stainless steel facing Edelstahlverblendung f, Edelstahlverkleidung f
stair 1. Treppe f, Stiege f; 2. Treppenstufe f, Stufe f
stair flight Treppenlauf m, Lauf m
stair riser Setzstufe f; Setzholz n, Setzbohle f
stair run 1. Stufentiefe f, Auftrittslänge f, Auftritt m, Trittmaß n; 2. Treppenlauflänge f
stair stringer Treppenwange f
staircase Treppenhaus n, Treppenaufgang m, Treppe f
stairhead oberste Stufe f, Austrittstufe f, Podeststufe f, (oberster) Treppenabsatz m
stairlift Treppenlift m
stairway Aufgang m, Treppe f
stairwell Treppenhaus n, Treppenraum m
stake v (Verm) abstecken, auspflocken, ausstecken, abwinkeln, auswinkeln
stake 1. Pfahl m, Stange m, Holzpfahl m; 2. (Verm) Absteckpfahl m, Pflock m; Zaunpfahl m, Zaunpfosten m, Zaunbohle f
staking-out (Verm) Aussetzen n (Maßpflöcke); Abstecken n (Bauwerksmaßpunkte)
stalk 1. Steg m, Trägersteg m; 2. Stützmauer f
stalk connection Steganschluss m
stalk plate Stegblech n, Stehblech n
stalk plate stiffening Stegblechaussteifung f, Stehblechsteifung f
stamp v 1. stampfen; feststampfen; 2. stanzen
stanchion Strebe f, Stütze f; Stahlstütze f
stand 1. Standort m, Platz m; 2. Tribüne f, Zuschauertribüne f; 3. Stand m (Verkaufsstand)

stand-by 1. Bereitschaft *f*; 2. Reservegerät *n*

stand-by unit Notstromaggregat *n*

stand oil paint Standölfarbe *f*

standard 1. Standard *m*, Norm *f*; 2. Richtmaß *n*; 3. Pfosten *m*, Pfahl *m*, Pfeiler *m (Stütze)*; Joch *n (Säule)*; Tragbalken *m* • **according to standards** normgerecht

standard ASTM method *(Bod)* Proctor-Test *m*, Proctor-Verdichtungsversuch *m (nach ASTM)*

standard cement Normzement *m*

standard construction system Standardbausystem *n*

standard deviation Standardabweichung *f*, mittlere quadratische Abweichung *f*, mittlerer Fehler *m (Statistik)*

standard dimension Normalabmessung *f*; Typenmaß *n*, Grundmaß *n*

standard of measure Richtmaß *n*

standard penetration test *(Bod)* Standardnadelwiderstandsprüfung *f*, Proctor-Nadeltest *m*

standard sand Normensand *m*, Norm(al)sand *m (Zementprüfung)*

standard section Normalprofil *n*

standard size Normalgröße *f*, Regelgröße *f*, Typengröße *f*, Normalformat *n*

standard type construction Einheitsbauweise *f*

standardized dimension for construction Baunormmaß *n*, Baunormabmessung *f*

standing stehend, aufrecht

standing rope Tragseil *n (Seilbahn, Kabelkran)*

standing seam Stehfalz *m*, stehende Falzverbindung *f*, Bördelverbindung *f (Metallbedachung)*

standing waste (pipe) *(AE)* Abflussstandrohr *n*; Überlaufstandrohr *n*

standpipe Standrohr *n*, Steig(leitungs)rohr *n*; Hydrantsäule *f*, Hydrant *m*

staple Krampe *f*, Drahtkrampe *f*, Klammer *f*; Haspe *f*

star vault Sterngewölbe *n*

start *v* assembling mit der Montage beginnen

starter bar Anschlussbewehrungsstab *m*

starter frame Schalungsfuß *m*

starter strip Trauf(en)lage *f*, Anfangslage *f*

starting step Antrittsstufe *f*

state 1. Zustand *m*, Beschaffenheit *f (z. B. eines Gebäudes)*; Stand *m (Entwicklung, Technik)*; 2. Zustand *m (physikalisch)*; 3. Staat *m*, Land *n*; *(AE)* Bundesland *n* • **in a bad state of repair** baufällig

state method Bemessungsverfahren *n* nach Grenzzuständen

state of deformation Verformungszustand *m*

state of equilibrium Gleichgewichtszustand *m*

state of failure Bruchzustand *m*

state of stress Spannungszustand *m*

state-of-the-art technique Spitzentechnik *f*, hochmoderne Technik *f*

state value Zustandsgröße *f*

static statisch, ruhend; Ruhe...

static calculation (statische) Berechnung *f*

static equilibrium condition statische Gleichgewichtsbedingung *f*

static force statische Kraft *f*, Schnittkraft *f*

static friction Haftreibung *f*, Ruhereibung *f*, statische Reibung *f*

static load statische [ruhende] Last *f*

static load capacity statische Tragfähigkeit *f*

static moment statisches Moment *n*

static stability Standsicherheit *f*

static test 1. Winddruckprüfung *f (für Fenster, vorgehängte Wände)*; 2. Wind-Wasser-Druckprüfung *f (Fenster, Außenwände)*; 3. Dauertest *m*, Dauerprüfung *f*

static Young's modulus statischer Verformungsmodul *m*, statische Verformungszahl *f*, Deformationsmodul *m*

statical analysis statische Berechnung *f*; statische Untersuchung *f*

statical determinateness statische Bestimmtheit *f*

statical failure load statische Bruchlast *f*

statical indeterminacy statische Unbestimmtheit *f*

statically admissible statisch zulässig

statically determinate structure statisch bestimmtes Bauwerk *n*

statically indeterminate to the *n*-degree statisch unbestimmt *n*-ten Grades

statically overdetermined statisch überbestimmt

statically undeterminate statisch unbestimmt

statics Statik f, Baustatik f

station 1. Bahnhof m; Bahnstation f, Station f; (AE) Haltestelle f; 2. Vermessungs(ausgangs)punkt m, Festpunkt m, Stationspunkt m, trigonometrischer Punkt m

station correction (Verm) Standpunktkorrektur f

station pole Vermessungsstab m

stationary stationär, feststehend, unbeweglich

stationary tube stehendes Rohr n

statue pedestal (Arch) Piedestal n, Postament n, Statuensockel m, Statuenunterbau m

statutory instrument Rechtsverordnung f, Ausführungsverordnung f (Bauplanung)

staunch 1. dicht, luftdicht, hermetisch (z. B. Lagerraum); dicht, wasserdicht (z. B. Unterwasserbauwerk); 2. solide [fest] gebaut (z. B. Fundament, tragende Wand)

stave v abdichten (mittels Daube oder Stab); verstemmen

stave 1. Daube f; Daubenschalbrett n; 2. Sprosse f; Stab m; Stock m

stave construction Stabbau m

stay v 1. (ab)stützen, absteifen, aussteifen, abfangen, verstreben; 2. abspannen, verspannen, verankern

stay 1. Stütze f, Strebe f; Träger m; Stempel m; 2. Zuganker m (Mast-, Abspannanker); Verankerung f; Spannseil n, Zugseil n; 3. Sturmhaken m, Feststeller m, Kettelhaken m

stay bolt Stehbolzen m, Bolzen m; Spange f

stay rod Ankerstab m

stay rope Spannseil n, Verankerungsseil n, Zugseil n

staying Abspannung f, Verspannung f (von Masten); Verankerung f

steadiness 1. Stabilität f, Standsicherheit f, Festigkeit f; 2. Stetigkeit f, Beständigkeit f

steady 1. standfest, standsicher, stabil; 2. stetig, beständig

steady point Abstrebung f (Stahlbau)

steam cleaning Dampfstrahlreinigen n

steam curing Dampfnachbehandlung f, Dampfhärtung f, Wärmebehandlung f (Beton)

steam heating system Dampfheizungsanlage f

steel 1. Stahl m; 2. Gesteinsbohrer m

steel beam Stahlträger m

steel bridge Stahlbrücke f

steel-cage construction Skelettbauweise f (Stahl)

steel channel profile U-Stahlprofil n, Stahl-U-Profil n

steel construction engineering Stahlbautechnik f

steel fibre concrete Stahlfaserbeton m

steel floor element Stahldeckenelement n

steel-framed structure Stahlskelettbau m, Stahlgerippebau m

steel girder 1. Stahlträger m (eingebaut); 2. Trägerstahl m, Stahlprofil n (Handelssortiment)

steel lathing column Stahlgitterstütze f

steel light(-weight) structures Stahlleichtbauten mpl

steel mesh fabric Stahlgeflecht n, Bewehrungsmatte f

steel piling 1. Stahlspundwand f, Spundwand f; 2. Stahlpfahlrammen n

steel pylon Stahlmast m

steel reinforcement Stahlbewehrung f, Stahleinlagen fpl

steel section Stahlprofil n; Formstahl m; Trägerstahl m; Stahlträger m

steel sheet piling 1. Stahlspundwand f; 2. Stahlbohlenspunden n, Stahlspundwandrammen n, Stahlspundwandschlagen n

steel skeleton building Stahlskelettbau m, Stahlskelettgebäude n, Stahlgerippebau m

steel structure Stahlbau m, Stahlkonstruktion f, Stahlbauwerk n

steel superstructure Stahlüberbau m

steelwork Stahlarbeiten fpl (als Leistungsposition)

steep steil; abschüssig, schroff

steep gable Steilgiebel m

steep slope Steilhang m; steile Böschung f

steeple 1. Spitzturm m; Kirchturm m; 2. Kirchturmspitze f

stem 1. Steg m (Träger); Rippe f (Balken); 2. Stamm m, Schaft m

stench trap Traps m, Geruchsverschluss m

step v absetzen; stufenweise aufsetzen,

step 220

aufstufen *(z. B. Fundament, Mauerwerk, Hangbebauung)*; überhöhen, abstufen, stufenweise anordnen *(Gelände)*
step 1. Stufe f, Absatz m; 2. Stufe f, Treppenstufe f; Leitersprosse f, Sprosse f
step bearing Stützlager n; Fußlager n *(Treppe)*
step joint Überlappung f
step of design Planungsphase f
stepped gestuft, abgestuft, abgetreppt, Stufen...
stepped foundation Stufenfundament n, Abtreppungsgründung f *(an einer Böschung)*
stepped roof Staffeldach n
stepping 1. Abtreppung f; Abstufen n *(z. B. von Mauerwerk)*; 2. Staffelvermessung f; 3. *(Bod)* stufenförmig
stick v 1. (an)haften, festkleben *(Stoffe)*; hängen bleiben; (an)kleben, aufkleben; 2. durchstechen, durchbohren
stick Stock m, Stange f; Stab m *(Messstab)*
sticking 1. Haften n; 2. Steinkleben n; 3. Verzierungsformung f
sticky limit Haftgrenze f
stiff steif, starr, unbiegsam
stiff frame starrer Rahmen m
stiff in bending biegesteif
stiff-jointed steifknotig
stiffen v aussteifen, versteifen; verstärken
stiffened arched girder versteifter Bogenträger m
stiffener Versteifung f, Aussteifung f, Steife f *(Verstärkungsglied)*
stiffening Aussteifung f, Absteifung f, Versteifung f; Verstärkung f
stiffening against buckling Knickaussteifung f, Knickversteifung f
stiffening beam [girder] Verstärkungsträger m
stiffening plate Verstärkungsplatte f, Verstärkungsblech n, Versteifungsblech n
stiffness modulus Steifigkeitsmodul n
stile 1. Senkrechtglied n, Senkrechtstab m *(Pfosten)*; 2. Zaunübergang m, Überstieg m; 3. *(Arch)* äußerer Höhenfries m *(z. B. Holzbau)*
stilling basin [pool] *(Wsb)* Tosbecken n, Beruhigungsbecken n
stilt v stelzen, aufstelzen, überhöhen, sprengen *(Gewölbe, Dachstuhl, Tragwerk)*
stilted arch Stelzbogen m, aufgestelzter Bogen m, überhobener Bogen m
stink trap Traps m, Geruchsverschluss m
stippling 1. Strukturputz m, Tupfputz m; 2. Tupfen n
stipulated penalty Vertragsstrafe f
stirrup Bügeleisen n, Bügel m, Hängeeisen n *(zur Bewehrung)*
stitch riveting Heftnieten n
stock 1. Fertigteile npl für den Ausbau *(Türen, Tafeln, Fenster)*; Material n; 2. Lagerbestand m; Inventar n; 3. Lager n; Vorratshalde f; 4. Halter m, Griff m
stock-list Bestandsliste f
stock of materials Materialdepot n *(für alle Baustoffe und Bauteile)*
stockade 1. Palisadenzaun m, Lattenzaun m; 2. Pfahlwerk n
stockpiling Lagerung f *(von Schüttgut)*; Stapeln n *(von Holz)*
stockyard Materiallager n, Lagerplatz m; Holz(lager)platz m
stone 1. Stein m; Gestein n; Naturstein m; Pflasterstein m; 2. gebrannter Scherben m; 3. *englische SI-fremde Gewichtseinheit - entspricht 14 pounds = 6,35 kg*
stone arching Gewölbemauerwerk n
stone ashlar Werkstein m, Naturbaustein m, Haustein m
stone block pavement Natursteinpflasterdecke f, Steinplattenbelag m
stone construction materials Natursteinbaustoffe mpl, Natursteinbaumaterialien npl
stone dressing work Steinmetzarbeit f
stone facing Natursteinverkleidung f, Steinverblendung f
stone flag Steinplatte f
stone mastic asphalt *(SMA)* Splittmastixasphalt m, SMA m
stone packing Steinpackung f; Trockenmauerwerk n
stone-pitched facing Steinverkleidung f, Steinvorlage f
stone-vaulted bridge Steingewölbebrücke f, Natursteingewölbebrücke f
stone wall Natursteinmauer f, Blocksteinmauer f; Natursteinwand f, Blocksteinwand f, Steinwand f
stoneware Steinzeug n
stoneware pipe Steinzeugrohr n

stonework 1. Mauerwerk n *(aus Naturstein)*; 2. Pflastern n, Pflasterung f; 3. Steinbehauen n, behauene Steine mpl, bearbeitete Natursteine mpl, zugerichtete Werksteine mpl

stop v 1. dichten, sperren *(gegen Feuchtigkeit, z. B. Mauerwerk)*; 2. (zu)stopfen *(Stichloch)*, spachteln *(Risse)*; 3. hemmen; unterbrechen; abstellen *(einen Motor)*

stop v **up** zusetzen, zustopfen; (ab)dichten; versiegeln

stop 1. Sperrschicht f, Sperre f *(gegen Feuchtigkeit)*; 2. Anschlag m; Feststellvorrichtung f; Türöffnungsbegrenzer m; 3. Absatz m; Auflager n; 4. Haltestelle f; Station f *(Bahnhof)*

stop-and-waste cock Absperrventil n mit Entleerungsahn, entleerbares Ventil n

stop bolt Rastbolzen m

stop face Anschlagfläche f, Anlauffläche f

stop valve Absperrventil n

stopcock Absperrhahn m, Sperrhahn m, Hahn m

stopper 1. Lochfüllmasse f, Füllkitt m; Holzkitt m; Spachtelmasse f; 2. Stopfen m, Stöpsel m, Pfropfen m

stopping basin *(Wsb)* Rückhaltebecken n, Hochwasserrückhaltebecken n

storage 1. Lagerung f, Einlagerung f *(z. B. von Baumaterial)*; Bevorratung f; 2. Speicherung f *(z. B. von Wasser)*

storage basin *(Wsb)* Speicherbecken n, Staubecken n

storage cistern Wasserzisterne f, Zisterne f

storage heating Speicherheizung f

storage shed Lagerschuppen m

storage water heater Heißwasserspeicher m

store 1. Lager n, Magazin n; Vorratsraum m; Abstellraum m; 2. Lagergebäude n, Lagerhaus n; Speicherhaus n, Speicher m; 3. Vorräte mpl; Lagerbestand m; 4. *(AE)* Laden m, Geschäft n

store timber Stapelholz n

storeroom Lagerraum m; Abstellraum m; Geräteraum m; Vorratskammer f, Kammer f

storey 1. Geschoss n, Stockwerk n, Etage f, Hausetage f; 2. Terrasse f **• two storeys high** zweigeschossig, zweistöckig, zweietagig

storey branch Etagenleitung f, Stockwerkleitung f, Geschossleitung f

storm channel Flutrinne f

storm drain system Regenwasserentwässerung f

storm sewer system Oberflächenentwässerung f, Regenentwässerung f *(Straße)*; Regenwassersammelleitungen fpl

storm-water gutter Wasserablaufrinne f *(Dach)*

storm window äußeres Doppelfenster n, Vorfenster n, Schutzfenster n

story *(AE)* s. storey

stove 1. Ofen m, Zimmerofen m; Herd m; Brennofen m; 2. Treibhaus n *(für tropische Gewächse)*

stoved enamel finish Einbrennlackierung f

stowing material *(Bod, Tun)* Versatzgut n, Versatzberge f

straddling dowel Spreizdübel m

straight gerade, scheitrecht, geradlinig, waagerecht; geradläufig; durchgehend; direkt; ungemischt; unverschnitten

straight edger Richtlatte f, Richtscheit n

straight halved joint *(Hb)* gerades Blatt n *(Verbindung)*

straight line 1. Gerade f, gerade Linie f; Strahl m; 2. Luftlinie f

straighten v 1. begradigen; (aus)richten; gerade machen; abgleichen *(planieren)*; ausbeulen; 2. in Ordnung bringen

straightening Begradigung f; Ausrichten n; Richten n

strain v 1. beanspruchen; verformen, deformieren; dehnen *(bei Zugbeanspruchung)*; 2. filtern, filtrieren

strain 1. Formänderung f, Verformung f; Dehnung f *(bei Zug)*; 2. s. stress

strain limit Streckgrenze f, Fließgrenze f *(Dehnungsverformung)*

strain measuring tape Dehnungsmessstreifen m *(z. B. Betonprismen)*

straining 1. Verformung f, Deformation f *(Vorgang)*; 2. Filtration f

straining arch Strebebogen m

straining line Drucklinie f

straining piece 1. Verstrebungsbalken m; 2. Jochbalken m

strand 1. Spanndrahtbündel n; Spanngliederbündel n; 2. *(El)* Litze f; 3. Ufer n, Strand m

strand 222

strand works Seeuferbau *m*
strap 1. Lasche *f*, Schelle *f*; 2. Kopfverbundbügel *m*, Bügel *m*; Band *n* (*Holzbalken*); Hahnholz *n*; 3. Handgriff *m* (*zum Festhalten*); Halteschlaufe *f*; 4. Querriegel *m*
strap footing Streifenfundament *n*, Streifengründung *f*
strap steel Bandstahl *m*
strapping 1. Verlaschung *f*; 2. Putztrage(latten)werk *n*, Unterkonstruktion *f*
strata Erdschichten *fpl*; Bodenschichten *fpl*; Gesteinsschichten *fpl* (*speziell als Bodenprofilfolge*)
stratification Schichtung *f* (*von Schütt- und Verdichtungsbaustoffen*); Schichtung *f*, Lagerung *f* (*Geologie*)
stratiform schichtenförmig
stratum water (*Bod*) Schicht(en)wasser *n*
strawboard Stroh(bau)platte *f*, Strohdämmplatte *f*
streaked streifig, maserig, gemasert, adrig
stream bed Flussbett *n*
stream-flow control Abflussregulierung *f*
streamlined specification kurze Bauausführungsbeschreibung *f*, Kurztext *m* des Angebots (*mit allen technischen Informationen*)
street Straße *f*, Ortsstraße *f*, Stadtstraße *f* (*street bezeichnet immer eine Innerortsstraße*)
street façade Straßenfront *f*
street lighting Straßenbeleuchtung *f*
street line Straßenbegrenzungslinie *f*; Straßenmarkierung *f*
street mains (in der Straße verlegte) Hauptversorgungsleitungen *fpl* (*aller Medien*)
streetscape Straßenbild *n*, Straßengestaltung *f*
strength 1. (mechanische) Festigkeit *f* (*Material*); 2. Stärke *f*, Intensität *f*
strength checking Festigkeitsnachweis *m*
strength class Festigkeitsklasse *f*, Festigkeitsgrad *m*
strength limit Festigkeitsgrenze *f*, Bruchgrenze *f*
strength test Festigkeitsprüfung *f*
strengthening Verstärkung *f* (*Festigkeit*); Versteifung *f*; Verfestigung *f*
strengthening rib Verstärkungsrippe *f*

stress *v* spannen; (mechanisch) beanspruchen, belasten
stress Spannung *f*; (mechanische) Beanspruchung *f*, Belastung *f*; Spannungszustand *m*, Materialbeanspruchung *f*
stress analysis 1. Spannungsberechnung *f*, Spannungsermittlung *f*, Spannungsnachweis *m*; 2. Statik *f*, Baustatik *f*
stress application Spannungsbeanspruchung *f*
stress-bearing tragend
stress check Spannungsnachweis *m*
stress corrosion Spannungskorrosion *f*
stress diagram Cremona'scher Kräfteplan *m*
stress flow Spannungsverlauf *m*
stress-less spannungslos, spannungsfrei, ungespannt
stress moment Spannungsmoment *n*, Widerstandsmoment *n*
stress relieving 1. Spannungsentlastung *f*; 2. Spannungsfreiglühen *n*
stress reversal Lastspiel *n*, Lastwechsel *m*
stress-strain curve Spannungs-Dehnungslinie *f*, Beanspruchungs-Dehnungslinie *f*
stress superposition (*Bod*) Spannungsüberlagerung *f*
stress trajectory Spannungstrajektorie *f*, Spannungsweg *m*; Hauptspannungslinie *f*
stressbed Spannbett *n*
stressed unter Spannung (*mechanisch*); beansprucht
stressed-skin construction Schalenkonstruktion *f*, Schalenbauweise *f*
stressing Spannen *n*; Beanspruchung *f* (*Vorgang*); Vorspannung *f*
stressing jack Spannpresse *f*
stressing method Spannverfahren *n*, Spannbetonverfahren *n*
stressing tendon [unit] Spannglied *n*
stretch *v* 1. dehnen, längen, (aus)ziehen; (aus)weiten; straffen, straff ziehen, spannen; sich strecken, sich dehnen; nachgeben; 2. sich erstrecken, sich ausdehnen (*z. B. ein Gebiet*); reichen
stretch 1. (elastische) Dehnung *f*; Weitung *f*; 2. Ausdehnung *f*, Dehnweg *m*; Wegstrecke *f*, Länge *f*; Abschnitt *m*
stretch at break Bruchdehnung *f*
stretched connection Spannverbindung *f*

stretcher (block) Läufer *m*, Läuferstein *m*
stretching course Läuferschicht *f*, Läuferlage *f*
stretching system Spannverfahren *n*, Vorspannsystem *n*
stretching wire Spanndraht *m*
striated 1. geriffelt *(Säule)*; 2. streifig, streifenartig, gestreift; furchig
strickle Schablone *f*, Lehre *f*
striction 1. Einengung *f*, Verengung *f*; Einschnürung *f*; 2. *(AE)* Haftreibung *f*
strike *v* 1. abbauen *(Gerüst)*; 2. ausschalen *(Beton)*; 3. glatt streichen *(Fugen)*; 4. schlagen; stoßen; hämmern; klopfen; die Kelle aufschlagen; 5. streiken
strike 1. Abstreichbohle *f*, Glättbohle *f*; 2. Schlag *m*; 3. *(Bod)* Streichen *n (geologische Schicht)*
strike-off (screed) Abziehbohle *f*, Abziehlatte *f*, Abstreifbohle *f (Horizontalfertiger)*
striking plate Schließblech *n*
string 1. Treppenwange *f*, Wange *f*; 2. Bandgesims *n*, Gesimsband *n*, Mauerband *n (Gurtgesims zwischen den Geschossen)*; 3. Sparrenquerlatte *f*; Längsbalken *m*; 4. Schnur *f*
string course Fries *m*, Sims *m(n)*; Gurtgesims *n*, Gesimsband *n*, Mauerband *n (zwischen den Geschossen)*
string piece 1. Streckbalken *m*, Horizontalbalken *m*, Längsbalken *m (bei einem Dachstuhl)*; 2. Zange *f*
stringer 1. *(AE)* Längsbalken *m*, Längsträger *m*, Stützbalken *m*; Brückenlängsträger *m*; 2. Holzgurtgesims *n*
stringer and traverse floor beam system Brückenrost *m*
stringer bracing Schlingerverband *m (Brücke)*
strip *v* 1. abziehen, ausschalen, entschalen *(Beton)*; abmontieren *(z. B. Schalung)*; 2. abtragen, abschälen *(Schichten)*; abwaschen *(Anstrich)*; abbeizen *(Altanstrich)*; 3. *(El)* abisolieren *(Draht)*; abmanteln *(Kabel)*; 4. lockern *(Schraube)*; überdrehen *(Gewinde)*
strip *v* **framework** ausschalen
strip 1. Streifen *m*, Bahn *f*, Band *n (z. B. zur Abdichtung)*; 2. s. string 2.; 3. Leiste *f*, Latte *f*; Kantenschutzleiste *f*; Paneel *n*; 4. Lasche *f (Stoßlasche)*; 5. Streifen *m*, Landstreifen *m*

strip building Reihenbebauung *f*
strip flooring 1. Schmaldielung *f*, Lattendielung *f*; 2. Stabfußboden *m*, Stäbchenparkett *n*
strip footing [foundation] Streifenfundament *n*, Streifengründung *f*; Bankett *n*, Fundamentstreifen *m*
strip iron Bandeisen *n*
strip windows Fensterband *n*, Bandfenster *n*
stripper Ablaugmittel *n*; Abbeizer *m (z. B. Farben)*; Lackentferner *m*
stripping 1. Ausschalen, Entschalen *n (von Beton)*; Demontage *f (einer Schalung)*; 2. Abtragen *n* der Vegetationsschicht, Beräumen *n*, Beroden *n*, Entroden *n*, Räumungsarbeit *f (einer Baustelle)*; 3. Ablösen *n (z. B. von Farbe)*; Abziehen *n (von Schichten)*; 4. Anschlussblechfugenverguss *m*
stripping schedule Entschalungsplan *m*, Ausschalungsfolge *f*
stroke 1. Schlag *m*, Stoß *m (dynamische Belastung)*; 2. Blitz(ein)schlag *m*
strong 1. widerstandsfähig, beständig *(z. B. Baustoffe, Bauelemente)*; 2. fest, hart *(z. B. Gestein)*; 3. befestigt *(z. B. Verkehrsfläche, Burgen)*; 4. groß, bedeutend
strong pillar Strebepfeiler *m*
strong wall Brandmauer *f*
struck 1. abgebaut *(z. B. Gerüst)*; abmontiert *(z. B. Schalung)*; 2. (glatt) gestrichen; 3. angelaufen, erblindet *(Glas)*
structural 1. baulich, konstruktiv; Bau..., Konstruktions...; 2. strukturell; Struktur..., Gefüge..., Bau...
structural alteration work Umbauarbeiten *fpl*
structural analysis 1. Baustatik *f*, Statik *f*; 2. s. structural calculation
structural assessment bauliche Zustandserfassung *f*, Bausubstanzbeurteilung *f*
structural calculation (bau)statische Berechnung *f*
structural ceramics Baukeramik *f*
structural component Bauteil *n*
structural concrete Konstruktionsbeton *m*, konstruktiver Beton *m*
structural design Bauentwurf *m*, baulicher Entwurf *m*; bauliche Durchbildung *f*, konstruktive Ausbildung *f*, konstruktive

structural

Bemessung f; 2. (Verk) Deckenbemessung f, Dimensionierung f
structural design theory Baukonstruktionslehre f
structural designer Statiker m
structural dimension Baumaß n
structural engineering Ingenieurhochbau m, konstruktiver Ingenieurbau m
structural layer (Verk) Konstruktionsschicht f (Kofferaufbau)
structural lightweight concrete konstruktiver Leichtbeton m
structural member Konstruktionsglied n, Bauglied n; Bauteil n, Teil n
structural module Bauraster m; Rastermaß n
structural steel framework Stahlskelettbau m, Stahlgerippebau m
structural steel hollow section Stahlbauhohlprofil n
structural theory Baukonstruktionslehre f
structural works bauliche Anlagen fpl
structure 1. Konstruktion f, Bauwerk n, Bau m, Baukörper m, Gebäude n; 2. Tragwerk n; 3. Struktur f, Gefüge n (von Stoffen); 4. Gefüge n (eines Gebäudes); 5. (Bod) Gefüge n, Textur f (geologisch)
structured strukturiert; Struktur...
strut v versteifen, verstreben, abstreben, abstützen, verspreizen; unterstützen (Dachpfette)
strut 1. Strebe f, Steife f, Abstützung f; Spreize f, Grabenspreize f; Stützsäule f; Stempel m; Diagonalstab m; Holm m; Sprengstrebe f; Druckstrebe f, Druckglied n; Stiel m (Pfettendach); 2. (Hb) Kopfband n, Kopfstrebe f; Fußband n
strut member Ausfachungsstab m (Stahlbau)
strut pile Druckpfahl m
strutted roof Sprengwerkdach n
strutting Verstrebung f, Versteifung f, Verbolzung f, Abstrebung f, Abstützung f, Aussteifen n (vor allem quer bzw. horizontal); Unterstützung f (Dachpfette); Absteifung f (als Schalung, Lehrgerüst); Stützwerk n, Stützgerüst n
stub 1. Stummel m (z. B. einer Achse); 2. Nase f (Dachziegelvorsprung); 3. Baumstumpf m
stub beam Kurzbalken m

stub tenon kurzer Zapfen m, Fußzapfen m, einfacher Zapfen m
stucco 1. Stuck m, Stuckgips m, Gipsputz m; Bildhauergips m (Baustoff); 2. Stuck m, Stuckverzierung f; Stuckplastik f; 3. Stuckputz m, Glattputz m
stucco mortar Stuckmörtel m
stucco work Stuckarbeiten fpl
stud 1. Jochstütze f, Jochsäule f; Bundsäule f; 2. (Hb) Pfosten m; 3. Stehbolzenstange f, Bolzenstab m; 4. Stift m, Nagel m; Ständer m
stud shooting Bolzenschießen n, Bolzensetzen n
stud wall Fachwerkwand f, Latten(rahmen)trennwand f
stuff 1. Putzmörtel m, Putzmasse f; 2. Lieferholz n, Kantholz n; 3. Stoff m (Gewebe)
stuffing Stopfen n, Packen n (ein Abdichtverfahren)
sturdy massiv; robust, stabil (standfest)
style 1. (Arch) Stil m, Art f, Richtung f; Bauart f, Bauweise f; Gestaltung f; Formensprache f; 2. Säule f (antike Baukunst)
style of architecture Baustil m, Bauweise f
sub-sea structure Unterwasserkonstruktion f, Unterwasserbauwerk n
subassembly 1. Bauteil n, Baueinheit f; 2. Vormontage f, Teilmontage f
subbase Unterbau m; Sauberkeitsschicht f, Frostschutzschicht f (Straße); Fundamentplatte f; Untersohle f (Fundamentplatte oder Säulenfuß); Druckverteilungsschicht f
subconcrete Unterbeton m
subcontractor Nachauftragnehmer m
subfloor Unterboden m
subframe Unterbau m; Unterrahmen m, Rohbaurahmen m (für Fenster und Türen)
subgrade 1. Unterbettungsschicht f, Unterbauschicht f, Planum n, Unterlage f (Straße); Straßenbett m; 2. Unterbau m, Bahnkörper m (Eisenbahn); 3. Untergrund m, Baugrund m, Erdplanum n
subgrade reaction Sohlpressung f, Bodenpressung f
subject to acceptance abnahmepflichtig (Bauteile, Bauzustände)
subject to bending biegebeansprucht

subjection to tension Zugbeanspruchung f

sublevel unter Geländeoberfläche *(Planebene)*

submaster key Gruppenschlüssel m

submerged 1. überschwemmt; versunken; 2. übertönt

submerged concrete Unterwasserbeton m

submerged pipeline Unterwasserrohrleitung f

submergence 1. Bodensenkung f, Senkung f; 2. Überfluten n, Untertauchen n, Überschwemmung f

submersible absenkbar, Unterwasser...; Tauch...

submersible pump Tauchpumpe f, Unterwasserpumpe f

subside v 1. einsinken, sich senken, sich setzen, nachgeben, einsacken *(in den Baugrund)*; 2. nachlassen, abklingen *(äußere Einflüsse)*

subsidence Senkung f *(Gebäude, Gelände)*; Setzung f, Absackung f *(einer größeren Fläche)*; Einsturz m; Grundbruch m, Bergsenkung f; Erdfall m

subsidence of ground Bodensenkung f

subsidiary building Nebengebäude n

subsiding Setzung f, Senkung f *(Bauwerk)*; Bodensetzung f *(Baugrund)*

subsoil 1. Untergrund m, Baugrund m, Erdreich n; gewachsener Boden m; 2. Unterboden m *(Bodenprofil)*

subsoil consolidation natürliche Baugrundverdichtung f

subsoil expertise Bodengutachten n, Baugrundgutachten n

subsoil water level Grundwasserspiegel m

substance of building [structure] Bausubstanz f

substrate Unterlage f, Trägerschicht f; Rücklage f, Hinterlage f; Anstrichuntergrund m, Anstrichträger m

substratum 1. Unterbau m *(Straße)*; 2. Anstrichgrund m, Aufstrichfläche f; Anstrichträger m; 3. Unterlage f, Trägerschicht f; Hinterlage f

substructure 1. Unterbau m, Fundamentkonstruktion f; 2. *(Stat)* Teilsystem n, Untersystem n *(Tragwerkberechnung)*

subsurface unterirdisch, Untergrund...

subsurface investigation Baugrunduntersuchung f

subsurface sewage disposal system Abwasserversickerungsanlage f

subterranean cable *(El)* Erdkabel n, Untergrundkabel n

suburb Vorstadt f, Randbezirk m *(Städtebau)*

suburban housing estate Stadtrandsiedlung f

subway 1. *(AE)* U-Bahn f, Untergrundbahn f; 2. Straßenunterführung f, Unterführung f *(für Fußgänger)*; Eisenbahnunterführung f; 3. Untergrundkontrollgang m, Kanalgang m

suction Ansaugen n; Aufsaugen n; Saugwirkung f; Saugvermögen n; Sog m

suction force Sogkraft f

suction line Saugleitung f, Saugrohrleitung f

suction ventilation Sauglüftung f

suitability test Eignungsprüfung f

suite of rooms Zimmerflucht f

sullage 1. Abfall m; Abwässer npl *(Schmutzwasser aus Bad und Küche ohne WC)*; 2. Schlammablagerung f *(Abwasser)*

sulphate cement sulfatresistenter Portlandzement m, sulfatbeständiger Zement m

sulphate-resistant sulfatresistent, sulfatbeständig

sulphide lye Sulfitablauge f *(Bindemittel)*

sulphur cement Schwefelzement m, Kittzement m, Schwefelvergussmasse f

summation curve Summenganglinie f

summer beam 1. Geschossquerbalken m; Balken m; 2. Holzfußbalken m; Unterzug m; 3. Rähmstück n *(bei Fachwerkwänden)*; Sturz m *(langer Sturz)*

summer tree Geschossquerbalken m, Balken m

summit 1. Kuppe f; 2. Spitze f, Scheitelwert m *(z. B. im Spannungs-Verformungs-Diagramm)*

sump 1. Sumpf m, Pumpensumpf m, Pumpensod m; 2. Regenwassersammelkasten m *(Dach)*; Regenwasserschacht m *(Sammelkasten)*; Sammelbehälter m; Sickerschacht m

sump pump Schmutzwasserpumpe f

sun blind Markise f, Sonnenblende f, Sonnendach n

sun-dried

sun-dried brick Schlammziegel m, Lehmziegel m, Luftziegel m
sunblind Abschattungsvorrichtung f, Sonnenschutzanlage f
sunk 1. versenkt; eingearbeitet; 2. eingefallen
sunk hydrant Unterflurhydrant m
sunk motorway Tiefstraße f, Straße f in Tieflage
sunk well foundation (Erdb) Brunnengründung f
superelevation Überhöhung f
superficial covering Oberflächendecke f
superficies 1. Außenseite f, Stirnseite f (Wand); 2. Oberfläche f, Fläche f (Gelände)
superimposed übereinanderliegend, geschichtet, übereinandergelagert
superimposed load Verkehrslast f, Auflast f, aufgebrachte Last f
superintendent Oberbauleiter m, verantwortlicher Bauleiter m (des Auftragnehmers)
superposed übereinanderliegend
superposed layer aufliegende Schicht f (Grundbau, Straßenbau, Konstruktionsschicht)
superposition Superposition f, Überlagerung f; Übereinanderlagerung f; Schichtung f
superposition of moments Momentenüberlagerung f
superstructure 1. aufgehender Bau m, Überbau m; Überbaukonstruktion f; 2. Oberbau m (Hochbau, Bahn); 3. Penthaus n
supervising authority Aufsichtsbehörde f
supervision Überwachung f, Kontrolle f, Baukontrolle f, Bauaufsicht f
supplementary zusätzlich, ergänzend
supplementary conditions of contract zusätzliche Vertragsbedingungen fpl
supplementary structures Ergänzungsbauten mpl
supplementary work Nachtragsarbeit f, Zusatzarbeit f
supplied power zugeführte Leistung f
supplies 1. Bestand m, Vorrat m (Baustoffe); 2. Ausrüstung f, Zubehör n (Ausbau)
supply v liefern; zuleiten, zuführen (versorgen mit); einspeisen; beistellen

226

supply Zufluss m, Zulauf m, Lieferung f • **in short supply** knapp (Material)
supply air equipment Zuluftgerät n
supply area Versorgungsgebiet n
supply line Zu(führungs)leitung f, Speiseleitung f; Lichtnetz n
supply system Versorgungsnetz n; Versorgungssystem n
support v (ab)stützen, tragen, halten, unterstützen (Lasten); (auf)lagern
support 1. Auflager n, Lager n, Lagerfläche f; Auflagepunkt m; Auflagerstelle f; Auflagestütze f; Kragstein m; 2. Säule f, Pfahl m, Stütze f, Stützung f, Träger m; Halterung f; Konsole f; 3. Ausbau m, Verbau m (Graben, Stollen)
support bearing Stützenauflagerung f
support conditions Auflagerbedingungen fpl
support member Stützglied n; Trägerelement n
supported aufgelagert • **be fully supported** voll aufliegen • **be supported** aufliegen
supported beam Träger m auf zwei Stützen
supporting tragend, lasttragend; Trag..., Stütz...
supporting beam Stützbalken m, Tragbalken m, Träger m
supporting force Auflagerkraft f, Stützkraft f
supporting member Pfosten m, Stiel m, Stütze f, Rahmenstiel m, Rahmenpfosten m, Rahmenstütze f; Trageelement n
supporting structure Tragwerk n, Tragkonstruktion f; Trageelement n
surcharge 1. Überbeanspruchung f; Auflast f; 2. Zuschlag m; Nachgebühr f; Aufgeld n
surface v 1. die Oberfläche bearbeiten; die Oberfläche behandeln; abrichten; glatt hobeln; 2. auskleiden, verkleiden; 3. beschichten, überziehen; belegen
surface 1. Außenfläche f, Außenseite f; Oberfläche f, Fläche f; 2. Spiegel m (Niveau)
surface-active agent oberflächenaktiver Zusatzstoff m, Entspannungsadditiv n (Beton)
surface coating 1. Oberflächenbeschichtung f; Anstrich m; Überzug m; 2. Oberflächenbehandlung f (Straße)

surface compactor Oberflächenverdichter *m*
surface dressing 1. Oberflächenbehandlung *f (Straßenbau)*; 2. Verschleißschicht *f (Straße)*
surface finish Oberflächengüte *f*, Oberflächenbeschaffenheit *f*, Oberflächenzustand *m*
surface hydrant Überflurhydrant *m*, Oberflächenhydrant *m*
surface masonry wall aufgehende Mauer *f*
surface-mounted auf Putz montiert, Aufputz...
surface of sliding Gleitfläche *f (Böschung, Damm)*
surface passivation Oberflächenpassivierung *f (Korrosionsschutz)*
surface protection Oberflächenschutz *m*
surface removal Oberflächenabtrag *m*, Oberflächenabtragung *f*, Flächenabtrag *m*
surface sealer 1. Absiegelungsmasse *f*, Beschichtungsmasse *f*; 2. Absiegelungsschicht *f (Straße)*
surface treatment 1. Oberflächenbehandlung *f*, Oberflächenbearbeitung *f*; 2. *(Verk)* Oberflächenschutzschicht *f*
surface-vibrating machine Flächenrüttler *m*
surface water drain Regenwasserdrän *m*, Regenwasserleitung *f*
surface waterproofing agent Sperranstrich *m*, Oberflächendichtmittel *n*, Oberflächendichtungsstoff *m*
surfacing 1. Oberflächenbehandlung *f*; Flächenbearbeiten *n (z. B. von Gebäudeaußenflächen, Dächern, Fußböden)*; Beschichtung *f*; 2. *(Verk)* Straßendeckenfertigung *f*, Deckenbau *m*; 3. Belag *m*, Oberflächenbelag *m*; Deckschicht *f*; 4. *(Verk)* Straßendecke *f*, Decke *f*; Deck- und Binderschicht *f*
surfacing panel Verkleidungstafel *f*, Auskleidungstafel *f*
surge tank 1. Beruhigungsbehälter *m*; 2. *(Wsb)* Zwischenbehälter *m*; Ausgleichsbecken *n*
surmounted gestelzt, überhoben, gefußt
surround 1. Dekorationsrahmen *m*; 2. Einfassung *f (Ecke)*; Abschluss *m*, Rand *m*; 3. Ummantelung *f*, Betonummantelung *f*

surrounding masonry wall Umfassungsmauer *f*, Einfassungsmauer *f*, Einfriedungsmauer *f*
surroundings Umgebung *f*, Umgegend *f*; Umwelt *f*
surveillance test Überwachungsprüfung *f*
survey *v* vermessen *(geographisch)*; aufnehmen; einmessen
survey 1. Vermessung *f*, Aufnahme *f*; 2. Projektdatenerfassung *f*; 3. Gebäudeaufnahme *f*; 4. Bausubstanzbeurteilung *f*; 5. Überblick *m*, Übersicht *f*
survey of a building [structure] Bauaufnahme *f*
survey of land Geländeaufnahme *f*
surveying 1. Vermessung *f*, Aufnahme *f*; Feldvermessung *f*; 2. Vermessungskunde *f*
surveying polygon Vermessungspolygon *n*
surveyor 1. Vermesser *m*, Vermessungsingenieur *m*; 2. (amtlicher) Inspektor *m*; Baugutachter *m*
surveyor's level Nivellierinstrument *n*
surveyor's staff Absteckpfahl *m*; Fluchtstab *m*
surveyor's transit Theodolit *m*
susceptibility to corrosion Korrosionsanfälligkeit *f*, Korrosionsgefährdung *f*
susceptible to cracking rissanfällig, rissempfindlich
suspend *v* 1. aufhängen; frei tragen; einseitig unterstützen; abhängen *(eine Decke)*; 2. suspendieren, aufschlämmen
suspended hängend, aufgehängt; untergehängt; Hänge...; Schwebe...
suspended beam Einhängeträger *m (Brücke)*; Hängebalkenträger *m*
suspended ceiling abgehängte [eingehängte] Decke *f*, Hängedecke *f*; Zwischendecke *f*
suspended floor 1. eingehängte Geschossplatte *f*; 2. freitragende Decke *f*
suspended pile *(Bod)* Mantelreibungspfahl *m*, Pfahl *m* auf Reibung
suspended roof Hängedach *n*, gehängtes Dach *n*, Seil(ausleger)dach *n*
suspended span 1. Einhäng(e)träger *m*, Einhängefeld *n (Brücke)*; 2. eingehängtes Feld *n*, Gerberträger *m (Stahlbau)*
suspender *(Hb)* Hängepfosten *m*, Hängestange *f*, Hängesäule *f*, Hängeglied *n*

suspender

suspender beam Oberzug *m*, Überzug *m* *(Oberbalken)*
suspension 1. Aufhängung *f*; 2. Suspension *f*, Aufschlämmung *f*
suspension bridge Hängebrücke *f*
suspension construction Hängekonstruktionssystem *n*, Hängekonstruktion *f*
suspension girder Hänge(werk)träger *m*
suspension structure Hänge(bau)werk *n*
suspension truss Hängewerk *n*
sustain *v* 1. tragen, stützen, unterstützen; halten; 2. erhalten, unterhalten *(Landschaft, Umwelt)*; 3. aushalten, durchhalten
sustainable urban development Standortentwicklung *f*; wirtschaftlich-nachhaltige Stadtentwicklung *f*
sustained anhaltend, andauernd, Dauer...
sustained load test Dauerbelastungsprüfung *f*
sustained loading Dauerbelastung *f*, Langzeitbelastung *f*
sustained wall Stützmauer *f*
swallowtail *(Hb)* Schwalbenschwanzzinkung *f*, Zinkung *f*
swampy ground sumpfiger Boden *m*, versumpfter Baugrund *m*
swan-neck 1. Schwanenhals *m*, Schwanenhalsrohrstück *n*; gekröpftes Dachrinnenstück *n*; 2. Schwanenhalshandlauf *m* *(Treppe)*
sway *v* (pendelartig) schwingen; schwanken
sway 1. (seitliche) Schwingung *f*; Schwanken *n*; 2. Strohdachdecklatte *f*; Strohdachbinderute *f*; Haselnussbinderute *f*
sway brace 1. Pendelstütze *f*; 2. *s.* sway rod; 3. *s.* sway bracing
sway bracing 1. Schlingerverband *m*, Eckversteifung *f*, Ecksteife *f* *(Brückenbau)*; 2. Querverband *m*, Windverband *m*
sway rod Sturmlatte *f*, Windstrebe *f* *(Dach)*
sway stiffness Schwingungssteifigkeit *f*
sweating 1. Schwitzen *n*, Ausschwitzen *n*, Bluten *n* *(von Anstrichen)*; 2. Schwitzwasserbildung *f*, Kondenswasserbildung *f*; 3. Durchsickern *n*
sweep 1. Krümmung *f* einer Mauer, Mauerschwungbogen *m*; 2. Auffahrt *f*, geschwungener Auffahrtsweg *m*; 3. Krümmung *f*, Bogen *m* *(z. B. einer Straße)*; Bereich *m*, Ausdehnung *f*

swell 1. Ausbauchung *f*, Ausbuchtung *f*; Wölbung *f*; 2. Wulst *m(f)*, Verdickung *f*
swelling capacity Quellfähigkeit *f*, Quellvermögen *n* *(z. B. von Baustoffen)*
swelling fastness Quellbeständigkeit *f*, Quellfestigkeit *f*
swelling ground Schwellboden *m*
swelling load Schwelllast *f*, Resonanzlast *f* *(durch Aufschaukeln)*
swelling rubber Quellgummi *m*
swelling zone Schwellzone *f*
swimming pool 1. Schwimmbecken *n*, Badebassin *n*; 2. Freibad *n*, Schwimmbad *n*
swing *v* schwingen, sich hin- und herbewegen, pendeln; schaukeln; sich drehen *(Tür in den Angeln)*; schwenken; hin- und herbewegen
swing Schwingung *f*, Pendeln *n*; Schwingen *n*; Schwenken; Drehen *n*; Schwung *m*
swing bridge Drehbrücke *f*
swing-door Schwing(flügel)tür *f*, Pendeltür *f*, Drehflügeltür *f*
swing leaf Drehflügel *m* *(Tür, Fenster)*
swinging scaffold Hängegerüst *n*, Hängerüstung *f*, Seilhängerüstung *f*
switch *v* **on** einschalten, anschalten
switch 1. *(El)* Schalter *m*; Lichtschalter *m*; Umschalter *m*; 2. *(Verk)* Weiche *f*; 3. Rute *f*
switch box *(El)* Schaltkasten *m*
switchroom *(El)* Schaltraum *m*
swivel *v* drehen, schwenken; sich drehen; herumdrehen
swivel Drehbefestigung *f*, Drehgelenk *n*, Scharnier *n*, Angelzapfen *m*, Angel *f*
swivel bridge Drehbrücke *f*
swivel tap Schwenkhahn *m*
swivel window Dreh(flügel)fenster *n*
symmetrical about an axis achsensymmetrisch
symmetrical load symmetrische Last *f*
synthetic building material Synthetikbaustoff *m*, künstlicher Baustoff *m*
synthetic-resin-bound kunstharzgebunden, kunstharzgeleimt, kunstharzverleimt
synthetic-resin exterior coat Kunstharzaußenanstrich *m*
syphon 1. Düker *m*; 2. Siphon *m*
syphon culvert Dükerdurchlass *m*
system 1. System *n*, Anordnung *f*; 2.

System *n*, Netz *n* (*z. B. von Verkehrswegen, Leitungen*); 3. Anlage *f*, Einrichtung *f*
system building industrielles Bauen *n*, Fertigteil(montage)bau *m*, Systembau *m*; Montagehochbau *m*
system-built structure Montagebauwerk *n*, Fertigteilbau *m*
system of forces Kräftesystem *n*, Kräftebild *n*
system of rafters Sparrenlage *f*
system of sewerage Kanalisationsnetz *n*, Kanalsystem *n*, Ortsentwässerung *f*

T

T-bar T-Stahl *m*; T-Tragschiene *f*
T-beam 1. T-Träger *m*; 2. Plattenbalken *m* (*Betonbau*)
T-girder T-Träger *m*
T-hinge Zungenband *n*, gerades Band *n*, Langband *n* (*Scharnier*); Kegelband *n*
T-section T-Profil *n*, Stahlprofil *n* in T-Form
T-shaped beam Plattenbalken *m*
tab 1. Lasche *f*; 2. Sichtvorhang *m*; 3. unteres Schindelende *n*
table 1. Tafel *f*, Platte *f*; 2. horizontaler Mauervorsprung *m*; 3. flache Wandfläche *f*; 4. Tabelle *f*; 5. Tisch *m*
table joint Überblattung *f*, Verschränkung *f*
tack 1. Nagel *m*, Stiftnagel *m*, Stift *m*, Drahtstift *m*; Pappnagel *m*, Zwecke *f*; Haft *m*; 2. Klebkraft *f*, Klebrigkeit *f* (*einer Farbe*)
tack coat 1. Fixierungsverputz *m*; 2. Bitumenhaftanstrich *m*; Bonderschicht *f*; Haftfilm *m*
tack riveting Heftnieten *n*
tack welding Heftschweißen *n*, Heftschweißung *f*
tail *v* (*Hb*) einbinden, einbauen (*Trägerenden*)
tail beam Stichbalken *m*
tail trimmer Randstreichbalken *m*
tailpiece Muffenverbindung *f*
take *v* **level** nivellieren
take *v* **out of service** sperren (*Gebäude*); außer Betrieb nehmen
take-off pipe Verzweigungsrohr *n*, Abzweigrohr *n*
taking off Massenberechnung *f*, Massenermittlung *f* (*Bauleistungsverzeichnis*)
taking over Übernahme *f*; Abnahme *f* (*Haus, Gebäude*)
tall block [building] Turmhochhaus *n*, Wohnturm *m*, Hochhaus *n*
tallut Dachboden *m*, Speicher *m* (*Dachraum*)
talus 1. Wandneigung *f*; Steinböschungsneigung *f*; Neigung *f* einer Böschungsfußsicherung, Schräge *f*; 2. Hangschutt *m*
tamp *v* (fest)stampfen; einrammen, rammen (*z. B. Beton und Pflastersteine*); Gleise stopfen; stampfen
tamp-concrete Stampfbeton *m*
tamping compaction Stampfverdichtung *f*
tamping plank Stampfbohle *f* (*Verdichtung*)
tangent cutting point (*Verm*) Tangentenschnittpunkt *m* (*Trasse*)
tangent point Tangentialpunkt *m*; Krümmungsanfangspunkt *m*, Krümmungsendpunkt *m*, Übergangspunkt *m* (*Straße*)
tangential component Tangentialkomponente *f* (*Scherspannung*)
tangential thrust Tangentialschub *m*, Horizontalschub *m*
tank 1. Tank *m*, Behälter *m*, Flüssigkeitsbehälter *m*; Becken *n*, Trog *m*; Zisterne *f*; Kessel *m*, Sammelkessel *m*; 2. (*Erdb*) Gründungswanne *f*, Wanne *f*
tanking 1. Wannendichtung *f*, Trogabdichtung *f*, Sperrung *f* eines Kellergeschosses; 2. (*Erdb*) Dichtungswanne *f*; 3. Wannengründung *f*
tap 1. Hahn *m*, Zapfhahn *m*; 2. Wasseranschluss *m*; 3. (*El*) Abzweig *m*
tap water Leitungswasser *n*
tape 1. Band *n*; Streifen *m*; 2. (*Stat*) Gurt *m*, Band *n*; 3. Bandmaß *n*; 4. (*El*) Isolierband *n*; Lackband *n*
tape measure Bandmaß *n*, Rollbandmaß *n*, Messband *n*
taper *v* 1. verjüngen, verkleinern, kegelig [konisch] machen; 2. sich verjüngen, schmaler werden (*z. B. Säulen*); 3. zuspitzen
taper pipe Verjüngungsrohrstück *n*; Erweiterungsstück *n* (*Rohrverbindung*)
tapered fitting Rohrübergang *m*

tapering kegelige Verjüngung *f*; Einziehen *n*; Schwächerwerden *n*

tapping 1. Anbohrung *f*; 2. (*El*) Anzapfen *n*, Abzweigung *f*; 3. (*Wsb*) Wassergewinnung *f*

tapping point Abzweigpunkt *m*; Entnahmestelle *f*

tar mastic Teermastix *m*

target 1. Fluchtstange *f*, Messlatte *f*; Nivellierzielpunkt *m*; 2. Vorgabeziel *n*, Leistungsvorgabe *f* (*Bauleistung*); 3. Objekt *n*; 4. Kurvenschar *f*, Auswertediagramm *n*

target levelling rod Messlatte *f* mit Anzeige

target value Zielwert *m*, Zielgröße *f*

tarnishing Erblinden *n*, Anlaufen *n*, Mattwerden *n*, Blindwerden *n*, Beschlagen *n* (*Glas*); Anlaufen *n* (*Metall*)

tautline cableway Kabelkran *m* (*mit gespanntem Drahtseil*)

tear *v* reißen; zerreißen; herausreißen

tear *v* **down** niederreißen, abreißen (*Gebäude*)

tearing resistance Reißfestigkeit *f*, Zerreißfestigkeit *f*, Kohäsionsfestigkeit *f*

technic (angewandte) Technik *f*, Anwendungstechnik *f*

technical consultant technischer Berater *m*, Consultant *m*

technical equipment technische Einrichtung *f*, technische Gebäudeausstattung *f*

technical guideline technisches Regelwerk *n*

technical requirements technische Anforderungen *fpl*

technology 1. Technologie *f*, Betriebstechnik *f*, Technik *f*; 2. technische Fachterminologie *f*

tectorial abdeckend (*eine Abdeckung bildend*); bedeckend (*eine dachartige Schilfbedeckung bildend*); dachförmig überbaut

tee hinge Zungenband *n*, gerades Band *n*, Langband *n*, Kegelband *n*

telecommunication cable Fernmeldekabel *n*

telescopic type doors Ausziehtüren *fpl*

temper *v* 1. anmachen (*Mörtel, Beton*); anfeuchten (*Sand*); 2. kneten (*Lehm, Ton*); 3. tempern (*Kunststoffe*); anlassen (*Metall*); 4. härten (*Glas*); 5. imprägnieren (*Wasser abweisend*)

temper 1. Mischung *f* (*z. B. Mörtel*); Mörtelplastizität *f*; 2. Feuchtegehalt *m* (*Sand*); 3. Härtegrad *m* (*Metall*); 4. Legierungszusatz *m*; 5. Kohlenstoffgehalt *m* (*von Stahl*)

temperature-change resistance Temperaturwechselbeständigkeit *f*

temperature control Temperaturregelung *f*

temperature reinforcement Wärmespannungsbewehrung *f*

tempered board gehärtete Faserplatte *f*, harzgetränkte Hartfaserplatte *f*

tempering 1. Anmachen *n*, Anfeuchten *n* (*Mörtel*); 2. Kneten *n*, Knetaufbereitung *f* (*Ton, Kaolin*); 3. Einsumpfen *n*, Mauken *n* (*Ton, plastische Massen*); 4. Anlassen *n* (*Stahl*)

tempering steel Vergütungsstahl *m*

template 1. Lehre *f* (*Schablone für Maurerarbeiten*); Schablone *f* (*für Stuckelemente*); Profillehre *f*; 2. Balkenauflagerplatte *f*; Balkenpolster *m*; 3. Durchlaufsturz *m*, Öffnungsbalken *m*; 4. Bausteinkeilstück *n*; 5. Schlitten *m* (*Putzprofilierung*)

temporary bolt Montagebolzen *m*

temporary bridge Behelfsbrücke *f*, Notbrücke *f*; Montagebrücke *f*

temporary frame Hilfsjoch *n*, Montagejoch *n*

temporary load zeitweilige Belastung *f*

temporary stress Transportspannung *f* (*Betonelement*); Montagespannung *f*

tender *v* 1. anbieten, ein Angebot einreichen; sich bewerben; 2. brüchig machen, schwächen (*Material*); 3. morsch werden

tender *v* **out** ausschreiben

tender Angebot *n*, Offerte *f*; Kostenanschlag *m* (*bei Angeboten*); Lieferangebot *n*

tender documents Ausschreibungsunterlagen *fpl*

tendon Spannglied *n*; Sehne *f*

tendon duct Spanngliedkanal *m* (*Spannbeton*)

tenon 1. Zapfen *m*; 2. (*Hb*) Einlasszapfen *m*; Zinke *f*; Vorsprung *m*

tenon jointing Verzapfung *f*

tensile streckbar, zugbeansprucht,

dehnbar; ziehend; Spannungs..., Dehnungs..., Zug..., Dehn...
tensile ductility Bruchdehnung f
tensile force Zugkraft f *(mechanisch)*
tensile load Zugbeanspruchung f, Zuglast f *(mechanisch)*
tensile reinforcement Zugbewehrung f
tensile splitting force Spaltzugkraft f
tensile strength Zugfestigkeit f, Zerreißfestigkeit f
tensile stress (innere) Zugspannung f; Zugbeanspruchung f
tensile test Zugversuch m, Zerreißprüfung f, Zerreißversuch m
tension v 1. spannen *(Zugspannung)*; auf Zug beanspruchen; strecken; anspannen; 2. vorspannen, Vorspannung aufbringen *(Spannbeton)*
tension 1. Zug m; Spannung f *(Zugspannung, Oberflächenspannung)*; 2. elektrisches Potenzial n, Spannung f
tension bar Zugstab m, Zugglied n, Probestab m *(Zugprobe)*
tension cable Spanndraht m
tension connection Zugverbindung f *(Verbindungselement)*
tension failure Zugversagen n
tension member Zugstab m, Zugstange f, Zugglied n, Zuganker m, Zugband n
tension pile Zugpfahl m
tension strain Längsdehnung f
tensioned 1. zugbeansprucht; 2. vorgespannt *(Spannbeton)*
tensioning 1. Beanspruchung f auf Zug, Zugbeanspruchung f; 2. Vorspannung f, Aufbringen n der Vorspannung *(Spannbeton)*; 3. Spannen n, Spann...
tensioning method Spannbetonverfahren n
tent roof Zeltdach n
term 1. Abschlussfigur f, Abschlussstatue f; 2. Glied n *(einer Gleichung, einer Matrix)*; 3. Frist f, Dauer f
terminal 1. *(El)* Anschlussstück n, Anschlussverbinder m, Anschlussklemme f; 2. Bahnhof m, Endstation f; 3. *(Verk)* Abfertigungshalle f, Empfangsgebäude n *(Flugplatz)*; 4. Endverzierung f *(eines Pfeilers)*; Verzierung f eines Endstücks; 5. Datenstation f; 6. Anfangs-/Endkonstruktion f
terminal bending moment Einspannbiegemoment n

terminal box *(El)* Klemmkasten m, Anschlusskasten m, Kabelübergangskasten m
terminal condition Einspannbedingung f, Einspannungsbedingung f
terminal pole Abspannstange f; Endmast m, Abspannmast m
termination 1. Abschluss m, Beendigung f, Kündigung f; Abbruch m *(Bauarbeiten)*; 2. *(El)* Endverschluss m; 3. *(Arch)* Schluss m, Endverschluss m, abschließende Bauform f *(Abschlusselement in der Kirchenarchitektur)*
terms of delivery [supply] Lieferbedingungen fpl
terrace v Terrassen anlegen; terrassenförmig abstufen *(z. B. Böschung)*
terrace 1. Terrasse f; 2. *(Erdb)* Absatz m, Stufe f *(im Gelände)*; Berme f; 3. Häuserzeile f *(Reihenhäuser)*; 4. *(Wsb)* Gefällestufe f • **in terraces** terrassenartig
terrace of front steps Freitreppe f
terraced garden *(Arch)* abgetreppter Garten m, Terrassengarten m, hängender Garten m
terracotta block Terrakottastein m
terrain layout Geländeplan m
terrazzo (concrete) Terrazzo(estrich) m
territorial territorial, Land..., Gebiet..., Gelände...
tertiary sewage treatment dritte Reinigungsstufe f
test v prüfen, testen *(z. B. Materialien)*; untersuchen
test Prüfung f, Versuch m; Untersuchung f; Nachweis m *(z. B. eines Stoffes, Elementes)*
test certificate Prüfbericht m, Prüfprotokoll n, Prüfungsnachweis m *(Bauüberwachung)*
test core Bohrkern m
test cube Probewürfel m, Prüfwürfel m
test engineer Prüfingenieur m, Prüfungsingenieur m
test loading Prüfbelastung f, Probebelastung f
test method Prüfverfahren n, Prüfmethode f, Versuchsverfahren n
test pile Probepfahl m
test regulations Prüfvorschriften fpl
test report Prüfbericht m; Werkzeugnis n
test sample Prüfstück n, Probe f; Probekörper m, Versuchskörper m

test section Versuchsabschnitt m, Probeabschnitt m, Versuchsstrecke f, Probestrecke f
test specimen Probe f, Prüfmuster n
test symbol Prüfzeichen n
testing institute Prüfinstitut n, Versuchsanstalt f
testing of materials Baustoffprüfung f
testing regulations Prüfvorschriften fpl
texture 1. Gefüge n (in Gestein); Textur f (Gewebe); Struktur f, Strukturierung f (von Werkstoffen); Rauheit f; 2. Kornaufbau m, Kornzusammensetzung f (Gesteinsgemisch)
textured concrete Strukturbeton m, strukturierter Sichtbeton m
thatched roof Schilfdach n, Strohdach n, Rieddach n
thaw point 1. (HLK) Taupunkt m, Auftaupunkt m; 2. Tropfpunkt m, Fließpunkt m (Bitumen)
theorem of superposition Superpositionsgesetz n, Superpositionsgleichung f
theory of deformation Formänderungstheorie f
theory of elasticity Elastizitätstheorie f
theory of stability Stabilitätstheorem n
theory of structures Statik f, Baustatik f
thermal balance Wärmebilanz f
thermal barrier Wärmedurchgangsdämmschicht f, Wärmesperre f
thermal bridge Wärmebrücke f; Kältebrücke f
thermal conductivity Wärmeleitfähigkeit f, Wärmeleitvermögen n
thermal diffusivity Temperaturleitfähigkeit f, Temperaturleitzahl f (in m^2/s); Wärmeausbreitungsvermögen n
thermal efficiency thermischer Wirkungsgrad m (Heizung)
thermal expansion joint Wärmedehn(ungs)fuge f
thermal insulation Wärmedämmung f, Wärmeschutz m
thermal insulation regulation Wärmeschutzverordnung f
thermal output Wärmeabgabe f, Wärmeleistung f, thermischer Wirkungsgrad m
thermal radiator Radiator m
thermal resistance 1. Wärme(durchgangs)widerstand m; 2. Wärmetrocknung f (Lacktrocknen)
thermal stress Temperaturspannung f, Wärmespannung f; Wärmebeanspruchung f, thermische Spannung f
thermally insulated wärmegedämmt, mit Wärmedämmung
thermopane glazing Isolierverglasung f
thermoplastic Thermoplast m, thermoplastischer Kunststoff m
thermostat Thermostat m, Temperaturregler m, Wärmeregler m, Temperaturschalter m
thermostatic control Thermostatregelung f
thick 1. dick; 2. schlammig; 3. dicht (aufeinanderfolgen)
thick-bed method Dickbettverfahren n (Fliesenlegen)
thickening Eindicken n, Nachdicken n, Verdicken n (Anstrich, Farbe)
thickness determination Schichtdickenbestimmung f
thimble 1. Mantelhülse f, Schornsteinanschlußhülse f (Rauchrohr, Ofenrohr); 2. Muffenstück n; Manschettenrohr n
thin v **down** reduzieren, vermindern, dünner machen (Schichtdicken)
thin-bed fixing technique Dünnbettverfahren n, Klebeverfahren n (Fliesenlegen)
thin sheet Feinblech n
thin shell 1. Schalenbogen m; 2. dünnwandige Schale f
thinning 1. Auflockerung f; 2. Verdünnung f; Verdünnen n; Verschneiden n
third party inspection unabhängige Fremdüberwachung f
thixotropic behaviour thixotropes Verhalten n
thoroughfare 1. Hauptverkehrsstraße f, Magistrale f (in der Stadt); 2. Durchgangsstraße f; Durchfahrt f (z. B. durch ein Gebäude, eine Bebauung)
thread Gewinde n (einer Schraube); Gewindegang m
threaded bar Gewindestab m
threaded joint Gewindeverbindung f, Schraubverbindung f (Rohre)
threaded socket Einschraubstutzen m
three-bay 1. dreifeldrig; 2. dreischiffig, dreijochig (bes. Industriehallen)
three-centred arch dreifach zentrierter Bogen m, Korbbogen m
three-coat dreilagig
three-dimensional block Raumzelle f

three-dimensional effect Raumwirkung f

three-dimensionality Räumlichkeit f

three-hinged arch Dreigelenkbogen m; Dreigelenkgewölbe n *(Stahlbau)*

three-layered dreilagig

three-pinned dreigelenkig

three-ply dreilagig, dreischichtig

three-quarter block Dreiviertelstein m, Dreiviertelblock m

three-span beam Dreifeldbalkenträger m

three-winged dreiflügelig

threshold 1. Türschwelle f, Schwelle f, Schlagschwelle f; 2. Schwellenwert m, Schwelle f

threshold value Schwellenwert m

throat 1. Wassernase f; Wasserabtropfrinne f; Wasserschenkel m; 2. Halsstück n *(z. B. Verjüngung am Kaminschornstein)*; 3. Ablauf m, Kehlung f; 4. Verengung f; Engstelle f; enger Durchlass m

throating 1. Regenwasser(schutz)leiste f, Wasserschenkel m, Tropfleiste f; 2. Kehlung f

throttle valve Drosselventil n, Drosselklappe f

through beam durchgehender Balken m, Durchlaufbalken m

through girder Durchlaufträger m, Durchlauftragwerk n

throughpass Durchgang m

throughputway *(AE)* 1. Durchgangsstraße f; 2. Schnellstraße f

throw-away-type house *(AE)* Wegwerfhaus n, Pappschaumstoffhaus n *(für 30-40 Jahre)*

thrown-on finish Putzanwurf m, Wurfputz m

thrufare *(AE)* Hauptdurchgangsstraße f, Kraftfahrzeugstraße f

thrust Druck m; Druckkraft f; Schub m; Schubkraft f; Längskraft f; Seitenschub m; Andruck m

thrust line *(Stat)* Stützlinie f, Mittelkraftlinie f

thruway s. thrufare

thumb latch Drückerfalle f, Klinkenschloss n

tidal barrage *(Wsb)* Sturmflutwehr n, Gezeitenwehr n

tidal basin Flutbecken n

tidal power plant Gezeitenkraftwerk n

tide gate Flutschleuse f, Gezeitentor n; Siel n

tide span Flutbrücke f

tie v verankern, verbinden, befestigen; flechten, binden, rödeln *(Bewehrung)*

tie 1. Zuganker m; Zugband n, Zugstab m; Zugglied n; 2. Stützholz n; Kopfband n; Schwelle f, Schienenschwelle f, *(AE)* Eisenbahnschwelle f; 3. Verankerung f; Mauerwerkanker m; Strebe f; 4. Bügel m *(Bewehrung)*

tie bar 1. Zuganker m, Zugband n, Zugglied n, Zugstab m; 2. Fugenbewehrung f, Ankerstab m, Ankereisen n *(Straßenbetondecke)*

tie beam Spannbalken m, Zugbalken m; Zange f, Querriegel m; doppeltes Hahnholz n, Koppelbalken m

tie pile Zugpfahl m

tie plate Längsband n, Bindeblech n, Schnalle f; Ankerplatte f; Bindeblech n

tie point *(Verm)* Schließpunkt m, Schlusspunkt m; Anschlusspunkt m

tied-arch truss Bogenfachwerk n

tier building Geschossbau m, Gebäude n mit durchgehenden Geschossen

tight 1. dicht (schließend); 2. straff; gespannt; 3. *(Bod)* fest *(Dichtigkeit)*

tight sheathing 1. Spundschalung f; 2. gespundete Dielung f; 3. verankerte Spundwand f

tighten v 1. abdichten; schließen; 2. spannen, straffen; zusammenziehen *(zwei Teile durch Schraubverbindung)*; festziehen, nachziehen *(Montageverbindung)*; festklammern, anziehen, befestigen

tightening 1. Dichtmachen n, Abdichten n; Schließen n; 2. Anziehen n, Festziehen n *(Schraubverbindung)*

tightening strap Spannband n

tile v 1. fliesen, Fliesen legen; kacheln; 2. belegen *(mit Platten)*; 3. mit Dachziegeln (ein)decken

tile 1. Fliese f, Kachel f; Ofenkachel f; Platte f, Stein m, Blockstein m; 2. Dachstein m, Dachziegel m; 3. Asphaltplatte f; 4. Tonrohr n

tile covering Ziegel(ein)deckung f, Ziegelbedachung f

tile fixing Fliesen(ver)legen n, Fliesenarbeiten fpl, Verfliesen n, Plattenverlegen n, Plattenlegearbeiten fpl

tile floor(ing) Fliesenfußboden m, Plattenfußboden m

tile laying 1. Fliesenlegen n, Verfliesen n, Plattenlegen n; 2. Vermauern n; 3. Dachziegelverlegen n, Dachsteinlegen n

tile roof Ziegeldach n

tiled gefliest, plattiert; ziegelgedeckt

tiling 1. Fliesenbelag m; 2. Fliesenverlegen n; Kachelung f; Platten(ver)legen n; Ziegeleindeckung f (Dach)

tilt v (um)kippen, neigen, schräg stellen; schwenken; sich neigen

tilt-up construction [method] Tilt-up-Bauweise f, Platten-Aufricht-Bauweise f, Richtauf-Bauweise f, Aufkippbauweise f

tilted-slab roof (AE) Faltwerkdach n

tilting moment Kippmoment n

timber v 1. (ver)zimmern; aussteifen; verschalen, einschalen (z. B. Beton); 2. verkleiden, mit Holz auskleiden

timber 1. Bauholz n, Schnittholz n, Nutzholz n; Ganzholz n; 2. Balken m, Holzbalken m

timber assembling Holzverbindung f (Montage)

timber building Fachwerkbau m, Holzrahmenkonstruktion f

timber construction Holzkonstruktion f, Holzbauweise f; Holzbau m

timber engineering Ingenieurholzbau m, Holzbau m

timber floor Holzfußboden m

timber-frame construction Fachwerkbau m, Holzfachwerkbau m

timber framing 1. Fachwerk n, Skelett n (Holz); Rahmen m (von Gebäudeteilen, z. B. Dach, Trennwand, Decke usw.); 2. Stabwerk n; 3. Öffnungsrahmen(fach)-werk n (für Türen, Fenster)

timber joist floor Holzbalkendecke f

timber pillar Pfosten m, Säule f, Ständer m, Stiel m (Holzfachwerk)

timber plank Holzbohle f

timber preservation Holzschutz m

timber rafter Holzsparren m

timber roof structure zimmermannsmäßige Dachkonstruktion f

timber sheet piling Holzspundwand f

timber shell roof Holzschalendach n, geschaltes Dach n

timber shuttering Holzschalung f

timber stanchion Holzstütze f

timber studs Holzgerippe n, Holzgerippetrennwand f

timber surfacing Holzverkleidung f

timber-to-metal joint Holz-Metall-Verbindung f

timber truss frame Holzsprengwerk n

timber yard Bauhof m (für Zimmerarbeiten); Zimmer(er)platz m; Holz(lager)platz m

timbering 1. Holz(rahmen)werk n; 2. Zimmerung f, Holzverschalung f, Stülpwand f; 3. Verspreizung f, Absprießen n; Holzverbau m; 4. Schalung f, Einschalung f

timberwork 1. Holzgebälk n; 2. Holzarbeiten fpl

time Bau(ausführungs)zeitraum m, Bauvertragszeit f, Bauvertragszeitraum m

time for completion Baufertigstellungsfrist f

time of adjudication Zuschlagfrist f (Bauauftragvergabe)

time of completion Bau(ausführungs)zeit f, Bauzeitraum m, Fertigstellungsfrist f

time of set Erstarrungszeitraum m (hydraulische Bindemittel)

time schedule Zeitplan m; Bauzeitenplan m

tin-clad verzinnt

tinned steel sheet Weißblech n (Feinblech)

tint Abtönfarbe f; Farbaufhellung f; Tönung f, Schattierung f (Farbtönung)

tip v 1. kippen, neigen; stürzen (Bauelemente); 2. sich neigen; 3. kippen, abkippen, schütten (Schüttgüter, Erde)

tip 1. Spitze f (spitzes Ende); 2. Müllerdeponie f; Müllhalde f Bodenkippe f; Halde f; 3. Brennerspitze f

tip-and-turn hardware Drehkippverschluss m

tip-up door Schwingtor n (z. B. Garage)

tipper truck Kipper m

tirant 1. Spannbalken m; 2. Zugankerbolzen m

title Baulandrechtsanspruch m; Gebäudeeigentumsanspruch m

toe 1. Fuß m, Fußstück n; Fußauflagerflansch m; 2. Böschungsfuß m; Dammfuß m; 3. Fundamentbankett n; Fundamentauskragung f

toe-jointing Klaue f, Aufklauung f, Verklauung f, Aufschiftung f

toe wall 1. Fußmauer f, Herdmauer f; 2. (Wsb) Sporn m

toeboard 1. Laufbrett n, Fallschutzbrett n (um eine Plattform oder ein Dach); Fußleiste f (Randbrett eines Baugerüsts); 2. Küchenfußbrett n (an einem Küchenschrank)

toilet 1. Toilette f, Wasserklosett n, WC n, Klosett n; 2. Toilettenraum m, Ankleideraum m

toilet bowl Toilettenbecken n, Wasserklosettbecken n, Klosettbecken n

toilet cistern Spülkasten m, Wasserkasten m

toilet cubicle WC-Kabine f, Toilettenzelle f

toilet installations Toilettenanlage f

TOK-joint ribbon TOK-Band n

tolerance 1. Toleranz f, zulässige Abweichung f; Maßabweichung f, Abmaß n; 2. s. tolerance limit • **within a tolerance** innerhalb einer Toleranz

tolerance limit Toleranzgrenze f, Abmaßgrenze f

toleranced dimensions Grenzmaße npl, Toleranzen fpl (Montage)

toll bridge Mautbrücke f, Gebührenbrücke f

toll road Mautstraße f; gebührenpflichtige Autobahn f

tom Baustütze f, Steife f, Stütze f, Strebe f

tone v (ab)tönen, abstufen (Farbe)

tongue v 1. (Hb) federn, durch Nut und Feder verbinden, vernuten; 2. lappen

tongue 1. (Hb) Feder f, Zunge f; Spund m, Schlitzzapfen m; Dorn m; 2. Weichenzunge f

tongue-and-groove boards Spundbretter npl, gespundete Bretter npl

tongue-and-lip joint Nut- und Federverbindung f mit Fugenfüllleiste

tongued and grooved gespundet, gespundet und genutet

tongued flooring gefederte Dielung f

tonguing Spundung f, Spunden n; Federn n

tool 1. Werkzeug n; 2. Meißel m

tooled finish scharrierte [scharriert bearbeitete] Oberfläche f, nutgeschlagene Steinoberfläche f

tooling 1. Behauen n (von Stein); steinmetzmäßige Bearbeitung f; 2. Fugenausbildung f, Formen n der Fugen (mit Werkzeug)

toothed plate (Hb) Zahn(anker)platte f, Zahndübel m

toothing Verzahnen n, Verzahnung f (Mauer)

top-coat v mit einem Deckanstrich versehen, überdecken, überstreichen

top 1. Oberteil n; Oberseite f; Scheitel(punkt) m; 2. Spitze f (z. B. eines Berges)

top beam 1. Firstbalken m, Spitzbalken m; 2. Giebelbalken m, Ortbalken m; 3. Traverse f, Querriegel m (Dachkonstruktion); 4. Hahnenbalken m; Kehlbalken m; Hainbalken m; Katzenbalken m

top boom junction plate Obergurtplatte f, Oberflanschknotenblech n

top chord Obergurt m, Oberflansch m

top concrete layer (Verk) Oberbeton m, Deckschichtbeton m

top dressing 1. Dachanstrich m; 2. Planieren n, Planierung f (Erdstoffe)

top hinge Scheitelgelenk n

top-hung sash [window] 1. Kippflügel m, Klappflügel m; 2. Klappflügelfenster n, Kippflügelfenster n

top layer 1. oberste Lage f (Straße, Mauerwerk); 2. Abschlussschicht f, Deckschicht f (Beschichtung)

top-lighting Oberlicht n, Oberbeleuchtung f

top plate 1. Firstbalken m, Firstschwelle f; 2. Kopfbalken m, Kopfstrebe f

top pressure 1. Scheiteldruck m; 2. (Tun) Firstendruck m, Scheiteldruck m

top rail oberes Querrahmenstück n, oberer Schenkel m, Kopfriegel m (Tür, Fenster); Rähm f; 2. Abdeckplatte f (Balustrade)

top surface (Hb) Hirnschnittfläche f, Kopffläche f

top view Draufsicht f (Zeichnung); Grundriss m

topcoat Deckbeschichtung f

topographic survey topographische Aufnahme f

topped-out rohbaufertig

topping 1. Estrichlage f, Ausgleichestrich m; 2. Deckschicht f, Decke f, Oberschicht f; Verschleißbetonlage f; Fahrbahndecke f, Straßendecke f, Verschleißschicht f; 3. Überstreichen n; 4. (Erdb) Andeckung f, Bodenabdeckung f

topping-out ceremony Richtfest n

topping slab Betondruckplatte f, Oberbetonschicht f, Aufbetonschicht f

topsoil oberste Erdschicht f, Oberboden m, Kulturbodenschicht f, Mutterboden m

topsoil replacement Kulturbodenandeckung f *(Landschaftsbau)*

torch v 1. verputzen, verstreichen, abdichten, ausgleichen *(Ziegeldach verfugen)*; 2. anzünden *(mit Brenner)*

torch-cut v brennschneiden

torch-weld v autogen schweißen, gasschweißen

Torkret method Torkret(ier)verfahren n *(Spritzbeton)*

torque (moment) Torsionsmoment n, Verdrehungsmoment n, Drehmoment n, Drillmoment n

torrent works *(Wsb)* Wildbachverbau m

torsion Torsion f, Verdrehung f, Verdrillung f, Verwindung f

torsion failure Torsionsbruch m, Verdrehungsbruch m, Verwindungsbruch m

torsion reinforcement Torsionsbewehrung f, Verdrehungsbewehrung f, Verwindungsbewehrung f

torsion strength Torsionsfestigkeit f, Torsionssteifigkeit f, Verdrehungsfestigkeit f, Verdrehungssteifigkeit f, Verwindungsfestigkeit f, Verwindungssteifigkeit f

torsional-flexural buckling analysis Biegedrillknicknachweis m

torsional moment Torsionsmoment n, Drillmoment n, Verdrehungsmoment n, Verwindungsmoment n

torsional-proof torsionsfrei, verdrehungsfrei, verwindungsfrei

torus roll flashing Rundwulstabdeckung f

total ganz, gesamt, insgesamt, Gesamt..., total, gänzlich, völlig

total area Gesamtfläche f

total building costs Gesamtbaukosten pl

total cross section gesamter [totaler] Wirkungsquerschnitt m

total load(ing) Gesamtbelastung f, Gesamtlast f

total protection Vollschutz m

total steel area Gesamtbewehrungsfläche f

totally enclosed voll gekapselt, völlig ummantelt

touch-dry griffest (trocken), berührungstrocken *(Anstrich)*

touching up Nachbesserung f; Ausbessern n, Ausflecken n *(von Anstrichen)*; Auffrischen n

toughened glass Hartglas n; vorgespanntes Glas n, Einscheibensicherheitsglas n

toughness test Schlagfestigkeitsprüfung f, Zähigkeitsprüfung f

tow 1. Werg n *(Flachs- oder Hanfabfall)*; 2. Ziehen n, Schleppen n, Abschleppen n

tow-line Schleppseil n, Abschleppseil n

towed grader Aufhängegrader m, Anhängestraßenhobel m *(Straßenbau)*

towel rail Handtuchstange f

tower 1. *(Arch)* Turm m; 2. Mast m; Gittermast m

tower base Mastfundament n, Mastfuß m

tower building 1. Turmhochhaus n, Punkthochhaus n, Turmgebäude n, Hochhaus n; 2. Turmbau m, Hochhausbau m

tower crane Turmdrehkran m

tower lighting Mastbeleuchtung f

town städtisch; Stadt...

town Stadt f; Ortschaft f

town development Städtebau m; Stadtentwicklung f

town engineering Stadtbautechnik f, Städtebautechnik f

town improvement scheme Stadtsanierungsplan m

town planning Städtebau m, Städteplanung f, städtebauliche Planung f

town redevelopment scheme Stadtsanierungsplan m

toxic toxisch, giftig, Gift...

toxic substance Schadstoff m

trabeated mit Trägern, mit Trägersystem gebaut, Balken...

trace 1. Linie f; Kurve f; Aufzeichnung f *(Messlinie)*; 2. Zeichnung f, Skizze f; 3. *(AE)* Pfad m, markierter Weg m; 4. Pause f, Lichtpause f; 5. Grundriss m *(militärisch)*; 6. *(El)* Leuchtspur f; Radarbildspur f; 7. Strang m

traceried *(Arch)* mit Maßwerk (versehen)

tracery 1. *(Arch)* Maßwerk n, Netzwerkverzierung f, Bauornamentzierat m; Fenstertrassierung f; 2. Flechtwerk n

tracery pattern *(Arch)* Maßwerkmuster n, Maßwerksystem n

track 1. *(Verk)* Gleis *n*, Bahngleis *n*; Schienenstrang *m*; Gleiskörper *m*; 2. Führungsschiene *f*, Schiene *f*, Führungsbahn *f*; Gleitschiene *f*; 3. Gleiskette *f*, Raupe(nkette) *f*; 4. Spur *f*; Radspur *f*; 5. Bahn *f (einer Sportanlage)*
track ballast Gleisschotter *m*
track construction work Gleisbauarbeiten *fpl*
track-laying *(Verk)* Gleis(verlege)arbeiten *fpl*, Schienenlegen *n*
track system Gleisanlage *f*
track tamping Gleisstopfen *n*
tracking 1. *(Verk)* Spurenverschleiß *m (Straße)*; 2. Spurrinnen *fpl*; Fahrspur-Bindemittelanreicherung *f (Straße)*
traction 1. Traktion *f*, Ziehen *n*, Zug *m*; 2. Zugkraft *f (z. B. eines Fahrzeugs)*
traction pole Fahrleitungsmast *m*
tractor dozer Fronträumer *m*; Schürfschlepper *m*
tractor-pulled carrying scraper Schürfkübel *m*
tractor shovel Schaufellader *m*, Fahrlader *m*
tractrix (curve) Traktrix *f*, Schleppkurve *f (Trassierung, Ausbildung)*
trade Handwerk *n*; Gewerk *n*, Baugewerk *n*
trade area Gewerbegebiet *n*
trade measurements Handelsmaße *npl (z. B. Holz, Bauelemente)*
trade wastes Industrieabwasser *n*, gewerbliches Abwasser *n*; gewerblicher Abfall *m*
traffic 1. Verkehr *m*; öffentlicher Personen-, Bahn-, Schiffs-, Straßen- und Güterverkehr *m*; Nachrichten- und Fernsprechverkehr *m*; 2. Handel *m*
traffic analysis Verkehrsuntersuchung *f*, Verkehrsanalyse *f*
traffic calming Verkehrsberuhigung *f*
traffic control Verkehrssteuerung *f*, Verkehrslenkung *f*
traffic engineering 1. Verkehrstechnik *f (Straßenausstattungstechnik)*; 2. Verkehrsingenieurwesen *n*; 3. Straßenbau *m*
traffic guidance system Verkehrsleitsystem *n*
traffic junction Verkehrsknotenpunkt *m*
traffic noise Verkehrslärm *m*
traffic planning Verkehrsplanung *f*

traffic safety facilities Verkehrssicherungseinrichtungen *fpl*
traffic sign Verkehrszeichen *n*, Straßenverkehrszeichen *n*, Schild *n*
traffic structure engineering Verkehrsbau *m*
traffic structures Verkehrsbauten *mpl*
traffic way Fahrbahnkörper *m*
trail *v* schleppen
training works Flussbauwerke *npl*
trajectory of stress Spannungstrajektorie *f*, Spannungsweg *m*
tram tower Fahrleitungsmast *m*
transducer 1. Energiewandler *m*; 2. Messwertwandler *m*; 3. Ultraschallerzeuger *m*
transfer 1. Vorspannungskraftübertragung *f (Spannbeton)*; 2. Übertragung *f (z. B. von Rechten)*
transfer facilities Umschlaganlagen *fpl*
transfer of forces Kraftübertragung *f (Spannbeton)*
transfer of moments Momentenübertragung *f*
transfer register *(HLK)* regelbares Luftdurchflussgitter *n (Klimaanlage)*
transferral Wärmeübertragung *f*
transformer station Umspannwerk *n*
transient stability dynamische Stabilität *f*
transit coating Transportanstrich *m*
transit mixer Transportmischer *m*, Mischerfahrzeug *n*
transition curve Übergangsbogen *m*, Übergangskurve *f (Straße)*
transition of heat Wärmedurchgang *m*
transition piece Übergangsrohr *n*
transitional Übergangs...
translation component Verschiebungskomponente *f*
translational stiffness Verschiebungssteifigkeit *f*, Verschiebungsstarrheit *f*
translucent lichtdurchlässig, halbdurchsichtig; durchscheinend
transmission 1. Übertragung *f*, Leitung *f*; Kraftübertragung *f*; Wärmeleitung *f*; 2. Transmission *f*, Durchlassen *n (z. B. von Strahlung)*
transmission length 1. erforderliche Kraftübertragungslänge *f (Spannglied)*; 2. Einbindelänge *f*, Haftlänge *f*, Verbundlänge *f (Bewehrung)*
transmission main Hauptzuleitung *f (Wasser)*

transmission

transmission of load Lastübertragung f
transmit v 1. übertragen; ableiten; abtragen; 2. durchlassen *(Strahlen)*
transom 1. (horizontale) Fenstersprosse f; 2. Türquerholz n; Querbalken m, Riegel m *(Tür)*; 3. Kämpfer m *(horizontales Zwischenstück über Fenstern und Türen)*; 4. Fenstersturz m, Türsturz m *(Holz, Stein)*
transom window Oberlicht n *(über der Tür)*
transparent lichtdurchlässig; durchsichtig, klar
transparent glass Klarglas n, Fensterglas n
transparent roof Lichtdach n
transparent to heat wärmedurchlässig
transport engineering Transport- und Verkehrstechnik f
transversal transversal, quer, Quer..., quer laufend
transversal joint Querfuge f, Stoßfuge f
transverse transversal, schräg verlaufend, diagonal, quer (gerichtet)
transverse bar Querstab m *(Bewehrung)*
transverse bending Querkraftbiegung f
transverse bending moment Querbiegemoment n
transverse bracing Querverband m, Windverband m, Querversteifung f
transverse contracting strain Querkontraktion f
transverse elongation ratio Querdehnungszahl f
transverse joint Querfuge f, Stoßfuge f
transverse reinforcement Querbewehrung f; Spiralbewehrung f, Umschnürung(sbewehrung) f
transverse slope Quergefälle n, Querneigung f *(z. B. einer Straße)*
transverse stiffener Querversteifung f
trap 1. Klappe f, Verschluss m; 2. *(Wsb)* Klappe f, Rückstauklappe f; 3. *(San)* Traps m, Geruchsverschluss m; 4. Auffanggefäß n; 5. Versenkung f *(Theaterbühne)*
trap door Falltür f, Klapptür f, Bodenklappe f, Luke f
trapezoidal girder Trapezträger m
trapezoidal shape Trapezprofil n
trapped gully Ablauf m mit Geruchsverschluss m
trash disposal site *(AE)* Mülldeponie f

trass cement Trasszement m
trass mortar Trassmörtel m
trave *(AE)* 1. Querträger m, Querbalken m; 2. Decken(gewölbe)feld n *(durch Querbalken geteilt)*
travel 1. Bewegung f; Lauf m; 2. Transportweg m; Rolltreppenförderhöhe f; Aufzugtransporthöhe f; 3. *(Bod, Erdb, Wsb)* Migration f
travel cableway Luftseilbahn f
travelator Rollsteig m, Fahrsteig m, rollender Gehweg m
travelling formwork Wanderschalung f, Gleitschalung f *(für horizontale Bewegung, z. B. für Tunnelbau)*
travelling load *(Verk)* Verkehrslast f, Betriebslast f *(Brücke)*
travelling platform Schiebebühne f
traversable 1. *(Verk)* befahrbar *(Straße)*; 2. drehbar, schwenkbar *(Ausbauelement)*
traverse v 1. *(Verm)* polygonieren; 2. kreuzen, durchqueren; 3. überspannen, überbrücken *(Brücke)*; 4. verschieben; verschwenken *(Bauteil)*
traverse 1. *(Verm)* Polygon n, Polygonzug m; 2. Sperrbarriere f *(eines Durchgangs)*; Türgitter n, Türgrill m; 3. Querbalken m, Querträger m; 4. *(Verk)* Ortsdurchfahrt f
travertine facing Travertinverkleidung f, Travertinausgleitung f
tread 1. Stufen(auf)tritt m, Auftritt m, Auftrittsfläche f; Stufenbreite f; 2. Auftrittstufe f; 3. Auftrittsbelag m *(z. B. Platte, textiler Belag, Schutzbelag)*; 4. Sprosse f
treat v 1. behandeln; bearbeiten *(mechanisch)*; 2. aufbereiten; reinigen *(z. B. Abwasser)*; 3. imprägnieren, tränken *(Holz)*; 4. beschichten *(Oberflächen)*
treatment 1. Behandlung f; Bearbeitung f; 2. Aufbereitung f *(z. B. von Wasser)*; 3. Imprägnierung f, Tränkung f *(von Holz)*; 4. Beschichtung f *(von Oberflächen)*
treatment plant Kläranlage f, Klärwerk n; Aufbereitungsanlage f
tree coping Firstbalken m
tree guard Baumschützer m, Baumwart m, Baumpfleger m
treenail *(Hb)* Balkendübel m, Dübel m; Holznagel m
trefoil arch Dreipassbogen m, Kleeblattbogen m
trellis 1. Gitter n; Flechtwerk n; Spalier n; 2. Pergola f

trellis mast Gittermast m
trelliswork Gitter(werk) n, Netzwerk n; Kästelmauerwerk n, durchbrochenes Mauerwerk n; Spalierwerk n
tremie concrete Schüttbeton m *(mit Schütttrichter eingebracht)*; Kontraktorbeton m
tremie pipe Unterwasserbetonierrohr n, Schüttrohr n für Unterwasserbetonieren
trench Graben m, Rinne f; Drängraben m; Arbeitsgrube f
trench box beweglicher Rohrgrabenaussteifkasten m, Grabenaussteifschalung f, Verbaukasten m
trench support Grabenverbau m; Baugrubenverkleidung f
trenching Grabenaushub m, Grabvorgang m, Grabenziehen n, Grabenanlegen n
trenchless laying Freiverlegung f *(Versorgungsleitungen)*
trenchwork Grabenarbeiten fpl
trestle Bock m, Gestell n, Gerüst n, Joch n
trestle bridge Bockbrücke f, Gerüstbrücke f, Jochbrücke f
trestle structure Bockkonstruktion f
trestlework 1. Gerüst n; 2. Jochbauwerk n
trial Abnahmeprüfung f, Funktionsprüfung f, Erprobung f *(Gebäudeinstallation)*
trial compaction Probeverdichtung f
trial pile Probpfahl m, Versuchspfahl m, Proberammpfahl m
trial pit Baugrundsondierbohrung f, schmaler Baugrundaufschluss m, Probegrube f, Schürfgrube f, Schürfe f
trial section *(Verk)* Probestrecke f, Versuchsabschnitt m, Versuchsstrecke f, Prüfstrecke f
triangle of forces Kräftedreieck n, Krafteck n
triangular arch Dreieckbogen m, Giebelbogen m, sächsischer Bogen m
triangular bracing Dreieckfachwerkbinder m
triangular pediment Dreieckgiebel m, Giebeldreieck n
triangulated frame Dreiecksrahmen m
triangulation 1. *(Verm)* Triangulation f, Dreiecksvermessung f, Dreiecksaufnahme f *(geodätische Lagebestimmung von Geländepunkten)*; 2. Triangulierung f, Dreiecksverband m, Dreiecksversteifung f *(Dachbinder)*

triangulation net(work) *(Verm)* Triangulationsnetz n, Landvermessungsnetz n
triangulation point [station] *(Verm)* Triangulationspunkt m, trigonometrischer Punkt m, TP
triaxial compression test Triaxialfestigkeitsprüfung f, Dreiaxialprüfung f, dreiachsige Festigkeitsprüfung f, dreiaxialer Druckversuch m
trickle v **through** durchtropfen; durchsickern
trickling filter 1. *(HLK)* Tropfkühler m, Rieselkühler m, Biofilter m *(Klimaanlage)*; 2. Tropfkörper m *(Abwasserreinigung)*
trigonometrical point *(Verm)* trigonometrischer Punkt m
trim v 1. zuhauen, zurichten *(Bauholz)*; ablängen, querschneiden *(Langholz)*; besäumen, beschneiden; trimmen; 2. (aus)wechseln *(Balken)*; 3. ausgleichen, abgleichen, planieren, profilieren *(Bodenoberfläche)*; 4. ausrüsten
trim 1. Zimmerholzwerk n, Ausbauholzwerk n; 2. Armaturen fpl; Einbauteile npl; 3. Türbeschläge mpl; 4. Sparrholz n, Ablängrestholz n, kleines Bauholz n; 5. Deckleiste f; 6. Abgleich m
trim panel Verkleidungsplatte f, Verkleidungstafel f
trimmer 1. Wechsel(balken) m, Streichbalken m; Schlüsselbalken m, Trumpfbalken m; 2. Spezial(form)fliese f, geformte Keramikfliese f
trimmer beam [joist] Wechsel(balken) m, Streichbalken m, Wechsel m
trimming 1. Zurichten n, Besäumen n, Beschneiden n *(von Holz)*; Ausästung f *(von Bäumen)*; 2. Auswechselung f eines Balkens, Wechsel m; 3. Abbund m *(von Holzarbeiten)*; 4. Profilieren n, Begradigen n *(Bodenoberfläche)*; 5. Zurechtmachen n; Säubern n; Zurechtmachen n; Herausputzen n *(Anlagen, Einrichtungen, Gebäude usw.)*
triple frame Dreigelenkrahmen m
trompe Trompe f, Trompenstück n, Trompengewölbeabschnitt m, konisches Gewölbe n
tropical building Tropenbau m, Tropenbauwesen n
trough 1. Trog m, Wanne f; Behälterwanne f; Schale f; Mulde f; 2. Rinne f; Rille f;

trough 240

Furche f; Kanal m; 3. Talsohle f (schmal); 4. Tiefpunkt m
trough bridge Trogbrücke f, offene Brücke f, Brücke f mit unten liegender Fahrbahn
troughed block [tile] Muldenstein m
troughed sheeting Profilblech n, Wellblech n
trowel v mit der Kelle auftragen; dick auftragen, aufspachteln; glätten; abziehen (Beton, Estrich)
trowel Kelle f, Maurerkelle f, Verputzkelle f, Glättkelle f, Glätter m; Spachtel m(f)
trowel application Verspachteln n
trowel finish geglättete Oberfläche f; gespachtelte Oberfläche f; Kellenglattstrich m
truck crane Auto(dreh)kran m, Mobilkran m
truck-mix(ed) concrete Transportbeton m, Lieferbeton m
true maßgenau, maßgerecht, maßhaltig
true to profile profilgerecht
true to scale maß(stab)gerecht, maßstäblich (Zeichnung); maßgetreu
trumpet arch (Arch) Trompetengewölbe n, Kegelgewölbe n
trunk 1. Schaft m; Säulenschaft m; 2. Stamm m, Baumstamm m; Klotz m, Stock m, Block m (Holz); 3. s. trunk line
trunk line Fernleitung f; Hauptlinie f (Eisenbahn und Telefonfernleitung)
truss v 1. stützen, absteifen; unterstützen (durch Dachbinder); 2. halten, befestigen, mit Sprengwerk versehen; verstärken
truss 1. Binder m, Gebinde n (Sparrendach); 2. Fachwerk n; Fachwerkbinder m (Träger); 3. Hängewerk n, Sprengwerk n; 4. Versteifungsjoch n, Konsole f
truss bridge Sprengwerkbrücke f
truss frame Sprengwerk n; Hängewerk n (Dachstuhl); Hängebock m
truss system Fachwerkkonstruktion f
trussed verstrebt
trussed girder Fachwerkbinder m, Fachwerkträger m
trussing Unterzug m; Hängebock m
tube 1. Rohr n, Leitungsrohr n; Kabelschutzrohr n; Rohrprofil n; 2. Röhre f; Tunnel m; 3. U-Bahn f (z. B. in London); 4. Libelle f; Röhrenlibelle f
tube end plug Rohrverschluss m
tube fitting Rohrverschraubung f

tube mast Rohrmast m
tube nest Rohrbündel n
tube railing Rohrgeländer n
tubing 1. Rohrleitung f, Rohrstrang m; Steig(leitungs)rohr n; 2. Verrohrung f; 3. Rohrprofil n
tubular röhrenförmig, Rohr..., Röhren...
tubular frame Rohrrahmen m
tubular pile (Erdb) Rohrpfahl m, Hohlpfahl m
tubular steel construction Stahlrohrbau m
tubular well Rohrbrunnen m
tuffstone verfestigter Tuff m, Tuffstein m
tumbler 1. Zuhaltemechanismus m, Zuhaltung f (eines Schlosses); 2. Drehtrommel f; 3. s. tumbler mixer
tumbler mixer Freifallmischer m
tunnel v 1. untertunneln; einen Tunnel graben [bohren, treiben durch]; 2. der Länge nach aushöhlen; 3. unterwandern, unterfressen, unterrosten (Korrosion unter Schutzschichten)
tunnel Tunnel m, Tunnelröhre f; Unterführung f; unterirdischer Gang m; (begehbarer) Kanal m; Stollen m (Bergbau)
tunnel driving Tunnelvortrieb m
tunnel face 1. Tunnelstoß m; 2. Tunnelmundloch n
tunnel lining Tunnelauskleidung f; Tunnelausbetonierung f
tunnel soffit Tunneldecke f, Tunnelscheitel m
tunnel vault (Arch) Tonnengewölbe n, Zylindergewölbe n, Tunnelgewölbe n
tunnelling 1. Tunnelbau m, Untertunnelung f; Tunnelvortrieb m, Tunnelauffahren n, Durchstich m eines Tunnels; 2. Unterwanderung f, Unterfressung f (Korrosion unter Schutzschichten)
tunnelling machine Tunnelvortriebsmaschine f
tunnelling technique Tunnelbauverfahren n, Tunnelbauweise f, Tunnelbautechnik f
tup Rammbär m, Fallbär m (einer Pfahlramme); Fallhammer m
turf Rasensode f, Sode f; Grasnarbe f; Rasen m, Rasendecke f; Torf m
turfing by sodding Rasensodenabdecken n, Rasensodenbelegen n, Rasensodenverlegen n, Ansoden f
turn v **the steps** die Stufen verziehen (Treppe)

turn 1. Drehung f; Wendung f; Biegung f; Krümmung f; 2. Kurve f; Abbiegespur f; 3. Windung f; 4. Schicht f, Arbeitsschicht f
turning 1. Wendung f *(Treppe)*; 2. Rundmauern n; 3. Drechseln n *(Holz)*; Drehen n *(Metall, Keramik)*
turning bridge Drehbrücke f
turning piece 1. Bogenlehre f, Bogenlehrenbrett n *(für kleine Bögen)*; 2. Stichholz n
turning point Wendepunkt m, Polygonpunkt m
turnkey building construction schlüsselfertiges Bauen n
turnlock fastener Drehverschluss m *(halbe Drehung)*
turret 1. *(Arch)* Türmchen n; 2. Drehturm m, gedrehter Turm m
tusk 1. Brustzapfenaufwölbung f, Gehrungswulst f eines Zapfens; 2. eingezahnter Mauerstein m, verzahnter Wandstein m
tusk tenon joint Brustzapfenverbindung f
twin-pack paint Zweikomponentenfarbe f
twist v 1. verdrehen, verdrillen, verwinden; sich drehen; sich winden; 2. auf Torsion [Verdrehung] beanspruchen; 3. umwickeln
twist Torsion f, Verdrillung f, Verdrehung f, Verwindung f; Spiralverformung f
twisting 1. Verdrehen n, Verwindung f; Torsion f; Verdrillung f; Ausknicken n; 2. Biegung f, Krümmung f, Verwerfung f *(Holztrocknung)*
twisting force Torsionskraft f, Verdrehungskraft f, Drehkraft f, Verwindungskraft f
twisting moment Torsionsmoment n, Verdrehungsmoment n, Verwindungsmoment n, Drillmoment n
twisting rigidity Torsionssteifigkeit f, Verdrehungssteifigkeit f, Verwindungssteifigkeit f
two-bay zweifeldrig; zweijochig; zweischiffig *(Rahmenhalle)*
two-bay frame Zweifeldrahmen m
two-centered arch Spitzbogen m, doppelt zentrierter Bogen m
two-coat system Zweischichtensystem n, Zweilagensystem n
two-component sealing composition Zweikomponentendichtungsmasse f
two-floored zweistöckig, zweigeschossig

two-hinged zweigelenkig, Zweigelenk...
two-level intersection planfreier Knotenpunkt m
two-level junction planfreier Knotenpunkt m
two-pinned zweigelenkig, Zweigelenk...
two-pinned frame Zweigelenkrahmen m
two-pipe system *(San)* Trennsystem n *(Abwasser)*
two-span zweifeldrig; zweischiffig, doppelschiffig
two-way reinforced kreuzbewehrt, kreuzweise bewehrt
two-way slab kreuzweise bewehrte Platte f
twofold window Doppelfenster n
tying 1. Flechten n; Rödelung f *(Bewehrung)*; 2. Verankerung f, Verankern n
type Typ m, Ausführung f, Art f, Form f; Modell n
type approval Betriebsgenehmigung f, Bauartzulassung f, Betriebserlaubnis f
type-ground-plan Regelgrundriss m, Typen(bau)grundriss m
type of finishing Bearbeitungsart f, Bearbeitungsform f
type of mortar Mörtelsorte f, Mörtelart f
typical cross section Normalquerschnitt m; Regelquerschnitt m *(Straße)*
typical masonry bond Regelverband m
typified design Typenprojekt n

U

U-bolt Bügelbolzen m, Bügelschraube f
U-section U-Profil n, Stahlprofil n in U-Form
U-troughing Leitungskanal m
ultimate bearing capacity Grenztragfähigkeit f, Tragfähigkeit f, Tragvermögen n
ultimate bending moment Bruchbiegemoment n
ultimate design (method) Bruchtheorie f, n-freies Berechnungsverfahren n
ultimate elongation Bruchdehnung f
ultimate limit state (of load-bearing capacity) Grenzzustand m der Tragfähigkeit, Bruchgrenze f
ultimate loading Bruchbelastung f, Grenzbelastung f
ultimate strength Bruchfestigkeit f, Zer-

ultimate

reißfestigkeit f, Endfestigkeit f, Grenzfestigkeit f; Zugfestigkeit f
ultimate stress Bruchspannung f, Bruchbelastung f
ultrasonic material tester Ultraschallprüfgerät n (Baustoffe)
ultrasonic motion detector Ultraschallbewegungsmelder m
umbrella roof Regenschirmschalendach n; überhängendes Dach n
unbonded construction ungebundene Bauweise f; verbundlose Bauweise f
unbonded member Spannbetonelement n mit freiem Spannglied
unconfined compressive strength test (Bod) Druckfestigkeitsprüfung f mit unbehinderter Seitenausdehnung
uncracked condition Rissefreiheit f (Beton, Stahlbeton-Zustand)
uncracked flexural stiffness Biegesteifigkeit f ohne Rissbildung
underbase Fundament n, Gründungsplatte f
underbed Unterbauschicht f, Unterlage f; Unterbeton m; Mörtelunterbettungsschicht f, Unterbettungsschicht f
underbridge Unterführung f, Wegunterführung f
undercoat 1. Grundierung f; 2. Unterputzschicht f, untere Putzschicht f, Grobputzlage f, Grundputzschicht f, Rauwerk n
undercut v 1. unterschneiden (Mauerwerk); 2. eine Nut [Rinne] in eine Kragschicht von unten einschneiden; 3. unterhöhlen; 4. (Wsb) unterspülen
undercut 1. Unterschneidung f; 2. (Hb) Fallkerb m
underdesigned unterdimensioniert, unterbemessen, zu schwach bemessen
underfloor duct Unterflurkanal m
underfloor heating Unterflurheizung f, Fußbodenheizung f
underground unterirdisch, unter der Erdoberfläche; erdverlegt; Untergrund...
underground 1. Untergrund m; 2. bergmännische Tunnelbauweise f; 3. U-Bahn f, Untergrundbahn f
underground cable (El) Erdkabel n, Kabel n für Erdverlegung
underground garage Tiefgarage f
underground hydrant Unterflurhydrant m

underground laying 1. Erdverlegung f (Leitungen); 2. (El) Erdverkabelung f
underground water unterirdisches Wasser n, Grundwasser n
underground work unterirdische Bauvorhaben npl
underlay Unterlage f, Unter(lags)schicht f; Unterlagsbahn f; Bettungsschicht f; Rücklage f, Trägerschicht f
undermining Auskolkung f, Unterwaschung f, Unterspülung f, Unterhöhlung f
underpass Unterführung f, Wegunterführung f; Straßenunterführung f; Straßentunnel m; (AE) Eisenbahnunterführung f
underpin v (Erdb) unterfangen, abfangen; unterbauen
underpinning (Erdb) Unterfangen n, Unterfangung f
underpinning of buildings Unterfangen n von Gebäuden
undersealing Nachabdichtung f, Sanierungsabdichtung f; Unterpressen n
undersized unterdimensioniert
underwater foundation Unterwassergründung f
undeveloped unerschlossen, nicht erschlossen (Bauland)
undeveloped area nicht erschlossene Baufläche f
undisturbed soil gewachsener Boden m, ungestörter Boden m
undressed roh, unbearbeitet; unbesäumt (Holz); unbehauen (Stein)
undressed timber Rohschnittholz n, geschnittenes Rohholz n
uneven uneben (Fläche); wellig; ungleichmäßig; ungerade; unterschiedlich; schwankend
unfinished 1. unfertig; unbearbeitet; unvollendet; 2. ausbaufähig
uniaxial stress Normalspannung f; einachsige Beanspruchung f
uniform 1. einheitlich; gleichförmig; 2. gleichkörnig, einkörnig (Zuschlagstoff)
uniform concrete Einkornbeton m, gleichkörniger Beton m
uniform load gleichmäßige Belastung f
uniform settlement gleichmäßige Setzung f
unilateral pressure einseitiger Druck m
union Schraubmuffe f, Rohrverschraubung f, Stutzen m

union coupling Verbindungsmuffe f (Schraubverbindung)
unit 1. Fertigteil n; Bauteil n; Baustein m (Einheit); Element n; 2. Baukolonne f; 3. Gebäudetrakt m
unit built house Fertighaus n
unit construction principle Baukastenprinzip n, Baukastensystem n
unit load Einheitslast f (Last je Flächeneinheit)
unit pressure Flächenpressung f
unit price Bauleistungseinzelpreis m; Einheitspreis m
unit weight 1. spezifisches Gewicht n, Raumgewicht n (Baustoffe); 2. Elementgewicht n, Stückmasse f (Bauelement)
unitized genormt, standardisiert; vereinheitlicht; typisiert
unitized unit Installationszelle f, Installationsblock m
unitized unit method Raumzellenbauweise f, Installationsblockbauweise f
unlined unverkleidet; nicht ausgemauert; nicht abgedichtet (Deponie)
unload v entladen; entlasten; abladen
unloaded unbelastet; entlastet
unloaded state unbelasteter Zustand m
unloading curve Entlastungskurve f
unmixing Entmischung f
unpickable einbruchsicher (z. B. Türschloss)
unplanned 1. ungeplant; 2. unvorhergesehen
unreinforced concrete unbewehrter Beton m
unrestrained member freiaufliegendes Stützglied n
unscaffold v abrüsten, ausrüsten, das Gerüst abbauen
unsound 1. mangelhaft, schadhaft, fehlerhaft; 2. treibend (Putz)
unsquared roh, unbearbeitet, unbehauen, unbesäumt (Holz)
unstressed spannungslos, ungespannt; schlaff (Bewehrung); spannungsfrei
unsupported length Freilänge f, Auskraglänge f
untensioned schlaff bewehrt (Beton)
untreated sewage Rohabwasser n
untrussed roof binderlose Dachkonstruktion f
unvented unbelüftet

unwatering (Erdb) Wasserhaltung f; Entwässerung f, Trockenlegung f
upgrade Steigung f; Steigungsstrecke f
upgrading Qualitätsverbesserung f; Modernisierung f; Aufwertung f
upheaval Aufwölbung f, Hebung f
uphill ansteigend; bergauf; oben gelegen
upkeep costs Erhaltungskosten pl, Instandhaltungskosten pl, Unterhaltungskosten pl, Wartungskosten pl
upkeeping Instandhaltung f; Unterhaltungsarbeiten fpl (Bauausrüstung)
uplift 1. Bodenhebung f, Anheben n von Bodenschichten; 2. Auftrieb m; 3. Wiederanstieg m (Grundwasser)
upper bar Oberquerträger m
upper boom Obergurt m, Oberrandstab m, Oberflansch m
upper chord junction plate Oberflanschknotenblech n, Obergurtknotenblech n
upper course 1. (Verk) obere Tragschicht f; 2. (Wsb) Oberlauf m (Fluss)
upper edge Oberkante f
upper layer oberste Schicht f, Deckschicht f (Straße)
upper position Hochlage f
upper reservoir (Wsb) Ober(speicher)becken n
upperbridge Wegüberführung f
upright Senkrechtglied n, Senkrechtstab m, Stiel m; Säule f, Stütze f; Senkrechtstein m
upright projection Aufriss m (Zeichnung)
upset welding Stumpfschweißen n (von Bewehrung)
upstairs Obergeschoss n, oberes Stockwerk n
upstand 1. Aufkantung f; 2. Dachüberstand m
upstream side curtain wasserseitige Dichtungsschürze f
upstream talus wasserseitige Böschung f
uptake Fuchskanal m, Schornsteinschacht m
upturn Aufkantung f
upward pull Schornsteinzug m
urban area Stadtgebiet n; Ballungsgebiet n
urban-building städtebaulich
urban engineering Stadtbautechnik f, Städtebautechnik f

urban

urban planning authority Stadtplanungsamt n, Stadtplanungsbehörde f
urban redevelopment Stadtsanierung f, städtebauliche Neugestaltung f
urban renewal area (städtisches) Sanierungsgebiet n, Stadterneuerungsgebiet n
urban waste kommunaler Abfall m, Siedlungsmüll m
urbanistic städtebaulich
urethane foam Urethanschaumstoff m
urinal stall Urinalstand m
usable floor area nutzbare Geschossfläche f, Geschossnettonutzfläche f
usable life 1. Verarbeitungszeitraum m nach Öffnen (Farbe); 2. Verarbeitungszeitraum m von Kunststoffbindemitteln nach Härterzusatz, Topfzeit f (Gebrauchsfähigkeit von Farben und Kunststoffklebern)
use 1. Verwendung f, Anwendung f (z. B. Baustoffe, Bauverfahren); Einsatz m; 2. Gebrauch m (z. B. technische Systeme); 3. Nutzen m
use load Gebrauchslast f
use of a building Gebäudenutzung f
useful area Nutzfläche f
useful height Nutzhöhe f
useful section Nutzquerschnitt m
user-based financing Nutzerfinanzierung f
utility 1. Versorgungseinrichtung f; (AE) Installation f (Gas, Wasser, Abwasser, Strom); 2. Nutzen m, Nutzwert m
utility core (AE) Installationskern m, Installationszelle f, Hauskern m (für Versorgungsleitungen)
utility line Versorgungsleitung f
utility room Wirtschaftsraum m; (AE) Installationsraum m, Hausanschlussraum m (Wasser, Gas, Strom usw.); Raum m für Versorgungseinrichtungen
utilization 1. Verwendung f, Nutzung f; Verwertung f; 2. Auslastung f (z. B. Baumaschinen)
utilization factor Ausnutzungsfaktor m, Ausnutzungsgrad m (Heizung)
utilization figure Ausnutzungsgrad m
utilization of waste heat Abhitzeverwertung f

V

V-cut 1. Keileinschnitt m, V-Schnitt m; 2. Kerbunterschnitt m (Stein)
V-roof Spitzdach n, Giebeldach n
V-unit Falte f, Faltwerk n
vacation Räumung f
vacuum concrete process Saugbetonverfahren n
vacuum lifting Vakuumsaughubverfahren n, Vakuumheben n (Platten)
validity Rechtswirksamkeit f, Gültigkeit f (eines Vertrages)
valley 1. Tal n; 2. Kehle f, Kehllinie f, Einkehlung f, Kehlrinne f (Dach)
valley beam Rinnenbalken(träger) m, Rinnenträger m; Kehlbalken m (Dach)
valley flashing Kehlblech n, Kehlanschluss m (Dach)
valley girder 1. Rinnenträger m (Sheddach); 2. Kehlbalken m
valley rafter Kehlgratbalken m, Kehl(grat)sparren m
valley roof Kehldach n
valley tile Kehlziegel m, Kehlstein m (Dach)
value v schätzen, bewerten; veranschlagen
value analysis Nutzwertanalyse f
valve Schieber m; Ventil n; Klappe f (Ventilklappe); Armatur f
vaned outlet Lufteinspeisungsgitter n mit Richtungslamellen (meist regelbar)
vapour barrier Dampfsperre f; Feuchtigkeitssperre f
vapour diffusion Wasserdampfdiffusion f
vapour pipe Wrasenrohr n, Dampf(entlüftungs)rohr n
vapour-proof barrier Dampfsperre f
vapour-resistant dampfbeständig
vapour seal Wasserdampfsperre f; Dachhaut f (Flachdach)
vapourus (HLK) Taulinie f
variable floor load Deckenverkehrslast f
variant analysis (Verk) Variantenuntersuchung f (Trasse)
variation of forces Kräfteverlauf m
variation order Bauänderungsbestätigung f, (offizielle) Projektänderung f
varnish v lackieren (mit Klarlack); imprägnieren (mit Lacken, Kunstschichtstoffen); firnissen

varnish Lack m Klarlack m *(chemisch trocknend)*
varnish coat Lacküberzug m, Lackanstrich m
varnishing Lackierung f
vault v (aus)wölben, überwölben; einwölben
vault 1. *(Arch)* Gewölbe n; Bogen m; Kappe f; Wölbung f; 2. Gruft f; 3. begehbarer Installationsgang m; 4. *(AE)* Tresor m *(Stahlkammer)*
vault abutment Widerlager n, Kämpfer m
vault action Gewölbewirkung f
vault-covered überwölbt, eingewölbt
vaulted area gewölbte Fläche f
vaulted ceiling Bogendecke f, Gewölbedecke f
vaulting 1. Gewölbe n, Gewölbeschale f; 2. Gewölbebau m; Einwölben n; Überwölbung f; Gewölbesystem n
vaults Gewölbe n
vector action Vektorwirkung f *(Statik)*
vector diagram Vektordiagramm n, Zeigerdiagramm n
vehicle detector pad Induktionsschleife f, Kontaktschwelle f *(Straße)*
vehicular access Fahrzeugzufahrt f; Gebäudezufahrt f, Hauszufahrt f
vein 1. Maserung f; Holzmaserung f; 2. Gesteinsgang m, Ader f
veneer 1. Furnier n; Furnierblatt n; 2. Straßendecke f; 3. Verblendung f (z. B. mit Naturstein); 4. dünne Mauerverkleidung f; 5. Auflagewerkstoff m, Überzugwerkstoff m *(vorgefertigt)*
veneer board [panel] Furnierplatte f
veneer wall Blendmauer f *(ohne Verbund)*; Verkleidung f, Wandverblendung f, Wandverkleidung f
veneering masonry work Blendmauerwerk n, Verblendmauerwerk n *(nicht tragend)*
Venetian mosaic Terrazzo m
vent v entlüften; belüften
vent 1. Luftöffnung f, Entlüftungsöffnung f; 2. Luftkanal m, Abzug m; Rauchrohr n, Schornstein m; Öffnung f; 3. Ventilator m
vent duct Entlüftungsrohrkanal m
vent grille Lüftungsgitter n
vent opening Lüftungsöffnung f
vent stack Luftabzugsleitung f, Luftschornstein m, Lüftungsesse f, Luftabzugsrohr n, Dunstrohr n; Sammelschacht m *(Lüftung)*
ventiduct Ventilationsöffnung f, Ventilationsloch n, Entlüftungsloch n, Entlüftungsöffnung f
ventilated ceiling Lüftungsdecke f
ventilated façade hinterlüftete Fassade f, zweischalige Kaltfassade f
ventilated (flat) roof Kaltdach n
ventilation duct Lüftungskanal m
ventilation engineering Lüftungstechnik f
ventilation grille Entlüftungsgitter n
ventilation slot Lüftungsschlitz m
ventilation space Hinterlüftungsraum m, Belüftungshohlraum m *(Dämmung, Sperrung)*
venting shaft Entlüftungsschacht m
verge 1. Giebelkante f, Außenkante f, Ortgang m *(Dach)*; 2. Randstreifen m, Seitenstreifen m *(Straße)*; 3. Säulenschaft m
verge board Giebelbrett n, Ortgangbrett n
verge course 1. Rollschicht f, Abdeck(ungs)schicht f, Schlusslage f *(Mauerwerk)*; 2. Randziegel m, Abschlussdachziegel m
verge flashing Ortblech n, Ortgangverwahrung f
verify v nachprüfen, nachweisen; feststellen; verifizieren
vermiculite concrete Vermiculitbeton m, Leichtbeton m mit Vermiculit
vertex 1. Scheitel(punkt) m *(höchster Punkt)*; 2. Spitze f *(eines Dreiecks)*
vertical Senkrechtstab m, Senkrechtglied n; Lotrechte f, Senkrechte f
vertical alignment 1. Vertikalanordnung f; 2. *(Verk)* Linienführung f im Längsschnitt, Linienführung f im Höhenplan
vertical bar 1. Rahmenpfosten m *(Tür, Fenster)*; 2. Senkrechtstab m
vertical clearance lichte Höhe f
vertical force Hauptschnittkraft f; Vertikalkraft f, Senkrechtkraft f
vertical loading Senkrechtbelastung f, Vertikalbelastung f
vertical member Vertikalstab m, Senkrecht(rahmen)stab m, Senkrechtglied n; Ständer m
vertical pipe Standrohr n, Steigrohr n, senkrechtes Rohr n
vertical reinforcing senkrechte Absteifung f [Verstärkung f]

vertical section Senkrechtschnitt m, Vertikalschnitt m
vertical shoring Unterfangung f
vertical strut Pfosten m (Fachwerk)
vertical truss Ständerfachwerk n
vestibule Vestibül n; Vorhalle f; Halle f (z. B. Hotel oder Theater); Vorraum m, Vorzimmer n; Windfang m
vestibule door Windfangtür f
viaduct Viadukt m, Hochbrücke f
vibrated bulk concrete Massenrüttelbeton m
vibrated joint eingerüttelte Fuge f (Straße)
vibrating beam Rüttelbohle f
vibrating pan Rüttelplatte f
vibrating roller (Erdb) Vibrationswalze f, Rüttelwalze f
vibration 1. Schwingung f, Vibration f; Erschütterung f; 2. Rütteln n, Rüttelbewegung f
vibration-absorbing schwingungsdämpfend
vibration driver Vibrationsramme f
vibration fatigue limit Dauerschwingfestigkeit f
vibration ram Vibrationspfahlramme f
vibrator Rüttler m, Vibrator m; Verdichter m, Vibrationsanlage f
vibratory fatigue dynamische Ermüdung f, Schwingungsermüdung f
vibratory strength Schwingungsfestigkeit f (Festigkeitslehre)
vibratory stresses Vibrationsbeanspruchung f, Schwingungsbelastung f
vibrocompaction Rüttelverdichtung f
Vierendeel truss Vierendeel-Fachwerk n, Pfostenfachwerk n
viewing plank Visierlatte f
viscoelastic material viskoelastischer Baustoff m
viscometer Viskosimeter n (z. B. für Frischbeton)
visible concrete surface Betonsichtfläche f
visible surface Sichtfläche f (Gebäude, Raum)
visual check Sichtprüfung f, Sichtkontrolle f, Augenscheinkontrolle f
vitiated air duct Abluftkanal m, Entlüftungskanal m
vitrified-clay drain pipe Steinzeugsickerrohr n

void 1. Pore f, Hohlraum m, Porenraum m; 2. Blase f; Nest n; 3. Leere f
void-cement ratio Hohlraum-Zement-Verhältnis n, Verhältnis n von Zement zu Luftporen und Wasser
void ratio 1. (Bod) Porenziffer f, Porenindex m; 2. Porenanteil m, Hohlraumverhältnis n
void volume Porenvolumen n, Porenraum m, freies Porenvolumen n
voids Luftporen fpl
voids content Hohlraumgehalt m
voids ratio Porenziffer f, Luftporengehalt m
volcanic constructional material vulkanischer Baustoff m
voltage-carrying (El) spannungsführend, unter Spannung
volume Rauminhalt m, Volumen n, Raum m; Baumasse f
volume constancy Raumbeständigkeit f, Volumenbeständigkeit f
volume density Raumdichte f
volume method (of construction cost estimate) Baukostenvoranschlagermittlung f nach umbautem Raumvolumen
volume stability Raumbeständigkeit f, Volumenbeständigkeit f, Raumkonstanz f (von Baustoffen)
volumetric batching volumetrische Dosierung f, Dosierung f nach Raumteilen (Beton)
volute line (Arch) Schneckenlinie f, Volutenlinie f
voluted (Arch) schneckenförmig
voussoir Gewölbe(form)stein m

W

waffle Kassette f, Kassettentafel f
waffle ceiling Kassettendecke f, kassettierte Decke f
wage fraction Lohnanteil m (Baupreis)
wages Arbeitslohn m
wagon roof Tonnendach n
wainscotting 1. Täfelungsmaterial n, Profilbretter npl für Wandtäfelung; 2. Täfeln n, Täfelung f, Vertäfeln n, Wandtäfelung f (Tätigkeit)
wale(r) Rahmenholz n, Riegel m; Zange f (Holzschalung); Brustholz n

waling *(AE)* Gurt *m*, Gurtholz *n* (für Spundwand); Brustholz *n*

walking line Lauflinie *f*, Gehlinie *f* (einer Treppe)

walkway 1. Laufgang *m* (Bedienungssteg, z. B. eines Krans); 2. Fußweg *m* (überdachter Fußgängerweg); 3. Gehweg *m*; Gartenweg *m*

wall *v* 1. eine Mauer ziehen, hochmauern, ummauern, mit einer Mauer umgeben; 2. vermauern, zumauern (Öffnungen)

wall in einmauern, ummauern

wall 1. Mauer *f*, Wand *f*; 2. Wand *f*, Wandung *f*; Seitenwand *f*; 3. Schutzmauer *f*, Wall *m*

wall anchorage Wandverankerung *f*

wall base 1. Mauergründung *f*, Gründung *f* (Einzelfundament für Gebäude oder Wand); 2. Sockel *m*; Untersatz *m*

wall bolt Steinschraube *f*

wall bracket 1. Wandstütze *f*; Wandaussteifung *f*; 2. Wandkonsole *f*, Wandbrett *n*; 3. (El) Wandlampenarm *m*

wall coping Mauerabdeckung *f*; Mauerkrone *f*

wall damp-proof course Feuchtigkeitssperrschicht *f*

wall facing Wandverkleidung *f*, Wandauskleidung *f*

wall footing Streifenfundament *n*, Mauergründung *f*, Wandfundament *n*

wall interaction Wand(flächen)wirkung *f*, Wandverbundwirkung *f*

wall junction profile Wandanschlussprofil *n*

wall lining 1. Wandbelag *m*, Wandbekleidung *f*, Wandauskleidung *f* (innen); 2. Wandverkleidung *f*, Verkleiden *n* einer Wand; Wandauskleidung *f* (innen)

wall offset Wandabsatz *m*

wall panel 1. Wandplatte *f* (als Wandbelag); 2. Wand(bau)tafel *f* (Beton)

wall-panel system Wandtafelbaumethode *f*

wall plate 1. Balkenauflagerplatte *f* auf einer Wand, Lastverteilungsplatte *f*; Mauerlatte *f* (in Dachkonstruktion); Sattelplatte *f*; Fußpfette *f*; Streichbalken *m*, Schwellholz *n*; Grundplatte *f* (z. B. für Wände); 2. Spreizwandholz *n*, Querstreifenauflage *f*; 3. Wandplatte *f*

wall sheathing Wandverschalung *f* (Außenwandverkleidung)

wall siding Außenwandverschalung *f*, Außenwandverkleidung *f*, Wandbeplankung *f*

wall slab Wandbauplatte *f* (Beton)

wall tie Maueranker *m*, Wandanker *m*, Mauerklammer *f*, Wandklammer *f*, Mauerhaken *m*

wall tile Wandfliese *f*, Wandplatte *f* (Fliesenbelag); Wandverkleidungsplatte *f*, Wandbelagplatte *f*

wall-to-wall carpet(ing) (textile) Auslegeware *f*

wall unit 1. Schrankwand *f*; 2. Wandelement *n*

walled 1. eingemauert; 2. befestigt

walling 1. Mauerung *f*, Mauern *n*; 2. Wandbaustoffe *mpl*, Material *n* zum Mauern; 3. Wände *fpl*; Steinmauern *fpl*; Gemäuer *n*; 4. Wandsystem *n*

wallpaper Tapete *f*

wallpaper-hanging work Tapezierarbeiten *fpl* (mit Papiertapete)

wallpapering Tapezierarbeiten *fpl*

warm-air heating system Warmluftheizung(sanlage) *f*

warm underfoot fußwarm (Wohnung)

warning pipe Überflussleitung *f* (Überlauf)

warning system Warnvorrichtung *f*

warp 1. Verziehen *n*, Verwerfung *f*, Verkrümmung *f*, Verformtheit *f* (z. B. Holz); 2. (Bod, Erdb, Wsb) Anschwemmung *f*, Aufschwemmung *f*, Schlamm *m*, Schlick *m*

warping Verziehen *n*, Verkrümmen *n*, Verwerfen *n*

warping joint Verziehungsfuge *f*, Krümmungsfuge *f* (Straße); Gelenkfuge *f*

warping stress Beulspannung *f* (Stahlbau)

warranty Garantie *f*; (AE) Haftung *f*; vertragliche Zusicherung *f*

warranty inspection Gewährleistungsabnahme *f*

wash-down toilet Spülklosett *n*

wash fixture Waschanlage *f*, Wascheinrichtung *f*, Waschräume *mpl*, Waschinstallation *f*

wash primer coat Washprimeranstrich *m*, haftsicherer Grund(ier)anstrich *m*

washable abwaschbar (z. B. Putz, Tapete)

washbasin Waschbecken *n*; Waschtisch *m*

washed finish Waschbetonoberfläche *f*,

washing-out

Waschputzeffekt m; Wascherrazzofläche f
washing-out Auswaschung f
waste 1. Müll m, Abfall m; Schutt m, Bauschutt m; Abraum m; 2. Ausschuss m; 3. Verlust m, Verschnitt m (z. B. bei Holzbearbeitung); 4. s. waste-water; 5. Vergeudung f; unwirtschaftlicher Materialeinsatz m
waste air Abluft f
waste collection Müllabfuhr f, Abfallabfuhr f
waste disposal 1. Müllbeseitigung f; Abfallbeseitigung f, Entsorgung f; 2. s. waste-water disposal
waste heap Abraumhalde f; Halde f, Müllhaufen m
waste incineration Abfallverbrennung f
waste pipe (San) Abwasserrohr n, Fallrohr n, Abwasserrohrleitung f; Hausabflussrohr n, Abflussrohr n; Abfallröhre f
waste recycling plant Abfallverwertungsanlage f
waste site operation Deponiebetrieb m
waste-water Abwasser n (Haushalt, Industrie); Schmutzwasser n; Abflusswasser n (z. B. bei Kühlsystemen)
waste-water disposal (Umw) Abwasserbeseitigung f, Abwasserentsorgung f
waste-water facilities Abwasserbauten mpl, Abwasserbehandlungsanlagen fpl
waste water treatment plant Kläranlage f, Klärwerk n
water v 1. wässern, bewässern (Beton); 2. berieseln, bewässern (Landschaftsbau); 3. verdünnen (z. B. wasserlösliche Anstriche); 4. tränken (mit wässrigen Lösungen)
water absorption Wasseraufnahme f (z. B. von Baustoffen)
water architecture Wasserbau m
water bar Wasserschenkel m, Wetterschenkel m, Wasserabweisleiste f (Fenster, Tür)
water barrier Wassersperre f
water base coating wasserverdünnbarer Anstrichstoff m
water basin 1. Wasserbassin n, Wasserbecken n; 2. Wassereinzugsgebiet n, Infiltrationsgebiet n
water-bearing layers wasserführende Schichten fpl, Grundwasserstockwerke npl

water-bound (Verk) wassergebunden (Straßenkoffer)
water catchment Wasserfassung f, Wassergewinnung f
water/cement ratio Wasserzementwert m, W/Z(-Wert) m, Wasser-Zement-Verhältnis n, Wasser-Zement-Faktor m (Beton)
water channel 1. Wasserrinne f (Sohlbank); 2. (Wsb) offener Wasserkanal m; 3. (Verk) geschlossener [gedeckter] Durchlass m
water-clearing plant Wasserkläranlage f
water conduit 1. Wasserkanal m (offen oder geschlossen); 2. Wasser(leitungs)rohr n, Wasserleitung f
water content Wassergehalt m
water disposal Wasserentsorgung f, Abwasserentsorgung f, Abwasserbeseitigung f
water drip Wassernase f, Tropfnase f; Wasserschenkel m
water engineering Wasserbau m, Hydrotechnik f
water fittings Wasserarmatur f
water gauge Wasserstandsanzeiger m (z. B. an Kesseln); Pegel m, Wasserpegel m, Peil m (in Gewässern); Pegellatte f
water-glass cement Wasserglaskitt m
water-heating system Wassererhitzungsanlage f, Wasserwärmungsanlage f
water intake 1. Wassereintritt m, Wassereinlass m; 2. Wasserentnahme f (aus dem Leitungsnetz)
water level 1. Wasserspiegel m, Wasserstand m, Wasserstandslinie f, Grundwasserspiegel m; 2. Setzwaage f, Wasserwaage f
water main Wasser(haupt)leitung f, Hauptwasserleitung f; Leitungsrohr n
• be on the water mains Wasseranschluss haben
water of hydration Hydratationswasser n, Hydratwasser n (Zementsteinbildung)
water outlet Wasserabfluss m, Ausfluss m, Entwässerungsöffnung f
water percolation Wasserdurchsickerung f
water-permeable wasserdurchlässig
water piping Wasserleitung f
water pollution control Wasserschutz m, Gewässerschutz m, Wasserreinhaltung f

water-proofing membrane Dichtungshaut f, Dichtungsschleier m *(Stauanlage)*
water protection area Wasserschutzgebiet n, Wasserschutzzone f
water-reducing agent [admixture] plastifizierender Betonzusatz m, Plastifikator m, Verflüssiger m
water-repellent cement wasserabstoßender [hydrophobierter] Zement m *(mit speziellen Additiven)*
water-repellent concrete Sperrbeton m
water-repellent finish Sperrputz m
water-repellent paper Sperrpappe f, Isolierpapier n
water repellent Dichtungsmittel n
water reservoir 1. *(Wsb)* Rückhaltebecken n; 2. Wasserbehälter m, Wassertank m
water resources engineering Wasserwirtschaft f
water seal 1. Wasserabschlussstandrohr n *(Geruchsverschluss)*; 2. Wassersperre f
water-service pipe Wasseranschlussleitung f *(vom Netz zum Wasserzähler)*
water stop Wassersperrdichtung f, Wassersperre f; Fugendichtung f; Dichtungsband n, Dichtungsstreifen m; Fugenband n
water supply 1. Wasserversorgung f; 2. Wasseranschluss m; Wasserzufuhr f, Wasserführung f
water table 1. Wasserspiegel m, Grundwasserspiegel m; 2. Wassersimsplatte f
water treatment plant [works] Wasseraufbereitungsanlage f
water vapour-proof wasserdampfundurchlässig
water-works *(Arch)* Wasserkunst f, Wasserspiele f *(in Gartenanlagen und Parks)*
waterfront structures Küstenschutzbauten mpl
waterproof v wasserdicht machen, sperren; abdichten; imprägnieren
waterproof wasserdicht, wasserundurchlässig; wassergeschützt
waterproof sealing Abdichtung f; Imprägnieranstrich m; Sperranstrich m
waterproof sheeting Dichtungsbahn f
waterproofing coating 1. wasserdichter Anstrich m, Wetterschutz m *(Fassaden)*; 2. wasserdichtes Beschichtungsmaterial n

waterproofing concrete Sperrbeton m
waterproofing layer Sperrschicht f, Wasserdichtungslage f
watershoot Traufstein m
watertight wasserdicht, wasserundurchlässig
watertight screen Dichtungshaut f, Dichtungsschleier m *(Baugrund, Stauwerk)*
waterway constructions Wasserbauten mpl für Wasserstraßen [Wasserwege]
waterworks 1. Wasserwerk n; Wasserwerkseinrichtungen fpl, Pumpanlagen fpl; Wasserbau m; 2. Wasserspiele npl, Wasserkunst f
wattle Flechtwerk n, geflochtene Wand f, Holzflechtwerk n; Faschine f, Zweigflechtwerk n
wayleave Überfahrtsrecht n; Grunddienstbarkeit f
weak 1. schwach; 2. weich; 3. dünn, mager
weak concrete Magerbeton m
wear v **away [out]** sich abnutzen, verschleißen, abtragen, abschleifen, abscheuern
wear-proof v verschleißfest machen, abnutzungswiderstandsfähig machen
wear course Verschleißschicht f, Verschleißlage f *(Fußboden, Straße, Betriebsflächen)*
wear resistant verschleißfest, abriebbeständig, abriebfest, abnutzungsbeständig
wearing layer 1. Fußbodenverschleißschicht f, Deckschicht f eines Fußbodens; 2. Fußboden(deckschicht)leger m, Verschleißestrichleger m
weather board 1. Außenschalbrett n; 2. Windbrett n, Windfeder f *(am Giebel)*; 3. unteres Türquerschutzholz n
weather-dependent control witterungsgeführte Regelung f *(Heizung)*
weather drip Tropfnase f, Wassernase f; Wasserschenkel m
weather-fast wetterfest, witterungsbeständig, wetterwiderstandsfähig
weather-resistant wetterbeständig, witterungsbeständig, wetterfest
weathercoat Außenanstrich m
weathering 1. Verwitterung f, Verwittern n; Auswitterung f; 2. Bewittern n *(Werkstoffprüfung)*; 3. Abschrägung f *(zum Wasserablauf)*; Regenablauffläche f;

weatherproofing

Wetterschutzabdeckung f; 4. Auswintern n *(Stehenlassen des Rohbaus über Winter bzw. Baustofflagerung bei Frost zum Spannungsabbau)*

weatherproofing Feuchtigkeitsabdichtung f

weatherstripping Abdichten n

web 1. Steg m, Trägersteg m; Schenkel m, Wulst m(f), Rippe f, Aussteifung f, Versteifung f; 2. Gewölbekappe f *(Rippengewölbe, Tonnengewölbe)*; 3. Gewebe n

web bar Schub(bewehrungs)eisen n, Diagonalbewehrungsstab m

web girder Vollwandträger m, vollwandiger Träger m *(Stahlbau)*

web plate connection Stegblechanschluss m, Stegblechstoß m, Stehblechanschluss m, Stehblechstoß m

web reinforcement 1. Scherbewehrung f, Schubbewehrung f, Diagonalbewehrung f, Schubeinlagen fpl; 2. Stegverstärkung f, Stegarmierung f

wedge 1. Keil m, Spitzkeil m; 2. Zwickel m *(keilförmige Aussparung)*; 3. s. wedge edged stone

wedge edged stone Keilstein m, Gewölbestein m

wedged mortise and tenon joint Keilzapfenverbindung f

weepdrain Sickerdränung f

weephole Sickerloch n, Entwässerungsloch n *(in einer Stützmauer)*; Ablauföffnung f; Sickerschlitz m, Entwässerungsschlitz m; Schluckbrunnen m

weigh-in-motion *(Verk)* Achslastwaage f für rollenden Verkehr

weight-batching unit Dosieranlage f

weight-carrying belastet, lasttragend, tragend

weight-carrying skeleton Tragskelett n, Traggerippe n

weir *(Wsb)* Wehr n, Stauwehr n, Stauanlage f, Stauwerk n, Damm m, Fangbuhne f; Überfall m

weld 1. Schweißnaht f, Naht f; Schweißstelle f, Schweißverbindung f, Schweißung f; 2. s. welding

weld inspection Schweißnahtprüfung f

weld line Schweißnaht f

welded asphaltic sheet(ing) *(AE)* Bitumenschweißbahn f

welded assembly 1. geschweißte Baugruppe f; 2. Schweißmontage f

welded connection Schweißverbindung f, geschweißte Verbindung f

welded steel structure geschweißte Stahlkonstruktion f

welding Schweißen n; Schweißarbeiten fpl

welding layer Schweißlage f

welding procedure Schweißverfahren n

welding seam Schweißnaht f

weldment geschweißtes Bauteil n, Schweißteil n; Schweißkonstruktion f

well 1. *(Erdb)* Schacht m; Senkschacht m; Brunnenschacht m; Bohrung f, Bohrloch n; 2. Schacht m *(im Gebäude, z. B. für Treppen)*; Fahrstuhlschacht m; Lichtschacht m; Luftschacht m; 3. Brunnen m

well-built solide [gut] gebaut, sicher errichtet

well construction work Brunnenbauarbeiten fpl

well drain Sickerschacht m

well foundation Brunnengründung f, Senkbrunnengründung f

well-point system Sickerbrunnenentwässerungssystem n, Wellpoint-Grundwasserabsenkungsanlage f, Grundwasserabsenkungsanlage f mit Filterbrunnen

well-set satt aufliegend

well sinking method Brunnenbauverfahren n, Abteufverfahren n

wellhole 1. Absturzschacht m; 2. Treppenauge n, Treppenloch n

wet v befeuchten, anfeuchten, annässen; (be)netzen; einsumpfen *(z. B. Kalk)*

wet concrete 1. wasserreicher [flüssiger] Beton m; 2. Frischbeton m

wet mix macadam Mineralbeton m

wet room dampproofing Feuchtraumabdichtung f, Nassraumdichtung f, Nassraumsperrung f

wetted section *(Wsb)* Strömungsquerschnitt m, Durchflussquerschnitt m

wetting agent Netzmittel n, Benetzungsmittel n; Haftfestigkeitsverbesserer m

wharf Kai m; Hafendamm m; Hafen m

wharf construction Hafenbau m

wheel scraper Radschrapper m

wheel tracking test *(Verk)* Spurbildungstest m *(Straße)*

wheelbarrow Schubkarre f; Handkarren m

wheelchair facilities Rollstuhlanlagen fpl

wheelchair ramp Rollstuhlrampe f

wheeled loader Radlader *m*
whirlpool basin *(Wsb)* Tosbecken *n*
white cement Weißzement *m*, weißer Zement *m*
whitening 1. Weißen *n*; Schlämmen *n*; 2. Ausbleichung *f (von Holz)*; 3. *s.* whitewash
whitewash *v* weißen, kalken, tünchen; schlämmen
whitewashing Weißen *n*, Kalken *n*, Tünchen *n*; Schlämmen *n*
whole beam Ganzholzbalken *m*; Stammholz *n*
whole brick Vollziegel *m*, Ganzziegel *m*, ganzer Stein *m*
wicket 1. kleine Tür *f*, Schlupftür *f*, Türinnentürchen *n*; 2. (vergittertes) Schalterfenster *n*; 3. *(Wsb)* kleines Schütz *n*; Stauklappe *f*
wide breit, weit; ausgedehnt
wide-flange beam Breitflanschträger *m*
wide kerb Bordschwelle *f*
wide-span beam Weitspannbalken *m*
widening Erweiterung *f*; Weiten *n*; Verbreiterung *f (z. B. einer Straße)*
width Breite *f*; Weite *f*; lichte Weite *f*; Spannweite *f*
wilderness Naturschutzgebiet *n*, Landschaftsschutzgebiet *n*; unberührte Landschaft *f*
winch Winde *f*, Aufzugswinde *f*, Bockwinde *f*; Hebezeug *n*
wind *v* 1. winden, wickeln; aufwickeln, aufspulen; 2. sich winden [schlängeln] *(z. B. eine Straße)*
wind beam Hahnenbalken *m*; Querriegel *m*, Kehlbalken *m*
wind bracing Windaussteifung *f*, Windversteifung *f*, Windverspannung *f*, Windverband *m*
wind energy Windkraft *f*, Windenergie *f*
wind-force distribution Windkraftverteilung *f*
wind load Windlast *f*, Windbelastung *f*
wind moment equation Windmomentengleichung *f*
wind power station Windkraftwerk *n*
wind pressure coefficient Winddruckbeiwert *m*
wind screen Windfang *m (Wand)*; Windschutz *m*, Windschirm *m*, Windblende *f*
wind sway bracing Windverband *m*
wind uplift Windauftrieb *m (Dach)*

winder 1. verzogene Stufe *f*; Wendelstufe *f*; 2. Kurbelvorrichtung *f*; Haspel *f(m) (Antrieb für Seilaufzug)*
winding 1. Wickeln *n*; Aufwickeln *n*, Haspeln *n*; 2. Windung *f*; spiralförmige Holzverdrehung *f*, Wendelung *f*; 3. Biegung *f*, Krümmung *f (auch Straße)*
window Fenster *n*
window back Fensterbrüstung *f*
window bar 1. Fenstersprosse *f*; Glas(deck)leiste *f*; Rahmendeckleiste *f*; 2. Winddichtstreifen *m*, Abdichtleiste *f*; 3. Putzleiste *f*; 4. Fenstereisen *n*; Schließbalken *m*
window board Fensterbrett *n*; Simsbrett *n*
window case Fensterzarge *f*
window fittings Fensterbeschläge *mpl*
window frame Fensterrahmen *m*, Blendrahmen *m*
window gasket Fensterdichtungsprofil *n*, Fensterabdichtungsstreifen *m*, Fensterselbstdichtung *f*
window glazing Fensterverglasung *f*
window guard 1. Glasleiste *f*; 2. Abdichtleiste *f*; Winddichtstreifen *m*; 3. Fenster(metall)ziergitter *n*
window lintel Fenstersturz *m*
window opening Fensteröffnung *f*, Licht *n*
window pane Fensterscheibe *f*
window post Fensterrahmenpfosten *m*, Setzholz *n*
window rabbet Fensteranschlag *m*
window reveal Fensterleibung *f*
window sill Fensterbank *f*, Sohlbank *f*; Fensterbrüstung *f*
window transom Fensterriegel *m*, Fensterkämpfer *m*; Fenstersprosse *f*
windowlight Fensterscheibe *f*
windward side Wetterseite *f*; Windseite *f*
wing 1. Flügel *m*, Gebäudeflügel *m*; Seitenflügel *m*, Seitengebäude *n*; 2. Türflügel *m*; Drehtürflügel *m*; Fensterflügel *m*
wing wall Flügelmauer *f*
winter service Winterbetrieb *m (Heizung)*
wire *v (El)* verdrahten, Drähte verlegen, eine Leitung ziehen
wire 1. Draht *m*; 2. *(El)* Leitungsdraht *m*; Ader *f (Kabel)*
wire cable anchorage Kabelverankerung *f*, Drahtseilverankerung *f*
wire fabric Drahtgeflecht *n*
wire holder *(El)* Schelle *f*, Kabelhalter *m*

wire

wire lathing Putzdrahtgewebe n, Putzdrahtgeflecht n, Drahtputzträger m, Rabitzgewebe f

wire-mesh reinforcement Drahtmaschen(bewehrungs)matte f, Bewehrungsmatte f, Mattenbewehrung f

wire rope Drahtseil n, Kabel n

wire ropeway Drahtseilbahn f

wired (El) verdrahtet

wired glass Drahtglas n

wireless mast Funkmast m, Antennenmast m

wiring 1. (El) Installation f, Leitungsverlegung f; 2. Abspannung f, Verspannung f (Mast, Pfosten)

wiring layout (El) Verdrahtungsführung f

withstanding tropical conditions tropenfest

wood 1. Holz n; 2. Gehölz n; Wald m

wood block floor(ing) Holzpflaster n, Holzpflasterboden m, Holzpflasterklotz m

wood brick Holzziegel m, Holzblock m (für Befestigungszwecke)

wood building board Holzfaserbauplatte f

wood composite Holzverbund(bau)stoff m

wood concrete block Holzbetonstein m

wood construction 1. Holzbauweise f, Holzkonstruktion f, Holzverband m; 2. Holzbau m (Gebäude)

wood fastener Holzverbinder m, Verbindungselement n für Holzbauteile (z. B. Bolzen, Patentdübel, Spannschrauben)

wood-fibre insulation Holzfaserdämmung f

wood girder Holzträger m

wood in building sizes Bauschnittholz n

wood joist ceiling Holzbalkendecke f

wood preservation Holzschutz m, Holzkonservierung f

wood primer Holzgrundanstrich m, Holzgrundierer m, Holzgrundiermittel n

wood sealer s. wood primer

wood shingle Holzschindel f

wood siding Bretterverschalung f, Bretterverkleidung f, Bretterwandbeschlag m, Verbretterung f

wood skeleton structure Holzskelettbau m, Holzgerippebau m

wood treatment Holzbehandlung f; Holzimprägnierung f

wood trim Holzeinbauteile npl, Holzeinbauten mpl

wood-wool building slab Holzwolleleichtbauplatte f

wood yard Holz(lager)platz m; Zimmerplatz m

wooden beam floor Holzbalkendecke f

wooden binding beam Holzbinderbalken m, Holzbundbalken m

wooden board lining Holzverkleidung f, Bretterverkleidung f, Holzauskleidung f, Bretterauskleidung f

wooden chipboard Holzspanplatte f, Spanholzplatte f

wooden construction Holzbau m, Holzkonstruktion f

wooden floor Holzfußboden m

wooden framed house Holzfachwerkhaus n

wooden joist ceiling Holzbalkendecke f

wooden panelling Holztäfelung f, Täfelung f, Täfelwerk n

wooden post-and-beam structure Holzständerkonstruktion f

wooden roof frame Holzbinder m

wooden structural system Holzkonstruktionssystem n

wooden transom Kämpferholz n (Fenster, Tür)

woodwork 1. Holzarbeiten fpl; Tischlerarbeit f; Zimmererarbeit f; 2. Balkenwerk n, Holzwerk n • **do woodwork** zimmern

work v through durchörtern

work 1. bauausführende Arbeiten fpl; 2. Werkstück n; 3. Lauf m (z. B. eines Aggregats); 4. Leistung f (z. B. zur Vertragserfüllung)

work content Leistungsumfang m, Arbeitsumfang m

work measurement Rohbaumaß n, Nennmaß n

work order Bauausführungsgenehmigung f; Bauarbeitsauftrag m

work tolerance Fertigungstoleranz f (Bauteil, Montageelement)

workability Verarbeitbarkeit f (von Beton, Mörtel); Bearbeitbarkeit f (von Stein); durchführbar

workforce 1. Belegschaft f; 2. Arbeitskräftepotenzial n

working 1. Verarbeitung f (Beton, Mörtel); Bearbeitung f; 2. Arbeiten n, Schrumpfen n und Quellen n (von Holz)

working area Montagefläche f, Arbeitsfläche f; Baufreiheit f
working drawing Bau(ausführungs)zeichnung f, Ausführungszeichnung f, Arbeitszeichnung f
working load Gebrauchslast f, Nutzlast f *(eines Tragwerks)*; zulässige Last f [Belastung f]
working plan Bauplan m, Ausführungsplan m
working safety Arbeitssicherheit f; Betriebssicherheit f
working schedule Arbeitsablaufplan m, Bauablaufplan m
working stress zulässige Beanspruchung f [Spannung f, Belastung f], Betriebsspannung f *(Festigkeit)*
working stress design Berechnungsverfahren n nach der zulässigen Spannung, Gebrauchslastverfahren n
works 1. bauliche Anlagen fpl; öffentliche Bauten mpl; 2. Werk n, Betrieb m
works progress schedule Bauzeitenplan m, Bauablaufplan m
workshop fabrication Werkstattfertigung f
workspace Arbeitsraum m
woven geknüpft *(Bewehrung)*
woven fabric lathing Putzträgergewebe n
woven steel (wire) fabric Betonbewehrungsmatte f, Baustahlmatte f
woven wire fabric construction Rabitzbau m
wreathed stair gewundene Treppe f
wrecking Abriss m, Abbruch m, Abbrucharbeit f, Niederreißen n, Abtrag m *(von Gebäuden)*
wrecking ball Fallbirne f, Zertrümmerungskugel f, Abrissbirne f
wrecking permission Abbruchgenehmigung f
wrecking work Abbrucharbeiten fpl
wrought formwork gehobelte Schalung f
wrought-iron work Schmiedekunst f; Kunstschmiedearbeit f
wye Rohrverzweigung f, Hosenrohr n
wythe Wandschale f, Schale f *(Hohlwand)*

X

X-arm Querträger m
x-axis x-Achse f
X-bracing Kreuzverstrebung f
X-ing *(AE)* Kreuzung f, Überweg m
X-ray examination Röntgenprüfung f, Röntgenuntersuchung f *(Metall, Beton)*
X-ray protective concrete Röntgenschutzbeton m, Strahlenschutzbeton m
xing *(AE)* Überweg m, Kreuzung f
xylolite Steinholz n

Y

y-axis y-Achse f
Y-branch Abzweigstück n, Gabelstück n, Hosenstück n *(Rohrverbindung)*
Y-ducting *(San)* Hosenrohr n, Hosenstück n
yard 1. Hof m, Lagerplatz m; 2. Yard n *(SI-fremde Einheit der Länge; 1 yd = 0,9144 m)*
yard gully Hofablauf m, Hofeinlauf m, Hofgully m
yard lumber *(AE)* Bauholz n, Kantholz n, Schnittholz n *(bis 125 mm dick)*
yardage 1. Fläche f in Quadratyard; 2. Erdmassen fpl in Kubikyard
year of foundation Jahr n der Grundsteinlegung
yellow fire (wood) *(AE)* Douglastannenholz n
yield v 1. fließen *(Werkstoffe)*; sich strecken *(Metall)*; 2. nachgeben; sacken, einsinken
yield 1. Fließen n; Streckung f, Dehnung f *(über die Elastizitätsgrenze)*; 2. Nachgiebigkeit f; 3. Leistung f *(z. B. einer Maschine)*; erbrachte Leistung f; Ergiebigkeit f *(Kalk, Zement, Farbe)*
yield limit Fließgrenze f *(von Werkstoffen)*
yield line method [theory] Bruchlinientheorie f
yield load Belastung f im elastischen Bereich
yield point Fließgrenze f *(von Werkstoffen)*; Streckgrenze f *(von Metallen)*
yield strength Zugfestigkeit f an der Streckgrenze, Fließfestigkeit f

yielding nachgiebig, nachgebend *(Material, Erdstoff)*
yielding 1. Fließen *n*; 2. Nachgiebigkeit *f*, seitliches Ausweichen *n*
yoke 1. Joch *n*, Bügel *m (am Fensterkasten)*; 2. *(San)* Gabelkopf *m*, Gabelstück *n (Rohrverbindung)*; 3. Heberbock *m (Gleitschalung)*
Young's modulus Elastizitätsmodul *m*, E-Modul *m*

Z

Z-section Z-Profil *n*, Z-Stahl *m (Träger)*
zebra road marking *(Verk)* Zebrastreifen *m*, Zebrastreifenmarkierung *f*
zeolite cement composite Zeolithzementverbundstoff *m*
zero conductor *(El)* Nulleiter *m*

zero line Nulllinie *f*, Nullachse *f*, Biegeachse *f*, Nullriss *m*
zero point of moments *(Stat)* Momentennullpunkt *m*
zigzag riveting Zickzacknietung *f*
zinc Zink *n*
zinc-coated verzinkt
zinc-coated sheet Zinkblech *n*, verzinktes Blech *n*
zinc dipping Feuerverzinkung *f*
zinc phosphate coating Zinkphosphatschutzschicht *f*
zinc-sprayed spritzverzinkt
zone 1. Zone *f*, Bereich *m*; 2. Gürtel *m (geographisch)*; 3. temperaturgeregelte Raumeinheit *f (Klimaanlage)*
zoning law Bebauungsgesetz *n*
zoning map Bebauungsplan *m*; Flächennutzungsplan *m*
zoning regulations Bebauungssatzung *f*, Bebauungsvorschriften *fpl*

Deutsch – Englisch

A

Abbau m 1. disassembly, dismantling (Demontage); taking apart (Hausinstallation); 2. (Umw) decomposition, degradation

abbaubar 1. (Umw) degradable; 2. minable (Baustoffe)

abbauen v 1. disassemble, dismantle, take to pieces (Demontage); 2. minimize (Last, Spannung); 3. quarry, mine, get (Gestein); 4. strike, take down, dismantle (Gerüst); 5. strip down (Schalung); 6. demount, detach (Teile); 7. absorb (Kraft, Spannung); 8. (Umw) decompose, degrade; 9. degrade (Geologie)

abbeizen v pickle, scour (Metall); strip, strip away (Altanstrich)

Abbeizmittel n paint stripper, varnish remover (Altanstrich); pickling agent, pickling chemical (Metall)

abbiegen v 1. hook, offset (Teile); bend down, bend up (Betonstahl); 2. (Verk) turn off

Abbildung f 1. illustration, representation; 2. (Arch) projection; 3. mapping (Mathematik)

Abbindebeschleuniger m accelerator, set accelerating admixture, accelerating additive, accelerating admixture, rapid-cementing agent, cementing accelerator (Zement, Mörtel, Beton); catalyst, hardening compound, setting accelerator (Kunstharz, Kunststoffkleber usw.)

Abbindedauer f 1. setting time (Zement, Beton, Kunststoffe usw.); 2. curing period, curing time, time of curing (Verschnittbitumen)

abbinden v 1. set, harden, hydrate, cement (Zement, Beton); 2. harden, condition, cure (Kunstharz, Kleber, Verschnittbitumen usw.); 3. (Hb) join; 4. break (Bitumenemulsion)

Abbindeprozess m curing process, process of setting

Abbindeverlauf m curing process, process of curing (z. B. bei Verschnittbitumen); process of setting (Zement, Beton usw.)

Abbindeverzögerer m dope, retarder, setting retarder, set retarding admixture (für Zement oder zementartige Stoffe)

Abbindewasser n setting water, water of setting (Hydratation)

Abbindezeit f final setting time, setting time, period of curing (hydraulisch); time of curing, curing time (Verschnittbitumen) • **die Abbindezeit verkürzen** shorten the time of setting

abblättern v chip off, scale, spall (Beton, Gestein); chip (Emaillack, Lackfarbe); flake, flake off (Putz, Anstrich, Naturstein); exfoliate (Oberfläche, Schiefer); peel, peel off, shell (Anstrich); shiver (Keramikglasur)

Abböschen n (Erdb) flattening, bank sloping

Abböschung f (Erdb) slanting, sloping

abbrechen v demolish, pull down, raze, take down, wreck (Gebäude); terminate (Bauarbeiten)

Abbrennstumpfschweißung f resistance flash welding

abbröckeln v chip off, peel off, scale, crumble

Abbruch m demolition, pulling-down, taking down, wrecking (Gebäude, Bauteile); termination (Bauarbeiten) • **den Abbruch erklären** condemn

Abbrucharbeiten fpl wrecking work

Abbruchfallbirne f demolition ball

Abbruchgenehmigung f demolition permission, wrecking permission

Abbruchmaterial n waste building material

Abbruchvorhaben n demolition project

Abbundplatz m joining yard, trimmer yard

Abdachung f 1. (HLK) hood; 2. ramp, escarpment (von steilen Böschungen, Vorgang)

abdämmen v 1. (Wsb) pond, bank up, dam, embank; 2. insulate

Abdeckblech n cover plate, covering plate, mask; flashing (am Schornstein)

Abdeckbrett n covering board

abdecken v 1. cap, cope (Mauer); 2. mask, blanket, cover, top (Oberflächen); 3. unroof (Dach); 4. revet (Böschung, Fundament); 5. shade (Strahlung); 6. shroud (Umhüllung)

Abdeckfarbe f masking paint

Abdeckfolie f masking film, masking sheeting, protecting foil

Abdeckleiste f cover fillet, moulding strip;

Abdeckprofil

dutchman *(z. B. für schlechte Fugen, Fehlstellen)*

Abdeckprofil n profiled coping

Abdeckung f 1. cope, coping; capping *(Mauer)*; 2. covering, decking, masking, capping *(Oberflächen)*; 3. planking, shutter *(Abschottung)*; 4. shroud *(Umhüllung)*; 5. *(Arch)* cap *(dekorativer Abschluss eines Austrittspfostens einer Treppe)*

Abdeckungsverkleidung f lining, inside trim

abdichten v 1. *(Wsb)* caulk; 2. *(HLK)* caulk, proof, fuller; 3. seal, proof, waterproof *(Oberflächen)*; 4. caulk, clench *(durch Stauchpressung)*; 5. *(Erdb)* coffer; pack; mud-off; block off; 6. stuff, grout *(mit Mörtel)*; 7. puddle *(mit Lehmmörtel)*; 8. *(Umw)* seal, line *(Deponie)*; 9. slug *(Erkundungsbohrlöcher)*; 10. torch *(Ziegeldachverfugung)*; 11. stave *(mittels Daube oder Stab)*; 12. tighten *(durch Zusammenziehen bzw. Zugspannung)*; 13. insulate *(durch Sperrschicht)*

Abdichtleiste f sealing fillet; window bar, window guard

Abdichtmaterial n 1. sealing material; 2. tanking material *(Wasserdruckdichtung im Tiefbau)*

Abdichtung f 1. *(HLK, Wsb)* caulking, proofing; packing; 2. sealing, seal, sealing-up, proofing; weatherproofing; lining *(Oberflächen)*; 3. diaphragm, waterproofing, waterproof sealing *(Dämmung)*; 4. vapour-proofing *(Dampfsperre)*; 5. obturator, sealing-joint *(Verschluss)*

Abdichtungslage f barrier membrane

Abdichtungsmittel n sealant

Abdichtungsschicht f sealing coat

Abdrückprobe f *(San)* water pressure test

Abfall m 1. waste, waste material, litter, rubbish, junk, refuse, dross, *(AE)* garbage; 2. scrap *(Altmaterial, Schrott, Produktionsabfall)*; 3. descent *(Gelände, Straße)*; 4. *(Stat)* decrease *(Kräfte, Spannungen)*; 5. discard *(Berge)*; 6. drop *(Spannung, Temperatur usw.)*; fall *(Werte; Gelände, Straße; Wassergefälle)*; 7. offal *(Bruch- und Verarbeitungsverluste von Baustoffen)*; 8. sullage *(Schlammablagerung, häusliche Schmutzwässer)*; 9. tailings *(industrielle Produktionsrückstände)*; 10. lowering *(Absenkung, Rückgang, Wasserstand usw.)*

Abfall m/**rückgewinnbarer** recoverable waste

Abfallaufbereitung f waste recovery

Abfallbehälter m dustbin, rubbish bin, waste container, waste receptacle, *(AE)* trash can, garbage can

Abfallbehandlung f waste processing, waste treatment

Abfallbeseitigung f disposal, disposal of refuse, waste disposal

Abfalldeponie f waste containment, waste tip

Abfälle mpl rubbish, trash

abfallen v 1. decline, dip, fall, sink *(Gelände)*; 2. drop, fall *(Werte, Temperatur, Druck usw.)*; 3. drop off *(von etwas)*; 4. descend *(Straße, Gelände)*; 5. incline, slope *(Flächen, geologische Schichten)*; 6. slope away; 7. slope down *(Dach, Fläche, Gelände)*

abfallend sloping, shelving *(Fläche)*

Abfallentsorgung f waste disposal, *(AE)* garbage disposal

Abfallprodukt n/**wiederverwertbares** reusable waste product

Abfallstoffverwertung f refuse utilization, waste utilization

Abfallverbrennungsanlage f refuse incinerator, refuse incinerator plant

Abfallverwertungsanlage f waste recycling plant, waste utilization plant

Abfangen n 1. holding *(mittels Zuganker)*; 2. supporting, propping *(Träger, Balken)*; 3. *(Erdb)* underpinning; 4. deadening, resisting *(Kraft)*

Abfasen n bevelling, canting; chamfering *(meist mit 45°)*

Abfertigungshalle f *(Verk)* terminal, passenger terminal *(Flughafen)*

abfilzen v felt-treat

abflachen v 1. *(Erdb)* flatten, level off; 2. tabulate *(Bauelemente)*

Abflachung f 1. *(Erdb)* flattening; 2. tabulation *(Bauelemente)*

abfließen v discharge, drain away, flow off, outflow, run off

Abfluss m effluent, effluence, outlet, run-off, efflux, flowing-off, discharge, drain, drainage; fixture drain *(z. B. von einem Traps)*

Abflussgraben m 1. *(Verk)* sough; 2. *(Wsb)*

Abkratzen

tail-race *(eines Kanals)*; through cut; 3. culvert *(z. B. unter Straßen)*; 4. ditch, drain, field drain; effluent channel

Abflusskanal *m* 1. discharge conduit, drain channel; 2. sewer, effluent sewer; 3. *(Wsb)* overflow channel, side chamber, wasteway

Abflussleitung *f* 1. discharge line, discharge pipeline, drain line, draining line; 2. *(San)* discharge pipe; 3. *(Wsb)* outfall; 4. fixture drain *(z. B. von einem Traps)*

Abflussmenge *f* discharge rate, efflux, outflow, outflow amount, rate of discharge, rate of runoff, run-off, run-off capacity; delivery

Abflussrinne *f* 1. discharge channel, draining channel, drainage channel; 2. discharge gutter, drainage gutter *(Tiefbau)*; 3. *(Wsb)* side channel

Abflussrohr *n* 1. spout, discharge pipe, drain pipe, draining pipe, outflow pipe, discharge conduit; 2. *(San)* waste pipe; cesspipe *(für Klärgruben)*

Abflusssystem *n* draining pipework, drainage pipework, discharge pipework, discharge pipe system

Abgang *m* 1. *(Verk)* fretting *(Grundbruch)*; scabbing, ravelling, *(AE)* raveling *(Straßenbelag)*; 2. tailings, waste material *(Rückstände industrieller Verarbeitungsprozesse)*; 3. loss; 4. *(El)* junction; 5. departure

Abgaskanal *m* exhaust gas duct

Abgasreinigung *f (Umw)* waste gas cleaning

Abgasrohr *n* vent connector *(Gasheizung)*

abgebunden 1. hydrated, cemented *(Zement, Beton)*; 2. set *(Kleber, Zement)*; 3. *(Hb)* joined *(Bauholz)*

abgedichtet proofed, draught-proofed, windtight *(gegen Luft)*; gasketed, leakproof, hermetically sealed

abgeflacht flattened, flat-topped; depressed; oblate

abgeglichen 1. flushed, levelled; aligned; adjusted; 2. balanced, trimmed; matched

abgehängt suspended *(z. B. Decken)*

abgekantet canted, chamfered, subrounded; folded; welted

abgeleitet *(Stat)* derivative, derivated *(Formel)*

abgenutzt worn, worn-out, used up; spent *(Geh- und Verkehrsoberflächen)*

abgerundet 1. rounded; radiused *(Kante)*; curved; 2. rounded-off *(mathematisch)*

abgeschlossen 1. closed *(z. B. Raum)*; self-contained; 2. *(Umw)* completed *(Deponie)*

abgeschrägt 1. battered *(Wand)*; 2. bevelled, canted, chamfered, *(AE)* beveled *(Kante)*; 3. slanted *(Hang, Böschung)*; 4. splayed, tapered *(verjüngend)*

abgestrahlt blast-cleaned *(Oberfläche)*

abgestuft 1. graded, close-graded, dense-graded, screened *(Baustoffe)*; 2. stepped, benched, tiered

abgestumpft blunt, truncated *(geometrisch)*; dulled *(Werkzeuge)*

abgetreppt stepped, tiered

abgewalmt hipped

abgezogen floated *(Oberfläche)*

abgleichen *v* 1. *(Bod, Verk)* shape, level, level off, make level, align, skim, straighten; 2. strike off *(mittels Deckenfertiger)*; 3. even, trim *(Bodenoberfläche)*; 4. adjust *(Messtechnik)*; 5. *(HLK)* balance

abgleiten *v* glide off, slip off, slide off

Abgrund *m* precipice

Abhang *m* decline, declivity, slope, downhill slope, shelving, slope

abhängen *v* hang, suspend *(z. B. Decken)*; take down

Abhilfemaßnahme *f* remedial treatment

Abhitzeverwertung *f* utilization of waste heat

abhobeln *v* plane, plane down, plane off; thickness; jack down *(mittels Schlichthobel)*

abkanten *v* 1. cut off the cant, edgebend; 2. chamfer *(mit 45 Grad)*; bevel *(Werkzeuge)*; 3. flange, fold, fold down, turn down, welt *(Blech, Träger usw.)*

Abkantung *f* drip *(Dachrinne)*; fold *(Bleche)*; welted edge

abklemmen *v* pinch off, squeeze off

abklopfen *v* rap *(Betonform)*; tap *(Unebenheiten)*; dab, pick, stug *(Natursteinoberflächengestaltung)*

Abknicken *n* buckling *(Platten, Bleche, Scheiben)*; kink *(in Draht)*; offset

Abkratzen *n* devilling, regrating *(Putz)*; scoring *(Holz)*; scraping, scraping-off

abkühlen

abkühlen v chill, cool, cool down; quench *(Metall, Glas)*

ablagern v 1. build up, deposit, lay down; 2. age; season *(Holz)*; 3. sedimentate *(geologisch)*; 4. dump, deposit *(Müll)*

Ablagerung f 1. alluvial deposit, alluviation, laying-down *(Geologie)*; 2. deposit, deposition; settlement, settling *(Vorgang)*; 3. *(Erdb)* landfill, laying-down; 4. seasoning, ageing *(von Holz)*; 5. sediment *(Rückstand)*; 6. warehouse set *(Zement)*; 7. *(Umw)* deposit build-up *(Müll)*

ablängen v buck, cut, cut into length, cut into sections, saw off to length, saw to length, trim, bucking, cutting to length *(Holz, Langholz, Baumstämme)*

Ablass m blow-off, outlet; drain

ablassen v drain away, run off; discharge *(Flüssigkeiten, Gase)*; vent *(Gase)*; bleed, empty *(leeren)*

Ablasshahn m drain cock, drain tap, draw-off cock, bleeder

Ablassventil n discharge valve, outlet valve, overflow trap, overflow valve, purge valve

Ablauf m 1. *(San, Umw)* drain, floor inlet; outflow, outlet, runoff; waste pipe; 2. *(Verk)* gully, drain *(Straße)*; 3. process, run; sequence *(Abfolgen)*; 4. *(Arch)* tapered collar, cavetto, cavesanetto; throat; 5. throat *(Wassernase, Wasserkehle usw.)*

ablaufen v 1. discharge, drain down, drain, run off *(Flüssigkeiten)*; 2. sag *(Anstrichstoffe)*; 3. expire *(Garantie, Angebot)*; 4. proceed, run, run down *(Abfolgen)*

Ablaufkanal m 1. *(Wsb)* flume; run-off canal; effluent channel; 2. *(Umw)* sewer *(Abwasser)*

Ablaufplan m schedule, timetable, work schedule

Ablaufrinne f 1. drain gutter, discharge gutter, discharge channel, guttering, outlet ditch, outlet trough, bye-channel, bye-wash; 2. *(Arch)* tapered collar

ablaugen v pickle *(Holz)*

Ablaugmittel n stripper

ableiten v 1. carry off, abstract *(Wärme)*; 2. drain away, discharge, drain off, bleed *(Flüssigkeiten)*; 3. *(El)* shunt, leak; 4. arrest, deflect *(Überspannung, Blitz)*; 5. transfer, transmit *(Berechnung)*; 6. divert, bypass *(umleiten)*; 7. remove *(Wasser entziehen)*

Ableitung f 1. abstraction *(z. B. von Wärme)*; 2. diversion *(Umleitung)*; 3. path to earth, conduction *(Blitzschutz)*; 4. *(Stat)* derivation; 5. *(San)* offtake; 6. removal *(Wasserentzug)*

ablenken v 1. deflect; drape *(Spannbeton; Spannbetonlitzen)*; 2. *(Wsb)* divert *(Fluss)*; 3. deflect *(Licht)*

Ablenkplatte f *(HLK)* deflector, baffle plate *(Ablenkblech)*

Ablenkungskraft f deflecting force

Alesevorrichtung f reading device, readout unit, eyepiece

ablösen v peel, strip away *(Anstrich, Beschichtung)*; unstick; strip *(Beton)*; detach *(Montage, Demontage)*

Ablösen n 1. adhesive failure, debonding; 2. scabbing *(Straßenbelag)*; stripping, separation *(eines Anstrichs)*

Abluft f 1. *(HLK)* exhaust air, exit air, leaving air, outgoing air, vitiated air, waste air; 2. *(Umw)* foul air; cleaned gas, scrubbed gas

Abluftfilter n waste air filter

Abluftkanal m exhaust shaft, vitiated air duct

Abluftrohr n outgoing pipe

Abluftventilator m exhaust fan

abmarkieren v *(Verm)* trace out

Abmarkung f *(Verm)* demarcation

Abmaß n deviation, margin, off-size, tolerance

abmessen v measure, gauge; batch, proportion, meter *(Baustoffe für Mischungen)*; scale *(Holz)*

Abmessung f dimension *(Gebäude)*; size

Abmessungsangaben fpl dimensional data

abmontieren v detach, dismount, disassemble, dismantle, take apart; remove; strip *(z. B. Schalung)*

Abnahme f 1. *(Stat)* abatement *(Spannungen)*; 2. acceptance *(Güte, Leistung)*; 3. decrease, diminution, fall, lowering *(z. B. von Werten)*; 4. taking over *(Haus, Gebäude)*

Abnahmebescheinigung f acceptance certificate

abnahmepflichtig subject to acceptance *(Bauteile, Bauzustände)*

Abnahmeprotokoll n certificate of ac-

abschirmen

ceptance, acceptance certificate; trial record, inspection report
Abnahmeprüfung *f* acceptance test, final test; trial *(Gebäudeinstallation)*
Abnahmeunterlagen *fpl* acceptance documents
Abnahmevorschriften *fpl* quality specifications, specifications
abnehmbar removable, separable
abnehmen *v* 1. accept *(z. B. Bauwerk)*; 2. decay *(z. B. Schwingungen)*; 3. decline, fall *(z. B. Messwerte)*; 4. decrease *(Kräfte, Spannungen, Schwingungen)*; 5. drop *(z. B. Temperaturen, Druck)*; 6. dwindle, remove, take down, take off *(von allg.)*; 7. skim, skim off *(abschöpfen)*
Abnehmerübernahmepunkt *m* consumption point
abnutzen *v/sich* fret, wear away, wear out
Abnutzung *f* wear; fading *(Kunstharze, Beschichtungsstoffe)*
abnutzungsbeständig resistant to wear, wear resistant
abpflocken *v (Verm)* peg out
abplatzen *v* 1. flake off, scale off; exfoliate; chip; 2. peel, peel off; chip *(Anstrich; Emaillack, Farbe)*; 3. spall, slab *(Gestein)*
abputzen *v* plaster; render, rough-cast, *(AE)* parget *(Mauern)*; scour *(eine Oberfläche glätten)*; skin *(tünchen)*
Abraumhalde *f* dump, pit heap, spoil heap, spoil area, waste heap, waste pile
Abraumschicht *f* overburden, *(AE)* capping
Abrechnung *f* accounting, settlement of accounts
abreiben *v* abrade, float, rub, rub down, rub off, score *(Putz)*; score, score off, gall *(Schmutz)*; grind *(schleifend)*; wipe *(wischend)*
abreißen *v* demolish, dismount, knock down, pull down, take down, tear down, wreck, break down *(Gebäude)*
abrichten *v* dress, pare, surface *(Holz)*; planish *(Blech)*
Abrieb *m* abrasion, attrition, rubbing
Abriebfestigkeit *f* abrasion resistance, attrition hardness, non-abrasiveness, resistance to attrition, surface abrasion resistance, wear resistance
Abriss *m* demolition, wrecking *(von Gebäuden)*

Abrissgebiet *n* clearance area, clearance zone
Abrissprojekt *n* demolition project
abrunden *v* ease, round, round off *(z. B. Ecken)*; round, round off *(Zahlen)*
Abrundung *f* rounding-off
abrüsten *v* strike down the scaffolding, take down the scaffolding, unscaffold
Absacken *n* 1. settlement *(von Gebäuden)*; 2. veiling *(Anstrich)*; 3. sacking *(Schüttgutbaustoffe)*
absanden *v* 1. grit, sand, bind, seal *(bestreuen)*; 2. sandblast *(Sandstrahlen)*
Absatz *m* 1. *(Erdb)* terrace *(im Gelände)*; 2. abrupt angle; 3. banquette *(Böschungs-, Deichabsatz)*; 4. bench *(Vorsprung in einem Erdwall)*; berm *(Böschung)*; 5. jog *(jede Unregelmäßigkeit in Richtung und Oberfläche eines Gebäudes)*; 6. laid-on stop, ledge, offset, set-in, set-off, shoulder *(Wand, Mauer, Fußboden)*; 7. marketing; 8. paragraph; 9. section *(Segment)*; 10. stage *(Bergbau)*; 11. step *(Stufe)*; 12. stop *(Auflager)*
Absaugen *n* 1. vacuuming vacuum, cleaning *(Reinigung)*; 2. siphonage *(Flüssigkeiten)*; 3. *(HLK)* suction
Absaugkanal *m* fan drift
Absaugleitung *f* exhaust ducting
Abschalen *v* chisel off, clean off; face
abschalten *v* 1. shut, switch off, turn off *(Anlagen)*; 2. *(El)* interrupt, switch off, break, disconnect, isolate
Abschattung *f* screening; shading; solar shading, sunshading
Abschätzung *f* estimation *(Baukosten)*; assessment *(Qualität, Zustand)*
abscheiden *v* segregate, separate; deposit *(Beschichtung)*
Abscheider *m* 1. *(HLK)* collector; 2. precipitator, separator, trap *(Abwasser)*; 3. interceptor *(für Leichtflüssigkeiten)*; 4. precipitator, separator; settler *(Absetzbecken)*; 5. collector *(Entstaubung)*
Abscherbolzen *m* shear pin
Abscherprüfung *f* shearing test
Abscherung *f* detachment
Abschirmbeton *m* concrete for radiation shielding, radiation-shielding concrete, shielding concrete
abschirmen *v* screen, screen off, shade; shield *(gegen Strahlung)*; protect *(gegen*

Abschirmungswand

äußere Einflüsse); stop off (Türen, Fenster); blanket (abdecken)

Abschirmungswand f shielding wall

abschlagen v knock off, chip off, strike off; remove by hammering (Putz); scabble, spall (Stein)

Abschlagszahlung f partial payment, payment on account, interim payment

abschleifen v abrade; emery (schmirgeln); paper, sandpaper, sand off (mit Sandpapier); rub off (abreiben); smooth (glatt schleifen); wear away, wear out (verschleißen)

abschließen v 1. close, lock, shut (z. B. Türen); 2. (Arch) finish off; occlude (Leitungen); terminate, finish (Handlungen); wind up (Baustelle); conclude, finalize (Vertrag)

Abschluss m (Arch) termination (Abschlusselement in der Kirchenarchitektur); closure (Öffnung); edging, surround (Randeinfassung); skinning over (Anstrich); finish, surface (Oberflächen); shutter (Raum)

Abschlussprofil n edge trim

abschneiden v cut away, cut off, shear; crop (beschneiden)

Abschnitt m section; cut (stofflich); stage, phase (zeitlich); stretch (elastisch, plastisch); paragraph (Vorschrift, Gesetz, Richtlinie)

abschrägen v batter, slope (Böschung); bevel, chamfer (abfasen); cant, cut off the cant (Ecken, Kanten); make slanting, slant (Dach); rake (Hang); splay (Tür, Fenster); weather (Dach, Abdeckung für Wasserabfluss)

Abschrägung f 1. cant (Ecke, Kante); chamfer, bevel (Abfasung); haunch of a beam; ramp (Dach, Auffahrt); scarfing (Holzverbindung); splay (Tür, Fenster); 2. (Arch) taper; weathering (zum Wasserablauf)

abschrauben v loosen, screw off, unbolt, unscrew, detach

Abschreibungskosten pl depreciation cost

abschwächen v weaken, lessen, diminish (Wirkung); damp, deaden (Schwingungen, Schall usw.); mitigate (Forderungen); tone down (Färbung)

abschwemmen v float of

absenken v lower (Grundwasser; Wasserspiegel); sink (z. B. einen Brunnen); settle, sink (Boden)

Absenkung f lowering (Wasserspiegel); sinking (Baugrund); swage (geologisch)

Absetzbecken n (San) detritus chamber, clarifying basin, precipitation tank, sewage settling chamber (Abwasser); debris basin, sedimentation basin, sedimentation tank, settler, settling basin, settling pond, settling pool, settling tank, stillpot

absetzen v 1. put down, deposit (Lasten); drop off, lower (herunterlassen); 2. (Arch) make recessed, step

Absetzklärung f (Umw) decantation

absieben v screen, riddle, sieve, sift; scalp (vorab sieben)

Absiegelungsschicht f sealing coat; surface sealer (Straße)

Absonderung f abstraction, separation (z. B. von Lösungsmitteln); detachment (Loslösen)

Absorberplatte f absorber plate (Solarkollektor)

absorbieren v absorb (Flüssigkeiten, Dämpfe, Gase); absorb (Kraft, Spannung); occlude (Stoffe)

Absorption f absorption (z. B. von Flüssigkeiten, Gasen)

Absorptionsmaterial n absorbent, absorbing material (Schall)

Absorptionsvermögen n absorbency, absorbing capacity

abspalten v wedge off; split of (auch Grundstücke)

abspannen v stay, anchor, rig, rig up; guy (mit Seilen)

Abspannmast m terminal pole

Abspannseil n rigging line, guy, pole guy, rope guy, guy line; span rope (z. B. für Freileitungen)

Abspannung f anchor span (Brücke); guy, guying, guy ropes; rigging (bei Montage); staying (von Masten); terminating (Leitungsbau); wiring (Mast, Pfosten)

absperren v block off, dam (Wasser); fence off, fence out (mittels Zaun usw.); seal (Untergrund vor Anstrichauftrag); shut off (z. B. Strom, Gas); stop off (absichern, Fenster, Türen usw.); isolate, waterproof (gegen Feuchtigkeit)

Absperrhahn m cut-off cock, plug valve, shut-off cock, stopcock

Absperrschieber *m* full-way valve, gate valve, preventer, sluice valve

Absperrung *f (Wsb)* damming; barrier fence, hedge *(mittels Zaun)*; lock-out *(Abschließen)*

Absperrventil *n* blocking gate, full-way valve, shut-off valve, stop valve

Abspitzen *n* dabbing, picking, stugging *(Natursteinoberflächengestaltung)*

absplittern *v* flake off; spall *(Gestein)*

Abspreizen *n* timbering

Abspreizung *f* propping-up

Abstand *m* clearance, distance, range, space; spacing *(räumlich)*; interval, space of time *(zeitlich)* • **in gleichem Abstand verteilt** equally spaced *(Bewehrungseisen)* • **mit Abstand anordnen** space *(in Räumen)* • **mit ungleichen Abständen** irregularly spaced

Abstandhalter *m* bar chair, bar spacer, cover block, reinforcing rod spacer *(Stahlbeton)*; distance piece, separator, spacer, spacer stay, spacing block, spacing stay, spreader • **mit Abstandhaltern versehen** self-furring *(Putzgewebe)*

abstecken *v (Verm)* lay out, peg out, picket, trace out; set out *(Gelände)*; stake, stake out *(mit Maßpflöcken)*; mark out, marking-out *(Trasse)*

Absteckpfahl *m (Verm)* stake, setting-out peg, sight pole, surveying rod, surveyor's staff; *(AE)* pin

Absteckplan *m* layout

Absteckung *f (Verm)* setting-out, location survey, pegging out

absteifen *v* prop, prop up, shore up, reinforce, stay; truss *(durch Dachbinder)*; needle *(durch Stützbalken)*

Absteifung *f* 1. shoring, stiffening, propping; 2. *(Tun)* propping; strutting *(als Schalung, Lehrgerüst, vor allem quer bzw. horizontal)*; sheeting *(Verbau)*

abstellen *v* put down *(Anlage)*; shut off *(z. B. Strom, Gas)*; stock *(einlagern)*; stop *(einen Motor)*; turn off *(z. B. Wasser)*

abstemmen *v* chip off, chisel off

Abstimmung *f* 1. coordination; 2. *(HLK)* balance point

abstoßen *v (Hb)* jack up *(mit dem Hobel)*; chip *(z. B. alte Anstriche)*; repel *(äußere Einwirkungen, z. B. Kräfte, Wasser, Strahlung)*; *(AE)* scuff

abstrahlen *v* 1. radiate, emit *(z. B. Wärme)*; 2. sandblast *(Oberfläche)*

Abstrebung *f* steady fork *(Stahlbau)*, strutting *(vor allem quer bzw. horizontal)*

Abstreichbohle *f* levelling beam

Abstreuen *n* road gritting *(Straße)*

Abstreumaterial *n* gritting material

abstufen *v (Erdb)* bench; downgrade, grade; graduate, scale *(nach bestimmten Merkmalen)*; shade, tone *(Farbe)*; step *(Gelände, Mauerwerk)*; terrace, layout in terraces; arrange in steps *(Garten)*

Abstufung *f* gradation, grading, graduation; step, terrace; shade, graduation *(Farben)*

abstumpfen *v* 1. *(Verk)* skidproof, blind *(Straße)*; 2. blunt *(Werkzeuge)*; 3. flatten *(Anstrich)*; 4. deaden *(Metall)*; 5. make dull *(Farboberflächen)*; 6. neutralize *(Oberflächen)*; 7. take off the edge *(Kanten)*

Absturzschacht *m* drop manhole, wellhole; sinking well *(Dränagesystem)*

Abstützbalken *m* needle, needle beam

abstützen *v* prop, prop up, reinforce, shore up, stay, strut; support *(Lasten)*

Abstützkonstruktion *f* shoring system

Abstützung *f (Tun)* propping; shoring *(Vorgang)*; strut, propping, supports, stays

abteufen *v* 1. *(Hb)* bore; 2. deepen, sink, sink a shaft *(Schacht, Brunnen)*

abtönen *v* shade, tint, tone, gradate *(Farbe)*

Abtrag *m* 1. *(Erdb)* dug earth, excavation, cut, cutting; 2. eating away *(Korrosion)*; 3. wrecking *(von Gebäuden)*; removal *(Gelände)*

abtragen *v* 1. clear down, pull down, demolish, take down, wreck *(Bauwerk)*; 2. degrade *(Geologie)*; 3. eat away *(Korrosion)*; 4. erode *(Gestein)*; clear down, skim *(Erdstoff)*; 5. strip *(Schichten)*; 6. wear away, wear out *(Verschleiß)*; 7. mark off, plot *(mathematisch)*; 8. *(Stat)* transfer *(Lasten)*

abtrennen *v* separate, divide off, separate out *(aus Stoffgemischen)*; sever *(zertrennen)*; partition *(Räume, Gebäude)*; detach *(abbauen, abmontieren)*; scalp *(durch Sieben)*; separate *(Land)*

Abtrennung 264

Abtrennung f **durch Trennwände** partitioning

Abtreppung f 1. (Erdb) benching; 2. racking, racking back (von Mauerwerk); 3. stepback, stepping, stepping-off

Abtretung f 1. assignment (z. B. von Ansprüchen); 2. cession (baulicher Rechte und Objekte)

Abwärme f waste heat, thermal discharge, thermal loss

Abwaschbecken n (San) sink basin

Abwaschtisch m (San) sink unit (als Küchenmöbel)

Abwasser n effluent waste-water, effluent water, foul water, refuse water; residual water (Restwasser); sewage, sewage water, used water, waste-water (Haushalt, Kanal, Industrie)

Abwasser n/**unbehandeltes** crude sewage, crude waste, raw sewage

Abwasserbauten mpl waste-water facilities

Abwasserbehandlung f sewage treatment, waste-water treatment, sewage disposal

Abwasserbehandlungsanlage f sewage clarification plant, sewage treatment plant, sewage treatment works

Abwasserbeseitigung f effluent disposal, sewage discharge, sewage disposal, sewage water disposal, waste-water disposal, waste disposal

Abwasserkanal m 1. building sanitary sewer (nur für häusliche Abwässer); 2. canal, conduit sewer, effluent sewer, sewer

Abwasserkläranlage f sewage purification plant, sewage sedimentation plant

Abwasserleitung f 1. building sewer (außerhalb eines Gebäudes); 2. drain line, foul water line, sewer, waste line

Abwassermenge f sewage flow, volume of sewage

Abwasserprojekt n sewage scheme

Abwasserreinigung f sewage treatment, purification of sewage water, refuse water purification, sewage purification, waste-water treatment

Abwasserreinigungsanlage f sewage treatment plant, sewage treatment works

Abwasserrohr n 1. (San) waste pipe; 2. drain pipe, pipe sewer, sewer, sewer pipe, water drain pipe

Abwassersammler m intercepting sewer

Abwassersickerbrunnen m leaching basin

Abwassersystem n sewerage system

Abwasserverwertung f utilization of refuse water, utilization of sewage

abweichen v **von** deflect, depart, diverge, stray, swerve

Abweichung f deviation, variation, tolerance, divergency; discordance (Struktur, Lagerung); irregularity (Oberfläche); scatter (Messergebnisse); variance (mathematisch)

Abweisblech n flashing (Dach)

abweisend repellent

Abweiser m guard

abwickeln v (Verk) roll out, upwind (Gradiente, Höhenlinienzug, Höhenprofil)

Abwicklung f development (einer Fläche development Geometrie)

abwinkeln v 1. peg out (Grundrisse); 2. (Verm) stake

Abwurfschacht m chute (z. B. eines Silos); disposal chute, disposer, shaft

Abziehbohle f finishing screed, screed board, smoothing beam, smoothing board; bull float; strike-off, strike-off screed (Horizontalfertiger)

abziehen v 1. discard (Materialoberflächen); 2. discount (Preis); 3. drag, level (Geländeoberfläche); 4. drain away, draw, draw off (Flüssigkeiten); 5. escape, issue, exhaust (Dämpfe, Gase); 6. deduct, subtract (Mathematik); 7. finish, finish-fair (Putz); 8. surface, sand, plain, flog (Parkett, Fußboden); 9. hone, whet (Schneidkanten); 10. pull off (Baustoffprüfung); 11. screed (Betonoberfläche, Putz); 12. sharpen (Klingen); 13. skim (Oberputz); 14. smooth (glätten); 15. strike off (mittels Deckenfertiger); 16. strip away, peel off, take off (Schichten); 17. strip, trowel, rub (Beton, Estrich); 18. deduct (Vergütung)

Abziehlatte f darby, darby float, levelling board, smoothing beam, smoothing board; strike-off, strike-off screed (Horizontalfertiger)

Abziehlehre f screed template

Abzug m 1. withdrawal, drawing-off (Flüssigkeiten, Gase); 2. conduit (Kanal);

3. copy, duplicate *(grafisch)*; 4. eduction *(Dampf)*; 5. flue, funnel, vent *(Schornstein)*; 6. outlet *(Öffnung)*; 7. penalty *(Preisminderung)*

Abzugshaube f *(HLK)* hood, exhaust hood

Abzugskanal m 1. conduit, flue, flue pipe, offtake *(Kanal, Schornstein)*; 2. sewer *(Abwasser)*

Abzugsrohr n 1. discharge pipe, drain pipe *(Wasser)*; 2. eduction pipe *(Dampf)*; 3. fume pipe, smoke pipe, breeching *(Rauchgas)*; 4. *(HLK)* vent pipe, outflow pipe, exhaust pipe, offtake

Abzweig m 1. *(El)* tap; 2. *(Verk)* scissor junction; 3. branch pipe, junction *(Rohrsystem)*

Abzweigdose f *(El)* branch box, joint box, junction box

abzweigen v 1. branch, branch off *(z. B. Leitungen)*; 2. turn out *(Schiene)*

Abzweigrohr n bifurcated pipe, branch, branch pipe, pipe branch, take-off pipe

Abzweigstück n lateral, wye branch, Y-branch *(Rohrverbindung)*

Abzweigung f 1. *(El)* arm, tapping; 2. bifurcation, branch, branching, embranchment, side branch *(von Leitungen)*; 3. fork, intersection leg *(z. B. einer Straße)*; 4. shunt, turnout *(Schiene)*

Achsabstand m 1. centre-to-centre, centre-to-centre distance; unit spacing *(Raster)*; 2. *(Verm)* offset

Achsabsteckung f marking-out of axis line

Achse f 1. axis, centre line; 2. axle, shaft *(Maschinenelement)*; 3. *(Verm)* survey traverse • **die Achse verschieben** move the centre line • **senkrecht zur Achse belastet** transversally loaded

Achsenkreuz n coordinate system

Achsenlinie f centre line

Achslast f axle load

Achsmaß n unit spacing *(Raster)*

Achteckgrundriss m eight-sided ground plan

Ackerland n arable land, tilled land, tilth, farmland; cropland *(Flächennutzungsplan)*; ploughland, *(AE)* plowland *(Landschaftsplanung)*

Acryl... acrylic ...

Acrylfarbe f acrylic paint

Additiv n additive, admixture, dope; functional addition *(Zement)* • **Additive zugeben** dope *(z. B. zu bituminösen Bindemitteln, Farben)*

Ader f 1. *(El)* core *(in einem Kabel)*; lead *(Aussprache: li:d)*; wire *(Kabel)*; 2. vein *(Gestein)*; 3. *(Bod)* streak

Adhäsionsbeiwert m adhesion coefficient, specific adhesion coefficient

Adhäsionskraft f adhesion force, adhesive force

Adhäsionsspannung f adhesive stress, adhesive tension

Adobebauweise f adobe construction *(mit ungebrannten luftgetrockneten Ziegeln)*

Adsorption f adsorption *(z. B. eines Gases an der Oberfläche eines festen Stoffs)*

Adsorptionsmittel n adsorbent

Adsorptionswirkung f adsorption efficiency

Affinität f affinity; liking *(z. B. Bitumen zu Gestein, Wasser zu Zuschlägen oder Baustoffen)*

affrontieren v place head to head

Agglomerat n agglomerate; bond, sintered fuel ash *(Leichtzuschlag)*

Aggloporit m agglopporite, expanded shale *(ein Sinter-Leichtzuschlag)*

Aggregat n aggregate *(Maschinen)*; assembly *(Baugruppe)*; set *(Geräte)*

aggressiv/nicht non-corrosive *(Medium)*

Akanthusblatt n *(Arch)* acanthus, acanthus leaf *(Pflanzenmotivornament)*

Akrylbeton m acrylic concrete

Akrylharz n acrylic resin

Aktivgrund m etching primer

Aktivität f activity *(Netzwerkplanung)*

Aktivkohlefilter n activated carbon filter, carbon filter

Akustikbaustoff m acoustic building material

Akustikkassette f sound absorbent panel

Akustikputz m sound absorbent plaster, sound-absorbing plaster

Akustikverkleidung f acoustic lining

Alarmanlage f alarm, alarm system

alkalibeständig resistant to alkalies, alkali-silica-resistant, fast to alkali *(Beton, Zement)*; lye-proof

Alkalifestigkeit f alkali fastness

Alkaligehalt m alkali content

Alkali-Kieselsäure-Reaktion f alkali-aggregate reaction

alkalisch basic, lixivial

Alkalitreiben

Alkalitreiben n alkali expansion
Alkoven m (Arch) alcove; bay (aus Pflanzen, Büschen und Bäumen); nook, recess (z. B. für Essecke, Kamin)
Alkydharz n alkyd, alkyd resin
Alkydharzfarbe f alkyd paint, alkyd-resin paint
Allee f allée, alley, avenue; boulevard
Allwetteranstrich m all-weather coat
Allzweckträger m all-purpose girder
Altablagerung f old deposit
Altarraum m (Arch) sanctuary
Altbauten mpl old buildings
Altbestand m old forest (Wald, Parks)
altern v age, fatigue; mature (Bitumen, Anstrich); season (Metall)
Alternativangebot n additive alternate, alternate bid (zusätzlich zum Angebot)
alterungsbeständig age-proof, age-resisting, non-ageing, resistant to ageing; durable
Altlast f problem site
Altmaterial n arisings, junk, used material; scrap (Schrott); salvaged material, salvage (wiederverwendbar)
Alufarbe f aluminium paint
Aluminiumabdeckung f aluminium coping
Aluminiumblende f aluminium blind, aluminium blind
Aluminiumfenster n aluminium window
Aluminiumverkleidung f aluminium facing
Amt n 1. authority, office, agency; (AE) bureau; department (Dienststelle); 2. office, position (Posten); official duty, function (Aufgabe)
amtlich official, authorized
Amtsingenieur m authority engineer
analysieren v analyse
Anbau m 1. addition, annex, extension, extension building; jutty (Erker); wing (Flügel); outbuilding (Nebengebäude); penthouse (Aufbau); 2. construction of an annex (Vorgang); 3. growing, culture (Pflanzen); cultivation, tillage (Flächen)
anbauen v add, annex, attach, build on (Gebäude); fit to, mount (Geräte)
Anbaugerät n attachment
Anbauküche f unit furniture kitchen
anbetonieren v match-cast
anbieten v offer, tender (Bauleistung)
Anbieter m bidder, tenderer; supplier

anblatten v (Hb) halve; scarf by the square
Anblattung f (Hb) halved joint, halving
anbohren v start a hole, tap
Anböschung f ramp landfill, slope landfill; slope method
anbringen v 1. apply (Kräfte); 2. attach, fasten, fit, fix, affix, install, mount, place, site
Anbringen n fitting, mounting, placing
andämmen v (Wsb) pond, bank up
Änderung f amendment, alternation, modification (z. B. in einer Bauzeichnung); change
Änderungsantrag m amendment proposal
Änderungsanweisung f während der Bauausführung field order
Änderungsmeldung f change order (an den Bauauftragnehmer über Bauausführungsänderungen)
andrücken v contact, press, press against
aneinanderbefestigen v link
aneinanderfügen v abut, join, link, assemble
anerkennen v admit, recognize
Anerkennung f accreditation (Zulassung für die authentische Leistung); approval, acceptance, recognition (Zustimmung)
Anfälligkeit f susceptibility, vulnerability (Baustoffe, Werkstoffe)
Anfangsbeanspruchung f initial exposure
Anfangsbelastung f initial loading, early loading
Anfangsfestigkeit f early strength, initial strength, primary strength
Anfangssetzung f (Erdb) initial settlement
Anfangszustand m initial state
anfeuchten v damp, dampen, moisten, wet; temper (Sand); humidify (Luft)
anflanschen v flange-connect, flange-mount
Anforderung f 1. order, request of delivery (Bestellung); 2. (Stat) requirement; 3. qualifications (Voraussetzung); 4. requirement (Bedürfnisse); 5. demand, request, call • **den Anforderungen genügen** satisfy • **den Anforderungen nicht genügen** fail to pass • **die Anforderungen erfüllen** meet the conditions, meet the requirements

Anforderung f/**umwelttechnische** environmental requirement

Anforderungen fpl/**technische** specification requirements, technical requirements

anfügen v adjoin, add, attach

Angaben fpl/**technische** specifications (z. B. von Baustoffen, Bauteilen, Geräte, Ausrüstungen); technical data, technical specifications

Angebot n 1. availability (Verfügbarkeit); 2. offer; tender, bid (Bauvertrag) • **Angebote eröffnen** submit • **das Angebot akzeptieren** accept the tender • **ein Angebot einreichen** tender • **ein Angebot machen** make a bid, bid

Angebotsaufforderung f advertisement for bids

Angebotseröffnung f bid letting, bid opening, letting of bids, opening of bids, submission, submission of tenders

Angebotssumme f contract price

Angebotszeitraum m bidding period

angeflanscht flange mounted

Angel f 1. (Hb) pin, swivel (z. B. an Türbändern); 2. fang (einer Feile); 3. hinge, pivot (Beschläge)

angeordnet arranged, located

angeschlossen connected; associated

angeschlossen an (El) linked-in with

angeschüttet filled (Gelände)

angewandt applied

angleichen v 1. (Hb) match; 2. adapt, adjust, accommodate harmonize; 3. parallel (geometrisch)

angreifen v 1. act on (Kraft); 2. attack (durch chemische Einflüsse); 3. bite, eat (Metalle, Kunststoffe); 4. corrode (Metalle)

angrenzen v abut, adjoin, border

angrenzend 1. adjacent, bordering, neighbouring (Grundstück, Land); 2. adjoining, next, neighbouring (Haus, Zimmer); 3. contiguous (Elemente); abutting (stoßend)

anhaften v adhere, adhere to, cling; stick (Stoffe)

Anhaftungslänge f grip length (Bewehrung)

Anhang m appendix (z. B. zu einer Zeichnung)

anhängen v affix, append

Anhängewalze f tractor-drawn roller

Anhäufung f agglomeration (chemisch); aggregation (physikalisch); cluster, mass (Gebäude, Gegenstände usw.); assemblage (gebündelt, zusammengestellt)

Anhebung f elevation (erheben); lifting (Lasten); increase, rise (Löhne, Preise)

Anhöhe f eminence, rise, high ground, mound (im Gelände, Hügel); knob (Höcker)

Anhydritbinder m anhydrite binder

Anhydritestrich m anhydrite screed

Anker m anchor, tie, masonry cavity tie; fish-tail

Ankerausziehtest m anchor pulling test

Ankerbalken m anchorage beam, fixed mooring

Ankerblock m head block

Ankerbolzen m 1. anchor bolt, foundation bolt, hold-down bolt, tie bolt, tie-down bolt; lag bolt, lag screw (mit quadratischem Kopf); 2. (Tun) roof bolt

Ankereisen n bat, clutch anchor; tie bar (Straßenbetondecke)

Ankerpfeiler m anchorage (Brückenbau)

Ankerplatte f anchor plate, tie plate; anchoring panel (z. B. einer Brücke)

Ankerschiene f anchoring rail

Ankerschraube f anchor bolt, fish-tail bolt, foundation bolt, hold-down bolt, tie bolt, tie-down bolt; lag bolt, lag screw (mit quadratischem Kopf)

Ankerwand f anchor wall

ankleben v glue, stick

Ankörnung f mark, marking, punch, punching

Anlage f 1. complex, construction, building, erection (baulich); 2. equipment, facility, installation (Einrichtung, Ausrüstung, komplexe Anlagen); rig (Gerät); 3. plant, works (Fabrik); 4. (HLK) system; 5. layout, siting (Plan, Standort); 6. investment (Kapital)

Anlagenbau m engineering and construction of complete plants, plant construction

Anlagerung f adsorption (z. B. eines Gases an der Oberfläche eines festen Stoffs)

Anlaschen n fishing

Anlauf m 1. (Arch) inverted cavetto (konkav kurvierte Vermittlung zwischen einem

Anlaufen

vorspringenden unteren und einem zurücktretenden oberen Bauelement); 2. short ramp; 3. tapered collar *(geometrisch);* 4. starting, start-up *(Baumaschinen);* 5. batter, battice *(einer Mauer)*

Anlaufen n 1. blooming; blushing *(von Lacken);* chilling *(Fleckenbildung auf trocknenden Farbanstrichen durch kalten Luftzug);* 2. escape *(einer Säule);* 3. tarnishing, fogging *(Glas, Metall, Oberflächen usw.)*

Anlegekante f face edge, work edge

anlegen v build, engineer *(Bauten, Straßen);* plant, lay out green space

anliegend/satt faying, snuggly fitting *(Montagebauteile)*

Anlieger m frontage resident, frontager, wayside owner, local resident, resident, *(AE)* frontager

anlöten v solder *(weich);* braze *(hart)*

anmachen v mix, prepare, temper *(Mörtel, Beton)*

Anmeldung f application

annageln v nail

Annahme f 1. *(Stat)* assumptions, supposition *(von Lasten);* 2. acceptance; reception, reception desk *(Waren);* 3. assumption, hypothesis *(von Voraussetzungen)*

annässen v wet; moisten

annehmen v 1. accept *(z. B. ein Angebot);* 2. *(Stat)* assume, suppose *(Lasten);* 3. take, take up *(Farbe)*

annieten v fasten with a rivet, rivet

anordnen v 1. arrange, dispose, set out, site; 2. locate, place, site, order *(Bauelemente, Gebäude);* 3. rule *(durch Vorschriften)*

Anordnung f 1. arrangement, disposal, disposition, setting, scheme, system; grouping *(Gebäude);* layout; 2. order *(z. B. von Bauelementen; zum Ausführen von Gewerke- und Ingenieurleistung);* 3. placement *(Einbaulage);* set-up *(von Einrichtungsgegenständen);* 4. spatial arrangement, configuration *(räumlich);* 5. rule *(Richtlinie, Vorschrift)*

anpassen v 1. adapt, adjust; accommodate; pair; parallel; 2. align *(Linien, Achsen);* 3. *(Hb)* cut fit, matchboard; 4. harmonize *(Einrichtungen usw.);* 5. match *(Farbe)*

Anpflanzung f plantation, cultivation

Anprall m impact *(auf eine Oberfläche)*

Anpralldämpfer m *(Verk)* crash cushion; impact attenuator

Anprallkraft f impact force

Anpressdruck m contact pressure

Anreicherungsbecken n infiltration basin, recharge basin, replenishing basin *(Kläranlage)*

anreißen v line out, scribe, mark, lay out, set out; score *(Frischbeton);* delineate *(Grafik);* line out *(Holz)*

Anreißen n marking-off, marking-out, setting-out; scribing; plotting; lining-out *(Holz);* scoring *(Frischbeton);* spiling *(Rammarbeiten);* *(AE)* laying out

Anrichteraum m pantry, scullery

Anriss m 1. incipient crack, initial cracking *(Metall, Beton usw.);* 2. mark, marking, scribing *(Markierung)*

Anrühren n mixing *(von Mörtel, Beton)*

Ansammlung f collection, accumulation, mass, pile

Ansatz m 1. *(Stat)* arrangement, statement, formulation, approach *(Mathematik);* 2. batch, charging stock *(Baustoffmischungen);* 3. attachment *(einer Verbindung);* 4. lug, nose, nozzle *(Ansatzstück);* 5. *(Arch)* projection; 6. shoulder *(Achsen, Wellen)*

Ansatz m **nach dem Traglastverfahren** *(Stat)* plastic load approach, limit load approach

Ansatzstück n lug, nose, nozzle, attached piece, attachment

ansaugen v draw, suck in *(Flüssigkeiten; Luft);* take in, induct

Ansauggebläse n suction fan

Ansauggitter n intake grille, intake louvre

Ansaugleitung f *(HLK)* suction pipe

Ansaugstutzen m air intake

anschärfen v sharpen, scarf *(Werkzeuge);* point *(Beton, Naturstein)*

Anschlag m 1. *(Hb)* rabbet, rebate; 2. check stop, stop, laid-on stop *(Sperre);* limit stop *(Kran);* 3. retainer *(Halterung);* 4. notice *(Bekanntmachung)*

anschlagen v 1. fasten, fix *(z. B. Leisten);* nail, nail to *(mit Nägeln);* 2. calculate *(Berechnung);* 3. post, put up *(Tafel, Poster usw.)*

Anschlagleiste f rabbet ledge *(Fenster);* back lining *(Fensterladen);* stop bar

Anschlagplatte f kick plate *(Tür)*
Anschlagschwelle f cut-off stop
anschließen v 1. *(El)* connect; 2. attach, connect, link, link up, mount *(Bauteile, Elemente)*; 3. fasten with a lock; 4. serve *(Anschlussleitung, Wasser usw.)*; 5. join *(zusammenfügen)*
Anschluss m 1. *(El)* bonding, connection; 2. attachment, connection *(Bauteile, Elemente)*; 3. joint *(Verbindungsstelle)*; 4. flashing *(Anschlussblechverbindung)*; 5. nipple *(Schraubverbindung)*
Anschlussbauwerk n access point, conjugated structure
Anschlussbewehrung f stub bar
Anschlussblech n joining plate • **mit Anschlussblech versehen** flash *(Dachschornstein)*
Anschlussdose f *(El)* connecting box, joint box, junction box, wall socket, terminal wire
Anschlussleitung f *(El)* lead wire; connection line
Anschlusspunkt m 1. *(Verm)* junction point, tie point; 2. *(Verk)* access junction
Anschlussrohr n *(San)* service pipe; connecting pipe, joining pipe, joining socket
Anschlusswinkel m 1. *(San)* knuckle bend; 2. angle bracket, connecting angle, joint angle *(Tragwerke)*
Anschnitt m 1. *(Erdb)* shelf; 2. jag *(Kerbe)*; 3. starting cut *(Baustoffe)*
anschrauben v bolt, screw, screw on
anschütten v *(Erdb)* back-fill, fill, batter, embank, pile, slope
Anschüttung f *(Erdb)* fill, filling, embankment, side piling; made ground
anschwellen v 1. swell *(Erdstoff, Baustoff)*; 2. rise *(Wasserlauf)*
Anschwemmung f *(Bod, Erdb, Wsb)* warp, aggradation, silting, alluvial deposits
Ansicht f view, prospect, aspect, sight; elevation; illustration
Ansichtsfront f view of the front
Ansichtszeichnung f profile, view drawing
ansiedeln v establish *(Industrie in einem Gebiet)*; settle *(Wohnsiedlung)*
Ansiedlung f settlement

anspitzen v sharpen, point
Anspritzfilm m spraying seal, spraying film, *(AE)* fog seal *(bituminös)*
Anspruch m claim • **Anspruch erheben** claim • **Ansprüche abtreten** assign • **Ansprüche zedieren** assign
Ansprühen n atomizing application
ansteigend sloped, uphill; acclivous *(steil)*
Anstieg m rise *(im Gelände)*
Anstoß m 1. impact, impingement, push *(dynamisch)*; 2. abutment *(statisch)*; abutting end *(von Schwellen, Bauteilen)*
Anstreicharbeiten fpl painting work
Anstreichhaftung f paint adhesion
Anstrich m coat, coat of paint, coating, paint coat, painting *(fertig)*; coating work, painter's work, painting, surface coating *(in Ausführung)*; paint, colour *(Stoff)*; finish *(Beschaffenheit)*
Anstrichaufbau m finishing system, multiple coat application
Anstrichfarbe f paint, paint ready to use; distemper *(für Wände, Decken)*
Anstrichprüfung f paint testing
Anstrichschicht f coat of paint, individual coat, paint coat
Anstrichstoff m coating material, liquid coating material
Anstrichsystem n paint system, multiple coat system, paint formation, finishing system
Anteil m portion, proportion; fraction; constituent; content *(an Stoffen)*; share, participation *(wirtschaftlich)*
Antennenmast m *(El)* mast, aerial mast, aerial tower; wireless mast
Antidröhnmasse f sound-deadening composition, antidrumming compound
Antikglas n antique glass
Antrag m 1. motion *(in Verhandlungen usw.)*; 2. application *(Gesuch)*
antreiben v drive, force, power *(Maschinen)*
Antrittsstufe f bottom step, first step, starting step, stair foot
Antrockenzeit f tack range, tack-free time *(z. B. von Kleber)*
Anweisung f instruction
anwendbar applicable, employable • **anwendbar sein** be applicable
anwenden v 1. apply, use; employ; 2. *(Tun)* use, use up
Anwendung f appliance, application, use

Anwendungsbereich 270

(z. B. Baustoffe, Bauverfahren); implementation • **zur Anwendung kommen** apply

Anwendungsbereich m area of application, field, range, range of application, scope, scope of use; scope of application (z. B. von Normen)

Anwendungsverfahren n method of application, technique

Anwendungsvorschriften fpl specifications for application

Anwerfen n throwing-on

Anwurf m rendering, roughcast (Bewurf); throwing-on (Putz)

Anzeichnen n scribing; marking, marking-out

anziehen v 1. bind (Beton); 2. draw (Flüssigkeiten); 3. fasten (eine Schraube); 4. pull (z. B. eine Tür); 5. tighten (z. B. eine Dichtung, Schraubverbindung)

Appartementgebäude n apartment block

Apsidenbogen m (Arch) apse arch

Apsis f (Arch) apse, apse aisle (halbrunde oder vieleckige Raumform als Kirchenabschluss für die Aufnahme des Altars)

Arabeskendekor n arabesque decoration

Arbeit f 1. work, operations; 2. energy • **bei der Arbeit** at work

arbeiten v 1. operate, warp, work (Maschinen); 2. contract and expand (Baustoffe, Bauteile)

Arbeitgeber m employer

Arbeitnehmer m employee

Arbeitsablauf m operation sequence, operational sequence, sequence of operations, work flow, work process

Arbeitsablaufplan m working schedule

Arbeitsbühne f erecting deck, man-carrying platform, stage, working deck, working platform

Arbeitsfuge f construction joint, working joint (von Beton)

Arbeitsgemeinschaft f contracting combine

Arbeitsgerüst n scaffold

Arbeitskosten pl labour charges, (AE) labor costs

Arbeitskräfteplanung f manpower planning

Arbeitslärm m work noise

Arbeitsplatz m place of work, workplace • **am Arbeitsplatz** occupational • **den Arbeitsplatz betreffend** occupational

Arbeitsplatzkonzentration f/**maximale** maximum allowable concentration (von gas- und staubförmigen Schadstoffen)

Arbeitsschutz m occupational safety, protection during construction

Arbeitsvorbereitung f job engineering

Arbeitszeit f working hours

Architekt m architect

Architekt m/**bauleitender** architect on site, architect-in-charge

Architektenleistung f architectural work

Architektenzeichnung f architectural drawing

Architektonik f architectonic, architectonics (Wissenschaft der Architektur)

Architektur f architecture (z. B. einer Epoche); civil architecture • **die Architektur betreffend** architectural

Architekturausbildung f architectural education, architectural training

Architekturbeton m exposed concrete, fair concrete

Architekturplanung f architectural planning

Architekturskizze f architectural sketch

Architrav m (Arch) architrave, epistyle (über Säulen, bes. in antiken Bauten)

Architravbau m (Arch) trabeated construction

Archivieren n filing (Akten)

Arkade f (Arch) arcade, colonnade (aneinandergereihte, auf Säulen ruhende Bogen)

Arkadenfenster n arcaded window

Arkadenhof m arcaded court

Arkatur f (Arch) arcature

Arkosesandstein m arcosic grit, feldspathic sandstone

Armatur f armature, fitting, valve

armiert armoured, reinforced; sheathed (Kabel)

Armierung f reinforcement; concrete reinforcement, embedded reinforcement (Beton); sheathing, armouring (Kabel; s. a. Bewehrung)

Armierungsarbeiten fpl reinforcement work

Armierungsgewebe n reinforcing tape

Armierungsmatte f reinforcement mat

Arretierung f blocking, retainer

Art f 1. (Arch) style; 2. type, sort (Bauweise, Sorte); 3. nature (Beschaffenheit) • **eine Art betreffend** generic

Aufbereitung

Art f **und Umfang** m type and scope
artesisch artesian
Asbest m asbestos
Asbestbeton m asbestos cement, asbestos concrete, eternit, fibrous concrete
Asbestbetonrohre npl asbestos-cement pipes
Asbestzementwaren fpl asbestos cement goods
Asche f ash; breeze; cinders
Aschengrube f ash pit
Asphalt m asphalt, artificial asphalt, bituminous matter; coated macadam, coated material; *(AE)* asphalt-aggregate mixture • **aus Asphalt** asphaltic
Asphalt m **lärmmindernder** porous asphalt; *(sl)* pop-corn mix, political asphalt
Asphaltbefestigung f asphalt paving, bitumen pavement, asphalt pavement, asphalt pavement structure *(Straßenbau)*
Asphaltbeton m asphalt concrete, bitumen concrete, bituminous concrete; rolled asphalt
Asphaltdachdeckung f **mit Kies** built-up roofing, composition roofing, felt-and-gravel roofing
Asphaltdichtung f asphalt sealing
Asphaltdränbeton m asphalt porous concrete
Asphaltfeinbeton m fine asphalt, stone-filled sheet asphalt *(< 2 mm Korngröße)*; *(AE)* fine asphaltic concrete
Asphaltfußbodenbelag m mastic flooring
asphaltieren v asphalt, bituminize; tarmac
Asphaltmastix m asphalt mastic, mastic asphalt; tar cement; *(AE)* mineral-filled asphalt
Asphaltmischanlage f *(Verk)* bituminous mixing plant, asphalt plant
Asphaltmörtel m asphalt mortar
Asphaltoberbau m asphalt pavement, asphalt pavement structure, full-depth asphalt construction, full-depth asphalt pavement, *(AE, sl)* big lift *(Straßenbau)*
Asphaltsperrschicht f insulating layer of asphalt
Asphaltwiederverwendung f asphalt recycling
Ast m knot
astfrei knotless
Astknoten m knag, pin knot, large knot *(> 38 mm)*
Astragal m *(Arch)* astragal *(halbrunde Zierleiste)*
Atelierhaus n studio house
Atemschutzgerät n respirator, breathing apparatus
Atmosphärendruck m air pressure, atmospheric pressure
Atmungsaktivität f breathability *(Mauerwerk)*
Atomkraftwerk n nuclear power plant
Atommülllagerung f nuclear waste storage
Attika f *(Arch)* attic, roof parapet *(Dachbrüstungsmauer an klassischen Gebäuden)*
Ätzglas n etched glass
Ätzkalk m anhydrous lime, caustic lime, quick lime, quicklime
Auditorium n auditorium, lecture hall, lecture theatre
aufarbeiten v reprocess, reservice, rework; *(AE)* lumber *(Holz)*
Aufbau m 1. erection, building-up *(Stahlbau)*; fitting, setting-up, assembly, mounting *(Montage, Zusammenbau usw.)*; rigging, rigging-up *(Bohr- und Rammanlagen)*; 2. structure, construction, constructional design, arrangement, configuration; format; layout; physical structure; make-up; fabric *(Zusammensetzung, Struktur, stofflicher Aufbau)*; 3. appurtenant structure *(Gebäudeteile)*; 4. paint system *(Anstriche)*; 5. organizing, organization *(Bauunternehmen)*
Aufbauarbeit f reconstruction work
aufbauen v build up, build, construct *(z. B. Gebäude)*; erect, set up, put up *(errichten)*; edify *(Großelemente)*; assemble, mount, fit *(zusammenbauen)*; compose *(gestalten)*
Aufbaugebiet n action area, construction zone, development area
aufbereiten v prepare *(z. B. Beton, bituminöses Mischgut)*; treat, purify *(Wasser)*
Aufbereitung f 1. preparation, fabrication, processing for use *(Beton, Mörtel, bituminöses Mischgut)*; 2. recovery, reclamation *(zur Wiederverwendung)*; 3. treatment, purification *(z. B. von Wasser)*

Aufbereitungsprozess 272

Aufbereitungsprozess *m* preparation process
Aufbetonschicht *f* topping slab
aufbiegen *v* bend down, bend up *(Betonstahl)*
Aufbiegung *f* bend, bending-up, bent-up *(Betonstahl, Bewehrung)*
Aufblähen *n* bloating, expanding *(Baustoffe, Kunststoffe)*; expansion *(von Beton)*
Aufbohrer *m* 1. enlarging bit; 2. *(Hb)* rose bit
aufbrechen *v* 1. break open, break up *(Straßen, Wege, Türen usw.)*; 2. force open, force; 3. crack, burst *(Bauelemente, Baustoffe)*; 4. prize open *(mittels Hebel)*; 5. rubbelize *(zertrümmern)*
aufbringen *v* place on; apply *(Putz)*; distribute *(Farbe)*; impose *(Kraft)*; *(AE)* ante up *(Geld)*
Aufbringen *n* application *(auf Oberflächen)*
Aufbringen *n* der Vorspannung prestressing, prestressing process, tensioning, transfer of prestress *(Spannbeton)*
Aufbruchhammer *m* breaker, paving breaker
Aufdoppelung *f* false edge
aufeinanderabstimmen *v* phase
aufeinanderfolgend back-to-back
Aufeinanderfolge *f* succession
Aufenthaltsraum *m* common room, dayroom, recreation hall, recreation room; lounge *(Hotel)*; shelter *(Schutzraum)*
Auffächerung *f* segmentation
Auffahrt *f* access ramp, approach ramp, approach road, ramp lane, driveway *(Autobahn, Brücke)*; sweep *(Auffahrtsweg, Gebäudezufahrt)*
Auffangbecken *n* catch basin *(z. B. für Schlamm)*
auffangen *v* trap
Aufforstung *f* afforestation, forestation, reforestation, restocking *(Landschaftsbau)*
auffrischen *v* freshen, regenerate, refurbish; inpaint, paint afresh, touch up, touching up *(Anstriche)*
auffüllen *v (Bod)* refill, backfill, infill, landfill; fill, fill top; deafen, pug *(mit schallschluckendem Material)*

Auffüllung *f* 1. blocking up, backfill, backfilling; refilling; deafening, pugging *(mit Dämmstoffen in Zwischenräume)*; 2. *(Bod)* refilling, landfill, backfilling, infilling, made ground, made-up ground
Aufgabe *f* 1. duty; task, function; 2. feeding, charging *(Aufbereitung)*; 3. abandonment *(außer Betrieb nehmen, z. B. eines Gebäudes, Eisenbahnlinie usw.)*
Aufgang *m* ascent, stairway; way-up
Aufgangstreppe *f* entrance stair
aufgeben *v* 1. feed *(Baustoffaufbereitung)*; 2. abandon *(außer Betrieb nehmen; baurechtlich)*
aufgehängt hinged, suspended • **aufgehängt sein** hang
aufgehend rising *(Mauerwerk)*
aufgelöst relieved *(Wandfläche)*
aufgenommen accepted *(Kräfte, Last)*
aufgeraut hacked, ragged; keyed *(Putzunterlage)*
aufgerichtet upturned
aufgesattelt bracketed *(Treppe)*
aufgeschrumpft shrunk-on
aufgeschüttet made-up *(Erdstoffe)*
aufgesetzt 1. added, built on; stacked up *(Steine)*; attached, mounted *(Montageteile)*; 2. *(Arch)* artificial
aufgespalten cloven
aufgespritzt applied by spraying, spray-applied
aufgeständert framed on
aufgetragen filled
Aufgliederung *f* sectioning
aufgraben *v* dig up
Aufgrabung *f* excavation, digging
Aufhängeeisen *n* suspension bracket
aufhängen *v* hang, hang up; suspend
Aufhängen *n* hanging; suspending
Aufhängepunkt *m* suspension point
Aufhängung *f* hanging; suspension
aufhäufen *v* heap, heap up, pile up
aufheben *v* 1. take up; 2. abolish *(Baurecht)*; 3. cancel *(Fortgang)*; 4. drape *(Spannbetonlitze)*
Aufhebung *f* 1. abolition *(Baurecht)*; cancellation *(Fortgang)*; 2. repeal *(Richtlinien, Standards)*
Aufhöhung *f* aggradation, filling-up
aufkanten *v (HLK)* border up, fold upwards; set on edge, tip up
Aufkantung *f* upstand, upturn, turn-up

Aufkippbauweise f tilt-up construction, tilt-up method

Aufkippwand f tilt-up wall

Aufklauung f bird's-mouth joint, toe-jointing

Aufkleben n glueing-on; pasting and applying to wall (z. B. Tapeten); broom (einer Dachpappe in frisches Bitumen)

aufladen v 1. (El) charge, recharge; 2. load, saddle (Last)

Auflage f 1. bearing edge, support, impost, footing base, seat (Balken, Träger); 2. cushion (Polster); 3. packing rubber (Werkstoff); 4. facing, lining, coat, overlay (Schicht); 5. condition (Baurecht)

Auflagefläche f area of support, bearing area, seat, seating, seating face, supporting surface

Auflageholz n pole plate (einer Dachkonstruktion)

Auflager n bearing, bearing area, bearing edge, end bearing, bed, support, point of support, structural, rest, seating (Balken, Träger); saddle, footing (Stützenschuh); stop (Absatz) • **Auflager haben auf** rest on

Auflagerbank f bridge seat (Brücke)

Auflagerbedingungen fpl conditions at the supports, support conditions

Auflagerblock m bearing pad

Auflagerfläche f area of support, bearing area, seating, seating face

Auflagerkraft f bearing reaction, reaction at support, supporting force, upthrust

Auflagermauerwerk n load-bearing masonry

Auflagerung f/**gelenkige** hinged support

Auflagerverschiebung f displacement of support

Auflast f 1. (Bod, Erdb) overlying weight; 2. (Stat) imposed load, superimposed load; 3. applied load, loading; 4. surcharge (Überbeanspruchung)

auflegen v load, place on

aufliegend 1. (Stat) supported; 2. (Bod) superjacent (geologisch)

aufliegend/frei freely supported, simply supported, unstrained

auflockern v aerate (z. B. Porenbeton); agitate (aufschütteln); loosen (Baustoffe); mellow, scarify, break up, loosen (Boden, Erdstoffe)

Auflösung f 1. breakdown (einer Fläche); 2. disintegration (Baustoffe); 3. dissolution (gestalterisch, chemisch); 4. resolution (Kräfte); 5. resorption (Stoffe)

Aufmaß n admeasure, measured work, site measuring; measurement, mensuration • **das Aufmaß machen** bill for quantities

Aufmaßposition f measurement item

aufmauern v add bricks, brick up, bring up, mason, mason up, raise a wall; cope (Mauerkronen)

Aufmessen n measurement, measuring, measurement of finished work

aufnageln v nail on

aufnehmen v 1. absorb, accept, resist (z. B. Kraft, Wärme); 2. adsorb (Flüssigkeiten, Gase); 3. hold (volumetrisch); 4. deaden, carry, support (Kräfte); 5. house (z. B. Geräte); 6. log (geologisch); 7. pick up, raise, grab (vom Boden); 8. record (Messwerte); 9. scale (Holz); 10. (Verm) survey, map; 11. take in, take up (Stoffe)

aufplatzen v crack, spring

Aufpralldruck m impact pressure

aufpressen v force on

Aufputz... surface-mounted ...

Aufputzverlegung f (El) surface mounting, open wiring

aufrauen v 1. (Verk) skidproof, scarify (Straße); 2. hack, incise, kernel (Stein); 3. key (Haftgrund); 4. rough, rough up, roughen (Oberflächen); 5. score, hack, key (Putz); 6. stab (z. B. Beton, Wände, Naturstein)

Aufräumung f clearance (Baufeld)

aufrecht endways, endwise, right, standing, upright

aufrecht stehen v stand upright

Aufreiben n reaming

aufreißen v 1. break open, break up, scarify (Straßen, Wege); 2. crack, burst (z. B. Leitungen, Rohre); 3. splint, splinter (Holz); 4. chink (Mauerwerk, Wände); 5. rift (Gestein); 6. break up, rip (Boden); 7. rupture (Schichten); 8. sketch (zeichnerisch)

Aufreißer m rooter, scarifier, scarifier ripper (Straße)

aufrichten v erect, cock (Konstruktion, Bauwerk); mount, assemble (z. B. an Gerüst); raise, raise up (Montageteile); rear (z. B. Häuser, Brücken); right, set up;

Aufriss 274

put up; straighten up *(z. B. Pfosten, Stütze, Mast)*; tilt up *(Fertigteilmontage)*

Aufriss *m* 1. elevation, front view, upright projection *(Zeichnung)*; vertical projection *(mathematisch)*; vertical section *(senkrechter Schnitt)*; 2. *(Verm)* vertical plane

aufsatteln *v* saddle *(Stufen)*

Aufsattelung *f (Hb)* bolster, head tree, corbel piece

Aufsatz *m* attachment, cap; frame; dolly *(ein Hartholzblock zum Schutz der Rammhaube)*

Aufsatzbeton *m* concrete topping

Aufsatzschloss *n* rim lock, straight lock

aufsaugen *v* soak up, suck up; imbibe *(Flüssigkeit)*; absorb *(Flüssigkeiten, Dämpfe, Gase)*

Aufschäumen *n* foaming

aufschichten *v* arrange in layers, bond *(Steine)*; heap, heap up, stack, stack up

Aufschiebling *m (Hb)* cant board, chocking piece, eaves board, firring, foot piece *(Dach)*; rafter foot *(Sparrendach)*; sprocket

Aufschluss *m* deflocculation *(Keramiktechnologie)*; disintegration *(Baustoffe)*

Aufschlussarbeiten *fpl* exploration work, exploratory work *(Baugrund)* • **Aufschlussarbeiten durchführen** reconnoitre

Aufschlussbohrung *f* exploration well, prospect well, test drill, trial boring *(Baugrund)*

aufschottern *v* ballast *(Eisenbahnbau)*

aufschrauben *v* screw on

aufschrumpfen *v* shrink on

Aufschubverbindung *f* slip joint *(Rohre)*

aufschütten *v* 1. heap, heap up, raise; 2. *(Erdb)* fill; throw up *(Erdstoffdamm, Erhöhungsschwelle)*

Aufschüttung *f (Erdb)* fill, filling, filled ground, made-up ground; embankment, raise *(Erdstoffdamm)*; heaping *(Baustoffe)*; mantle *(geologisch)*

aufschweißen *v* weld on, deposit

aufsetzen *v* attach

Aufsichtsbehörde *f* supervising authority, supervisory authority, supervisory board

Aufsitzfläche *f* valve seat

aufspachteln *v* float, trowel

aufspalten *v* cleave *(Fliese, Klinker)*; delaminate *(Schichtstoffe)*; resolve *(Kräfte)*; shiver *(Schiefer, Naturstein, Holz)*; split, cleave *(Holz)*

Aufspaltung *f* cleavage *(Keramik)*; fission *(von Gestein)*; splitting, splitting-up

Aufsperrsicherung *f* intruder protection *(Schloss)*

aufspritzen *v* spray-apply

aufständern *v* splice *(Holzpfähle)*

Aufstandsfläche *f* contact area

Aufstandsplatte *f* column base plate

Aufstau *m (Wsb)* raised water level, retaining

Aufstauung *f (Wsb)* impoundage

aufstellen *v* erect, set up, mount, place, position, dispose, site *(am Ort)*; arrange, situate *(anordnen)*; establish *(mathematisch)*; fit, fit up, install *(Ausrüstungen, Einrichtungen)*; set up *(aufreihen)*; erect, stand, pitch *(aufrichten)*; raise *(Montageteile)*; rig, rig up *(Ramm- und Bohranlagen)*; set, set up *(z. B. Maschinen)*

Aufstellung *f* erection, disposition, emplacement *(am Ort)*; arrangement *(Anordnung)*; setting, setting-up *(z. B. Maschinen)*; fitting *(Einrichtungen, Ausrüstungen)*

Aufstellungsplan *m* installation plan, space assignment plan

aufstelzen *v* stilt *(Gewölbe, Dachstuhl, Tragwerk)*

aufstemmen *v* prize, break, force; prize open *(mittels Hebel)*; *(AE)* pry

aufstocken *v* add a storey, heighten, raise, *(AE)* add a story to *(ein Gebäude)*; increase *(Bestand)*; kernel, pick *(Stein)*; pick, axe, scabble, *(AE)* ax *(Naturstein)*

Aufstocken *n* heightening *(Gebäude)*

Aufstoßtür *f* push-up door

aufstreichen *v* apply by brushing

Aufstrich *m* spread

aufstufen *v* step *(z. B. Fundament, Mauerwerk, Hangbebauung)*

aufteilen *v* divide, partition, split, split into; parcel *(geometrisch, Land)*; subdivide *(in Untergruppen)*

Aufteilung *f* division; parcelling-out *(Land, Vorgang)*

Auftrag *m* 1. coat *(Schicht)*; daub, spread *(Farbe)*; application *(z. B. Anstriche)*; 2. deposit, fill, filling, filled ground *(Baustoffe, Erdstoffe)*; embankment *(Damm)*; 3. mandate *(Bevollmächtigung)*; 4. order *(von Leistung und Material)* • **einen**

Auftrag vergeben award the contract
• **in Auftrag geben** order; commission
auftragen v apply (z. B. Anstriche); coat (Schichten); spread, distribute (z. B. Farbe); deposit (Schweißschichten); deposit, spread (Baustoffe, Erdstoffe); plot (Messdaten, Konstruktionspunkte usw.)
Auftraggeber m building owner, client, customer, employer
Auftraggeberbauleiter m field representative, resident engineer
Auftragnehmer m building contractor, contractor
Auftragnehmerbauleiter m contract manager, contractor's agent
Auftragschweißen n build-up by welding (Reparaturschweißen); deposit welding, projection welding, padding (für Verschleißflächen); hard face welding, hard surfacing, hard-facing, surface welding, surfacing by welding (Verstählungsschweißen)
Auftragsdurchführung f execution of the order
Auftragserteilung f contract award, contract letting, letting of contract, order letting, acceptance of tender
Auftragserteilungsschreiben n notice to proceed
Auftragsschreiben n notice of award
Auftragsvergabe f allocation; award of contract, award of the contract (z. B. bei Ausschreibungen)
Auftrieb m 1. lift, lifting force, uplift, lifting effect; 2. (Erdb) heave
Auftriebsfundament n buoyant foundation
Auftriebskraft f 1. (Erdb) lift component, lift force (Gründungen, Fundamente); 2. buoyancy force (physikalisch); 3. buoyant force (ökonomisch)
Auftritt m stair run, stair tread, tread (Treppe); tread width (mit Überstand); halfpace (Fläche)
Auftrittbreite f tread run, foothold (einer Stufe, ohne Nase, ohne Überstand)
Auftrittstufe f last step, tread
Aufwand m effort, expense, expenses; outlay
aufweiten v open out; expand, widen (Rohre); flare, bell (konisch); planish (Metalltreiben)

aufwerten v grade up, upgrade
aufwölben v 1. warp upward; force up (z. B. Oberflächenschutzschichten); 2. (Erdb) upwarp (Baugrund)
Aufwölbung f 1. blow-up, hog, hogging; 2. (Erdb) heightening, upheaval; 3. (Erdb, Tun) lifting into an arch
Aufwölbungsmoment n hogging moment
Aufwölbungsverformung f hog deformation, hogging deformation
aufzeichnen v 1. (Verm) map, chart; 2. record, plot (Messdaten, Konstruktionspunkte usw.); 3. sketch, outline, trace out (skizzieren)
Aufziehbrett n float, hawk, mortar board
Aufziehen n knifing
Aufzug m 1. lift, (AE) elevator; paternoster lift (Personenaufzug); 2. construction elevator, hoist (Lastenaufzug); gin (zum Heben schwerer Gegenstände)
Aufzugsgerüst n hoist tower, lift frame
Aufzugskorb m hoisting cage, lift car; (AE) elevator car
Aufzugsschacht m lift shaft, hoistway; wind hatch, (AE) elevator shaft [hoistway]
Auge n eye (Einschluss, Öse, Ohr); lug (einer Sohlbank aus Holz); noose (Schlinge, Öse) • **mit bloßem Auge sichtbar** visible to the unaided eye, megascopic
Augenschein/nach visual
Augenschutzausrüstung f eye protection equipment
ausarbeiten v 1. work out; 2. (Hb) rout
ausbaggern v 1. dig; 2. (Erdb) excavate (trocken); dredge (in Wasser)
Ausbaggerung f (Erdb) excavation
Ausbau m 1. finishing and completion, finishing and servicing, finish, completion, finishings, interior work (Ausbauund Fertigstellung); 2. expansion (Erweiterung); 3. development (Verkehrswege, Infrastruktur); 4. support (Graben, Stollen); 5. disassembly (Demontage)
Ausbau m/**stufenweiser** stage construction
Ausbauarbeiten fpl completion work, (AE) finish and services work
Ausbauchung f swell, bulge, bulging, belly; flare (konisch); lateral expansion,

ausbauen

lateral extension *(seitlich)*; outward bulging *(z. B. einer Wand)*
ausbauen *v* 1. complete, finish *(Ausbau- und Fertigstellungsarbeiten)*; 2. demount, remove *(Teile demontieren)*; 3. *(Hb)* crib
ausbaufähig extensible, unfinished
Ausbaugewerke *npl* finishing trades
Ausbaumaß *n* main controlling dimension, principal controlling dimension, size when completed
Ausbauasphalt *m* reclaimed asphalt
ausbessern *v* make a repair, make good, repair, revamp; mend; patch, improve; patch up *(z. B. Maurer- und Malerarbeiten)*; retouch, touch up *(Anstriche)*; adjust *(ebene Flächen)*; fettle *(Feuerfestbau)*
Ausbesserungsarbeiten *fpl* repair work
Ausbesserungsmörtel *m* patch mortar, repair mortar
Ausbetonieren *n* filling with concrete
Ausbeulen *n* planishing, straightening; buckling *(z. B. einer Strebe)*; bulge, bulging, outward bulging *(z. B. einer Wand)*
Ausbiegung *f*/**seitliche** lateral buckling
Ausbildung *f*/**konstruktive** structural design
Ausblühung *f* bloom *(Ziegelmauerwerk)*; efflorescence *(Mauerwerk, Beton)*; exudation, scum *(Keramikbaustoffe)*
ausbohren *v* bore out, rebore
Ausbreitmaß *n* slump *(Beton)*
Ausbreitprüfung *f* flow-table test *(Beton)*
Ausbreitung *f* distribution, spreading; diffusion *(Flüssigkeiten, Gase)*; propagation *(z. B. Schallwellen)*
ausdehnen *v* expand, extend; spread, draw out, stretch *(flächenmäßig)*; elongate, lengthen, dilate, stretch *(linear)*
Ausdehngefäß *n* expansion tank *(Heizung)*
Ausdehnung *f* 1. expansion, extension; dilatancy, dilatation, distension, stretch *(linear)*; 2. dimension, scope *(Gebiet)*; 3. extent, scope *(Ausmaß)*; 4. latitude *(Variationsbreite)*; 5. prolongation *(Wellen)*; 6. sweep *(Fläche)*; 7. spread *(Verbreitung)*
Ausdehnungsfuge *f* expansion joint, pressure-relieving joint

Ausdehnungskoeffizient *m* coefficient of expansion, expansion coefficient
Ausdehnungsstoß *m* expansion joint
Ausfachung *f* filler wall, infiller wall, infilling *(von Fachwerk)*; nogging *(Rahmenfelder, Fachwerk)*; partition infilling *(mit Dämmstoffen)*
Ausfachungsmauerwerk *n* infilling masonry, nogging *(Rahmenfelder, Fachwerk)*
Ausfachungswand *f* pan *(Fachwerkbauten)*
Ausfahrt *f* 1. gateway, opening out; 2. *(Verk)* exit
Ausfällbecken *n* coagulation basin *(Klärwerk)*
Ausfallkörnung *f* discontinuously-graded aggregate, gap grading, omitted-size fraction • **mit Ausfallkörnung** gap-graded, skip-graded
ausfließen *v* flow out, leak, leak out, outflow; escape
ausfluchten *v* align, bone, line up
Ausfluss *m* 1. discharge, outflow, effluence, efflux, flowing-out *(Vorgang)*; 2. drain, outlet, water outlet, orifice, issue *(Ausflussöffnung)*; 3. effluent *(Flüssigkeit)*
Ausflusshahn *m* bib nozzle, bib-cock, bib-valve *(mit horizontaler Wasserzuführung)*
ausformen *v* demould, extrude, take out from the mould
Ausfräsen *n* routing
ausfugen *v* 1. *(Hb)* groove out; 2. joint, point, tuck *(Mörtelfugen)*
Ausfugen *n* **der Mauerfugen** flat pointing
ausführen *v* carry out, construct *(Bauarbeiten)*; execute, realize, effect, fill *(Plan, Aufgabe)*; perform, achieve
Ausführung *f* 1. build, model, type, make *(Bauart)*; 2. configuration, design *(Gestaltung)*; 3. embodiment, execution, realization, performance, implementation *(Bauvertrag, Auftrag, Plan)*
Ausführungsbearbeitung *f* office work for the execution of the construction operations
Ausführungsbestimmungen *fpl* implementing regulations, regulations *(Bauvertragsbestandteil)*
Ausführungsbürgschaft *f* contract performance bond

Ausführungsunterlagen *fpl* final design, final planning documents

Ausführungszeichnung *f* construction drawing, detailed drawing, fabricating drawing, final drawing, working drawing; workshop drawing

ausfüllen *v (Erdb)* fill in, earth up, fill up; chink *(einen Riss)*; deafen *(mit schallschluckendem Material)*; flush *(Fugen)*; occupy *(einen bestimmten Raum)*

Ausfüllung *f* filler wall, infiller wall, infilling *(von Fachwerk)*; hearting, infilling wall *(Natursteinmauerwerk)*

Ausgangspunkt *m* initial point, origin, starting point

Ausgangsweg *m* exit access; means of escape *(von einem Gebäudepunkt nach außen)*; (AE) means of egress *(im Gebäude)*

ausgekleidet lined

ausgemauert masonry-filled

ausgemörtelt mortared *(Fuge)*

ausgespart recessed

ausgestattet mit fitted with

ausgesteift braced, reinforced, stiffened

ausgewaschen eluvial, water-scoured

Ausgleich *m (Stat)* balance, equilibrium; adjustment *(Baurecht)*

Ausgleicharbeiten *fpl* grading work

Ausgleichbeton *m* levelling concrete

ausgleichen *v (Stat)* balance, equalize, neutralize; accommodate, offset *(anpassen)*; average out *(rechnerisch)*; even out, level, level out *(Unebenheiten)*; shim *(durch Beilagen)*; skim *(Oberputz)*; torch *(Ziegeldach verfugen)*; trim, earth up *(Bodenoberfläche)*

Ausgleichmethode *f (Stat)* balance calculation, balance method

Ausgleichsarbeiten *fpl* levelling work

Ausgleichsbetonlage *f* binding concrete course, binding concrete layer

Ausgleichsmaßnahmen *fpl* compensation measures *(bei Eingriffen; Baurecht)*

Ausgleichsschicht *f* filler course, levelling course, regulating course; levelling underlay, regulating underlay *(Mauerwerk)*; levelling composition *(Fußboden)*

Ausgleichverfahren *n (Stat)* balance calculation, balance method

Ausgliedern *n* outsourcing

ausgraben *v* dig up, grub out, grub up, unearth; disinter *(Fundstücke)*

Ausguss *m (San)* slop basin, sink, slop sink; sewer *(Bodenabfluss)*; lip *(Ausgussnase)*

Ausgussbeton *m* Colcrete

aushärten *v* cure *(Kunststoffe, Farben)*; harden *(bes. Kunststoffe)*; cure, mature *(Beton, Mörtel)*

Aushärtezeit *f* polymerisation time; setting time

aushauen *v* carve, carve out *(Stein)*; nibble *(schmale Streifen)*

ausheben *v* 1. *(Erdb)* excavate; dig *(z. B. Gruben)*; sink *(Baugrube)*; 2. unhinge *(Fenster, Tür)*; 3. lift *(Abwasser)*

aushöhlen *v* 1. cave, core out, gouge, hollow, hollow out; 2. *(Hb)* bore

Aushöhlung *f* hollowing out; erosion; excavation; hollow, cavity *(Loch)*; frog *(auf einem Ziegelstein)*

Aushub *m (Erdb)* sinking, dug out earth, excavated material, spoil

Aushubmassen *fpl* spoil

Aushubtiefe *f* excavation depth

Aushubverschalung *f* planking and strutting

auskehlen *v* 1. *(Hb)* chamfer, flute, groove, hollow, hollow out, mould; 2. channel, fillet, furrow

Auskehlung *f* 1. *(Arch)* channelling, *(AE)* channelling; 2. *(Hb)* chamfer, grooving, hollowing; 3. cannelure *(in Längsrichtung an einer Säule)*; 4. channel, internal groove, fluting

auskippen *v* dump

auskleiden *v* line; surface

Auskleidung *f* face work *(Vorgang)*; liner, surfacing *(Produkt)*; lining *(z. B. von Rohren)*

Auskleidungsmaterial *n* lining material

Auskleidungstafel *f* surfacing panel

ausklinken *v* cope *(Träger)*; notch *(Mauerwerk, Blech, Platte usw.)*

Ausklinkung *f* jog, notch *(Mauerwerk, Blech, Platte)*; cutout *(Holz)*

Ausknickung *f* blow-up, buckling; kickout *(einer Strebe)*

auskoffern *v (Erdb)* excavate *(z. B. im Straßenbau)*

Auskolkung *f (Wsb)* evorsion, scour, leaching, scouring, undermining, underwashing; cratering *(Geologie)*

auskragen *v* cantilever *(Balken)*; corbel, protrude, jute *(Ziegel, Mauerwerk, Be-*

auskragend

ton); overhang, oversail, sail over, stand out *(Ziegel, Stein, Teil einer Wand)*; project *(ein Teil eines Gebäudes)*

auskragend cantilevering, corbelling, overhanging, prominent

Auskragung f cantilever *(Balken)*; corbel, corbelling, jut, jutty *(Ziegel, Mauerwerk, Beton)*; overhang, oversailing, ressaut *(Stein, Teil einer Wand)*; projecting, projection *(Teil eines Gebäudes)*

auskratzen v rake, rake out *(Fuge)*

auskreiden v chalk

ausladend cantilevered *(Balken)*; overhanging, projecting

Ausladung f hanging-over, cantilever, nosing, overhang, projecting, projection *(Bauteil, Gebäude usw.)*; outreach, radius, working radius *(Baukran)*

Auslass m 1. *(HLK)* exhaust, outflow; 2. *(Umw)* outflow

Auslastung f utilization *(z. B. Baumaschinen)*

Auslauf m discharge opening, exit, outlet

Auslaufbauwerk n *(Wsb)* outfall structure, outfall works, outlet structure; outlet headworks

auslaufen v *(Arch)* shallow out; narrow *(verengen)*; discharge, leak, run *(Flüssigkeiten)*; bleed through *(z. B. Farbe)*; run *(Anstriche)*

auslaugen v 1. *(Bod)* lixiviate, impoverish; 2. *(Wsb)* leach

Auslaugung f 1. elution; 2. *(Bod)* lixiviation, eluviation *(Erdstoffe)*

auslegen v 1. explain *(Richtlinien usw.)*; 2. lay out *(Platten, Rohre usw.)*

Ausleger m arm, jib *(Kran)*; beam, boom, bracket *(herausragender Stützbalken)*; cantilever *(Beton- oder Metallkragbalken)*; *(AE)* outrigger *(Hängegerüstträger)*

Auslegerbalken m cantilever beam, cantilever girder

Auslegerdachbinder m cantilevered roof truss

Auslegergerüst n cantilever scaffold, cantilever scaffolding, fan guard, projecting scaffold, projecting scaffolding

Auslegeware f carpeting, floor-to-floor carpet, roll carpet, wall-to-wall carpet, wall-to-wall carpeting

Auslegung f layout; plant layout

ausleuchten v fill with light, illuminate

Ausleuchtung f illumination

auslochen v *(Hb)* mortise

auslösen v actuate, disengage, release, trip

Auslösevorrichtung f trip

ausloten v lead *(Aussprache: led)*; sound

Ausmaß n degree, dimension, extent
• **klein im Ausmaß** small-size, small-sized

Ausmauern n nogging *(Fachwerk)*

Ausmauerung f brick lining, bricking, infill brickwork, infiller masonry, lining; nogging *(Rahmenfelder, Fachwerk)*

ausmitteln v average

Ausnutzungsgrad m coefficient of utilization, factor of utilization *(reziproker Wert des Sicherheitsbeiwerts)*; utilization factor, utilization figure *(Heizung)*

auspflocken v *(Verm)* stake

auspressen v extrude; grout up *(Spannbeton)*

Auspressmörtel m grout

Auspresspumpe f grouting machine

Auspressung f pressure-grouting

Auspressverfahren n grouting technique, pressure grouting *(Mörtel, Zementleim)*

Ausputzdeckel m cleanout cover

ausräumen v clear away, remove; broach *(Werkstein)*; empty *(Wohnung)*; dismantle *(Häuser)*

ausrichten v align, line up, straighten, restraighten *(linear)*; level up *(waagerecht)*; adjust *(räumlich)*; orient *(Gebäude)*; peen *(mit dem Hammer)*; plumb up *(senkrecht)*; true, set out *(Lage)*

Ausrollgrenze f *(Bod)* rolling-out limit, plastic limit *(Atterbergkriterium)*

ausrunden v fillet; ease *(Ecken)*

Ausrundung f fillet, filleting; round corner, easement *(Ecken)*

ausrüsten v equip, fit, furnish, implement, outfit *(mit Gegenständen und Einbauteilen)*; trim *(Holzausbau)*; take down the scaffolding, unscaffold *(Gerüstabbau)*

Ausrüstung f equipment, fitting-out, furnishing, implementation, installation, kit, supplies *(Gegenstände und Einbauteile)*; layout *(einer Anlage)*; outfit *(von Apparaturen, Anlagen für Gebäudeeinrichtungen)*; plant, facility *(maschinell)*; rig *(für spezielle Zwecke)*

ausschachten v *(Erdb)* excavate, deepen, dig *(z. B. Gruben)*; trench *(Gräben)*; spade *(Handschachtung)*

Ausschachtung f (Erdb) excavation, digging-out
ausschalen v release, remove, remove forms (Formteile von Formen); strike, strike formwork, strip, strip framework (Beton)
Ausschalen n forms removal, formwork removal, removal of shuttering, shuttering removal (Formteile von Formen); striking, stripping, form stripping, stripping of forms (Beton)
Ausschalfrist f stripping time
ausschalten v 1. (El) break, disconnect, open, cut off, cut out, cut off; turn off, turn out, disengage, shut down (Baumaschinen); 2. (Stat) eliminate
ausschildern v (Verk) provide with road signs (Straßen); signpost (Routen)
Ausschlagbolzen m driftbolt
Ausschmücken n (Arch) decoration, decor, adornment, ornamentation
ausschrägen v (Hb) bevel, cant; splay
ausschreiben v tender out, put out to tender (Bauleistung)
Ausschreibung f calling for tenders, invitation to bid, invitation to tender, inviting builders' estimates, inviting of builders' estimates, quotation request, tendering; tenders
Ausschreibung f/beschränkte restricted tender
Ausschreibungsdauer f tendering period
Ausschreibungseröffnung f bid letting, bid opening, letting of bids, opening of bids
Ausschreibungseröffnungstermin m opening date
Ausschreibungsunterlagen fpl bidding documents, tender documents
Ausschreibungsverfahren n tendering procedure
Ausschuss m 1. damaged goods, refuse, rejected goods, trash, waste, spoilage (Erzeugnisse); 2. committee, commission, board, managing committee
Ausschüttung f (Erdb) fill, filled ground, filled-up ground
Ausschwitzung f exudation, oozing-out
Aussehen n appearance; aspect (Äußeres); finish (einer Oberfläche)
außen outdoor
Außen... external ..., outdoor ..., exterior ...

Außenabdichtung f exterior sealing, outer sealing
Außenanlagen fpl external features, outdoor facilities
Außenansicht f exterior, exterior appearance, exterior view
Außenanstrich m exterior coat, exterior finish, external coat, outdoor finish, outer coat, outside coating, outside finish, weathercoat
Außenarbeiten fpl 1. external works, outside work, exterior work (an der Bauhülle); 2. (Verm, Umw) field-work
Außenbeleuchtung f exterior lighting, outdoor lighting
Außenbeschichtung f exterior coating, external coating, first-surface coating, outer coating
Außendämmung f exterior insulation, outer insulation
Außendruck m external pressure
Außendurchmesser m outside diameter
Außenfläche f exterior surface, outside surface, periphery, surface, face
Außenhautbeschichtung f incrustation (eines Gebäudes)
Außenisolierung f external wall isolation
Außenkante f outer edge, outside edge; verge (Dach)
Außenluftzuführung f air input, air intake, outdoor-air intake, outdoor-air supply, outside-air intake
Außenmauer f exterior wall, external wall, outside wall, periphery wall
Außenputz m exterior finish, exterior plaster, exterior render, external plaster, external rendering, outside finish, render
Außenrüttler m external vibrator
Außenschale f outer leaf, exterior leaf (Wandausbildung)
Außenschutzschicht f exterior coating, external coating
Außenseite f exterior, exterior surface, surface; outside (eines Gebäudes); superficies (Wand)
Außentür f external door, main door, outer door, outside door
Außenwand f exterior, exterior wall, external wall, outer wall, periphery wall
Außenwandverkleidung f exterior wall skin, exterior wall lining, sheathing, siding, wall siding
äußerlich external, superficial

aussetzen

aussetzen v 1. *(Verm)* stake out *(Maßpflöcke)*; 2. expose *(einer Einwirkung)*; 3. fail, intermit *(Funktion)*; 4. *(Bod)* spoil, refuse

Aussetzen n 1. *(Bod)* spoil *(Boden)*; 2. *(Verm)* staking-out *(Maßpflöcke)*; 3. exposure *(einer Einwirkung)*; 4. intermittency *(Funktion)*

Aussichtsplattform f viewing deck

Aussichtsturm m belvedere, gazebo, look-out tower, viewing tower

ausspachteln v level out, smooth, spaul, fill, trowel off; grout *(z. B. Fugen)*

aussparen v 1. box out, channel, corbel out, leave open, make recesses, recess; 2. *(Hb)* notch; block out *(Betonbau)*; spare *(z. B. eine vorgesehene Wandöffnung)*

Aussparung f *(Hb)* gain, notch, *(AE)* mortise; appurtenance, sparing, bonding pocket *(Mauerwerk)*; blockout, blockout *(Betonbau)*; cavity, cut-out, embrasure, perforation, pocket, recess, sinking, hollow

ausspülen v 1. *(Erdb, Wsb)* flush out, underwash; 2. *(Wsb)* wash; cleanse, flush, flush away, rinse, scour, sluice

Ausstattung f 1. accessories, appointments, equipment, fittings, kit; furnishing, furnishings *(z. B. eines Hauses)*; 2. *(Arch)* interior design *(Gestaltung)*; layout *(einer Anlage)*; outfit *(von Apparaten, Anlagen für Gebäudeeinrichtungen)*; investment *(finanziell)*

aussteifen v 1. prop, reinforce, stay, strut, stiffen; 2. *(Hb)* crib, timber

Aussteifung f bracing, stiffening *(eines Feldes, Bogens, Rahmens)*; stiffener *(Verstärkungsglied)*; web *(Schenkel, Rippe, Steg)*

Aussteifungsglied n bracing

Aussteifungsrahmen m reinforcing frame, stiffening frame

Aussteifwand f buttressing wall, stiffening wall, tie wall

Ausstellungsgebäude n exhibition building

ausstemmen v 1. box out, chisel out, pool; 2. *(Hb)* mortise

ausstopfen v fill up

ausstreichen v 1. crop *(Erdschicht)*; 2. point, joint *(Fugen)*

Ausströmöffnung f exit, outlet opening

Austauscher m exchanger

austiefen v countersink; deepen

Austritt m exit, issue, outlet

Austrittsgrill m ejector grille *(Klimaanlage)*

Austrittsöffnung f issue, outlet

austrocknen v 1. exsiccate, dry up; dry out *(Holz, Boden)*; desiccate *(Holz)*; 2. *(Wsb, Umw)* drain

auswaschen v 1. scour, wash out; 2. *(Wsb)* leach, undermine, underwash, wash; erode *(Gestein)*

Auswaschung f 1. washing out, washout, leaching, scouring; eluviation, wash, washing out *(Erdstoffe)*; elutriation *(Baustoffe)*; 2. *(Wsb)* washout, underwashing

auswechseln v exchange, renew, replace; trim *(Balken)*

Auswechselung f replacement

ausweiten v stretch

Ausweitung f expansion

auswerten v analyse, evaluate, *(AE)* analyze

auswinkeln v 1. peg out *(Grundrisse)*; 2. *(Verm)* stake

auswittern v weather; effloresce *(Mauerwerk, Beton)*

ausziehbar extentable

ausziehen v telescope, stretch *(verlängern)*; draw out, trace lines with India *(Zeichnung)*; vacate a house, move out *(Haus, Wohnung)*

Ausziehtüren fpl telescopic type doors

auszwicken v choke, clip the joints, spaul the joints *(Hohlräume in Natursteinmauerwerk ausfüllen)*

Autobahn f motorway, autobahn; express highway, superhighway, *(AE)* freeway, interstate freeway, interstate highway; expressway; dual carriageway road

Autobahnbrücke f highway bridge

Autobahnquerschnitt m highway cross-section

Autogenschneiden n autogenous cutting, gas cutting, oxyacetylene cutting

Autogenschweißen n autogenous welding, gas welding, oxyacetylene welding

Autoklavbehandlung f autoclaving

Autokran m mobile crane, runabout crane, truck crane

Automatiktür f self-closing door

axial on-axis, endways, endwise

Axialbelastung f end load

Axialkraft f (Stat) axial force
Axiallüfter m axial fan
Axt f axe
Azetylenschweißbrenner m acetylene blowpipe
Azimut n(m) azimuth

B

Bachbrücke f brook bridge
Backenbrecher m jaw breaker, jaw crusher
Backenschmiege f (Hb) oblique cut of a hip rafter, bevelling cut
Backstein m brick
Backsteinarchitektur f brick architecture
Backsteinbau m brick building, brickwork
Badausstattung f bathroom equipment
Badeeinrichtung f bathing facilities, bathroom installations
Badezimmer n bath, bathroom
Bagger m excavator, digger, navvy, power navvy
Baggergreifer m excavator grab
Baggerlader m backhoe loader
Baggerschaufel f bucket, shovel, shovel bucket, drag
Bahn f 1. course (von Ziegeln); 2. sheet (Dachpappe); 3. strip (z. B. zur Abdichtung); 4. track (einer Sportanlage); 5. railway, (AE) railroad (Eisenbahn)
Bahnanlagen fpl railway facilities, railway system
Bahnenbelag m sheet covering, sheeting covering (Dachpappe)
Bahnübergang m (Verk) crossing, railway crossing
Bajonettverbindung f bayonet joint
Bake f (Verk) beacon
Balken m 1. beam, baulk, (AE) balk (aus Holz, Stahl, Stahlbeton oder Spannbeton); girder (Träger); 2. (Hb) square-sawn timber, squared timber; summer beam, summer tree, timber, joist (Unterzug, Querbalken); trabes (meist als Sims)
Balken m/eingespannter fixed beam
Balkenanker m beam tie
Balkenanordnung f arrangement of beams, spacing of beams
Balkenauflager n beam support, bearing of joists, joist bearing, template; wall box (in der Wand)
Balkenaussparung f wall frame, wall box (in der Wand)
Balkenbemessung f design of beams, beam design
Balkenbrücke f girder bridge
Balkendecke f joist(ed) floor, beam floor, single floor, span ceiling; joist ceiling (Decke mit sichtbaren Balken)
Balkenfeld n space between beams
Balkenkonstruktionssystem n beam system
Balkenkopf m joist end, beam end, beam head
Balkenlage f joists, joists of a floor, decking, binders and joists, frame of joists, framing of joists
Balkenrahmen m platform frame, western frame (mit geschosshohen Fachwerkstützen)
Balkenrost m beam grid, beam grillage, grating of timbers; gridiron
Balkenstoß m beam butt joint, beam joint, bottom butt joint, scarfed joint
Balkenträgerkreuzwerk n beam grid, beam grillage
Balkon m balcony; (dress) circle (Theater)
Balkonhebetür f balcony lifting door
Ballastgewicht n loading weight
Ballungsgebiet n agglomeration, agglomeration area, urban area (Städtebau, durch Zusammenwachsen mehrerer Siedlungseinheiten)
Baluster m (Hb) baluster, banister, newel
Balustrade f balustrade, parapet (Balkon, Treppe, Brücke)
Band n 1. (Arch) band (Schmuck an Säulen und als Gesimsglied); belt (Ornament im Mauerwerk und an Säulen); 2. hinge (Baubeschlag für Türen und Fenster); 3. (Hb) strap anchor, strap; 4. strip (z. B. zur Abdichtung); 5. tape (Rollladen); 6. forked wood (Gabelholz); 7. fillet (Zierleiste); 8. (Arch) string (Bandgesims); 9. (Stat) tape
Bandeisen n band iron, hoop, hoop iron, strip iron
Bandförderer m belt conveyor
Bandgesims n (Arch) band course, ornament with a cordon, cordon (mit kordelförmigem Ornament); string (Gurtgesims zwischen den Geschossen)
Bandmaß n measuring tape, band tape, flexible rule, tape, tape measure

Bandparkett

Bandparkett *n* inlaid strip floor, wood strip flooring
Bandscharnier *n* strap hinge
Bandstahl *m* band steel, hoop steel, rolled steel, strap steel, strip steel
Bandwaage *f* weigh bridge
Bank *f* 1. bench; 2. bench of ground, bank, set-off *(Gründung)*; 3. *(Bod)* stope
Bankeisen *n* cramp, door frame anchor, clamp iron
Bankett *n* 1. banquette, berm, set-off *(Böschungs-, Deichabsatz)*; 2. *(Verk)* road shoulder, benching, marginal strip, flank, haunch, *(AE)* raised verge *(Straße)*; 3. set-off, strip footing, strip foundation, continuous foundation, flank *(Fundamentstreifen)*
bankfinanziert bank-funded
Bankhobel *m* bench plane
Baracke *f* barrack, hut, *(AE)* shanty
Barock *m(n) (Arch)* Baroque
Barockbaukunst *f* baroque architecture
Baryt *m* natural barium sulphate, baryte *(Strahlenschutzbetonzuschlag)*
Barytbeton *m* baryte concrete
Basalt *m* basalt
Basaltgesteinswolle *f* basalt wool
Basilika *f* basilica
Basis *f* base, bottom, sole • **an der Basis** basal
Basisabdichtung *f* base sealing *(einer Deponie)*
Basisplatte *f* base board
Bassin *n* basin, reservoir
Batteriefertigung *f* vertical multimoulding *(Betonfertigteile)*
Bau *m* 1. construction, action of building *(Durchführung)*; 2. building, structure *(Produkt)* • **den Bau beginnen** found, start construction • **im Bau** under construction • **im Bau befindlich** under construction
Bau... constructional ..., structural ..., architectural ...
Bauablauf *m* sequence of construction, sequence of construction work, procedure
Bauablaufplan *m* construction programme, construction progress chart, construction schedule, construction time schedule, progress chart, work schedule, working schedule, works progress schedule
Bauabnahme *f* acceptance inspection, final inspection, acceptance of work, building inspection
Bauabschnitt *m* construction stage, stage
Bauabwicklung *f* execution of construction work
Bauamt *n* planning department and building control office
Bauänderungsbestätigung *f* variation order
Bauarbeiten *fpl* 1. construction work, execution of work, execution of works, building works; 2. *(Verk)* roadworks
Bauarbeiter *m* 1. construction worker, building labourer, building worker, operative; 2. *(Verk)* roadworker
Bauarbeitsplan *m* job plan
Bauart *f (Arch)* style, design; construction type, type of construction, make, build (z. B. Typ des Gebäudes)
bauartgeprüft with design approval, with design certificate, approved, with qualification certificate
Bauartzulassung *f* design approval, qualification approval, type approval
Bauaufnahme *f* 1. planning survey *(von Bausubstanz zur Stadtplanung)*; 2. survey of a building, survey of a structure *(Einzelgebäudeaufnahme)*
Bauaufsicht *f* construction inspection, construction authority, construction supervision, supervision
Bauaufsichtsbehörde *f* construction supervising authority, building supervisory board, building control department, construction authority • **durch die Bauaufsichtsbehörde zugelassen** admitted for use by the supervising authority
Bauauftrag *m* 1. *(Arch)* building commission; 2. order for constructional work *(Ausführung)*
Bauauftraggeber *m* building owner, client, owner, proprietor, *(AE)* purchaser
Bauausführung *f* building construction, construction of a work, carrying-out, carrying-out of construction, construction of a job, execution of a job
Bauausführungsänderung *f* modification
Bauausführungsbedingungen *fpl* conditions of contract

Bauglied

Bauausführungsgenehmigung f work order

Bauausführungsvorschriftenwerk n code of practice

Baubedarf m building supplies

Baubeginnsmeldung f report of the commencement of construction

Baubehelf m temporary installations, temporary structure, temporary work

Baubehörde f building authority, construction administration, Board of Works

Bauberatung f und -betreuung f construction advisory services, basic construction services, (AE) basic services (durch Architekten in der Leistungsphase 1-7)

Baubericht m job record, job report

Baubeschränkung f building restriction; bulk zoning

Baubestandszeichnung f as-completed drawing, building record drawing, record drawing, work as executed drawing

Baubestimmungen fpl construction regulations, building regulations

Baubetrieb m contracting company, contracting firm, contractor, building contractor • **einem Baubetrieb die Arbeiten übertragen** charge a contractor with the work

Baubüro n construction office, site office, contractor's site office, field office, building office, site accommodation, temporary building office, (AE) job-site office

bauchig bellied • **bauchig werden** belly, belly out

Baudämmstoff m building insulation material

Baudaten pl construction specifications

Baueinheit f building unit, module, assembly, prefabricated building component, subassembly

Bauelement n member, module, construction unit, building component, prefabricated building component, structural element

bauen v 1. construct, build, erect (ein Gebäude); 2. edify (Großelemente); 3. engineer (konstruktive Ingenieurbauten, Brücken); 4. practise (herstellen); 5. make, erect (errichten)

Bauen n 1. constructing, construction, building, erection; edifying (Großelemente montieren); 2. (Hb) framing

Bauen n mit Stahlbetonfertigteilen precast reinforced concrete construction

Bauentwurf m structural design

Bauerlaubnis f building permit, consent to build, planning and building permission

Bauerschließungsgebiet n construction developing zone, developing area, developing area for construction

Baufälligkeit f dilapidation, dilapidated state, disrepair, unrepair

Baufertigstellungsfrist f time for completion

Baufinanzierung f financing of building projects

Baufirma f construction firm, contracting company, contracting firm, builder

Bauflucht f alignment, alinement, building line, property line, row • **die Bauflucht richten** establish lines of direction

Bauform f type of construction

Baufortschritt m progress of construction work, progressing, rate of progress, progress

Baufreiheit f access to field, access to site, ground clearance, working area

Baufristenplan m building progress chart, programme and progress chart, progress chart

Baugelände n construction ground, building ground, building site, building land, site, lie of the ground

Baugenehmigung f building permit, building approvals, building permission, consent to build, permit, planning and building permission, planning permission

Baugenossenschaft f cooperative building society, benefit building society, building association, building society

Baugerüst n builder's stages, builder's staging, scaffold, staging, timber scaffolding; gabbard scaffold (regionale Bezeichnung in Schottland); (AE) gantry

Baugesetz n building by-law, (AE) building code [regulations]

Baugewerbe n building and construction trade, building industry, building trade; trowel trade

Baugewerk n building trade, trade

Bauglied n construction member, construction unit, structural member

Baugrube

Baugrube f excavation, excavation pit, building pit, foundation pit, pit • **eine Baugrube ausheben** excavate a pit

Baugrubenaussteifung f planking and strutting

Baugrubenverfüllung f ditch refilling

Baugrund m 1. estate, building ground, site *(Baugelände)*; 2. foundation soil, building ground, subsoil, basement soil, foundation, foundation soil, soil, subgrade

Baugrunddichtung f subsoil sealing

Baugrundgutachten n subsoil expertise

Baugrundstück n building estate, building plot, building site, building ground site

Baugrunduntersuchung f examination of subsoil, foundation testing, investigation of foundation conditions, site exploration, site investigation, soil examination, soil investigation, soil study, soils survey, subsoil exploration, subsurface investigation

Baugrundverbesserung f soil improvement, artificial cementation, artificial cementation of soil, soil solidification, soil stabilization, earth improvement, *(AE)* ground improvement

Baugutachten n structural survey

Bauhandwerk n building trade, trowel trade

Bauhauptauftragnehmer m main contractor, general contractor, prime contractor

Bauhauptgewerke npl main building trades

Bauhauptvertrag m general contract, prime contract

Bauherr m employer, building owner, client, owner, promoter, proprietor

Bauherrenmodell n house-builders' scheme

Bauhilfsmaterial n subsidiary materials

Bauhof m 1. contractor's yard, builder's yard, building yard, plant depot; 2. *(Hb)* timber yard *(für Zimmerarbeiten)*

Bauholz n construction timber, building timber, timber, solid structural timber, construction log, carcassing timber, straight timber; structural timber *(mindestens 125 mm Seitenhöhe)*; *(AE)* lumber, *(AE)* clear lumber, *(AE)* planed lumber, merchantable lumber, *(AE)* structural lumber *(klassifiziert)*; *(AE)* yard lumber *(bis 125 mm dick)*

Bauhülle f shell

Bauindustrie f construction industry, building and construction industry, building industry

Bauingenieur m für Hoch- und Tiefbau civil engineer

Bauingenieurwesen n civil engineering

Baukastenbauweise f modular building system

Baukastensystem n modular building system, modular design system, modular system, unit-assembly system, unit-composed system, unit construction principle, unit principle, mechano-like system of construction; modularity *(Fertigteilbauten)* • **im Baukastensystem gebaut** modular • **nach dem Baukastensystem konstruieren** unitize

Baukeramik f structural ceramics, heavy ceramics

Bauklammer f cramp, cramp iron, dog, dog iron, brob, clamp, clamp iron, clamping iron, timber dog; bitch *(dreidimensional)*

Bauklempner m building plumber, plumber

Baukolonne f construction gang, gang, party, shift, team, unit

Baukonstruktion f building construction

Baukonstruktionslehre f structural design theory, structural theory

Baukörper m body, body shell, solid, structure

Baukosten pl construction costs, costs of construction, building cost

Baukostenanschlag m/genauer detailed estimate of construction cost

Baukostenkalkulator m quantity surveyor

Baukostenvoranschlag m construction cost estimate, contractor's estimate, construction budget

Baukostenzuschuss m building grant, building subsidy, contribution to the building expenses

Baukran m mobile tower crane, site crane, tower gantry

Baukunst f architecture, civil architecture

Baukunststoff m plastic building material, plastic construction material

Bauland *n* construction ground, developed quarter, developed sites, building land

Baulänge *f* overall length, length of structure; laying length, effective length *(Rohrleitungen)*

Baulärm *m* construction noise, site noise

Baulastträger *m* legally responsible authority

Bauleistungsangabe *f* performance bond; bill of quantities *(Leistungsverzeichnis)*

Bauleistungsbeschreibung *f* quantity survey; bill of quantities *(Leistungsverzeichnis)*

Bauleistungsverzeichnis *n* schedule of prices, bill of quantities *(Leistungsverzeichnis)*

Bauleiter *m* 1. agent, site agent, site manager, site superintendent, site engineer *(des Unternehmers)*; 2. building inspector, project engineer, project manager, project representative *(des Auftraggebers)*

Bauleitung *f* 1. management of works, construction management *(des Auftragnehmers)*; 2. construction supervision, site supervision, direction, engineer *(des Auftraggebers)*

baulich constructional, structural

Baulichkeiten *fpl* building on a site *(auf der Baustelle)*

Baulos *n* building lot, lot

Baumaschinen *fpl* construction machinery, building machinery

Baumaß *n* building size, structural dimension, dimension

Baumaßnahme *f* 1. project, construction work; 2. *(Verk)* highway project, road construction work

Baumaterial *n* construction material, building material, building ware

Baumatte *f* mat, quilt

Baumbepflanzung *f* tree planting *(Landschaftsbau)*

Baumechanik *f* structural mechanics

Baumeister *m* 1. master builder; 2. *(Arch)* mason architect *(im Mittelalter)*

Baumethode *f* construction technique

Baumkante *f* 1. *(Hb)* wane, bad bevel *(bei Nutzholz)*; 2. rough edge *(Brett)*

Baumodul *n* modular coordination, dimensional framework

Baumontageverfahren *n* building erection system

Baunebengewerke *npl* related trades

Baunorm *f* construction standard

Bauobjekt *n* construction object, building object

Bauordnung *f* order of architecture, building regulations, *(AE)* building code

Bauplanung *f* construction planning, building planning

Bauplatte *f* building board, structural panel, building sheet; building slab *(Beton)*

Bauplatz *m* construction site, building site, lie of the ground, *(AE)* job site, building plot

Baupreis *m* construction price

Bauproduktenrichtlinie *f* Construction Product Directive

Bauraster *m* structural module

Bauraum *m* site space

Baurecht *n* planning and building laws and regulations

baureif 1. available for building, fully developed *(Baugrundstück)*; 2. issued for construction *(Bauzeichnungen)*; ready for construction *(Bauvorbereitungsunterlagen)*

Baurichtmaß *n* controlling dimension

Bausachverständiger *m* construction expert, building expert, expert

Bauschäden *mpl* damages to structures

Bauschlosser *m* construction fitter, fitter in the building trade

Bauschnittholz *n* sawn engineering timber, sawn timber, wood in building sizes, *(AE)* construction lumber *(s. a. Bauholz)*

Bauschutt *m* construction waste, debris, demolition waste, builder's rubbish, rubbish, rubble, waste building material, waste

Bausparvertrag *m* building loan contract, savings contract with a building society, building society's savings agreement, *(AE)* savings contract with a building and loan association

Baustahl *m* constructional steel, structural steel

Baustahlmatte *f* reinforcement steel mesh, reinforcing mat, reinforcing steel mesh, woven steel fabric, woven steel wire fabric

Baustahlprofil *n* structural steel section

Baustandardwerk

Baustandardwerk n (AE) building code
Baustatik f statics, stress analysis, structural analysis, structural statics, theory of structures
Baustein m 1. module, unite *(Fertigbaueinheit)*; 2. cut stone, building block, building stone
Baustelle f 1. construction site, building site, building ground, project site, site, site of works, on-site area, lie of the ground field, (AE) job site; 2. *(Verk)* roadworks, road project site; erection site *(Stahlbau)* • **auf der Baustelle** on-site, site-on • **auf der Baustelle streichen** field-paint • **außerhalb der Baustelle** off-site • **frei Baustelle** delivered site, delivered free site *(Lieferung)*
 • **Vorsicht Baustelle** roadworks ahead *(Straße)*
Baustellenanschluss m site connection *(Stahlbau)*
Baustellenanstrich m on-site application, on-site painting, field application, field painting, site application, site-applied coat; site finish, site painting *(nach Montageabschluss)*
Baustellenbedingungen fpl on-site conditions, field conditions, site conditions
Baustellenberatung f site meeting
Baustellenbüro n field office, site office, (AE) job-site office
Baustelleneinrichtung f construction site installations, site facilities, site arrangement, site assembly *(fertige Einrichtung)*; erection plant, site plant *(Montageeinrichtung)*; site mobilization, site preparation *(Tätigkeit)*; (AE) job-site installations *(fertige Einrichtung)*; job-site mobilization *(Tätigkeit)*
Baustelleneinrichtungsplan m facilities programme, site mobilization plan, (AE) job-site mobilization plan
Baustellengelände n site area
baustellengeschweißt field-welded, site-welded
Baustelleningenieur m field engineer, site engineer *(des Auftraggebers)*; contractor's engineer, contractor's supervisor *(des Auftragnehmers)*
Baustellenkoordinator m site superintendent, (AE) job superintendent *(bei Projektsteuerung)*
Baustellenlabor n on-site laboratory, field laboratory, site laboratory, (AE) on-job lab [laboratory]
Baustellenmischverfahren n mix-in-place
Baustellenmontage f on-site manufacturing, on-site work, field erection, site assembly, site erection
Baustellenprüfung f on-site test, at-site testing
Baustellenüberwachung f site supervision
Baustellenvorfertigung f on-site prefabrication, site prefabrication; in-situ precasting, site precasting *(mit Beton)*
Baustil m *(Arch)* architectural style, style of architecture, order; architecture *(z. B. einer Epoche)* • **aus einem Baustil bestehend** *(Arch)* monostyle
Baustoff m material, construction material, building material, structural material
Baustoffbedarf m materials requirement, construction materials requirement, building materials demand, building materials requirement
Baustoffgütevorschrift f material specification
Baustoffindustrie f building materials industry, industry of building materials
Baustoffprüfstelle f materials testing laboratory
Baustoffprüfung f materials testing, building material testing, testing of materials
Baustoffprüfvorschriften fpl material-test specification
Baustoffversorger m building materials supplier
Baustufe f construction stage, stage, stage of completion, stage of construction
Bausubstanz f substance of building, substance of structure, fabric • **in der Bausubstanz einwandfrei** structurally sound
Bausumme f construction sum, building sum
Bausystem n construction system, structural system
Bautagebuch n construction diary, builder's diary, job record
Bautätigkeit f construction activity
Bautechnik f construction engineering,

Bautechnologie *f* construction method, construction technique

Bauteil *n* member, fitting, building unit, component, constituent member, structural component, structural element, structural member, structural unit, subassembly, unit

Bauten *mpl* structures

Bautenschutzmittel *npl* building protecting agents

Bautischler *m* building joiner, joiner

Bauträger *m* developer, development company

Bauüberwachung *f* observation of the work, observation of the construction work, construction control, building control, building inspection, building supervision

Bauunterkunft *f* site accommodation, barracks

Bauunterlagen *fpl* construction documents, building documents

Bauunternehmen *n* contractor, building contractor

Bauunternehmer *m* contractor, builder

Bauunternehmung *f* construction company, construction firm, building enterprise

Bauverbot *n* building ban

Bauvertrag *m* agreement, building contract, owner-contractor agreement

Bauvertragsbedingungen *fpl*/**allgemeine** general conditions of the contract

Bauvertragssumme *f* contract sum

Bauvolumen *n* volume of building output; volume of construction *(Planungsziffer)*

Bauvorhaben *n* construction project, building project, development, project

Bauvorlagen *fpl* building documents, building particulars and drawings

Bauvorschriften *fpl* building specifications, construction regulations, building regulations

Bauweise *f* 1. building method, construction method, construction; 2. *(Arch)* style of architecture, architectural style, design, model • **von kastenförmiger Bauweise** of box-section construction

Bauweise *f*/**industrielle** industrial building method, industrialized building method, industrialized construction method

Bauwerk *n* structure, construction, engineering structure, building, edifice

Bauwerk *n*/**statisch bestimmtes** statically determinate structure, isostatic structure

Bauwerkabdichtung *f* bituminous dampproofing and waterproofing

Bauwerks-Management-System *n* (BMS) *(Verk)* bridge management system, BMS

Bauwerksverzeichnis *n* list of constructions, list of structures

Bauwesen *n* 1. civil engineering, construction engineering *(Bautechnik)*; 2. *(Arch)* architecture *(Baukunst)*; 3. building and construction industry, building industry, building trade *(Bauwirtschaft)*

Bauwich *m* distance between buildings, space between two neighbouring buildings

Bauwirtschaft *f* building and construction industry, building industry, building trade

Bauzeichnung *f* construction drawing, building drawing, structural drawing, working drawing

Bauzeit *f* 1. construction period, construction time, specified time for completion, time of completion, time of construction; 2. *(Hb)* timbering time

Bauzeitenplan *m* time schedule, works progress schedule

Bauzeitverlängerung *f* extension of given time, extension of given construction time

beanspruchen *v (Stat)* load, strain, stress; act *(angreifen)*; claim

beansprucht loaded, stressed, subject to

Beanspruchung *f (Stat)* stress; loading, effort, stressing *(Vorgang)*

Beanspruchung *f*/**dynamische** impulsive loading

Beanspruchung *f*/**statische** static action, static stress

Beanspruchungsdiagramm *n* stress circle

bearbeiten *v* 1. work *(z. B. Werkstoffe)*; 2. machine, process *(maschinell)*; 3. dress, fashion, model *(gestalterisch)*; 4. hew, mill *(Stein)*; 5. cultivate, till *(Außenanlagen)*; 6. treat *(mechanisch, Oberflächen*

Bearbeitung

usw.); 7. handle, deal with, attend *(erledigen)*

Bearbeitung f 1. working; processing, manipulation *(Verarbeitung)*; 2. dressing *(Zurichtung)*; 3. tilling, cultivation *(Außenanlagen)*; 4. treatment *(Oberflächen)*; 5. workmanship *(handwerklich)*; 6. handling *(Prozesse, Abläufe)*

beaufsichtigen v inspect

bebaubar available for building, suitable for building *(Baugrundstück)*

bebauen v 1. build up, build on, develop *(Gelände)*; 2. crop, cultivate *(Landschaftsbau)*

bebaut built-up *(Gelände)*

Bebauung f 1. development, house-building *(Vorgang)*; 2. built-up area *(fertig bebaut)*; 3. block system planning *(Planung)*; 4. cultivation, tillage *(Landschaftsbau)*

Bebauungsdichte f density of building, density of development, density

Bebauungsplan m master plan, development plan, zoning map

Becken n 1. basin, tank *(Abwasser)*; 2. mortar carrier *(Mörteltransport)*; 3. pan *(flach)*; 4. *(Umw)* tailings pond

Beckenauskleidung f reservoir lining

Bedachen n roofing

Bedachung f roofing, helying

Bedarfsplanung f planning to requirements

bedecken v 1. cope, cap, top *(von oben, Mauer usw.)*; 2. cover, put undercover, coat, overlay *(z. B. eine Fläche)*; 3. protect, shelter, shield *(schützen)*; 4. surmount *(krönen)*

Bedeckung f coverage, covering

Bedienung f operation, handling, attendance *(Anlagen; Geräte)*; control *(Steuerung)*

Bedienungsmannschaft f operating personnel

Bedienungssteg m service bridge, service gangway

Bedingung f condition, stipulation, requirement • **den Bedingungen genügen** *(Stat)* satisfy conditions • **die Bedingungen erfüllen** meet the conditions, meet the requirements • **zur Bedingung machen** stipulate

Bedingungsgleichung f equation of condition, conditional equation

Beeinflussungsbereich m zone of influence

beengt/räumlich cramped for space, close-quartered *(Wohnen)*

befahrbar *(Verk)* traversable, fit for traffic, passable *(Straße)* • **befahrbar sein** be open to traffic

Befall m attack, infestation *(durch tierische oder pflanzliche Schädlinge)*

Befensterung f fenestration

befestigen v 1. fasten, fix, affix, attach; anchor; append; clamp; 2. clip *(mit Heftklammern)*; 3. pin *(mit Stiften)*; 4. fortress, fortify *(militärisch)*; 5. pave, surface *(Weg, Straße)*; 6. revet *(Böschungen)*; 7. cramp, dog *(mit Bauklammern)*; 8. secure *(sicher)*; 9. bolt, screw *(mit Schrauben)*; 10. nail, mount, tack, tie *(mechanisch)*; 11. steady *(stabilisieren)*; 12. *(Wsb)* tighten; 13. truss *(z. B. mit Sprengwerk)*

Befestigung f 1. fastening, fixation, fixing, attachment, fixture; 2. mounting *(Montage)*; 3. paving, pavement, surfacing *(Wege, Straßen)*; 4. fortification *(militärisch)* • **die äußeren Befestigungen tragend** castellated *(einer Burg)*

Befestigungsbolzen m fastening bolt

Befestigungskonstruktion f fastening structure

Befestigungsmittel n means of fastening

Befestigungsschiene f fastening rail, fixing channel

Befestigungsschraube f fastening screw, fixing bolt, fixing screw, holding-down bolt, retaining bolt, retaining screw, tightening screw

Befeuchter m 1. moistener; 2. *(HLK)* humidifier

Befeuchtung f 1. damping, wetting, moistening; 2. *(HLK)* humidification

befolgen v adhere, adhere to *(Grundsatz)*; follow, observe, obey, abide by *(z. B. Spezifikation)*

befördern v 1. convey, carry, transport; 2. haul *(nur Güter)*; 3. promote, advance *(Management)*; 4. handle *(z. B. Post)*

befristet restricted

begehbar man-size(d) *(Schacht, Gang)*; ascendable, accessible *(zugänglich)*; subject to foot traffic • **begehbar sein** be accessible

Begehung f inspection

Belastungsverteilung

Beginn *m*/**frühester** earliest event occurrence time *(z. B. von Bauabschnitten)*
Beglasung *f* glazed finish
Begleitmaßnahmen *fpl* **bei Straßenbauarbeiten/landschaftspflegerische** roadside development
begradigen *v* 1. straighten, true; 2. *(Verk)* realign; 3. rectify *(Straße, Gewässer)*; 4. trim *(Oberflächen)*
begrenzen *v* 1. delimit, mark off, bound *(Grundstücke)*; 2. fence, fence in *(einzäunen)*; 3. picket *(mit einem Palisadenzaun)*; 4. bound, border *(Gebiete)*; 5. restrict *(Baurecht)*; 6. limit *(beschränken)*; 7. separate *(trennen)*
Begrenzung *f* 1. limit, limitation *(Beschränkung)*; 2. boundary *(Gebietsgrenze)*; 3. clearance *(Breite, Höhe, Weite)*; 4. restriction *(Baurecht)*
Begrenzungslinie *f* limit line, outline, boundary line
Begrünung *f* grass planting, planting, sowing down to grass
Behaglichkeitsindex *m* comfort index; comfort curve *(Beleuchtung)*
Behaglichkeitszone *f (HLK)* comfort zone
Behälter *m* box, case, receptacle, tank, vessel
behandeln *v* handle, process, treat, *(AE)* nobble *(Steine)*
Behandlung *f* handling, processing, treatment; manipulation *(Bearbeitung)*
behauen *v* 1. mill, dress, hack, hew, chip, chip off, chisel off, axe *(z. B. Steine)*; 2. boast *(Rohstein)*; 3. *(Hb)* adz, adze, slab; smooth *(mit dem Dechsel)*; 4. trim, dress *(Baumstämme)*
Behauen *n* 1. dressing, hewing, paring, tooling *(Stein)*; 2. batting *(Naturstein)*; 3. squaring-up *(von Holz)*
beheben *v* put right, eliminate *(Schaden)*; rectify, remedy *(Mängel)*
Beheizung *f* heating
Behelfskonstruktion *f* auxiliary structure
Behörde *f* authority, administrative body, administrative agency, council, authority, administrative board, government authority
Beimengung *f* 1. addition, admixture *(Vorgang)*; 2. admixture *(Stoff)*; 3. impurity *(z. B. in Wasser, in Erdstoffen)*
Beiputzen *n* plastering-in
Beiwerk *n* attachment

Beize *f* stain, ooze, pickle
beizen *v* 1. mordant *(z. B. zum Färben)*; 2. etch *(z. B. Glas)*; 3. boast *(Rohstein)*; 4. stain *(Holz, Glas)*
Bekiesung *f* gravel surfacing
Beladen *n* loading
Beladestelle *f* loading station
Belag *m* 1. cover, covering, decking, surfacing; 2. deposit, encrustation, incrustation *(Ablagerung)*; 3. overlay, overlaying, pavement, surfacing *(Straße)*; 4. film *(sehr dünn)*; 5. coating, plating *(Beschichtung)*; 6. panelling *(Wandverkleidung)*
belagsbündig level with the pavement
belastbar loadable, chargeable
Belastbarkeit *f* load-bearing capacity, loadability; stressability; working strength
belasten *v* 1. *(Stat)* load, charge, surcharge, stress; 2. burden *(überlagern)*; 3. weight *(Gewicht)*
belastet 1. laden, loaded, on-load; load-bearing, load-carrying *(Baugrund, Brücken)*; 2. weight-carrying *(mit Gewichten)*; 3. *(Bod)* burden
belastet/gleichmäßig continuously loaded
Belastung *f* 1. *(Stat)* load, load application, loading; stress; 2. *(El)* load, demand; 3. *(Bod)* burden; 4. weighting *(mit Gewichten)*
Belastungsangaben *fpl* loading data
Belastungsannahme *f* estimate of loading, assumed load
Belastungsbedingungen *fpl* loading conditions
Belastungsberechnung *f* loading calculation
Belastungsfall *m* load case, load scheme, loading case, manner of loading, case of loading, condition of loading, style of loading
Belastungsgleichung *f* loading equation
Belastungskurve *f* load curve, loading curve
Belastungsmoment *n* loading moment
Belastungsprüfung *f* load test, loading test
Belastungsverhalten *n* behaviour under loading
Belastungsverteilung *f* load distribution, loading distribution, repartition of load

Belastungszustand

Belastungszustand *m* loading state
Belebtschlammanlage *f* activated sludge plant
belegen *v* 1. face, surface, tile *(mit Fliesen, Platten)*; 2. *(Arch)* foliate *(mit Blattornamenten)*; 3. cover, overlay *(Fußboden, Oberflächen usw.)*; 4. coat *(Beschichtung)*; 5. occupate *(Gebäude)*; 6. silver *(Glas)*
Belegschaft *f* labour force, staff, workforce
belegt occupied *(Gebäude)*
Belegung *f* 1. covering *(Fußboden, Oberflächen)*; 2. facing, surfacing, tiling *(mit Fliesen, Platten)*; 3. coating *(Beschichtung)*; 4. occupancy *(Gebäude)*; 5. verification *(Akt, Vorgang)*
beleuchten *v* light, illuminate *(auch festlich)*
Beleuchtung *f* lighting, illumination, *(AE)* luminaire
Beleuchtungsanlage *f* lighting installation, lighting plant, illumination installation
Beleuchtungsinstallation *f* illumination system
Beleuchtungskörper *m* light fitting, light fixture, lighting fitting, lighting fixture, lighting unit, *(AE)* luminaire *(fixture)*
Beleuchtungsmast *m* lamp pole, lamp post, lighting mast, lighting pylon
Beleuchtungssystem *n* illumination system
Beleuchtungstechnik *f* lighting engineering, illumination engineering
belüften *v* 1. aerate, air *(Räume auf natürliche Weise)*; 2. vent, ventilate *(mittels Ventilator)*; 3. fan *(mittels Gebläse)*; 4. *(HLK)* air-condition
belüftet 1. ventilated *(allgemein künstlich)*; 2. aerated *(natürlich; auch für Porenbeton)*; 3. *(HLK)* air-conditioned
Belüftung *f* 1. air input, air intake, air supply, airing, aeration, ventilation; 2. aeration *(Porenbeton)*; 3. *(HLK)* air-conditioning; 4. *(Umw)* bioaeration
Belüftungsanlage *f* 1. aerator; 2. *(HLK)* ventilation system, air-conditioning system
Belüftungsbecken *n* activated sludge tank, aeration tank
Belüftungsöffnung *f* air inlet, ventilation opening
Belüftungsrohr *n* aeration pipe, air inlet pipe
Bemaßung *f* dimensioning, indicating dimensions
bemessen *v* 1. *(Stat)* design, dimension; 2. batch; proportion *(bestimmte Mengen bei Baustoffaufbereitung)*; 3. rate *(Leistung)*; 4. size *(Bauelemente)*
Bemessung *f* *(Stat)* design, dimensioning; batching, proportioning *(Betonmischung)*
Bemessung f/konstruktive structural design
Bemessung f/n-freie load-factor design, load-factor method *(Stahlbetontheorie)*
Bemessungsannahme *f* design hypothesis, structural design assumption
Bemessungsbelastung *f* designed loading
Bemessungsbiegemoment *n* design bending moment
Bemessungsgrundlage *f* basis of design
Bemessungskriterium *n* design criterion, design criterium
Bemessungslast *f* designed load, assumed load
Bemessungsmoment *n* design moment
Bemessungsrichtlinien *fpl* design specifications
Bemessungsspannung *f* design stress, permissible stress *(Festigkeit)*
Bemessungsverfahren *n* method of design, design method
Bemessungswindlast *f* design wind load
benachbart neighbouring; contiguous *(berührend)*; adjacent, adjoining *(angrenzend)*; nearby *(nahe)*
benetzen *v* 1. damp, dampen, wet; 2. coat *(z. B. Bindemittel die Materialkörner)*
Benetzungsmittel *n* wetting agent
Benkelman-Balken *m* Benkelman beam
Bentonitschlämme *f* bentonite slurry
Benutzer *m* 1. user; 2. occupant, resident *(eines Wohnhauses)*; 3. dweller *(einer Wohnung)*
Benzinabscheider *m* fuel separator, petrol trap, *(AE)* gasoline separator
Benzinbeständigkeit *f* petrol resistance, resistance to gasoline, *(AE)* gasoline resistance
Beobachtung *f* observation
Beobachtungsbrunnen *m* monitoring well, observation well

Beschläge

Beobachtungsgang *m* observation gallery
Bepflanzung *f* planting
beplanken *v* face, coat, plank, board over
beplankt planked
Beplankung *f* boarding, panel, panelling; veneering *(Sperrholz)*
Berappen *n* coarse plastering, pargeting, rendering, rough-casting, rough rendering; broom *(einer Mauer)*
Berater *m*/**technischer** consulting engineer, technical consultant
Beratungsbüro *n* consultancy
Beratungsvertrag *m* consultative contract, owner-architect agreement
beräumen *v* clear *(z. B. Flächen)*
Beräumen *n* stripping *(einer Baustelle)*
berechenbar calculable, computable
berechnen *v* 1. *(Stat)* design, figure out, calculate; 2. compute, evaluate, calculate
Berechnung *f* 1. *(Stat)* analysis, design, static calculation; 2. calculating, calculation, computation
Berechnungsannahme *f* calculating hypothesis, calculation hypothesis
Berechnungsgrundlage *f* basis of calculation, calculation basis
Berechnungsmethode *f* computing procedure
Berechnungsverfahren *n* method of calculation, design method, calculation method
Berechtigung *f* 1. authorization, entitling *(Vorgang)*; 2. authority, power *(Vollmacht)*; 3. licence *(Genehmigung, Konzession)*; 4. competence *(Zuständigkeit)*; 5. right *(Anspruch)*; 6. qualification *(Befähigung)*
Beregnungsanlage *f* sprinkling plant
Bereich *m* 1. range, region, scope, area, zone *(Gelände)*; 2. extent *(Ausdehnung)*; 3. range, scope, compass *(Umfang)*; 4. sweep *(Krümmung)*; 5. span *(Messbereich, Zeit)*
Bereich *m*/**elastischer** elastic zone
bereitstellen *v* appropriate *(Mittel)*
Bereitstellungsfläche *f* marshalling area, assembling area *(Montagebau)*; alert platform
Bergbauabraum *m* mining debris
Berghang *m* hillside
Bergschaden *m* mining damage, subsidence damage, subsidence; surface damage, surface subsidence, surface depression *(Bergsenkungsgebiet)*
Bericht *m*/**technischer** technical report
berichtigen *v* revise
Berichtigung *f* correction
Berieselungsanlage *f* irrigation works
Berme *f* 1. *(Erdb)* terrace, berm, segregation berm, ledge; 2. *(Verk)* bench, set-off; 3. *(Umw)* segregation berm
Berstdruck *m* pressure strength
bersten *v* explode, burst; crackle *(z. B. Stützbauwerk)*
Berstfestigkeit *f* bursting strength, pressure strength
Berufsregister *n* professional register
Beruhigungsbecken *n* *(Wsb)* stilling basin, stilling pool
Berührungsfläche *f* contact area, area of contact, interface; juncture, juncture point, surface of junction *(Verbindungsstelle)*
Berührungsschutz *m* protection against accidental contact, protective device against accidental contacts
besanden *v* gravel, sand, sprinkle with sand
Besandung *f* sand surfacing
besäumen *v* 1. dress, edge, square, square up, trim *(von Holz)*; 2. plane *(Blechkante)*; 3. shear *(abschneiden)*
besäumt dressed, square-edged *(Holz)*
beschädigen *v* damage, blemish, ruin; spoil; injure; mar *(Baustoffe)* • **beschädigt werden** damage
Beschaffung *f* acquisition, procurement
Beschattung *f* shadowing
beschichten *v* coat, overcoat, apply, surface, treat *(Oberflächen)*; laminate *(Werkstoffe)*; plate *(elektrolytisch)*
Beschichtung *f* coating, hard-facing, spread coating, surfacing, treatment *(von Oberflächen)*; plating *(elektrolytisch)*
Beschichtungsdicke *f* coat thickness
Beschichtungsmasse *f* coating compound, coating seal, sealer, surface sealer, surfacing material
Beschilderung *f* *(Verk)* provision of road signs, signage *(Straße)*
Beschlag *m* fitting; mist *(Glas)*
Beschläge *mpl* fittings, furniture, hard-

beschlagen

ware, ironmongery, metal fittings, mountings

beschlagen v 1. iron *(mit Eisen)*; 2. tarnish *(Glas)*; 3. bloom *(Lackanstrich)*; 4. fog *(Fensterscheiben)*; grow damp *(feucht werden)*

Beschlagsarbeiten fpl hardware work

Beschleuniger m accelerator, accelerating additive *(z. B. für Beton)*

beschneiden v crop, cut, clip; edge *(Kanten)*; trim *(Holz)*

beschottern *(Verk)* metal, macadamize, gravel *(Straßenbau)*; ballast *(Eisenbahnbau)*

beschränken v restrict, confine, limit; narrow, curb *(einengen)*

beschweren v 1. load *(mit Füllstoffen oder Zusätzen)*; 2. *(Erdb)* burden; weight *(mit Gewichten)*

beseitigen v 1. remove, clear away *(Bauschutt)*; 2. dispose (of) *(Müll)*; 3. eliminate, cure, correct *(Fehler)*; 4. destroy *(vernichten)*; 5. discard *(aussondern)*

Beseitigung f disposal *(Müll)*; removal *(Bauschutt)*

Besenabzug m broom finish *(Betonoberfläche)*

Besenstrich m broom finish, brooming *(Betonoberfläche)*

Besenverankerung f fan anchorage *(Spannbeton)*

Besichtigung f inspection

besiedeln v populate

Besitz m ownership, property *(Gebäude)*; possession *(z. B. an Grund und Boden)*
• **in Besitz nehmen** appropriate • **wieder in Besitz nehmen** repossess

Besitzverhältnisse npl property conditions

Besplittung f chip surfacing, chipping surfacing

Besprechung f meeting

Bestand m lasting quality; supplies *(Baustoffe)* • **Bestand haben** stand • **den Bestand aufnehmen** inventory

beständig 1. lasting, fast, enduring, perennial, permanent, persistent *(dauerhaft)*; 2. constant *(ununterbrochen)*; 3. resistant, proof *(widerstandsfähig)*; 4. steady *(wirtschaftlich)*; 5. immune *(korrosionsbeständig)*; 6. stable *(thermisch, chemisch)*; 7. strong *(z. B. Baustoffe,*

Bauelemente) • **beständig sein** persist • **beständig sein gegen** be stable to

Beständigkeit f 1. durability, endurance, fastness, firmness, constancy, permanency *(Dauerhaftigkeit)*; 2. proofness, resistance *(Widerstandsfähigkeit)*; 3. stability *(thermisch, chemisch)*; 4. steadiness *(wirtschaftlich)*; 5. lasting properties *(Anstrich)*

Bestandsaufnahme f stocktaking

Bestandsaufnahme f **der Mängel** investigation of deficiencies

Bestandszeichnung f as-completed drawing

Bestandteil m component, constituent, constituent material, part

bestätigt authorized, approved *(Bauausführungsunterlagen)*; acknowledged *(Ausführung, Leistung)*; confirmed *(Bestätigung)*

bestätigt/amtlich authorized

bestellen v order

Bestellung f order *(von Leistung und Material)*

bestimmen v 1. define, determine, fix *(festlegen)*; 2. assign *(z. B. Aufgaben, Termine)*; 3. rule, order, regulate, decide, decree *(anordnen)*; 4. determine *(ermitteln)*

bestimmt 1. specific; 2. *(Stat)* perfect, determined

Bestimmtheit f/**statische** statical determinacy, statical determinateness

Bestimmungen fpl/**allgemein verbindliche technische** consensus standards

Bestreichen n coating, spread coating, spreading *(mit Anstrich)*; daubing *(mit Mörtel)*

Beton m concrete, ordinary concrete
• **Beton anmachen** temper concrete
• **Beton betonieren** pour concrete
• **Beton einbauen** pour concrete • **Beton einbringen** concrete, pour concrete
• **Beton gießen** pour concrete • **Beton schütten** cast concrete, pour concrete
• **Beton stampfen** puddle • **in Beton einbetten** wet with concrete • **in Beton einhüllen** encase with concrete • **in Beton einlegen** embed in concrete

Beton m/**bewehrter** reinforced concrete, steel concrete, ferro-concrete, armoured concrete

Betonnachbehandlungsmittel

Beton *m*/**hochfester** high-strength concrete
Beton *m* **mit Leichtzuschlägen** insulating concrete
Betonabwasserkanal *m* concrete sewer
Betonabziehhöhenlehre *f* concrete screed
Betonarbeiten *fpl* concrete work
Betonaufbereitung *f* concrete mixing
Betonauskleidung *f* concrete lining, concrete surfacing; steening *(meist Trockenmauerwerk für Behälter, Brunnen, Klärgruben)*
Betonbalken *m* concrete beam, cast beam, reinforced T-beam
Betonbau *m* concrete engineering, concrete construction
Betonbestimmungen *fpl* concrete code
Betonbewehrungsmatte *f* woven steel fabric, woven steel wire fabric
Betonblockstein *m* concrete block, cement block, precast concrete block
Betonbordstein *m* concrete kerb, *(AE)* concrete curb
Betondachstein *m* concrete roof tile
Betondecke *f* 1. concrete ceiling, concrete floor, cement floor; 2. *(Verk)* concrete pavement, concrete paving, concrete slab *(Straße)*
Betondeckenplatte *f* concrete floor slab, slab
Betondeckung *f* depth of cover, concrete cover, coverage, concrete covering, concrete protection, cover *(über Bewehrung)*
Betondichteprüfung *f* concrete density control, density control
Betondichtungsmittel *n* concrete densifying agent, concrete waterproofing compound
Betondosieranlage *f* concrete-batching plant
Betoneinbau *m* pouring of concrete
Betonestrich *m* concrete screed
Betonfahrbahn *f* concrete carriageway
Betonfertiger *m* concrete finisher, concrete finishing machine *(Straßenbau)*
Betonfertigpfahl *m* concrete precast pile, precast pile, prefabricated concrete pile
Betonfertigteil *n* precast concrete component, precast concrete unit, prefabricated concrete unit, concrete component, concrete unit

Betonfestigkeitsklasse *f* concrete strength class
Betonform *f* concrete mould, mould for concrete setting
Betonformteil *n* purpose-made concrete unit, special concrete product, special-purpose concrete product
Betonfundament *n* concrete base, concrete foundation
Betonfußboden *m* concrete floor
betongefüllt concrete-filled
Betongleitfertiger *m* concrete extruding machine
Betongüteklasse *f* concrete class, concrete quality grade, concrete grade, quality grade of concrete
Betonhärtungsmittel *n* concrete hardener, integral floor hardener *(für Fußböden)*
Betonherstellung *f* concrete fabrication, concrete production, concrete manufacture
Betonhohlblockstein *m* hollow concrete block
Betonhohldecke *f* hollow concrete floor
Betonierarbeit *f* casting of concrete, concrete placement, concreting, placement of concrete, pouring of concrete
betonieren *v* cast concrete, concrete, place concrete, work concrete, cast
betoniert concreted
Betonierung *f* casting of concrete, concrete placement, placement of concrete, pouring of concrete
Betonkonsistenz *f* concrete consistency
Betonkonstruktion *f* concrete structure
Betonmantel *m* concrete lining, concrete encasement; concrete envelope *(Kernreaktor)*
Betonmauerwerk *n* concrete masonry
Betonmischanlage *f* concrete batching plant, concrete mixing, concrete preparing equipment, concrete preparing plant, batching plant
Betonmischrezeptur *f* concrete designed mix
Betonmischung *f* concrete mix, mixture, mix
Betonnachbehandlung *f* concrete curing
Betonnachbehandlungsmittel *n* liquid-membrane curing compound, concrete curing compound

Betonnest

Betonnest *n* concrete pocket, cavity in the concrete, honeycomb, nest, rock pocket, void in the concrete
Betonoberfläche *f* concrete surface, concrete finish
Betonpfahl *m*/**vorgefertigter** prefabricated concrete pile
Betonpflasterstein *m* concrete paving block, concrete paving sett, concrete sett
Betonplatte *f* cement slab, cement bay, concrete bay, slab; cement floor tile *(Fußboden)*
Betonplattenwerk *n* precasting factory, precasting plant
Betonprüfwürfel *m* concrete test cube, concrete sample
Betonpumpe *f* concrete pump, pumpcrete machine
Betonreparatur *f* concrete patching, concrete reintegration, concrete repair
Betonrohr *n* concrete pipe
Betonrüttler *m* concrete vibrator
Betonschalung *f* concrete formwork, concrete shuttering, shuttering
Betonschlaghammer *m* rebound tester, scleroscope
Betonschleuderverfahren *n* concrete centrifugal casting, spinning method
Betonschütttrichter *m* tremie
Betonschutzanstrich *m* protective coat on concrete
Betonschwelle *f* 1. concrete threshold; sill block *(Fenster)*; 2. *(Verk)* concrete sleeper, *(AE)* concrete tie
Betonschwinden *n* concrete shrinkage
Betonsetzmaßprüfung *f* concrete slump test
Betonsheddachschale *f* concrete sawtooth roof shell, concrete saw-tooth shell
Betonskelettkonstruktion *f* concrete skeleton construction
Betonspritzverfahren *n* concrete shooting, shooting
Betonstahl *m* concrete steel, reinforcing bar, reinforcing rod, reinforcing steel, ingot steel
Betonstahlmatte *f* reinforcing steel mesh, welded wire mash
Betonstampfer *m* concrete rammer, concrete tamper
Betonsteife *f* concrete consistency

Betonstein *m* precast concrete block, precast concrete stone, concrete walling unit, precast stone, cement block, reconstituted stone, cast stone, artificial stone, synthetic stone
Betonstraßenfertiger *m* concrete lane finisher, concrete paving finisher, concrete road paver, concrete road finisher
Betonsturz *m* concrete lintel
Betontechnik *f* concrete engineering, concrete technology
Betonträger *m* concrete girder
Betontragschicht *f* concrete roadbase
Betontragwerk *n* concrete bearing system, concrete structure, concrete supporting framework
Betontransportmischer *m* ready-mix concrete truck
Betonüberdeckung *f* concrete cover, concrete covering, concrete protection, concrete surface
betonummantelt haunched, concrete-encased *(Verbundstütze)*
Betonunterbau *m* concrete foundation
Betonunterlage *f* concrete subbase, concrete sub-floor, concrete supporting medium
Betonverarbeitbarkeit *f* concrete workability
Betonverdichtung *f* compaction of concrete
Betonverflüssiger *m* concrete workability agent, plasticizer, plastifying admixture
Betonvergütungsmittel *n* concrete improver
Betonverpressung *f* concrete injection
Betonvorschriftenwerk *n* concrete code
Betonwand *f* concrete wall
Betonwaren *fpl* precast concrete products
Betonwerk *n* concrete factory, concrete plant, concreting plant, precast concrete manufacturing yard, precasting factory, precasting plant
Betonwerkstein *m* concrete ashlar, cast stone, artificial stone, reconstructed stone, patent stone, synthetic stone; simulated masonry, masoned cast stone *(mit Sichtbetonfläche)*
Betonwiederverwendung *f* concrete recycling
Betonzugfestigkeit *f* concrete tensile strength

Betonzusammensetzung f composition of concrete, concrete composition
Betonzusatz m/**plastifizierender** water-reducing agent, water-reducing admixture
Betonzusatzmittel n concrete additive, concrete admix, concrete admixture
Betonzuschlagstoff m concrete aggregate, concrete ballast *(Korngröße < 37 mm)*
Betonzwangsmischer m horizontal pan-type mixer, pan concrete mixer
Betonzylinderdruckfestigkeit f concrete cylinder compressive strength
Betrag m amount
Betreiberkosten pl operational costs
Betrieb m 1. operation, works; service *(funktional)*; 2. undertaking, shop *(Produktionsbetrieb)*; 3. *(Umw)* existing plant • **außer Betrieb** out-of-action, out-of-service • **außer Betrieb nehmen** put out of operation, take out of service; • **in Betrieb nehmen** activate, put into operation, start • **in Betrieb sein** operate, run *(Maschinen)*
Betriebsbauleiter m contract manager
Betriebsfläche f service area
Betriebsgebäude n service building
Betriebsgenehmigung f type approval
Betriebskosten pl operating costs, operating expense, cost of operation, running cost, working expenses, overhead, overhead expenses, overheads
Betriebslast f 1. movable load, moving load, rolling load; 2. *(Verk)* travelling load *(Brücke)*
Betriebsraum m service room, service space
Betriebsschacht m service shaft *(für Wartung)*; utility shaft *(für technische Einrichtungen)*
Betriebssicherheit f 1. occupational safety, operational dependability, operational safety, safety in service, working safety; 2. operational reliability *(Zuverlässigkeit)*
betriebswirtschaftlich operational
Betriebszustand m operating state
Bettenhaus n dormitory house, ward block; guest bedroom building *(Hotel)*
Bettung f 1. emplacement; bedding; 2. *(Verk)* ballast, hard core *(Schienen)*

Bettungsmaterial n laying course material *(Straße)*; bedding material *(z. B. Kies)*
Bettungsmörtel m bed mortar
Bettungsschicht f cushion course, cushion, bedding layer, underlay; footing, grade course *(eines Mauerwerks)*
Bettungsziffer f modulus of subgrade reaction, bedding module, coefficient of subgrade reaction; modulus of the foundation *(Fundamentunterseite)*
beulen v buckle *(z. B. eine Strebe)*
Beulfestigkeit f buckling strength
Beulsicherheit f safety against buckling
Beulspannung f critical stress, warping stress *(Stahlbau)*
Be- und Entlüftungsleitung f air line, ventilation line
Bevölkerungsschutz m civil defence
Bevollmächtigung f authorization *(z. B. zur Bauabnahme)*
Bewässerung f watering; water irrigation, irrigation
Bewässerungsanlage f irrigation plant, irrigation works; trickling installation
Bewässerungskanal m *(Wsb)* flume, *(AE)* drove; irrigation canal, irrigation canal float
Bewässerungstechnik f irrigation engineering
beweglich mobile, movable, shifting; travelling; unstable
beweglich/frei free to move, floating
Bewegung f motion; start; travel • **in Bewegung setzen** start
Bewegungsfreiheit f freedom of movement
Bewegungsfuge f 1. *(Verk)* joint for movements, movement joint *(Betonstraße)*; 2. contraction joint, expansion joint, pressure-relieving joint; semiflexible joint
Bewegungsraum m/**öffentlicher** public area
Bewegungsübertragung f transmission of motion
bewehren v reinforce, armour
bewehrt reinforced, steel-reinforced
bewehrt/kreuzweise two-way reinforced
Bewehrung f reinforcement, embedded reinforcement; concrete reinforcement • **Bewehrung biegen** bend the reinforcement iron • **Bewehrung einbringen** place reinforcing bars • **Beweh-**

Bewehrungsanordnung

rung vorbereiten pretie • **die Bewehrung übergreifen lassen** let the ironwork overlap
Bewehrungsanordnung f layout of reinforcement, reinforcement system
Bewehrungsarbeiten fpl reinforcement work, steel fixing
Bewehrungsbiegemaschine f bar bending machine, rod bender *(für Stahlbewehrung)*
Bewehrungseisen npl concrete reinforcing bars
Bewehrungsflechten n reinforcement binding, reinforcement tying, tying reinforcement
Bewehrungsglied n armature *(für Stützen und Kragteile)*
Bewehrungskorb m cage of reinforcement, concrete reinforcing cage, reinforcement cage, reinforcing cage • **Bewehrungskörbe vorfertigen** pretie
Bewehrungsmatte f reinforcement mat, reinforcement mattress, reinforcement steel mesh, reinforcing mesh, reinforcing steel mesh, steel mesh fabric, steel wire mesh, wire-mesh reinforcement, fabric reinforcement, bar mat, mattress, mat
Bewehrungsquerschnitt m area of reinforcement, reinforcement area
Bewehrungsstab m reinforcing bar, reinforcing rod, rod, bar
Bewehrungsstab m/gerippter rebar
Bewehrungsstahl m concrete steel, reinforcement steel, reinforcing bar, reinforcing steel
Bewehrungsstoß m reinforcement joint
Bewehrungszeichnung f reinforcement drawing
Beweis m proof; demonstration, derivation, evidence • **den Beweis führen** *(Stat)* prove
Beweislast f burden of proof
Bewerber m bidder
bewerfen v spatter *(z. B. mit Dünnmörtel)*; throw on *(Putzmörtel)*
Bewerfen n daubing *(mit Putz)*; rendering *(mit Grobputz)*
bewerten v evaluate, value, assess, rate
Bewertung f evaluation, valuation, assessment, ranking, rating, appraisal *(z. B. von Land oder Einrichtungen)*
bewilligen v appropriate *(Mittel)*

Bewilligung f concession
bewohnbar occupiable, fit to live in, livable *(Wohngebiet)*; habitable, inhabitable *(Haus, Wohnung)*
Bewohner m occupant, inhabitant *(eines Hauses)*; dweller *(einer Wohnung)*; resident *(Wohngebiet)*
Bewurf m render, rendering; daub *(Putzschicht)*
Bezeichnung f marking, description, notation, designation, indication
Bezeichnungssystem n identification system *(z. B. für Türen, Fenster)*
Bezugsachse f reference axis
Bezugsebene f datum plane, plane of reference
Bezugseckpunkt m witness corner *(innerhalb des Grundstücks)*
Bezugshöhe f *(Verm)* datum level, reference level, relative level, reference edge, datum
Bezugslinie f datum line, reference line
Bezugsniveau n *(Verm)* level of reference, datum plane, reference datum
Bezugspunkt m *(Verm)* datum point, fiducial mark, reference mark, reference object, reference point, referring object; working point *(auf Zeichnungen)*
Bezugssystem n reference system
Biberschwanz m flat tail, plane tile, shingle tile, single-lap tile *(Dachziegel)*
Biberschwanzdacheindeckung f plain tile roof cladding
Biegeachse f zero line
Biegebalken m flexural beam, bending arm; flexure test beam *(Betonprüfung)*
Biegebeanspruchung f bending stress, bending load, bending action, flexural load, subjection to bending
Biegebruch m bending failure
Biegedauerfestigkeit f bending fatigue strength, flexural fatigue resistance
Biegedruck m compression with bending
Biegefaltversuch m single-bend test *(Baustahl)*
biegefest resistant to bending, flexural rigid
Biegeformänderung f bending deformation
Biegelinie f bending line, deflection curve, elastic curve
Biegelinienverfahren n elastic line method *(Statik)*

Biegemoment *n* moment of bending, bending moment, flexural moment, moment of flexion

Biegemomentendiagramm *n* bending moment diagram

Biegemomentenlinie *f* bending moment diagram

biegen *v* 1. bend, flex, inflect; 2. crook, curve (*krümmen*); 3. turn, bend, curve (*Straße*); 4. crank (*ein Werkstück*); 5. bow (*Holz*); 6. warp (*verziehen, z. B. Holz, Furnier*); 7. camber (*wölben*); 8. fold, buckle (*Blech, Metall*); 9. hook (*abbiegen*); 10. ply (*falten*)

Biegeprüfung *f* bending test, transverse bending test; flexural test (*Stahl*)

Biegeriss *m* bending crack

Biegespannung *f* bending stress, bending strain, flexural stress, transverse stress

biegesteif bendproof, bend-resistant, flexurally rigid, resistant to bending, stiff in bending, rigid, inflexible • **biegesteif verbunden** rigid-jointed

Biegesteifigkeit *f* bending rigidity, bending stiffness, flexural creep compliance, flexural rigidity, flexural stiffness, rigidity

Biegesteifigkeit *f* **nach Rissbildung** cracked flexural stiffness

Biegetheorie *f* bending theory

Biegeverformung *f* bending deformation

Biegewechselfestigkeit *f* alternate bending strength, reverse bending strength, reversed bending strength

Biegezugfestigkeit *f* flexural tensile strength, tensile bending strength

biegsam flexible, liable, pliant; supple, lithe (*geschmeidig*); willowy (*Dünnholz*)

Biegung *f* 1. bend, flection, flexing, flexion, flexure, (*AE*) inflection; 2. deflection (*elastisch*); 3. (*Verk*) bend, curve, turning, turn; 4. sinuosity (*gewellt*); 5. twisting (*Holztrocknung*); 6. wind (*Aussprache: waind*); winding (*auch Straße*); 7. kink (*Knick*) • **durch Biegung** flexural

Biegungskurve *f* flexure

Biegungslinie *f* deflection curve, bending line

Bieter *m* bidder, tenderer

Bildhauerei *f* (*Arch*) sculpture, statuary

bildsam plastic, ductile; mouldable (*z. B. Kunststoffe*)

Bildsamkeit *f* plasticity, coefficient of plasticity; plasticity index (*nach Atterberg*)

Billigbau *m* ramshackle building

Bimsbeton *m* pumice concrete, expanded cinder concrete, breeze concrete

Bimsblähbeton *m* pumice gas concrete, expanded pumice concrete, gas pumice concrete

Bimsstein... pumiceous ...

Bindeblech *n* batten plate, boom plate, brace plate, flange plate, tie plate, cover plate

Bindedraht *m* lashing wire, annealed wire, annealed iron wire, binding wire, splicing wire, tying wire (*Bewehrung*)

Bindeglied *n* connecting link

Bindekraft *f* adhesion force, bonding strength

Bindemittel *n* 1. adhesive, bonding material, agglomerant, agglutinant, binding material, bonding agent, binder; 2. cement, cementing agent, cementing material (*mineralisch-hydraulisches*); 3. bonding agent, vehicle (*eines Anstrichs*); 4. matrix (*z. B. für Farbe*); 5. binding matrix (*mechanisch*) • **ohne Bindemittel** binderless

Bindemittelablösung *f* aggregate stripping (*von Zuschlagstoffen*); stripping of binder (*speziell Bitumen*)

Bindemittelanteil *m* binder content, binder portion

Bindemittelgehalt *m* binder content, binder portion; vehicle solids (*bei Anstrichen*)

binden *v* agglutinate (*durch Bindemittel*); bind, tie (*Bewegung*)

Binder *m* 1. mineral binder, cementing material (*mineralisch*); 2. matrix (*z. B. für Farbe*); 3. girder (*Tragkonstruktion*); 4. binding stone, bonded brick, binder, bonder, header (*Mauerwerk*); 5. roof frame, truss, main truss, binder (*Sparrendach*); 6. binder (*Binderschicht, Binderlage*)

Binderbalken *m* binder, binding beam; roof beam, truss joint (*Dachkonstruktion*)

Binderdach *n* roof with principals

Binderlage *f* binder, subsurface course (*Straße*); header course (*Mauerwerk*)

Binderschicht

- **bis zur ersten Binderlage hoch** header-high
- **Binderschicht** *f* 1. course of headers *(Mauerwerk)*; 2. *(Verk)* binder, bond course, pavement base, subsurface course *(Straße)*
- **Bindersparren** *mpl* main rafters, blades, principal rafters, truss rafters; common rafters *(durchgehender Sparren vom Dachfuß zum Dachgrat)*
- **Binderstein** *m* binder, binding stone, header, perpend *(Mauerwerk)*; through stone *(in Wanddicke)*
- **Binderverband** *m* full bond, header bond *(Mauerwerk)*
- **Bindigkeit** *f (Bod)* cohesion, coherence *(Boden)*
- **Bindung** *f* binding *(des Zements)*
- **Bindungskraft** *f* binding force
- **Binnenböschung** *f* inner slope *(Deich)*
- **Binsenmatte** *f* rush mat
- **Biofilter** *n (HLK)* trickling filter *(Klimaanlage)*
- **Biogas** *n* biogas, fermentation gas
- **biologisch abbaubar** biodegradable
- **Biomüllkompostierung** *f* biological waste composting *n*
- **Biotop** *n* biota
- **Birkenholz** *n* birch wood
- **Bitumen** *n* bitumen, asphaltic bitumen, petroleum bitumen, *(AE)* asphalt (cement) • **mit Bitumen behandeln** bituminize • **mit Bitumen imprägnieren** bituminize
- **Bitumenanstrich** *m* bitumen coating, bituminous paint, black varnish
- **Bitumenausfüllungsgrad** *m* voids filled with bitumen, *(AE)* voids filled with asphalt
- **Bitumenbahn** *f* bituminous sheeting, bitumen sheet
- **Bitumenbaupappe** *f* general-use building paper
- **Bitumenbeton** *m* bitumen concrete, bituminous concrete, *(AE)* asphalt concrete
- **Bitumendachaufstrich** *m* pour coat
- **Bitumendachpappe** *f* bitumen felt, bituminous felt, bituminous roofing felt, asphalt felt, asphalt-prepared roofing, asphaltic felt, sanded bitumen felt, tarred felt
- **Bitumendeckschicht** *f* asphalt surface coating, pour coat
- **Bitumendichtung** *f* bitumen lining, bituminous seal
- **Bitumenfeinbeton** *m* stone-filled sheet asphalt (< 2 mm Korngröße)
- **Bitumenfugenvergussmasse** *f (Verk)* bituminous joint sealing compound, *(AE)* asphalt joint sealer
- **bitumenhaltig** bituminous, bituminiferous, *(AE)* asphaltic, *(AE)* asphalt based
- **Bitumenmastix** *m* asphalt mastic, asphalt cement
- **Bitumenschlämmdichtung** *f* bituminous slurry seal
- **Bitumensperrlage** *f* bitumen waterproofing membrane
- **bitumenverträglich** asphalt-compatible
- **bituminös** bituminous, asphaltic, *(AE)* asphaltic
- **Blähleichtzuschlagstoff** *m* aerated sintered aggregate
- **Blähschiefer** *m* expanded shale, bloated slate, *(AE)* haydite *(als Zuschlag)*
- **Blähton** *m* lightweight expanded clay, lightweight expanded clay aggregate, expanded clay, bloated clay, foamclay *(Leichtzuschlagstoff)*; *(AE)* haydite
- **Blaine-Wert** *m* Blaine fineness
- **blank** 1. bright, shiny, glossy *(glänzend)*; 2. bright, glazed, glazy *(technisch)*; 3. tarnish-free *(anlauffrei)*; 4. uncovered *(Drahtwaren)*; 5. *(El)* bare
- **blank/metallisch** white-metal blast
- **Blase** *f* bubble, blister *(an der Oberfläche)*; blub *(im frischen Putz)*; void *(Beton)*
  - **Blasen bilden** blister, bubble • **in Blasen aufsteigen** bubble up
- **Blasenstruktur** *f* vesicular texture
- **Blatt** *n* 1. leaf; 2. *(Arch)* leaf-shaped curve *(gotisches Maßwerk)*; 3. *(Arch)* foil *(Ornament)*; 4. blade *(Säge)*; 5. *(Hb)* half joint, halving, scarf; foil *(Lamelle)*
- **Blatt** *n*/**gerades** *(Hb)* half joint, straight halved joint *(Verbindung)*
- **Blatt** *n*/**schräges** *(Hb)* oblique halved joint with butt ends
- **Blattmuster** *n* leaf pattern
- **Blatt- und Rankenwerk** *n (Arch)* scroll and leaf pattern
- **Blattung** *f (Hb)* half joint, halving
- **Blattwerk** *n (Arch)* leafage, foliage *(Ornament)*

Bluten

Blaufäule f blue stain, blueing (im Holz)
Blaupause f blue print
Blech n metal sheet, sheet metal, sheet; plate (Grobblech)
Blechabdeckung f metal sheet covering, flush metal threshold, sheet covering
Blechanschluss m metal flashing, sheet metal flashing (Schornstein)
Blecharbeiten fpl sheet metal work
Blechbedachung f metal plate roofing, plate roofing, metal structural cladding
Blechbogenträger m plate arched girder
Blechmantel m sheet metal jacket, metallic jacket, metal jacket
Blechrohrleitung f plate pipeline
Blechstegträger m plate web girder
Blechverkleidung f sheet-metal covering, sheeting
Blei n lead (Aussprache: led) • **aus Blei** plumbic • **mit Blei ausgekleidet** lead-lined • **mit Blei auskleiden** lead
Bleiabflussrohr n lead draining pipe
bleibend permanent, irreversible
Bleichen n bleaching
Bleidichtung f lead caulking, lead joint lead caulking, lead jointing lead caulking, lead packing
Bleifarbe f lead paint, plumbiferous paint
Bleiglas n lead glass
Bleimennige f lead primer, mineral orange, lead oxide red, mineral red, minium, red lead (Rostschutzanstrich)
Bleischirm m lead biological shield, lead radiation shield, lead shield (Strahlenschutz)
Bleiverstemmung f lead caulking
Bleiweißfarbe f lead paint, white lead paint
Blendarkade f (Arch) wall arcade, wall arcature, blind arcade, blank arcade, shallow arcature, sham arcature, surface arcade
Blendbogen m (Arch) blind arch, shallow arch, wall arcade, wall arcature
Blende f blind; edging board (Holz); tormentor (auf der Theaterbühne)
blendfrei antidazzle, glare-free
Blendgiebel m flying façade front; false gable (Kirchenbau)
Blendmauer f 1. facing masonry wall, facing masonry, facing masonwork; 2. screen wall (Abschirmung); 3. (Arch) vamure; 4. veneer wall (ohne Verbund)

Blendmauerwerk n veneered façade, veneering masonry work, veneering work (nicht tragend)
Blendrahmen m window frame
Blendschutz m antidazzle, antiglare
Blendschutzglas n dazzle-free glass, glare-reducing glass, antidazzle screen, glare screen, (AE) non-glare glass
Blendziegel m facing brick, structural clay facing tile
Blindboden m false floor, dead floor, wooden subfloor
Blindflansch m blind flange
Blindstab m unstrained member (eines Fachwerks)
Blindtür f blind door, false door, dead door, blank door
Blitzableiter m (El) lightning conductor, lightning rod • **mit Blitzableiter versehen** (AE) rod
Blitzschutz m lightning protection, arrester, (AE) lightning arrester
Blitzzement m quick cement, quick-setting cement, extra-rapid-hardening cement, flash cement, jet cement
Block m block, building block; cube; trunk (Holz); nug (geologisch)
Blockbau m log construction, construction with logs
Blockbauweise f unit construction
Blockfundament n single footing, single foundation, foundation pad
Blockhaus n blockhouse, hut, (AE) log cabin
Blockstein m block, building block, tile; pudding stone (als Großkornzuschlagstoff bei Massenbeton)
Blocksteinmauer f natural stone wall, stone wall (aus Naturstein); block masonry, block masonry work (meist aus Kunststein)
Blockstufe f solid rectangular step, square step, stair of solid rectangular steps, massive tread
Blockverband m block bond, old English bond, English bond
Blumenmotiv n (Arch) flower motive, spangle (Anstrichtrocknung, Metallschutzschicht) • **mit Blumenmuster** floriated
Bluten n fatting-up, bleeding (Überschussbindemittel an Asphaltdecken); sweating (von Anstrichen)

Bock

Bock *m* trestle, stool, gin *(Hebegerät)*; horse *(Stützgerät)*; pedestal *(Sockel)*
Bocklager *n* pedestal bearing
Bockstütze *f* lean strut *(Stahlbau)*; lean-to roof strut, lean-to roof trussed strut *(Dach)*; trestle shore
Boden *m* 1. *(Bod)* soil, subsoil, earth; 2. floor *(Fußboden)*; 3. garret, attic, *(AE)* loft *(Dachboden)*; 4. bottom *(z. B. Behälter, Bohrung usw.)*; 5. ground, land *(Bodengrundstück, Bodenfläche)* • **Boden aufgraben** break ground; trench *(für Gräben)* • **Boden ausheben** *(Erdb)* excavate • **Boden aussetzen** spoil • **Boden profilgerecht lösen** excavate soil true to profile • **Boden umgraben** upturn • **Boden verbessern** meliorate • **mit einem Boden versehen** floor
Boden *m/plastischer* plastic soil
Boden *m/verfestigter* improved soil, stabilized soil
Bodenabtrag *m* 1. *(Erdb)* excavation, removal of soil; 2. *(Bod)* soil erosion
Bodenanker *m* ground anchor
Bodenaushub *m* *(Erdb)* excavation, digging-out, excavated soil
Bodenbelag *m* flooring, floor covering, floor decking
Bodenbelastung *f* 1. impact of soil, soil pressure *(Baugrund)*; 2. floor-loading *(Fußboden)*
Bodenbeschaffenheit *f* nature of (the) ground, nature of (the) soil, condition of the soil, ground conditions, quality of soil
Bodendruck *m* soil loading, soil pressure, soil strain, ground pressure *(vertikal)*; earth pressure *(horizontal)*; allowable bearing, bearing load *(Belastung)*; foundation pressure *(der Gründung)*; liquid pressure *(durch Grundwasserüberstand)*
Bodeneinstufung *f* soil classification
Bodenerkundung *f* ground exploration, ground investigation, soil exploration, soil survey
Bodenfließen *n* earth flow, soil flow, soil flowage, solifluction, mud flow, boil; piping
Bodenfräse *f* soil stabilizer, mixer for soil stabilization, road mixer, rotary hoe
bodengleich on grade, grade on
Bodengutachten *n* subsoil expertise, soil survey, geological survey

Bodenhebung *f* 1. *(Erdb, Bod)* soil uplift, heaving, uplift, ground heave; 2. land upheaval, land uplift *(topographisch)*
Bodenluke *f* trap door
Bodenmechanik *f* soil mechanics
Bodenplatte *f* floor slab, bottom slab *(Fundament)*; bed-plate soffit slab, base plate *(Anlagen)*
Bodenpressung *f* bearing load, bearing pressure *(Belastung)*; foundation pressure *(der Gründung)*; ground pressure, pressure of the ground, soil pressure, subgrade reaction *(vertikal)*
Bodenprobe *f* soil sample, soil specimen
Bodenraum *m* attic space, attic, garret, *(AE)* loft
Bodenrost *m* floor grating
Bodenschicht *f* layer of the earth, earth table, soil horizon, horizon, soil layer; grass table; soil series, soil stratum *(Geologie)*
Bodenschutz *m* conservation of soil, soil conservation
Bodensenkung *f* ground settlement, ground submergence, ground subsidence, sagging, submergence of ground, subsidence of ground, subsidence of soil
Bodensetzung *f* land subsidence, ground consolidation *(natürlich)*; ground settlement, subsiding *(Baugrund)*
Bodenstabilisierung *f* soil stabilization, improvement of soil, soil cementation
Bodenuntersuchung *f* soil examination, examination of soil, soil exploration, soil study, soil testing, ground investigation, investigation of soil, site exploration; foundation testing
Bodenverankerung *f* ground anchorage
Bodenverbesserung *f* amelioration, betterment, improvement of land *(der natürlichen Bodenfläche)*; improvement of soil *(des Erdstoffes)*
Bodenverdichtung *f* soil compaction, ground compaction *(künstlich)*
Bodenverdrängung *f* soil displacement
Bodenverfestigung *f* earth solidification, earth stabilization, artificial cementation, artificial cementation of soil
Bodenverhältnisse *npl* soil conditions, earth conditions, ground conditions
Bodenwasserspannung *f (Bod)* stress of

soil moisture, soil-moisture tension, soil suction

Bodenwiderstand m 1. *(El)* earth resistance *(Erdung)*; 2. *(Bod)* ground resistance, soil resistance

Bogen m 1. arc *(Geometrie)*; 2. *(Arch)* arch, vault, structural, concameration; 3. bow, elbow *(Rohrbogen)*; 4. sweep *(Krümmung, z. B. einer Straße)*; 5. camber *(Wölbung, z. B. Oberflächen)* • **den Bogen anfangen** spring *(Gewölbe)*
• **den Bogen anlegen** spring *(Gewölbe)*
• **einen Bogen einschalen** embow
• **mit Bogen** *(Arch)* arched • **mit Bogen überspannen** arch • **mit Bögen überspannen** concamerate

Bogen m/**doppelt zentrierter** two-centered arch

Bogen m/**eingespannter** fixed arch, fixed-end arch, rigid arch

Bogen m/**statisch bestimmter** statically determined arch

Bogen m/**überhöhter** raised arch, surmounted arch

Bogenachse f arch centre line, flank of an arch, *(AE)* arch center line

Bogenanfang m springing

Bogenaussteifung f arch stiffening

Bogenbau m arched construction, arched work, arcual construction, arcuated construction, arcuation construction

Bogenbinder m arch truss, arched girder

Bogenbrücke f arched bridge

Bogendreieck n curved sided triangle *(Kirchenbau)*

Bogenfachwerkbinder m arch truss

Bogenfeld n 1. arch bay; 2. *(Arch)* tympanum *(am romanischen und gotischen Portal)*

Bogenfenster n arched window, bay window, compass window

bogenförmig arched, arch-like, arched, arcuate, vaulted

Bogengang m *(Arch)* arcade, archway

Bogengewölbe n arched vault, vault in full centre, entire arch; arched roof

Bogengurtung f arched boom

Bogenkrümmung f arch curvature

Bogenlager n arch bearing

Bogenlehre f arch template, bow member, camber piece, centring of vault, trimming piece; turning piece *(für kleine Bögen)*

Bogenmaß n circular measure, radian measure

Bogenpfeiler m 1. abutment pier, arch buttress, arch pier, arched buttress, flying buttress, pier buttress; 2. *(Arch)* respond

Bogenradius m radius of curvature

Bogenrohr n elbow pipe, bent pipe, bend

Bogenschalung f arch falsework, arched centring, arch centre

Bogenscheibe f arch slab

Bogenschlussstein m keystone, mensole, sagitta *(eines Gewölbes)*

Bogensehnenträger m bowstring girder, polygonal bowstring girder, segmental bowstring girder

Bogensprengwerk n arch truss

Bogenstatik f/**grafische** graphical arch analysis

Bogenstich m pitch of an arch, camber of an arch, rising height

Bogenstück n sector, segment; elbow *(Rohrleitung)*

Bogenträger m arched beam, arched girder, curved girder, arch beam; hogging girder *(obengewölbt)*

Bogenwölbungen fpl ranges of arches

bogig *(Arch)* arched, arcual, archshaped

Bohle f 1. plank, board, deal *(aus Nadelholz)*; 2. screed *(Fertiger)*

Bohlenbelag m plank covering, planking

Bohlendecke f plank floor

Bohlenrost m 1. plank foundation platform *(Gründung)*; 2. *(Hb)* plank grating

Bohlenwand f 1. sheet piling *(Gründungsarbeiten)*; 2. *(Wsb)* timber walling

Bohranlage f drilling rig, rig

Bohrarbeiten fpl drilling work, drilling, boring operations, boring work

Bohrausrüstung f drilling equipment

Bohrausrüstung f **für Pfahlgründungen** boring equipment for pile foundations

bohren v drill, bore; hole *(Schiefer)*

Bohrgestell n drilling rig

Bohrkern m drill core, boring core, core sample, test core, core

Bohrkernprüfung f core test

Bohrloch n 1. drill-hole, drilled hole, bore, bored well, borehole; 2. boring *(zur Bodenentnahme)*; 3. shot-hole *(Gesteinsgewinnung)*; 4. *(Erdb)* well; 5. worm hole *(Holz)* • **Bohrlöcher schlagen** jump *(Naturstein)*

Bohrpfahl *m (Bod)* bored pile, cased-in-place pile, auger pile, drilled-in caisson, replacement type pile

Bohrplattform *f* oil rig

Bohrturm *m* derrick, drilling rig

Bohrung *f* 1. *(Bod)* drill-hole, drilled hole, drilling, bore, boring *(zur Bodenentnahme)*; 2. *(Erdb)* well

Boiler *m* boiler

Bolzen *m* 1. *(Hb)* dowel, pin; prop, strut *(Pfahl)*; 2. fang bolt *(Beschläge, Schloss)*; 3. bolt, pintle, screw, billet, stay bolt; 4. *(Verm)* peg, bolt • **mit Bolzen verbunden** pin-jointed

Bolzenanker *m* rag bolt, stud anchor

Bolzenscheibe *f* bolt washer

Bolzenschießgerät *n* explosive-actuated gun, explosive-cartridge fastening tool, cartridge hammer, stud driver, stud gun

Bolzenschneider *m* bolt cutter, alligator shears, bar cutter

Bolzenverbindung *f* bolt connection, bolted joint, pinning, screw-bolt joint

Bordeinfassung *f* kerb, *(AE)* curb

bördeln *v* edge, flange, border, burr up *(Bleche)*

Bördelnaht *f* flange weld *(Schweißen)*

Bördelung *f* beading

Bördelverbindung *f* flared joint, standing seam *(Metallbedachung)*

Bordkante *f* kerb, *(AE)* curb

Bordstein *m* kerb, kerbstone, margin tile *(Weg, Straße)*; border stone *(eines Gehwegs)*; cheek stone, *(AE)* curb, *(AE)* curbstone

Böschung *f* 1. slope, side slope, flank of a hill, escarpment, shelvingness; 2. *(Verk)* bank; 3. *(Wsb)* embankment *(bes. bei Flüssen)*; 4. glacis *(speziell vor einer Befestigung)*

Böschung *f/standfeste* stable slope

Böschung *f/unterschnittene (Erdb)* undercut slope

Böschungsbefestigung *f* slope protection, slope stability, slope stabilization, stabilization of slopes, storm pavement

Böschungsbruch *m* slope failure

Böschungsfußmauer *f* toe wall

Böschungsmauer *f/äußere* counterscarp wall

Böschungsneigung *f* slope inclination

Böschungsprofil *n* profile of slope

Böschungssicherung *f* slope protection

Böschungssohle *f* toe of the slope

Böschungswinkel *m* angle of slope, bank slope, gradient slope, slope angle; angle of repose, angle of rest *(von Schüttgütern)*

Bossen *m* 1. *(Arch)* boss; 2. rustic stone, rustic work, rusticated ashlar

Bossenmauerwerk *n* quarry-faced masonry, rock-faced masonry work, rustic ashlar, rustic work, rusticated ashlar, rustication

Bossenstein *m* boss, rustic stone

bossiert embossed, bossed, rough-hewn

Brand *m* 1. fire; 2. burning *(Baustofftechnologie)*

Brandabschnittswand *f* fire-resistant shutter

Brandbelastung *f* fire load

brandfest fire-proof

Brandklasse *f* fire classification

Brandmauer *f* fire-division wall, fire-proof wall, fire wall, common wall, compartment wall, fire-division wall, party wall, spine wall, strong wall; fire partition *(mind. zwei Stunden Feuerwiderstand)*

Brandmelder *m* fire warning device

Brandschutz *m* fire protection

Brandschutzbestimmungen *fpl* fire regulations

Brandschutzfenster *n* fire window

Brandschutzmauer *f* compartment wall

Brandschutztür *f* fire-resistant door, armour door, *(AE)* draft stop

Brandsperre *f* fire barrier

Brandtür *f* emergency door, fire door

Branntkalk *m* burnt lime, calcium oxide, caustic lime, fired lime, anhydrous lime, quicklime

brauchbar usable, suitable, serviceable, employable

Brauchbarkeitsnachweis *m* proof of suitability

Brauchwasser *n* non-potable water, general service water, industrial water, process water, service water, raw water, water for domestic use, water for industrial use

Brauchwasserleitung *f* trade water main

Brause *f* 1. shower bath, shower *(Dusche)*; 2. *(San)* sprinkler; shower outlet

Brauseauslauf *m* shower outlet

Brausenische *f* shower stall

Brechanlage f crushing plant, breaking plant (für grobes Mahlgut)
Brecheisen n mallet-headed chisel, crowbar, dwang, wrecking bar, ripping bar, pinch bar, jim-crow, jemmy, (AE) claw bar
Brechgut n material being crushed, crushed material, broken material
Brechpunkt m 1. break (Fläche); 2. breaking point, brittle point, shatter point (Bitumen)
Brechsand m crushed sand, manufactured sand, crushed rock fine aggregate, crusher screenings, broken sand, quarry sand, screenings, stone sand, stone screenings
Brechsplitt m crushed chips, crushed chippings
Brechstange f crowbar, jim-crow, wrecking bar, pry, pry bar, pinchbar, ripping bar, dwang, (AE) claw bar
Breite f breadth, width
Breitflansch m wide flange
Breitflanschprofil n H-section
Breitflanschträger m broad-flange beam, wide-flange beam, wide-flanged girder, H-beam, H-girder
Breitstrahler m wide-angle lighting fitting
brennbar inflammable, flammable, combustible; burnable (Baustofftechnologie)
brennbar/nicht non-combustible, incombustible
Brennbarkeitsklasse f combustibility grading period
Brennbarkeitsverzögerer m fire-retardant
Brennen n firing; burning (Baustofftechnologie); ignition (Entzünden)
brenngeschnitten flame cut
Brenngeschwindigkeit f burning rate, rate of combustion (Baustoffe)
Brennschneiden n arc cutting, gas cutting, torch cutting, burning
Brennstoffverbrauch m fuel consumption
Brett n board, plank, (AE) deal (aus Nadelholz) • **Bretter zurechtschneiden** saw out boards • **mit Brettern vernageln** board up • **mit Brettern verschalen** line with boards • **mit Brettern verschlagen** board up • **mit Brettern versehen** boarded

Brettbinder m nailed roof framing, plank frame, plank truss, sandwiched truss
Bretterauskleidung f wooden board lining
Bretterschalung f board formwork, board shuttering
Bretterverschalung f wood siding, wood boards, plank lining (Außenwand)
Bretterwand f board partition wall, board partition
Brettlasche f wooden butt strap joint
Brettschichtholz n laminated wood, glued laminated timber, (AE) laminated lumber
Brettverkleidung f boarding
Brinellhärteprüfung f Brinell test, Brinell hardness test
Britischer Architektenverband m Royal Institutes of British Architects, RIBA
Britisches Institut n **für Normung** British Standards Institution, BSI
bröckelig friable, shredded
Bronzebaubeschläge mpl bronze hardware
Bronzefarbe f bronze paint
Bruch m 1. failure, rupture, disruption (Bauelemente, Bauteile); 2. fracture (Trennbruch); 3. offal (Baustoffe); 4. break, breakage, breaking (Werkzeuge, Baumaschinen usw.); 5. breach (Vertrag); 6. rent (Faserbaustoffe); 7. bog, marsh, swampland • **zu Bruch gehen** fail by buckling (Knickbruch); fracture (Trennbruch); rupture (Bauelemente)
Bruch m/**glatter** smooth fracture
Bruch m/**splittriger** splintery fracture, hackly fracture
Bruchbelastung f ultimate loading, ultimate stress, limit loading, failure loading, breaking load, fracture load, rupture loading
Bruchbiegemoment n rupture bending moment, ultimate bending moment
Bruchdehnung f breaking elongation, elongation at break, maximum elongation, elongation at failure, elongation at rupture, elongation rupture, failing strain, failure strain, fracture strain, strain after fracture, strain at break, strain at failure, stretch at break, tensile ductility, ultimate elongation
Bruchdruckfestigkeit f rupture com-

Bruchebene

pressive load strength, ultimate compressive strength
Bruchebene f 1. fracture plane, plane of break; 2. *(Bod)* plane of rupture
bruchfest breakproof, resisting to fracture, shatterproof, unbreakable
Bruchhypothese f failure hypothesis, theory of failure
Bruchkreis m 1. failure circle, circle of sliding; 2. *(Bod)* slip circle
Bruchlast f load at rupture, ultimate load, crushing load, failing load, failure load, breaking load, collapse load, fracture load, rupture load
Bruchlinie f 1. line of fracture, fracture line, rupture line, failure envelope; 2. *(Bod)* fault line
Bruchprüfung f failure test, rupture test
bruchrau natural cleft, natural split; quarry-faced *(Natursteinoberfläche)*
Bruchschubspannung f ultimate shearing stress
Bruchspannung f 1. failing stress, failure stress, breaking stress, fracture stress, rupture stress, stress at break, stress at failure, ultimate stress, crushing stress; 2. *(Bod)* yielding stress
Bruchstein m quarry stone, broken stone, rough stone, rubble stone, rubble, rubblestone; pudding stone *(als Großkornzuschlagstoff bei Massenbeton)*; shiver *(Dachschiefer)* • **Bruchsteine (fein) behauen** pare ashlars
Bruchsteinmauerwerk n coursed squared rubble work, quarry stone work, rough stone masonry wall work, rubble masonry, scrabbled masonry, scrabbled rubble, snecked rubble, hacking
Bruchsteinschüttung f *(Erdb)* large rubble, random rubble fill
Bruchtheorie f ultimate design method, ultimate design
Bruchzugspannung f rupture tensile strength, ultimate tensile stress
Bruchzustand m state of failure
Brücke f 1. *(Verk)* bridge, bond *(Schienenverbindung)*; 2. boarding bridge *(Anlaufbrücke)*; 3. rug *(Fußbodenbelag)* • **eine Brücke bauen** lay a bridge • **eine Brücke errichten** bridge • **in Brücke schalten** *(El)* bridge

Brücke f **mit mehreren Öffnungen** multiple-span bridge
Brücke f **mit obenliegender Fahrbahn** deck bridge
Brücke f **mit untenliegender Fahrbahn** trough bridge
Brücken fpl **und Hochstraßen** fpl elevated road crossings
Brückenauflager n bearing of bridge
Brückenbau m bridge construction, bridge building; bridge engineering *(Ingenieurtechnik)*
Brückenbauarbeiten fpl bridge works
Brückenbogen m arch of bridge, bridge arch, vault of bridge
Brückenbuch n bridge record book, bridge records
Brückenfachwerkträger m bridge truss
Brückenfahrbahnbelag m bridge deck surfacing, roadway bridge floor
Brückenfeld n bay, panel of a bridge
Brückenhauptöffnung f main span
Brückenjoch n bridge bent, pier of bridge
Brückenlager n bridge bearing
Brückenlängsträger m bridge longitudinal girder, *(AE)* stringer
Brückenöffnung f bridge opening; span *(eines Bogens)*
Brückenpfeiler m 1. bridge pier, bridge pillar, column of a bridge, pier; 2. *(Arch)* pylon
Brückenplatte f battle deck bridge floor, battle deck floor
Brückenrost m floor system of framed bridge, stringer and traverse floor beam system, floor system
Brückentafel f battle deck bridge floor, battle deck floor, bridge deck, decking
Brückenträger m bridge girder; crown bar; dog-stays
Brückenüberbau m battle deck bridge floor, battle deck floor, bridge superstructure
Brückenwiderlager n bridge abutment
Brunnen m well; spring *(Quelle)*; fountain *(Springbrunnen)* • **einen Brunnen graben** sink a well
Brunnenabsenkung f well lowering
Brunnenbau m well sinking
Brunnenbauwerk n fountain structure, fountain
Brunnengründung f *(Erdb)* sunk well foundation, well foundation

Bürogebäude

Brunnenring *m* well casing, well ring
Brunnenschacht *m* *(Erdb)* shaft, well pit, well
Brunnenwasserversorgung *f* well water supply
Brust *f* *(Tun)* front face, front portion
Brustholz *n* *(Hb)* ranger, scantling, soldier beam, wale, waler, *(AE)* waling
Brustriegel *m* window sill rail
Brustschwelle *f* *(Hb)* girt *(Balken)*
Brüstung *f* balustrade *(Balkon, Treppe, Brücke)*; parapet (wall) *(aus Stein)*; breast, breastwork *(in Brusthöhe)*; rail, railing, side rail, wall top; flash *(Dach)*
Brüstungsmauer *f* enclosure wall, parapet masonry wall, parapet, parapet wall *(über dem Dach)*
Brüstungsplatte *f* parapet slab
Brustzapfen *m* tusk tenon
Brustzapfenverbindung *f* tusk tenon joint
Bruttogeschossfläche *f* gross floor area, gross storey area
Bruttoquerschnittsfläche *f* gross cross-sectional area
BSI British Standards Institution, BSI
Buchenholz *n* beech wood
Buchse *f* bushing, bush, sleeve, liner, collar
Buckelblech *n* buckled plate, button plate, embossed plate, dished plate
Buckelblechdecke *f* metal floor decking
Buckelplatte *f* buckled plate, embossed plate, pressed steel plate
Budgetierung *f* budgetierung *(für einen Ausgabesektor)*
Bügel *m* 1. binder, tie, stirrup, link, hoop *(zur Bewehrung)*; cramp *(klammerartig)*; shackle *(Lasche)*; 2. *(Hb)* strap; yoke *(am Fensterkasten)*; loop *(schlaufenartig)*
Bügelabstand *m* pitch of links *(Stahlbeton)*
Bügelbewehrung *f* hoop reinforcement, stirrup reinforcement
Bügeleisen *n* stirrup *(zur Bewehrung)*
Buhne *f* *(Wsb)* mole, fascine, jetty, bush weir, groyne • **Buhnen bauen** groyne
Bühne *f* 1. platform *(Arbeitsplattform)*; 2. stage, working stage, scene, *(AE)* acting level *(Theater)*
Buhnenbau *m* groyning
Bundbalken *m* joining balk, joining beam, binding beam, binder, head rail, header joist

Bündel *n* bundle, batch *(z. B. von Holz)*; cluster *(Einzelelemente)*; parcel *(Holz, Stahl)*
Bündelbewehrung *f* bundled bars
Bündelpfeiler *m* multiple rib pillar, bundle pier, clump of piers, clustered column
Bündelungspunkt *m* *(Stat)* point of load collection
Bundes... federal ...
Bundesanstalt *f* für Straßenwesen Federal Road Research Laboratory
Bundesfernstraße *f* *(AE)* interstate highway
Bundesstraßennetz *n* trunk road system
Bundesverkehrswegeplan *m* federal traffic interstructure plan *(in Deutschland)*
bündig level, level to flush, fair-faced, dead-level, flush-mounted, flush, fair • **bündig machen** make flush, bring flush • **bündig mit** flush with • **bündig werden** flush *(mit der Oberfläche)*
Bundpfosten *m* *(Hb)* stud *(Fachwerk)*
Bundriegel *m* rail of a framework
Bundsäule *f* 1. *(Arch)* banded column, column with shaft rings, column with shaft annulets; 2. partition stud, stud *(Fachwerk)*
Bundsparren *m* main rafter, principal rafter, principal; blade *(Dach)*
Bungalow *m* bungalow, *(AE)* ranch house
Bunker *m* bunker, hopper, silo *(z. B. für Zement)*; bin *(Dosiervorrichtung)*
bunt coloured; variegated *(in der Farbgebung abgestuft)* • **bunt machen** freshwater supply fret
Buntbeton *m* coloured concrete, pigmented concrete
Buntglas *n* coloured glass, tinted glass
Buntsandstein *m* Lower Triassic sandstone *(geologisch)*; mottled sandstone, variegated sandstone *(Bausandstein)*
Bürgersteig *m* pavement, footway, *(AE)* footpath, *(AE)* sidewalk
Bürgschaft *f* guarantee, surety *(Vertragserfüllung)*
Bürgschaftserklärung *f* surety bond
Bürgschaftsleistung *f* surety *(Vertragserfüllung)*
Büroetage *f* office storey
Bürogebäude *n* office block, office building

Bürohochhaus

Bürohochhaus n office tower
Bürstenputz m dinging
Butzenscheibenfenster n lattice window, leaded light

C

CAD computer-aided design
Caisson m (Wsb) caisson, box caisson
Caissongründung f caisson foundation
Calciumhydroxid n calcium hydroxide, calcium hydrate
Calciumsilicatstein m calcium silicate brick (Baustein)
Candela f candela (SI-Einheit der Lichtstärke)
Carbonatnester npl carbonate pockets
CBR-Wert m (Erdb) California bearing ratio
Cellulosefaser f cellulose fibre, (AE) cellulose fiber; rayon (z. B. für Baustoffgewebe, Faserzusätze für Gemische)
CEN (Europäisches Komitee für Normung) CEN (European Committee for Standardisation)
charakteristisch typical, characteristic
• **charakteristisch sein für** be characteristic of
Charge f batch, charge load (z. B. von Beton) • **Chargen mischen** batch-mix
Chargenbetonzwangsmischer m batch-type concrete pug mill
Chemiewerkstoff m chemical construction material, chemical structural material (z. B. Füllschäume, thioplastische Baustoffe)
chemikalienbeständig chemical-resistant, resistant to chemicals
Chlorkautschuk m chlorinated rubber
Chlorkautschukanstrichstoff m chlorinated rubber coating
Chlorkautschukfarbe f chlorinated rubber paint
Chlorung f chlorination
Chor m (Arch) choir, quire (einer Kirche)
Chorarchitektur f quire architecture
Chorgalerie f (Arch) quire gallery, choir loft
Chorgang m (Arch) ambulatory (einer Kirche)
Chorraum m (Arch) choir (einer Kirche)
Chorumgang m (Arch) deambulatory

Chrombeschichten n chrome coating, chrome plating
Chrom-Nickel-Stahl m chromium-nickel steel, stainless steel
Chrompigment n chrome pigment
Chromschutzschicht f chromium plating
Chromstahl m chrome steel, chromium steel
Cobaltglas n cobalt glass
Computerberechnung f computer calculation
Computersimulation f (Verk) computer simulation
Containerumschlaganlage f container terminal facilities
Cremona-Plan m Cremona's polygon of forces
Cross-Verfahren n (Stat) method of moment distribution, moment distribution method, Cross method, Hardy Cross method
Cullman-Verfahren n Cullmann's method

D

Dach n roof • **ein Dach decken** roof • **mit einem Dach versehen** 1. roof (Verbau); 2. roofed (Adjektiv)
Dach n/**abgewalmtes** Italian roof
Dach n **mit zweiseitigem Gefälle** two-pitch roof, two-pitched roof
Dachablauf m roof outlet
Dachabschlussblende f edging board
Dachanschluss m roof flashing, flashing
Dachanstrich m dressing paint (Stoff); top dressing (Durchführung)
Dacharbeiten fpl roof work
Dachaufbauten mpl roof structures
Dachaufsatz m lantern, skylight turret
Dachbalken m roof beam
Dachbelag m roof cladding, roof membrane
Dachbelastung f roof loading
Dachbinder m roof truss, roof frame, main truss, principal truss
Dachboden m garret, attic, roof void, (AE) loft; tallut (Dachraum)
Dachbrüstung f roof parapet
Dachdämmung f roof insulation
Dachdecken n roofing
Dachdecker m roofer, slater, slater-and-tiler (für Schieferdächer); shingler (für

Dachziegel

Schindeldächer); thatcher *(für Schilfdächer)*

Dachdeckung f roof cladding, roof covering, helying; pantiling *(mit Pfannen)*

Dachdichtungsbahn f moisture-proof roofing sheet

Dacheindeckung f roof cladding, roof covering, roofing *(Vorgang)*

Dacheinfassung f roof surround

Dachentlüfter m roof fan, ventilating cowl

Dachentwässerung f roof drainage

Dachfenster n roof-light, roof window, skylight

Dachfläche f roof area, roofage, pane of a roof

Dachform f roof shape, roof style, roof type, roof profile

Dachgarten m roof garden, rooftop terrace garden

Dachgaupe f roof dormer

Dachgebinde n roof course

Dachgeschoss n attic, *(AE)* loft

Dachhaus n penthouse

Dachhaut f roof cladding, roof membrane, roof skin, roofing skin, roofing, membrane, vapour seal *(Flachdach)*

Dachkante f roof edge

Dachkehle f roof valley, valley gutter

Dachkleber m bonding compound, roofing asphalt

Dachkonstruktion f roof structure system, roof structure, roof system

Dachkuppel f roof dome

Dachlast f roof load

Dachlatte f counter batten, roof batten, batten, roof lath *(Dachdeckung)*

Dachlattung f roof lathing

Dachliegefenster n garret window, skylight

Dachlüfter m roof ventilator, roof fan, attic ventilator

Dachluke f roof hatch

Dachneigung f roof pitch, roof slope

Dachpappe f roofing felt, roofing paper, sheathing felt, bituminous felt, ready roofing, *(AE)* rag felt

Dachpappenunterlage f underlining felt, sarking felt *(Dach)*

Dachpfanne f bent tile, pantile

Dachpfette f roof purlin

Dachplatte f roof-decking panel, roof panel, roof slab, roofing slab

Dachprofil n *(Verk)* transverse camber

Dachraum m attic space, attic, roof space, roof void, *(AE)* loft space, loft

Dachreiter m 1. lantern light, lantern light roof, ridge lantern, ridge turret; 2. *(Arch)* roof spire

Dachrinne f eaves rainwater gutter, eaves trough, rainwater gutter, guttering, gutter

Dachrinnenhalter m gutter hanger, gutter bearer, gutter bracket, gutter clamp

Dachschale f roof boards, roof shell

Dachschalung f roof boarding, roof sheathing, board sheathing, roofing; sarking board *(bes. für Schiefer- und Ziegeldachdeckung)*

Dachschiefer m roofing slate, roof slate, slate, healing stone, shindle; shiver *(mineralogisch)*

Dachschifter m crook rafter, knee rafter, angle rafter, hip rafter

Dachschilfrohr n thatch

Dachschräge f pane of a roof, pitch of the roof, roof pitch, roof slope

Dachsilhouette f roofline

Dachsparren m rafter, roof rib, roofing tree, spar *(s. a. Sparren)*

Dachstein m roof tile, roofing stone, roofing tile, saddle stone, tile

Dachstuhl m roof framework, roof structure, roof structure system, roof truss, main truss, principal

Dachstuhl m mit Stichbalken hammer-beam roof

Dachstuhlarbeiten fpl roof framing

Dachtafel f roof-decking panel, roof panel, roofing panel, roofing slab

Dachterrasse f roof garden, roof terrace, roof-top terrace

Dachtragwerk n roof structure system, roof structure

Dachtraufe f eaves

Dach- und Deckenverbundkonstruktion f composite construction method for roofs and floors

Dachverband m roof structure system, roof structure, principal

Dachverschalung f (roof) sheathing, board sheathing

Dachwellplatte f corrugated roofing sheet

Dachziegel m roofing tile, healing stone, tile • **mit Dachziegeln decken** tile • **mit Dachziegeln eindecken** tile

Dalbe f (Wsb) fender pile, dolphin (Anlegepfahl); pile cluster

Damm m (Wsb) dam, damming, dike, embankment, bank, levee, fill dam; weir
• **einen Damm aufschütten** dam up

Dämmarbeiten fpl insulation installation

Dämmbeschichtung f insulation coating

Dämmböschung f embankment slope, slope of an embankment

dämmen v 1. obstruct (gegen Wasser); 2. insulate (gegen Kälte, Schall)

Dämmestrich m insulating screed material (Baustoff); insulating screed (verlegte Estrichschicht)

Dammfuß m toe of the dam, toe

Dämmglas n insulating glass

Dämmkonstruktion f insulation system

Dämmlage f insulating course; resilient layer (für schwimmenden Bodenbelag)

Dämmmaterial n insulating material, batt insulation (für Wärme-, Kälte- und Schalldämmung aus Glaswolle, Schlackenwolle, Steinfaserwolle)

Dämmmatte f insulating blanket, insulating mat, insulation mat, quilt, (AE) insulation bat

Dämmputz m insulating plaster

Dämmschicht f layer of insulation, insulating bed; insulating course (Wärme, Schall); resilient layer (für schwimmenden Bodenbelag)

Dämmstoff m insulating material (gegen Wärme, Schall) • **mit Dämmstoff belegt** lagged • **mit Dämmstoff isolieren** lag (mit Dämmstoffen)

Dämmung f lagging (für Rohrleitungen); insulation (gegen Schall, Wärme, Kälte)

Dämmverglasung f insulation glazing

Dampf m steam, vapour, water vapour
• **mit Dampf nachbehandelt** steam-cured

Dampfdruckausgleichsschicht f vapour pressure equalizing layer

Dampfdruckentspannungsschicht f vapour escape layer

Dampfdruckhärtung f autoclaving, high-pressure steam curing (des Betons)

dämpfen v 1. steam, treat with steam (Dampfbehandlung); 2. cushion, damp, soften (z. B. Stöße, Schläge Schwingungen); 3. attenuate (Vibrationen); 4. deaden, attenuate, muffle, damp, deafen (z. B. Schall); 5. absorb (z. B. Stoß); 6. subdue, dim (Licht); 7. mute (Farbe)

Dampferhärtung f steam curing (Beton)

dampfgesperrt vapour-proof

Dampfheizungsanlage f steam heating system

Dampfkammer f curing chamber, curing kiln, steam box, steam chamber, steam-curing room (Betonnachbehandlung)

Dampfleitung f steam line

Dampfnachbehandlung f atmospheric steam curing, atmospheric-pressure steam curing, steam curing (von Betonwaren)

Dampfsperre f vapour barrier, vapour barrier membrane, vapour-proof barrier

Dampfsperrschicht f vapour barrier membrane

Dämpfung f 1. damping (Schwingungen); 2. deadening (Schall); 3. steaming (Dampfbehandlung); 4. cushioning, absorption (von Stößen, dynamischen Bewegungen); 5. (El) attenuation

Dämpfungsvermögen n damping capacity

darstellen v describe (beschreiben); represent, show, depict (wiedergeben)

Darstellung f 1. describing, representation, depiction (Beschreibung); 2. notation (Berechnung); 3. representation, depiction (Wiedergabe); 4. demonstration (Vorführung); 5. embodiment (Gestaltung); 6. figure (zeichnerisch); 7. plot, diagram, graph (grafisch)

darüber angeordnet situated above

darunter liegend subjacent

Daten pl/**technische** technical data; specifications (z. B. von Baustoffen, Bauteilen, Geräte, Ausrüstungen)

Datenerfassung f data acquisition, data collection, logging

Datenverarbeitung f data processing

Dauerbeanspruchung f operating load, continuous strain, continuous stress

Dauerbelastung f permanent loading, continuous load, fatigue loading, constant load, sustained loading

Dauerbiegebeanspruchung f continuous bending strain, continuous bending stress, (AE) repeated flexural stress

Dauerbiegefestigkeit f repeated flexural strength, fatigue resistance, bending

Deckleiste

endurance, bending fatigue strength, bending stress fatigue limit, flexing life
Dauerbiegeprüfung f pulsating fatigue bending test
Dauerfestigkeit f endurance limit, fatigue limit, fatigue resistance
Dauerfestigkeitsprüfung f endurance test, fatigue test
Dauerlast f 1. constant load, continuous load, permanent load, sustained load; 2. (El) continuous load
Dauerschwingungsbeanspruchung f cyclic loading, cyclic stressing, fatigue loading, fatigue stressing
Dauerstandfestigkeit f fatigue endurance, fatigue strength *(dynamische Belastung)*
dazwischenliegend interjacent, intermediate
dB s. Dezibel
Deckanstrich m opaque coat, cover coat, final coat of paint, paint topcoat, topcoat overcoat, overcoating, coating • **mit Deckanstrich versehen** finish, topcoat
Deckbahn f cap sheet
Decke f 1. cover *(Schutzdecke)*; 2. ceiling *(Raumdecke, Zimmerdecke)*; 3. floor *(zwischen Geschossen)*; 4. deckhead *(Mansardendach)*; 5. *(Tun)* roof; 6. *(Verk)* surfacing, pavement, topping; 7. underfloor *(von unten gesehen)* • **eine Decke einziehen** ceil • **eine Decke verputzen** ceil • **eine Decke verschalen** ceil *(Paneelverschalung)* • **eine Decke wiederherstellen** *(Verk)* resurface, repave *(mit Asphaltzugabe)* • **mit flacher Decke** flat-roofed
Decke f/freitragende suspended floor
decken v 1. cover, roof, thatch *(Dach)*; 2. cover *(z. B. Farbe, Anstriche)*
Deckenabhängung f ceiling suspension
Deckenablauf m floor drain
Deckenanker m joist anchor, crown bar, roof bolt
Deckenaufbau m *(Verk)* pavement construction, pavement structure, paving
Deckenbalken m floor beam, floor joist, common joist
Deckenbalkenlage f floor joists
Deckenbau m 1. floor construction; 2. *(Verk)* surfacing, paving
Deckenbemessung f 1. design of a floor system; 2. pavement design *(Straße)*; 3. *(Verk)* structural design, pavement design *(Straße)*
Deckendurchbruch m floor breakthrough
Deckeneinbau m 1. floor construction; 2. *(Verk)* road surfacing, toplayer paving, surfacing, paving *(Straße)*
Deckenerneuerung f *(Verk)* pavement restoration, pavement reconstruction, pavement rehabilitation *(nach Asphaltausbau)*
Deckenfeld n bay of floor, floor bay, ceiling panel, pan, severy
Deckenfüllkörper m ribbed slab filler, soffit block, filler tile
Deckengewölbefeld n severy; *(AE)* trave *(durch Querbalken geteilt)*
Deckenhängekonstruktionssystem n ceiling suspension system, ceiling suspension construction
Deckenhohlplatte f core floor slab, hollow floor slab
Deckenkassette f pan, coffer, waffle, cassette
Deckenkassettenplatte f coffered flooring slab
Deckenkonstruktion f 1. ceiling construction, floor construction, floor structural system, floor structure; 2. *(Verk)* pavement construction
Deckenlüftungssystem n ventilating ceiling system
Deckenplatte f ceiling board, floor panel, floor slab, structural floor panel
Deckenschalldämmung f sound insulation of floors
Deckenschalung f 1. decking, ceiling boarding; 2. ceiling shuttering, floor formwork, slab formwork *(Betonbau)*
Deckenstein m filler block, hollow tile, structural floor unit, stone for ceilings *(Beton, Keramik)*
Deckenträger m floor joist, floor beam, ceiling beam, floor girder, ceiling hanger, common joist
Deckenverkehrslast f floor live load, imposed floor load, variable floor load
Deckleiste f 1. cover fillet, cover strip, banding, staff, trim, tringle, *(AE)* reglet; 2. dutchman *(z. B. für schlechte Fugen, Fehlstellen)*; 3. angle staff, backband *(bei Fenster und Türen)*; 4. base shoe *(Viertelstab)*

Deckplatte f 1. cover slab, putt slab, butt plate, top slab; 2. crown of a wall; crown plate (z. B. einer Säule); 3. (Arch) raised table, abacus padstone (griechisch-dorische Säulendeckplatte); 4. drop panel, thickened portion of the slab (Pilzkopfplatte)

Deckschicht f 1. overcoat, overcoating, finishing cover, topcoat, final coat (Farben, Anstriche); 2. (Verk) surface course, overlay, wearing course, upper layer, final course, surfacing, (AE) friction course (Straße); 3. covering layer, finish layer, surface layer, superficial layer (allgemein); 4. (Bod) surface formation (geologisch, Erdstoff); 5. surface stratum (Boden, geologisches Profil); 6. top layer (Beschichtung); 7. topping (Bodenabdeckung) • **Deckschicht erneuern** (Verk) resurface

Deckung f 1. cover (Beton über der Bewehrung); 2. roof cladding, roof covering, roof sheathing, roofing (Dach); 3. coincidence, congruence (mathematisch); 4. coverage, covering (Abdeckung)

Defekt m fault, flaw

Deformation f 1. deformation; distortion (mechanisch); 2. straining (Vorgang)

Deformationsmodul m modulus of deformation, static Young's modulus

Dehn... tensile ...

dehnen v 1. elongate (ausdehnen); 2. strain (bei Zugbeanspruchung); 3. stretch

Dehnung f 1. dilatation (Baustoffausdehnung bei Wärme); 2. distension (Streckung); 3. elongation (verformende Ausdehnung); 4. expansion (Gase, Körper); 5. extension (mechanisch, bes. Metalle); 6. permanent strain, strain, (AE) unit strain (bei Zug); 7. stretch, stretching (elastisch); 8. yield (über der Elastizitätsgrenze)

Dehnungsausgleicher m extension bellows, extension-compensating member (Rohr)

Dehnungsbogen m expansion bend (Rohr)

Dehnungsfuge f (Verk) construction joint, joint clearance; dilatation interval, dilatation joint, expansion joint; wall joint

Dehnungsfugenband n expansion joint waterstop

Dehnungskoeffizient m coefficient of linear extension

Dehnungslinie f elongation line

Dehnungsmessstreifen m expansion measuring strip, strain gauge, strain measuring tape (z. B. Betonprismen)

Dehnungsriss m expansion crack, extension crack, tension fracture

Dehnungsversagen n tensile failure

Dehnungszahl f modulus of elongation

Dehnungsziffer f modulus of elongation

Deich m (Wsb) flood bank, dike, lode, levee; embankment (bes. bei Flüssen)

Deichfuß m toe of a dike

Dekor n decoration, ornamentation

Dekorationsarbeit f ornamental work, decorative work

Dekorationsbeton m ornamental concrete

Dekorationsdecke f decorative ceiling, ornamental ceiling

Dekorelement n enrichment

Demonstrationsbau m demonstration building

Demontage f disassembly, dismounting; dismantling, stripping (einer Schalung); taking apart (Hausinstallation)

demontierbar demountable, collapsible, sectional

demontieren v 1. knock down, demount, disassemble, dismantle (z. B. Gebäude); 2. remove, strip down (Schalung); 3. take down, take to pieces (Bauelemente, Installationen)

Denkmalschutz m protection of monuments

Denkmalschutzauflage f conservation order

Deponie f (Umw) landfill, stockpile, storage site, waste dump, dumping ground, waste tip, repository

Deponieabdichtung f landfill lining

Deponiegelände n dumping site, tipping site

Deponietyp m landfill design, landfill type

Derrickkran m derrick, (AE) stiff-leg derrick

Dessinblech n fancy sheet metal

Detailaufnahme f surveying of details

detailliert detailed

Deviatorspannung f deviatoric stress, deviatory stress

Dezibel f decibel, dB *(Kennwort für die Schallpegeldifferenz)*

Diabas m diabase, green stone, greenstone

Diagenese f diagenesis

diagonal transverse

Diagonalaussteifung f stiffening by diagonals

Diagonalbewehrung f web reinforcement

Diagonaldruckspannung f diagonal compression stress

Diagonaldruckstab m diagonal stay, diagonal strut

Diagonale f 1. lattice bar, oblique rod *(Stahlbau)*; 2. diagonal *(Mathematik)*; 3. diagonal bar, diagonal member, diagonal rod *(Tragwerke)*

Diagonalglied n diagonal bar, diagonal member, diagonal rod; lattice bar *(Stahlbau)*

Diagonalstab m 1. diagonal bar, diagonal rod; 2. lattice bar *(Stahlbau)*; 3. racker *(Fachwerk)*; 4. strut *(Druckglied)*

Diagonalstrebe f diagonal brace, diagonal member, diagonal stay, cross stay, diagonal strut

Diagonalverband m diagonal bond, herringbone bond, raking bond *(Mauerwerk)*

Diagramm n diagram, graphical representation, schema; chart, graph, plot
• **als Diagramm dargestellt** shown diagrammatically

dicht 1. leakproof, proof, waterproof, impervious *(undurchdringlich, undurchlässig)*; 2. dense, thick, heavy *(Verkehr, Körper)*; 3. close *(geschlossen)*; 4. close-grained *(Holz; Baumaterial)*; 5. compact *(Struktur; Aufbau)*; 6. solid *(kompakt, massiv)*; 7. staunch *(z. B. Lagerräume, Unterwasserbauwerke)*; thick *(aufeinanderfolgen)* • **dicht machen** proof, seal

dicht bebaut densely built-up

Dichtbeton m dampproof concrete, dampproofing concrete

Dichte f/**absolute** absolute density

dichten v 1. make tight, caulk, pack; 2. seal *(z. B. Fugen)*; 3. stop, stop up *(gegen Feuchtigkeit, z. B. Mauerwerk)*; 4. lute *(Rohrverbindungen)*

Dichtheit f impermeability, imperviousness; tightness; staunchness *(z. B. einer Verbindung)*

Dichtigkeitsprüfung f **mit Wasser** water test

Dichtmaterial n dampproof material

Dichtung f gasket, packing, proofing, seal, sealing

Dichtungsarbeiten fpl sealing work

Dichtungsbahn f seal sheeting, sealing sheet, waterproof sheeting, liner sheet

Dichtungshaut f dampproof membrane, water-repellent membrane; waterproofing membrane, watertight diaphragm, watertight screen *(Baugrund, Stauwerk)*

Dichtungskern m 1. sealing core; 2. *(Erdb)* core wall; watertight core *(Stauwerk)*

Dichtungslage f impermeable membrane, impervious course, barrier

Dichtungsmaterial n packing material, sealing end, sealing material

Dichtungsmörtel m seal mortar

Dichtungsprofil n jointing section, gasket, sealing profile

Dichtungsputz m parget, pargeting
• **Dichtungsputz aufbringen** parge

Dichtungsring m ring gasket, sealing ring, washer, grommet

Dichtungsschleier m *(Erdb)* grouted cutoff wall; water-proofing membrane, watertight diaphragm, watertight screen *(Baugrund, Stauwerk)*

Dichtungsschürze f water-proof blanket, blanket *(Stauanlage, Erddamm, Steinschüttdamm)*; watertight facing *(Stauwerk)*

Dichtungswand f diaphragm wall; slurry wall

Dichtungswanne f *(Erdb)* tanking

dick thick; large *(massig)*; heavy, dense *(Verkehr)* • **dick werden** body

Dickbettverfahren n mortar-bed method, thick-bed method *(Fliesenlegen)*

Dicke f thickness; depth *(Höhe, Stärke)*; build *(eines Anstrichs)* • **auf bestimmte Dicke bringen** thickness *(Holz)*

Dickenmessung f thickness measurement

Dickschichtanstrich m high-build coating

dickwandig heavy-wall, heavy-walled, thick-walled

Diele f 1. board, floorboard, plank, plank

Dielenbalken 312

unit, sheet pile, *(AE)* deal *(meist aus Nadelholz)*; 2. lobby, floor, hall *(Empfangsraum)* • **Dielen legen** lay a floor, floor, board, floor, plank
Dielenbalken *m* boarding joist, floor joist
Dielenbelag *m* batten floor, batten flooring
Dielenfußboden *m* batten floor, batten flooring, wood strip flooring, *(AE)* deal floor
Dielung *f* batten flooring, batten floor, floor boarding, boarding, plank floor, plank flooring, flooring
Dienstplan *m* duty schedule, duty rota
Differenzialkraft *f* differential force
Differenzmethode *f* /finite *(Stat)* finite-difference method
Differenzverfahren *n (Stat)* method of finite differences
Diffusionsdampfsperre *f* diffusion barrier
diffusionsdicht diffusion-tight
Diffusor *m (HLK)* air diffuser, diffuser
Dilatanzmodul *m* modulus of dilatancy
dimensionieren *v* 1. *(Stat)* design, dimension; 2. determine save dimensions *(Konstruktion)*; 3. proportion *(z. B. Betonmischung)*; 4. size *(Größen)*
Dimensionierung *f* 1. *(Stat)* design, dimensional analysis, calculation of dimensions, dimensioning; 2. proportioning, metering, batching *(z. B. Betonmischung)*; 3. *(Verk)* structural design, thickness design *(Straße)*; 4. sizing *(Größen)*
Dimmer *m (El)* dimmer
DIN German Industrial Standard, DIN
DIN-Normen *fpl* German Standard
Dioritgestein *n* dioritic rock
Diplomingenieur *m* certificated engineer, graduate engineer
direkt straight
direkt wirkend *(HLK)* direct-acting; self-actuated
Direktbeleuchtung *f* direct illumination
Direktheizung *f* direct heating
Dispersionsanstrichstoff *m* water emulsion paint, latex coating material, latex paint
Distanzblock *m* separator
Distanzhalter *m* slab spacer *(für Plattenbewehrung)*
Distanzstück *n* spacer, distance piece, spacing piece; reinforcing rod spacer

Dokumentationsunterlagen *fpl* reference material
Dole *f* culvert, drain, sewer
Dollen *m (Hb)* dowel
Dolomitgestein *n* dolomite
Dolomitkalk *m* dolomitic lime, magnesian lime, high magnesium lime
Dolomitmarmor *m* dolomite marble, magnesian marble
Dominikalgewölbe *n* cloister vault
Domkuppel *f* cathedral dome
doppelbewehrt overreinforced
Doppelboden *m* double bottom, false bottom
Doppelbogen *m (Arch)* arch band, return bend; twin elbow *(bei Rohrleitungen)*
Doppelfenster *n* double-hung window, double window, auxiliary sash, twofold window, winter window
Doppelhaus *n* double dwelling house, double house, twin house, *(AE)* duplex house; two semidetached houses
doppeln *v* fold
Doppelsäule *f* double column, coupled column, twin column
Doppelstegblechträger *m* double-webbed plate girder, twin-webbed plate girder, two-webbed plate girder
Doppel-T-Stahl *m* H-beam section, H-section steel, H-steel, T-beam section
Doppel-T-Träger *m* double-T-beam, American standard beam, flanged girder, H-beam, I-beam, *(AE)* universal beam
Doppelung *f* lamination
Doppelverglasung *f* double glazing
doppelwandig double-walled, two-walled
Doppelwandung *f* jacketed wall
Döpper *m* rivet set, riveting set, riveting snap, setting punch, snap, snap die; snap hammer *(Bossierhammer)*
dorisch Doric
Dorn *m* 1. bolt, cotter, plug *(Schloss)*; 2. pile core, mandrel *(Pfahlgründungen)*; 3. *(Hb)* pin, tongue; 4. pin drift, hinge spindle, bolt, spur *(Beschläge)*
Dose *f (El)* jack
Dosieranlage *f* dosing plant, batching plant, proportioning equipment, weight-batching unit
dosieren *v* measure, measure out, meter,

Dreieckfachwerk

dose, batch, gauge *(Baustoffe, Mischungsdosierungen)*
Dosierung f mix proportion, mix proportioning, dosage, metering, batching, proportioning *(Baustoffmischungen)*
Dosiervorrichtung f dosing device, batcher, gauging device, proportioning device
Dosierwasser n gauging water *(zum Betonanmachen)*
Douglastannenholz n *(AE)* yellow fire wood, yellow fire wood
Draht m wire • **Drähte verlegen** *(El)* wire
drahtbewehrt wire reinforced
Drahteinlage f layer of wire, wire core, wire insert, wire layer, wire reinforcement
Drahtgeflecht n wire fabric, wire netting, wirework; wire mesh, wire meshing *(als Putzträger)*; woven wire fabric, mesh *(als Verstärkungseinlage)*
Drahtgewebedeckenputz m Rabitz ceiling plaster
Drahtglas n armoured glass, wire glass, wired glass
Drahtputzträger m wire lathing
Drahtseil n wire cable, wire rope, steel rope, tensioning cable, cable
Drahtseilbahn f cable railway, cableway, wire ropeway, *(AE)* ropeway
Drahtseilbrücke f wire suspension bridge
Drahtseilverankerung f wire cable anchorage, wire rope anchorage
Drahtverbundglas n laminated wired glass, wired laminated glass
Drahtziegelgewebe n clay lathing, clayed wire mesh
Drain m s. Drän
Drän m drain
Dränage f drainage, underdrainage
Dränagegraben m drainage trench
Dränageleitung f drain line
Dränagerohr n drainage pipe, draining pipe, drain, seepage pipe, *(AE)* drain tile
Dränasphalt m porous asphalt, *(sl)* popcorn mix
Dränbeton m porous concrete
Dränleitung f drain pipe, land drain
Dränschicht f 1. drainage layer, pervious blanket; 2. *(Wsb)* pervious shell *(bei Talsperren)*
Draufsicht f horizontal projection, plan view; top view *(Zeichnung)*
Dreh... torsional ...

Drehachse f 1. axis of rotation, rotation axis; 2. fulcrum *(Gelenkpunkt)*; 3. pivot hinge, pivotal axis *(bei Schwingflügelfenstern)*; 4. rotational axis *(Darstellung, Aufbau)*; 5. axis of symmetry *(petrographisch, kristallographisch)*
drehbar rotatable, traversable *(Ausbauelement)*; hinged *(Schwingflügelfenster usw.)*
Drehbefestigung f swivel
Drehbrücke f pivot bridge, swing bridge, swivel bridge, turn bridge, turning bridge
drehen v 1. rotate, revolve, turn, spin, shift, roll; 2. swing *(schwingen)*; 3. pivot, swivel *(um einen Zapfen)*; 4. turn *(abdrehen von Holz, Metall usw.)*; 5. jigger *(Grobkeramik)*
Drehfenster n pivot hung window, reversible window, swivel window, casement window
Drehflügelfenster n casement window, side-hung window, swivel window
Drehkippbeschlag m side-bottom sash fitting
Drehkran m revolving crane, rotary crane, slewing crane, swinging crane
Drehpunkt m *(Stat)* moment centre, moment pole; centre of rotation; fulcrum; pivot
Drehriegelverschluss m rotary lever lock
Drehstrom m rotary current
Drehung f rotation, revolution; turn, torsion; gyration *(kreiselförmig)*
Drehverformung f rotational deformation
Drehverschluss m turnlock fastener *(halbe Drehung)*
Drehwinkel m angle of distortion, angle of rotation
Drehzapfen m pivot pin, pivot, spigot, swivel
dreiachsig triaxial
Dreiaxialprüfung f standard triaxial test, triaxial compression test; cylinder test
Dreibinder m ternary link
Dreibock m rig
Dreibogenöffnung f *(Arch)* trifora gallery, trifora, triforium, triforium arcade *(der normannisch-englischen Baukunst, emporenähnlich)*
Dreieck n triangle
Dreieckbinder m small-span triangulated truss
Dreieckfachwerk n triangulate lattice

dreieckig 314

dreieckig triangular • **dreieckig gemacht** triangulated • **dreieckig gestaltet** triangulated • **dreieckig machen** triangulate

Dreiecksaufnahme f (Verm) triangulation (geodätische Lagebestimmung von Geländepunkten)

Dreiecksverband m triangulated bracing; triangulation, triangulation truss (Dachbinder)

Dreifachverglasung f triple-glazing

Dreifeldrahmen m three-bay frame, three-span frame

dreifeldrig three-bay, three-span

Dreigelenkbogen m triple-articulation arch, three-hinged arch, three-pinned arch

Dreigelenkrahmen m three-hinged frame, three-pinned frame, triple frame, triple-hinged frame, triple-pinned frame

dreijochig three-bay (bes. Industriehallen)

Dreikantleiste f triangular cleat, triangular fillet, triangular strip, chamfer strip, (AE) cant strip

Dreikantprofil n triangular section

Dreilagenputz m three-coat plaster

Dreilagenschale f sandwich shell

Dreimomentengleichung f (Stat) theorem of three moments

Dreimomentensatz m three-moment equation, three-moment theorem

Dreipass m 1. (Arch) three-lobe tracery (Gotik); 2. (Arch) trefoil

Dreipunktaufhängung f three-point suspension

Dreipunktlagerung f three-point bearing, three-point support

Dreischichtensystem n three-layered system; three-coat system

Dreiviertelstein m three-quarter block, three-quarter tile

Drempel m 1. jamb sill, mitre sill, (AE) miter sill; 2. (Wsb) clap sill

Drempeldach n jamb wall roof

Drempelerhöhung f jamb sill raising, (AE) bahut

Drillfestigkeit f torsional strength

Drillkraft f torsional force

Dritteldach n roof with pitch 1:3

Drittelpunkt m third point

Drosselklappe f throttle valve, throttle, damper

drosseln v cut down; throttle

Druck m 1. pressure; 2. thrust, compressive load (Druckkraft); 3. compressive stress (durch Längskräfte); 4. compression (dreidimensional) • **Druck ablassen** release pressure, release the pressure • **unter Druck stehen** pressurized

Druck m/hydrostatischer hydraulic thrust, hydrostatic pressure

Druck m/statischer static pressure, statical compressive stress

Druckabfall m loss of pressure, drop in pressure, pressure decline, pressure decrease, pressure drop; head loss (in Rohrleitungen)

Druckanstieg m pressure rise

Druckausgleichsschicht f pressure compensation layer, relieving layer

druckbeansprucht subject to compression, subjected to compression

Druckbeanspruchung f subjection to pressure

Druckbelastung f pressure load

druckbeständig compression-resistant, pressure-resistant

Druckbewehrung f compressed reinforcement, compression bars, compression reinforcement, compressive reinforcement, compression bars

Druckbiegespannung f compression-bending stress

Druckbolzen m thrust bolt

Druck-Dehnungsdiagramm n stress-strain diagram

druckdicht pressure-tight

Druckdiagonale f diagonal in compression, compressed diagonal, compression diagonal

drücken v 1. force (durch Pressen); 2. bear (Lasten); 3. press (andrücken); 4. push (durch Schubkraft); 5. blow (durch Rohrleitungen)

Druckentlastung f decompression, release of pressure, pressure relief

Drücker m handle (Tür); latch, sneck (Türschloss)

Drückergarnitur f set of handles, door handles

Druckerhöhung f increase of pressure, pressure rise

Druckerhöhungsanlage f (San) boosted station, booster installation, booster station, pressurization device (Wasser)

Dübelverbindung

druckfest compression-resistant
Druckfestigkeit f 1. (Stat) crushing strength, compression strength, compressive strength; 2. pressure resistance (Baustoffe); 3. resistance to crushing (nur von Gestein); 4. strength in compression, resistance to compression (Bauelemente)
Druckfestigkeitsbereich m compression strength range
Druckfestigkeitsprüfung f crushing test
Druckfläche f compression area
Druckflansch m compression boom (Fachwerk)
Druckgefälle n pressure gradient; hydraulic gradient (Wasser)
Druckglied n 1. member in compression (Stahlbau); 2. compressed element, compressed rod, compression member, strut (Festigkeitslehre)
Druckgurt m compression chord, strut; compressed flange, compression boom, compression flange (Fachwerk)
Druckhöhe f 1. (Stat) static head; 2. delivery head (Bernoulli'sche Gleichung); 3. effective head, elevation head, hydraulic head, head of pressure, pressure head (des Wassers)
druckimprägniert pressure-impregnated
Druckinjektion f pressure grouting (Mörtel, Zementleim)
Druckkraft f compression force, compressive force, pressure force, thrust
Druckleitung f delivery conduit, delivery pipe, pressure pipe
Drucklinie f (Stat) line of pressure, axis line of pressure, pressure line, straining line; centre of pressure, funicular pressure line
druckluftbetätigt air actuated, air-driven, air-operated
Druckluftgründung f pneumatic foundation
Drucklufthammer m compressed-air hammer, air hammer, pneumatic hammer, pneumatic pick
Druckluftmeißelhammer m paving breaker
Drucklufttragehalle f air-supported structure, inflatable building
Druckmessdose f load cell, capsule, pressure cell
Druckminderer m air-pressure-reducing valve, pressure-reducing valve, reducing valve
Druckpfahl m (Erdb) bearing pile; strut pile
Druckpressung f (Stat) compressive strength
Druckprüfung f 1. compression test, compressive test, pressure test (Baustoffe, Beton usw.); 2. crushing test (Gesteine); 3. collapse test, pressure test (Leitungsrohre)
Druckregler m pressure controller, pressure regulator
Druckrohrleitung f pressure pipeline, pen trough
Druckspannung f compression stress, compressive stress (durch Längskräfte)
druckspülen v pressure-flush (Abwasserleitungen)
Druckstab m 1. member in compression (Stahlbau); 2. compressed element, compression bar, thrust member (Festigkeitslehre)
Druckstollen m 1. (Tun) gallery (Bergbau); 2. (Wsb) penstock, pressure tunnel
Drucktastenschloss n cipher lock
Druckübertragung f pressure transmission
Druckverteilung f distribution of pressure, pressure distribution, pressure distribution
Druckverteilungsschicht f subbase
Druckwasser n pressure water, pressurized water, water under pressure, power water
Druckwasserleitung f pressure water pipe, pressure water piping, power pipeline
Druckwelle f compression wave
Druckzone f compressed zone, compression zone; pressure area, pressure zone
DTV average daily traffic
Dübel m 1. concrete insert, plug; 2. (Hb) dowel, connector, pin, peg, treenail; 3. joggle (für Ziegelverbindungen) • **mit Dübeln befestigen** treenail
Dübelbalken m dowelled beam, dowelled timber beam, flitch beam, sandwich beam, wood ground
Dübeleinschießen n bolt shooting
Dübelleiste f fixing fillet, fixing slip, pallet, slip, ground
Dübelverbindung f 1. connector joint, key

Dükerdurchlass

joint; 2. *(Hb)* dowel connection, dowel joint

Dükerdurchlass *m* syphon culvert

Duktilität *f* ductility *(z. B. von Bitumen, Metall)*

Dumper *m* dumper

Dunkelraum *m* darkroom

dünn 1. thin *(Dimension)*; 2. fine *(z. B. Folie)*; 3. slim *(schmal, schlank)*; 4. tabular *(flach)*; 5. thin, watery, weak *(z. B. Lösungen)*

Dünnbettverfahren *n* thin-bed method, glue fixing method, cement fixing method *(Fliesenlegen)*

Dünnglas *n* thin sheet glass

Dünnputz *m* thin plaster, thin-wall plaster, Swedish sand putty, Scandinavian plaster

dünnschalig thin-shell, thin-wall

dünnwandig thin-walled, light-walled

Dunsthaube *f (HLK)* hood

Dunstrohr *n* ventilating pipe, vent pipe, vent stack, outlet vent; soil ventilation pipe

durchbiegen *v* deflect, flex, bend down; deflect transversely *(seitlich)*

Durchbiegung *f* deflection, downward deflection, bending, bowing, flection, flexing, flexure, sag, sagging; hogging *(nach oben)*

Durchbiegungskurve *f* deformation curve, flexing curve, flexure curve

Durchbiegungsmesser *m* deflectograph, deflectometer

durchbilden *v* 1. *(Arch)* design, work out *(entwerfen)*; 2. develop, improve, perfect *(z. B. Einrichtungen, Anlagen)*

Durchbildung *f/bauliche* structural design, structural detailing, detailing

Durchbinder *m* tie closer

durchbohren *v* bore through, through-drill, perforate, pierce, puncture, stick; hole *(Löcher)*

durchbrechen *v* break through, breach, break an opening, make an opening, through, hole, pierce

durchbrochen open, pierced

Durchbruch *m* 1. breakthrough, breach, break, opening, pighole, hole *(z. B. in einer Mauer, Wand usw.)*; 2. *(Arch)* fretwork; 3. gap *(Spalte, auch im Tunnelbau)*; 4. irruption *(Wasser)*

durchdringen *v* 1. *(Verm)* intersect; 2.

316

penetrate *(mechanisch)*; 3. permeate *(Wasser, Lösungen)*; 4. thrust *(durch Druck)*

Durchdringung *f (Verm)* intersection; penetration *(mechanisch)*

Durchfahrt *f* 1. *(Verk)* passage, transit; 2. thoroughfare *(z. B. durch ein Gebäude, eine Bebauung)*; 3. main archway, archway *(z. B. Stadttor)*

Durchfahrtshöhe *f* clearance height, clearance

Durchfahrtsprofil *n* maximum clearance of cars, clearance limit

durchfeuchten *v* moisten completely, soak through

Durchfeuchtung *f* penetration of dampness, rain penetration

durchfluchten *v* line out, align

Durchfluchtungslinie *f* line of sight, collimation line

Durchfluss *m* flow, passage, passing; flow rate *(Flüssigkeitsmenge je Zeiteinheit)*

Durchflusskoeffizient *m* coefficient of discharge, flow coefficient

Durchflussmenge *f* flow rate, flow volume, rate of flow, discharge

Durchflussquerschnitt *m* 1. clearance opening, flow section, surface of flow; 2. *(Wsb)* wetted section

durchführbar feasible, viable, workability

Durchführbarkeitsstudie *f* feasibility study

durchführen *v* 1. lead through, pass through *(z. B. Kabel)*; 2. *(El)* feed through; 3. carry out, execute, perform, implement, practice, accomplish *(Leistungen ausführen)*; 4. run *(Versuche)*; 5. thread *(durchstecken, durchdrücken)*

Durchführung *f* 1. *(El)* lead-through, bushing *(z. B. Kabel)*; 2. *(El)* feed-through; 3. embodiment, execution, performance, procedure *(Leistungen ausführen)*; 4. threading, grommet *(Durchstecken)*; 5. performance, execution *(Vertrag)*

Durchführungsöffnung *f* passing hole

Durchgang *m* 1. passage, passing through *(Durchgehen)*; 2. connecting passage, gangway, throughpass, corridor, doorway, entry, *(AE)* areaway *(Verbindungsweg)*; *(AE)* enterclose *(zwi-*

schen Gebäuden und Gärten); 3. *(Arch)* passage main archway *(z. B. Stadttor)*
Durchgangshöhe *f* clearance height, clearance, headroom
durchgebogen sagged
durchgehend continuous, straight, unbroken
durchgehend/nicht blind
durchgerostet rusted through
durchgesickert percolated
Durchhang *m* sag, slack *(von Seilen)*; dip *(von Leitungen)* • **Durchhang beseitigen** take up slack
durchhängen *v* 1. sag; 2. slack *(Seile)*; 3. dip *(Leitungen)*
durchkonstruiert scientifically designed
Durchlass *m* 1. culvert; 2. culvert syphon *(Dükerdurchlass)*; 3. cut *(Brücke)*; 4. *(Arch)* aqueduct
durchlässig permeable; pervious *(z. B. für Licht)*
Durchlässigkeit *f* 1. permeability, perviousness, porosity *(Undichtheit)*; 2. percolation; 3. transmissivity *(Licht)*; 4. conductivity *(Durchflussvermögen)*
Durchlässigkeitsbeiwert *m* 1. coefficient of permeability, coefficient of permeability *(Undichtheit)*; hydraulic conductivity *(Durchflussvermögen)*; 2. *(Bod)* percolation coefficient, percolation factor
Durchlassprofil *n* flow profile
Durchlassquerschnitt *m* opening area; navigable width *(für Schiffe bei Brücken)*
Durchlaufbalken *m* continuous girder, through beam
Durchlaufdecke *f* continuous floor
durchlaufend continuous
Durchlauferhitzer *m* non-storage calorifier, continuous-flow water heater, flow heater, flow-type calorifier, flow-type water heater, geyser, instantaneous water heater
Durchlaufbalken *m* continuous slab
Durchlaufplatte *f* continuous slab
Durchlaufträger *m* continuous beam, continuous girder, running girder, through girder
Durchlaufwirkung *f (Stat)* effect of continuity
durchlocht perforated, pierced
Durchmesser *m* diameter
durchmischen *v* intermix
durchnässen *v* drench, soak through

durchörtern *v* 1. *(Erdb)* cut through, drive a heading, work through, hole; 2. *(Tun)* force through, hole, pierce
Durchörterung *f* 1. *(Erdb)* heading-through, soil piercing, holing; 2. *(Tun)* holing, piercing
durchpressen *v* force through, press through
durchrosten *v* rust through
Durchschlagen *n* 1. puncturing *(Öffnungen)*; 2. bleed-through *(Farbanstrich)*; 3. show-through *(von Fehlstellen und Unebenheiten)*
Durchschnitt *m* mean value, mean, average
Durchsenken *n* downward deflection
Durchsenkung *f/statische* static deflection
durchsichtig clear, transparent
Durchsickern *n* 1. seepage, weepage, leak; 2. *(Bod)* percolation
durchspülen *v* flush, purge
durchstechen *v* 1. puncture, pierce, prick, stick; 2. *(Erdb)* cut through, dig through
Durchstich *m (Erdb)* pilot cutting, cut, cut-off, cutting
durchstoßen *v* break through; pierce, push through; rod, open *(z. B. verstopfte Rohre)*
Durchstoßfestigkeit *f* puncturability, puncture resistance
durchtränken *v* drench, imbibe, soak, penetrate
durchtrennen *v* sever
Duroplast *m* thermosetting plastic, thermosetting resin
Duschanlage *f* shower installation
Duschbecken *n* shower pan
Duschgarnitur *f* shower set, shower unit
Duschnische *f* shower cubicle, shower stall
Düsenbalken *m* spray bar
Dynamik *f* dynamics

E

Ebbekrafterzeugung *f* ebb generation
eben 1. even, level, plain, planar *(Flächen)*; 2. flat, at grade, in plane, even *(z. B. Gelände)*; 3. fair-faced *(Mauerwerk)*; 4. smooth *(glatt)*; 5. flush *(Anschluss)*; 6.

two-dimensional *(Strömung)*; 7. coplanar *(Kräfte)*
Ebene f *(Stat)* plane; flat • **in einer Ebene liegend** planar • **in gleicher Ebene** inplane • **in zwei Ebenen** *(Verk)* two-level
ebenerdig on-grade, even with the ground, ground level, at ground level
ebenflächig evenly surfaced
Ebenflächigkeit f evenness, accuracy of level; surface smoothness
Ebenheit f 1. evenness, flatness; 2. *(Erdb)* levelness *(auch topographisch)*; planeness, smoothness *(Oberfläche)*
ebnen v 1. level, even, even up; 2. flat, flatten *(flach machen)*; 3. flush *(bündig machen)*; 4. planish *(Metalle)*; 5. smooth *(glatt machen)*
EC EC *(Eurocode)*
Eckanschluss m corner connection
Eckaussteifung f corner truss
Eckbewehrung f corner lath
Ecke f corner, angle, coin • **Ecke mit Keilstein versehen** quoin • **mit ausgerundeten Ecken** round-cornered
Eckfenster n corner window
Eckhaus n corner house
eckig cornered, angular
Eckpfosten m angle post, principal post
Eckprofil n corner bead
Eckpunkt m corner point, corner
Eckschutzleiste f corner bead, protection guard, angle bead
Eckstein m corner stone, angle block, angle coin, angle stone, pillar stone, quoin stone, head stone
Ecküberblattung f bevel corner halving *(mit Gehrung)*
Eckverband m 1. corner bond, quoin bonding; 2. *(Hb)* corner joint, corner cogging
Eckversteifung f corner bracing, corner stiffening; sway bracing *(Brückenbau)*
Edelholz n high-grade timber, luxury wood
Edelputz m patent plaster, premix plaster, chemical plaster *(Baustoff)*; decorative rendering, plaster facing, ready-mixed coloured rendering *(fertige Putzfläche)*
Edelsplitt m high-grade chippings, twice crushed and screened chippings
Edelstahl m high-grade steel, high-quality steel, special steel, stainless steel, *(AE)* specialty steel

Edelstahlverkleidung f stainless steel facing
Egalisieren n levelling off
Egalisiermörtel m levelling mortar
EGW *(Abk. für: Einwohnergleichwert)* population equivalence *(Abwasser)*
Eichenholz n oak timber, oak wood, white oak wood
Eichung f calibration
Eierstab m *(Arch)* cyma reversa, egg and dart, Ionic cyma *(Ornament)*
Eigenfestigkeit f natural strength, inherent stability, inherent strength
Eigenheim n owner-occupied house, *(AE)* home
Eigenheimsiedlung f owner-occupier buildings
Eigenlast f 1. own load, own weight, dead load, dead weight, permanent load, permanent weight, self weight; 2. *(Stat)* fixed load
Eigenmasse f 1. own weight, self weight, dead weight, permanent weight; 2. *(Stat)* fixed load
Eigenschaft f property, capability, quality
Eigenschwingung f natural oscillation, inherent oscillation, inherent vibration
Eigenspannbeton m self-stressed concrete, self-stressing concrete
Eigentum n property
Eigentumsübertragung f conveyance of ownership
Eigenüberwachung f factory control, self-control
Eignung f capability; suitability *(Baustoffe)*
Eignungsnachweis m indication of suitability, initial suitability test, proof of suitability
Eignungsprüfung f qualification examination, aptitude test, performance test, type testing; suitability test, preliminary test *(Baustoffe)*; trial mix *(Beton, Asphalt)*
Eimerbagger m dredge-bucket, bucket excavator, ladder dredge, ladder dredger, *(AE)* elevator dredger
einander zugekehrt 1. facing; 2. *(Arch)* affronted *(Figuren)*
Einarmzapfverbindung f *(Hb)* housed joint
Einbalkung f running beam
Einbau m 1. assembling, installation, mounting, fitting-in, incorporation, inte-

Einfeldträger

gration; 2. placement, placing *(von Beton)*; 3. *(Verk)* paving, surfacing *(Straße)*

einbauen v 1. incorporate, build in, arrange, mount, insert, install, introduce, fit in, fit, put in, work in, house; 2. place *(z. B. Baumaterial, Beton, Mörtel)*; 3. *(Hb)* tail *(Trägerenden)*; 4. lay down *(einbauen in einer Lage)*

Einbauen n 1. *(HLK, San)* installation, mounting, fitting-in, boxing-in; 2. insertion *(Bauelemente)*; 3. building-in *(z. B. von Möbeln)*; 4. *(Hb)* tailing *(Trägerenden)*

Einbaukomplex m paving train *(Straßenbau)*

Einbauküche f built-in kitchen, fitted kitchen

Einbauplan m installation drawing

Einbauten mpl insertions *(Bauelemente)*; built-in units, in-built units

Einbehaltungsbetrag m retention fee amount

einbetonieren v let into concrete, embed in concrete, concrete in, set in concrete, cast in

einbetoniert embedded in concrete, buried in concrete; concrete-encased *(Verbundstütze)*

einbetten v 1. bed in, embed; 2. *(Hb)* let in

Einbettung f embedding, bedding, interbedding

Einbindelänge f embedment length, bond length, transfer length, transmission length *(Bewehrung)*

einbinden v 1. incorporate, fix-in *(Bauelemente)*; 2. *(Hb)* fix in *(Holzbauteile in Mauerwerk)*; 3. *(Hb)* feather *(z. B. neue in alte Baustoffe)*; 4. *(Hb)* tail *(Trägerenden)*

Einbindung f 1. building-in, fixing in; 2. embedment *(z. B. Stützen)*; 3. *(Umw)* grain encapsulation

Einblatten n *(Hb)* joining, halving

Einbrennfarbe f baking paint, stoving paint

einbringen v/**Beton** pour concrete, concrete in, place

Einbringen n introduction; placing *(von Mörtel, Beton)*

Einbringen n **der Bewehrung** steel fixing

Einbruchmeldeanlage f burglar alarm system, intrusion detection system, intruder alarm

einbruchsicher burglar-proof, intruder-proof; unpickable *(z. B. Türschloss)*

eindecken v roof

Eindecken n roofing

Eindeichen n *(Wsb)* diking, damming

Eindringung f 1. entrainment *(Wasser)*; 2. entry *(Feinstoffe, Farbe, Schmutz)*; 3. implacement *(z. B. in eine Auflage, in Baugrund)*

Eindrucktiefe f depth of penetration *(z. B. Asphaltprüfung)*

einebnen v 1. level, level out; 2. *(Erdb)* plane down, grade; 3. bulldoze *(mittels Planierraupe)*; 4. flatten out *(Unterlage)*; 5. flush *(angleichen, bündig machen)*; 6. smooth *(glätten)*

Einengung f confinement, striction, bottle-neck

einfach simple; rustic; unalloyed *(unlegiert)*

Einfachabzweig m single-branch pipe

Einfachgelenkrahmen m simple hinged frame

Einfachverglasung f single glazing

einfallen v 1. collapse, fall in *(einstürzen)*; 2. founder *(Boden)*; 3. hade *(Geologie)*; 4. *(Bod)* incline, dip *(Erdschichten)*; 5. tumble *(Damm)*

Einfallen n 1. collapse; 2. *(Bod)* dip; rake *(Abweichung von der Lotrechten)*

Einfallwinkel m angle of incidence

Einfalzung f rabbet joint *(Holz)* • **durch eine Einfalzung miteinander verbinden** *(Hb)* rabbet

Einfamilienhaus n one-family house, single-family house, house

einfassen v 1. edge, surround, hem; 2. border *(mit einem Kantenschutz versehen)*; 3. flash *(Dachschornstein)*; 4. span *(umfassen)*; 5. welt *(einfalzen)*; 6. *(Verk)* line a road

Einfassung f 1. bordering, framing, surround; 2. case, ingoings, jamb *(von Türen, Fenstern)*; 3. tray *(z. B. Schornstein, Leitungsrohre)*; 4. welt *(Falz)*

Einfassungskante f trim-edge

Einfeld... single-span ...

Einfeldbrücke f simple bridge

Einfelddecke f single floor

Einfeldrahmen m simple frame, single-span frame

Einfeldträger m one-span girder, single-

Einfluchten 320

span girder, simple beam, single-span beam

Einfluchten n 1. aligning (in Linien); 2. flushing (mit der Oberfläche); 3. running (von Bauteilen); 4. (Arch) running (Formen einer durchlaufenden Zierkante).

einflügelig one-leaf (Tür, Fenster usw.)

Einflussfläche f (Stat) influence surface, influence area

Einflussgröße f influence value

Einflusslinie f (Stat) influence line, line of influence

Einfräsverfahren n mixed-in-place construction (Bodenstabilisierung)

Einfriedung f enclosure, boundary fence, defence, fence

einfügen v 1. embed, engage, insert, inset; add; 2. (Hb) join, rabbet

Einfügung f 1. situation of a building, location of a building (z. B. eines Gebäudes); 2. joining, rabbet joint (Holz)

Einführungsöffnung f inlet

einfüllen v infill; feed

Eingang m entrance; receipt (von Sendungen, Geld usw.)

Eingangsbereich m entrance area

Eingangsebene f entrance level

Eingangshalle f 1. entrance hall, lobby (z. B. Parlament); (AE) concourse; 2. porch (ein überdachter Eingang in ein Gebäude)

eingebaut 1. fitted, built-in, flush-mounted, in-built, incorporated; 2. encastré (Träger, Stütze); 3. self-contained (abgeschlossen); 4. housed (in einem Gehäuse); 5. (Arch) encastré (Balkenstützen); 6. set (z. B. Rohre)

eingebettet embedded, bedded, imbedded, interbedded

eingebunden incorporated

eingefluchtet ranged in

eingefügt added

eingehaust encased, housed

eingelassen engaged, flush, flush-mounted; recessed

eingepasst fitted, housed

eingeschalt encased, timbered

eingeschäumt foamed in place

eingeschossig one-storeyed, single-floor, single-storey, (AE) one-storied

eingespannt 1. (Stat) fixed, rigid, restrained, hingeless, no-hinged; 2. end-fixed, with fixed end (Balken); 3. without articulations; 4. (Arch) encastré (Träger, Balken)

eingespannt/beiderseitig (Stat) fully restrained, restrained at both ends

eingespült hydraulic filled (Erdmassen)

eingewölbt vault-covered

Einglasen n glazing

Einhängefeld n suspended span (Brücke)

einhängen v put in, hang, hang in, hang up; hinge

Einhängeträger m drop-in beam; suspended beam, suspended span (Brücke)

Einhausen n boxing-in, encasing, casing

Einhebelbatterie f (San) single-lever mixer, single-lever mixing valve

einheimisch native, domestic

Einheitsbauweise f standard type construction, unit construction

Einheitslast f unit load (Last je Flächeneinheit)

einholen v request (Angebote)

Einholung f von Angeboten request for bids

Einholung f von Kostenvoranschlägen inviting builders' estimates, inviting of builders' estimates

Einhüllen n draping

Einkanalsystem n (HLK) single-duct system, single-duct air conditioning system

einkapseln v 1. enclose, box; 2. (Umw) seal

Einkehlung f 1. neck channel; 2. (Hb) flute; roof valley, valley (Dach)

einkerben v 1. indent, jag, notch, nick, score; 2. serrate (riefen); 3. (Hb) slot, latch

Einklemmarmatur f wafer-type valve

einknicken v buckle

Einkomponentenanstrichstoff m one-component coating, one-component package coating, one-part coating

Einkornbeton m like-grained concrete, no-fines concrete, short-range aggregate concrete, single-sized concrete, uniform concrete

Einkornzuschlagstoff m single-sized aggregate

Einlage f 1. middle layer (Mehrschichtbauplatte); 2. fabric (z. B. Dachpappe); 3. filler, inlay, insert (z. B. eine Furniereinlage); 4. sealing strip (Dämmung); 5.

Einrichtungsplan

spacer *(Zwischenstück)* • **mit Einlagen versehen** armour

einlagig single-course, single-layer, single-layered; one-coat, single coat *(Putz, Anstrich)*

Einlass m 1. inlet, intake *(Abwasser)*; 2. *(HLK)* induction, introduction

Einlassdübel m 1. lay-in connector, split ring connector; 2. *(Hb)* lay-in timber connector, lay-in wood connector

einlassen v 1. *(Hb)* let in *(Zapfen)*; 2. embed, flush, recess *(z. B. in Mauerwerk)*; 3. engage *(eingeschlossen)*

Einlasszapfen m *(Hb)* tenon, tusk tenon

Einlauf m gully, inlet, intake

Einlaufbauwerk n 1. inlet structure, inlet works; 2. *(Wsb)* intake structure, intake construction

Einlauföffnung f gully opening, inlet opening, inlet port, intake

Einlaufrost m gully grate, inlet grate, intake screen

Einlaufschacht m gully shaft, inlet shaft, gully

Einlegearbeit f 1. inlay work, inlay, inlaying, inlaid work; 2. intarsia, tarsia, marquetry, incrustation *(dekorative Einlage mit Holzstücken oder Elfenbein)*; 3. emblemata *(Mosaikornament im Fußboden)*; 4. entail *(Einkratztechnik)* • **mit Einlegearbeiten verzieren** entail

Einlegedecke f lay-in ceiling

Einlegemontage f fitted assembly

einlegen v lay in, inlay, insert, introduce *(z. B. für Einlegearbeiten, Dichtungsband, Isolierung)*; place *(z. B. Bewehrung)*

Einleimer m *(Hb)* concealed edge band

einleiten v 1. initiate *(Vorgänge, Abläufe)*; 2. pass into *(z. B. in einen Schacht)*; 3. place *(Kräfte, Spannung usw.)*

Einleitung f introduction

einloten v plumb

einmanteln v box, can

einmauern v brick in, immure, wall in

einmischen v merge, mingle *(Anstriche, Baustoffe)*

einpassen v 1. fit, fit in, seat, adjust *(z. B. Montagefertigteile)*; 2. fay, position *(Feineinpassen)*; 3. true *(ausrichten)*; 4. inset *(einfügen)*

Einplanieren n 1. blading *(Straßenbau)*; 2. *(Bod, Erdb)* planing

Einpressarbeiten fpl grouting work

Einpressbeton m inject concrete, injection concrete

Einpressdübel m bolted connector

einpressen v 1. pressure; 2. drive in *(Buchsen)*; 3. grout, grout in, grout under pressure, pressure grout, inject *(Zementierungsmittel, Bindemittellösungen, Beton usw.)*

Einpressmörtel m intrusion mortar, intrusion grout

Einpressrohr n injection pipe

Einpressung f **von Beton** concrete injection

Einpressverfahren n grouting technique

Einrahmung f framing; casing *(Fenster, Tür)*

einrammen v 1. drive in, ram, pile-drive *(z. B. Pfähle)*; 2. beat down, sink by driving *(Straße)*; 3. tamp *(z. B. Beton und Pflastersteine)*

einrasten v latch, catch, snap; lock in position *(Raststellung)*

Einrastschloss n touch catch

einreihen v range

einreihig single-row

Einreißfestigkeit f initial tearing resistance, tear resistance

einrichten v 1. equip, install *(z. B. ein Gebäude)*; 2. fit, fit out, furnish *(Räume)*; 3. establish, found *(Unternehmen)*; 4. organize *(Prozessabläufe, Bauausführungen)*; 5. orient *(Gebäudestellung ausrichten)*; 6. *(Arch)* decorate *(gestalterisch)*; 7. set *(Maschinen)*

Einrichtung f 1. installation *(Versorgungsleitungen usw.)*; furniture, furnishing *(Ausstattungen)*; 2. organization *(von Prozessabläufen, Baudurchführung)*; 3. equipment, device, installation, appliance *(Ausrüstung)*; 4. establishment, foundation *(von Unternehmen)*; 5. facility *(spezielle Anlagen, Hafen, Flugplatz usw.)*; 6. furnishing, furniture *(Wohnung)*; 7. system *(z. B. Verkehrsanlagen, Anlagensysteme)*

Einrichtungen fpl **für Behinderte** disabled facilities

Einrichtungen fpl/**sanitäre** sanitary equipment, sanitary facilities, sanitation

Einrichtungsplan m site facilities program, plan of a site *(Bebauungsplan)*

Einrohrheizungssystem *n* one-pipe system *(Zentralheizung)*
einrüsten *v* erect a scaffold, raise a scaffold, rig, rig up, scaffold, shore, stage
einsacken *v* subside *(in den Baugrund)*
Einsatzbedingungen *fpl* full-scale conditions, service conditions
Einsatzstück *n* distance piece, insert, dutchman
einschalen *v* erect formwork, form, set up a mould, shutter, shutter up, timber; mould, encase
einschalig 1. one-leaf, single-leaf, monolithic, single-shell *(Wand)*; 2. homogeneous *(Bauteil)*; 3. nonventilated *(Dach)*
Einschalung *f* scaffolding, timbering
einschäumen *v* foam into place *(Dämmmaterial)*
Einscheibensicherheitsglas *n* prestressed glass, toughened glass
einschichtig one-course, one-layer, single-course, single-layer, single-layered; single-coat *(Anstrich)*
einschieben *v* 1. inset; 2. *(Hb)* put in frame
Einschiebetreppe *f* folding stair *(bes. zum Dachgeschoss)*; *(AE)* loft stair
einschiffig one-bay, one-span, single-bay, single-span *(Rahmenhalle)*
einschlagen *v* 1. knock in, cut down; 2. drive, beat in, hammer in *(z. B. Nägel)*; 3. drive in *(z. B. Pfähle)*; 4. envelop, wrap *(einwickeln)*; 5. fell *(Holz)*; 6. beat down *(Fundament)*
einschließen *v* 1. enclose, embed, include; 2. occlude *(Stoffe)*; 3. lock in *(verschließen)*; 4. entrap *(Luft, Wasser)*
einschlitzen *v* 1. slit; 2. *(Hb)* mortise
einschneiden *v* 1. cut in, make a cut; 2. notch, slot, slit, nick *(Kerbe)*; 3. groove, slot, notch, nick; 4. recess *(Aussparung)*; 5. kerf *(Sägeschnitt)*; 6. incise *(schnitzen, eingravieren)*; 7. score *(Linien)*
Einschnitt *m* 1. cut, incision; 2. *(Hb)* slot, slit, nick, indentation; notch *(Kerbe)*; groove *(Rillen)*; incision *(Schnitzgravur)*; 3. *(Erdb)* cut, cutting, excavation, open cut; 4. indent, indentation *(Vertiefung, z. B. in Mauerwerk)*; 5. jag *(Anschnitt, Geländeeinschnitt)*
Einschnürung *f* 1. constriction, contraction; 2. neck, necking, necking down, formation of a neck *(Bohrpfahlgründung)*; 3. reduction in area, reduction of area *(Zugprüfung)*; 4. striction *(mathematisch)*; 5. waist *(konstruktive Verjüngung)*
Einschraubstutzen *m* threaded bushing, threaded socket, screw union
Einschubdecke *f* intermediate ceiling, false ceiling, sound boarding
einschwalben *v* *(Hb)* dovetail
Einsenkung *f* 1. dip; 2. sag, sagging *(geologisch)*
einsetzen *v* 1. insert, install, fit in, introduce, inset *(Einsatzstücke, Bauteile usw.)*; 2. batch *(anteilige Materialien bei Baustoffmischungen)*; 3. position, seat *(z. B. Montageteile)*; 4. deploy, assign *(Arbeitskräfte)*
einsickern *v* 1. penetrate, percolate, seep in, ooze, soak, soak in, seep; 2. *(Wsb)* leach, infiltrate *(versickern)*; 3. *(Erdb)* filter in
Einspannbedingung *f* fixed-end condition, terminal condition, encastré condition
Einspannbiegemoment *n* fixed-end bending moment, terminal bending moment, encastré bending moment
einspannen *v* 1. *(Stat)* fix, restrain, constrain; 2. clamp, grip, hold *(Werkzeuge, Montageteile)*; 3. *(Hb)* frame
Einspannmoment *n* *(Stat)* fixed-end moment, moment at point of fixation, fixing moment, restraining end moment
Einspannung *f* 1. fixation, rigid fixing; 2. *(Stat)* fixity, restraining, restraint, constraint
Einspannungsbedingung *f* fixed condition, terminal condition, terminal end condition
Einspannungsgrad *m* fixed-end degree, fixing degree, end degree, terminal degree
Einspeiseöffnung *f* *(HLK)* terminal unit *(Klimaanlage)*
Einspeisung *f* feed-in *(Vorgang)*; line entry *(Einspeisestelle)*
einspülen *v* flush *(Bohrtechnik)*; jet *(mit Druck)*
Einsteckbolzen *m* stop pin
Einsteckschloss *n* mortise deadlock, mortise knob latch, mortise latch *(für Türen)*

Eisenbiegen

einstegig single-web *(Träger)*
Einsteigedeckel *m* manhole cover for inspection shaft
Einsteigeschacht *m* manhole, manway, access shaft conduit pit
einstellen *v* adjust *(z. B. Geräte, Temperatur)*; set *(z. B. Messgeräte)* • **sich einstellen lassen** adjust
Einstellung *f* 1. establishment *(z. B. eines Gleichgewichts)*; 2. adjustment *(z. B. von Montagefertigteilen)*; 3. *(Verm)* sight
Einstemmband *n* butt hinge *(Baubeschlag)*
Einstemmen *n* 1. letting-in flush *(Stemmband)*; 2. *(Hb)* mortising in, mortising; 3. flush fixing *(für Anschlussbleche)*
Einstieg *m* manhole, access, inspection door
Einstiegsöffnung *f* manhole, access panel
Einstiegsschacht *m* manhole
Einstufung *f* classification, grading, sorting
einstürzen *v* 1. fall in, collapse *(z. B. Haus, Brücke)*; 2. cave in *(z. B. eine Straße)*; 3. tumble *(z. B. eine Wand)*; 4. fail *(Konstruktionen)*
Einsumpfen *n* soaking *(von Kalk)*; souring *(Keramikton)*; tempering *(Ton, plastische Massen)*; gauging *(Mörtel, Kalk, Kitt)*
Eintauchen *n* dipping, immersion
einteilig one-piece, single-piece
Einteilung *f* classification *(nach Merkmalen)*; calibration *(von Messgeräten)*
eintragen *v* 1. apply *(Kräfte)*; 2. record, register *(Werte, Messdaten, Konstruktionspunkte usw.)*; 3. plot *(Diagramm)*
Eintragungslänge *f* transmission length *(Spannbeton)*
Eintragungsspannung *f* transfer stress *(Spannbeton)*
eintreiben *v* drive, drive in, pile *(Pfähle)*
Eintrittsöffnung *f* inlet port
ein- und zweigeschossig low-rise
einwandfrei flawless, perfect, sound, unobjectionable
Einwegventil *n* one-way valve, back-pressure valve, check valve
Einwellenzwangsmischer *m* single shaft mixer
einwirken *v* act on *(z. B. ein Mittel)*; influence *(Kräfte)*; affect

Einwirkung *f* action; influence
Einwohnergleichwert *m* population equivalence *(Abwasser)*
einwölben *v* arch, concamerate, vault, vault in
Einzapfen *n* notching
Einzelanordnung *f* individual mounting
Einzelfeld *n* single span
Einzelfundament *n* independent footing, independent foundation, individual footing, isolated footing, isolated foundation, pad foundation, separate footing, single footing; foundation block; column footing *(unterer Teil der Säule)*; footing *(eines Gebäudes)*
Einzelheit *f* detail • **in allen Einzelheiten vollendet** *(Arch)* elaborate
Einzellast *f* individual load, point load, single load; concentrated load
Einziehdraht *m (El)* snake
einzügig single-flue *(Schornstein)*
Einzugsgebiet *n (Wsb)* drain district, drainage area *(eines Flusses)* encatchment area, feeding ground, catchment area, gathering ground *(von Wasser)*
Eiprofil *n* oval-shaped sewer pipe, egg-shaped profile
Eisbeton *m* ice concrete
Eisdruck *m* ice pressure
Eisenartikel *m* ferrous article, iron article
Eisenbahn *f* railway, *(AE)* railroad
Eisenbahnbau *m* railway construction, railway engineering, *(AE)* railroad construction
Eisenbahnbrücke *f* railway bridge, *(AE)* railroad bridge
Eisenbahnoberbau *m* railway superstructure; permanent way
Eisenbahnüberführung *f* fly-over junction, fly-over, *(AE)* overpass; railway overbridge *(Straße)*
Eisenbahnunterführung *f* fly-under junction, fly-under; railway underbridge, subway *(Straße)*; *(AE)* railroad underpass, underpass
Eisenbeschläge *mpl* ironware
Eisenbeton *m* ferro-concrete, armoured concrete *(veraltet)*; reinforced concrete, steel concrete
Eisenbiegen *n* adapting of ironwork, adapting of the ironwork, bar bending *(für Stahlbewehrung)*

Eisenbiegeplatz 324

Eisenbiegeplatz m steel bending yard
Eisenblech n sheet iron
Eisenerzzement m iron-ore cement
Eisenflechter m rod fixer, steel fixer
Eisenholz n iron wood
Eisenkonstruktion f ironwork
Eisenportlandzement m iron Portland cement, Portland blast-furnace cement, metallurgical cement, ferruginous cement
Eisenposition f bar mark *(Stahlliste)*
Eisenquerschnitt m iron cross section
Eisenschlackenstein m breeze brick, scoria brick
Eisenspundbohle f iron sheetpile
Eisenträger m iron girder, iron beam
Eisenwaren fpl hardware, ironmongery
Eislast f ice load
elastisch elastic, flexible, resilient; springy *(federnd)*; supple *(z. B. Material)*
Elastizität f elasticity, flexibility; resilience, springiness *(Federkraft)*
Elastizitätsbereich m range of elasticity
Elastizitätsgrenze f limit of elasticity, elastic limit, elastic-plastic boundary, elasticity limit; load at elastic limit; yielding point *(metallische Baustoffe)*
Elastizitätsmodul m modulus of elasticity, elastic modulus, elasticity modulus; elongation modulus; coefficient of elasticity *(von Baustoffen)*; incompressibility modulus, stress modulus, resilient modulus, RM; Young's modulus
Elastizitätstheorie f/**ebene** *(Stat)* planar theory of elasticity
Elastomer n elastomer
Elastomerlager n elastomer support
Elastoplatte f *(Verk)* resilient sleeper pad
Elektro... electrical ...
Elektroanlage f electrical installation, electrical system
Elektroenergieversorgungsnetz n *(El)* power supply system
Elektrofußbodenheizung f electric heating ceiling
Elektroinstallation f electrical installation
Elektroleitungsmast m *(El)* transmission post
Elektroosmoseentwässerung f electrical drainage *(von Mauerwerk)*
Elektrophosphatierung f electrophosphating *(Korrosionsschutz)*
Element n 1. member *(Konstruktionsele-*

ment); 2. unit, part *(Bausteinelement)*; 3. element *(meist chemisch)*; 4. *(El)* chemical cell; 5. item *(statistische Qualitätskontrolle)*
Elementartragwerk n elementary bearing structure, elementary structure
Elementbauweise f prefabricated construction method
Elevator m paternoster, paternoster lift, *(AE)* elevator
Ellipsen... elliptical ...
Ellipsenbogen m multicentred arch, oval arch, elliptical arch
Ellipsendach n elliptical roof
Ellipsengewölbe n elliptical vault
Eloxieren n anodic oxidation *(bei Aluminium)*
Elutionsanalyse f elution analysis *(von Baustoffen)*
Emaillackfarbe f enamel paint
Emission f emission, polluting matter *(Straße, Fabrikanlagen)*
Emissionsquelle f emission source, pollution emitter
Emissionsstandard m emission standard *(Schall, Abluft)*
emittieren v emit
E-Modul m modulus of elasticity, elastic modulus; coefficient of elasticity *(von Baustoffen)*; stress modulus; elongation modulus; Young's modulus
Empfangsraum m 1. drawing room *(z. B. in einem Herrenhaus)*; 2. promotional lounge *(bei Ausstellungen)*; 3. sellaria, sellary *(Sitzhalle)*
Empire-Stil m *(Arch)* Imperial Style
empirisch empirical
Empore f *(Arch)* gallery, rood-loft, choir loft
Emscherbrunnen m Emscher tank, Imhoff tank *(Abwasser)*
Emulsion f emulsion • **Emulsionen zerstören** demulsify
Emulsionsbindemittel n emulsion binder
End... *(Verk)* terminal ... *(auch für Leitungen)*; ultimate ...; final ...
Endabdeckung f *(Umw)* final cover
Endabnahme f final inspection
Endanstrich m final coat of paint
Endauflagerung f end bearing
Enddiagonale f end diagonal *(Stahlbau)*
Ende n end • **mit den Enden nach vorn [oben]** endwise, endways • **zu den**

Enden endways, endwise • **zu Ende bringen** end • **zu Ende gehen** run out of
Endeinspannung f end fixing *(Balken)*
Endfeldmoment n moment in the end span
Endfertigstellung f final completion
Endlager n **für radioaktive Abfälle** repository
Endlagerung f *(Umw)* final storage, ultimate storage; burial *(z. B. von radioaktiven Abfällen)*
Endmoment n *(Stat)* end moment
Endpfeiler m end pier *(Brücke)*
Endpfette f end rafter
Endpunktverdichtung f end block *(eines tragenden Elements)*
Endsparren m barge couple, barge rafter
Endverankerung f end anchorage *(Spannglied)*
Endverschluss m 1. end seal, sealing end; blank cap; 2. *(El)* termination
Endvorspannkraft f final prestress, final prestressing force, final stress
Energie f energy • **mit Energie füllen** energize
Energiebedarf m energy requirement, power demand, power requirement
Energierückgewinnung f energy recovery
Energietechnik f *(Umw)* energy technology
Energieversorgung f energy supply, power supply
Energieversorgungssystem n electric distribution system, *(AE)* power system
Energiezufuhr f energy supply
eng narrow, close *(Raum, Toleranz usw.)*; intimate *(Kontakt)*; stout *(gedrungen)*
Engobe f engobe *(z. B. für Dachziegel)*; slip *(dünner Glanzüberzug)* • **Engobe aufstreichen** engobe • **mit Engobe überziehen** slip *(z. B. Dachziegel)*
Engobeton m coating clay
Entdröhnung f antidrumming treatment, sound-deadening treatment
Entdröhnungsmasse f sound-deadening composition
Enteignung f expropriation, *(AE)* eviction *(gerichtlich verfügt)*; *(AE)* condemnation *(von Land)*
Enteignungsverfahren n expropriating proceedings

Enteisenung f 1. iron elimination, iron removal *(Wasser)*; 2. *(Umw)* deferrization
Entfernen n 1. removal, removing; 2. *(Bod)* easing *(z. B. von Material)*; 3. clearing *(z. B. von Erdmassen)*
Entfernung f 1. distance, way; 2. removal • **die Entfernung bestimmen** range • **eine Entfernung abschreiten** pace a distance
entfetten v degrease
entfeuchten v dehumidify *(z. B. Luft)*
entflammbar flammable, inflammable
entflammbar/nicht non-flammable, flame-proof
Entflammbarkeitsprüfung f inflammable test, flammability test, *(AE)* burning-brand test
entformen v demould, dismantle
Entgraten n deburring, burring; regrating *(behauener Stein)*
Enthärten n softening *(Wasser)*
Entladebunker m unloading hopper
Entladefläche f unloading area
entladen v unload, dump
entlasten v 1. *(Stat)* ease, relieve; 2. lighten, unload *(Lasten, Massen)*; 3. acquit *(Aufgaben, Pflichten)*; 4. eject *(Personal)*
entlastet *(Stat)* balanced, relieved; unloaded; relaxed *(entspannt, erschlafft)*; acquitted
Entlastung f *(Stat)* relief, easing; reduction of load, relief of load
Entlastungsbogen m discharging arch, relieving arch, rough arch, safety arch *(Mauerwerk)*; reversed arch
Entlastungsgewölbe n discharging vault, relieving vault
Entlastungsstraße f *(Verk)* relief road, bypass road, auxiliary
entleeren v 1. dump, empty *(Massen usw.)*; drain, discharge, empty *(Gefäße)*
Entleerungshahn m drain cock, emptying cock
Entleerungsleitung f dewatering conduit
entlüften v 1. remove foul air, vent, ventilate; 2. de-aerate *(z. B. Heizung)*; 3. de-air *(mittels Vakuum)*
Entlüftung f extract ventilation, ventilation, exhaust, up-take ventilator, airing; de-aeration *(Heizung)*; de-airing *(mittels Vakuum)*
Entlüftungshahn m *(HLK)* air cock, air

Entlüftungsklappe

eliminator, air relief cock, bleeder, purge valve, release valve; pet cock *(Heizung)*

Entlüftungsklappe f *(HLK)* relief damper, relief opening

Entlüftungsleitung f fixture vent *(vom Abwassersystem)*

Entlüftungsöffnung f vent, ventiduct, ventilation opening, vitiated air opening, edge vent

Entlüftungsrohrkanal m vent duct

entmischen v segregate, separate, separate out *(Stoffgemische)*; settle *(Anstriche, Farbe)*; demulsify *(Emulsionen)*

Entmischung f 1. separation, mixture separation, unmixing, differentiation *(Baustoffgemische und -gemenge, Betone usw.)*; 2. segregation *(Beton)*; 3. exsolution *(Lösungen)*

Entnahme f 1. take-off, withdrawal; 2. recovery *(für Rückgewinnung)*; 3. draw-off *(z. B. von Heizwasser)*

Entnahmestelle f *(Erdb)* excavation site, tapping point

entnehmen v/Proben sample

Entrosten n derusting, rust removal

Entsalzung f desalting, demineralization, desalinization

Entschädigungszahlung f payment of compensation, compensation *(temporäre Landnutzung)*

entschalen v demould, dismantle, remove forms, release, strike formwork, strike shutters; strip *(Beton)*

Entschalungsarbeiten fpl demoulding work

Entschalungsmittel n demoulding agent, forms agent, forms sealer, shuttering agent

Entschlammen n sludging, desilting

entsorgen v dispose of *(Abfälle)*

Entsorgung f *(Umw)* waste disposal, disposal

entspannen v 1. destress, unstress, stress-relive; 2. detension, untension *(Spannbeton)*; 3. relax *(Spannbetonbewehrung, Tragekonstruktion, Tragschicht)*; 4. *(Stat)* relieve, stress-relieve; 5. slacken *(Seil)*; 6. rubbelize *(Schichten durch Aufbrechen)*; 7. untension *(Feder)*

entspannt neutral, stress-relieved; relaxed; slack

Entspannung f 1. reduction of tension, destressing; 2. decompression *(von Gasen)*; 3. relaxation *(Tragschicht, Tragekonstruktion)*; 4. release from tension *(Spannbeton)*

entsprechen v meet *(Forderungen, Standards)*

Entstaubung f dedusting, extraction of dust

Enttrümmerung f rubble removal, *(AE)* rubbish removal

ent- und bewässern v meliorate

entwässern v 1. dewater, remove of water, unwater; 2. drain *(Boden)*; 3. sewer *(mittels Abwassersystem)*; 4. dry *(durch Trocknen)*; 5. dehydrate, desiccate *(Baustoffmaterialien)*

Entwässerung f 1. *(Erdb)* dewatering, unwatering; 2. sewering, sewerage *(mittels Abwassersystem)*; 3. drain, drainage, draining, reclamation *(Boden, Land)*; 4. dehydration, desiccation *(Baustoffmaterialien)*

Entwässerungsanlage f *(Bod)* dewatering system; drainage plant

Entwässerungsgraben m open drain, drain, drain ditch, drainage ditch, drainage trench, field drain, catch drain

Entwässerungskanal m 1. drainage canal, drainage duct; 2. *(Verk)* long culvert

Entwässerungsleistungsgröße f *(San)* fixture unit *(in Liter pro Sekunde)*

Entwässerungsleitung f discharge line, drain line, drain pipe, drainage piping, sanitary sewer

Entwässerungsrinnen fpl draining channel

Entwässerungsschacht m drainage shaft, ladder wall

Entwässerungssystem n drainage system, building-drainage system

entwerfen v 1. design, plan, project, construct, work out *(konstruktiv entwerfen)*; 2. sketch, outline *(in großen Zügen)*; 3. plan, work out, map out, prepare *(Programm, Bauablauf)*; 4. design, style, model *(gestalterisch)*; 5. lay out, plan *(Garten, Landschaftsbau)*; 6. draft, make a draft of, draft up *(Vertrag, Rede usw.)*; 7. draw, trace out *(zeichnen)*

entwickeln v model; develop *(Verfahren, Technologien)*; open up *(Gelände)*

Entwurf m 1. design, plan, project *(konstruktiv)*; 2. sketch, outline *(skizzenartig)*; 3. design, model *(gestalterisch)*; 4.

Entwurf *m* **baulicher** structural design
Entwurfsdaten *pl* design data
Entwurfsingenieur *m* design engineer, project engineer, project manager
Entwurfslösung *f* planning conception, design scheme
Entwurfsverfahren *n* method of design
Entwurfsverfasser *m* designer, layout man
Entwurfszeichnung *f* design drawing, preliminary drawing, *(AE)* draft
Entzug *m* 1. removal, withdrawal, extraction; 2. abstraction *(z. B. Wärme)*
entzündbar flammable, inflammable, ignitable
entzünden *v* ignite, inflame
Entzundern *n* scaling
Epoxidharz *n* epoxy resin
Epoxidharzanstrichstoff *m* epoxy coating, epoxy paint
Epoxidharzmörtel *m* epoxy resin mortar, plastic mortar
Erbau *m* building, constructing *(Baurecht)*
erbauen *v* erect *(errichten)*; build, raise a building *(ein Gebäude)*
Erbauer *m* builder
erbaut built; planted
Erbbaurecht *n* lease
Erd... earthy ...; terrestrial ..., soil ..., ground ...
Erdabdeckung *f* earth covering *(Leitungen)*
Erdanker *m* earth anchor, ground anchor, land tie, deadman
Erdarbeiten *fpl* moving of earth, moving of soil, earth movement, earth moving, earthwork, groundwork, navvying
Erdaufschüttung *f* earth fill, bank, mound
Erdaushub *m* *(Erdb)* excavated earth, excavation of earth, excavation
Erdbau *m* 1. *(Erdb)* earthwork, earthwork construction; 2. *(Verk, Wsb)* embankment, groundworks; 3. soil engineering *(Baufach, Ingenieurwissenschaft)*
Erdbebenbelastung *f* earthquake load, seismic load, lateral load
Erdbebenbemessung *f* seismic design
erdbebenfest quake-proof
Erdbebenkräfte *fpl* earthquake forces
erdbebensicher quake-proof
Erdbewegung *f* earth moving, earthmoving, earthmoving work, moving of earth, earth displacement, shifting of earth, moving of soil, soil shifting, soil transport, dirt moving; normal haul *(Leistungsposition, eingeschlossen im Bauangebot)*
Erdbewegungsmaschine *f* earth moving machine
Erdbohrer *m* 1. earth borer, earth drill; earth auger *(meist über 200 mm Durchmesser)*; churn drill, ground auger, helical auger, screw auger; 2. gouge bit *(Bergbau)*; 3. auger drill *(Gestein)*; 4. miser *(für Erkundungsbohrungen)*
Erddamm *m* 1. earth bank, earth dam, earth fill dam; 2. *(Verk, Wsb)* embankment
Erddruck *m* soil pressure, soil strain, *(AE)* earth load; earth pressure, thrust of the ground *(horizontal)*
Erddruckbeiwert *m (Erdb)* coefficient of earth pressure
Erddruckberechnung *f* calculation of earth pressure, soil pressure calculation
Erde *f* 1. earth, soil; ground; 2. *(El)* earth, *(AE)* ground • **an Erde legen** *(El)* earth, connect to earth, *(AE)* ground • **gegen Erde kurzschließen** *(El)* short to earth • **in die Erde verlegen** *(für Leitungen)* • **über der Erde** overground • **über der Erde befindlich** superterranean, superterrene • **über Erde** above ground level
erdfeucht earth-moist, naturally moist; harsh *(Beton)*
Erdgeschoss *n* ground floor, rez-de-chaussée, *(AE)* first floor • **im Erdgeschoss** on the ground floor
Erdgeschossplan *m* ground-floor plan, *(AE)* first-floor plan
Erdkabel *n* 1. buried cable; 2. *(El)* subterranean cable, underground cable
Erdkörper *m* earth body, earth dam embankment, soil material; *(AE)* agger *(einer Straße in ebenem Gelände)*
Erdleitung *f (El)* earth connection
Erdmassenermittlung *f* measurement of earthworks, quantification of earthworks, bank measure
Erdplanum *n* earth subgrade, soil subgrade, subgrade
Erdrutsch *m* landslide, landslip, landfall, slip

Erdschicht

Erdschicht f layer of the earth, stratum

Erdschluss m (El) contact to earth, earth fault, earth-leakage fault, short circuit to earth

Erdschlussschutzsystem n (El) leakage protective system

Erdstoff m earth, soil • **Erdstoff abbauen** break ground

Erdstoffauftrag m soil filling-up

Erdstoffaushub m excavation of earth, soil excavation

Erdstoffklassifizierung f soil classification

Erdung f (El) earth connection, earthing, (AE) grounding

Erdungsanlage f (El) earthing system, (AE) grounding system

Erdungsleiter m (El) earthing conductor

Erdungsplatte f (El) earthing plate, earth plate, ground plate

Erdverkabelung f (El) underground cabling, underground laying

erdverlegt buried, underground

Erdwärmeheizung f geothermal water heating, geothermal water heating system

Erdwiderstand m (El) earth resistance, ground resistance (Erdung)

Erfordernisse npl/**statische** static requirements

Erfüllung f 1. execution (von Bauarbeiten); 2. compliance (z. B. von Bauvorschriften); 3. fulfillment, accomplishment, performance (Aufgaben); 4. fulfillment, performance (Vertrag)

Ergänzungsbauten mpl supplementary structures

Ergänzungswinkel m complementary angle

Ergänzungszeichnung f supplementary drawing

Ergiebigkeit f milage, spreading power, coverage, spreading power, spreading rate (eines Anstrichs, Farbmenge pro Flächeneinheit); yield (Kalk, Zement, Farbe)

erhaben elevated, convex, raised, grand

Erhaltung f 1. maintenance, upkeep, preservation (bauliche Anlagen); 2. conservation (z. B. von Kulturbauten)

Erhaltungskosten pl upkeep costs

Erhaltungsmaßnahmen fpl maintenance procedures

Erhaltungsplanung f pavement management (planning)

erhärten v 1. harden (z. B. Farben, Mörtel, Beton); 2. season (Beton); 3. set, solidify (z. B. Zement); 4. (Bod) lithify, indurate; 5. freeze (Schmelze)

Erhärten n set, setting-up (z. B. von Zement); hardening (Beton)

Erhärtung f 1. hardening, seasoning (Beton); 2. (Bod) induration; 3. set-up, solidifying (Zement, Bindemittel)

Erhärtungsbeschleunigung f acceleration of hardening, hardening acceleration

Erhärtungsprozess m hardening process, induration process, process of hardening

Erhärtungszeit f final setting time (Bindemittel); hardening time (Beton)

erheben v/**sich** rise (z. B. Gelände, Bauwerk); upheave (Boden, Baugrund)

Erhebung f elevation; high light (Oberflächenmikroprofil); rise, uphill (im Gelände)

Erhebungswinkel m elevation angle

erhöhen v 1. raise, heighten (z. B. eine Mauer); 2. increase (Größe, Wert); 3. elevate (Flächen, auch Temperaturen); 4. raise, increase, set up (Produktion); 5. upgrade, enhance (steigern)

Erhöhung f 1. raise, raised part (Gelände, Bebauungsgebiet); 2. elevation (Gelände, auch Temperatur); 3. prominence (Erhabenheit, Vorsprung); 4. raising, increase, elevation, rise, enhancement (Vorgang)

Erholungsanlage f recreational facility

Erker m oriel, bay window, bow window, bay, jutty

Erkerfenster n oriel window, bay window, bow window, cant-bay window, jutty window

Erkundungsarbeiten fpl exploration work, exploratory work (Baugrund)

erlauben v permit, allow, approve (Baurecht)

Erlaubnis f approval

Erläuterungsbericht m explanatory report (z. B. zu Bauunterlagen)

Erlenholz n alder wood

Ermächtigung f authorization (z. B. zur Bauabnahme)

ermitteln v determine, evaluate

ermitteln v/**Erdmassen** calculate the earthwork
Ermittlung f/**rechnerische** (Stat) mathematical calculation
Ermittlungsverfahren n/**empirisches** trial-and-error-method
Ermüdung f fatigue (von Material)
Ermüdungsbruch m fatigue break, fatigue failure, fatigue fracture, fatigue rupture
Ermüdungsgrenze f fatigue limit, limit of endurance (Dauerbeanspruchung)
Ermüdungsriss m fatigue crack, endurance crack
Ermüdungsversagen n fatigue failure
erneuerbar renewable
erneuern v renew, renovate; replace (austauschen)
Erneuerung f renewal, renovation, restoration, redevelopment
Erneuerungsarbeiten fpl renewal work
Erosion f erosion
erosionsbeständig erosion-resistant
Erosionskorrosion f erosion attack, erosion corrosion
Erosionsschutz m erosion protection
Erprobungsergebnisse npl performance data (Baustoffe); service data
erreichbar accessible (z. B. Bauteile, Gebäudeflächen)
errichten v 1. erect, construct, build, engineer, rear (Gebäude, Brücke, Bauwerk); 2. build up, raise, plant (z. B. Anlagen, Montagebauwerke); 3. set up, mount (z. B. ein Gerüst); 4. install (Leitungen); 5. practise (herstellen); 6. edify (Großelemente); pitch (aufstellen, z. B. Zeltkonstruktionen)
Errichtung f 1. erection, construction, building (Gebäude, Brücke, Bauwerk); 2. establishment (einer Fabrik)
Ersatz m replacement, substitute, surrogate, (AE) standby
Ersatzbalkenverfahren n (Bod) equivalent beam method
Ersatzgenerator m stand-by generator
Ersatzlast f 1. equivalent load; 2. (Bod) replacement load
Ersatzstab m fictitious bar, transformation member
erschlaffen v 1. go slack (Bewehrung); 2. relax (Spannbetonbewehrung, Tragekonstruktion, Tragschicht); 3. slacken (z. B. Seile); 4. get loose (Spannung)
erschlafft relaxed
Erschließung f development (Bauland)
Erschließungskosten pl land development fees
Erschließungsplan m development plan
erschlossen/nicht undeveloped (Bauland)
Erschütterungsdämpfung f oscillation damping
Erschütterungsnachweis m oscillation check
Ersetzen n replacement, substitution
erstarren v 1. set, set up (z. B. Zement, Bindemittel); 2. freeze (Schmelze); 3. solidify (verfestigen); 4. gel (verdicken, eindicken)
Erstarrungsdauer f time of initial set (hydraulisch gebundene Baustoffe)
Erstarrungszeit f setting time, time of initial set (hydraulisch gebundene Baustoffe)
erstrecken v/**sich** extend, range; reach (z. B. Baugebiet, Verkehrsanlagen); stretch (z. B. ein Gebiet) • **sich erstrecken auf** cover • **sich erstrecken über** extend over, span
Eruptivgestein n eruptive rock, magmatic rock, igneous rock, volcanic rock, lava flow
Erwärmen n warming, heating
Erweichungspunkt m softening point
erweitern v 1. enlarge (vergrößern, verlängern); 2. expand, extend (ausdehnen); 3. widen (aufweiden); 4. increase (steigern); 5. (Verk) widen, enlarge
Erweiterung f 1. enlargement (Vergrößerung); 2. expansion (Ausdehnung); 3. extension (eines Gebäudes); 4. widening (Aufweidung); 5. development (Ausbau)
Erweiterungsbau m extension building, extension, addition, annexe, (AE) annex
erzeugen v 1. manufacture, produce (Bauelemente); 2. generate (Energie, Dampf); 3. prepare (Mörtel, Beton, Asphaltmischgut)
Erzzement m Ferrari cement
Eschenholz n ash wood
E-Schweißen n electric welding
Espenholz n aspen wood
Estrade f (Arch) estrade, halfplace, dais, platform

Estrich

Estrich *m* floor screed, screed *(Baustoff)*; screed topping, screed flooring, floor pavement *(fertiger Belag)*

Estricharbeiten *fpl* floor screed work, screed work

Estrichfußboden *m* screed topping, seamless floor, seamless flooring

Estrichmörtel *m* screed mortar

Etage *f* storey, floor; tier *(Theater, Stadion)*; *(AE)* story

Etagenbau *m* multifloor building

Etagenhaus *n* block of flats, *(AE)* apartment house

Etagenheizung *f* individual central heating, single-storey heating system

Eurocode *m* Eurocode, EC

Euronorm *f* Euronorm

Evakuierungsaufzug *m* evacuation lift

Evolute *f* evolute

Evolventengeometrie *f* involutometry

exakt 1. accurate, exact; 2. *(Stat)* rigorous
• **exakt zusammenpassend** snugly fitting *(Montagebauteile)*

expandiert expanded

Experimentalbau *m* experimental building

Expertise *f* expertise

explosionsgeschützt explosion-proof

Explosionsramme *f* combustion rammer, internal combustion rammer, frog rammer

exponieren *v* expose *(einer Einwirkung)*

extrahiert extracted

Extrakosten *pl* surcharge

Extremwert *m* 1. extreme value *(mathematisch)*; 2. *(El)* peak value, crest value

extrudieren *v* extrude *(Kunststoffe)*

F

Fabrikanlage *f* manufacturing plant, plant

Fabrikgebäude *n* factory building, industrial building, factory block, industrial block

fabrikgefertigt factory-made; ready-made *(z. B. Anstriche, Einbauteile)*; precast *(Betonteile)*

facettiert *(Arch)* with facets

Fach *n* 1. bay *(Balkenfeld)*; 2. coffer *(einer Decke)*; 3. pigeonhole *(Post)* • **in Fächer abteilen** box off • **in Fächer teilen** box off • **mit Fächern versehen** shelve

Facharbeiter *m* craftsman, skilled worker, trained workman

fächerartig 1. fan-shaped, fanlike; 2. *(Arch)* flabelliform *(Ornament)*

fachgerecht workmanlike

Fachwand *f* panel wall

Fachwandriegel *m* rail of a framework

Fachwerk *n* framework, lattice, latticework, truss, framing, frame, square-framed work, skeleton; panelling *(Tischlerarbeit)*; structural framework, skeleton framing *(Tragwerk)*; timber framing *(Holz)*; timbered building *(Gebäude)*

Fachwerkbau *m* framework construction, timber building, timber-frame construction, timber-framed construction, wood-frame construction, frame house

Fachwerkberechnung *f* framework calculation

Fachwerkbinder *m* lattice truss, open-web girder, braced beam, framed beam, roof frame; truss girder, trussed girder, truss *(Träger)*

Fachwerkbogen *m* lattice arch, arch in trellis work, trelliswork arch, truss arch, trussed arch

Fachwerkhaus *n* timber framework building, framework house, frame house, half-timbered house, timber-framed building, timber-framed house

Fachwerkkonstruktion *f* truss structure, truss system

Fachwerkrahmen *m* trussed frame

Fachwerkträger *m* trussed beam, trussed girder, truss girder, braced beam, frame girder, triangulated girder

Fachwerkwand *f* frame wall, stud wall

Fahrbahn *f* *(Verk)* carriageway *(mit Hilfsfahrstreifen)*; roadway *(auch auf Brücken)*; travelled way *(ohne Hilfsfahrstreifen)*; *(AE)* roadway, pavement *(Straße)*; lane *(Fahrspur)*; runway *(Kran)*
• **die Fahrbahn aufhängen** suspend the roadway

Fahrbahnaufbau *m* pavement construction, pavement structure

Fahrbahnbelag *m* carriageway surfacing

Fahrbahnplatte *f* carriageway slab, paving slab, top slab *(Straße)*; bridge deck, deck slab, floor plate *(Brücke)*

fahrbar movable; travelling; mobile *(z. B. Werkstatt)*

Fährbrücke f ferry bridge, aerial ferry, trail bridge, trail ferry
Fahrgerüst n tower scaffold
Fahrkorb m lift cage, lift car, cage *(eines Aufzugs)*; *(AE)* car
Fahrlader m tractor shovel
Fahrleitung f overhead conductor line, conductor line, traction line
Fahrleitungsmast m traction line pole, traction pole, catenary support; tram tower
Fahrmischer m 1. agitating lorry, truck mixer, inclined-axis mixer, *(AE)* agitating truck; concrete mixer on truck *(Wagen und Mischer als feste Einheit)*; 2. *(Verk)* paving mixer *(Straßenbau)*; truck agitator *(für Transportbeton)*
Fahrspur f *(Verk)* traffic lane, lane *(Straße)*, rut *(Fahrzeugeindrückspur)*
Fahrstuhl m lift, *(AE)* elevator
Fahrtreppe f moving staircase, moving stairway, motorstair, *(AE)* escalator
Faktor m/**ökologischer** ecological factor
Fakultät f **für Architektur und Bauwesen** Department of Architecture, Civil Engineering and Building Construction
Fakultätsgebäude n department block, department building
Fallbär m drop hammer, fall hammer, falling weight, tup, monkey *(einer Pfahlramme)*
Fallbirne f demolition ball, drop ball, breaking ball, skull cracker, wrecking ball, *(AE)* ball breaker
Falle f pitfall, trap, latch bolt *(Schloss)*
fallen v 1. decrease *(Abfallen)*; 2. decline, descend *(senken, abfallen, z. B. Messwerte, Kurven, Böschungen)*; 3. drop *(z. B. Temperaturen, Druck)*; 4. fall *(Körper)*
Fällen n cut, *(AE)* cutting *(von Holz, Bäume)*
Fallenriegel m drop latches
Fallhammer m 1. *(Erdb)* pile driver, pile hammer, tup *(Pfahlgründung)*; 2. compaction rammer *(Marshall-Verdichtungstest, Proctortest)*
Fallleitung f *(San)* fall pipe, rising main *(Abwasser)*
Fallplatte f falling weight delectometer
Fallrohr n 1. fall pipe, downpipe, gutter pipe, rain pipe, rainwater pipe, *(AE)* rain leader *(Ableitung vom Dach)*; 2. *(San)* waste pipe, drain pipe, drain spout, spout pipe *(Abwasser)*; soil pipe *(Fäkalien)*
Fallrohre npl falls, rainwater goods *(Einzelrohre)*
Falltür f trap door, scuttle, hatch
Fällungsbecken n coagulation tank *(Abwasser)*
Faltdach n folded-plate roof, multipitch roof
Faltschiebetür f folding sliding door, sliding folding door, multifolding door
Falttrennwand f folding partition wall, folding partition, accordion partition
Faltwand f folding partition wall, folding partition, accordion partition
Faltwerk n folded plate, hipped-plate construction, prismatic shell, prismatic shell structure, prismatic slab, prismatic slab structure, V-unit
Falz m 1. *(Hb)* rabbet, rebate; half groove *(halber Spund)*; 2. turn-up, bent-up, welt, seam, hem *(Blechbearbeitung; Metallplattenverkleidung)*; 3. welted seam *(Metalldach)*; 4. plough *(Kehle)*
falzen v 1. *(Hb)* rabbet, rebate; 2. bend, seam *(Blech)*; 3. welt *(Metalldach)*; 4. fold *(Papier)*
Falzfuge f rebated joint
Falzleiste f glazing bar *(kittlose Verglasung)*; welt *(Metalldach)*
Falzsaum m grooved seam
Fangdamm m *(WsB)* cofferdam, box dam, cross dike, batardeau
Fanggraben m 1. catch drain, trap trench; 2. road bump *(Fahrweg)*
Fangleitung f *(El)* arrester line *(Blitzschutz)*
Farbanstrich m paint coat, painting
Farbaufrollen n roller coating, roller painting
Farbaufstrich m paint coat
Farbauftrag m paint application, painting
Farbe f 1. colour *(physikalisch)*; 2. dye, ink *(Färben; Auftragfarbe für Drucken usw.)*; 3. paint, distemper *(für Wände, Decken)*; 4. stain *(für Holz, Glas)*; 5. pigment *(Farbkörper)* • **die Farbe wechseln** change colour • **Farben abstimmen** match colours • **ohne Farbe** plain
Farbglas n coloured glass, tinted glass
Farbmarkierung f colour coding
Farbmembrane f paint film
Farbspritzen n spray painting

Farbton

Farbton *m* 1. hue, shade, tone; 2. paint clay *(Stoff)*
Farmhaus *n* farmhouse, *(AE)* ranch house
Faschine *f (Wsb)* fascine, faggot, hurdle, wattle
Faschinenbau *m* fascine work, faggotting
Faschinenschutzwerk *n* wattlework
Faschinenverbau *m* faggotting
Faschinenwerk *n* fascine work
Fase *f* bevelled edge, bevelling, bevel, margin; chamfer *(mit 45°)*
Faser *f* 1. fibre, *(AE)* fiber; 2. grain *(Holz)* • **Fasern enthaltend** fibrated
Faserarmierung *f* fibre reinforcement
Faserbeton *m* fibrated concrete
Faserbewehrung *f* fibre reinforcement
Faserdämmplatte *f* fibre insulating board, insulating fibreboard
Faserdämmstoff *m* fibre insulating material, fibrous insulant
Faserglas *n* fibre glass
Faserplatte *f* fibre slab, fibreboard, wood fibreboard
Faserverbundbaustoff *m* fibrous composite
Fassade *f* façade, front face, frontage, frontal • **die Fassade erneuern** reface
Fassadenbogen *m* facing arch
Fassadenfarbe *f* house paint
Fassadengliederung *f* façade articulation, façade division
Fassadenverkleidung *f* façade lining
Faszie *f* fascia *(Bauglied an ionischen Säulen)*
Faulbecken *n (San)* digestion tank, septic tank; putrefaction basin *(Kläranlage)*
Fäulnis *f* 1. decomposition *(Verwesung)*; 2. rottenness, pocket rot, rot, dote *(z. B. von Holz)*; 3. *(San)* septicity, putrefaction *(Kläranlage)*
fäulnisbeständig 1. rotproof, antirot *(Holz)*; 2. *(San)* imputrescible, indigestible
Fäulnisverhütungsmittel *n* rot-proofing agent
Faulschlamm *m* 1. *(San, Umw)* digested sludge, digesting sludge, putrid mud, sapropel, sludge; 2. *(Wsb)* vegetable slim
Faulturm *m (Umw)* digestion tower
Feder *f* 1. *(Hb)* joint tongue, joint tringle, feather, key, match splint, tongue, spline *(Holzverbindung)*; 2. spring *(Zugfeder,* *Druckfeder)*; 3. nib *(Zeichenfeder, Schreibfeder)* • **mit Federn versehen** *(Hb)* feather
Feder f und Nut f tongue and groove
Federbolzen *m* spring bolt, cabinet lock, spring hanger pin
Federfuge *f (Hb)* feather joint
Federkraft *f* elasticity
federn *v* 1. be springy, be elastic, be resilient *(Unterlage)*; 2. *(Hb)* tongue; 3. spring *(abfedern)*
Feder-Nut-Verbindung *f (Hb)* groove joint, weakened-plane joint
Federverbindung *f* 1. plough-and-feathered joint, plough-and-tongue joint, spline joint *(Holz, Metall)*; 2. *(Hb)* tongue-and-groove joint, tongue joint, board and brace
Fehlboden *m* sound boarding, sound-boarded ceiling, dead floor
Fehler *m* 1. error, mistake, slip; 2. defect *(Funktion, Anlagen)*; 3. fault, failure, flaw *(z. B. eines Werkstoffs, z. B. Risse)*; 4. blemish *(in Holz- oder Marmoroberflächen)*; 5. non-conformance, lack *(der Ausführung, Material)*
fehlerfrei flawless; sound
Fehlkorn *n* misplaced size, outsize *(eines Gekörns, Zuschlagstoffes)*
Fehlspannungsschutzschalter *m (El)* voltage-operated earth-leakage
Fehlstellen *fpl* skips, *(AE)* bug holes *(z. B. in Holzoberflächen, Farbanstrichen usw.)* • **ohne Fehlstellen** void-free *(Schutzschicht)*
fein fine; slim
fein verteilt finely divided, dispersed, intimately disseminated
Feinabgleichen *n* fine levelling
Feinbeton *m* fine concrete, fine-grained concrete
Feinblech *n* sheet metal, tagger, thin sheet, true annealed sheet
Fein-Grob-Zuschlagstoffverhältnis *n* sand-coarse aggregate ratio
Feinheit *f* **nach Blaine** Blaine fineness
Feinkorn *n* fine aggregate, fine grain, screen fines, screen undersize grain
Feinmörtel *m* fine mortar
Feinnivellieren *n* fine levelling
Feinplanieren *n* fine grading, finish grade
Feinplanum *n* 1. *(Erdb)* final grade, *(AE)* grade; 2. *(Verk)* formation

Fernleitung

Feinputz *m* final coat plaster, fining coat, finish coat, plaster facing, skim coat, skin coat; plaster stuff *(Innenputz)*; set, setting coat *(Mehrlagenputz)*

Feinschleifen *n* lapping, fine grinding

Feinstkorn *n* finest grain, ultra-fine material *(Korngröße < 0,02 mm)*

Feinstoffe *mpl* fines, ultra-fine material *(< 0,02 mm)*

Feld *n* 1. field *(Landschaftsbau, El, Wissensgebiet)*; 2. bay *(Balkenfeld)*; 3. compartment *(Fachwerk, Gewölbe, Brücke)*; 4. span *(eines Balkens, Bogens, auch Brücke)*; 5. cell *(Tabelle)*; 6. panel *(Fachwerk, Ausfachung)*

Feld *n***/eingehängtes** suspended span *(Stahlbau)*

Feldbuch *n (Verm)* field book, field record

Felddaten *pl* field data

Feldlast *f* span load

Feldmoment *n (Stat)* moment in the span, moment of span, field moment

Feldprüfung *f* field test, field trail

Feldstein *m* fieldstone, cobblestone; erratic block, field stone *(als Baustein)*

Feldsteinmauerwerk *n* ordinary rubble masonry

Feldversuch *m* outdoor test, field test, field trail ■ **im Feldversuch geprüft** field-tested

Fels *m* 1. rock; 2. *(Bod)* solid rock

Felsanker *m* rock anchor

Felsanschnitt *m (Erdb)* shelf

Felsboden *m* bedrock, rock floor, lithosol

Felsböschung *f* rock slope

Felsgründung *f* foundation in rock

Felsmechanik *f* rock mechanics

Fender *m (Wsb)* fender

Fenn *n* fen

Fenster *n* window, light

Fensterabdichtstreifen *m* window deep draft, window gasket, *(AE)* draft bead

Fensteranordnung *f* arrangement of windows, fenestration

Fensteranschlag *m* 1. back fillet; 2. *(Hb)* rabbet, window rabbet

Fensteraussparung *f* window opening

Fensterband *n* 1. continuous light, ribbon windows, row of windows, strip windows; 2. window band, hinge plate, window hinge *(Beschlagteil)*

Fensterbank *m* window cill, window ledge, window seat, window sill, banquette

Fensterbau *m* window manufacture

Fensterbeschläge *mpl* window fittings, window hardware

Fensterblendrahmen *m* blind casing, window casing

Fensterbogen *m (Arch)* arch, window arch

Fensterbrüstung *f* window back, window breast, breast, window parapet, window sill, apron wall

Fensterelement *n* prefabricated window, window panel *(Montagebau)*

Fensterfläche *f* window area

Fensterflügel *m* leaf, window casement, casement, wing

Fenstergesims *n* plain moulding, window cornice

Fensterglas *n* window glass, flat glass, glass sheet, clear glass, soft glass, transparent glass

Fensterkämpfer *m* window transom

Fensterladen *m* window blind, window shutter, exterior shutter, shutter

Fensterleibung *f* window flanning, window reveal, scuncheon

Fensteröffnung *f* window opening, day

Fensterpfosten *m* monial, mullion

Fensterrahmen *m* casement frame, window frame, sash

Fensterreihe *f* window band, window tier

Fensterrose *f* 1. fanlight; 2. *(Arch)* traceried rose window, rose window *(gotisches Rundfenster)*

Fensterscheibe *f* window pane, windowlight; sash pane *(eines Schiebefensters)*

Fenstersims *m* plain moulding, window cornice

Fenstersturz *m* window lintel, lintel, window head, ancon; transom *(Holz, Stein)*

Fenstertür *f* casement door, glazed door, French door

Fensterverglasung *f* window glazing

Fensterzarge *f* window case, window embrasure, window trim; sash frame

Fernheizleitung *f* long-distance heating line, district heating line

Fernheizung *f* district heating

Fernheizwerk *n* district heating plant, heating station

Fernleitung *f* 1. pipeline *(Rohrleitung)*; 2.

Fernmeldeleitung   334

trunk line, *(AE)* long distance line *(Telefon)*; 3. *(El)* transmission line
Fernmeldeleitung *f* post office line, telecommunication line
Fernmessung *f (Verm)* telemetering
Fernverkehrsstraße *f* main road, major road, trunk road, arterial road, highway, *(AE)* high road
Fernwärmeversorgung *f* long-distance heat supply, municipal heating, district heat supply
Ferrarizement *m* Ferrari cement, iron-ore cement
Ferrozement *m* ferro-cement
fertig finished, complete, ready; prepared
fertig gestellt completed
Fertig... prefabricated ... *(Bauelemente)*; precast ... *(Beton)*
Fertigbauteil *n* prefabricated building unit, prefabricated compound unit
Fertigbauweise *f* prefabricated construction method
Fertigbeton *m* ready-mixed concrete, central-mixed concrete, central-mix concrete
Fertigdeckenelement *n* precast floor slab
Fertigelement *n* prefabricated component, prefabricated unit
fertigen *v* manufacture, fabricate, process
Fertiger *m (Verk)* finisher, asphalt paver, road finisher, road finishing machine
Fertighaus *n* factory-built house, prefabricated building, prefabricated house, ready-built house, unit built house, *(AE, sl)* prefab
Fertigputz *m* premix plaster
Fertigstellung *f* finishing, completion *(eines Bauwerks)*
Fertigstellungstermin *m* date of completion, date of substantial completion, completion date, substantial completion, time limit, time limit set for completion; target date *(geplant)*
Fertigteil *n* prefabricated building unit, prefabricated element, prefabricated unit, building component, unit; prefabricated concrete unit, precast concrete unit • **aus Fertigteilen gebaut** built by industrialized methods
Fertigteilbauweise *f* panel construction, prefabricated construction, prefabricated construction method, prefabrication, system building method; precast concrete construction, precast construction *(aus Betonfertigteilen)*
Fertigteilbetonplatte *f* prefabricated concrete slab
Fertigteiltafelbauweise *f* prefabricated panel construction, prefabricated construction
Fertigungsanstrich *m* fabrication primer, factory application, initial prefabrication primer, prefabrication primer, shop coat • **mit Fertigungsanstrich** factory-coated • **mit Fertigungsanstrich versehen** mill-primed
fest 1. *(Bod)* firm, solid, compact, compacted, hard; 2. stable, permanent *(Beständigkeit)*; 3. strong, sturdy *(widerstandsfähig, Stärke)*; 4. firm *(physikalisch)*; 5. fast, firmly attached *(gut befestigt)*; 6. rigid, fixed *(starr)*; 7. stable, stout *(mechanisch)*; 8. surfaced *(Straße)*; 9. tight, proof *(Dichtigkeit, auch Boden)*; 10. solid, tough *(kompakt, massiv)*; 11. immovable, permanent *(Einrichtungen, Ausrüstungen)*; 12. resistant, proof *(widerstandsfähig, z. B. gegen Chemikalien)*

fest eingebaut permanently fixed, permanently built-in, permanently mounted, permanently installed, permanently attached
fest verlegt permanent; permanently imbedded, permanently placed *(z. B. Kabel)*
fest werden *v* 1. firm, bind, gel *(z. B. Bindemittel, Baustoffe)*; 2. *(Bod)* consolidate; 3. harden *(z. B. Farben)*; 4. set *(z. B. Zement)*
Festangebot *n* firm offer
Festbeton *m* hardened concrete
Festigkeit *f* 1. strength *(Material)*; 2. resistance, resistivity *(Widerstandsfähigkeit)*; 3. steadiness, firmness, stability *(Stabilität)*; 4. fastness *(Farbenhaltbarkeit)*; 5. sturdiness, tenacity *(Beständigkeit)*; 6. staunchness *(z. B. eines Fundaments, einer tragenden Wand)*
Festigkeitsanforderung *f* strength requirement
Festigkeitsgrad *m* degree of fastness, fastness degree; degree of resistance; degree of strength, strength class, strength grade
Festigkeitslehre *f* mechanics of materi-

Festigkeitsnachweis *m* strength checking

Festigkeitsprüfung *f* strength test

Festigkeitsverlust *m* loss in strength, reduction in strength, strength loss; age softening *(infolge Alterns)*

Festigkeitswert *m* strength value

festklemmen *v* 1. clamp, clip, jam, lock in position, lock; 2. bolt *(mit Bolzen)*; 3. jam *(verklemmen)*; 4. choke *(verkeilen)*; 5. immobilize *(blockieren)*

festlegen *v* 1. locate, set up *(Standorte, Trassen usw.)*; 2. lay down, set up *(Regeln, Pläne, Grundsätze)*; 3. determine, fix, define, delimit *(Grundstücksgrenzen, Flächengrenzen)*; 4. establish *(Vorschriften, Auflagen)*; 5. assign *(z. B. Aufgaben, Termine)*; 6. specify *(präzisieren, genau festlegen)*; 7. commit *(Verpflichtung, Bindung)*

Festlegung *f* **von Bedingungen** stipulation of conditions *(Bauvertrag)*

Feston *n (Arch)* festoon, garland *(Schmuckelement, Ornament)*; swag *(Schmuckelement der Renaissance)*

Festpunkt *m (Verm)* fixed datum, datum, fixed point, benchmark, observation point; fiducial mark, fiducial point *(am Vermessungsgerät)*; station *(im Bauabschnitt)*

Festpunktnetz *n (Verm)* observation grid

feststehend fixed, static, stationary

feststellen *v* 1. lock, lock in position *(Schließeinrichtungen, Verankerungen usw.)*; 2. establish, determine *(mathematisch)*; 3. assess *(Schaden)*; 4. realize *(erkennen)*; 5. verify *(nachweisen)*; 6. state *(festhalten, bemerken)*

Festverglasung *f* fixed glazing

Festwerden *n* 1. set *(z. B. von Zement)*; 2. solidification *(z. B. von Erdstoffen, Bindebaustoffen)*

festziehen *v* drive home; tighten *(Montageverbindung)*

fett 1. long oil *(Anstrich)*; 2. fat *(Mörtel, Beton, Ton)*; rich *(z. B. Beton)*

Fettabscheider *m (Umw)* grease trap, skimming tank *(Abwasserbehandlung)*

Fettkalk *m* fat lime, high-calcium lime, rich lime

Fettmörtel *m* fat mortar, rich mortar

feucht 1. moist, damp *(Boden, Beton, Farbe)*; 2. wet *(Klima, Oberflächen)*; 3. humid *(Luft)*; 4. soggy *(sumpfig)*; 5. green *(Keramikrohling)*; 6. wettish *(benetzt)*
• **feucht werden** moisten, dampen, grow damp

Feuchte *f* moisture, dampness *(Baustoffe, Boden)*; humidity *(Luft)*

feuchtebeständig humidity-resistant

Feuchtgebiet *n* wetland

Feuchtigkeit *f* moisture, damp, dampness *(Boden, Baustoffe, Farbe)*; humidity *(Luft)*; wetness *(Oberflächen)*
• **durch Feuchtigkeit härtend** moisture-curing • **Feuchtigkeit entziehen** dehumidify *(z. B. Luft)* • **mit Feuchtigkeit beschlagen** become covered with moisture • **mit Feuchtigkeit gesättigt** moisture-laden • **mit Feuchtigkeit nachbehandeln** moist-cure

Feuchtigkeitsabdichtung *f* moisture proofing, weatherproofing, vapour barrier, *(AE)* vapor barrier *(an Bauwerken)*

feuchtigkeitsbeständig proof to moisture, resistant to moisture, dampproof *(Wasser)*; humidity-resistant *(Luftfeuchte)*

Feuchtigkeitsdichtungsarbeiten *fpl* moisture proofing

feuchtigkeitsempfindlich sensitive to moisture, susceptible to moisture *(Wasser)*; hygroscopic *(Luftfeuchtigkeit)*

Feuchtigkeitsgehalt *m* moisture percentage *(Baustoffe, Boden)*; humidity content *(Luft)*

Feuchtigkeitsschaden *m* damage due to humidity

Feuchtigkeitsschutz *m* moisture proofing, protection against moisture, dampproofing *(an Bauwerken gegen Wasser)*; humidity protection *(gegen Schwitzfeuchtigkeit und Luftfeuchtigkeit)*

Feuchtigkeitssperre *f* moisture barrier, moisture seal *(gegen Wasser)*; humidity seal, humidity stop, vapour barrier *(gegen Dampf- und Luftfeuchte)*

Feuchtraum *m* damp room, wet room; humid room

Feuchtraumleuchte *f* dampproof lighting fixture, humid room luminaire

Feueralarmanlage

Feueralarmanlage f fire-alarm system, fire-detection system
feuerbeständig fire-proof, fire-resistant, resistant to fire *(Baumaterial)*
Feuerdecke f fire blanket
feuerfest fire-proof; refractory *(keramische Stoffe)*; resistant to fire *(Baumaterial)*
Feuerfestbeton m castable refractory concrete, heat-resistant concrete, refractory concrete
Feuergefahr f danger of fire, fire hazard, risk of fire
feuergeschützt fire-protected, protected
Feuerleiter f 1. fire escape, fire ladder, emergency ladder *(an Gebäuden)*; 2. firefighter's ladder, aerial ladder, turntable ladder *(Feuerwehr)*
Feuerlöschanlage f extinguishing system
Feuerlöschsystem n extinguishing system
Feuermeldeanlage f fire alarm
Feuerrichtlinie f fire policy
Feuerschaden m fire damage
Feuerschutz m/**baulicher** structural fire precaution
Feuerschutzklassifikation f fire grading class, fire rating class, class *(von Klasse A bis F)*
Feuerschutztür f fire door, smoke door, smoke hatch
feuersicher fire-proof
Feuertreppe f fire escape, fire staircase
Feuertreppenschacht m fire tower *(feuergeschützt)*; smokeproof tower *(Nottreppe)*
Feuerwiderstandsfähigkeit f fire resistance *(Bauwerk)*; fire classification *(Baustoff)*
Feuerwiderstandsklasse f fire classification, fire-resistance period, fire-resistance rating
Fiale f 1. *(Arch)* buttress pinnacle *(Kirchenbau)*; 2. *(Arch)* pinnacle *(gotisches Ziertürmchen als Pfeileraufsatz)*
Fiberglas n fibreglass, *(AE)* fiberglass
Fichtenholz n spruce wood, white deal
Fiktivberechnung f notional calculation
Fiktiventwurf m notional design, notional project
Filigrandecke f filigree floor
Filigranrippendecke f filigrane rib floor
Filmdickenmesser m film thickness gauge
Filter n filter, strainer
Filterbett n filter bed
Filterbrunnen m *(Bod)* filter well, well point, soakaway; spring well
Filterdrän m stone-filled trench
Filtermaterial n filter material, filtering medium
Filterrohr n filter drain; filter pipe *(für Brunnen)*
Filterschicht f filter bed
Filtrierabscheidung f separating by filtration
Filzbrett n felt rubbing board, angle paddle, carpet float
Filzdämmung f felt insulation
Fingerflugsteig m finger
Firnis m oil varnish, boiled oil
First m ridge, roof ridge, rider strip *(Dach)*; crest *(Bergkamm)*
Firstabdeckung f ridge cap, ridge capping, ridging
Firstbalken m ridge beam, roof coping, roof tree, roofing tree, top beam, top plate, tree coping
Firstblech n ridge plate
Firstbohle f ridge beam, ridge board, saddle board, *(AE)* pole piece
Firste m 1. *(Tun)* roof; 2. soffit *(Rohrscheitel)*
Firstenausbau m *(Tun)* roof support
Firstknotenplatte f peak joint slab
Firstlinie f ridge line, rider strip, ridge *(Dach)*
Firstpfette f ridge purlin, combing
Firstpunkt m ridge point, ridge joint
Firstschwelle f top plate
Firstträger m ridge girder
Firstziegel m ridge tile, crest tile, hip tile, arris hip tile, crown tile, *(AE)* head
Fischbauchträger m fish beam, inverted bow-and-chain girder *(Fachwerkträger)*
Fischgrätenparkett n herringbone parquet
Fischgrätenverband m herringbone bond, herringbone work, raking bond, serpentine bond, zigzag bond *(Mauerwerk)*
Fischleiter f fish pass
Fitsche f butt hinge, hinge plate, pin hinge, surface-fixed hinge *(Baubeschlag)*

Fitschenband n let-in flap, surface-fixed hinge

Fitting n (San) fitting, fittings, pipe fitting, pipe fittings

Fixpunkt m (Verm) fixed point, bench mark

flach 1. flat; 2. level, flat, even, plane, plain (eben, z. B. Land); 3. shallow (nicht tief, z. B. Wasser); 4. flat (mathematisch, z. B. Kurve); 5. low (Gebäude); 6. tabular (tafelförmig); 7. shoaly (seicht, untief)

Flachabdichtung f gasket seal

Flachbaggerung f shallow digging, shallow excavation, shallow grading, surface digging

Flachbau m low building, flat building

Flachbogen m flat arch, jack arch; segmental arch; surbased arch, (AE) scheme arch, shallow arch

Flachdach n flat roof, decking; terrace roof; cut roof (abgestumpftes Dach)
• **mit Flachdach** flat-roofed

Flachdachaufbau m penthouse; flat roof system, flat-roofed structure (Konstruktionssystem)

Flachdachentwässerung f flat roof drainage

Flachdachhaus n flat-roof house

Fläche f 1. flat, level, plain (Ebene); 2. area, region, stretch (Gebiet); 3. face, side (Wand); 4. superficies (Gelände, geologisch); 5. surface (Oberfläche) • **auf geebneter Fläche** at grade • **Flächen bündig machen** make flush

Flacheisen n flat bar, flat iron

Flachelement n facia

Flächenaufteilung f space arrangement

Flächenaushub m areal excavation

Flächenbefestigung f paved area

Flächenbettungszahl f modulus of the foundation (Fundamentunterseite)

Flächendruck m surface pressure

Flächengründung f spread footing, spread foundation

Flächenheizung f panel heating, radiant panel heating

Flächenlast f 1. (Stat) area load, distributed load; 2. (Bod) surface load

Flächenmoment n (Stat) moment of area, area moment, areal moment

Flächennutzungsgrad m floor-space efficiency

Flächennutzungsplan m master plan, zoning map, land-use plan, development plan, zoning

Flächenpressung f surface pressure, specific pressure, unit pressure; ground pressure (vertikal)

Flächenträgheitsmoment n (Stat) moment of plane area

Flächentragwerk n area-covering structural element, plate structure, two-dimensional framework

Flachgebäude n low block, low building, flat building

Flachgewölbe n straight vault, straight vaulting, drop vault, Dutch vault, (AE) jack vault

Flachgründung f shallow foundation, flat foundation, flat footing, spread footing, spread foundation, pad foundation

Flachkopfschraube f flat-head screw

Flachrelief n (Arch) low relief, bas-relief, diaglyph

Flachschicht f brick-on-bed, flat course, flat course of bricks, flat layer (Mauerwerk)

Flachspültoilette f shallow pan closet

Flachsspanplatte f flax shive board, flaxboard (aus Flachsstroh)

flammbeständig non-flammable

flammengespritzt flame-sprayed

Flammenschutzwand f flash wall

Flansch m flange, boom; chord (Tragwerk)

Flanschanschluss m flanged end

Flanschmuffe f flanged socket

Flanschverbindung f flange joint, flanged connection, flanged joint

Flaschenrüttler m internal vibrator, poker vibrator, spud vibrator (Tauchrüttelverfahren)

Flaschenzug m lifting block, lifting blocks, block and tackle, hoisting tackle, set of pulleys, tackle block, winding tackle

Flaschnerarbeiten fpl plumber's work, sheet metal work (süddeutscher Raum)

Flechtwerk n 1. (Arch) lattice (Flechtornament in Holz); mat-pattern (Verzierung); basket work (Ornament); 2. (Arch) tracery (Maßwerkflechtung); 3. hurdle work (Faschinenwerk); 4. treillage (Pflanzwerkspalier); 5. (Arch) trellis (Gitterwerk, Kästelwerk, Fachwerk); 6. wattle (Holzflechtwerk, auch Faschinen)
• **Flechtwerk anlegen** trellis

Flechtwerktrennwand f stud and mud

Fleck

Fleck m 1. spot, mark, smudge *(Schmutz)*; 2. mottle *(Sprenklung, z. B. Marmor, Anstriche)*; 3. nub *(Knoten, Vorsprung)*; 4. dot *(punktartig, z. B. grafische Darstellungen)*; 5. blemish *(in Holz- oder Marmoroberflächen)*; 6. stain *(z. B. durch Korrosion)* • **Flecken bekommen** take stains

Flickarbeit f patchwork

Flicken n patching • **mit Flicken** patched

Flickmasse f patching composition, patching compound, repair composition, repair compound

Flickmörtel m patch mortar, patching mortar, repair mortar

Fliegenfenster n fly-proof screen, insect screen, window screen

Fliese f tile; flag, slab *(größer formatig)* • **Fliesen legen** tile • **mit Fliesen belegen** *(z. B. Wege)*

Fliesenarbeiten fpl tile fixing, tile setting

Fliesenbelag m tiling, tilework, tile finish, tile surface; floor pavement, tile pavement, tile flooring *(Fußboden)*; brick flooring *(Material)*

Fliesenfußboden m tile floor, tile flooring, tiled floor

Fliesenleger m tile fixer, tile layer, tile setter, tile setter, tiler, fixer mason, tile mason

Fliesen- und Plattenarbeiten fpl tile fixing work

Fliesenverkleidung f tile lining

Fließbeton m Colcrete

Fließen n 1. flow *(einer Flüssigkeit)*; 2. creep *(Baustoffe)*; 3. flux *(Schmelze, Fluxmittel)*; 4. volume yield, yield, yielding *(Metall, Werkstoffe)*

Fließen n/plastisches plastic flow, plastic yield, tertiary creep

Fließfertigung f flow-line construction; series production *(Betontechnologie)*

Fließgelenkverfahren n *(Stat)* plastic-hinge method

Fließgrenze f 1. *(Bod)* liquid limit; 2. strain limit *(Dehnungsverformung)*; 3. yield criterion, yield limit, yield point, yielding point *(Werkstoffe, metallische Baustoffe)*

Fließkriterium n yield criterion *(metallische Baustoffe)*

Fließpunkt m flow point, thaw point *(Bitumen, Asphalt usw.)*

Fließsand m *(Bod, Erdb)* quicksand, shifting sand

Fließwert m flow value *(Marshallprüfung für Baustoffe)*

Flintbruchstein m flint rubble

Flockendämmstoff m loose-fill insulation

Floßbrücke f raft bridge

Fluatieren n fluate treatment, fluosilicate treatment

Flucht f alignment, row, *(AE)* line • **aus der Flucht** out-of-line, out-of-true • **außer Flucht** misaligned, out-of-alignment, out-of-true, out of line • **außer Flucht bringen** misalign • **genau in Flucht** true in alignment • **in Flucht** in line, in alignment, in-line

Fluchtabweichung f misalignment *(in der Flucht)*

fluchten v align, be in alignment, bring into alignment, arrange in alignment; align axially *(die Achslinie)*

Fluchtfenster n escape window

fluchtgenau true to alignment

Fluchtlinie f 1. *(Verm)* alignment; 2. frontage line, frontage *(Baufluchtlinie)*; vanishing line *(in Bildperspektiven)* • **in Fluchtlinie** *(Verm)* in alignment

Fluchtpunkt m directing point; vanishing point *(Bild; Darstellung)*

Fluchttreppe f emergency stair, emergency staircase, escape stair

Fluchtweg m emergency route, escape route, escape way, fire route, *(AE)* means of egress

Flugasche f flue ash, fly ash, quick ash, shiftings *(als Bindebaustoff)*

Flugaschenzuschlagstoff m fly ash aggregate *(Beton)*

Flügel m 1. wing *(z. B. Gebäudeflügel, Mauerflügel)*; 2. blade, vane *(z. B. von Mischern)*

Flügeldach n butterfly roof

Flügelfenster n folding casement, casement window; sash window *(Hubflügel, Drehflügel)*

Flügelmauer f wing masonry wall, wing wall, side wall; return wall, flare wall *(Stirnmauer)*; head wall *(Brücke)*

Flügeltür f wing door, door with two leaves, leaf door; folding door

Flughafengebäude npl airport buildings

Flugpiste f flight strip

Flugsand m *(Bod)* drifting sand, heaving

formen

sands, shifting sand, strays, wind-driven sand

Flugzeughalle f hangar

Fluorosilicat n fluosilicate, fluorosilicate, silicofluoride *(Oberflächenhärtesalz für Beton)*

Flur m 1. corridor, entrance hall, hall; 2. field, land, plain

Flurbereinigung f reallocation, reallotment of land, land consolidation, relocation, replotting

Fluss m 1. flow *(einer Flüssigkeit)*; 2. flux *(Schmelze)*; 3. fluxing agent *(Schweißen)*; 4. river, stream

Fluss m/plastischer plastic loss, creep *(von Stoffen)*

Flussbau m *(Wsb)* river engineering, river improvement, river training

Flussbauten mpl river structural works, river training works

Flussbett n river bed, stream bed, stream channel, channel, madre, runway

Flussbettverlegung f shifting of the river

Flüssigbeton m fluid concrete, sloppy concrete, chuted concrete

Flüssigbitumen n liquid asphaltic material, road oil

Flüssigkeitsbehälter m cistern, tank

Flüssigkeitsheber m siphon *(Abwasser)*

Flusskies m fluvial gravel, river gravel, stream gravel, bench gravel, chad

Flusskraftwerk n river station

Flussmäander m river meander

Flussstahl m low-carbon steel, mild steel, ingot iron, ingot steel *(0,15-0,25 % C)*

Flussverlegung f *(Wsb)* deformation of river bed, river diversion, river shifting

Flüsterasphalt m low-noise asphalt

Flüstergewölbe n *(Arch)* whispering gallery *(z. B. in der St.-Pauls-Kathedrale)*

Flutbecken n 1. *(Wsb)* closed basin; 2. tidal basin; 3. wet dock *(Werft)*

Flutkanal m inundation canal

Flutkraftwerk n tidal power station

Flutlichtanlage f floodlight installation, floodlighting equipment, floodlighting system

Flutrinne f storm channel

Fluxbitumen n fluxed bitumen

Folie f sheet, film *(aus Kunststoff)*; foil *(Metall)*

Folienbahn f foil sheet

Folienisolierung f foil insulation

Folienkonstruktion f membrane structure

Förderanlage f conveyor equipment, conveyor system, conveyor, handling equipment, handling plant

Förderband n belt conveyor, conveying belt, conveyor belt, belt

fördern v 1. transport, convey; haul; 2. hoist, handle, lift *(senkrecht)*; 3. lift, deliver, discharge *(z. B. durch Pumpen)*; 4. promote, further *(z. B. Projekte)*; 5. transfer *(weitergeben)*

Förderplanierraupe f hauling plant

Forderung f 1. demand; 2. *(Stat)* requirement • **den Forderungen genügen** *(Stat)* meet the requirements, meet the conditions, comply with the requirements • **den Forderungen nicht genügen** fail to meet requirements

Form f 1. form, shape; 2. figure, profile *(Umriss)*; 3. mould, formwork, *(AE)* mold *(Schalung)*; 4. pattern, model *(Muster)*; 5. design, styling *(Gestaltung)*; 6. state *(Zustandsform, Umstand)*; 7. master *(Schablone, Matrize)*; 8. type *(Ausführungsart)* • **aus der Form nehmen** demould

Formänderung f deformation, shape change; dilatancy *(Schubverformung)*; strain *(Spannungsverformung)*

Formänderung f/elastische elastic deformation

Formänderungsarbeit f deformation work, work of deformation; strain energy

Formänderungskurve f deformation curve

Formänderungsmodul m deformation modulus

Formänderungsvermögen n deformability, deformation workability, plastic workability

Formänderungszustand m/ebener *(Stat)* plane deformation state, state of plan deformation

formbeständig form-retentive, shape-retentive

Formbewehrung f section steel reinforcement

Formblech n profiled sheet iron, shaped sheet

formen v 1. form; 2. mould, *(AE)* mold *(mit Schalungsform)*; 3. design, style *(entwerfen, gestalten)*; 4. sculpture *(gestal-*

Formgebung

terisch, darstellend); 5. shape *(Gestein, Ton)*
Formgebung *f* 1. forming, moulding, shaping, modelling; figuring *(Durchführung);* 2. design, artistic formation *(Produkt);* 3. pattern of deformation *(Bewehrung)*
formhaltig undeformable, undeformed
Formstahl *m* shaped steel, sectional bar, sections, steel section, steel sections, structural steel section; section steel, sectional steel *(für Bewehrung)*
Formziegel *m* moulded brick, purpose-made brick, shaped brick, standard special brick, facing brick
Fortleitungsfaktor *m* carry-over factor *(Momentenausgleich)*
Fortluft *f* outgoing air, exit air
Frachtgebäude *n* cargo block, cargo handling building
Franki-Pfahl *m* Franki pile
Fräsen *n* 1. milling *(Metall);* 2. shaping *(Holz)*
Fräsmischung *f* mixed-in-place construction *(Bodenstabilisierung)*
frei aufliegend freely supported, simply supported, unstrained
frei stehend 1. detached, independent, isolated *(nicht angebaut);* 2. exposed positioned, exposed situated *(Gebäude im Gelände);* 3. cantilevered *(Spundwand)*
Frei... free ..., aerial ..., open ..., open-air ..., outdoor ...
Freifallmischer *m* free-fall mixer, gravity mixer, rotary-drum mixer, rotating mixer, tumbler mixer, tumbling mixer, mixer with staggered baffles *(Beton, Mörtel)*
Freifläche *f* 1. open area, wide-open space *(großräumlich bzw. nicht bebaubar);* open field, open site, free space *(noch unbebaut);* 2. open-air space *(z. B. auf Ausstellungsgelände);* 3. *(AE)* concourse *(z. B. an Straßenkreuzungspunkten, in Parkanlagen);* 4. flank *(an Gebäuden, Wänden usw.)*
Freigabe *f* 1. *(Verk)* opening; clearance; 2. release *(z. B. eine Blockierung);* 3. waiver *(Verzicht auf Baugrund, Gebäude usw.);* 4. approval *(zur Bauausführung)*
Freiheitsgrad *m (Stat)* degree of freedom
freilegen *v* lay bare, expose, uncover, lift; clear *(Baufläche, Bauwerk)*

Freileitung *f (El)* open-wire line, aerial long distance line, overhead line; overhead long-distance line
Freispann- und Kragsystem *n* free-span and cantilever system *(Brückenbau)*
freitragend self-supporting, overhanging, overhung; cantilevered *(Träger)*
Freiträger *m* 1. corbel beam *(auf einem Kragstein liegend);* 2. cantilever beam, cantilever, semibeam *(Beton- oder Metallkragbalken);* 3. hanging steps *(Stufen)*
Freitreppe *f* fliers, flight of front stairs, front stairs, terrace of front steps
Freivorbau *m* erection without scaffolding, cantilever construction, cantilevered construction, free-cantilevered construction, free-span and cantilever system *(Brückenbau)* • **im Freivorbau errichten** cantilever *(Brücke)* • **im Freivorbau errichtet** cantilevered *(Brücke)* • **im Freivorbau herstellen** cantilever *(Brücke)*
Freivorbausystem *n* free-span and cantilever system *(Brückenbau)*
Freizeitanlagen *fpl* leisure facilities
Fremdbelüftung *f* extraneous ventilation, separate ventilation
Fremdfüllmaterial *n* import fill *(von einer Seitenentnahme)*
Fremdüberwachung *f*/**unabhängige surveillance** by an approved body, third party inspection
Freske *f* fresco, wall picture
Fries *m (Arch)* frieze, string course, moulding, *(AE)* molding
Frischbeton *m* fresh concrete, fresh mixture of concrete, freshly mixed concrete, green concrete, ready-mixed concrete, wet concrete, concrete mix; mixed batch *(Transportbeton)*
Frischluft *f* fresh air, inlet air
Frischluftkanal *m* fresh-air duct, fresh-air inlet, fresh-air intake, air supply system
Frischwasserleitung *f* freshwater line
Frist *f* deadline, term
FR-Leuchte *f* dampproof lighting fixture
frontal head-on
Frontalebene *f* frontal plane
Frontansicht *f* front view
Frontlader *m* loading shovel, front-end loader
Frontmauer *f* façade wall

Fronton *m (Arch)* fronton, pediment *(über Türen und Fenstern)*
Frontwand *f* front wall
Froschramme *f* jumping frog, leaping frog, detonating rammer, vibrotamper
Frostangriff *m* frost attack
frostbeständig frost-resistant *(Material)*
Frosteindringtiefe *f* frost penetration depth *(im Boden)*
Frosteinwirkung *f* effect of frost, action of frost, frost action • **Frosteinwirkungen ausgesetzt** subjected to frost attack
frostempfindlich frost-susceptible, subject to frost attack
Frostgrenze *f* depth of frost penetration, frost level, frost line *(im Boden)*
Frosthebung *f* frost heave, frost heaving, boil hole *(Baugrund, Straße)*; frost boil *(z. B. auf Straßen, bei Beton)*; earth hummock
Frostschaden *m* frost damage
Frostschutzmittel *n* antifreeze agent, antifreeze
Frostschutzschicht *f (Verk)* antifreeze layer, frost blanket, frost layer, frost-resistant layer, subbase layer, subbase *(Straße)*
Frost-Tau-Prüfung *f* freezing and thawing test
Frosttiefe *f* depth of frost penetration, frost level, frost line *(im Boden)*
Fruchtgirlande *f (Arch)* fruit work
Frühbarock *m (Arch)* early baroque
Früherstarrung *f* early stiffening, false set, plaster set, rubber set, early strength *(Beton, Mörtel)*
Frühfestigkeit *f* early strength
Frühgotik *f* Early Gothic
Frühhochfestigkeit *f* early life high strength, high early strength
Fuchs *m* smoke flue, flue *(eines Schornsteins)*
Fuchskanal *m* main flue, flue connection to stack, uptake
Fuge *f* 1. joint, meeting *(Stoßfuge)*; 2. *(Hb)* gain, mortise, rabbet, rabbet join; 3. gap, interstice *(Spalt, Zwischenraum, Riss)*; 4. weld groove, welding groove, groove *(Schweißen)*; 5. hole *(Kerbe)*; 6. seam *(Mauerwerk)*; 7. imbricate *(Dachziegel)* • **die Fugen auskitten** stop the joints • **Fugen abdichten** slush joints • **Fugen ausstreichen** slush joints • **Fugen (ver)stopfen** caulk • **Fugen verfüllen** caulk

Fügen *n* 1. joining; 2. match boards *(in Kerbe)*
Fugenabdeckblech *n* cover flashing *(Dach)*
Fugenabdichtungsprofil *n* preformed gasket
Fugenausbildung *f* 1. joint configuration, joint design; 2. joint finishing *(Grundbau, Tiefbau)*; 3. tooling *(mit Werkzeug)*
Fugenband *n* joint tape, insulating strip, prefabricated joint filler, sealing strip; water stop; expansion strip *(für Bewegungsfugen)*
Fugenbewegung *f* joint movement
Fugenbewehrung *f* tie bar *(Straßenbetondecke)*
Fugendeckleiste *f* 1. overlapping astragal, profile border, wraparound astragal; welt *(Falzleiste)*; 2. *(Arch)* architrave *(über Türen und Fenster)*
Fugendichtmasse *f* jointing compound
Fugendichtung *f* joint packing, grout jointing, water stop
Fugendübel *m* joint dowel
Fugeneinlage *f* joint filler, joint lining, joint profile, joint sealing strip, jointing strip, premoulded filler; extension joint filler *(für Bewegungsfugen)*
Fugenfüller *m* jointing compound
Fugenkelle *f* jointing spoon, filling trowel, sett feeder, sett jointer, sword, tuck cement pointer
Fugenleiste *f* joint strip, cover fillet, *(AE)* reglet; stripping piece *(Schalung)*
fugenlos jointless
Fugenmasse *f* joint sealer
Fugenmörtel *m* joint mortar, jointing mortar, pointing mortar
Fugenprofil *n* joint profile, jointing section
Fugenschnitt *m* joint cutting, stereotomy *(in Stein)*
Fugenüberbrückung *f* joint bridging
Fugenverguss *m* joint pouring, joint sealing *(Vorgang)*; joint sealer *(Vergussmasse)*
Fugenvergussmasse *f* 1. joint filling compound, joint pouring compound, joint sealing compound; 2. *(Verk)* asphalt joint filler, asphalt joint sealer, bituminous grout, bituminous joint filler, paving joint sealer

Fugenzement

Fugenzement m white joint mortar
Fuhrpark m rolling stock
Führung f 1. guidance, guide, run *(von Leitungen, Kabeln)*; 2. slide *(Gleitschiene)*; 3. forcing *(Vortriebsführung, Vorgabe der Richtung)*
Führungsleiste f guide fillet, gib; back lining *(Schiebefenster)*
Führungsnut f guide groove, *(AE)* regle *(Tür, Fenster)*
Führungsschiene f guide rail, guide bead, guide bar, track, rail *(z. B. für Türanlagen)*
Führungszapfen m guide, spigot, pilot
Füllboden m *(Erdb)* fill, filling
füllen v 1. fill; 2. crowd *(vollstopfen)*; 3. charge *(z. B. einen Mischer)*; 4. load *(mit Füllstoffen oder Zusätzen, z. B. Farben, Kunstwerkstoffe)*
Füller m 1. fill aggregate, bitumen filler, filler *(z. B. für Asphaltbeton, bituminöse Stoffe)*; 2. fines, mineral dust, granular dust *(Zuschlag)*; 3. badigeon *(für Löcher, Flickmaterial)*; 4. inert filler *(z. B. für Kunstwerkstoffe)* • **mit Füller versehen** fillerise *(Bitumen)*
Fullerkurve f Fuller's curve, Fuller's parabola *(Sieblinie für Zuschlagstoffe)*
Füllholz n packing piece, filler
Füllkörperdecke f filler block floor, filler concrete slab, hollow-tile floor
Füllmaterial n 1. filling material, filler load; 2. loading material, loading *(z. B. für Beschwerung)*; 3. feed *(Einfüllgut, Beschickungsmaterial)*; 4. *(Erdb)* filling material, fill, infill, borrow material; backup material *(Hinterfüllung)*
Füllmauerwerk n 1. infilling masonry, filling-in work; hearting *(Inneres der Mauer)*; 2. *(Arch)* opus emplectum *(altes Rom)*
Füllungsstab m web member, bar; rod *(Träger)*
Füllungsstäbe mpl stays
Füllwand f panel wall
Fundament n 1. footing, foundation, groundwork *(Gebäude, Bauwerke)*; 2. basement *(Gründungsmauer, Säule)*; 3. pinning *(Mauerwerksunterfangung)*; 4. base *(Untergrund)*; 5. socle *(z. B. einer Säule)*; 6. underbase, basement slab *(Gründungsplatte)* • **Fundamente legen** lay foundations, found

Fundamentaushub m foundation excavation, excavation for foundation
Fundamentdruck m footing pressure
Fundamentgrube f foundation pit
Fundamentmauer f foundation wall, ground wall
Fundamentplatte f 1. foundation plate, basement slab, base slab, bottom plate, subbase, foundation raft, raft *(Plattengründung)*; 2. base plate *(aus Metall, z. B. für Anlagen)*
Fundamentsohle f/**verbreiterte** cantilever footing
Fundamentstreifen m foundation strip, strip footing, strip foundation • **die Fundamentstreifen ausschachten** excavate the trenches
Fundamenttiefe f foundation depth, foot depth; planting depth *(Einbindetiefe)*
fünfblattförmig *(Arch)* cinquefoil, quinquefoil
Fünfeckgebäude n pentagon
fünfjochig five-bay
Funkenschutzgitter n spark arrester, spark catcher *(Schornstein)*
Funkmast m radio mast, wireless mast
Funktionalarchitektur f/**internationale** International style *(entwickelt in den 20er-Jahren unseres Jh. in den USA und Westeuropa und weltweit angewendet)*
Funktionsbauvertrag m functional construction contract
Funktionsprüfung f trial *(Gebäudeinstallation)*
Funktionsüberlagerung f mixed development *(Städtebau)*
Furche f 1. furrow; stria *(Riefe, Streifen)*; 2. *(Hb)* groove; trough *(Rille, Rinne)*
Furnier n veneer, *(AE)* flitch
Furnieren n veneering
Furnierplatte f veneer board, veneer panel, veneer plywood, scale board, plywood assembly, three-ply wood, plywood, ply
Fuß m 1. foot, toe *(z. B. Böschung, Stützmauer, Damm)*; 2. base; bottom *(Fußpunkt; Unterteil)*; 3. base plate *(z. B. einer Säule)*; 4. eaves *(Traufe)*; 5. foot (SI-fremde Einheit der Länge; 1 ft = 30,48 cm)
Fußauflagerflansch m toe
Fußbalken m 1. foot piece, ground beam, ground sill; sole piece *(für Stützen)*; foot-

plate *(einer Dachkonstruktion)*; ground plate *(Unterlagen für Holzrahmentragwerk)*; 2. *(Hb)* plate; 3. *(Hb)* sleeper *(Holzbalken als Unterlage für eine Stütze)*

Fußbalkenlager n barge couple, rafter couple *(eines Giebeldachs)*

Fußblech n edging strip, toeplate *(Tür)*

Fußboden m floor • **Fußböden legen** put in floors

Fußbodenbelag m floor covering, floor finish, floor surfacing, floor topping, flooring, walked-on finish; planching *(Material)*; floor decking *(aus Bohlen und Planken)*

Fußbodendielung f floor boarding, planking, wood flooring

Fußbodeneinlauf m floor drain

Fußbodenfliese f floor tile, paver tile, paver, paving tile, floor brick • **mit Fußbodenfliesen belegen** pave with tiles

Fußbodenheizung f floor heating, electric underfloor heating system, screed heating, underfloor heating

Fußbodenisolierung f floor insulation

Fußbodenleger m wearing layer

Fußbodenplatte f floor slab, floor tile, promenade tile, quarry tile, deck; flagging *(für Gehwege)*

Fußbodenschalldämmung f sound absorption of floor, sound insulation of floor; pugging *(durch Einschütten von Dämmstoffen jeder Art)*

Fußbodenträgersystem n floor skeleton

Fußbrett n guard board

Fußgängerbrücke f foot-bridge, pedestrian bridge

Fußgängerebene f pedestrian level, pedestrian deck

Fußgängertunnel m pedestrian tunnel, pedestrian subway, walk-through, pedestrian underpass

Fußgängerüberweg m pedestrian crossing, pedestrian crossing at road level, pedestrian crossing point, pedestrian overpath, zebra crossing, *(AE)* crosswalk, X-ing

Fußholz n ground beam, ground sill; bottom rail *(Tür, Fenster)*; foot-plate, pole plate *(einer Dachkonstruktion)*; ground plate *(Unterlagen für Holzrahmentragwerk)*; shoe moulding, shoe rail,

Gabelstapler

stair shoe *(Geländer)*; sole piece *(für Stützen)*

Fußleiste f 1. baseboard, scrub board, skirting board, washboard, *(AE)* base; 2. kick plate *(Geländer)*; 3. plinth *(Unterteil einer Säule)*; 4. step bearing *(Treppe)*; 5. sanitary cove *(gerundet)*; 6. toeboard *(Randbrett eines Baugerüsts)*

Fußmoment n *(Stat)* moment at base, foot moment

Fußpunkt m base point

Fußverbreiterung f *(Erdb)* underream *(Pfahlgründung)*

fußwarm warm to the tread, warm underfoot *(Wohnung)*

Fußweg m footway, pavement, walk, *(AE)* sidewalk, *(AE)* banquette; footpath *(abseits jeder Straße)*; path *(z. B. Gartenweg)*; walkway *(überdachter Fußgängerweg)*

Futter n 1. liner, lining *(z. B. von Rohren)*; 2. bush *(Zwischenlage)*; 3. packing *(Fachwerk)*

Futterblech n filling plate, stiffener plate *(Stahlbau)*

Futterholz n cabinet filler, furring piece, furring, firring, infiller block, packing piece; liner

Futtermauer f lining wall, prop wall, protection wall, revetment wall

Futterrohr n lining pipe, lining pipe, lining wall; casing pipe, casing tube, guide tube *(Bohrtechnik)*; well casing *(Brunnenschacht)*

Futterstein n lining brick

Fütterungsstab m web member

G

Gabbrodiorit m gabbro diorite

Gabelanker m forked tie

Gabelbolzen m forked bolt

gabelförmig forked, furcate

Gabelholz n forked wood

Gabelkopf m 1. clevis *(U-förmig für Bolzenanker)*; 2. *(San)* yoke *(Rohrverbindung)*

Gabelmuffe f trifurcating joint, Y-joint *(Rohrverbindung)*

Gabelrohr n 1. forked pipe; side vent *(< 45°)*; 2. *(San)* breeches pipe

Gabelstapler m fork-lift truck

Gabelung

Gabelung f 1. fork, furcation, bifurcation, Y-junction (z. B. Straße); 2. crotch (gegabelte Stange); 3. embranchment, ramification, divarication (zweigartig, z. B. Leitungen)

Gabione f gabion (aus Draht)

Galerie f 1. (Arch) arcade, alure, gallery, loft; walk; 2. upper balcony, balcony (Theater); 3. gallery (Ausstellungen, auch Korridor)

galvanisiert galvanized

Gang m 1. (Arch) fauces (römisch); aisle (in einem Auditorium oder Saal); alure (Wehrgang); gallery; 2. aisle way (z. B. in einem Geschäftsgebäude); 3. alley (zwischen Gebäuden und Gärten); 4. corridor, floor, hallway, hall (im Gebäude); 5. walkway, gangway, passageway (Laufgang, Verbindungsgang); 6. run (z. B. Maschinen, Anlagen); 7. start (Bewegung) • **in Gang bringen** start • **in Gang setzen** trip

Ganglinie f 1. centre line of stairs, pitch line (einer Treppe); 2. (El) load curve

Ganzglasfassade f all-glass façade

Ganzglaskonstruktion f all-glass construction

Ganzglastür f all-glass door, fully glazed door

Ganzholz n timber, (AE) round stock, lumber

Ganzholzbauweise f all-wood construction method (Verfahren); all-wood construction (Produkt)

Ganzholztür f all-timber door, all-wood door

Ganzmetallbauweise f all-metal construction method

Ganzmetallfenster n all-metal window

Garage f garage

Garagengebäude n parking garage

Garantie f guarantee, warranty; undertaking (Verpflichtung) • **Garantie geben** give a guarantee, guarantee

Garderobenraum m coatroom

Gardinenschiene f curtain rail, curtain track

Gartenanlage f 1. laying out of a garden (Errichtung); 2. garden, gardens (fertige Anlage)

Gartenarchitektur f garden architecture

Gartenhaus n garden house, summerhouse; garden shed (für Gartengeräte)

Gartenvorstadt f garden suburb

gasbeheizt gas-fired, gas-heated, gas-warmed

Gasbeton m expanded concrete; (veraltet) aerated concrete, autoclaved aerated concrete, gas concrete, porous concrete

Gasbetonstein m gas concrete block, gas hollow block; (veraltet) aerated cement block

gasdicht gastight

Gasdruckprüfung f test for gas pressure

Gasfernleitung f long-distance gas main, gas transmission line

Gashauptleitung f gas main

Gasheizung f gas-fired heating, gas heating system, heating by gas • **mit Gasheizung** gas-fired

Gasleitung f 1. gas line, gas pipe, gas piping (in Gebäuden); 2. gas main conduit, gas conduit (Hauptleitung) • **eine Gasleitung legen** lay on gas, lay a gas line

Gasse f lane, narrow lane, narrow street; alley (zwischen Gebäuden und Gärten)

Gasstrahlungsheizgerät n gas radiant heater

Gästezimmer n spare bedroom, spare room, guest-bedroom (privat); sitting-room, lounge (z. B. Pension), parlour (Wirtshaus); guest-room (privat oder Hotel)

Gasversorgungsanlage f gas supply system

Gas-, Wasser- und Abwasserinstallationsarbeiten fpl gas, water and sewage installation work

Gaszentralheizung f gas central heating, gas-fired central heating

Gattersäge f mechanical saw, frame saw, gang saw

Gattertor n barrier gate

Gaupe f dormer, gabled dormer, dormer window

Gaupendach n dormer roof

Gaupenfenster n dormer window, dormer, external dormer, luthern

Gebälk n 1. (Arch) entablature (Säulenverbindung der klassischen Architektur); 2. beams, frame of joists, binders and joists, joists of a floor, floor joists; roof beams (Dach)

Gebäude n building; block, house, structure • **ein Gebäude errichten** raise a building • **mit vielen Gebäuden** multi-building *(Bauabschnitt, Anlage)*

Gebäude *n/frei stehendes* free-standing building, isolated building

Gebäude *n* **in Montagebauweise** industrially-built structure

Gebäude *n/nicht unterkellertes* non-based building

Gebäudeanordnung *f* layout of buildings, scheme

Gebäudeanschlussleitung *f* branch line *(Rohrleitung)*; house connection *(an eine Ver- oder Entsorgung)*

Gebäudeausrüstung *f/technische* mechanical services, technical equipment, *(AE)* (building) services *(mit allen Versorgungsleitungen)*

Gebäudeaußenhaut *f* shell; exterior finish *(Putz)*

Gebäudeerweiterung *f* addition to a building, building extension

Gebäudeinstallation *f* indoor installation, *(AE)* building services *(Anlage)*; indoor installation work *(Tätigkeit)*; *(AE)* services installation work *(Tätigkeit)*

Gebäudekern *m* concrete core, core *(Montagebauweise)*

Gebäudekomplex *m* building complex, block buildings, complex of blocks, complex of houses, group of buildings

Gebäudeskelett *n* building framework, building frame, carcass, skeleton *(Traggerippe)*

Gebäudetrakt *m* section of a building, unit, portion

Gebäude- und Anlagenmanagement *n* facility management

Gebäudeversorgungsschacht *m* building services channel, building services shaft, services channel, services shaft

gebaut constructed, built

geben *v/***Vorspannung** prestress, preload

Gebiet *n* 1. district, area, region, zone, precinct *(Gegend, Bezirk)*; 2. area; terrain *(Landfläche; Gelände)*; 3. scope, region *(großes Gebiet)*; 4. field, domain *(Fachgebiet)*; subject *(Lehre)*; 5. territory *(Staatsgebiet)* • **ein Gebiet einschließen** enclave • **ein Gebiet versorgen** serve a district

Gebietsbebauungsplan *m* regional planning

Gebietsplanung *f* regional planning, country planning; structure planning process *(der Stadt)*

Gebinde *n* pair of rafters, truss *(Sparrendach)*

Gebirgsanker *m* *(Tun)* roof bolt

Gebirgsmechanik *f* rock mechanics

gebogen 1. bent, curved, flexed; 2. crooked *(krumm, verzogen)*; 3. arcuate *(bogenförmig)*; 4. hooked *(hakenartig)*

geböscht sloped

Gebrauchsabnahme *f* final acceptance

Gebrauchsabnahmebescheinigung *f* certificate of occupancy

gebrauchsfertig ready for use, ready-to-use *(Anstrich, Bindemittel)*

Gebrauchslast *f* occupancy load, use load; service load, safe working load, working load *(eines Tragwerks)*

Gebrauchslastverfahren *n* working stress design

Gebrauchsspannung *f* working stress

Gebrauchswert *m* utility value; usability *(Baustoffe)*

gebrettert boarded

gebrochen 1. broken *(Mauerwerk)*; 2. fractured, failed *(Tragkonstruktion)*; 3. crushed *(Gestein)*; 4. chamfered *(Kante, Rand, Ecke)*; 5. *(Hb)* bevelled *(Kante)*; 6. sprung *(Holzbalken)*

gebunden bound

gedämmt insulated *(Wärme, Kälte; Schall)*

gedeckt covered; roofed *(Dach)*

gedrückt depressed, compressed, surbased

geeignet applicable, suitable, usable, convenient, fit; appropriate, fitting *(passend)*; likely *(beschaffen)*; eligible, qualified *(befähigt)*

geerdet *(El)* earthed, *(AE)* grounded

Gefährdungsgrad *m* degree of endangering

Gefahrengrad *m* level of risk, level of hazard

Gefahrstoffkataster *m(n)* *(Umw)* register of hazardous substances

Gefälle *n* 1. descent, descending grade, inclination, downgrade, slant, declivity, falling gradient, *(AE)* grade *(z. B. im Gelände, einer Straße)*; 2. *(Wsb)* head *(Wasserkraftwerk)*; drop *(eines Flusses)*; 3. pitch, slope *(Dach)*; 4. fall, falling gradient *(z. B. von Gelände)*; 5. acclivity

Gefällebeton 346

(steiler Böschungsabfall); 6. (falling) gradient (z. B. von Druck, Temperatur)
• **mit Gefälle abdecken** flaunch (einen Schornstein) • **mit Gefälle verlegt** laid to falls
Gefällebeton m sloping concrete
Gefälledach n sloping roof
Gefälleestrich m sloping screed
Gefällelinie f 1. (Verk) gradient (Höhenverlauf einer Straße im Aufriss); 2. (Verk) inclination (nur eines Gefälles)
Gefälleschicht f sloping course, sloping layer
gefalzt beaded, welted (Blech); rebated, rabbet (Holz)
gefast bevelled
gefedert 1. spring-loaded; 2. (Hb) tongued
Geflecht n matting, netting (Bewehrung); lattice work, plaiting, hurdle (Holz, Metall); network (Leitungen usw.)
geformt shaped; moulded (mit Formen)
Gefrierbeton m frozen concrete
Gefriergründung f foundation by means of freezing
Gefrierschrank m freezer
Gefrierverfahren n method of freezing (Baugrundverfestigung)
Gefüge n 1. fabric, structure (Gewebe); 2. texture, grain, structure (von Gestein, Beton); 3. structure (eines Gebäudes); 4. (Bod) structure (geologisch)
gefugt checked back; bonded (eine Wand)
Gegenangebot n counteroffer
Gegendiagonale f counter-diagonal
Gegendruck m counterpressure, reaction pressure, back-pressure
gegeneinander versetzt staggered (z. B. Gebäude)
Gegengefälle n reverse gradient
Gegengewichtshubfenster n counterbalanced window; hanging sash, hung sash (vertikal)
Gegengewölbe n reversed vault
Gegenhalter m dolly, hand dolly, head cup, holder-on, rivet dolly (beim Nieten)
Gegenkraft f opposed force, opposing force, counteracting force, counterforce
Gegenprüfung f duplicate test
Gegensprechanlage f intercommunication system, intercom, interphone, entry phone
Gegenstrebe f counterbrace (Fachwerk)

Gegenstromkessel m counter-current boiler
geglättet flattened, smooth, smoothed
gegliedert 1. sectionalized (z. B. Gebäude); 2. articulated, jointed, membered (Balken, Träger, Fachwerk); 3. braced (Fachwerk); 4. dissected (Gelände)
Gehänge n 1. (Arch) encarpus (Blumenornament an einem Fries oder Kapitell); 2. (Arch) garland, hanging ornaments (Schmuckelement); 3. (Arch) swag (Schmuckelement der Renaissance)
gehärtet cured (Beton, Kunststoffe); case-hardened (Stahl)
Gehfläche f pedestrian concourse, walking surface
Gehlinie f walking line (einer Treppe)
gehobelt planed
Gehrfuge f mitre joint
Gehrung f 1. mitre, mitring, (AE) miter (rechtwinklig); bevel, bevelling (nicht rechtwinklig); 2. backing (Gratsparren)
• **auf Gehrung geschnitten** mitred • **auf Gehrung schneiden** mitre
Gehrungsschnitt m (Hb) mitre cut, mitre, mitring
Gehrungsstoß m mitre joint
Gehweg m 1. pavement, (AE) sidewalk; banquette f in den Südstaaten der USA, Bürgersteig); 2. footpath (abseits von Straßen); 3. pathway, path (Gartenweg, Parkweg); 4. walkway, walk (überdachter Gehweg)
Gehwegplatte f pavement flag, paving flag, paving stone, paving tile, (AE) sidewalk paving flag; path tile (Fliese); flagstone, flag (Naturstein)
gekalkt limy
gekehlt 1. grooved, furrowed; 2. channelled (Ornament); fluted (Säulenornament); 3. moulded (Holz); 4. throated (Wasserablauf am Gebäudeüberstand); 5. coved (breit)
gekerbt notched, grooved
Gekörn n grains, particles
gekreuzt crosswise (z. B. Träger); cross-linked (Rohrleitung, Windverband)
gekrümmt 1. curved, curvilinear, cambered; 2. draped (Spannbetonglieder); 3. (Arch) arched; 4. arcuate (bogenförmig); 5. bent (gebogen); 6. twisted (verdreht); 7. warped (verzogen)
Gelände n 1. ground, field, land (Bauge-

Gelände; site *(Baustellengelände)*; 2. premises, grounds *(z. B. Schul- oder Industriegelände)*; 3. rough grounds *(unwegbares Gelände)*; 4. terrain *(nutzbares Gelände)*; 5. plot, lot *(Parzelle)*
• **Gelände erschließen** develop ground
Geländeaufnahme f *(Verm)* mapping, ground survey, survey of country, survey of land, site survey; topographical survey, reconnaissance
Geländehöhe f level of ground, ground level; level; grade level, grade *(Straßenniveau)*
Geländeoberfläche f ground surface, terrain surface • **unter Geländeoberfläche** sublevel *(Planebene)*
Geländer n 1. balustrade, handrail, rail *(Treppe)*; 2. balcony railing, parapet, balustrade *(Balkon)*; 3. guardrail, railing, side rail *(z. B. einer Brücke)* • **mit Geländer versehen** rail
Geländerpfosten m rail post, railing post
Geländerstab m *(Hb)* baluster
Geländevermessung f terrain survey
Gelenk n 1. joint, hinged joint; 2. hinge *(Scharnier)*; 3. articulation *(Gelenkverbindung)*; 4. pair *(Kinematik)* • **durch Gelenke verbinden** articulate
Gelenkband n joint hinge, turning joint
Gelenkbolzen m joint bolt, hinge bolt
Gelenkbolzenfachwerk n pin-connected truss, pin-jointed truss
Gelenklager n hinge bearing; rocker bearing *(Brücke)*
Gelenkpunkt m pivot point, fulcrum point, hinge point, hinged point, hinge, pivot
Gelenkrahmen m hinge(d) frame, linked frame, articulated frame, pin-jointed frame
Gelenkstab m hinge bar
Gelenkträger m articulated beam, cantilevered and suspended beam, Gerber girder, hinged girder, slung span continuous beam, continuous articulated beam
gemasert marbled, speckled, streaked *(Farbanstrich)*; grained, veined *(z. B. Holz)*
Gemäuer n walling, masonry
gemauert masoned, brick-built, bricked up
Gemeindeamt n municipal office
Gemeindeordnung f municipal regulations, municipal law; by-law, by-laws *(örtliche Bauordnung in England)*; *(AE)* building codes *(örtliche Bauordnung)*
Gemeindezentrum n parish centre, community centre, *(AE)* community center
Gemeinkosten pl overhead expenses, indirect expenses, establishment charges, general expenses, indirect cost(s), overheads, working expenses
Gemeinschaftsanlage f common consumer system, communal consumer system
Gemeinschaftseinrichtungen fpl common services, communal services
Gemenge n mixture, combined materials; composition *(Mischgut)*
Gemisch n mixture, mix, combined materials, compound, mass
Gemischdosierung f mixture proportioning
gemischt composite
gemischt/fertig mill-mixed, ready-mixed *(Mörtel, Beton)*
Gemischtbauweise f mixed construction
Gemischzusammensetzung f mixture composition, composition of mixture
genagelt nailed
genau exact, accurate, precise
Genauigkeit f accuracy
genehmigen v 1. approve *(zustimmen)*; 2. authorize *(amtlich)*; 3. permit *(Baustoffe, Bauelemente)*
genehmigt approved
Genehmigung f 1. approval *(Zustimmung)*; 2. authorization, permission *(amtlich)*; 3. permit *(Baustoffe, Bauteile)*
• **zur Genehmigung** on approval *(Bauunterlagen)*
geneigt 1. inclined, sloped, sloping, shelving, hading *(Fläche, Böschung, Gelände usw.)*; 2. pitched, inclined *(Dach)*; 3. tilted *(Gebäude)*; 4. angled *(Sparren, Pfette)*; 5. declivitous, declivous *(Gardiente)*; 6. battered *(anlaufend, z. B. Wand)*; 7. slanted, slanting *(abgeschrägt, z. B. Hang, Böschung)*; 8. raking *(stark geneigte Fläche)* • **geneigt sein** 1. incline *(geologische Schichten)*; 2. ramp *(Fahrrampe)*; 3. slope, pitch *(z. B. Dach)*
Generalauftragnehmer m main contractor, general contractor, *(AE)* package dealer

Generalbebauungsplan 348

Generalbebauungsplan *m* master plan
Generalhauptschlüssel *m* grandmaster key
Generalunternehmer *m* master builder
Generalverkehrsplan *m* master traffic plan, general traffic plan, traffic master plan
genietet riveted
genormt standard, unitized
genügen *v (Stat)* satisfy
genutet grooved, keyed, trenched
Geogitter *n* geogrid, geogrids *(ISO EN 10320; ISO EN 132... ― alle Ausführungsarten und ISO EN 13249 ― 13265)*
geologisch geological
Geomechanik *f* geomechanics
Geometrie *f* **der Kräfte** *(Stat)* geometry of forces
geometrisch geometric, geometrical
geordnet 1. *(Umw)* controlled; 2. ordered *(mathematisch)*; 3. orderly, tidy, neat
Geotextil *n* geotextile, geotextiles *(ISO EN 110320; ISO 132..- alle Ausführungsarten und ISO 13249 - 13265)*
Geotextilmatte *f* geotextile membrane *(ISO EN 13249 - 13265)*
geothermisch geothermal
Geovlies *n* geofabric *(ISO EN 110320)*
Gepäckaufzug *m* baggage lift, luggage lift; *(AE)* baggage elevator, luggage elevator
gepanzert armoured, *(AE)* armored
gepfuscht jerry-built
geplant planned
gerade 1. straight *(nicht krumm)*; 2. even, flat *(flach, z. B. Flächen)*; 3. erect, upright, right *(aufrecht)*; 4. edge-shot *(Holz)*; 5. endways, endwise *(axial)*; 6. square-headed *(Türöffnung, Fensteröffnung)* • **gerade machen** straighten, straighten out
gerade/nicht off-straight
Gerade *f* 1. straight line, right line; 2. *(Verm, Verk)* straight *(Trasse)*
geradlinig straight-lined, straight, right-lined, rectilinear
geräumig spacious; roomy, commodious *(z. B. ein Haus)*
Geräumigkeit *f* spaciousness; vastness; roominess *(z. B. eines Hauses)*
geräuschdämmend noise-controlling
Geräuschdämmung *f* isolation of noise
Geräuschminderung *f* sound reduction
Geräuschpegel *m* noise level
Gerbergelenk *n* Gerber hinge, Gerber joint, bucket handle joint
Gerberträger *m* hinged girder system, slung span continuous beam; articulated beam *(Fachwerk)*; suspended span *(Stahlbau)*
gereinigt clean, cleaned
gerichtet directional *(richtungsorientiert)*; straightened *(linienförmig)*; flattened *(flächenförmig)*
geriffelt 1. grooved, fluted, reeded *(gerillt)*; 2. serrated *(gezahnt)*; 3. finned, ripped *(gerippt)*; 4. corrugated *(gewellt)*; 5. *(Arch)* channelled *(kanneliert, gekehlt)*; 6. striated *(Säule)*
gerillt 1. furrowed, grooved, reeded; 2. keyed *(lang genutet)*; 3. serrated *(gezahnt; s. a. geriffelt)*
Gerinne *n* 1. gutter channel, channel, drain *(Oberflächenwasserableitung)*; 2. chute, raceway *(Abwasser)*; 3. *(Wsb)* flume, race, raceway; 4. riverlet, run, streamlet *(Rinnsal)*
Gerippe *n* 1. skeleton, structural skeleton *(Traggerippe)*; 2. studding, studs *(Tragelemente)*; 3. framing, framework *(aus Holz)*
Gerippewand *f* framed partition, stud wall
gerippt 1. ribbed; 2. finned *(mit Lamellen)*; 3. fluted, corrugated *(mit Rillen versehen)*; 4. *(Arch)* ribbed, fluted
Geröll *n* 1. boulders, rubble *(großteilig)*; 2. pebble(s), pebble stone *(Kieselsteine)*; 3. detritus, debris, pebbles, rubble, gravel *(Geologie)*; 4. *(Bod)* scree
Geröllfang *m* 1. *(Wsb)* shingle trap; 2. *(Verk)* rock trap
Geruch *m* odour, smell
geruchdicht odour-tight
Geruchsbelästigung *f* odour nuisance, *(AE)* odor nuisance
Geruchssperre *f* odour barrier
Geruchsverschluss *m* *(San)* drain trap, odour trap, air trap, siphon water seal, running trap, seal, siphon trap, stench trap, stink trap, trap, water seal trap, water trap; interceptor, intercepting trap *(außerhalb eines Gebäudes)* • **mit Geruchsverschluss** trapped • **ohne Geruchsverschluss** untrapped
gerundet 1. rounded, convex, curving; 2.

Gerüst n 1. scaffold, (timber) scaffolding *(Baugerüst)*; 2. mason's scaffold, staging, stage *(Bockgerüst)*; 3. structural framework, framing *(Traggerüst)*; bent *(Fachwerk)*; 4. trestle, trestlework, rack *(Gestell, Traggestell)*; 5. falsework *(Schalungsgerüst)*; 6. piling frame *(Rammgerüst)* • **das Gerüst abbauen** unscaffold • **das Gerüst bauen** scaffold • **ein Gerüst aufstellen** raise a scaffold • **ein Gerüst benötigend** scaffold-high *(Gebäude)* • **mit einem Gerüst versehen** scaffold *(z. B. Haus)*

Gerüstbau m scaffold erection, scaffolding; staging

Gerüstbelastung f/**maximale** maximum rated scaffold load, maximum rated load

Gerüstbrücke f scaffold bridge, trestle bridge

Gerüstpfosten m scaffold pole

gesägt sawn; sawed *(Werkstein)*

Gesamtabmessung f total dimension, overall dimension, aggregate dimension

Gesamtabnahme f general acceptance

Gesamtansicht f general view, total view

Gesamtauftragnehmer m main contractor, general contractor, *(AE)* package dealer

Gesamtbaukosten pl overall construction cost, aggregate cost, total building costs, total construction cost

Gesamtdehnung f total strain

Gesamtfläche f total area

Gesamtgrundfläche f architectural area, gross floor area

Gesamtmasse f total mass

Gesamtquerschnittsfläche f gross cross-sectional area

Gesamtübersicht f layout plan, general plan

gesättigt saturated

Geschäftsführer m managing director, manager, executive director

Geschäftsgebäude n commercial block, utilitarian building

Geschäftszimmer n office

geschäumt foamed

geschichtet 1. lamellar, laminated, sheeted *(in Platten, z. B. Holz, Glas, Gips)*; 2. in layers, layered, coursed *(Mauerwerk)*; 3. racked *(Holz)*; 4. *(Bod)* stratified; 5. superimposed *(schichtig überlagert)*; 6. tabular *(blättrig geschichtet)*

geschichtet/gleichmäßig 1. *(Bod)* evenbedded, evenly bedded; 2. *(Erdb, Tun)* uniformly bedded *(Erd- und Felsschichten)*

Geschiebelehm m glacial clay, glacial till, till; stony clay, boulder clay *(steinig durchsetzt)*

geschliffen ground

geschlitzt slotted; notched *(Holz)*

geschlossen 1. dense, dense-graded *(dicht)*; 2. compact, continuous *(Bauweise, Front)*; 3. close *(eingeschlossen)*; 4. capped *(abgedeckt)*; 5. plain *(Wandfläche)* • **in sich geschlossen** self-contained

geschnitten cut; sawn, cut *(Holz)*

geschnitten/glatt und rechtwinklig planed and square-edged *(Holz)*

Geschoss n storey, floor, *(AE)* story • **um ein Geschoss erhöhen** add a storey

Geschossbau m multistorey building, tier building

Geschossdecke f floor, intermediate floor

Geschossfläche f floor area, floor space, floorage

Geschosshöhe f floor height, floor-to-floor height, storey floor height, storey height

geschwächt weakened

geschweißt welded

Geschwindigkeitsdruck m velocity pressure

geschwungen curved, curtail(ed)

Gesellschaftsbau m community building construction, public building

Gesetz n law

Gesetz n/**Abram'sches** Abram's law *(Wasser-Zement-Verhältnis)*

Gesetz n/**Hooke'sches** law of elasticity, Hooke's law

gesiebt screened, graded *(Mineralstoffe)*

Gesims n 1. ledge, moulding *(aus dem Mauerwerk hervortretender waagerechter Streifen)*; 2. cornice *(an Wänden und Gebäuden)* • **das Gesims anlegen** cope

Gesimsband n 1. *(Arch)* band course, belt course *(Ornament)*; cordon *(mit kordelförmigem Ornament)*; 2. string course,

Gesimsleiste 350

string *(Gurtgesims zwischen den Geschossen)*
Gesimsleiste f base shoe *(über dem Fußboden)*
Gesimsstein m cornice stone
gespalten 1. knapped, flerry *(Gestein)*; 2. cleaved, cloven *(Keramik)*; 3. split *(z. B. Holz)*; 4. fissured *(rissig)*; 5. divided, split *(Grundstücke)*
gespannt 1. taut, tight, tense *(z. B. Seile)*; 2. *(Stat)* tensioned, stressed, stretched *(durch Zugspannung)*; 3. entrapped *(Grundwasser)*
Gespärre n rafters
gespitzt pointed *(Natursteinbearbeitung)*
gespundet tongued and grooved, matched
gestaffelt 1. staggered *(z. B. Gebäude)*; 2. benched *(abgestuft)*; 3. in echelon *(gestaffelt gegliedert)*
Gestaltänderung f 1. shape change; 2. deformation *(Formänderung durch Krafteinwirkung)*
gestalten v 1. shape, form *(Gestein, Ton)*; 2. mould *(mittels Form)*; 3. *(Arch)* dress; sculpture *(eine Plastik)*; 4. chase *(Metalldekoration an Außenflächen)*; 5. design, plan *(entwerfen)*
Gestaltungselement n architectural feature element
gestampft rammed; tampered *(Gussasphalt)*
Gestattungsrecht n dominant estate *(z. B. Wegerecht auf einem Privatgrundstück)*
Gestehungskosten pl first cost, initial cost, prime cost, production cost, flat cost *(Arbeit und Material)*
Gestein n rock, stones, mineral, stone
Gesteinsanker m 1. rock bolt; 2. *(Tun)* roof bolt
Gesteinsfestigkeit f rock strength
Gesteinshaufwerk n rock pile
Gesteinskörnung f mineral aggregate
Gesteinsschicht f rock bed, stratum
Gesteinswolle f mineral wool, rock wool, silicate cotton
Gesteinswolleplatte f rock wool building board
Gestell n 1. bent, framework *(Fachwerk)*; 2. rack, shelf *(Regal)*; 3. scaffold(ing), timber scaffold *(Gerüst)*; 4. stillage *(Plattform)*; 5. trestle *(Bock)*

gestockt bush-hammered, granulated *(Oberfläche)*
gestoßen butted
gestoßen/knirsch touching laid *(Steinlage)*
gestreckt elongated, extended, oblong; square-headed *(Türöffnung, Fensteröffnung)*
gestrichen 1. struck *(glatt gestrichen)*; 2. painted, coated
geteilt 1. divided; 2. split *(Holz)*; 3. partite, spaced *(abgeteilt)*; 4. louvered *(schlitzförmig)*
getränkt saturated, impregnated
Getreidespeicher m grain silo, corn loft, granary, *(AE)* elevator
getrennt 1. separate, divorced *(abgetrennt, z. B. Räume, Toiletten)*; 2. independent *(einzeln, separat, z. B. Gebäude)*; 3. *(El)* isolated; 4. unconnected *(unverbunden)*
Gewächshaus n glass-house, greenhouse, hothouse, conservatory
Gewährleistung f guarantee, warranty
Gewährleistungsabnahme f warranty inspection
Gewährleistungszeit f warranty period
gewalzt rolled
Gewände n jambs, jambstone, jamb, ingoings *(Tür, Fenster)*; door-case, flanning *(Tür)*
Gewändeleibung f flanning *(Tür)*
Gewändepfosten m jamb post, ingoing post, jamb, ingoing *(Fenster, Tür)*; flanning *(Tür)*
Gewässer n water, water course
Gewässeraufsichtsbehörde f regulatory agency
Gewässerbelastung f water pollution
Gewebe n (woven) fabric, web, cloth, *(AE)* fiber
gewebebewehrt cloth-reinforced
Gewebeträger m cloth base
gewebeverstärkt cloth-reinforced
gewellt corrugated; wavy, undulated
Gewerbenutzung f office occupancy *(eines Gebäudes)*
Gewerk n trade, craft
Gewerkabschluss m/**spätester** latest event occurrence time
Gewicht n gravity; *(nicht mehr empfohlen)* weight
Gewicht n/**spezifisches** specific gravity;

Gipsdeckputz

unit gravity *(Baustoffe);* *(veraltet)* specific weight
Gewichtsanteil *m* fraction weight, part by weight, percent by weight
Gewichtsdosierung *f* proportioning by weight
gewichtseinsparend weight-saving
Gewichtsmauer *f* gravity wall
Gewindebolzen *m* screwed bolt, threaded bolt
Gewindegang *m* thread
Gewindemuffe *f* screw socket
Gewindeverbindung *f* threaded joint *(Rohre)*
Gewohnheitsrecht *n* established right, customary right
Gewölbe *n* 1. *(Arch)* arch, vault, vaults, vaulting; 2. concameration *(gewölbte Räume);* 3. arch *(Feuerraumgewölbe)*
 • **ein Gewölbe schließen** close a vault
Gewölbe *n*/**abgeflachtes** surbased vault
Gewölbeanfang *m* spring of a vault
Gewölbebau *m* 1. arched construction, arcuated construction, arcuation construction; 2. vault construction, vaulting construction, vaulting
Gewölbebogen *m (Arch)* arch, arch of a vault, soffit arch, vault(ed) arch
Gewölbefeld *n* 1. severy; gore *(halbkreisförmiger Aufsatz über einer Tür bzw. einem Fenster);* 2. vault bay *(durch Rippen begrenzt)*
Gewölbekämpfer *m* vault impost
Gewölbelinie *f* funicular curve, vault outline
Gewölbemauerwerk *n* vaulted masonry, vaulted brickwork, stone arching
Gewölbeschub *m* tangential thrust of vault, vault thrust, outward thrust, overturning thrust
Gewölbestein *m* arch stone, vault block, voussoir quoin, voussoir, wedge edged stone; radiating brick, arch brick, radius brick, wedge-shaped brick *(bei Ziegelgewölbebögen)*
Gewölbestichhöhe *f* vault rise
gewölbt 1. *(Arch)* arched, arched, convex *(z. B. Decke);* 2. domed *(als Kuppel);* 3. bellied, gibbous *(ausgebaucht);* 4. cambered *(z. B. Holzteile oder Straßenoberfläche);* 5. pulvinated *(z. B. ein Fries)*
gewunden 1. twisted; 2. moulded *(Bo-*

gen); 3. flexuous *(schlängelnd);* 4. sinuate, sinuous *(wellenförmig);* 5. *(Verk)* snaky *(Trasse);* 6. vermicular *(z. B. Ornamentierung);* 7. *(Wsb)* meandering *(Fluss, Strom)*
gezackt 1. serrated, jagged, ragged *(z. B. Konturen von Hochhäusern);* 2. notched, indented *(mit Kerben)*
gezahnt dentated, denticular, denticulated, saw-tooth, serrated, toothed
Gezeitenkraftwerk *n* tidal power plant
Giebel *m* 1. *(Arch)* pediment; fronton *(über Türen und Fenstern);* 2. gable, gable end
 • **ohne Giebel** unpedimented
Giebelbogen *m* triangular arch
Giebeldach *n* gable-ended roof, gable roof, saddle roof, V-roof
Giebelfeld *n* 1. razed table; 2. *(Arch)* tympanum *(am antiken Tempel)*
Giebelfenster *n* gable window
Giebelfront *f* flank front
Giebelfußstein *m* kneeler, kneestone *(dreieckförmig);* gable springer, skew corbel *(keilförmig);* skew block *(vorspringend)*
Giebelhaus *n* gable-fronted house
Giebelmauer *f* gable masonry wall
Giebelschlussstein *m* apex stone
Giebelwalm *m* gabled hip
Giebelwand *f* gable (end) wall, flank wall, end wall
gießen *v* found, cast *(Metalle, auch Beton);* pour *(Beton, Kunststoffe usw.)*
Gießen *n* casting *(von Metall, Beton; Vorgang);* pouring *(von Beton, Vorgang)*
Gießharz *n* casting resin
Gießmaschine *f* casting machine
Giftmüllentsorgungsanlage *f* toxic waste disposal plant
Gips *m* 1. gypsum *(Mineral);* 2. plaster stone, plaster, tiling plaster *(Gipsputz, Stuck)* • **aus Gips bestehend** gypseous
 • **Gips brennen** burn gypsum, calcine gypsum • **Gips zusetzen** add gypsum
Gipsanhydrid *n* anhydrous calcium sulphate
Gipsbauplatte *f* gypsum plaster slab, gypsum plasterboard, plaster slab, plasterboard
Gipsbeton *m* gypsum concrete, plaster concrete
Gipsdeckputz *m* gypsum trowel finish, gypsum veneer plaster, veneer plaster

Gipsestrich

Gipsestrich *m* gypsum flooring coat, gypsum floor, plaster screed, plaster finish, plaster floor, plaster jointless floor

Gipsfaserwandplatte *f* fibrous plaster sheet, gypsum wallboard

Gipskartondeckenplatte *f* unplastered gypsum ceiling plasterboard

Gipskartonplatte *f* gypsum backerboard, gypsum plasterboard, plasterboard, alabaster board, unplastered gypsum plasterboard

Gipsmörtel *m* gypsum mortar, gypsum stuff, plaster mortar, plaster; staff *(für Stuckarbeit)*

Gipsplattenwand *f* plaster slab partition wall, wall in plaster panels

Gipsputz *m* anhydrous gypsum plaster, gypsum finish, gypsum plaster, stucco, stucco, veneer plaster

Gipsüberzug *m* plaster finish

Gipsunterputz *m* gypsum plaster, hardwall plaster, hardwall, sulphate plaster

Gipswandplatte *f* gypsum panel, gypsum wallboard

Gitter *n* 1. lattice, trellis, trelliswork, grille *(Fenster)*; 2. railing *(Geländer)*; 3. (wire) mesh *(Bewehrung, Verstärkungseinlage)*; 4. fence, gate *(Zaun)*; 5. grid, grate, grating *(im Fußboden, in der Straßendecke)*; 6. bars *(Gitterrost)*; 7. *(Arch)* parciose screen *(mittelalterliche Kirche)*; 8. screen *(Trägerrost)*

Gitterbalken *m* girder beam, girder pole

Gitterfachwerk *n* lattice girder, latticed girder, latticework

Gittermast *m* 1. lattice-form mast, lattice mast, lattice tower; 2. braced steel mast, braced steel tower, trellis mast; 3. *(Arch)* pylon

Gitterrost *m* grille; area grating, grid, grating *(im Fußboden, in der Straßendecke)*; cattle grid *(Viehübergehschutz)*; *(AE)* cattle guard

Gitterstab *m* 1. laced member, latticed member, element *(Tragwerk)*; 2. lattice(d) bar *(Stahlbau)*; 3. screen bar

Gitterträger *m* lattice(d) girder, lattice truss, open-web girder, bar joist

Gitterwerk *n* 1. latticework, lattice structure, latticed girder construction, lattice *(Tragelement)*; 2. grating, grid *(in Verkehrsflächen, Fußböden usw.)*; 3. trelliswork *(Fenster)* • **mit einem Gitterwerk auskleiden** honeycomb

Gitterziegel *m* perforated brick

glänzend 1. lustrous, sheeny, shiny, shining *(Materialoberflächen)*; 2. bright *(Farben)*; 3. glistening, glossy *(Glasuren)*

Glas *n* glass • **mit Glas versehen** glass

Glasbaustein *m* hollow glass block, glass block, glass brick

Glasbeton *m* glascrete, glass concrete, translucent concrete

Glasdecke *f* glass ceiling

Glaseindeckung *f* glass roofing, roof glazing

Glaserarbeiten *fpl* glazing

Glasfaserbeton *m* fibrous concrete

glasfaserbewehrt glass-fibre reinforced

Glasfaserdachrinne *f* glass fibre gutter

Glasfaserdämmstoff *m*/**flexibler** flexible glass fibre blanket insulation

Glasfasermatte *f* glass fibre quilt, *(AE)* glass fiber quilt

Glasfaserputz *m* glass-fibred plaster

Glasfaservlies *n* glass-fibre veil, chopped strand mat *(Dämmaterial)*

Glasfaserwolle *f* mineral wool

Glasfassade *f* glass façade

Glasfassadengebäude *n* glass-façade building, glass-façade block

Glasflügeltür *f* glazed leaf door

Glaslichtkuppel *f* glass domed roof-light

Glasscheibe *f* glass pane, glass sheet, pane of glass, pane • **mit Glasscheiben versehen** glaze

Glasschiebetür *f* glass sliding door

Glasstahlbeton *m* reinforced glass concrete, glass concrete

Glastür *f* full glass door

Glasveranda *f* glass veranda, glazed veranda, *(AE)* sun parlor

Glasvlies *n* glass-fibre felt, glass-fibre mat, glass felt, glass mat

Glaswolledämmung *f* glass-wool insulation, glass-wool lagging

Glaswollematte *f* glass-wool mat

Glasziegel *m* glass tile, glass brick

glatt 1. even, plane, smooth *(Flächen, Oberflächen)*; 2. fair-faced *(Mauerwerk)*; 3. flush *(bündig)*; 4. glossy *(glänzend)*; 5. slippery *(z. B. Straße)*; 6. unperforated *(ungelocht, z. B. Steine, Bleche)* • **glatt machen** smooth

Glättbohle *f* 1. finishing beam, finishing

Glätten *n* 1. flattening *(z. B. Gelände)*; 2. floating, trowelling, smoothing *(Beton, Putz)*; 3. *(Verk)* finishing *(Straßenoberfläche)*; 4. burnishing, polishing *(Polieren)*

Glättkelle *f* finishing trowel, smoothing trowel, trowel

Glattputz *m* fair-faced plaster, smooth finish, smooth plaster, stucco

Glattverputz *m* smooth finish

Gleichgewicht *n* equilibrium, balance • **im Gleichgewicht** balanced • **ins Gleichgewicht bringen** equilibrate, right

Gleichgewichtsbedingung *f*/**statische** condition of static equilibrium, static equilibrium condition

Gleichgewichtsdiagramm *n* equilibrium phase diagram

Gleichgewichtsforderung *f* equilibrium requirement

Gleichgewichtslage *f (Stat)* neutral position, equilibrium position, position of equilibrium, steady position

Gleichgewichtszustand *m* equilibrium state, state of equilibrium

gleichkörnig even-grained, even-granular, single-sized, like-grained, equigranular, uniform *(Zuschlagstoffe)*

gleichmäßig even; constant, homogeneous, uniform, regular; well balanced

gleichschenklig isosceles

Gleichwinkelbogenmauer *f (Wsb)* constant-angle arch dam

Gleis *n (Verk)* rail, rail track, track • **Gleise rücken** shift tracks • **Gleise stopfen** pun, tamp

Gleisanlage *f (Verk)* railway lines, railway trackage, track system, *(AE)* railroad lines, trackage

Gleisbauarbeiten *fpl* track construction work

Gleisbett *n* track bed(ding)

Gleiskettenfertiger *m* track-laying finisher

Gleisplatte *f* track base plate

Gleisverbindung *f* track connection

Gleisverlegung *f* track laying

Gleitbahn *f* 1. chute, slide *(Transportrutsche)*; 2. coulisse, timber slide *(aus Holz für Holztransport)*; 3. sliding track *(Montage)*

Gleitbauweise *f* slip-form construction • **in Gleitbauweise errichten** slip-form

Gleitbruch *m* 1. ductile fracture; 2. *(Bod)* shear failure, sliding failure

Gleitebene *f (Bod)* glide plane, plane of rupture, plane of sliding, plane of slip, slide plane, sliding plane, slip plane

Gleiten *n* 1. gliding, sliding; 2. *(Bod)* gliding, slide, sliding; 3. slipping *(Rutschen)*

Gleitfläche *f (Bod)* plane of sliding, plane of slip, sliding plane, sliding surface, slip lane; slip face, slip surface, surface of sliding *(Böschung, Damm)*

Gleitkreis *m (Bod, Erdb)* friction circle, glide circle, glide curve, slip circle, glide circle, glide curve

Gleitmodul *m* shear modulus, modulus of rigidity

Gleitpreisklausel *f* gliding price clause *(Bauvertrag)*

Gleitreibungsbeiwert *m* kinetic coefficient of friction, coefficient of kinetic friction

Gleitschalung *f* 1. slip-form *(Straßenbau)*; 2. slip shuttering, sliding falsework, sliding form, sliding shuttering *(Betonhochbau)*; 3. sliding mould, mobile form *(z. B. für Wände)*; 4. *(Tun)* travelling form, travelling forms, travelling formwork *(für horizontale Bewegung, z. B. für Tunnelbau, Kanalbau)*; 5. moving formwork, moving shutter(s) *(meist Kletterschalung)*

Gleitschalungsbauweise *f* sliding moulding method

Gleitschalungsfertiger *m* slip-form paver *(Straßenbau)*

Gleitschiene *f* 1. slide rail, sliding rail, sliding bar, guide bar *(z. B. Türen, Fenster)*; 2. gliding channel *(U-förmig)*; 3. gliding track, slideway *(Abgleitschiene, z. B. Werftanlagen)*; 4. guide bar *(Führungsschiene)*

Gleitschutzanstrich *m* non-skid paint, non-slippery paint, antiskid paint

Gleitsicherheit *f (Bod)* stability against gliding, stability against sliding *(Böschung)*

Glied *n* 1. member, component, element, bar *(Tragwerksglied, Bewehrungsglied,*

Gliedanschluss 354

Bauwerksteil); 2. rot, bar *(einer Bewehrung);* 3. fold *(Gliedermaßstab);* 4. link, ring *(Kette);* 5. term *(einer Gleichung, einer Matrix)*
Gliedanschluss *m* member connection, element connection, rod connection *(Stabwerk)*
Gliedmoment *n* member moment, element moment, bar [rod] moment
Gliedquerschnitt *m* member cross-section, element cross-section, bar cross-section, rod cross-section
Glimmerfarbe *f* mica paint
Glimmersandstein *m* micaceous sandstone
Glimmerschiefer *m* mica schist, mica slate, micaceous schist
Glocke *f* 1. bell; 2. cap *(Dachdeckung)*
Glockendach *n* bell-cast roof, bell roof
Glockenmuffenfitting *n* recessed fitting
Glockenmuffenverbindung *f* bell-and-spigot joint, spigot joint *(Rohrleitung)*
Glockenstuhl *m* bell frame, belfry
Glockenturm *m* bell tower, carillon, clock tower, belfry
Glockenverschluss *m (San)* bell trap *(Geruchsverschluss)*
Gneisgestein *n* gneiss, bastard granite
Gneiszuschlagstoff *m* chert *(für Sichtbeton)*
Goniometer *n (Verm)* goniometer
Gosse *f* gutter, gutter channel, sewer
Gossenstein *m* kennel
Gotik *f* Gothic, Gothic style
Gotikverband *m* English bond
Graben *m* 1. ditch *(flach, schmal);* trench *(tief);* drain, drainage trench, drain, lade *(Wassergraben);* 2. culvert, drainage trench *(Abzugsgraben);* 3. *(Wsb)* fosse; 4. *(Arch)* moat *(Burggraben)* • **einen Graben ausheben** ditch, excavate a trench, trench • **einen Graben ziehen** cut a ditch, ditch • **ohne Graben** trenchless
Graben *n* dig, digging *(Tätigkeit)*
Grabenarbeiten *fpl* trenchwork
Grabenaushub *m* ditching, trenching
Grabenbagger *m* ditch digger, ditcher, backacter (shovel), trench digger, trench excavator, trench hoe, *(AE)* backhoe *(ziehend arbeitender Löffelbagger)*
Grabenbauweise *f (Tun)* open cut
Grabenfräse *f* trencher, trench excavator
Grabenherstellung *f* trenching
Grabenmethode *f (Umw)* trench method *(Deponie)*
Grabensohle *f* basement soil of a ditch, bottom of a ditch, subgrade of a ditch, trench bottom
Grabenverbau *m* trench sheathing, trench sheeting, trench support
Grabenverdichter *m* trench compactor
Grad *m* **der statischen Unbestimmtheit** degree of static(al) indeterminacy, redundancy
Gradbogen *m* 1. limb *(Winkelmessgerät);* 2. *(Verm)* graduated arc
Grader *m* blade grader, road grader, grader *(Baumaschine)*
Grades/statisch unbestimmt ersten statically indeterminate to the first degree
Gradiente *f* 1. *(Verk)* gradient *(Höhenverlauf einer Straße im Aufriss);* 2. *(Verk)* inclination *(Neigungslinie, Gefällelinie)*
Gradientenzug *m* line of levels
Gradtag *m* degree-day *(Heizenergiebedarf eines Hauses pro Tag)*
grafisch graphic, graphical, diagrammatic
Granit *m* granite
Granitpflasterstein *m* granite (paving) sett, pitcher
Granitplattenfußboden *m* granite slab floor
Granitporphyr *m* granophyre, porphyroid granite
Granitstein *m* grey stone
Granodiorit *m* granodiorite *(granitähnliches Gestein)*
granuliert grained, granular, granulated
Granulit *m* granulite
Grasboden *m* grassed area, sod
Grasböschung *f* grass slope
Grasnarbe *f* mat of grass, grass cover, sod mat, sod, sward, turf
Grat *m* 1. *(Arch)* groin *(Gewölbe);* 2. *(Arch)* rib of an arched roof *(Gratbogen);* 3. arris, verge *(Dach);* 4. ridge, crest *(geographisch, geologisch);* 5. burr *(Schneidwerkzeuge);* flash, barb *(an Stahl- und Gussteilen)*
Gratbalken *m* angle rafter, hip, hip of a roof, hip rafter *(Dach)*
Gratrippe *f (Arch)* nervure, diagonal rib, groin rib *(Gewölbe)*

Großplatte

Gratsparren *m* hip rafter, angle rafter
Gratsparrendach *n* hip-and-gable roof
Gratstichbalken *m* (Hb) creeping rafter
Gratverbindung *f* hip joint
Grauwacke *f* greywacke, whinrock *(Gestein)*
Greifbagger *m* excavator, grabbing crane; grab dredger *(für Baggerarbeiten unter Wasser)*
Greifer *m* 1. excavator grab *(Greifbagger)*; 2. grab, grabbing bucket *(eines Baggers)*; 3. scoop, (planing) skib *(Kübel eines Baggers)*; 4. clamshell, clamshell bucket *(eines Zweischalengreifers)*; 5. law *(eines Greiferkübels)*
Greiferbagger *m* grab dredger *(für Baggerarbeiten unter Wasser)*
Greiferkübel *m* excavating bucket, bin, grab bucket *(eines Baggers)*
Grenzbeanspruchung *f* limit load, maximum admissible strain
Grenzbelastung *f* limit load, limit loading, load limit, rupture loading, ultimate loading
Grenzbelastung *f*/**rechnerische** design ultimate load; factored load *(Belastung mal Lastfaktor)*
Grenze *f* 1. border, frontier *(Land)*; 2. bound, boundary line *(Grundstück)*; 3. limit *(physikalisch, Beschränkung)*; 4. division *(Trennungsgrenzlinie)*
Grenze *f* **der statischen Stabilität** steady-state stability limit
Grenzfestigkeit *f* ultimate strength, strength ceiling, critical strength
Grenzlast *f* ultimate load, critical load, limit load, safe load
Grenzmarkierung *f* landmark, boundary mark, hoarstone; limit mark
Grenzmaß *n* dimensional limit, size limit, limit
Grenzmauer *f* 1. enclosure wall, (AE) lotline wall; 2. party wall *(zwischen zwei Gebäuden)*
Grenzwert *m* 1. limit, limes, lim *(mathematisch)*; 2. liminal value, limit(ing) value, threshold level [value], ultimate value *(Schwellenwert)*; 3. marginal value *(wirtschaftlich)*
Grenzwertüberwachung *f* (HLK) limit control
Grenzzustand *m* **der Tragfähigkeit** ultimate limit state (of load-bearing capacity)
Griff *m* 1. grip, grasping power *(Griffigkeit)*; 2. haft, helve *(Messer, Werkzeug)*; 3. stock *(Halter)*
Griffigkeit *f* 1. non-skid property, grip *(Oberfläche)*; 2. (Verk) skid resistance, skidding resistance, grip *(Straße)*
Griffigkeitswert *m* grip value
grob 1. coarse *(Korn, z. B. Kies)*; 2. rough, uneven *(Oberflächen)*; 3. coarse, thick *(Faser, Draht)*; 4. ragged *(Bodenoberfläche, Gelände)*; 5. heavy *(Konsistenz; Tätigkeit)*
grob zugehauen coarsely dressed, coarsely shaped, rough-axed, roughly dressed *(Stein)*
Grobarbeiten *fpl* roughing-in *(an einem Gebäude)*
Grobbeton *m* coarse concrete
Grobblech *n* heavy metal plate, heavy plate, plate, thick (sheet) plate
Grobgut *n* coarse material, screen oversize, oversize material, oversize product *(Zuschlagstoffe)*
Grobkeramik *f* 1. heavy ceramics *(Fachgebiet)*; 2. heavy clay product, heavy clay ware, earthenware
Grobkieszuschlagstoff *m* coarse gravel aggregate, cobble gravel
Grobmörtel *m* coarse mortar
Grobzuschlagstoff *m* coarse aggregate
groß 1. large *(Ausdehnung, Umfang)*; spacious *(Zimmer)*; 2. big *(Masse, Volumen)*; 3. great *(Wert, Zahl)*; 4. (Arch) grand *(Stil)*; 5. strong *(bedeutend)*
Großblock *m* large block *(1. Baustein; 2. Wohngebäude)*; large blockhouse *(Wohngebäude)*
Großblockbauweise *f* large-block construction, large-block method [system], large-sized block construction
Großbohrpfahl *m* large-diameter pile, (AE) cylinder
Größe *f* 1. dimension, extent *(Ausmaß)*; 2. size, format *(Format)*; 3. amount *(Betrag)*; 4. quantity *(Mathematik, Physik)*
Großflächenplatte *f* concrete raft *(für Fundamente)*
Großpflaster *n* large sett *(Stein)*; (large) sett paving *(Plasterdecke)*
Großplatte *f* large panel, large-sized

Großplattenbauweise

panel, large slab; room-sized panel, room-sized wall panel *(Wandplatte)*
Großplattenbauweise f large-panel construction
Großprojekt n large-scale project
Großtafel f large-sized panel • **aus Großtafeln montiert** large-panelled
Grube f 1. *(Erdb)* excavation; 2. pit, mine *(Bergbau)*; 3. *(Umw)* trench landfill *(Deponie)*; 4. *(Umw)* pit, cesspool *(Abwasser)*
Grubenausbau m pit arch
Grubenkies m pit gravel, pit-run gravel, quarry gravel
Grünanlage f green space
Grund m 1. ground, plot, estate, land *(Baugelände)*; 2. soil, earth *(Boden)*; 3. base coat *(z. B. Farbgrundierung)*; 4. reason, grounds • **auf planiertem Grund** at grade • **den Grund hobeln** *(Hb)* rout • **den Grund wegspülen** *(Wsb)* wash away
Grundabflussleitung f house drain
Grundablass m 1. dewatering conduit, bottom outlet; 2. *(Wsb)* sluiceway
Grundabmessungen fpl basic assumption
Grundannahme f *(Stat)* basic assumption
Grundanstrich m 1. flat coat *(bes. für Holz)*; 2. ground coat, prime coat *(Farbschicht)*; 3. initial prefabrication primer, prefabrication primer *(Werksanstrich)*; 4. primary coat, priming coat *(fertiger Anstrich)*; 5. primer *(Anstrichstoff)*; 6. priming *(Vorgang)* • **mit Grundanstrich versehen** shop-applied priming coat
Grundausführung f basic design
Grundausstattung f basic equipment, small-scale equipment, standard equipment
Grundbalken m ground beam; ground timber *(Holzbalken)*
Grundbau m foundation engineering, foundation practice, soil engineering, earthwork and foundations
Grundbau m **und Bodenmechanik** f foundation engineering and soil mechanics
Grundbesitz m land ownership, freehold property, ownership, ownership of land
Grundbruch m 1. *(Bod)* ground failure, base failure, shear failure, shearing failure, failure by rupture, subsidence; 2. fretting *(Straße)*
Grundbuch n land register, estate register, real estate register, title deeds of the cadastre, *(AE)* plat, register of real estates
Grunddienstbarkeit f easement, easement on real estate *(juristisch: Belastung eines Grundstücks zugunsten eines anderen)*; wayleave *(Wegerechtssicherung)*
Grundeigentum n land ownership, estate, ownership of land, property
Grundfachwerk n basic truss
Grundieren n priming, grounding; sizing *(Anstrichtechnik, speziell für Holz)*
Grundierung f 1. priming, grounding *(Vorgang)*; 2. ground coat, precoat, primary coat, first coat, prime coat, priming coat, undercoat *(fertiger Anstrich)*; 3. primer *(Anstrichstoff)*
Grundleitung f 1. drainage system, house drain *(Abwasser)*; 2. *(El)* ground line, earth line
Grundplatte f 1. floor plate, floor slab *(eines Geschosses)*; 2. bearing plate *(z. B. für Träger)*; 3. foundation raft *(Fundament)*; 4. invert, sole plate *(z. B. von Kanälen, Tunneln)*; 5. wall plate *(z. B. für Wände)*; 6. base plate, bottom plate, underbase *(für Anlagen, Einrichtungen usw.)*
Grundriss m 1. ground-floor plan, ground plan, top view, horizontal projection, ichnography, *(AE)* first-floor plan; 2. plan, plan view *(Zeichnung)*; 3. trace *(militärisch)*
Grundrissplan m layout
Grundschwelle f 1. doorsill, door saddle, door strip, sill, sill plate *(Tür)*; 2. foundation sill, foot-plate *(bei Gründungen)*; 3. ground plate, ground sill *(Grundbalken bei Holzkonstruktionen)*; 4. pendant post, ground beam, *(AE)* piece *(Fachwerk)*
Grundstein m 1. base block *(z. B. bei einer Mauer)*; 2. foundation stone *(eines Fundaments)*; 3. pilaster base *(eines Wandpfeilers)* • **den Grundstein legen** lay the foundation stone
Grundstück n 1. estate, area *(größeres Anwesen)*; 2. parcel of land, lot, *(AE)* plot; 3. site *(Baugrundstück)*

Gründung f 1. establishment (von Unternehmen); 2. footing, foundation (Fundament); 3. wall base, base (Einzelfundament für Gebäude oder Wand)

Gründungsdruck m foundation pressure

Gründungspfahl m foundation pile, pier, pile

Gründungsplatte f foundation plate, foundation raft, base plate, underbase, raft, (AE) grade slab

Gründungssohle f 1. level of foundation, base level, foundation base, foundation (base) level (Fundament); 2. formation level, (AE) grade slab (Erdschicht)

Grundwasser n groundwater, subsoil water, subsurface water, subterranean water, phreatic water, free water, underground water, underwater; underflow, underground flow (frei beweglich)

Grundwasserabdichtung f ground-water packing, subsoil water packing, waterproofing

Grundwasserabsenkung f lowering of subsoil water, ground-water lowering, ground-water control, subsidence of ground-water level

Grundwasserabsenkungsanlage f ground-water lowering installation, ground-water lowering system

Grundwasserabsenkungssystem n (Bod) dewatering system, well-point system

Grundwasserdränage f groundwater drainage

Grundwasserschutzgebiet n ground-water protection area

Grundwasserspiegel m ground-water table, ground-water level, phreatic surface, phreatic nappe, subsoil surface, subsoil water level, level of underground water, surface of subsoil water, water table, water level

Grundwasserspiegellinie f hydraulic gradient

Grundwasserwanne f basement tank, foundation tank, basement waterproofing

Grundwasserzutritt m ground-water inrush, ingress of ground water, inrush of water (z. B. in Baugruben)

Grünfläche f green area, green space, green, grassed area, planted area (eines Gebietes); park area (innerhalb der Stadt)

• **Grünflächen anlegen** lay out green spaces

Grünstein m diabase, green stone, greenstone

Grünstreifen m 1. landscape strip, green strip (Städtebau); 2. (Verk) mall, planted area (Straße)

Grünverbund m green network (Stadtgrünbereiche)

Gruppenschaltung f (El) multiple series, group connection

Gruppierung f grouping, layout, arrangement

Güllebecken n slurry lagoon, slurry pit

Gully m gully, inlet, road inlet, street inlet

Gullygeruchsverschluss m yard trap

Gummi m(n) rubber • **mit Gummi beschichten** rubber, rubber-coat

Gummiauflagerung f elastomeric bearing

Gummibelag m rubber coating, rubber covering

Gummidichtstreifen m rubber silencer, silencer (zur Schalldämmung)

Gummifußbodenbelag m rubber floor cover(ing)

Gummischlauchschalung f ducttube

Gummitopflager n rubber pot bearing (Brücke)

Gurt m 1. chord, boom, girt, girth (für Stahlkonstruktion); 2. ranger, (AE) waling, waler (bei Spundwänden); 3. (Stat) tape; 4. girt, boom (eines Fachwerkträgers); 5. (Arch) fascia (Ziergurt); band (Ornament); 6. belt (Förderband)

Gurtblech n flange angle

Gurtgesims n 1. (Arch) belt course, belt (Ornament im Mauerwerk und an Säulen); 2. string course (zwischen den Geschossen)

Gurtholz n ledger beam runner, ledger runner, ranger; (AE) waling, waler (für Spundwand)

Gurtplatte f reinforcing plate; boom plate, chord plate, flange plate (für Stahlkonstruktionen)

Gurtsims m(n) fascia

Gurtstab m boom member, chord member, flange member

Gurtung f flange of girder, boom, webbing (für Stahlkonstruktionen)

Gussasphalt m 1. poured asphalt, gussasphalt, mastic asphalt, melted mastic

Gussbeton

asphalt *(Baustoff)*; 2. mastic flooring *(Belag, Deckschicht)*
Gussbeton *m* cast concrete, chuted concrete, moulded concrete
Gusseisenrohr *n* cast-iron pipe
Gussmörtel *m* grout, *(AE)* larry • **mit Gussmörtel vergießen** grout
Gussstahl *m* cast steel, mild steel *(z. B. als Baustahl, Betonstahl)*
gut abgestuft graded well, well-graded *(Gekörn)*
gut gebaut well-built
Gutachten *n* 1. expert's report, expert's opinion, survey; 2. approval of plans *(Bauvorhaben)*; 3. certificate *(Bauelemente, Montageteile, Baustoffe)*
Gütebestimmungen *fpl* quality regulations, specifications
Güteeigenüberwachung *f* factory control
Güteklasse *f* quality class, quality grade, grade, class • **Güteklasse gekennzeichnet** grade marked
Gütenachweis *m* 1. certificate of quality, proof of compliance, quality certificate *(amtlich)*; 2. quality check, quality checking *(Eigenüberwachung)*
Güteüberprüfung *f* quality check(ing)
Güteüberwachung *f* quality audit, quality control
Gütezeichen *n* quality control mark
Gyrator *m* gyratory compactor, gyratory shear compactor

H

Haarfang *m (San)* hair catcher
Haarmörtel *m* hair(ed) mortar
Haarriss *m* hair crack, hairline crack, fine crack, capillary crack, crack, microfissure; check *(z. B. im Stahl bei schnellem Kühlen)*; hair check, plastic shrinkage crack *(z. B. in Beton oder Farbe)*; sleek *(Glas)*
Haarzementmörtel *m* haired cement mortar
Hafenanlagen *fpl* harbour facilities, port installations, docks
Hafenbau *m* harbour engineering, wharf construction
Hafendamm *m* jetty, wharf, mole, harbour bar, pier; breakwater *(als Schutz)*

Haftbrücke *f* bond(ing) course, bonding interlay, bonding layer, bond coat
haften *v* 1. adhere (to), stick, cling, attach (to); 2. held liable, liable *(rechtlich verantwortlich sein)*; 3. be responsible (for) *(z. B. für Mängel)*
Haftfestigkeit *f* adhesive strength, bond strength; tenacity *(Zähigkeitshaftung)*; bonding (strength), gripping *(Stahlbeton)*
Haftgrund *m* 1. keying surface *(Putz, Beschichtung, Anstrich)*; 2. paint base, base *(für Farbanstriche)*; 3. self-etch(ing) primer, etching primer *(Anstrichtechnik)*
Haftkleber *m* contact adhesive, dry-bond adhesive, pressure-sensitive adhesive, lap cement
Haftmittel *n* adhesion agent, adhesive, antistripping additive, antistripping agent, bonding agent, sticker
Haftreibung *f* 1. static friction, frictional binding, *(AE)* sticking, striction; 2. cohesive friction, friction grip, road friction *(Straßenoberfläche)*
Haftspannung *f* 1. adhesive stress, stress of adhesion, adhesion force; 2. bond(-ing) stress, gripping stress *(bei Bewehrung)*
Haftungsbegrenzung *f des Bauunternehmers* limitation of contractor's liability
Haftverankerung *f* self-anchorage *(Spannbeton)*
Haftverbund *m* bonding interlay, bonding; gripping *(Stahlbeton)*
Haftverlust *m* loss of adhesion; debonding, bonding failure *(Stahlbeton)*
Hahn *m* tab, *(AE)* faucet; cock, stopcock *(Absperrhahn)*
Hahnenbalkendach *n* top beam roof
Hahnventil *n* plug top; cock, plug cock *(Absperrventil)*
Haken *m* 1. hook; 2. claw, clutch *(Klaue)*; 3. clasp *(Lasche)*; 4. *(Hb)* crook; 5. concave tile *(Rinnenziegel)*; 6. hitch *(Zughaken an Fahrzeugen)* • **mit einem Haken versehen** hooked
Hakenbewehrungseisen *n* hooked bar
Hakenblatt *n (Hb)* notching, hook-like halving, scarf and key, splice
Hakenstein *m* 1. concave tile *(Dachziegel)*; 2. toed voussoir *(beim Gewölbe)*
Halb... half ..., semi ...

Halbbalken m 1. half-beam; 2. *(Hb)* half-timber

Halbbogen m semiarch, compass-headed arch

Halbdach n mono-pitch [half-span] roof, penthouse [pitched, shed] roof; lean-to roof *(an einer Wand; s. a. Pultdach)*

halbgedreht half-turn *(Treppe)*

Halbholz n half-timber, *(AE)* half-log; half-balk, half-baulk; half-round wood; scantling *(bis zu 100 mm × 125 mm im Durchmesser)*

Halbkreisabseite f *(Arch)* semicircular exedra

Halbkreisbogenfenster n round-arched window

Halbkuppel f half-cupola, half-dome, semicupola *(ein Viertel-Kugelgewölbe)*

Halbrundprofil n half-round section, half-round moulding

Halbsäule f 1. demi-column, half column, semicolumn; 2. *(Arch)* pilaster, attached column

Halbschale f open channel, spherical shell

halbstarr semirigid

Halbsteinwand f half-a-brick wall, half-brick wall

Halde f 1. spoil heap, waste heap, heap, dump *(Abfallkippe)*; 2. mound *(Erdaufschüttung)*; 3. stockpile, deposit, tip *(Materialvorratshalde)*

Haldenmaterial n stockpiled material

Halle f 1. hall, entrance hall, reception hall, vestibule *(z. B. Hotel, Theater)*; 2. shed *(z. B. Werk)*; 3. hanger *(Flugzeughalle)*

Hallenbausystem n hall construction system, shed construction system

Hallenbauten mpl industrial shed structures

Hallenschiff n 1. hall-nave *(Kirche)*; 2. span, bay *(Industriehalle)*

Hals m 1. neck; collar *(Halsring)*; 2. *(Arch)* hypotrachelion *(z. B. einer Säule)*

Halsstück n 1. *(Arch)* colarin *(z. B. einer dorischen oder ionischen Säule)*; 2. throat *(z. B. Verjüngung am Kaminschornstein)*

Haltebolzen m holding bolt

Haltelasche f cleat

Halter m 1. fastener, clamp, clip *(Halteklammern)*; 2. holder, keeper *(Halterung)*; 3. veil *(für Handtücher)*; 4. pod *(Sockel)*; 4. stock *(Griff)*

Haltespur f *(Verk)* lay-by, emergency stopping lane

hämmern v 1. hammer, strike, pound; 2. forge *(schmieden)*; 3. beat *(bearbeiten, z. B. Steine)*; 4. sledge *(zerteilen, zerschlagen)*; 5. pavio(u)r *(beim Pflastern)*; 5. pane, peen *(aushämmern)*

Hammerschlaglackanstrich m hammer finish

Handabweiser m hand rejector *(Schutzeinrichtung)*

Handeinbau m hand placement, hand placing, hand spreading *(z. B. Beton, Mörtel)*

Handgeländer n hand bar, *(AE)* banister *(Treppe)*; handrail *(z. B. einer Galerie)*

Handlanger m 1. labourer, helper, *(AE)* help; 2. mason's labourer *(beim Mauern)*; 3. pavio(u)r's labourer *(beim Pflastern)*; 4. hodman tray-man *(speziell auf der Baustelle)*

Handlauf m 1. grab bar *(speziell an einer Dusche)*; 2. hand bar, *(AE)* banister *(Treppe)*; 3. handrail *(z. B. einer Galerie)*

Handmontage f hand fitting

Handramme f 1. hand ram(mer), hand tamper, punner *(für Bodenverdichtung)*; 2. hand rammer, paving beetle, maul, mall *(Straßen- und Tiefbau)*; 3. hand-driven winch pile driver *(für Pfähle)*; *(sl)* bishop

Handstampfer m hand tamper, punner

Handwerker m craftsman, tradesman

Hanfeinlage f hemp core

Hanfwerg n hemp tow

Hang m 1. slope, slope of a hill, flank of a hill; 2. batter *(Böschung einer Mauer)*; 3. squint *(Neigungsebene)*; 4. pitch, descent *(Neigung)*

Hangar m hangar

Hängeanker m hold-down clip

Hängebalken m suspended beam, suspension girder

Hängebalkenwerk n/**einfaches** kingpost truss

Hängebaugerüst n boat scaffold

Hängebauwerk n suspension structure

Hängeboden m 1. built-in storage shelf, hanging floor *(in einer Wohnung)*; 2. garret, *(AE)* loft

Hängebrücke f suspension bridge, rope suspension bridge, cable suspension bridge

Hängedach n suspended roof, rope-

Hängedecke

suspended roof, cable-suspended roof; hanging truss *(Hängewerk)*
Hängedecke f/**leitungslose** unserviced hung ceiling, unserviced suspended ceiling
Hängegerüst n suspended scaffold(ing), hanging scaffold, swinging scaffold, two-point suspension scaffold, flying scaffold, hung scaffold
Hängeglied n (Hb) suspender
Hängegurtung f suspension boom
Hängekonstruktion f suspended construction, suspended construction system, suspended structure, suspension system
Hängeleuchte f suspension light fitting, suspended lamp, swing lamp, pendant, (AE) suspension luminaire fixture
Hängeplatte f 1. suspended plate, suspended sheet; 2. (Arch) mutule *(flacher Schrägstein eines dorischen Gesimses)*; corona, larmier *(Geison)*
Hängerinne f hanging gutter, hanging stormwater gutter, hung gutter, suspended gutter
Hängesäule f 1. hinge post, king post, middle post *(unter dem First)*; 2. princess, truss post, queen post *(Dachstuhl, unter der Pfette)*; 3. (Hb) suspender; 4. suspension post, sag tie *(Stahlbau)*
Hängestab m hanger *(Dachstuhl)*; sag tie *(Stahlbau; s. a. Hängesäule)*
Hängeträger m suspension girder
Hängewerk n 1. hanging truss, suspension truss, suspended truss; simple trussed beam; suspension structure, shed truss; 2. truss frame (with truss on top) *(Dachstuhl)*
Hängewerksbrücke f pendant-framed bridge, truss frame bridge
Hanghaus n stepped hillside house
Hangsicherung f slope protection, slope stabilization
Harmonikatrennwand f concertina partition (wall), folding partition (wall), sliding partition (wall), accordion door
Harmonikatür f accordion door, bellow-framed door, concertina door, flexible door, folding door
hart 1. hard *(z. B. Werkstoffe)*; 2. harsh *(Farbanstrich)*; 3. rigid *(z. B. Baustoffe, Kunststoff)*; 4. solid *(z. B. Boden)*; 5. strong *(z. B. Gestein)*; 6. tough *(zählhart)*; 7. severe *(Bedingungen)* • **hart werden** 1. bind, set *(z. B. hydraulische Bindemittel)*; 2. harden *(z. B. Farben, Bindemittel)*; 3. indurate *(z. B. Boden)*
Hartbauplatte f rigid sheet *(Trockenbau)*
Hartbeton m hard concrete, granolithic concrete
Hartbrandklinker m special-quality clinker [brick], engineering clinker [brick], cistern clinker *(Ziegel mit hoher Bruchfestigkeit)*
Hartdämmmaterial n rigid insulation material
Härten n curing *(Kunststoffe, Farbe)*; chilling, quenching *(Abschrecken, z. B. Stahl)*
Härter m 1. hardening compound; 2. curing agent *(für Kunststoffe, Farben)*; 3. hardener *(z. B. für Beton, Farben)*; 4. hardening oil *(für Farben und Lacke)*
Hartfaserplatte f hardboard, hard fibreboard, moulded fibreboard, compressed fibreboard, perforated hardboard
Hartgestein n hard rock, hard stone
Hartglas n hard glass, toughened glass, silica glass, tempered (safety) glass *(1. hitze- und chemikalienbeständiges Glas; 2. Glas mit hohem Schmelzpunkt)*
Hartholz n hardwood, deciduous wood, non-coniferous wood
Hartlöten n hard soldering
Hartplatte f moulded fibreboard, compressed fibreboard
Hartschaum m rigid foam
Härtung f 1. hardening treatment; 2. final setting *(Beton, Mörtel)*; 3. hardening *(von Metall)*
Harz n resin • **mit Harz tränken** resin
harzgetränkt resin impregnated, resin saturated
Harzmörtel m resin grout
Haspe f 1. hasp; 2. (Hb) pin *(z. B. an Türbändern)*; staple *(Krampe)*
Haspenband n (Hb) long cross garnet, long tee hinge
Haube f 1. cap; capola, lantern *(Dachaufsatz)*; 2. coping *(Mauerwerksabdeckung)*; 3. lid *(Deckel)*
Haubendach n capped roof
Haubendurchlass m box culvert *(für Wasser, z. B. unter Straßen)*
Haufen m heap, pile, stockpile, bunch;

cluster *(Gruppe)* • **über den Haufen werfen** gum-up *(Projekt)*
Häufigkeitsverteilungskurve f frequency distribution curve *(statistische Qualitätskontrolle)*
Haufwerk n 1. heap of debris, debris *(Bergbau)*; 2. *(Bod)* particulate media, head; 3. feed *(Aufbereitungsaufgabe)*
haufwerksporig porous *(Beton)*
Haupt... primary ..., principal ..., major ..., chief ...
Hauptablaufplan m master plan for appointed dates *(Bauausführung)*
Hauptabmessung f principal dimension
Hauptachse f 1. main axis line, principal axis; 2. *(Verk)* axis of reference, principal axis
Hauptauftragnehmer m main contractor, general contractor, prime contractor, prime professional, principal contractor, contractor, sponsor
Hauptbauglied n primary member
Hauptbewehrung f main reinforcement, main reinforcement bars, main bars, principal reinforcement
Hauptbogen m 1. chief arch; 2. *(Verk)* principal arch, centre arch, principal vault *(Brücke)*
Hauptebene f *(Stat)* main plane, principal plane
Hauptfeld n main span *(Brücke)*
Hauptgebäude n main building, main block, main structure, principal building, principal block, principal structure
Haupthahn m 1. main(s) cock, principal cock; 2. corporation cock [stop] *(am Anschluss zum öffentlichen Versorgungsnetz)*
Hauptlast f main load, principal load
Hauptleitung f 1. *(El)* main, electric mains; 2. feeder *(an Kraftwerken)*; 3. pipeline *(Hauptfernleitung)*; 4. trunk main *(für Abwasser, Gas)*
Hauptnormale f *(Stat)* main normal, principal normal
Hauptnormalspannung f *(Stat)* principal normal stress
Hauptsammelkanal m main drain, main sewer, interceptor sewer
Hauptsammler m main collector, trunk sewer, main drain, main sewer, collector drain *(Abwasser)*

Hausentwässerungsleitung

Hauptschalter m *(El)* main switch, master switch
Hauptschieber m 1. main sluice valve *(Schleusenschieber)*; 2. master gate *(Wasser)*
Hauptschnittkraft f vertical force
Hauptschubspannung f main shearing stress, principal shear stress
Hauptspannungsachse f principal axis of stress
Hauptsparren m principal rafter, principal, main rafter, *(AE)* back
Hauptstraßennetz n *(Verk)* main road network
Hauptstütze f main column, principal column
Hauptträger m 1. bearer; 2. main girder, principal girder *(Brückenbau)*; 3. *(Arch)* cephalophorous *(griechische Architektur)*
Haupttragwerk n main load-bearing structure
Hauptverkehrsstraße f 1. main street, principal street, major street, principal road, major road, arterial highway, primary distributor, thoroughfare *(innerorts und städtische Randbereiche)*; 2. main highway, trunk road *(zwischen Städten)*
Hauptverteilungsleitung f principal distribution line, main supply line
Hauptwasserleitung f water main
Haus n house, building, *(AE)* home
Haus n**/allein stehendes** detached house
Haus n **mit niedrigem Energieverbrauch** low-energy consumption house
Haus n**/sonnengeheiztes** solar house
Hausanschluss m 1. house connection, service connection(s) *(an eine Ver- oder Entsorgung)*; 2. *(El)* house connection line; 3. service connection, branch *(Wasser)*; 4. home sewage connection *(Abwasser)*; 5. private connection *(Telefon)*
Hausanschlussleitung f 1. *(El)* house connection line, service conductor(s); service drop *(letztes Teilstück einer Freileitung)*; 2. *(San)* service line, branch line to a house
Hausbau m building construction, house-building, house construction
Hausentwässerung f house drainage, building drainage
Hausentwässerungsleitung f sanitary

building drain; slant *(mit natürlichem Gefälle)*
Häuserblock *m* 1. block of houses, square *(Häuserblockviertel)*; 2. block of dwellings, block of flats *(ein Wohn(hoch)hausblock)*; 3. *(Arch)* quadrangle
Haushauptschalter *m* *(El)* main switch, service entrance switch
Hausinstallation *f* 1. indoor installation, domestic installation; 2. *(San)* plumbing; 3. *(El)* house wiring *(Anlage)*; 4. indoor installation work; 5. *(El)* indoor wiring work *(Tätigkeit)*; 6. *(San)* plumbing work *(für Wasser und Gas)*
Hausmüll *m* consumer waste, domestic refuse, domestic wastes, house refuse, *(AE)* household rubbish, household waste
Hausmülldeponie *f* municipal waste landfill
Haustechnik *f* mechanical services, domestic engineering, installations
Hebeanlage *f* pump station *(Abwasser)*
Hebebock *m* jack, derrick
Hebebrücke *f* lift bridge
Hebefenster *n* lifting window
Hebelarm *m* 1. lever arm *(Bedienungselement)*; 2. moment arm, arm, arm of force *(Kraft)*
Hebelgriff *m* lever handle
Hebelkraft *f* prize, leverage
Hebemechanismus *m* lifting mechanism
heben *v* 1. raise, elevate, heave; 2. hoist, lift, uplift *(mit Kran)*; 3. jack (up) *(mit Hebebock)*; 4. *(Bod)* heave, upheave *(z. B. Baugrund, Deckenkonstruktionen, Oberflächen)*
Heberleitung *f* siphon conduit, siphon pipe
Hebetür *f* lifting door
Heften *n* stapling, tacking *(mit Heftklammern)*; stitching *(Dekorationsarbeiten)*
heiß hot; warm, thermal
Heißanstrich *m* 1. hot mopping *(Vorgang)*; 2. mopping of asphalt bitumen, mopping of hot bitumen *(fertiger Anstrich)*
Heißasphalt *m* hot rolled asphalt
Heißeinbau *m* *(Verk)* hot-laying, hot rolling *(Asphalt)*
Heißkleber *m* hot glue, hot-setting adhesive
Heißluftheizung *f* hot-air heating
Heißwasserspeicher *m* boiler, hot water reservoir, hot water tank, storage (water) heater
Heizen *n* heating
Heizfläche *f* heater surface, heating surface
Heizkörper *m* heating element, heater, radiator, convector
Heizleistung *f* heating capacity, heating output
heizölbeständig heating oil-resistant, oil-resistant
Heizöllagerraum *m* heating oil store
Heizöltank *m* heating oil tank, fuel tank
Heizrippe *f* radiator rib, gill, fin
Heizung *f* heating, heating system
Heizungsanlage *f* heating system, heating installation, domestic heating system, central heating, central heating system
Heizungskeller *m* basement boiler room, heating cellar, furnace room, boiler room
Heizungsrohrsystem *n*/**geschlossenes** closed heating pipe system, closed system
Heizwerk *n* heating plant
Heliport *m* heliport, helistop
hell gestrichen light-painted
Helmdach *n* 1. helm roof; 2. *(Arch)* polygonal spire, flèche *(schlanker Kirchturm)*
hemmen *v* 1. lock, choke *(anhalten)*; 2. lock, block *(sperren)*; 3. inhibit *(Korrosion)*; 4. retard *(z. B. Abbindeprozesse, Korrosionsprozesse)*
Heraklithplatte *f* Heraklith insulating board
herausschwemmen *v* *(Erdb, Wsb)* flush out
Herdmauer *f* invert, toe wall
hergestellt/monolithisch poured-in-place
Herstellung *f* **in Ortbeton** cast-in-place
Herstellungskosten *pl* fabricating costs, fabrication costs, factory cost, production cost
hervorstehen *v* project, protrude stand out, jut, sail over
Herzbrett *n* heart plank
Hilfsabstützung *f* reshoring *(Montage)*
Hilfsbauwerk *n* auxiliary structure
Hilfsbewehrung *f* auxiliary reinforcement
Hilfskonstruktion *f* auxiliary construction
Hilfspfeiler *m* 1. adjoining post, prick post

(Dachstuhl); 2. *(Tun)* man-of-war pillar *(auch Bergbau)*
Hinnivellierung f *(Verm)* outward levelling
hinter back, rear
Hinteransicht f back view, rear view; back elevation *(Hinteransicht eines Gebäudes)*
Hinterfront f backfaçade, back elevation *(Hinterfront eines Gebäudes)*
Hinterfüllung f *(Erdb)* backfilling, backing, infill
Hinterhof m courtyard, backyard; rear yard *(in voller Grundstücksbreite)*
Hinterlage f substrate, substratum
Hintermauern v backing-up
Hintertür f back door, rear door
Hinweisschild n guide board; indicating label
hinzufügen v append; add *(auch Kräfte)*
hinzukommend additional
Hirnholz n cross-cut wood, end-grain wood, grain-cut timber; end grain *(Holzstruktur)*
Hirnholzverbindung f end-to-end-grain joints
Hirnschnitt m (Hb) cross-cut, end-grain cutting, end grain
Hitze f 1. heat; 2. tally of blows *(Pfahlrammen)*
hitzebeständig heatproof, heat-resistant, resistant to heat, thermally stable
Hobelbank f carpenter's bench, joiner's bench, working bench
Hobeleisen n plane iron, cutter, bit
hobeln v 1. plane, dress; 2. *(Verk)* shave
Hobelspanplatte f shaving board
hoch high; elevated *(erhöht);* tall *(schlank)*
• **hoch sein** stand
hoch liegend overhead, high-lying
Hochbau m building construction, building engineering, construction engineering; overhead construction *(Leitungsbau)*
Hochbau m/**schlüsselfertiger** turnkey building
Hochbauarbeiten fpl building construction work, building works
Hochbauingenieur m building engineer, construction engineer, structural engineer
Hochbauten mpl high-rising structures, rising structures
hochbeanspruchbar heavy-duty
Hochbehälter m 1. elevated tank, high-level tank, overhead tank; tower tank *(auf einem Turm befindlich);* 2. above ground store *(oberirdischer Lagerbehälter);* 3. roof cistern, overhead cistern *(Regenwassersammelbehälter);* 4. service reservoir, service reservoir for water supply *(nur für Wasserversorgung)*
Hochbord m kerb, raised kerb, *(AE)* curb, raised curb
Hochbrücke f viaduct
Hochdruckheizung f high-pressure heating
hochfest high-strength
Hochhaus n high-rise building, high-rise block, tall building, tall block, tower building, *(sl)* high-riser, *(AE)* skyscraper
hochkant on edge, edgewise, upright
hochkant verlegen v lay edgewise
Hochleistungsbeton m high performance concrete
Hochlöffelbagger m face shovel, crowd shovel, forward shovel, power shovel, power navvy
hochmauern v bring up, carry up (a wall), wall
Hochofenschlacke f blast-furnace slag, blast slag, iron blast-furnace slag, lump slag; iron cinder *(als Zuschlag);* *(AE)* cinder
Hochofenschlackenbeton m blast-furnace slag concrete, slag concrete
Hochofenschlackenstein m slag sand block
Hochofenzement m blast-furnace slag cement, blast-furnace cement, Portland blast-furnace cement, slag cement, metallurgical cement
Hochpunkt m high point
Hochspannungsleitung f (El) high-voltage transmission line
Hochspannungsmast m 1. (El) high-voltage transmission tower, transmission tower; 2. *(Arch)* pylon
Hochstehbecken n high-level reservoir, high-level tank
Höchstbelastung f maximum load, highest load
Höchstlast f maximum load, peak load
Hochstraße f 1. elevated road, high-level road, *(AE)* overhead roadway, elevated highway; elevated freeway *(kreuzungsfrei);* 2. fly-over (junction) *(im Kreu-*

höchstzulässige 364

zungsbereich); (AE) overpass (Autobahnüberführung)
höchstzulässige Konzentration f (Umw) TLV, threshold limit value
Hoch- und Tiefbau m building (construction) and civil engineering
hochverdichtet highly (com)pressed; high-compacted (z. B. Baustoffe, Untergrund)
Hochwasserdurchlass m (Wsb) high-water section, high-water span, stormwater flow
Hochwasserflutkanal m (Wsb) spill channel
Hochwasserrückhaltebecken n (Wsb) high-water basin, retaining basin, retardation basin, stopping basin
Hochwasserschutzbauten mpl (Wsb) inundation protection structures; flood control structures, flood protection structures
Hochwasserüberschwemmungsgebiet n (Wsb) flood plain, flood area
hochzugfest high-tensile
Hof m 1. court, courtyard, yard; 2. (Arch) quadrangle
Hofeinlauf m yard gully, yard gully hole
Hofseite f yard side; back elevation (Hinterfront eines Gebäudes)
Höhe f 1. level (Niveau); 2. height (eines Bauwerkes); 3. altitude, height (über dem Boden); 4. depth (Baumaschinen, Bauelemente); 5. elevation (Höhe über N.N.) • **auf gleicher Höhe mit** level with • **in die Höhe richten** 1. lift up (Lasten); 2. cock, raise up (aufrichten) • **in gleicher Höhe** flush
Höhe f/absolute absolute height
Höhe f/lichte 1. clear height, vertical clearance, clearance; 2. (clearance) headroom, headway, overhead clearance (im Gebäude); 3. stair clearance (Treppe); 4. ceiling clearance, inside height (eines Zimmers); 5. daylight width, maximum daylight, daylight (für Fenster); 6. bottom car clearance (eines Fahrkorbs zum Boden)
Höhe f **über NN** elevation above sea level, altitude above sea level, height above sea level, elevation
Höhenabmessung f height dimension
Höhenbezugspunkt m (Verm) datum level, bench mark, point of reference

Höhenfestpunkt m benchmark (im Gelände)
höhengerecht level with, at-grade, at level
höhengleich 1. at level, at-grade; 2. (Verk) single-level
Höhenkote f height indication
Höhenlinie f level line, line of levels (vermessen); contour line, surface contourline (Oberflächen)
Höhenmarke f (Verm) datum level, datum point, point of reference; benchmark (im Gelände)
Höhenmessung f 1. height measurement; 2. levelling, levelling survey (im Gelände); 3. depth measurement (Baumaschinen, Bauelemente); 4. altitude measurement (absolute Höhenlage)
Höhenplan m 1. (Verk) gradient diagram, grading plan; 2. contour map (Landvermessung)
Höhenschichtlinie f contour line, surface contourline
Höhenvermarkung f **am Bauwerk** level control
hohl hollow; cored, concaved • **hohl werden** (Hb) hollow
Hohlbalkendecke f tube floor (mit kreisförmigen Hohlräumen)
Hohlblockstein m hollow block, cavity block, hollow concrete block, hollow masonry unit, A-block
Hohldiele f hollow-core plank, hollow-core floor slab, hollow plank, cavity slab, concrete plank
Hohlform f 1. concavity, hollow form; 2. hollow mould, die (Gussform); 3. cup (Hohlgefäß, Hohlformatig)
Hohlfuge f hollow joint, recessed joint, open joint, keyed joint, recessed pointing
Hohlkehle f 1. concave moulding, hollow moulding, fillet; round corner; 2. (Hb) mould, furrow, hollow; groove (längs an Säulen); 3. cove (an Decken); 4. (Arch) ogee; cyma recta (am Säulenkapitell); cavetto (Viertelhohlkehle); trochilus; 5. quirk (am Gesims); 6. scotia (am Säulenfuß, Säulenschaft); (AE) gorge (am Säulenschaft)
Hohlkörper m 1. hollow building member, hollow building unit, hollow member, hollow unit (Baukörper); 2. vessel (ge-

Holzgüte

fäßartig); 3. filler block, hollow body (Stahlbeton)

Hohlkörperdecke f hollow concrete floor, hollow brick ceiling, hollow filler block floor

Hohlmauer f 1. cavity wall, hollow wall; 2. (Wsb) cavity dam, hollow dam, gravity dam

Hohlraum m 1. cavity, open space; 2. void, pore, gap, vacuity (porenartig); 3. cell, cavity, core hole, core (Loch in Ziegeln, Blocksteinen usw.); 4. ceiling plenum (als Luftrückflusssammelraum bei Klimaanlagen); 5. interstice (Gemischbaustoff)

Hohlraumfüllung f cavity fill (Dämmung)

Hohlraumgehalt m 1. percentage of voids, porosity, voids content (Baustoffe); 2. (Verk) voids in the total mix

Hohlraumisolierung f cavity insulation; cavity wall insulation

Hohlsteindecke f hollow-block floor, hollow brick ceiling, hollow floor slab, hollow-tile floor, pot floor

Hohlstelle f (Hb) hollow

Hohlträger m hollow girder, box girder, hollow-web girder

Holm m 1. ladder beam, runner (Leiter); 2. cross beam, horse, brow post (Treppe); 3. capping beam, capping piece, beam piece (Rostschwelle); 4. strut (Sprengstrebe)

Holz n 1. wood; timber, (AE) lumber (Bauholz, Schnittholz); 2. s. Schwellholz • **aus Holz** wooden • **Holz imprägnieren** paynize • **Holz konservieren** preserve wood • **Holz masern** spot • **Holz mit dem Beil zurichten** trim timber with the hatchet • **Holz schneiden** mill timbers • **Holz spalten** chop • **maschinell Holz schneiden** mill timbers • **mit Holz auskleiden** timber • **mit Holz verkleiden** wainscot

Holz n/druckimprägniertes densified impregnated wood

Holzabdeckung f timber planking

Holzarbeiten fpl timberwork, woodwork

Holzbalken m timber beam, timber, wood(en) beam; needle beam (kurzer, dicker Stützbalken)

Holzbalkendecke f wood(en) joist ceiling, wooden beam floor, timber joist floor, single timber floor

Holzbalkenzugankerverbindung f haunched mortise-and-tenon joint

Holzbau m 1. building in timber, building in wood, timber construction, wood(en) construction, wood(en) building; 2. timber engineering (Fachgebiet)

Holzbauelemente npl joinery, prefabricated joinery (z. B Türen, Fenster, Treppen); (AE) millwork

Holzbauwerk n timber structure

Holzbeton m wood-cement concrete, wood chip concrete, wood concrete

Holzbetonplatte f wood chip concrete slab

Holzbinder m timber roof frame, timber truss, wooden roof frame

Holzbohle f timber plank; batten (ca. 65 mm dick, 150 mm breit)

Holzbundbalken m wooden binding beam

Holzdachschindel f wood shake (keilförmig); wooden roof shake (handgespalten)

Holzdecke f wood ceiling

Holzeinlegearbeit f mosaic woodwork, inlay work in wood, wood inlay, mosaic work, marquetry (z. B. in Möbeln)

hölzern wooden

Holzfachwerk n cross-timbered truss, timber framing, framework; timber framework (eines gesamten Gebäudes)

Holzfachwerkhaus n timber-framed house, timber framework building, wooden framed house, wooden framework building

Holzfachwerkwand f timber-framed wall, timber frame wall, wooden framework wall

Holzfaserbauplatte f wood-fibre building board, wood building board

Holzfäule f wood rot, timber decay, timber decomposition, dry rot, dote

Holzfertighaus n prefabricated timber house, (AE) prefab (sl)

Holzfräsen n shaping

Holzfußbodenbelag m timber flooring finish, wooden floor covering

Holzgerippebau m wood skeleton structure

Holzgitterwerk n wood lathing (Putzträger)

Holzgurtgesims n stringer

Holzgüte f timber quality

Holzhaus *n* wooden house, wooden cottage, timber house, timber cottage, chalet

Holzimprägnierung *f* impregnation of wood, wood steeping, wood treatment

Holzkonservierung *f* wood preservation

Holzkonstruktion *f* building in timber, building in wood, timber construction, wood(en) construction, framing of timber, wooden structure

Holzlagerplatz *m* wood yard, timber stacking ground, timber (stacking) yard, stockyard, *(AE)* lumber yard

Holzlasche *f* timber bracket, wooden cleat

Holzleiste *f* batten, timber batten, wooden batten, strip of wood, wood ledge, wood border; beading, beadwork *(dekorativ)*

Holz-Metallverbindung *f* wood-to-metal connection, wood-to-metal joint, timber-to-metal connection, timber-to-metal joint, metal timber connector

Holzmontagebau *m* wooden prefabricated construction

Holzoberflächenbehandlung *f* wood finishing

Holzoberschwelle *f* timber lintel, wooden lintel

Holzpfahl *m* 1. *(Erdb)* wood pile, tabular pile, timber pile, spile; 2. pale *(für Palisadenzaun)*; 3. stake *(Zaunpfahl)*

Holzpfahlrost *m* wood pilework

Holzpfette *f* wooden purlin

Holzpflasterbefestigung *f* wood block paving

Holzpflock *m* timber peck, nog, spile; timber post, wooden post *(für Zäune)*

Holzplatz *m* timber stacking ground, timber stacking yard, timber yard, wood yard, stockyard

Holzquerschnitt *m* timber section

Holzrahmen *m* wooden frame(work), timber frame, timber underframe, wooden rigid frame

Holzrahmenbauwerk *n* timber-framed structure

Holzrahmenkonstruktion *f* structural wood framing system *(Konstruktionssystem)*; timber-framed construction, wood-frame construction, timber (-framed) building *(Produkt)*

Holzrahmenwerk *n* timbering

Holzraspel *f* wood rasp

Holzriegel *m* wooden rail, nogging piece

Holzrost *m* timber grid, wooden grid, wooden grating; timber grille, timber grillage, wooden grillage, pontoon *(Gründungsrahmen)*

Holzschalung *f* 1. timber formwork, timber shuttering, wooden formwork, wooden sheathing, wooden shuttering, timber forms *(Schalungsformteile)*; 2. roof boarding, roof boards *(Dachschalung)*

Holzschindel *f* wood shingle, oak shingle, shingle

Holzschnittmaß *n* nominal size

Holzschutzmittel *n* timber preservative, wood preservative

Holzschwelle *f* 1. timber sill, sole plate (z. B. Türschwelle); 2. wooden sleeper *(Eisenbahn)*

Holzskelettbau *m* wood skeleton structure, wooden skeleton construction

Holzsockelleiste *f* timber skirting, wooden sanitary cove, *(AE)* lumber baseboard

Holzspanbaustoff *m* wood-particle material

Holzspanplatte *f* wood(en) chipboard, wood(en) particle board, hardboard

Holzsparren *m* timber rafter

Holzsprengwerk *n* timber truss frame, wooden truss frame

Holzspundwand *f* timber sheet piling

Holzständerkonstruktion *f* wooden post-and-beam structure

Holzsteifrahmen *m* wooden rigid frame

Holzstempel *m* *(Erdb)* timber prop, wood prop

Holzsturz *m* timber lintel, wood(en) lintel, timber stanchion, wooden column

Holztafelbauweise *f* wood panel construction

Holztäfelung *f* 1. (wooden) panelling *(Vorgang)*; 2. wainscot, wooden panelling, wooden panel *(Produkt)*

Holzträger *m* 1. timber girder, wood(en) girder; 2. apron piece *(für Holztreppenhäuser)*

Holztragwerk *n* wooden loadbearing structure

Holztreppe *f* timber stair(case), wooden stair(case)

Holzunterkonstruktion *f* wooden firring *(Putzträger)*

Hüttenwolledämmung

Holzverbindung f 1. timber assembling *(Montage)*; 2. timber connection, timber joint, wood connection, wood joint
Holzverbindungsmittel n wooden fastener
Holzverbundstoff m wood composite
Holzverkleidung f wood covering, wood board lining, wooden lining, timber lining, timber surfacing; wood lagging, timber lagging *(für Dämmungszwecke)*
• **mit Holzverkleidung** timbered
Holzverschalung f 1. timbering, planking, timber decking, clamping with boards; 2. timber sheathing, wooden sheathing *(für Wände)*; 3. poling boards *(eines Schachts)*; 4. weather-boarding *(Außenwandverschalung, Wetterschürze)*; 5. wood lagging *(für Bögen)*; 6. cribbing, cribwork *(aussteifende, tragende Verschalung)*; timber decking
Holzvertäfelung f 1. panelling *(Vorgang)*; 2. wainscot, wood panelling, panel
Holzwerk n timbering, woodwork
Holzwolledämmung f wood-wool insulation, excelsior insulation
Holzwolleleichtbauplatte f wood-wool building slab, wood wool lightweight building board
Holzzapfen m slip
Holzzement m wood putty
Holzziegel m wood brick, timber brick, nog, fixing block, nailing block
Hörbarkeitsbereich m audibility range, range of audibility
Horizontalbalken m horizontal beam; string piece *(bei einem Dachstuhl)*
Horizontalbelastung f horizontal loading, lateral load
Horizontalelement n horizontal member
Horizontalkraft f horizontal force
Horizontalschub m horizontal thrust, outward thrust, overturning thrust, tangential thrust
Horizontalverband m horizontal joint, horizontal wind bracing
Horizontalverschiebung f horizontal translation; sidesway *(Gebäude)*
Hörschwelle f threshold of audibility, threshold of hearing *(Gebäudeschall)*
Hosenstück n *(San)* wye branch, Y-branch, Y-ducting *(Rohrverbindung)*
Hourdis m hollow-gauged brick

H-Querschnitt m H-section
HR Rockwell hardness
H-Träger m H-beam
Hub m lift
Hubbrücke f lift bridge, vertical lift(ing) bridge
Hubdach n lift-slab roof
Hubdeckenbauwerk n lift-slab structure
Hubdeckenverfahren n slab-lift method
Hubfenster n sash window, vertical sash
Hubgerüst n mast assembly
Hubhöhe f hoisting height, lifting height, lift
Hubplattenverfahren n lift-slab construction
Hubschiebetür f sliding lifting door
Hufeisenbogen m *(Arch)* Arabic arch, horseshoe arch
Hufeisenprofil n *(Tun)* horseshoe profile, horseshoe section
Hülle f 1. cover, covering, coat, wrapper, wrapping, enclosure *(Umhüllung)*; 2. encasement, envelope, capsula, can, sleeving *(Ummantelung, Gehäuse)*; 3. carcass, envelope *(eines Gebäudes)*; 4. sheath(ing) *(z. B. von Bauteilen und Leitungen, Hüllrohr)*
Hüllkurve f envelope *(eines Gebäudes)*
Hüllkurve f/**Mohr'sche** *(Bod)* Mohr's envelope, rupture curve
Hüllrohr n cable duct, encasing tube, sheathing; sheath *(Spannbeton)*
Hülse f 1. socket; sleeve, shell, bushing, case; 2. barrel *(Rohrhülse)*; 3. sheath *(Spannbeton)*; 4. cylinder *(Gehäuse)*
Hülsenanker m tapped sleeve anchor *(mit Innengewinde)*
Hülsenfundament n sleeve foundation, socket base, socket foundation
Humusboden m humus soil, humic soil, organic soil, mould
Humussäure f humic acid, ulmic acid
Hutquerschnitt m top-hat section
Hütte f 1. hut, cabin, cot, cottage; 2. hovel, *(AE)* shanty, shack *(ärmliche Hütte)*; 3. smelter, smelting works metallurgical plant *(Metallurgie)*; 4. alpine hut, mountain lodge *(Berghütte, Schutzhütte)*; hunting lodge *(Jagdhütte)*; 5. building shed *(Baustellenhütte)*
Hüttenbimshohlblockstein m hollow-expanded cinder concrete block
Hüttenwolledämmung f slag wool insulation

Hüttenzement *m* blast-furnace (slag) cement, metallurgical cement, slag cement

HV Vickers hardness, diamond pyramid hardness

HV-Schraube *f* high-tensile bolt

HV-Schraubenverbindung *f* high-strength friction grip

Hybrid-Betonkonstruktion *f* hybrid concrete construction

Hydrant *m* fire hydrant, hydrant, standpipe, *(AE)* fire-plug

Hydratation *f* hydration

Hydratationstemperatur *f* hydration temperature, temperature of hydration

Hydrationswasser *n* hydration water

Hydratwasser *n* hydration water, water of hydration *(Zementsteinbildung)*

hydraulisch hydraulic

Hydrogeologie *f* hydrogeology, geohydrology

Hydromechanik *f* hydromechanics, mechanics of liquids, fluid mechanics

hydrophil hydrophilic, water-loving

hydrophob hydrophobic, non-absorbent, water-fearing, water-hating, water-repellent

Hydrophobierungsmittel *n* hydrophobic agent, water-repellent agent

Hydropulsor *m (Umw)* hydraulic ram

Hydrotechnik *f* hydraulic engineering, water engineering

hygienisch sanitary

Hyperbelparaboloid *n* hyperbolic paraboloid, hypar

Hyperboloidschale *f* hyperboloidal shell

Hypothekenbelastung *f* encumbrance *(auf Gebäuden, Grundstücken)*

Hypothekenschuldner *m* mortgager

Hypothese *f* **der maximalen Dehnung** maximum strain theory *(Festigkeit)*

Hypothese *f* **des elastischen Grenzzustandes nach Mohr** *(Bod)* Mohr's theory

HZK *s.* höchstzulässige Konzentration

I

I-A-Fitting *n* service fitting

Idealgebäude *n* ideal building

Idealkörpermechanik *f* continuum mechanics

Identitätsprüfung *f* identification test

Imhoff-Brunnen *m* Imhoff tank *(Abwasser)*

Immissionsgrenzwert *m* **der Luft** ambient air emission standard, ambient air quality standard

Immobilie *f* property, *(AE)* realty

Immobiliengesellschaft *f* real estate company

Imprägnieranlage *f* impregnating plant, saturating plant

imprägnieren *v* impregnate, imbibe, proof, waterproof; penetrate, saturate, soak *(mit Flüssigkeiten)*; preserve, treat *(Holz)*; temper *(wasserabweisend)*; varnish *(mit Lacken, Kunstschichtstoffen)*

Inbetriebnahme *f* 1. initiation, commissioning *(Projekte)*; 2. starting-up *(Anlagen, Maschinen)*

Indirektbeleuchtung *f* concealed illumination, concealed lighting, indirect lighting

Induktionslöten *n* induction brazing, induction soldering

Induktionsschleife *f* 1. *(El)* induction loop *(Ampelschaltung)*; 2. *(Verk)* vehicle detector pad *(Straße)*

Industrialisierung *f* **des Bauwesens** industrialization of building

Industrieabfälle *mpl* industrial refuse, industrial waste

Industrieabwässer *npl* industrial sewage, industrial waste-water

Industrieansiedlungsgebiet *n* industrial development area

Industriearchitektur *f* industrial architecture

Industriebau *m* industrial construction, factory building, plant construction

Industriebauplatte *f* **mit Dämmzwischenschicht** building board for industrial construction, building panel for industrial construction, insulating board for industrial construction

Industriebaustoff *m* man-made building material

Industriebodenbelag *m* industrial flooring

Industriegebäude *n* industrial building, industrial structure, industrial block

Industriestandort *m* industrial site

Ineinandergreifen *n* interlocking *(von Montageelementen)*

Infiltrationswasser *n (Erdb, Umw)* infiltration water

Infrarotheizung *f* infrared heating

Infrarotstrahlungsheizung *f* heating by infrared radiation

Infrastruktur *f* infrastructure *(Grundeinrichtung eines Territoriums)*

Ingenieurbau *m* civil engineering

Ingenieurbauwerk *n (civil)* engineering structure

Ingenieurbüro *n* consulting engineers centre

Ingenieurhochbau *m* structural engineering

Ingenieurwesen *n* engineering

inhibieren *v* inhibit *(Korrosion)*; stifle *(Reaktionen)*

Initialsetzung *f (Erdb)* initial settlement

Injektion *f* injection; grouting *(Bodenverfestigung)*; pressure grouting *(Mörtel, Zementleim)*

Injektionsarbeiten *fpl* grouting work

Injektionsbeton *m* grouted-aggregate concrete

Injektionsgerät *n* grouting machine

Injektionsmörtel *m* intrusion mortar, intrusion grout

Injektionsschürze *f* grout curtain

Inklinationsmesser *m* inclinometer

Inkrustation *f* incrustation *(z. B. von Rohrleitungen)*; inlay *(Gestein)*

innen inside

Innen... indoor ..., inside ..., interior ...

Innenabdichtung *f* interior seal

Innenanstrich *m* inside painting, interior finish, interior painting, inside [inner, internal] coat, indoor finish

Innenarchitektur *f* interior design; interior decorating, interior decoration *(eines Raumes)*

Innenaufteilung *f* internal layout

Innenausbau *m* completion of the interior, internal finish(ing), interiorwork; inner [inside] fixtures

Innenausbauarbeiten *fpl* internal finishing

Innenausstattung *f* indoor decoration; interior furnishings

Innendämmung *f* inside insulation, internal insulation, inner isolation

Innendurchmesser *m* internal dimension, inside dimension; inside diameter, calibre, bore *(speziell von Rohren)*

Innengewindefitting *n* tapped fitting, female thread fitting

Innenhof *m* 1. inner court(yard), court, area; 2. *(Arch)* patio; 3. *(Arch)* quadrangle *(in Klöstern und englischen Colleges)*

Innenisolierung *f* internal insulation

Innenklima *n* indoor climate, inside climate, room climate

Innenlärm *m* indoor noise, inner noise, inside noise, internal noise, ambient noise

Innenmaß *n* clear dimension, internal dimension, internal size; inside width *(Rohrinnendurchmesser)*

Innenperspektive *f* interior perspective, interior view

Innenputz *m* interior plaster(ing), internal plaster(ing), interior finish

Innenraum... indoor ...

Innenraumaufteilung *f* interior layout, internal layout

Innenraumlicht *n* indoor light; borrowed light *(durch ein Innenfenster)*

Innenrenovierung *f* inner redecoration, inside redecoration, internal redecoration

Innenrüttler *m* concrete internal vibrocompactor, immersion vibrator, internal vibrator; poker vibrator *(Rüttelflasche)*; spud vibrator *(Tauchrüttelverfahren)*; needle vibrator *(für enge Zwischenräume, dichte Bewehrung)*

Innenschutzanstrich *m* interior coating

Innenverkleidung *f* inner lining, panelling, wainscot; inside trim *(Holz- und Metallverzierungen)*; surfacing finish, interior finish *(Wandputz)*

Innenwand *f* inside wall, interior wall, internal wall

Innenwandverkleidungsplatte *f* interior finish board

Innenweite *f* inner span

Inneres *n* inside *(z. B. eines Gebäudes)* • **im Innern** inside

Insektenschutzgitter *n* insect screen

In-situ-Verschäumung

In-situ-Verschäumung f foam-in-place moulding *(von Dämmaterial)*
Inspektionsschacht m lamphole
instabil instable, unstable, liable, astable, non-equilibrium • **instabil machen** destabilize
Installateur m 1. fitter, gas fitter, plumber, tinner, *(AE)* installer; 2. *(HLK)* steam fitter
Installation f 1. installation (services), fitting, fitting-in, plumbing system; *(AE)* carcassing *(Gas)*; utility *(Gas, Wasser, Abwasser, Strom)*; 2. *(El)* wiring
Installationsarbeiten fpl installation work, plumber's work, plumbing (work) • **Installationsarbeiten ausführen** carry out plumbing work, plumb
Installationsgang m service vault
Installationskanal m *(El)* (cellular) raceway *(für Elektroleitungen)*
Installationskern m mechanical core; plumbing core, plumbing unit *(für Wasser, Gas und Heizung)*; *(AE)* utility core *(für Versorgungsleitungen)*
Installationsmaterial n 1. material for services, plumbing fitting; 2. *(El)* material for electrical installations
Installationsobjekte npl fixtures and fittings *(technische Gebäudeausrüstung)*
Installationsraum m mechanical equipment room, machinery room *(für Heizung und Lüftung)*; *(AE)* utility room *(Wasser, Gas, Strom etc.)*
Installationsschacht m shaft with services, plumbing stack
Installationstechnik f domestic engineering, installation engineering
Installationswand f wall with pre-installed services; plumbing wall *(für Rohre)*
Installationszelle f unitized unit; plumbing unit *(für Wasser, Gas und Heizung)*; *(AE)* utility core *(für Versorgungsleitungen)*
Installationszellenbauweise f modular housing
installieren v install, fit in, mount, put in
Installierung f installation (work)
instand halten v keep in good repair, carry out maintenance work, service; keep in order, keep in shape *(z. B. ein Haus)*; maintain *(z. B. Maschinen)*
instand setzen v renovate, restore *(Gebäude, bauliche Anlagen)*; repair, reservice *(Maschinen, technische Anlagen)*

Instandhaltung f upkeep(ing), maintenance, servicing, service
Instandhaltungsarbeiten fpl maintenance works, routine repair work
Instandsetzung f making good; renovation, restoration *(Gebäuden, bauliche Anlagen)*; repair *(Maschinen, technische Anlagen)*
Instandsetzungsarbeiten fpl repair work, repairs
Institut n **für Städtebau** town planning institute
Institution f **für Forschung in Bauwesen** Building Research Establishment, BRE
Intarsienarbeit f mosaic woodwork; intarsia *(dekorative Einlage mit Holzstücken oder Elfenbein)*
Integration f/grafische 1. graphical integration; 2. *(Arch)* visual integration
Interaktionsdiagramm n interaction diagram
interstitiell interstitial
Investbauleiter m resident engineer
Investitionshauptauftraggeber m prime professional building owner
ionisch *(Arch)* Ionic
I-Profil n I-section
ISO *(Internationale Organisation für Standardisierung)* International Organization for Standardization, ISO
Isolation f 1. s. Isolierung; 2. s. Isoliermaterial
isolieren v 1. *(El)* insulate; 2. coat and wrap *(z. B. Rohrleitungen)*; *(nicht mehr empfohlen)* insulate
Isoliermantel m insulating jacket
Isoliermaterial n 1. *(El)* insulating material, insulant; 2. *(nicht mehr empfohlen)* insulation *(für Wärme-, Kälte- und Schalldämmung aus Glaswolle, Schlackenwolle, Steinfaserwolle, Schaumstoff)*
Isolierung f 1. *(El)* (electrical) insulation *(durch nicht leitendes Material)*; 2. *(nicht mehr empfohlen für Dämmung und Sperrung)* insulation *(Dämmung gegen Schall, Wärme, Kälte)*; lagging *(mit Dämmstoffen)*
Isometrie f isometry
Istabmessung f real allowance, actual dimension
Istabrechnung f force account *(ohne vorher kalkuliertes Angebot)*

Istmaß *n* actual dimension, actual size
Istzustand *m* actual condition, existing situation, existing state
I-Träger *m* I-beam, I-girder, flanged girder, double-T-beam; American standard beam

J

Jahresabflussmenge *f* annual discharge [flow] *(von Gewässern)*
Jahresmittel *n* **der Abflussmengen** (Wsb, Umw) mean annual run-off
Jalousie *f* 1. jalousie, slatted blind, shutter blind *(mit Holzstäben, meist außen)*; 2. Venetian blind *(im Winkel verstellbar)*; 3. window blind, blind *(Rollladen)*; 4. louvre, *(AE)* louvers *(meist für Ventilatorjalousie, auch allgemein)*
Jalousiefenster *n* louvre window, *(AE)* louver window
Japaner *m* concrete buggy, concrete cart, wheelbarrow for concrete, buggy concrete
Joch *n* 1. crown bar *(Träger)*; cross piece *(Jochscheibe, Jochriegel)*; bent; 2. (pile) trestle, bent *(Pfahljoch, Gründung)*; 3. bay *(Gewölbeabschnitt in Sakralbauten)*; 4. bay span *(in der Antike)*; 5. standard *(Säule)*; 6. yoke *(am Fensterkasten)*
Jochbalken *m* straining piece, strutting piece
Jochbauwerk *n* trestlework
Jochträger *m* crown bar
Joint-Venture-Arbeit *f* joint venture work
Jugendstil *m* (Arch) Art Nouveau; Modern Style
justieren *v* 1. adjust, fit *(z. B. Montagefertigteile)*; 2. position *(die Lage)*
Jutedichtung *f* jute packing

K

Kabel *n* 1. cable; 2. (El) cable; wire rope, rope *(mechanisch)* • **mit Kabel befestigen** cable • **ein Kabel legen** (El) run a cable • **ein Kabel verlegen** (El) run a cable • **ein Kabel ziehen** lay a cable
Kabelabdeckhaube *f* cable cover

Kabelverbindungskasten

Kabelabdeckstein *m* cover brick, cable cover, clay cable cover
Kabelaufhänger *m* cable suspender, cable bearer
Kabelbaum *m* cable trunk
Kabelbrücke *f* cable bridge, stayed cable bridge *(Hängebrücke)*
Kabeldach *n* steel cable roof, steel rope roof
Kabeldurchführung *f* cable bushing
Kabeleinbau *m* laying of cables, cable laying, placing of cables
Kabeleinführung *f* cable entry
Kabeleinzugsschacht *m* (El) draw-in pit
Kabelführung *f* 1. cable line, cable routing; 2. (El) cable run *(im Gebäude)*
Kabelhängedach *n* cable-suspended roof, rope-suspended roof, rope suspension roof
Kabelhülle *f* 1. cable housing *(Spannbeton)*; 2. (El) cable sheathing
Kabelkanal *m* 1. cable channel, cable conduit, cable duct, cable tunnel; 2. (El) raceway, conduit, duct, wireway; 3. troughing *(bei Eisenbahnen)*
Kabelkran *m* cable crane, overhead cableway, aerial cableway, cableway, *(sl)* blondin; tautline cableway *(mit gespanntem Drahtseil)*
Kabelmerkstein *m* cable marker
Kabelmontage *f* cable assembly
Kabelmuffe *f* 1. cable fitting, cable joint (box), cable sleeve; 2. (El) splice sleeve
Kabelrohr *n* 1. cable housing *(Spannbeton)*; 2. (El) cable conduit duct, conduit
Kabelschacht *m* 1. cable manhole chimney, cable chute, cable manhole, cable shaft, manhole chimney; 2. (El) draw-in pit
Kabelschutzrohr *n* 1. cable protection pipe, cable protective sheath, cable duct, cable tube; 2. (El) electric cable protection pipe, electric cable pipe
Kabelsuchgerät *n* cable detector
Kabelsystem *n* 1. rope system; 2. (El) cable system
Kabeltrasse *f* location line of the cable, cable route, cable run
Kabelverankerung *f* cable anchorage, wire cable anchorage, wire rope anchorage
Kabelverbindungskasten *m* pothead terminal

Kabelverlegung 372

Kabelverlegung f laying of cables, cable laying, placing of cables, cable placing, cabling

Kabelwarnband n cable warning tape

Kabine f 1. cabin; 2. cubicle (z. B. zur Anprobe); 3. booth (z. B. Wahlkabine)

Kachel f tile; stove tile, Dutch tile (Ofenkachel)

Kaianlage f quayside

Kaimauer f quay wall

Kaiserdach n (Arch) imperial roof

Kaiserpalast m (Arch) palace of the emperor, imperial palace

Kaiserstiel m (Hb) broach post

Kaliwasserglas n potassium silicate

Kalk m lime • **Kalk brennen** burn lime • **Kalk hauen** beat mortar • **Kalk mischen** larry (up) • **mit Kalk streichen** limewash

Kalk m/**gelöschter** calcium hydrate, calcium hydroxide, hydrated lime, slaked lime, water-slaked lime

Kalk m/**hochhydraulischer** eminently hydraulic lime, masonry lime, masonry cement, Roman cement

Kalkansatz m/**mit** lime-encrusted

kalkecht lime-fast fast to lime (Farben)

Kalken n limewashing, limewhiting, whitewashing; liming (Erdstoffstabilisierung)

Kalkfarbe f colour for limewash; lime-fast cement pigment (Zementfarbe); calcimine (Wand- und Deckenfarbe)

Kalkgestein n lime rock

Kalkgipsputz m gauged mortar plaster, gauged stuff, gauging plaster, (AE) ganged stuff

Kalkhydrat n calcium hydrate, calcium hydroxide, hydrated lime, dry hydrate, hydrate

Kalkmörtel m lime mortar, ordinary (lime) mortar

Kalkputz m lime plaster, ungauged lime plaster

Kalksandstein m 1. calcareous sandstone, chalky sandstone, lime sandstone, sandy limestone, arenaceous lime (petrographisch); 2. sand-lime block, lime-sand brick, calcium silicate brick (Baustein); (sl) scrubstone

Kalkschlämme f lime slurry, neat lime

Kalkstein m limestone

Kalksteinmehl n limestone dust, powdered limestone

Kalktuff m calcareous tuff, tufaceous limestone, tophus, travertine

Kalktünche f limewash

Kalkulation f calculation, cost accounting, pricing (Gewerkeverpreisung)

Kalkulator m calculator, cost estimator, estimator, quantity surveyor

Kalkzementmörtel m lime-and-cement mortar, cement-lime mortar, compo mortar

Kalotte f (Arch) calotte, spherical segment (das Innere einer kleinen Kuppel)

Kaltanstrichmittel n cold liquid coating

Kaltasphaltfeinbeton m fine cold asphalt

Kaltbiegeprüfung f cold-bending test (Stahl)

Kaltbitumen n cold bitumen (Straßenbau)

Kaltdach n cold roof, ventilated roof, ventilated flat roof

Kältebrücke f cold bridge, thermal bridge

Kältedämmung f cold insulation, insulation for cold, low-temperature insulation

Kälteschutz m cold insulation

Kaltkleber m cold-setting adhesive

Kaltverfestigung f work hardening; cold strengthening (z. B. von Kleber, Asphalt, Bindemitteln); strain hardening (von Stahl)

Kalziumkarbonat n calcium carbonate

Kalziumsilikatstein m calcium silicate brick (Baustein)

Kamin m 1. fire-place; ingle (Schottland); 2. chimney (stack), funnel, smokestack (Schornstein); 3. flue (Abzugsrohr)

Kaminaufsatz m chimney pot

Kamineinfassung f chimney piece

Kaminformstein m special chimney unit, (AE) chimney block (für Schornsteine)

Kaminschutzgitter n fireguard

Kaminummauerung f mantle, (AE) mantel

Kaminvorsprung m chimney breast, chimney piece; parrel (meist ornamentiert)

Kaminzug m draught

Kamm m/**gerader** (Hb) square cogging

Kammer f 1. core hole (im Ziegel oder Blockstein); 2. cubby-hole, boxroom, storeroom (Abstellkammer); 3. cavity, cell (Hohlraum); 4. chamber (z. B. in technischen Öfen); 5. small room (Raum) • **Kammern enthaltend** hog-backed

Kantholz

- **mit Kammern** hog-backed • **mit Kammern versehen** hog-backed
- **Kammputz** m comb plaster, combed stucco
- **kammscharieren** v comb *(Naturstein)*
- **Kammverbindung** f *(Hb)* combed joint, laminated joint, finger joint
- **Kämpfer** m 1. abutment, vault abutment *(Bogenkämpfer)*; 2. *(Arch)* impost *(eines Gewölbes)*; 3. transom, crossbar, springer, impost *(horizontales Zwischenstück über Fenstern und Türen)*; 4. skewback *(Kämpferlinie, Kämpferstein)*
- **Kämpferholz** n timber transom, wooden transom *(Fenster, Tür)*
- **Kämpferriegel** m transom
- **Kämpferschicht** f springing course
- **Kämpferstein** m 1. springing stone, springer, skewback, coussinet; 2. bearing block *(Brückenbau)*; 3. *(Arch)* impost *(eines Gewölbes)*; 4. stone transom *(Anfangsstein eines Fensterkämpfers)*
- **Kanal** m 1. channel *(natürlich)*; 2. *(Wsb)* canal *(künstlich)*; 3. race *(Einlaufkanal)*; 4. *(Wsb)* flume, conduit *(Bewässerungskanal, Gerinne, Ablaufkanal)*; 5. *(Wsb)* fosse, trough *(Rinne, Graben)*; 6. sewer, drain, conduit, tunnel conduit *(Abwasser)*; 7. *(San, HLK)* duct; 8. port *(Öffnung zum Meer)*
- **Kanalabdeckung** f duct cover
- **Kanalbau** m 1. canal building, canal construction, canalisation; 2. duct construction *(für Leitungen)*; 3. sewage building, sewer construction *(Abwasser)*
- **Kanaleiprofil** n oval-shaped sewer pipe
- **Kanalgraben** m duct trench
- **Kanalisation** f 1. canalisation, channel system *(Flüsse, fließende Gewässer)*; 2. sewage system, sewerage system, public sewer(s), drains *(Abwasser)*; sewage collection system *(Abwassermischsystem)* • **mit Kanalisation versehen** sewer
- **Kanalisationsanschluss** m connection to the (public) sewer, sewer connection
- **Kanalisationsbauarbeiten** fpl sewer construction work
- **Kanalisationsnetz** n network of sewers, sewer network, sewerage system, system of sewerage, system of sewers
- **Kanalisationstechnik** f sewerage and sewage disposal
- **kanalisieren** v 1. canalize *(Flussläufe)*; 2. sewer *(Abwasser)*
- **Kanalquerschnitt** m canal cross section
- **Kanalrohr** n sewage pipe, sewer pipe, pipe sewer
- **Kanalsohle** f 1. *(Wsb)* canal bottom; 2. sewer bottom, sewer invert, invert *(Abwasserkanal)*
- **Kanalsystem** n 1. channel system *(fließende, natürliche Gewässer)*; 2. system of sewerage *(Abwasser)*; 3. ductwork *(Klimaanlage)*
- **Kanalziegel** m sewer brick
- **kannelieren** v 1. channel *(auskehlen, auch Arch)*; 2. *(Hb)* chamfer, groove; 3. *(Arch)* flute
- **Kannelierung** f 1. *(Arch)* channelling; fluting *(am Säulenschaft)*; 2. grooving *(Herstellung)*; 3. *(Arch)* flute, fluting, channel, channelure; 4. *(Hb)* groove *(Produkt)*
- **Kante** f 1. edge, skirt; 2. verge *(Giebelaußenkante, Gebäudekante)*; 3. lipping *(Türanschlagkante)*; 4. nosing *(z. B. einer Sohlbank)*; 5. bevel *(Schrägkante)*; 6. arris *(scharfe Ziegel- oder Putzkante)*; 7. border *(Um Randungskante)*; 8. scarcement *(im Mauerwerk)* • **eine Kante abschrägen** bevel, edge • **Kanten abschlagen spall** • **Kanten behauen** spall • **Kanten beschädigen** splinter *(Naturstein)* • **Kanten beschneiden** list • **Kanten glatt hobeln** *(Hb)* shoot • **plan an der Kante** edge-shot
- **Kante** f/abgefaste chamfered edge
- **kanten** v cant, edge, square off, tip
- **Kantenabrundung** f edging *(Beton)*
- **Kantenfestigkeit** f edge fastness
- **Kantenschutz** m 1. edge protection; 2. arris protection *(am Bauwerk)*; 3. *(Verk)* pier guard *(Pfeileranfahrschutz)*; 4. nosing *(z. B. am Solbänken, Sturzbalken)*
- **Kantenschutzleiste** f edge protection guard, edging (strip), angle bead, strip; nosing
- **Kantenschutzwinkel** m aus Metall metal angle bead
- **Kantholz** n 1. rectangular timber, squared timber, dressed timber, square log, stuff, *(AE)* structural lumber, planed lumber, stock lumber, wrought lumber; 2. strip of

Kaolinsand

timber *(dünne Abmessungen)*; 3. die-squared timber *(mindestens 100 × 100 mm im Durchmesser)*; 4. balk *(über 100 mm × 125 mm im Durchmesser)*; 5. scantling *(bis zu 100 mm × 125 mm im Durchmesser)*; 6. strip of timber *(dünne Abmessungen)*; 7. *(AE)* yard lumber *(bis 125 mm dick)*; 8. log-cut square edged timber *(Blockbohle)*
Kaolinsand *m* kaolin sand
Kapellengewölbe *n* chapel vault
kapillarbrechend anticapillary, capillary-breaking *(Schichten)*
Kapillardruck *m* capillary pressure
Kapillarfitting *n* capillary fitting
Kapillarwasser *n* capillary water, water of capillarity, capillary moisture, moisture of capillarity, fixed ground water, fringe water, held water
Kapillarwirkung *f* capillarity, capillary action
Kapitell *n* 1. cap *(Schornsteinkappe)*; 2. *(Arch)* capital *(Kopf, z. B. einer Säule)*
Kapitellplatte *f* 1. padstone, raised table; 2. *(Arch)* abacus *(an antiken Säulen)*
Kapo *m* head mason
Kappe *f* 1. cap, coping, cover; 2. *(HLK)* hood; 3. cowl *(Schornsteinkappe)*; 4. crown *(Gewölbe)*; 5. capping *(Rohrkappe)*; 6. pile cap *(Pfahlkopfplatte zur gleichmäßigen Lastverteilung)*; 7. *(Arch)* vault
Kappenanschluss *m* stepped cap flashing, stepped counter flashing
Kappenbeton *m* capping concrete *(Brücke)*
Kappgesims *n* label *(Ornament über einer Tür oder einem Fenster)*
kapseln *v* encase, enclose *(ummanteln, umhüllen)*; can *(einhausen, mit Gehäuse versehen)*
karbonatisieren *v* carbonate *(Beton, Kalk)*
Karmalit *n* mineral fibre
Karnies *n* 1. cornice *(an einer Außenwand)*; 2. *(Arch)* cyma *(konkav-konvex profiliertes Bauglied, z. B. an Gesimsen)*; 3. ogee, talon moulding *(Ogive, spitzbogiges Leistenprofil)*
Karniesbogen *m* reversed ogee arch
Karniesrinne *f* ogee gutter
Karrbohle *f* barrow run, barrow way, run plank, runway plank
Karren *m* barrow, cart, truck

374

Kartätsche *f* long float, darby, darby float, slicker *(zum Putzverreiben)*
kartieren *v (Verm)* map, chart, protract
Kartierung *f (Verm)* mapping, mapping out
Karton *m* cardboard, heavy paper, board
kaschieren *v* laminate, cover
Kaschiermasse *f* laminating composition
Kaseinbindemittel *n* casein binder
Kasematte *f (Arch)* casemate
Kaskade *f* cascade • **Kaskaden anlegen** cascade
Kaskadenrinnensystem *n* cascade system
Kassette *f* 1. *(Arch)* lacunar; coffer, caisson *(Tragwerkselement)*; waffle *(einer Kassettendecke)*; 2. bay *(Deckenfeld)*; 3. landfill cell *(Polder)* • **in Kassetten ausbauen** coffer *(Decke)* • **in Kassetten teilen** coffer *(Decke)*
Kassettendecke *f (Arch)* lacunar, cassette ceiling, caisson ceiling, coffered ceiling, pan ceiling, panelled ceiling, rectangular grid ceiling, waffle ceiling
Kassettenfeld *n* coffer *(einer Decke)*
Kassettenplatte *f* cassette slab, caisson slab, waffle panel, waffle plate
kassettiert coffered, cored
Kassettierung *f* coring *(einer Decke)*
Kasten *m* 1. case, box, chest, coffer *(Behälter, Kiste)*; 2. crate *(Verschlag)*; 3. body *(Gehäuse)*; 4. hutch *(trogförmig)*
Kastenbalken *m* box beam, hollow beam
Kastenbauart *f* box construction type
Kastenbrücke *f* bridge of air-proof cases
Kastendurchlass *m* box culvert *(für Wasser, z. B. unter Straßen)*
Kastenfangdamm *m (Wsb)* cofferdam, box dam
Kastenfundament *n* box footing, box foundation
Kastenquerschnitt *m* box (beam) section *(eines Trägers)*
Kastenrinne *f* box drain, box gutter, rectangular section gutter, trough gutter, parallel drain
Kastenschloss *n* cased lock, box lock, rim lock, straight lock
Kastenträger *m* box girder, hollow-web girder
Kastenwerk *n* rammed-earth construction, rammed-loam construction, *(AE)* beaten cobwork

Keratophyr

Kataster *m(n)* cadastre, land register, title deeds of the cadastre, *(AE)* plat

Katastervermessung *f* cadastral survey

Kathedralglas *n* cathedral glass, configurated glass, rippled glass, stained glass, diffusing glass

Katzenbalkendach *n* top beam roof

Kautschukkitt *m* rubber cement

Kautschukprofildichtung *f* rubber gasket

Kegeldach *n* conical (broach) roof

Kegeleindringungsversuch *m* cone penetration test

Kegelfußpfahl *m* caisson pile, belled caisson *(Gründung)*

Kegelgewölbe *n* cone vault, conical vault, fluing arch, splaying arch, trumpet arch, expanded vault

Kegelschale *f* cone shell

Kehlanschluss *m* valley flashing *(Dach)*

Kehlbalken *m* *(Hb)* collar beam, span piece, spanner, spar piece, strut beam, top beam; wind beam, valley beam, valley girder *(Dach)*

Kehlbalkendach *n* collar beam roof, collar tie roof

Kehlbalken-Sparren-Verbindung *f* collar joint

Kehlblech *n* flashing *(am Schornstein)*; valley flashing *(Dach)*

Kehldach *n* valley roof

Kehle *f* 1. *(Hb)* gain, groove; 2. plough *(Falz)*; 3. roof valley, valley, valley of a roof *(Dach)*; 4. fillet *(Hohlkehle)*

Kehlgebälk *n* system of span pieces

Kehlgratbalken *m* valley rafter

Kehlleiste *f* 1. *(Hb)* moulding, fillet (strip); 2. valley batten *(Dach)*; 3. *(Arch)* cyma, cyma reversa *(Ornament)*

Kehllinie *f* valley, valley line, valley of a roof *(Dach)*

Kehlung *f* 1. channel moulding, throat, coving, throating, bead; weather check; 2. *(Hb)* moulding

Kehlziegel *m* valley clay roof tile, valley tile *(Dach)*

Kehre *f (Verk)* sharp turn, turning bend *(Straße)*

Keil *m* 1. wedge; 2. *(Hb)* key; feather *(Federkeil)*; 3. cotter *(Stahlkeil)*; 4. coin, quoin, quoin stone *(Eckstein)*; 5. chock *(Hemmkeil)* • **mit Keil spalten** wedge

Keilfuge *f* wedge-shaped joint

Keilspundbohle *f* taper sheet pile

Keilspundung *f* vee grooving and tonguing

Keilstein *m* 1. wedge-shaped block, wedge-shaped stone; wedge-shaped brick; 2. radius brick, radiating brick, arch brick *(bei Ziegelgewölbe)*; 3. archvoussoir, sagitta *(eines Gewölbes)*

Keilverankerung *f* wedge anchorage *(Spannbeton)*

Keilverbindung *f (Hb)* key(ed) joint, keying

Keilzapfenverbindung *f* wedged mortise and tenon joint

Keilziegel *m* key brick, feather-compass brick, feather-edge brick, gauged brick, wedge finger jointing, compass brick, voussoir brick, *(AE)* footstone

Keilzinkung *f* wedge finger jointing

Kelle *f* trowel • **die Kelle aufschlagen** strike • **mit der Kelle abreiben** trowel off • **mit der Kelle auftragen** trowel

Kellenglattstrich *m* trowel finish; trowel finished layer

Kellenputz *m* trowel plaster

Kellerabfluss *m* cellar sink

Kellerdecke *f* basement floor, cellar floor

Kellergarage *f* underground parking

Kellergeschoss *n* basement, basement storey, lower basement, *(AE)* underground floor; *(AE)* American basement *(etwa zur Hälfte im Erdreich)*; cellar *(für Lagerzwecke)* • **ohne Kellergeschoss** basementless

Kellergewölbe *n* cellar vault

Kennzeichnung *f* labelling, notation, designation, indication, identification; identification mark, marking *(Baustoff, Werkstoff, Bauelement)*

Kennziffern *fpl* specifications *(z. B. von Baustoffen, Bauteilen, Geräte, Ausrüstungen)*

Keramik *f* ceramics

Keramikbodenfliese *f* ceramic floor tile

Keramiksichtfassade *f* ceramic façade, ceramic veneer

Keramikverkleidung *f* ceramic facing

Keramikwandplatte *f* ceramic wall tile

Keramsit *n* Keramzite, mineral fibre, mineral wool *(künstlicher Leichtzuschlag- und Dämmstoff, z. B. aus Mineralwolle, Blähton)*

Keramsitbeton *m* Keramzite concrete *(Leichtbeton in Russland)*

Keratophyr *m* keratophyre

Kerbbiegeprüfung

Kerbbiegeprüfung f nick-band test *(Stahl)*
Kerbe f 1. notch, nick, score, mark, cut, bullet; 2. *(Hb)* groove, sinking in timber, jag; incision *(Schnitzkerne)*; slot *(Schlitz)*; 3. hole *(Fuge)*
kerben v 1. nick, notch; 2. dent, indent *(zahnförmig)*; 3. *(Hb)* jag, scarf
Kerbschlagprobe f notched bar test, bending test on notched bar, impact test
Kerbschlagwert m notch impact strength, impact value *(Materialprüfung)*
Kerbstab m notched bar
Kerbverbindung f notch joint
Kern m 1. core *(auch Stahlbetonkern eines Gebäudes)*; 2. centre *(z. B. Stadtkern)*; 3. middle third, heart, pith *(Holz)*; 4. *(Erdb)* dumpling *(Erdstoffkern)* • **einen Kern ausbohren** core • **einen Kern ziehen** extract a core • **mit Kern** cored
Kernbeton m core concrete; kern concrete *(bewehrte Säule)*
Kernbohrung f coring *(zur Betonprobengewinnung)*
Kerndichtungswand f *(Erdb)* core wall
Kernfestigkeit f *(Stat)* kern strength
Kernfüllung f core fill; hearting
Kernholz n heart, heartwood, duramen *(Holz)*
Kernkraftwerk n nuclear power plant
Kernmoment n *(Stat)* kern point moment
Kernquerschnitt m *(Stat)* kern cross-section, kern line
Kernrohr n pipe core; core pipe *(Betonrohr)*
Kessel m 1. tank, reservoir *(Behälter)*; 2. boiler, calorifier *(einer Heizung)*
Kesselanlage f boiler group, boiler plant *(Heizung)*
Kesselhaus n boiler house
Kesselsteinansatz m *(HLK, San)* furring, scale crust
Kette f chain • **mit Ketten befestigen** chain
Kettenauflager n chain saddle, chain truck *(bei Brücken)*
Kettenbrücke f chain bridge
Kettenlinie f *(Verm)* catenary *(Absteckung)*
Kettenverankerung f chain anchoring
Keupermergel m Keuper marl, saliferous marl
K-Fachwerk n K-truss

K-Faktor m K-factor, gauge factor *(Dehnungsmessung)*
Kiefernholz n pine, pine wood
Kielbogen m *(Arch)* keel arch, ogee arch, four-centered arch
Kies m gravel; all-in gravel *(unklassiert)*; grit, pebble *(grobkörnig)* • **Kies verdichten** impact gravel • **mit Kies abstrahlen** grit-blast • **mit Kies bestreuen** gravel, grit • **mit Kies strahlen** grit-blast
Kies m/abgestufter graded gravel
Kies m/unklassierter bank gravel, run-of-bank gravel
Kiesauffüllung f gravel backfill
Kiesbetonplatte f gravel concrete slab, slab in ballast concrete
Kiesbett n gravel bed
Kieselgurbeton m kieselguhr concrete
Kieselstein m gravelstone; cobble *(Rollkiesel)*; pebble, pebble stone, shingle *(Grobkies; größere Kieselsteine)*
Kieselsteinmauer f pebble wall
Kiesfang m 1. gravel catchment *(Entwässerung)*; 2. gravel stop, gravel strip *(Halteleiste am Flachdach)*
Kiesfilter n rubble filter, ballast filter
Kiesflachdach n gravel roofing
Kiesnest n gravel pocket, pocket of loose gravel
Kiespolstergründung f compacted earth fill foundation
Kiessand m gravel sand, sand and sand, gravelous sand, sandy gravel
Kiesschicht f 1. gravel layer, gravel blanket, gravel bed; 2. *(Bod, Erdb)* pebble bed
Kieszuschlagstoff m gravel aggregate
Kinderbalken m bridging joist *(Dielung)*
kippbar hinged
Kippe f 1. *(Umw)* tip, waste tip, waste area, waste dump, dump ground *(Müll)*; 2. *(Erdb)* landfill, dumped fill
Kippen n 1. dumping *(Auskippen)*; 2. overturning, overturning failure *(z. B. Stützmauer, Bauwerk)*; tilting *(Gebäude)*; toppling *(Umkippen)*
Kippengelände n dumping site
Kipper m dumper, tipper truck, tipping lorry
Kippfenster n pivot hung window
Kippflügelfenster n top-hung window, hopper window, bottom-hinged sash, bottom-hung sash, top-hung sash

Klebefestigkeit

Kippkraft f overturning force, tilting force

Kipplager n hinged bearing, tilting bearing; pivot bearing, rocker bearing *(Brücke)*

Kippmoment n 1. *(Stat)* overturning moment, tilting moment, tipping moment; 2. *(El)* pull-over torque

Kippsicherheit f 1. safety against overturning; 2. *(Stat)* stability, stability against gliding, stability against tilting

Kipptrommelmischer m tilting-drum mixer, tilting mixer, tilting concrete mixer

Kippwinkel m angle of inclination, tipping angle

Kippzapfenlager n rocker bearing *(Brücke)*

Kirchenbau m church building

Kirchenmittelschiff n *(Arch)* nave

Kirchturm m church tower, steeple

Kissen n 1. cushion *(Puffer, Dämpfer)*; 2. cushion piece *(Bettungsschicht)*; 3. pad *(Fundament)*

Kitt m 1. putty *(Glaserkitt)*; 2. lute *(Dichtungsmasse, Füllkitt)*; 3. bonding cement, cementing compound, cement *(Klebekitt)*

kitten v 1. putty *(Glas)*; 2. lute *(Rohrverbindungen)*; 3. cement *(z. B. Fugen)*

Kittfalz m 1. putty rebate, rebate for glazing, rebate *(Fenster)*; 2. fillister *(kittlose Verglasung)*

Klammer f 1. cramp, cramp iron, clasp, forked clamp; brace *(konstruktiv)*; 2. *(Hb)* clamp, clip; dog *(U-förmig, für Balken)*; staple *(Kramme, Krampe)*; 3. holdfast *(Zwinge)* • **durch Klammern gehalten** bracketed • **mit einer Klammer befestigen** dog

Klammerlasche f 1. fishplate *(Metallverbindungsstück für Balken)*; 2. *(Verk)* fishplate

Klammerplatte f clamping plate *(zur Verstärkung von Holzbalkenverbindungen)*

Klappbrücke f balance bridge, bascule bridge, flap bridge

Klappe f 1. flap; 2. lid *(Klappdeckel)*; 3. *(Wsb)* gate, trap; stop-plank *(Wehrklappe)*; 4. hatch *(Falltür)*; 5. register *(Heizungs- oder Lüftungsschieber)*; 6. valve *(Ventilklappe)*

Klappenscharnier n flap hinge

Klappfenster n hinged (sash) window, awning window, trap window; day dormer-ventilator opening *(im Dach)*

Klappflügelfenster n top-hung window, top-hung sash, awning window

Klappladen m exterior shutter, box shutter, folded shutter, folding shutter *(Fensterladen)*

Kläranlage f clarification plant, purification plant, sewage clarification plant, sewage treatment plant, sewage treatment works, sewage works, sewerage plant, treatment plant, waste water purification plant, waste water treatment plant; absorption field *(Klärfeld)*; absorption bed *(Klärschicht)*; detritus pit *(Klärgrube)*

Klärbecken n clarification basin, clarification tank, clarifying basin, settling basin, settling pond, settling pool, settling tank, stillpot, settler, cesspool; absorption bed

Klarglas n clear glass, colourless glass, transparent glass

Klärgrube f 1. pervious cesspool, cesspool; 2. *(San)* septic tank

Klarlack m clear varnish, transparent varnish

Klärwerk n purification plant, sewage disposal facility, sewage disposal plant, sewage treatment plant, sewage treatment works, sewage works, waste water treatment plant

Klassieranlage f sizing plant *(Baustoffaufbereitung)*

klassieren v 1. classify, grade *(nach Güte, Qualität; z. T. auch für Körnungen)*; 2. sort *(nach Merkmalen)*; 3. screen, screen in sizes, size; separate *(Zuschlagstoffe)*

Klassierung f classification, grading, screening

Klassifizierung f/**überwachte** supervised classification *(Baustoffaufbereitung)*

Klassizismus m *(Arch)* classicism, Classic Revival *(als Wiederholung der römischen und griechischen Baukunst)*

Klaue f 1. *(Hb)* claw, dog, toe-jointing, birdsmouth joint; 2. door catch, catch *(Sperrvorrichtung)*; 3. *(Arch)* griffe, spur *(Ornament)*

Klebeanker m adhesive anchor

Klebefestigkeit f adhesive strength, bonding strength, dry strength

Klebekonstruktion

Klebekonstruktion f bonding system, cementing system

Kleber m adhesion agent, adhesive, glue, bonding agent, cement

Klebeverfahren n glue fixing method, cement method, thin-bed fixing technique *(Fliesenlegen)*

Klebverbindung f glue joint

Kleeblattbogen m *(Arch)* foil arch, foil, three-foiled arch, trefoiled tracery, trefoil arch

Kleeblattkreuzung f *(Verk)* cloverleaf, cloverleaf intersection *(Autobahnkreuzung)*

Kleineisenbauelemente npl small hardware, ironmongery, hardware

Kleinpflaster n small-sized paving sett, small cobbles, pebble pavement

Klemmbolzen m clamping bolt, toggle bolt

Klemmkasten m *(El)* terminal box

Klemmschraube f locking screw, clamping screw; adjusting screw *(Montage)*

Klempner m plumber, tinner

Klempnerarbeiten fpl plumber's work, plumbing, plumbing work

Kletterschalung f climbing shuttering, climbing formwork, climbing forms, moving shutter(s), moving formwork

Klimaanlage f air-conditioning equipment, air-conditioning installation, air-conditioning plant, air conditioner, heating and cooling system, room air-conditioning system; air-handling system *(mit spezieller Luftaufbereitung)*

Klimadecke f *(HLK)* air-conditional ceiling, air-conditioned ceiling

Klimakanal m conditioning duct

klimatisiert air-conditioned, conditioned

Klimatisierung f air conditioning, conditioning, room air conditioning

Klingelanlage f bell system

Klinke f handle, lever handle latch, ratchet; door catch, pawl *(Sperrvorrichtung)*; sneck *(Türschloss)*

Klinker m 1. klinker, klinker brick, vitrified brick; 2. cement clinker *(Zementzwischenprodukt)*

Klinkerpflasterdecke f paving of engineering bricks

Klinkerstein m clinker brick, blue brick

Klinkerverkleidung f clinker brick facing

378

Klosett... *siehe auch: Toiletten...*

Klostergebäude n monastic building, conventual building

Klostergewölbe n 1. cloister vault, groined vault; 2. *(Arch)* polygonal domical vault

Klotz m block *(Fußboden, Holzpflaster)*; trunk *(Holz)*

Klotzstufe f solid rectangular step, massive tread *(einer Treppe)*

klumpig lump(y), nodular, cloddy • **klumpig werden** lump *(Anstriche, Bindebaustoffe)*

Knagge f 1. angle cleat, angle clip; 2. *(Hb)* dog, bearing block, cleat

Knaggenanschluss m cleated joint

Knarre f ratchet

Knauf m knobboss

Knebel m crutch head, toggle

Knebelverschluss m slotted head locking device

Kneifzange f nippers, pincers

Knetmischer m pug mill mixer *(Beton)*

Knetverdichtung f kneading compaction

Knick m 1. bend *(z. B. Straße)*; 2. kink *(in Draht)*; 3. roof curb *(in der Dachfläche)*; 4. crack *(rissartig)*; 5. buckle, bend *(Metall)*; 6. knee, bend *(Rohr)*; 7. sharp drop, falling-off *(Bauleistung)*

Knickaussteifung f *(Stat)* reinforcing against buckling, stiffening against buckling

Knickbeanspruchung f *(Stat)* buckling action, buckling stress

Knickbeiwert m *(Stat)* buckling coefficient

Knickbelastung f *(Stat)* buckling stress, buckling loading, collapsing stress, collapsing loading

Knickberechnung f *(Stat)* buckling analysis

knicken v 1. buckle *(z. B. Träger)*; 2. collapse *(zusammenknicken)*; 3. fold *(biegen, Flächentragwerke)*

Knickfestigkeit f buckling resistance, buckling stability, buckling strength, resistance to buckling, cross-breaking strength, resistance to lateral bending, lateral stiffness; ultimate column resistance, ultimate column stability, column strength *(Stützen)*

Knicklänge f *(Stat)* effective length, buckling height, buckling length, free

Kommunalbauwesen

length of column, reduced length, reduced length of column

Knickpunkt m deflection point, point of inflection; nickpoint *(im Gefälle)*

Knicksicherheit f *(Stat)* buckling safety, safety against buckling

Knicksteifigkeit f buckling stiffness

Knickung f buckling; collapse; breaking; folding; kink

Knie n quarter bend, elbow, knee *(Rohr)*

Kniefitting n level collar, angle collar *(für Rohre)*

Kniegelenk n *(Hb)* knuckle joint, toggle, toggle joint

Kniestück n knee pipe, knee, elbow joint, elbow piece, pipe bend, quarter bend *(Rohr)*

Knolle f 1. *(Arch)* crocket *(Ornament der Gotik)*; 2. tubercle *(in Wasserleitungsrohren)*; 3. nodule, nug *(Geologie)*

Knollenfußpfahl m *(Erdb)* underreamed pile

Knopf m 1. knob *(Drehknopf)*; 2. button *(Drucktaste)*; 3. nub *(Vorsprung)*

Knoten m 1. joint, panel point *(Fachwerk)*; 2. knot, knur, knurl, knag, catface *(im Holz)*; 3. *(Stat)* node, node point, assemblage point, node *(Stabwerk)*; 4. nub *(Vorsprung)*

Knoten m/**biegesteifer** fixed joint, stiff joint

Knotenbelastung f node (point) loading, joint loading

Knotenblech n joint plate, junction plate, connecting plate, gusset plate

Knotenblechverbindung f gusseted connection

Knotengelenk n multiple joint

Knotenlast f *(Stat)* node (point) load; panel load, joint load *(Fachwerk)*

Knotenpunkt m 1. *(Stat)* nodal point, node, node point, truss joint; 2. panel point, pin, joint *(Fachwerk)*; 3. point of junction (of members) *(Tragwerk)*; 4. *(Verk)* intersection, junction

Knotenpunkt m/**planfreier** *(Verk)* grade separated intersection, multilevel intersection, two-level intersection

Knotenpunktmoment n *(Stat)* node moment, node point moment

Knotenpunktverbindung f joint connection, knee bracket plate, nodal joint *(Fachwerk)*

Knotenpunktverfahren n *(Stat)* method of joints

Knotenverbindung f 1. joint connection, hub *(Stahlbau)*; 2. knee bracket plate, joint connection, nodal joint *(Fachwerk)*

Knotenweg m *(Stat)* node trajectory, node point trajectory, joint trajectory

Knüppelweg m log causeway, *(AE)* corduroy road

Koeffizient m **der inneren Reibung** coefficient of internal friction

Kofferaufbau m *(Verk)* coffer structure

Kofferleitdamm m *(Erdb)* filled jetty

Kofferschicht f pavement bed *(Straße)*

Kohäsionsfestigkeit f 1. tear(ing) resistance; 2. *(Bod)* cohesive strength

kohäsionslos non-cohesive

Kohlenschlacke f breeze

Kohlenstoffgehalt m carbon content; temper *(von Stahl)*

Kohlenstoffstahl m carbon steel, medium carbon steel *(0,3-0,6 % C)*

Kohlenwasserstoff m/**aromatischer** aromatic hydrocarbon

Kokosfaserdämmmatte f coconut fibre mat, coir (building) mat

Kokosfaserdämmstoff m coconut fibre insulation material, coir insulation material

Koksaschenbeton m breeze concrete *(mit Sand und Portlandzement)*

Kolkschutz m *(Wsb)* protection against scour, erosion control

Kolloidbeton m colloidal concrete, grouted-aggregate concrete

Kolloidmörtel m colloidal mortar

Kolonnade f *(Arch)* colonnade; loggia *(im Innenhof eines Gebäudes)*

Kolossalordnung f *(Arch)* colossal order *(über mehrere Geschosse reichende Säulenordnung)*; giant order *(Säulen)*

Kombinationsschloss n combination lock, puzzle lock

Komfort m/**thermischer** human thermal comfort

Komforttemperatur f *(HLK)* comfort temperature

Komitee n **für Normung/Europäisches** *(CEN)* European Committee for Standardisation *(CEN)*

Kommunalbauwesen n community building construction

Kommunalbehörde

Kommunalbehörde *f* local authorities, local authority
Kommunalgebäude *n* communal building, community building
Kompaktbau *m* compact building
Kompaktor *m* landfill compactor, packer unit
Kompassvermessung *f* compass survey
Kompensationsmaßnahmen *fpl* compensation measures *(bei Eingriffen in Natur und Landschaft)*
Kompensator *m* compensation device, bellows expansion joint
Komplettierungsgrad *m* degree of completion, degree of prefabrication
Komplett-WC-Kombination *f* close-coupled tank and bowl *(WC-Becken mit Spülkasten)*
Komponente *f (Stat)* component *(der Kraft)*; constituent
Kompositsäule *f* composite column *(Formstahl und Beton)*
Koncha *f (Arch)* apse *(halbrunde oder vieleckige Raumform als Kirchenabschluss für die Aufnahme des Altars)*; concha *(Kuppelschale einer Apsis)*; semicupola *(ein Viertel-Kugelgewölbe)*
Kondensatleitung *f* condensate piping
Kondenswasser *n* condensate water, condensation water, dripping water; condensate *(z. B. Dampf)*; perspiration water *(Innenräume)*
Kondenswasserbildung *f* condensation *(beabsichtigt)*; sweating *(z. B. in Räumen)*
Kondenswassersperrung *f* condensation damp-proofing
Konformitätserklärung *f* declaration of conformity
Konformitätsprüfung *f* conformity test, proof of compliance, proof of conformity *(von Projekt- und Produktvorgabe)*
Konglomeratsandstein *m* conglomerate sandstone, coarse sandstein
Königszapfen *m (Hb)* king pin
konisch conical, tapered • **konisch machen** taper
Konkav-Konvex-Dachziegel *m* pan-and-roll roofing tile, Italian tiling
Konoiddach *n* conoidal roof
Konoidschale *f* conoidal shell
Konservatorium *n* music conservatory, conservatoire
Konservierungsmittel *n* means of preservation, preservative (agent), protecting agent, protective agent
Konsistenz *f* consistency; body *(z. B. von Farben, Ölen)*
Konsistenzgrenzen *fpl* consistency limits
Konsistenzprüfung *f* consistency test *(Betonprüfung)*
Konsolbalken *m* cantilever girder, semi-beam, semigirder
Konsole *f* 1. bracket, bracket console, shoulder, corbel *(für Mauerwerk)*; 2. cantilever *(Kragkörper)*; 3. ancon, perch *(Kragstein)*; 4. support, anchor bar *(Halterung)*; 5. truss *(Tragwerkskonsole)*
Konstante *f*/**Poisson'sche** Poisson constant *(Quotient Dehnung zu Querkürzung bzw. Querkontraktion)*
konstruieren *v* construct, design, engineer
Konstruktion *f* 1. construction, structure, building; 2. design *(Entwurf)*; 3. designing *(Entwurfs- und Konstruktionsarbeit)*; 4. construction, model *(Bauweise)*
Konstruktionselement *n* constructional detail, structural detail
Konstruktionsfertigteil *n* precast structural concrete member, precast structural concrete unit *(aus Beton)*
Konstruktionsglied *n* structural member
Konstruktionshöhe *f (Stat)* construction depth
Konstruktionsortbeton *m* structural in-situ cast concrete
Konstruktionsrippe *f* load-bearing rib, load-carrying rib, structural rib, structural fin, supporting rib
Konstruktionsverbindung *f* structural connection, structural joint
Konstruktionswand *f* load-carrying wall, bearing wall, structural wall, weight-carrying wall
Kontakt *m* 1. contact; 2. *(El)* contact • **Kontakt haben** contact • **Kontakt herstellen** connect
Kontaktdruck *m* effective stress
Kontaktklebstoff *m* contact adhesive, dry-bond adhesive, close-contact glue
Kontamination *f (Umw)* contamination
kontaminiert *(Umw)* contaminated
Kontraktion *f* contraction
Kontraktionsfuge *f* contraction joint, shrinkage joint

Kontraktorbeton m tremie concrete
Kontroll... inspection ..., monitoring ..., observation ...
Kontrollbrunnen m (Umw) monitoring well, observation well
Kontrolle f 1. check, inspection, supervision (Überwachung, Prüfung); checking, checkout (von Baustoffen); 2. control (Überwachung und Steuerung)
Kontrollgang m crawl space (z. B. für Rohrleitungen, Installationen); inspection gallery (Gebäudeteil)
Kontrollöffnung f inspection door, inspection eye, inspection opening
Kontrollprüfung f check test, compliance test
Kontrollschacht m conduit pit, inspection manhole
Konusbolzen m conical bolt
Konusprüfung f slump test (der Betonkonsistenz)
Konvektionsheizung f convection heating
Konvektor m convector, heating convector, finned radiator
konvex gewölbt pulvinated (z. B. ein Fries)
Koordinatensystem n coordinate system, system of coordinates
koordinieren v coordinate (Bauleistungen); pool (koordinierend zusammenfassen)
Kopf m 1. head (z. B. eines Pfeilers); 2. half bat (Ziegelkopfende) • **Kopf stehend** upside-down, inverted • **mit dem Kopf zuerst** head-on • **über Kopf** overhead
Kopfbalken m top plate, raising piece
Kopfband n (Hb) angle brace tie, knee brace, shoulder tree strap, upper strut, strut, raker, brace, tie
Kopfbolzendübel m (Hb) shear connector (Verbundbalken)
Kopfmoment n (Stat) moment at head, head moment
Kopfplatte f 1. top flange plate, cap plate, cap, rider strip; head slab (Säule); 2. (Hb) end stiffener
Kopfriegel m end clamp; top rail (Tür, Fenster)
Kopfstein m 1. header, through stone (Mauerwerk); 2. cobblestone, nigger head (Pflasterstein)
Kopfverband m header bond

Koppelbalken m 1. tie beam; 2. (Hb) binding piece
Korbbogen m more-centered arch, basin-handle arch, basket-handle arch, compound curve, three-centred arch, three-elliptical arch
Korbhenkelgewölbe n basket-handle vault
Korkbodenbelag m cork flooring, cork floor covering
Korkdämmung f cork insulation, cork lagging
Korkfliese f cork tile
Korkplatte f cork slab, cork tile, corkboard
Korn n/**gebrochenes** crushed particle
kornabgestuft graded
Kornabstufung f particle gradation, granulometric gradation, aggregate gradation, aggregate grading, gradation, grading
Kornform f grain shape, particle shape, shape of grain, shape of particle (z. B. von Zuschlägen)
Kornfraktion f grading fraction, grain-size fraction, grain-size range, size fraction, fraction
Korngrenze f grain limit, particle-size limit
Korngröße f 1. grain size, size of grain, particle size, screen size, grade, fraction (von Zuschlägen); 2. nature of grain (Baustoffe allgemein) • **nach Korngrößen trennen** size (Zuschläge) • **von gleicher Korngröße** equigranular (Zuschlagstoff)
Korngrößenklasse f grain-size range, particle-size range, size fraction, size grade
Korngrößenverteilung f distribution of particle size, aggregate gradation, grading, grain-size distribution, particle-size distribution, size distribution (Sieblinien, Kornverteilungslinien)
Kornklasse f particle-size class, grading fraction, fraction, size category, size fraction, size
Körnung f grading range, particle-size fraction, granulation, granulometric range, size bracket, grade (z. B. Zuschlagstoffe); grit (Schleifpapierkörnung)
Körnungskennlinie f size-distribution curve
Kornzusammensetzung f 1. granulo-

metric composition *(Gesteinsgemenge)*; 2. texture *(Gestein, petrographisch)*
Körper *m* 1. body *(Grundkörper, Trägerbasis)*; 2. body *(z. B. von Farben, Ölen)*; 3. building unit, member, component *(z. B. Tragelemente)*; 4. solid *(geometrisch, fest)*
Körperschalldämmung *f* structure-borne noise insulation, impact-sound insulation
Korridor *m* corridor, hall, hallway
korrodieren *v* corrode, eat away, stain • **korrodiert werden** corrode
Korrosion *f* corrosion *(bei Eisen)* • **Korrosion auslösen** initiate corrosion • **vor Korrosion schützen** protect against corrosion • **zur Korrosion neigend** tend to corrode
Korrosionsanfälligkeit *f* susceptibility to corrosion
korrosionsbeständig corrosion-resistant, resistant to corrosion, immune to corrosion, non-corroding, incorrodible
korrosionsfrei free from corrosion
korrosionsgeschützt corrosion-proof
Korrosionsschaden *m* corrosion damage
Korrosionsschutz *m* corrosion protection, anticorrosive protection, protection against corrosion
Korrosionsschutzanstrich *m* corrosion-preventive coating, corrosion-protective coating, anticorrosive paint coating
Korrosionsschutzschicht *f* protective scale
korrosiv corrosive
Korundstein *m* corundum brick, corundum refractory brick, rub brick
Kosten *pl* costs, charge • **Kosten anrechnen** charge • **Kosten tragen** defray • **Kosten übernehmen** defray
Kosten *pl* **für umbauten Raum** volume cost
Kosten *pl/***unvorhergesehene** cash allowance
Kostenanschlag *m* estimating of cost, quotation, estimate; tender *(bei Angeboten)* • **Kostenanschläge aufstellen** establish cost estimates
Kostenberechnung *f* cost calculation
Kostenermittlung *f* **nach Raummaß** cube method
Kostenkalkulation *f* calculation of cost, costing; pricing *(Verpreisung der Gewerke)*
Kosten-Nutzenanalyse *f* cost benefit analysis
Kostenrechnung *f* cost accounting
Kostenschätzung *f* cost estimation, cost estimate, estimating of cost, approximate cost
Kostensteuerung *f* cost control
Kostenvoranschlag *m* preliminary estimate (of cost), provisional estimate (of cost), rough estimate of costs, statement of probable construction cost, cost estimate
Kote *f (Verm)* elevation, height notation, level
Kote *f* **über Normalnull** height above zero level *(Kote über NN)*
Kraft *f* 1. force *(physikalisch)*; 2. power *(Elektroinstallation)*; 3. momentum *(Bewegungskraft: Masse × Beschleunigung)*; 4. load *(Ruhekraft)* • **Kräfte abbauen** decompose forces • **Kräfte zerlegen** decompose forces
Kraft *f/***angreifende** acting force
Kraftangriffspunkt *m* point of application of a force
Kraftdreieck *n* force triangle
Kräfte *fpl/***zusammenwirkende** concurrent forces
Kräftediagramm *n* diagram of forces, force diagram, free-body diagram
Kräfteermittlung *f* member-force analysis
Kräftegleichgewicht *n* equilibrium of forces, force equilibrium
Kräftemoment *n* moment of a force
Kräftepaar *n (Stat)* couple
Kräfteplan *m* diagram of forces, free-body diagram
Kräfteplan *m/***Cremona'scher** Cremona's polygon of forces, stress diagram
Kräftepolygon *n* polygon of forces
Kräfteverteilung *f* force distribution
Kräfteverteilungsdiagramm *n* force-deformation diagram
Kraftschlussseitenbeiwert *m (Verk)* sideway force coefficient
Kraftübertragung *f* 1. aggregate interlock *(durch Verzahnung der Zuschlagstoffkörner)*; 2. transfer of forces *(Spannbeton)*; 3. power transmission *(mechanisch, auch El)*

Kraftverteilung *f* distribution of forces
Kraftwerk *n* power station, power plant, generating station, *(AE)* powerhouse
Kragarm *m* cantilever(ed) bracket, jib; cantilever *(Beton- oder Metallkragbalken)*
Kragbalken *m* cantilever beam, projecting beam, overhanging beam, cantilever girder, semibeam, semigirder
Kragdach *n* cantilevered roof, cantilevering roof, canopy; dorse *(Vordach)*
Kragdecke *f* cantilevered floor, oversailing floor
Kragelement *n* cantilevered component; jetty *(überhängendes Teil)*
Kraglänge *f* cantilevered length, cantilevering length, protruding length
Kraglast *f* cantilever(ed) load
Kragplatte *f* cantilever plate, cantilever slab
Kragrüstung *f* projecting scaffold(ing), outrigger scaffold, needle scaffold
Kragstein *m* natural stone corbel, natural stone shoulder, stone bracket, rest brick, bracket console, corbel, ancon, console, perch, support
Kragträger *m* cantilever(ed) girder, cantilever(ed) beam, overhanging girder, overhanging beam, projecting girder, projecting beam, semigirder, semibeam, side arm; corbel beam *(auf einem Kragstein liegend)*; *(AE)* outrigger *(Hängegerüstträger)*
Krallenplatte *f* claw plate, bulldog connector
Krampe *f* cramp, cramp iron, clip, staple, link
Krampenschießgerät *n* staple gun, stapler
Kran *m* crane
Kranausleger *m* crane jib, jib, *(AE)* outrigger
Kranbahn *f* crane runway, crane-way
Krangerüst *n* gantry
Krankenhausgebäude *n* hospital building, hospital block
Kranz *m* wreath *(Ornament)*
Kranzornamentierung *f (Arch)* chaplet
Krappe *f (Arch)* crocket *(Ornament der Gotik)*
Kratzbagger *m* chain dredger
Kratzbrett *n* nail float, devil float *(Putzkratzen)*

Kratzbürste *f* wire comb, wire scratcher, scratch tool *(Putzkratzen)*
Kratzförderer *m* scraper conveyer, drag conveyor, arm conveyer
Kratzputz *m* scraped rendering, scraped finish, scratchwork, sgraffito
Kreideschnur *f* chalk line
Kreis... circular ..., annular ...
Kreisbogen *m* 1. arc of a circle, circular arc *(Geometrie)*; 2. arc span *(Tragbogen)*; 3. *(Verm)* graduated arc
Kreisbogenträger *m* circular arch girder
Kreiselbrecher *m* gyratory breaker, gyratory crusher, rotary crusher, gyrator
Kreiselpumpe *f* centrifugal pump
Kreisfaltdach *n* circular folded plate roof
Kreislast *f* circular load
Kreislinienlast *f* circular linear load
Kreisschale *f* circular shell
Kreisverkehrsanlage *f* roundabout (junction), *(AE)* rotary circle, traffic circle
Kremper *m* flap *(Dachstein)*
Krempziegel *m* flap tile *(Dachstein)*
krenelliert battlemented
Kresotöl *n* creosote
Kreuzbalken *m* cross beam
Kreuzband *n* 1. *(Hb)* cross bar, cross stay; 2. wrapper *(Brückenbau)*
kreuzbewehrt two-way reinforced
Kreuzblume *f (Arch)* flower-shaped ornament, crope, finial
kreuzen *v* 1. cross, traverse *(z. B. Leitungen, Träger)*; 2. *(Verm)* intersect *(Linien)*; 3. *(Verk)* intersect *(plangleich)*; pass over *(planfrei)*
Kreuzfachwerk *n* latticework
Kreuzgewölbe *n* cross vault(ing), groin(ed) vault
Kreuzgurtung *f (Hb)* diagonal ties
Kreuzhacke *f* pickaxe, flat pick, pick
Kreuzholz *n* quarter timber, scantling
Kreuzkamm *m (Hb)* cross cogging, cross corking
Kreuzkirche *f (Arch)* cruciform church
Kreuzmeißel *m* cross-cut chisel, bent chisel, bolt chisel, cope chisel, cape chisel, star bit
Kreuzrippengewölbe *n* quadripartite vault
Kreuzstrebe *f* cross stud, diagonal stay,

Kreuzung

diagonal strut, tension diagonal, X-brace, spanner

Kreuzung f 1. (Verk) crossing (Straße, Eisenbahn); crossroads, intersection (Straße); (AE) X-ing, xing, intersection; 2. crossing, crossing area (Stahlbau) • **an einer Kreuzung** at a crossroads

Kreuzung f/höhengleiche (Verk) crossing at grade, level crossing, grade intersection, grade junction, intersection at grade

Kreuzung f/plankreuzungsfreie (Verk) fly-over (junction)

Kreuzungsbauwerk n (Verk) fly-over (junction), interchange

Kreuzungspunkt m 1. crossing point, cross; 2. (El) node

Kreuzverband m 1. cross bond, diagonal bracing, English cross bond, Flemish bond, Dutch bond, silver-lock bond (Mauerwerk); 2. (Hb) cross stay; 3. diagonal struts (Stahlbau); 4. (Arch) St. Andrew's cross

Kreuzverbindung f spider connection

kreuzweise criss-cross, crosswise

Kreuzzapfen m (Hb) cross pin, double-halved joint

Kriechblume f (Arch) crocket (Ornament der Gotik)

Kriechdehnung f creep strain, inelastic strain, non-elastic strain

Kriechen n 1. crawling (von Anstrichen); 2. creep(ing), plastic loss, time yield (von Baustoffen); 3. (El) creep (des Stroms)

Kriechfestigkeit f creep strength, resistance to creep

Kriechformänderung f creep deformation, non-elastic deformation, inelastic deformation

Kriechkurve f creep curve, time-extension curve

Kriechmodul m creep modulus

Kriechspur f (Verk) creep lane, crawler lane, climbing lane, slow(-moving) lane (Straße); (AE) truck climbing lane

Kriechverhalten n creep behaviour, creep compliance

Kriechzahl f modulus of creep (Beton)

Kristallglas n crystal glass, flint glass

Kritische-Pfad-Methode f critical path method (Baurecht)

Krone f 1. crown (Mauer, Damm); 2. coping (Mauer); 3. crest (Dachkrone, auch Mauerkrone); 4. (Arch) crowning (Ornament)

Kronenbreite f crest width (Damm, Deich)

Kronendach n crown-tile roof

kröpfen v 1. crank (ein Werkstück); 2. double-bend, offset, bend at right angles (Stäbe); 3. joggle (zahnend); 4. (Arch) return, mould; 5. (Hb) wreath

Kropfstück n 1. crank(ed) piece; 2. (Hb) string wreath

Kröpfung f crank, goose-neck

Krücke f 1. support for pipes; 2. (Verm) boning rod

krumm 1. crooked, bent; 2. hooked (hakenförmig); 3. curved (geschweift, gekrümmt); 4. twisted, awry (verdreht, verbogen); 5. warped (verworfen, verzogen) • **krumm werden** warp (z. B. Holz)

krümmen v 1. crook, bend; 2. hook (Haken); 3. curve, arch (Bauelemente); buckle (flächenhaft); 4. bow, warp (Holz); 5. camber (Bogen formen, Stich geben); 6. inflect (Tragelemente); 7. turn, curve, bend (Straße); 8. bend, wind, meander (Fluss); 9. contort, twist (verdrehen)

krümmen v/sich 1. crook; 2. curve, bend (z. B. Straße); 3. become warped (z. B. Holz); 4. contort (verdrehend); 5. sweep (z. B. Mauer) • **sich nach oben krümmen** hog (Bauteil)

Krümmling m 1. camber slip; 2. (Hb) string wreath (Handlauf); wreath, wreath piece (Treppe)

Krümmung f 1. crook; 2. curvature, curve inflection, bend(ing) (Biegung); 3. bow, sweep, arch (Bogen); 4. camber, cambering (von Oberflächen); 5. flection, flexion, (AE) inflection (Tragelemente); 6. turn(ing), winding (Straße, Fluss); 7. twisting (Holztrocknung); 8. camber (senkrecht); 9. sinuosity (wellenförmig)

Krüppelwalmdach n false hip roof, gambrel roof, half-hipped roof

Kruste f crust, encrustation, incrustation, scale (z. B. Rohrablagerungen); daub (Putzschicht) • **eine Kruste bilden** encrust, incrust • **mit einer Kruste überziehen** incrust

Krypta f (Arch) crypt, undercroft

Kübel m pail • **wie aus Kübeln gießen [regnen]** (sl) rain in buckets

Kübelaufzug *m* elevator hoist, skip elevator, skip hoist *(Mischer)*
Kubismus *m (Arch)* Cubism
Kücheninstallation *f* kitchen installation, kitchen system
Kugel *f* 1. ball, globe; 2. sphere *(geometrisch, mathematisch)*; 3. *(Arch)* pellet *(Ornament)*; globe, ball (z. B. auf Turmspitzen); balloon *(auf Pfeilern)*
Kugeldruckprüfung *f* ball test
Kugelgelenk *n* ball-and-socket joint, ball joint
Kugelgewölbe *n* spherical dome, spherical vault
Kugelhaube *f* 1. spherical cap; 2. *(Arch)* calotte
Kugelkipplager *n* rocking ball bearing
Kugelrückflussventil *n* ball-check valve
Kugelschale *f* spherical shell
Kugelschlagprüfung *f* dynamic ball-impact test, ball impact test, ball test *(Beton)*
Kugelventil *n* ball valve, globe valve; ball cock *(Hahn)*
Kühlanlage *f* cooling plant, refrigeration plant, refrigeration system
Kühlhaus *n* coolhouse, chill block, cold-storage depot, cold store
Kühlungsventilator *m* cool fan
Kühlzelle *f/begehbare* walk-in (cooling) box, walk-in cooling cell
Kühlzement *m* Kühl cement
Küken *n* plug *(an einem Hahn)*
Kulturboden *m* cultivated soil, agricultural soil
Kulturbodenauftrag *m* resoiling *(Rekultivierung)*
Kultur- und Geschäftsbereich *m* cultural and commercial zone
Kunst *f/gestaltende (Arch)* constructive art
Kunstbauten *mpl (Verk)* engineering structures
Kunstharz *n* artificial resin, plastic (resin), synthetic resin, man-made resin
Kunstharzbeschichtung *f* synthetic-resin coating, synthetic plastic coating, plastics coating, resin-bound surface dressing
Kunstharzfarbe *f* synthetic paint
kunstharzgebunden synthetic-resin-bound, resinoid-bonded
Kunstharzmörtel *m* resin-based mortar
Kunstharzpressplatte *f* resin-bound chipboard, resin-bound fibreboard
kunstharzverleimt synthetic-resin-bound, resin-bound
Kunstmarmor *m* artificial marble, imitation marble, man-made marble, manufactured marble, marezzo
Kunstschmiedearbeit *f* ornamental ironwork, decorative ironwork, wrought-iron work, ironwork
Kunststoff *m* plastic, synthetic material
Kunststoffbasis *f* plastic base
Kunststoffbeschichtung *f* plastic coating
Kunststofffenster *n* plastic window
Kunststoffmembran *f* synthetic membrane
Kunststoffrohr *n* plastic pipe, plastic conduit
Kunststoffschichtenplatte *f* plastic laminate
Kunststoffverkleidung *f* plastic lining
Kunststoffwellplatte *f* plastic corrugated board, plastic corrugated sheet
Kunsttischlerei *f* cabinet-making
Kupferabdeckung *f* copper roof covering
Kupferbedachung *f* copper roofing
Kupferkastenrinne *f* copper box gutter
Kupfermantel *m* copper cladding
Kupferrohr *n* copper pipe, copper tube
Kupferschlackenblockstein *m* copper slag block
Kuppe *f* 1. summit *(meist spitz)*; 2. *(Wsb, Verk)* crest; 3. knoll, hilltop *(geographisch, Bergkuppe)*; 4. pinhead projection *(Oberfläche)*; 5. rounded head *(Schraube, Bolzen usw.)*
Kuppel *f* dome; cupola *(klein)* • **mit einer Kuppel versehen** domed
Kuppeldach *n* dome roof, dome-shaped roof, domed roof, domical roof, dome
kuppelförmig dome-shaped, domed, domical
Kuppelgewölbe *n* dome vault, domical vault
Kuppelschale *f* dome-shaped shell
Kuppeltragwerk *n* domical roof
Kuppenausrundung *f (Verk)* vertical curvature, summit curve *(Straßenbau)*
Kurve *f* 1. *(Verk)* curve, turn, bend, bend *(Straße)*; 2. curve *(mathematisch)*; 3. trace *(Messwertkurve, Aufzeichnung)*
Kurvenstein *m* curved stone

Kurvenüberhöhung

Kurvenüberhöhung f (Verk) superelevation (of curves)
Kurvenzug m (Verk) combined curve (Straße)
kurz short (räumlich, zeitlich); transient (vergänglich, wechselnd)
Kurzbalken m stub beam
Kurzpfahl m (Erdb) short pile, stub pile
Kurzprüfung f rapid test
Kurzzeitbelastung f short-term loading, short-continued loading
Kurzzeitprüfung f short-term test
Kurzzeitverhalten n short-term behaviour, short-continued behaviour
Küstenbau m marine construction
Küstenbauten mpl marine structures, marine works, shore structures
Küstenschutz m coast protection, coastal defence, shore protection
Küstenschutzbauten mpl coastal protection works, sea defence construction, seaworks, shore structures, waterfront structures, coast works
K-Wert m transmissions constant (Wasserdurchlässigkeit)

L

labil labile, instable, unstable
Labilität f lability, instability
Labor n für Bodenmechanik soil mechanics laboratory, soil testing laboratory
Laborprobe f laboratory sample
Laboruntersuchung f laboratory investigation, laboratory examination
Lack m 1. lac (pflanzlicher oder tierischer Herkunft); 2. lacquer (physikalisch trocknend); 3. varnish paint
Lackanstrich m lacquer coat(ing), varnish coat(ing)
Lackfarbe f 1. varnish paint, varnish stain (zum Grundieren); 2. lacquer, enamel paint, topcoat enamel, shellac (Decklack, physikalisch trocknend); 3. lake dye, lake pigment (Farbstoff)
Lackieren n lacquering (mit physikalisch trocknendem Lack); enamelling (mit Emaillack); varnishing (mit Klarlack)
Ladebrücke f loading bridge, loading deck
Ladegerät n loader

Ladeplattform f loading platform, loading dock, dock, stillage
Laderampe f loading and unloading ramp, loading platform, loading ramp
Ladeschaufler m bucket loader, carrying scraper
LAGA (in Deutschland) Federal States Working Group on Waste
Lage f 1. layer, course, ground course, row (z. B. Mauerwerk, Ziegel); 2. (Verk) layer (Straße); 3. lift, placement (Einbaulage, z. B. Beton); 4. location, lie, site (z. B. eines Baugrundstückes); aspect, position (eines Gebäudes); 5. ply (eines Schichtbaustoffes, Holz usw.); 6. sheet (dünne Schicht, Bahn) • **in eine bestimmte Lage bringen** situate • **in eine Lage bringen** situate • **in Lage bringen** locate • **in senkrechte Lage bringen** right
Lagegenauigkeit f position accuracy (Bauteil, Montageteil)
Lagehöhe f elevation head
Lagenschüttung f layer-construction
Lageplan m 1. location plan, plan of site, site plan (Baustelle); 2. layout plan, layout drawing, layout (Zeichnung); 3. estate layout (Gebäudelage); block plan (mit kleinem Maßstab, der die Gebäudeumrisse zeigt); 4. siting (Anordnung, Lage); (AE) plat (mit Grenzmarkierungen)
Lager n 1. abutment, butment (z. B. bei Brücken); 2. support, bed (Auflager); 3. bearing (Maschinenauflager); 4. stock, store, store room, store space, depot (Warenlager, Lagerraum); stacking area (Stauraum, Zwischenlager); 5. deposit, layer (geologisch, z. B. Gestein, Kies) • **ab Lager** from stock
Lagerbalken m carrier bar; support beam; sole piece
Lagerbock m 1. bearing block (Brückenbau); 2. bearing chair (Hochbau)
Lagerdruck m reaction at support, bearing pressure
Lagerfläche f 1. supporting surface, support (eines Auflagers); 2. bed, horizontal joint (z. B. Mörtelbett, Werksteinauflagefläche); 3. stacking ground, stacking yard, storage yard, store area (Material, Baustoffe)
Lagerfuge f course joint, bed joint, horizontal joint (Mauerwerk)

Lagerfuß *m* foot of bearing
Lagerholz *n* floor batten; raft batten *(schwimmender Fußbodenbelag)*
lagern *v* 1. carry, bear, support *(Tragelemente, lasttragende Bauelemente)*; 2. superpose *(übereinanderlagern, schichten)*; 3. stock, store *(Baumaterial)*; stockpile *(Schüttgut)*; keep *(aufbewahren)*
Lagerplatz *m* 1. dumping place *(meist Abfall; auch Holzlagerplatz)*; 2. stacking ground, stacking yard *(bes. für Fertigteile)*; 3. stockyard, storage yard, yard *(eines Baubetriebes; Bauhof)*
Lagerpunkt *m* pivot point, pivot
Lagerstuhl *m* 1. bearing chair *(Hochbau)*; 2. bearing block *(Brückenbau)*; 3. saddle *(Tragseilauflager bei Brücken)*
Lagerung *f* 1. bearing *(Tragelemente)*; 2. bed, bedding *(Werksteinschichten, auch für Fundamentauflagerung und Unterbettungsschichten)*; 3. stockpiling *(von Schüttgut)*; 4. storage *(z. B. von Baumaterial)*; 5. stratification *(Geologie)*
Lagerungsdichte *f (Erdb)* compactness; packing density *(körnige Baustoffe)*
Lageskizze *f* location sketch, site sketch
Lamelle *f* 1. lamella, lath, slat *(Fensterladen, Jalousie)*; 2. bar, segment, rib, fin *(Stahlbau)*; 3. finn(e) *(Heizlamelle)* • **mit Lamellen** finned
Lamellendach *n* segmental arch roof
Lamellenheizkörper *m* finned radiator, grilled heater, ribbed radiator
Lamellenjalousie *f* lamella screen, lath screen, slat screen, Venetian blind
Lamellenrohr *n* finned pipe, finned tube, grilled pipe, grilled tube, ribbed (heating) tube *(meist Heizung oder Kühlung)*
Lamellenschalendach *n* glued laminated timber shell roof
Lamellensparren *m* laminated (timber) rafter
Lamellenträger *m* glued laminated timber girder
lamellenverleimt *(Hb)* glue-laminated, *(AE)* glued laminated
lamelliert laminated *(Holz)*
laminiert laminated *(Erdstoff)*
Lampenmast *m* lamp pole, lamp post
Land *n* 1. land; 2. state *(Staat, Distrikt)*; 3. *(Bod)* soil, ground • **Land aufteilen** parcel, partition

Land *n***/erschlossenes** serviced land
Landaufnahme *f***/ingenieurtechnische** construction survey, engineering survey
Landbauwesen *n* agricultural building, rural construction
Landbesitz *m* ownership of land, property of land, domain; real property, real estate *(alle Rechte einschließend)*
Landerschließung *f* reclamation of land
Landespflege *f* land conservation
Landesplanung *f* national planning, regional planning
Landesvermessungsnetz *n* triangulation network
Landgewinnung *f* reclamation of land
Landhaus *n* country-house, bower, *(AE)* ranch house
ländlich rural, rustic
Landmarke *f* landmark, hoarstone; cairn *(Pyramide aus aufgeschichteten Steinen)*
Landmesser *m* surveyor
Landnutzung *f* land use
Landschaft *f* landscape, scenery • **eine Landschaft gestalten** landscape
Landschaftsbauarbeiten *fpl* landscape work(s)
Landschaftsgestaltungsarbeiten *fpl* landscaping work(s)
Landschaftspflege *f* landscape preservation, landscape conservancy, landscape conservation
Landschaftspflege-Begleitplan *m* landscape conservation nature support plan
Landschaftsplaner *m* landscape architect
Landschaftsschutz *m* landscape conservation, landscape protection, nature preservation, protection of the environment
Landschaftsschutzgebiet *n* landscape protection area, natural preserve, wilderness
Landstück *n* lot, *(AE)* plot
Landungsbrücke *f* 1. landing bridge, landing pier, pier, ferry bridge; 2. *(Wsb)* landing stage
Landvermessung *f* land surveying
Landwirtschaftsgebäude *n* agricultural building
Langband *n (Hb)* long cross garnet, long tee hinge, tee-hinge, T-hinge *(Scharnier)*
Länge *f* length; stretch *(Dehnlänge)*; scope

Längenänderung

(Leitung usw.) • **der Länge nach aufschneiden** split • **der Länge nach aushöhlen** tunnel • **in die Länge gezogen** elongate

Längenänderung f length change, change of length, linear deformation

Langloch n oblong hole, elongated hole; horizontal core *(Baustein)*

Langlochstein m horizontally perforated block, burnt-clay hollow block, side construction tile (with horizontal cavities), building tile, partition tile, *(AE)* structural clay tile *(für nicht tragende Wände)*

längs belastend load-bearing in longitudinal direction

längs tragend load-bearing in longitudinal direction, load-carrying in longitudinal direction, bearing in longitudinal direction, supporting in longitudinal direction, weight-carrying in longitudinal direction

Längsabstand m longitudinal spacing, longitudinal interval *(Bewehrung)*

langsam erhärtend slow-hardening

Längsaussteifung f longitudinal stiffening

Längsbalken m longitudinal beam, string, *(AE)* stringer; string piece *(bei einem Dachstuhl)*

Längsbewehrung f longitudinal reinforcement, main reinforcement, principal reinforcement, main bars

Längsbiegemoment n longitudinal bending moment

Längsfuge f lane joint, longitudinal joint, lane joint, bed joint *(in Mauerwerk)*

Längskraft f *(Stat)* longitudinal force, direct force, axial force, thrust

Längslast f *(Stat)* axial load; longitudinal load

Längsrichtung f longitudinal direction • **in Längsrichtung** lengthwise, longitudinal, in longitudinal direction

Längsschnitt m 1. longitudinal section *(fertige Schnittfläche)*; 2. cutting with the grain, rip-sawing *(Tätigkeit, Holz)*

Längsschwelle f 1. ground timber; 2. *(Wsb)* running sleeper *(Rostgründung)*

Längssteifigkeit f longitudinal stiffness, longitudinal rigidity

Längsträger m 1. longitudinal girder, longitudinal beam, longitudinal member, ladder stringer, *(AE)* stringer; 2. main girder, main web *(Brückenbau)*; 3. frame side bar *(Rahmentragwerk)*

Längsüberdeckung f longitudinal overlap, forward lap

Längsverband m 1. longitudinal bond *(Mauerwerk)*; 2. longitudinal bracing *(Brückenbau)*

Längsvorspannung f longitudinal prestressing

Lang- und Kurzwerk n *(Arch)* long-and-short work, long-and-short technique

Längung f lengthening, elongation, stretching; extension *(mechanisch)*

Langzeitbelastung f long-term loading, long-continued loading, sustained loading

Langzeitgebrauchsverhalten n long-term performance

Langzeitverhalten n long-term behaviour

Lanzettbogen m lancet arch

Lärchenholz n larch wood, larch, tamarack

Lärm m noise

Lärmbelästigung f noise nuisance, noise pollution, sound pollution

Lärmdämmung f noise insulation, sound insulation

Lärmminderung f noise abatement, noise reduction, sound reduction, noise suppression

Lärmminderungskonzept n noise reduction conception, project of actual noise reduction

Lärmpegel m noise level

Lärmsanierung f noise reduction measure

Lärmschutz m noise protection, noise insulation, protection against noise, noise control, sound control, quieting

Lärmschutzanlagen fpl noise protection facilities, noise protection systems

Lärmschutzbauwerk n noise reduction construction

Lärmschutzfenster n noise protection window

Lärmschutzwall m *(Verk)* noise barrier, noise bund; noise protection embankment *(Erdaufschüttung, oft bepflanzt)*

Lärmschutzwand f *(Verk)* noise protection wall

Lärmvorsorge f prevention of noise pollution

Lärmvorsorgemaßnahmen *fpl* acoustic treatment *(Lärmschutzplanung)*
Larssenbohle *f* Larssen sheet pile
Lasche *f* 1. *(Hb)* tie piece, joint piece, fish bar, scab; fitch plate, fishplate, splice piece *(Stahlverstärkung für Balken)*; 2. cover strap, strip *(Stoßlasche)*; 3. latch, shackle *(Türschloss)*; 4. shin, fishplate *(Schienenverbindung)*; 5. *(San)* ear; clip *(Schelle)*; 6. tab *(Öse)*; 7. bond, lashing *(Seilschlinge, z. B. Kran)*; 8. butt plate *(Deckplattenlasche)* • **mit Laschen verbinden** strap
Laschenanschluss *m* cleated joint
Laschenbolzen *m* fish bolt
Laschenstoß *m* fish joint, strap joint
Laschenverbindung *f* 1. *(Hb)* splice joint, end skarf, scarf; 2. strap connection; lap joint *(Überlappungsverbindung)*
Lasertheodolit *m* laser theodolite
Laserwasserwaage *f* laser spirit level
lasieren *v* scumble, glaze *(farbig)*
Last *f* 1. *(Stat)* load; 2. burden, weight *(z. B. eines Bauelementes)*; 3. evenly shared load *(gleichmäßig verteilte)* • **Last aufbringen** *(Stat)* load • **Last auflegen** *(Stat)* load • **Last aufnehmen** accept, carry • **Last übertragen auf** bear on • **unter Last** on-load
Last f/gleichmäßig verteilte evenly shared load, continuous load, uniformly distributed load
Last f/verteilte *(Stat)* distributed load
Lastangriffspunkt *m* point of load application
Lastannahme *f* loading assumption, design load, estimate of loading, assumed load
Lastansatz *m* *(Stat)* design load
Lastaufbringung *f* load application
Lastaufnahmevermögen *n* load capability
Last-Dehnungskurve *f* load-deflection curve
Lastenanordnung *f* loading density
Lastenaufzu... ...rial hoist, freight ele... ...unk lift, goods lift, ...trunk elevator ...of load ...load scheme, ...f load-defor-

Latex-Zement-Vergussmasse

Lastglied *n* load(ing) term
Lastgruppe *f* group of loads, series of loads *(Festigkeitslehre)*
Lasthebezange *f* lifting tong
Lastlinie *f* line of load
Lastplatte *f* 1. load plate, bearing plate; 2. *(Erdb)* loading plate *(Tragfähigkeitsprüfung)*
Lastplattendruckversuch *m* *(Bod, Erdb)* plate load test
Lastschwellungsdiagramm *n* load-swelling diagram
Lastsetzungsdiagramm *n* load settlement diagram
Lastsetzungskurve *f* load-settlement curve
Lastspiel *n* 1. load(ing) cycle, cycle of load, cycle of stress *(zyklisch)*; 2. repeated load application, repeated load; variation of load *(wiederholt)*; 3. stress cycle, cycle of stress, stress *(spannungszyklisch)*; 4. fatigue cycle *(zur Ermüdungsprüfung)*
Laststufe *f* 1. load increment, load stage; 2. *(Verk)* load category
lasttragend weight-carrying, supporting
Lastübertragung *f* load transfer, load transmission, transmission of load
Lastverformungskurve *f* load-deformation curve
Lastverhalten *n* behaviour under loading
Lastverteilung *f* load distribution, load-spreading, distribution of load, spreading of the load
Lastwagen *m* lorry, *(AE)* truck
Lastwechsel *m* 1. load reversal, variation of load, fluctuation of load; 2. stress cycle, reversal of stress, stress reversal *(Lastspannungswechsel)*
Lastzunahme *f* load increase, load increment, increment of load
Lastzustand *m* load state
Lasur *f* 1. natural finish, transparent coating *(für Holz)*; 2. scumble *(z. B. für Beton)*; 3. glaze, glazing *(keramisch, auch farbig)*
Laterne *f* 1. lantern, high-light window, skylight turret; cupola *(Dachaufsatz)*; 2. *(Arch)* clerestory
Latexbindemittel *n* latex binder
Latex-Zement-Vergussmasse *f* latex-cement sealing compound

Latte

Latte f lath, narrow board, batten, slat, strip, wood ledge
Lattendielung f hardwood strip flooring, parquet strip flooring, strip flooring, flooring strips
Lattenkonstruktion f slatting, boarding
Lattenrost m lath grating, lath grid, lath floor
Lattung f lathing, roof battening
Laubbaumholz n leaf wood
Laube f 1. summerhouse; 2. arbour, bower; bay *(aus Pflanzen, Büschen und Bäumen)*
Laubengang m outdoor corridor, exterior corridor, roofed walk; access gallery, access balcony *(eines Wohnhauses)*
Laubenganghaus n balcony access block, gallery block
Laubfang m leaf trap, leaves catch, leaves trap *(Entwässerungssystem)*
Laubwerkfries m leafy frieze, foliage frieze
laubwerkverziert foliated
Lauf m 1. flight, stair flight *(Treppe)*; 2. run(ning), work *(von Maschinen, Aggregaten)*; 3. travel *(Bewegung)*
Laufbohle f run(way) plank, walk plank, access board
Laufbrett n 1. barrow run, barrow way *(für Schubkarre)*; 2. roof-platform, toeboard *(um eine Plattform oder ein Dach)*
Läufer m 1. stretcher (block), outbond brick; 2. curtain, sag *(Anstrichfehler)*; 3. runner *(für Flure)*
Läuferschicht f course of stretchers, flat course of bricks, stretcher course, stretching course, through course *(Mauerwerk)*
Läuferverband m stretcher bond, stretching bond, running bond, facing bond, longitudinal bond *(Mauerwerk)*
Laufgang m 1. passageway; gallery *(Korridor)*; 2. gallery, gangway *(für Wartungszwecke)*; 3. walk, walkway *(Bedienungssteg für Anlagen)*; 4. *(Arch)* trifora gallery, wall passage *(Sakralbauten)*; 5. catwalk *(Fußgängergang auf Brücken; Dachlaufgang)*
Laufkran m overhead crane, travelling crane, jenny
Lauflinie f pitch line, walking line *(einer Treppe)*
Laufschiene f guide rail, running rail, trolley track, gliding channel; door runner rail *(Schiebetür)*
laugenbeständig lye-proof, alkali-proof
Lavabeton m foamed lava concrete, scoria concrete
Lawinengalerie f avalanche gallery
Lawinenschutz m avalanche protector, protection against avalanches
L-Balken m L-beam
lbf pound-force *(englische, SI-fremde Einheit der Kraft; 1 lbf = 4,448 N)*
Lebensdauer f lifetime, operable life, operating life, life cycle, length of life; durability, fatigue life *(Dauerfestigkeit)*; failure time *(bis zu Störungen)*; service (life) expectancy, service life *(von Geräten)*
Lebensraum m/städtischer municipal living-space, town living-space, urban living-space
Leck n spillage
Leckage f *(Umw)* leakage
Leckloch n weep hole
Leckverlust m leakage loss
leer pumpen v pump off
Leergebinde n common truss frame, intermediate rafter, intermediate truss
Leerrohr n *(El)* conduit
legen v 1. lay, install, put *(Kabel, Rohre, Leitungen)*; 2. place *(z. B. Steine, Schichten)*; 3. superpose *(übereinanderlegen)*
Legende f legend, coding legend, key; caption
Lehm m loam, common clay, clay • **mit Langstroh und Lehm einwickeln** wrap-up in straw and clay
Lehmbau m loam construction, loam walling, loam walling work
Lehmboden m loam ground, loamy ground, loamy soil, clay ground
Lehmdichtlage f clay blanket
Lehmfußboden m clay floor
Lehmmörtel m loam mortar, clay mortar, clay puddle, puddle
Lehmputz m loam rendering *(Außenputz)*
Lehmstampfbau m cob construction, pisé (building), rammed-earth construction, rammed-loam construction *(AE)* beaten cobwork
Lehmziegel m loam brick, clay bri dried brick, unburnt brick; b 22,5 × 11,3 cm); cob (b

Lehre f 1. (Arch) negative form (für Verzierungen); 2. gauge, gauge system, (AE) gage, calibre (z. B. Blechdicken); 3. pattern (Modell); 4. setting jig, reverse, template (Bauelemente, Mauer usw.); 5. setting jig, jig (Bohrlehre); 6. strickle, strickle board (Lehrlatte, z. B. Putzstärke)

Lehrgerüst n 1. falsework, falsework structure (Abstützung); 2. scaffolding of a centre vault, soffit scaffolding, centre, centring (Gewölbe- und Bogenbau)

Leibung f 1. jamb, scuncheon, reveal (Tür, Fenster); 2. flanning (Tür); 3. (Arch) intrados, soffit of arch, haunch (Bogenfläche)

leicht light; light (Erdstoff mit wenig Lehm und Ton); lightweight (Gewicht)

leicht bearbeitbar easily workable

Leichtbau m light construction, lightweight construction

Leichtbauelement n light building component, lightweight building unit, breeze block

Leichtbaukonstruktion f light construction

Leichtbauplatte f light(weight) building board, light(weight) building sheet, light(weight) concrete slab, fibre building board, fibre building slab, fibre slab

Leichtbeton m 1. light(weight) concrete (haufwerksporig); 2. cinder concrete, slag concrete (mit Leichtzuschlagstoffen)

Leichtbetonelement n precast lightweight building component, precast lightweight building unit

Leichtdämmbeton m lightweight insulating concrete

Leichtdämmplatte f lightweight insulation board

Leichtflüssigkeitsabscheider m (AE) gasoline separator

Leichtgewichtsbeton m lightweight concrete

Leichtmetallbau m light-metal construction

Leichtmetallfenster n light-metal window

Leichtmetallträger m light-metal latticed girder

Leichtprofil n lightweight section

Leichtzuschlagstoff m light(weight) aggregate

Leierpunkt m centre (Bogen)

Leim m adhesive, glue, sizing material, size • **Leim kochen** heat glue • **mit Leim bestreichen** size

Leimdachbinder m glued truss

Leimfarbe f size colour, non-washable distemper; distemper, calcimine (Wand- und Deckenfarbe) • **mit Leimfarbe streichen** distemper

Leimholzkonstruktion f laminated timber construction, glued laminated timber construction

Leim-Nagel-Verbindung f glue-nail joint

Leimschichtenbauholz n built-up timber

Leimverbindung f glue joint, glued assembly, rubbed joint

Leinölgrundierung f priming with linseed oil

L-Eisen n L-iron, angle iron

Leiste f 1. batten, bato(o)n, strip, cover moulding (Deck- und Fugenleiste); 2. ledge (Türquerleiste); 3. lath (Putzträger); 4. lip (für Deckenziegel); 5. (Hb) mould, moulding; raglet, (AE) reglet (Zierleiste); 6. (Arch) cordon (mit kordelförmigem Ornament); cornice (Gesimsband); fillet (Zier- und Kehlleiste auch an Säulen der klassischen Architektur); 7. fascia (an der Dachtraufe); 8. gib (Keilleiste); 9. slat (Lamellenleiste) • **mit Leiste** gibbed

Leistung f 1. capacity; performance (z. B. mechanisch; Vertragsleistung); 2. power (Stärke); yield, output (Produktion, z. B. einer Maschine); 4. work, performance (z. B. zur Vertragserfüllung); 5. service (Dienstleistung) • **Leistung auflisten** bill for quantities

Leistungsbeschreibung f quantity description, specification

Leistungsumfang m scope of work, work content

Leistungsverzeichnis n bill of quantities (Leistungsverzeichnis)

Leitbalken m racking balk

Leitblech n (HLK) deflector (Ablenkblech); baffle, baffle plate (z. B. Materialstrom, Schüttgüter)

leiten v 1. guide, (Aussprache: li:d) lead (führen); 2. manage (Unternehmen, Abläufe); 3. conduct (Wärme, Elektrizität); 4. transmit (Schall); 5. curry, pipe (Flüs-

Leiter

sigkeiten); 6. route, direct, rule *(lenken; verfügen)*; 7. control *(steuern)*
Leiter f 1. ladder; 2. cat ladder *(für Dachdecker)*
Leiter m *(El)* conductor; core *(in einem Kabel)*
Leitertreppe f stairs with treads between strings, open-riser stair
Leitfähigkeit f conductivity *(für Wärme, Elektrizität)*
Leitkanal m conduit; guide passage
Leitpfosten m *(Verk)* marker post, delineator, guide marker, guide-post
Leitplanke f *(Verk)* crash barrier, guardrail, side rail
Leitschiene f 1. *(Verk)* check rail, side rail; 2. guardrail *(Gleisbau)*; 3. guide rail *(z. B. für Türanlage)*
Leitung f 1. pipe, piping, pipeline, run *(Flüssigkeiten, Gas)*; 2. conduction *(Wärme, Elektrizität)*; 3. *(El)* transmission line; lead *(Zuleitung)*; wire, cable line *(Nachrichtenleitung)*; 4. management *(z. B. Projekte)*; board *(Gremium)* • **eine Leitung legen** 1. *(El)* install a line, install a main; 2. lay a pipe(line); 3. *(San)* install a pipe(line) • **eine Leitung ziehen** *(El)* run a cable, wire • **Leitungen sichtbar verlegen** run wires overhead
Leitungsdurchgang m service penetration
Leitungsführung f *(El)* route; cable run *(im Gebäude)*
Leitungsgraben m ditch for conduits, service trench, *(AE)* utility trench
Leitungskanal m 1. *(San, HLK)* duct, service duct, U-troughing, mains subway, *(AE)* utility run; chase *(in Wänden, z. B. für Unterputzverlegung)*; 2. *(El)* raceway, node
Leitungsmast m *(El)* mast, line pole, transmission-line tower
Leitungsnetz n supply grid, supply network; electric mains
Leitungsrohr n 1. *(San, HLK)* conduit pipe, line pipe, pipe, tube, water main; 2. *(El)* conduit (pipe), cable conduit, duct
Leitungsschacht m shaft with services
Leitungsschutzrohr n cable conduit
Leitungsverlegung f 1. line installation; 2. *(El)* wiring
Lesene f lesena *(hervortretender Mauerstreifen)*

Leuchtdecke f light diffusing ceiling, luminescent ceiling, luminous ceiling, diffusing ceiling, illuminated ceiling
Leuchtdichte f luminance, brightness
Leuchte f lighting fitting, lighting fixture, lighting unit, luminaire, lantern, *(AE)* luminaire fixture, lighting fixture
Leuchtenmast m lamp pole, lighting mast
Leuchtfarbe f luminescent paint, luminous paint, fluorescent paint
Leuchtmittel n lamp
Leuchtstoffbeleuchtung f fluorescent lighting
Leuchtstoffröhre f luminescent tube, fluorescent lamp
Libelle f *(Verm)* level glass, spirit level, air level, bubble level, tube
licht 1. light, bright, white *(Farbe)*; 2. clear *(Abstand)*; 3. inner *(Rohr)*
Licht n 1. light; 2. window opening, opening
Lichtanlage f light(ing) installation, light plant, lighting set
Lichtband n 1. lighting row, luminous row, strip-line light fixtures; 2. row of windows
lichtbeständig lightfast, light-resistant, lightproof, daylight-proof, fast to light, proof to light, resistant to light, stable to light *(Farben, Kunststoffe usw.)*
Lichtbogenschweißen n electric arc welding, arc weld(ing)
Lichtdach n transparent roof
Lichtdecke f light diffusing ceiling, luminescent ceiling, luminous ceiling, diffusing ceiling, illuminated ceiling
Lichthof m 1. glass-roofed inner court, inner court(yard); 2. *(Arch)* patio
Lichtkuppel f light cupola, dome light, domed roof-light, glass light cupola
Lichtmaß n clear dimension
Lichtmast m lamp pole, lamp post, lighting mast, lighting pylon, lighting column
Lichtquelle f light source, luminous source, illuminant, source of light
Lichtrasterdecke f luminaire grid suspension ceiling
Lichtraumprofil n *(Verk)* structure gauge
Lichtschacht m light shaft, light well, lamphole, well
Lichtschutz m protection from light
Lichtsignal n 1. warning light; 2. *(Verk)* traffic light, traffic signal

Lichtsignalanlage f *(Verk)* light signal, traffic lights
Lichtstärke f luminous intensity, candle-power *(SI-Einheit: Candela)*
Lichttechnik f lighting engineering, illumination engineering
Lichtwand f luminescent wall, illuminated wall
Lieferant m contractor, supplier
Lieferbedingungen fpl delivery terms, terms of delivery, terms of supply, *(AE)* conditions of sale
liefern v **und einbauen** v furnish and install *(Leistungsbeschreibung)*
Lieferrampe f delivery ramp, supply ramp
Lieferung f delivery, supply, shipment
Lieferzeichnung f shipment drawing
Lieferzertifikat n works certificate *(für Baustoffe, Bauteile)*
liegend/hoch overhead, high-lying
liegend/tief 1. deep-seated *(geologisch)*; 2. low-lying *(Gebäude, Bauplatz, Gebiet)*
Liegendes n 1. *(Tun)* footwall, pavement; 2. *(Erdb, Tun)* underlying bed, underlying stratum, underwall; 3. *(Bod)* subjacent bed
Liegenschaft f land holding, estate
Liegenschaftsvermessung f metes and bounds (survey) *(nach Koordinaten und Winkeln)*
Lierne f *(Arch)* lierne, lierne rib
Limbaholz n limba wood, limba, korina wood *(westafrikanischer Baum)*
Limonit m limonite *(als Schwerzuschlag für Strahlenschutzbeton)*
linear uniaxial
Linearprojektion f linear projection
Linearspannung f linear stress
Linie f line, trace • **die Linie verbessern** *(Verk)* realign • **eine Linie anreißen** snap the line *(mit Schnur)* • **eine Linie trassieren** plot a line • **eine Linie zeichnen** plot a line • **in einer Linie angeordnet** lined-up • **in Linie angeordnet** lined-up • **in Linie ausrichten** line up, align
Linienbelastung f line loading, linear loading
Linienbestimmung f *(Verk)* selection of line
Linie... f 1. route, routing *(Ver*... route mapping, routing, *(Straße)* pin bearing

Linienlast f 1. knife-edge load(ing); 2. *(Stat)* line load, strip load
Linienschnittverfahren n line intersection method
Linkstür f left-hand door
Linoleumfußbodenbelag m linoleum floor covering
Linsenträger m fish beam *(Fachwerkträger)*
Lippendichtung f lip sealing
Lisene f 1. pilaster strip, lesena *(hervortretender Mauerstreifen)*; 2. *(Hb)* strengthening strip
Liste f bill; slate *(auf der Baustelle)*
Listenpreis m list price
Lithopone f lithopone *(Farbe)*
Litze f 1. *(Arch)* braid, lace *(Borde)*; 2. cord *(Kordel)*; 3. *(El)* flex, strand, stranded wire, braided wire; 4. strand stretching cable *(Spanbeton)*
Litzenablenken n raising of strands *(Spannbeton)*
Litzenanhebeverfahren n deflected-strand technique *(Spannbeton)*
Loch n hole, opening; borehole; core hole, cavity *(im Ziegel oder Blockstein)* • **in ein Loch einrasten** enter a hole
Lochband n perforated steel strip
Lochblech n perforated plate, punched plate
Löcherschießen n well shooting *(in die Decke mittels Bolzenschießgeräts)*
Lochfraß m localized corrosion, breakthrough pitting, pitting *(Korrosion)*
Lochlehre f plug gauge *(Lochlehre)*
Lochleibung f bearing pressure of projected area
Lochpappe f cored paper
Lochsteinmauerwerk n cored block masonry
Lochung f 1. punch(ing), perforation; 2. coring *(Ziegel)*; 3. *(Hb)* boring
Lochziegel m hollow brick, cored brick, cellular brick, perforated brick, perforated unit
locker 1. loose, loosened; non-adherent *(nicht haftend)*; 2. porous; 3. slack *(z. B. Seil, Spannglied)*; 4. *(Bod)* soft, mellow, unconsolidated
Lockergestein n 1. loose rock, unconsolidated rock; 2. *(Bod, Erdb)* unconsolidated strata
Lockermassen fpl loose masses

lockern

lockern v 1. loosen, strip *(Schraube)*; 2. slacken *(Seil, Spannglied)*; 3. ease *(entlasten)*; 4. break up *(Boden)*

Löffelbagger m shovel excavator, mechanical shovel, power shovel, navvy excavator, navvy, digger, dipper dredger, excavator, *(AE)* mechanical navvy

Loggia f loggia, recessed balcony

Lohngleitklausel f gliding wages clause *(Bauvertrag)*

Longitudinalbauwerk n long structure

Lorbeerblattfeston n *(Arch)* laurel-leaf swag

Lore f lorry, wagon, truck, open goods wagon, *(AE)* car; tipping wagon, tipper *(Kipplore)*; trolley *(Steinbruch, Tunnelbau)*

Los-Angeles-Abriebwert m Los Angeles abrasion value, LA-value

lösbar 1. disconnectable *(Verbindung)*; 2. removable *(z. B. Anstriche)*; 3. soluble *(Mathematik)*

Löschbecken n 1. slaking basin; 2. *(Wsb)* tumbling bay *(ein Wehr)*

Löschkalk m hydrated lime, slaked lime, water-slaked lime, dry hydrate

Löschwasserrohrsystem n fire line

lose 1. loose, in bulk; 2. non-adherent *(nicht haftend)*; 3. slack *(Seil, Spannglied)*

lösen v 1. loosen, slacken *(lockern)*; 2. unfasten, unlock *(loslösen, losmachen)*; 3. disconnect, disjoint *(unterbrechen)*; 4. *(Bod)* ease; 5. unlock, unlatch *(Verriegelung)*; 6. untie, undo *(aus der Befestigung; losbinden)*; 7. solve *(mathematisch; chemisch; Problem)*

Losgröße f *(Verk)* size of lot, lot size

Löslichkeitsprüfung f solubility test

Lössboden m loess soil

Lösungsbeispiel n 1. solution example; 2. *(Stat)* worked example

Lösungsmittel n medium, solvent, vehicle

lösungsmittelbeständig solvent-proof

Lot n 1. solder, brazing solder *(Löten)*; 2. plumb (bob), plummet, mason's level, *(Aussprache: led)* lead, hand lead; 3. perpendicular, normal *(mathematisch-Senkrechte)* • **aus dem Lot** out-of-plumb • **ein Lot fällen** drop a perpendicular • **im Lot** plumb • **ins Lot bringen** plumb • **nicht im Lot** out-of-plumb, out-of-square

Lotabweichung f deflection of the plumb line, deviation of the plumb line, plumb line deviation

Löten n soldering

lotrecht normal; plumb; vertical *(z. B. Flächen)*

Lotschnur f plumb line

Lotsetzwaage f plumb level

Lötverbindung f soldered joint, soldering

LP-Beton m air-entrained concrete

LP-Stoffe mpl air-entraining agent

L-Stahl m steel angle, angle *(Profilstahl)*

Lückenbau m lock-up, in-fill building

luftabbindend air-setting *(z. B. Beton)*

Luftabzugsgitteröffnung f return grill

Luftabzugsleitung f vent stack

Luftaufbereitungsanlage f air-handling unit *(einer Klimaanlage)*

Luftaustrittsöffnung f air outlet; air inlet *(einer Klimaanlage)*

Luftbefeuchter m *(HLK)* air humidifier, humidifier; atomizing-type humidifier *(durch Wasserversprühung)*

Luftbildaufnahme f aerial photography, air survey

Luftbildvermessung f aerial photography, air survey, survey by aerial photographs

luftdicht air-proof, air-tight, hermetic; staunch *(z. B. Lagerraum)*

Luftdurchflussgitter n/**regelbares** *(HLK)* transfer register *(Klimaanlage)*

luftdurchlässig air-permeable, permeable to air, pervious to air

Lufteinschluss m included air; entrapped air, air entrainment, entrainment of air *(bei mörtelartigen Baustoffen zur Luftporenbildung, z. B. Beton)*

Lüfter m *(HLK)* air-moving device, ventilator, fan, aerator; blower *(Gebläse)*; cooling fan

Lüfterhaube f fan guard

Luftfeuchtigkeit f atmospheric moisture, humidity of air

Lufthärtung f air-hardening

Luftheizung f air heating, hot-air heating, plenum heating

Luftkalk m air-hardening lime, non-hydraulic lime, building lime, common lime, mason's lime

Luftkanal m *(San, HLK)* air channel, air-conditioning duct, air duct, air flue, air trunk(ing), vent, duct, flue *(z. B. für Heizung, Belüftung)*

Luftklappe f air register, air shutter *(Klimaanlage)*
Luftklimatisierungsanlage f air-conditioning installation, air-conditioning plant, air-conditioning system
Luftlinie f 1. air line, straight line; 2. slant range *(zwischen zwei Punkten verschiedener Höhe)*
Luftporen fpl air voids, voids *(z. B. Baustoffgemische, Erdstoffe)*; entrained air *(im Beton)*
Luftporenanteil m air voids ratio
Luftporenbeton m air-entrained concrete
Luftporenbildner m air-entraining admixture, air-entraining agent
Luftporengehalt m air voids content, voids content, air content *(in Mörtel, Beton; Erdstoff; Baustoffgemischen)*
Luftporenzement m air-entraining (hydraulic) cement
Luftqualitätsdaten pl *(Umw)* air quality data
Luftraum m air space *(Wand)*; plenum *(Zwischenraum für Klimaanlagen)*
Luftschalldämmung f airborne sound insulation
Luftschleiertür f air curtain door
Luftschleuse f air(-bound) lock, antechamber, *(AE)* man lock *(z. B. eines Caissons)*
Luftschlitz m louver, abat-vent, vent cavity • **mit Luftschlitzen** louvered
Luftseite f *(Wsb)* downstream face, air-side face *(einer Talsperre)*
Luftstrom m air current, air flow
Lufttragegebäude n air-supported building, air-supported structure, inflatable building
Lufttrockner m *(HLK)* dehumidifier *(Apparat)*
Luftumwälzung f air circulation
luftundurchlässig air-tight
Lüftung f airing *(natürlich)*; ventilation *(meist künstlich)*
Lüftungsanlage f odour removal equipment
Lüftungsdecke f *(HLK)* air-conditional ceiling, air-conditioned ceiling, vent(ilat)ed ceiling, ventilating ceiling
Lüftungsflügel m window vent, projected sash
Lüftungshaube f ventilating capping
Lüftungsjalousie f ventilation louvre, *(AE)* ventilation louver
Lüftungskanal m air channel, air-conditioning duct, air duct, ventilation duct, local vent
Lüftungsklappe f ventilation flap
Lüftungslamellen fpl vent louvre
Lüftungsöffnung f vent(ilating) opening
Lüftungsrohr n *(San, HLK)* duct, air pipes, air piping, ventilation pipe
Lüftungsschacht m air-shaft, ventilating shaft, ventilation funnel, funnel
Lüftungstechnik f ventilation engineering
Lüftungs- und Klimakanäle mpl ventilation and air-conditioning ducts
Luftvermessung f *(Verm)* photographic aerial survey, aerial survey, air survey
Luftvermischung f aspiration *(bei Klimaanlagen an den Lufteinspeisungen)*
Luftverschmutzung f air pollution, atmospheric pollution, pollution of the air
Luftverunreinigungsemission f *(Umw)* air pollution emission
Luftvorhang m air curtain
Luftvorwärmer m air preheater
Luftwärmeaustauscher m air preheater *(im Heizungssystem)*
Luftwechsel m *(HLK)* air change, change of air
Luftziegel m air brick, loam brick, clay brick, sun-dried brick, unburnt brick; cob *(ungebrannter Ziegel mit Stroh)*
Luftzuführung f 1. air input; 2. aeration *(von Porenbeton)*
Luftzug m draught *(Abgasführung)*
Luftzwischenraum m 1. air gap *(z. B. in einem Tank, Boiler)*; 2. air lock *(z. B. bei Wärmedämmung)*; 3. air space *(Wand)*
Luke f hatch, hatchway, trap door
Lunette f 1. *(Arch)* lunette *(Gewölbeöffnung)*; 2. gore *(halbkreisförmiger Aufsatz über einer Tür bzw. einem Fenster)*
Lux n lux *(SI-Einheit der Beleuchtungsstärke)*

M

Mäander *m (Arch)* meander, fret *(griechische Antike, Klassizismus)* • **in Mäandern fließen** meander *(Flusslauf)*
Machbarkeitsstudie *f* feasibility study
mager 1. lean; weak *(Baustoffe, z. B. Beton)*; 2. arid *(dürr)*
Magerbeton *m* inferior concrete *(minderwertig)*; poor concrete, lean concrete *(bindemittelarm)*; weak concrete *(sehr weich, flüssig)*
Magerkalk *m* lean lime, lean quicklime, meagre lime, poor lime, magnesian lime, lean quicklime
Magnesiabinder *m* magnesia cement *(hydraulische Magnesia)*; magnesium oxychloride cement
Magnesiaestrich *m* magnesium oxychloride composition *(Baustoff)*; magnesium oxychloride flooring, magnesium oxychloride screed *(fertig verlegter Estrich)*
Magnesit *m* magnesite, carbonate of magnesia
Magnesitstein *m* magnesite rock, magnesite brick
Magnetabscheidung *f (Umw)* magnetic separation *(von Müll, Bauschutt)*
Magnetkissenbahn *f* magnetic cushion railway, magnetic suspension railway
Magnetventil *n* solenoid valve
mahlen *v* 1. mill, grind *(keramische Baustoffe, Füllstoffe)*; 2. crush, break *(Gestein)*
Majolikawandfliese *f* majolica wall tile
Makadam *m(n)* macadam *(für Makadamstraßendecke)*
Makadamdecke *f* macadam surface, macadam surfacing • **eine Makadamdecke aufbringen** macadamize
Makler *m* broker, agent
MAK-Wert *m* maximum allowable concentration *(von gas- und staubförmigen Schadstoffen)*
Maler *m* painter, decorator
Malerarbeiten *fpl* paint(ing) work, painter's work, painting
Malergewerbe *n* painter's trade
Mangel *m* 1. defect, fault, flaw *(Materialfehler)*; 2. lack, deficiency *(Knappheit; Vorratsmangel)*

Mängel *mpl* failings • **für Mängel haften** warrant for defects, warrant for faults, be liable (for) • **ohne Mängel** sound
Mängelbehebung *f* correction of deficiencies, rectification, making good, remedy of defects
mangelhaft faulty, defective, unsound, flawed; incomplete *(unfertig)*
mangelhaft/baulich structurally deficient
Mängelliste *f* completion list, list of deficiencies *(zur Endfertigstellung)*; list of defects, inspection list *(Abnahme)*; punch list *(Funktionsmängel)*
Mannloch *n* manhole
Mansardendach *n* mansard roof, curb roof, gambrel roof, knee roof, kerb roof
Mansardenwalmdach *n* hipped mansard roof, French roof
Manschette *f* collar, sleeve; gasket *(Manteldichtungsprofil)*; masking frame *(für Aufputzeinbauten)*
Mantel *m* 1. mantle, jacket, casing, sheath(ing) *(Ummantelungen von Bauteilen, z. T. auch Leitungen)*; 2. enveloppe, sleeving *(Umhüllung)*; 3. cover *(Abdeckung)*; 4. serving, sheath *(für Kabel)*; 5. shell *(Umschalung)*; 6. cage, encasement, casing, can *(Einhausung)*
Mantelbeton *m* haunching concrete
Mantelreibungspfahl *m (Erdb)* displacement-friction pile, displacement pile, suspended pile
Mantelrohr *n* 1. lining pipe, jacket(ed) pipe; 2. casing pipe, casing tube, casing *(Bohrtechnik)*; 3. protecting tube, cylinder *(Schutzrohr)*
Marke *f* 1. brand, label, tag *(Kennzeichnung)*; 2. *(Verm)* mark, datum level; 3. make, trademark, mark *(Fabrikat, z. B. von Baustoffen)*; 4. sort *(Güteklassifizierung, Gütemarke)*
markieren *v* 1. mark, sign, inscribe *(beschriften)*; 2. mark, mark off *(Straße; Verlegeanordnungen)*; 3. beacon *(mit Baken)*; 4. tagging *(mit Anhängeetikett, meist für Metallprodukte)*
Markierung *f* 1. label, labelling *(Beschriftung)*; 2. marking *(Straße; Verlegungsmarkierung)*; 3. tag, tagging *(Etikettierung)*
Markierungsbeton *m* concrete for pavement markings

Markierungsfarbe f line marking paint; tracer colour *(nur Anmarkierung)*
Markierungslinie f marker line
Markierungsstab m arrow
Markierungsstrich m traffic line *(Straße)*
Markise f outside awning blind; sun blind, awning
Markthalle f market hall, covered market, roofed market
Marmor m marble • **aus Marmor** marbled • **mit Marmor verkleidet** marbled
Marmorarbeiten fpl marble work
Marmorbelag m marble flag pavement *(für Fußböden)*
Marmorgips m Keene's cement
marmoriert marbled, marbleized *(z. B. Farbanstriche)*; jaspure, veined, veiny *(Musterung, Gesteinsmusterung)*
Marmorverkleidung f marble facing
Marshallstabilität f Marshall stability
Maschenbewehrung f mesh
Maschendraht m mesh wire, screen wire, wire netting, fencing wire • **Maschendraht annageln** lath
Maschendrahtbewehrung f/**geschweißte** welded-wire fabric reinforcement
Maschenmaßwerk n *(Arch)* reticulated tracery *(Ornament)*
Maschinen fpl **und Geräte** npl **für die Straßeninstandhaltung** machinery and equipment for road maintenance
Maschinenausstattung f machine train
Maschinenfundament n machine base, machine foundation
maschinengemischt plant-mixed
Maschinenputz m machine-applied plaster
Maschinenraum m machine room, engine room, power room
Maschinist m mechanic, operator; mixer driver *(für Betonmischanlagen)*
Maserung f vein; grain(ing), grain of wood; figure *(im Holz)*
Maß n dimension, measure; degree *(Ausmaß)* • **das lichte Maß genommen** measured inside, measured in the interior • **nach Maß anfertigen** customize • **nach Maß bearbeiten** square *(Stein)*
Maßabweichung f 1. off-size, deviation *(unzulässig)*; error in measurement *(durch Messfehler)*; 2. allowance, tolerance, margin *(zulässig)*

Massivbetonmauer

Maßangaben fpl dimensional data • **mit Maßangaben versehen** dimension *(Zeichnung)*
Maßband n (measuring) tape
Maßbeständigkeit f dimensional stability, permanence of dimension, stability of size *(von Bauelementen)*
Masse f 1. mass *(physikalisch)*; weight *(Gewicht der Masse)*; 2. matter *(Bauhilfsmittel, Bauhilfsstoffe)*; 3. mass, material, quantity *(z. B. Baustoffmenge, Ausgangsmasse)*; bulk *(Schüttgut)*; 4. body *(keramische Baustoffe)*; 5. *(El)* earth, *(AE)* ground; 6. slurry *(Gasfrischbeton)*; 7. compound composition *(chemisch zusammengesetzt)* • **an Masse legen** short to earth, return to earth
Massedosierung f gravimetric batching, weight-batching
Massenausgleich m 1. balancing of masses, system of balancing; dynamic balancing *(bewegliche Systeme)*; 2. *(Erdb)* balanced earthworks
Massenberechnung f mensuration, quantity surveying; taking off *(Bauleistungsverzeichnis)*
Massenbeton m mass(ive) concrete, bulk concrete, concrete-in-mass
Massenermittlung f quantity surveying, bill of quantities; taking off *(Bauleistungsverzeichnis)*
Massengestein n massive rock, primary rock, unstratified rock
Massengut n bulk material
Massenträgheitsmoment n mass moment of inertia
Massenverzeichnis n bill of quantity
maßgerecht dimensionally accurate, of correct dimensions, true to dimensions, true to size, true; true to scale *(Zeichnung)*
maßhaltig true to size; dimensionally stable *(bei Temperatur- und Feuchtigkeitseinwirkung)*
massiv 1. massive, heavy-solid; 2. compact *(Gestein)*; 3. *(Bod, Erdb)* solid, massive; 4. *(Arch)* one-piece; 5. sturdy *(standfest, robust)*
Massivbau m massive type of construction, solid construction
Massivbetonmauer f *(Wsb)* massive concrete dam

Massivbrücke

Massivbrücke f solid bridge
Massivdecke f solid ceiling, solid floor; non-combustible uncovered floor, fireproof floor
Maßkasten m gauging box, gauge box, (AE) gage box (Betonherstellung)
Maßmauerwerk n gauged brickwork
Maßnahmenplanung f schemes management
Maßpfeil m arrow head
Maßstab m measure, scale; rule (zum Messen, z. B. Gliedermaßstab) • **den Maßstab festlegen** scale • **im Maßstab ... : ... gezeichnet** drawn to a scale of ... : ... • **im Maßstab verkleinern** reduce in scale • **in kleinem Maßstab** small-scale (Zeichnung)
maßstabgerecht according to scale, in scale, to scale, true to scale, scaled
maßstäblich correct to scale, according to scale, scaled, true to scale (Zeichnung)
maßstabsgerecht according to scale, in scale, to scale, true to scale, scaled
Maßwerk n 1. (Arch) tracery; 2. (Arch) foil (bes. Gotik) • **mit Maßwerk** traceried • **mit Maßwerk versehen** traceried
Maßwerkgiebel m traceried gable
Maßwerksystem n (Arch) tracery pattern
Mast m 1. mast, pole (aus Holz oder Beton); 2. column (Stütze); 3. (Arch) pylon; tower (Gittermast); 4. tree (Mastbaum) • **einen Mast setzen** sink a pole
Mastanker m mast anchor(age), pole anchor(age), pole guy, guy
Mastenbauweise f pole construction
Mastix m mastic; asphalt mastic
Mastixasphalt m poured mastic asphalt
Mastixdichtungsmasse f caulking compound (mit Silikon und Bitumen)
Material n material (Stoff, Baustoff, s. a. Werkstoff); stock (Materialbestand)
Materialauswahl f material selection, selection of materials
Materialeigenschaft f material property
Materialfestigkeit f strength of materials
Materialkennwerte mpl material characteristics
Materiallager n material stock, stockyard
Materialliste f material(s) list, bill of materials
Materialpreisgleitklausel f materials variation clause

Materialprüfstelle f materials testing laboratory
Materialverbrauch m material(s) consumption
Matrize f 1. mould, (AE) mold, casting mould, casting bed (Fertigelementherstellung); 2. die, bed die (Gussform); lower die, lower bottom (Schmiedearbeiten); (AE) swage (für Metallarbeiten); 3. matrix (mathematisch)
matt 1. flat, dead, non-bright, pale (Farbton); 2. matt-finished, lacklustre, lustreless, cloudy (Anstriche); 3. dull, matt, lustreless, hazy (Oberflächen); 4. blind, frosted (Glas); 5. tarnished (Metall) • **matt machen** tarnish (Oberfläche) • **matt werden** 1. dull (Oberflächen); 2. blind (Glas); 3. cloud (Lack)
Mattenarmierung f mesh reinforcement (Betonbewehrung, Bauplattenbewehrung)
Mattenbewehrung f matt reinforcement, mesh reinforcement, fabric reinforcement, wire-mesh reinforcement
Mattglas n matt-surfaced glass, obscure glass, depolished glass, diffusing glass, frosted glass
mattieren v 1. mat, deaden, dull (z. B. Oberflächen); 2. flat (Anstriche); 3. frost, obscure (Glas); 4. rub down (Putz); 5. tarnish (Metalloberflächen)
Mauer f masonry wall, wall • **die Mauern verankern** tie back the wall • **eine Mauer hochziehen** erect • **eine Mauer verfugen** joint a wall, point a wall • **eine Mauer ziehen** erect, build, wall • **mit einer Mauer umgeben** wall
Mauerabdeckung f (wall) cope, (wall) coping, coping of a wall, wall capping; top course (oberste Mauerlage); reprise (Gesimsabdeckung); parapet weathering (einer frei stehenden Mauer)
Maueransatz m 1. offset, set-off; 2. bench table (als Sitzmauer); 3. scarp wall (einer Befestigungsanlage)
Maueranker m masonry anchor, masonry tie, concrete anchor, anchor, tie iron, wall tie; wall clamp (zwischen zwei Mauern oder Hohlmauern)
Maueranschluss m junction of masonry walls, wall crossing, wall junction
Mauerband n 1. blocking course; 2. band course, belt course (Ornament); 3. string

Mauerecke f quoin
Mauerflügel m wing of wall
Mauerfuge f wall joint
Mauergründung f wall base, wall footing, wall foundation *(Einzelfundament für Gebäude oder Wand)*
Mauerkante f edge of wall, wall edge
Mauerkrone f wall crown, coping of a wall, crest (of wall), top of wall, wall coping, wall top; top course *(oberste Mauerlage)*
Mauermörtel m masonry mortar
mauern v lay bricks, lay blocks, mason, mason's work do, brick, bring up, build with stones
mauern v/im Verband bond
Mauern m mit Ziegeln bricking
Mauerpfeiler m pier of wall, sleeper wall
Mauerschlitz m 1. keyway chase, keyway wall chase, chase *(für Rohrleitungen an und in Wänden, Unterputzverlegung)*; 2. *(Arch)* slit window
Mauerstein m masonry block, masonry brick, masonry unit, unit masonry, walling component, walling unit
Mauerung f walling
Mauerverband m masonry bond, wall bond
Mauervorlage f attachment to a masonry wall, projection from a masonry wall
Mauerwerk n masonry, masonwork *(aller Art)*; stonework *(aus Naturstein)* • **mit Mauerwerk ausgefüllt** masonry-filled
Mauerwerkausfachung f in-fill masonry, in-fill masonwork
Mauerwerksarbeiten fpl masonry
Mauerwerksverband m masonry bond
Maulschlüssel m monkey wrench, spanner
Maurergerüst n mason's scaffold, bricklayer's scaffold
Maurerhandwerk n brick laying craft, brick laying trade, bricklayer's trade, bricklayer's craft
Maurerkelle f laying trowel, brick trowel, trowel
Maurermeister m master bricklayer, master mason
Mautbrücke f toll bridge
Mautstraße f toll road, *(AE)* pike, *(AE)* pike road

Maximaldrucklinie f maximum pressure line
Maximalmoment n maximum moment
Maximum-Minimum-Schalter m limit control
Mechanik f/angewandte applied mechanics
Meereskies m marine gravel
Meerwasserbeton m seawater concrete
Megalithbauwerk n megalithic monument
Mehlkorn n fine grain, ultra-fine material
Mehrarbeiten fpl auxiliary work *(zum Projekt)*
Mehraufwand m extra expenses, additional expenses, excess figure
Mehrelementspannung f multielement prestressing *(Spannbetonbewehrung)*
Mehretagenrahmenbau m multistoreyed frame structure, tier structure
Mehretagensystem n aus Dreigelenkrahmen multistorey system composed of three-hinge frames
Mehrfachverglasung f multiple glazing
Mehrfamilienhaus n multifamily building, multiple dwelling (building), *(AE)* apartment house
Mehrfeldplatte f continuous slab
Mehrfeldrahmen m multibay frame, multiple frame, continuous frame, cellular frame
Mehrfeldträger m multispan girder, continuous girder
Mehrgeschosser m medium-rise building
Mehrkomponentenschutzanstrich m multicomponent coating
Mehrlagenabdichtung f multiple-layered waterproofing
mehrlagig multilayer(ed), multiple-layer(ed); sandwich, laminated *(Platten aus Holz, Gips, Glas usw.)*
Mehrpass m *(Arch)* multilobe tracery, multiple-lobe tracery
Mehrscheibenisolierverglasung f laminated insulating glazing
Mehrschichtenwandelement n laminated wall component, laminated wall panel
Mehrschichtplatte f multiple sandwich slab, sandwich panel, sandwich plate
mehrstöckig multistorey *(bis 5 Geschosse)*
Mehrwertsteuer f value-added tax, VAT

Mehrzweckgebäude

Mehrzweckgebäude n multipurpose building
Meißel m 1. chisel; 2. drove, carving tool (Steinmetzwerkzeug); 3. sett, broad (Breitmeißel für Ziegelspalten); 4. auger drill (Gestein); 5. boring bit (Tiefbohren); 6. single-point tool (Werkzeug)
Meißelbohrer m chisel jumper, pitching borer
Meißelhammer m caulking hammer, chipper, spalling hammer
meißeln v chisel; carve out, char, chip (Stein)
Meisterquartier n queen closer, queen closure, soap, soap brick
Melaminharz n melamine resin
Melioration f melioration, amelioration, betterment (Kulturland)
Membran f membrane, diaphragm
Membrankraft f membrane force (Zugkraft); membrane tension (Spannung)
Membranschubkraft f Membrane shearing force
Membrantheorie f membrane theory (Schalenwerkberechnung)
Menge f mass, quantity; amount (Betrag)
• in kleinen Mengen small-scale
• Mengen erfassen quantify
Mengenänderung f quantity variation
Mengenberechnung f calculation of quantities
Mennige f lead oxide red, red lead, red lead oxide, minium (Rostschutzanstrich)
Mergelboden m marl earth, marly soil
Mergelkalk m marlaceous lime
Mergelton m marl(y) clay, argillaceous marl, chalky clay, shale
Mergelziegel m malm brick, marl brick
Meridian m meridian
Meridianspannung f meridian stress
Merkmal n mark; characteristic feature, feature (eines Bauwerks)
Messabweichung f error of measurement
Messbehälter m measuring tank, rating tank (Mischanlage)
Messbildverfahren n photogrammetry
Messbolzen m (Verm) measuring bolt (Höhenbolzen)
messen 1. measure; gauge (ausmessen, zumessen); 2. (Verm) observe
Messfehler m measurement error, error of measurement

400

Messgefäß n measuring frame, batch box (z. B. für Beton)
Messing n brass, yellow brass
Messingbeschläge mpl brass hardware
Messkette f measuring chain, engineer's chain, band chain, (land) chain, chain tape, surveyor's chain
Messlatte f 1. measuring rod, measuring staff, graduated rod, staff; 2. (Verm) surveyor's rod, stadia, target, target rod; graduated rod, stadia
Messlattenzielscheibe f (Verm) rod target
Messlinie f (Verm) observation line
Messmarke f (Verm) datum point, pop mark
Messnadelstift m surveyor's arrow
Messpflock m (Verm) measuring plug
Messpunkt m measuring point, reference point
Mess-, Steuerungs- und Regeleinrichtungen fpl measuring and control equipment
Messtisch m (Verm) plane table, surveyor's board, surveyor's table
Messtrupp m surveying party
Messung f measurement, measuring, mensuration; gauging
Messverfahren n measurement procedure, method of measurement
Messwert m measured value; test result
• Messwerte aufnehmen record
Messwertaufnahme f record
Metall n metal • mit Metall überziehen metallize
Metallanker m metal tie
Metallanschluss m metal flashing (Schornstein)
Metallbautafel f metal panel
Metallbauweise f metal construction
Metallbauwerk n metallic structure
Metalldachbelag m flexible metal roofing
Metalldichtung f metal packing
Metallfassade f metal façade
Metallfenster n metal window; metal window frame
Metallgeländer n metal railing
Metallgewebe n metal fabric, metal lathing; wire mesh (als Putzträger)
Metallgrundierung f metal primer
metallisieren v metallize
Metallleichtbau m lightweight metal construction

Metallputzträger m metal lathing, steel lathing
Metallrahmen m metal frame *(Tür, Fenster)*
Metallrahmenkonstruktion f/nicht feuergeschützte unprotected metal construction
Metallrohrkonstruktion f tubular metal construction
Metallskelett n metal studs
Metallspritzen n metallizing, sputtering *(z. B. von Brückenbauteilen als Korrosionsschutz)*
Metallstütze f metal column
Metalltragsystem n metal load bearing system
Metallüberzug m metal cladding *(Verkleidung, Bekleidung)*; metal coating *(Beschichtung)*
Metallverkleidung f metal lining
Methode f method; process *(Ablauf)*
Methode f/elastisch-plastische elastic-plastic method
Methode f wiederholter Momentenverteilung method of moment distribution
metrisch metric
Mg-Branntkalk m dolomitic lime
Mietshaus n block of flats, block of rented flats, tenement house, *(AE)* apartment house
Mietwohnbauten mpl rental housing, residential housing
Mikrobeton m microconcrete
mikroporös microporous
Mikroriss m microcrack
Milchglas n milk glass, opaque glass, translucent glass, vellum glaze
Milieu n milieu *(innen)*; environment *(Umgebung)*
Militärbau m military construction
Minderung f *(Stat)* reduction; deduction
Minderungsbeiwert m coefficient of reduction
minderwertig low-grade, inferior, substandard, *(sl)* turkey
Mindestbetondeckung f minimum (concrete) cover
Mindestfestigkeit f minimum strength
Mindestmaß n least dimension, minimum dimension
Mindesttragfähigkeit f minimum load-bearing capacity
Mineralbestandteil m mineral constituent
Mineralbeton m mineral concrete, water-bound macadam, wet mix macadam, scalpings *(ohne Bindemittel)*
Mineralfarbe f mineral colour, water-glass paint
Mineralfaser f mineral fibre
Mineralfaserdämmplatte f insulating fibreboard
Mineralfaserplatte f mineral fibre slab
Mineralfaserwolle f mineral wool, rock wool, slag wool
Mineralgemenge n mineral aggregate mix, mineral grain mix
Mineralgemisch n/hohlraumarmes dense-graded aggregate, dense mineral aggregate, close-graded aggregate
Mineralgerüst n mineral skeleton
Mineralstoff m mineral matter
Mineralwolle f mineral wool, mineral fibre, rock wool
Mineralwolledämmung f mineral wool insulation
Minikreisverkehr m *(Verk)* mini-roundabout
Minimalmoment n minimum moment
Mischanlage f mixing plant
mischbar miscible; compatible *(z. B. Farben)*
Mischbatterie f *(San)* mixer tap, mixing tap, showermixer, *(AE)* combination faucet
Mischbauweise f mixed development *(Städtebau)*
Mischbebauungsgebiet n mixed development area, mixed development zone
Mischbinder m mixed binder, hydraulic binder, cement binder *(hydraulisches Bindemittel)*
Mischdauer f mixing cycle *(gesamt)*; mixing time *(nach Bindemittelzugabe)*
mischen v 1. mix, prepare *(z. B. Mörtel, Beton, Asphalt)*; 2. merge, mingle *(Anstriche, Baustoffe)*; 3. blend *(verschneiden)*; 4. agitate *(durch Rühren)*; 5. compound *(nach Mehrkomponentenrezepturen)*
Mischer m mixer; blender
Mischerfahrzeug n transit mixer, truck mixer
Mischerfertiger m *(Verk)* paving mixer, mixer paver, combined paver *(Straßenbau)*
Mischgut n mix, mixture; mixed material,

Mischgutart

material being mixed, mixed product *(bituminöses Mischgut, Beton)*
Mischgutart f mix type, type of mixture
Mischgutzusammensetzung f mix composition
Mischkammer f air-mixing plenum *(einer Klimaanlage)*
Mischkanalisation f combined drainage system, combined sewerage system *(Entwässerung)*
Mischmakadam m(n) mixed macadam, coated macadam, plant-mixed macadam, premix macadam
Mischrezeptur f mixing formula, proportion of ingredients
Mischsplitt m open-graded bituminous mix, open-graded bituminous mixture, coated chippings, coated chips
Mischsystem n combined drainage [sewerage] system *(Entwässerung)*
Mischtrommel f mixing drum, pug mill, tumbling mixer
Mischung f 1. mixture, mix, batch *(z. B. Beton, Asphalt)*; 2. alligation *(Legierungsherstellung)*; 3. blend, blending *(z. B. Anstriche, Farben)*; 4. compound *(chemische Stoffe)*; 5. temper *(z. B. Mörtel)* • **die Mischung benetzen** moisten the mixture
Mischungsverhältnis n mix proportion, mix proportioning, mix proportions, mix-ratio, mixing rate, mixing ratio, proportion of ingredients, proportion of mixture, ratio of mixture *(Baustoffe)*
Mischventil n *(San)* mixing valve
Mischwasserkanal m combined building sewer, combined sewer, sewer for combined foul and surface water
Mischwassersystem n combined sewerage system *(Entwässerung)*
Mischwerk n mixing plant, coating plant
Mischzyklus m mixing cycle
Mitbietender m competitor
Mitte f 1. centre, *(AE)* center; 2. mid-depth, middle *(z. B. von Flächen)*; 3. midpoint *(Mittelpunkt)* • **auf Mitte** central
Mittel n 1. substance, agent; matter *(z. B. Bauhilfsmittel, Bauhilfsstoffe, Wirkstoffe)*; 2. average, mean average *(Durchschnitt)*; 3. means *(Verfahren, Wirkungsmittel)*; 4. medium *(z. B. für Farben)*; 5. appliance *(Anwendung; Vorrichtung)* • **das Mittel bilden** average
Mittelachse f central axis, central line
Mittelbau m central structure
Mittelbogen m central arch
Mittelfeld n central span, interior span, central bay, centre bay *(z. B. eines Gewölbes, Tragwerkes)*
Mittelgiebel m main gable, central gable
Mittelhof m 1. central court(yard), open court(yard); 2. *(Arch)* atrium *(eines alten römischen Hauses)*
Mitteljoch n central bay, centre bay; middle span *(Stahlbau)*, middle pier
Mittellage f 1. central position; 2. *(Hb)* core
Mittellängsfuge f *(Verk)* longitudinal centre joint *(Straße)*
Mittellängswand f spine wall
Mittellinie f 1. centre line, central line, median; 2. middepth *(Statik, Festigkeit)*; 3. midline, median line *(mathematisch)*; 4. neutral zone *(physikalisch)*
Mittelöffnung f main span, central opening
Mittelpfosten m centre shaft *(einer Drehtür)* • **durch Mittelpfosten abteilen** mullion *(z. B. Fenster)*
Mittelpunkt m midpoint, centre
Mittelschiff n *(Arch)* middle bay, middle vessel *(Kirche)*
Mittelstreifen m *(Verk)* median strip, middle strip, midstrip, central strip; central reserve, separating strip *(Straße)*
Mittelstütze f central support
Mittelwert m mean value, mean, average; normal *(statistische Qualitätskontrolle)*
mittig central, centric(al), axial; concentric
mittragend effective
Möbeltischlerei f cabinet-making
Mobilbagger m self-propelled excavator
Modell n 1. model, mock-up *(in natürlicher Größe)*; 2. mould, *(AE)* mold *(Form)*; 3. type; style *(Bauform; Gestaltungsart)*
Modellbauwerk n model structure
Modellgips m moulding plaster
Modellstatik f model analysis, model structural analysis
moderbeständig mould resistant
Modernisierung f 1. modernization; refurbishment, upgrading *(Gebäude)*; 2. face-lift(ing) *(von Fassaden)*
Modul m modulus *(Materialkonstante, Mathematik)*
Modul n module *(Bauraster)*

Modul *m* **der Formänderungsenergie** modulus of resilience
Modul *m*/**Young'scher** elastic modulus
Modulabmessung *f* modular dimension
modular modular
Modulbau *m* modular construction, unit construction
Modulbauweise *f* modular building system • **in Modulbauweise** modular
Modulraster *n* modular grid
Modulsystem *n* modular system, dimensional framework
Mole *f* (Wsb) mole, jetty, pier; sea pier (Hafen)
Molerstein *m* moler brick (Isolierziegel aus Kieselgur)
Moment *n* moment (Physik, Mathematik)
Moment *n*/**statisches** static moment, first moment (of area), mass moment
Momentenabminderung *f* (Stat) reduction in moments
Momentenanschluss *m* moment connection; moment transmitting joint (Stahlbau)
Momentenausgleichsverfahren *n* (Stat) method of moment distribution, moment distribution method, Cross method
Momentendeckung *f* moment allowance
Momentenfläche *f* moment area, area of moments
Momentenlinie *f* moment curve, moment influence line
Momentennullpunkt *m* (Stat) moment zero point, point of zero moment, zero point of moments, centre of inflection, centre of moment, centre of moments, inflection point, point of contraflexure, point of inflection, point of moments
Momentenpunkt *m* moment pole
Momentenumlagerung *f* (Stat) redistribution of moments
Momentenverlauf *m* moment curvature, shape of moment diagram
Mönch *m* 1. mission tile, convex tile, overtile; 2. newel, solid newel (einer Treppe)
Mönch-Nonne-Ziegeldachdeckung *f* mission tiling
Monolithbau *m* monolithic construction
Monolithbeton *m* monolithic concrete
monolithisch monolithic (Beton)

Monolithkonstruktion *f* monolithic construction
Montage *f* 1. assembly, assemblage, assembling (Zusammenbau); 2. fitting, fit-up, installation (Einbau); 3. millwrighting, mounting, setting-up (Montagearbeit); 4. erection (im Fertigteilbau), fabrication, construction (Stahlbau); 5. rigging, rig-up (von Anlagen, Einrichtungen) • **mit der Montage beginnen** start assembling
Montageablauf *m* erection sequence; sequence of assembly
Montageablaufplan *m* erection schedule
Montageanker *m* mounting anchor
Montagearbeiten *fpl* mounting work; erection work, assembling work, assembly work (im Fertigteilbau)
Montagebau *m* industrialized building, industrialized structure, system of building construction
Montagebauweise *f* 1. industrialized building method, industrialized construction method; 2. precast (concrete) construction (aus Betonfertigteilen); 3. prefabricated construction, system building method (Systemmontagebau); 4. dry(-wall) construction (ohne Mörtel)
Montagebewehrung *f* erection reinforcement, handling reinforcement, assembly steel (Stahlbetonvorfertigung)
Montageelement *n* prefabricated building member
Montagefestigkeit *f* erection strength
Montagegerüst *n* erection bracing, erection scaffold, assembling scaffold
Montageplan *m* erection schedule, assembly schedule
Montageschlosser *m* millwright
Montagespannung *f* temporary stress
Montagestoß *m* erection joint; site connection (Stahlbau)
Montageträger *m* factory-built girder, built-up beam, built-up girder; prefabricated girder (Fertigträger)
Montagezeichnung *f* erection drawing, general assembly drawing
Monteur *m* 1. millwright (z. B. für Maschinen und Anlagen); 2. fitter, (AE) installer; 3. rigger (z. B. für Krane); 4. assembler, assembly man (für Zusammenbau); 5. maintenance man (Instandhaltung)

montieren

montieren v 1. erect, construct *(auf der Baustelle)*; 2. edify *(Großelemente)*; 3. fabricate *(Stahlbau)*; 4. fit, install *(einbauen)*; 5. assemble *(zusammenbauen)*; 6. rig, rig up *(Anlagen aufstellen)*; 7. mount *(aufstellen)*; 8. set up *(z. B. Maschinen)*

montiert built-up

Moorgrund *m* bog soil, quagmire

Moosgummiabdichtung *f* sponge rubber sealing

Moränekies *m* moraine gravel

Mörtel *m* mortar, mortar mix • **den Mörtel umschaufeln** turn the mortar • **mit Mörtel ausgießen** pour out with mortar *(innen)*; seal with mortar *(außen)* • **mit Mörtel auspressen** pressure-grout • **mit Mörtel verpressen** pressure-grout • **Mörtel anmachen** prepare mortar • **Mörtel ausbreiten** lay mortar • **Mörtel mischen** larry, larry up • **Mörtel stampfen** beat mortar

Mörtel *m*/**plastifizierter** plastic mortar, plasticized mortar

Mörtelaufbereitung *f* mortar fabrication, mortar mixing

Mörtelauftrag *m* application of mortar, *(AE)* rendering

Mörtelbett *n* mortar base, mortar bed • **im Mörtelbett** embedded in cement mortar

Mörteldeckung *f* mortar cover

Mörteldichtmittel *n* mortar densifying agent, mortar integral waterproofing agent

Mörteleinpressung *f* grout injection, grouting *(von Zementmörtel)*

Mörtelgruppe *f* mortar class, class of mortar

Mörtelmischanlage *f* mortar batch(ing) plant

Mörtelmischungsverhältnis *n* mortar mix proportions, mortar mix ratio

Mörtelplastizität *f* mortar workability, temper

Mörtelschicht *f* mortar course

Mörtelspritze *f* mortar gun, cement gun

Mörtelzusatz *m* mortar additive, mortar admixture

Mosaikarbeiten *fpl* mosaic work

Mosaikbelag *m* mosaic covering, mosaic flooring *(Fußboden)*

Mosaikfußboden *m* mosaic flooring, *(AE)* mosaic pavement, mosaic paving

Motorgrader *m* motor grader

Motorschürfkübel *m* tractor scraper

MSR-Einrichtungen *fpl* measuring and control equipment

Muffe *f* 1. muff, bell, sleeve (clamp), socket *(Rohrverbindung)*; 2. (El) coupling, sealing connecting box; 3. bush(ing), sleeve *(Hülse, Büchse)*; 4. hose *(Schlauchmuffe)*

Muffenrohr *n* bell-and-spigot pipe, bell pipe, socket pipe

Muffenverbindung *f* 1. bell-and-spigot joint, sleeve coupling, slip joint, socket fitting, socket joint, spigot joint, ferrule, tailpiece; 2. screwed sleeve joint *(verschraubt)*; 3. (El) box coupling

Muffenverschraubung *f* threaded sleeve joint

Mulde *f* 1. trough, tray, hutch *(Trog, Kasten)*; 2. hollow, depression *(flache Vertiefung)*; 3. low grounds *(topographisch)*; syncline, basin *(geologisch)*; 4. frog *(auf einem Ziegelstein)*; 5. gutter *(Dach)*; 6. dump body, trough *(Kippermulde)*

Muldenentwässerung *f* open channel

Muldenprofil *n* troughed profile

Muldenstein *m* trough(ed) block, trough(ed) tile, open channel

Müll *m* refuse, rubbish, *(AE)* garbage; waste *(Industriemüll)*

Müllabfuhr *f* refuse collection (service), refuse cartage, rubbish collection, rubbish disposal; waste cartage, waste collection *(Industriemüll)*

Müllabladeplatz *m* dump ground, dump site, refuse tip, rubbish tip, *(AE)* garbage dump, garbage tip

Müllaufbereitung *f* conditioning waste, waste treatment *(Industrie)*

Müllbeseitigung *f* disposal of refuse, refuse disposal, *(AE)* garbage disposal, garbage removal; waste disposal *(Industriemüll)*

Mülldeponie *f* dump ground, dumping site, refuse dump, refuse tip, rubbish dump, tip, *(AE)* trash disposal site; waste area *(für Industriemüll)*; landfill *(meist für Erdstoffablagerung)*

Müllschacht *m* refuse chute, refuse duct, rubbish dumper; waste chute, waste disposer *(für Industriemüll)*

Müllschlucker *m* refuse chute, rubbish chute, *(AE)* disposal-all

Müllverbrennungsanlage *f* incineration plant, refuse destructor, refuse destructor furnace, refuse incinerator, refuse incinerator plant, *(AE)* garbage-disposal plant, *(AE)* garbage incineration plant, *(AE)* garbage incinerator

Müllwiedergewinnungsanlage *f* waste recycling plant

Mündungsbauwerk *n* (Wsb) outfall structure, outfall works, outlet structure

mürbe 1. decayed, rotten *(Holz)*; 2. friable, crumbly *(Gestein)*; 3. brittle *(spröd)*

Muschelkalkstein *m* shell lime(stone), shelly limestone, *(AE)* coquina

Muschelwerk *n* (Arch) scrollwork *(Ornament der Renaissance)*; shell work *(Ornament der Spätrenaissance)*

Muster *n* 1. model; mock-up *(in natürlicher Größe)*; 2. pattern, design *(gestalterisch)*; 3. sample *(Probe)*; 4. specimen *(Probestück, Musterstück)*

Musterbau *m* prototype building

Musterleistungsverzeichnis *n* specimen bill for quantities

Musterverband *m* pattern bond

Mutterboden *m* native soil, parent soil, topsoil; native country

Mutterbodenabtrag *m* 1. stripping of topsoil, topsoil stripping; 2. *(Bod)* skimming *(natürlich)*

Mutterpause *f* negative transparency, transparent positive original, blue print

MwSt value-added tax, VAT

N

Nachabdichtung *f* subsealing, resealing, undersealing

Nacharbeit *f* rework(ing); overhauling of the work *(bei Nichtabnahme)*

Nacharbeiten *fpl* 1. refinishing work, reworking, removal of faults *(Mängelbeseitigung)*; 2. finishing work *(abschließende Arbeitsgänge zur Abnahme)*

Nachauftragnehmer *m* subcontractor

Nachauftragnehmervertrag *m* subcontract

Nachbarfeld *n* neighbouring opening *(Brücken)*; neighbouring span *(Tragwerk)*

Nachbargrundstück *n* neighbouring property, adjacent property

Nachbaröffnung *f* neighbouring opening *(Brücken)*; neighbouring span *(Tragwerk)*

nachbearbeiten *v* finish, touch up *(zur Endfertigstellung)*; refinish *(Mängelbeseitigung)*

Nachbearbeitung *f* finishing *(Oberflächen)*

Nachbehandlung *f* 1. cure, curing, seasoning *(von Beton)*; 2. aftertreatment, post-treatment *(z. B. von Baustoffen)*; 3. secondary treatment *(Oberfläche)*; 4. retreat *(Nachbesserung)*

Nachbehandlungsmittel *n* curing compound, sealing compound *(Beton)*

nachbessern *v* 1. make good, repair, mend; 2. adjust *(z. B. ebene Flächen)*; 3. patch up *(z. B. Maurer- und Malerarbeiten)*; 4. touch up *(Anstriche)*

Nacherhärtung *f* maturing, afterhardening, age hardening, rehardening *(z. B. Mörtel, Beton)*

nachgeben *v* 1. back away, give way *(ausweichen)*; 2. sag, yield *(z. B. Balken unter Last)*; 3. slacken *(z. B. Seile)*; 4. stretch *(durch Dehnung)*; 5. *(Bod, Erdb)* yield, subside *(Baugrund)*

nachgiebig 1. yielding *(Erdstoff, Tragelemente)*; 2. pliable, pliant *(biegsam)*; 3. supple *(elastisch)*

Nachhalldämpfung *f* reverberation damping

Nachhärtung *f* 1. afterhardening, rehardening *(Beton, Mörtel)*; 2. postcure, afterbake *(Kunststoffe)*; 3. age hardening *(von Metallen)*

Nachinstallation *f* subsequent installation

nachlassen *v* 1. relax *(Spannbetonbewehrung, Tragekonstruktion, Tragschicht)*; 2. subside *(äußere Einflüsse)*; 3. weaken *(entfestigen)*; 4. releasing the pull *(Spannbeton)*; 5. get loosen *(z. B. Baugrundtragfähigkeit)*; 6. cease *(Abläufe)*

Nachprüfen *n* 1. check, recheck, second check; 2. verification *(Nachweisen)*

nachrechnen *v* check, recalculate

Nachspannen *n* post-tensioning, secondary tensioning *(Bewehrung)*

Nachspannverlust

Nachspannverlust *m* sequence-stressing loss *(beim Spannen der Bewehrung)*

Nachtabsenkung *f* night economy *(Heizung)*

Nachtrag *m* addition, auxiliary bill of quantities *(Zusatzleistung nach der Submission)*

Nachtragsangebot *n* revised tender

Nachtstromspeicherheizung *f* night storage heating, off-peak electricity heating

Nachunternehmer *m* subcontractor

Nachverdichtung *f* 1. post-compaction, postcompaction, recompaction *(z. B. Erdstoffe, Einbauschichten loser und körniger Baustoffe)*; 2. revibration *(von Beton)*

Nachweis *m* 1. *(Stat)* static proof, proof; check, check calculation, checking *(auch für Qualitätsnachweise)*; 2. conformation test, detection (test) *(z. B. eines Baustoffes, Elementes)*; 3. voucher, document, evidence *(Nachweisdokument)*; 4. assessment *(Bewertungsnachweis, z. B. Immobilien, Grundstücke)* • **den Nachweis führen** *(Stat)* prove

nachziehen *v* 1. bind *(Bewehrung)*; 2. retighten, screw up *(z. B. Schrauben, Bolzen)*; 3. retrace, trace *(z. B. Zeichnungen mit Farbe)*; 4. tighten *(Montageverbindung)*

nackt 1. dry *(Straßenbaugestein ohne Bindemittel)*; 2. *(El)* bare *(Draht)*; 3. uncoated *(ohne Belag)*

Nadelbaumholz *n* softwood

Nadeleindringprüfung *f* needle penetration test

Nadelfliesbelag *m* tufted flooring cover(ing)

Nadelholz *n* coniferous wood, softwood, deal

Nadelventil *n* needle valve

Nagel *m* 1. nail, brad; 2. spike *(Schienennagel)*; 3. brad, stud *(Stift)*; 4. tack *(kurzer Nagel)*; 5. treenail *(Holznagel)*
• **mit Nägeln befestigen** nail • **mit Nägeln beschlagen** stud

Nagelanschlussblech *n* nail plate

Nagelbauweise *f* nailed construction (method)

Nagelbinder *m* nailed framework, nailed truss, plank truss

Nageldachbinder *m* nail roof truss

Nagelklaue *f* nail claw

Nagelleiste *f* lathing board, nailing strip, nail(ing) batten, back-up strip

Nagelverbindung *f* nail(ed) joint, nailed connection, nail fastening

Nahansicht *f* close-up, close-up view

Näherungslösung *f* *(Stat)* approximate solution

Näherungsverfahren *n* approximation method

Naht *f* 1. seam; weld *(Schweißnaht)*; 2. joint *(Verbindung, Fügung)*; 3. burr *(Grat)*

nahtlos seamless

Nahtüberlappung *f* joint lapping, lap joint

Nahverkehrssystem *n* short-distance traffic system, suburban traffic system, *(AE)* transit system

Nase *f* 1. nose; projection, lug *(Ansatz)*; 2. nib, cog, stub *(z. B. am Dachziegel)*; 3. *(Arch)* cusp *(eines gotischen Maßwerks)*; 4. *(HLK)* deflector *(Ablenkblech)*; 5. run *(Anstrichfehler)*

Nasenbildung *f* 1. curtaining *(Lackanstrichfehler)*; 2. *(Arch)* cuspidation, cusping

Nasenbogen *m* *(Arch)* cusped arch

Nass-auf-Nass-Methode *f* wet-on-wet method

Nassbagger *m* dredge(r), floating dredger, dipper (dredger)

Nassdach *n* wet roof

Nassfestigkeit *f* 1. wet strength *(z. B. Kleber, Baupappe)*; 2. green strength *(Keramikrohling, Werkstein)*

Nassraumdichtung *f* moist room dampproofing, wet room dampproofing

Nasssandverfahren *n* *(Verk)* wet-aggregate process, wet sand process *(bituminös)*

Nasszelle *f* *(San)* bathroom building-block module, sanitary block, sanitary building block

Natriumwasserglas *n* silicate of soda

Natronwasserglas *n* sodium silicate

Naturschutzauflage *f* conservation order

Naturschutzgebiet *n* National Nature Reserve; natural preserve, nature reserve, wilderness

Naturstein *m* natural stone, quarrystone, rock, stone

Natursteinabdeckung *f* stone capping; stone coping *(einer Mauer)*

Natursteinbauwerk n hewn stone structure

Natursteinbearbeitung f natural stone curving, natural stone cutting, stone hewing work, stone shaping work, curved work, dressing, carving, milling

Natursteinborde f natural stone kerb, (AE) natural stone curb

Natursteinfassade f natural stone façade, stone façade

Natursteinmauerwerk n natural stone masonry, rubble ashlar masonry work, rubble masonry, ashlar masonry work, stone block masonry

Natursteinplatte f natural stone slab, flagstone, promenade tile, quarry tile

Natursteinschichtenmauerwerk n coursed ashlar work, (AE) coursed ashlar, rangework

Natursteinstaumauer f masonry dam

Natursteinverblendung f bastard ashlar (mit wenig behauenen Steinen)

Natursteinverkleidung f natural stone facing, ashlar facing, stone facing; ashlar work (Ergebnis)

Nebenangebot n innovative proposal

Nebenarbeiten fpl secondary work

Nebengebäude n 1. outbuilding, outhouse, annex (Anbau); 2. dependent building, dependency, accessory building, ancillary building, auxiliary building, subordinate block, subordinate building, subsidiary building, limb (zu einem Hauptgebäude); 3. appurtenant structure (nur für Gebäudetechnik); 4. penthouse

Nebenkosten pl ancillary cost(s)

Nebenleistungen fpl fringe benefits, supplementary work

neigen v/sich 1. lean, lean on, incline, tilt, slant (Neigung haben); 2. pitch, slope, slope down, decline (Dach, Fläche, Gelände usw.); 3. dip, sink, decline (Gelände); 4. tilt, Tipp, cant (kippen); 5. nutate (wanken); 6. shelve (sanft abfallen) • **sich nach innen neigen** tumble home (stürzen)

Neigung f 1. inclination; slope, gradient, squint (Steigung); 2. tilt (Kipplage); 3. dip, depression, decline (Abschüssigkeit); 4. pitch(ing), slope, incline (Dach, Fläche usw.); 5. fall, falling gradient (Gelände, Fluss); 6. slant (z. B. Querneigung einer Straße); 7. descent (Einsenkung, z. B. Straße, Gelände); 8. acclivity (sehr starke Neigung, steile Böschung usw.); 9. rake, leaning (Abweichung gegen die Senkrechte, auch geologisch); 10. batter (Anlaufneigung, z. B. Mauer); 11. liability, disposition (fachlich; zu einer Entscheidung) • **Neigung geben** batter • **Neigung haben** slant

Neigungsmesser m 1. (Verm) batter level; 2. clinometer, inclinometer, declinometer; 3. (Erdb) slope level

Neigungswinkel m 1. angle of ascent, angle of gradient, angle of inclination, angle of slope, elevation angle, slope angle, inclination angle; 2. (Verm) altitude; 3. pitch (gegen Horizont)

Nenngröße f nominal value, theoretical size

Nennlast f 1. nominal load-bearing capacity (für die Tragfähigkeit); nominal load (z. B. Fahrzeuge); 2. rated load (Aufzug)

Nennmaß n nominal dimension, nominal measurement, nominal size, basic dimension, real measure, theoretical dimension, work measurement

Nennweite f nominal width; nominal diameter; nominal bore, bore (Innendurchmesser eines Rohres)

Neopren n neoprene (ein Elastomer)

Neoprendichtungsprofil n neoprene gasket, neoprene sealing

Neoprenschaumstoff m neoprene foam

Nest n 1. nest, pocket (im Festbeton); 2. segregation (z. B. in einer Betonmischung); 3. void (in einem Festkörper)

Nettogeschossfläche f net floor area

Netz n 1. net; 2. network, system (Verkehrswege, Leitungssysteme); 3. (El) mains, power supply system network (Versorgungsnetz); transmission network (Übertragungsnetz); telephone network; 4. (Verm) triangulation net; grid, graticule (Kartennetz); 5. gridiron (Rohre, Straßen, Schienen); 6. gauze, web (Gazenetz, Gewebenetz) • **mit einem Netz überspannen** web • **mit einem Netz überziehen** web

Netzanschluss m 1. mains connection; 2. (El) power supply • **für Netzanschluss ausgelegt** main-operated

Netzbewehrung f mat reinforcement
Netzgewölbe n 1. reticulated vault(ing), decorated; 2. *(Arch)* tracery vault
Netzmaßwerk n *(Arch)* net tracery, perforated tracery, reticulated tracery *(Ornament)*
Netzplantechnik f network analysis
Netzverband m lattice bracing *(Stahlbau)*; rectangular work *(Stahlbau, Holzbau)*; net masonry *(Mauerwerk)*
Netzwerk n 1. network *(Planung)*; 2. rectangular work *(Stahlbau, Holzbau)*; 3. *(Arch)* lacework *(Posamentierarbeit)*; tracework *(Maßwerk)*; 4. trelliswork *(Gitter)*
Netzwerkplanung f network planning
neu gestalten v refashion; redevelop
neu planen v replan
Neuanstrich m new finish (paint)
Neubau m new building, new block, new house; building under construction
Neugestaltung f remodelling
Neugotik f *(Arch)* neo-Gothic, Gothic Revival, Revival architecture, revived Gothic style
Neuordnung f rearrangement
neutral neutral; inactive
Neutralebene f neutral plane
NF normal format *(von künstlichen Bausteinen, 24 × 12 × 6 cm)*
nicht anfällig non-susceptible
nicht angepresst ungrouted *(z. B. Auspresslöcher, Spannglieder)*
nicht belastet *(Bod)* unburden
nicht gedämmt uninsulated
nicht lotrecht out-of-plumb
nicht mittig off-centre
nicht rostend stainless, rust-proof, rust-resistant
nicht standsicher instable, unstable
nicht verdichtet 1. uncompacted; 2. *(Bod)* unconsolidated *(nicht gesetzt)*
Niederdruckanlage f low-pressure system, atmospheric system *(Heizung)*
Niederdrucksystem n atmospheric system *(Heizung)*
Niederschlagswasserkanal m storm (-water) sewer
Niederspannungsverteilung f *(El)* secondary distribution feeder
niedrig 1. low; 2. low-ceiling *(Zimmer)*; 3. low-rise, low-roofed *(Gebäude)*

Niedrigenergiehaus n low energy building
Nießbrauch m usufruct
Niet m rivet
Nietabstand m distance between rivets, interval between rivets, pitch of rivets, spacing of rivets, rivets interval, rivet centres, rivet pitch
Nietbarkeit f rivetability
Nietbolzen m clench bolt, clinch bolt, shank of rivet
nieten v rivet, fix by a rivet, snap
Niethammer m rivet(ing) hammer, snap
Nietkopfsetzer m rivet(ing) set, riveting snap, setting punch, heading set
Nietträger m riveted girder
Nietung f 1. rivet fastening, riveting *(Tätigkeit)*; 2. rivet(ed) joint *(fertige Nietung, Nietstelle)*
Nietverbindung f 1. rivet fastening *(Tätigkeit)*; 2. rivet joint, riveted connection, riveted joint *(fertige Nietstelle)*
Nippel m nipple
Nische f 1. niche, recess; 2. *(Arch)* exedra *(im antiken Griechenland und Rom)*; *(AE)* housing *(meist für Statuen)*
Nitrierstahl m nitralloy *(Stahl für Nitrierhärtung)*; nitriding steel *(Fertigprodukt)*
Nitrofarbe f nitrocellulose paint
Niveau n level, level of ground, ground level, grade, height
Niveau n **der Bauausführung** 1. standard of workmanship; 2. reasonable care and skill, *(AE)* due care
niveaugleich at grade
Niveauschalter m level switch
Nivellement n levelling; levelling survey *(im Gelände)*
Nivellementbezugspunkt m reference point of levelling, ordnance benchmark, datum
Nivellieren n 1. levelling, levelling off; 2. *(Verm)* boning-in *(Tafeln, Einmessen)*
Nivelliergerät n *(Verk)* land leveller
Nivellierinstrument n level, leveller, levelling instrument, engineer's level, builder's level, surveyor's level
Nivellierlage f levelling course; levelling underlay *(Mauerwerk)*
Nivellierlaser m levelling laser
Nivellierlatte f level(ling) rod, levelling board, levelling pole, levelling staff, levelling stave, sighting rod; marked

levelling staff, stadia, graduated rod *(mit Lesemarken)*; hub *(fester Vermessungspunkt)*
Nivellierpunkt *m* levelling point
Nivellierung *f* levelling
Nivellierwaage *f* spirit level
NN mean sea level *(Meereshöhe)*
Nockenbelagplatte *f* studded tile
Nockenrippenstab *m* ribbed indented bar
Nominalwert *m* nominal value
Nonius *m* vernier *(verschiebbarer Maßstab)*
Norm *f* standard, rule • **unter der Norm** substandard
normal normal, regular
Normal... normal ...
Normalbedingungen *fpl* 1. normal conditions, standard conditions; 2. moderate conditions *(Baudurchführung)*; 3. normal temperature and pressure *(0 °C und 101,325 kPa)*
Normalbelastung *f* standard loading
Normalkomponente *f (Stat)* normal component
Normalmaß *n* normal dimension, standard measure, nominal dimension, nominal size, standard measure
Normalnull *n* 1. mean sea level *(Meereshöhe)*; 2. *(Verm)* datum level, zero level, zero of level
Normalprofil *n* normal section, standard section *(Walzstahl)*
Normalspannung *f* 1. *(Stat)* normal stress, direct stress, uniaxial stress, axial stress; 2. *(El)* normal voltage, standard voltage
Normalstab *m* standard test bar
Normalstein *m* standard block, standard brick, square brick, straight brick
Normalverteilung *f* Gaussian distribution *(Messwertsummenkurve)*
Normalzugspannung *f (Stat)* normal tensile stress, direct tensile stress
Normendruckfestigkeit *f* standard crushing strength
Normenwalzprofil *n* standard rolled section
normgerecht according to standards, conforming to standards, conforming with standards
Normsand *m* standard sand *(Zementprüfung)*
Normung *f* standardization
Normvorschrift *f* standard specification
Normziegel *m* standard brick
Not... emergency ...
Notabsperrventil *n* emergency valve
Notausgang *m* emergency exit, emergency door, fire escape, fire exit *(Gebäude)*
Notbeleuchtung *f* emergency lighting, escape lighting, stand-by lighting
Notfall *m* emergency
Notleiter *f* emergency ladder, escape stair, fire escape *(an Gebäuden)*
Notrufanlage *f* emergency call system, emergency telephone
Notstromaggregat *n* 1. mains-failure set, stand-by unit, *(AE)* main-failure set *(bei Netzausfall)*; 2. emergency power generating set *(ohne Netzversorgung, auf Baustellen usw.)*
Nottür *f* emergency door
Notwasserversorgung *f* emergency water supply
Nuklearschutzbunker *m* fallout shelter
Nullachse *f (Stat)* neutral axis, zero line
Nullleiter *m (El)* neutral conductor, neutral wire, zero conductor
Nulllinie *f* axis of zero, zero line, neutral axis
Nullspannung *f* zero stress *(mechanisch)*
Nullstab *m* unstrained member *(eines Fachwerks)*
Nut *f* 1. *(Hb)* groove, plough groove, rabbet, gain, *(AE)* mortise, dap; keyway *(Keilnut)*; 2. flute, slot *(Einkerbung, Schlitz)*; 3. joggle *(Ziegelstein)*; 4. quirk *(am Gesims)* • **eine Nut hobeln** *(Hb)* rout • **eine Nut schneiden** *(Hb)* gain, dap
nuten *v* 1. *(Hb)* groove, plough, kerf, flute, gain, channel slot; keyway *(Keilnutenfräsen)*; 2. slot *(Metall)*
Nuten *n* **und Spunden** *n* matchboarding, matching
Nutenhobel *m* match plane, fluting plane, grooving plane, hollow plane, rabbet plane
Nutenschneider *m* groover
Nut- und Federholz *n* matchboard
Nut- und Federverbindung *f* **mit Fugenfüllleiste** plough-and-tongue joint, tongue-and-lip joint
Nutverbindung *f* dap joint

Nutzen

Nutzen *m* use, utility • **Nutzen ziehen** benefit
Nutzfläche *f* 1. effective area, service area, useful area; 2. net floor area, floor area, (useful) floor space *(eines Gebäudes)*
Nutzhöhe *f* efficient height, useful height; effective depth *(Stahlbeton)*
Nutzholz *n* timber, straight timber; converted timber *(aus Bauholz geschnitten)*; *(AE)* lumber, straight lumber
Nutzlast *f* 1. live load, net load, service load, occupancy load; working load *(eines Tragwerks)*; 2. *(Stat)* dynamic load, imposed load, incidental load, superimposed dead load
Nutzleistung *f* 1. effective capacity; 2. *(El)* net capacity
Nutzquerschnitt *m* net section, useful section, useful cross-section; effective area of reinforcement
Nutzung *f* utilization; service
Nutzungsänderung *f* change of use
Nutzungsbeschränkung *f* restriction of use *(Land, Grundstück)*
Nutzungsdauer *f* operating life, functional life, service life, useful life, working life, lifetime, life cycle
Nutzungsgenehmigung *f* occupancy permit
Nutzwasserraum *m (Wsb)* useful storage volume *(Stauwerk)*
n-Verfahren *n (Stat)* n-modular ratio method, n-m-design *(Stahlbeton)*

O

Obenbeleuchtung *f* overhead lighting, top illumination
obenliegend overhead
Ober... aerial ...
Oberbau *m* 1. superstructure *(Hochbau, Bahn)*; 2. *(Verk)* pavement structure, *(AE)* pavement *(Straße)*
Oberbauleiter *m* contract(or's) manager, superintendent, *(AE)* job superintendent *(des Auftragnehmers)*; project manager, project representative *(des Auftraggebers)*
Oberbaumaterial *n (Verk)* material for the permanent way, permanent way equipment, track equipment, track material *(Gleisbau)*
Oberbetonschicht *f* topping slab
Oberbodenabtrag *m* stripping of topsoil
Oberbodenandeckung *f* topsoil cover
Oberbodenauftrag *m* topsoil filling
Oberfläche *f* surface, face; surface area *(größer)*; superficies *(Gelände)* • **die Oberfläche bearbeiten** surface • **die Oberfläche behandeln** surface, finish • **die Oberfläche erneuern** reface; resurface *(Straße)* • **eine Oberfläche regulieren** regulate • **eine Oberfläche zurückformen** reshape • **sich an die Oberfläche anschmiegen** conform to the surface
Oberfläche *f/*raue rough surface; alligator hide *(eines Anstrichs)*
Oberfläche *f/*spezifische specific surface
Oberflächenabfluss *m* direct run-off, run-off, surface runoff
Oberflächenabschluss *m* 1. *(Verk)* blinding *(dünne Splitt-, Sand- oder Kiesschicht auf Straßen)*; 2. skinning over *(Anstrich)*
Oberflächenabsiegelungsmasse *f* pavement sealer, asphalt pavement sealer
oberflächenaktiv surface-acting
Oberflächenbearbeitung *f* 1. surface finishing, surface treatment, surface working; 2. *(Verk)* (surface) retexturing *(Straße)*
Oberflächenbehandlung *f* 1. surfacing, finishing, surface finishing, surface treatment; 2. *(Verk)* surface coating, surface dressing, surface treatment *(Straßenbau)*
Oberflächenbelag *m* surfacing
Oberflächenbeschaffenheit *f* kind of surface, nature of surface, surface state, surface condition *(natürliche, vorhandene)*; surface finish, finish *(bearbeitete)*
Oberflächenebenheit *f* surface smoothness
Oberflächeneigenschaft *f* surface property, surface quality
Oberflächenentwässerung *f* 1. surface water drainage, storm sewer system *(Verkehrsflächen)*; 2. surface drainage *(Melioration)*
Oberflächenfestigkeit *f* surface stability

Oberflächengestaltung f surface modulation, surface configuration, superficial configuration
Oberflächengüte f quality of (surface) finish, surface condition, surface finish, finish
Oberflächenhärtungsmittel n surface hardener
Oberflächenmangel m surface defect
Oberflächenrauigkeit f surface coarseness, surface roughness
Oberflächenriss m surface crack, skin crack, superficial crack, surface flaw
Oberflächenrüttler m 1. paving spreader (Straßenoberfläche); 2. surface vibrator (für Betonverdichtung)
Oberflächenschaden m 1. surface damage, surface defect, surface deterioration; 2. (Verk) road surface defect
Oberflächenschutz m surface protection, preservation of surface (Verkleidung, Naturstein)
Oberflächenspannung f surface tension, surface stress
Oberflächenstruktur f 1. finish texture, textured finish; 2. surface structure (Geländeoberfläche)
Oberflächentextur f surface texture
Oberflächenverdichtung f superficial compaction
Oberflächenversiegelung f 1. final cover; 2. (Verk) seal(ing) coat
Oberflächenwasser n superficial water, surface water, surface moisture; storm water (Regenwasser); land water (Kulturflächen); liquid waste (Schmutzwasser)
Oberflächenwasserkanal m storm-water sewer
Oberflansch m top boom, top chord, upper boom, upper flange
Obergeschoss n upper floor, upper storey, upstairs • **im Obergeschoss** upstairs • **im Obergeschoss gelegen** upstairs
Obergurt m top boom, top chord, top member, top binding, upper boom, upper chord, upper flange
Obergurtknotenblech n upper boom junction plate, upper chord junction plate
Obergurtplatte f top boom junction plate
Obergurtstab m top boom member, top chord member, upper chord member (Stahlbau)
Obergurtung f upper chord
Oberholm m head beam
oberirdisch overground, overhead, above-grade, above ground, aerial
Oberkante f 1. upper edge; 2. level of floor (Deckenhöhe); 3. back (Sparren, Dach, Querträger)
Oberleitung f 1. (El) overhead line, overhead wires; 2. chief management, top management, overall control
Oberlicht n 1. skylight, daylight, laylight, rooflight, glass skylight (Tageslicht); 2. top-lighting (Dauerbeleuchtung); 3. fanlight (halbrundes Fenster über Türen); 4. barrel light (Dachgaupenfenster); 5. transom window (über der Tür)
Oberlichtdach n saw-tooth roof
Oberlichtfenster n 1. high-light window, abat-jour; 2. (Arch) clerestory (vertikal)
Oberlichtöffnung f 1. skylight, laylight, daylight, rooflight; 2. fanlight (halbrundes Fenster über Türen); 3. barrel light (Dachgaupenfenster)
Oberputz m finish coat, finish coating, final rendering, second coat; setting coat, setting stuff, sett (Mehrlagenputz)
Oberschwelle f header joist, head rail, lintel, header
Oberspeicherbecken n (Wsb) upper reservoir
Oberstrebe f upper prop
Oberteil n upper part, top
Obertor n 1. head gate; 2. (Wsb) upper flood gate
Oberzug m suspender beam (Oberbalken)
Objektmanagement n facility management
Ochsenauge n 1. (Arch) oculus; 2. bull's eye (Gaupe); 3. oxeye, roundel (rundes Fenster)
Ocker m(n) ochre, yellow earth
Ocratieren n ocrating (Betonverfestigung unter Druck mit Siliciumtetrafluoridgas)
Ödometer n (Bod) oedometer (Kompressibilitätsmessgerät)
Ofen m 1. stove (meist Zimmerofen); 2. furnace (Industrieofen); 3. kiln (Brennofen, Darrofen) • **im Ofen härten** stove (Anstriche, Farben) • **im Ofen trocknen** bake (z. B. Ziegel); stove (Anstriche, Farben)

Ofenbau

Ofenbau *m* furnace construction
Ofen- und Herdarbeiten *fpl* stove and range work *(Leistungsposition)*
offen 1. open; 2. *(El)* exposed *(z. B. Bauteile, Leitungen)*; 3. unroofed *(unüberdacht)*
offenporig open-pored, porous
öffentlich-rechtlich under public law
Offerte *f* contractor's proposal, offer, bid, proposal, tender
öffnend/nach innen in-swinging, inward-swinging
Öffnung *f* 1. opening, cut-out; sight *(Sichtöffnung)*; 2. gap *(Spalte)*; 3. wall chase *(für Rohrleitungen in Wänden)*; 4. pore *(Hohlraum)*; 5. orifice; mouth *(Ausflussöffnung, Mündungsöffnung)*; 6. aperture *(Mauerwerksöffnung)*; 7. breach, break *(Bruchstelle, Durchbruchsöffnung, Einbruchsöffnung)*; 8. port *(Kanalöffnung)*; 9. span *(eines Bogens)*; 10. vent *(Luftöffnung, Rauchöffnung)*
Öffnungsbreite *f* opening width
Öffnungsfläche *f* sight size, sight width *(Fenster)*
Öffnungsklausel *f* escape clause
Öffnungsmaß *n* opening angle *(z. B. Tür)*
Öffnungstemperatur *f (HLK)* response temperature *(z. B. Sprinkler)*
Öffnungs- und Schließvorrichtung *f/selbsttätige* *(AE)* automatic operator *(Garagentor)*
Öffnungsverschluss *m* opening protective
Öffnungswinkel *m* 1. groove angle, included angle *(Schweißnaht)*; 2. included angle of crest *(Dachkonstruktion)*
Offshore-Konstruktion *f* offshore structure
Ogive *f* ogive
ökologisch ecological
Ökosystem *n* ecological system, ecosystem *(Landschaftsplanung)*
Okratbeton *m* ocrated concrete *(mit SiF)*
Ölabscheider *m* oil collector, oil trap; oil separator, oil interceptor *(Abwasser)*
ölbeheizt fuel-heated
ölbeständig oilproof, oil-resistant, resistant to oils
Ölfarbe *f* oil-based paint, oil paint; linseed oil paint, drying oil paint *(Leinölbasis)*
Ölheizung *f* oil-fired heating (system), oil furnace *(Anlage)*; oil heating, fuel heating *(Betrieb)*
Olivenscharnier *n* olive butt, olive hinge, olive knuckle hinge
Ölpapier *n* oil-impregnated paper, oil(ed) paper
Ölverschmutzungsnotfall *m (Umw)* oil pollution emergency
Ölwannenbeschichtung *f* oil-proof rendering
Omniabetondecke *f* Omnia concrete floor
Opalglas *n* opal glass, plyglass *(ein Trübglas)*
Opferanode *f* sacrificial anode • **durch Opferanoden geschützt** galvanically protected
optimal/statisch nicht random
optimieren *v* optimize
Optimierung *f* optimization
Optimierungsverfahren *n* optimizing method
Optionsklausel *f* contractor's option *(Bestimmung in den Projektunterlagen, nach der der Auftragnehmer Ausrüstungen, Materialien und Methoden seiner eigenen Wahl ohne Änderung der Bausumme festlegen kann)*
Opus *n* 1. *(Arch)* opus *(Mauerwerk)*; 2. opus *(Arbeitstechnik der römischen Antike für bestimmte Baugewerke und -künste)*
Ordinatenachse *f* axis of ordinates, y-axis
Ordnung *f* 1. order *(z. B. von Bauelementen)*; 2. *(Stat)* deflection theory • **in Ordnung bringen** straighten (out); adjust • **ohne Ordnung** arbitrary
Organisation für Standardisierung/Internationale *(ISO)* International Organization for Standardization, ISO
organisch organic
Organisches *n* organic matter *(Zuschläge)*
Original *n* original document; original, master copy *(z. B. Zeichnung)*
Ornament *n (Arch)* ornament, enrichment, garnish • **mit Ornamenten überladen** overornamented • **mit Ornamenten verzieren** enrich
Ornamentfenster *n* ornamental window, decorative window
Ornamentglas *n* ornamental glass, figured glass, architectural glass; stained

glass *(geätzt, farbig)*; patterned glass *(für Trennwände)*; pyramid glass, small pyramid glass *(Pyramidalfeinglas)*
Ort *m* 1. place, location, locality; position *(genaue Stelle)*; 2. geometrical locus; 3. *(Tun)* facing • **vor Ort** in-situ • **vor Ort betoniert** cast-in-situ
Ortbalken *n* top beam
Ortbauverfahren *n* in-situ construction method, in-place method, site work
Ortbeton *m* monolithic concrete, cast-in-place concrete, cast-in-situ concrete, concrete cast-in-situ, in-situ concrete, poured-in-place concrete, monolithic concrete, site(-placed) concrete • **in Ortbeton hergestellt** poured-in-place • **in Ortbeton herstellen** cast in-place, cast in- in-situ
ortbetoniert poured-in-place, cast-in-situ, in-situ-cast
Ortbetonpfahl *m* cast-in-place pile, in-situ concrete pile, moulded-in-place pile
Ortbetonschale *f* poured-in-place concrete shell, site-placed concrete shell
Ortgang *m* verge *(Dach)*
Ortgangbrett *n* barge board, verge board
Ortgangverwahrung *f* verge flashing
orthogonal-anisotrop orthotropic *(Stahlbetonplatte)*
Orthophyr *m* orthophyre
orthotrop orthotropic *(Stahlbetonplatte)*
Ortpfahl *m* moulded-in-place pile, cast-in-place concrete pile
Ortsbrust *f (Tun)* face, heading, heading face, working face, toe of stope
Ortschaumstoff *m* foam-in-place material
Ortsentwässerung *f* local sewerage system, system of sewerage, system of sewers, sewerage
ortsfest stationary
Ortsgestaltungskonzeption *f* urban design concept
Ortsstatut *n* by-law *(Bauordnung)*
Ortstein *m* 1. *(Bod, Erdb)* ortstein, hardpan; 2. gable slate, margin tile *(Dach)*
Ortverschäumung *f* für Dämmung foamed-in-place insulation
Öse *f* 1. eyelet, eye, ear; ring *(einer Kette)*; 2. loop, noose *(Schleife)*; 3. *(El)* lug
Osmoseverfahren *n* osmotic method
oxidationsanfällig susceptible to oxidation

oxidationsbeständig resistant to oxidation
Oxidationsteich *m (Umw)* oxidation pond, sewage oxidation pond, aerated lagoon *(Abwasserbehandlung)*
Oxidschutzschicht *f* protective oxide film, protective oxide skin

P

Paarkräfte *fpl* pair forces
Pachtbesitz *m* leasehold (property), tenancy, tenure by lease
Pächter *m* leaseholder, lessee, *(AE)* renter; tenant *(meist für landwirtschaftliche Anwesen)*
Pachtvertrag *m* leasehold agreement, leasehold deed, contract of lease, lease
Packlage *f (Verk)* bottoming, penning, stone pitching *(Setzpacklage)*; hardcore *(Schüttpacklage)*
Packwerk *n* 1. stone packing, stone fitting, enrockment; 2. *(Wsb)* fascine fitting, wattlework
Palastbau *m* palace building, palace construction
Palisade *f* palisade
Palisadenzaun *m* 1. palisade, stockade; 2. *(Arch)* palisade fence
Paneel *n* panel, panelling, strip, wainscot
Paneeldecke *f* ceiling panelling
Panikbeleuchtung *f* safety lighting
Panikdrückergarnitur *f* panic handle set
Panikverschluss *m* panic exit device
Panoramafenster *n* panoramic window, picture window
Panzerblech *n* armour(ed) plate
Panzerglas *n* bullet-proof glass, bullet-resisting glass *(Verbundglas)*
Panzerschlauch *m* armoured conduit
Papier *n/bituminiertes* asphalt paper, bituminous roofing paper, tarred paper
Papiereinlage *f* paper insert
Papierunterlage *f (Verk)* concrete subgrade paper, road lining paper, road subsoil paper, road underlay paper *(Betonstraßenbautechnologie)*
Pappbedachung *f* roof cladding with felt, roof cladding with roll roofing, roof covering with felt, roof covering with roll roofing, roof sheathing with felt, roof sheathing with roll roofing

Pappenplatte 414

Pappenplatte f paper board, paper sheet, sheet of paper
Pappschindel f composition(-roofing) shingle, prepared-roofing shingle, *(AE)* asphalt shingle
Parabelbelastung f parabolic load(ing)
Parabelbogenträger m parabolic arched girder
Parabelfachwerk n parabolic truss
Parabelkuppel f *(Arch)* parabolic cupola, parabolic dome
Paraboloid n/**hyperbolisches** hyperbolic paraboloid
Paraboloiddach n/**hyperbolisches** hypar, hyperbolic paraboloid (conoid)
Paraboloidschale f paraboloid shell, hypar shell
Paraffinabschirmwand f paraffin radiation shielding wall *(gegen Strahlung)*
Parallelfachwerk n parallel-chord truss, flat truss
parallelgurtig with parallel chords, with parallel booms
Parallelgurtträger m parallel-chord truss
Parallelogrammgesetz n principle of the parallelogram of forces
Parallelsystem n/**ebenes** *(Stat)* planar parallel system
Parallelverband m stack bond, vertical bond *(Mauerwerk)*
Parapett n parapet *(Brüstungsform)*
Parkdeck n parking deck
Parken-und-Reisen-Parkplatz m park-and-ride yard
Parketage f parking deck, parking floor, parking storey, parking tier
Parkett n 1. parquet, parquetry, parqueted floor, inlaid floor; 2. parterre *(im Theater)*
 • **mit Parkett auslegen** parquet, inlay
 • **Parkett legen** parquet, inlay
Parkettarbeiten fpl parquet work
Parkettfußboden m parquet floor, inlaid floor
Parkettversiegelung f parquet sealing
Parkfläche f parking area, parking, *(AE)* parking lot; parking stall *(im Parkhaus)*
Parkhaus n multistorey car park, parking building, parking garage, parking structure; public garage
Parkleitsystem n parking guidance system
Parzelle f land parcel, plot, lot, allotment, parcel

Pass m 1. *(Arch)* lobe, foil; 2. *(Verk)* pass *(Gebirgspass)*; nek *(südafrikanisch)*
Passeinsatz m gage piece
passend 1. fit(ting) *(z. B. Montageteil, Installation)*; 2. appropriate *(z. B. Gestaltung)*; 3. matching *(farblich)*; 4. convenient, suitable *(Zeitablauf, Zeitpunkt)*
 • **passend machen** fit; tailor (to) *(Montage)*
Passivierungsanstrich m immunizing coat, passivating coat
Passleiste f datum block; backing *(Fußbodendielung)*; *(AE)* base moulding
Passstück n 1. fitting member, diminishing piece, gauge piece; 2. *(El)* adapter *(z. B. für Rohre)*
Passung f fit
Passwerkbogen m *(Arch)* lobed arch, cusped arch, foil(ed) arch *(gotischer Bogen)*
Patentbautafel f patent board
Patentdecke f patented floor
Patio m *(Arch)* patio *(spanisch-maurischer Innenhof)*
Patschputz m rustic plaster
Pauliträger m inverted bow-and-chain girder
Pauschalauftrag m lump-sum contract
Pauschalbaupreis m firm price
Pauschalpreisangebot n lump-sum tender, firm-price tender, firm-price offer, fixed-price bid, fixed-price tender, *(AE)* firm-price bid, *(AE)* firm-price proposal
Pauschalpreisvertrag m firm-price contract, fixed-price contract
Pauschalvertrag m lump sum contract
PC polycarbonate
PE polyethylene
Pechkitt m pitch mastic
Pegelstation f *(Wsb)* limnimetrical station, gauging station, gauge station
peilen v take a bearing
Peillinie f collimation line
Peilstange f sounding rod
Peitschenmast m upsweep arm column, whip-shaped lamp post, gantry *(Straßenbeleuchtung)*
Pendel... pendulous ...
Pendelaufhängung f pendulum suspension
Pendellager n pendulum bearing, self-aligning bearing, tumbler bearing *(Stahlbau)*

Pendelleuchte f pendant light fitting, pendulum fitting, pendant, *(AE)* pendant luminaire
Pendelpfeiler m 1. gantry post *(Montagederrick)*; 2. *(Verk)* hinged pier, rocking pier *(Brücke)*
Pendelsäule f column with ball and socket seating, socketed column, socketed pier, stanchion *(Stahlbau)*; gantry post *(Montagederrick)*
Pendelstütze f 1. hinge(d) column, floating support, pin-ended column; 2. *(Verk)* hinged pier, rocking pier *(Brücke)*; 3. socketed column, socketed pier, stanchion *(Stahlbau)*; 4. gantry post *(Montagederrick)*
Pendeltür f double-acting door, swing door, draught door
Pendentifkuppel f *(Arch)* pendentive dome
Penetrationsmessgerät n penetrometer
Penetriermittel n penetrating agent, penetrating oil, ooze
Penthaus n penthouse, appentice, superstructure; lookum *(für Aufzugswinden und Dachkrane)*
perforieren v perforate, pierce
Pergola f pergola, portico, porticus, arbour, prostoon; trellis
Perlitdämmung f perlite insulation
Perlitisolierung f s. Perlitdämmung
Perlitleichtzuschlag m perlite
Perlstab m cock bead, recessed bead, bead *(Ornament)*
Personal n staff
Personalkosten pl personnel costs
Personenaufzug m passenger lift, lift, high-speed lift, high-speed passenger lift, *(AE)* passenger elevator; passenger hoist *(Bauaufzug)*
Perspektivbauweise f perspective construction
Perspektive f perspective, perspective view • **die Perspektive verkürzen** foreshorten
Perspektivzeichnung f perspective drawing
Petrographie f petrography *(Naturstein)*
Pfahl m 1. pile *(Gründungspfahl)*; 2. pole, post, spile *(Holz)*; 3. standard *(Pfeiler)*; 4. *(Verm)* peg, piquet; 5. stake *(Zaun)*; 6. prop, support *(Stütze)*; 7. piquet *(Pflock)*
• **auf Pfählen** pile-supported • **die Pfähle setzen** drive the piles • **einen Pfahl ankohlen** char a pole • **einen Pfahl ziehen** extract a pile • **mit Pfählen umfrieden** palisade
Pfahl m **auf Reibung** *(Bod)* suspended pile
Pfahl m **mit Fußverbreiterung** bulb pile, pedestal pile *(Gründung)*
Pfahlabstand m pile spacing
Pfahlanordnung f pile layout, piling, spiling
Pfahlbau m pilework
Pfahlbelastung f pile loading
Pfahlfußtragkraft f pile point bearing capacity
Pfahlgründung f pile foundation, piled foundation • **mit Pfahlgründung** pile-supported
Pfahljoch n pile bent, pile pier, pile trestle, bent
Pfahlkopfband n pile cap, pile hoop, pile ring, driving band, drive band
Pfahlkopfplatte f pile cap
Pfahlprobebelastung f pile load test
Pfahlrammanlage f rig
Pfahlrammarbeiten fpl pile driving works
Pfahlreibungskraft f *(Erdb)* pile friction (force)
Pfahlrost m pile-foundation grill, pile work *(Gründung)*
Pfahlschuh m pile shoe, shoe
Pfahlspitzentragfähigkeit f pile point bearing capacity
Pfahltragfähigkeit f pile bearing capacity, pile resistance
Pfahlwand f pile wall, pile work, land ties, rank of piles, row of piles, *(AE)* pile dike
Pfahlwerk n pale work, paling, stockade
Pfahlzieher m pile drawer, pile extractor, pile puller, pile ferrule
Pfanne f bent tile, pantile; pan *(flach, Dachstein)*
Pfannendach n pantiled roof
Pfannenziegel m clay pantile *(s. a. Pfanne)*
Pfeiler m 1. pier *(Brücke)*; 2. *(Arch)* pillar; 3. column *(Säule)*; 4. buttress, standard, prop *(Stütze)*; 5. post *(Tür)*; 6. *(Tun)* prop *(auch Bergbau)* • **mit Pfeilern schmücken** pillar • **mit Pfeilern versehen** pillar • **mit Pfeilern verstärken** pillar
Pfeilerbau m pier construction
Pfeilergründung f pier foundation

Pfeilerkopf *m* pier head, pier cap; upstream nosing, cutwater *(Brücke)*
Pfeilermauerwerk *n* pier masonry
Pfeilervorlage *f* buttress of pier
Pfeilhöhe *f* camber of an arch, pitch; rise, rising height *(eines Gewölbes)*; sagitta, versed sine *(eines Bogens)*
Pfette *f* purlin, roof purlin, binding rafter
Pfettendach *n* purlin roof
Pfettenplan *m* purlin layout
Pfettenstützholz *n* purlin post
Pfettentraverse *f* sag bar *(Stahlbau)*
Pflanzarbeiten *fpl* planting
Pflanzendecke *f* plant covering, vegetable blanket, vegetable layer, vegetation cover(ing)
Pflaster *n* block pavement, stone pavement, pitching, pavement, paving *(Gesamtbefestigungsbelag)* • **Pflaster verlegen** pave
Pflasterbelag *m* block pavement, sett paving, pavement, paving *(Gesamtbefestigungsbelag)*; *(AE)* sidewalk paving flag *(Gehweg)*
Pflasterdecke *f* pavement, paving *(Gesamtbefestigungsbelag)*
pflastern *v* lay pavement, pave, pitch, cube, floor; flag *(mit Platten)*
Pflasterrinne *f* paved gutter
Pflasterstein *m* paving sett, paving stone, paver, road stone, stone sett, cube sett, cobblestone, cube, sett
Pflasterung *f* 1. paving *(Vorgang)*; 2. pavement, stonework *(Belag)*
Pflichtenheft *n* contract specifications, conditions of contract; job specifications
Pflock *m* 1. spile *(Holz)*; 2. *(Verm)* peg, stake, piquet, picket
Pforte *f* 1. gate, gate door, gateway, entrance; 2. *(Arch)* portal
Pfosten *m* 1. post, supporting member, pole, standard, leg; 2. vertical strut, framing column *(Fachwerk)*; timber pillar, wooden pillar *(Holzfachwerk)*; puncheon, leg *(kurzer Holzfachpfosten beim Fachwerk)*; 3. side post, jamb *(Tür, Fenster)*; 4. door jamb, doorpost *(Tür)*; 5. *(Arch)* pillar; 6. pale, stake *(Zaun)*; 7. baluster, banister *(Geländer)*
Pfostenfachwerk *n* Vierendeel truss
Pfostenfundament *n* post foundation

Pfuscharbeit *f* careless work, slipshod work, bungled work, tinker work
Phenolharzschaum *m* phenolic-resin foam
Phenolharzschichtstoffplatte *f* phenolic laminated board
Phosphatieren *n* phosphating, phosphating treatment *(Korrosionsschutz)*
Pickhammer *m* pick, pneumatic pick
Pier *m(f)* pier
Pigment *n* pigment *(z. B. in Anstrichstoffen)*
Pilaster *m (Arch)* pilaster
pilzabweisend fungicidal
Pilzdach *n* station roof
Pilzdecke *f* mushroom construction, mushroom floor, station roof, flat-slab floor; two-way flat slab *(kreuzweise bewehrte Stahlbetonplatte)*
Pilzkonstruktion *f* mushroom construction
Pilzkopf *m* mushroom head, dropped panel, column capital, flared column head, flared haunch, flared head, drop, column capital, support head splayed head *(einer Pilzdecke, meist aus Stahlbeton)*
Pinselauftrag *m* brush painting
Pinselstriche *mpl* brush marks, ropiness *(Anstrich, auch gestalterisch)*
Pioniertechnik *f* military engineering
Piseebau *m* pisé building, pisé, cob construction, rammed-earth construction, rammed-loam construction, *(AE)* beaten cobwork
Plaintest *m* air permeability test *(z. B. bei Zement, Feinstoffen)*
Plan *m* 1. plan, project, preliminary scheme *(Vorhaben)*; 2. design, plan, layout, outline *(Entwurf, Skizze)*; 3. plan, scheme, draft, drawing, design, *(AE)* draft *(Zeichnung, grafische Darstellung)*; blue print *(Blaupause, Mutterkopie)*; 4. map, chart, plan *(geographisch)*; 5. plan(ning), programme *(Ablaufplan, Wirtschaftsplan, Finanzplan)*; 6. schedule *(zeitlicher Ablaufplan)*
Planebenheit *f* accuracy of level, evenness, surface smoothness
planen *v* 1. plan, project *(vorausplanen)*; 2. plan, design, lay out *(entwerfen)*; 3. draft, design *(zeichnerisch)*; 4. schedule *(zeitliche Abläufe)*

Plattenlegearbeiten

Planer *m* planner
planfrei *(Verk)* grade-separated, two-level, multilevel *(Straßenknoten)*
plangleich 1. at-grade, in-plane; 2. *(Verk)* single-level, at-grade
Planieren *n* 1. planishing, finishing *(Metall)*; 2. *(Erdb)* planing, planing-down, levelling, grading, blading, shaping, top dressing, flattening, finishing; dragging *(mittels Planierraupe)*
Planiergerät *n (Erdb)* grader, planing machine, planer
Planierraupe *f* grad-builder dozer, drag, bulldozer
Planierung *f (Erdb)* flattening, top dressing *(Erdstoffe)*
Planke *f* plank, barrier; board
Planstudie *f* planning study *(Großprojekt)*
Planum *n* 1. base course, foundation course, levelled ground *(Gebäude)*; 2. *(Verk)* subgrade, foundation course, levelled ground, soil *(Straße, Schiene)*; track formation *(Schiene)* • **unter Planum** below grade, below ground
Planumshöhe *f* formation level *(Schiene)*; level on base course *(Gebäudegründung)*; subgrade level *(Straße)*
Planung *f* planning
Planungsbehörde *f* planning authority
Planungsbüro *n* planning office, design office
Planungsflexibilität *f* planning flexibility
Planungsphase *f* step of design
Planungsunterlagen *fpl* planning documents
Plasmatrennen *n* plasma cutting
Plast *m siehe auch: Kunststoff*
Plastezement *m* resin cement
Plastifikator *m* plasticizer, water-reducing agent, water-reducing admixture
plastifizieren *v* plasticate, plasticize, soften *(bes. Kunststoffe)*; flux *(Bitumen, Anstriche, Kunststoffe)*
Plastik *f (Arch)* plastic, art of sculpture, sculpture, statue
plastisch plastic, inelastic, non-elastic, ductile
plastisch-elastisch plastoelastic
Plastizität *f* plasticity, ductility
Plastizitätsgrenze *f* plastic limit
Plastizitätsindex *m* index of plasticity, plasticity index *(z. B. von Erdstoffen)*
Plastizitätsmodul *m* modulus of plasticity

Plastizitätsprüfung *f* Atterberg test *(von Erdstoffen)*
Plastizitätstheorie *f* **der Baustatik** *(Stat)* plastic methods of structural analysis
Plastmörtel *m* plastic mortar
Plastpulverbeschichtung *f* plastic powder coating
Plastzement *m* plastic cement, resin cement, plastic binder
Platte *f* 1. *(Stat)* plate, slab; disk; 2. slab *(Beton, Marmor usw.)*; 3. sheet, plate *(Metall, Glas)*; 4. panel, large panel *(Wandbauplatte)*; 5. *(Arch)* dalle *(verziert, meist in Sakralbauten)*; 6. flagstone, flagging, tile *(für Gehwege)*; 7. tabletop, top *(Tisch)*; 8. disk *(scheibenförmig)*; 9. board *(Holzplatte)*
Platte *f*/**einsinnig bewehrte** one-way slab
Platte *f*/**kreuzweise bewehrte** two-way reinforced slab, two-way slab
Platte *f*/**orthotrope** orthotropic plate
Plattenaufgabe *f (Stat)* plate problem, slab problem
Plattenauskragung *f* slab cantilevering
Plattenbalken *m* beam and slab, slab and beam, slab band, T-ribbed beam, T-shaped beam, tee beam, T-beam
Plattenbalkenbrücke *f* combined truss and plate bridge, slab and beam bridge
Plattenbalkendecke *f* beam-and-slab floor, slab and beam floor, slab and girder floor *(Beton)*
Plattenbelag *m* slab covering, slab pavement, slabbing, flagging *(Steinplatten)*; tile finish, tilework, tiling *(meist für Fliesenplatten)*
Plattenberechnung *f (Stat)* plate calculation, slab analysis, slab calculation
Plattenbodenbelag *m* slab floor cover, slab floor covering *(Steinplatten)*; tile floor covering *(Fliesenplatten)*
Plattendruckprüfung *f (Erdb)* plate bearing test
Plattenfaltwerk *n* folded-plate structure, *(AE)* tilted-slab structure
Plattenfundament *n* foundation raft, raft foundation, slab footing, slab foundation
Plattengründung *f* raft foundation, slab foundation, mat foundation
Plattenheizkörper *m* heating panel, panel heating unit, panel radiator
Plattenlegearbeiten *fpl* tile fixing

Plattenmoment

Plattenmoment *n (Stat)* plate moment, slab moment
Plattenrost *m* stratified rust
Plattenrostdecke *f* slab-on-grade floor
Plattenstatik *f (Stat)* plate analysis, slab analysis
Plattentafel *f* tile panel; prefabricated tiling
Plattentragwerk *n* plate load-bearing structure
Plattenverblendung *f* slab dressing
Plattenverlegen *n* tile fixing, tile setting, tiling, flagging
Plattenwerk *n* precast concrete manufacturing yard, precasting plant
Plattform *f* 1. *(Arch)* platform; 2. platform, stage, stillage; 3. deck *(Etage)*
Plattigkeit *f* flakiness
Platz *m* 1. place, spot *(Lage, Stelle)*; 2. location, site *(Bauplatz)*; 3. room, space, place *(verfügbarer Platz, Raum)*; 4. pace, public square, square; trading centre *(in Städten)*; 5. stand, position *(Standort)*
 • **Platz sparen** spare room • **wenig Platz einnehmen** take little floor space
platzen *v* 1. burst, explode, blow up; 2. crack *(reißen)*; 3. blow out *(Befestigung, Damm)*; 4. check, spring *(Holz, Gussteile)*
Plombe *f* seal, sealing
PmB *(AE)* polymer-modified asphalt binder
pneumatisch pneumatic, air actuated, air-operated
Podest *n(m)* 1. landing, halfpace, stair landing, stair platform *(Treppe)*; 2. rostrum, platform, pedestal *(z. B. für Darbietungen, Redner)*
Podestbalken *m* stair horse
Podeststufe *f* last step, stairhead, top step
Podestträger *m* joists of a landing, bearer
Polder *m (Wsb)* polder, polder dike, diked land, landfill cell
Polderdeich *m (Wsb)* polder, polder dike
Polier *m* foreman, gang foreman, general foreman, head mason, shift boss, charge hand, boss
Polieren *n* 1. polishing, burnishing, surface polishing; 2. buffing *(Terrazzo)*; 3. glazing *(glasierte Flächen)*
Poliermittel *n* polishing abrasive, polishing agent, polish; abrasive

Poller *m* 1. mooring bitt, mooring post, bollard, dolphin *(Hafen)*; 2. bollard *(Verkehr)*
Polster *n* cushion
Polsterdämmung *f* quilt insulation
Polyamidharz *n* polyamide, polyamide resin
Polyesteranstrich *m* polyester coating
Polyesterhartschaum *m* rigid expanded polyester, rigid polyester foam
Polyesterharzmörtel *m* polyester resin mortar
Polyesterwellplatte *f* corrugated polyester board, corrugated polyester sheet
Polyethylenfolie *f* polyethylene foil, polyethylene film
Polyethylenrohr *n* polyethylene pipe
Polygon *n* 1. polygon, polygonal figure; 2. *(Verm)* traverse
Polygonaldach *n* pavilion roof Ardand type polygon roof, hammer-beam roof
Polygonalfaltwerk *n* polygonal folded plate, polygonal folded slab, *(AE)* polygonal tilted-slab
Polygonalgewölbe *n* multiangular vault
Polygonalmauerwerk *n* cobweb masonry
Polygonaufnahme *f (Verm)* traverse survey
Polygondach *n* polygonal roof, pavilion roof, Ardand type polygon(al) roof, hammer-beam roof
Polygonzug *m (Verm)* traverse
Polygonzug *m***/geschlossener** closet traverse
Polymerbeton *m* polymer concrete
Polymerbitumen *n* polymer bitumen
polymermodifiziert polymer-modified
Polystyroldämmstoff *m* polystyrene insulation material
Polystyrolhartschaum *m* rigid polystyrene foam
Polyurethandämmstoff *m* polyurethane insulant
Polyurethanhartschaum *m* rigid polyurethane foam
Polyurethanschaumstoff *m* polyurethane foam
Polyvinylchlorid *n* polyvinyl chloride, PVC
Polyvinylchlorid-Fußbodenbelag *m* flexible PVC floor cover
Ponton *m* pontoon; dummy
Pontonbrücke *f* pontoon bridge, floating

bridge, raft bridge, boat-bridge, movable bridge
Pore f 1. pore, void; 2. cell *(z. B. in Schaumstoffen)*; 3. interstice *(Gemischbaustoff)*; 4. pinhole *(Fehler in Farb- oder Schutzschichten)*
Porenanteil m pore content, porosity ratio, void ratio, porosity index
Porenbaustoff m porous building material, porous construction material
Porenbeton m porous concrete, high-porosity concrete, cellular concrete, aerated concrete, gas concrete, autoclaved aerated concrete
Porenbetonstein m aerated cement block, aerated concrete masonry unit, autoclaved aerated concrete masonry unit
Porenbildung f pore formation
Porenestrich m aerated cement screed
Porengehalt m pore content, void content *(Baustoff)*
Porenvolumen n pore volume, void volume, voidage, pore space
Porenwasser n 1. *(Bod)* fixed ground water, subsoil water; 2. interstitial water, pore fluid, pore water, void water, evaporable water *(Beton)*
Porenwasserdruck m pore (water) pressure
Porenziffer f *(Bod)* void ratio, pore ratio, voids ratio
porig porous, pored, cellular, foamed, mushy
porig-zellig expanded *(Kunststoffe, Gummi)*
porös porous, pervious, spongy
Porosität f porosity, voidage
Porphyr m porphyry
Portal n 1. *(Arch)* portal; 2. gantry *(eines Kranes)*
Portalkran m gantry crane, portal crane
Portalrahmen m portal frame; bent *(Schichtholz)*
Portalträger m portal girder
Portalverband m portal bracing *(Stahlbau)*
Portikus m *(Arch)* porticus, portico, prostoon
Portlandzement m Portland cement
Porzellanrohr n *(San)* porcelain tube
Position f 1. position; 2. item *(z. B. in einem Leistungsverzeichnis)* • **in Position bringen** locate
Postament n 1. base, post, footstall; 2. *(Arch)* dado, (statue) pedestal
Potenzial n potential
Potenzialausgleich m equipotential bonding
Potenzialmethode f potential method
PP-Rohr n polypropene pipe, polypropylene pipe
Prahmgerüst n erecting pontoon stage
Prallblech n baffle plate
Prallbodenverdichtung f impact compaction
Prallhang m *(Wsb)* undercut slope
Präventivmaßnahme f preventive measure, preventive action
Praxisbedingungen fpl full-scale conditions, service conditions
Präzisionsnivellement n precise levelling
Preisangebot n quotation of price, quotation, price offer
Preisermittlung f pricing
Preisgleitklausel f gliding price clause *(Bauvertrag)*
Preisindex m **im Bauwesen** building index
Preiskalkulation f pricing, calculation of costs and works
Preisminderung f penalty
Prellbock m 1. *(Verk)* bumping post, bumper *(Straße)*; 2. *(Verk)* buffer stop, buffer *(Eisenbahn)*; 3. *(Wsb)* fender beam *(Hafen)*
Prellpfahl m *(Wsb)* fender pile, fender
Prepaktbeton m prepacked (aggregate) concrete, preplaced-aggregate concrete, Colcrete
Pressdichtung f compression seal
Pressdruck m **pro Flächeneinheit** specific pressure
Pressfuge f compression joint
Pressglas n pressed glass, pressed ware, *(AE)* pressware
Pressholz n pressed wood, bentwood, wood dough, *(AE)* compregnated wood, resin-treated wood
Presskork m compressed cork
Presslufthammer m jack hammer
Presspassung f forced fit, interference fit, *(AE)* tight fit
Pressspanplatte f pressboard, fibreboard, chipboard

Pressvollholz

Pressvollholz *n* densified wood
Primärbaustoff *m* primary building material
Primärkonstruktion *f* primary structure
Primärluft *f (HLK)* primary air
Prinzip *n* **der Übertragbarkeit von Kräften** principle of transmissibility of forces
Prinzipskizze *f* diagrammatic figure
Prismendruckfestigkeit *f* prismatic beam crushing strength
Prismentragwerk *n* prismatic load-bearing structure, prismatic supporting structure
Probe *f* sample, test sample; specimen, test specimen *(Probestück)* • **eine Probe nehmen** take a sample • **Proben entnehmen** sample • **Proben nehmen** take samples
Probeabsenkung *f (Erdb, Wsb)* trial pumping *(Grundwasser)*
Probebelastung *f* load test, test loading, trial loading
Probebohrung *f* experimental drilling, exploration drilling
Probeentnahme *f* sampling
Probekörper *m* specimen, test piece; test sample
Probenahme *f* sampling, taking of samples
Probenahmevorschrift *f* sample specification, sampling specification
Probenentnahme *f* **auf der Baustelle** site sampling
Probennahme *f* sampling
Probeammpfahl *m* trial pile, test pile
Probesondierung *f* exploratory sounding, sounding test
Probestrecke *f (Verk)* trial road section, trial section, test section
Probeverdichtung *f* trial compaction
Probezylinder *m* test cylinder
Proctordichte *n (Bod, Erdb)* Proctor density, relative compaction, optimum Proctor density
Proctor-Test *m (Bod)* Proctor compaction test, standard compaction test, laboratory compaction test; *(AE)* standard AASHO method *(nach AASHO)*; standard ASTM method *(nach ASTM)*
Profanbauten *mpl (Arch)* profane structures, non-ecclesiastical structures, secular structures

Profil *n* 1. profile, (cross) section, sectional shape, lateral section; 2. profile, outline, contour *(Umriss)*; 3. *(Arch)* shape, form; 4. templet *(Profillehre, Musterprofil)*; 5. line, profile *(geologisch)* • **ein Profil herstellen** profile; shape • **ein Profil rundziehen** mitre a cornice • **mit Profil versehen** profile; profiled *(fertig)*
Profilblech *n* sectional sheet, troughed sheeting
Profilglas *n* figured glass
profilieren *v* 1. profile; 2. *(Verk)* shape, profile; 3. *(Hb)* mould; 4. trim, shape *(Bodenoberfläche)*
Profilleiste *f* profiled strip
Profilmessung *f* profiling
Profilnivellierung *f* profile levelling
Profilstahl *m* sectional steel, structural steel, structural steel section *(meist für Trägerprofile)*; profiled concrete steel, sectional bar *(zur Bewehrung)*
Profilstein *m* special-purpose block, profiled brick, purpose-made brick, purpose-made tile
Prognosebelastung *f* anticipated traffic loading *(Verkehrsweg)*
Projekt *n* 1. project, plan, scheme *(als Plan)*; 2. design *(als Entwurf)*
Projektänderung *f* variation order
Projektant *m* designer, planner
Projektbeauftragter *m* **des Auftraggebers** project representative
Projektbeschreibung *f* project design report
Projektentwurf *m/ordnungsgemäßer* proper design
projektieren *v* project, plan, plan and design, design
Projektierung *f* planning
Projektierungsbüro *n* planning and design office, engineer's office, architect-engineer's office
Projektingenieur *m* project engineer, planning engineer *(für Projektplanung)*; project manager, project representative, field representative *(für Bauausführung, Projektrealisierung)*
Projektion *f* projection *(Ansicht)*
Projektionsfläche *f* projected area
Projektleiter *m* project manager
Projektstudie *f* project study, project design, *(AE)* projet
Projektsumme *f* project budget, project

cost *(einschließlich Landerwerb, Einrichtung der Baustelle usw.)*
Projektüberwachung f project monitoring
Projektumfang m scope of project
Projektunterlagen fpl project
Projektvorbereitungsphase f preinvestment phase
Proportionalitätsgrenze f limit of proportionality, proportional(ity) limit *(Festigkeit)*
prospektieren v prospect *(Baugrund, Lagerstätten)*
provisorisch temporary, makeshift
Prozentsatz m der Einbehaltung retention percentage
P+R-Parkplatz m park-and-ride yard
Prüfaufzeichnung f test record
Prüfausrüstung f testing kit
Prüfbelastung f test load(ing)
Prüfbericht m 1. inspection record, inspection report *(Bauwerk)*; 2. test record, test report, trial record *(Ergebnis der Untersuchung, des Prüfablaufes)*; test certificate *(der bestandenen Kontrollprüfung)*
Prüfbescheinigung f test certificate; inspection certificate *(Bauüberwachung)*
Prüfbestimmungen fpl test specifications
prüfen v 1. test *(erproben, z. B. Materialien)*; 2. check *(Merkmale, Standardvergleich)*; 3. examine *(sichten, überprüfen, untersuchen)*; 4. vet *(genau prüfen, speziell auf Sicherheit)*
Prüfergebnis n test result
Prüfinstitut n testing institute
Prüflaboratorium n testing laboratory
Prüflast f test load, proof load
Prüfprotokoll n inspection sheet *(Aufnahmeprotokoll)*; test certificate, inspection certificate *(Bauabnahme- bzw. Konformitätsprotokoll)*
Prüfung f 1. test, testing *(Erprobung, z. B. Baustoffe, Bauelemente)*; 2. check, checking *(Merkmale, Standardvergleich)*; 3. inspection *(Überwachung, Besichtigung, Bauaufsichtskontrolle)*; 4. examination *(Überprüfung, Sichtung, Untersuchung)*; 5. vetting *(Sicherheitsüberprüfung)*
Prüfverfahren n method of testing, test(-ing) method, testing procedure

Prüfvorschriften fpl test(ing) regulations, test specifications, specifications
Prüfwürfel m test cube
Prüfzeichen n test mark, test symbol
psi pound(-force) per square inch
Puffer m buffer *(Dämmung; Bahn)*; bumper *(Straße)*; pad, cushion *(Lagerung)*
Pufferschicht f buffer layer
Pultanbau m lean-to
Pultdach n monopitch roof, single-pitch roof, pitched roof, half-span roof, lean-to roof, shed roof *(Halbdach)*; aisle roof *(Abseitendach)*; pen roof *(Schleppdach)*; pent(house) roof *(Flugdach)*
pulverbeschichtet powder-coated
Pulverisolierung f powder insulation
Pulverlöscher m dry chemical fire extinguisher
Pulverspritzverfahren n powder spraying method *(Spritzmetallisierung)*
Pumpanlage f pumping installation, pumping unit
Pumpbeton m pumpcrete, pumped concrete, pumping of concrete
Pumpenentwässerungssystem n sub-building drainage system, subgrade drainage system
Pumpenschacht m sump shaft, pump pit *(Baugrube)*
Pumpensumpf m sump pit, pump well, sump, suction well *(Baugrube)*
Pumpspeicherkraftwerk n *(Wsb)* pump(ed) storage station, pump-fed power station
Punkt m 1. point, place, spot *(Stelle)*; 2. point *(mathematisch)*; 3. dot, speck, spot *(kleiner Fleck)*
Punkthochhaus n point building, tower block, tower building
Punktkipplager n spherical bearing *(Brücke)*
Punktlastspannung f point-load stress concentrated load stress
Punktschweißen n spot welding
PUR-Dämmstoff m polyurethane insulant
PUR-Hartschaum m polyurethane rigid foam
Putz m 1. mixed plaster *(Baustoff)*; 2. plaster, finish *(fertig aufgetragen)* • **auf Putz (montiert)** surface-mounted • **auf Putz verlegen** expose on the surface *(Leitung)*; wire on the surface *(Leitung)*

Putz

- **den Putz abfilzen** felt-treat • **doppelschichtigen Putz aufbringen** render and set • **ein Muster in den Putz drücken** print • **mit Putz bewerfen** daub, plaster, sparge • **Putz erneuern** resurface • **über Putz verlegen** wire on the surface *(Leitung)* • **unter Putz** concealed, flush • **unter Putz verlegen** wire concealed

Putz m/**zweilagiger** two-coat work
- **zweilagigen Putz aufbringen** render and set

Putzabziehlatte f plasterer's derby

Putzarbeiten fpl plaster and stucco work, plastering, plasterwork, rendering and plastering work • **Putzarbeit ausführen** *(AE)* parget

Putzaufbau m plaster scheme, plaster system

Putzbewehrung f plaster reinforcement

Putzdecke f plastered ceiling

Putzdrahtgeflecht n wire lathing

putzen v 1. plaster, finish, render, *(AE)* parget; 2. scour *(eine Oberfläche glätten, blank putzen)*; 3. chip *(abgraten)*; 4. blast *(z. B. Brückenteile)*; 5. refine *(säubern)*

Putzfassade f rendered façade

Putzlage f skin of plaster, facework, facing, slip

Putzlehre f 1. spot ground *(Lattenlehre)*; 2. bedding dot *(Putzleiste)*; 3. screed for plastering *(Mörtelputzleistenvorlage)*; 4. nib guide, nib rule *(Deckengesims)*; 5. screed rail *(waagerecht)*

Putzleiste f 1. angle staff, bedding dot, screed, staff angle; 2. mortar screed *(aus Mörtel als Vorlage)*; 3. window bar, window bead *(Fensterputzleisten)*

Putzmörtel m plaster, plastering mix, stuff

Putzträger m plaster base, plaster lath, lathwork, lathing, back

Putzwerfer m plaster sprayer, plaster-throwing machine

Puzzolane f pozzolanic material, pozzolana

Puzzolanportlandzement m Portland-pozzolana cement, Portland pozzolanic cement

Puzzolanzement m pozzolan cement, pozzolanic cement, masonry cement

PVA-Beton m cement-polyvinyl acetate emulsion concrete, PVA-concrete

PVC 1. pigment volume concentration; 2. polyvinyl chloride, PVC

PVC-Dichtung f PVC sealing

Pylon m 1. *(Arch)* pylon *(Brücke)*; 2. *(Arch)* gateway *(massiver turmartiger Baukörper an Eingangstoren, z. B. antiker Tempel)*

pyramidenförmig pyramidal

Q

Quader m ashlar, quader stone, hewn stone, squared stone *(Naturstein)*

Quadermauerwerk n 1. ashlar masonry, ashlar stonework, regular-coursed ashlar work, rockwork; 2. *(Arch)* isodomum of blocks, Greek masonry

Quadrant m *(Verm)* quadrant; quadrant *(für Höhenwinkel)*

Quadratgrundriss m square ground-plan, square plan

quadratisch quadrate, square, quadriform; quadratic *(mathematisch)*

Qualität f quality, grade; sort, type

Qualitätsbewertung f quality evaluation

Qualitätsforderungen fpl quality requirements

Qualitätskontrolle f quality control

Qualitätsminderung f reduction in quality, debasement

Qualitätsnachweis m certificate of quality

Qualitätssicherungssystem n quality assurance system, quality system

Qualitätsvorschriften fpl quality specifications

Quarzgestein n quartz rocks

Quarzitgestein n quartzite rock, quartzitic rock

Quarzporphyr m quartz-porphyry, elvan

Quarzzement m quartz cement

quellbeständig swelling-resistant, resistant to swelling, non-swelling

Quellbeton m expansive-cement concrete, high-expansion concrete

Quelldruck m *(Bod)* swelling pressure

Quellen n 1. expansion *(Beton)*; 2. *(Bod)* heaving, swelling (-up); 3. lifting *(eines Anstrichfilmes)*

Quellfähigkeit f swelling capacity, swelling power *(z. B. von Baustoffen)*

Quellfestigkeit f resistance to swelling, swelling fastness, swelling resistance

Querverband

Quellvermögen *n* swelling capacity, swelling power *(z. B. von Baustoffen)*; ACC test *(Prüfung)*
Quellvolumen *n* moisture expansion, bulking *(eines Massenguts)*
Quellzement *m* expanded cement, expansive cement, high-expansion cement, sulphoaluminate cement
quer 1. transversal, transverse *(quer laufend)*; 2. across, widthwise *(nach der Breite)*; 3. at right angles, crosswise, across *(rechtwinklig)*; 4. lateral *(seitlich quer)*; 5. bias, diagonally *(schräg)*
quer belastet laterally loaded, load-bearing in transverse direction
quer tragend load-bearing in transverse direction, load-carrying in transverse direction, supporting in transverse direction, weight-carrying in transverse direction
Queraussteifung *f* cross bracing, transverse stiffening
Querbalken *m* 1. transverse beam, cross beam, *(AE)* trave, brow post; 2. joist *(Holzdeckenbalken)*; 3. diaphragm beam *(Brücke)*; 4. needle (beam) *(kurzer, dicker Holzstützbalken)*; 5. transom *(Tür)*
 • **mit Querbalken versehen** joist
 • **Querbalken legen** joist
Querbewehrung *f* lateral reinforcement, transverse reinforcement, cross reinforcement, distribution(-bar) reinforcement, secondary reinforcement *(Stahlbeton)*
Querdehnungszahl *f* transverse elongation ratio, modulus of sliding movement
Quereisen *n* bar joist
Querformänderung *f* transverse deformation
Quergebäude *n* cross building
Quergefälle *n (Verk)* crossfall, transverse crossfall, superelevation rate *(einer Straße)*; transverse slope *(z. B. einer Fläche, eines Geländes)*
Querholz *n* cross bar *(s. a. Querbalken)*; bar *(Verschlussstange, z. B. für Tore)*; cross rail *(in Rahmenkonstruktionen)*
Querkontraktion *f* lateral contraction, transverse contracting strain
Querkraft *f* lateral force, transverse force; shear force, vertical shear
Querneigung *f (Verk)* lateral inclination, crossfall, superelevation rate; transverse slope, cross slope *(z. B. einer Fläche, eines Geländes)*
Querprofil *n* cross-sectional profile, transverse profile, lateral section, cross section, transverse section
Querrahmen *m* 1. transverse frame; 2. *(Hb)* cross frame; bent *(Schichtholz)*
Querriegel *m* 1. tie beam, tie piece, footing beam, cross bar, cross bracket; 2. wind beam, collar beam *(Kehlbalken)*; 3. roof tie, top beam, spar piece *(Dachkonstruktion)*; 4. diaphragm beam *(Brücke)*; 5. Auvergne-type transept *(gestaffeltes Querhaus romanischer Kirchen, bes. der Auvergne)*
Querrippe *f* cross rib, transverse rib *(eines Kreuzgewölbes)*
Querscherung *f* transverse shear
Querschiff *n (Arch)* transept, cross aisle *(Kirchengebäude)*
Querschnitt *m* 1. cross section, section; 2. *(Hb)* transverse section, transversal section *(Konstruktionsschnittdarstellung)*; 3. *(Hb)* cross-cutting, end-grain cutting, cutting across the grain *(Vorgang)*; 4. cross-cut; end-grain cut *(fertiger Schnitt)*; lateral section • **im Querschnitt** in cross section
Querschnittsveränderung *f* alteration of cross section
Querschwelle *f* 1. spreader bar; 2. railway bar, *(AE)* railroad bar; 3. *(Wsb)* traverse beam *(Tragrost)*
Querstab *m* transverse bar, transverse rod *(Bewehrung)*
Quersteifigkeit *f* transverse rigidity, transverse stiffness
Querstrebe *f* cross brace, cross member, cross piece, cross-tie; diagonal stay, diagonal strut *(Diagonaldruckstab)* • **mit Querstreben versehen** rail
Querträger *m* 1. cross girder, cross beam, cross bar, cross member, cross arm, crosshead, bridge over, *(AE)* trave, X-arm; 2. cross traverse, traverse, rail *(Riegel)*; 3. diaphragm beam *(Brücke)*; 4. wind brace *(Dachbinder)*; 5. secondary beam *(Zwischenträger)*; 6. *(Wsb)* transverse beam, transverse plank *(Bodenschwelle)*
Querverband *m* cross bracing, transversal bracing, transverse bracing, sway bracing

Querversteifung

Querversteifung f transverse bracing, transverse stiffener, cross stay
Querverstrebung f cross bracing
Querwand f crosswall, transverse wall; diaphragm *(Abschlusswand)*
Quetschnietung f squeeze riveting

R

Rabatte f border, bed
Rabitzbau m Rabitz construction, wire lathing construction, wire lattice construction, woven wire fabric construction
Rabitzdecke f wire plaster ceiling
Rabitzgewebe n Rabitz lathing, Rabitz woven fabric lathing, Rabitz woven wire fabric lathing, plaster fabric, wire lathing
Rabitzwand f Rabitz wall, plaster fabric wall, wire plaster wall
Radabweiser m *(Verk)* bollard, guard post, fender post, spur stone
Radbagger m excavator on wheels
Radfenster n *(Arch)* rose window, wheel window *(Katharinenfenster gotischer Kathedralen)*
Radialbalkenträger m radial beam
Radialbogendach n radial arch roof
Radialdruck m radial pressure
Radialrissbildung f radial cracking
Radialstein m radial tile, compass block, compass tile, *(AE)* chimney block
Radiator m radiator, thermal radiator
Radlader m wheeled loader
Radlast f wheel load
Radweg m cycle track, bicycle track, cycle route, cycleway, *(AE)* bikeway; bicycle lane *(an einer Straße)*
Rähm m *(Hb)* head [runner], top rail, head rail, header joist
Rahmen m 1. framework, structural frame *(Konstruktionsrahmen, Tragrahmen)*; 2. braced box frame, box frame *(Fensterkasten)*; 3. frame *(z. B. einer Tür)*; 4. panelling *(Tischlerarbeit)*; 5. rack *(Gestell)*; 6. timber framing *(von Gebäudeteilen, z. B. Dach, Trennwand, Decke usw.)*
Rahmenbalken m frame beam, frame girder
Rahmenbauwerk n framed structure
Rahmenbrücke f portal bridge
Rahmenfenster n frame window; guide opening
Rahmenholz n *(Hb)* head rail, header joist, ranger, wale(r); rail *(in Rahmenkonstruktionen)*
Rahmenpfosten m frame post, frame column, frame leg, supporting member; vertical bar *(Tür, Fenster)*
Rahmenriegel m horizontal member; roof girder
Rahmenstatik f frame analysis
Rahmenstütze f frame post, frame column, frame leg, supporting member
Rahmenträgerbrücke f *(Verk)* rigid-frame bridge, portal frame bridge
Rahmentragwerk n frame load-bearing structure, framed supporting structure; bent *(zweidimensional)*
Rahmentür f framed door, braced door
Rahmenwerk n framework, framing, carcass, fabric *(Tragwerk eine Gebäudes)*
Rähmstück n summer beam *(bei Fachwerkwänden)*
Rammanlage f pile-driving plant, piling unit
Rammarbeiten fpl pile and sheet-pile driving work; pile-driving work *(in Ausschreibungen)*
Rammbär m pile driver, driver block, piling hammer, pile hammer, ram (block), monkey, tup *(einer Pfahlramme)*
Ramme f 1. hand ram(mer), mall, ram(mer) *(Straßenbau)*; 2. paving rammer *(für Pflastersteine)*; 3. maul, punner *(für Bodenverdichtung)*; 4. pile driver, pile-driving frame, pile frame, driving rig, pile-driving plant *(für Pfähle, Pfahlgründung)*
Rammen n driving, spilling *(von Pfählen)*
• **durch Rammen setzen** sink by driving
• **durch Rammen verdichten** compact by tamping
Rammgerüst n pile-driving frame, pile frame, piling frame, piling rig, rig
Rammhammer m 1. drop hammer, ram hammer; 2. pile hammer, pile driver, double-acting hammer *(für Rammpfähle)*
Rammhaube f driving cap, head packing, pile cap, pile helmet, cushion head *(Pfahlgründung)*
Rammpfahl m pile for driving, ram pile, displacement pile, pile; driven pile *(fertig gerammt)*

Rammpfosten m engaged bollard
Rammsondierung f (Bod, Erdb) percussion penetration method, drop-penetration testing, driving test
Rampe f 1. ramp, ascent, slope (Auffahrt); 2. (loading) platform, ramp
Rampenschräge f ramp incline
Rand m 1. edge, border; rim (eines runden Gegenstands); 2. margin (Begrenzung); 3. fringe, outskirts (einer Stadt); 4. boundary (Umgrenzungsrand); 5. skirt, surround (Einfassung) • **am Rande** marginal • **die Ränder rund aufbiegen** turn up the edges • **mit einem Rand versehen** margin
Randabdichtung f edge sealing
Randaussteifung f edge stiffening
Randbalken m edge beam, perimeter beam, rim beam
Randbedingung f marginal condition, edge condition, end condition, fringe condition
Randbereich m edge region
Randbogen m extreme arch, boundary arch
Randeinfassung f edging, border, surround
Randgebiet n marginal area, outskirts, fringe area, peripheral area (Städtebau); border area (Land, Gebiet)
Randglied n edge element (Statik)
Randmoment n boundary moment
Randprofil n edge trim
Randspannung f (Stat) edge stress, extreme fibre stress, rim strain, tension on edge
Randsparren m edge rafter
Randstein m kerbstone, edge stone, (AE) curbstone; border stone (eines Gehwegs)
Randstreifen m 1. (Verk) edge strip, side strip, (highway) shoulder, benching, offset, verge; marginal strip (unbefestigt, Straße); 2. stripe (Wandgestaltung)
• **Randstreifen anlegen** margin
• **Randstreifen befestigen** shoulder
Randtorsionsmoment n (Stat) marginal torque moment, marginal torsion moment, marginal twist moment, fringe torque moment
Randträger m outside girder, edge girder, edge beam, boundary beam, rim beam, outside beam

Randversteifung f edge stiffening
Randziegel m 1. barge course, verge course (Mauerwerk); 2. margin tile (Dach)
Rankwerk n (Arch) floral pattern
Rappputz m rendering coat, rock dash, rough-cast, rough plaster, slap dash, pebble dash, squirted skin
Rasendecke f sodded slope, turf
Rasengitterstein m grass paver
Rasensodenabdecken n turfing by sodding
Raspel f rasp, grater, riffler (Rundfeile); surform tool (Raspelsäge)
Raster n 1. modular grid, grid, planning grid (Entwurfsraster); 2. s. Rastermaß
Rastergebäude n grid-pattern building
Rastergrundmaß n module
Rasterlinie f modular line, grid line; setting-out line (Abstecken)
Rastermaß n raster dimension, grid dimension; structural module, module (Bauraster)
Rastermaßkonstruktionssystem n modular system
Raster- und Kragsystem n bay-and-cantilever system
Rastplatz m (Verk) rest area, lay-by, waiting bay; picnic area (an der Autobahn); (AE) turnout (Parkplatz an einer Autostraße)
Raststift m latch pin, stop pin
Rathaus n town hall, (AE) city hall
Ratsche f ratchet
rau 1. rough; course (grob); uneven, rugged (uneben); unsmooth (Oberfläche); 2. keyed (Putzunterlage); 3. crude (unbearbeitet); 4. hacked (aufgeraut); 5. ragged (gezähnt aufgeraut); 6. rugged (Boden, Weg); 7. unplaned (Holz) • **rau werden** rough, roughen
Raubelag m friction course
Rauchabzug m 1. flue (bei Öfen und Kaminen); 2. smoke funnel; smoke extract, smoke outlet (für Rauchgase bei einem Brand)
Rauchabzugschacht m smoke outlet shaft
Rauchentwicklungsklassifikation f smoke development rating (Baustoffe)
rauchgasdicht flue-gas-tight
Rauchglas n smoked glass

Rauchmelder

Rauchmelder *m* automatic smoke detector, smoke alarm, smoke detector
Rauchrohr *n* 1. chimney flue, flue tube *(am Kamin oder Ofen)*; 2. smoke pipe, smoke tube *(Kesselbauteil)*; 3. vent *(Rauchabzug)*
Raufasertapete *f* oatmeal wallpaper, rough-textured wallpaper, engrain wallpaper ingrain wall covering, ingrain wall paper, wood chip wallpaper
Rauheit *f* 1. roughness, rugosity *(einer Oberfläche)*; coarseness *(grob)*; 2. ruggedness *(Gelände)*; 3. roughness *(Straße)*; 4. texture *(Materialstruktur)*
Raum *m* 1. room *(Zimmer)*; chamber *(Kammer)*; compartment *(Abteil)*; 2. hold *(Laderaum)*; 3. space *(Platz, Freiraum)*; 4. expanse, width, expansion *(Ausdehnung)*; 5. volume *(Rauminhalt)*; 6. area, region, zone *(Gegend, Gebiet)* • **Raum sparen** spare room • **Raum sparend** space-saving, economical of space
Raumänderungsarbeit *f*, **Raumänderungsenergie** *f* strain energy due to the change of volume
Raumausdehnungskoeffizient *m* coefficient of volume expansion
Raumbeständigkeit *f* constancy of volume, volume constancy; soundness *(speziell von Beton)*; stability of volume *(Zement)*; volume stability *(von Baustoffen)*
Raumdichte *f* space density, volume density, volumetric density; bulk specific gravity *(Schüttgutraumdichte)*
räumen *v* 1. doze, bulldoze *(mittels Planierraupe)*; 2. leave, evacuate, vacate, empty *(Häuser, Wohnungen, Gebäude)*; 3. *(Wsb)* dredge, clean up *(Gewässer)*; 4. *(Verk)* clear *(Straßen, Gleise)*; 5. clean *(z. B. Bohrlöcher)*
Raumfachwerk *n* three-dimensional framework, space truss, lattice plate, latticework, grid frame, grid structure, space frame
Raumfachwerkträger *m* spatial lattice girder
Raumfuge *f* expansion joint, running joint
Raumgitter *n* spatial grid
Raumgliederung *f* spatial division *(eines Gebäudes)*
Rauminhalt *m* cubage content, cubic content, volume

Raumklima *n* indoor climate, inside climate, interior climate, room climate, internal climate
Raumkomposition *f* *(Arch)* space composition, spatial composition, three-dimensional composition
räumlich three-dimensional, spatial, stereometric; triaxial *(z. B. Spannungszustände)*
Räumlichkeit *f* 1. spatiality, three-dimensional character, three-dimensionality; 2. premises *(eines Gebäudes)*
Raumlüftung *f* *(HLK)* room ventilation
Raummaß *n* measure of capacity, cubic measure, capacity measure, volumetric measure
Raumordnung *f* environmental planning, regional development, physical planning
Raumordnungsplanung *f* rural planning
Raumschalldämmung *f* room sound insulation
raumsparend space-saving, economical of space
Raumteiler *m* room divider, division element, partition
Raumtragwerk *n* space load-bearing structure, spatial load-bearing system, three-dimensional load-bearing structure
Raumüberspannung *f* space spanning
Raumumschließung *f* space enclosure, spatial enclosure
Räumung *f* 1. vacation, clearing *(Gebäude, Wohnungen)*; evacuation *(wegen Gefahr)*; 2. clearing *(einer Baustelle)*; 3. ejectment, *(AE)* eviction *(zwangsweise)* • **auf Räumung klagen** sue for eviction
Raumverteilung *f* layout of rooms
Raumwirkung *f* *(Arch)* space effect, three-dimensional effect
Raumzelle *f* three-dimensional element [block], modular component, modular unit, box, spatial module
Raupe *f* 1. caterpillar tractor, track; 2. skylight *(liegendes Dachoberlicht)*
Raupenbagger *m* crawler excavator, excavator on caterpillars
Raupenfertiger *m* *(Verk)* caterpillar finisher, caterpillar paver, tracked paver
Raupenschlepper *m* crawler(-type) tractor, creeper tractor, caterpillar, track-laying tractor, crawler

Rauputz *m* rough plaster, rough-dash, rock dash, slap dash, pebble dash; rendering coat *(Grobputzschicht)*

Rauspund *m* tongued and grooved rough boarding, rough T and G boarding

Raute *f* 1. lozenge, diamond *(dekoratives Element)*; 2. *(Verk)* diamond interchange *(Kreuzungsbau)*; 3. rhombus *(Geometrie)*

Rautendach *n* helm roof

Rautenfachwerk *n* diamond girder, quadrangular truss

rautenförmig rhomboidal, lozenge-shaped, diamond-shaped

Rautenmuster *n* lozenge pattern, diamond pattern

Rautennetzwerk *n* lozenge network

Rautiefe *f* surface anchor

Rauwerk *n* 1. undercoat, base coat, backing *(Unterputzschicht)*; 2. rendering coat, scratch coat *(Grobputzschicht)*

Reaktion f mit den Zuschlägen/basische alkali-aggregate reaction *(im Beton)*

Reaktionsanstrichstoff *m* reaction coating, polymerized coating

Reaktionsharz *n* reaction resin, cold-curing resin

Reaktorabschirmung *f* reactor shield(ing)

Reaktorbeton *m* reactor-shielding concrete

Reaktorgebäude *n* reactor block, reactor building

Reaktorschirmwand *f* shield

Reaktorsicherheitshülle *f* reactor containment

Realisierungsphase *f* implementing phase

Rechen *m (Wsb)* rack, rake, rack catcher, screen *(Einlaufrechen. z. B. an Kanaleinläufen, Klärwerken)*

rechnergesteuert computer-controlled

Rechnung *f* 1. calculation *(Berechnung)*; 2. invoice *(Firmenrechnung, Warenrechnung)*; bill, account *(laufende Rechnungen)*; 3. *(AE)* check *(schriftliche Kostenanforderung)* • **auf eigene Rechnung** on one's own account • **für Rechnung und Gefahr** for account and risk • **in Rechnung stellen** charge • **Rechnungen bezahlen** settle accounts

Rechteck *n* rectangle, oblong

Rechteckbauwerk *n* rectangular structure

Rechteckfundament *n (Erdb)* rectangular footing

rechteckig rectangular, oblong

Rechteckprofil *n* rectangular profile, rectangular section

Rechtsstreit *m* litigation

Rechtsträger *m* legally responsible authority

rechtwinklig right-angled, orthogonal, square, kneed • **rechtwinklig machen** square *(z. B. Holz)*

Recycling *n* recycling

Recyclinganlage *f* recycling plant

Recyclingbaustoff *m* recycling material

Recyclingbaustoffe *mpl* recycled construction materials

Reduktionsmuffe *f* reducing sleeve, withdrawal sleeve

Reduktionsstück *n* decreaser, reducing fitting

Reduzierstück *n* reducing adapter, reducing coupling, diminishing piece; reducing pipe (fitting), increaser *(Rohrverbindung)*

Referenzmaterial *n* reference material

Referenzpunkt *m* working point *(auf Zeichnungen)*

reflektieren *v* reflect

Reflektor *m* reflector

Reflexionsmarkierung *f (Verk)* reflecting marking, reflective marking

Reflexionsriss *m* reflective crack *(Fahrbahnbefestigung)*

Reflexionsvermögen *n* reflection power, reflectivity

Reflexionswärmedämmung *f* reflective insulation

Regalholzkonsole *f* shelf console, shelf nog, shelving bracket

Regel *f* 1. rule, law; 2. guiding rule *(Richtlinie)* • **in der Regel** as a rule • **Regeln setzend** regulatory

Regeleinrichtung *f (HLK)* controlling equipment, controller

Regelgrundriss *m* type-ground-plan, typical ground plan, typical plan

Regellast *f* standard loading, typical load

Regelquerschnitt *m* typical cross section *(Straße, Gebäude)*

Regelung *f* 1. control, controlling equipment *(Steuerung, z. B. Klimaanlage)*; 2.

adjustment *(Einstellung, z. B. Temperatur)*; 3. arrangement *(Vereinbarung)*; 4. regulation *(von Werten)*
Regelverband *m* normal masonry bond, typical bond, normal bond, typical masonry bond
Regenablaufeinrichtung *f* rainwater system
Regenabwasser *n* storm sewage
Regenabwasserleitung *f* storm sewer
regenabweisend rainrepelling
regendicht rainproof, shower-proof
Regenentwässerung *f* storm sewer system *(Straße)*
Regenerativheizung *f* regenerative heating
Regenerierungsstoff *m* recycling agent
Regenfallrohr *n* downpipe, fall pipe, stack pipe, *(AE)* conductor
Regenrinne *f* 1. eaves rainwater gutter, roof gutter, guttering, rainwater gutter; 2. drip mould(ing) *(Abtropfrinne)*; 3. rain rill *(natürlich)*
Regenrückhaltebecken *n* *(Wsb)* rainwater retention basin, retardation basin, storm-water retention basin
Regenschutzhaube *f* slab cap *(Schornstein)*
Regenwasserabfluss *m* 1. storm-water runoff; 2. *(Verk)* storm flow *(Straße)*
Regenwasserdrän *m* storm drain, surface water drain
Regenwassereinlauf *m* storm-water inlet, riggot
Regenwasserkanal *m* rain-drainage channel, storm-water sewer
Regenwasserleitung *f* 1. building storm drain *(im Gebäudebereich)*; 2. storm-water drain, storm-water sewer, surface water drain *(meist unterirdisch)*
Regiebau *m* departmental construction
Regionalplanung *f* regional planning
Registerrohr *n* *(HLK)* grid pipe
Regler *m* control unit, controller, governor, regulator
Regressionsanalyse *f* regression analysis
regulieren *v* regulate; adjust *(einstellen, z. B. Geräte)*; control *(steuern, z. B. Luftzufuhr)*
Reibebrett *n* float, plasterer's float, mason's float, hawk
Reibepfahl *m* fender pile

Reibeputz *m* float and set, float finish
Reibung *f* friction, rubbing
Reibungsbeiwert *m* wobble coefficient *(Spannbeton)*; *s. a.* **Reibungskoeffizient**
Reibungskoeffizient *m* coefficient of friction, friction coefficient, index of friction
Reibungspfahl *m* *(Erdb)* friction pile
Reibungsverbund *m* friction bond, friction connection
Reibungswinkel *m* angle of friction, angle of shearing resistance
reichen *v* 1. extend, stretch, reach *(sich erstrecken, z. B. Baugebiet, Verkehrsanlagen)*; 2. range *(von ... bis)*
Reihe *f* 1. layer *(Mauerwerk)*; 2. line, row *(z. B. von Häusern)*; 3. course *(von Ziegeln)*; 4. range *(von Säulen)*; 5. series, run *(z. B. Messreihen)* • **in Reihe** seriate • **in Reihe angeordnet** seriate • **in Reihe anordnen** seriate • **in Reihen anordnen** range
Reihenanordnung *f* seriation, tandem arrangement
Reihenbau *m* 1. row construction; 2. *s.* **Reihenhaus**
Reihenhaus *n* row house, group house, back-to-back house; terrace house
Reihenpflasterung *f* paving in rows
rein 1. clean, cleaned *(z. B. Oberflächen)*; speckless *(fleckenlos)*; 2. pure, virgin *(unvermischt, ohne Verunreinigungen)*; 3. *(Arch)* unmixed
Reindichte *f* real specific gravity, true density *(Baustoffe, Zuschlagstoffe)*
Reinhaltung *f* prevention of pollution; conservancy *(z. B. von Wasser)*
Reiniger *m* cleaner, cleaning agent
Reinigung *f* cleansing *(Oberflächen mit Wasser)*; clarification *(Aufschlämmungen)*; clearing *(z. B. Kanäle)*; purification *(Abwässer)*
Reinigungsanlage *f* purification plant, pollution abatement facility *(von Abwasser, Abluft)*
Reinigungsdeckel *m* cleaning cover, cleaning plate, cleanout cover, cleanout plate, inspection cover, rodding cover
Reinigungsöffnung *f* cleaning opening, inspection junction, cleanout opening, rodding opening, access hole; access eye, cleaning eye, rodding eye, cleansing eye, *(AE)* cleanout *(Sanitärleitungen)*

Reinluft f (HLK) clean air
Reinluftzufuhr f clean air input, purified aeration, purified air input
Reinraum m clean room
Reißen n 1. cracking (z. B. Mauerwerk, Beton); 2. crazing (Brechen, Risse bekommen); 3. crocodiling, checking (Anstrich); 4. scribing (Anreißen, Anzeichnen); 5. tear (Zerreißen)
Reißfestigkeit f tear(ing) resistance
Reißnadel f marking tool, point, scriber
Reißspitze f scribing awl
Reißzahn m scarifier tooth
Reitersparren m dormer rafter
Reitlibelle f (Verm) reversible level, striding level
rekonstruieren v reconstruct, modernize, revamp, redevelop, refurbish (Gebäude); rehabilitate (Städtebau); re-equip (mit neuer Technik ausstatten)
Rekonstruktion f reconstruction, modernization, redevelopment (von Gebäuden); rehabilitation (Städtebau)
Rekonstruktionsarbeiten fpl rehabilitation work
rekultivieren v reclaim, restore (Land)
Relaxation f relaxation (Tragschicht, Tragekonstruktion)
Relaxationsmodul m relaxation modulus
Relief n 1. relief, relievo, raised work (auf Flächen); 2. embossing (Prägearbeit)
• **als Relief ausarbeiten** abate • **mit Relief verzieren** snarl
Reliefarbeit f celature, raised work
Reliefgesims n raised moulding
renovieren v renovate, decorate, embellish, redecorate (Innenräume); facelift (Fassaden); refurbish (Gebäude)
Renovierung f renovation, decoration, decorative work, embellishment, redecoration work; face-lift(ing) (meistens Fassadenanstrich); refurbishment (von Gebäuden)
Renovierungsarbeiten fpl redecoration work, renovation work
Reparatur f repair, making good
Reparaturmaterial n remedy
reparieren v repair, reservice; mend (laufende Unterhaltung)
Repaveverfahren n repave process (Straßenbefestigung)
Replastifizierbarkeit f remouldability (Mörtel, Beton)

Replastifizieren n remoulding (von Beton)
Replastizieren n remoulding (von Beton)
resistent non-degradable (Schadstoffe)
• **resistent sein** withstand
Resonanzerschütterung f resonance vibration, resonant vibration
Resonanzlast f resonant load, swelling load (durch Aufschaukeln)
Resonator m resonator (Schallabsorption)
Rest m remains, leftover, residue (Überreste); discard (Aufbereitungsabfall, z. B. Berge); residue (chemisch)
Restarbeitenliste f snagging list
restaurieren v restore, reconstruct, renovate
Restaurierung f restoration, reconstruction, preservation (Gebäude, hist. Bauwerk)
Restspannung f residual stress
Restsubstanz f residual structure (z. B. Fahrbahn)
Resultierende f resultant
Retentionsflächen fpl (Wsb) retention areas (Flussauen)
Revision f revision, inspection
Revisionsplan m 1. inspection scheme; 2. as-built drawing
Revisionsschacht m inspection manhole
Revisionszeichnung f revise drawing, acceptance drawing, as-completed drawing
Rezeptur f compositional recipe, formulation, recipe (Baustoffzusammensetzung); slate (auf der Baustelle) • **nach Rezeptur arbeiten** formulate
Rhombendach n helm roof
Rhombenfachwerk n diamond girder
Ribbungsfaktor m rib factor
Richtauf-Bauweise f tilt-up construction, tilt-up method
Richtauf-Tafel f tilt-up panel
Richteisen n bending iron
richten v 1. straighten, flatten (z. B. Blech); 2. align, level up, true (ausrichten); 3. lift up, raise up, tilt up (aufrichten); 4. roof, put the roof (Dachstuhl); 5. gag (Eisenbahnschienen mittels eines Ballhammers); 6. prepare (vorbereiten)
Richtfest n roofing ceremony, builder's treat, roof wetting party, topping-out ceremony
Richtlatte f 1. level, floating rule, browning

Richtlinie 430

rod, straight edger; 2. grade strip *(beim Betonieren, Estrichverlegen)*; 3. *(Verm)* guiding rod, measuring staff
Richtlinie f guideline, guide note, guideline specification
Richtmaß n nominal measurement, standard of measure, gauge, guiding centre distance, standard
Richtpunkt m *(Verm)* fixed datum, point of reference
Richtscheit n level, batten, floating rule, straight edger
Richtschnur f 1. plumb line, chalk line; 2. guideline
Richtungsabweichung f misalignment *(in der Flucht)*
Richtwaage f level, spirit level
Richtzeichnungen fpl standard plans
Ried n reed, fenland • **mit Ried decken** cane *(Dach)*
Rieddach n reed roof, reed roofing, thatched roof
Riefe f 1. flute *(Kannelierung am Säulenschaft)*; 2. *(Hb)* groove *(z. B. Hohlkehle)*; 3. ridge *(Rippenfurche)*; 4. scratch, mark, stria *(Kratzer)*
Riefelung f *(Hb)* groove
riefen v 1. flute *(senkrecht furchen)*; 2. *(Hb)* groove *(kehlen)*; 3. mill *(Ummantelung, Abschluss)*; 4. corrugate *(z. B. Bleche)*; 5. furrow *(furchen, auskehlen)*; 6. ridge *(mit Rillen versehen)*; 7. serrate *(einzacken)*; 8. striate *(furchen zur Oberflächengestaltung)*
Riegel m 1. ledger, ledger beam, horizontal member, rail, ranger, *(AE)* ribband *(Rahmenriegel)*; 2. wale(r) *(Grabenverbau)*; 3. nogging piece *(Wandaussteifung)*; 4. cross, horizontal member, rail *(Geländer, Zaun, Treppe)*; 5. transom *(Fensterquerholz, Türquerholz)*; 6. framework rail *(Fachwerk)*; 7. locking bolt, latch, door rail, bolt *(Schließriegel)*; cross bar, bar *(Verschlussstange)*; 8. *(Hb)* ranger • **den Riegel auslösen** release the bolt lock
Riegelbolzen m bolt
Riegelfachwerk n framed partition; framed wall *(tragend)*
Riegelholz n ledger beam, ledger
Riegelwand f framework wall, studwork
Riemchen n 1. *(Arch)* listel; 2. queen closer [closure], soap closer [brick], quarter brick, *(AE)* brick slip; 3. furring brick *(gerillter Ziegelstein)*
Riemen m 1. *(Arch)* listel *(an Säulen)*; 2. fillet *(Saumriemen, auch senkrecht)*; 3. beading, beadwork, matchboarding *(Fußboden)*
Riemenstein m furring brick, soap brick, soap brick
Riemenstück n quarter brick, soap
Rieselanlage f trickling installation
Rieselfeld n disposal field, irrigation district, irrigation field *(Klärfeld)*
Riffelblech n channelled plate, chequered plate
Riffelmuster n knurling *(gerillte Fläche)*
Riffelung f 1. corrugation *(z. B. in Blechen)*; 2. fluting *(z. B. an Säulen)*; 3. *(Hb)* groove channelling; 4. striation *(Furchenbildung)*; 5. knurling *(gestalterisch, z. B. Riffelmuster, Kordelmuster)*
Rigole f drain trench, blind drain, gravel-filled drain trench *(Entwässerungsgraben)*
Rille f 1. flute, cannelure *(in Längsrichtung an einer Säule)*; 2. *(Hb)* channel, gain *(Nut)*; 3. indentation *(Einschnitt)*; chase *(für Rohrleitungen an und in Wänden)*; 4. furrow *(Furche)*; 5. ridge *(Riefenfurche, Rippenfurche)*; 6. score *(Kerbe)*; 7. trough *(Wasserabflussrille)* • **mit Rillen versehen** ridge
Rillenstein m circular tile
Ring m 1. ring, circle *(Kreis)*; 2. loop, ring, band *(Öse und Schleife)*; 3. collar *(Abstandsring, Manschettenring)*; 4. washer *(Dichtungsring)*; 5. ring *(Kette)*; ferrule *(Eisenring)*; 6. ring road *(Ringstraße)*; 7. toroid *(mathematisch)*
Ringanalyse f interlaboratory study *(Baustoffprüfung)*
Ringanker m ring beam, peripheral tie beam, spandrel beam
Ringaussteifung f ring stiffening
ringbewehrt hooped
Ringbewehrung f lateral reinforcement, hoops
Ringbogen m circular arch
Ringerdersystem n *(El)* ring earthing system, *(AE)* ring ground system
Ringfundament n ring footing
Ringgründung f circular foundation, ring foundation
Ringkraft f hoop force

Ringleitung f 1. (El) loop-line, loop system, circuit, ring main; 2. circular main, ring main (Rohrleitung)
Ringspannung f circumferential stress, hoop stress (Spannbeton)
Ringträger m circular girder, circular beam, ring girder, ring beam
Ring-und-Kugel-Methode f ring-and-ball method (zur Bestimmung des Erweichungspunkts)
Ringwasserleitung f ring water main
Ringziegel m compass brick
Rinne f 1. launder, drain, gutter, gully, trough (zur Entwässerung); 2. (Hb) groove, hollow; 3. race channel (für Leitungen an und in Wänden); 4. chute (Transportrutsche); 5. (Wsb) fosse, canal, trench; 6. furrow, rill (Furche); 7. gorge (am Fensterschaft); 8. runnel (Bächlein, Wildbach); 9. split duct, split pipe (Rohrschale) • **Rinnen bilden** channel
Rinnenbalken m valley beam
Rinnenblech n gutter sheet
Rinnenboden m end filler
Rinnenfirst m gutter ridge
Rinnenhalter m gutter bracket, gutter clamp
Rinnenträger m gutter bearer; valley beam, valley girder (Sheddach)
Rinnhaken m gutter bracket
Rinnstein m 1. gutter stone, gutter sett, gutter channel, kennel gutter; road bump (quer zum Fahrweg); 2. kerb, kerbstone, (AE) curb, (AE) curbstone (Bordstein)
Rippe f 1. (Arch) lierne, groin, lierne rib; 2. fin, gill, rib (z. B. eines Heizkörpers); 3. rib, web (zur Versteifung); 4. stem (Balken) • **mit Rippen** groined (Gewölbe) • **mit Rippen versehen** fin; finned • **mit Rippen versteifen** rib
Rippenbalken m T-ribbed beam
Rippendecke f ribbed ceiling, ribbed floor, ribbed slab, beam-and-slab floor, slab and girder floor (Beton)
Rippengewölbe n ribbed vault
Rippenheizkörper m ribbed heater [radiator], grilled heater, fin-type radiator, finned radiator, gilled heater [radiator]
Rippenleiste f rib lath
Rippennetz n rib system

Rippenplatte f ribbed slab; ribbed panel (Wandtafel)
Rippenplattenbauweise f 1. pan construction (Fertigteilbauweise); 2. rib(bed) floor slab construction (Ortbetonbauweise)
Rippenstahl m ribbed steel (bar), deformed (high-bond) bar, grip bar, highbond bars, ribbed bar (Bewehrung)
rippenversteift rib-strengthened
Risikoübernahme f risk taking
Riss m 1. crack, chink (z. B. im Mauerwerk); 2. break, breakage, fracture, disruption (Bruch); 3. fissure, cleavage (Feinriss, z. B. Gestein, Mauer); 4. elevation, projection, drawing, (AE) draft; 5. cleft, rift (Spalt); 6. honeycomb (wabenförmig, z. B. Anstrich, im Gussblock); 7. interstice (Sprung, Absatz, Zwischenraum, z. B. in einer Wand); 8. rent (keramischer Baustoffe); 9. rift, scissure (im Gestein); 10. rima (Geologie); 11. shake (im Holz) • **Risse bilden** crack; alligator (Farbanstrich, Asphalt)
Riss m/durchgehender through-crack, through shake (Holzbalken)
Rissauspressung f crack injection
Rissbewehrung f crack-control reinforcement, anticrack reinforcement, upper reinforcement
Rissbild n fracture pattern, pattern of cracks, network of cracks
Rissbildung f 1. cracking, crack formation, crack initiation, formation of cracks, inception of cracks; 2. crawling (Oberflächenglasurfehler bei Fliesen); 3. crazing (in Keramik); 4. fissuration, formation of fissures (Feinrissbildung); 5. alligatoring, checking (Anstrich)
Rissbreite f crack width, width of cracks
Rissefreiheit f uncracked condition (Beton, Stahlbeton-Zustand)
rissig cracked, cracky, chinky; fissured (z. B. Gestein); gaped (z. B. Mauerwerk); slippery, slippy, split (z. B. Oberfläche, Holz) • **rissig werden** crack, chap, crackle; craze, fissure (fein); split (z. B. Holz)
Rissschutzbeschichtung f anticrack coating
risssicher crack-proof
Rissspannung f cracking stress
Rissüberbrückung f crack bridging

Risszustand

Risszustand *m* I cracking in the calculated limits *(Stahlbeton)*
Risszustand *m* II cracked state *(Stahlbeton)*
Ritterdach *n* crown-tile roof, high-pitched roof
Ritter'sches Schnittverfahren *n* Ritter's method of dissection
Ritzhärte *f* resistance to scratching, scratch hardness
robust rugged; sturdy *(standfest)*
Rockwellhärte *f* Rockwell hardness
Rödeldraht *m* tying wire, binding wire, lashing wire, annealed (iron) wire, tie wire, twisted tie wire *(Bewehrung)*
Rödeln *n* der Bewehrung reinforcement binding, tying reinforcement
Roden *n* 1. clearing, cultivating *(Wald, Land)*; 2. grubbing (up) *(von Baumstümpfen)*
roh 1. raw, crude, untreated *(unbehandelt)*; 2. unsquared, unplaned *(Holz)*; 3. unpaint(ed), uncoated *(ungestrichen)*; 4. dry, uncoated *(Straßenbaugestein ohne Bindemittel)*; 5. green *(Steinrohlinge, ungebrannte Keramik)*; 6. undressed *(unbehauen, z. B. Naturstein)*; 7. unmanufactured *(unbearbeitet, z. B. Rohmaterial, Rohkörper)*; 8. unplastered *(ungeputzt, Mauer, Wand)*; 9. virgin *(Erdstoff, Boden)*
Rohabwasser *n* crude foul water, crude refuse water, crude waste, raw sewage, raw waste-water, untreated sewage
Rohbau *m* carcass, shell construction, shell of a building, main walls, fabric, preliminary building works, rough work • **im Rohbau** unplastered
Rohbauarbeiten *fpl* carcass work, carcassing, fabric work, main works, rough work, exterior work *(an der Bauhülle)*; *(AE)* roughing-in *(an einem Gebäude)*; shell work *(bes. in Kanada)*
rohbaufertig structurally completed, topped-out
Rohbaulichtmaß *n* clear opening dimensions, rough opening dimensions
Rohbauöffnung *f* buck opening, rough opening
Rohbaurahmen *m* rough buck; subcasing, subframe *(für Fenster und Türen)*
Rohbauskelett *n* shell, skeleton *(Traggerippe)*

Rohbehauen *n* pick dressing, rough dressing *(von Stein)*
Rohdichte *f* density in raw state, apparent density, apparent specific gravity, specific gravity; bulk density, bulk specific gravity *(Holz, Schüttgüter)*; settled apparent density *(speziell Zuschlagstoffe)*
Rohkies *m* raw gravel
Rohmauerwerk *n* crude masonry work
Rohputz *m* coarse plaster, rough-cast, squirted skin, rendered skin
Rohr *n* 1. tube, pipe; 2. canal, duct *(Kanal)*; 3. conduit *(z. B. für elektrische Leitungen)*; 4. flue *(Abzugsrohr)*; 5. cylinder *(Buchse, Hülse)*; 6. cane, reed *(pflanzliche Baustoff)* • **Rohre legen** pipe • **Rohre verlegen** pipe
Rohrabzweig *m* pipe junction, pipe inlet, oblique-angled pipe junction
Rohranbindung *f* pipe connection, pipe joint
Rohranschluss *m* pipe connection
Rohrauflager *n* pipe bracket
Rohrbau *m* pipework
Rohrbelüfter *m* antisiphonage device, antivacuum device, puff pipe
Rohrbieger *m* conduit-bender; pipebender, tube-bender, *(AE)* hickey
Rohrbogen *m* elbow, ell
Rohrbrücke *f* pipe(line) bridge tubular bridge
Rohrbrunnen *m* *(Wsb)* tube well, tubular well, artesian tube well
Rohrbündel *n* nest of tubes, tube nest
Rohrdach *n* reed roof(ing), thatching roof
Rohrdämmung *f* pipe insulation, pipe lag(ging)
Rohrdichtung *f* pipe gasket
Rohrdurchlass *m* pipe culvert
Röhre *f* tube, pipe; sheathing
Röhrenheizkörper *m* tubular heating element, tubular radiator, column radiator
Rohrgeländer *n* pipe railing, tube railing
Rohrgerippe *n* pipe skeleton, tube skeleton, tubing skeleton, tubular skeleton, barrel skeleton *(aus Rohrmaterial)*
Rohrgerüst *n* tubular scaffolding
Rohrgittermast *m* tubular lattice pole
Rohrgraben *m* pipe chase, pipe trench, pipe top
Rohrhülse *f* tube-jointing sleeve, tube sleeve, tube socket
Rohrisoliermantel *m* pipe covering

Rohrkanal *m* pipe duct, pipe trench
Rohrkrümmer *m* pipe bend; quadrant-pipe *(im rechten Winkel)*
Rohrleger *m* pipe fitter, pipelayer, plumber
Rohrleitung *f* 1. tubing, piping line, pipeline, piping, run; 2. conduit *(für elektrische Leitungen)* • **eine Rohrleitung verlegen** *(San)* install a pipe(line)
Rohrleitungsbau *m* pipeline construction
Rohrleitungsnetz *n* network of piping, ducting, pipe network, pipe system, pipework
Rohrleitungsplan *m* piping plan
Rohrleitungstrasse *f* pipeline route, pipeway
Rohrmast *m* barrel mast, pipe mast, tube mast, tubing mast, tubular mast, tubular pole
Rohrmaterial *n* 1. pipe material, tube material, barrel material; 2. reed lathing material, reed material *(Putzträger)*; 3. reed roof(ing) material, thatch(ing) material *(Dach)*
Rohrmuffe *f (San)* coupling, connecting sleeve, pipe joint, pipe socket; blown joint *(verlötet)*; pipe sleeve *(Mauerwerkdurchbruch)*
Rohrpfahl *m (Erdb)* tube pile, tubular pile
Rohrrahmen *m* pipe frame, tube frame, tubing frame, tubular frame
Rohrreduzierstück *n* diminishing pipe, pipe reducer
Rohrscheitel *m* pipe top, soffit
Rohrschelle *f* pipe bracket [clamp, hanger, strap], tube clip, holder bat; wall clamp *(für Wandbefestigung)*
Rohrschlosser *m* pipe fitter
Rohrschweißverbindung *f* welded pipe joint
Rohrsteckverbindung *f* spigot joint
Rohrstütze *f* support for pipes, pipe column, tubular column, tubular prop
Rohrträger *m* tubular girder
Rohrtrasse *f* pipeway
Rohrverbindung *f* pipe connection, pipe coupling, pipe joint, tube joint; blown joint *(gelötet)*
Rohrverlegung *f* laying of pipes, pipe laying, pipe installation, pipelaying, piping, piping-up
Rohrverschraubung *f* bolted pipe connection, bolted pipe joint, pipe screwing, screwed pipe union, threaded pipe union, tube fitting
Rohrverzweigung *f* pipe branching, pipe crotch, wye
Rohrzange *f* alligator wrench, pipe tongs, pipe wrench, gas-pipe wrench, gas wrench
Rohsplitt *m* uncoated chips
Rohwasser *n* raw water, untreated water
Rollbahn *f* 1. taxi strip, taxiway, runway, landing field, *(AE)* airstrip *(Flugplatz)*; 2. moving carpet *(Rollteppich)*; 3. flagged roadway *(Plattentransportstraße)*; 4. slide *(Gleitbahn)*
Rollbogen *m* one-row brick-on-edge arch *(Ziegel)*
Rolle *f* 1. *(Arch)* cartouche *(Ornament)*; 2. roll *(Rollware)*; coil, reel *(z. B. von Draht)*; 3. roller, gin block, pulley *(an einer Bauwinde)*; 4. wheel *(Gleitrolle)*; 5. spool *(Aufwickelrolle)*
Rollenlager *n* roller bearing, rolling bearing
Rollentor *n* rolling (saddled) shutter door
Rollgehweg *m* moving walk, passenger conveyor, pedestrian conveyor, *(AE)* travolator
Rollgerüst *n* mobile scaffold, rolling scaffold
Rollgrenze *f* plastic limit
Rolljalousie *f* roller jalousie
Rollkies *m* round gravel
Rollladen *m* roller blind, roller shutter, slatted roller blind, roller jalousie, revolving shutter, rolling shutter; Spanish blind *(ausstellbar)*; roll-up door *(Torrollladen)*
Rollladenkasten *m* roller jalousie housing, shutter box, slatted roller blind housing
Rollladentor *n* roll-up door
Rollpinsel *m* roller
Rollrasen *m* rolled turf
Rollschicht *f* course of bricks laid on edge, edge course, barge course, brick-on-edge course, rowlock, upright course of bricks, verge course *(Mauerwerk)*
Rollsteig *m* moving pavement, moving walk, passenger conveyor, pedestrian conveyor, *(AE)* travolator
rollstuhlgeeignet suitable for wheelchairs
Rollstuhlzugang *m* access for wheelchairs

Rolltreppe f moving stair(case), moving stairway, motorstair, *(AE)* escalator

Romanik f *(Arch)* Romanesque style, Romanesque architecture *(11. und 12. Jh.)*

römisch *(Arch)* Roman

Rondell n 1. rondel; 2. circular flowerbed; 3. *(Arch)* round tower *(Rundteil an einer Bastei)*

Röntgenprüfung f radiographic testing, X-ray examination *(Metall, Beton)*

Röntgenschutzbeton m concrete for X-ray rooms, X-ray protective concrete

Röntgenstrahlenschutzglas n X-ray protection glass

Rosette f *(Arch)* rosette, rose, patera; marigold window

Rost m 1. grate, grid, gridiron, grille *(Trägerrost)*; 2. grate *(Feuerung)*; 3. rust, scale rust *(Korrosion)* • **gegen Rost schützend** antirust • **mit einem Rost versehen** grate

Rostbalken m grid beam

rostbeständig resistant to rusting, rustproof, rust-resistant, antirust, stainless

Rostbildung f formation of rust, rust formation, rusting

Rosten n rusting, corrosion *(bei Eisen)*

Rostentfernung f rust removal

Rostfundament n grid footing, grillage; grating *(aus Holzbalken)*

rostig • **rostig werden** rust

Rostschicht f rust layer

Rostschutz... antirust ..., rust-inhibiting ..., rust-preventing ...

Rostschutzmittel n antirust agent, rust-preventing agent, rust preventive, rust-proofing agent, slush, slushing compound • **mit Rostschutzmittel einstreichen** slush

Rostträger m grillage beam

Rostwerk n raft, raft foundation

Rotationsachse f rotational axis, axis of rotation *(Darstellung, Aufbau)*

Rotguss m red brass, red-brass alloy

Rotholz n redwood

Rückbiegeprüfung f rebending test

Rücken m 1. back *(Sparren, Dach, Querträger)*; 2. ridge

Rückflussleitungssystem n backflow connection system

Rückflussschutzklappe f swing check valve

Rückführungsleitung f repressure line

Rückgewinnung f recovery, reclamation *(Baumaterial)*; recycling *(Kunststoffe, Baustoffen)*

Rückhaltebecken n *(Wsb)* retention basin, laying-up basin, detention basin, detention reservoir, flood retention basin, retaining basin, retardation basin, retention reservoir, stopping basin, storage reservoir, water reservoir

Rücklage f 1. back-up *(Überfluss in einem Leitungssystem)*; 2. backlayer, back-up *(Hintermauerung)*; 3. substrate *(Trägerschicht, z. B. bei Anstrichen)*; 4. underlay, underlayment *(Unterlage, Bettungsschicht)*

Rücklagenwand f retention wall

Rücklaufleitung f *(HLK)* return line, return pipe

Rücklaufrohr n *(HLK)* return pipe, drop *(Heizung)*

Rücklauftemperatur f return temperature

Rückluftkanal m *(HLK)* return-air duct

Rückprallbeton m rebound concrete *(Torkretieren)*

Rückprallhammer m rebound tester, scleroscope

Rückprallhärteprüfung f nach Shore Shore hardness test

Rückschlagklappe f non-return valve, swing check valve

Rückschlagventil n non-return valve, check valve

Rückseite f reversal side, reverse; back-façade, rear back *(Gebäude)*

Rücksprung m recess *(Aussparung in der Wand)*; offset, retreat, set-off *(im Mauerwerk)*

Rückstandsdeponie f residue landfill

Rückstau m backpressure

Rückstauschieber m antiflooding valve

Rückstauvolumen n backwater storage *(z. B. eines Regenrückhaltebeckens)*

Rückstellung f/elastische elastic recovery *(Baustoffbeanspruchung)*

Rückverformung f/elastische elastic rebound, elastic recovery *(Baustoffbeanspruchung)*

Rückwand f back wall, rear wall; back *(Gebäude)*; splashback *(z. B. an Handwaschbecken)*

Rückzugsweg m emergency route, fire route

Rufanlage f call system
Ruhebelastung f static loading
Ruhedruckbeiwert m (Erdb) coefficient of earth pressure at rest, coefficient of pressure at rest
Ruhelage f (Stat) neutral position, equilibrium, equilibrium position, rest • **in Ruhelage sein** rest
ruhend (Stat) static, statical, at rest; dead (Last)
Ruhezustand m state rest, passive state, repose, state of rest, stationary state
Rühren n stirring (Vermischen); agitation (zur Vermeidung von Entmischung)
Rührwerk n agitator, stirrer
Rührwerkszwangsmischer m agitator-type compulsory mixer (zur Betonwarenherstellung)
Ruine f ruin
rund round, circular; perfect (vollkommen) • **rund machen** round (off) (z. B. Ecken)
Rund... circular ...
Rundbau m 1. cylindrical building, circular building, circular-plan building; 2. (Arch) rotunda, round; tholos, tholus (griechische Rundbau)
Rundbogen m 1. round [semicircular] arch, full-centred arch, half-round arch, perfect arch; 2. (Arch) Roman arch (Boden der klassischen römischen Baukunst); Norman arch (normannischer Bogen)
Rundbogenfenster n round-arched window, semicircular arched window
Runddach n round roof, circular roof, bicycle-wheel roof, compass roof
Rundfaltdach n circular folded plate roof
Rundfenster n circular window
Rundgang m circular corridor
Rundholz n round log, round timber, roundwood, (AE) round stock; pole (Stangenholz); spar (Dachkonstruktion)
Rundkorn n spherical grain; round particle, round grain (Zuschlagstoffe); spherical grain
Rundpfeiler m round pier, cylinder
Rundsäule f circular column, round column
Rundschacht m cylindrical manhole, circular manhole, circular manway, round manhole
Rundschnittverfahren n (Stat) method of joints

Rundstab m 1. round bar, round rod, rod; round-bar steel (Bewehrung); 2. (Arch) astragal, bead, bead moulding, roll moulding
Rundstahl m round steel, round bar (Bewehrung)
Rundung f roundness
Rußtür f soot door (of chimney)
Rüstbalken m putlog
Rüstbrett n scaffold board, scaffold plank
rüsten v raise a scaffold, rig (up), scaffold, stage (ein Gerüst bauen)
Rustikalmauerwerk n rock-faced masonry work
Rüststange f scaffold pole, putlog, grip; putlock (kurz)
Rüstung f scaffold; timber scaffolding (s. a. Gerüst)
Rutsche f hopper chute, shoot, tip chute, chute
rutschfest skidproof, non-slip, antiskid
Rutschung f (Bod, Erdb) earth slip, slide, slumping (Böschung)
Rüttelbeton m vibrated concrete, jolted concrete; form-vibrated concrete (durch Schalungsrüttler)
Rüttelbohle f vibrating beam, vibrobeam, vibratory plank, compacting beam (Verdichtung)
Rüttelflasche f poker vibrator, vibrating cylinder (Betonverdichtung)
rütteln v jog, joggle, rap, shake; vibrate (Beton)
Rüttelplatte f vibrating pan, vibrating plate, vibratory plate, plate vibrator
Rüttelsieb n vibration sieve, vibrating screen, riddle [sieve], oscillating screen (Zuschlagtrennung)
Rüttelstampfer m vibrating tamper, vibrotamper
Rüttelverdichtung f vibrocompaction, dynamic compaction, vibratory compaction (z. B. Erdstoff); vibratory method of compaction (Beton)
Rüttelwalze f (Erdb) vibrating roller, vibratory roller
Rüttler m vibrator

S

Saal *m* hall
sachgemäß proper, appropriate
Sachverständigengutachten *n* expert's report, expert's opinion, survey
Sack *m* bag, sack • **in Säcke verpacken** bag
Säge *f* saw
Sägedach *n* saw-tooth roof
Sägefuge *f* sawed joint *(Beton)*
Sägegatter *n* log frame saw, saw frame, saw gate
Sägemehlbetonfußboden *m* cement-wood floor
Sägen *n* sawing
Sägeschnitt *m* saw cut, saw groove, kerf, bite
Sägespänebeton *m* sawdust concrete
Sägewerk *n* sawmill, *(AE)* lumber mill
Sägezahndach *n* saw-tooth roof, shed roof, north-light roof
Saitenbeton *m* prestressed wire concrete, Hoyer concrete
Sakralbau *m* sacred building, ecclesiastical building, religious building
Salpeterausblühung *f* wall saltpetre
Salzausblühung *f* salt efflorescence, flower of salt, kallar *(Mauerwerk)*
Salzbeständigkeit *f* salt resistance
salzhaltig saline, salinous, salt-containing; saliferous *(Baugrund)*
Salzlagerhalle *f* salt shelter, salt barn, salt store
salzwasserbeständig resistant to salt water, salt water-resistant, salt-water-proof, saltwater-proof
SAMI *f (Verk)* stress absorbing membrane interlayer, SAMI
Sammelbecken *n (Wsb)* water storage basin, laying-up basin, collecting pond; receptacle
Sammelbehälter *m* collecting basin, collecting tank, collecting receiver; sump, sump pan *(für Sickerwasser)*
Sammeldrän *m* collector drain, intercepting drain, French drain
Sammelkanal *m* main collector, outfall sewer, collector *(Abwasser)*
Sammelleitung *f* collecting main, collecting line, ring main, manifold *(Rohrleitung)*
Sammelschacht *m* disconnecting chamber; vent stack *(Lüftung)*
Sammler *m* catch drain, outfall sewer, collector, intercepting drain *(Abwasser)*
Sammlersystem *n* sewage system *(Abwasser)*
Sand *m* sand; grit, grail • **mit Sand abdecken** sand • **mit Sand abstrahlen** sandblast • **mit Sand bestreuen** sand • **mit Sand strahlen** grit-blast • **mit Sand zudecken** sand • **ohne Sand** neat *(Mörtel)*
Sandabscheider *m* settling basin *(in Gräben, Einläufen usw.)*; sand trap *(z. B. in Kanalisation)*
Sandanteil *m* sand content
Sandäquivalentprüfung *f* sand equivalent test
Sandasphalt *m* sand asphalt, *(AE)* sheet asphalt
Sandaufschüttung *f* sand fill
Sandbett *n* bed of sand, sand underlay, sand cushion, sand fill; pavement base, sand base *(Straßenbau)*
Sandboden *m* 1. sand(y) soil, sand(y) ground; 2. *(Bod)* regosol
Sandfang *m* 1. sand catcher, sand collector sand trap *(z. B. in Kanalisation)*; grit chamber *(Abwasserklärung)*; 2. *(Erdb)* desander
Sandfilterschicht *f* sand filter, (sand) filter bed
Sandfraktion *f* sand fraction
sandgestrahlt sandblasted, shot-blasted
sandhaltig sandy, gritty, arenaceous
sandig sandy, gritty, arenaceous
Sandpapieroberfläche *f* sandpaper surface
SandpoIstergründung *f* compacted earth fill foundation, sand cushion foundation
Sandschicht *f* sand layer, sand underlay, sand cushion; sand stratum *(Geologie)*
Sandstein *m* sandstone, sandrock
Sandsteinverkleidung *f* sandstone facing, sandstone masonry facing
Sandstrahlen *n* blast cleaning, grit blasting, sandblasting *(1. Reinigung; 2. Glasmattierung)*
sandstrahlgereinigt blast-cleaned
Sandwichbauweise *f* sandwich construction
Sandwichplatte *f* sandwich slab, sand-

wich panel, composite board, flitch plate; sandwich plate *(Spannbeton)*
Sand-Zement-Schlämme f sand cement grout
sanieren v redevelop, rehabilitate *(Städtebau)*; clear *(Slums)*; stabilize *(Unternehmen)*
Sanierung f redevelopment, reconstruction, rehabilitation, sanitation *(Bausubstanz, Städtebau)*; slum clearance *(von Armenwohngebieten, Slums)*; stabilization, reorganisation *(Unternehmen)*
Sanierungsarbeiten fpl rehabilitation work
Sanierungsgebiet n redevelopment area, urban renewal area; blighted area *(zur Sanierung vorgesehen)*
Sanierungsmaßnahme f measure of redevelopment
sanitär sanitary
Sanitäranlage f sanitary fixture, installations, internal plumbing
Sanitärbauelemente npl sanitary ware
Sanitärinstallation f sanitary installations, *(AE)* sanitation system
Sanitärinstallationszelle f sanitary block module
Sanitärkeramik f sanitary ware, china (sanitary) ware, sanitary china
Sanitärleitungen fpl plumbing piping
Sanitärsteinzeug n sanitary stoneware
Sanitärtechnik f public health engineering, sanitary engineering, sanitation
Sanitärzelle f sanitary (building) block; pod *(vorgefertigt)*
Sattel m saddle
Satteldach n saddle(back) roof, gable-ended roof, gable roof, pitched roof, close-couple roof, couple roof
Sattelholz n corbel piece, crown plate, hammer beam, head tree, saddle, bolster
Sattellager n saddle support *(Auflager)*
Sattelschwelle f *(Hb)* girt *(Balken)*
Sattelwange f open string(er), stepped string(er), cut stringer *(Treppe)*
Sättigungsgrad m degree of saturation, percentage of saturation, saturation ratio, saturation value
Satz m 1. set, nest, series *(z. B. von Geräten)*; 2. residue, sediment *(Rückstand)*; 3. aggregate *(Maschinen)*; 4. *(Stat)* theorem; 5. rate, proportion *(Verhältnis)*

Satz m/**statischer** static theorem, lower bond theorem
Sauberkeitsschicht f *(Verk)* granular subbase, base course; lift layer, soling, subbase *(Straße)*; foundation course *(Gebäudegründung)*
Säubern n trimming
Säuberungsgrad m standard of cleanliness *(Oberflächen, Anstrichflächen)*
Sauerstofflichtbogenschneiden n oxy-arc cutting, oxygen arc cutting
Sauerstoffschneiden n oxygen cutting
Saugbagger m suction dredger, flushing dredger, pump dredge(r), hydraulic dredge(r)
Saugbeton m vacuum concrete
Saugdrän m collecting drain
saugfähig absorbent
Saugheber m siphon, culvert
Saugleitung f suction pipe (line), suction line
Sauglüftung f *(HLK)* extraction system, suction ventilation, suction venting, vacuum system ventilation
Saugrohr n suction pipe, sucker
Säule f 1. *(Arch)* column *(mit rundem Querschnitt, bestehend aus Basis, Schaft und Kapitell)*; 2. *(Arch)* pillar *(Pfeiler, Pfosten)*; style *(antike Baukunst)*; 3. support, upright *(Stütze)*; 4. post, leg *(Fachwerkstiel)*; timber pillar *(Holzfachwerk)* • **mit dorischen Säulen** Doric-columned • **mit kreuzweise oder gegenüberstehend angeordneten Säule** amphistylar *(klassische Tempel)* • **mit Säulen umbaut** pseudoperipteral *(antike Baukunst)* • **mit Säulen umgeben** stoa-surrounded • **ohne Säulen umgeben** astylar • **von Säulen umgeben** pseudoperipteral *(antike Baukunst)*
Säulenanordnung f *(Arch)* order, order of architecture
Säulenbündel n cluster of columns
Säulenfundament n 1. column foundation *(in der Erde)*; 2. individual footing *(Einzelfundament)*; 3. foot block, foundation block *(Stützenfundament)*
Säulenfuß m base; column socle, patten
Säulengalerie f arcaded gallery
Säulengebälk n trabeation, entablature
Säulengebäude n columnar building
Säulenhalle f 1. columned hall, hall of columns, columnar interior; 2. *(Arch)*

Säulenkapitell 438

hypostyle (hall); 3. portico, porticus *(Säulenumgang)*; 4. *(Arch)* stoa *(griechisch-hellenistisch, Säulenumgang)*
Säulenkapitell n column capital
Säulenkopf m 1. *(Arch)* head, head of column; 2. drop, dropped panel *(Pilzdecke)*
Säulenordnung f *(Arch)* order, order of architecture
Säulenpfette f queen post purlin
Säulenplatte f 1. *(Arch)* acropodium, plinth, pedestal; lower torus *(Rundplatte)*; 2. s. Säulensockel
Säulenreihe f row of columns, range of columns • **mit doppelter Säulenreihe** dipteral • **mit drei Säulenreihen** tripteral • **von einer Säulenreihe umgeben** peripteral *(antike Baukunst)*
Säulenschaft m 1. column shaft, shaft, fust, shank, tige, verge; 2. *(Arch)* scapus, stylos *(des antiken Tempels)*
Säulensockel m (column) pedestal
Saum m 1. seam *(Metallplattenverkleidung)*; 2. fillet *(Leiste)*; 2. flash, seam, lap joint *(Naht)*
säumen v hem; seam *(Blech)*; welt *(einfassen)*
Saumlatte f *(Hb)* chantlate, eaves lath
Saumleiste f fillet
Saumschwelle f *(Hb)* girt *(Balken)*
säurebeständig acid-proof, acid-resistant, fast to acid, resistant to acid(s)
säurefest acid-proof, acid-resistant, resistant to acid(s)
Säureklinker m acid-resistant brick
Säureschutzfarbe f acid(proof) paint
Schaber m scraper
Schablone f 1. face mould *(für Maurerarbeiten)*; templat(e) *(für Stuckelemente)*; gauge, *(AE)* gage, strickle, reverse *(Lehre)*; 2. master [former] plate *(Kopierschablone)*; 3. pattern, model *(Muster)*; 4. stencil *(Malschablone)*; 5. mask *(Abdeckblech)*
Schachbrettverband m checker board, chequered bond
Schacht m 1. shaft, well *(für Treppen, Lüftung im Gebäude)*; 2. *(San, HLK)* duct; 3. canal *(für Leitungen)*; 4. manhole *(Einstiegsschacht)*; 5. stack *(eines Hochofens)*; 6. *(Erdb)* well *(Brunnen)*; 7. *(Tun)*pit *(auch im Bergbau)* • **einen Schacht niederbringen** sink a shaft

Schachtabdeckung f cover, manhole cover(ing), manhole top, cowl; manhole head *(Deckel mit Rahmen)*
Schachtbrunnen m dug well, filter well
Schachtdeckel m manhole cover, manhole top, manlid
Schachtring m manhole section
Schaden m 1. damage *(Beschädigung)*; 2. defect, trouble *(Mangel)*; failure *(Versagen durch Störung)*; 3. distress *(Notstand, Gefahr durch Mängel)*; 4. harm *(durch Nachteil)*; 5. loss *(finanziell)*
• **Schäden beheben** repair
Schadenersatzklausel f liquidated damages *(bei Vertragsverletzung)*
Schadensbehebung f elimination of defects
schadhaft damaged; defective; faulty; unsound
Schadstoff m 1. deleterious substance, injurious substance, harmful substance; 2. toxic substance, contaminant *(giftige Stoffe)*; 3. aggressive matter, aggressive substance *(ätzende Stoffe)*; 4. pollutant *(Luft-und Wasserschadstoff)*
Schadstoffbelastung f pollution burden
Schadstoffniveau n pollution level
Schaffußwalze f *(Erdb)* sheepsfoot roller, tamping roller *(Straße)*
Schaft m 1. shaft, shank, trunk, fust *(einer Säule)*; 2. shaft, handle *(Stiel, z. B. von Werkzeugen)*; 3. body shank *(einer Schraube)*; 4. stem, shaft *(Stamm)*
Schaftring m shaft ring, annulet; square and rabbet
Schaftverbindung f *(Hb)* scarf joint
Schalarbeit f shuttering work
Schalbrett n 1. shuttering board, slab board, slab, form board; 2. paling board, poling board *(für Baugruben)*; 3. roof board, roofer, sheathing *(für Dächer)*
Schale f 1. shell, shell plate; 2. skin, tier *(einer Wand)*; 3. leaf, wythe *(einer Hohlwand)*; 4. bowl, cup, tray *(Gefäß)*; pan *(flach)*; 5. shell structure *(eines Gebäudes)*; 6. trough *(Rinne)*
schalen v shutter (up), line
Schalenbauweise f shell construction (method), monocoque construction; stressed-skin construction
Schalenbauwerk n shell (building), shell structure

Schalenberechnung f (Stat) shell calculation
Schalenbeton m shell concrete, thin-shell concrete
Schalendach n shell(-type) roof
Schalenform f shell form, shell shape; back form (Betonschalenteile)
Schalenkonstruktion f shell construction; shell load-bearing system, shell structure (als Tragwerk); pan construction (Geschossdecke); stressed-skin construction (gespannte Schale)
Schalenrippenplatte f thin-shell rib panel, thin-shell rib slab
Schalenstatik f shell analysis
Schalentheorie f (Stat) shell theory
Schalentragwerk n shell load-bearing system
Schalfrist f stripping time
Schall m sound • **Schall aussenden** emit sound • **vor Schall dämmen** soundproof
Schallabschirmkonstruktion f plenum barrier (in einer abgehängten Decke über einer Trennwand)
schallabsorbierend sound-absorbent
Schallabsorption f acoustic absorption, sound absorption
Schallabsorptionsmatte f sound-absorbing blanket, sound-control blanket
Schallabsorptionsputz m sound absorbent plaster, sound-absorbing plaster
Schallbrechung f refraction of sound, acoustic refraction
Schalldämmdecke f acoustical ceiling, sound-absorbing ceiling
schalldämmend sound-absorbent, sound-insulating, antinoise
Schalldämmmaß n sound reduction index, (AE) transmission loss
Schalldämmstoff m sound absorbent, sound-deadening material, sound insulation material
Schalldämmung f insulation from sound, sound insulation, acoustical insulation; soundproofing (eines Raumes) • **mit schlechter Schalldämmung** poorly soundproofed
Schalldämpfung f sound damping, acoustic damping; sound attenuation, sound deadening (in einem Medium)

Schalldämpfungsmaterial n sound damping material
Schalldecke f/**abgehängte** suspended acoustical ceiling
Schalldruck m sound pressure, sonic pressure, acoustic pressure
Schalldurchgangsrate f ceiling sound transmission class
Schallreflektion f sound reflection
Schallschluckbauweise f sound-absorbing construction method
Schallschutz m sound control, sound insulation, noise control, noise insulation, noise prevention, quieting; soundproofing (eines Raumes)
Schallschutzfenster n noise-insulation window, sound-insulating window
Schallschutzklasse f noise-insulation class, (AE) sound transmission class
Schallschutzwand f sound-absorbing wall, double partition
Schalmauer f lining wall
Schalstein m 1. open-end block; 2. schalstein (Naturstein); green stone (Diabastuff)
Schalter m (El) circuit breaker, switch; cut-out (z. B. an Maschinen)
Schaltplan m (El) circuit layout, circuit diagram, connection diagram, wiring diagram
Schalung f 1. shutter, shuttering, side-form; concrete formwork, form (z. B. für Beton); falsework (für Abstützungen); 2. boarding, timbering, clamping with boards (Verkleidung mit Holzsichtbrettern); 3. mould (für Formteile, Steine, Bauelemente usw.); 4. s. Schalungsgerüst • **die Schalung entfernen** dismantle • **Schalung stellen** shutter (up)
Schalungsabnahme f 1. formwork dismantling, formwork stripping; falsework dismantling, falsework stripping; 2. acceptance of formwork, inspection of falsework (Freigabe)
Schalungsarbeiten fpl boxing work, shuttering work; falsework erection
Schalungsbrett n formwork board, shuttering board; roof board (Dachabschalung)
Schalungsgerüst n scaffold, formwork; falsework
Schalungsmaterial n shuttering material

Schalungsöl

Schalungsöl *n* mould oil, form oil, release agent, shuttering lube

schalungsrau rough as cast, rough-shuttered *(Beton)*; board-marked, natural *(Holzschalung)*

Schalungsrüttler *m* form vibrator, external vibrator, clamp-on vibrator

Schalungstafel *f* formwork panel, shutterboard, shuttering panel; fit-up *(mehrfach verwendbar)*

Schalwagen *m* jumbo

Schalwand *f* 1. sheeting; 2. plank partition • **eine Schalwand aufstellen** set up a sheeting

Schamotteauskleidung *f* chamotte facing, chamotte lining, chamotte surfacing, fireclay lining

Schamottebeton *m* chamotte concrete, refractory concrete

Schamottemörtel *m* chamotte mortar, fireclay mortar, grog mortar, refractory mortar

Schamottestein *m* chamotte brick, fireclay brick, refractory brick, refractory clay brick

scharf 1. sharp; keen *(Werkzeug)*; 2. pointed *(spitz)*; 3. sharp, close, keen *(genau)*

scharfkantig with sharp edges, featheredged, sharp-cornered, sharp-edged

scharfwinklig sharp-angled

Scharnier *n* 1. hinge joint, hinge fitting, hinge; 2. piano hinge *(Stangenscharnier)*; 3. fast-joint butt, fast-pin hinge, articulation *(Gelenkverbindung)*; 4. hanging *(Aufhängung)*; 5. pivot *(Türangel)*; 6. swivel *(Angel, Drehbefestigung)* • **mit Scharnier befestigen** hinge

Scharnierband *n* hinge band, joint hinge, butt hinge, flap hinge

Scharniergelenk *n* knuckle, hinge joint

Scharnierstreifenverbindung *f* rule joint

scharrieren *v* chisel, bush(-hammer); char, axe, boast, hack *(Stein)*; *(AE)* drove, nidge *(mit Hammer)*; granulate *(stocken, abspitzen)*

scharriert chiselled, charred, nidged

Schätzung *f* estimation; valuation *(Bewertung)*; appraisal *(z. B. von Land oder Einrichtungen)*

Schaufel *f* 1. shovel, digging shovel; 2. paddle, blade, agitator blade, fin *(Mischer, Rührwerk)*

Schaufelbagger *m* bucket dredger, shovel dredger *(zum Nassbaggern)*

Schaufellader *m* loading shovel, shovel loader, front-end loader, scoop dozer, scoop loader, shovel dozer, tractor loader, tractor shovel

Schaufenster *n* 1. shop window, storefront window, storefront sash, *(AE)* show window; 2. display window *(eines Gerätes)*

Schaum *m* foam • **Schaum bilden** foam, froth

Schaumbeton *m* foamed concrete, aerated concrete, cellular concrete, gas concrete, porous concrete

Schaumbildung *f* **an Ort und Stelle** foaming in-situ, froth in-situ

Schäumen *n* 1. foaming, expansion *(von Kunststoffen)*; frothing *(Dämmschaum)*; 2. effervescence *(Bindemittel)*

Schaumgips *m* aerated gypsum

Schaumglas *n* foam(ed) glass, expanded glass, multicellular glass, cellular glass

Schaumgummi *m* foam rubber, expanded (natural) rubber, sponge rubber

Schaumisolierung *f* foamed insulation

Schaumsilikatbeton *m* foam-silicate concrete

Schaumstoff *m* foamed plastic, expanded plastic, cellular plastic, plastic foam

Schaumstoffdämmplatte *f* insulating foam board

Scheibe *f* 1. *(Stat)* membrane; 2. crosswall, shear wall *(Wandscheibe)*; 3. disc, disk, sheet *(Tragwerk)*; 4. pane *(Fensterscheibe)*; 5. sheave, belt *(Riemenscheibe)*; 6. gasket, washer *(Dichtungsscheibe)*; 7. *(Arch)* reel *(Astragal)* • **in dünnen Scheiben abtragen** pare *(Holz)* • **mit Scheiben versehen** pane

Scheibenbauart *f* plate construction type, frameless construction

Scheibentheorie *f* theory of membranes, theory of sheets, theory of disks

Scheibentragwerk *n* structural sheet

Scheibenwand *f* 1. division wall, partition (wall) *(Trennwand)*; 2. diaphragm (wall), membrane, shear wall *(Tragwerk)*

Scheinfuge *f* false joint, dummy joint, contraction joint, control joint, *(AE)* dummy joint

Scheitel *m* 1. *(Arch)* crown, sagitta *(eines*

Scheitelbogen m soffit arch; French arch, Dutch arch

Scheiteldruckfestigkeit f (Stat) crushing strength (Rohre)

Scheitelhöhe f soffit level

Scheitelpunkt m 1. crown (eines Bogens); 2. apex, top (höchster Gebäudepunkt); 3. apsis (einer Kurve); 4. vertex (höchster Punkt, auch mathematisch); 5. (Verk) summit of curve (Trasse)

Scheitelrippe f ridge rib

Scheitelstein m crown stone, crown block, top block, vertex block, vertex stone

scheitrecht straight, flat, horizontal and straight

Schelle f 1. clamp, clip, strap, pipe hanger; 2. (El) brace, wire holder • **durch Schellen gehalten** bracketed

Schema n 1. schema (System); 2. scheme, diagram (Übersicht); 3. pattern (Muster)

schematisch schematic; diagrammatic; stiffened (Abläufe)

Schemazeichnung f 1. (Arch) schematic illustration; 2. schematic diagram (technisch)

Schenkel m 1. side, flange (Winkel); leg (Winkelstahl); 2. haunch, rein (Gewölbe); 3. web (Träger); 4. limb (Manometer)

Scherbelastung f shear(ing) load

Scherbewehrung f web reinforcement

Scherbruch m 1. rupture by shearing, shear fracture, sliding fracture; 2. (Bod) failure by rupture, shear failure

Scherdübel m (Hb) shear connector

Scherebene f plane of shear, shear plane

Scheren n shearing, shearing action

Scherenverbindung f (Hb) slit and tongue joint

Scherenzapfen m (Hb) forked mortise and tenon joint

Scherfestigkeit f shear strength, strength in shear, transversal strength, transverse strength

Schermoment n shear moment

Schernachweis m shearing check

Scherspannung f shear, shearing stress; bond stress (am Bewehrungseisen)

Scherung f shear, shearing, shearing action • **einer Scherung aussetzen** shear

Schichtverbund

Scheuerleiste f skirting board, scrub board, washboard mop-board, baseboard, (AE) base; sanitary cove [shoe] (gerundet)

Schicht f 1. layer; film (dünn); lamella (Blättchen); 2. course, layer, row (Mauerwerk); 3. ply, lamination, layer (Holz); 4. (Verk) course, layer (Straße); 5. daub (Putzschicht); 6. coat (of paint) (Anstrich); 7. (Bod) stratum, bed, streak (geologisch); 8. deposit (aufgetragene Schicht); 9. cover (Überzugsschicht, Hülle); 10. shift, turn (Arbeitszeitschicht) • **die Schicht ebnen** level the layer • **die Schicht einebnen** level the layer • **nach der Schicht spalten** split plane (Naturstein)

Schichtdicke f 1. layer thickness, thickness of layer; 2. film build, coating thickness, film thickness, build (eines Anstrichs); 3. (Bod) stratum thickness

Schichtdickenmessgerät n film thickness gauge

Schichtebene f 1. surface of bedding (Gründung); 2. surface of lamination (Schichtenbaustoff); 3. surface of stratification (Bodenprofil)

Schichtenaufbau m 1. structure of layers; structure of courses (Straße); 2. (Bod) strata sequence, stratigraphical arrangement (geologisch)

Schichtenbalken m built-up beam, (AE) Clarke beam

Schichtenbauweise f layer construction

Schichtenmauerwerk n block-in-course masonry

Schichtenwasser n 1. foreign water (Fremdeinwirkung); 2. (Bod) stratum water

Schichtholz n laminated timber, laminated wood, glued laminated timber, (AE) laminated lumber

Schichtkonstruktion f/**verleimte** glued laminated construction

Schichtpressholz n stacked wood glulam timber, (AE) compregnated wood

Schichtpressstoffplatte f laminated plastic board

Schichtstoffplatte f all-paper laminate

Schichtverbund m 1. bonding interlay (mit Verbundschicht); 2. layer bond (ohne Verbundschicht)

schichtverleimt *(Hb)* glue-laminated, glulam, *(AE)* glued laminated

Schiebebühne *f* transporter bridge, travelling platform, transfer table, traverser *(Arbeitsbühne)*

Schiebefenster *n* sliding window, gliding window; hang(ing) sash, sash window *(vertikal)*; sliding hatch *(Luke)*

Schiebeleiter *f* travelling ladder, folding ladder

Schieber *m* 1. slide, slider; 2. slide valve, slide door, valve door *(Ventil)*; 3. *(Wsb)* slide gate, sluice valve; 4. *(HLK)* register *(Heizungs- oder Lüftungsschieber)*; 5. damper *(Ofenklappe)*; 6. squeegee *(für den Straßendienst)*

Schiebetor *n* 1. sliding door, sliding gate; 2. *(Wsb)* slide gate

Schiebetür *f* sliding door; overhung door

schief 1. slanting, out-of-true, skew *(schräg)*; leaning *(z. B. ein Turm)*; 2. inclined *(geneigt, z. B. Flächen; mathematisch)*; sloped, sloping *(schräg abfallend)*; lopsided *(nach einer Seite hängend, pultförmig)*; 3. oblique, inclined *(Geometrie)*; 4. off-straight, out-of-true, skew *(Linien)*; crooked *(nicht parallel)*; 5. askew *(außer Lage, nicht rechtwinklig)*

Schiefer *m* schist, shale, slate • **mit Schiefer decken** slate

Schieferbedachung *f* slate covering, slate roof cladding

Schieferdach *n* slate roof, slate covering

Schieferdeckung *f* 1. slate roof cladding, slate roof cladding *(fertig gedecktes Dach)*; 2. roof slating, half slating *(Dachdeckerarbeiten)*

Schiefergestein *n* schistose rock

Schiefermehl *n* slate flour, shale powder, slate dust, slate powder *(Füller, Füllstoff)*

Schieferplatte *f* slate slab, tablet of slate, slate

schiefwinklig skew, bevel; oblique-angled, oblique *(Geometrie)*

Schiene *f* 1. *(Verk)* rail *(Eisenbahn)*; 2. track, rail *(Führungsschiene)*; sliding bar *(Gleitschiene)*; 3. clout *(Schutzblech, z. B. für Holz)*; 4. gaging bar *(kittlose Verglasung)*

Schienenflansch *m* rail shoe

schienengebunden rail-borne, rail-bound

Schienenlegen *n (Verk)* track-laying

Schienenunterbau *m* road-bed

Schifffahrtskanal *m (Wsb)* artificial (navigation) waterway, navigation canal, canal

Schiffshebewerk *n (Wsb)* barge lift, ship hoist, lift lock, (mechanical) boat lift, *(AE)* boat elevator

Schifter *m (Hb)* creeping rafter, dwarf rafter, jack rafter

Schiftsparren *m (Hb)* creeping rafter, dwarf rafter, jack rafter, rafter trimmer

Schild *n* 1. shield, apron; 2. sign, signpost *(Hinweisschild)*; 3. *(Verk)* traffic sign

Schildbauweise *f* (tunnelling) shield driving method *(Kanal- und Tunnelbau)*

Schildvortrieb *m (Tun)* shield driving, shield tunnelling, tunnelling shield driving method

Schilfdach *n* reed thatched roof, thatched roof

schimmelbeständig mildew-resistant, resistant to mildew; mould resistant

Schindel *f* shingle, *(AE)* clapboard; lap siding *(Wandverkleidung)* • **mit Schindeln decken** shingle • **mit Schindeln eindecken** shingle • **Schindeln ausspalten** rive

Schindeldach *n* shingle roof

Schindeldeckung *f* shingle roof cladding, shingle roof covering

Schlacke *f* slag, blast-furnace slag, cinder, scum; clinker *(bes. von Kohle)*; scoria *(vulkanisch)*; breeze *(Asche)*

Schlackenbeton *m* slag concrete, cinder concrete, clinker concrete; breeze concrete *(mit Sand und Portlandzement)*

Schlackenpflasterstein *m* cinder sett, slag paving stone

Schlackensand *m* granulated blast-furnace slag, slag sand, manufactured sand

Schlackenstein *m* slag block, slag sand block, slag stone, cinder tile, iron brick, dam; scoria brick *(aus Vulkanschlacke)*

Schlackenwolle *f* slag wool, mineral wool

Schlackenzement *m* Portland blast-furnace cement, slag cement, clinker cement, blended cement

schlaff slack, flabby, loose; unstressed *(Bewehrung)* • **schlaff werden** go slack, slack *(Bewehrung)*; slacken *(z. B. Seile)*

schlaff bewehrt non-prestressed, normally reinforced, conventionally reinforced, untensioned *(Beton)*

Schlag *m* 1. blow, shock, impact, strike; bump *(von der Oberfläche)*; 2. stroke *(dynamische Belastung)*; run-out (excentric Unwucht); 3. eccentricity *(z. B. eines Seiles)*; 4. percussion *(Stoß, Erschütterung)*

Schlagbeanspruchung *f* impact load(ing) impact stress; shock load

Schlagbiegefestigkeit *f* impact bending strength

Schlagbohren *n* boring by percussion, hammer drilling, percussion drilling

Schlageisen *n* narrow indented chisel, batting tool, broad chisel

schlagfest impact-resistant, impact-resisting, resistant to impact, shock-resistant, shockproof

Schlaghärte *f* impact hardness

Schlaghaube *f* helmet, pile cover, pile helmet *(für Rammpfähle)*

Schlagleiste *f* rabbet ledge, rebated joint at meeting stiles *(Fenster, Tür)*

Schlagprüfung *f* 1. aggregate impact test *(Gestein)*; 2. impact test *(Stahl)*

Schlagregendichtung *f* tile creasing

Schlagsonde *f (Bod)* driving rod, percussion probe, *(AE)* drivepipe

Schlagwiderstand *m* resistance to impact

Schlamm *m*/**entwässerter** dewatered sludge

Schlammablagerung *f* 1. silting, silting deposit, slush, feculence *(Schlick)*; 2. sullage *(Abwasser)*

Schlammabscheider *m* silt excluding device

Schlammanalyse *f* settling analysis, settling test, decantation test, elutriation analysis, sedimentation analysis; hydrometer analysis *(Erdstoffprüfung)*

Schlämme *f*/**bituminöse** bituminous grout, bituminous joint filler

Schlammeimer *m* gully trap, slit box *(Kanalisation)*

Schlammspülverfahren *n* elutriation

schlängeln *v/sich* 1. meander *(Flusslauf)*; 2. wind *(z. B. eine Straße)*

Schlangenrohr *n* coil, serpentine pipe *(Heizung)*

schlank slender, slim, lofty

Schlankheit *f* slenderness, slimness

Schlankheitsgrad *m* 1. degree of slenderness, slenderness degree *(einer Säule)*; 2. aspect ratio, slenderness limit *(Knickfestigkeit)*; 3. ratio of slenderness *(eines stabförmigen Gebildes)*

Schlankheitsverhältnis *n* aspect ratio *(Knickfestigkeit)*

Schlauch *m* flexible tube, hose

Schlauchanschluss *m* hose connection

Schlauchwaage *f* hose levelling instrument, hydrostatic tube balance

Schlaufenverankerung *f* loop anchorage

schlecht abgestuft poorly graded *(Sieblinie)*

schlecht gebaut jerry, jerry-built

schlecht sitzend mismatched *(z. B. Fittings)*

schleifen *v* 1. grind, sand *(Holz)*; 2. buff *(Terrazzo)*; 3. burnish *(polieren)*; polish, smooth *(fein)*; 4. rub (down) *(reiben)*; 5. mat *(mattschleifen)*; 6. emery *(schmirgeln)*; 7. drag *(abziehen)*; 8. grind, *(AE)* cut *(Glas)*; 9. whet *(wetzen)*; 10. sleeken *(glätten, schmirgeln)*; 11. sharpen *(schärfen)*

Schleifgrund *m* sanding primer, sanding sealer

Schleifmittel *n* abrasive, grinding abrasive

Schleif- und Poliermaschine *f* grinding and polishing machine

Schleppdach *n* monopitch roof, pent roof, shed roof, penthouse roof

Schleppkurve *f* tractrix, tractrix curve *(Trassierung, Ausbildung)*

Schleppplatte *f* distribution plate, sliding plate *(Brücke)*

Schleuderbeton *m* centrifugal concrete, centrifugally cast concrete, spun concrete

Schleuderbetonmast *m* spun (concrete) mast

Schleuderbetonrohr *n* centrifugally cast concrete pipe, spun (concrete) pipe

Schleuse *f* 1. *(Wsb)* lift lock, canal lock, lock *(für Schiffe)*; 2. *(Wsb)* sluice, floodgate, penstock *(Wasserregulierung)*; 3. *(San)* sewer, culvert *(Abwasser)* • **mit Schleuse versehen** *(Wsb)* sluice • **mit Schleusen ausrüsten** *(Wsb)* lock *(z. B. Kanäle)*

Schleusenkanal *m* 1. *(Wsb)* lock canal; 2. *(Wsb)* sluice *(Regulierungskanal)*

Schleusentor n 1. (Wsb) lock gate (Schiffsschleuse); 2. (Wsb) floodgate, sluice gate, slide gate (Wasserregulierung)

schlichten v 1. plane, finish (eben machen); 2. flat, smooth(en), pare (Holz); 3. size (grundieren); 4. settle, adjust (rechtlich)

Schlichter m 1. arbitrator (rechtlich); 2. (Hb) slasher

Schlichthobel m jack plane, smoothing plane, wood smooth plane

Schlick m 1. mud, sill, sea silt, slime, sludge, slush; ooze (z. B. aus der Aufbereitung); 2. (Bod, Erdb, Wsb) warp

Schließanlage f locking system, closing system; master-keyed system

Schließblech n lock faceplate, lock forend, lock plate, lock strike, strike plate, striking plate, keeper

schließen v 1. close, shut (z. B. Fenster); shut down (Schiebefenster); 2. lock (abschließen); 3. tighten (abdichten); 4. turn off (Hahn); 5. cover, cap (Deckel)

Schließhaken m locking hook

Schließkasten m casing of the lock

Schließvorrichtung f locking mechanism (Abschließen); mechanism for closing, closing device, closing mechanism, shutter, closer

Schließzylinder m cam, (locking) cylinder

Schlingerverband m stringer bracing, sway bracing (Brückenbau)

Schlitz m 1. slit, slot; 2. nick (Einschnitt); 3. (Hb) mortise; 4. seam (im Mauerwerk)

Schlitzauslass m (HLK) slot diffuser, strip diffuser, slot diffuser, linear diffuser (Klimaanlage)

schlitzen v 1. slit; 2. (Hb) slot, notch; 3. nick (einkerben); 4. cleave, split (spalten)

Schlitzloch n slotted hole

Schlitzrohr n slot(ted) pipe; screen pipe (Wassergewinnung)

Schlitzwand f 1. diaphragm wall; 2. (Wsb) concrete underground diaphragm

Schlitzwandverfahren n (Bod) slurry trenching

Schlitzzapfung f (Hb) splayed mitre joint, tenon-and-slot mortise

Schloss n 1. (Arch) castle, palace; 2. door lock (Türschloss)

Schloss n/**versenktes** dormant lock

Schlossgarnitur f lockset

Schlosskasten m lock case, body of lock, (AE) box staple

Schlossriegel m lock bolt, dead bolt

Schlossschutzblech n push plate, finger plate, hand plate, stile plate

Schlot m chimney, chimney stack, funnel, smokestack, stack

Schluckbrunnen m recharging image well, weephole

Schlucken n absorption (von Schall)

Schluff m loam watery clay, inorganic silt, poor clay, silt, (AE) soil binder; fines (Erdstoff)

Schluffgehalt m (Bod) silt content

Schluffkorn n silt fraction, silts

Schluffsand m sandy silt

Schlupf m slippage, slipping

Schlussabnahme f final acceptance, final inspection, general acceptance

Schlussabrechnung f final account

Schlussbalken m top girder

Schlussbogen m end arch

Schlüssel m 1. key; 2. spanner, (AE) wrench (Schraubenschlüssel)

schlüsselfertig turnkey

Schlüsselloch n keyhole

Schlüssellochblech n thread escutcheon

Schlüsselschalter m (El) key-operated switch

Schlusslage f barge course, verge course (Mauerwerk)

Schlusslinie f closing line

Schlussrechnung f final account

Schlussstein m 1. key block, keystone, crown, crown stone, capstone (eines Gewölbes); 2. top stone, top block, clavel, clavis, vertex block, knot

schmalflanschig narrow-flanged

Schmalseite f narrow side; short end, small face

Schmelzschweißverbindung f fusion-welded joint

Schmiedearbeit f forged work, forged piece, forging, forging piece, ironwork, smithery (Gegenstand); forging (Schmiedetätigkeit)

Schmiedebolzen m black bolt

schmiedeeisern wrought-iron

Schmiege f 1. bevel, chamfer, chamfered moulding, splay; 2. mitre level rule, zigzag rule (Schmiegmaß)

Schmiervorrichtung f lubricating device

schmirgeln v emery, sand, sleeken

Schmirgelpapier n emery paper, emery polishing paper, abrasive paper, sandpaper

Schmirgelscheibe f emery wheel

Schmuckbeschichtung f ornamental coating

Schmuckbeton m ornamental concrete

Schmuckdecke f ornamental ceiling, decorated ceiling

Schmutz m 1. dirt, mud, mire; 2. waste, *(AE)* garbage; slush *(Schlamm)*

Schmutzfang m dirt trap, dirt pan

Schmutzwasser n dirty water, slops; waste-water, foul water, filthy water, sludge *(Abwasser)*

Schmutzwasserkanal m separate sanitary sewer, foul water sewer, sanitary conduit-type sewer, sanitary sewer, separate sanitary sewer

Schnappschloss n spring latch, latch lock, spring catch, door latch, touch catch, snaplock, spring bolt lock

Schneckenbohrer m auger bit, worm auger

schneckenförmig *(Arch)* voluted, conchoidal, helical, scrolled

Schneefang m snow guard *(Dach)*

Schneelast f snow load

Schneelastbeiwert m snow load value, value of snow load

Schneidelager n blade-bearing

schneiden v 1. cut; 2. shear *(abschneiden)*; 3. cut back *(kürzen)*; 4. carve, engrave *(Muster in Holz, Stein, Stahl)*; 5. scissor *(mit der Schere)*; 6. trim *(Landschaftspflege)*; 7. intersect, cross *(kreuzen)*

Schneidescheibe f cutter disc, *(AE)* cutter disk

schnell abbindend rapid-curing *(Verschnittbitumen)*; rapid-setting *(Zement)*

schnell härtend quick-curing, quick-hardening, quick-setting *(Anstriche)*; rapid-hardening, fast-curing *(z. B. Kunstharz, Anstrich)*

Schnellaufzug m high-speed (passenger) lift, express lift, *(AE)* express elevator

Schnellbeton m rapidly hardening concrete

Schnellbinder m quick hardener, flash-setting agent *(z. B. Gips)*; rapid-setting cement, rapid-cementing agent *(Beton)*

Schnellmontagebauweise f quick-assembly method, quick-erection method, rapid-assembly method

Schnellstraßennetz n highway network

Schnellverkehrsstraße f high-speed road, motorway, road with limited access, *(AE)* expressway, *(AE)* speedway

Schnitt m 1. cut, notch; nick *(Kerbe)*; 2. incision *(Einschnitt)*; slit *(Schlitz)*; 3. section, cross-section *(Querschnitt)*; 4. sectional view, sectional drawing, cutaway view *(Zeichnung)*; 5. die set *(Säulenführungsschnitt)*; 6. intersection *(einer Linie)* • **im Schnitt** in section *(Zeichnung)* • **im Schnitt darstellen** profile, section • **Schnitt vorzeichnen** mark out *(z. B. für Fußbodenbelagverlegung)*

Schnittdarstellung f sectional view, sectioning, section

Schnittfläche f 1. cut surface; 2. surface of section

Schnittfuge f 1. notch, kerf; 2. cut joint, *(AE)* sawed joint *(Beton)*; 3. saw kerf *(Holz)*

Schnittgrößenermittlungsverfahren n **nach der Elastizitätstheorie** *(Stat)* permissible-stress design, working load design, working load method

Schnittholz n timber, sawn timber, *(AE)* lumber; sawn wood *(Bretter, Bohlen, Kantholz usw.)*; scantling *(bis zu 100 mm × 125 mm im Durchmesser)*; *(AE)* yard lumber *(bis 125 mm dick)*

Schnittkraft f 1. cutting force; 2. *(Stat)* internal force, static force

Schnittkräfte fpl *(Stat)* internal forces, static forces

Schnittkraftverfahren n *(Stat)* method of sections

Schnittkraftverlauf m internal force distribution

Schnittlinie f 1. line of intersection, curve of intersection, intersection line; 2. cutting line

Schnittpunkt m 1. intersection, point of intersection; 2. *(Verk)* intersection point

Schnittverfahren n *(Stat)* method of sections

Schnittzeichnung f sectional drawing

schnitzen v cut (in wood), carve, whittle, thurm; incise *(einschnitzen, Holz)*; *(AE)* cut

Schnittverfahren 446

Schnittverfahren n/**Ritter'sches** Ritter's method of dissection

Schnitzwerk n intaglio • **mit Schnitzwerk verzieren** fret

Schnur f 1. cord, line, string; 2. (El) cord, flex

Schnurbock m batter boards, pegging of batter boards

Schnurgerüst n batter boards, pegging of batter boards, profile boards, sight boards

Schnurlot n plumb bob, plumb line

Schopfwalmdach n gambrel roof, half-hipped roof

Schornstein m 1. chimney, chimney stack, smokestack, stack (Schlot); flue (Schornsteinzug); flue of a producer (Rauchabzug); 2. funnel, vent (Luftschornstein) • **einen Schornstein ziehen** corbel

Schornsteinanschluss m chimney junction

Schornsteinaufsatz m 1. chimney cap, chimney hood, chimney jack, lid of chimney, chimney top, cowl, tallboy; 2. (HLK) hood

Schornsteinauskleidung f chimney lining

Schornsteinbau m chimney construction

Schornsteineinfassung f chimney flashing, chimney tray

Schornsteinfertigteil n flue block, (AE) chimney block

Schornsteinmantel m chimney casing, chimney shell

Schornsteinquerschnitt m chimney cross section

Schornsteinzug m chimney draught, chimney flue, natural draught, flue, upward pull; draught (Abgasführung)

Schornsteinzunge f midfeather, withe (zwischen den Zügen)

Schottenbauart f cellular framing (Zellenbauweise)

Schotter m 1. crushed rock, crushed stone, broken stone, broken rock, metal; 2. stone chips, stone chippings (Feinschotter); 3. ballast (für Gleisbau); (AE) railroad ballast; 4. gravel, chad (Kies); 5. macadam (für Makadamstraßendecke) • **Schotter brechen** stub stones

Schotterbeton m ballast concrete

Schotterbett n 1. hard-core bed; 2. ballast bed, ballasting, underlayer of ballast (Gleis)

Schotterdecke f road metalling; gravel covering; macadam

Schotterlage f hard-core layer

schottern v 1. ballast (Eisenbahnbau); 2. coat with broken stones, gravel, pitch, macadamize (Straße)

Schotterpfahl m granular pile

Schottersicker m stone drain, French drain

Schottertragschicht f macadam (road-) base

schraffieren v hachure, hatch (für Schnitte); shade (schattieren)

Schraffurfläche f hatched area

schräg 1. oblique, bias; 2. slating, inclined, sloping, sloped, shelving (Fläche); 3. battered (abgeschrägt); 4. bevel, bevelled (Kante); 5. canted (abgekantet); 6. raking (stark geneigte Fläche); 7. sidelong, slant, slantwise (seitlich geneigt); 8. skew (Linie)

schräg geschnitten rift-grained, vertical-grained, edge-grained (Holz)

schräg stellen v incline, slant, tilt

Schräganordnung f inclined position, slanting arrangement

Schrägbalken m raker, raker beam

Schräge f 1. obliquity; inclination (Neigung); 2. slant, diagonal (geneigte Ebene); 3. batter (Abschrägung); 4. bevel (Fase); 5. cant (schräge Kante); 6. splay, chamfer, chamfered moulding (Abfasung); 7. haunch, inclined haunch (Voute); 8. talus (Maueranlauf, Böschungsanlauf); 9. broad (Meißel) • **in die Schräge nageln** nail inclined • **mit Schräge** slanted

Schrägfuge f bevelled joint, inclined joint, sloping joint

Schrägpfahl m raked pile, raker pile, raking pile, batter pile, brace pile

Schrägschnitt m oblique section, bevel cut, skew cut

Schrägverband m diagonal bracing (Stahlkonstruktion); raking bond (Mauerwerk)

Schrägverblattung f splayed joint

Schrammbord m kerb, (AE) curb

Schrankenanlage f (Verk) level crossing gate

Schränkschichtverband m herringbone bond, zigzag bond *(Mauerwerk)*

Schrapper m scraper, drag scraper, dragline scraper, carryall (scraper); power drag scraper • **mit Schrapper fördern** scrape

Schraubanker m screw anchor, threaded tie bar

Schraubdübelbolzen m screw dowel

Schraube f screw, bolt

Schraubenanschluss m screwed joint

Schraubenfläche f helicoid

Schraubenmuffenverbindung f screwed coupling

Schraubenverbindung f bolted connection, screwed joint

Schraubkupplung f screwed coupling

Schraubverbindung f bolted connection, screw fastening, screw joint, screwed connection, nipple; threaded joint *(Rohre)* • **mit Schraubverbindung versehen** screw-couple

Schrittfolge f operation sequence, process sequence, sequence of operations

Schrotbeton m shotcrete, air-placed concrete, jetcrete

Schrott m scrap, scrap metal

Schrumpfen n contraction, shrinkage *(von Material)*

Schrumpfgrenze f *(Bod)* shrinkage limit

Schrumpfmaß n amount of shrinkage, shrinkage; water-loss shrinkage value *(z. B. Erdstoff, Beton)*

Schrumpfmuffe f shrink-on sleeve

Schrumpfung f 1. shrinkage *(Material)*; 2. *(Bod)* drying shrinkage, water-loss shrinkage

Schub m 1. *(Stat)* shear, shearing, shearing action, thrust; 2. shoving *(Schieben)*; push *(Stoßen)*

Schubbeanspruchung f shearing stress, thrust action

Schubbewehrung f shear reinforcement, web reinforcement

schubfest shear-resistant

Schubkarre f hand (wheel)barrow, jib barrow, wheelbarrow, barrow

Schubknicken n shear buckling

Schubkraft f *(Stat)* horizontal shear, shear(ing) force, longitudinal shear force, thrust, transverse force

Schubkraftübertragung f shear(ing) force transmission

Schubmodul m shear modulus, shearing modulus G, modulus of rigidity, modulus of torsion, coefficient of rigidity, rigidity modulus

Schubriegel m sliding bar, slip bolt, surface bolt, tower bolt; slide bolt, sliding bolt, *(AE)* cremone bolt *(Fenster)*

Schubspannung f *(Stat)* shearing stress, horizontal shear longitudinal stress, horizontal shear, shear

Schubverformung f distortional deformation

Schubwiderstand m 1. shear(ing) resistance; 2. pushing resistance *(Schubschlag)*

Schuppen m 1. shelter *(Schutzhütte)*; 2. hovel *(armselige Hütte)*; 3. shed *(z. B. für Geräte)*; 4. storehouse *(Warenlagerschuppen)*

Schuppenmuster n imbrication

Schürfbohrung f *(Bod)* test well

Schürfe f *(Bod)* prospecting pit, trial pit

Schürfgrube f prospecting pit, trial hole, trial pit, trial shaft *(Baugrund)*

Schürfkübel m 1. scraper bucket, drag shovel, dragline bucket, (scraper) bowl, scoop *(eines Baggers)*; 2. grade-builder, tractor-pulled carrying scraper *(Schürfkübelfahrzeug, Schürfkübelgrader)*

Schürfkübelgrader m *(Erdb)* buck scraper

Schürfkübelwagen m carryall scraper, scraper loader, squeegee, carryall

Schürfloch n *(Bod)* test hole, trail pit, test pit

Schurre f chute, hopper chute, shaker chute, shoot, tip chute • **über eine Schurre fördern** chute

Schürze f apron; chimney apron, flashing *(am Dachdurchbruch)*; flashing *(am Schornstein)*

Schürzeninjektion f curtain grouting

Schutt m 1. debris, rubble *(Bauschutt)*; 2. detritus, rubble *(Geologie)*; 3. refuse, rubbish, waste *(Abfall)*

Schüttbeton m cast concrete, poured concrete, *(AE)* popcorn concrete; tremie concrete *(mit Schütttrichter eingebracht)*; heaped concrete *(aufgeschüttet)*

Schüttdämmung f loose-fill insulation

Schüttdichte f 1. apparent density; 2. dry loose bulk density, bulk density *(von*

Schüttgut 448

Schüttgütern); 3. settled apparent density *(Zuschlagstoffe)*

Schüttgut n loose material, bulk materials, bulk goods, heapable goods • **als Schüttgut** in bulk

Schütthöhe f 1. *(Erdb)* depth of packing, filling height; 2. charging height *(in einem Mischer)*; 3. *(Umw)* dumping height

Schüttmaterial n *(Erdb)* fill, fill material

Schüttrinne f delivery chute *(Materialeinfüllen)*; shoot *(Betoneinbringung)*

Schüttrohr n tremie

Schüttung f 1. *(Erdb)* fill, filling, backfill; bed; 2. heaping, piling *(Aufschüttung)*; 3. pouring *(von Beton, Vorgang)*

Schutz m 1. protection; 2. screening, shield *(Abschirmung)*; 3. (wood) preservation *(gegen Fäulnis)*

Schutzabdeckung f shielding

Schutzanstrich m protection paint(ing), protective coat(ing), protective finish, protective paint coating; preservative *(Holzschutz)* • **mit Schutzanstrich versehen** protect by painting

Schutzdach n 1. shelter; canopy; 2. porch *(Überdachung am Haus)*; 3. shed, penthouse, pentice *(angebaut)*; 4. awning *(Sonnenschutz)*

Schutzdamm m *(Wsb)* safety embankment

Schutzeinrichtung f 1. protective device, safety device, protector, safeguard *(z. B. an Maschinen)*; 2. *(Verk)* safety barrier

Schutzerdung f protective earth

Schutzgebiet n protection area, protective area, protective zone; offset *(Bebauung)*

Schutzgeländer n protecting railing, protective railing, safety railing; guard fence, guardrail *(z. B. einer Brücke)*

Schutzgitter n security grille, security screen, protective grating; protective grille, guard grille *(vor Fenstern)*; guard *(vor einem Kamin)*

Schutzhaube f protecting bonnet, protecting cap, protecting hood

Schutzleiste f dado capping, dado moulding; chair rail *(in Stuhllehnenhöhe)*; stair nosing *(Treppe)*

Schutzmauer f 1. protecting masonry wall, protective masonry wall; 2. *(Wsb)* shelter wall *(Mole)*

Schutzplanke f *(Verk)* crash barrier, safety barrier

Schutzrohr n 1. pipe lining; 2. protecting tube, sleeve piece, pipe sleeve *(Mauerdurchbruch)*; 3. floor sleeve *(Deckendurchbruch)*; 4. *(El)* protective conduit, kick pipe; 5. curb box *(für unterirdisches Ventil)*; 6. escutcheon *(Öffnungshüllrohr, z. B. Türschlösser)*

Schutzschaltung f *(El)* protecting circuit, protective circuit

Schutzschicht f 1. facework, facing (work) *(Putzschicht)*; 2. preventive coating, protective skin, protective coating *(Beschichtung)*; 3. protective deposit *(auf Ablagerungen, z. B. Deponie; Metallbeschichtung)*; 4. protective layer *(z. B. Erdschicht, Steinschüttung)*

Schutzverkleidung f protective coating, protective lining

Schutzwand f protection wall, protective wall; protective screen, screen *(gegen Strahlung)*; area wall *(um Lichtöffnungen oder Kellerfenster herum)*

schwach weak, feeble; poor *(an Wirkstoffen, Bindemitteln usw.)*; light *(mit wenig Substanz, z. B. Bindemittel, Pigment usw.)*

Schwachbrandziegel m soft brick, callow; place brick *(Ausschussstein)*; salmon brick *(lachsfarben)*

schwächen v 1. weaken, enfeeble; 2. diminish, lessen *(vermindern)*; 3. soften, tone down *(Farben)*; 4. damp *(Schwingungen, Schall)*; 5. tender *(brüchig werden, morsch werden)*

Schwachstelle f weak point, failure point

Schwalbenschwanz m *(Hb)* culvertail, dovetail

Schwalbenschwanzblatt n *(Hb)* dovetail halving

Schwalbenschwanzverbindung f *(Hb)* dovetail joint, dovetailed joint

Schwalbenschwanzzinkung f *(Hb)* dovetail (joint), swallowtail • **mit Schwalbenschwanzzinkung** *(Hb)* dovetailed

schwammig 1. spongy, porous; 2. rotten, decayed, mushy *(Holz)*

Schwanenhals m swan-neck, gooseneck *(Rohr)*

Schwarzdecke f *(Verk)* bitumen flexible pavement, bitumen wearing course,

bituminous pavement, bituminous surfacing, hydrocarbon pavement, black top, *(AE)* blacktop *(Straßenbau)*
Schwarzdeckenfertiger *m (Verk)* asphalt finisher, bituminous finisher, bituminous paver
Schwarzdeckenmischgut *n (Verk)* bitumen (pavement) mix(ture), bituminous mixture, hydrocarbon pavement mixture
Schwarzkalkputz *m* graystone lime plaster
Schwebebogen *m* horizontal arch buttress, diaphragm arch
Schwebebühne *f* suspended platform *(bewegliche Arbeitsbühne)*
Schwebedecke *f* floating ceiling
Schwebeträger *m* suspended beam
Schwefelvergussmasse *f* sulphur cement
Schwefelzement *m* sulphur cement
Schweiß... welded ...
Schweißarbeiten *fpl* welding
Schweißbahn *f* welded asphalt sheeting, bituminous sheeting
Schweißbewehrung *f* welded reinforcement
Schweißbrenner *m* welding blowpipe, welding torch, blowpipe
schweißen *v* weld • **sich etwas schweißen lassen** weld
Schweißgitterkonstruktion *f* welded lattice construction
Schweißnaht *f* weld(ing) seam, welded joint, weld line, weld
Schweißnahtprüfung *f* weld inspection
Schweißverbindung *f* connection by welding, welded connection, weld(ed) joint, weld
Schwellboden *m* expansive soil, swelling ground
Schwelle *f* 1. ground plate, ground sill, sill, cill *(Grundbalken bei Holzkonstruktionen)*; sole runner, sole piece, *(AE)* abutment piece *(Fachwerk)*; 2. pole plate *(Dach)*; 3. *(Verk)* sleeper, cross sill, *(AE)* railroad tie, cross tie *(Gleisbau)*; 4. door saddle, door strip *(Tür)*; threshold *(Schlagschwelle)*; 5. fender *(Bordschwelle)*; 6. *(Hb)* sleeper (plate)
Schwellenbalken *m (Hb)* sleeper, sole piece
Schwellholz *n* 1. wall head plate, foot plate; 2. door saddle, door strip, sill plate *(Tür)*; 3. bottom rail, ground joist, capping piece *(Rostschwelle)*; 4. cap(ping) *(Abdeckung)*
Schwelllast *f* oscillator load *(periodisch)*; swelling load *(durch Aufschaukeln)*
Schwell(ungs)vermögen *n* expansibility
Schwellziffer *f* coefficient of swelling
Schwemmsand *m* running sand, alluvial sand, inorganic silt, inundated sand
Schwenkarm *m* swinging arm, swinging lever
Schwenkbatterie *f* swivel mixer tap
Schwenkbrücke *f* swing bridge, swivel bridge
Schwenklader *m* swing loader
schwer heavy; weighty
schwer entflammbar hardly inflammable, flame-proof
schwer zugänglich limited-accessible, hard-to-reach, difficult to get at *(Gebäudeteile, Versorgungsleitungen)*; difficult to reach *(Gebäudeteile, Versorgungsleitungen)*
Schwerbeton *m* 1. normal concrete, ordinary concrete, dense concrete; 2. heavy-aggregate concrete, heavy (-weight) concrete *(extra beschwert)*
Schwergewichtsdamm *m (Wsb)* gravity dam
Schwergewichtsmauer *f (Wsb)* gravity dam, gravity wall
Schwergewichtsstützmauer *f* mass retaining wall
Schwerkraft *f* force of gravity, gravity, gravity force, gravitational force
Schwerkraftabscheider *m* gravity interceptor
Schwerkraftheizung *f* gravity heating
Schwerkraftsystem *n* gravity system
Schwerkraftwirkung *f* effect of gravity, gravity action
Schwerpunkt *m* centroid
Schwerpunktabstand *m* centroidal distance
Schwerpunktverfahren *n*/**elastisches** elastic centre method
Schwerspatbeton *m* baryte concrete
Schwerstbeton *m* boron-loaded concrete, heavy-aggregate concrete, heavy-weight concrete, high-density concrete, loaded concrete, superheavy concrete

Schwertaussteifung f stiffening by diagonals

Schwibbogen m 1. flying buttress *(gotischer Strebebogen)*; 2. diaphragm arch

Schwimmbagger m floating dredger, flushing dredger, dredge(r)

schwimmend 1. floating; 2. *(Verk)* floating

Schwimmerventil n float valve

Schwimmgründung f floating foundation

Schwimmkasten m *(Wsb, Erdb)* caisson, floating box, floating caisson

Schwimmkastengründung f floating caisson foundation

Schwimmsand m quicksand, running sand, shifting sand, lost ground

schwindarm low-shrink

Schwindbewehrung f shrinkage reinforcement

Schwinden n contraction; shrinkage *(bes. von Beton)*; volume contraction *(von Material)*

Schwindfuge f contraction joint, shrinkage joint

Schwindmaß n measure of contraction; measure of shrinkage, rate of shrinkage, shrinkage, shrinkage coefficient, shrinkage value *(bes. bei Beton)*

Schwindriss m contraction crack; crack due to contraction; *(bes. bei Beton)* shrinkage crack

Schwindspannung f shrinkage stress

Schwindung f contraction, volume contraction *(von Material)*; shrinkage *(bes. von Beton)*

Schwindverformung f shrinkage deformation

Schwingbodenbelag m sprung floor cover(ing)

schwingen v 1. swing; 2. oscillate *(pendeln)*; 3. vibrate *(vibrieren)*; 4. sway *(pendelartig; schwanken)*

Schwingflügelfenster n horizontal centre-hung window, pivot(ed) window, projected window

Schwinglast f oscillator load *(periodisch)*

Schwingschleifer m sander *(Holz)*

Schwingsieb n swing screen, vibrating screen, oscillating screen *(Zuschlagtrennung)*

Schwingtor n overhead door of the swing-up type, tip-up door *(z. B. Garage)*

Schwingtür f swing-door; overhead door, overhead-type garage door

Schwingung f 1. swing, sway, oscillation, oscillatory motion; 2. vibration *(Erschütterung)*

Schwingungsbruch m break under vibratory stresses

Schwingungsdämmstoff m oscillation damping material, vibration damping material

Schwingungsfestigkeit f dynamic strength, resistance to oscillations, oscillation resistance, resistance to vibrations, vibration resistance; vibratory strength *(Festigkeitslehre)*

Schwingungsübertragung f oscillation transmission, vibration transmission

Schwingwand f diaphragm, diaphragm wall

Schwitzwasser n 1. condensate *(z. B. Dampf)*; 2. condensation moisture, condensation water, perspiration (water), sweat *(Innenräume)*

Schwitzwasserabdichtung f antisweat type insulation

Schwund m 1. leakage *(durch Aussickern)*; 2. loss *(Verlust)*; 3. shrinkage *(bes. von Beton)*

Schwundriss m reduction fissure, reduction crack; desiccation crack *(durch Austrocknen)*

Sedimentablagerung f sedimentation

Sedimentationsanalyse f sedimentation analysis, settlement analysis, size analysis by sedimentation, elutriation analysis

Sedimentationsbecken n sedimentation basin

Sedimentgestein n sedimentary rock, bedded rock

Seebau m 1. marine construction, seashore civil engineering *(Fachgebiet)*; 2. costal work

Seebauten mpl coast works, seaworks

Seekies m lacustrine gravel

Seeschutzbauten mpl coastal protection works

Seewasserbeton m seawater concrete

Segeltuchüberspannung f fabric roof

Segment n 1. segment *(Kreisabschnitt)*; 2. section *(Rohrdämmungselement)*; 3. segment *(Gebäudesegment)* • **aus Segmenten (bestehend)** segmental • **in Segmente geteilt** meristic

Segmentbogen *m* segmental arch, jack arch
Segmentbogendach *n* segmental arch roof
Segmentgiebel *m* segmental pediment
Segmentlager *n* segmental bearing
Segmentträger *m* polygonal bowstring girder
Sehlinie *f* collimation line
Sehne *f* 1. cord; 2. chord *(Kreissehne)*; 3. tendon *(Spannbetonsehne)*
Seil *n* 1. rope, cable; 2. guy rope *(Halteseil)*; 3. cord, string, line *(Schnur)*; 4. stretching cable *(Vorspannseil)* • **mit Seil befestigen** cable • **mit Seilen absperren** rope
Seilanker *m* guy anchor, wire anchor
Seilbrücke *f* rope suspension bridge, cable bridge *(Hängebrücke)*
Seildach *n* 1. suspended roof, suspension roof; 2. *s.* Seilhängedach
Seileck *n* (Stat) link polygon, funicular polygon; string polygon
Seilhängedach *n* cable-suspended roof, rope-suspended roof, rope suspension roof
Seilverspannung *f* cable bracing, guying
Seilzug *m* (Stat) link polygon, funicular polygon, rope polygon; come-along
seismisch seismic
Seite *f* 1. side, flank; 2. direction, side, hand *(Richtung)*; 3. face *(Ansicht, Front)*; 4. *s.* Seitenfläche • **an der Seite gelegen** at the side • **die Seiten bauen** side *(Mauerwerk)* • **die Seiten hochziehen** side *(Mauerwerk)* • **mit ungleichen Seiten** inequilateral • **nach einer Seite hängend** lopsided
Seitenablagerung *f* (Erdb) dumped fill, side piling, spoil area, spoil bank
Seitenabstand *m* lateral distance, lateral spacing
Seitenansicht *f* lateral view, side face, end view, head-on view; side elevation, side elevation *(Bauzeichnen)*
Seitenausknickung *f* lateral buckling
Seitendruck *m* lateral pressure
Seitenentnahme *f* (Erdb) excavation site, borrow *(von Erdstoffen)*
Seitenfläche *f* lateral side, flank, cheek, side
Seitenflügel *m* side-wing, alette, limb *(eines Gebäudes)*

Seitengebäude *n* accessory building, annex; wing, limb
Seitenriss *m* side elevation, side view *(Bauzeichnen)*
Seitenschiff *n* (Arch) nave aisle, side aisle, side bay, aisle *(Kirche)*; eling, ele *(Basilika)*
Seitenschub *m* lateral load, lateral shoving, thrust, lateral thrust, overturning thrust; side thrust, lateral thrust *(Gewölbe)*
Seitensteifigkeit *f* lateral rigidity, lateral stiffness, sway resistance, transverse rigidity, transverse stiffness
Seitenstreifen *m* (Verk) side strip, marginal strip, verge *(Straße)*
Seitenversteifung *f* lateral reinforcing structure
Seitenwand *f* side wall, lateral (masonry) wall, flank wall
Seitenwindlast *f* lateral wind load
seitlich 1. sideways *(Richtung)*; 2. lateral, sideward *(Bewegung)*; 3. at the side *(an der Seite gelegen)*
selbstdichtend self-sealing
selbsthärtend self-curing
Selbstkosten *pl* basic cost(s), first cost, factory cost, prime cost *(Arbeit und Material)*
selbsttätig self-acting, automatic
selbstvorspannend self-pretensioning *(Spannbeton)*
Senkbrunnengründung *f* well-sunk foundation, open caisson foundation
senken *v* 1. sink *(z. B. einen Brunnen)*; 2. lower *(Grundwasser)*; 3. slope *(Fläche, Gelände)*
senken *v/sich* 1. sink, settle, weigh down *(Gebäude)*; 2. sink, subside *(nachgeben, z. B. Baugrund)*; 3. sag *(durchbiegen, z. B. Decken)*; 4. pitch *(neigen)*; 5. descend *(absteigen, hinunterführen, z. B. Straße)*; 6. fall *(Land)*
Senkgrube *f* absorbing [waste] well, sink hole [well], catch basin, cesspit, cesspool, dry well
Senkkastengründung *f* caisson foundation, foundation by caissons, foundation on caissons
Senkniet *m* countersunk[-head] rivet, flush[-head] rivet *(Stahlbau)*
senkrecht 1. vertical *(Flächen, Linien usw.)*; 2. normal, perpendicular *(lot-*

Senkrechtbelastung 452

recht); 3. upright *(Stellung, z. B. Bauelemente)*
Senkrechtbelastung *f* vertical loading
Senkrechtglied *n* vertical member, upright member; stile *(Pfosten)*
Senkrechtstab *m* vertical bar, vertical member; stile *(Pfosten)*
Senkung *f* 1. setting, settlement, subsiding, subsidence; sag *(Gebäude, Gelände; Bauelemente)*; 2. sinking *(z. B. des Wasserspiegels)*; 3. descent *(Abstieg, Abfall, z. B. Straße)*; 4. pitching, decline, dip *(Neigung)*; 5. depression *(Druck; Topographie)*; 6. slump *(Rutschung; Beton)*; 7. lowering *(Flüssigkeitsstand, Grundwasser usw.)*; 8. submergence *(Bodensenkung)*
Serpentine *f* 1. *(Verk)* serpentine, hairpin bend *(Straße)*; 2. double bend, zigzag bends
Setzbecher *m* mould for concrete setting *(für Betonausbreitversuch)*
setzen *v* set, lay
setzen v/instand renovate, restore *(Gebäude, bauliche Anlagen)*; repair, reservice *(Maschinen, technische Anlagen)*
setzen v/sich 1. *(Bod)* consolidate; 2. settle *(Gebäude)*; 3. sink, subside *(in den Baugrund)*; 4. weigh down, give way *(absacken)*; 5. precipitate *(ausfällen)*; 6. sediment *(Feinstoffe)*
Setzholz *n* stair riser, window post
Setzmaß *n* slump *(Beton)*
Setzpacklage *f* hand-packed hardcore, hand-packed rubble, (stone) pitching
Setzprüfung *f* consistency test *(Betonprüfung)*
Setzstufe *f* stair riser, riser board; massive rise *(einer Treppe)*; breast *(in Schottland)*
Setzung *f* 1. settlement, subsiding *(von Gebäuden)*; 2. sinking *(Baugrund)*; 3. slump *(Beton)*; 4. subsidence *(einer größeren Fläche)*
Setzungsbewegung *f* settlement movement
Setzungsmessung *f* settlement measurement
Setzungsriss *m* settlement crack
Setzungsspannung *f* settlement stress
Sheddach *n* 1. shed roof, half-span roof, lean-to roof; 2. north-light roof, sawtooth roof; 3. single-pitch roof *(Pultdach)*
Shedträger *m* north-light girder

sicher safe; secure *(befestigt)*; reliable *(zuverlässig)*; proof *(beständig, fest)*
Sicherheit *f* safety; security; confidence; certainty *(Wahrscheinlichkeit)*
Sicherheitsaudit *n* safety audits
Sicherheitsbeiwert *m* load factor, safety coefficient, safety factor, factor of safety *(der Konstruktion)*
Sicherheitsfaktor *m* factor of safety *(der Konstruktion)*
Sicherheitsfenster *n* 1. safety sheet glass window, shatterproof window *(splittersicher)*; 2. security window *(einbruchsicher)*
Sicherheitsglas *n* safety glass, shutterproof glass, laminated glass, non-shattering glass, tempered safety glass, compound glass; security glass *(einbruchsicher)*
Sicherheitsschloss *n* safety(-cylinder) lock, security(-cylinder) lock
Sicherheitsventil *n* safety valve, emergency valve, escape valve, pressure-relief device
Sicherheitsverbundglas *n* laminated safety glass *(VS-Glas)*
Sicherheitsvorrichtung *f* safety device, security device, guard, shutter
Sicherung *f* 1. safety device, fastener; 2. *(El)* fuse; cut-out
Sicherungsarbeiten *fpl* 1. support work; 2. *(Bod, Tun)* stabilizing workings *(Böschungen, Baugruben)*
Sicht *f* 1. sight, view; 2. visibility *(Sichtverhältnisse)*; 3. vista *(Durchsicht; Sichtfeld, Straßenentwurf)*; 4. view, outlook *(Aussicht)*
Sichtbeton *m* architectural concrete, ornamental concrete, decorative concrete, exposed concrete, face concrete, fair concrete
sichten *v* 1. examine *(untersuchen; durchsehen)*; 2. classify by air *(Korngemischtrennung)*; 3. sort (out) *(aussortieren)*
Sichtfläche *f* 1. (exposed) face, facing (work), facework, fair face; 2. back *(Fliese, Schiefer, Kachel)*; 3. marked face *(Bauholz)*; 4. visible area *(Baugelände; Landschaftsbau)*; 5. visible surface *(Gebäude, Raum)*
Sichtlinie *f* line of sight, sight line
Sichtmauerwerk *n* exposed masonry,

face work, fair-faced masonry; dressing *(an exponierten Punkten)*
Sichtprüfung f visual check, visual examination, cold inspection testing
Sichtschutzwand f screen wall
Sicker m stone-filled trench, rubble drain, spall drain
Sickerbecken n infiltration basin, oozing basin
Sickerbrunnen m seepage pit, seeping well, percolation well, dry well, waste well
Sickerdrän m stone-filled trench, rubble drain, spall drain, French drain
Sickergrube f 1. seepage pit, soakage pit, silt well, trickle pool, trickling pool; 2. *(San)* soakaway
sickern v seep, soak, ooze, trickle; leak *(auslaufen)*
Sickerrohr n drain pipe, filter drain, porous pipe, drain, *(AE)* drain tile
Sickerschacht m seepage pit, seepage shaft, soakage pit, absorbing well, leaching basin, soakaway, well drain, sump, recharge pit, drain well
Sickerung f seepage, ooze, bleeding, percolation creep, bleeding
Sickerwasser n seepage (water), seeping water, leakage water, drain(age) water, infiltration water, percolation water, permeating water, trickling water
Sieb n 1. sieve; screen *(zur Trennung von Kieseln und Sand)*; *(AE)* temse; 2. sifter *(Sichtapparat)*
Siebanalyse f sieve analysis, screen analysis, mechanical analysis, mesh analysis, grading analysis, granulometric analysis, size analysis
Siebgut n screened material, screening material, material being screened, material being sized, material to be graded, material to be screened, head screen feed
Siebkennlinie f grading curve, gradation limit
Siebkurve f grain(-size) distribution curve, particle-size distribution curve, (aggregate) grading curve, sieve curve
Siebliniendiagramm n grading chart
Siedlung f 1. community *(Gemeinde)*; 2. settlement *(Ansiedlung)*; 3. cottage community *(mit Einzelhäusern)*; 4. housing colony, housing estate, urban settlement *(innerhalb einer Ortschaft)*; 5. agglomeration *(Bebauung mehrerer dicht bebauter Siedlungen)*; 6. colony *(in Übersee)*
Siedlungsgebiet n development area, estate [housing] area, settlement area
Siedlungshaus n estate house, nesting unit, development house
Siedlungsplanung f settlement planning, estate planning
Signalanlage f 1. signaling system; 2. *(Verk)* traffic signal, traffic signal facility
Silicat n silicate
Silicatdämmstoff m/**glasfaserverstärkter** fibre-reinforced silicate insulation
Siliconharz n silicone resin
Silikastein m silica brick, dinas brick, ganister brick *(Feuerfestmaterial)*; flint brick *(aus Flint)*
Silikat n silicate
Silikatfarbe f silicate paint
Silikatgasbeton m gas-silicate concrete
Silikatschutzschicht f silicate coat(ing)
Silikon n silicone, polysiloxane
Silikonbautenschutzmittel n silicone-based waterproofing
Silikonharz n silicone resin
Silo n(m) silo, storage silo; bin *(Einzelsilozelle)*; bunker *(z. B. für Zement)*
Silobau m silo construction
Sims m(n) 1. string course, moulding *(aus dem Mauerwerk hervortretender waagerechter Streifen)*; 2. cornice *(an Wänden und Gebäuden)*; 3. ledge *(Absatz)*
Simsbalken m plate fascia board
Simswerk n 1. eyebrow *(über einem Fenster)*; 2. mouldings, ornamental trim *(an Wand und Mauer)*; 3. *(Arch)* entablature *(Säulenverbindung der klassischen Architektur)*
Sinkbrunnen m sink well
sinken v 1. sink *(z. B. Wasserspiegel)*; 2. fall, decline *(z. B. Messwerte)*; 3. crawl *(Anstrich)*; 4. drop *(z. B. Temperaturen, Druck)*; 5. settle *(Bodensatz)*
Sinkkasten m 1. inlet, water inlet *(Einlaufelement)*; 2. mud trap, gully trap, sink water trap *(Fangkasten)*; 3. *(San)* slop hopper
Sinterbeton m sintered clay concrete
Sinterbims m sintered artificial pumice,

Sinterbimsbeton 454

sintered clinker; aggloporite *(Sinterleichtzuschlagstoff)*
Sinterbimsbeton *m* sintered lightweight concrete
Sinterblähton *m* sintered expanded clay
Siphonbogen *m* trap elbow
Siphonstück *n* trap elbow
Siphonüberlauf *m* siphon spillway
Sitzbadewanne *f* sitz bath, demi-bath, hip bath
Skelett *n* 1. skeleton, load-bearing skeleton, skeleton framing carcass, carcass, carcase, fabric *(Traggerippe; Tragwerk eines Gebäudes)*; 2. frame, framing, framework *(aus Holz, Beton, Stahl)*; 3. timber framing *(Holz)*
Skelettbau *m* skeleton structure, framed building, framed structure *(Bauwerk)*
Skelettbauweise *f* skeleton construction, frame(d) construction; steel-cage construction *(Stahl)*
Skelettgebäude *n* skeleton building, structural skeleton building
Skelettplattenbauweise *f* panel-frame construction
Skelettrahmenwerk *n* shell
Skizze *f* sketch, layout, outline, trace, design, drawing, *(AE)* draft
SMA stone mastic asphalt, *(AE)* stone matrix asphalt, SMA
Sockel *m* 1. base(ment), foot(ing), foundation *(eines Gebäudes)*; 2. wall base, podium, pod *(einer Wand)*; 3. socle, base of column, sole, column pedestal; 4. *(Arch)* plinth *(einer Säule)*; 5. footstall, pedestal; 6. *(Arch)* dado *(Postament)*
Sockelbrett *n* gravel board, gravel plank; wooden base board
Sockelfuß *m* dado base
Sockelleiste *f* baseboard, scrub board, *(AE)* skirting board; washboard, skirt *(Scheuerleiste)*
Sockelmauer *f* plinth wall
Sogwirkung *f* suction effect
Sohlbalken *m* ground sill, ground plate *(Unterlagen für Holzrahmentragwerk)*
Sohlbank *f* 1. sill block, (external) window sill, window ledge, sill *(Fenster)*; 2. door saddle, door strip *(Tür)*
Sohlbefestigung *f* bed pitching
Sohldruck *m (Erdb)* base pressure
Sohle *f* 1. bottom, sole *(Baugrund)*; 2. *(Tun)* footwall, floor, foot; invert *(z. B. von Kanälen, Tunneln)*; 3. plain base *(Unterseite, Unterfläche)*; 4. apron *(Sturzbrett)*
• **die Sohle ausspülen** *(Wsb)* wash away
Sohlengewölbe *n (Tun)* floor pressure arch; inverted vault, reversed vault
Sohlenwasserdruck *m* 1. *(Bod)* foundation water pressure; 2. *(Wsb)* uplift pressure *(Talsperre)*
Sohlplatte *f* 1. bottom plate, sole plate, bed-plate, shoe; base plate *(aus Metall)*; 2. invert *(z. B. von Kanälen, Schleusen, Tunneln)*
Sohlpressung *f (Erdb)* base pressure, soil pressure, contact pressure, subgrade reaction
Solaranlage *f* solar (energy) plant, solar installation
Solargenerator *m* solar battery, solar collector
Solarheizung *f* solar heating
Solarkollektor *m* solar energy plant
Solartechnik *f* solar engineering, solar technology; photovoltaics *(Solarheizung)*
Solarzellenanlage *f* solar cell energy equipment [plant]
Solarzellenplatte *f* solar panel
Solarzellentechnik *f* photovoltaics *(Solarheizung)*
Sollabmessung *f* theoretical dimension
Sollbruchstelle *f* frangible joint
Sollgröße *f* nominal size, nominal value, theoretical size
Sollmaß *n* desired dimension [size], specified dimension [size], nominal dimension, nominal measure, nominal size, real measure, theoretical dimension
Sollprofillage *f* required profile
Sollschichtdicke *f* nominal layer thickness
Sollsieblinie *f* nominal grading curve
Sollwert *m* 1. desired value, nominal value, demanded value; 2. *(HLK)* set point *(Regeltechnik)*
Sonde *f* 1. probe, sound; test probe; 2. *(Bod, Tun)* exploratory bore-hole • **mit einer Sonde untersuchen** probe
Sondenprobe *f* spoon sample
Sondermüll *m* special waste, hazardous waste
Sonderprofil *n* purpose-made profile,

special(-purpose) profile, special-purpose shape, purpose-made section, special section

Sondieren n sounding
Sondiermethode f sounding method
Sondierstange f (Erdb) sound rod, probing rod
Sondierungsbohrung f (Bod) probing of a bore (Baugrund)
sonnenbeständig sunfast, sunproof
Sonnendach n 1. awning, sunroof, sunblind, Florentine blind; 2. sun deck (zum Sonnen)
Sonnenenergie f solar energy • **mit Sonnenenergie arbeiten** run on solar energy • **mit Sonnenenergie betrieben** solar-powered
Sonnenjalousie f sun screen, shade screen
Sonnenkollektor m solar collector, solar energy plant
Sonnenschutzanlage f solar shading device, sunblind, sunbreaker
Sonnenschutzglas n antisun glass, solar glass
Sonnenschutzvorrichtung f sun control device
Sonnenwärmekollektor m s. Sonnenkollektor
Sorte f sort, kind, variety; grade, class, quality (Qualität)
Sortierung f sorting (in Gruppen); grading (Qualität); classification (Korngrößen)
Souterrain n basement, semibasement, (AE) American basement
Sozialgebäude n 1. staff building (Werksgebäude); 2. welfare building (öffentliches)
Sozialwohnungsbau m local authority house-building, low-rent house building, subsidized house-building
Spachtel m(f) 1. filling knife, putty knife (für Glaser); 2. paint scraper, stripping knife (für Anstreicher); 3. angle trowel, flat trowel, trowel (für Maurer); 4. palette knife (Gestaltung); 5. spatula (Baustofflabor); 6. s. Spachtelmasse
Spachtelfußboden m fleximer flooring
Spachtelmasse f 1. surfacer, stopper, filler, size, (AE) spackle; 2. filling compound, filler (bes. bei Kunststoffen); 3. grouting compound (Terrazzo); 4. putty (Anstreichtechnik); 5. wood filler, (AE) knotting (für Holz)
spachteln v 1. fill, prime, size, smoothen (Oberflächenvorbehandlung); stop (Risse); 2. grout (z. B. Fugen); 3. putty (Anstreichtechnik); 4. smooth (over) (Mauerwerk)
Spachtelschicht f filler coat, stopper coat; putty coat (Anstrichgestaltung)
Spalierwerk n trelliswork
Spalt m 1. crack, gap; opening (Lücke); chink (Ritze); 2. fissure, chink (z. B. im Mauerwerk); 3. cleft, rift, split, fissure, crevice (Riss); 4. slit, slot (Schlitz); 5. interstice (Sprung); 6. rent (Faserbaustoffe); 7. scissure (Gestein)
spaltbar fissile (Baustoff, Gestein); cleavable (z. B. Minerale, Holz)
Spalte f 1. s. Spalt; 2. break, gap (Geologie); 3. rift, cleft (im Gestein); 4. slot (Schlitz)
spalten v 1. split, chink, cleave (z. B. Klinker, Fliese); 2. knap (Stein); 3. rive, chop, cleave (z. B. Holz); slash (Baumstämme); 4. slit (einschneiden)
Spaltfuge f split (Dachsparren)
Spaltplatte f scone brick; cleaving tile, split tile (Plattenfliese)
Spaltsparrendach n split roof
Spaltzugfestigkeit f splitting (tensile) strength, tensile splitting strength, bursting strength
Spaltzugprüfung f diametral test, indirect tensile test
Spange f 1. stay bolt; 2. (Verk) junction arm
Spanholzplatte f wood(en) chipboard, (compressed) fibreboard, particle board, resin-bound chipboard, resin-bound fibreboard
Spannbahn f prestressing lane, prestressing line (Bewehrung)
Spannbalken m 1. main beam, tie beam, bending beam, lunding beam, footing beam, tirant, principal beam; 2. (Hb) straining tie
Spannband n straining strap, tightening strap, tightening strip
Spannbeton m prestressed concrete
Spannbetonarbeiten fpl prestressed concrete work
Spannbetonbalkenträger m prestressed concrete beam

Spannbetonbau

Spannbetonbau *m* prestressed concrete construction

Spannbetonbrücke *f* prestressed concrete bridge

Spannbetondruckbehälter *m* prestressed concrete reactor vessel *(Kernkraftwerk)*

Spannbetonhubdeckenbauwerk *n* prestressed concrete lift structure

Spannbetonmontagebau *m* prestressed precast concrete construction

Spannbetonrahmen *m* prestressed concrete frame

Spannbetonträger *m* prestressed concrete girder

Spannbetonüberbau *m* prestressed concrete superstructure

Spannbettverfahren *n* long-line method

Spannbewehrung *f* prestressing reinforcement, prestressing steel

Spannbohle *f* strutting board

Spanndraht *m* bracing wire, tensioning wire, prestressed concrete wire, prestressing wire, pretensioned wire, stretching wire, suspension wire, tension cable, tension wire

spannen *v* 1. stretch, strain *(Spannung aufbringen)*; 2. tension *(Zugspannung)*; 3. tighten, tauten *(straffen)*; 4. take up slack *(Durchhang beseitigen)*; 5. key up *(Bogen)*; 6. stretch *(längen)*

Spannfolge *f* prestressing order, stressing order, tensioning order

Spannglied *n* prestressing element, prestressing tendon, stressing tendon, stressing unit, stretching tendon, tensioning tendon, tendon

Spanngliedhaftspannung *f* flexural bond

Spannkabel *n* prestressing cable, prestressing strand

Spannkanal *m* (prestressing) cable duct, prestressing duct; post-tensioning conduit, sheathing *(Spannbetonnachspannen)*

Spannkeil *m* prestressing wedge, tensioning wedge, stretching wedge *(Spannbetontechnologie)*

Spannkopf *m* pulling head, stressing head, fixing device *(Spannbeton)*

Spannkraft *f* interior force *(einer Feder)*; prestressing stress *(Spannbeton)*

Spannpresse *f* (pre)stressing jack, tensioning jack, jacking device for prestressed concrete, jack; post-tensioning jack *(Nachspannen)*

Spannschloss *n* turnbuckle, tightener; coupling nut *(Spannmutter)*; fixing lock *(Spannbeton)*

Spannseil *n* tensioning rope, stay rope, stay, guy

Spannstab *m* stressing bar, tensioning bar; stretching bar

Spannstahl *m* prestressing steel

Spanntonbalken *m* Stahlton prestressed beam

Spanntondecke *f* prestressed clay floor

Spannung *f* 1. stress, *(AE)* unit stress; 2. strain *(Beanspruchung)*; 3. tension *(Zugspannung, Oberflächenspannung)*; 4. *(El)* voltage • **unter Spannung** 1. *(El)* live, volt-carrying; 2. stressed *(mechanisch)*

Spannungsabfall *m* 1. *(El)* loss of voltage; 2. decrease of stress *(mechanisch)*

Spannungsableitung *f* stress transfer, stress transmission

Spannungsberechnung *f (Stat)* stress analysis, stress calculation

Spannungsbruch *m* stress rupture

Spannungs-Dehnungs-Diagramm *n* stress-to-strain diagram

Spannungsentlastung *f* stress relieving

Spannungserhöhung *f* increase of tension

Spannungsermittlung *f (Stat)* stress analysis, stress calculation, stress determination

spannungsfrei stress-free, non-stressed, unstressed, stress-relieved, stress-less • **spannungsfrei machen** anneal *(Glas, Kunststoffe)*

Spannungsgleichgewicht *n* stress equilibrium

Spannungshauptachse *f* stress axis

Spannungskorrosion *f* stress corrosion

Spannungskräfte *fpl* tensional forces

Spannungskreis *m*/**Mohr'scher** *(Bod)* Mohr's circle for stress, Mohr's circle of stress, Mohr's stress circle

spannungslos 1. unstrained *(mechanisch)*; 2. stress-free, stress-less, free from stress *(Bauelement)*; 3. *(El)* dead

Spannungsminderungsfaktor *m* stress reduction factor

Spannungsnachweis *m (Stat)* stress

Spannungsriss *m* tension crack; stress crack *(bes. bei Kunststoffen)*
Spannungstrajektorie *f (Stat)* stress trajectory, trajectory of stress, stress line
Spannungsumlagerung *f (Stat)* redistribution of stresses, stress redistribution; displacement of stress
Spannungsverteilung *f* strain distribution, stress distribution, stress pattern
Spannungszustand *m* state of stress, stress condition, stress stage, stress state, case of stress, stress
Spannungszustand *m/linearer* one-dimensional stress state
Spannungszustand *m/räumlicher* general state of stress, three-dimensional state of stress, three-dimensional stress
Spannverbindung *f* prestressed connection, tensioned connection; stretched connection
Spannverfahren *n* stressing method, tensioning system; stretching method, stretching system
Spannverlust *m* prestressing loss, stress loss; shrinkage loss *(durch Schwinden)*
Spannweite *f* bearing distance, free span, span (length) *(einer Tragkonstruktion, Brücke)*; clearance, width *(lichte Weite)*
• **mit großer Spannweite** long-span
Spanplatte *f* chipboard, particle board, (compressed) fibreboard, resin-bound chipboard, resin-bound fibreboard, wood-wool board
Sparren *m* rafter, roof rib; spar, sprocket piece
Sparrenauflagerbalken *m* raising plate *(Wand, Rahmen)*
Sparrendach *n* rafter roof, couple roof
Sparrengebinde *n* coupling
Sparrenkopf *m* rafter head, rafter end
Sparrenlage *f* rafter system, system of rafters, roof plane
Sparrenpfette *f* rafter-supporting purlin
Sparrenschwelle *f* inferior rafter, eaves plate
Sparrenwerk *n* rafters
Spaten *m* spade
Spatenstich *m/erster* ground-breaking
Speicher *m* 1. store, storehouse, warehouse *(Lagerhaus)*; magazine *(z. B. für Werkzeuge)*; 2. garret, tallut, *(AE)* loft *(Dachraum)*; 3. silo; granary, *(AE)* elevator *(für Getreide)*; 4. *s.* Speicherbecken
Speicherbecken *n (Wsb)* impounding reservoir, reservoir, storage basin, store basin; hold tank
Speicherheizung *f* (night) storage heating, thermal storage heating
Speicherkraftwerk *n* storage power plant, storage power station
Speicherung *f* 1. storing, storage *(z. B. Baumaterialien)*; 2. *(Wsb)* retention, storage; pondage *(Inhalt eines Speicherbeckens)*
Speiseleitung *f* 1. feed line, feed pipe, supply line; 2. *(El)* feeder, feeder line
Speisewasser *n* feed water *(Heizkessel)*
Spengler *m* plumber, tinner *(im süddeutschen Raum für Klempner)*
Sperranstrich *m* 1. petrifying liquid, surface waterproofing agent, surface waterrepeller *(Anstrichstoff)*; 2. insulating coat, waterproof(ing) coat, waterproof sealing
Sperrbeton *m* dampproof(ing) concrete, water-repellent concrete, waterproof (-ing) concrete, watertight concrete
Sperre *f* 1. barrier *(z. B. Schranke, Schlagbaum)*; roadblock *(Straße)*; 2. locking device, lock *(Vorrichtung)*; 3. sealing layer, stop, barrier membrane *(gegen Feuchtigkeit)*; 4. flash *(am Schornstein)*
sperren *v* 1. lock *(verriegeln)*; shut, close *(schließen)*; clamp *(arretieren)*; 2. *(Verk)* obstruct, block, close, shut *(Straßen)*; 3. cut (off), shut (off) *(z. B. Strom, Wasser)*; 4. *(Wsb)* dam; 5. arrest, interlock *(arretieren, blockieren)*; 6. insulate, stop, waterproof *(gegen Feuchtigkeit, Wasser, Feuer)*; seal *(Untergrund vor Anstrichauftrag)*; 7. take out of service *(Gebäude)*
Sperrfolie *f* insulating foil, plastic barrier material
Sperrhaken *m* latch, catch, click *(Schloss)*; ratchet *(Sperrklinke)*
Sperrholz *n* plywood
Sperrklinke *f* 1. pawl, door catch, catch, click, ratchet; 2. *(Hb)* dog
Sperrlage *f* impervious course
Sperrmaterial *n* insulating construction

Sperrmauer 458

material; tanking material *(Wasserdruckdichtung im Tiefbau)*
Sperrmauer f *(Wsb)* damming, barrage, barrage dam *(zur Bewässerung)*
Sperrmörtel m water-repellent mortar, waterproof(ing), mortar
Sperrpappe f insulating felt, water-repellent paper, waterproofing paper
Sperrschicht f 1. *(Bod, Erdb)* obstructive layer; 2. insulating course, damp course, barrier layer, barrier membrane, impervious course, parting layer, sealing layer, stop, water-repellent membrane, waterproofing layer, insulating bed *(Feuchtigkeits-, Dampf- und Wassersperrung)*
Sperrstoff m insulating material, barrier material, dampproofing material, damp-resistant compound, waterproofer
Sperrung f 1. closing, locking; obstruction; 2. dampproofing *(einer Wand)*; insulation *(gegen Feuchtigkeit, Wasser, Feuer)*; 3. integral waterproofing *(im Bauteil)*; 4. seal *(Anstrichgrund)*
Sperrzement m waterproofing cement, hydrophobic cement
Spezial... special ...
Spezialbaustoff m purpose-made building material, special-purpose building material
Spezialbeton m purpose-made concrete
Spezialkleber m special adhesive composition, special adhesive compound
Spezialstein m purpose-made brick, special-purpose block
Spezifikation f specification
Spezifikationen fpl **und Prüfvorschriften** fpl normative reference
spezifisch specific
Spiegel m 1. mirror; 2. level, surface *(Niveau, z. B. Wasser)*; 3. panel *(Deckenfeld, Türfüllung)*
Spiegelgewölbe n cavetto vault, sur-based vault
Spiegelglas n polished plate glass
Spielplatzbau m playground construction
Spielraum m 1. clearance (space), backlash, play; 2. latitude *(Variationsbreite)*; 3. allowance *(bei Maßabweichung)*
Spindel f 1. newel (post) *(einer Treppe)*; 2. spiral stair(case) *(Wendeltreppe)*
Spindeltreppe f solid newel stair, spiral

newel stair, spiral staircase, spiral stairs, newel stairs
Spiral... spiral ...
Spiralbewehrung f 1. *(Arch)* helix; 2. spiral reinforcement, transverse reinforcement, helical reinforcement *(für Stützen)*
Spirale f 1. *(Arch)* scroll, volute; 2. spiral, helix, spiral line; coil
spiralförmig 1. spiral, spiral shaped; helical, helicoid(al) *(schraubenförmig)*; cochlear *(wendelförmig)*; 2. *(Arch)* scroll-shaped, helical *(z. B. Ornament)*
spitz 1. sharp, pointed *(mit einer Spitze)*; 2. acute *(Winkel)*; 3. angular *(eckig)*; 4. spiky *(stachlig, stänglig)*
Spitzbalken m top beam
Spitzbalkendach n top beam roof
Spitzboden m garret, *(AE)* cock loft
Spitzbogen m peak arch, acute-angled arch, pointed arch, lancet arch, Gothic arch, two-centered arch, ogive
Spitzdach n V-roof
Spitze f 1. point, tip *(spitzes Ende)*; 2. peak, top, crown *(eines Bogens)*; 3. apex *(höchster Gebäudepunkt)*; 4. spire *(Kirchturmspitze)*; 5. crown *(Scheitelpunkt eines Bogens)*; 6. vertex *(eines Dreiecks)*; 7. summit *(z. B. im Spannungs-Verformungs-Diagramm)*; 8. nip *(z. B. am Dachziegel)* • **mit einer Spitze (versehen)** pointed
Spitzeisen n point, pointed chisel
Spitzenbelastung f peak load
Spitzendruck m end bearing, cone index *(Pfahl, Pfahlgründung)*
Spitzendruckpfahl m point-bearing pile, (point-)End-bearing pile
Spitzenspannung f 1. peak stress *(mechanisch)*; 2. *(El)* peak voltage
Spitzentechnik f state-of-the-art technique
Spitzentragfähigkeit f point-bearing capacity, end-bearing capacity *(Rammpfahl, Pfahlgründung)*
Spitzgewölbe n pointed vault, Gothic vault
Spitzgraben m 1. triangular ditch; 2. *(Verk)* triangular arch, *(AE)* water gutter
Spitzhacke f pickaxe, pick, flat pick, double-pointed drifting pick
Spitzturm m steeple, *(AE)* flèche
Spließ m 1. *(Hb)* cant board, slip, sliver, splinter; 2. *s.* Schindel

Spließdach n slip roof, splinter roof
Splint m 1. cotter (pin), split pin, peg *(Stift aus Holz)*; 2. sapwood, alburnum
Splintverbindung f cotter joint
Splitt m chipping(s), stone chippings, stone chips, crushed rock, crushed stone; grit; screenings *(Siebrückstände)* • **mit Splitt bestreuen** sprinkle • **Splitt aufbringen** blind *(Straße)* • **Splitt streuen** grit
Splittbeton m chip(ping) concrete
Splittdruckfestigkeit f aggregate crushing value
Splitter m fragment *(eines Teiles, Elementes)*; sliver, shiver, splinter *(Holz)*; shatter *(aus Glas)*; chip *(Stein, Keramik; Holzschnitzel)*
Splittgerüst n chippings framework, chippings skeleton structure
Splittmastixasphalt m mastic asphalt, stone mastic asphalt, SMA, *(AE)* stone matrix asphalt, SMA
Splittstreuer m chip spreader, chipping machine, gritter, gritting machine, spreader, spreading machine
Splittzuschlagsoff m chipping aggregate
Sportanlage f sports facility, sport complex, sports ground(s), park
Sportbauten mpl sports structures
Sprayschicht f curing membrane *(auf Frischbeton)*
Spreizanker m expanding anchor
Spreizdübel m expanding bolt, expansion anchor, expansion bolt, expansion fastener, expansion shield, straddling dowel
Spreize f 1. strut, prop, stay, bat, raking shore, spreader, traverse bracing; spur buttress *(Strebe)*; inclined shore, racking shore *(Abstützbohle)*; 2. *(Tun)* prop *(auch Bergbau)*
Sprenganlage f fire sprinkler (system)
Sprengbalken m straining beam
sprengen v 1. blow up *(in die Luft sprengen)*; blast, shoot, shot-fire *(Gestein)*; 2. *(Erdb)* fire; 3. burst open *(gewaltsam öffnen)*; 4. disrupt *(zertrümmern)*; 5. stilt *(Gewölbe, Dachstuhl, Tragwerk)*; 6. sprinkle, water, spray
Sprengkammer f demolition chamber, blast chamber *(Brücke)*; *(AE)* coyote
Sprengring m lock washer

Sprengstrebe f straining beam, strut; strutting piece *(Dachstuhl)*
Sprengung f 1. blast(ing), shot-firing *(von Gestein)*; demolition *(von Gebäuden)*; 2. detonation, explosion *(Sprengvorgang)*; 3. *(Tun)* shot
Sprengwerk n strut(ted) frame, strut bracing, truss (frame); truss frame with truss below; simple trussed beam *(Flachwerk)*; strut roof *(Dach)* • **mit Sprengwerk versehen** truss
Sprengwerkbrücke f strutted bridge, truss frame bridge, truss(ed) bridge
Sprenkelung f mottle *(Marmorieren)*; speckle *(Anstrichtechnik)*
springen v 1. burst, crack *(aufplatzen)*; 2. rift, split *(Holz)*; 3. jump *(hochspringen, z. B. Bauelementversatz; überspringen, z. B. Spannelemente)*; 4. spring *(federn, schnellen)*
Springgewölbe n jumping vault
Sprinkleranlage f fire(-protection) sprinkler (system), (automatic) sprinkler system *(Feuerlöschanlage)*
Spritzauftrag m spray application, spraying *(z. B. von Anstrichen, Farben)*
Spritzbeton m air-blown mortar, airplaced concrete, aerocrete, jetcrete, gun-applied concrete, gunned concrete, pneumatically placed concrete, shotcrete, splash concrete, sprayed-on concrete, *(AE)* Gunite *(Handelsname)*
Spritzbetonieren n shotcreting
Spritzbewurf m machine-applied plaster
Spritzen n extrusion *(Kunststoff)*; spray application, spray coating, spray painting, spraying *(Anstriche, Farben)*
• **durch Spritzen auftragen** spray-apply • **durch Spritzen beschichten** spray-coat
Spritzmasse f pressure-gun type composition, pressure-gun type compound, pressure-gun type mass, sprayed-on composition, sprayed-on compound, spraying mass, spraying material, gunned compound, gunned material
Spritzmörtel m spray(ed-on) mortar airblown mortar, pneumatic applied mortar
Spritzputz m spray plaster, machine-applied plaster, *(AE)* Tyrolean finish *(Innenputz, maschinell aufgebracht)*; spatter dash *(Vorwurf)*; sprayed mortar,

spray rendering, squirted skin *(Außenputz)*

spritzwassergeschützt splashproof

Sprödbruch *m* brittle fracture

Sprödigkeit *f* brittleness, fragility, frangibility, shortness *(von Metall)*; rottenness *(von Stahl)*

Sprosse *f* 1. sash bar, glass bar, glazing bar, astragal, *(AE)* muntin *(eines Fensters)*; 2. spoke, stave, rung, round, rime *(einer Leiter)*; step *(Trittleiter)*; 3. baluster, banister *(Geländerstab)*

Sprossenfenster *n* astragal window, cross window, *(AE)* muntin window

Sprühen *n* spraying, atomizing

Sprühpistole *f* spray gun *(bes. für Anstriche)*; *(AE)* aerograph

Sprung *m* 1. crack, rift *(s. a. unter Riss)*; 2. jump; break joint *(Mauerwerksstufe; im Mauerwerk)*; 3. interstice *(z. B. in einer Wand)*; 4. *(Erdb, Bod)* fault, leap *(geologisch)*; 5. normal fault *(im Gestein)*; 6. jog *(jede Unregelmäßigkeit in Richtung und Oberfläche eines Gebäudes)*; 7. rent *(keramische Baustoffe)*; 8. rift *(Spaltsprung, z. B. Furnier, Holz)*

Spüle *f (San)* kitchen sink, sink basin, sink unit *(als Küchenmöbel)*

spülen *v* 1. cleanse, wash, rinse *(reinigen)*; 2. sluice, swill *(abspülen)*; 3. flush *(Bohrtechnik)*; 4. jet *(mit Druck)*; 5. scour *(ausspülen)*

Spülklosett *n (San)* flush toilet, washdown toilet, water closet

Spülrohr *n (San)* flush pipe; wash pipe *(z. B. Kiespülen)*; dredging pipe *(beim Nassbaggern)*

Spülung *f (San)* flushing; washing

Spund *m* 1. *(San)* faucet, cock, plug; 2. *(Hb)* groove and tongue, tongue

Spundbohle *f* pile plank, piling sheet, sheet pile, sheet plank, matchboard

Spundbrett *n* matchboard

Spundeisen *n* tonguing iron

spunden *v (Hb)* join by grooves, grooving and tonguing, tonguing

Spundholzlage *f* matching

Spundmaschine *f* tonguing-and-grooving machine

Spundschalung *f* tight sheathing

Spundung *f* 1. match(ed) joint, tongue-and-groove joint, tongue and tonguing; 2. matching, grooving and tonguing *(Tätigkeit)*

Spundverbindung *f* plough-and-feathered joint, plough-and-tongue joint

Spundwand *f* sheet-pile wall, sheet piling, pile planking, sheet-pile bulkhead, sheeting, steel piling; bulkhead *(z. B. gegen Wassereinbruch)*

Spundwand *f*/**verankerte** tight sheathing

Spundwandgründung *f* sheet wall piling

Spundwandrammung *f* sheet-pile driving, sheet piling

Spundwandschloss *n* interlock

Spundwandverankerung *f* sheet pile anchorage

Spur *f* 1. track *(Radspur)*; 2. traffic lane *(Straße)*

Spurbildungstest *m (Verk)* wheel tracking test *(Straße)*

Spurrinnen *fpl* tracking

Spurzapfen *m* pintle

SRT-Gerät *n* skid resistance tester, SRT

S-Stück *n* offset, double-bend fitting *(einer Rohrleitung)*

Staatsbauvorhaben *n* government construction project

Stab *m* 1. bar, rod, member *(Bewehrungsglied)*; 2. column *(Stütze)*; 3. rod *(Metall, Holz)*; 4. rod, stick *(Messstab)*; 5. staff bead *(Kantenrundstab)*; moulding *(Zierstab)*

Stabablenkung *f* member slope, element slope, rod slope

Stabanschluss *m* member connection, element connection, rod connection *(Stabwerk)*

Stabbewehrung *f* bar reinforcement, rod reinforcement

Stabbogenbrücke *f* bowstring arch bridge

Stabeisen *n* merchant bar iron, bar iron, iron bar, rod iron

Stabfeld *n* member field, element field, bar field, rod field

Stabgitter *n* rack screen

Stabhalterung *f* bar chair, bar support, high chair *(Stahlbeton)*

stabil 1. stable, solid, sturdy *(standfest)*; 2. solid, rugged *(Bauweise)*; 3. *(Bod)* firm, stable; 4. permanent, persistent, resistant *(beständig)* • **stabil sein** be firm, persist, be stable

stabilisieren *v* make stable, stabilize, steady

Stabilität *f* 1. *(Stat)* stability, (structural)

Stahlbetonrippendecke

solidity *(z. B. einer Baukonstruktion)*; 2. *(Bod)* firmness; 3. resistance, persistence *(Widerstandsfähigkeit)*; 4. ruggedness, sturdiness, formness *(Robustheit)*; 5. stability *(thermisch, chemisch)*; 6. steadiness *(Beständigkeit)*

Stabilitätsbereich *m* range of stability, region of stability, stability range

Stabilitätsfall *m* stability case

Stabknickung *f* member buckling, element buckling, bar buckling

Stabkonstruktion *f* bar construction

Stabparkett *n* wood block (parquet) flooring, wood floor covering

Stabstahl *m* bar iron, bar steel, rod iron, rod steel; merchant bar iron *(handelsüblich)*

Stabwerk *n* 1. member system, framing, framework, rod system, system of bars *(aus Holz, Beton, Stahl)*; timber framing *(aus Holz)*; 2. *(Arch)* tracery panel; 3. mullions *(Rahmenwerk gotischer Fenster)*

Stadium *n* phase, stage; section

Stadtbauplanung *f* urban planning, municipal planning, civic design

Stadtbautechnik *f* town engineering, urban engineering

Städtebau *m* 1. municipal engineering *(Fachgebiet)*; 2. municipal [city, town, urban] planning, town [urban] development

städtebaulich in town building; in terms of town, town-planning, urban-building, urban-planning, urbanistic

Stadtentwässerung *f* sewerage (system), municipal sewerage, municipal drainage, municipal services, town drainage

Städteplanung *f* city [town, municipal] planning

Stadterneuerung *f* urban renewal

Stadterneuerungsgebiet *n* redevelopment area, urban renewal area

städtisch town, city, urban; municipal *(verwaltungstechnisch)*

Stadtplanung *f* city planning, town planning, urban planning

Stadtplanungsamt *n* town planning authority, urban planning authority

Stadtsanierung *f* urban renewal, urban redevelopment, urban rehabilitation; clearance *(von Wohngebieten)*

Stadtsanierungsplan *m* town improvement scheme, town redevelopment scheme

Stadtstraße *f* street, urban street *(street bezeichnet immer eine Innerortsstraße)*

Stadtverkehrsplanung *f* urban traffic panning

Staffeldach *n* stepped roof

Stahl *m* steel

Stahlanker *m* steel anchor, structural steel fastener

Stahlarbeiten *fpl* steelwork *(als Leistungsposition)*

Stahlbau *m* 1. constructional steelwork *(Stahlbauarbeiten)*; 2. steel construction engineering *(Fachgebiet)*; 3. steel structure, building in steel *(Gebäude)*; 4. structural steel erection *(Montage)*

Stahlbauarbeiten *fpl* constructional steelwork, steelwork construction

Stahlbaumontage *f* erection of steelwork, steel erection

Stahlbautechnik *f* steel construction engineering

Stahlbeton *m* reinforced concrete, RC, steel concrete, ferrocement-concrete; ferro-concrete *(veraltet)*

Stahlbetonbau *m* 1. reinforced concrete construction; 2. reinforced concrete engineering *(Fachgebiet)*; 3. reinforced concrete building *(fertiges Gebäude)*

Stahlbetonbestimmungen *fpl* building code requirements for reinforced concrete

Stahlbetondecke *f* reinforced concrete ceiling, reinforced concrete floor

Stahlbetonelement *n* reinforced concrete component, reinforced concrete unit

Stahlbetongurt *m* composite slab *(Verbundträger)*

Stahlbetonhohldiele *f* concrete hollow-core slab, hollow concrete slab, concrete slab

Stahlbetonhubdeckenplatte *f* reinforced concrete lift-slab

Stahlbetonkastenträger *m* reinforced concrete box girder

Stahlbetonpfahl *m* reinforced concrete pile, concrete pile

Stahlbetonrippendecke *f* ribbed concrete floor, slab and joist (ribbed) construction, tile and slab floor, hollow-block floor, ribbed panel, pan construction; ribbed panel *(Wandtafel)*

Stahlbetonskelettbauweise *f* precast concrete skeleton construction

Stahlbiegemaschine *f* bar bending machine, bar bender, steel bender *(für Stahlbewehrung)*; angle bender

Stahlblech *n* sheet-steel, steel sheet *(Feinblech)*; steel plate *(Grobblech)*

Stahlbrücke *f* steel bridge, iron bridge

Stahldeckenträger *m* steel floor girder

Stahleinlagen *fpl* embedded reinforcement, steel reinforcement, reinforcement • **die Stahleinlagen überlappen lassen** let the ironwork overlap • **mit Stahleinlagen** steel-reinforced • **mit Stahleinlagen versehen** reinforce

Stahlfachwerk *n* steel framework, steel structural work, steel trelliswork

Stahlflechtarbeiten *fpl* reinforcement work

Stahlgittermast *m* lattice form steel mast, steel lattice mast, lattice tower

Stahlgitterträger *m* steel lattice girder

Stahlglaskonstruktion *f* steel-glass construction

Stahlhochbau *m* 1. steel building construction, steel building design and construction; 2. steel structural engineering *(Fachgebiet)*

Stahlkonstruktion *f* 1. building in steel, steel structure, steel system; 2. structural steelwork, steel construction *(Tragwerk)*

Stahlleichtbau *m* light-gauge steel construction, light steel construction, lightweight steel construction

Stahlliste *f* steel schedule

Stahlmontage *f* steel erection

Stahlpfette *f* steel purlin

Stahlprofil *n* steel section, structural steel section, (steel) shape, through section, throughing; steel girder *(Träger-Handelssortiment)*

Stahlquerschnitt *m* area of steel; reinforcement area

Stahlrahmenmodulbau *m* steel-framed modular construction

Stahlrippendecke *f* slab and joist ribbed construction, steel-ribbed floor, slab and joist floor

Stahlrohrkonstruktion *f* tubular steel system, tubular construction

Stahlsaiten(spann)beton *m* prestressed wire concrete, Hoyer concrete

Stahlschalung *f* steel formwork, steel forms, steel shutter(ing); metal formwork *(konstruktiver Betonbau)*

Stahlskelettbau *m* steel skeleton building, steel skeleton construction, steel-frame(d) construction, structural steel framework, building steel framework, steel-framed structure, steel framing

Stahlspundwand *f* sheet-steel piling, steel piling, steel sheet piling; fin *(vom Hauptkofferdamm auskragend)*

Stahlsteindecke *f* reinforced block floor, ribbed floor with hollow stone fillers, joist ceiling, Kleine's ceiling

Stahltondecke *f* prestressed clay floor

Stahlträger *m* steel girder [beam], steel section [joist]

Stahlüberbau *m* steel superstructure

Stahlverbundkonstruktion *f* composite steel and concrete structure

Stakung *f* straw and loam pugging *(Flechtverbau mit Lehmfüllung)*

Stalaktitengewölbe *n* (Arch) stalactite vault

Stallgebäude *n* stable building, *(AE)* barn *(Landbau)*

Stamm *m* tree trunk, stem, bole *(industriell verwertbar)*; shaft *(Baum)*

Stammholz *n* stem wood, trunk wood, log, roundwood, whole beam; stem timber, stock timber, unhewn timber

Stampfbau *m* pisé building

Stampfbeton *m* rammed concrete, tamp(ed) concrete, compressed concrete

Stampfbohle *f* compacting beam, tamper, tamping plank *(Verdichtung)*

stampfen *v* tamp, ram, stamp

Stampfer *m* tamper, tamping iron, stamper, rammer, beater; beetle *(Hammer für Holzpfähle)*; paving rammer *(für Pflastersteine)*; punner *(für Bodenverdichtungsarbeiten)*

Stampflehmbau *m* cob construction, pisé building, *(AE)* beaten cobwork

Standard *m* standard *(Norm)*

Standardabweichung *f*/**mittlere** mean square deviation *(Qualitätskontrolle, Baustoffprüfung)*; standard deviation *(Statistik)*

Standardausführung *f* standard version • **in Standardausführung** standard

Standardunterlagen fpl (AE) (standard) format (zur Angebotsplanung)
Standardverdichtungsversuch m (Bod) standard compaction test, Proctor compaction test, laboratory compaction test
Ständer m 1. vertical member, pillar stanchion, timber pillar, wooden pillar (Holzfachwerk); 2. post, leg (Pfosten, Stiel beim Fachwerk); 3. rack (Gestell)
Ständerbau m beam-and-column construction, post-and-beam construction, post-and-lintel construction, storey post and beams
Ständerrahmenbau m beam-and-column construction, post-and-beam construction, post-and-lintel construction
Ständerwand f single plank wall
Ständerwerk n strut frame, system of web members, diagonal web, posts
standfest 1. steady, stable; 2. competent (Gestein); 3. rut resistant (Straßenbefestigung); 4. stable (Baugrund)
• **standfest sein** be stable
Standfestigkeit f (Stat) stability, stability under load; stableness, sturdiness, rigidity
Standort m 1. location, place, site (Lage, z. B. von Anlagen, Gebäuden); 2. stand, position (z. B. eines Betrachters); 3. (Umw) habitat (Flora, Fauna) • **den Standort festlegen** site, locate • **den Standort planen** site • **für einen Standort vorsehen** pitch
Standortbestimmung f siting
Standortplanung f siting planning, site planning
Standrohr n 1. vertical pipe; gauge glass (Schauglas); 2. (Bod, Erdb, Wsb) gauge tube; 3. standpipe (Hydrant)
Standsicherheit f (Stat) stability, static stability; steadiness, structural stability
Standsicherheitsberechnung f (Stat) stability calculation
Standsicherheitsnachweis m (Stat) stability check, stability proof
Stange f pole, stick, bar, rod, stake (Metall, Holz); post (Pfosten beim Fachwerk)
Stangenholz n pole timber
Stangenmast m pole
stapeln v 1. pile, stack up; heap up (ungeordnet); 2. warehouse, store (lagern); store up, stockpile (auf Vorrat); 3. store (Werkzeuge)
stark 1. strong, powerful, mighty (mächtig); 2. thick (Umfang); 3. sturdy, strong, robust (Bauweise); 4. heavy (Druck); 5. stout (Material)
Starkholzbaukonstruktion f heavy-timber construction, mill construction
Starkstromleitung f (El) power line
starr 1. rigid, inflexible (unbiegsam); 2. stiff(ened), solid (steif); 3. unbending (Konstruktionsverbindung, Bauelement)
Starrheit f (Stat) rigidity, stiffness
Starrheitsbedingung f (Stat) rigidity condition, stiffness condition
Statik f (Stat) statics, analysis, stress analysis, structural analysis, theory of structures
Statiker m structural designer, design engineer, structural engineer, designer
statisch static, statical
Stauanlage f (Wsb) dam, reservoir installations, penstock, weir
Staubabscheider m precipitator; dust catcher, dust separator, dust collector (Entstaubungsanlage)
staubabweisend dustrepelling
Staubalken m stop log
staubdicht dustproof
Staubecken n (Wsb) (water) storage basin [reservoir], impounded reservoir, impounding basin [reservoir], retaining basin; power basin (eines Kraftwerkes)
Staubemission f (Umw) particulate emission
stauchen v clench, jump, close, hot-press; upset (kalt, Nietköpfe); forge (hämmern)
Stauchgrenze f compression yield point, percentage yield (Festigkeit)
Stauchung f 1. compressive strain; 2. clenching (von Nietköpfen); upsetting deformation (Kaltstauchung)
Staudamm m 1. (Wsb) dam, retaining dam; 2. (Wsb) barrage dam, barrage (zur Bewässerung)
Staudruck m 1. dynamic pressure, back pressure; 2. (Wsb) ram pressure
stauen v 1. (Wsb) dam up, bank up, stem, retain; 2. obstruct (blockieren); 3. crowed (verstopfen, auch Verkehr); 4. congest (Verkehr)
Staumauer f 1. (Wsb) masonry dam, dam,

water retaining wall, impounding dam; 2. *(Wsb)* barrage, barrage dam *(zur Bewässerung)*

Stauraum *m* 1. *(Wsb)* retaining capacity, storage capacity; 2. *(Verk)* queuing area, queuing space, stacking area, stacking lane, storage area *(Straße)*

Stauwasserdruck *m (Wsb)* impounded water pressure, retained water level

Stechbeitel *m (Hb)* firmer chisel, ripping chisel

stechen *v* 1. hole, punch *(Löcher)*; 2. stick, run *(einstechen)*; 3. prick, pierce

Stechzylinder *m* core cutter

Steckanschluss *m (HLK)* plug-in termination

Steckdose *f (El)* outlet box, socket outlet, socket, *(AE)* receptacle; convenience receptacle *(Hausgeräte)*

Steckmuffenverbindung *f (San)* muff joint

Steckverbindung *f* 1. inserted joint *(mechanisch)*; 2. *(El)* plug-in connection

STEEL metal timber connector, nailed plywood gusset

Steg *m* 1. web, stalk, stem, steel web *(Träger)*; 2. rib *(eines Betonträgers, T-Trägers)*; 3. bulb *(Dichtungsband)*; 4. flange *(Flansch)*; 5. way, foot bridge *(Brücke)*; 6. came *(H-förmig, für Fenster)*; 7. ridge *(Rücken, Wulst)*; 8. runway *(Plankensteg für Schubkarren)*; 9. stud link *(Steganschluss, Stegbolzenverbinder)*

Steganschluss *m* stalk connection, web connection

Stegbewehrung *f* stalk reinforcement

Stegblech *n* stalk plate, web plate

Stegblechanschluss *m* stalk plate connection, web plate connection, web plate joint

Stegblechstoß *m* stalk plate connection, web plate connection, web splice

Stegzementdiele *f* ribbed cement flooring slab

Stehblech *n* stalk plate, web plate

Stehbolzen *m* stay bolt

stehend standing; right

stehend/aufrecht upright, upright standing

stehend/frei 1. detached, independent, isolated *(nicht angebaut)*; 2. exposed positioned, exposed situated *(Gebäude im Gelände)*; 3. cantilevered *(Spundwand)*

Stehfalz *m* standing welt; (welted) standing seam *(Metallbedachung)*

steif rigid, stiff, firm, inflexible *(unbiegsam)*; harsh *(Beton)*; unbending *(Konstruktionsverbindung, Bauelement)*

Steife *f* 1. (shoring) stud, shore, tom, rance, bracing, bracing member, *(AE)* back stay; 2. *(Erdb)* ground prop; prop *(Bergbau)*; 3. puncheon *(eines Dachbinders)*; 4. stiffener *(Verstärkungsglied)*; 5. *(Stat)* rigidity, frame rigidity *(Rahmenelement)*; 6. supporter *(Stempel)*; 7. consistency, consistence *(Konsistenz)*; 8. *s.* Steifigkeit

Steifekoeffizient *m* consistency coefficient

Steifezahl *f* 1. stiffness factor, stiffness coefficient, coefficient of rigidity; 2. *(Bod)* modulus of compressibility, coefficient of compressibility

Steifigkeit *f (Stat)* rigidity, stiffness

Steifigkeitsbedingung *f (Stat)* condition of stiffness, rigidity condition, stiffness condition

Steifigkeitsmodul *m* modulus of stiffness, stiffness modulus

steifknotig rigid-jointed, stiff-jointed

steifplastisch stiff-plastic *(Beton)*

Steifrahmen *m* rigid frame; braced box frame *(Fensterkasten)*

Steigeisen *n* foot iron, hand iron, step iron; access hook

Steigleitung *f* 1. rising main, water riser pipe, water rising pipe *(Frischwasser)*; 2. *(El)* mounting main, rising electrical main, rising tubing, vertical riser cable

Steigmaß *n* rise-to-run ratio *(Treppe)*

Steigrohr *n* riser, riser pipe, rising pipe, ascending pipe, rising tubing, vertical pipe, tubing; standpipe *(Hydrant)*

Steigung *f* 1. slope, (rising) gradient, rise, upward slope, ascending grade *(Gelände)*; 2. pitch, inclination, incline, grade *(Neigung)*; ratio of inclination *(Neigungsverhältnis)*; 3. upgrade, upward grade *(Steigungsstrecke)*

Steigungsmaß *n* pitch dimension, rake dimension *(Treppe)*

Steigungsverhältnis *n* 1. slope ratio *(Fläche, Gelände)*; 2. rise-to-run ratio *(Treppe)*

Steinverblendung

steil steep; precipitous, declivous *(abschüssig, z. B. Gradienten)*; sharp *(abfallend)*
Steilböschung *f* escarp, scarp
Steildach *n* high-peaked roof, high-pitched roof, steep-pitched roof, steep roof
Steilgiebel *m* steep gable
Stein *m* 1. stone, rock *(Naturstein, Fels)*; 2. block, building block *(Beton)*; 3. brick *(Ziegel < 33,7 × 22,5 × 11,3 cm)*; 4. tile *(Dachstein, Dachziegel)* • **aus Stein errichten** mason • **aus Stein gemeißelt** stone-sculptured • **einen Stein ausstrecken** corbel out • **in Stein eingeschnitten** glyptic *(durch Meißeln oder Gravieren)* • **Steine behauen** spall, work stones • **Steine glätten** scour stones
Steinabdeckung *f* stone pitching
Steinbau *m* stone building, stone-built building, stone construction, stone structure
Steinbauwerk *n* (natural) stone structure
Steinbettung *f (Wsb)* stone bedding, rubble bedding; pierre perdue *(ohne Bindung)*
Steinblock *m* large stone, natural walling stone, (stone) block • **aus Steinblöcken gebaut** megalithic
steinblumenverziert crocketed
Steinbogen *m* block arch, tile arch
Steinbrecher *m* rock crusher, stone breaker, stone crusher, rock breaker, stone crushing machine, quarrier
Steinbruch *m* quarrel, (rock) quarry, stone pit, stone quarry
Steindamm *m (Wsb)* rock-fill dam, stone dam, mole
Steindrän *m* rubble drain, spall drain
Steindübel *m* rock dowel, masonry dowel
Steine- und Erdenindustrie *f* non-metallic minerals industry
Steinfüllung *f* **ohne Bindemittel** dry rubble fill
Steingewölbebrücke *f* stone-vaulted bridge
Steingut *n* earthenware, pottery (ware), crockery, faience
Steingutröhre *f* earthenware pipe
Steinholz *n* artificial flooring cement, flooring cement, magnesite compound, xylolite
Steinholzestrich *m* magnesium oxychloride composition, composition *(Baustoff)*; magnesium oxychloride screed *(als verlegte Schicht)*
Steinholzfußboden *m* stone-wood flooring, magnesite floor(ing)
Steinmaterial *n* riprap *(Steinschüttung)*
Steinmetz *m* stone dresser, stone cutter, squarer, stonemason
Steinmetzarbeit *f* stone dressing work, stone hewing work, stonemason's work, carved work, carving
Steinmetzarbeiten *fpl* stone shaping work, stone milling work
Steinpackung *f (Wsb)* stone packing, stone bedding, rubble bedding; beaching *(Ufersicherung)*; rip-rap *(unregelmäßig, aus sehr großen Natursteinblöcken)*
Steinpflaster *n* stone pavement, paving in setts, soling
Steinpflasterbefestigung *f* sett pavement
Steinplatte *f* stone slab, stone plank, stone slat; dalle *(verziert, meist in Sakralbauten)*; (stone) flag *(bes. aus Naturstein)* • **mit Steinplatten belegen** flag
Steinsand *m* stone sand, stone screening(s), manufactured sand
Steinschlag *m* 1. crushed stone, stone chippings, stone chips, broken bricks *(Baustoff)*; 2. rock fall, stone sweeping, popping rock *(an Felswänden)*
Steinschraube *f* stone bolt, rag bolt, lewis bolt, barb bolt, wall bolt, wall screw
Steinschüttdamm *m (Wsb)* rock-fill dam, stone dam, mound
Steinschüttung *f (Wsb)* rock fill(ing), stone filling; pierre perdue *(ohne Bindung)*; riprap *(unregelmäßig, aus sehr großen Natursteinblöcken)*; enrockment, rubble stone *(Böschungsbefestigung)*
Steinsetzer *m* pavement-layer, paver, pavio(u)r, street mason
Steinskulptur *f (Arch)* sculpture in stone, (natural) stone sculpture
Steinstatue *f (Arch)* stone bull
Steinstufe *f* stone step, solid step *(Naturstein)*
Steinverbaukasten *m* gabion *(aus Draht)*
Steinverblendung *f* hewn stone facing, stone facing

Steinverkleidung 466

Steinverkleidung f stone-pitched facing, stone revetment; brick facing
Steinvorlage f stone-pitched facing, pitching; (stone) rip-rap *(unregelmäßig, aus sehr großen Natursteinblöcken)*
Steinwolle f rock wool
Steinwollebauplatte f rock wool building board, rock wool sheeting board
Steinwolledämmmaterial n rock wool insulation material
Steinzeug n stoneware, pottery
Steinzeugabflussrohr n stoneware drain pipe, stoneware discharge pipe
Steinzeugdränrohr n stoneware drain pipe
Steinzeugentwässerungsrohr n stoneware discharge pipe, stoneware drain pipe
Steinzeugfliese f sintered stoneware tile, stoneware tile
Steinzeugrohr n stoneware pipe, ceramic pipe, clay pipe, vitrified clay pipe
Stelle f 1. place, spot, point; 2. site *(Baustelle)*; 3. position *(Stellung)* • **an Ort und Stelle** in-place, in-situ, on the spot
Stelle f**/undichte** leak
Stellung f 1. position, placement *(Anordnung, Einbaulage)*; 2. orientation *(eines Gebäudes in Ost-West-Richtung)*; 3. adjusting *(Einstellung)*
Stelzbogen m stilted arch
Stelze f stilt, elevated pile
Stelzenfundament n elevated pile foundation
Stelzenstütze f stilt, elevated pile
Stemmarbeiten fpl cutting work
Stemmeisen n mortise chisel, socket chisel, chisel bar, cutting chisel, caulking chisel, paring chisel
stemmen v 1. chisel; peck *(hackstemmen)*; 2. *(Hb)* mortise
Stemmfuge f caulking joint
Stempel m 1. punch *(für Löcher)*; 2. puncheon *(eines Dachbinders)*; 3. dead shore, permanent shore, strut, stay, supporter, (sl) tamping fool *(Stützstempel)*; 4. *(Erdb)* ground prop; prop *(Bergbau)*; 5. seal *(Siegel)*
Sternbalkenlage f system of beams and joints in star form
Sterngewölbe n *(Arch)* star(-ribbed) vault, lierne vault(ing), decorated vault
Sternriss m star shake *(z. B. in Holz)*

stetig steady, constant; continuous *(stetig verlaufend)*; permanent *(Kraft)*
Stetigmischer m continuous mixer
steuern v 1. control *(Abläufe)*; 2. operate *(Anlagen, Einrichtungen)*; 3. drive *(Fahrzeuge)*; 4. head *(Projekte, Produktion)*
Steuerschieber m control valve
Steuerventil n control valve
Stich m 1. camber, hog(ging), bow, sag *(Überhöhung)*; 2. rise *(eines Gewölbes)*; 3. mounting of a step *(einer Stufe)*; 4. *(Arch)* engraving *(Darstellung)* • **Stich geben** camber
Stichbalken m tail beam, tail piece, short-tie beam, dragon beam, dragon piece, filler joist
Stichbogen m camber arch, jack arch; segmental arch
Stichbogenträger m segmental arched girder
Stichfallrohr n stub stack
Stichhöhe f height (of camber); rise *(eines Gewölbes)*
Stichleitung f 1. branch line; 2. *(El)* stub cable
Stichprobe f 1. random check, random inspection, random test; 2. random sample, sample, spot sample *(Baustoffe)*
Stichprobenprüfung f 1. sampling test *(Baustoffe)*; 2. test inspection, spot check *(Baustelle)*
Stichrohrleitung f spur line, spur pipeline
Stiel m 1. handle, haft *(Griff)*; 2. post *(Pfosten beim Fachwerk)*; 3. (frame) column, frame post, framing column, supporting member, upright *(Stütze)*; 4. strut *(Pfettendach)*; 5. timber pillar, wooden pillar *(Holzfachwerk)*
Stift m 1. *(Hb)* pin, peg, sprig *(ohne Kopf)*; 2. brad *(für Dielenbretter)*; 3. gudgeon, stud bolt *(Bolzenstift)*; 4. tack *(Drahtstift)* • **mit Stiften versehen** stud
Stiftfeder f levelling spring
Stiftventil n pin valve
Stil m *(Arch)* style
Stilform f *(Arch)* stylistic form
stilisieren v *(Arch)* stylize, formalize
stilisiert *(Arch)* stylized, divorced from reality, formalized
Stilmerkmal n stylistic feature
Stirn f 1. end *(Stein; Fassade; Fläche)*; 2.

Strahlenschutzbaustoff

Stirnblech n face plate
Stirnbogen m face arch
Stirnbrett n fascia board, side board
Stirnfläche f 1. cross-cut end, end; 2. *(Hb)* butt end
Stirnmauer f 1. face wall, facing wall, end masonry wall; 2. flank masonry wall, side masonry wall *(Seitenstirnmauer)*; 3. spandrel wall *(Gewölbestirnmauer)*; 4. head wall *(Durchlassstirnmauer)*
Stirnseite f 1. front face, outside, end *(eines Gebäudes)*; 2. face *(Holz)*; 3. superficies, side *(Wand)*
Stirnwand f lateral masonry wall, front wall, end wall, side wall
stochastisch stochastic
stochern v 1. puddle; 2. *(Bod)* pun; rod, pun *(Betonverdichtung)*
Stocherverdichtung f punning, rodding, sworfing *(von Beton)*
Stocken n 1. bush hammering, granulating, pointed work, pointing *(Natursteinbearbeitung)*; 2. traffic jam, hold-up *(Verkehr)*; 3. livering *(Anstrichtechnik)*
Stockmeißel m serrated pick
Stockputz m scraped finish, scraped rendering
Stockwerk n floor, *(AE)* story, storey; deck • **mit Stockwerken** *(AE)* storied
Stockwerkbau m multistorey building
Stockwerkheizung f single-storey heating (system)
Stoff m 1. substance, matter, agent *(Bauhilfsmittel, Wirkstoffe)*; 2. material *(Baustoff)*; 3. fabric, material, stuff *(Gewebe)*; 4. body *(Stoffträger, Stoffkörper, z. B. bei Anstrichen)*
Stoffliste f materials list
Stoffpreisgleitklausel f materials variation clause
Stollen m *(Tun)* heading, headway; tunnel *(Bergbau)*
Stollenbrust f *(Tun)* face
Stopfbuchse f packing box, sealing ring, stuffing box, gland seal
Stopfdichtung f caulked joint
stopfen v 1. fill up, stuff *(ausstopfen)*; 2. pack *(Schotter)*; 3. stem *(Sprengloch)*; 4. stop *(Stichloch)*
Stopfen m (terminal) plug, stopper *(Verschlussstück)* • **mit einem Stopfen verschließen** stopper

Stopfen n 1. caulking, stuffing *(Abdichtungen)*; 2. packing, tamping *(von Gleisen)*
stören v disturb, interfere; trouble
storniert cancelled *(Auftrag)*
Störung f 1. disturbance *(auch mathematisch)*; 2. interference *(Einwirkung, Einmischung)*; 3. failure, fault, trouble *(technische)*; 4. breakdown *(technologische Ablaufstörung)*; 5. hold-up *(Verkehr)*; 6. deficiency *(aus Mangel)*
Stoß m 1. impact, push, shock, bump, percussion *(Schlag, Erschütterung)*; vibration, stroke *(dynamische Belastung)*; collision *(Zusammenbruch)*; 2. stack, pile, heap *(Haufen)*; 3. joint, butt, joint butt *(Verbindung, Fügung)*; splice *(Holz)*; 4. *(Tun)* face, facing; 5. abutment, abutting end *(von Schwellen, Bauteilen)*
Stoßausbildung f joint formation *(Stahlbau)*
Stoßbelastung f impact load(ing), impulsive loading, instantaneous loading, shock load, sudden loading
Stoßblech n splice plate *(Stahlbau)*
stoßen v 1. push, thrust, jolt, bump, jog, strike, shake *(erschüttern, schlagen, rütteln)*; 2. *(Hb)* joint (sb), slot, scarf; rout *(verbinden)*; 3. abut *(Bauteilenden)*
Stoßfaktor m factor for impact, impact factor, impact allowance
Stoßfestigkeit f impact strength, shock resistance, impingement resistance
Stoßfuge f 1. *(Hb)* straight joint, end butt joint; transversal [transverse] joint; 2. cross joint, head joint, side joint, transversal joint *(Mauerwerk)*; perpendicular joint, vertical joint, build *(vertikale Mauerwerksfuge)*; shoved joint *(Mörtel wird vom Bett mit dem Ziegel in die senkrechte Fuge geschoben)*
Stoßleiste f kick strip *(Tür)*
Stoßüberdeckung f lapped connection
Stoßverbindung f butt joint *(Verbindungsstelle)*
Stoßzuschlag m factor for impact, impact factor, impact allowance
Strahlenabschirmbeton m radiation-shielding concrete
Strahlenschutzbaustoff m biological shielding material, radiation shielding material, shielding material

Strahlenschutzbeton m nuclear shielding concrete, concrete for radiation shielding, radiation-shielding concrete, shielding concrete, X-ray protective concrete, loaded concrete

Strahler m 1. light emitter, emitter; projector *(Scheinwerfer)*; 2. radiator *(Heizung)*; radiation source *(z. B. für Wärme)*

Strahlreinigen n blast cleaning; shot blasting

Strahlsand m grit

Strahlung f radiation

Strahlungsheizung f radiant heating, panel heating

Strandkies m beach gravel, shore gravel

Strandmauer f sea wall

Strang m 1. line, cord, rope *(Seil)*; 2. run *(Leitung)*; 3. trace *(1. Linienzug; 2. Hebezeuggestränge)*; 4. track *(Gleis)*

Strangfalzziegel m extruded interlocking tile

Straße f 1. road, *(AE)* highway; street *(street bezeichnet immer eine Innerortsstraße)*, row *(gerade Straße)*, lane *(enge Straße)*; 2. line *(Produktionsstraße)*

Straße f **in Dammlage** road on embankment *(Dammschüttung)*

Straße f **in Tieflage** depressed road, sunk motorway, sunken road *(im Einschnitt)*

Straßenabsteckung f road setting-out

Straßenabwasser n surface water

Straßenaufbau m pavement structure

Straßenausbau m road improvement

Straßenausstattung f road equipment, roadside furniture, street furnishing, street furniture *(z. B. mit Schutzplanken, Markierungen, Verkehrszeichen)*

Straßenbau m 1. highway engineering, road engineering, traffic engineering *(Fachgebiet)*; 2. road building, road construction, road making, *(AE)* highway construction; 3. road building projects *(durchzuführender)*

Straßenbauarbeiten fpl road construction work, roadworks

Straßenbaubehörde f road authority, highway agency [authority], road (construction) authorities

Straßenbaubeton m road concrete

Straßenbaubitumen n paving (grade) bitumen *(genormt)*; *(AE)* road asphalt

Straßenbauingenieur m road engineer, highway engineer

Straßenbaustoff m road material, *(AE)* highway material

Straßenbefestigung f 1. pavement, road crust; street pavement; 2. paving *(Vorgang)*

Straßenbrücke f highway bridge, road bridge

Straßendecke f 1. road surface, topping, coat, veneer, surfacing; 2. pavement, paving *(Gesamtbefestigungsbelag)*; 3. sheeting *(Verschleißbelag)*; 4. crust *(Zementbetondecke)* • **die Straßendecke erneuern** *(Verk)* resurface *(Straße)* • **eine Straßendecke aufziehen** finish

Straßenentwässerung f road drainage, street drainage

Straßenentwurf m highway design, road design

Straßenerhaltung f road maintenance

Straßenerhaltungsmanagement n road maintenance management system

Straßenfertiger m road finisher, road finishing machine, (road) paver; spreader finisher

Straßenflucht f road building line

Straßenfront f street font, frontage, street façade, flank front

Straßengabelung f fork junction, road fork

Straßengraben m ditch of a road, road ditch, roadside ditch, side culvert

Straßenkoffer m coffer

Straßenmarkierung f road marking, traffic marking, highway striping, lane marker, lane marking, marker, markings, street line

Straßenoberbau m road crust

Straßenpflaster n block pavement, stone pavement, pitching, pavement; paving *(Gesamtbefestigungsbelag)*

Straßenplanum n road-bed

Straßenquerprofil n profile of a road, highway cross-section, transverse profile

Straßenrinne f road channel, gutter channel, gutter, sewer

Straßenseite f 1. front elevation, street front *(eines Gebäudes)*; 2. side of the street, road side, way side

Straßensicker m road draining

Straßensinkkasten m road inlet, road gully; street gully, street inlet

Straßentrassierung f road design

Straßentunnel m road tunnel, underpass

Straßenüberführung f fly-over junction, overpass (bridge), fly-over; foot-bridge, pedestrian bridge *(für Fußgänger)*

Straßen- und Verkehrsforschungsbehörde f *(AE)* Transportation Research Board

Straßenunterbau m pavement base, road foundation

Straßenunterführung f fly-under, underpass, fly-under junction; subway *(für Fußgänger)*

Straßenverkehrsanlagen fpl road traffic facilities, road infrastructure

Straßenwalze f road roller, compaction roller, road leveller, roller

Strebe f 1. strut, prop, stay, shore, stanchion, post, tall tom, shoring strut *(senkrecht)*; 2. brace, bracing, raker, sloping member *(Fachwerk)*; 3. cross brace, cross member [piece], cross-tie *(quer)*; bat, spur buttress *(Diagonalstab)*; 4. cross pin *(Kreuzzapfen)*; 5. bracket *(Konsole)*; 6. tie *(Verankerung)*; 7. spur *(Klaue)*; 8. prop, racking prop *(Bergbau)*; 9. traverse bracing *(Spreize)*; 10. rider *(Kopfstrebe, Firststrebe)*

Strebebogen m (arch) (flying) buttress, flier arch, flying arch, flying buttress, straining arch, arc-boutant

Strebenfachwerk n sloping member truss, strut frame, system of web members

Strebepfeiler m flying buttress, (arch) buttress, pier buttress, abutment pier, sperone; strong pillar *(bes. Burgenbau)*; counterfort, abamurus *(Versteifungspfeiler, z. B. für Mauern)* • **durch Strebepfeiler stützen** buttress *(z. B. Mauer)*

Strebewerk n abutment system, buttress; strut frame *(Sprengwerk)*; flying buttresses *(im gotischen Kirchenbau)*

Streckbalken m 1. binding beam, border joist; 2. *(Hb)* binding piece; string piece *(bei einem Dachstuhl)*

Streckenführung f 1. alignment, *(AE)* alinement *(von Bauten)*; 2. route, routing, *(AE)* banking; mapping • **eine Streckenführung festlegen** route

Streckenlast f *(Stat)* distributed (line) load, load distributed over a certain length, strip load; knife-edge load(ing)

Streckennetz n 1. *(Verk)* traction system; 2. *(Verk)* rail network *(Eisenbahn)*; 3. *(Verk)* road network (system) *(Straße)*; 4. *(Verk)* air routes *(Flugverkehr)*

Strecker m header, bonder (brick), outbond brick, bonded brick, binder *(Mauerwerk)*

Streckerverband m header bond *(Mauerwerk)*

Streckgrenze f strain limit *(Dehnungsverformung)*; tensile yield strength, yield point *(von Metallen)*

Streckmetall n expanded metal, expanded (metal) mesh, rib mesh

Streckmetallbewehrung f expanded reinforcement, fabric reinforcement

Streckung f 1. stretching, extension *(mechanisch)*; 2. elongation, lengthening, distension *(Ausdehnung)*; 3. extension *(mit Streckmitteln)*; 4. dilution *(von Flüssigkeiten)*; 5. yield *(über der Elastizitätsgrenze)*

Streichbalken m trimmer beam, trimmer joist, trimmer; wall plate

streichen v 1. brush, brush-coat, brush-paint *(mit Streichbürste, z. B. Mauerwerk)*; 2. butter *(Dachbindemittel)*; 3. coat, paint *(mit Farben)*; 4. fill up with *(Mörtel, Kitt in Fugen)*; 5. spread, apply, smear *(schmieren)*; 6. strike *(geologisch)*

streichfähig brushable; ready-mixed *(Farbe)*

Streichfarbe f brush(ing) paint

Streifen m 1. stripe *(z. B. für Wandgestaltung)*; streak *(unregelmäßig)*; 2. strip *(Metallstreifen, Deckstreifen, Dichtungsstreifen usw.)*; 3. line, *(AE)* stripe *(Linie)*; 4. tape *(Band)*; 5. tract, strip *(eines Geländes)*; 6. verge *(Grünstreifen)*; 7. stria, striation *(Furche, Rille)* • **mit Streifen versehen** stripe

Streifenbelastung f strip load

Streifenfundament n strip foundation, strip [strap] footing, direct foundation, continuous [wall, strand] footing

Streifenlast f *(Stat)* strip load

streuen v 1. spread *(Baustoffe)*; 2. scatter *(Messwerte)*

Streu- und Bruchverlust m loss, spoilage *(von Baustoffen)*

Streuung f 1. beam spread *(eines Scheinwerfers)*; 2. scattering *(Werte, Größen, Messwerte)*

Strohbauplatte

Strohbauplatte f strawboard, thatchboard
Strohdach n straw roofing, straw thatching, thatched roof
Strohdämmplatte f insulation straw board, strawboard
Strom m 1. (El) (electrical) current; 2. flow, flood, stream (Flüssigkeiten); 3. current, stream, flow (Strömung); 4. river (großer Fluss); 5. (Verk) the stream of traffic, the flow of traffic
Stromführung f (El) power supply
Stromleitung f 1. (El) current conduction; 2. (El) cable, power supply line (Leiter)
Strömung f flow, fluid flow, current, stream; tide (Flut) • **in Richtung der Strömung** downstream
Stromversorgung f (El) electricity supply, current supply, power supply
Stromzuführung f (El) current lead, current supply, conductor lead, power lead
Struktur f 1. structure (Gliederung, auch von Stoffen); 2. embossment (Tapetenprägung); 3. configuration (Strukturschema, z. B. Pressplatten); 4. constitution (Anordnung); 5. texture (von Werkstoffen)
Strukturbeton m textured concrete, textured exposed concrete, textured fair-faced concrete
strukturiert structured
Strukturputz m stippling
Stuck m stucco • **mit Stuck verzieren** stucco
Stuckarbeit f stucco decoration, plasterwork, parget(ing), modelling • **mit Stuckarbeit versehen** plasterwork, (AE) parget
Stuckatur f ornamental modelled stuccowork, stucco decoration, plasterwork, parget(ing)
Stuckdecke f stucco ceiling, lathed and plastered ceiling
Stuckgips m (hard) plaster, plaster of Paris, stucco, hemihydrate plaster, lump gypsum
Stuckleiste f plaster cornice, staff
Stuckmörtel m stucco mortar
Stuckputz m stucco
Studium n **und Dokumentation** f **des Bauwesens** (CIB) International Council for Building Research Studies and Documentation, CIB

Stufe f 1. step, stair, flier, gradin(e) (einer Treppe); 2. step, terrace (im Gelände); 3. degree, level (Gradstufe, Grad); 4. (El) fault
Stufen fpl steps, (AE) dancers • **die Stufen verziehen** turn the steps (Treppe) • **Stufen ausgleichend verziehen** balance (the) steps
Stufenauftritt m stair tread, tread, go (Treppe)
Stufenbreite f length of step; tread, going, tread length (senkrecht zur Treppenachse)
Stufenhöhe f height of step, rise (of step), mounting of a step
stufenweise 1. benched (abgestuft); 2. incremental (abschnittweise); 3. stepwise (z. B. Bewegung)
Stukko m hemihydrate plaster
Stülpschalbrett n bevel board, clapboard, (AE) lap siding
Stülpschalung f bevel siding, bevel siding, (AE) lap siding
stumpf 1. blunt (Werkzeug); 2. obtuse (Winkel); 3. mat, matt, hazy, non-bright, lustreless (Anstrich); 4. dead, non-bright, flat (Farbe); 4. dull (Farboberfläche); 5. square-dressed (Parkettstab); 6. stubby (gedrungen); 7. butt (Holzverbindung); abut (Bauteilverbindung)
• **stumpf werden** 1. dull (Werkzeug); 2. sadden down (Anstrich)
stumpf gestoßen butted
Stumpffuge f end-to-end joint, heading joint
Stumpfschweißverbindung f butt-weld(ed) joint; welded butt splice (Bewehrung)
Stumpfstoß m butt(ed) joint (Verbindungsstelle); abutting joint, square joint (Schweißverbindung); scarf joint (unter 45°)
Stumpfstoßen n abutment (Bauteilenden); scarf jointing (unter 45 Grad)
Sturmhaken m casement stay, hook and eye, stay (bar), window stay
Sturz m lintel, head, header (Fenster, Tür); summer beam, summer stone (langer Sturz)
Sturzbalken m lintel, breastsummer, summer (beam) header
Sturzbogen m straight arch

Sturzriegel *m* 1. lintel intertie beam; 2. *(Hb)* interduce, intertie
Stütz... buttressing ..., supporting ...
Stützbalken *m* supporting bar, supporting beam, *(AE)* stringer
Stützbogen *m* supporting arch, funicular arch, linear arch
Stütze *f* 1. support, supporting member, post, stay, upright prop, shore, rance, *(AE)* back stay; 2. *(Arch)* pillar; 3. pillar stanchion *(Ständer)*; 4. column *(Säule)*; 5. framing column *(Rahmenstiel, Rahmenstütze)*; 6. staff *(Stützstab)*; 7. stanchion *(Stahlstütze)*; 8. *(Erdb)* ground prop; 9. prop *(Bergbau)*; 10. housing *(meist für Statuen)*; 11. tom, rance *(temporäre Baustütze)*
Stutzen *m* 1. connection piece, union, pipe connection; socket, nozzle *(Ansatzrohr)*; 2. pruning *(Baum- und Buschwerk)*
stützen *v* support, bear, prop (up), hold, uphold, truss, stay, sustain, shore, back *(Bauteile, Tragwerke, Bauelemente)*, buttress *(z. B. Mauern)*; carry, support *(Lasten)*; stabilize *(festigen)*; underlay *(durch unterlegen)*
Stützenabstand *m* column spacing
Stützenauflagerung *f* support bearing
Stützenbau *m* column construction
Stützenbewehrung *f* column reinforcement, support reinforcement
stützenfrei column-free, columnless, clear, support-free, supportless
Stützenfundament *n* foundation block, foot block, patten; column footing *(unterer Teil der Säule)*
Stützengründung *f* support foundation
Stützenkopf *m* flared column head, support head, mushroom head
Stützenlast *f* column load, support load
Stützenmoment *n* moment at support, moment at point of support • **das Stützenmoment abtragen** subtract the moment of the supports
Stützenraster *m* column grid, column (grid) pattern, support grid pattern
Stützensenkung *f* settlement of support, settling of support, sinking of a support, displacement of support, displacement of bearings
Stützgerüst *n* supporting frame(work), strutting, supporting skeleton

Stützglied *n* support member, vertical supporting member, supporting
Stützkonstruktion *f* load-bearing structure, supporting structure
Stützkraft *f* supporting force, reactive force, bearing pressure
Stützlinie *f* *(Stat)* pressure line, line of resistance, line of thrust, funicular pressure line, resistance line, thrust line
Stützmauer *f* 1. earth-retaining wall, retaining wall, face wall, sustaining wall, sustained wall, stalk; 2. *(Erdb)* breast wall; revetment wall *(an Böschungen)*; terrace wall *(in Gärten, für Terrassen)*
Stützmoment *n* moment at support, moment at point of support
Stützpfeiler *m* abutment pier, supporting column, supporting pillar, buttress, spur
Stützstab *m* bearing bar, supporting bar
Stützstrebe *f* flying buttress
Stützwand *f* buttress wall, retaining wall
Stützweite *f* length of span, span, span length *(einer Tragkonstruktion)*; bearing distance *(z. B. einer Brücke)*
Submission *f* submission
Submissionstermin *m* open(ing) date *(Ausschreibung)*
Substanzverlust *m* 1. fretting; 2. *(Verk)* ravelling of pavement surface *(Bitumendeckschicht)*
Subunternehmer *m*/**benannter** nominated sub-contractor
sulfatbeständig sulphate-resistant, sulphate-resisting
Sulfathüttenzement *m* supersulphated (slag) cement, gypsum slag cement, calcium sulphate cement
Sulfitablaugenkleber *m* sulphite lye adhesive
Sumpf *m* 1. swamp, bog, marsh, morass, quagmire, gog, sump lodge, slough, slop; 2. pump sump, pump well *(Pumpensumpf)*
Sumpfboden *m* marshland, marshy ground, marshy soil, boggy soil, quagmire, swampy soil
Sumpfkalk *m* pit lime, slaked lime
Superposition *f* *(Stat)* superposition
Superpositionsgesetz *n* *(Stat)* law of superposition, principle of superposition, superposition equation, superposition law, superposition principle, theorem of superposition

Syenit *m* syenite *(Gestein)*
Symmetrieachse *f* axis of symmetry, central axis
Synthetikbaustoff *m* synthetic (building) material, synthetic structural product
System *n* 1. system *(Aufbau, Konstruktion; Diagramm)*; 2. scheme *(Anordnungssystem)*; 3. structural system, construction *(Bausystem, Konstruktionssystem)*; 4. paint system [scheme, formulation] *(Schutzanstrichsystem)*; 5. system *(z. B. von Verkehrswegen, Leitungen)*; 6. schema *(Schema)*
System *n* **mit einzelnem Freiheitsgrad** *(Stat)* single-degree-of-freedom system
Systembau *m* system building
Systemlinie *f* system line, modular line, grid line, centre-to-centre line
Systemliniengitter *n* grid *(Maßordnung)*
Systemliniennetz *n* grid *(Maßordnung)*

T

T-Abzweigstück *n* service tee
Tachymetertheodolit *m (Verm)* tachymeter
Tachymetrie *f (Verm)* tacheometry
Tafel *f* 1. *(Stat)* plate; 2. plate, sheet *(dünn)*; 3. deck *(Fahrbahn, Brücke)*; 4. slab *(Decke; aus verschiedenen Materialien)*; 5. blackboard *(Wandtafel)*; 6. sign *(Schildertafel)*; 7. table *(Platte)*; 8. panel *(Wandverkleidungstafel)*; 9. switchboard, panel *(Schalttafel)*; 10. tablet *(Gedenktafel am Denk- und Grabmal)*; 11. notice board, bulletin board *(Anschlagtafel)*
Tafeldach *n* panel roof
Tafelelement *n* panel (unit)
Tafelkonstruktionssystem *n* panel construction system, panel structural system
täfeln *v* 1. panel, line with (wooden) panels, wainscot; 2. board, plank *(mit Brettern auskleiden)*; 3. pane *(mit Glastafeln)*
Tafelplattensystem *n* panel system
Tafelschalung *f* panel form, panel formwork, panel shuttering
Täfelung *f* 1. wainscoting, panelling; boarding *(Tätigkeit)*; 2. wainscot, panels, wooden panelling, ceiling

Tagesarbeitsbücher *npl* daywork accounts
Tagesarbeitsfuge *f* daywork joint *(Beton)*
Tagesbeleuchtung *f* daylight illumination, natural lighting, daylighting
Tageslicht *n* 1. natural light, daylight; 2. skylight *(durch die Decke einfallend)*
Taktfertigung *f* cyclic work *(Montagebauweise)*
Taktverfahren *n* cyclic work, repetition method *(Montagebauweise)*
Talsperre *f (Wsb)* barrage dam, damming, barrage, dam, impounding dam, river dam
Tandemwalze *f* tandem (road) roller
Tangente *f* 1. tangent *(mathematisch)*; 2. *(Verk)* tangent (road), tangential trunk road, ring road, bypass, *(AE)* belt highway
Tangentenschnittpunkt *m* 1. *(Verk)* intersection point; 2. *(Verm)* tangent cutting point, point of intersection of tangents *(Trasse; auch mathematisch)*
Tangentialkraft *f* tangential force
Tangentialschubkraft *f* tangential shear force
Tannenholz *n* fir wood
Tapete *f* wallpaper, hanging, paper
Tapezierarbeiten *fpl* wallpaper-hanging work, paperhanging, papering work, wallpapering *(mit Papiertapeten)*; wall covering work
tapezieren *v* wallpaper, paper, hang, decorate, upholster
Tätigkeitsbericht *m* activity report
Tau *m* 1. rope, cable *(Seil)*; 2. thaw, dew *(Niederschlag)*
Tauchanstrich *m* 1. dip paint *(Stoff)*; 2. dip coating, flood coat, flow coat *(Beschichtung)*
Tauchrüttler *m* internal vibrator, poker vibrator, pervibrator *(Beton)*; needle vibrator *(für enge Bewehrung und Schalung)*; spud vibrator *(Tauchrüttelverfahren)*
Taupunkt *m* 1. *(HLK)* dew point, condensation temperature, saturation temperature *(Luftfeuchtigkeit)*; 2. thaw point *(Auftaupunkt)*
Tauwasserisolierung *f* condensation damp-proofing
T-Balkenträger *m* slab and beam
T-Band *n* cross garnet *(Baubeschlag)*

Tiefbauarbeiten

Technik f 1. technology, technics *(Wissenschaft)*; 2. engineering *(Wissenschaft und Praxis)*; 3. technique, practice *(Verfahren, Arbeitsweise)*; 4. art, skill *(Kunstfertigkeit)*

teerimprägniert coal-tar impregnated

Teil m 1. part, portion; 2. section *(Strecke; Abschnitt einer Anlage)*; 3. part, share *(Anteil)*; 4. component, part, structural member *(Bauteil, Konstruktionselement)*; 5. accessory part, attachment *(Zubehörteil, Anschlussteil)*; 6. component, constituent *(Bestandteil, auch von Wirkstoffen)*; 7. piece, part, element *(Einzelteil)*; 8. increment *(Probenteil)*

Teilabnahme f partial acceptance

Teileinspannung f partial fixing, partial fixity, partial restraint *(Träger)*

teilen v/sich 1. branch (off) *(z. B. Leitungen)*; 2. fork *(z. B. Straßen)*

Teilkraft f *(Stat)* component, component force

Teillos n part lot *(Baulos)*

Teilsystem n 1. *(Stat)* substructure *(Tragwerksberechnung)*; 2. partial system (of sewerage) *(Teil des Trennsystems)*

Teilung f division; spacing *(Bewehrung)*

Teilvorspannung f partial prestressing, partial tensioning

T-Eisen n/**breitfüßiges** broad-flanged tee-iron

Telegrafenbau m telegraph construction

Telleranker m disk anchor *(in Beton)*

temperaturbeständig temperature-resistant, temperature-proof, temperature-stable

Temperaturfühler m temperature-sensing device, temperature-sensing element; temperature regulator, temperature sensor *(Heizung)*

Temperaturregelung f *(HLK)* heat control, temperature control

Temperaturspannungsrisse mpl temperature cracking

temperaturwechselbeständig resistant to temperature changes

Tenderzeichnung f bidding drawing

Teppichboden m fitted carpet, carpeting

termingemäß according to schedule, on schedule, terminal *(z. B. Bauausführung)*; on time, in due time *(z. B. Lieferungen)*

Terrain n 1. terrain, ground; 2. building ground, building site

Terrakottaauskleidung f terracotta lining

Terrakottatafel f terracotta panel *(Wandtafel)*

Terrakottaverkleidung f terracotta facing, terracotta lining

Terrasse f 1. terrace; 2. *(Arch)* patio; 3. roof garden *(Dachterrasse)*; 4. storey *(Geschoss)* • **Terrassen anlegen** terrace

Terrassendach n terrace roof, roof-deck, cut roof, platform roof

Terrazzo m terrazzo, terrazzo concrete, granolith; berliner *(mit langen, dünnen Marmorsplittkörnern)*; Venetian (mosaic) *(mit großen Zuschlagskörnern)*

Terrazzoarbeiten fpl terrazzo work(s)

Terrazzobeton m granolithic concrete

Terrazzofußbodenbelag m terrazzo flooring finish

Territorialplanung f physical planning

Testbohrung f trial boring, preboring *(Baugrund)*

T-Fitting n branch fitting, service tee; side outlet *(Rohrleitung)*

Theodolit m theodolite, surveyor's transit

Theorie f *(Stat)* deflection theory

Theorie f **des parallelen Spannungsverlaufs** straight-line theory *(Stahlbeton)*

Theorie f **I. Ordnung** first order theory

Theorie f/**ideal-plastische** ideal plastic theory, perfectly plastic theory

Theorie f **II. Ordnung** second order theory

thermisch thermal, thermic

Thermoplast m thermoplastic

Thermoplastbeschichtung f thermoplastic hot-melt coating *(von Holz)*

Thermostat m thermostat, temperature controller, temperature regulator, temperature-sensing device, temperature-sensing element

Thermostatregelung f thermostatic control

Thiokol n thiokol *(heller Kunstkautschuk)*

tief liegend 1. deep-seated *(geologisch)*; 2. low-lying *(Gebäude, Bauplatz, Gebiet)*

Tiefbau m 1. civil engineering, underground engineering, deep workings; 2. underground mining, underground working *(Bergbau)*

Tiefbauarbeiten fpl below grade work, deep level workings

Tiefbauwerk n underground structure
Tiefbordstein m flush kerb, inverted kerb, (AE) curb below ground
Tiefe f depth
Tiefgarage f underground car park, underground garage, underground parking garage, deep-level garage, basement car park, basement garage
Tiefgründung f deep foundation
Tieflage f 1. (Verk) subsurface alignment; 2. (Erdb, Bod) deep seat; 3. subsurface situation, low position (Gebäude); 4. low-site (Städtebau)
Tieflöffelbagger m backacter shovel, backdigger, backhoe, hoe shovel, pull shovel, pullscoop, drag shovel; ditch digger, ditcher (Grabenbagger)
Tiefspülbecken n wash-down bowl (WC)
Tiefstraße f (Verk) depressed road, underground road; sunk motorway, sunken road (im Einschnitt)
Tilt-up-Bauweise f tilt-up construction, tilt-up method (Aufrichtbauweise)
Tischler m joiner; building joiner (Bautischler); cabinet-maker (Kunsttischler)
Tischlerarbeit f joinery, joiner's work; woodwork (Holzfeinarbeiten)
Tischlerplatte f laminated board, blockboard, batten board, coreboard, (AE) lumber-core plywood; chipboard (Spanplatte)
Titanstahl m titanium stabilized steel
T-Muffe f T-joint
Toilettenanlage f closet facility, closet installation, toilet facility, toilet installations
Toilettenbecken n toilet bowl, bowl, closet pan, pan
Toilettenfallrohr n soil stack
Toilettenspülung f lavatory flush(ing), closet flush(ing), toilet flush
TOK-Band n TOK-joint ribbon
Toleranz f tolerance, permissible limit, allowable deviation, allowance, margin (erlaubte Maßabweichung) • **innerhalb einer Toleranz** within a tolerance
Ton m 1. clay, argil(l)a (Mineral); 2. sound (Klang); 3. shade, hue (von Farben) • **mit Ton abdichten** (Bod) pug
Tonboden m clay soil, clayey soil, clay bed
tönen v 1. tone, tint, shade (Farbe, Oberflächen); 2. sound (klingen)
Tonerdemörtel m alumina mortar

Tonerdeschmelzzement m high-alumina cement, alumina cement, aluminous cement, montan cement
tonhaltig argillaceous, clayey
Tonhohlplattendecke f hollow clay block floor
Tonmineral n clay mineral
Tonnendach n arched barrel roof, barrel roof, wagon roof, compass roof
Tonnengewölbe n barrel vault, barrel arch, tunnel vault, annular vault, circular (barrel) vault, cradle vault, semicircular vault, wagon(-headed) vault • **mit Tonnengewölbe** wagon-headed
Tonnenschalendach n arched barrel roof
Tonrohr n clay pipe, earthenware pipe, tile pipe
Tonschicht f clay bank, clay layer, bed of clay, impervious soil • **mit einer Tonschicht versehen** (Bod) pug
Topflager n pot bearing
Topographie f topography
Tor n 1. gate, door; 2. (Arch) portal; 3. gateway (Einfahrt); 4. archway (Torbogen)
Tordurchfahrt f gateway, passageway
Torbeton m peat concrete
Torffaserdämmplatte f peat insulating board
Torflügel m leaf of a gate
Torkretbeschichtung f shotcrete surfacing, shotcrete facing
Torkretbeton m shotcrete, air-placed concrete, jetcrete, pneumatically placed concrete, gun-applied concrete, gunite, gunned concrete, dry mix concrete
Torkretieren n shotcreting, shotcrete operation, concrete spraying, guniting, placing of dry-mix shotcrete, pneumatic placement, shooting, (AE) gunning
Torpfosten m gatepost, swinging post; heel post (für die Türangel)
Torriegel m gate latch
Torsion f torsion, twist, twisting • **auf Torsion beanspruchen** twist • **auf Torsion beansprucht** twisted
Torsionsbeanspruchung f torsional stress, twisting stress
Torsionsbewehrung f torsion(al) reinforcement, torsion(al) steel
Torsionsfestigkeit f torsion resistance, torsion(al) strength, twisting strength

Tragfähigkeit

Torsionsknicklast f torsional buckling load, twisting buckling load
Torsionsmoment n torsional moment, twisting moment, torque moment, torque
Torsionsspannung f intensity of torsional strain, intensity of torsional stress, torsion(al) stress
torsionssteif torsionally rigid, torsionally stiff, torsion-proof
TOR-Stahl m tor steel
Torusschale f toroidal shell *(Schalenkonstruktion)*
Torweg m gateway, doorway, entrance gate; exit passageway; carriage entrance, carriage gate *(Fahrweg)*
Tosbecken n *(Wsb)* stilling basin, stilling pool; whirlpool basin; roaring basin, roaring pool, tumbling bay *(Talsperre)*
Totlast f dead load
toxisch toxic
T-Profil n structural tee, T-section
Trag... supporting ...
Tragarm m supporting arm, suspension arm; arm *(Kran)*
Tragbalken m beam, girder *(meist aus Holz)*; supporting beam, standard; raising plate *(Wand, Rahmen)*
Trageelement n supporting member, supporting component, supporting structure
Tragekonstruktion f bearing structure, skeleton, understructure
tragen v bear, carry, support, sustain, uphold *(Lasten)*; carry *(Schall)*
tragend bearing, load-bearing, load-carrying, stress bearing, supporting, weight-carrying
tragend/längs load-bearing in longitudinal direction, load-carrying in longitudinal direction, bearing in longitudinal direction, supporting in longitudinal direction, weight-carrying in longitudinal direction
tragend/nicht non-structural, non-bearing, non-load-bearing, non-supporting, non-weight-carrying
tragend/quer load-bearing in transverse direction, load-carrying in transverse direction, supporting in transverse direction, weight-carrying in transverse direction
Träger m 1. girder *(meist aus Beton oder Stahl)*; beam *(meist aus Holz oder Beton)*; load-bearing member, carrier beam; 2. bracket, stay, beams bearer, wall bearer, support *(Stütze)*; 3. medium *(z. B. für Farben)*; 4. supporting base, supporting material *(z. B. bei Dachpappen, Kunststoff)*; 5. transfer medium *(z. B. Luft, Wasser, Strahlung usw.)* • **mit Trägern** trabeated
Träger m/**beidseitig eingespannter** beam fixed at both ends, built-in girder
Träger m/**frei aufliegender** beam supported at both ends
Träger m/**zusammengesetzter** built-up beam, built-up girder, keyed girder; compound beam, hybrid beam *(Holz)*
Trägerabstand m distance between girders, beam distance, girder spacing
Trägeranker m beam anchor, girder anchor *(Zuganker)*; beam hanger, beam saddle
Trägerbalkendeckenkonstruktion f beam-and-girder construction
Trägerbrücke f girder bridge
Trägerdecke f girder floor
Trägerflansch m girder flange, girder boom, girder chord, flange
Trägergurtung f girder chord, girder boom
Trägerlager n girder bearing
Trägerprofil n girder section
Trägerrahmenwerk n contignation *(horizontal als Ringanker)*
Trägerrost m girder grillage, girder grille, steel grid, beam-and-girder construction *(Deckenkonstruktion)*; grillage beam
Trägerschalung f beam form(work), girder forms *(zur Herstellung von Betonträgern)*
Trägersystem n beam system, trabeated system • **mit Trägersystem gebaut** trabeated
tragfähig able to support load; bearing, firm *(Baugrund)*; strong, solid *(fest)*
Tragfähigkeit f load-bearing capacity, load-carrying capacity, load capacity, bearing capacity, bearing power, weight-carrying capacity, structural strength, ultimate bearing capacity, admissible load, working strength; lift capacity *(Baukran)*; passenger-carrying capacity *(Fahrstuhl, Aufzug)*; maximum load *(Lastaufnahme)*
Tragfähigkeit f/**zulässige** 1. allowable bearing capacity, admissible load, per-

Tragfähigkeitswert

missible load capacity; 2. *(Bod, Erdb)* allowable soil pressure

Tragfähigkeitswert *m (Erdb)* (California) bearing ratio

Traggerüst *n* supporting frame(work), supporting scaffold, carrying framework

Trägheit *f* 1. inertia *(physikalisch)*; 2. inactivity, passivity *(von Stoffen)*; 3. slowness *(von Reaktionen)*

Trägheitsmoment *n* moment of inertia, inertia moment, inertia effect, rotational inertia, second moment

Trägheitsradius *m* radius of inertia, radius of gyration

Tragkonstruktion *f* supporting structure

Tragkraft *f* 1. load-bearing capacity, load-carrying capacity; 2. s. Tragfähigkeit

Traglast *f* 1. limit load, ultimate load, plastic load, collapse load; 2. *(Bod)* burden

Traglastverfahren *n (Stat)* limit-load design, ultimate load design (method), limit design, limit method, plastic design, plastic theory; load-factor design; load-factor method *(Stahlbetontheorie)*

Tragmast *m* 1. supporting pylon; 2. *(El)* suspension tower

Tragmauerwerk *n* load-bearing masonry

Tragpfahl *m (Erdb)* (load-)Bearing pile, supporting pile

Tragplatte *f* mounting base

Tragrahmen *m* load-bearing frame, bearing frame, weight-carrying frame; underframe *(Holzfachwerkhaus)*

Tragrost *m* suspension grid system

Tragschicht *f* 1. *(Bod, Erdb)* bearing layer, bearing stratum supporting bed, supporting stratum; 2. *(Verk)* base (layer), roadbase, pavement base, bearing bed, bearing course, *(AE)* base course *(Straße)*

Tragstab *m* 1. supporting bar; 2. non-bent-up reinforcing bar *(Bewehrungszugstab)*

Tragsystem *n* load-bearing system, structural system

Tragvermögen *n* load-bearing capacity, (ultimate) bearing capacity, bearing power, carrying capacity

Tragwerk *n* load-bearing structure, supporting structure, structural framework, structure, frame (building), framework *(aus Holz, Beton, Stahl)* • **ein Tragwerk montieren** frame

Tragwerksberechnung *f* analysis of structures

tränken *v* 1. impregnate, saturate, treat, soak, imbibe *(z. B. Holz, Gewebe, Dichtungsbahnen)*; water *(mit wässrigen Lösungen)*; 2. grout in *(Mörtel, Beton)*

Tränkmasse *f* impregnant, impregnating composition, saturating agent

Transformatorraum *m* transformer room

Transparenz *f* transparency

Transport *m* 1. transport, transportation, conveyance, handling *(Beförderung)*; 2. haulage, transit *(mit Lastkraftwagen oder Bahn)*; shipment *(auch mit Schiff)*

Transportanlage *f* handling plant

Transportbelastung *f* handling load *(Holz)*

Transportbeton *m* ready-mix(ed) concrete, truck-mix(ed) concrete, central-mix(ed) concrete

Transportbewehrung *f* handling reinforcement

Transportmischer *m* transit mixer, mixer conveyor, lorry mixer, *(AE)* mixer truck, *(AE)* truck mixer

Transversalbogen *m* transverse arch, arch band

Trapezbinder *m* hip truss, pitched truss

Trapezblech *n* trapezoidal sheet metal

Trapezfachwerk *n* trapezoid truss

Traps *m (San)* trap, stink trap, air trap, stench trap *(Zusammensetzungen s. Geruchverschluss...)*

Trassbeton *m* trass concrete

Trasse *f* 1. *(Verm)* line, route, marked-out route; 2. *(Verk)* line *(fertige Trasse)*; line of (the) road; railway line; 3. right-of-way *(vom Staat beanspruchtes Gelände für Straßen, Eisenbahn)*; 4. cable route, cable run *(Kabeltrasse)* • **eine Trasse festlegen** route

Trassenabsteckung *f* route mapping, location; road setting-out

Trassenführung *f (Verm)* line, route

trassieren *v* 1. route, map, lay out, trace out, locate; plot a road *(Straße)*; 2. *(El)* locate

Trassmörtel *m* trass mortar, mortar from trass

Traufanschluss *m* eaves flashing

Traufblech *n* gutter bed

Traufbohle f eaves board, fascia board, gutter board, soffit board, sprocket
Traufe f (dripping) eaves
Traufenlage f eaves course, dripstone course, starter strip
Traufkante f eaves moulding
Traufstein m watershoot; eaves slate, gutter stone, margin tile
Traverse f 1. cross beam, cross bar, transverse beam; 2. (Hb) top beam, collar beam; top beam (Dach); strongback (Betobform); 3. cross arm, cross bar, spreader beam, crosshead, suspension bracket (Gehänge für Kranlasten)
Travertinverkleidung f travertine facing
treiben v 1. drive; 2. drive, ram (z. B. Pfähle); 3. (Tun) push in, drive, force in (vortreiben); 4. emboss, incise, chase (Metalldekoration an Außenflächen); 5. expand (Zement)
Treibmittel n expanding agent, expanding chemical, foaming agent
Trennbruch m rupture by separation, separation fracture, stretching fault, rupture
trennen v 1. separate (out), grade (Stoffgemische, Gemenge, z. B. Zuschlagstoffe nach Korngröße, Qualität); 2. release (Formteile von Formen); 3. partition (Räume unterteilen); 4. (El) disconnect (Kontakt); open, isolate (vom Stromkreis); 5. cut (off) (Versorgungsleitungen, z. B. Stromzufuhr, Wasserzufuhr); 6. disjoint (Verbindungen, z. B. konstruktive); 7. resaw, cut off (Holz); slash (Baumstämme); 8. resolve (analysieren, aufspalten); 9. sever (lostrennen, durchtrennen, zerschneiden)
Trennentwässerung f two-pipe system, separator system (Abwasser)
Trennfuge f 1. separation joint, isolation joint; 2. expansion joint (Dehnfuge); 3. parting line, partition line (einer Form); 4. ripping size (Holz)
Trennkanalisation f separate system, two pipe system
Trennmembran f separation membrane
Trennmittel n mould-release agent, parting agent, parting compound, separating agent, (form) release agent (Schalung); bond breaker, bond breaking agent (zum Ablösen, chemisch wirkend)

Trennschicht f interlayer, parting (layer); separating layer, separation layer (Mauerwerk, Kofferaufbau)
Trennsystem n (San, Umw) separate system, two-pipe system (Abwasser)
Trennwand f 1. partition, partition wall, dividing wall, division wall; load-bearing partition (tragend); 2. partition panel (Wandelement); 3. bulkhead (z. B. gegen Wassereinbruch); 4. baffle wall (Prallwand); 5. slurry wall (Sperrwand, Dichtungswand)
Treppe f staircase, pair of stairs, flight of stairs, stair(s), stairway
Treppe f/gerade straight flight
Treppe f/zweiläufige double-flight staircase, double-flight stair(s), platform stair(s), stairs with landing
Treppenabsatz m (stair) landing, halfpace landing, pace, plat, stairhead, halfspace
Treppenaufgang m staircase
Treppenauge n well of a staircase, open well, wellhole, well mouth
Treppenbaum m stair check, horse
Treppengeländer n row of banister, banister with handrail, stair railing, handrail
Treppenlauf m flight of stairs, stair flight; fliers (bei gerader Treppe)
Treppenpfosten m newel, stair post, newel post
Treppenpodest n (stair) landing, plat halfspace landing, halfspace, platform halfspace landing, platform, stair landing, pace
Treppenstufe f 1. step, stair, stairstep, flier, (AE) degree (Zusammensetzungen s. Stufe…); 2. ladder step (einer Trittleiter)
Treppenwange f string, stair stringer, stringboard, stair wall string, stair carriage, stair horse, finish (stair) string; notch board, bridgeboard (Holzwange)
Triangulation f (Verm) triangulation (geodätische Lagebestimmung von Geländepunkten) • **eine Triangulation durchführen** (Verm) triangulate
Triangulationspunkt m (Verm) triangulation point, triangulation station
triaxial triaxial
Triaxialfestigkeitsprüfung f triaxial compression test
Trichter m 1. funnel; hopper (Beschi-

Trichtergewölbe 478

ckungstrichter); 2. rainwater hopper *(Regenwasserablauf)*
Trichtergewölbe *n (Arch)* squinch arch, conoidal vault
trigonometrisch trigonometric
trimmen *v* trim
Trinkwasseraufbereitungsanlage *f* drinking water conditioning plant
Trinkwasserleitungsnetz *n* drinking water network
Trinkwasserschutzgebiet *n* drinking water protection area, potable water protection area; municipal watershed *(Wassereinzugsgebiet)*
Trinkwasserversorgung *f* drinking water supply, potable water supply
Trinkwasserzuleitung *f* water-distribution pipe
Tritt *m* stair, step; rung *(Sprosse)*
Trittbreite *f* tread run *(einer Stufe, ohne Nase, ohne Überstand)*
Tritthöhe *f* stair rise, riser height *(Treppenstufe)*
Trittmaß *n* rise-to-run ratio, stair run *(Treppe)*
Trittschall *m* (floor) impact sound, impact noise, footfall sound, footstep sound
Trittschalldämmung *f* impact sound insulation, footstep sound insulation, footfall sound insulation; floor pugging *(durch Einschütten von Dämmstoffen jeder Art)*
Triumphbogen *m (Arch)* triumphal arch, memorial arch; chancel arch *(in der Basilika)*
trocken 1. dry, moisture-free; 2. dry, seasoned *(abgelagertes Holz)*; 3. arid *(Land)*
Trockenausbau *m* dry lining
Trockenbautechnik *f* dry system of construction
Trockenbauweise *f* dry construction, dry system of construction, dry-wall construction *(ohne Mörtel)*
Trockenfertigmörtel *m* premix dry mortar
Trockengemisch *n* dry mix, dry blend; dry batch *(Beton)*
Trockenlegung *f* 1. dampproofing *(Mauerwerk)*; 2. *(Erdb)* dewatering, drainage, draining, underdrainage, unwatering; reclamation *(Land, Boden)*
Trockenmauer *f* dry stone wall, dry rubble wall; dike

Trockenputz *m* 1. dry plaster, dry-wall finish *(Putzart)*; 2. premix plaster, premixed stuff, ready-mixed plaster *(vorgemischte Putzmasse noch ohne Wasserzugabe)*
Trockenriss *m* desiccation crack, desiccation fissure, drying crack *(in Keramik)*; seasoning check, shrinkage shake *(in Holz)*; water crack *(in Putz)*
Trockenschwinden *n* initial shrinkage
Trockensprinklersystem *n* dry sprinkler system
Trocknungsspannung *f* drying stress
Trog *m* 1. trough; 2. mason's hod, hod *(Maurertrog, Mörteltrog)*; 3. hutch *(Mulde, Kasten)*; 4. tank *(Becken, Kessel, Zisterne)*; 5. tray *(Schale, Mulde)*; 6. tub, vat *(Bottich, Pflanzbehältnis)*
Trogabdichtung *f* tanking
Trogbrücke *f* trough bridge
Trommelmischer *m* drum mixer, barrel mixer, concrete mixer with rotating drum
Trompe *f (Arch)* squinch arch, trompe *(Trichtergewölbe)*
Trompetenanschluss *m (Verk)* trumpet junction *(Straße)*
Trompetengewölbe *n (Arch)* trumpet arch, conical vault, expanded vault, conical squinch, splaying arch
Tropenbau *m* tropical building
tropenfest tropic-proof, withstanding tropical conditions
Tropfband *n* taping strip *(Betonfugen)*
Tropfkörper *m (San)* sprinkling filter, percolation filter, trickling filter *(Abwasserreinigung)*
Tropfnase *f* water drip, weather drip; drip cap, drip nose *(am Fenster)*
Tropftülle *f* drip nozzle *(Brückenentwässerung)*
Trübglas *n* opaque glass, opal glass
Trümmer *pl* 1. rubble, debris, wrecks *(Schutt)*; ruins *(Ruinen)*; 2. debris *(Geologie)*; 3. shatter, fragments *(Bruchstücke)*
Trümmerbeton *m* broken-brick concrete
Trümmersplitt *m* manufactured (clay) brick chips
T-Stahl *m* T-bar, tee steel
T-Träger *m* T-girder, T-beam
Tudorbogen *m (Arch)* Tudor arch, four-centered arch
Tuffstein *m* tuffstone, volcanic tuff, tuff

Überbrückung

(vulkanisch); tufa *(sedimentär)*; trass *(gemahlener vulkanischer Tuffstein)*

Tünchen n whitewashing, limewashing, limewhiting, liming, whitening

Tunnel m 1. tunnel, tube; 2. fly-under, fly-under junction *(Unterführung)*; passage underground *(Fußgängertunnel)* • **den Tunnel treiben** tunnel through • **einen Tunnel bohren** tunnel • **einen Tunnel graben** tunnel • **einen Tunnel treiben durch** tunnel

Tunnelausbau m tunnel finishing and completion

Tunnelbau m tunnel construction, tunnelling

Tunnelbauverfahren n tunnelling technique

Tunnelbauweise f/neue österreichische new Austrian tunnelling method *(NÖTB)*

Tunnelbetonierverfahren n/**Osloer** Oslo method, Oslo tunnel-concreting method *(ohne Bewehrungserfordernis)*

Tunnelbohrgerät n tunnel-boring machine

Tunneleinfahrt f tunnel portal

Tunnelgewölbe n *(Arch)* tunnel vault, barrel vault

Tunnelröhre f main tunnel

Tunnelvortrieb m tunnel driving, tunnelling, *(AE)* tunneling

Tür f door *(Wohnung, Haus)*; gate *(Tor)* • **eine Tür zumauern** block up

Tür f/gedämmte cold storage door

Türangel f door hinge, hinge pivot, garnet hinge, pivot, hinge

Türanschlag m door stop, door strip, floor stop, back fillet

Türband n door hinge, pin hinge, hinge strap, hinge plate, turning joint *(Baubeschlag)*

Türbeschläge mpl 1. door fittings, door furniture, door hardware, door trim, trim; 2. cabin hook *(Schranktür)*

Türblatt n door leaf, leaf

Türdichtung f door gasket

Türdrehöffner m turn button

Türfüllung f door panel

Türfutter n door lining, lining of door casing, door casing, door frame, jamb lining

Türklinke f door handle, (door) latch

Turmbau m tower building, tower construction

Turmdrehkran m rotary tower crane, revolving tower crane, mobile tower crane, mono-tower crane, tower crane, tower gantry

Turmhelm m top of spire

Turmhochhaus n tower block, tower building, tall block, toll building

Turmpfeiler m tower pier

Turmschaft m tower shaft

Turmspitze f top of the tower; spire, top of spire, polygonal spire

Türoberlicht n transom light; fanlight, fan window *(halbrundes Fenster über Türen)*

Türöffnung f doorway, shutter doorway

Türpfosten m 1. door jamb, door post, door cheeks, door tree, door stud, principal post, jamb, side jamb; 2. *(Arch)* alette, allette *(römischer Bogenpfeiler)*

Türrahmen m door casing, door frame(-work); panel frame *(einer Rahmentür)*

Türschließanlage f door closing device

Türschloss n door lock

Türschwelle f threshold, doorsill, door saddle, door strip, sill, *(AE)* saddleback board, *(AE)* door rail

Türverkleidung f door lining, door panel

Türzarge f door frame, door casing, door buck

Typenbau m standard building

Typenbauten mpl/**im Baukastensystem errichtete** prefabricated standard buildings erected by building units

Typenfenster n standard window

U

U-Bahnlinie f underground line, *(AE)* subway line

überarbeiten v revise *(Plan)*

Überbau m superstructure

Überbaukonstruktion f superstructure

Überbeanspruchung f 1. overstress, overload, overtension, excessive stress, surcharge *(mechanisch)*; 2. overuse *(Natur, Umwelt)*; 3. surcharge *(auch El)*

Überbelastung f overload condition, overloading, overcharge

Überbeton m non-structural top screed

Überblattung f 1. *(Hb)* table(d) joint, half joint, halving joint, halving, shiplap edge; 2. overlapping, overleap joint

Überbrückung f bridging *(von Rissen)*;

überdachen

überdachen spanning (z. B. einen Fluss, ein Baufeld usw.)
überdachen v roof over, cover; house in
Überdecken n covering-over
Überdeckung f 1. lap, lapping (Bewehrungsstahl); 2. (Bod, Erdb) overburden; 3. covering-over (z. B. Verkleidung); 4. overlapping (z. B. Dachziegel); 5. shelter (schützend)
Überdeckungsstoß m lap joint, plain lap, lapped splice, joint for allowance, splice
überdimensioniert overdesigned, oversized, superdimensioned
Überdruck m overpressure, excess pressure, superpressure
Überdruckventil n pressure-relief device, pressure-relief valve
übereinander gelagert superimposed
übereinanderlegen v superpose
Übereinstimmung f conformity, conformance (z. B. konstruktiv); accordance, compliance (Termine, Bauvorschriften); consensus (Bestimmungen); consistency (Gleichmäßigkeit)
Übereinstimmungsnachweis m attestation of conformity
Überfallbauwerk n (Wsb) retention weir
Überfalle f padlock hasp (Schloss)
Überflurhydrant m pillar hydrant, surface hydrant
Überflutungsflächen fpl (Wsb) retention areas (Flussauen)
Überführung f (Verk) overbridge, flyover, scissors crossover, road bridge, (AE) overpass
Übergabe f handing over, handover (fertig gestellter Bauten)
Übergang m 1. (Verk) crossing, passage, (AE) crosswalk, xing, X-ing; pass, crossing place (Verdichtungsübergang); 2. change-over (Veränderung); 3. gradation (Zuschlagstoffkörnungen); 4. transition (z. B. Linienführung, Übergangstaktion); 5. interim (Zwischenlösung); 6. assignment, transfer (Eigentum, Baugrund)
Übergangsbereich m transition zone
Übergangsbogen m 1. (Verk) transition curve, connecting curve, spiral curve, junction curve, easement curve, spiral (Trassierung); 2. transition arch
Übergangsrohr n 1. reducing pipe, transition pie; 2. (San) taper, tapered pipe

Übergangsstück n (San) reducer
übergespannt overprestressed, overstressed, overstretched (Spannbeton)
Überhang m 1. overhang; 2. (Hb) sally (Dach)
überhängend overhanging, overhung (z. B. Träger, Dach); pendent (herabhängend); beetle (vorstehend)
überhöhen v 1. stilt, surmount (Gewölbe, Dachstuhl, Tragwerk); 2. (Verk) bank, superelevate (z. B. eine Kurve); 3. step (Geländer)
Überhöhung f 1. hog, hogging (Aufwölbung); 2. raise (Aufschüttung); 3. degree of incline (Neigungswinkel); 4. exaggeration of heights (Profil); 5. (Verk) banking, superelevation, camber, elevation (einer Kurve)
Überholsichtweite f (Verk) overtaking sight distance, passing sight distance (Straße)
Überholspur f fast lane (Autobahn); passing lane, passing track; overtaking lane (speziell UK; Straße)
Überkopflader m overhead bucket, flip-over bucket loader, overshot loader; shovel loader
Überkorn n oversize material, screen oversize, oversize product (Zuschlagstoffe)
Überlagerung f 1. (Stat) superimposition, superposition; 2. (Bod, Erdb) overlaying; overburden (oberer Schichten); 3. mantle (geologisch)
Überlagerungsgesetz n (Stat) principle of superposition, superposition law, superposition principle
Überlappung f 1. lap, lapping (Bewehrungsstahl); 2. (Hb) gain; overlapping; 3. step joint (Nähte); 4. imbrication (Dachziegel)
Überlappungsstoß m 1. lap joint, plain joint, overlapping joint; 2. (Hb) splice
Überlappungsverbindung f lap joint, plain lap (geklebt); foliated joint (überblattete Verbindung)
überlastet overloaded, overstressed, overcharged; overburdened (mit Arbeit)
Überlauf m 1. (Wsb) overflow (Vorgang); 2. (Wsb) spillway, spill-over, wasteway (Talsperre); overfall (Wehr, Schleuse); 3. (Erdb) draw-off structure; 4. tailings (Zuschlagstofftrennung)

Überlaufdamm m *(Wsb)* overfall dam; overflow dike

Überlaufkanal m *(Wsb)* overflow channel, spill channel, spillway channel

Überlaufrohr n overflow pipe, escape pipe, spillway pipe

Übernahme f takeover, taking over, undertaking

übernehmen v 1. take over, take charge *(Besitz)*; 2. assume, undertake *(Verpflichtungen)*; 3. undertake *(Bauauftrag)*; 4. take over, accept the work *(Bauwerk)*

Überprüfung f 1. examination, inspection, investigation *(Untersuchung)*; 2. check, revision *(Kontrolle)*; checkout *(von Baustoffen)*; 3. verification *(belegbar)*

überragen v 1. protrude, overlook, tower above *(überragen)*; project *(ein Teil eines Gebäudes)*; 2. surmount *(gestelztes Gewölbe)*

Überschlagrechnung f estimate calculation, rough calculation

Überschlagsvermessung f valuation survey

Überschneidung f 1. *(Verm)* intersection; 2. overlapping *(Flächen)*; 3. *(Hb)* notching

Überschüttung f 1. earth covering *(Leitungen)*; 2. ballast covering *(Schotter)*; 3. tunnel loading *(offene Bauweise)*

Überschwemmungsgebiet n inundated area, submerged area, flood land, flood plane, flooded area, flood district, floodplain

Übersicht f 1. survey, scheme, summary *(Darstellung)*; 2. list, table, chart *(Übersicht)*; 3. control *(Kontrolle)*

Übersichtsplan m layout plan; general plan, key plan; plan of a site *(Baustelle)*

Übersichtszeichnung f layout, outline drawing, general assembly drawing, general drawing

überspannen v 1. arch; 2. span *(z. B. über zwei Stützen)*; 3. traverse, span *(Brücke)*; 4. overprestress, overstress, overstretch *(Spannbeton)*

Überspannungsableiter m *(El)* lightning arrester, surge arrester

Überstand m 1. projection, overhang, *(AE)* ressaut; 2. excess length *(von Langholz)*

überstehend projecting *(Gebäudeteil)*; overhung *(z. B. Dach)*

übertragen v 1. assign, confer, transfer *(z. B. Rechte)*; 2. transfer, transmit *(z. B. Kraft, Bewegung)*

Übertragungsmoment n *(Stat)* carry-over moment

Überwachen n 1. supervision, controlling *(Arbeiten)*; surveillance *(durch Dritte)*; 2. monitoring, observation *(Abläufe)*; 3. checking *(Ergebnisse)*

Überwachungsanlage f monitoring equipment

Überwachungsinstitut n inspection body

Überweg m passing area, *(AE)* X-ing, xing

überwölben v overarch, arch, concamerate, vault; dome *(eine Kuppel)*

Überwurf m lock bush

Überwurffitting n union fitting

Überwurfverbindung f union joint

Überwurfverschraubung f union joint, union screw connection, socket

Überzug m 1. overcoat, overcoating, (surface) coating, cover *(Schutzschicht)*; plate *(Metallschicht)*; 2. overlay(ing) *(Putz oder Anstrich)*; 3. brow, suspender beam, upstand beam *(Oberbalken)*
• **einen Überzug bilden** cover *(z. B. Farbe)*

Überzugsbalken m browpiece, suspender beam, upstand beam

U-Eisen n channel iron

Uferbefestigung f embankment, bank reinforcement, beaching, revetment of slopes

Uferschutz m *(Wsb)* protection of the bank, bank protection, revetment of the banks

Uhrenanlage f clock installation, clock system

Ultraschallprüfung f ultrasonic testing

Ultraschallsonde f ultrasonic probe

umarbeiten v 1. revise *(Plan)*; 2. transform, remodel *(umändern, umgestalten)*; 3. redesign *(Entwürfe)*

Umbau m 1. alteration *(Veränderung)*; 2. rebuilding, reconstruction, structural alteration, conversion, structural change *(konstruktiv, generell)*

umbauen v 1. alter, modify, convert *(verändern)*; 2. rebuild, reconstruct *(konstruktiv)*; 3. enclose *(umgeben mit)*; 4. redesign *(in der Planung)*; 5. reshape, remodel, transform *(umgestalten)*; 6. retrofit *(z. B. Heizungsanlagen)*

umbaut enclosed *(ummantelt, eingehaust)*

umbördeln v border

Umfang m 1. circumference, periphery *(Kreis)*; 2. dimension, size *(räumliche Ausdehnung, z. B. Grundstück)*; 3. range, extent, scope, range *(Bereich)*; 4. perimeter *(Stadt)*; 5. girt *(z. B. von Rundbalken, Baum)*; 6. span *(Messbereich)*

Umfassung f span; enclosure, perimeter *(Standort)*

Umfassungsmauer f enclosing wall, enclosure wall, exterior wall; curtain wall *(Vorhangwand)*; fencing wall, perimeter wall, surrounding masonry wall; outside wall *(Außenwand)*

Umfriedung f enclosure, fencing

umgeben v surround; enclave, gird *(umschließen)*

umgeben (von) surrounded, environed

Umgebung f 1. surroundings, surrounding area, periphery *(z. B. einer Stadt)*; 2. neighbourhood, vicinity *(Nachbarschaft)*; 3. milieu *(innen)*; 4. environment, surroundings *(Umwelt)* • **die engere Umgebung betreffend** microenvironmental

Umgebungsbedingungen fpl ambient conditions

Umgebungslärm m ambient noise, neighbourhood noise

Umgehung f bypass, bypassing

Umgehungskanal m *(Wsb)* diversion canal, diversion channel

Umgehungsstraße f bypass road, diversion road, alternate road, bypass, *(AE)* belt highway; ring road *(stadtnah)*

Umgestaltung f alterations, alteration work, reworking, remodelling, redevelopment *(baulich)*

umgrenzen v border, bound, enclosure, encircle *(umschließen)*

umhüllen v encase, jacket, wrap, clad, cover, shroud *(ummanteln)*; embed *(Beton)*; coat *(mit Bindemittel)*; sheath *(Spannglieder)*; can *(mit Gehäuse versehen)*; envelop *(einwickeln)*; coat and wrap *(z. B. Rohrleitungen)*; enclose *(umschließen)*

Umhüllung f wrapper *(Hülle)*; covering, encasing, jacket *(Ummantelung)*; serving *(für Kabel)*; sheathing, enclosure, sheath *(Spannbeton)*

Umkehrfitting n inverted joint

umkippen v overturn, turn over, tip over, topple over; tilt (over), upset *(zur Montage)*

Umkleidung f sheath(ing) *(z. B. von Bauteilen und Leitungen)*

umkonstruieren v rebuild, redesign

Umkreis m circumference, perimeter; periphery, radius *(z. B. einer Stadt)*; neighbourhood *(nähere Umgebung)*

Umlagerung f der Kräfte *(Stat)* redistribution of forces

Umlagerungsmoment n *(Stat)* redistributed moment; secondary moment *(Mechanik)*

Umlaufheizung f circulation heating

Umlaufleitung f pipe circulation line

Umleitung f 1. detour, deviation, diversion *(Verkehr, Wasser)*; diverted route *(Straße)*; 2. bypass, bypassing *(Umgehung)*

Umlenkkraft f unbalanced force

Umlenkplatte f baffle plate

Umluft f 1. recirculated air; 2. *(HLK)* secondary air

Umluftheizung f heating by circulating air, heating with recirculated air, recirculating heating

ummanteln v 1. lag, jacket, encase, case *(mit Dämmstoffen)*; 2. cover, shroud, clad *(Bauelemente und -flächen)*; 3. incase, encase, case, surround *(einhausen)*; 4. sheath *(z. B. Bewehrung, Kabel)*

Ummantelung f 1. shroud, envelope, casing, jacket; 2. sheath, sheathing *(Bewehrung, Kabel, Leitungen)*; 3. encasement, encasing *(Einhausung)*; 4. liner *(Auskleidung)*; 5. sleeving *(Hülle, Umhüllung)*; 6. surround *(meist aus Beton)*

umpflastern v repave

umplanen v replan, redesign

umprojektieren v redesign, replan

Umrandung f framing, frame(work); setting

Umrechnungskoeffizient m conversion coefficient

Umriss m outline, contour

Umrisshülle f envelope *(eines Gebäudes)*

Umrisslinie f outline, contour

Umrüsten n change-over, refitting, retrofitting *(Anlagen)*

Umschlagplatz m 1. trade centre *(Handel)*; 2. transfer point, transfer yard *(Baustofftransport)*

umschließen v 1. cover *(einen Raum)*; 2. enclose, encircle *(mit Einfriedungen)*; 3. surround *(umgeben)*; 4. gird, include *(umfassen)*

Umschnürung f bandage *(Leitungen)*; hooping, transverse reinforcement *(Bewehrung)*

Umschnürungsbewehrung f hooping, transverse reinforcement

Umsiedlung f 1. move, remove; 2. reallocation, resettlement *(Raumordnung)*

Umwälzanlage f circulating equipment

Umwälzheizungsanlage f circulating heating system

Umwandlung f conversion, transformation; change *(z. B. der Struktur)*

Umwelt f 1. environment *(natürlich)*; 2. milieu *(gestalterisch)*; 3. surroundings *(Umgebung, z. B. eines Wohngebietes)*
• **die Umwelt betreffend** environmental
• **die Umwelt verschmutzen** litter • **die weitere Umwelt betreffend** macro-environmental

Umweltbaubegleitung f ecocide

Umweltbedingungen fpl environmental conditions, environmental terms

Umweltbelange mpl environmental concerns

Umweltbelastung f environmental loading, damage to the environment, environmental impact, environmental stress

Umweltplanung f environmental planning, ecological planning, environmental design

Umweltschutz m environmental protection, protection of the environment, environmentalism, conservation, pollution control, nature conservation

Umweltschutzmaßnahmen fpl environmental precautions

Umweltverträglichkeit f environmental impact (compatibility)

Umweltverträglichkeitsanalyse f environmental impact analysis

Umweltverträglichkeitsstudie f environmental impact study, *(AE)* environmental impact statement

umzäunen v fence (in), fence round; hedge *(mit Hecken)*

Umzäunung f 1. enclosure *(Umfriedung)*; 2. fence, fencing, boundary fence

unbearbeitet untreated, unmanufactured, unworked *(handwerklich, technisch)*; crude *(gewinnungsroh)*; coarse, undressed *(Oberflächen, Natursteine)*; unfinished *(nicht ausgerüstet, nicht abgeschlossen)*; unsquared *(Holz)*

unbebaut not built upon, unbuilt, unbuilt-on *(Gelände)*

unbefestigt 1. unfixed; unpaved, unsurfaced *(Straßen, Wege)*; 2. *(Arch)* unfortified *(auch militärisch)*

unbehandelt non-treated, not treated, rough, untreated *(z. B. Oberflächen, Bauteile)*

unbehauen uncut, undressed *(Stein)*; unhewn, unsquared *(Holz)*

unbelastet unloaded *(Tragelemente)*; unburden *(Erdstoff)*; uncontaminated *(Verunreinigungen, Gifte)*

unbestimmbar/statisch statically indeterminable

unbestimmt/hochgradig statisch statically indeterminate to a large degree

unbestimmt n-**ten Grades/statisch** statically indeterminate to the n-degree

unbestimmt/statisch statically indeterminate [indetermined, undeterminate], hyperstatic, redundant, indeterminate

unbestimmt/zweifach statisch second-degree redundant

Unbestimmtheitsgrad m *(Stat)* degree of indeterminacy

unbewehrt non-reinforced, plain, unreinforced

unbewohnbar not fit to live in, not habitable, unfit for human habitation, uninhabitable

undicht not tight, laky, leaking; pervious *(Licht)* • **undicht sein** leak, run; drip *(Wasserhahn)*

undurchlässig impenetrable, impermeable, impervious, proof

uneben 1. uneven, inequal, irregular *(Fläche)*; 2. ragged *(aufgeraut, zackig)*; 3. rough, rugged, bumpy *(Oberflächen, Boden, Straße, Weg)*; 4. hilly, rugged *(Gelände)*

Unfallschutz m accident protection; accident insurance *(Versicherung)*

Unfallschwerpunkt m accident black spot, accident spot, blackspot

ungebunden

ungebunden unbond, unbonded
ungeeignet improper
ungehindert unobstructed
ungeschützt 1. non-protected, unprotected, unsheltered, unshielded, bare; 2. *(El)* exposed
ungestört undisturbed
ungleichförmig non-uniform, disconformable; inhomogeneous *(Baustoffe)*
Ungleichförmigkeitsgrad *m* coefficient of uniformity
ungültig invalid, null, void *(Vorschriften)*; cancelled • **ungültig werden** *(Garantie, Angebot)* expire
Universalbagger *m* multipurpose excavator, universal dredge *(Tiefbau)*
Universalklebemasse *f* universal compound
unklassiert unassorted, ungraded *(Primärbaustoffe, z. B. Kies)*
Unkosten *pl* expense(s), cost(s)
unregelmäßig irregular, random; uneven *(Fläche)*; uncoursed *(Mauerwerk)*; *(sl)* off and on
unstabil unstable, labile *(Konstruktionen)*; quick-breaking, rapid-setting *(Emulsionen, Bitumenemulsion)*
unstetig discontinuous, intermittent
Unterbau *m* 1. foundation, subbase, footing, undermass *(Gründung)*; 2. *(Verk)* earthwork, base, base course foundation course, substratum *(einer Straße)*; basement soil, subgrade, foundation, substratum *(Eisenbahn)*; 3. substructure, subframe, understructure, rough buck *(Unterkonstruktion)*; 4. socle *(einer Säule, Stütze)*; 5. bed, sole *(Auflagerung, Unterlage)*; 6. basis unit *(von Einrichtungen, Möbeln)* • **mit Unterbau versehen** bottom *(Straße)*
unterbauen *v* 1. found *(Gründung)*; 2. bolster *(unterlegen, unterfüttern)*; 3. brace *(versteifen)*; 4. *(Verk)* found *(Straßen, Gleise)*; pack, shim *(Straße)*; 5. *(Erdb)* underpin
Unterbeton *m* 1. backing concrete, concrete blinding, subconcrete, core concrete, concrete underbed; 2. inferior concrete *(minderwertig)*
Unterbettung *f* lower bed
Unterbettungsschicht *f* 1. underbed, bedding; 2. *(Verk)* subgrade, foundation course, lower layer, base course, basement soil *(Straße)*
Unterboden *m* 1. underfloor, subfloor, *(AE)* blind floor *(unsichtbare tragende Beton- oder Holzdecke)*; 2. subsoil *(Bodenprofil)*
unterbrochen intermittent, broken *(Abläufe)*; cut-off *(Wasser, Strom)*
unterdimensioniert underdesigned, undersized; bare *(dünn)*
Unterfahren *n* dead shoring *(Tragwerk)*
Unterfahrung *f* *(Erdb)* undercrossing
Unterfangen *n* 1. dead shoring, underpinning; 2. *(Erdb)* underpinning
Unterfangungsarbeiten *fpl* underpinning work
Unterflurhydrant *m* underfloor hydrant, floor hydrant, sunk hydrant, underground hydrant
Unterflurkanal *m* underfloor duct, underground duct *(Leitungen)*; buried duct *(im Boden)*
Unterflurleitungseinführung *f* underground service entry *(Gebäudeversorgungsleitungen)*
Unterführung *f* underpass, fly-under (junction), tunnel, passage underground *(Straße)*; underbridge *(Eisenbahn)*; subway *(für Fußgänger)*
Unterfüllung *f* underfilling, subsealing
Unterfütterung *f* 1. bed; 2. firring, furring *(mit Futterholz)*
untergehängt suspended
Untergeschoss *n* basement storey
Untergrund *m* 1. *(Bod)* subsoil, substratum, undersoil, soil subgrade *(geologisch)*; 2. *(Erdb)* earth subgrade, basement soil, ground, underground, footing; 3. background, underground, base *(für Farbanstriche, Beschichtungen)*; 4. *(Arch)* grounding, undercoat *(z. B. Malerei)* • **Untergrund bilden** back
Untergrundentwässerung *f* subsoil drainage, ground draining, underdrainage, subsurface drainage
Untergrundspeicher *m* *(Tun, Wsb)* underground storage chamber, underground store, underground reservoir, underlying reservoir
Untergurt *m* 1. bottom chord, bottom boom, girt; truss joint *(Unterzug im Fachwerk)*; 2. *(Verk)* lower flange *(Seitenwand)*

Unterteilung

Untergurtstab m lower chord bar; bottom boom bar, bottom boom member *(Fachwerkbinder)*
Unterhaltung f maintenance, servicing, upkeep
Unterhaltung f/**bauliche** structural maintenance
Unterhaltungsarbeiten fpl maintenance works, upkeeping; patchwork *(Bauausrüstung)*
Unterhaltungskosten pl maintenance costs, maintenance charges, upkeep costs
Unterhaltungsmanagement n maintenance management, planned maintenance
unterhöhlt undermined; undercut
unterirdisch underground, belowground, subterranean, undersurface, subsurface, buried, phreatic
Unterkante f 1. bottom edge, lower border; 2. *(Verk)* lower flange *(Stahlbau)*
unterkellert with cellar
Unterkonstruktion f strapping, furring *(für Putz)*
Unterkorn n screen fines *(Siebdurchgang)*; screen undersize *(Zuschlagstoffe)*
Unterlage f 1. base, baseplate, basis; 2. underlay *(Belag)*; 3. *(Verk)* lower layer [bed], subgrade, shin, substrata, substratum, underbed; ballast *(für Gleise)*; 4. undercourse *(Dach)* • **Unterlage bilden** back
Unterlagsbahn f underlay
Unterlegblech n shimming plate *(Auflagenhöhenanpassung)*
Unternehmerrisiko n contractor's risk
Unterpressen n undersealing
Unterputz m 1. rendering mortar *(Putzmasse)*; 2. rendering, rendering plaster, render *(außen)*; 3. first coat, undercoat plaster, back(ing) coat, backing plaster, base coat *(innen)*; 4. coarse stuff, rough coat *(Grobputz)*; 5. scratch coat *(Kratzputz)*; 6. brown coat, browning plaster *(Zwischenputzlage)* • **den Unterputz aufbringen** render
Unterputzinstallation f *(El)* buried tabular conduits, secret installation, hidden installation, flush mounting
Unterputzlage f rendering coat

Unterputzleitung f line installed in plaster, concealed conduit, secret cable
Unterrostung f underfilm rusting, underrusting, underfilm corrosion
Unterschalung f firring, furring *(mit Futterholz, für Putz usw.)*
Unterschicht f 1. back-up, back-up material *(Rücklage)*; underlay(er) *(Grundschicht)*; 2. *(Verk)* lower layer; 3. substratum *(geologisch)*
Unterschneidung f 1. undercut, undercutting; 2. weather groove; 3. scotia *(am Säulenfuß)*
Unterseite f 1. underside, bottom side, bottom surface, plain base, undersurface; 2. breast *(Trägerelement)*; 3. *(Arch)* intrados *(Gewölbe)*
Untersicht f 1. visible underside, visible underface, underview; 2. *(Arch)* intrados *(Gewölbe)*; 3. soffit *(Decken)*; 4. underside elevation, underside view *(Zeichnung)*
unterspannt trussed with sag rods
unterspülen v *(Wsb)* scour, undercut
Unterspülung f *(Wsb)* underwashing, scour(ing), undercutting, undermining, washing-away
Unterstab m sole
unterstützen v 1. back *(stützen)*; 2. bear, carry, support, sustain, prop (up) *(Lasten)*; 3. strut *(Dachpfette)*; 4. truss *(durch Dachbinder)*; 5. promote *(fördern, z. B. mit Fördermitteln)*
Unterstützung f 1. supporting, propping *(laststützende)*; 2. retaining *(z. B. einer Wand)*; 3. strutting *(Dachpfette)*
Untersuchung f 1. examination, test *(Überprüfung)*; 2. investigation, study *(für Lösungsmöglichkeiten)*; 3. inspection *(vor Ort, z. B. Bauarbeiten)*; 4. inquiry *(Nachforschung)*
Untersuchungsgebiet n 1. study area, scoping area *(z. B. Umweltverträglichkeit, Planungsvoruntersuchungen, Standortfindung)*; 2. *(Bod)* works area
unterteilen v 1. section(alize) *(in Abschnitte)*; subdivide *(in Untergruppen)*; 2. partition, space *(Räume)*; 3. split into *(aufteilen)*; 4. calibrate *(Messgeräte)*
Unterteilung f 1. section, sectioning, sectionalization *(in Abschnitte)*; subdivision *(in Untergruppen)*; 2. partition *(Räume)*; 3. calibration *(Messgeräte)*

Untertunnelung

Untertunnelung f tunnelling
unterwandern v tunnel *(Korrosion unter Schutzschichten)*
unterwaschen v *(Wsb)* underwash, undermine
Unterwasserabdichtbeton m tremie seal *(Sinkkasten, Kofferdamm)*
Unterwasserbauten mpl underwater installations
Unterwasserbeton m underwater concrete, submerged concrete
Unterwassergründung f underwater foundation
Unterzug m 1. binding joist [girder], downstand girder [beam], main beam, ceiling beam, summer beam, joist *(Decken)*; 2. door saddle, sill *(Tür)*; 3. transverse plank, trussing, summer beam *(Querbalken)*; 4. dormer, sleeper *(Fußboden)*; 5. bearer *(Pfette)*; 6. *(Hb)* sleeper *(Holzbalken als Unterlage für eine Stütze)*
Unterzugbalken m joist (beam), bridging piece, supporting joist *(s. a. Unterzug)*
Unterzugdecke f joist ceiling, joisted floor, beam floor, single floor
unverfestigt 1. *(Bod, Erdb, Verk)* uncompacted *(nicht verdichtet)*; 2. *(Bod)* unconsolidated *(noch nicht gesetzt)*
unverschiebbar immovable
unverträglich incompatible
Unvorhergesehenes n contingency, contingent, extras *(Ausschreibungsposition)*
unzugänglich inaccessible *(z. B. Hohlraum, Kanal)*
U-Profil n U-channel, U-section, channel, channel profile, channel
Urea-Formaldehydschaum m urea formaldehyde foam
Urinalanlage f urinal installation
U-Stahl m channel iron, channel
U-Träger m channel beam

V

Vakuumbeton m vacuum concrete
Vakuumsaughubverfahren n vacuum lifting *(Platten)*
Variantenuntersuchung f *(Verk)* variant analysis *(Trasse)*
V-Dach n double lean-to roof

Vegetationsdecke f vegetation cover(ing), mantle of vegetation, vegetable blanket, vegetable layer
Vektordiagramm n vector diagram
Vektorwirkung f vector action *(Statik)*
Vektorzerlegung f decomposition of a vector
Venezianerfenster n *(Arch)* Venetian window, Palladian motif, Palladian window
Ventil n valve; cock *(Hahn)*
Ventilation f ventilation, aeration
Ventilator m ventilator, ventilating fan, vent, aerator, fan
Veranda f veranda(h), *(AE)* porch, stoop; dalan *(indische Architektur)*
veränderlich variable *(technisch, mathematisch)*; changeable
Veränderung f shift *(örtlich)*; variation, alteration, modification *(Abänderung)*; transformation *(Umformung)*
verankern v 1. anchor, tie, stay; 2. block *(Spannbeton)*; 3. grapple *(verklammern)*; 4. guy *(mit Seilen, verspannen)*; 5. pin *(anheften)*; fix *(anschlagen)*
Verankerung f 1. anchoring, clamping, staying, grappling; pinning *(Anheftung)*; tying *(Verspannen)*; anchorage, stay; anchor tie, tie *(Spannanker)*
Verankerungsbolzen m anchor bolt, threaded rod
Verankerungsfundament n anchor log
Verankerungskraft f anchorage force
Verankerungspfahl m anchor pile, guide pile
Verankerungssystem n 1. system of anchoring, method of anchoring; 2. *(Wsb)* mooring system *(Hafen)*
veranschlagen v 1. estimate *(schätzen)*; 2. rate, value, evaluate, assess *(bewerten)*; 3. appropriate *(im Budget)*
Verarbeitbarkeit f fabricability *(von Baustoffen)*; placeability *(Beton)*; workability *(von Beton, Mörtel)*
verarbeiten v 1. work, process *(Material)*; 2. manufacture *(Baurohstoffe)*; 3. machine *(maschinell)*; 4. place *(Baustoffe, Maumaterial einbauen)*; 5. work up *(verarbeiten zu)*; 6. finish *(fertig bearbeiten)*
Verarbeitung f working, processing *(Beton, Mörtel)*; finishing *(Fertigstellung)*;

treatment *(Behandlung)*; workmanship *(Ausführung, meist handwerklich; Güte)*
Verarbeitungsrichtlinien *fpl* application specification(s), processing guidelines, processing specification(s)
Verband *m* 1. bond *(Mauerwerk)*; 2. joining construction *(konstruktiv)*; 3. laying pattern *(gestalterisch; Verlegemuster)*; 4. association *(Vereinigung)* • **im Verband mauern** *(Steine)* • **im Verband verlegen** place to bond • **in Verband legen** *(Steine)*
Verbau *m* 1. sheeting; 2. *(Erdb)* lining, pit boards *(Grabenbau)*; support *(Graben, Stollen)*; timbering *(Holzverbau)*
Verbauarbeiten *fpl* sheeting works, lining (works), support (work) *(z. B. bei Baugruben, Gräben)*
Verbaukasten *m* trench box
verbessern *v* improve, better; upgrade, enhance *(steigern, erhöhen)*; correct *(Fehler)*
verbiegen *v* buckle, distort; warp *(Holz)*; twist *(verdrehen)*
Verbiegung *f* distortion, buckling, flexure; rippling *(eines Rahmens)*
verbinden *v* 1. connect, interconnect, link (with); 2. joint *(über Knoten)*; 3. join, connect, couple, link (up) *(Teile)*; 4. *(Hb)* feather; 5. assemble, combine *(zusammenbauen)*; 6. bond, unite *(vereinen)*; 7. *(El)* bond; 8. tie, pin *(befestigen)*
Verbindlichkeit *f* liability, binding, engagement *(Verträge)*
Verbindung *f* 1. connection, coupling; 2. splice *(durch Überlappung, Spließung)*; 3. joint(ing) *(Knoten)*; 4. link *(Teile; Funktionen)*; 5. *(El)* bonding; 6. casement *(beweglich)*; 7. compound *(chemisch)*
Verbindung //hochfest verschraubte high-strength friction grip, high-tensile bolted structural joint *(HV-Verbindung)*
Verbindung //starre rigid connection
Verbindungsbau *m* linking block, connecting building, connecting structure
Verbindungsblech *n* 1. clamping plate *(zur Verstärkung von Holzbalkenverbindungen)*; 2. connecting plate *(Knotenblech)*; 3. stay plate *(Versteifungsplatte)*; 4. splice plate *(Stoßblech)*
Verbindungselement *n* connecting device, fastener, joining element, fastening (device)
Verbindungslasche *f* backplate
Verbindungsleitung *f* 1. connection line; interconnecting duct; 2. *(El)* interconnection
Verbindungsmuffe *f* connecting sleeve, connection sleeve, coupler, sleeve clamp; adapter sleeve *(größenvariabel)*; union coupling, union socket *(Schraubverbindung)*
Verbindungsplatte *f* joint plate, butt plate
Verbindungsstab *m* interconnecting bar
Verbindungsstück *n* 1. connecting piece, connection piece, connecting tie, connecting joint, joining piece, joint(ing) piece, coupling; 2. *(Hb) (AE)* ribband; adapter *(zur Anpassung, größenveränderlich)*; 3. *(El)* bond
Verbindungszapfen *m* abutting tenon
verblatten *v (Hb)* halve, splice
Verblattung *f (Hb)* halving, scarf(ing), scarf joint
verblenden *v* face, veneer *(z. B. Vorderfront mit Werksteinen)*; veneer *(auch mit Holz, Kunststoff)*; garret *(meist mit Stein)*; brick *(mit Ziegeln)*; pitch *(Staumauer)*; mask *(meist gestalterisch)*
Verblender *m* facing brick, facing unit
Verblendmauerwerk *n* facing masonry, facing work, faced brickwork, veneering masonry work, facework; ashlar (stone) facing *(aus Naturstein)*
Verblendung *f* facework, facing *(z. B. einer Vorderfront)*; veneer *(z. B. mit Naturstein)*; incrustation *(Beschichtung)*
Verblendungskachel *f* facing tile
verbolzen *v* fasten with bolts, bolt
verbraucht 1. used up; 2. spent *(z. B. Lösungen)*; 3. worn, worn-out *(abgenutzt)*
verbreitern *v* 1. wide, make wider, broaden; 2. *(Verk)* shoulder, broaden, widen *(Straßen)*
Verbrennungsanlage *f* incinerator plant
Verbretterung *f* wood boards, wood siding; firring, furring *(mit Futterholz)*
Verbund *m* bond *(Mauerwerk)* • **im Verbund** bonded • **mit nachträglichem Verbund vorgespannt** post-tensioned • **mit nachträglichem Verbund vorspannen** post-tension • **ohne Verbund** unbonded

Verbundbalken

Verbundbalken m composite girder; compound beam (Holz)
Verbundbauplatte f composite panel
Verbundbaustoff m composition material
Verbundbauweise f composite building construction, composite method of construction; sandwich construction
verbunden jointed (zusammengefügt); bonded (verleimt, verklebt); cross-linked (Rohrleitung; Windverband); aggregated (zusammengebaut); geminated (gekoppelt)
Verbundglas n compound glass, laminated glass, safety glass
Verbundnetz n 1. interconnecting system, compound network (Energie, Wasser); 2. (El) grid system
Verbundplatte f sandwich plate [panel, board], composite board [panel]; composite sheet (Holz)
Verbundprofil n composite profile
Verbundsäule f laced column (durch Umschnürung); combination column (Formstahl und Beton)
Verbundspannglied n bonded tendon (Spannbeton)
Verbundspannung f transfer bond (Spannbeton)
Verbundträger m composite girder, compound girder, flitch beam; composite beam (Holz)
Verbundtragwerk n composite bearing structure, composite supporting structure, composite frame, girder structure
Verbundwerkstoff m composite material, clad material, composite
Verbundwirkung f composite action
verdeckt covered; concealed, hidden, invisible, secret (verborgen, versteckt); blind (mit Splitt usw.; blind verdeckt); screened (abgeschirmt)
Verdichtbarkeit f compactibility (z. B. von Boden); compressibility (Baustoffe)
verdichten v 1. densify (Lagerungsdichte); 2. firm (fest werden); 3. compact, compress (Erdstoffe, Baustoffe mittels Verdichtungsgeräten); 4. (Bod) consolidate (durch Setzung); 5. pack (Straße)
verdichtet 1. compacted; 2. (Bod) consolidated (durch Eigensetzung)
Verdichtung f 1. compaction, compression (Untergrund, Erdstoffe, Baustoffe); 2. aggregation (z. B. des Verkehrsnetzes); 3. (Bod) consolidation (durch Setzung); 4. packing (einer Straße)
verdichtungsfähig compactible (Boden, Sand)
Verdichtungsfaktor m compacting factor, compaction factor (Beton); packing factor (Straße)
Verdichtungsgerät n compaction machine, concrete vibrating machine (Bauelemente- und Steinherstellung); compactor (Untergrundverdichtung); consolidation apparatus, consolidation device
Verdichtungsgrad m 1. degree of compaction, compaction degree, state of compaction; 2. (Bod) degree of consolidation; 3. (Erdb) relative compaction, relative density
Verdichtungsversuch m (Bod, Erdb) moisture density test (bei optimalem Wassergehalt im Labor)
Verdichtungswassergehalt m/**optimaler** optimum moisture content (Erdstoff)
Verdingungsordnung f für Bauleistungen contracting regulations for award of public work contracts
Verdingungsordnung f für die Vergabe von Bauleistungen German regulations for contracts and execution of construction works
Verdingungsvertrag m contract of employment, service contract
Verdrahtung f/durchgehende through-wiring
Verdrängungspfahl m (Erdb) displacement pile
Verdrehung f 1. torsion, twist; 2. angular deformation (Schubverformung); 3. (Aussprache: waind) wind (Holz) • **auf Verdrehung beanspruchen** twist
Verdrehungsbewehrung f torsion reinforcement, torsional reinforcement
verdübeln v dowel, peg; key (Holzverdübelung)
Verdübelung f (Hb) dowel joint, key; plugging (Verschluss)
Verdübelung f/vollständige full shear connection (Verbundträger)
Verdunstungswasser n evaporable water (Bod)
Vereinbarung f agreement; arrangement (Abmachung)
verengen v/sich 1. narrow (z. B. Straße,

Tunnel, Öffnung); 2. constrict, become constricted *(einschnüren)*; 3. contract *(einschrumpfen, einschnüren)*

Verengung f 1. narrowing; 2. constriction, striction *(Straße, Fluss, Tal)*; 3. necking, throat *(Einschnürung)*; 4. contraction *(Schrumpfung, Einschnürung)*

Verfahren n 1. procedure; 2. method, way *(Methode)*; 3. technique, process *(Technik)*; 4. treatment *(Behandlung)*; 5. *(Stat)* elastic-modulus method *(Stahlbeton)*

Verfahren n/**nicht offenes** restricted procedure *(Vergabe)*

Verfahren n/**offenes** open procedure

Verfall m 1. ruin, blight, deterioration, disrepair *(eines Gebäudes)*; 2. decay, rottenness *(von Holz)*

verfallen v 1. fall to ruin, ruin, derelict, deteriorate, dilapidate, become dilapidated *(Bausubstanz, Gebäude)*; 2. expire *(Garantie, Angebot, finanzielle Mittel)*; 3. decay, rot *(von Holz)*

verfestigen v 1. solidify, strengthen, stabilize, improve; grout *(durch Injektion)*; 2. *(Bod)* compact, grout, strengthen, stabilize; 3. *(Bod)* consolidate *(durch Setzung)*

Verfestigung f 1. increase in strength, strengthening, solidifying, solidification; 2. *(Bod)* consolidation, compaction, stabilization, induration

Verfestigungsverfahren n *(Umw)* solidification technique

Verflechtung f interweavement, interlacement *(auch Verkehr)*; intertwinement; interdigitation *(Verzahnung)*

Verfliesen n 1. tile fixing, tile laying, tile setting; 2. run *(von Anstrichen, Farben)*

Verformung f 1. deforming, straining *(Vorgang)*; 2. deformation, strain, deformity; distortion *(Verbiegung, Verwerfung)*

Verformungsmodul m 1. deformation modulus; 2. *(Bod)* modulus of compressibility

Verformungsmodul m/**statischer** static Young's modulus

Verformungszustand m deformation state, state of deformation

Verfugen n jointing, pointing

Verfugungsmörtel m jointing mortar

Verfüllbeton m packing

verfüllen v 1. plug *(Öffnungen)*; 2. *(Erdb)* fill, fill in, chink, refill

Verfüllmaterial n *(Erdb)* backfill, chinking

Verfüllung f *(Erdb)* backfill, backfilling, refilling

Vergabe f order letting, contract letting, award of (the) contract *(Auftrag, z. B. bei Ausschreibungen)*

Vergabe f/**freihändige** negotiated contract, negotiated tender *(öffentlicher Bauaufträge)*

Vergabe f **von Aufträgen** award, placing of orders

Vergabeunterlagen fpl contractual documents, contractual terms

Vergabevermerk m record of award

vergeben v award of contract, place *(Auftrag)*; allot *(z. B. eine Arbeit)*

vergießen v grout *(mit Mörtel)*; seal *(z. B. Fugen)*

Vergießen n 1. sealing *(Fugen)*; 2. spillage *(Verschütten)*

Vergitterung f grating, lacing

verglast glass-enclosed, glassed-in; vitrified *(Feuerfestkeramik)*

Verglasung f glazing; vitrification *(z. B. Ziegel, Kacheln)*

Vergleichsentwurf m check design

Vergussfuge f poured joint

Vergussmasse f 1. filling compound, grouting compound, compound; 2. jointing compound, joint cement *(Fugenmasse)*; paving joint sealer *(Betonstraßen)*; 3. filling compound *(zum Schweißen)*; 4. *(El)* insulating compound

Vergütung f 1. modification *(von Mörtel, Beton)*; ageing *(Oberflächen; Stahl)*; 2. payment, bonus, reimbursement

Verhalten n behaviour, *(AE)* behavior; reaction

Verhalten n/**statisches** statical behaviour

verhärten v harden, solidify

verjüngen v/**sich** 1. narrow, taper (off) *(schmaler werden, z. B. Straße)*; 2. diminish *(vermindern)*; 3. batter *(eine Mauer)*; 4. revive, rejuvenate *(z. B. Fluss; Bepflanzung)*; 5. taper *(z. B. Säulen)*

verjüngt battered *(Mauer)*; chamfered *(gefast)*; rejuvenated *(Landschaftsbau)*; splayed *(abgeschrägt)*; tapered *(z. B. Säulen)*

Verkabelung f cabling

verkämmen v *(Hb)* cog, join by cogging

Verkehr *m* traffic • **eine Straße dem Verkehr übergeben** open a road • **für den Verkehr freigeben** open to traffic • **für den Verkehr freigegeben** opened to traffic • **im Verkehr mitfahrend** floating • **unter Verkehr** in service, trafficked; opened to traffic *(Straße)*

Verkehrsanbindung *f* traffic connection

Verkehrsanlagen *fpl* traffic facilities

Verkehrsbau *m* traffic structure engineering

Verkehrsbauten *mpl* traffic structures

Verkehrsbelastung *f* traffic load(ing) • **mit hoher Verkehrsbelastung** *(Verk)* heavily trafficked • **unter Verkehrsbelastung** trafficked

Verkehrsberuhigung *f* traffic calming, traffic restraint

Verkehrsdeckenlast *f* floor live load, imposed floor load, variable floor load

Verkehrsfläche *f* traffic area; circulation area *(in einem Gebäude)*

verkehrsgünstig favourably situated as regards traffic facilities

Verkehrsknotenpunkt *m* traffic junction, junction point

Verkehrskonzept *n* traffic concept

Verkehrslast *f* 1. live load, moving load *(konstruktive Zusatzbelastung)*; superimposed load *(Auflast)*; 2. *(Brücke)* movable load, moving load, traffic live load, traffic load, travelling load *(einer Brücke)*; 3. traffic load, traffic, traffic rolling (load) *(eines Verkehrsabschnittes)*; 4. s. Verkehrsdeckenlast

Verkehrsplanung *f* traffic planning

Verkehrstechnik *f* traffic engineering *(Straßenausstattungstechnik)*

Verkehrswesen *n* traffic engineering *(Fachgebiet)*; traffic system, system of communication, *(auch AE)* system of transportation

Verkehrszeichen *n* traffic sign, road sign, signpost • **mit Verkehrszeichen ausstatten** *(Verk)* provide with road signs *(Straßen)*

verkeilen *v* 1. wedge, key, club; 2. chock *(mit Holzkeil)*; 3. cotter *(versplinten, verklammern)*; 4. block, anchor *(Spannbeton)*; 5. quoin *(mit Eckstein)*; 6. *(Tun)* block, wedge, caulk

verkippen *v* dump *(Abfälle auf Deponien)*

verkitten *v* putty *(z. B. Fenster)*; lute *(Rohrverbindungen)*; cement *(z. B. Fugen)*; seal *(abdichten)*

Verklammern *n* joggle jointing

Verklauung *f* bird's-mouth joint, toe-jointing

verkleben *v* bond, cement, glue, glue down, join by adhesive *(verleimen)*; glutinate *(verkleistern)*; seal *(verkitten, abdichten)*; agglutinate *(verklumpen, sich zusammenballen)*

verkleiden *v* 1. line, surface, clad, face *(Fronten, z. B. mit Naturstein)*; slate *(mit Schiefer)*; 2. sheathe *(verschalen)*; line with boards, board, plank, box up, timber, panel *(mit Brettern)*; batten *(mit Leisten)*; 3. case, clad, jacket *(ummanteln)*; 4. lag *(mit Dämmstoffen)*; 5. revet *(Böschung, Fundament)*

Verkleidung *f* 1. face work, facework, facing, cladding *(z. B. der Vorderfront)*; 2. lining, sheath *(Verschalung)*; panelling *(mit Panelen, Tafeln)*; apron *(überlappt)*; 3. case, casing, cladding, jacket, envelope *(Ummantelung)*; 4. revetment *(Böschung, Fundament)*; 5. cover, shroud *(Abdeckung)*; 6. lag *(mit Dämmstoffen)*; 7. veneer wall *(dünne Verblendung)*; 8. side enclosures *(Fahrtreppe)*

Verkleidungselement *n* lining unit, facing unit, surfacing unit

Verkleidungsplatte *f* facing panel, lining board, surfacing sheet, sheeting board, trim panel, lining unit, facing board; lining slab, facing slab, cladding slab *(tragend, versteifend)*; facing tile *(Keramik, Stein)*

Verkleidungstafel *f* surfacing panel, cladding panel, lining board, covering panel, cladding element, trim panel; facing slab *(tragend, versteifend)*

Verlagerung *f* shift, dislocation; removal transfer; misalignment *(z. B. Achsen; Belastungs- und Angriffspunkte)*

verlängern *v* 1. lengthen, elongate; 2. extend *(Straße)*; 3. prolong(ate) *(mathematisch; Linien)*; 4. protract *(zeitlich)*

verlaschen *v* 1. fish-plate, strap, fish, joint; 2. *(Hb)* scarf

Verlaschung *f* 1. fish plating, fishing, strapping, fish joint; 2. *(Hb)* scarfing

Verlauf *m* 1. course *(z. B. einer Straße)*; 2. flow *(von Anstrichen)*; 3. process, run *(Ablauf)*; 4. run *(von Leitungen, Kabeln)*

Verlegearbeiten *fpl* laying
verlegen *v* 1. lay (out), install, run *(Kabel, Rohre)*; 2. lay underground *(unterirdisch, z. B. Leitungen)*; 3. assemble, install *(Rohrleitungen)*; 4. place *(z. B. Betonplatten)*; 5. reroute, relocate *(Straßenbau)*; 6. transfer *(z. B. Wohnsitz)*
Verlegeplan *m* laying drawing, installation drawing
Verlegezeichnung *f* laying drawing; placing drawing *(Bewehrung)*
Verlegung *f* 1. laying, laying out *(Kabel, Rohr)*; 2. displacement *(Verschiebung, Verrückung)*; 3. installation *(z. B. von Versorgungsleitungen)*; 4. placing *(z. B. Platten)*; 5. relocation *(Straße, Eisenbahnlinien)*; 6. postponement, adjournment *(zeitlich)*
verleimen *v* bond, glue; cement
verleimt bonded, glued
vermarken *v (Verm)* demarcate, set out, set points, set stations; bone *(ausfluchten)*
Vermarkung *f (Verm)* demarcation, geodetic monument; boning-in *(Tafeln, Einmessen)*; location *(Abstecken)*
vermauern *v* lay (bricks), mason, build up; wall (up) *(Öffnungen)*
Vermengen *n* mixing, intermixing; blending *(Verschneiden)*
vermessen *v* measure; survey *(geographisch)*; log *(geologisch)*; chain *(mit Messkette)*
Vermesser *m* surveyor
Vermessung *f* measurement, mensuration, survey, surveying
Vermessungsbezugspunkt *m* reference object
Vermessungsingenieur *m* land surveyor, surveyor, geodetic engineer, geometrician
Vermessungsinstrument *n* surveying instrument
Vermessungspolygon *n* surveying polygon
Vermessungspunkt *m* station
Vermessungswesen *n* surveying
Vermiculitbeton *m* vermiculite concrete
vermieten *v* let (out), lease out, rent (out), *(AE)* rent *(Wohnung, Haus)*; hire (out), *(AE)* rent (out) *(Gegenstände)* • **vermietet werden** rent (out)

vermischen *v* mix, intermix; mingle *(Anstriche, Baustoffe)*; blend *(verschneiden)*
vermörteln *v* mortar, fix in mortar; grout up *(Zementmörtel)*
Vermörtelung *f* fixing in mortar; mortar jointing *(Dachziegel)*; grouting *(von Zementmörtel)*
Vermuffung *f* sleeve joint, box coupling *(Rohr)*
Vernageln *n* nailing
vernetzt interlaced, reticulated, crosslinked *(Kunststoffe, Polymere)*; networked, interconnected *(elektrisch, datenmäßig)*
verpachten *v* let, lease; let for rent, rent (out) *(Grund und Boden)*
verpressen *v* grout in, pressure grout, inject *(Beton, Zement)*
Verpressgut *n* injection material
Verpressverfahren *n* injection method
Verputz *m* plaster coat, coating; rendering *(Unterputz)*
verputzen *v* plaster, daub, face, finish, coat, stucco, *(AE)* parget; roughcast *(Rauputz)*; render, face, roughcast *(Unterputz)*; torch *(Ziegeldach verfugen)*
verputzt plastered
verreiben *v* triturate, grind *(fein reiben)*; rub in *(z. B. Putz)*
Verriegeln *n* locking, latching
Verriegelung *f* locking, blocking, clamping
Verrohrung *f* piping, tubing
verrostet rusty
Verrostungsgrad *m* degree of rusting *(von Eisen)*
verrottungsbeständig rotproof, imputrescible, resistant to rotting
Versagen *n* collapse *(Material, Bauelemente)*; service failure, malfunctioning *(Anlagen)*
Versatz *m* 1. misalignment *(Fluchtlinien)*; offset *(z. B. von Bauteilen gegeneinander)*; notch *(räumlich)*; 2. dislocation *(Verschiebung, Verlagerung)*; 3. alligation *(Legierungsherstellung)*; 4. *(Hb)* skew notch; slit and tongue *(eine Holzverbindung)*
verschalen *v* 1. plank, lath a wall, board, sheath *(mit Brettern)*; 2. form, timber, shutter *(Beton)*; 3. line, lag, clad *(für Wärmedämmung)*; 4. face, clad *(ver-*

verschalt clad, cladded *(verkleidet)*; close-boarded *(mit Brettern)*; lined *(Dämmung)*

Verschalung f 1. boarding, planking, sheathing *(mit Brettern)*; 2. cladding *(Verkleidung)*; 3. *(Tun)* lagging *(Ausbau)*; 4. shoring, shuttering *(Einrüstung; Beton)*

Verschäumen n expansion *(von Kunststoffen)*; frothing *(Dämmschaum)*

verschiebbar displaceable, free to slide, shiftable, non-rigid

Verschiebung f 1. movement, dislocation, displacement, shift *(eine Lage)*; translation *(parallel, z. B. Koordinaten)*; 2. offset *(räumlich)*; misalignment *(z. B. Baufucht)*; 3. shift *(Geologie)*; 4. delay, postponement *(zeitlich)*

Verschiebungsmoment n distributed moment

Verschiebungssteifigkeit f translational stiffness, translational rigidity

Verschiedenes n **und Unvorhergesehenes** n miscellaneous and contingencies *(Bauleistungsvertrag)*

Verschlag m crate, partition; shed, shack

Verschlammen n 1. silting-up; 2. sludge accumulation *(Abwasseranlagen mit Klärschlamm)*

Verschleiß m wearing, wear *(mechanische Abnutzung)*; abrasion, attrition *(durch Abrieb)*; deterioration *(Beton)*

verschleißen v 1. wear out, wear away *(mechanisch abnutzen)*; 2. deteriorate *(Material)*; 3. abrade *(schleifend)*; 4. *(AE)* scuff *(z. B. durch Begehen, Befahren)*

Verschleißfestigkeit f wear resistance, resistance to wearing *(gegen mechanische Abnutzung)*; resistance to attrition, abrasion resistance *(gegen Abrieb, z. B. von Stein, Beton)*

Verschleißschicht f 1. finishing layer, topping, wear course *(Fußboden, Straße, Betriebsflächen)*; 2. road surface, surface dressing, wearing course *(einer Straße)*

verschließen v 1. lock, shut *(z. B. Türen)*; 2. close, shut *(z. B. Fenster)*; 3. bolt *(verriegeln)*; 4. obturate, seal *(abdichten)*; 5. occlude *(z. B. Öffnungen, Durchgänge, Leitungen)*; 6. fill up, close *(z. B. Risse)*; 7. plug, cap *(abdecken)*

Verschluss m 1. fastener, fastening, closure, mechanism for closing *(Vorrichtung)*; 2. catch *(Schnapper)*; 3. lock, locking mechanism *(Schloss)*; 4. shutter, cap, lid *(Kappe, Deckel)*; 5. plug *(Stöpsel)*; 6. obturator *(Abdichtung)*; 7. trap *(Geruchsverschluss)*

Verschlussklappe f flap valve, shutter

Verschlusssystem n closure system

verschmutzt polluted *(Luft, Wasser)*; slurried *(z. B. Schotterunterbau)*

Verschmutzung f soiling; contamination, pollution *(Luft, Wasser)*

Verschneidungslinie f *(Arch)* groin, vault groin

Verschnittbitumen n cutback bitumen, fluxed bitumen, liquid asphaltic material, cutback, cutback bitumen

verschönern v embellish, enhance, adorn, beautify; improve *(verbessern)*; renovate *(meist baulich)*; redecorate *(besonders Innenräume)*

Verschönerungsarbeiten fpl embellishment work, redecoration work

verschrägen v 1. cant, bevel *(Verbindungen; Kanten)*; 2. *(Erdb)* slope *(z. B. Böschungen)*

verschränken v 1. joggle; 2. cross *(z. B. Leitungen, Zugglieder)*

Verschränkung f 1. joggle; 2. *(Hb)* table(d) joint, lacing bond, tabling

Verschraubung f bolting, screwed connection, screw fastening, screw joint; union piece *(Rohre)*

verschweißen v weld

verschwerten v brace

Verschwertung f cross stays, cross stud, stiffening by diagonals; X-bracing, diagonal cross bracing *(Mauerwerk)*

versenken v 1. countersink *(austiefen)*; 2. dimple *(Niet; Oberflächenmuster)*; 3. plunge *(Abwasser)*

versenkt 1. in cavetto *(Relief)*; 2. flush-mounted, sunk

Versetzarbeiten fpl laying work; setting, setting work *(Wandplattenmontage)*

versetzen v 1. misalign; offset *(Linien, Achsen; räumlich)*; 2. alternate *(versetzt anordnen)*; 3. dislocate, relocate, shift *(verschieben)*; 4. stagger *(auf Lücke*

Versetzplan m setting drawing
versetzt misaligned *(außer Flucht)*; staggered *(räumlich, z. B. Gebäude)*
Versickern n seepage, soaking-in, percolation *(von Wasser)*
Versickerung f influent seepage, soaking-in, leakage, infiltration, recharge, percolation, intake
Versickerungsbrunnen m diffusion well, recharge well
Versickerungsgraben m seepage trench
Versiegeln v sealing
Versiegelungsschicht f seal(ing) coat
Versorgungsleitung f 1. service pipe, supply pipe, mechanical service; 2. *(El)* feeder line, feeder; 3. *(El, San)* service conduit, service line, service run
Versorgungsnetz n 1. supply system, supply grid; 2. *(El)* mains; 3. *(El, San)* network
Versorgungstechnik f servicing
Verspachteln n filling, sealing, trowel application
verspannen v 1. brace, stay; 2. fasten *(mit Bolzen)*; 3. guy *(mit Seilen)*; 4. interlock *(ineinanderverspannt, z. B. Montageelemente)*; 5. rig, rig up *(abspannen)*
Verspannung f 1. bracing, staying *(z. B. Masten)*; 2. fastening *(mittels lösbarer Bolzen)*; 3. guying *(mit Seilen)*; 4. interlocking *(von Montageelementen)*; 5. rigging *(abspannen, z. B. bei Montage)*; 6. staying; wiring *(Mast, Pfosten)*
Verspreizung f bracing, intersection of struts; timbering *(Abspreizen)*
verstärken v 1. strengthen, stiffen *(Festigkeit)*; 2. truss, fortify, reinforce *(Konstruktionen, Bauelementen)*; 3. stiffen *(verstärken)*; 4. boost *(Druck)*
Verstärkung f 1. strengthening, reinforcing *(Festigkeit)*; 2. embedded reinforcement *(Bewehrung im Mauerwerk)*; 3. stiffening *(Versteifung)*; 4. swelling *(Verdickung)*
Verstärkungsblech n reinforcing plate, reinforcing sheet, stiffening plate
Verstärkungsglied n bracing
Verstärkungspfeiler m buttress *(Stützpfeiler)*; pier of wall *(Mauerpfeiler)*
versteifen v 1. strengthen, stiffen, reinforce, brace; 2. prop, shore *(auch ab-*

setzen); 5. *(Erdb)* backfill, pack *(Hohlräume)*
Versteifen f 1. strengthening, stiffening, reinforcing; strutting *(meist quer bzw. horizontal)*; 2. cradling *(Stützbogen)*; 3. bracing *(von Bauelementen, Verstreben)*; 4. reinforcement, web, stiffener *(Verstärkungsglied)*
Versteifungsbalken m reinforcing beam, cross beam, buttress bracing strut, brow post
Versteifungsglied n bracing
Versteifungsjoch n truss
Versteifungsmauer f stiffening wall, bracing wall, abamurus
verstemmen v caulk, stave, hammertighten, fuller *(z. B. Fugen, genietete Nähte)*
verstiften v 1. peg, stud; 2. *(Hb)* dowel
verstopfen v 1. clog (up), block (up), choke, obstruct *(Rohre, Leitungen, Kanäle, z. B. mit Schlamm, Unrat)*; 2. stop, plug, bung *(abdichten)*; 3. occlude *(z. B. Öffnungen, Durchgänge)*; 4. *(Verk)* congest, jam; 5. blind *(z. B. Siebe, Filter)*; 6. stuff, close *(z. B. Löcher, Öffnungen)*; 7. foul *(blockieren)*; 8. plug *(mit Stopfen)*
Verstopfung f 1. obstruction, choking *(Rohre, Leitungen, Kanäle)*; occlusion *(Durchgänge, Öffnungen)*; 2. *(Verk)* congestion, traffic jam
verstreben v brace, strut, stay, shore (up)
verstrebt braced, trussed
Verstrebung f 1. brace, bracing *(von Konstruktionsgliedern)*; *(AE)* back stay; insertion of struts, strutting *(vor allem quer bzw. horizontal)*; 2. s. Strebe
Verstrebungsbalken m straining beam [girder], straining piece; strutting piece *(Dachstuhl)*
verstreichen v float; butter, trowel *(mit Mörtel)*; torch *(Ziegeldach verfugen)*
Versuchsabschnitt m *(Verk)* trial section, test section
Versuchsbau m experimental building
Versuchspfahl m preliminary pile, trial pile
Versuchsprojekt n pilot project, test development, test project, test scheme
vertäfeln v panel, wainscot; case *(verkleiden)*
vertäfelt panelled
Vertäfelung f panel, panelling

Vertäfelungstafel 494

Vertäfelungstafel *f* pane, panel
Verteilerbewehrung *f* distribution reinforcement, temperature enforcement
Verteilerdose *f (El)* junction box, conduit box, wiring box
Verteilereisen *n* distribution-bar reinforcement, distribution reinforcement
Verteilerkasten *m (El)* distribution box, cable terminal box, conduit box
Verteilerstab *m* secondary truss member; distribution bar, distribution rod *(Bewehrung)*
Verteilung *f* 1. distribution; 2. division *(Aufteilung)*; 3. spread *(Last)*; 4. lacing, arrangement *(z. B. von Bewehrung)*
Verteilung *f/***Gauß'sche** Gaussian distribution *(Messwertsummenkurve)*
Verteilungsbewehrung *f* distribution reinforcement, temperature reinforcement
Verteilungsleitung *f* 1. *(El)* distributing conduit, distribution line; 2. slick line *(Pumpbeton)*
Verteilungszahl *f* distribution factor *(Momentenausgleich)*
Vertiefen *n* deepening
Vertiefung *f* 1. deepening; dimple *(flach)*; 2. recess, sinking *(Aussparung)*; 3. dint *(Delle, Beule)*; 4. channel *(in Holz oder Mauerwerk)*; frog *(auf einem Ziegelstein)*; 5. hollow *(Aushöhlung)*; 6. frog *(Mulde)*; 7. impression *(Eindruck)*; 8. indentation *(Rille)*; 9. fosse *(Graben, Kanal)*
• **Vertiefungen auffüllen** regulate
• **Vertiefungen bekommen** dimple *(Oberflächen)*
Vertikalanordnung *f* vertical alignment
Vertikalbelastung *f* vertical loading
Vertikallast *f* vertical load
Vertikalschnitt *m* vertical section
Vertikalverband *m* vertical bracing
Vertrag *m* contract, agreement; deal *(Übereinkommen)* • **die Verträge unterzeichnen** exchange contracts • **einen Vertrag abschließen** contract, conclude a contract • **im Vertrag nicht enthalten** not in (the) contract, not included in (the) contract *(Baurecht)*
Verträglichkeitsbedingung *f* compatibility condition
Vertragsabschluss *m* conclusion of contract

Vertragsbedingungen *fpl* contract requirements
Vertragsbedingungen *fpl***/zusätzliche** special provisions, supplementary conditions of contract
Vertragsbürgschaft *f* contract bond
Vertragserfüllung *f* performance of contract
Vertragserfüllungsbürgschaft *f* contract performance bond
Vertragsfristen *fpl* contract deadline
Vertragspflichtenheft *n* lists of specifications, specifications
Vertragsposition *f* contract item
Vertragspreis *m* contract price
Vertragsstrafe *f* contract(ual) penalty, penalty, penalty contract, stipulated penalty
Vertragsunterlagen *fpl* contract particulars, contract documents
Vertragszeitraum *m* contractual period, contract time
verunreinigt polluted *(Luft, Wasser)*; impure *(Baustoffe, Materialien)*
Verunreinigung *f* 1. contamination, pollution *(Luft, Wasser)*; 2. impurity, foreign matter *(Baustoffe, Materialien, Erdstoffe)* • **ohne Verunreinigungen** pure
verwahren *v* flash *(z. B. Dichtungen an Anschlüssen)*
Verwahrung *f* flashing *(z. B. Dichtungen an Anschlüssen)*
Verwaltung *f* administration *(öffentlich)*; management, agency *(betrieblich)*
Verwaltungsbehörde *f* administrative authority, administrative board
Verwaltungsgebäude *n* administration building, office building, office block
Verweigerung *f* rejection, refusal *(Abnahme, Zulassung von Bauelementen, Baustoffen usw.)*
verwendbar serviceable, useful, fit to use; applicable *(anwendbar)*
verwenden *v* 1. use, employ; make use of, utilize *(verwerten)*; 2. *(Tun)* use up
Verwendung *f* use, employment, usage *(z. B. Baustoffe, Bauverfahren)*; application *(Anwendung)*; utilization *(Verwertung, Nutzung)* • **zur Verwendung genehmigen** permit *(Baustoffe, Bauelemente)*
Verwerfung *f* 1. distortion *(mechanisch)*; warp(age) *(z. B. Holz)*; 2. normal fault,

throw, shift *(im Gestein)*; 3. *(Bod, Erdb)* dislocation (of strata), fault, shifting; 4. shrinkage, twisting *(bei Holztrocknung)*
verwertbar recyclable
Verwindung f twist, twisting, torsion, curling; distortion *(Verzerrung)*
Verwindungsbewehrung f torsion(al) reinforcement
Verwindungsbruch m torsion(al) failure
Verwindungssteifigkeit f torsion stiffness, torsional rigidity, torsional strength, twisting rigidity
verwittern v 1. weather *(Oberflächen, z. B. Anstriche)*; 2. decay, rot, slack *(Gestein)*; 3. disintegrate, weather *(Mauer, Putz, Gestein)*; 4. effloresce, decompose *(chemisch)*; 5. decompose *(zerfallen, verwesen, verfaulen)*
verwittert weathered; detrital *(zertrümmert, Gestein)*; decomposed *(zerfallen, verwest, verfault)*
verwölben v/sich distort; become warped, warp *(Holz, gebrannte Bauelemente)*
Verwölbung f 1. warpage, distortion *(Vorgang oder Ergebnis)*; 2. projecting curvature
verworfen distorted, warped *(z. B. Holz)*; disturbed, heaved *(Erdschichten)*; twisted *(Bauelemente)*
verzahnen v 1. joggle, tooth, interlock, indent, interdigitate, key *(z. B. Mauerwerk)*; 2. *(Hb)* notch, key, indent, joggle; 3. interlock, interlink, dovetail *(Abläufe, Baumontagevorgänge)*
Verzahnung f 1. *(Arch)* denticulation, castellation *(Mauerwerk)*; 2. keying, toothing, joggle, indenting, interlock, interdigitation *(Bauelemente, Mauerwerk)*; 3. *(Hb)* indented joint, indenting, scarfing
verzapfen v *(Hb)* mortise, notch, tenon and mortise
Verzapfung f *(Hb)* tenon jointing, mortising
verziehen v 1. turn *(Stufe)*; 2. warp *(z. B. Holz)*
verzieren v decorate, ornament, enrich, adorn; inlay
Verzierung f 1. decor(ation), adornment, ornament(ation), enrichment; 2. colouring, pattern *(meist mit farbigen Mustern)*; 3. moulding *(plastische durch Formung)*; 4. batten, bato(o)n *(Zierleisten)* • **Verzierungen einschneiden** *(Hb)* thurm
Verzinken n 1. *(Hb)* dovetailing, matching; 2. zincing, galvanization; sheradizing *(Diffusionsverzinken)*
Verzinkung f 1. *(Hb)* dovetailed joint, match(ed) joint; 2. zinc-coating, galvanizing *(Vorgang)*; zinc-coat *(Schutzschicht)*
Verzögerung f 1. retardation *(Zementabbinden)*; 2. inhibitation *(Korrosion)*; 3. lag *(zeitlich)*; 4. deceleration *(bes. Verkehrsabläufe)*
Verzögerungsmittel n retarder
Verzug m 1. joining balk, joining beam *(Konstruktion)*; 2. *(Tun)* lagging *(Ausbau)*; 3. plate buckling *(geometrisch verzogen)*
verzweigt branched, ramifying, forked, dendriform, dendritic, ramose, treed
Verzweigungspunkt m branching point
Verzweigungsrohr n branch pipe, take-off pipe
Vestibül n 1. vestibule, antechamber; 2. *(Arch)* zaguan *(spanische Architektur)*
Vibrationsbeanspruchung f vibratory stresses
Vibrationsfertiger m *(Verk)* vibrating finisher, vibrofinisher
Vibrationslast f/seismische seismic load
Vibrationsplatte f vibrating plate
Vibrationsverdichtung f compaction by vibration, vibratory compaction, dynamic compaction *(z. B. Erdstoff, Beton)*
Vicat-Nadelprüfung f needle test of Vicat
Vickershärteprüfung f Vickers hardness testing
Vieleckdach n Ardand type polygon(al) roof
Vieleckgrundriss m polygonal ground-plan
Vieleckverband m polygonal bond
vielgeschossig multistorey, high-rise
vielgestaltig variform, complex
viereckig four-cornered, quadrangular, quadrilateral, square
Vierendeel-Träger m Vierendeel girder, open-frame girder, open-web girder
Vierkantmaterial n square bars
Viermomentensatz m *(Stat)* four-moment(s) theorem
Viertelpunkt m quarter point
Viertelstab m *(Arch)* quarter round; coving

Vinylharzanstrich

(zwischen Wand und Decke); angle stile *(in Wandecken)*; astragal *(Fenster)*
Vinylharzanstrich m vinyl coating
Vinylharzplatte f vinyl-plastic tile, vinyl tile, plastic flooring
Visierlinie f line of sight, sight line
viskoelastisch viscoelastic
viskoplastisch viscoplastic *(Baustoff)*
Vlies n mat of fibres, non-woven fabric, non-woven material
Vogelperspektive f bird's-eye view
voll aufliegen be fully supported
Vollbalkenträger m solid beam
Vollbetondecke f solid slab floor, solid slab intermediate floor
volleingespannt *(Stat)* fully restrained, fully fixed
vollflächig holohedral; allover *(z. B. Muster)*
Vollgeschoss n full floor, full storey, *(AE)* full story
Vollglastür f full glass door, glass door; solid glass door *(ohne Rahmen)*
Vollholztür f all-wood door
Vollkunststoffplatte f all-plastic board
Vollmauer f solid masonry wall
Vollwandbalken m plain-web beam, solid-web beam
Vollwandbauweise f solid wall construction, solid wall construction method
Vollwärmeschutz m full heat protection
Vollziegel m solid brick, whole brick, solid clay brick, full brick, all-brick
Volumen n volume; bulk • **das Volumen ermitteln** cube
Volumenbeständigkeit f volume constancy, volume stability *(von Baustoffen)*
Volute f *(Arch)* volute, helix *(ionisches Kapitell)*
Voranschlag m construction cost estimate, estimate, rough calculation, bill of materials, bill of quantities
Voranstrich m precoat, intercoat
Vorbau m forebuilding, front section of the building; projection, projecting structure *(vorragender Gebäudeteil)*; porch *(Vorraum)*
Vorbauwagensystem n/**norwegisches** Norwegian rail system *(Brücke)*
vorbehandeln v pretreat, precondition; precure *(eine Klebeverbindung vor dem Zusammendrücken)*
Vorbehandlung f pretreatment, preliminary treatment, preparation, preparation treatment *(z. B. Oberfläche, Bauteil)*
Vorbelastung f preloading
Vorberechnung f preliminary computation
Vorbereitung f/**technologische** job engineering
vorbeugend precautionary, preventive
Vorblendmauer f faced wall
Vorbohren n preboring, predrilling; holing *(Schiefer)*; preboring *(Pfahlgründung)*
Vordach n projecting roof, canopy; porch roof *(über einem Vorraum)*; marquee *(über einer Tür)*
Vorderansicht f front view, front elevation; façade
Vorderfront f frontage, frontispiece, façade
Vorderhaus n front building, front face
Vorderkante f front edge
Vorderseite f face side, leading end; front side, front face *(eines Gebäudes)*
Vorentwurf m preliminary design, preliminary project, preliminary scheme, schematic design
vorfertigen v prefabricate; preconstruct *(Tragwerke)*; fabricate *(Stahlbau)*; precast *(Betonteile)*; prefinish *(meist bei Anstricharbeiten)*; preform, pretie *(Bewehrung)*
Vorfertigung f prefabrication; fabrication *(Stahlbau)*; factory casting *(von Bauelementen)*; precasting *(von Betonteilen)*
Vorflutanlage f drainage plant
Vorfluter m 1. *(San)* outfall, outfall ditch, carriage *(Abwasser)*; 2. *(Wsb)* draining ditch, drainage ditch, feeder, watercourse; receiving body
Vorgabetermin m predicted date
Vorgabeziel n target *(Bauleistung)*
vorgefertigt prefabricated, prefab; factory-built, factory-finished *(im Betrieb)*; precast *(Betonteile)*; shop-erected *(meist im Stahlbau)* • **vorgefertigt und nicht fertig montiert** knocked-down
vorgemischt premixed, premix; mill-mixed, ready-mixed *(Putz, Mörtel)*
vorgespannt prestressed, tensioned *(Spannbeton)*
Vorhalle f entrance hall, vestibule; lounge *(z. B. Theater, Foyer)*; lobby *(z. B. Par-*

Vorhang *m* curtain
Vorhängedachrinne *f* hanging roof gutter
Vorhangfassade *f* curtain wall
Vorhangwand *f* curtain wall
Vorhof *m* 1. forecourt; front yard; 2. *(Arch)* state court *(Plastanlage)*; 3. *(Arch)* atrium *(Innenhof)*
Vorkaufsrecht *n* right of preemption, preemption right, option right, preemptive right, right of first refusal
Vorklärbecken *n* preliminary sedimentation tank, pretreatment tank, primary settlement basin
Vorkopfkipper *m* front dumper
vorkragen *v* cantilever, protrude, project, jut out; corbel *(Ziegel, Mauerwerk, Beton)*
vorkragend bearing out, cantilevered *(Balken)*; corbelling *(im Mauerwerk durch Steine, Beton)*
Vorkragung *f* cantilever *(Balken)*
Vorlage *f* 1. front layer; 2. model, art work, original *(z. B. Zeichnung)*; pattern *(Muster)*; 3. projection, attachment *(z. B. einer Wand)*; 4. submission *(Angebot)*
Vorlauf *m* flow *(Heizung)*
Vorlaufheizleitung *f* flow line
Vormauerziegel *m* facing brick, hard-burnt brick, soap *(> 5 cm dick)*
Vormontage *f* preassembly, subassembly, fitting-up *(ohne endgültige Verbindung)*
vormontiert preassembled, shop-erected
Vornorm *f/***Europäische** (ENV) European initial standard, European Prestandard, European tentative standard
Vornutzungsrecht *n/***staatliches** eminent domain
Vorort... site-placed ..., in-situ ...
Vorortprüfung *f* field test, in-situ test
Vorortverschäumen *n* froth in-situ
Vorplanung *f* preliminary planning, preplanning, pilot project
Vorprojekt *n* pilot project, preliminary scheme
Vorprüfung *f* preliminary check; preliminary examination
Vorputzen *n* dubbing, dubbing-out, brown-out

vorragen *v* project *(ein Teil eines Gebäudes)*
Vorratsbehälter *m* storage reservoir, storage bin, hold tank, reservoir tank, stock bin, storage container, store tank, supply tank
Vorratshaltung *f* stockpiling
Vorraum *m* 1. entry, anteroom, antechamber, vestibule, entry; 2. *(Arch)* antecabinet *(zu einem Audienzraum)*
Vorsatzbeton *m* face concrete
Vorsatzlage *f* facing layer
Vorsatzmauer *f* facing masonry wall
Vorsatzplatte *f* facing tile
Vorschlaghammer *m* sledge hammer
vorschreiben *v* prescribe *(Vertrag, Gesetz)*; specify *(genaue Angaben)*
Vorschrift *f* law; rule, regulation *(Bestimmungen, z. B. für Sicherheit)*; standard, specification *(Ausführungsart)*; instruction, direction, order *(Anweisung)* • **Vorschriften setzen** regulate • **Vorschriften strikt durchsetzen** *(sl)* crack down
vorschriftengemäß standard
vorspannen *v* precompress, preload; prestress, pretension, tension *(Spannbeton)*
vorspannen *v/***mit nachträglichem Verbund** posttension
Vorspannen *n* prestressing, pretensioning *(Spannbeton)*
Vorspannkraft *f* prestressing force, prestressing stress
Vorspannpfahl *m* prestressed pile
Vorspannung *f* 1. initial tension *(Baustoff, Bauelement)*; 2. preloading *(durch Lastaufbringen)*; 3. prestress, preliminary stress *(Größe)*; 4. prestressing, tensioning, stressing *(Spannbeton)* • **mit teilweiser Vorspannung** partially prestressed • **Vorspannung aufbringen** prestress, tension *(Spannbeton)* • **Vorspannung geben** preload *(durch Lastaufbringen)*; prestress *(Spannbeton)*
Vorspannungsverlust *m* loss of prestress *(Spannbeton)*
Vorspannverfahren *n* prestressing system, tensioning system
vorspringend projecting, prominent, protruding, jutting; salient, prominent *(Ecke, Kante)*; popping *(Steinkörner aus dem Putz, der Oberfläche; Erhebungen)*
Vorsprung *m* 1. projection, jut, jutty,

vorstehend 498

prominence (z. B. Gebäudeteil); 2. salient junction (Wand); jump in a façade (Vorderwand); 3. nub (Knoten, Knopf); 4. overhang, projection, shoulder (Überhang, z. B. Bauteil, Bauelement); 5. ancon (Kragstein, Konsole auch als Zierelement); 6. (Hb) tenon
vorstehend projecting, protruding; overhanging, beetle (überhängend)
vorstreichen v precoat, prepaint
Vortreiben n (Tun) heading, forcing, driving
Vortrieb m (Tun) heading, headwork, forcing, drift advance
Vortriebsschild m (Tun) shield
Voruntersuchung f preliminary investigation, preliminary study, reconnaissance
vorverdichten v 1. precompress, precompact; 2. preconsolidate (durch Eigenlast setzen); 3. tablet (Kunststoffe)
Vorverdichtung f (Erdb) initial compaction; preconsolidation (durch Eigenlast)
Vorwurfputzschicht f pricking-up coat
Vorzugsmaße npl preferred dimensions (Raster- und Einbauelemente)
Voute f tapered haunch, inclined haunch
Voutenbalken m haunched beam, inclined haunched beam
Voutendecke f arched floor
vulkanisch volcanic
Vulkanschlacke f volcanic slag

W

Waage f balance, scale(s), weighing scales; lever scales, steelyard (mit Laufgewicht); weighbeam (Großwaage); platform balance (Tafelwaage); weighbridge (Brückenwaage); weigher (Bindemittelabfüllwaage) • **in Waage** level, levelled • **in Waage bringen** level
Waagerechtschnitt m sectional plan, plan sectional
Wabenbauweise f honeycomb construction [design], cellular construction
Wabendämmplatte f honeycomb insulating board
Wabenkonstruktion f honeycomb structure
Wahllinie f (Verm) random line
Wahrscheinlichkeitsberechnungsver- **fahren** n (Stat) probabilistic design method
Walm m hip of a roof, hip gable; slope (Dach)
Walmdach n hip roof, hipped roof, Italian roof
Walmgiebel m hip gable, (AE) clipped gable
Walmschifter m hip jack (rafter)
Walmsparren m hip rafter
Walmziegel m hip tile
Walzasphalt m rolled asphalt
Walzbetonverfahren n concrete rolling technique
Walzenauftrag m roller-coating application (Anstriche, Beschichtungen)
Walzenlager n roller bearing
Walzenwehr n (Wsb) cylinder weir, roller weir, roller dam
Walzstahlprofil n rolled steel section, rolled steel structural section, rolled structural steel
Walzträger m rolled girder, rolled beam
Walzverdichtung f roller compaction (Boden)
Wand f 1. wall (s. a. Mauer); 2. partition wall (Trennwand); 3. (Erdb) face; 4. side (eines Gefäßes); 5. bank (Damm, Wall) • **eine Wand erhöhen** raise a wall • **eine Wand verbinden** dress
Wand f/massive solid masonry wall
Wand f/nicht tragende non-bearing wall, non-load-bearing wall
Wand f/tragende load-bearing wall, load-carrying wall, loaded wall, main wall, bearing wall, structural wall, weight-carrying wall
Wandanker m wall anchor, wall tie, masonry anchor; beam anchor (Zuganker)
Wandanschlussblech n flashing sheet, flashing piece; soaker (Dach)
Wandauflagebalken m spur beam
Wandauflager n wall support
Wandbauplatte f wallboard; precast wall panel, wall slab (Beton)
Wandbautafel f wall panel, concrete wall panel (Beton)
Wanddämmung f insulation of the wall, wall insulation (Wärmedämmung)
Wanddurchbruch m wall breakthrough
Wanddurchführung f 1. wall duct; 2. (El) wall bushing
Wandelement n wall(-building) compo-

Wandschalung f travelling form(s), travelling formwork *(für horizontale Bewegung, z. B. für Tunnelbau)*
Wandfläche f wall area, wall surface
Wandfliese f wall tile *(Fliesenbelag)*
Wandfundament n wall footing
Wandgliederung f wall composition
Wandkies m pit(-run) gravel, bank gravel, natural coarse aggregate, as-raised gravel, quarry gravel, run-of-bank gravel; all-in gravel *(unklassiert)*
Wandkonstruktionssystem n wall system
Wandlüfter m wall fan, wall vent
Wandpfeiler m 1. wall pier, attached pier, wall pillar, blind pier; 2. *(Arch)* pilaster
Wandplatte f wall plate, pan; wall tile, furring tile *(Fliesenbelag)*; room-sized (wall) panel *(raumgroß)*; wall panel *(als Wandbelag)*
Wandputz m wall plaster
Wandsäule f wall column, applied column, half column, semicolumn
Wandschale f leaf, layer, tier, withe, wythe *(Hohlwand)*
Wandsperrung f wall insulation *(gegen Feuchtigkeit)*
Wandstärke f wall thickness
Wandstrebe f wall strut, sleeper
Wandsystem n walling
Wandtafel f 1. concrete wall panel, prefabricated concrete wall panel, wall panel *(Beton)*; 2. blackboard *(Schreibtafel)*
Wandtäfelung f wall panel, wainscot; panelling, wainscotting *(Tätigkeit)*
Wandträger m wall bearer
Wandverankerung f wall anchorage, wall tying
Wandverblendung f veneer wall
Wandverkleidung f 1. wall covering, wall cladding, wall facing, wall lining, wall surfacing; 2. panelling; 3. veneer wall *(Täfelung)*; 4. mantle *(an einem Kamin)*
Wandverschalung f wall sheathing *(Außenwandverkleidung)*
Wange f 1. abutment side wall *(eines Widerlagers)*; 2. cheek *(z. B. einer Gaupe)*; 3. side piece, side plate, string, stringboard *(einer Treppe)*
Wangenmauer f side wall *(Schenkelmauer)*; staircase wall, string wall *(speziell für Treppenwangen)*
Wangentreppe f string staircase, *(AE)* stringer staircase
Wanne f 1. bath, bathtub; 2. depression *(Tiefbau)*; 3. tank(ing) *(eines Bauwerkes zur Grundwassersperrung)*; 4. sag, sag vertical curve *(Straße)*; 5. sump pan *(für Sickerwasser)*; 6. trough *(Trog)*
Wannengründung f tanking
Warenaufzug m goods hoist, goods lift, *(AE)* goods elevator
warm warm; thermal • **warm werden** heat
Warmbehandlung f heat treatment
Warmdach n non-ventilated flat roof
Wärme f heat *(Energieform)*; warmth, warmness *(z. B. von Räumen)* • **Wärme abstrahlen** emit heat *(Strahlungsheizung)*
Wärmeabgabe f heat emission, heat output, heat release, thermal emission, thermal output
Wärmeabsorption f heat absorption
Wärmeabstrahlung f heat emission
Wärmeausdehnung f heat expansion, thermal expansion, thermal extension
Wärmeausdehnungskoeffizient m coefficient of thermal expansion
Wärmeaustauscher m heat exchanger
Wärmebedarfsberechnung f heat requirement calculation
Wärmeberechnung f estimated design load *(eines Heizungssystems)*
wärmebeständig heatproof, heat-resistant, resistant to heat, thermoresistant
Wärmebrücke f heat bridge, thermal bridge, heat build-up, heat leak *(Außenwand)*
Wärmedämmbeton m heat-insulating concrete, insulating concrete
wärmedämmend heat-insulating
Wärmedämmmatte f heat insulating blanket, thermal blanket, *(AE)* batt, heat insulation batt
Wärmedämmplatte f heat-insulating board, heat-insulating sheet, thermal insulation board, *(AE)* block insulation
Wärmedämmschicht f 1. heat-insulating course, heat-insulating layer; 2. *(Verk)* frost layer
Wärmedämmstoff m heat-insulating material, thermal insulation material, non-conducting material

Wärmedämmung

Wärmedämmung f heat insulation, thermal insulation; lagging *(für Rohrleitungen)* • **mit Wärmedämmung** heat-insulated, thermally insulated

Wärmedämmungsarbeiten fpl heat insulation work

Wärmedehnungsfuge f thermal expansion joint; hiatus *(Ofen)*

Wärmedurchgang m heat transmission, penetration of heat, transition of heat

Wärmedurchgangskoeffizient m heat transition coefficient *(EN ISO 14683)*

Wärmedurchgangszahl f overall coefficient of heat transfer, overall heat-transfer coefficient, air-to-air heat, transmission coefficient, coefficient of thermal transmission, heat-transmission coefficient, thermal conductance, thermal transmittance; U-value, K-value *(Wärmeleitfähigkeit)*

Wärmedurchlässigkeitszahl f thermal transmission factor

Wärmeeinstrahlung f absorption of heat radiations

Wärmeerzeuger m heat generating device

Wärmefluss m heat flow

wärmegedämmt heat-insulated, thermally insulated

Wärmeisolation f, **Wärmeisolierung** f *(veraltet)* s. Wärmedämmung

Wärmeleitfähigkeit f heat conductivity, thermal conductivity

Wärmemengenmessung f calorimetry

Wärmepumpe f heat pump

Wärmeregler m thermostat, temperature controller, temperature-sensing device, temperature-sensing element

Wärmerückgewinnungsanlage f heat reclamation system, heat recovery system

Wärmeschutz m thermal protection, heat protection, thermal insulation, heat insulation

Wärmeschutzglas n heat protection glass, heat-absorbing glass, insulating glass

Wärmeschutzverkleidung f lagging *(für Rohrleitungen)*

Wärmespannung f heat stress, temperature stress, thermal stress

Wärmespeicherung f heat storage, heat accumulation, heat retention

Wärmestrahlung f heat radiation, heat radiance, temperature radiation, thermal radiation

Wärmeträger m heat carrier, heat-exchanging medium, heat transfer medium, coolant

Wärmeübergangszahl f heat-transfer coefficient, heat-transmission coefficient, U-value; air-to-air heat-transmission coefficient *(einer Mauer)*

Wärme- und Kältetechnik f *(HLK)* heating and refrigerating engineering

Wärmeverformung f deformation under heat, thermal deformation *(Baustoffe, Bauelemente)*

Wärmeverlust m loss of heat, heat loss, thermal loss

Wärmeverlustberechnung f calculation of heat loss, computation of heat loss, heat loss calculation

Wärmewiderstand m thermal resistance, heat fastness; air-to-air resistance *(einer Wand)*

Wärmewiedergewinnung f heat recovery

Wärmewirkungsgrad m heat efficiency, coefficient of performance, heat utilization

Wärmezähler m heat meter

warmgewalzt hot-rolled

Warmluftheizung f warm-air heating system, perimeter heating system

Warmluftkanal m warm-air duct, warm-air rising duct

Warmwasserbereiter m water heater

Warmwasserheizung f low-temperature water heating, hot-water heating, *(AE)* hydronics

Warmwasserleitung f hot-water pipeline, hot water pipe, hot-water (supply) line

Warmwasserumlauf m hot-water circulation

Warnanlage f alarm system, warning system

Warnwert m 1. *(Verk)* investigatory level *(Straßendeckenverschleiß)*; 2. alert value *(statistische Qualitätskontrolle)*

Warren-Träger m Warren girder, Warren truss, half-lattice girder

Wartung f 1. maintenance, operational maintenance, servicing, upkeep, service, care; 2. attendance, handling *(Bedienung)*

Wasserfassung

Wartungskosten *pl* maintenance costs, maintenance charges, upkeep costs

Wartungsmaßnahme *f* preventative remedy, preventive remedy

Waschbecken *n* washbasin, washbowl, handbasin; *(AE)* lavatory basin, washbowl

Waschbeton *m* washed concrete, scrubbed concrete, exposed-aggregate concrete, concrete exposed aggregate finish

Waschkies *m* washed gravel

Waschputz *m* scrubbed plaster, acid-washed plaster, acid-treated plaster

Waschraum *m* 1. washroom, washing room, *(AE)* restroom, *(AE)* lavatory, *(AE)* lav *(in öffentlichen Gebäuden)*; 2. laundry room *(zum Wäschewaschen)*

Wasser *n* water • **in Wasser nachbehandelt** wet-cured *(Beton)* • **unter Wasser** subaqueous • **unter Wasser abbindend** hydraulic • **unter Wasser erhärtend** hydraulic • **unter Wasser lagern** keep under water • **unter Wasser setzen** flood, flush • **voll Wasser gesogen** waterlogged *(Baustoffe)* • **Wasser aufstauen** bank up • **Wasser ausschöpfen** bail *(eine Baugrube)* • **Wasser entziehen** dry

Wasserabdichtung *f* water sealing; waterproofing *(im Bauteil)*

Wasserabfluss *m* 1. water run-off, running of water; 2. water culvert, water drain, water outlet *(Abflusseinrichtung)*

Wasserablauf *m* 1. water inlet, gulley, *(AE)* gully; 2. *(Wsb)* lode *(Deichablauf)*; 3. drip cap *(am Fenster)*

Wasserableitung *f* drawing-off of water, run-off, water drainage

Wasserabsenkung *f* lowering of water level

Wasserabsenkungsbrunnen *m* absorbing well, waste well

Wasserabsorption *f* water absorption

Wasseranschluss *m* water supply, connecting to the water line network; tap *(im Haus)* • **Wasseranschluss haben** be on the water mains

Wasseranschlussleitung *f* water-service pipe *(vom Netz zum Wasserzähler)*

Wasseranspruch *m* required amount of water *(hydraulischer Bindemittel)*

Wasseraufbereitungsanlage *f* 1. water treatment plant, water treatment works *(aus Rohwasser)*; 2. water recycling plant [system] *(aus Abwasser)*

Wasseraufnahme *f* intake of water, uptake of water, water absorption, water sorption *(z. B. von Baustoffen)*

Wasserbau *m* 1. *(Wsb)* hydraulic construction, hydraulic structure, waterworks; 2. *(Wsb)* hydraulic engineering, water engineering, water architecture *(Fachgebiet)*

Wasserbauingenieur *m* hydraulic(s) engineer

Wasserbauprojekt *n* hydraulic construction(al) project, hydraulic engineering project

Wasserbauwerk *n* hydraulic structure

Wasserbecken *n* 1. water basin; 2. *(Arch)* pool of water *(Platzgestaltung)*; water pond, water pool *(in einem Garten)*

Wasserbehälter *m* 1. water tank, water cistern; 2. *(Wsb)* reservoir, water reservoir

wasserbeständig resistant to water, water-resistant

wasserdampfdicht moisture-proof

Wasserdampfsperre *f* vapour seal, water vapour seal

wasserdicht watertight, waterproof, tight to water, impermeable to water, showerproof, rain-proof; staunch *(z. B. Unterwasserbauwerk)* • **wasserdicht machen** waterproof, seal; coffer • **wieder wasserdicht machen** reproof

Wasserdichtung *f* 1. waterproofing *(im Bauteil)*; 2. surface water proofer

Wasserdruck *m* water pressure, hydraulic pressure, hydraulic thrust

Wassereinbruch *m* 1. water inrush, water inflow, water intrusion; blow *(in einen Fangdamm)*; inrush of (underground) water *(z. B. in Baugruben)*; 2. *(Erdb)* intrusion of water, rush of water

Wassereinlass *m* 1. water intake, water inlet; 2. scupper, scupper drain *(Dach)*

Wassereinzugsgebiet *n* 1. water collecting area, water intake area, water basin, *(AE)* watershed; 2. drainage catchment, drainage area *(eines Flusses)*

Wasserfallrohr *n* water conductor

Wasserfassung *f* water catchment, gathering of water

wasserfest resistant to water, water-resistant, rainproof

Wasserführung f 1. (Wsb) ratio of streamflow, regimen (Fluss); 2. water supply, water delivery, (water) run-off (Wasserversorgung)

Wassergehalt m 1. water content, percentage of water, proportion of water, moisture content; 2. (Bod, Erdb) moisture equivalent (nur bodenkundig)

wassergesättigt water-saturated; waterlogged (Baustoffe)

wassergeschützt waterproof

Wassergraben m 1. water ditch, feeder, catch (Bewässerung); lade (Schöpfgraben); 2. gullet (Baugrubenentwässerung); 3. ditch, drain (Entwässerung); 4. moat (Burggraben)

Wasserhahn m 1. water tap, water cock, (AE) (compression) faucet; 2. bib-cock, bib-tab, bib-valve (mit horizontaler Wasserzuführung); 3. spigot (mit Drehzapfen)

Wasserhaltung f (Erdb) dewatering, unwatering, (water) drainage, draining, groundwater control, groundwater lowering work

Wasserhaushalt m 1. water supply; 2. water balance, hydrological budget, hydrological regime (biologisch); 3. (Wsb) regimen, water regime (eines Flusses)

Wasserhochbehälter m elevated water tank, high-level water tank, overhead water tank

Wasserkanal m 1. water conduit (natürlich oder künstlich, offen oder geschlossen); 2. irrigation ditch (Bewässerungsgraben)

Wasserklärung f water clarification, water treatment

Wasserkraftwerk n hydroelectric power plant, hydroelectric power station, water power plant

Wasserlagerungsprüfung f displacement test (bituminöse Gemische); water immersion test (von Baustoffen)

Wasserlauf m watercourse, passage of water; lode (Schöpfgraben)

Wasserleitung f 1. water conduit, water pipe, water piping; 2. water main, water-supply line (Hauptversorgungsleitung)

Wassermischbatterie f (San) mixer tap, mixing tap, (AE) combination faucet

Wassernase f water drip, weather drip, throat; water groove, drip cap, gorge (am Fenster)

Wasserpumpe f water pump

Wasserrinne f 1. discharge gutter, draining (Tiefbau); 2. gutter, eaves trough, spouting (Dach); 3. drip channel, water channel (Sohlbank); 4. (Arch) forma (Aquädukt)

Wasserrohr n water conduit, water pipe; (water) main (Hauptrohr)

Wassersäule f column of water, head of water, water column, water head

Wasserschacht m draining shaft; pump shaft (Pumpe)

Wasserschaden m water damage, damage caused by water

Wasserschenkel m 1. label (rechtwinklig, aus Stein oder Ziegel); dripstone (aus Stein oder Ziegel über Tür oder Fenster); 2. throat, throating, drip channel (Wasserrinne); 3. water bar, water drip, weather drip, weather bar (Fenster, Tür)

Wasserschicht f water layer; ground water level (Grundwasserspiegel); water stratum (hydrogeologisch)

Wasserschieber m sliding valve, water sluice valve

Wasserschutzgebiet n water protection area

Wasserspeicher m water storage tank, cistern; water reservoir (im Gelände)

Wassersperre f water barrier, water stop; water seal (oberflächliche)

Wasserspiegelunterschied m (Wsb) fall step

Wasserspülung f (San) (water) flushing, flushing system

Wasserstandsanzeiger m water-level indicator, water gauge (z. B. an Kesseln)

Wasserstaubecken n (Wsb) reservoir

Wasserstrahlbohren n jet drilling

Wasserstraße f (Wsb) navigable waterway, waterway; canal (künstlich)

Wassertank m water tank; cistern (für WC); water reservoir (offen, meist im Freien)

Wasserüberlaufrohr n water overflow pipe

Wasserumwälzung f water circulation

wasserundurchlässig impermeable to

Wasserversorgung f water supply, provision of water, water delivery
Wasserversorgungssystem n water-supply system, water-supply plant, water-supply installation
Wasserverunreinigung f water pollution
Wasservorkommen n water resource
Wasserwaage f water level, spirit level, air level, builder's level, carpenter's level, frame level, mechanic's level
Wasserwirtschaft f 1. water (resources) management, water economy; 2. water resources engineering (Fachgebiet)
Wasserzähler m water meter
Wasser-Zement-Faktor m water/cement ratio (Beton)
Wasser-Zementwert m water/cement ratio (Beton)
Wasserzisterne f storage cistern
Wasserzufluss m inflow of water, water feeder, water inflow, water influx
Wasserzuführung f (Wsb) leat, water admission, water feed pipe
WC water closet, toilet
WC-Becken n (San) flush basin, bowl
Wechsel m 1. trimming, latch lever, shift; 2. s. Wechselbalken
Wechselbalken m trimmed joist, trimmer beam, trimmer joist, trimming joist, joint beam, trimmer; stair trimmer (Treppenwechselbalken)
Wechselbeanspruchung f alternating stress, reversal
Wechselbelastung f alternate loading
Wechsellast f alternating load(ing), changing load, variable load; oscillator load (periodisch)
Wechselsprechanlage f intercommunication system, intercom, two-way telephone system; door intercom (-munication) system
Wechselstab m counterbrace (Fachwerk)
Wechselwirkung f interaction
Weg m 1. way; lane (breiter); path (z. B. Gartenweg); trail, track, path (Wanderweg); road (Straße); 2. route (Wegstrecke; Reiseweg); 3. course (Verlauf)
Wegebau m construction of unclassified roads, road building, road construction, road making

Wegerecht n right of way, (AE) right-of-way
Wegplatte f pad; path tile (Fliese)
Wegübergang m (Verk) line crossing; level crossing (in gleicher Höhe)
Wegweiser m 1. (Verk) finger post, signpost, sign, (AE) guide sign, (AE) guidepost (für Straßen); 2. directory (für Gebäude)
Wehr n (Wsb) weir, (overflow) dam; overflow (Überlauf); pond- lock (Teich)
Wehranlage f weir plant
weich soft; weak (schwach); mellow (Erdstoffe); mushy (breiig, schwammig); nesh (staubig, pulvrig, z. B. Schüttgüter); non-rigid (Kunststoff); quaggy (morastig, sumpfig); soft (Gestein, Material); soft (Stahl) • **weich machen** soften, plasticize (bes. Kunststoffe) • **weich werden** soften
Weichfaserplatte f soft board (Dämmplatte)
Weichholz n softwood, coniferous wood, soft-textured wood, deal
Weichmacher m 1. softener, softening agent, (AE) plasticizing agent; 2. larry (für Beton); 3. emollient, plasticizer (für Bitumen, Kunststoffe)
Weißbeton m white concrete
Weißblech n tin-coated steel, tin plate, tinned steel sheet (Feinblech); tinplate (Grobblech); terneplate (Dachdeckung)
Weißen n whitewashing, limewashing, limewhiting, whitening
Weißfeinkalk m dry hydrate
Weißkalk m white lime, high-calcium lime, rich lime, fat lime; limestone whiting (gemahlener Naturkalkstein)
Weißzement m white cement, white Portland cement, Keene's cement, snowcrete, tiling plaster
Weißzuschlagstoff m white aggregate
weit wide (Zwischenraum; Öffnung); wide, broad (ausgedehnt, z. B. Baugebiet); wide, spacious, roomy (Zimmer); large (dick); full (umfassend, vollständig); far (räumlich; zeitlich)
weit gespannt wide-span, long-span
Weite f 1. width, breadth (einer Öffnung); 2. scope (Ausdehnung, Umfang, z. B. Untersuchungsgebiet); 3. range (Reichweite, Abstand); 4. vastness, spread (Landschaft, Gebiet); 5. distance (Ent-

Weite

fernung, Abstand); 6. spaciousness (Zimmer, Raum)

Weite f/**lichte** clear width, clearance, clear distance, clear span; bearing distance (z. B. Durchfahrt, Feldweite, Spannweite); inside diameter, inside width (Öffnungen, Rohre usw.)

weiträumig spacious; roomy (z. B. ein Haus); ample (ausgedehnt, reichlich)

Weitspannbalken m wide-span beam, large-span beam, long-span beam

Weitspanndach n wide-span roof, large-span roof, long-span roof

Weitspannschale f wide-span shell, large-span shell, long-span shell

Weitspanntragwerk n wide-span load-bearing system, large-span load-bearing system, long-span load-bearing system

Wellakustiktafel f corrugated acoustic panel

Wellblechspundwand f corrugated iron sheet-piling

wellenförmig sinuous, undulated, undulatory

Wellenschalendach n waved shell roof

Wellenverzierung f (Arch) wave moulding, undé moulding, undulating moulding

Wellplatte f corrugated panel, corrugated sheet

Wendelstufe f (kite) winder, spiral winder, radial step, tapered tread, turret step

Wendeltreppe f spiral staircase, spiral stairs, winding staircase, corkscrew staircase, corkscrew stairs, caracole, screw stairs, newel stairs, spindle stairs, vice stairs, (AE) vis(e) stair; vyse staircase, cochlea (schneckenförmig)

Wendelung f winding

Wendeplatz m (Verk) turning place, turnaround, turning area, turning bay, swinging area (Straße); inflection point (Kurve)

Wendepunkt m (Verk) turning point

Wendetangente f (Verk) inflectional tangent, stationary tangent (Trasse)

Wendung f turn, turning (Treppe)

Wergdichtung f oakum thread, rope caulk, hemp packing

Werk n 1. factory, plant, works (Fabrik); 2. work (Aufgabe, Tat, Arbeit); 3. works (Mechanismus); 4. (Arch) fortification, works (Festungswerk)

Werkbeschichtung f factory application

Werkgebäude n industrial building, industrial block, industrial structure

Werkhalle f factory hall, factory building, factory shed, workshop hall, production shop, machine shop, workshop

Werkmontage f workshop erection

Werksfertigung f 1. off-site casting (z. B. von Betonfertigteilen); 2. production in a prefabrication plant (Fertigteilherstellung)

Werkstatt f factory shop, production shop; shop, workshop (Handwerker)

Werkstattanstrich m shop painting (Stahlbau)

Werkstein m 1. quarrystone, (stone) ashlar (Naturstein); freestone (meist Kalk- oder Sandstein); 2. s. Betonwerkstein • **Werkstein versetzen** lay the ashlar • **Werksteine putzen** pare ashlars (fein bearbeiten)

Werksteinarbeiten fpl natural stone work

Werksteinmauerwerk n ashlar masonry, hewn stone masonry

Werksteinverkleidung f ashlar facing (aus Naturstein)

Werkstoff m material, industrial material

Werkstoffprüfung f materials testing, examination of materials, specification test

Werksvorfertigung f off-site casting

Werkzeug n tool(s), tool kit; utensil • **mit Werkzeug ausrüsten** tool • **mit Werkzeug bearbeiten** tool • **mit Werkzeug bestücken** tool

Wertsteigerung f increase in value, increment of value; improvement (speziell Gebäude)

Wertzuwachs m increase in value, increment value; betterment (speziell bei Bauland, Grundstücken)

Wettbewerbsbedingungen fpl terms of a competition

Wetterdach n shelter; awning (Vordach); hood (Schutzdach); station roof (Haltestellenschutzdach)

wetterfest weather-fast, weather-resistant, weather-resisting, weatherproof, weathertight • **wetterfest machen** weatherproof

Wetterschenkel m weather bar, water bar (Fenster, Tür); window drip (Fenster)

Wetterschürze f weather boarding

Wetterschutzdach n hood

Wetterseite f weather face, side opposed to the weather, weather side, windward side; air-side face *(einer Talsperre)*
Wickelfalzrohr n folded spiral-seam tube
Wickelmaschine f preloading machine, wire-winding machine *(Spannbeton)*; wrapping machine *(Isolierungs- und Dämmstoffauftragen)*
Wickelschicht f wrapping
Widerhakenbolzen m barb bolt
Widerlager n abutment, vault abutment
Widerlagerdruck m abutment pressure, support pressure
Widerlagerflügel m abutment leaf, leaf
Widerlagermauerwerk n masonry of the abutment, abutment masonry
widerstandsfähig resistant, resisting, stable; strong *(fest, z. B. Baustoffe, Bauelemente)*; fast *(beständig)*; tough *(Material)* • **widerstandsfähig sein gegen** resist
Widerstandskraft f resisting force
Widerstandsmoment n moment of resistance, resisting moment, modulus of resistance, stress moment, elastic modulus; section factor [modulus] *(des Querschnitts)*
Widerstandsreibung f resistance of friction *(Pfahlgründung)*
Widerstandsstumpfschweißen n resistance butt welding
Wiederaufbau m rebuilding, reconstruction; redevelopment *(Siedlungsbau)*
Wiedergewinnung f recovery; reclamation, salvaging *(Baumaterial)*
Wiederherstellung f reinstatement, restoration; rehabilitation *(Sanierung)*
Wiederholstreubereich m repeatability range *(Baustoffprüfung)*
Wiedernutzbarmachung f *(Umw)* recultivation
wiederverarbeiten v reuse
Wiederverwendung f reuse, reutilization; re-employment, recycling *(z. B. von Baustoffen)*
Wildbachverbauung f *(Wsb)* regulation of torrents, torrent control work, torrent damming, torrent regulation
Windangriffsfläche f surface exposed to the wind, wind area
Windausfachung f frame diaphragm
Windaussteifung f wind bracing
Windbelastung f wind load

Winkelstützmauer

Windfang m 1. storm porch, porch, vestibule *(am Eingang)*; 2. wind screen, draught screen *(Wand)*; 3. draught excluder, draught lobby, draught preventer, chimney pot *(eines Schornsteins)*
Windkraft f 1. *(Stat)* wind force *(als angreifende Kraft)*; 2. wind power, wing energy *(gewinnbar)*
Windkraftwerk n wind-driven power station, wind power station
Windlast f *(Stat)* wind load, lateral load
Windlastbeiwert m *(Stat)* value of wind load
Windlatte f sprocket
Windmoment n *(Stat)* wind moment
Windrispe f cocking piece, sprocket *(bei Dächern)*
Windschubmoment n *(Stat)* wind shear moment
Windstrebe f sway rod *(Dach)*; wind brace *(Windverband)*
Windung f 1. turn, winding, wind *(Aussprache: waind; z. B. eine Schraube)*; 2. meander *(eines Flusses)*; 3. curve, bend, turn *(z. B. einer Straße)*; 4. sinuosity *(Biegung, Krümmung, Gewundenheit)*; 5. spiral *(Spirale)*
Windverband m wind (sway) bracing, lateral bracing, sway bracing, transverse bracing
Winkel m 1. angle; 2. try square, back square *(Anschlagwinkel)*; 3. rule triangle *(Zeichendreieck)*; 4. corner *(Ecke)*; 5. sash angle *(Baubeschläge)* • **einen Winkel messen** take an angle
Winkelankerbolzen m *(Hb)* angle bond
Winkelaussteifung f angle stiffening, knee brace
Winkelband n *(Hb)* angle brace, angle hinge, brace *(Bandholz)*
Winkeleisen n angle iron, structural (steel) angle, L-iron; steel angle *(Profilstahl)*
Winkelprofil n angle iron
Winkelschiene f set square
Winkelschleifer m angle grinder
Winkelspiegel m 1. mirror square, optical square; 2. *(Verm)* goniometer
Winkelstützmauer f angular retaining wall, cantilevered retaining wall, cantilevered wall, buttress wall, wall with horizontal slab; counterfort wall *(z. B. bei Dämmen)*

Winkelverbindung

Winkelverbindung f 1. corner assembling, angular fish; 2. (Hb) toggle joint
Winkelversteifung f angle stiffening, angle cleat, angle clip; angle lacing (Stahlbau)
Winterbau m winter construction
Winterbetonieren n winter concreting
Winterdienstmaschinen fpl **und Winterdienstgeräte** npl machinery and equipment for winter
Winterfestmachung f winterizing
Wintergarten m winter garden, conservatory
wirkend/direkt (HLK) direct-acting; self-actuated
Wirkungsquerschnitt m/gesamter total cross section
Wirtschaftlichkeitsuntersuchung f economic feasibility study, cost-effectiveness study, cost-effectiveness analysis, cost-benefit analysis, COBA
Wirtschaftsgebäude n 1. service building; 2. farm building, agricultural building, agricultural service building (landwirtschaftliches)
wischfest wipe resistant
Wischtest m wipe test (Oberflächenreinheit, Anstrichfestigkeit)
witterungsbeständig weather-resistant, weather-resisting, fast to weather, weather-fast, weatherproof
Wohnanlage f housing complex, housing estate, housing facility, (AE) housing development
Wohnbaugebiet n populated area
Wohnbebauung f house-building
Wohnblock m residential block, block of flats, (AE) apartment house
Wohnblockbau m construction of residential block(s), flat (block) construction, (AE) apartment construction
Wohngebäude n residential building, dwelling building, (AE) apartment building
Wohngebiet n residence district, residential area, living area, housing area
Wohnhaus n dwelling building, dwelling house, residential building, house, (AE) apartment house, (AE) home
Wohnungsbau m housing construction, domestic construction, domestic construction, housing work, (AE) home building
Wohnungsbau m/öffentlicher public dwelling construction
Wohnungsbauprogramm n house-building programme, housing programme
Wohnungsbauten mpl housing
Wohnungsbauträger m residential developer
Wohnungsbauvorhaben n housing project
wölben v 1. vault, arch, crown, camber (Bogen); 2. curve, bend (Blech); 3. camber (Straße)
wölben v/sich 1. hump, arch (aufwölben); 2. swell (Bodenoberfläche); 3. bend (Blech); 4. camber (z. B. Straßen); 5. become warped (z. B. Holz)
Wölbsteinverband m bond of the voussoirs
Wölbung f (Arch) vault (Bogen); line of arch (Bogenlinie); cove, outline of arch (des Gewölbes); crowning, doming (Kuppel); barrel camber (tonnenartig); bow, curvature (Bogen einer Straße); camber (z. B. der Straßenoberfläche); swell (Schwellwölbung, z. B. Erdstoffe); gibbosity, hump (Buckel, Höcker); warp (Verwerfungswölbung, z. B. Holz) • **die Wölbung beginnen** spring (Gewölbe) • **mit Wölbung** cambered (z. B. Holzteile oder Straßenoberfläche)
Wölbungsschub m vault thrust, outward thrust, overturning thrust
Wulst m(f) 1. bead (Blech); 2. swell(ing), enlargement (Verdickung); 3. bulb (Dichtungsband); 4. bulge (Ausbeulung); 5. collar (Manschette); 6. flange (Steg); 7. ridge (Steg); 8. rolling moulding (Wulstleiste); 9. swell (Ausbauchung, Ausbeulung); 10. web (Aussteifung); 11. welt (Einfassung)
Wulstleiste f (Arch) astragal; roll moulding, rolling moulding
Wulstnaht f stuffed seam (Schweißnaht)
Würfel m 1. cube; 2. (Arch) dado (eines Säulenfußes) • **Würfel herstellen** cube
Würfeldruckfestigkeit f cube strength, compressive cube strength (Beton)
W/Z-Wert m water/cement ratio, w/c ratio (Beton)

X

x-Achse f x-axis
Xenonlampe f xenon discharge lamp

Y

y-Achse f y-axis
Yard n yard *(SI-fremde Einheit der Länge; 1 yd = 0,9144 m)*
Y-Bau m Y-shaped building, star-shaped building

Z

zackenartig pointed, serrated, jagged
zähfest tough *(Material)*
Zähfestigkeit f toughness, tenaciousness, tenacity
Zähigkeit f 1. tenacity, toughness *(Material)*; 2. viscosity *(Flüssigkeiten)*
Zahl f/Poisson'sche Poisson's ratio *(Quotient Querkürzung bzw. Querkontraktion zu Dehnung)*
Zahlenschloss n combination lock
Zähler m counter, counting device; meter *(Gas, Strom)*
Zahlungsbürgschaft f contract payment bond
Zahlungsplan m settlement plan, payment plan
Zahn m 1. *(Arch)* denticle *(korinthisch)*; 2. tooth *(z. B. einer Säge)*
Zahnankerplatte f *(Hb)* toothed plate, toothed-plate connector
Zahneisen n indented chisel, narrow indented chisel, notches chisel *(Steinmetzwerkzeug)*
Zahnplatte f 1. *(Hb)* toothed plate; 2. combplate *(an einer Rolltreppe)*
Zahnschicht f toothing course, indenting course *(Mauerwerk)*
Zahnspachtel f serrated trowel
Zange f 1. *(Hb)* binding piece, binding tie, tie beam, string piece, footing beam, horizontal timber, binding beam, lunding beam; brace; 2. pliers, pincers, tongs; pipe wrench *(Rohrzange)*; 3. *(Wsb)* traverse beam; 4. wale(r) *(Holzschalung)*
• **Zangen verbolzen** bolt the wales

Zapfen m 1. *(Hb)* dowel pin, cog, tenon, pin; slit and tongue *(Holzverbindung)*; 2. male pivot, pivot *(erhabener Teil einer Zapfenverbindung)*; 3. fang *(Türangelzapfen)*; 4. lug *(einer Sohlbank aus Holz)*; 5. gudgeon *(Metallbolzenzapfen, Verbindungsbolzen)*; 6. pintle, spigot *(Drehzapfen)*; 7. tang *(Zapfenkeil, z. B. für Werkzeuge)*; 8. journal *(Achse, Welle)* • **mit Zapfen versehen** dowel *(Holzbau)*; tang *(mit Keilzapfen)* • **um einen Zapfen drehen** pivot • **um Zapfen drehbar** pivoting • **Zapfen schneiden** tenon
Zapfenloch n *(Hb)* slot mortise, slip mortise, open mortise; female pivot *(Zapfenaufnahmeteil einer Zapfenverbindung)*
Zapfenlochverbindung f slot mortise joint
Zapfenschlitzverbindung f tenon-and-slot mortise
Zapfenschulter f peg shoulder, relish *(Holz)*; abutment check *(Stütze)*
Zapfenverbindung f *(Hb)* mortise-and-tenon joint, cogged joint, tenon-and-mortise joint
Zarge f 1. case, frame, timber framing *(für Türen, Fenster)*; 2. closing edge *(Schließkante)*
Zargentürrahmen m cabinet jamb
Zaun m fence; hoarding, boarding *(Bretterzaun, Bauzaun)*; *(AE)* billboard; rail *(Geländerzaun, Brüstung)*
Zaunmaterial n fence material
Zaunpfahl m 1. pale, fence post, picket, stob; fence stake *(dünn)*; 2. *(Verm)* stake
Zeichen n 1. *(Verm)* (bench) mark; 2. sign, signpost *(Hinweiszeichen)*; 3. symbol *(Markierzeichen)*; 4. signal *(Signal)*; 5. brand, trademark *(Warenzeichen)*; 6. reference (number) *(Aktenzeichen)* • **ein Zeichen geben** sign
Zeichenbrett n drawing board
Zeichnen n drawing
Zeichnung f 1. drawing; 2. design, delineation *(technische)*; 3. sketch, outline *(Skizze)*; 4. draft, design *(Entwurf)*; 5. figure *(Darstellung)*; 6. figure, grain, grain of wood *(natürliche im Holz)*; 7. pattern *(Muster)*; 8. plan *(Grundrisszeichnung)*; 9. trace *(Aufzeichnung, z. B. Messlinie; Pause)*; 10. illustration *(Illustration)*

Zeilenbauweise

Zeilenbauweise f ribbon development *(entsprechend Bebauungsplan)*
Z-Eisen n Z-bar
Zeitschalter m time switch, time-limit switch, delay release, automatic timing device, timer
Zeit-Setzungs-Linie f *(Bod)* time-consolidation curve, time-settlement curve
Zeitstandprüfung f mit konstanter Last static load fatigue test
Zeitwert m time value, present value, market value; assessed valuation *(z. B. eines Gebäudes)*
Zelle f 1. cell; 2. cubicle *(Kabine)*; 3. booth, box *(Telefonzelle)*; 4. compartment *(Hohlkastenträger)*; 5. compartment *(Silo)*
Zellenbauweise f cellular construction, cellular design
Zellenbeton m cellular concrete, aerated concrete, expanded concrete
Zellenmodul n modular unit
Zellenprofil n cellular section, cellular unit, Q-floor unit
Zellgummi m cellular rubber, expanded (natural) rubber
Zellkern m cellular core
Zellkerntür f hollow-core door
Zellstofffaser f wood-pulp fibre *(als Zuschlag für Asphalt)*
Zellstoffwatte f wadding *(Dämmung)*
Zellulosefaser f cellulose fibre, *(AE)* cellulose fiber; rayon *(z. B. für Baustoffgewebe, Faserzusätze für Gemische)*
Zeltdach n tent(ed) roof, tent-shaped roof, broach roof; polygonal spire *(Helmdach)*
Zement m 1. cement, cement matrix; 2. cementing agent, agglutinant
Zementaußenputz m cement facing, cement rendering
Zementbedarf m cement requirement
Zementbeton m cement concrete, concrete
Zementbrei m cement paste; slurry *(Schlämme)*; cement grout, grout *(zum Vergießen)*
Zementeinpressen n cement grouting *(z. B. zur Baugrundbefestigung)*
Zementestrich m cement finish, cement screed, cement floor, cement layer
zementgebunden cement-bound
Zementgehalt m cement content
zementieren v cement; cement *(Stahl)*; slug *(z. B. Bohrlöcher von geologischen Erkundungen)*

Zementinjektion f cement injection, cement grouting *(z. B. zur Baugrundbefestigung)* • **durch Zementinjektion verfestigt** cement-stabilized *(Baugrund)*
Zementkalkmörtel m lime-and-cement mortar, cement-lime mortar, compo mortar
Zementmörtel m cement mortar, cement plaster; cement grout *(zum Vergießen)*
Zementprüfung f cement test
Zementputz m cement plaster *(Baustoff)*; cement rendering, cement facing, cement finish *(Produkt)*
Zementschaumbeton m foamed cement concrete
Zementschlämme f cement laitance, neat cement grout, cement water grout; cement slurry *(mit Feinzuschlag)*
Zementschwinden n shrinkage in cement
Zementsorte f sort of cement, type of cement
Zementstabilisierung f *(Erdb)* soil cementation
Zementverpressung f cement grouting *(z. B. zur Baugrundbefestigung)*
Zement-Wasser-Verhältnis n cement-water ratio
Zement-Zuschlagstoff-Reaktion f cement-aggregate reaction
zentralbeheizt centrally heated
Zentralheizung f central heating, dwelling heating, dwelling heating plant
Zentralmischverfahren n mix-in-plant
Zentralschlossanlage f central master-keyed system, series of central master-keyed locks
zentrieren v 1. centre *(bohren)*; 2. centre, locate centrally *(positionieren)*
Zentrifugallüfter m centrifugal fan
Zeolithzementverbundstoff m zeolite cement composite
Zerfall m 1. decay, ruin *(Gebäude)*; 2. decomposition *(Abbau)*; 3. disaggregation, disintegration *(mechanische Verwitterung, z. B. von Beton)*; 4. break-up *(Anstrich)*; 5. decay *(Holz)*; 6. fragmentation *(Zertrümmerung)*; 7. splitting *(Zersplitterung, Spaltung)*
zerkleinern v 1. mill *(Baustoffe)*; 2. crush, break up *(brechen, z. B. Gestein)*; 3.

Zerkleinerung f 1. milling *(Baustoffe)*; 2. crushing, breaking-up *(von Gestein)*; 3. disintegration *(Zermahlen)*; 4. size reduction *(größere Teile)*

zerlegen v 1. disassemble, demount, dismount, disjoint *(Bauelemente, Konstruktionen)*; dismantle, detach, knock down *(z. B. Gebäude)*; sectionalise *(in Teile, Abschnitte)*; take apart *(auseinander nehmen)*; take to pieces *(abbauen)*; 2. resolve, decompose *(Kräfte)*; 3. decompose, analyse *(mathematisch)*; 4. *(Verk)* shunt *(Züge)*

Zerlegung f **von Kräften** resolution of forces

Zerrbalken m flexible foundation beam

Zerreißbruch m tensile break

Zerreißfestigkeit f 1. tearing strength, tear(ing) resistance, resistance to tearing *(Baustoffe)*; 2. ultimate tensile strength, tensile strength *(gegen Zug)*; 3. rupture strength, modulus of rupture *(gegen Druck)*; 4. bursting strength *(Druckleitungen)*

zerschneiden v cut down; sever *(durchtrennen)*; shred *(in kleine Stücke)*; dissect *(zur Analyse)*

zersetzen v decay, decompose, disintegrate *(Gestein, Beton, Holz usw.)*; erode, corrode *(durch Säuren, Laugen)*

Zersiedeln n spoiling by development *(im freien Gelände)*; urban dispersal *(in Vorstädten)*

Zerstäuben n atomizing; spraying

zerstören v 1. destroy, demolish, ruin *(Gebäude)*; 2. bite, eat, corrode *(durch Korrosion)*; 3. crack, demulsify *(Emulsionen)*; 4. *(Umw)* mar *(die Umwelt)*; 5. devastate, wreck, vandalize, havoc *(mutwillig durch Vandalismus)*

Zertifizierungsstelle f certification body

zertrümmern v 1. shatter, smash; fragmentate *(in Einzelstücke)*; 2. wreck, demolish *(demolieren)*; 3. destroy, demolish, break (down) *(Gebäude)*; 4. disrupt *(auseinanderbrechen)*; 5. crush *(Gestein)*; 6. rubbelize *(aufbrechen)*

Zertrümmerungsprüfung f crushing test *(Gestein)*

Zickzacknietung f staggered riveting, staggered row of rivets, zigzag riveting

Ziegel m (building) brick (< 33,7 × 22,5 × 11,3 cm); *(AE)* economy brick (100 × 100 × 200 mm); calculon (219 × 178 × 66 mm); s. a. Ziegelstein • **mit Ziegeln ausgekleidet** brick-lined • **mit Ziegeln mauern** brick • **mit Ziegeln verblenden** brick • **Ziegel abputzen** hack • **Ziegel aufschichten** *(AE)* hack *(in unregelmäßige Höhe)* • **Ziegel brennen** fire bricks, bake bricks, burn bricks • **Ziegel mauern** *(AE)* hack *(in unregelmäßige Höhe)* • **Ziegel setzen** *(AE)* hack *(in unregelmäßige Höhe)* • **Ziegel streichen** mould

Ziegelausmauerung f brick infill masonry • **mit Ziegelausmauerung** brick-lined

Ziegelbalken m brick beam

Ziegelbau m clay brick building

Ziegelbeton m brick aggregate concrete

Ziegeldach n tile(d) roof, quarry-tile roof

Ziegeldecke f brick ceiling, ceiling made of bricks, ceiling made with bricks, floor made of bricks

Ziegelformat n brick format, brick size

Ziegelhintermauerung f brick backing

Ziegellage f brick course

Ziegelmauerwerk n brickwork, brick masonry • **das Ziegelmauerwerk (an)nässen** moisten the brickwork

Ziegelrohbau m raw brick building, brick carcass

Ziegelsplittbeton m broken-brick concrete, clay aggregate concrete

Ziegelstein m (building) brick, brick (< 33,7 × 22,5 × 11,3 cm; s. a. Ziegel) • **den Ziegelstein formen** mould the brick

Ziegelverband m brick bond, brickwork, masonry bond

Ziegelverblendung f brick facing

Ziegelwand f (clay) brick wall; brick partition wall *(Innenwand, Trennwand)*

Ziehen n 1. traction *(Traktion)*; 2. pulling *(Spannbeton)*; 3. sliding *(Gleitschalung)*; 4. taking out *(aus einer Öffnung, z. B. Ziehen des Bohrkerns)*; 5. tow *(Schleppen)*; 6. draw *(Stahl)*

Ziehgriff *m* pull
Ziehharmonikatür *f* multifolding door, accordion door
Ziehklinge *f* cabinet scraper, scraper, scraper plane, drawknife, spokeshave
Ziehspachtelmasse *f* knifing filler, floated filler
Zielachse *f* collimation line
Zierarbeit *f* ornamental work
Zierband *n* (Arch) moulding, ornamental band; ornate lock (Schlossbeschlag)
Zierbeschläge *mpl* ornamental hardware, decorative fittings, decorative hardware
Zierbogen *m* ornamental arch
Zierelement *n* ornament, enrichment, garnish
Ziergiebel *m* 1. ornamental gabble, decorative gable, attached gable, decorative gable; pediment (über Türen und Fenstern); 2. (Arch) eagle (griechische Baukunst); fronton (über Türen und Fenstern)
Zierleiste *f* band moulding, (AE) band molding; fillet, (AE) base trim (Säule); banding, banding fillet; (decorative) batten (Abschlussleiste, bei Verschalungen); ornamental border (an Türen, Schränken) • **mit Zierleisten abgedeckt** bead-jointed
Zierziegel *m* moulded brick, ornamental brick, decorative brick
Zimmerei *f* carpenter's shop, carpenter's yard
Zimmererarbeit *f* carpenter's work, carpentry, piece of carpentry, woodwork
Zimmermannsarbeit *f* carpenter's work, carpenting, carpentry
zimmern *v* carpenter, do carpentry, timber, do woodwork
Zimmerplatz *m* carpenter's yard, timber yard, timber yard, wood yard
Zink *n* zinc • **auf Zinkbasis** zinc-based • **mit Zink überziehen** sherardize (Diffusionsverzinken)
Zinkblechabdeckung *f* sheet zinc cover
Zinkstaubgrundierung *f* zinc dust primer
Zinne *f* 1. (Arch) merlon (einer Burg); battlement, embattlement (Zinnenkranz einer Burg); 2. spire, spirelet, cop (Turmspitze); 3. fléche (Helmdach); 4. pinnacle (Fiale)
Zinnenkranz *m* battlement, crenelated moulding, crenellation, (AE) crenelation, (AE) embattled molding (Ornament)
Zirkulationsleitung *f* circuit vent, circulation line
Zisterne *f* (storage) cistern, water cistern, tank
Zoll *m* 1. inch (1 in = 25,4 mm); 2. duty, customs; 3. (Arch) toll (Tribut, historisch, z. B. Brückenzoll)
Zonengewölbe *n* vaulting with dentated springing lines
Z-Profil *n* Z-section (Träger); (AE) zee
zubauen *v* 1. obstruct, build up (Fläche, Gelände); 2. block (with a building), obstruct (Sicht, Blick verbauen)
Zubehör *n* accessories, appurtenance; equipment, armature, furniture, supplies (Ausbau)
Zubringerstraße *f* (Verk) feeder road, collector road, collector street; access road, slip road (Anschlussstellenzufahrt)
Zuckerrohrfaserdämmstoff *m* cane fibre insulation material, (AE) cane fiber insulation material
Zufahrt *f* 1. approach, access, entryway (für Fahrzeuge); 2. entrance, drive, driveway (zu einem Haus)
Zufahrtsrampe *f* entry slip road, access ramp
Zufahrtsstraße *f* access road, approach road, service road (zu einem Objekt, Betrieb, Hotel usw.); slip road (zu einer Schnellstraße, Autobahn usw.)
Zufahrtsweg *m* access way, driveway
zufließen *v* flow into (Frischwasser); flow towards (Fluss)
Zufluss *m* 1. inflow, influx, delivery, supply; 2. (Wsb) affluent, tributary, subsidiary stream, afflux; 3. inlet (zum Meer)
zuführen *v* 1. convey (Transportgüter); 2. feed (z. B. Material zu Mischanlagen); 3. add (z. B. Wärme); 4. supply (versorgen mit)
Zuführungsleitung *f* (El) feed line, supply line, lead wire
Zug *m* 1. tension, pull (mechanisch); 2. draught, flue (Luft); (AE) draft; furnace draught (Abgasführung); 3. draw (von Stahl); 4. (HLK) flue (z. B. für Heizung, Belüftung); 5. traction (Traktion); 6. (Verk) train • **auf Zug beanspruchen** tension • **Zug haben** draw (der Schornstein, der Ofen)

Zugang *m* 1. entrance, entryway *(Eingang, Einfahrt)*; 2. access *(Einstieg, Zutritt)*; 3. adit *(Stollenzugang)*; 4. approach *(für Fahrzeuge)*

zugänglich 1. accessible *(z. B. Bauteile, Gebäudeflächen)*; open *(ungehindert)*; 2. available *(verfügbar, z. B. Unterlagen)*; 3. at hand *(nahe sein)* • **zugänglich sein** be accessible

Zuganker *m* 1. tie, tie bar, tie rod, tension member; 2. beam tie *(Balkenanker)*; 3. through bolt, stay *(Mast-, Abspannanker)*; 4. stretching piece *(Strebe)*

Zugbalken *m* tie beam, main beam, foot beam, footing beam; tie piece, principal beam, lunding beam *(Trambalken, Spannbalken, Zange)*; strap *(Verbundbügel, Zugband)*

Zugband *n* tie member, tension member, tieback, horizontal tieback; brace *(Strebenband)*

Zugbeanspruchung *f* subjection to tension, tensioning, tensile stress; tensile load *(mechanisch)*

Zugbelastung *f* tensile loading, tension loading *(mechanisch)*

Zugbewehrung *f* reinforcement for tension, tensile reinforcement, tension reinforcement

Zugdehnung *f* tensile strain, stretching strain

zugehauen dressed *(Stein)*

zugelassen/bauaufsichtlich allowable for use by the supervising [supervision] authority, building regulations approved

zugerichtet milled, dressed, hewn *(Stein)*; dressed *(Holz)*

Zugfestigkeit *f* tensile strength, tension strength, strength in tension, resistance to tensile stress, ultimate tensile strength

Zugglied *n* tension member, tension element, tension rod, tensional bar, tie, tie bar; tension bar *(Zugprobe)*

Zuggurt *m* tension boom, tension chord, tension flange

Zuglasche *f* tie strap, fishplate

Zugluftabdichten *n* exclusion of draught

Zugpfahl *m* tension pile, tie pile

Zugprüfkörper *m* tension test specimen, briquette *(Baustoffprüfung)*

Zugprüfung *f* elongation test, tensile test, tension test

Zugrohr *n* 1. flue pipe *(Schornstein)*; 2. stay tube *(Abstandrohr)*

Zugseil *n* 1. stay rope, stay *(zur Verankerung)*; 2. traction rope, traction cable *(Seilbahn)*; 3. drag cable, haulage cable, haulage rope *(eines Förderers)*; 4. inhaul cable *(Kabelbagger)*; 5. pull cable, pull rope *(Kabelkran)*

Zugspannung *f* tensile stress, tension stress

Zugstab *m* 1. tension rod, tensile bar, tie bar, tension element; tension member, member in tension *(Stahlbau)*; 2. tensile test piece, test bar, tension bar *(für eine Zugprüfung)*

Zugverbindung *f* tension connection, tension joint *(Verbindungselement)*

Zugversagen *n* tension failure

Zuhaltemechanismus *m* lever *(Türschloss)*; tumbler *(eines Schlosses)*

zuhauen *v* dress, hew *(z. B. Steine)*; trim, flog *(Holz, Bauholz)*

zulässig allowable, admissible *(anzuerkennen)*; permissible *(Baustoffe, Bauelemente)*; safe *(entsprechend Sicherheitsvorschriften)*

Zulassung *f* 1. approval, permit *(Baustoffe, Bauelemente)*; authorization *(amtlich)*; 2. authorization *(z. B. zur Bauabnahme)*; 3. registration *(eines Berufsstandes)*; 4. admission *(zu einem Amt, einer Prüfung usw.)* • **zur Zulassung** on approval *(Baustoffe)*

Zulassung *f/***Europäische Technische** *(ETA)* European Technical Approval

Zulauf *m* 1. feed inlet; feed pipe, pipe branch *(durch Rohrleitungen)*; 2. admission *(Flüssigkeit in einer Pumpe)*; 3. supply, delivery *(im Versorgungssystem)*

Zuleitung *f* 1. *(El)* lead *(Aussprache: li:d)*; lead-in, lead-in wire, feed line, supply line, conductor lead; 2. feed pipe, inlet pipe *(Gas, Wasser)*

Zuluft *f (HLK)* fresh air, ingoing air, inlet air; supply air *(Klimaanlage)*

Zuluftanlage *f* air supply system

zumauern *v* wall up, brick up *(Öffnungen)*

Zunge *f* 1. *(Hb)* tongue; 2. leg *(Hubdecke)*; 3. needle, index *(Waage)*

Zungenband *n* 1. tee hinge, T-hinge *(Scharnier)*; 2. cross garnet *(Ornamentbaubeschlag)*

zurichten *v* 1. trim, dress, slab, *(AE)* lum-

zurückführen 512

ber *(Holz)*; 2. hew, cut, mill *(Stein)*; 3. gauge, *(AE)* gage *(Ziegel)*; 4. size *(Bauelemente auf Fertigmaß arbeiten)*

zurückführen v 1. *(HLK)* return; 2. reduce to *(auf niedrige Werte, Minimum usw.)*; 3. lead back *(Weg, Straße)*; 4. recycle, recirculate *(in den Herstellungsprozess, auch Umw)*

zurückgesetzt recessed

zurückgewinnen v recover *(z. B. nutzbare Baustoffe)*

zurückhalten v restrain, contain, suppress *(unterdrücken)*; retain *(Wasser)*; trap *(auffangen, zurückhalten)*

zurückweisen v 1. reject *(z. B. Baustoffe, Bauteile)*; 2. turn down, refuse (to accept) *(z. B. Angebote, Bauvertragsabweichungen)*

Zusammenbau m 1. assembly, assembling; mounting *(Montage)*; 2. fit-up, fitting-up *(ohne endgültige Verbindung)*; 3. *(Hb)* framing; 4. integration *(Einbau)*

zusammenbauen v 1. assembly; mount *(montieren)*; 2. fit up *(temporär)*; 3. combine *(zusammensetzen)*

Zusammenbruch m 1. breakdown, collapse *(Bauwerke)*; 2. *(El)* breakdown *(Leitungen)*

zusammendrücken v compress, press together; squeeze *(quetschen)*

zusammenfallen v 1. cave in, tumble down, collapse *(z. B. Gebäude)*; 2. coincide *(zeitlich)*; 3. slump *(Betonprüfung)*

zusammengefügt 1. *(Hb)* jointed *(mit Fugen)*; 2. *(Hb)* planted *(mit Leim)*

zusammengesetzt 1. assembled, built-up, complex *(montiert)*; 2. composite, composed *(verbunden)*; 3. sectional *(demontierbare Einzelteile für Funktionen zusammengefügt, z. B. Behelfsbrücken)*

zusammensetzen v 1. assemble, combine, fix together; build up *(zusammenbauen, z. B. Aggregate)*; stick on *(Steinzeugrohre; s. a. zusammenbauen)*; 2. compose, compound *(Baustoffe)*

Zusammensetzung f 1. composition, compound *(Stoffe, Baustoffe)*; make-up, formulation *(Mischrezeptur, z. B. von Beton, Asphaltmischgut)*; 2. composition *(z. B. von Kräften)*; 3. structure *(Gefüge)*; 4. s. Zusammenbau

zusammenziehen v tighten *(zwei Teile durch Schraubverbindung)*

Zusatz m 1. addition, admixture *(Vorgang)*; 2. s. Zusatzmittel; 3. adjunct *(Anhängsel, Nebenerscheinung)*; 4. amendment, appendix *(Ergänzung, z. B. zu einer Zeichnung)*; 5. appurtenance *(Zubehörteil, Ausbauzusatzelement)*
• **mit Zusätzen versehen** dope *(z. B. Mörtel)*

Zusatzarbeit f extra work, supplementary work

Zusatzauftrag m addition, additional order, extra work order

Zusatzbelastung f 1. additional loading; 2. *(Erdb)* kentledge, cantledge *(Senkbrunnen)*

Zusatzheizung f additional heating

Zusatzlast f additional load, complementary load, secondary load

zusätzlich 1. additional, added, extra *(Belastung, Kosten)*; 2. supplementary *(ergänzend)*; incremental *(stufenweise ergänzend)*; 3. auxiliary *(hilfsergänzend, Hilfs...)*

Zusatzmaterial n *(Erdb)* borrow

Zusatzmittel n 1. additive (substance), admixture, blending agent, dope; conditioner *(zur Verbesserung von Eigenschaften)*; 2. s. Zuschlagstoff

Zusatzmoment n *(Stat)* secondary moment, transient moment *(Mechanik)*

Zuschlag m 1. aggregate, construction aggregate, mineral aggregate *(z. B. für Beton)*; 2. *(Stat)* addition; 3. loading, loading material, filler *(z. B. von Füllstoffen)*; 4. acceptance of tender *(z. B. für Bauaufträge)*; award of (the) contract, conferring of the contract *(z. B. bei Ausschreibungen)*; 5. surcharge, overhead charge, allowance, bonus *(Aufgeld)* • **den Zuschlag erteilen** accept the tender

Zuschlagfrist f time of adjudication *(Bauauftragvergabe)*

Zuschlagserteilung f contract award, award of contract

Zuschlagsfrist f tender examination period

Zuschlagstoff m construction aggregate, mineral aggregate *(z. B. für Beton)*; loading material, load, filler *(für Bau-*

Zwischenlage

stoffe) • **ohne Zuschlagstoffe** neat *(Mörtel)*
zuschneiden *v* cut to size, size *(Material)*; timber, *(AE)* lumber *(Holz)*
zuschütten *v (Erdb)* fill in, fill up
zusetzen *v* 1. add, admix *(Stoffe)*; 2. blind *(z. B. Siebe, Filter)*; 3. plug, stop up *(verschließen, zustopfen)*
Zustandserfassung *f* **bauliche** structural assessment
Zustandsgrenzen *fpl* /**Atterberg'sche** Atterberg limits *(von Erdstoffen)*
Zustandswert *m* condition value
Zustimmung *f* approval, agreement
zustopfen *v* 1. plug, stop up *(Leitungen, Öffnungen)*; 2. chink *(einen Riss)*; 3. stop *(Stichloch)*
zuteilen *v* dose, meter, proportion *(Baustoffe)*; allocate *(zuweisen, zuordnen)*; batch *(bestimmte Mengen bei Baustoffaufbereitung)*
zuverlässig reliable, dependable *(z. B. Funktionen, Bauelemente)*; safe, secure *(sicher)*; trustworthy *(Sache, Handlung)*
Zwangsbelüftung *f* forced ventilation, induced ventilation
Zwangsmischer *m* compulsory mixer, paddle mixer, pan blade mixer, positive mixer, pug mill mixer, pugmill *(Beton)*
Zwangspunkt *m* pinch point, constraint *(z. B. im Baugebiet, Trasse)*
Zweckbau *m* functional building, functional structure
zweckgebaut purpose-built
zweiachsig biaxial
zweibahnig *(Verk)* two-lane(d), divided *(Straße)*
Zweifeldbalken *m* beam of two spans
Zweifeldrahmen *m* two-bay frame
zweifeldrig two-bay, two-span
zweiflügelig *(Arch)* dipteral; double-sash, two-winged *(Fenster, Gebäude)*; two-leaf *(Tür)*
Zweigelenkbogen *m* double-articulated arch, double articulation arch, two-hinged arch, two-pinned arch
zweigelenkig two-articulated, two-hinged, two-linked, two-pinned
Zweigleitung *f* branch line *(Rohrleitung)*
Zweikomponentenanstrichstoff *m* two-component coating, two-component finish, two-pack paint, two-can paint, two-pot coating

Zweikomponentenklebstoff *m* two-component bonding adhesive, twin-pack bonding adhesive, separate-application adhesive, twin-pack cement, mixed adhesive
zweilagig two-layer; two-coat *(z. B. Putz)*; two-ply *(Schichtwerkstoff)*
Zweipunktbelastung *f* two-point loading
zweischalig two-with, two-wythe, *(AE)* two-tier
zweischichtig two-layer, double-layer; two-coat *(Anstrich, Beschichtung)*; two-ply *(Schichtenbaustoff)*; two-shift *(Arbeitszeit)*
zweischiffig 1. two-bay, two-span *(Rahmenhalle)*; 2. *(Arch)* double-span
zweiseitig double-sided, two-sided; double-faced *(Flächen)*; on both sides *(z. B. Anstriche)*
zweistöckig two-floor(ed), two-storey(ed), *(AE)* two-storied; double-decked *(Bett)*
Zwerchdach *n* transverse roof *(Querdach zum Hauptfirst)*
Zwickel *m* 1. *(Arch)* spandrel; 2. triangular panel *(Fläche zwischen zwei Bogenlinien)*; 3. wedge *(keilförmige Aussparung)*; 4. gore *(Flächen, Oberflächen)*
Zwiebeldach *n* 1. Moorish dome, Moorish roof; 2. *(Arch)* imperial roof
Zwillingsdurchlass *m* twin culvert
Zwillingsträger *m* double girder, dual girder, twin girder
Zwinge *f (Hb)* (screw) clamp, holdfast, glue press; ferrule *(Endring)*
zwischen... intermediate ...
Zwischenausbau *m* stage construction, interim development, interim expansion *(Gebäude)*; interim pavement *(Straße)*
Zwischenboden *m* intermediate bottom, false bottom, raised floor, sound boarding; diaphragm *(versteifender Rahmenboden)*
Zwischendecke *f* intermediate ceiling, inserted ceiling; false floor, suspended ceiling *(nicht tragend)*
Zwischengeschoss *n* 1. intermediate storey, half storey; 2. *(Arch)* mezzanine, entresol
Zwischenlage *f* 1. interlayer, intermediate layer *(Schicht)*; 2. sandwich course *(Mauerwerk)*; 3. ply, sandwich layer *(Schichtbaustoff, Schichtplatte)*; 4.

spacer (block) *(Abstandhalter)*; 5. black sheeting felt *(Sperrpappensperrschicht)*; 6. washer *(Unterlegscheibe)*; 7. bush *(Futter; Muffe)*

Zwischenraum *m* 1. space, interspace daylight; spacing *(räumlich, auch Bewehrungsstäbe)*; 2. distance *(Abstand)*, interstice, gap *(Lücke)*; 3. clearance *(Lichte, lichte Höhe bzw. Breite)*; 4. closed area, closed space *(umschlossener, geschlossener Raum)*; 5. interval *(zeitlich)* • **mit Zwischenraum anordnen** space *(in Räume)* • **mit Zwischenräumen** interstitial

Zwischenschicht *f* intermediate layer, intermediate course, interlayer *(z. B. Mauerwerk)*; sandwich course, sandwich layer *(Schichtenbaustoff)*; intercoat *(Beschichtung, Anstrich)*

Zwischenstück *n* 1. intermediate (piece), intermediate member; 2. spacer (block) *(Abstandhalter)*; 3. adapter *(größenveränderbares Anpassungsstück)*

Zwischenwand *f* 1. partition, partition wall, division wall, intermediate wall; brick partition (wall) *(Trennwand)*; loadbearing partition *(tragend)*; 2. internal wall, interior wall *(Innenwand)*; 3. baffle *(Prallwand)*; 4. diaphragm *(zur Aussteifung)*

Zyklopenbeton *m* cyclopean concrete

Zyklopenmauerwerk *n* cyclopean masonry, cyclopean work, polygonal masonry, spider-web rubble wall

Zylinder *m* 1. cylinder *(Trommel, Walze; Rundpfeiler; Hülse; Mantelrohr)*; 2. cylinder *(Mathematik)*; 3. *(Arch)* spiral shaft

Zylinderdach *n* half-round cylindrical roof, semicircular cylindrical roof, semicircular roof

Zylinderdruckfestigkeit *f* cylinder strength, concrete cylinder compressive strength

Zylindergewölbe *n* 1. barrel vault; 2. *(Arch)* tunnel vault

Zylinderschale *f* cylindrical shell

Zylinderschloss *n* cylinder lock, bored lock, pin tumbler (lock)

zylindrisch cylindrical

Anhang / Appendix

Inhalt / Contents

1. Umrechnungstabellen / Conversion tables 516

    1.1 Längenmaße / Length 516
    1.2 Flächenmaße / Area 517
    1.3 Raummaße / Volume 518
    1.4 Hohlmaße / Measure of capacity 519
    1.4.1 Hohlmaße für Trockensubstanzen / Measure of capacity (dry) 519
    1.4.2 Hohlmaße für Flüssigkeiten / Measure of capacity (liquid) 520
    1.5 Winkelmaße / Angle 521
    1.6 Zeit / Time 522
    1.7 Masse / Mass 523
    1.8 Kraft / Force 524
    1.9 Energie, Arbeit, Wärme / Energy, work, heat 525
    1.10 Leistung / Power 526
    1.11 Druck / Pressure 527

2. SI-Basiseinheiten / SI basic units 528

1. Umrechnungstabellen / Conversion tables

1.1 Längenmaße / Length

		Meter metre	Zoll† inch	Fuß†* foot	Yard†* yard	Rod†* rod	Meile†* mile
1 Meter metre	=	1	39,37	3,281	1,093	0,1988	6,214 × 10⁻⁴
1 Zoll inch	=	2,54 × 10⁻²	1	0,083	0,02778	5,050 × 10⁻³	1,578 × 10⁻⁵
1 Fuß foot	=	0,3048	12	1	0,3333	0,0606	1,894 × 10⁻⁴
1 Yard yard	=	0,9144	36	3	1	0,1818	5,682 × 10⁻⁴
1 Rod rod	=	5,029	198	16,5	5,5	1	3,125 × 10⁻³
1 Meile mile	=	1609	63 360	5280	1760	320	1

1 Yard† (gesetzlicher Standard) = 0,914 398 41 Meter / 1 imperial standard yard = 0,914 398 41 metre
1 Yard† (wissenschaftlich) = 0,9144 Meter (genau) / 1 yard (scientific) = 0,9144 metre (exact)
1 Yard US† = 0,914 401 83 Meter / 1 US yard = 0,914 401 83 metre
1 englische Seemeile = 6080 Fuß = 1853,18 Meter / 1 English nautical mile† = 6080 ft = 1853,18 metres
1 internationale Seemeile† = 1852 Meter = 6076,12 Fuß / 1 international nautical mile = 1852 metres = 6076,12 ft
† = keine SI-Einheit / not a SI-unit
* = im deutschen Sprachraum nicht gebräuchlich / not used in German-speaking countries

1.2 Flächenmaße / Area

	m² / sq. metre	(Zoll)²† / sq. inch	(Fuß)²† / sq. foot	(Yard)²† / sq. yard	Acre†/ acre	(Meile)²† / sq. mile
1 m² / sq. metre =	1	1550	10,76	1,196	$2,471 \times 10^{-4}$	$3,861 \times 10^{-7}$
1 (Zoll)² / sq. inch =	$6,452 \times 10^{-4}$	1	$6,944 \times 10^{-3}$	$7,716 \times 10^{-4}$	$1,594 \times 10^{-7}$	$2,491 \times 10^{-10}$
1 (Fuß)² / sq. foot =	0,0929	144	1	0,1111	$2,296 \times 10^{-5}$	$3,587 \times 10^{-8}$
1 (Yard)² / sq. yard =	0,8361	1296	9	1	$2,066 \times 10^{-4}$	$3,228 \times 10^{-7}$
1 Acre / acre =	$4,047 \times 10^{3}$	$6,273 \times 10^{6}$	$4,355 \times 10^{4}$	4840	1	$1,563 \times 10^{-3}$
1 (Meile)² / sq. mile =	$259,0 \times 10^{4}$	$4,015 \times 10^{9}$	$2,788 \times 10^{7}$	$3,098 \times 10^{6}$	640	1

1 Are† = 100 m² = 0,01 Hektar / 1 are = 100 sq. metres = 0,01 hectare
1 runder Querschnitt† von $^{1}/_{1000}$ Zoll Durchmesser = $5,067 \times 10^{-10}$ m² = $7,854 \times 10^{-7}$ (Zoll)² / 1 circular mil
= $5,067 \times 10^{-10}$ sq. metre = $7,854 \times 10^{-7}$ sq. in
1 Acre† (gesetzlicher Standard) = 0,4047 Hektar / 1 acre (statute) = 0,4047 hectare

1.3 Raummaße / Volume

	m^3 cubic metre	$(Zoll)^3$[†] cubic inch	$(Fuß)^3$[†] cubic foot	Gallone UK[*][†] UK gallon	Gallone US[*][†] US gallon
1 m^3 cubic metre =	1	$6,102 \times 10^4$	35,31	220,0	264,2
1 $(Zoll)^3$ cubic in =	$1,639 \times 10^{-5}$	1	$5,787 \times 10^{-4}$	$3,605 \times 10^{-3}$	$4,329 \times 10^{-3}$
1 $(Fuß)^3$ cubic ft =	$2,832 \times 10^{-2}$	1728	1	6,229	7,480
1 Gallone UK[1] UK gallon =	$4,546 \times 10^{-3}$	277,4	0,1605	1	1,201
1 Gallone US[2] US gallon =	$3,785 \times 10^{-3}$	231,0	0,1337	0,8327	1

[1] Volumen von 10 britischen Pfund H_2O bei 62 °F / volume of 10 lb of water at 62 °F
[2] Volumen von 8,328 britischen Pfund H_2O bei 60 °F / volume of 8.328 28 lb of water at 60 °F
1 m^3 = 1000 Liter / 1 cubic metre = 1000 litres
1 Acre-Ft[†] = 271 328 Gallonen UK = 1233 m^3 (Kubikmeter) / 1 acre foot = 271 328 UK gallons = 1233 cubic metres
Bis 1976 war der Liter als 1000,028 cm^3 definiert (das Volumen von 1 kg H_2O bei maximaler Dichte), wurde dann aber als exakt 1000 m^3 umdefiniert.
Until 1976 the litre was equal to 1000.028 cm^3 (the volume of 1 kg of water at maximum density) but then it was revalued to be 1000 m^3 exactly.
† = keine SI-Einheit / not a SI-unit
* = im deutschen Sprachraum nicht gebräuchlich / not used in German-speaking countries

Umrechnungstabellen

1.4 Hohlmaße / Measure of capacity

Britisch / British					Amerikanisch / American	
1 ml	= 1 cm³	= 16.89	minims		16.23	minims
1 cl	= 10 ml	= 0.352	fluid ounce		0.338	fluid ounce
1 dl	= 10 cl	= 3.52	fluid ounces		3.38	fluid ounces
1 l	= 10 dl	= 1.76	pints		1.06	liquid quarts
				od.	0.91	dry quart
1 dkl	= 10 l	= 2.1998	gallons		2.64	gallons
				od.	0.284	bushel
1 hl	= 10 dkl	= 2.75	bushels		26.418	gallons
1 kl	= 10 hl	= 3.437	quarters		264.18	gallons

1.4.1 Hohlmaße für Trockensubstanzen / Measure of capacity (dry)

Umzurechnen / To convert		in / into		Multiplizieren mit / Multiply by
Liter		pint, dry	(USA)	1.8162
Liter		quart, dry	(USA)	0.9081
Liter		peck	(USA)	0.1135
Liter		bushel	(USA)	0.0284
m³		barrel	(USA)	8.6484
m³		barrel Petrol	(USA)	6.2972
m³		quarter	(USA)	4.1305
Liter		peck	(Brit.)	0.1100
Liter		bushel	(Brit.)	0.0275
Liter		kilderkin	(Brit.)	0.0122
m³		barrel	(Brit.)	6.1103
m³		quarter	(Brit.)	3.4370
pint, dry	(USA)	Liter		0.5506
quart, dry	(USA)	Liter		1.1012
peck	(USA)	Liter		8.8098
bushel	(USA)	Liter		35.2393
barrel	(USA)	m³		0.1156
barrel Petrol	(USA)	m³		0.1588
quarter	(USA)	m³		0.2421
peck	(Brit.)	Liter		9.0922
bushel	(Brit.)	Liter		36.3687
kilderkin	(Brit.)	Liter		81.829
barrel	(Brit.)	m³		0.1637
quarter	(Brit.)	m³		0.2909

Umrechnungstabellen

1.4.2 Hohlmaße für Flüssigkeiten / Measure of capacity (liquid)

Umzurechnen To convert		in into		Multiplizieren mit Multiply by
cm^3		minim	(USA)	16.2306
Liter		gill (liqu)	(USA)	8.4534
Liter		pint (liqu)	(USA)	2.1134
Liter		quart (liqu)	(USA)	1.0567
Liter		gallon	(USA)	0.2642
Liter		gill (liqu)	(Brit.)	7.0390
Liter		pint (liqu)	(Brit.)	1.7598
Liter		quart (liqu)	(Brit.)	0.8799
Liter		pottle	(Brit.)	0.4399
Liter		gallon	(Brit.)	0.2200
minim	(USA)	cm^3		0.0616
gill (liqu)	(USA)	Liter		0.1183
pint (liqu)	(USA)	Liter		0.4732
quart (liqu)	(USA)	Liter		0.9464
gallon	(USA)	Liter		3.7854
gill (liqu)	(Brit.)	Liter		0.1421
pint (liqu)	(Brit.)	Liter		0.5683
quart (liqu)	(Brit.)	Liter		1.1365
pottle	(Brit.)	Liter		2.2730
gallon	(Brit.)	Liter		4.5461

1.5 Winkelmaße / Angle

		Grad *degree*	Minute *minute*	Sekunde *second*	Radian *radian*	Umdrehung *revolution*
1 Grad *degree*	=	1	60	3600	$1{,}745 \times 10^{-2}$	$2{,}778 \times 10^{-3}$
1 Minute *minute*	=	$1{,}677 \times 10^{-2}$	1	60	$2{,}909 \times 10^{-4}$	$4{,}630 \times 10^{-5}$
1 Sekunde *second*	=	$2{,}778 \times 10^{-4}$	$1{,}667 \times 10^{-2}$	1	$4{,}848 \times 10^{-6}$	$7{,}716 \times 10^{-7}$
1 Radian *radian*	=	57,30	3438	$2{,}063 \times 10^{5}$	1	0,1592
1 Umdrehung *revolution*	=	360	$2{,}16 \times 10^{4}$	$1{,}296 \times 10^{6}$	6,283	1

1 Milt* (Artilleriemaß) = $1/_{64,000}$ von 360° = 10^{-3} Radian / 1 mil = 10^{-3} radian

1.6 Zeit / Time

		Jahr *year*	mittlerer Sonnentag[1] *solar day*	Stunde *hour*	Minute *minute*	Sekunde *second*
1 Jahr *year*	=	1	365,24[1]	$8,766 \times 10^3$	$5,259 \times 10^5$	$3,156 \times 10^7$
1 mittlerer Sonnentag *solar day*	=	$2,738 \times 10^{-3}$	1	24	1440	$8,640 \times 10^4$
1 Stunde *hour*	=	$1,141 \times 10^{-4}$	$4,167 \times 10^{-2}$	1	60	3600
1 Minute *minute*	=	$1,901 \times 10^{-6}$	$6,944 \times 10^{-4}$	$1,667 \times 10^{-2}$	1	60
1 Sekunde *second*	=	$3,169 \times 10^{-8}$	$1,157 \times 10^{-5}$	$2,778 \times 10^{-4}$	$1,667 \times 10^{-2}$	1

1 Jahr = 366,24 siderische Tage / 1 year = 366,24 sidereal days
1 siderischer Tag = 86 164,090 6 Sekunden / 1 sidereal day = 86 164.090 6 seconds
[1] genaue Zahl = 365,242 192 64 im Jahr 2000 AD / exact figure = 365.242 192 64 in AD 2000
† = keine SI-Einheit / not a SI-unit
* = im deutschen Sprachraum nicht gebräuchlich / not used in German-speaking countries

1.7 Masse / Mass

	Kilogramm *kilogram*	britisches Pfund† *pound*	Slug*† *slug*	metrisches Slug*† *metric slug*	UK-Tonne† *UK ton*	US-Tonne† *US ton*	u*† *u*
1 Kilogramm = *kilogram*	1	2,205	$6,852 \times 10^{-2}$	0,1020	$9,842 \times 10^{-4}$	$11,02 \times 10^{-4}$	$6,024 \times 10^{26}$
1 britisches Pfund = *pound*	0,4536	1	$3,108 \times 10^{-2}$	$4,625 \times 10^{-2}$	$4,464 \times 10^{-4}$	$5,000 \times 10^{-4}$	$2,732 \times 10^{26}$
1 Slug = *slug*	14,59	32,17	1	1,488	$1,436 \times 10^{-2}$	$1,609 \times 10^{-2}$	$8,789 \times 10^{27}$
1 metrisches slug = *metric slug*	9,806	21,62	0,6720	1	$9,652 \times 10^{-3}$	$1,081 \times 10^{-2}$	$5,907 \times 10^{27}$
1 UK-Tonne = *UK ton*	1016	2240	69,62	103,6	1	1,12	$6,121 \times 10^{29}$
1 US-Tonne = *US ton*	907,2	2000	62,16	92,51	0,8929	1	$5,465 \times 10^{29}$
1 u = *u*	$1,660 \times 10^{-27}$	$3,660 \times 10^{-27}$	$1,137 \times 10^{-28}$	$1,693 \times 10^{-28}$	$1,634 \times 10^{-30}$	$1,829 \times 10^{-30}$	1

1 britisches Pfund† (gesetzlicher Standard) = 0,453 592 338 Kilogramm / 1 imperial standard pound = 0.453 592 338 kilogram
1 US-Pfund = 0,453 592 427 7 Kilogramm† / 1 US pound = 0.453 592 427 7 kilogram
1 internationales Pfund† = 0,453 592 37 Kilogramm / 1 international pound = 0.453 592 37 kilogram
1 Tonne† = 10^3 Kilogramm / 1 ton = 10^3 kilograms
1 Troypfund = 0,373 242 Kilogramm / 1 troy pound = 0.373 242 kilogram

1.8 Kraft / Force

	Dyn dyne	Newton newton	Pound-Force*† pound force	Poundal*† poundal	Gram-Force*† gram force
1 Dyn dyne =	1	10^{-5}	$2{,}248 \times 10^{-6}$	$7{,}233 \times 10^{-5}$	$1{,}020 \times 10^{-3}$
1 Newton newton =	10^5	1	0,2248	7,233	102,0
1 Pound-Force pound force =	$4{,}448 \times 10^5$	4,448	1	32,17	453,6
1 Poundal poundal =	$1{,}383 \times 10^4$	0,1383	$3{,}108 \times 10^{-2}$	1	14,10
1 Gram-Force gram force =	980,7	$980{,}7 \times 10^{-5}$	$2{,}205 \times 10^{-3}$	$7{,}093 \times 10^{-2}$	1

† = keine SI-Einheit / not a SI-unit
* = im deutschen Sprachraum nicht gebräuchlich / not used in German-speaking countries

1.9 Energie, Arbeit, Wärme / Energy, work, heat

	Btu*† *Btu*	Joule *joule*	Fuß-Pfund† *ft lb*	cm^{-1} *cm^{-1}*	Kalorie *cal*	Kilowattstunde *kWh*	Elektronenvolt *electron volt*
1 Btu *Btu* =	1	$1{,}055 \times 10^3$	778,2	$5{,}312 \times 10^{25}$	252	$2{,}930 \times 10^{-4}$	$6{,}585 \times 10^{21}$
1 Joule *joule* =	$9{,}481 \times 10^{-4}$	1	$7{,}376 \times 10^{-1}$	$5{,}035 \times 10^{22}$	$2{,}389 \times 10^{-1}$	$2{,}778 \times 10^{-7}$	$6{,}242 \times 10^{18}$
1 Fuß-Pfund *ft lb* =	$1{,}285 \times 10^{-3}$	1,356	1	$6{,}828 \times 10^{22}$	$3{,}239 \times 10^{-1}$	$3{,}766 \times 10^{-7}$	$8{,}464 \times 10^{18}$
1 cm^{-1} *cm^{-1}* =	$1{,}883 \times 10^{-26}$	$1{,}986 \times 10^{-23}$	$1{,}465 \times 10^{-23}$	1	$4{,}745 \times 10^{-24}$	$5{,}517 \times 10^{-30}$	$1{,}240 \times 10^{-4}$
1 Kalorie bei 15 °C *cal 15 °C* =	$3{,}968 \times 10^{-3}$	4,187	3,088	$2{,}108 \times 10^{23}$	1	$1{,}163 \times 10^{-6}$	$2{,}613 \times 10^{19}$
1 Kilowattstunde *kWh* =	3412	$3{,}600 \times 10^6$	$2{,}655 \times 10^6$	$1{,}813 \times 10^{29}$	$8{,}598 \times 10^5$	1	$2{,}247 \times 10^{25}$
1 Elektronenvolt *electron volt* =	$1{,}519 \times 10^{-22}$	$1{,}602 \times 10^{-19}$	$1{,}182 \times 10^{-19}$	$8{,}066 \times 10^3$	$3{,}827 \times 10^{-20}$	$4{,}450 \times 10^{-26}$	1

† = keine SI-Einheit / not a SI-unit
* = im deutschen Sprachraum nicht gebräuchlich / not used in German-speaking countries

Umrechnungstabellen

1.10 Leistung / Power

	Btu/h* Btu per hour	Fuß-Pfund/s* ft lb s⁻¹	Kg m/s kg metre s⁻¹	Kalorie/s* cal s⁻¹	PS·†[1] HP[2]	Watt watt
1 Btu/h Btu per hour	= 1	0,2161	$2,987 \times 10^{-2}$	$6,999 \times 10^{-2}$	$3,929 \times 10^{-4}$	0,2931
1 Fuß-Pfund/s ft lb per second	= 4,628	1	0,1383	0,3239	$1,818 \times 10^{-3}$	1,356
1 Kg m/s kg metre per second	= 33,47	7,233	1	2,343	$1,315 \times 10^{-2}$	9,807
1 Kalorie/s cal per second	= 14,29	3,087	$4,268 \times 10^{-1}$	1	$5,613 \times 10^{-3}$	4,187
1 PS HP	= 2545	550	76,04	178,2	1	745,7
1 Watt watt	= 3,413	0,7376	0,1020	0,2388	$1,341 \times 10^{-3}$	1

1 Watt international = 1,000 19 Watt absolut / 1 international watt = 1.000 19 absolute watt
[1] 1 PS = europäische Einheit, 1 PS = 735,498 Watt / PS (Pferdestärke) = European unit, 1 PS = 735.498 watt
[2] 1 HP = britische Einheit, 1 HP = 745,7 Watt / HP (Horsepower) = British unit, 1 HP = 745.7 watt
† = keine SI-Einheit / not a SI unit
* = im deutschen Sprachraum nicht gebräuchlich / not used in German-speaking countries

1.11 Druck / Pressure

	Normal-atmosphäre† standard atmosphere	Kg/cm⁻²† kg force cm⁻²	Dyn/cm⁻²† dyne cm⁻²	Pascal† pascal	Fuß-Pfund/ (Zoll)⁻²† pound force in⁻²	Fuß-Pfund/ (Fuß)⁻²† pound force ft⁻²	Millibar† millibar	Torr torr	Zoll Quecksilbersäule‡ barometric in Hg
1 Normalatmosphäre = standard atmosphere	1	1,033	1,013 × 10⁶	1,013 × 10⁵	14,70	2116	1013	760	29,92
1 Kg/cm⁻² = kg force cm⁻²	0,9678	1	9,804 × 10⁵	9,804 × 10⁴	14,22	2048	980,7	735,6	28,96
1 Dyn/cm⁻² = dyne cm⁻²	9,869 × 10⁻⁷	10,20 × 10⁻⁷	1	0,1	14,50 × 10⁻⁶	2,089 × 10⁻³	10⁻³	750,1 × 10⁻⁶	29,53 × 10⁻⁶
1 Pascal = pascal	9,869 × 10⁻⁶	10,20 × 10⁻⁶	10	1	14,50 × 10⁻⁵	2,089 × 10⁻²	10⁻²	750,1 × 10⁻⁵	29,53 × 10⁻⁵
1 Fuß-Pfund/(Zoll)⁻²= pound force in⁻²	6,805 × 10⁻²	7,031 × 10⁻²	6,895 × 10⁴	6,895 × 10³	1	144	68,95	51,71	2,036
1 Fuß-Pfund/(Fuß)⁻²= pound force ft⁻²	4,725 × 10⁻⁴	4,882 × 10⁻⁴	478,8	47,88	6,944 × 10⁻³	1	47,88 × 10⁻²	0,3591	14,14 × 10⁻³
1 Milibar = millibar	9,9869 × 10⁻³	1,020 × 10⁻³	10³	10²	14,50 × 10⁻³	2,089	1	0,7500	29,53 × 10⁻³
1 Torr = torr	1,316 × 10⁻³	1,360 × 10⁻³	1,333 × 10³	1,333 × 10²	1,934 × 10⁻²	2,784	1,333	1	3,937 × 10⁻²
Zoll Quecksilbersäule = barometric in Hg	3,342 × 10⁻²	3,453 × 10⁻²	3,386 × 10⁴	3,386 × 10³	4,912 × 10⁻¹	70,73	33,87	25,40	1

1 Torr = 1 mm Quecksilber zu Normalbedingungen bei 13,5951 g/cm⁻³ Dichte, bei 0 °C und Schwerebeschleunigung von 980,665 cm/s⁻² /
1 torr⁻¹ barometric mm Hg density 13,5951 g/cm⁻³ at 0 °C and acceleration due to gravity 980,655 cm/s⁻²
1 Dyn cm⁻² = 1 Barad / 1 dyne cm⁻² = 1 barad
† = keine SI-Einheit / not a SI-unit
‡ = im deutschen Sprachraum nicht gebräuchlich / not used in German-speaking countries

2. SI-Basiseinheiten / SI basic units

Basisgröße *Basic physical quantity*	Basiseinheit *Basic unit*	
	Name *Name*	Zeichen *Symbol*
Länge *length*	Meter *m(n)* *meter, metre*	m
Masse *mass*	Kilogramm *n* *kilogram(me)*	kg
Zeit *time*	Sekunde *f* *second*	s
elektrische Stromstärke *electrical current*	Ampere *n* *ampere*	A
Temperatur *temperature*	Kelvin *n* *kelvin*	K
Lichtstärke *luminous intensity*	Candela *f* *candela*	cd
Stoffmenge *amount of substance*	Mol *n* *mole*	mol